DIREITO TRIBUTÁRIO

JusClass

O presente livro possui Material de Apoio para acesso gratuito na plataforma JusClass.

Para acessar o material, siga as instruções a seguir:

1. Entre no site da Editora Juspodivm https://www.editorajuspodivm.com.br/, com seu login e senha;
2. Dentro de "Minha Conta", selecione a opção "Materiais Exclusivos" e clique no ícone de identificação do JusClass;
3. Em caso de dúvidas, esclarecimentos ou sugestões, acesse nossa Central de Atendimento https://www.editorajuspodivm.com.br/central-de-relacionamento

Caso tenha adquirido o seu exemplar em uma de nossas livrarias parceiras:

1. Acesse o QRCode abaixo;
2. Preencha o formulário com os dados solicitados;
3. Localize seu Código de Verificação - PIN, logo abaixo do QR Code;
4. Aguarde o e-mail com as informações de acesso;
5. Aproveite seu material!

PIN: JUS4306

RICARDO ALEXANDRE

DIREITO
TRIBUTÁRIO

2025

19ª edição
revista, atualizada e ampliada

EDITORA JusPODIVM
www.editorajuspodivm.com.br

EDITORA *Jus*PODIVM
www.editorajuspodivm.com.br

Rua Canuto Saraiva, 131 – Mooca – CEP: 03113-010 – São Paulo – São Paulo
Tel: (11) 3582.5757
• Contato: https://www.editorajuspodivm.com.br/central-de-relacionamento

Diagramação: Equipe *Jus*PODIVM

Capa: Ana Caquetti

A381d Alexandre, Ricardo

Direito Tributário / Ricardo Alexandre – 19.ed., rev., atual. e ampl. – São Paulo: Editora JusPodivm, 2025.

1.088 p.

Inclui bibliografia.
ISBN: 978-85-442-5989-4.

1. Direito Tributário. 2. Contribuições. 3. Legislação Tributária. I. Alexandre, Ricardo. II. Título.

CDD 341.39

BIBLIOTECÁRIA RESPONSÁVEL

Ana Carolina Ribeiro Mois – CRB7 – RJ 007348/0

19.ª ed., *2.ª tir.:* mai./2025; *3.ª tir.:* jul./2025.

"Um professor sempre afeta a eternidade.
Ele nunca saberá onde sua influência termina."

Henry Adams

À minha mãe, Sonia, pela história de vida,
pelo amor, pela dedicação;

Aos meus irmãos, Jaqueline e Júnior, que, mesmo a
distância, mantêm-se presentes;

À Evelyne Peixoto, por superar o sonhador na certeza
da concretização do sonho;

A Cristiano Pimentel, por disponibilizar o seu
brilhantismo para o enriquecimento da obra;

À Procuradoria da Fazenda Nacional, à Receita
Federal do Brasil e ao Ministério Público de Contas de
Pernambuco, pelos anos de experiência
que me habilitaram a chegar até aqui;

E principalmente a eles, meus alunos, presenciais em
Recife e virtuais em todo o Brasil, incentivadores
e destinatários de todo o trabalho.

NOTA À 19.ª EDIÇÃO

Olá, amiga leitora! Olá, amigo leitor!

Chegamos à 19ª edição do nosso "Direito Tributário". Com exatamente uma edição a cada ano, ele chega à maioridade num momento extraordinário.

Com a aprovação da Emenda Constitucional 132/2023, foi estabelecida uma completa reformulação da tributação do consumo no Brasil. Na 18ª edição desta obra, falei que a mesma Reforma Tributária que alinhava o País a algumas das mais modernas regras de tributação já testadas e aprovadas no mundo desenvolvido, trouxe-me sensações e consequências múltiplas: para o cidadão, a fé e a esperança; para o tributarista, a desconfiança e o acompanhamento das propostas de regulamentação; para o autor, o árduo trabalho de atualizar a obra.

Esse trabalho de atualização, contínuo, incessante e empolgante foi redobrado para a produção desta 19ª edição. Foi publicada a Lei Complementar 214/2025, regulando vários aspectos da EC 132/2023 e, no seu aspecto mais relevante, instituindo os novos tributos de perfil nacional autorizados pela Reforma (CBS, IBS e Imposto Seletivo). Como decorrência, precisei atualizar, aprofundar e lapidar a maior parte do texto, ainda fresquinho, incluído na atualização passada.

Em várias passagens da edição pretérita, ao comentar um aspecto que precisaria ser definido pela lei complementar, apontei a solução que considerava mais adequada. Apesar de ter sido premiado com o grande prazer de acertar a imensa maioria dessas previsões, precisei, para esta nova edição, readequar o texto para detalhar com mais precisão o modelo que, ao final, foi adotado pelo legislador complementar.

Os novos tributos ainda não começaram a incidir, pois a implementação da Reforma Tributária passará por uma fase de transição de alguns anos para o contribuinte e de algumas décadas para os entes federados. De qualquer forma, o início da incidência do IVA-dual brasileiro, composto pela CBS e pelo IBS, está logo ali, a um simples princípio da anterioridade de distância. Sujeitos passivos, Administrações Tributárias, advogados, contadores, estudantes e "concurseiros" precisam se preparar para o que vem pela frente.

Em face desse admirável mundo novo, ao detalhado estudo do perfil constitucional dos tributos cuja criação foi autorizada pela Emenda Constitucional 132/2023, acrescentei as decisões político-legislativas que foram tomadas no momento da efetiva instituição, concretizada com a publicação da Lei Complementar 214/2025. Essa mesma Lei disciplinou diversos outros aspectos atinentes à nova tributação do consumo e alguns outros não diretamente a elas relacionados, mas que exigiram mudanças no texto desta edição, como algumas alterações nas regras do Simples Nacional, com vigência imediata.

Contudo, esta obra não é um manual de legislação tributária. Assim, não está entre os seus objetivos comentar os 544 artigos da LC 214/2025. Nos Capítulos 13 a 16, nosso "Direito Tributário" comenta o perfil constitucional de cada imposto que compõe o Sistema Tributário Nacional (e da CBS, pela simetria com o IBS). Para isso, precisa visitar as leis que instituem esses tributos e comentar os dispositivos essenciais ao delineamento dos termos em que os entes federados exerceram a competência tributária que lhes foi conferida pela Constituição. Especificamente quanto à CBS, ao IBS e ao Imposto Seletivo, confesso que o grau de detalhamento legal do perfil constitucional do imposto foi um pouco mais analítico do que o que fiz para os demais impostos. Isso porque o grau de inovação, a curiosidade e a necessidade decorrentes de uma reformulação tão ampla na tributação do consumo exigiram um caráter mais aprofundado da análise.

De qualquer modo, mesmo diante das inúmeras alterações decorrentes da atordoante e auspiciosa reformulação da tributação do consumo, o nosso Direito Tributário chega à sua maioridade mantendo-se firme na sua pretensão, confessada desde sua primeira edição, de não apenas acompanhar, mas também influenciar a alucinante evolução doutrinária, legislativa e jurisprudencial do Direito Tributário brasileiro, de modo a continuar a gozar do orgulhoso *status* de ser a referência nacional dentro dos seus claros objetivos.

Inicialmente, o objetivo era o de propiciar ao candidato uma preparação em alto nível para as provas de Direito Tributário dos mais importantes concursos públicos do País. Contudo, fui surpreendido pelos caminhos trilhados pela obra. A par de atender seu objetivo, tornando-se leitura praticamente obrigatória na preparação para concursos, o nosso Direito Tributário ganhou o mundo acadêmico e hoje me dá o orgulho de ser adotado como livro-texto em inúmeras universidades do Brasil. Além disso, é utilizado por profissionais que precisam conhecer como o ordenamento jurídico-tributário é entendido pelos órgãos constitucionalmente legitimados, a dizer o direito aplicável a cada caso, com poderes coercitivos e a força da coisa julgada.

Dentro desse contexto e admitindo-se que, no mundo real, conforme afirma parte da doutrina norte-americana, a Constituição e a lei são o que a Suprema Corte diz que elas são, um dos objetivos desta obra é, tomando o Supremo Tribunal Federal e o Superior Tribunal de Justiça como guias, dizer o que efetivamente são as leis tributárias e a Constituição Tributária Brasileira, possibilitando ao estudante, ao profissional e ao candidato a cargo ou emprego público maior segurança na busca da consecução dos respectivos desígnios.

Tenho também o orgulho de haver introduzido uma nova metodologia, hoje copiada por inúmeros manuais de Direito. Falo da citação, no próprio texto do livro – e não apenas em exercícios de fixação –, daquilo que, em sala de aula, apelido como "jurisprudência de banca". Trata-se de algo que muito me ajudou na preparação para os vários concursos públicos a que me submeti. Nos livros e Códigos que utilizei, sempre escrevi anotações do tipo "para a VUNESP é assim, já para o CESPE, a FGV e a FCC, o entendimento correto é desta outra forma". Tais anotações, que tanto contribuíram para minhas aprovações, passaram a constar do livro para colaborar com as aprovações dos meus leitores.

A cada edição, o objetivo de radical atualização legislativa e jurisprudencial é acompanhado de uma revisão com para-brisa e retrovisor. Pelo retrovisor, vejo o que passou durante o tempo transcorrido entre a edição anterior e a que está sendo lançada, fazendo uma revisão de questões, decisões judiciais e novidades legislativas e doutrinárias. Pelo para-brisa, tento olhar para o futuro e introduzir no texto as novidades que provavelmente serão cobradas no futuro.

Nas edições mais recentes, apresentei aos meus leitores um ousado projeto de atualização perene, que, de tão exitoso, foi incorporado em definitivo para todas as novas edições. A ideia consiste basicamente em usar da tecnologia da informação também no livro escrito, mantendo-o conectado e rigorosamente atualizado do ponto de vista jurisprudencial durante todo o ano. Significa que você, ao adquirir o livro, não mais correrá o risco de chegar ao fim do ano sem ser informado pelo próprio autor sobre as principais inovações introduzidas pelo STF e pelo STJ no Direito Tributário brasileiro. Assim, periodicamente, você será notificado a assistir a um vídeo do autor explicando detalhadamente as inovações jurisprudenciais que tenham repercussão no conteúdo do livro, de forma a manter-se rigorosamente atualizado para o seu concurso, para a sua faculdade, para a sua vida profissional.

Dessa forma, além dos profundos e numerosos acréscimos e alterações decorrentes da regulamentação da reforma na tributação do consumo (LC 214/2025), o trabalho de atualização legislativa e jurisprudencial, como não poderia deixar de ser, também foi criteriosamente realizado e, como resultado, destaco as mudanças e inserções relativas aos seguintes pontos:

- O item 1.2 foi ampliado para comentar a edição, pelo STJ, da Súmula 666, sobre a legitimidade passiva na ação de repetição de indébito relativa a tributo cuja arrecadação é destinada a terceiros;

- No subitem 1.4.2, foi inserido comentário acerca do entendimento do STF sobre a proibição da vinculação da receita de impostos a órgão, fundo ou despesa, bem como sobre suas exceções;

- O item 1.4.6.1.2 foi ampliado para comentar a instauração e a solução da controvérsia jurídica, que resultou na edição, pelo STF, da Súmula Vinculante 62;

- O item 2.6.2.9 foi criado para analisar o entendimento do STF acerca da diferenciação do tratamento tributário conferido a aposentados e pensionistas residentes no exterior;

- O item 2.6.3.2 foi ampliado para abordar o entendimento do STF acerca da obrigatoriedade de as instituições financeiras fornecerem à Fazenda informações relativas a transações com cartões de débito, de crédito ou PIX;

- O subitem 2.7.3 foi ampliado para analisar o entendimento do STF acerca da inaplicabilidade do princípio da noventena aos efeitos de ato normativo que impede a implementação de redução de carga tributária, prevista em norma prestes a entrar em vigor;

- O item 2.8.5 foi ampliado para comentar o novo entendimento do STF sobre os limites das multas tributárias de ofício, sob a ótica do princípio da vedação ao efeito confiscatório;

- O item 2.18.4.5.1 foi ampliado para explicar o entendimento do STF acerca da inaplicabilidade da imunidade musical a suportes materiais produzidos fora do Brasil, mesmo que contendo obra musical de artista brasileiro;

- O item 3.2.4.3 foi ampliado com a análise do entendimento do STJ acerca da impossibilidade de cobrança retroativa de tributo não recolhido por sujeito passivo, que se guiou por prática reiteradamente observada pelas autoridades administrativas;

- O item 6.4.2.1 foi adaptado para melhor detalhar a diferença de requisitos para a previsão, pelo legislador, da substituição e da antecipação tributárias;

- O item 6.4.2.2 foi ampliado para analisar a tese firmada pelo STJ acerca da inaplicabilidade da condição estabelecida, pelo art. 166 do CTN, aos pedidos de ressarcimento na sistemática da substituição tributária para frente;

- O item 6.5.1.2 foi ampliado para comentar o novo entendimento do STJ sobre a previsão editalícia de responsabilidade do arrematante de imóvel em hasta pública pelos tributos em aberto na data da alienação;

- O item 8.7 teve trechos reescritos, para abordar o entendimento do STJ sobre a exigibilidade de certidão de regularidade fiscal como requisito para o deferimento de recuperação judicial;

- O item 8.7 também foi ampliado para analisar a decisão do STF acerca da possibilidade de exclusão de contribuinte de programa de parcelamento por causa não prevista expressamente em lei ("tese das parcelas ínfimas ou impagáveis");

- O item 8.7 passou por mais uma ampliação para abordar o entendimento do STJ sobre a possibilidade da estipulação, em ato normativo infralegal, de valor máximo de débito passível de inclusão em parcelamento simplificado;

- O item 9.1.1.7.1 foi ampliado para apontar os diferentes entendimentos das Turmas do STJ a respeito da exigibilidade aos Correios do cumprimento do art. 166 do CTN, como requisito para a repetição de indébito de ISS que, indevidamente, lhe foi cobrado;

- O subitem 9.1.1.7.4 foi ampliado para abordar recente decisão do STF acerca dos acréscimos legais aplicáveis aos débitos da Fazenda Pública, em face do prazo constitucional para pagamento de precatórios;

- O item 9.1.6.1 foi alterado para refletir a inclusão, pela LC 208/2024, do protesto extrajudicial como hipótese de interrupção do prazo prescricional. A mudança também gerou pequena adaptação no item 9.1.6.1.3;

- No item 11.2.4, foi inserido comentário para adaptá-lo às mudanças feitas no item 8.7 concernentes ao entendimento do STJ sobre a tensão entre a exigência de certidões negativas na recuperação judicial e o princípio da preservação da empresa;

- O item 12.2.1 foi ampliado para comentar a ampliação pela LC 208/2024 do poder de requisição da autoridade administrativa;

- O item 12.2.2.2.3 foi ampliado para comentar a extensão a todos os órgãos e entidades do setor público do dever de colaborar e compartilhar bases de dados com as diversas administrações tributárias;

- O item 12.5 foi ampliado para comentar a decisão do STF que eleva o protesto de CDA à condição prévia ao ajuizamento da execução fiscal;

- O item 14.1.3 foi ampliado para comentar a decisão do STF sobre a não incidência do ITCMD sobre o repasse aos beneficiários de valores e direitos relativos a VGBL ou PGBL em decorrência de morte do titular do plano;

- No item 14.2.2.1, foi inserida menção à decisão do STF sobre a incidência de ICMS sobre operações de transporte marítimo;

- O item 17.6.4 foi ampliado para analisar as decisões do STF sobre o dever de repartir receitas ainda que delas não decorra efetivo ingresso de recursos nos cofres públicos;

- O item 17.9 foi ampliado para aprofundar o debate envolvendo o dever de repartição das receitas tributárias e a concessão de benefícios fiscais;

- O item 18.8 foi ampliado para comentar a aplicabilidade da isenção, concedida aos optantes do Simples Nacional, das contribuições que tenham sido instituídas pela União após o advento da Lei Complementar 123/2016;

- O item 7.1.1 foi reescrito para se adaptar ao entendimento do STJ acerca da constituição de crédito tributário relativo a contribuições para a seguridade social, decorrentes de sentenças trabalhistas;

- Parte do item 1.4.6.3.1 foi reescrito para melhor analisar a evolução do entendimento jurisprudencial acerca da natureza jurídica das contribuições, devidas pelos advogados, à OAB (anuidades).

São muitas as novidades, mas tenho certeza que, no início do ano de 2026 – quando, querendo Deus, estarei lançando a 20ª edição desta obra –, a lista de atualizações já será completamente conhecida e entendida por você, que adquiriu esta 19ª edição e certamente terá aproveitado a inovação da atualização perene da obra.

Como sempre, agradeço a indispensável ajuda dos leitores de todo o Brasil, que, com suas críticas e sugestões, têm dado uma colaboração incalculável para manter o nosso Direito Tributário atendendo aos anseios de seu exigente público-alvo.

Ricardo Alexandre

SUMÁRIO

LISTA DE ABREVIATURAS

AC – Ação Cautelar
ADCT – Ato das Disposições Constitucionais Transitórias
ADI/ADIN – Ação Direta de Inconstitucionalidade
AFRF – Auditor-Fiscal da Receita Federal do Brasil
AgR/AgRg – Agravo Regimental
AGRRE – Agravo Regimental em Recurso Extraordinário
AGU – Advocacia-Geral da União
AI – Agravo de Instrumento
ALALC – Associação Latino-Americana de Livre Comércio
AMS – Apelação em Mandado de Segurança
ANTT – Agência Nacional de Transportes Terrestres
BACEN – Banco Central do Brasil
CAERD – Companhia de Águas e Esgotos de Rondônia
CB – Constituição do Brasil
CC – Código Civil
CDA – Certidão de Dívida Ativa
CEBRASPE – Centro de Seleção e Promoção de Eventos
CF – Constituição Federal
CIDE – Contribuição de Intervenção no Domínio Econômico
CLT – Consolidação das Leis do Trabalho
CNPJ – Cadastro Nacional das Pessoas Jurídicas
CNPL – Confederação Nacional das Profissões Liberais
COFINS – Contribuição para o Financiamento da Seguridade Social

COMSHELL – Sociedade de Previdência Privada da Shell do Brasil Ltda.
CONFAZ – Conselho Nacional de Política Fazendária
COSIP – Contribuição para o Custeio do Serviço de Iluminação Pública
CPC – Código de Processo Civil
CPF – Cadastro das Pessoas Físicas
CPMF – Contribuição Provisória sobre Movimentação Financeira
CRC – Conselho Regional de Contabilidade
CREA – Conselho Regional de Engenharia, Arquitetura e Agronomia
CRECI – Conselho Regional de Corretores de Imóveis
CRJ – Coordenação-Geral da Representação Judicial da Fazenda Nacional
CRM – Conselho Regional de Medicina
CSLL – Contribuição Social sobre o Lucro Líquido
CSRF – Câmara Superior de Recursos Fiscais do Ministério da Fazenda
CTN – Código Tributário Nacional
DARF – Documento de Arrecadação de Receitas Federais
DF – Distrito Federal
DIRF – Declaração de Imposto de Renda Retido na Fonte
DJU – Diário da Justiça da União
DL – Decreto-Lei
DRJ – Delegacia da Receita Federal de Julgamento
EC – Emenda Constitucional
ECT – Empresa de Correios e Telégrafos
ED – Embargos de Declaração
Edv – Embargos de Divergência
EmbInf. – Embargos Infringentes
EREsp – Embargos de Divergência no Recurso Especial
ESAF – Escola de Administração Fazendária
FCC – Fundação Carlos Chagas
FETRANSPOR – Federação das Empresas de Transportes de Passageiros do Rio de Janeiro
FINSOCIAL – Contribuição para o Fundo de Investimento Social

FPE	–	Fundo de Participação dos Estados
FPM	–	Fundo de Participação dos Municípios
GATT	–	Acordo Geral sobre Tarifas e Comércio (*General Agreement on Tariffs ans Trade*)
HC		*Habeas Corpus*
ICM	–	Imposto sobre a Circulação de Mercadorias
ICMS	–	Imposto sobre Operações relativas à Circulação de Mercadorias e sobre Prestações de Serviços de Transporte Interestadual e Intermunicipal e de Comunicação
IE	–	Imposto sobre a Exportação
IEG	–	Impostos Extraordinários de Guerra
IGF	–	Imposto sobre Grandes Fortunas
II	–	Imposto sobre a Importação
IN	–	Instrução Normativa
INSS	–	Instituto Nacional do Seguro Social
IOF	–	Imposto sobre Operações Financeiras
IPI	–	Imposto sobre Produtos Industrializados
IPMF	–	Imposto Provisório sobre a Movimentação Financeira
IPTU	–	Imposto sobre a Propriedade Predial e Territorial Urbana
IPVA	–	Imposto sobre a Propriedade de Veículos Automotores
IR	–	Imposto sobre a Renda e Proventos de Qualquer Natureza
IRPF	–	Imposto de Renda das Pessoas Físicas
IRPJ	–	Imposto sobre a Renda das Pessoas Jurídicas
ISS	–	Imposto sobre Serviços
ITBI	–	Imposto sobre a Transmissão *Inter Vivos*, a Qualquer Título, por Ato Oneroso, de Bens Imóveis, por Natureza ou Acessão Física, e de Direitos Reais sobre Imóveis
ITCMD	–	Imposto sobre a Transmissão *Causa Mortis* e Doação
ITR	–	Imposto sobre a Propriedade Territorial Rural
IVA	–	Imposto sobre o Valor Agregado
LC	–	Lei Complementar
LD	–	Lei Delegada
LEF	–	Lei das Execuções Fiscais

LINDB – Lei de Introdução às Normas do Direito Brasileiro (antiga Lei de Introdução ao Código Civil – LICC. Ementa dada ao Decreto-lei 4.657/1942 pela Lei 12.376/2010)

LRF – Lei de Responsabilidade Fiscal

LTDA – Sociedade por Quotas de Responsabilidade Limitada (*Sociedade Limitada*)

MC – Medida Cautelar

MF – Ministro da Fazenda

Min. – Ministro

MP – Medida Provisória

MPOG – Ministério do Planejamento, Orçamento e Gestão

NCM – Nomenclatura Comum do Mercosul

NT – Não tributado

OAB – Ordem dos Advogados do Brasil

PAF – Processo Administrativo Fiscal

PFN – Procuradoria da Fazenda Nacional

PGBLs – Planos Garantidores de Benefícios Livres

PGE – Procuradoria-Geral do Estado

PGFN – Procuradoria-Geral da Fazenda Nacional

PIS – Programa de Integração Social

QO – Questão de Ordem

RA – Regulamento Aduaneiro

RE – Recurso Extraordinário

Rel. – Relator

REsp – Recurso Especial

RIPI – Regulamento do Imposto sobre Produtos Industrializados

RISTF – Regimento Interno do Supremo Tribunal Federal

RMS – Recurso Ordinário em Mandado de Segurança

ROMS – Recurso Ordinário em Mandado de Segurança

RREE – Recursos Especiais

RTJ – Revista Trimestral de Jurisprudência (do STF)

S.A. – Sociedade por Ações

SAT – Seguro Acidente de Trabalho

SEFAZ – Secretaria Estadual de Fazenda

SELIC – Sistema Especial de Liquidação e de Custódia

SENAC – Serviço Nacional de Aprendizagem Comercial

SENAI – Serviço Nacional de Aprendizagem Industrial

SISCOMEX – Sistema Integrado de Comércio Exterior

SRF – Secretaria da Receita Federal do Brasil

STF – Supremo Tribunal Federal

STJ – Superior Tribunal de Justiça

TCE – Tribunal de Contas do Estado

TCU – Tribunal de Contas da União

TFR – Tribunal Federal de Recursos

TIPI – Tabela de incidência do Imposto sobre Produtos Industrializados

TIT – Tribunal de Impostos e Taxas

TJ – Tribunal de Justiça

TRF – Técnico da Receita Federal (*hoje Analista da Receita Federal do Brasil*)

TRF – Tribunal Regional Federal

UFIR – Unidade Fiscal de Referência

VUNESP – Fundação para o Vestibular da Universidade Estadual Paulista

1

NOÇÕES INTRODUTÓRIAS

1.1 O DIREITO TRIBUTÁRIO COMO RAMO DO DIREITO PÚBLICO

É clássica a divisão do Direito entre os ramos público e privado.

A principal característica do **Direito Privado** é a predominância do interesse dos indivíduos participantes da relação jurídica. Mesmo havendo normas jurídicas de aplicação cogente ao caso concreto, haverá necessariamente a subjacência do interesse individual.

Assim, a título de exemplo, num casamento existe um conjunto de regras de Direito de Família consideradas normas de ordem pública a cuja observância não se podem furtar os cônjuges. Não obstante, há claramente, subjacente ao interesse da manutenção da ordem pública, o interesse dos indivíduos participantes da relação jurídica instaurada, o que situa o conjunto de normas aplicáveis na seara do Direito Privado.

Em Direito Privado, portanto, pela subjacência sempre presente do interesse privado, a regra é a **livre manifestação da vontade**, a **liberdade contratual**, a **igualdade entre as partes** da relação jurídica (os interesses privados são vislumbrados como equivalentes). Além disso, a regra em Direito Privado é a **disponibilidade dos interesses**, podendo os particulares abrir mão de seus direitos, ressalvados aqueles considerados indisponíveis, pois, como já destacado, a necessária subjacência do interesse privado não exclui a existência de disposições cogentes relativas à ordem pública.

Quando se passa a tratar de **Direito Público**, a análise parte de premissas bastante diferentes, quase que diametralmente opostas.

Os princípios fundamentais do regime jurídico de direito público são: a) a **supremacia do interesse público sobre o interesse privado**; e b) a **indisponibilidade do interesse público**.

Nessa linha, em virtude do primeiro princípio, quando há, numa relação jurídica, um polo ocupado pelo Estado, agindo nesta qualidade (como ente estatal buscando a consecução de fins públicos), e outro ocupado por particular defendendo seus direitos individuais, é considerada normal a atribuição de vantagens ao Estado. Há um desnivelamento, uma verticalização na relação jurídica. O Estado comparece um pouco acima; o particular, um pouco abaixo.

Explique-se melhor este ponto. Se um particular, proprietário de um estabelecimento comercial, deseja expandir seus negócios e, para isso, vê como fundamental a aquisição do prédio vizinho, também pertencente a outro particular, a única possibilidade à sua disposição é o acordo. Se o vizinho não se interessar pelas propostas do visionário comerciante, o negócio não se aperfeiçoará.

Ambos são particulares. Ambos defendem seus interesses individuais. A relação jurídica é **horizontalizada**, e nenhum deles pode impor sua vontade ao outro, pois o ordenamento jurídico não assegura a preponderância de quaisquer dos interesses em jogo.

Imagine-se agora a duplicação de uma rodovia entre as cidades "A" e "B". Suponha-se que, num determinado ponto do trajeto da nova pista, exista um imóvel pertencente a um particular que é utilizado como residência familiar. Novamente, há uma pessoa (o Estado) *precisando* de um imóvel pertencente a outra (o particular). Nesse caso, a inexistência de acordo não impedirá que o Estado adquira a propriedade. Mesmo com a possível discordância do particular, o ordenamento jurídico possibilita ao Estado utilizar-se do instituto da desapropriação. Aqui a relação jurídica é **verticalizada**, ou seja, o Estado comparece numa situação de supremacia, pois a duplicação da rodovia atende aos interesses de toda a coletividade. Dessa forma, o interesse do particular, embora legítimo, cederá em homenagem à supremacia do interesse público sobre o privado.

O segundo princípio, a indisponibilidade do interesse público, traz como consectário a impossibilidade de os agentes públicos praticarem atos que possam menoscabar o patrimônio público ou o interesse público.

Assim, se um particular "A" conta para um particular "B" a história de sua desditosa vida, com todas as nuances possíveis e imagináveis de sofrimento e penúria, para, ao fim, arrematar com um pedido de perdão de uma determinada dívida, "B" poderá livremente tomar a decisão que melhor lhe aprouver. Seu patrimônio (o crédito) é plenamente disponível, não havendo qualquer restrição à concessão do perdão (remissão).

Todavia, se "B" é um fiscal de tributos e o crédito que "A" deseja ver perdoado é um crédito tributário, o perdão não poderá ser concedido. O crédito tributário é parte do patrimônio público e, justamente por isso, indisponível.

Alguns poderiam se perguntar como é possível, diante da indisponibilidade do interesse público, a concessão de perdão por intermédio de lei, algo tão comum no Direito brasileiro. Ocorre que, nessa situação, o perdão está sendo concedido pelo próprio Estado ou, em face do princípio democrático, pelo próprio povo, verdadeiro destinatário teórico de todas as ações estatais.

O ponto crucial é que, ao menos na teoria, no Parlamento estão os representantes do povo. Dessa forma, a concessão de qualquer benefício fiscal por lei significa que o povo quis o proveito do beneficiário.

Seguindo esse raciocínio, pode-se dizer que o patrimônio público é indisponível apenas para aqueles meramente obrigados ao cumprimento das ordens dadas pelo povo, consubstanciadas em leis. Mas o próprio povo tem a prerrogativa de dispor de tal patrimônio – que, em última análise, pode ser visto como seu patrimônio – por meio das leis que elabora, por meio de seus representantes legítimos.

Tudo o que foi exposto deixa claro que o **Direito Tributário** é, inequivocamente, ramo do Direito Público e que a ele são inteiramente aplicáveis os princípios fundamentais inerentes ao regime jurídico de direito público.

A supremacia do interesse público sobre o interesse privado é facilmente vista pelo fato de a obrigação de pagar tributo decorrer diretamente da lei, sem manifestação de vontade autônoma do contribuinte (foi proprietário de um imóvel na área urbana, tem que pagar IPTU, querendo ou não) e pelas diversas prerrogativas estatais que colocam o particular num degrau abaixo do ente público nas relações jurídicas, como, por exemplo, o poder de fiscalizar, de aplicar unilateralmente punições e apreender mercadorias, entre tantos outros.

Já a indisponibilidade do interesse e do patrimônio público é visualizada, de maneira cristalina, na sempre presente exigência de lei para a concessão de quaisquer benefícios fiscais. Por ser extremamente oportuno, transcreve-se o pedagógico art. 150, § 6.º, da CF/1988:

> "§ 6.º Qualquer subsídio ou isenção, redução de base de cálculo, concessão de crédito presumido, anistia ou remissão, relativos a impostos, taxas ou contribuições, só poderá ser concedido mediante lei específica, federal, estadual ou municipal, que regule exclusivamente as matérias acima enumeradas ou o correspondente tributo ou contribuição, sem prejuízo do disposto no art. 155, § 2.º, XII, *g*".

São claros os termos do dispositivo. Todos os institutos citados enquadram-se na definição de "benefícios fiscais", dependendo da edição de lei específica a implementação de quaisquer deles, afinal, como já afirmado, só o povo pode dispor do patrimônio público.

1.2 ATIVIDADE FINANCEIRA DO ESTADO

O Estado existe para a consecução do bem comum. Para atingir tal mister, precisa obter recursos financeiros, o que faz, basicamente, de duas formas, que dão origem a uma famosa classificação dada pelos financistas às receitas públicas.

Para obter receitas **originárias**, o Estado se despe das tradicionais vantagens que o regime jurídico de direito público lhe proporciona e, de maneira semelhante a um particular, obtém receitas **patrimoniais** ou **empresariais**. A título de exemplo, cite-se um contrato de aluguel em que o locatário é um particular e o locador é o Estado. O particular somente se obriga a pagar o aluguel porque manifesta sua **vontade** ao assinar o contrato, **não havendo manifestação de qualquer parcela do poder de império estatal**.

Na obtenção de receitas **derivadas**, o Estado, agindo como tal, utiliza-se das suas prerrogativas de Direito Público, edita uma lei obrigando o particular que pratique determinados atos ou se ponha em certas situações a entregar valores aos cofres públicos, **independentemente de sua vontade**. Como exemplo, aquele que auferiu rendimento será devedor do imposto sobre a renda e proventos de qualquer natureza (imposto de renda) independentemente de qualquer manifestação volitiva.

Registre-se, por oportuno, que tanto nas receitas originárias quanto nas derivadas existem hipóteses em que o sujeito passivo (devedor) também é ente estatal, sendo a nota distintiva entre as espécies de receita ora estudadas o **regime jurídico** a que estão essencialmente submetidas (direito público ou privado) e não os polos da respectiva relação jurídica.

A classificação ora analisada pode ser esquematizada da seguinte forma:

Receitas Públicas

Originárias	Regime jurídico	Característica	Exemplos
Originam-se do patrimônio do Estado	Predominantemente de Direito Privado	O Estado explora seu próprio patrimônio	Aluguéis e receitas de empresas públicas e sociedades de economia mista

Derivadas	Regime jurídico	Característica	Exemplos
Originam-se do patrimônio do particular	Direito Público	O Estado usa o seu poder de império e obriga o particular a contribuir	Tributos, multas e reparações de guerra

Atualmente, com a concepção de Estado mínimo que tem sido globalmente adotada, tornando excepcional a exploração de atividade econômica por parte do Estado, perderam importância as receitas originárias, tendo como consequência a concentração da arrecadação estatal precipuamente nas receitas derivadas.

A excepcionalidade da exploração de atividade econômica por parte do Estado é decorrente de previsão constitucional expressa (CF, art. 173):

> "Art. 173. Ressalvados os casos previstos nesta Constituição, a exploração direta de atividade econômica pelo Estado só será permitida quando necessária aos imperativos da segurança nacional ou a relevante interesse coletivo, conforme definidos em lei".

Nesta obra, o objeto de estudo serão as **receitas derivadas**, especificamente a modalidade tributos. Antes, entretanto, um esclarecimento extremamente necessário.

É lugar-comum se afirmar que o Estado tributa para conseguir carrear recursos para os cofres públicos, possibilitando o desempenho de sua atividade financeira, tudo em busca do seu desígnio maior: o bem comum. Essa visão é correta, mas incompleta.

No período clássico das finanças públicas (Estado Liberal dos séculos XVIII e XIX), a regra fundamental, quase que absoluta, era a não intervenção do Estado na economia. Foi nessa época que Adam Smith apontou a existência de uma "mão invisível do mercado", que se responsabilizaria pelo ótimo funcionamento da economia, automaticamente corrigindo os desvios, propiciando as condições necessárias ao crescimento econômico e à melhoria das condições da vida em sociedade.

Nessa linha, o liberalismo entendia que o Estado não deveria intervir no domínio econômico, de forma que os tributos deveriam ser *neutros*, ou seja, apenas uma forma de obtenção de meios materiais para as atividades típicas do Estado (Estado Polícia), jamais um instrumento de mudança social ou econômica.

Nesse período, não se tinha como princípio da tributação a isonomia. Os desiguais eram tratados igualmente, de forma que cada contribuinte estava sujeito à mesma carga tributária, sem se cogitar a possibilidade de aferição individual da capacidade.

Foi só no final do século XIX que a "mão poderosa e visível" do Estado passou a ser utilizada como instrumento para correção das distorções geradas pelo liberalismo.

Os humores da economia variavam bruscamente entre a depressão e a euforia. As fases depressivas sempre eram acompanhadas por epidemias de desemprego, agravadas pelos efeitos que a Revolução Industrial e seu alto índice de mecanização trouxeram sobre o mercado de trabalho.

Adentra-se, então, no período moderno das finanças públicas, caracterizado pela intervenção do Estado no domínio econômico e social. Sai de cena o liberalismo. Entra em cartaz o Estado do Bem-Estar Social (*Welfare State*).

Precisando intervir, o Estado passa a perceber que dispunha de uma poderosa arma em suas mãos: o tributo.

O tributo passa a ser, sempre que possível, graduado de acordo com a **capacidade econômica do contribuinte**. Ressalte-se que, na Constituição atual, o princípio vincula apenas a instituição de **impostos**, o que, conforme será explicitado no momento oportuno, não impede sua aplicação no tocante às demais espécies tributárias.

Nessa nova fase, o Estado também percebe que nenhum tributo é completamente neutro, pois, mesmo que objetive exclusivamente arrecadar, acaba gerando impactos sobre o funcionamento da economia.

Assim, o Estado passa a aproveitar esses efeitos colaterais dos tributos, instituindo-os com o objetivo de intervir no domínio econômico e na ordem social.

Num passado recente, a título de exemplo, o Estado, visando a estimular o desenvolvimento da indústria automobilística nacional, em vez de simples e radicalmente proibir a importação de veículos, recorreu ao imposto de importação, majorando-lhe as alíquotas, de forma a inibir as operações.

Verifica-se que o efeito da medida sobre a arrecadação tributária é relativamente imprevisível, pois, apesar do aumento de alíquota, é provável que as importações caiam e talvez a arrecadação total, mesmo com a nova alíquota, também venha a cair (aliás, nesse caso, o Estado estará, indiretamente, desejando essa queda de arrecadação do imposto).

Na mesma linha, é muito comum que, em alguma época do ano, seja divulgada a notícia de que as grandes montadoras de veículos irão promover demissão em massa ou, no mínimo, férias coletivas, em virtude de uma estagnação econômica que esteja causando queda nas vendas. Temendo o impacto social da medida, o governo chama para a negociação os representantes da indústria e dos empregados, propondo uma redução da alíquota do IPI para que o veículo se torne mais barato, o mercado automotivo ganhe fôlego e os empregos sejam mantidos. Novamente, o impacto sobre a arrecadação é imprevisível, pois a queda da alíquota pode ser compensada pelo aumento das vendas (inclusive, tal aspecto é irrelevante do ponto de vista do objetivo precípuo do governo no caso: manter os empregos).

É muito importante ressaltar que esses tributos também arrecadam, mas a finalidade arrecadatória fica num segundo plano, dado o objetivo principal das medidas.

Assim, existem tributos cuja finalidade principal é **fiscal**, ou seja, arrecadar, carrear recursos para os cofres públicos (ex.: IBS, IR, IPVA etc.). Há tributos, contudo, que têm por finalidade precípua intervir numa situação social ou econômica. É a finalidade **extrafiscal** (como nos exemplos citados, no IOF, no IE, no ITR, no imposto seletivo etc. – em momento oportuno, será detalhada a maneira como estes e outros tributos são utilizados de forma extrafiscal).

Também nos casos de tributos com finalidade fiscal, a finalidade extrafiscal, não obstante secundária, far-se-á presente. Analise-se, a título de exemplo, o imposto de renda. Trata-se de um tributo claramente fiscal, mas a progressividade das alíquotas, apesar de ter uma finalidade arrecadatória (exigir mais de quem pode contribuir mais), acaba trazendo um efeito social interessante.

Quem ganha "pouco" nada paga (isenção); quem ganha "muito" contribui sob uma alíquota de 27,5%. Em contrapartida, parte da arrecadação é utilizada para prestar serviços públicos e, em regra, quem usa tais serviços (educação e saúde, por exemplo) são as pessoas isentas, uma vez que as que possuem maior renda normalmente têm planos privados de saúde e pagam por educação particular. Dessa forma, o IR acaba tendo uma função extrafiscal embutida: redistribuir renda (alguns, mais românticos, chamam-no, por isso, de imposto Robin Hood – tira dos ricos para dar aos pobres).

Ao lado dessas duas finalidades (fiscal e extrafiscal), a doutrina cita uma terceira, em que, na realidade, objetiva-se também a arrecadação. A diferença reside no fato de a lei tributária nomear sujeito ativo diverso da pessoa que a expediu, atribuindo-lhe a disponibilidade dos recursos arrecadados para o implemento de seus objetivos. Como exemplo, podem ser citadas as contribuições previdenciárias, que, antes da criação da Secretaria da Receita Previdenciária (hoje parte da Receita Federal do Brasil), eram cobradas pelo INSS (autarquia federal), que passava a ter, também, a disponibilidade dos recursos auferidos. Tem-se aí a finalidade **parafiscal** da tributação.

É possível concluir, portanto, que, na parafiscalidade, o objetivo da cobrança de tributo é arrecadar, mas o produto da arrecadação é destinado a ente diverso daquele que institui a exação. Por óbvio, o beneficiário dos recursos sempre será uma instituição que desempenhe uma atividade tipicamente estatal (como o caso do INSS) ou de interesse do Estado, como os denominados serviços sociais autônomos (SESI, SESC, SENAI, SEBRAE, SEST, dentre outros).

Hoje em dia, a maioria dos tributos tradicionalmente definidos como "contribuições parafiscais" tem por sujeito ativo a própria União, não se enquadrando na tradicional definição de parafiscalidade (em virtude da não atribuição da condição de sujeito ativo ao beneficiário).

Assim, é possível afirmar que, atualmente, para a caracterização do fenômeno da parafiscalidade, basta que o produto da arrecadação seja destinado a pessoa diversa da competente para a criação do tributo. Se houver delegação da capacidade tributária ativa, certamente existirá parafiscalidade, mas não se trata de condição indispensável. Essa tem sido a diretriz adotada nas provas de concurso público. Como exemplo, no certame para provimento de cargos de Analista Legislativo da Câmara de Deputados, realizado em 2014, o CEBRASPE considerou **correta** a seguinte assertiva: "A parafiscalidade caracteriza-se pela destinação do produto da arrecadação a ente diverso do que instituiu o tributo".

Apesar de poder ser considerada irrelevante para a definição da finalidade do tributo, a existência ou não de delegação da capacidade tributária ativa para a entidade destinatária do produto da arrecadação do tributo possui a importante consequência de **determinar em face de quem deve ser ajuizada uma eventual ação de repetição de indébito**.

A entidade que não detém a capacidade tributária ativa é alheia à relação jurídico-tributária instaurada entre o sujeito ativo e o sujeito passivo. Dessa forma, estando desprovida dos poderes de fiscalização e cobrança, ela **não possui legitimidade passiva** para responder em ações de repetição de indébito relativa ao tributo de cuja receita é titular.

O Superior Tribunal de Justiça, adotando esse entendimento, editou a Súmula 666, cujo teor é o seguinte:

> **STJ - Súmula 666 –** "A legitimidade passiva, em demandas que visam à restituição de contribuições de terceiros, está vinculada à capacidade tributária ativa; assim, nas hipóteses em que as entidades terceiras são meras destinatárias das contribuições, não possuem elas legitimidade ad causam para figurar no polo passivo, juntamente com a União".

1.3 DEFINIÇÃO DE TRIBUTO

A doutrina é rica em definições de tributo. A título de exemplo, Luciano Amaro define tributo como "a prestação pecuniária não sancionatória de ato ilícito, instituída em lei e devida ao Estado ou a entidades não estatais de fins de interesse público".

Para os objetivos desta obra, torna-se importante ressaltar que, não obstante as críticas da doutrina, a definição de tributo **tem sede legal**. É o art. 3.º do Código Tributário Nacional que traz a "definição oficial" de tributo, lavrada nos seguintes termos:

> "Art. 3.º Tributo é toda prestação pecuniária compulsória, em moeda ou cujo valor nela se possa exprimir, que não constitua sanção de ato ilícito, instituída em lei e cobrada mediante atividade administrativa plenamente vinculada".

Para um completo entendimento do tema, tal definição deve ser analisada em todos os seus aspectos.

1.3.1 Prestação pecuniária, em moeda ou cujo valor nela se possa exprimir

É impossível não perceber certa redundância na redação do dispositivo, já que prestações pecuniárias são justamente aquelas em moeda. Alguns entendem que a expressão "ou cujo valor nela se possa exprimir" constituiria uma autorização para a instituição de tributos *in natura* (em bens) ou *in labore* (em trabalho, em serviços), uma vez que bens e serviços são suscetíveis de avaliação em moeda.

Seguindo esse raciocínio, se a alíquota do imposto de importação incidente sobre determinada bebida fosse de 50%, o importador, ao adquirir mil garrafas, poderia deixar quinhentas na alfândega a título de tributo; ou, como já aceito por alguns Municípios, seria permitido ao devedor de IPTU quitar suas dívidas pintando prédios públicos ou podando algumas árvores espalhadas pela cidade. As situações beiram o cômico e ilustram a impossibilidade.

Apesar de a Lei Complementar 104/2001 ter acrescentado o inciso XI ao art. 156 do CTN, permitindo a dação em pagamento de bens **imóveis** como forma de extinção do crédito tributário, não se pode tomar a autorização como uma derrogação da definição de tributo no ponto em que se exige que a prestação seja "em moeda", pois o próprio dispositivo oferece a alternativa "ou cujo valor nela [em moeda] se possa exprimir". Assim, é lícito entender que o CTN permite a quitação de créditos tributários mediante a entrega de outras utilidades que possam ser expressas em moedas, deste que tais hipóteses estejam previstas no próprio texto do Código, que no seu art. 141 afirma que o crédito tributário somente se extingue nas hipóteses nele previstas.

Inicialmente adotando uma interpretação bastante restritiva do art. 141 do CTN, o Supremo, no julgamento da Medida Cautelar na ADI 1.917/DF, considerou inconstitucional lei do Distrito Federal que permitia o pagamento de débitos das microempresas, das empresas de pequeno porte e das médias empresas, mediante dação em pagamento de materiais destinados a atender a programas de Governo do DF. Um dos fundamentos da decisão foi a reserva de lei complementar para tratar de extinção do crédito tributário (Pleno, ADI 1.917-MC/DF, rel. Min. Marco Aurélio, j. 18.12.1998, DJ 19.09.2003, p. 15).

Posteriormente, no julgamento da ADI 2.405-MC/RS, o Tribunal, por maioria de votos, afirmou ser possível a criação de novas hipóteses de extinção do crédito tributário na via da lei ordinária local (Pleno, ADI 2.405-MC/RS, Rel. Min. Carlos Britto, j. 06.11.2002, DJ 17.02.2006, p. 54). Os principais fundamentos para o julgado foram os seguintes:

a) o **pacto federativo**, que permite ao ente estipular a possibilidade de receber algo do seu interesse para quitar um crédito de que é titular; e

b) a diretriz interpretativa segundo a qual "**quem pode o mais pode o menos**", uma vez que se o ente pode até **perdoar** o que lhe é devido, mediante a edição de lei concessiva de remissão (o mais), pode, também, autorizar que a extinção do crédito seja feita de uma **forma não prevista no Código Tributário Nacional** (o menos).

No julgamento final da ADI 1.917/DF (Pleno, Rel. Min. Ricardo Lewandowski, j. 26.04.2007, DJ 24.08.2007, p. 22), o STF reafirmou seu entendimento relativo à inconstitucionalidade da previsão, em lei local, de extinção do crédito tributário mediante **dação em pagamento de bens móveis**, só que desta feita apenas em virtude da reserva de lei federal para estipular regras gerais de licitação (se um ente recebe em pagamento um bem, está, na prática, adquirindo tal bem sem licitação).

Em 2019, ao julgar em definitivo a ADI 2.405/RS, o STF confirmou a possibilidade de os entes federados estatuírem novas hipóteses de suspensão e extinção do crédito tributário. Em um aspecto, porém, o julgado trouxe grande inovação. No voto que conduziu o julgamento, o Relator Alexandre de Morais **admitiu expressamente a possibilidade de os entes federados incluírem a dação em pagamento em bens móveis como forma de extinção do crédito tributário**, dando a entender que para tanto bastaria que a nova hipótese não configurasse agressão às regras de licitação.

A maneira exata de se respeitar essa restrição não foi detalhada no julgado. Entretanto, ao que parece, a resposta pode ser extraída dos debates ocorridos durante o julgamento da ADI 1.917/DF, quando o Ministro Cezar Peluso alegou que a dação em pagamento de **bens imóveis** prevista na lei distrital não agredia o princípio da licitação porque resultaria na aquisição, pelo DF, de um "imóvel determinado". Em complemento ao raciocínio, o Ministro Sepúlveda Pertence explicou que o imóvel seria oferecido pelo devedor e um conselho verificaria o interesse da administração distrital em aceitá-lo.

Ficou claro que os Ministros entenderam que da dação em pagamento de bem imóvel determinado não resulta agressão ao princípio licitatório **por conta da caracterização de uma inviabilidade de competição, tornando a licitação inexigível**. No caso de bens móveis, a ocorrência de situações semelhantes é bem mais difícil, mas não impossível. Pode-se imaginar, por exemplo, o pagamento de débitos tributários mediante a dação em pagamento de vacinas desenvolvidas para a imunização contra uma nova doença, num momento em que a escassez desse item inviabilize por completo a realização de procedimento licitatório para sua aquisição.

De outra banda, configurariam agressão ao princípio da licitação, sendo, portanto, vedadas, situações semelhantes à imaginada pelo Ministro Ricardo Lewandowski ainda nos debates ocorridos no julgamento da ADI 1917/DF:

> "Imaginei logo o seguinte: o que diríamos se o nosso querido Estado de São Paulo permitisse a quitação de débitos do ICMS com carregamento de bananas, sem licitação, por exemplo? Porque banana está direcionado à merenda escolar."

Ao levar a argumentação ao absurdo, o Ministro demonstrou que se deve evitar que o Poder Público substitua o processo competitivo legalmente previsto para aquisição de mercadorias pelo manejo do instituto da dação em pagamento. No entanto, quando a competição é inviável, tal problema não existe.

Apesar de não ter sido um dos dispositivos diretamente impugnados na ADI 2.405/RS, o art. 122 da Lei Estadual (RS) 6.537/1973, introduzido pela Lei Estadual (RS) 11.475/2000, prevê entre as novas hipóteses de extinção de crédito tributário a dação em pagamento em bens, sem restringi-los aos imóveis. Conforme já analisado, o relator da ADI expressamente admitiu como constitucional a hipótese, apesar de, na ementa do julgado, constar apenas a afirmativa genérica de que os entes federados podem, nas suas leis, estabelecer novas hipóteses de suspensão e extinção do crédito tributário.

Da conjunção desses fatores, é possível afirmar que, a partir do julgamento da ADI 2.405/RS, **o Supremo passou a admitir que a lei local preveja a dação em pagamento em bens móveis como meio de extinção do crédito tributário**. Não obstante, conforme explanado, a utilização do instituto é bastante dificultada, tendo em vista a exigência de que dele **não resulte burla ao princípio da licitação**.

Em provas de concurso público, é essencial ter em mente que **a regra continua a ser considerar como formas de extinção do crédito tributário**

apenas as hipóteses previstas no CTN, dentre as quais não figura a dação em pagamento em bens móveis. A título de exemplo, no concurso para provimento de cargos de Auditor Fiscal de Tributos da Prefeitura de Nova Hamburgo/RS, realizado em 2020 (portanto, após o julgamento da ADI 2.405/DF), a banca examinadora (Instituto AOCP) considerou **correta** a seguinte assertiva: "De acordo com o Código Tributário Nacional (CTN), não é causa de extinção do crédito tributário a dação em pagamento em bens móveis, na forma e nas condições estabelecidas em lei".

Para abordar a remota possibilidade de adoção da dação em pagamento em bens móveis como forma de extinção do crédito tributário, **a questão precisa necessariamente se referir a uma previsão expressa do instituto em lei local.**

A expressão "ou cujo valor nela se possa exprimir" possui também a utilidade de permitir a fixação do valor dos tributos por meio de indexadores (como a UFIR – Unidade Fiscal de Referência, hoje extinta). Nesse caso, a justificativa adotada é bastante razoável, pois com uma mera operação aritmética é possível a conversão imediata entre o indexador utilizado e a moeda corrente adotada no País, o que prova que o indexador é algo "cujo valor pode ser expresso em moeda".

Há discussões também sobre a possibilidade de "pagamento" de tributo com títulos da dívida pública. Tal hipótese de extinção configura, a rigor, compensação tributária prevista no art. 156, II, do CTN. O raciocínio é simples: se o contribuinte possui um título da dívida pública contra determinado ente federado e deve tributo a este mesmo ente, as obrigações se extinguem até o montante em que se compensarem. Da caracterização da hipótese como compensação decorre a necessidade de lei autorizativa para a utilização dos títulos da dívida pública na extinção do crédito tributário (CTN, art. 170).

1.3.2 Prestação compulsória

O tributo é receita derivada, cobrada pelo Estado, no uso de seu poder de império. O dever de pagá-lo é, portanto, imposto pela lei, sendo irrelevante a vontade das partes (credor e devedor).

É verdade que somente a lei pode obrigar alguém a fazer ou deixar de fazer alguma coisa (CF, art. 5.º, II); assim, toda obrigação tem a lei por fonte (ao menos mediata).

Ocorre que são comuns os casos em que as obrigações têm por fonte imediata o contrato, cuja celebração depende da manifestação de vontade do contratante. Assim, o locatário é obrigado a pagar aluguel, porque assinou o respectivo instrumento de contrato, manifestando livremente sua vontade.

Em se tratando de obrigação tributária, contudo, a lei é fonte **direta** e **imediata**, de forma que seu nascimento independe da vontade e até do conhecimento do sujeito passivo. A regra, sem exceção, é a compulsoriedade (obrigatoriedade), e não a voluntariedade. Assim, o proprietário de imóvel localizado na área urbana do Município deve pagar o respectivo IPTU, não havendo espaço para se falar em manifestação de vontade no nascedouro da obrigação.

1.3.3 Prestação que não constitui sanção de ato ilícito

É exatamente neste ponto que reside a diferença entre tributo e multa. Apesar de ambos serem receitas derivadas, a multa é, por definição, justamente o que o tributo, também por definição, está proibido de ser: a sanção, a penalidade por um ato ilícito.

Esquematicamente, tem-se:

Tributo
Não possui finalidade sancionatória
Visa a arrecadar e a intervir em situações sociais e econômicas

X

Multa
É sanção por ato ilícito
O ideal é que não arrecade, pois visa a coibir a ato ilícito

Aqui, uma importantíssima observação. O dever de pagar tributo – conforme será detalhado em momento oportuno – surge com a ocorrência, no mundo concreto, de uma hipótese abstratamente prevista em lei (o fato gerador). Portanto, se alguém obtém disponibilidade econômica ou jurídica de rendimentos, passa a ser devedor do imposto de renda (CTN, art. 43), mesmo se esses rendimentos forem oriundos de um ato ilícito, ou até criminoso, como a corrupção, o tráfico ilícito de entorpecentes etc.

A justificativa para o entendimento é que, nesses casos, não se está punindo o ato com o tributo (a punição ocorrerá na esfera penal e, se for o caso, na administrativa e civil). A cobrança ocorre porque o fato gerador (obtenção de rendimentos) aconteceu e deve ser interpretado abstraindo-se da validade jurídica dos atos praticados (CTN, art. 118, I).

Alguns entendem que o Estado, ao tributar rendimentos oriundos de atividades criminosas, estaria se associando ao crime e obtendo, imoralmente, recursos de uma atividade que ele mesmo proíbe. Entretanto, seria injusto cobrar imposto daquele que trabalha honestamente e conceder uma verdadeira "imunidade" ao criminoso. Nessa linha de raciocínio, o Supremo Tribunal

Federal, ao julgar um caso sobre tráfico ilícito de entorpecentes, entendeu que, antes de ser agressiva à moralidade, a tributação do resultado econômico de tais atividades é decorrência do princípio da isonomia fiscal, de manifesta inspiração ética (HC 77.530-4/RS).

Esta possibilidade é conhecida na doutrina como princípio do *pecunia non olet* (dinheiro não cheira). A expressão, hoje tão popular entre os tributaristas, surgiu de uma situação, no mínimo, curiosa.

Um dos mais bem-sucedidos imperadores romanos, Vespasiano, instituiu um tributo – semelhante à atual taxa – a ser cobrado pelo uso dos mictórios públicos (latrinas). Seu filho, Tito, não concordou com fato gerador tão "malcheiroso". Ao tomar conhecimento das reclamações do filho, Vespasiano segurou uma moeda de ouro e lhe perguntou: *Olet*? (Cheira?). Tito respondeu: *Non olet* (Não cheira).

Não importava, portanto, se o "fato gerador", lá na latrina, cheirava mal, o dinheiro de lá proveniente não mantinha o cheiro da origem. A sabedoria popular explicaria o pensamento de Vespasiano de outra forma: "dinheiro é dinheiro".

Aplicando a lição histórica neste estudo, é possível afirmar que não importa se a situação é "malcheirosa" (irregular, ilegal ou criminosa): se o fato gerador ocorreu, o tributo é devido.

Assim, a título de exemplo, para evitar o que aconteceu a Al Capone (condenado e preso por sonegação fiscal), o criminoso teria de informar os rendimentos do crime na declaração entregue à Receita Federal, sob pena de responder também pela sonegação fiscal.

Por fim, um último ponto que merece destaque é a correlação entre a **proibição de tributo de caráter sancionatório** e o princípio que **proíbe a instituição de tributo com efeito de confisco** (detalhado no item 2.8).

O raciocínio é bastante simples. A Constituição Federal, no seu art. 5.º, XLVI, "b", prevê a possibilidade de que a lei, regulando a individualização da pena, adote, entre outras, a de **perda de bens**. Trata-se de formal autorização para a existência de **confisco** no Brasil, mas tão somente como **punição**.

Ora, considerando que o tributo não pode se constituir em sanção por ato ilícito e que o confisco somente é admitido no Brasil como pena, há de se concluir que o tributo não pode ter caráter confiscatório, justamente para não se transformar numa sanção por ato ilícito.

O entendimento foi expressamente adotado pelo CEBRASPE, quando, no concurso para provimento de cargos de Auditor-Fiscal da Receita Estadual do Estado do Espírito Santo, com provas realizadas em 2009, considerou **correta** a seguinte assertiva: "O princípio da não utilização de tributo com efeito de confisco dá-se, principalmente, pela falta de correspondência entre a punição de um ato ilícito e a cobrança de um tributo".

Na mesma linha, a Fundação Carlos Chagas, no concurso para provimento de cargos de Agente Fiscal de Rendas do Estado de São Paulo, promovido em 2009, considerou correta assertiva que afirmava serem identificáveis no conceito legal de tributo, previsto no art. 3.º do CTN, os princípios da legalidade e da vedação ao efeito de confisco. Ora, obviamente o princípio da legalidade salta aos olhos quando o Código afirma que o tributo é prestação instituída em lei; já o princípio da vedação ao efeito de confisco (não confisco), conforme explicado, além da expressa previsão constitucional, também reside na proibição legal de que o tributo configure sanção por ato ilícito, constante no conceito de tributo.

1.3.4 Prestação instituída em lei

Essa é uma regra sem exceção: o tributo só pode ser criado por lei (complementar ou ordinária) ou ato normativo de igual força (medida provisória). Isso decorre do princípio democrático: como a lei é aprovada pelos representantes do povo, pode-se dizer, ao menos teoricamente, que o povo só paga os tributos que aceitou pagar.

Tal ideia, no Direito norte-americano, é manifestada no brocardo "*No taxation without representation*" (não haverá cobrança de tributos sem representação). A representação exigida pela sentença é exatamente a aprovação da cobrança por meio dos representantes do povo (legalidade).

Uma última observação é importante. Embora não haja exceção à legalidade quanto à instituição de tributos, existem várias exceções ao princípio quanto à alteração de alíquotas, conforme apontado no esquema abaixo:

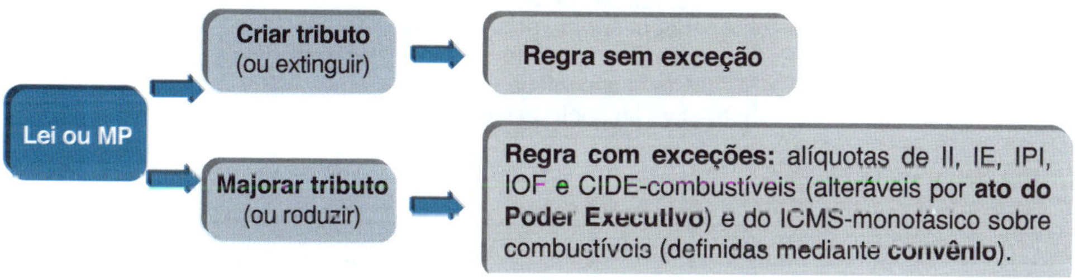

O detalhamento das exceções, com seus respectivos limites, é feito no Capítulo 2, no item 2.5.2, relativo ao princípio da legalidade.

1.3.5 Prestação cobrada mediante atividade administrativa plenamente vinculada

A vinculação da atividade de cobrança do tributo decorre do fato de ele ser instituído por lei e se configurar como uma prestação compulsória.

A autoridade tributária não pode analisar se é conveniente, se é oportuno cobrar o tributo. A cobrança é feita de maneira vinculada, sem concessão de qualquer margem de discricionariedade ao administrador. Mesmo que o fiscal, o auditor ou o procurador se sensibilizem com uma situação concreta, devem cobrar o tributo.

É muito importante registrar que, além do sentido acima analisado, as palavras vinculado/vinculada aparecem em Direito Tributário com dois outros significados. Em provas objetivas de concurso público, muitos candidatos têm sido prejudicados por confundir tais acepções.

Não obstante os conceitos serem aprofundados nos momentos oportunos, desde já se propõe a cuidadosa análise do seguinte esquema:

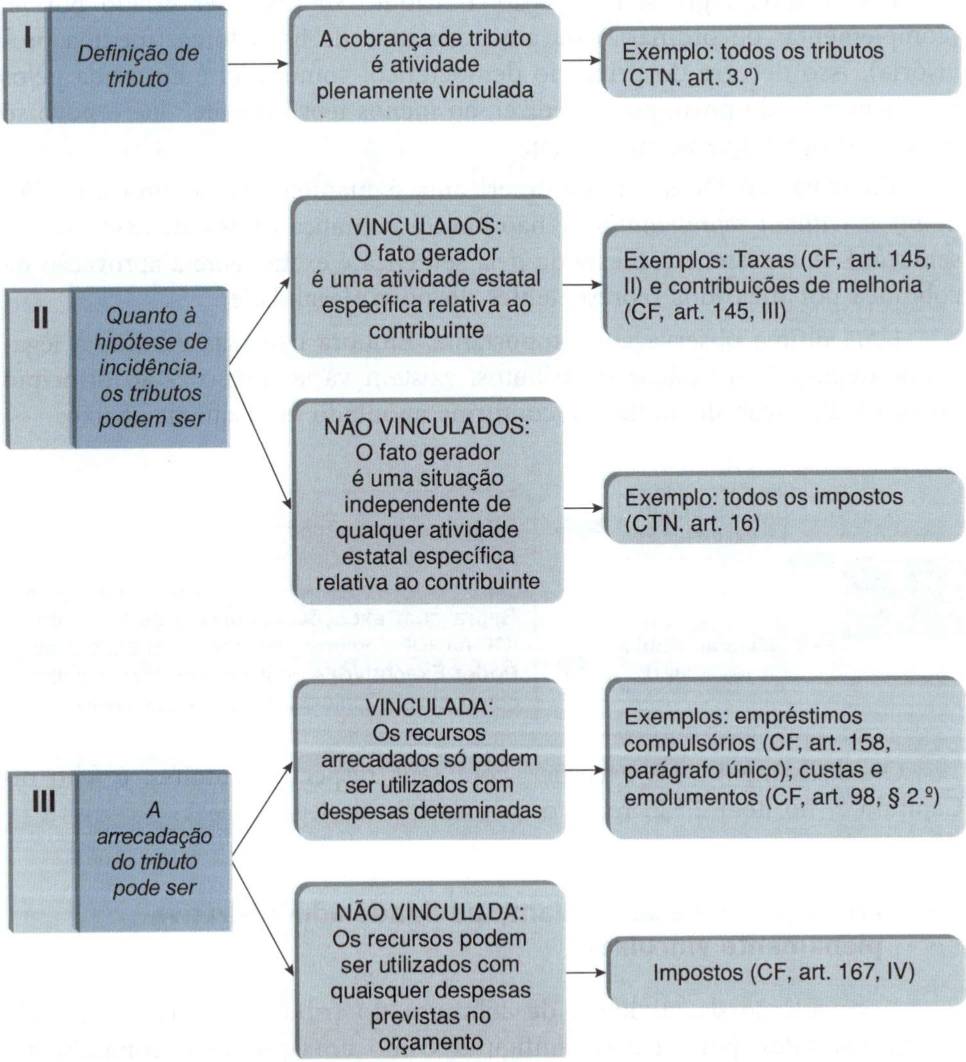

1.3.6 Destinação legal do produto da arrecadação de tributos

Na definição de tributo encartada no art. 3º do CTN, não há qualquer menção à destinação legal do produto da arrecadação tributária. Ao contrário, inclusive, consta do art. 4.º do Código que tal dado é irrelevante para definir a natureza jurídica específica do tributo.

Apesar disso, nos julgados em que foi discutida a natureza jurídica das contribuições destinadas ao Fundo de Garantia por Tempo de Serviço – FGTS, o Superior Tribunal de Justiça entendeu que o fato de a arrecadação não ser destinada "ao erário, devendo ser carreada às contas vinculadas dos empregados, que poderão sacar seus saldos em caso de despedida sem justa causa", demonstraria que a exação não tem caráter tributário (REsp 981.934/SP). Posteriormente, o Tribunal sumulou seu entendimento nos seguintes termos:

> **STJ – Súmula 353** – "As disposições do Código Tributário Nacional não se aplicam às contribuições para o FGTS".

Registre-se que o art. 9.º da Lei 4.320/1964 traz uma outra definição de tributo em que, expressamente, se exige que o produto da arrecadação tributária seja destinado ao custeio de atividades gerais ou específicas exercidas pelas pessoas jurídicas de direito público. Numa prova subjetiva de concurso público em que seja necessário fundamentar o posicionamento do STJ, é conveniente citar o dispositivo. Nas provas de Direito Financeiro, que normalmente são fiéis seguidoras das disposições da Lei 4.320/1964, tal norma também deve ser utilizada. Nos demais casos, aconselha-se ao candidato seguir estritamente a definição constante do art. 3.º do CTN.

O principal efeito da tese encampada pelo Superior Tribunal de Justiça foi o de definir que, por não serem tributos, as contribuições para o FGTS não estão sujeitas ao prazo prescricional de cinco anos estabelecido no art. 174 do CTN. Seriam a elas aplicáveis os artigos 23, § 5º, da Lei 8.036/1990 e 55 do Regulamento do FGTS (aprovado pelo Decreto 99.684/1990), na parte em que ressalvavam **"privilégio do FGTS à prescrição trintenária"**. Raciocinavam de forma semelhante o Tribunal Superior do Trabalho (Súmula 362) e o Supremo Tribunal Federal, tanto na sua Primeira Turma (RE 134.328), quanto na Segunda (RE 120.189).

No entanto, ao julgar Recurso Extraordinário com Agravo (ARE) 709212/DF, com repercussão geral reconhecida, o Plenário do Supremo Tribunal Federal decidiu que as normas que preveem a prescrição trintenária são incompatíveis com o disposto no inciso XXIX do art. 7º da CF/1988, que estabelece, para os créditos resultantes das relações de trabalho, a aplicação do prazo prescricional de **cinco anos, até o limite de dois anos após a extinção do contrato de trabalho**. É este, portanto, o prazo prescricional aplicável para a cobrança das contribuições para o

FGTS. Em atenção ao julgado, a Lei 13.932/2019 retirou do mencionado artigo 23, § 5º, da Lei 8.036/1990 a menção ao privilégio do FGTS à prescrição trintenária.

Contudo, reconhecendo que se tratava de uma mudança com severas repercussões materiais que, se dotada de eficácia retroativa, poderia trazer sérios danos à segurança jurídica, o STF decidiu dar efeitos prospectivos à decisão, de forma que ela passou a ser aplicável a partir do dia 13 de novembro de 2014, data do julgamento.

Para os objetivos dessa obra, é fundamental ressaltar que **o Supremo Tribunal Federal não mudou o seu entendimento no sentido de que as contribuições para o FGTS não são tributos**, o que foi claramente destacado no voto do Ministro Gilmar Mendes, relator do processo. Assim, há de se repisar que o fundamento para aplicação da **prescrição quinquenal** ao FGTS (CF, art. 7º, XXIX) não possui qualquer correlação com as normas do Código Tributário Nacional.

1.4 OS TRIBUTOS EM ESPÉCIES

A controvérsia sobre a classificação dos tributos em espécies fez com que surgissem quatro principais correntes a respeito do assunto: (1) a **dualista**, **bipartida** ou **bipartite**, que afirma serem espécies tributárias somente os impostos e as taxas; (2) a **tripartida**, **tricotômica** ou **tripartite**, que divide os tributos em impostos, taxas e contribuições de melhoria; (3) a **pentapartida** ou **quinquipartida**, que acrescenta ao rol da tripartida os empréstimos compulsórios e as contribuições especiais, previstos nos arts. 148 e 149 da Constituição Federal, respectivamente; (4) a **quadripartida**, **tetrapartida** ou **tetrapartite**, que junta todas as contribuições em um único grupo, de forma que os tributos seriam impostos, taxas, contribuições e empréstimos compulsórios.

O Código Tributário Nacional – CTN, no seu art. 5.º, dispõe que os tributos são impostos, taxas e contribuições de melhoria, claramente adotando a teoria da **tripartição** das espécies tributárias.

Alguns entendem que a Constituição Federal segue a mesma teoria, ao estabelecer, no seu art. 145, que a União, os Estados, o Distrito Federal e os Municípios podem instituir impostos, taxas e contribuições de melhoria. O dispositivo, na realidade, **não restringe as espécies tributárias às três enumeradas, mas apenas agrupa aquelas cuja competência para criação é atribuída simultaneamente aos três entes políticos**. Trata-se, portanto, de **norma atributiva de competência** e não de norma que objetive listar exaustivamente as espécies de tributo existentes no ordenamento jurídico brasileiro.

Neste ponto, é importante perceber que, ainda na Seção que trata dos "Princípios Gerais" do "Sistema Tributário Nacional" (arts. 145 a 149-C), a Constituição Federal estatui outras **regras atributivas de competência**. Os empréstimos compulsórios estão previstos no art. 148, como de competência **exclusiva da União**, o que justifica o fato de não haverem sido citados no art. 145, que enumera apenas os tributos cuja instituição é possível a todos os entes políticos. Raciocínio semelhante é aplicável ao art. 149, que prevê como de competência **exclusiva da União** as contribuições especiais (com exceção da que financia a previdência dos servidores públicos, que obviamente pode ser instituída por todos os entes federados), e ao art. 149-A, que atribui **exclusivamente ao DF e aos Municípios** a competência para criação da contribuição para os serviços de iluminação pública e de monitoramento dos logradouros públicos (COSIMP).

Ao se deparar com o tema, o Supremo Tribunal Federal tem adotado a teoria da **pentapartição**. Apesar disso, é extremamente importante deixar claro que mesmo os adeptos da teoria da tripartição dos tributos entendem que as contribuições especiais e os empréstimos compulsórios são tributos, possuindo natureza jurídica de taxas ou impostos, dependendo de como a lei definiu o seu fato gerador, conforme analisado a seguir.

Graficamente, as duas teorias de maior relevância prática no Direito brasileiro podem ser visualizadas da seguinte forma:

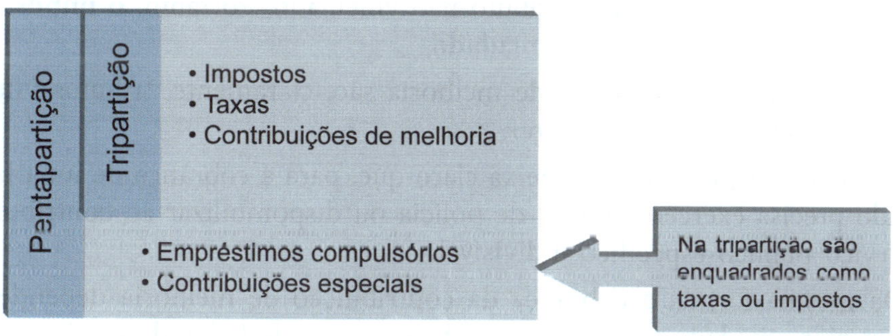

1.4.1 A determinação da natureza jurídica específica do tributo

Nos termos do art. 4.º do CTN, a natureza jurídica específica do tributo é determinada pelo **fato gerador** da respectiva obrigação, sendo irrelevantes para qualificá-la a denominação e demais características formais adotadas pela lei, bem como a destinação legal do produto de sua arrecadação.

A análise do fato gerador do tributo é feita sob a ótica da classificação dos tributos como **vinculados** ou **não vinculados** (aqui se adota a expressão "vinculado" num sentido completamente diferente daquele utilizado na definição de tributo, pois a atividade de cobrança de **todo e qualquer** tributo é **sempre vinculada**).

Para classificar um tributo qualquer quanto ao fato gerador, deve-se perguntar se o Estado tem de realizar, para validar a cobrança, alguma atividade específica relativa ao sujeito passivo (devedor). Se a resposta for negativa, trata-se de um tributo **não vinculado**; se for positiva, o tributo é **vinculado** (pois sua cobrança se vincula a uma atividade estatal especificamente voltada ao contribuinte).

Assim, todos os impostos são não vinculados. Se alguém obtém rendimentos, passa a dever imposto de renda; se presta serviços, deve IBS; se é proprietário de veículo automotor, deve IPVA. Repare-se que, em nenhum desses casos, o Estado tem de realizar qualquer atividade referida ao contribuinte. Daí a assertiva, correta e muito comum em doutrina, de que o imposto é um tributo que **não goza de referibilidade**. Aliás, justamente pelo fato de ser um tributo não vinculado a qualquer atividade, deixa de ser argumento juridicamente relevante (apesar de politicamente sê-lo) afirmar que "não se deve pagar IPVA, caso as rodovias estejam esburacadas".

Note-se que o CTN, em seu art. 16, define imposto como sendo o tributo cuja obrigação tem por fato gerador uma situação independente de qualquer atividade estatal específica, relativa ao contribuinte. Ora, pelo exposto, essa seria uma definição precisa de tributo não vinculado. Portanto, **o imposto é, por excelência, o tributo não vinculado**.

Já as taxas e contribuições de melhoria são, claramente, tributos **vinculados**, como se passa a demonstrar.

O art. 145, II, da CF/1988 deixa claro que, para a cobrança de uma taxa, o Estado precisa exercer o poder de polícia ou disponibilizar ao contribuinte um serviço público específico e divisível.

Da mesma forma, a cobrança da contribuição de melhoria depende de uma anterior atividade estatal. É necessário que o ente federado (União, Estado, Distrito Federal ou Município) realize uma obra pública da qual decorra valorização imobiliária.

Registre-se que a escola da bipartição das espécies tributárias, baseada na classificação dos tributos como vinculados ou não vinculados, entende que somente existem duas espécies de tributos: os que possuem natureza de **impostos** (não vinculados) e os que possuem natureza de taxas (vinculados). Para os adeptos da teoria, tanto os tributos que o Direito brasileiro denomina **taxas**, quanto aqueles oficialmente tratados como **contribuições de melhoria**, teriam natureza de **taxas**, porque igualmente vinculados a uma atividade estatal.

A classificação é esposada por doutrina minoritária e, apesar de não ser seguida formalmente pelo Direito brasileiro, foi objeto de questão da prova do concurso para Procurador Federal, aplicada pelo CEBRASPE em 2006. A banca, expressamente invocando a teoria dualista, considerou correta a seguinte assertiva: "No Sistema Tributário Nacional, para efeitos didáticos, os tributos são divididos em duas classes: tributos que têm natureza de impostos, ou seja, não vinculados a uma contraprestação estatal e tributos que têm natureza de taxa, composta pelos tributos vinculados a uma contraprestação estatal".

De qualquer forma, se adotada a teoria **tripartida**, como o faz o Código Tributário Nacional, o problema da identificação da natureza jurídica específica do tributo estaria resolvido. Se o tributo for não vinculado, é um imposto; se for vinculado, ou é taxa ou contribuição de melhoria. Como o fato gerador desta contribuição é inconfundível (valorização imobiliária decorrente de obra pública), a classificação estaria imune a equívocos.

Esquematicamente, a infalível técnica de identificação da natureza jurídica dos tributos poderia ser visualizada da seguinte forma:

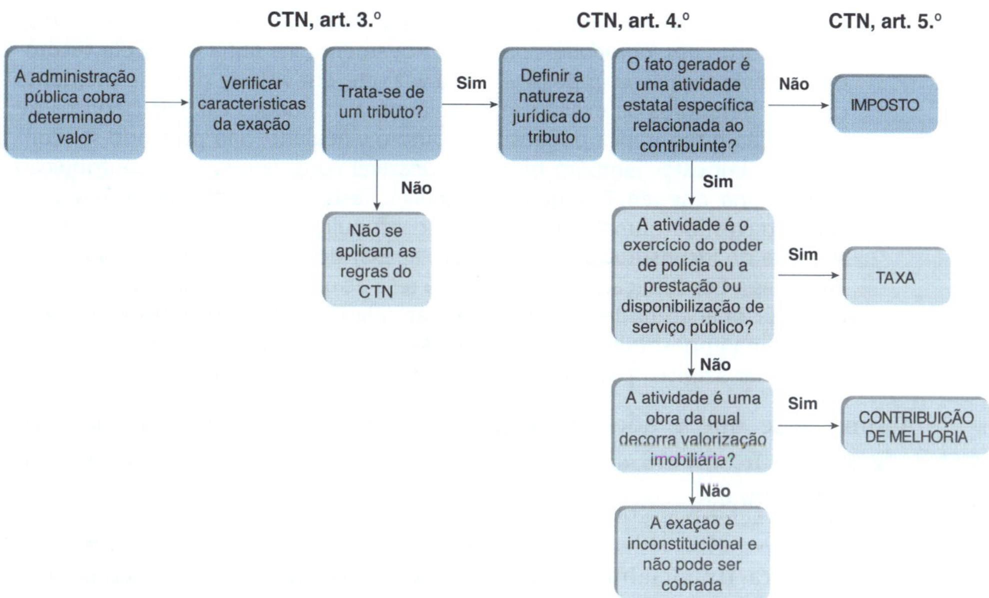

Todavia, apesar de tecnicamente superior, a doutrina adotada pela escola tricotômica traz alguns "problemas" práticos, inviabilizando, por vezes, algumas manobras que a malsinada "sede arrecadatória do Estado" parece exigir. Dois exemplos ratificam a afirmação:

a) após a Emenda Constitucional 33, a Constituição passou a prever que, com exceção do ICMS, do II e do IE, nenhum outro **imposto** – antes se falava nenhum outro **tributo** – poderia incidir sobre algumas operações, dentre elas as relativas a combustíveis no País (CF, art. 155, § 3º). O principal objetivo da alteração foi possibilitar a incidência da denominada CIDE-combustíveis (CF, art. 177, § 4º). Na linha da escola tricotômica, a manobra não seria possível, pois tal contribuição, tendo por fato gerador uma situação independente de qualquer atividade estatal específica relativa ao contribuinte, seria um **imposto**; e a cobrança, inconstitucional. Com a EC 132/2023 (Reforma Tributária), o referido art. 155,§ 3º, foi mais uma vez alterado, para permitir que, além dos citados ICMS, II e IE, também IBS e imposto seletivo possam incidir sobre as operações com combustíveis.

b) é entendimento pacífico e sumulado do STF que o serviço de **iluminação pública** não pode ser remunerado mediante taxa (Súmula Vinculante 41). A fundamentação para o posicionamento é que o serviço, sendo de caráter geral (*uti universi*), ou seja, prestado a pessoas indeterminadas (ou, ao menos, indetermináveis), não atende aos requisitos de especificidade e divisibilidade, devendo ser remunerado com a arrecadação dos impostos. Por razões semelhantes, a Suprema Corte já se manifestou no sentido de que o serviço de **segurança pública** também não pode ser financiado por taxa (AI 231.132-0-AgRg/RS). Visando a driblar o entendimento, foi promulgada a EC 39/2002, que conferiu competência aos Municípios e ao Distrito Federal para instituir uma *contribuição para o custeio do serviço de iluminação pública. Tempos depois, a EC 132/2023 ampliou o alcance da referida contribuição, permitindo que seus recursos também sejam vertidos aos sistemas de monitoramento para segurança e preservação dos logradouros públicos.* Novamente, na linha da escola tricotômica, a cobrança seria impossível, uma vez que, em virtude de aparentemente os fatos geradores da exação se vincularem a atividades estatais (serviços de iluminação e segurança pública), o tributo é vinculado, não podendo ser considerado imposto. Também não seria possível considerá-lo uma contribuição de melhoria, que tem fato gerador peculiar. Restaria dizer que a exação é uma "taxa" travestida numa roupagem de "contribuição". Também aqui pairaria a suspeita de inconstitucionalidade, pois, apesar de as previsões decorrerem de Emendas à Constituição, seria plausível a tese de que houve violação à limitação constitucional ao poder de tributar e garantia individual do contribuinte consistente na impossibilidade de cobrança de tributo destinado especificamente a financiar serviços públicos não específicos ou indivisíveis.

Assim, vê-se que a adoção da **pentapartição** das espécies tributárias, antes de ser tecnicamente sofrível, é bastante conveniente aos "interesses" arrecadatórios estatais.

Nesse ponto, surge um problema difícil de contornar. Ao comparar as contribuições para financiamento da seguridade social até hoje criadas com os impostos, percebe-se que os fatos geradores não servem para distinguir as duas figuras tributárias (por exemplo, o fato gerador do Imposto de Renda das Pessoas Jurídicas – IRPJ é praticamente idêntico ao da Contribuição Social sobre o Lucro Líquido – CSLL), as diferenças perceptíveis são, apenas, **o nome** e **a destinação do produto da arrecadação**. Contudo, ambos são critérios considerados irrelevantes pelo citado art. 4.º do CTN.

A única maneira de diferenciá-los e de "salvar" a teoria da pentapartição é considerar que a normatividade do art. 4.º foi parcialmente não recepcionada pela Constituição Federal de 1988, não sendo mais aplicável às contribuições especiais e aos empréstimos compulsórios (estes só se distinguem das demais espécies pelo fato de serem – ou, ao menos, deverem ser – restituíveis pelo destino da arrecadação).

Um último aspecto é digno de nota. Em virtude de a Constituição Federal, no art. 145, § 2.º, proibir que as taxas tenham bases de cálculo próprias de imposto, pode-se concluir que, além do **fato gerador**, torna-se necessário, também, avaliar a **base de cálculo** para decifrar sua natureza jurídica. Dessa forma, um **cotejo entre base de cálculo e fato gerador** é o melhor método para o deslinde da questão.

Em concurso público, a questão dos aspectos a serem considerados para identificar a natureza jurídica específica do tributo tem sido cobrada de três formas:

1. De maneira literal. Exemplo:

(FCC/AUDITOR FISCAL DA RECEITA ESTADUAL SC/2018) "Conforme estabelece o Código Tributário Nacional, a natureza específica do tributo é determinada pelo fato gerador da respectiva obrigação, sendo irrelevantes para qualificá-la a denominação dada pelo legislador e a destinação legal do produto da arrecadação". **(CERTO)**

2. Fazendo uma análise combinada do art. 145, § 2.º, da CF/1988 com o art. 4.º do CTN. Exemplo:

(PROCURADOR DO ESTADO RN/ 2002) "A natureza jurídica específica de um tributo é dada pelo cotejo entre o seu 'fato gerador' e a sua base de cálculo". (CERTO)

3. Em questões de nível mais elevado, exigindo que o candidato conheça que a adoção da classificação pentapartida dos tributos, como faz o Direito brasileiro, implica, necessariamente, a inaplicabilidade às contribuições especiais e aos empréstimos compulsórios do art. 4.º do CTN. Exemplo:

(CEBRASPE/JUIZ FEDERAL/TRF5/2006) "Consoante o CTN, a natureza jurídica específica do tributo é determinada pelo fato gerador da respectiva obrigação, sendo irrelevantes, para qualificá-la, tanto a denominação e demais características formais adotadas pela lei quanto a destinação legal do produto da sua arrecadação. Todavia, com o advento da Constituição de 1988, os empréstimos compulsórios e as contribuições sociais assumiram o status **de espécies tributárias. Algumas dessas exações, todavia, têm fato gerador idêntico ao dos impostos, o que torna inaplicável a citada regra do CTN". (CERTO)**

1.4.2 Os impostos

Como dito anteriormente, os tributos podem ser vinculados ou não vinculados, dependendo da necessidade ou não de o Estado realizar alguma atividade específica relativa ao contribuinte para legitimar a cobrança. Quando o tributo é vinculado, o ente tributante competente para instituí-lo é justamente aquele que realiza a respectiva atividade estatal. Assim, quem realiza a obra da qual decorre valorização imobiliária cobra a contribuição de melhoria; quem presta o serviço público específico e divisível ou exerce o poder de polícia cobra a taxa.

Os impostos são, por definição, tributos não vinculados que incidem sobre **manifestações de riqueza** do sujeito passivo (devedor). Justamente por isso, o imposto se sustenta sobre a ideia da **solidariedade social**. As pessoas que manifestam riqueza ficam obrigadas a contribuir com o Estado, fornecendo-lhe os recursos de que este precisa para buscar a consecução do bem comum. Assim, aqueles que obtêm rendimentos, vendem mercadorias, são proprietários de imóveis em área urbana, devem contribuir respectivamente com a União (IR), com os Estados (ICMS) e com os Municípios (IPTU). Esses entes devem usar tais recursos em benefício de toda a coletividade, de forma que os manifestantes de riqueza compulsoriamente se solidarizem com a sociedade. Em resumo, as taxas e contribuições de melhoria têm caráter **retributivo** (contraprestacional); os impostos, caráter **contributivo**.

É importante perceber que os impostos não incorporam, no seu conceito, a destinação de sua arrecadação a esta ou àquela atividade estatal. Aliás, como regra, a vinculação de sua receita a órgão, fundo ou despesa é proibida diretamente pela Constituição Federal (art. 167, IV).

Portanto, além de serem **tributos não vinculados**, os impostos são **tributos de arrecadação não vinculada**. Sua receita presta-se ao financiamento das atividades gerais do Estado, remunerando os serviços **universais** (*uti universi*) – que, por não gozarem de **referibilidade** (especificidade e divisibilidade), não podem ser custeados por intermédio de taxas.

Há diversas decisões do Supremo Tribunal Federal considerando inconstitucionais dispositivos de lei que tentavam destinar a fundos específicos parcela da arrecadação de determinado imposto. Na ADI 6.365/TO, por exemplo, o Tribunal rechaçou norma estadual que previa o recolhimento ao Fundo Estadual do Transporte (FET) de "percentual incidente sobre o valor destacado no documento fiscal relativo a operações de saída de produtos de origem vegetal, mineral ou animal ocorridas em seu território". Para a Corte, a exação configurava "adicional de alíquota do ICMS com receita vinculada, à semelhança dos adicionais do ICMS destinados aos fundos estaduais de combate à pobreza, porém, in casu, sem amparo constitucional", configurando, assim, violação ao art. 167, IV, da CRFB/1988.

Conforme ressaltado pelo STF, existem exceções acobertadas pela própria Constituição, como os adicionais de alíquotas de ICMS instituídos pelos Estados e pelo Distrito Federal para o financiamento dos Fundos de Combate à Pobreza. Esses adicionais, apesar de contrários à EC nº 31/2000, foram expressamente convalidados pelo art. 4º da EC nº 42/2003, sendo, hoje, expressamente admitidos pela jurisprudência do STF (vide, p. ex., RE 592.152/SE).

Segundo a doutrina tradicional, a competência para instituir impostos é atribuída pela Constituição Federal de maneira enumerada e **privativa** a cada ente federado. Assim, a União pode instituir os oito impostos previstos no art. 153 (II, IE, IR, IPI, IOF, ITR, IGF e IS); os Estados (e o DF), os três previstos no art. 155 (ITCMD, ICMS e IPVA); os Municípios (e o DF), os três previstos no art. 156 (IPTU, ITBI e ISS). Com a EC 132/2023, criou-se um inédito caso de **competência compartilhada** entre Estados, DF e Municípios relativa ao Imposto sobre Bens e Serviços (IBS), o que será estudado no subitem 3.1.3.2 do Capítulo 3.

Em princípio, essas listas são exaustivas (*numerus clausus*); entretanto, a União pode instituir, mediante lei complementar, novos impostos, desde que sejam não cumulativos e não tenham fato gerador ou base de cálculo próprios dos discriminados na Constituição Federal (art. 154, I). É a chamada **competência tributária residual**, que também existe para a criação de novas fontes destinadas a garantir a manutenção ou expansão da seguridade social (art. 195, § 4.º). Em ambos os casos, a instituição depende de lei complementar, o que impossibilita a utilização de medidas provisórias (CF, art. 62, § 1.º, III).

Além da competência residual, a União detém a competência para criar, na iminência ou no caso de guerra externa, impostos extraordinários, compreendidos ou não em sua competência tributária (CF, art. 154, II).

No uso dessa **competência**, denominada **extraordinária**, a União poderá delinear como fato gerador dos Impostos Extraordinários de Guerra – IEG – praticamente qualquer base econômica não imune, inclusive as atribuídas constitucionalmente aos Estados, Municípios e Distrito Federal (arts. 155 e 156). Assim, seria possível, em caso de guerra externa ou sua iminência, a instituição de um ICMS extraordinário federal. **Não seria um caso de invasão de competência estadual**, pois a União estaria usando competência própria, expressamente atribuída pela Constituição Federal. Tem-se, aqui, o único caso de **bitributação** (cobrança do mesmo tributo, sobre o mesmo fato gerador, por dois entes tributantes diversos) constitucionalmente autorizada. Dessa forma, é possível afirmar que, no tocante a impostos, **somente a União possui competência tributária privativa absoluta**, pois, no caso de guerra externa ou sua iminência, está autorizada a tributar as mesmas bases econômicas atribuídas aos demais entes políticos.

Portanto, a competência privativa para a criação de impostos pode ser visualizada da seguinte forma:

<table>
<tr><th colspan="3">ORDINÁRIA</th><th>EXTRAORDINÁRIA</th><th>RESIDUAL</th></tr>
<tr><td>IPTU,
ITBI,
ISS</td><td>ITCMD,
ICMS,
IPVA</td><td>II,
IE,
IR,
IPI,
ITR,
IOF,
IGF,
IS</td><td>Impostos extraordinários de guerra</td><td>Novos impostos
Requisitos:
- lei complementar;
- novos “Fatos Geradores” e “Bases de Cálculo”;
- não cumulatividade.</td></tr>
<tr><td>Municípios
(CF, art. 156)</td><td>Estados
(CF, art. 155)</td><td colspan="3" rowspan="2">União
(CF, arts. 153 e 154, I e II)</td></tr>
<tr><td colspan="2">DF – competência cumulativa
(CF, art. 147)</td></tr>
</table>

* O IBS não foi incluído na tabela por ser de competência compartilhada entre Estados, DF e Municípios.

1.4.2.1 A criação dos impostos

A Constituição Federal não cria tributos, apenas atribui competência para que os entes políticos o façam. Da mesma forma que os penalistas dizem que não há crime sem lei anterior que o defina, pode-se afirmar que não há tributo sem lei anterior que o defina. Assim, apesar de a Constituição Federal atribuir à União a competência para a criação do imposto sobre grandes fortunas (art. 153, VII), a inércia legislativa faz com que esse tributo não exista no atual ordenamento jurídico.

Enfim, para que sejam criados tributos, o ente tributante deve editar lei (ou ato normativo de igual hierarquia, diga-se, Medida Provisória) instituindo-os abstratamente, ou seja, definindo seus fatos geradores, bases de cálculo, alíquotas e contribuintes.

No tocante a **impostos**, todavia, a Constituição Federal exige que **lei complementar** de caráter nacional defina os respectivos **fatos geradores**, **bases de cálculo** e **contribuintes** (art. 146, III, *a*). Para essa espécie tributária, a amplitude da autonomia legislativa desfrutada pelos entes tributantes é menor, visto que condicionada por legislação nacional. Tudo isso visa a assegurar a uniformidade da incidência tributária em todo o território nacional, de forma a dar concretude ao princípio da isonomia.

Apesar disso, é importante ressaltar que o STF entende aplicável ao exercício da competência tributária a regra de que, quando a União deixa de editar normas gerais, os Estados podem exercer a competência legislativa plena, conforme dispõe o art. 24, § 3.º, da CF/1988 (RE 191.703-AgR/SP). O caso submetido ao Tribunal referia-se ao IPVA, que, por ter sido previsto apenas na Constituição Federal de 1967 (Emenda Constitucional 27/1985), sequer foi mencionado no CTN, editado um ano antes.

1.4.2.2 Os impostos e o princípio da capacidade contributiva

De acordo com o art. 145, § 1.º, da CF/1988, sempre que possível, os **impostos** terão caráter pessoal e serão graduados segundo a **capacidade econômica** do contribuinte, facultado à administração tributária, especialmente para conferir efetividade a esses objetivos, identificar, respeitados os direitos individuais e nos termos da lei, o patrimônio, os rendimentos e as atividades econômicas do contribuinte.

Tecnicamente, teria sido melhor o legislador constituinte ter se referido à capacidade **contributiva**, e não à capacidade **econômica** do contribuinte. Isso porque quem manifesta riqueza demonstra capacidade **econômica**, mas às vezes tal riqueza não pode ser atingida pelo poder de tributar do Estado. São casos em que a capacidade **econômica** não coincide com a capacidade **contributiva**. A título de exemplo, o milionário turista americano que passa férias no Brasil possui capacidade **econômica**, mas não pode ter seus rendimentos tributados no País, não possuindo, por conseguinte, capacidade **contributiva**.

A redação adotada, contudo, apesar de não ser a mais precisa, não se revela errada, uma vez que, ao qualificar a capacidade **econômica** com a expressão **"do contribuinte"**, o legislador conseguiu, por via transversa, prever a tributação com base na **capacidade contributiva**.

O legislador constituinte, na redação do dispositivo, adotou a classificação dos impostos como **reais** ou **pessoais**. Assim, são **reais** os impostos que, em sua incidência, não levam em consideração aspectos pessoais, aspectos subjetivos. Ou seja, incidem objetivamente sobre determinada base econômica, incidem sobre coisas. A título de exemplo, têm-se o IPTU, o IPVA, o ITR, o IPI, o ICMS. Dessa forma, se um sujeito passa um ano inteiro juntando dinheiro para comprar o sonhado televisor, vai pagar, embutido no preço, o mesmo valor de ICMS que o milionário adquirente de um aparelho idêntico para o quarto da empregada. Ao contrário, são **pessoais** os impostos que incidem de forma subjetiva, considerando os aspectos pessoais do contribuinte. Nessa linha de raciocínio, a incidência do imposto de renda é personalizada, levando em conta a quantidade de dependentes, os gastos com saúde, com educação, com previdência social etc.

O legislador ordinário, ao elaborar as leis que instituam impostos, deve obrigatoriamente verificar a possibilidade de conferir caráter pessoal ao tributo. **Havendo viabilidade, a pessoalidade é obrigatória**. A finalidade clara do dispositivo é dar concretude ao princípio da **isonomia**, tratando diferentemente quem é diferente, na proporção das diferenças (desigualdades) existentes. É uma maneira de buscar a justiça social (redistribuir renda) utilizando-se da justiça fiscal (paga mais quem pode pagar mais).

A Constituição não impõe a aplicação do princípio a todos os **tributos**, mas apenas aos **impostos**, e somente quando possível.

Justamente por isso, o CEBRASPE, no concurso para Procurador Federal, realizado em 2002, considerou **correta** a seguinte assertiva: "Embora o princípio da isonomia aplique-se também à esfera tributária e se aproxime em muito do princípio da capacidade contributiva, nem todos os tributos são delineados na lei em função da capacidade econômica dos contribuintes".

A mesma banca, no concurso para Especialista em Regulação da ANATEL, realizado em 2014, considerou **incorreta**, por tentar submeter à regra outras espécies tributárias além dos impostos, a assertiva: "Nos termos da CF, os impostos, as taxas e as contribuições de melhoria devem ser graduadas de acordo com a capacidade contributiva do contribuinte, por força do princípio da isonomia".

Aqui, um ponto deve ser destacado. Conforme será detalhado adiante, o Supremo Tribunal Federal entende que, apesar de previsto como de observância obrigatória apenas na criação dos impostos (sempre que possível), **nada impede que o princípio da capacidade contributiva seja levado em consideração na criação de taxas**.

1.4.3 As taxas

Segundo a Constituição Federal, a União, os Estados, o Distrito Federal e os Municípios poderão instituir taxas, em razão do exercício do poder de polícia ou pela utilização, efetiva ou potencial, de serviços públicos específicos e divisíveis, prestados ao contribuinte ou postos a sua disposição (CF, art. 145, II – na mesma linha de raciocínio, conferir o art. 77 do CTN).

O ente competente para instituir e cobrar a taxa é aquele que, utilizando legitimamente suas competências, presta o serviço ou exerce o poder de polícia. Como os Estados têm competência material residual, podendo prestar os serviços públicos não atribuídos expressamente à União nem aos Municípios (CF, art. 25, § 1.º), a consequência é que, **indiretamente, a Constituição Federal atribuiu a competência tributária residual para instituição de taxas aos Estados**. De acordo com esse entendimento, que não é pacífico na doutrina, a competência residual, em relação aos impostos, pertence à União; mas, quanto às taxas e às contribuições de melhoria, é atribuída aos Estados-membros.

Os contornos da definição constitucional deixam claro que as taxas são tributos **retributivos** ou **contraprestacionais**, uma vez que não podem ser cobradas sem que o Estado exerça o poder de polícia ou preste ao contribuinte (ou coloque à sua disposição) um serviço público específico e divisível.

São dois, portanto, os "fatos do Estado" que podem ensejar a cobrança de taxas: a) o exercício regular do poder de polícia, que legitima a cobrança da **taxa de polícia**; e b) a utilização, efetiva ou potencial, de serviços públicos específicos e divisíveis, prestados ao contribuinte ou postos a sua disposição, que possibilita a cobrança de **taxa de serviço**.

1.4.3.1 Taxas de polícia

As taxas de polícia têm por fato gerador o exercício regular do poder de polícia (atividade administrativa), cuja fundamentação é o princípio da **supremacia do interesse público sobre o interesse privado**, que permeia todo o Direito Público. Assim, o bem comum, o interesse público, o bem-estar geral podem justificar a restrição ou o condicionamento do exercício de direitos individuais.

Nesse sentido, o CTN, em seu art. 78, conceitua poder de polícia como a atividade da administração pública que, limitando ou disciplinando direito, interesse ou liberdade, regula a prática de ato ou a abstenção de fato, em razão de interesse público concernente à segurança, à higiene, à ordem, aos costumes, à disciplina da produção e do mercado, ao exercício de atividades econômicas dependentes de concessão ou autorização do Poder Público, à tranquilidade pública ou ao respeito à propriedade e aos direitos individuais ou coletivos.

Para que seja possível a cobrança de taxas, o exercício do poder de polícia precisa ser **regular**, ou seja, desempenhado em consonância com a lei, com obediência ao princípio do devido processo legal e sem abuso ou desvio de poder (CTN, art. 78, parágrafo único).

A lista de interesses públicos fundamentais cuja proteção pode dar ensejo ao exercício do poder de polícia (acima transcrita) é meramente exemplificativa (*numerus apertus*), pois, com base na mesma fundamentação (supremacia do interesse público sobre o privado), outros interesses também podem ser protegidos.

Observe-se que a redação do art. 145, II, da Constituição deixa claro que a possibilidade de cobrança de taxa por atividade estatal potencial ou efetiva refere-se apenas às taxas de serviço, de forma que **só se pode cobrar taxa de polícia pelo efetivo exercício desse poder**. Assim, a título de exemplo, a taxa municipal de licença de localização e funcionamento pode ser cobrada quando da inscrição inicial, se o Município dispõe de órgão administrativo que fiscaliza a existência de condições de segurança, higiene etc. (STF, RE 222.251; e STJ, REsp 152.476).

Neste ponto, merece destaque um aspecto que tem gerado um conjunto de interpretações equivocadas. É comum que os Municípios cindam a taxa ora estudada em duas: a) a de **localização**, cobrada previamente à instalação do empreendimento em determinado local do Município, implicando a inscrição do requerente no cadastro de contribuintes; e b) a de **funcionamento**, cobrada periodicamente (são frequentes as exigências semestrais ou anuais), como condição para que a atividade se inicie e continue sendo regularmente exercida pelo interessado.

A periodicidade da cobrança da taxa de funcionamento é justificável pela necessidade de o Poder Público verificar se continuam sendo cumpridas as exigências legais que condicionam o exercício da atividade. Tal verificação é, nos termos estudados, típico exercício do poder de polícia, configurando, a cada nova fiscalização, novo fato gerador da taxa.

Todavia, há clássico entendimento jurisprudencial no sentido da ilegitimidade da cobrança periódica da taxa a título de mera **renovação,** sem que haja **novo procedimento de fiscalização** (o entendimento era semelhante tanto no STF – RE 195.788, 113.835 e 108.222 – quanto no STJ – REsp 236.517 e 76.196). Não obstante, em decisões mais recentes, o STF tem presumido o exercício do poder de polícia quando existente o órgão fiscalizador, mesmo que este não comprove haver realizado fiscalizações individualizadas no estabelecimento de cada contribuinte (RE 416.601/DF). Não se pode afirmar que o Supremo Tribunal Federal passou a aceitar a cobrança de taxa de polícia sem o efetivo exercício do poder de polícia. A novidade reside na possibilidade de **presunção do exercício** de tal poder, pois, se há órgão de fiscalização devidamente criado e integrado por servidores legalmente competentes para o exercício de certa atividade, parece razoável presumir que tal atividade está sendo exercida. A presunção vem em boa hora, permitindo a utilização da tecnologia e da inteligência fiscal como meios de superar a arcaica prevalência da fiscalização ostensiva de porta em porta.

Outro ponto que merece destaque é o entendimento do Superior Tribunal de Justiça acerca da natureza jurídica da impropriamente denominada **"contribuição" para o FUNDAF** – Fundo Especial de Desenvolvimento e Aperfeiçoamento das Atividades de Fiscalização. Conforme deixam claro sua denominação formal e sua norma instituidora (art. 6.º do Decreto-lei 1.437/1975), o FUNDAF destina-se a reforçar o caixa da Secretaria da Receita Federal do Brasil, fazendo face aos encargos específicos de sua atividade fiscalizatória.

Conforme estudado no item 1.4.1 deste Capítulo, o art. 4.º do Código Tributário Nacional considera irrelevante para a definição da natureza jurídica de um tributo sua denominação formal e a destinação legal do produto da arrecadação, sendo imprescindível, para tanto, a análise do fato gerador da respectiva obrigação. Nesse contexto, percebendo o **caráter compulsório** (e, portanto, tributário) da exação e verificando que o art. 22 do Decreto-lei 1.455/1976 trata a "contribuição" para o FUNDAF como **ressarcimento** (ou seja, contraprestação) pelas "despesas administrativas **decorrentes de atividades extraordinárias de fiscalização**", o Superior Tribunal de Justiça entendeu que essas atividades configuram o fato gerador de um tributo que deve ser enquadrado como **taxa pelo exercício do poder de polícia**. Em termos práticos, reconhecido o caráter tributário da exação, impõe-se a disciplina em lei dos elementos essenciais à cobrança (princípio da legalidade estrita), o que levou o

Tribunal a declarar a **impossibilidade de cobrança feita com base em meros atos regulamentares da Receita Federal** (REsp 1.275.858/DF).

Registre-se, por oportuno, que também já passaram pelo crivo do STF, sendo consideradas legítimas, várias taxas fundamentadas no exercício do poder de polícia, a exemplo da taxa de fiscalização dos mercados de títulos e valores mobiliários (Súmula 665/STF), da taxa de fiscalização e controle dos serviços públicos delegados (ADI 1.948/RS), da taxa de fiscalização de anúncios (RE 216.207/MG), da taxa de fiscalização do funcionamento de torres e antenas de transmissão e recepção de dados e voz (RE 776.594/SP) e das taxas de controle, monitoramento e fiscalização de atividades de pesquisa, lavra, exploração e aproveitamento de recursos minerários (ADI 4.785/MG).

1.4.3.2 Taxas de serviço

Da leitura do art. 145, II, da CF/1988, extrai-se que são os seguintes os elementos mínimos necessários para a válida instituição e cobrança de taxa de serviço:

1) O serviço deve ser específico e divisível;

2) O destinatário deve utilizar efetiva ou potencialmente o serviço;

3) O serviço deve ser prestado ao contribuinte ou posto a sua disposição.

Os conceitos de "especificidade" e "divisibilidade", assim como os de utilização "efetiva" e utilização "potencial", constam do art. 79 do Código Tributário Nacional, que funciona como um verdadeiro glossário do art. 145, II, da Magna Carta, sendo sua análise absolutamente necessária para a perfeita compreensão do regime jurídico das taxas de serviço no Direito brasileiro.

É o que se passa a fazer.

1.4.3.2.1 Serviços públicos específicos e divisíveis

A criação das taxas de serviço só é possível mediante a disponibilização de serviços públicos que se caracterizem pela divisibilidade e especificidade. Segundo o Código Tributário Nacional, os serviços são **específicos** quando possam ser destacados em unidades autônomas de intervenção, de utilidade ou de necessidades públicas; são **divisíveis** quando suscetíveis de utilização, separadamente, por parte de cada um dos seus usuários (art. 79, II e III).

Na prática, o serviço público remunerado por taxa é considerado **específico** quando **o contribuinte sabe por qual serviço está pagando**, o que não acontece, por exemplo, com a "taxa de serviços diversos", cobrada por alguns Municípios.

A tese já foi objeto de cobrança pelo CEBRASPE. A título de exemplo, no concurso para provimento de cargos de Procurador do Estado do Ceará realizado em 2008, a banca considerou correta a seguinte assertiva: "Os serviços públicos justificadores da cobrança de taxas são considerados específicos quando o contribuinte, ao pagar a taxa relativa a seu imóvel, sabe por qual serviço está recolhendo o tributo".

A **divisibilidade**, por sua vez, está presente quando **é possível ao Estado identificar os usuários do serviço a ser financiado com a taxa**. Assim, o serviço de limpeza dos logradouros públicos não é divisível, pois seus usuários não são identificados nem identificáveis, uma vez que a limpeza da rua beneficia a coletividade genericamente considerada.

De uma maneira ainda mais prática, pode-se afirmar que um serviço reúne as características da especificidade e da divisibilidade (podendo ser remunerado por taxa) quando para ele é possível, tanto ao Estado quanto ao contribuinte, a utilização da frase: "**Eu te vejo e tu me vês**". O contribuinte "vê" o Estado prestando o serviço, pois sabe exatamente por qual serviço está pagando (**especificidade**) e o Estado "vê" o contribuinte, uma vez que consegue precisamente identificar os usuários (**divisibilidade**).

Nesse ponto, a lógica que preside o sistema tributário é incontornável. Se o Estado consegue identificar os usuários de determinado serviço e estes sabem qual serviço lhes é prestado, o justo é deles cobrar pela atividade estatal, e não transferir o encargo para toda a sociedade. Quando o usuário não identifica que serviços lhe estão sendo prestados ou, o que é mais comum, o Estado não tem como identificar os usuários de determinado serviço, não é possível a cobrança por tal serviço de maneira individualizada, sendo mais justo que toda a coletividade arque com o respectivo financiamento, o que é cumprido mediante a utilização da receita de impostos (recolhidos por todos em virtude de determinadas manifestações de riqueza) para remunerar o serviço.

Foi com base nesse raciocínio que o STF, analisando o que, de maneira exageradamente resumida, tem se chamado de "**taxa de lixo**", editou a Súmula Vinculante 19, cujo teor se encontra abaixo transcrito:

> **STF – Súmula Vinculante 19 –** "A taxa cobrada exclusivamente em razão dos serviços públicos de coleta, remoção e tratamento ou destinação de lixo ou resíduos provenientes de imóveis, não viola o artigo 145, II, da Constituição Federal".

Ora, se o lixo é proveniente de imóveis, podem-se identificar como usuários do serviço os proprietários de tais bens. A Corte tomou o cuidado de inserir a palavra "**exclusivamente**" no enunciado sumular justamente porque existe manifesta inconstitucionalidade quando a taxa também é destinada à limpeza dos logradouros públicos ou a qualquer outro serviço de natureza indivisível.

Ainda no contexto da análise acerca da possibilidade de remuneração de um serviço por meio de taxa, a Suprema Corte tem sempre trazido à colação a famosa lição dos administrativistas, segundo a qual os serviços públicos podem ser classificados como *uti universi* (universais, coletivos, gerais) ou *uti singuli* (singulares, individuais).

Os **serviços públicos *uti singuli*** têm usuários identificados, ou ao menos identificáveis, sendo sua utilização individual e mensurável. Esse é, essencialmente, o motivo que permite a cobrança da "conta" relativa ao serviço diretamente do seu usuário, seja por meio de exação de Direito Privado (preço público), seja por meio da exação de natureza tributária ora estudada (taxa), como no caso já analisado da taxa pela coleta domiciliar de lixo.

Já nos **serviços públicos *uti universi***, o benefício abrange indistintamente toda a população, não sendo seus usuários identificados nem passíveis de identificação. Nesses casos, é justamente a impossibilidade de individualizar os destinatários que impede que deles se cobre taxa, de forma que restará ao Poder Público custear a atividade com os recursos advindos das suas fontes gerais de receita, como é o caso dos impostos.

Tome-se, a título de exemplo, o serviço de iluminação pública. Não há como identificar seus beneficiários (a não ser na genérica expressão "coletividade"). Qualquer eleição de sujeito passivo pareceria arbitrária. Não seria possível afirmar sequer que os usuários seriam os moradores da localidade, pois todos os que viajam a um lugar, não importando a origem, utilizam-se do serviço de iluminação pública do destino, sendo impossível a adoção de qualquer critério razoável de mensuração do grau de utilização individual do serviço em cada localidade visitada.

Debruçando-se sobre a matéria, o STF adotou a linha de raciocínio ora exposta e acabou por cristalizar seu entendimento na Súmula 670, posteriormente convertida na Súmula Vinculante 41, vazada nos seguintes termos:

> **STF – Súmula Vinculante 41** – "O serviço de iluminação pública não pode ser remunerado mediante taxa".

Destaque-se que, após a EC 39/2002, passou a ser possível aos Municípios e ao Distrito Federal instituir **contribuição** de iluminação pública (CF, art. 149-A). Com a EC 132/2023, essa contribuição foi ampliada para financiar também sistemas de monitoramento para segurança e preservação dos logradouros públicos. Entretanto, permanece inalterado o posicionamento aqui defendido, de modo que a instituição de **taxa** de iluminação pública (ou de segurança pública) continua sendo ilegítima.

Por fundamentos semelhantes aos aqui explanados, a Suprema Corte entende que, além dos serviços de iluminação e segurança públicas, também não podem ser financiados por taxa, tendo em vista a indivisibilidade, os serviços de segurança pública, diplomacia, defesa externa do País etc. (para uma apreciação detalhada da tese encampada pelo STF, consultar o AI 231.132-0-AgRg/RS, 2.ª T., rel. Min. Carlos Velloso, j. 25.05.1999, DJ 06.08.1999, p. 16).

Frise-se que o serviço de segurança pública é considerado **indivisível** mesmo no caso de o Estado prestá-lo **circunstancialmente** a **grupo determinado**, como ocorre nos eventos de grande porte, como os esportivos, **ainda que com cobrança de ingressos** que demonstre **finalidade lucrativa** ou na hipótese de **notória natureza promocional**. O entendimento decorre de que mesmo nesses casos o serviço é prestado em benefício da **segurança geral**, que deve a todos ser assegurada, independentemente de contraprestação tributária específica. Foi raciocinando assim que o Supremo Tribunal Federal considerou inconstitucional a **"Taxa de Segurança para Eventos"**, que fora instituída pelo Distrito Federal (ADI 2.692/DF).

A aparente clareza dos conceitos estudados neste tópico, bem como a objetividade dos critérios utilizados pelo STF para aferir a constitucionalidade da criação de taxa para custear determinado serviço, não foram suficientes para evitar uma longa persistência de algumas controvérsias sobre a matéria. Um caso que ganhou bastante relevo foi a histórica discussão acerca da possibilidade de criação e cobrança de taxa pelo serviço de prevenção e combate a incêndios, instituída por alguns entes federados.

Mesmo nos dias atuais, apontava-se como entendimento do STF aquele cristalizado na sua Súmula 549, editada no longínquo ano de 1969, no sentido de que "a taxa de bombeiros do Estado de Pernambuco é constitucional". O problema é que, nos precedentes que fundamentaram a edição do verbete sumular, as discussões centraram-se na base de cálculo da taxa (que se assemelhava à do imposto sobre vendas e consignações) e na possibilidade de cobrança pela mera disponibilização do serviço, sem necessidade de comprovação de uso individualizado (RMS 16.163/PE). A questão hoje crucial, relativa à divisibilidade ou indivisibilidade do serviço, não chegou a ser devidamente discutida, tendo a maioria dos Ministros que chegaram a tangenciar o tema apenas afirmado, sem análise mais acurada, que "o serviço é específico e divisível".

Noutro precedente, também expressamente apontado pelo STF como fundamento da Súmula, o Ministro Hermes Lima (Relator) chegou a relatar o argumento do contribuinte no sentido de que "o serviço contra o fogo deve ser reconhecido pelo Estado como de caráter geral, igual ao serviço de polícia, segurança pública, serviço sanitário ou médico-hospitalar". Contudo, no seu voto, o Relator não analisou a questão, apenas afirmando, sem detalhar, ser o serviço específico e divisível e, novamente, centrando sua análise nas questões relativas à base de cálculo e à cobrança pela mera disponibilização (MS 16.064/PE).

Em suma, a questão relativa à divisibilidade ainda precisava ser devidamente analisada pelo Supremo Tribunal Federal.

A matéria foi novamente discutida pelo STF em 2017, no julgamento do RE 643.247/SP, submetido à sistemática de repercussão geral. O Tribunal, à unanimidade, considerou inconstitucional a taxa de combate a sinistros cobrada pelo Município de São Paulo, assentando a tese de que "a segurança pública, presentes a prevenção e o combate a incêndios, faz-se, no campo da atividade precípua, pela unidade da Federação e, porque serviço essencial, tem como a viabilizá-la a arrecadação de impostos, não cabendo ao Município a criação de taxa para tal fim".

Em termos mais claros, o Tribunal entendeu que a prevenção e o combate a incêndios enquadram-se na função de segurança pública, a qual está a cargo dos Estados, e não dos Municípios (CF, art. 144). Uma vez que o ente competente para instituir a taxa é aquele que, **no âmbito de suas competências constitucionais**, presta o serviço ou exerce o poder de polícia, não caberia aos Municípios instituir taxa de bombeiros, mesmo que, desconsiderando sua falta de competência para tanto, decidam prestar o serviço. Além disso, no entender da Corte, como a segurança pública possui **caráter essencial**, deve ser financiada pela arrecadação de impostos – ou seja, nem mesmo pelo Estado poderia ser criada taxa com esse propósito.

A rigor, o segundo fundamento adotado pelo STF na fixação da tese é equivocado. A circunstância de um serviço ser essencial não o impede de ser custeado mediante cobrança de taxa. O serviço de coleta, remoção e tratamento ou destinação de lixo, por exemplo, é um serviço essencial custeado – sob a chancela da própria Corte Suprema – pela já citada "taxa de lixo". Na verdade, o que faz um serviço ser financiado por impostos – segundo a própria jurisprudência do STF – é a impossibilidade de seus beneficiários serem identificados. Não é, pois, a essencialidade do serviço, mas a sua indivisibilidade.

O entendimento de que a prevenção e o combate a incêndios não podem ser custeados por taxa é correto, mas por um fundamento não posto nos termos da tese: a indivisibilidade do serviço. Como bem pontuado pelo Ministro Dias Toffoli, em seu voto:

> "o serviço de prevenção, combate e extinção de incêndios e de outros sinistros, enquanto prestado pelos corpos de bombeiros militares, órgão de segurança pública a quem incumbe a execução de atividade de defesa civil, é **universal** e **indivisível**. [...] E conforme a doutrina majoritária, a segurança pública, por **interessar a todos indistintamente**, não pode ser custeada por meio de taxas" (grifou-se) (STF, Pleno, RE 643.247/SP, Rel. Min. Marco Aurélio, j. 01.08.2017, DJE 19.12.2017).

Em 2020, no âmbito da ADI 4.411/MG, a Suprema Corte reafirmou sua posição no sentido da ilegitimidade da cobrança de taxa em situações como a ora estudada, mas desta vez utilizou-se de fundamentos tecnicamente mais precisos. Na ocasião, foram reputados inconstitucionais, por violação ao art.

145, II, da CF/1988, dispositivos da Lei Estadual 6.763/1975, que instituíra no Estado de Minas Gerais taxa em função da utilização potencial do serviço de extinção de incêndios, apesar da evidente ausência de divisibilidade e especificidade desse serviço.

O Ministro Relator Marco Aurélio, acompanhado pela maioria de seus pares, consignou de modo expresso ser impróprio que, "a pretexto de prevenir sinistro relativo a incêndio, venha o Estado a criar tributo sob o rótulo taxa, ausente exercício do poder de polícia ou a utilização efetiva ou potencial de serviços públicos específicos e divisíveis, prestados ao contribuinte ou postos à disposição" (STF, Pleno, ADI 4.411/MG, Rel. Min. Marco Aurélio, j. 18/08/2020, DJe 24/09/2020).

Diante da tese de repercussão geral firmada no RE 643.247/SP e do resultado do julgamento da ADI 4.411/MG, é bastante provável que venha a ser superado o alcance que se tem dado à mencionada Súmula 549/STF, que, fundando-se em precedentes nos quais o tema central de discussão não era aquele que nos dias atuais se mostra mais relevante, dispõe ser constitucional a taxa de bombeiros instituída pelo Estado de Pernambuco.

1.4.3.2.2 Utilização efetiva ou potencial de serviços públicos

A cobrança de taxa de serviço, conforme já visto, pode ser feita em face da disponibilização ao contribuinte de um serviço público específico e divisível. Quando esse serviço é definido em lei como de utilização compulsória e é posto à disposição do contribuinte mediante atividade administrativa em efetivo funcionamento, a taxa pode ser cobrada mesmo sem a utilização efetiva do serviço pelo sujeito passivo. É o que a lei denomina de **utilização potencial** (CTN, art. 79, I, *b*).

Cabe ao legislador, ao instituir a taxa, verificar se o serviço transpõe a fronteira dos interesses meramente individuais, de forma, que se fosse dado ao particular decidir por não utilizá-lo, o prejuízo pudesse reverter contra a própria coletividade. Em tais casos, o serviço deve ser **definido em lei como de utilização compulsória**, e o contribuinte deve recolher a taxa mesmo que não use efetivamente o serviço; nos demais casos, o particular somente se coloca na condição de contribuinte se usar o serviço de **maneira efetiva**.

A título de exemplo, o serviço de coleta domiciliar de lixo é definido em lei como de utilização compulsória, pois se fosse possível ao particular decidir por não utilizar o serviço, deixando seu lixo "às moscas", a falta de higiene e de preocupação com a saúde pública, características de algumas pessoas, poderia prejudicar toda a coletividade. Já o serviço de emissão de passaportes não é definido em lei serviço de utilização compulsória, pois os particulares que não desejam viajar para o exterior e, por conseguinte, não utilizam o serviço, não trazem qualquer prejuízo para a coletividade.

Percebe-se, portanto, que a famosa frase segundo a qual "as taxas de serviço podem ser cobradas mesmo que o contribuinte não utilize efetivamente do serviço disponibilizado" somente pode ser aplicada aos serviços **definidos em lei como de utilização compulsória**, permitindo a cobrança pela chamada "**utilização potencial**". Quanto aos demais serviços, a cobrança somente é possível diante da **utilização efetiva**.

Há de se realçar que o que pode ser potencial é apenas **a utilização** do serviço, **jamais sua disponibilização**. Por óbvio, não é possível a cobrança de taxa pela coleta domiciliar de lixo em locais onde tal serviço não é prestado. Assim, se alguém possui um apartamento que utiliza somente para dormir, sem produzir lixo algum, estará sujeito à taxa de coleta domiciliar de lixo se, mesmo não utilizando o serviço, este lhe houver sido disponibilizado. Entretanto, se na localidade do imóvel o serviço não é prestado, a cobrança obviamente não será possível.

Por fim, conforme previsto no art. 79, II, do CTN, o serviço público que justifica a cobrança de taxa deve consistir numa intervenção, fornecer uma utilidade ou atender uma necessidade do contribuinte. Nesse contexto, ao contrário do que fazem muitos entes federados, **não é possível exigir taxa pela emissão da guia ou carnê de cobrança de um tributo**, pois tal serviço é prestado no exclusivo interesse da própria Administração Tributária, não fazendo sentido o contribuinte ser instado a pagar uma taxa destinada a custear o serviço de cobrá-lo (RE 789.218/MG).

Seguindo o entendimento, a FCC, no concurso para Julgador Administrativo Tributário da SEFAZ/PE, realizado em 2015, considerou **errada** a seguinte assertiva: "É constitucional a instituição e a cobrança de taxas por emissão ou remessa de carnês/guias de recolhimento de tributos, visto que consubstancia atuação estatal específica e divisível".

1.4.3.3 A base de cálculo das taxas

A Constituição Federal proíbe que as taxas tenham base de cálculo **própria** de impostos (art. 145, § 2.º). Já o Código Tributário Nacional dispõe que a taxa não pode ter base de cálculo ou fato gerador **idênticos** aos que correspondam a imposto (art. 77, parágrafo único).

Vê-se que, relativamente a bases de cálculo, a Constituição Federal estabelece uma vedação mais ampla e tecnicamente superior à estatuída pelo CTN, uma vez que leva em consideração a existência de bases de cálculo próprias de taxas e bases de cálculo próprias de impostos.

Para cobrar determinado imposto, o Estado não precisa realizar qualquer atividade específica relativa ao contribuinte. Portanto, a base de cálculo do imposto é uma grandeza econômica que não possui qualquer correlação de valor com o que o Estado gasta para a consecução de seus fins próprios. A título de exemplos, a base de cálculo do IPTU é o valor venal do imóvel; a do ITR, o valor da terra nua. Essas grandezas correspondem a manifestações de riqueza dos respectivos contribuintes, alheias ao custo de qualquer atividade estatal.

Já no tocante às taxas, apesar de não ser possível, na maioria dos casos práticos, apurar com exatidão o custo do serviço público prestado a cada contribuinte, de forma a cobrar o mesmo valor a título de taxa, é extremamente necessário que exista uma **correlação razoável** entre esses valores. Numa situação ideal, o Estado conseguiria ratear o custo total despendido com a prestação do serviço entre os contribuintes beneficiários. Entretanto, para efeitos práticos, não é necessária uma precisão matemática. O que não pode ocorrer é uma total desvinculação entre o custo do serviço prestado e o valor cobrado pelo Estado, pois nunca é demais ressaltar que a taxa é um tributo vinculado a uma atividade estatal anterior e serve de contraprestação a esta, de forma que, se o Estado cobrar um valor acima do que gasta para a consecução da atividade, haverá o enriquecimento sem causa do Estado, o que, por princípio, é algo que deve ser evitado.

Enfim, se o tributo é vinculado, sua base de cálculo está ligada ao valor da atividade anteriormente exercida pelo Estado, sendo idealmente a mensuração econômica dessa atividade; se é não vinculado, a base de cálculo é uma grandeza econômica desvinculada de qualquer atividade estatal. Foi justamente com base nessa linha de raciocínio que o STF sumulou o seguinte entendimento:

> **STF – Súmula 595 –** "É inconstitucional a taxa municipal de conservação de estradas de rodagem cuja base de cálculo seja idêntica a do imposto territorial rural".

É importante notar que, apesar de não ter ficado claro no Enunciado transcrito, a cobrança da taxa de conservação de estradas não seria possível também por um outro motivo, cujos fundamentos já foram citados: a falta de especificidade e divisibilidade. Sobre esse aspecto, esclarecedor é o seguinte excerto, da lavra do Ministro Ilmar Galvão:

> "... Dessa espécie, sem sombra de dúvida, é a taxa de conservação de estradas. A manutenção de tais bens públicos não representa um serviço específico prestado *uti singuli*, nem tampouco serviço divisível, já que insuscetível de ser mensurado em relação a cada integrante do universo indefinido de usuários do referido bem, para efeito de remuneração proporcional" (STF, 1.ª T., RE 185.050-7/SP, Rel. Min. Ilmar Galvão, rel. p/ acórdão Min. Octavio Gallotti, j. 28.06.1996, *DJ* 07.03.1997, p. 5.409) (grifo do original).

Voltando à questão das bases de cálculo, na mesma linha dos posicionamentos acima expendidos, o STF entende que as custas judiciais, por serem tributos da espécie taxa, cobrados para remunerar a prestação do serviço público específico e divisível da jurisdição (conceito amplo de serviço público), podem ser cobradas tendo por base de cálculo o valor da causa ou da condenação (*custas ad valorem*). Entretanto, se a alíquota for excessiva ou se inexistir previsão de um teto (valor máximo absoluto), elas se tornam ilegítimas, por perderem a correlação com o valor gasto pelo Estado para prestar o serviço, e por configurarem uma maneira indireta de a lei excluir da apreciação do Poder Judiciário lesão ou ameaça a direito, ferindo o princípio do livre acesso à jurisdição.

Tal entendimento, já cediço, é hoje objeto da Súmula 667 do Supremo Tribunal Federal, conforme abaixo transcrito:

> **STF – Súmula 667 –** "Viola a garantia constitucional de acesso à jurisdição a taxa judiciária calculada sem limite sobre o valor da causa".

De maneira semelhante, já em 2022, o Tribunal reafirmou a "possibilidade de admitir-se o cálculo das custas judiciais com base no valor da causa ou do bem ou negócio objeto dos atos judiciais e extrajudiciais, se mantida razoável correlação com o custo da atividade e desde que definidos os valores **mínimo e máximo**", dada a "impossibilidade de aferir-se, em cada caso, o custo do serviço" (ADI 3.826/GO e ADI 2.846/TO). A menção à exigência de fixação de **valores mínimos** também decorre da necessidade de correlação entre o custo da atividade estatal e o valor da respectiva contraprestação, evitando que a taxa se torne irrisória. Registre-se que, no caso de o usuário do serviço jurisdicional não possuir condições de pagar as custas, a lei autoriza o magistrado a conceder o **benefício da justiça gratuita**, o que, sob a ótica do direito tributário, equivale a uma concessão de **isenção em caráter individual**.

Ainda no tocante às custas, é interessante relembrar que nem sempre elas foram cobradas sobre o valor da causa ou da condenação. No Direito brasileiro, houve uma época em que elas eram estipuladas com base no número de carimbos apostos no processo. Apesar de soar antiquada, a sistemática era bem mais condizente com o espírito do sistema tributário nacional, visto que uma maior quantidade de carimbos significava uma maior quantidade de despachos e decisões proferidas durante o trâmite processual, de forma a gerar uma razoável proporcionalidade entre a "quantidade do serviço prestado" e o valor da taxa cobrada.

O STF tem se mantido nessa linha de raciocínio, apesar de, por vezes, utilizar-se de verdadeiros "malabarismos interpretativos" para vislumbrar, em casos um tanto obscuros, a existência da necessária correlação entre a base de cálculo da taxa e o custo da atividade estatal que constitui sua hipótese de incidência.

Um excelente exemplo disso foi o julgamento em que o Tribunal foi instado a se pronunciar sobre a taxa pela coleta domiciliar de lixo instituída pelo Município de São Carlos/SP. O ente tributante utilizou-se de uma maneira bastante curiosa de repartir os custos da prestação do referido serviço entre seus beneficiários. Foi feito um rateio proporcional à área construída de cada imóvel beneficiado.

Houve contestação da cobrança sob a alegação de que não existe qualquer correlação entre a área construída de um imóvel e os valores despendidos pelo Estado para nele coletar lixo, ou com o grau de utilização do serviço por parte dos respectivos proprietários. Entretanto, o STF, ao analisar o tema (RE 232.393/SP), entendeu que "o fato de a alíquota da referida taxa variar em função da metragem da área construída do imóvel – que constitui apenas um dos elementos que integram a base de cálculo do IPTU – não implica identidade com a base de cálculo do IPTU, afastando-se a alegada ofensa ao art. 145, § 2.º, da CF". Na fundamentação do acórdão, o Tribunal acatou a presunção de que os imóveis maiores produzirão mais lixo que os imóveis menores, sendo justa a cobrança da taxa com valores proporcionais a essa utilização presumida do serviço. Por ser extremamente oportuno, transcreve-se o seguinte excerto do voto vencedor (Min. Carlos Velloso):

> "Numa outra perspectiva, deve-se entender que o cálculo da taxa de lixo, com base no custo do serviço dividido proporcionalmente às áreas construídas dos imóveis, é forma de realização da isonomia tributária, que resulta na justiça tributária (CF, art. 150, II). É que a presunção é no sentido de que o imóvel de maior área produzirá mais lixo do que o imóvel menor. O lixo produzido, por exemplo, por imóvel com mil metros quadrados de área construída, será maior do que o lixo produzido por imóvel de cem metros quadrados. A previsão é razoável e, de certa forma, realiza também o princípio da capacidade contributiva do art. 145, § 1.º, da C.F., que, sem embaraço de ter como destinatária (sic) os impostos, nada impede que possa aplicar-se, na medida do possível, às taxas" (STF, Tribunal Pleno, RE 232.393/SP, Rel. Min. Carlos Velloso, j. 12.08.1999, DJ 05.04.2002, p. 55).

Registre-se que, em 2008, a nova composição do Supremo Tribunal Federal, julgando caso semelhante, desta feita relativo ao Município de Campinas/SP, reafirmou o entendimento aqui detalhado, tendo o Ministro Ricardo Lewandowski proposto a edição de súmula vinculante acerca da matéria. Posteriormente, foi então editada a Súmula Vinculante 29, cuja redação, bastante ampla, é a seguinte:

> **STF – Súmula Vinculante 29 –** "É constitucional a adoção no cálculo do valor de taxa de um ou mais elementos da base de cálculo própria de determinado imposto, desde que não haja integral identidade entre uma base e outra".

O posicionamento tem sido bastante abordado em concursos públicos. A título de exemplo, o CEBRASPE utilizou-se do acórdão do STF e, no concurso para Consultor Legislativo da Câmara dos Deputados, realizado em 2002, elaborou a seguinte assertiva (**correta**): "A taxa de lixo domiciliar que, entre outros elementos, toma por base de cálculo o metro quadrado do imóvel, preenche os requisitos da constitucionalidade, atendidos os princípios da isonomia tributária e da capacidade contributiva, ainda que o IPTU considere como um dos elementos para fixação de sua base de cálculo a metragem da área construída".

Um outro detalhe é digno de nota. Em tópico anterior, transcreveu-se uma questão do concurso para Advogado da DESENBAHIA, realizado em 2002, na qual a Fundação Carlos Chagas, ratificando seu apego à literalidade, considerou **correta** a afirmação: "É certo que o princípio da capacidade contributiva encontra-se intrinsecamente ligado ao da igualdade tributária e aplica-se apenas aos impostos, e não às taxas, empréstimos compulsórios e contribuição de melhoria".

Em face do expresso pronunciamento do Supremo Tribunal Federal no sentido de que nada impede que o princípio da capacidade contributiva seja aplicado às taxas, a assertiva **deveria ter sido considerada incorreta**.

Percebe-se que a FCC se apegou à redação literal do citado art. 145, § 1.º. Entretanto, se a redação da questão afirmar que o princípio não pode ser aplicado às taxas, o erro torna-se evidente e, mesmo que a banca seja a FCC, a afirmação deve ser tomada por falsa.

Outro ponto de grande relevância é a aceitação, por parte do STF, da criação de taxas com **valores fixos** constantes em tabelas que tomem como referência grandezas que, a rigor, poderiam ser consideradas como bases de cálculo próprias de impostos.

A título de exemplo, a Lei 7.940/1989 instituiu a **taxa de fiscalização dos mercados de títulos e valores mobiliários**, que, em alguns casos, variava em função do **patrimônio líquido** dos contribuintes, o que, para alguns, além de configurar base de cálculo própria de imposto, significaria cálculo da taxa em função do capital social da empresa, prática vedada pelo parágrafo único do art. 77 do CTN.

Para as companhias abertas com patrimônio líquido de até 10 milhões de Bônus do Tesouro Nacional – BTN, a taxa equivaleria a 1.500 BTN; para as companhias abertas cujo patrimônio líquido estivesse acima de 10 milhões e abaixo de 50 milhões de BTN, a taxa equivaleria a 3.000 BTN; já para as companhias abertas cujo patrimônio líquido fosse superior a 50 milhões de BTN, a taxa seria de 4.000 BTN.

O Supremo Tribunal Federal acabou por entender que o patrimônio líquido não era a **base de cálculo** da taxa, mas tão somente um **fator de referência** para definir o valor a ser pago pelas empresas, estipulado na forma de **tributo fixo**.

A argumentação parece contraditória e merece esclarecimentos. A lei instituidora da taxa previu um valor fixo a ser pago para cada faixa de patrimônio líquido dos sujeitos passivos. Assim, a taxa não era calculada mediante a multiplicação de uma alíquota pelo patrimônio líquido da empresa, de forma que este não seria a "base de cálculo" do tributo, mas apenas uma grandeza usada como referência para definir o **valor fixo** a ser cobrado.

Em 2003, sepultando as discussões, o STF editou a Súmula 665, cujo teor é o seguinte:

> **STF – Súmula 665** – "É constitucional a taxa de fiscalização dos mercados de títulos e valores mobiliários instituída pela Lei 7.940/1989".

Na mesma linha, em julgado de outubro de 2008, o Tribunal considerou constitucional lei do Estado de São Paulo que utilizou como **fator de referência** para a cobrança da taxa paga aos cartórios para a transferência de imóveis o **valor do imóvel** transferido, considerando-se como tal o mesmo que foi apurado na cobrança do Imposto sobre Propriedade Territorial e Urbana (IPTU).

Apesar de dois Ministros entenderem que se estava utilizando para uma taxa base de cálculo de dois impostos (IPTU e ITBI), o Tribunal, por maioria, adotou o mesmo raciocínio esposado quando do julgamento acerca da taxa de fiscalização dos mercados de títulos e valores mobiliários. Na ocasião, o saudoso Ministro Menezes Direito (Relator), assentou que a variação do valor da taxa em função dos padrões considerados pela lei estadual "não significa que o valor do imóvel seja a sua base de cálculo", pois tal montante "é apenas usado como parâmetro para determinação do valor dessa espécie de tributo" (ADI 3.887/SP).

1.4.3.4 Taxas e preços públicos – Notas distintivas

Conforme estudado, as taxas são cobradas em razão do exercício do poder de polícia ou pela utilização, efetiva ou potencial, de serviços públicos específicos e divisíveis, prestados ao contribuinte ou postos a sua disposição. Existem, portanto, taxas **de polícia** e taxas **de serviço**.

Ocorre que os serviços públicos também podem ser remunerados por preços públicos (tarifas), o que poderia gerar uma confusão conceitual entre as **taxas de serviço** e os **preços públicos**. Ambos possuem caráter contraprestacional, remunerando uma atividade prestada pelo Estado. Nos dois casos, há a exigência de referibilidade, ou seja, há de ser possível a perfeita identificação do beneficiário do serviço, que é devedor da taxa ou do preço público.

As semelhanças, contudo, param por aí. O **regime jurídico** a que estão submetidas as **taxas** é o **tributário**, tipicamente de **Direito Público**. Já as **ta-**

rifas estão sujeitas a regime **contratual**, ineludivelmente de **Direito Privado**. Dessa diferença fundamental decorrem as demais.

Como receita decorrente de uma exação cobrada em regime de direito público, **o produto da arrecadação da taxa é receita derivada**; enquanto **a receita oriunda de preço público é originária**, decorrendo da exploração do patrimônio do próprio Estado.

Como **tributo**, a taxa é prestação pecuniária **compulsória**, não havendo manifestação livre de vontade do sujeito passivo para que surja a obrigação de pagar. Isso é claramente percebido com a leitura do art. 79, I, *a* e *b*, do Código Tributário Nacional, que permite a cobrança da taxa não só pela utilização **efetiva** do serviço público, mas também pela utilização **potencial**, desde que, sendo definido em lei como de utilização compulsória, o serviço seja posto à disposição do contribuinte mediante atividade administrativa em efetivo funcionamento.

Recorde-se o exemplo do particular que mantém um apartamento fechado, sem usar o serviço de coleta domiciliar de lixo, mas tem que pagar a respectiva taxa. A vontade do particular é irrelevante e a compulsoriedade salta aos olhos.

No **preço público**, a relação é **contratual**, sendo imprescindível a prévia manifestação de vontade do particular para que surja o vínculo obrigacional. A prestação pecuniária é **facultativa**.

A título de exemplo, tem-se o preço público para a utilização do serviço público de telefonia. Os particulares que desejarem obter a prestação domiciliar do serviço manifestarão sua vontade mediante a assinatura de um contrato com uma companhia concessionária e, a partir daí, nascerão as respectivas obrigações.

Em consonância com a diferenciação apontada, o STF editou a seguinte Súmula:

> **STF – Súmula 545 –** "Preços de serviços públicos e taxas não se confundem, porque estas, diferentemente daqueles, são compulsórias e têm sua cobrança condicionada à prévia autorização orçamentária, em relação à lei que as instituiu".

É importante relembrar que, **em virtude de o princípio da anualidade não mais ser aplicável em matéria tributária, tem-se por prejudicada a parte final do texto da Súmula, devendo ser desconsiderada a exigência de prévia autorização orçamentária para a cobrança de taxas**.

Como o regime das **taxas** é **legal**, **não é possível rescisão,** que pode ocorrer somente no **regime contratual** do **preço público**.

O regime jurídico tributário é circundado das **prerrogativas** de autoridade, mas é limitado por um conjunto de **restrições**, como a **obediência à legalidade, à anterioridade e a noventena**.

Assim, por exemplo, como as **custas judiciais** são tributos, não é possível a qualquer Tribunal fixá-las por Resolução ou outro ato próprio, sendo necessária a edição de **lei em sentido estrito** estipulando o valor. Além disso, a cobrança dos valores majorados só pode ser feita a partir do exercício subsequente (anterioridade) e se decorridos ao menos noventa dias da publicação da nova lei (noventena).

Também há de se destacar que, segundo expressas disposições legais (CTN, arts. 7.º e 119), só podem figurar no polo ativo da relação jurídico tributária **pessoas jurídicas de direito público**, o que é integralmente aplicável às **taxas**. Já no que concerne aos **preços públicos**, é comum o sujeito ativo ser uma **pessoa jurídica de direito privado**, como sempre ocorre nos serviços públicos delegados (concedidos, permitidos ou autorizados).

A título de exemplo, tanto o STF quanto o STJ consideram que o valor pago pelos **serviços de água e esgoto** prestados por concessionária de serviço público não tem caráter tributário, possuindo **natureza jurídica de tarifa ou preço público**. Foi justamente por adotar essa tese que o Superior Tribunal de Justiça editou a Súmula 412, afirmando que "a ação de repetição de indébito de tarifas de água e esgoto sujeita-se ao prazo prescricional estabelecido no Código Civil". Ora, se de tributo se tratasse, a prescrição seria regida pelo Código Tributário Nacional.

Na prática, a melhor maneira de identificar se determinada exação cobrada pelo Estado é taxa ou preço público é verificar o regime jurídico a que o legislador submeteu a cobrança.

Não há de se concluir, contudo, que o legislador possui ampla e irrestrita discricionariedade para escolher entre o regime tributário e o contratual.

Sobre a forma de remuneração dos serviços específicos e divisíveis, merecem destaque as palavras do Ministro Carlos Velloso, quando relatou o Recurso Extraordinário 209.365-3/SP, conduzindo o STF a adotar a seguinte classificação:

> 1 – **Serviços públicos propriamente estatais**, em cuja prestação o Estado atue no exercício de sua soberania, visualizada sob o ponto de vista interno e externo; esses serviços **são indelegáveis**, porque somente o Estado pode prestá-los. **São remunerados, por isso mesmo, mediante taxa**. Exemplos: a emissão de passaportes e o serviço jurisdicional.
>
> 2 – **Serviços públicos essenciais ao interesse público**: são os serviços prestados no interesse da comunidade. **São remunerados mediante taxa**. E porque as atividades remuneradas são essenciais ao interesse público, à comunidade ou à coletividade, **a taxa incidirá sobre a utilização efetiva ou potencial do serviço**. Exemplos: os serviços de coleta de lixo e de sepultamento.

3 – **Serviços públicos não essenciais** e que, quando não utilizados, disso não resulta dano ou prejuízo para a comunidade ou para o interesse público. **Esses serviços são, em regra, delegáveis, vale dizer, podem ser concedidos e podem ser remunerados mediante preço público.** Exemplos: o serviço postal, os serviços telefônicos, telegráficos, de distribuição de energia, de gás etc. (STF, Tribunal Pleno, RE 209.365-3/SP, Rel. Min. Carlos Velloso, j. 04.03.1999, *DJ* 07.12.2000, p. 50).

Seguindo essa linha, em passagem lapidar, o Ministro Moreira Alves afirma: "como o Poder Público não pode fugir a essas restrições de seu poder de tributar, é evidente que, nos casos em que é devida taxa, não pode ele – sob pena de fraude às limitações constitucionais – esquivar-se destas, impondo, ao invés de taxa, preço público" (STF, Tribunal Pleno, RE 89.876/RJ, Rel. Min. Moreira Alves, j. 04.09.1980, *DJ* 10.10.1980).

Feitas essas considerações, as notas distintivas entre os institutos podem ser resumidas da seguinte forma:

TAXA	PREÇO PÚBLICO (TARIFA)
• Regime jurídico de direito público.	• Regime jurídico de direito privado.
• O vínculo obrigacional é de natureza tributária (legal), não admitindo rescisão.	• O vínculo obrigacional é de natureza contratual, admitindo rescisão.
• O sujeito ativo é uma pessoa jurídica de direito público.	• O sujeito ativo pode ser pessoa jurídica de direito público ou de direito privado.
• O vínculo nasce independentemente de manifestação de vontade (compulsório).	• Há necessidade de válida manifestação de vontade para surgimento do vínculo (é facultativo).
• Pode ser cobrada em virtude de utilização efetiva ou potencial do serviço público.	• Somente pode ser cobrada em virtude de utilização efetiva do serviço público.
• A receita arrecadada é derivada.	• A receita arrecadada é originária.
• Sujeita-se aos princípios tributários (legalidade, anterioridade, noventena etc.).	• Não se sujeita aos princípios tributários.

1.4.4 As contribuições de melhoria

Em 1605, na Inglaterra, a Coroa inglesa realizou uma obra de grande porte e com enorme dispêndio de dinheiro para retificar e sanear as margens do Rio Tâmisa, tornando-o mais navegável e estimulando o incremento da atividade econômica nas áreas ribeirinhas. Os proprietários dos imóveis localizados nessas áreas foram muito beneficiados, pois passaram a ter suas terras, antes sujeitas a frequentes alagamentos, bastante valorizadas. Visando a sanar o enriquecimento sem causa, foi criado, por lei, um tributo (*betterment tax*), a ser pago pelos beneficiários, limitado ao montante da valorização individual. Nascia a contribuição de melhoria, até hoje responsável pelo financiamento de obras de grande vulto.

A Constituição Federal de 1988, ao prever a possibilidade de a União, os Estados, o Distrito Federal e os Municípios instituírem contribuições de melhoria, apenas declara que elas decorrem de obras públicas (art. 145, III).

Conforme já ressaltado, tais contribuições são tributos vinculados, uma vez que sua cobrança depende de uma específica atuação estatal, qual seja a realização de uma obra pública que tenha como consequência um incremento do valor de imóveis pertencentes aos potenciais contribuintes.

Assim, não é todo benefício proporcionado pela obra ao particular que legitima a cobrança da contribuição. A valorização imobiliária é fundamental. Nessa linha, o CEBRASPE, na prova para Procurador Federal, realizada em 2004, propôs a seguinte assertiva, obviamente **incorreta**: "A contribuição de melhoria pode ser cobrada quando a construção de obra pública trouxer qualquer benefício para o contribuinte".

Como a contribuição é **decorrente** de obra pública e não **para** a realização de obra pública, não é legítima a sua cobrança com o intuito de obter recursos a serem utilizados em obras futuras, uma vez que a valorização só pode ser aferida após a conclusão da obra. Excepcionalmente, porém, o tributo poderá ser cobrado em face de realização de **parte da obra**, desde que a parcela já realizada tenha inequivocamente resultado em valorização dos imóveis localizados na área de influência.

O fato gerador da contribuição de melhoria não é a realização da obra, mas sim sua consequência, a valorização imobiliária. A melhoria exigida pela Constituição é, segundo o STF, o acréscimo de valor à propriedade imobiliária dos contribuintes, de forma que a base de cálculo do tributo será exatamente o valor acrescido, ou seja, a diferença entre os valores inicial e final do imóvel beneficiado. Assim, para efeito de cobrança da exação, **há de se considerar melhoria como sinônimo de valorização**. Nesse sentido, segue o seguinte excerto de julgado do Tribunal:

> "Sem valorização imobiliária decorrente de obra pública não há contribuição de melhoria, porque a hipótese de incidência desta é a valorização e a sua base de cálculo é a diferença entre os dois momentos: o anterior e o posterior à obra pública, vale dizer o *quantum* da valorização imobiliária". (STF, 2.ª T., RE 114.069-1/SP, Rel. Min. Carlos Velloso, j. 30.09.1994, *DJ* 02.05.1994, p. 26.171).

Também no Superior Tribunal de Justiça, o entendimento tem sido o mesmo, conforme demonstra a Ementa do Acórdão proferido no REsp 169.131/SP:

> "1 – A Entidade tributante ao exigir o pagamento de contribuição de melhoria tem de demonstrar o amparo das seguintes circunstâncias: a) exigência fiscal decorre de despesas decorrentes de obra pública realizada; b) a obra provocou a valorização do imóvel; c) a base de cálculo é a diferença entre os dois momentos: o primeiro, o valor do imóvel antes da obra ser iniciada; o segundo, o valor do imóvel após a conclusão da obra.

> 2. É da natureza da contribuição de melhoria a valorização imobiliária (Geraldo Ataliba).
>
> 3. Precedentes jurisprudenciais (...).
>
> 4. Adoção também da corrente doutrinária que, no trato da contribuição da melhoria, adota o critério da mais valia para definir o seu fato gerador ou hipótese de incidência (no ensinamento de Geraldo Ataliba, de saudosa memória)" (STJ, 1.a T., REsp 169.131/SP, Rel. Min. José Delgado, j. 02.06.1998, DJ 03.08.1998, p. 143).

Na esteira desse raciocínio, o STF considera que a "realização de pavimentação nova, suscetível de vir a caracterizar benefício direto a imóvel determinado" com incremento de seu valor pode justificar a cobrança de contribuição de melhoria, o que não acontece com o mero "recapeamento de via pública já asfaltada", que constitui simples **serviço** de manutenção e conservação, não ensejando a cobrança do tributo (STF, 1.ª T., RE 116.148/SP, Rel. Min. Octavio Gallotti, j. 16.02.1993, *DJ* 21.05.1993, p. 9.768). Além disso, considerando que taxas e contribuições de melhoria têm fatos geradores bastante distintos, a Corte não admite a instituição de taxa quando for cabível a criação de contribuição de melhoria (RE 121.617-AgRg/SP).

Não obstante a necessidade de valorização para que reste verificado o fato gerador da contribuição, o Superior Tribunal de Justiça tem entendido ser legítima a fixação da base de cálculo do tributo mediante a utilização de montantes presumidos de valorização, indicados pela Administração Pública, desde que facultada a apresentação, pelo sujeito passivo, de prova em sentido contrário. Nas palavras do próprio Tribunal, nessas hipóteses "a valorização presumida do imóvel não é o fato gerador da contribuição de melhoria, mas, tão somente, o critério de quantificação do tributo (base de cálculo), que pode ser elidido pela prova em sentido contrário da apresentada pelo contribuinte" (REsp 613.244-AgRg/RS).

Em face do exposto, fica fácil concluir que a existência do tributo tem fundamento ético-jurídico no princípio da **vedação ao enriquecimento sem causa**. Seria injusto o Estado cobrar impostos de toda a coletividade e utilizar o produto da arrecadação para a realização de obras que trouxessem como resultado um aumento patrimonial de um grupo limitado de pessoas, sem que esse enriquecimento seja produto do trabalho ou do capital pertencente aos beneficiários.

Assim, a contribuição de melhoria tem caráter contraprestacional. Serve para ressarcir o Estado dos valores (ou parte deles) gastos com a realização da obra. É justamente por isso que existe um **limite total** para a cobrança do tributo. **O Estado não pode cobrar, a título de contribuição de melhoria, mais do que gastou com a obra**, pois, se assim fizesse, o problema apenas mudaria de lado, uma vez que geraria enriquecimento sem causa do próprio Estado.

Além do limite total, a cobrança da contribuição de melhoria encontra um **limite individual**, que é o **acréscimo de valor que da obra resultar para cada imóvel beneficiado**. Esse segundo limite se fundamenta no fato de que a contribuição de melhoria é vinculada a uma valorização imobiliária, de forma que, caso se cobrasse de determinado contribuinte mais do que seu imóvel se valorizou, a parcela excedente poderia ser considerada um **imposto**, uma vez que desvinculada de qualquer atividade estatal. Em virtude de a Constituição Federal de 1988 não prever tal imposto, a cobrança não seria legítima.

Em face dos argumentos expendidos, chega-se à conclusão de que se consideram recepcionados pela atual Constituição Federal os limites individual e total estatuídos no art. 81 do Código Tributário Nacional, conforme abaixo transcrito:

> "Art. 81. A contribuição de melhoria cobrada pela União, pelos Estados, pelo Distrito Federal ou pelos Municípios, no âmbito de suas respectivas atribuições, é instituída para fazer face ao custo de obras públicas de que decorra valorização imobiliária, tendo **como limite total a despesa realizada** e **como limite individual o acréscimo de valor** que da obra resultar para cada imóvel beneficiado".

Existe certa controvérsia sobre a vigência desse art. 81 – assim como em relação à do art. 82, que também trata das contribuições de melhoria. Alguns autores defendem que os dispositivos teriam sido revogados pelo Decreto-lei 195, de 24 de fevereiro de 1967, que consideram recepcionado pela Constituição Federal de 1988 como norma geral em matéria de contribuições de melhoria. O decreto-lei foi editado após a promulgação da Constituição Federal de 1967, com base em competência conferida pela Constituição Federal de 1946, que, entretanto, ainda não tinha perdido sua vigência, o que veio a acontecer em 15 de março de 1967.

Pacificando as controvérsias acerca dessa "*vacatio legis* constitucional" (lapso de tempo entre a data de publicação e a de vigência), o STF editou a Súmula 496, cujo teor é o seguinte:

> **STF – Súmula 496** – "São válidos, por que salvaguardados pelas Disposições Constitucionais Transitórias da Constituição Federal de 1967, os decretos-leis expedidos entre 24 de janeiro e 15 de março de 1967".

Apesar do entendimento, não há contradição entre os limites estatuídos pelo CTN e a disciplina trazida pelo Decreto-lei 195/1967, que, inclusive, prevê praticamente o mesmo limite total (custo da obra) no seu art. 4º. Já o limite individual é observado com a simples aplicação da pacífica jurisprudência no sentido de que a base de cálculo do tributo é a diferença entre os valores iniciais e finais dos imóveis beneficiados (valorização).

Em suma, **estão em vigor os limites total e individual**. Só se deve ter o cuidado de lembrar que esses limites **não** estão previstos expressamente na Constituição, mas apenas na legislação infraconstitucional.

1.4.4.1 Requisitos para instituição e cobrança

Os requisitos a serem observados pela lei instituidora da contribuição de melhoria são estipulados no art. 82 do CTN.

Em primeiro lugar (art. 82, I), o dispositivo exige a **publicação prévia** dos seguintes elementos:

> a) memorial descritivo do projeto;
> b) orçamento do custo da obra;
> c) determinação da parcela do custo da obra a ser financiada pela contribuição;
> d) delimitação da zona beneficiada;
> e) determinação do fator de absorção do benefício da valorização para toda a zona ou para cada uma das áreas diferenciadas, nela contidas;

Com algumas pequenas diferenças de redação, o art. 5º do Decreto-Lei 195/1967 estipula praticamente os mesmos requisitos previstos no art. 82 do CTN, deixando claro que os elementos mencionados devem ser publicados num **edital.** O fato de o CTN exigir uma publicação "prévia" dos mencionados elementos e, assim como o Decreto-Lei 195/1967, fazer referência a "projeto", poderia levar à conclusão de que o edital deveria ser publicado antes da realização da obra.

Sob o ponto de vista do **princípio da irretroatividade**, o que necessariamente deve ser realizado **antes da obra** é a **edição da lei** instituidora do tributo, pois, se a obra for realizada e dela decorrer valorização imobiliária (fato gerador da contribuição de melhoria), uma lei posterior não poderá autorizar a cobrança retroativa do tributo, tendo em vista a expressa proibição constitucional (CF, art. 155, III, a – estudado em detalhe no item 2.7.1 do Capítulo 2).

Assim, a exigência de que a publicação do edital seja "**prévia**" (CTN, art. 82, I) deve ser entendida como prévia à **cobrança** (lançamento) da contribuição de melhoria, e não necessariamente à **realização da obra** de que potencialmente resultará seu fato gerador.

Tanto o Superior Tribunal de Justiça quanto o Supremo Tribunal Federal têm precedentes nesse sentido. Registre-se que o STJ chegou a se utilizar do argumento de que o Decreto-Lei 195/1967 teria revogado o art. 82 do CTN, de forma que a publicação do edital não mais necessitaria ser "prévia", podendo ser realizada após a conclusão da obra (REsp 89.791/SP). Já o STF aplicou conjuntamente os dois dispositivos – claramente admitindo a compatibilidade entre ambos –, firmando o entendimento de que a publicação do edital deve, sim, ser prévia, contudo, salientando que a antecedência em questão não se refere à obra, mas à cobrança (RE 107.500/PR). Na prática, portanto, as conclusões são equivalentes.

Em provas de concurso público, o conhecimento do art. 82 do CTN tem sido exigido, inclusive com menção expressa à palavra "prévia", conforme demonstra a seguinte assertiva, considerada **correta** pela Universidade Federal do Paraná, na prova do concurso para Procurador do Município de Curitiba/PR, aplicada em 2019: "A lei que instituir a contribuição de melhoria deverá conter a publicação prévia do memorial descritivo do projeto, do orçamento do custo da obra e da determinação da parcela do custo da obra a ser financiada pela contribuição".

Seguindo princípio basilar do Direito Administrativo, é possível afirmar que, em virtude de o edital publicado pela Administração ser um ato administrativo, os elementos dele constantes por exigência do art. 82, I, são presumivelmente verdadeiros (**presunção de veracidade**). No entanto, como tal presunção é **relativa**, o interessado pode afastá-la, apresentando as provas e alegações destinadas a infirmar o entendimento administrativo. Para a providência, a lei relativa à contribuição de melhoria deve regular o processo administrativo de instrução e julgamento de tal impugnação dos elementos constantes do edital (CTN, art. 82, III). O **prazo** para que o interessado impugne o edital também será estipulado pela lei local, não podendo, nos termos do CTN (art. 82, II), ser inferior a **30 dias**.

1.4.4.2 O cálculo da contribuição de melhoria

Conforme citado anteriormente, a jurisprudência tem afirmado que a base de cálculo da contribuição de melhoria é a **diferença entre os valores iniciais e finais dos imóveis beneficiados** (valorização). Tal afirmativa não é corroborada pelo Código Tributário Nacional, uma vez que este estipula duas regras que apontam para uma sistemática de cálculo bastante diferente, conforme exposto a seguir:

a) a lei instituidora da contribuição de melhoria deve determinar a **parcela do custo da obra a ser financiada pelo tributo** (CTN, 82, I, "c");
b) a contribuição relativa a cada imóvel será determinada pelo **rateio da parcela do custo da obra** (...) pelos imóveis situados na zona beneficiada em função dos respectivos **fatores individuais de valorização** (CTN, art. 82, § 1.º).

Não se vislumbra, portanto, a estipulação de uma alíquota a ser aplicada sobre a valorização individual, mas sim a fixação de uma parcela do custo da obra a ser rateada entre os proprietários dos imóveis beneficiados proporcionalmente aos respectivos "fatores individuais de valorização".

Na prática, o "fator individual de valorização" é obtido pela divisão da valorização individual do imóvel pela soma das valorizações individuais dos imóveis beneficiados.

Nesse sentido, a Fundação Carlos Chagas propôs interessante questão no concurso para provimento de cargos de Fiscal de Rendas do Estado do Rio de Janeiro, realizado em 2014. No enunciado, narrava-se a realização de obras públicas que, segundo estudos da Administração, beneficiariam cinco imóveis, resultando numa valorização média de 20%, percentual utilizado para o lançamento da contribuição contra os respectivos proprietários. Afirmou-se também que "as obras foram orçadas em R$ 250.000,00, valor esse a ser integralmente financiado por contribuição de melhoria".

Ainda segundo a questão, após a obra, a situação concretamente verificada foi a seguinte:

Imóvel	Valia (R$)	Contribuição de Melhoria Cobrada (R$)	Valorização efetiva, constatada em razão da obra
I	100.000,00	20.000,00	não teve valorização alguma
II	200.000,00	40.000,00	passou a valer 220.000,00
III	300.000,00	60.000,00	passou a valer 345.000,00
IV	400.000,00	80.000,00	passou a valer 480.000,00
V	500.000,00	100.000,00	passou a valer 625.000,00

Percebe-se que a valorização efetiva não foi a prevista pelo Estado e que o fato gerador da contribuição (valorização) não ocorreu quanto ao primeiro imóvel. Além disso, o valor cobrado a título de contribuição de melhoria ultrapassou o limite máximo individual no tocante aos imóveis II e III.

Uma análise mais apressada poderia levar à conclusão de que os valores cobrados dos proprietários dos imóveis IV e V estariam corretos, pois ficaram dentro dos limites estabelecidos. Tal raciocínio é equivocado, pois seria injusto cobrar do proprietário do imóvel IV 100% do valor acrescido e do proprietário do imóvel V apenas 80% (100.000,00/125.000,00). É neste ponto que ganham relevância os "fatores individuais de valorização". O montante a ser cobrado de cada proprietário deve ser obtido pelo produto entre o fator individual e o valor total a ser custeado. Assim, para o imóvel II, por exemplo, o valor a ser pago seria o "fator individual de valorização" (20mil/270mil = 0.074 = 7,4%)[1] multiplicado pelo custo a ser financiado pela contribuição (250 mil), ou seja, aproximadamente R$ 18.518,51.

Nessa linha, dentre as alternativas propostas na questão, a assertiva considerada **correta** afirmava o seguinte: "se o fator individual de valorização do imóvel II, apurado com base na legislação própria, fosse igual a 0,074 (ou 7,4%), a contribuição de melhoria relativa a esse imóvel poderia ser determinada e, posteriormente, lançada e cobrada, mediante o rateio do custo total da obra por esse fator individual de valorização".

---

1 O montante de R$ 20.000,00 equivale à valorização do imóvel considerado (II); o de R$ 270.000,00, à soma das valorizações dos imóveis beneficiados (20 mil + 45 mil + 80 mil + 125 mil).

Em termos matemáticos, independentemente de eventuais fórmulas constantes da legislação própria, é possível afirmar que o valor a ser pago pode ser determinado por uma simples "regra de três", **dividindo-se o valor a ser financiado entre os proprietários dos imóveis beneficiados proporcionalmente à valorização individual de cada imóvel**.

Percebe-se que a sistemática estatuída no Código **garante a observância do limite total** (global), pois o valor rateado entre os beneficiários é uma parcela do custo da obra (podendo chegar até 100% deste valor), mas **não garante matematicamente a observância do limite individual**, pois pode ocorrer de o custo da obra ser muito maior que a soma das valorizações individuais. Nesse caso, deve-se reduzir a parcela a ser rateada à soma de tais valorizações, sob pena de desobediência à própria regra do Código que impõe também o respeito ao limite individual.

Por fim, alerta-se aos que se preparam para concursos públicos que, não obstante o raciocínio ora exposto já haver sido objeto da inteligente questão da Fundação Carlos Chagas, também devem ser consideradas corretas as tradicionais afirmativas no sentido simplório de que a base de cálculo da contribuição de melhoria é a diferença entre os valores iniciais e finais dos imóveis beneficiados (valorização). É o que simploriamente afirma a jurisprudência brasileira.

1.4.5 Os empréstimos compulsórios

Dispõe a Constituição Federal, no seu art. 148:

> "Art. 148. A União, mediante lei complementar, poderá instituir empréstimos compulsórios:
>
> I – para atender a despesas extraordinárias, decorrentes de calamidade pública, de guerra externa ou sua iminência;
>
> II – no caso de investimento público de caráter urgente e de relevante interesse nacional, observado o disposto no art. 150, III, *b*.
>
> Parágrafo único. A aplicação dos recursos provenientes de empréstimo compulsório será vinculada à despesa que fundamentou sua instituição".

Os empréstimos compulsórios são empréstimos forçados, coativos, porém restituíveis. A obrigação de pagá-los não nasce de um contrato, de uma manifestação livre das partes, mas sim de determinação legal. Verificada a ocorrência do fato gerador, surge a obrigação de "emprestar" dinheiro ao Estado.

O fato de serem restituíveis levou alguns doutrinadores a sustentar que os empréstimos compulsórios não seriam tributos, vez que os recursos arrecadados não se incorporam definitivamente ao patrimônio estatal. Esse entendimento não merece prosperar, pois a exação se enquadra com perfeição na definição de tributo constante do art. 3.º do CTN, que não contempla nenhum requisito relativo à definitividade do ingresso da receita tributária nos cofres públicos. Também confirma o entendimento o fato de o referido art. 148 da CF/1988, que é o fundamento constitucional para a existência de empréstimos compulsórios no ordenamento jurídico brasileiro, encontrar-se inserido na seção que trata dos princípios gerais do sistema tributário nacional. A obrigatoriedade de restituição dos recursos arrecadados serve para dar fisionomia própria ao tributo, de forma a caracterizá-lo como uma espécie tributária distinta, e não como argumento para descaracterizá-lo como tributo.

Nessa linha de raciocínio, é possível afirmar, de forma convicta, que **está superado o entendimento consolidado na Súmula 418 do Supremo Tribunal Federal** ("O empréstimo compulsório não é tributo, e sua arrecadação não está sujeita à exigência constitucional da prévia autorização orçamentária"), uma vez que a Emenda Constitucional 18/1965, ao incluir os empréstimos compulsórios nas disposições constitucionais sobre o sistema tributário nacional, pôs fim às controvérsias.

O STF pacificou a questão, entendendo, de forma incontroversa, que os empréstimos compulsórios são tributos. Transcreve-se, a título de exemplo, um excerto do voto vencedor proferido pelo Ministro Moreira Alves (Relator), quando a Corte julgou o RE 146.733-9/SP:

> "De feito, a par das três modalidades de tributos (os impostos, as taxas e as contribuições de melhoria) a que se refere o art. 145 para declarar que são competentes para instituí-los a União, os Estados, o Distrito Federal e os Municípios, os arts. 148 e 149 aludem a duas outras modalidades tributárias, para cuja instituição só a União é competente: o empréstimo compulsório e as contribuições sociais, inclusive as de intervenção no domínio econômico e de interesse de categorias profissionais ou econômicas" (STF, Tribunal Pleno, RE 146.733-9/SP, Rel. Min. Moreira Alves, j. 29.06.1992, *DJ* 06.11.1992, p. 20.110).

Nos concursos públicos, a natureza tributária do empréstimo compulsório é incontroversa, conforme demonstra a seguinte assertiva (**errada**), retirada da prova para provimento de cargos de Procurador Federal aplicada pelo CEBRASPE em 2004: "Os empréstimos compulsórios não têm natureza tributária, uma vez que não transferem definitivamente recursos dos particulares para o Estado, devendo ser restituídos nos termos da lei".

1.4.5.1 Competência, casos e forma de instituição

A competência para a criação de empréstimos compulsórios é **exclusiva da União**. Essa é uma regra sem exceções. Por mais urgente, grave e relevante que seja a situação concreta, não será possível a instituição da exação por parte dos Estados, dos Municípios ou do Distrito Federal.

Além disso, a instituição de empréstimos compulsórios deve ser feita mediante **lei complementar**. Esse é um ponto que costuma gerar equívocos. Como as situações que autorizam a instituição de empréstimos compulsórios – guerra externa ou sua iminência, calamidade pública e investimento público de caráter urgente e de relevante interesse nacional – evidenciam relevância e urgência, uma análise apressada poderia considerar viável a criação desse tributo por meio de medida provisória, cuja edição depende exatamente da presença desses requisitos (relevância e urgência). Ocorre que a Constituição exige lei complementar para a criação de empréstimos compulsórios (art. 148, *caput*) e proíbe que as medidas provisórias regulamentem matérias sujeitas a reserva de lei complementar (art. 62, § 1.º, III), de modo que a conclusão torna-se óbvia: **leis ordinárias e medidas provisórias não podem criar empréstimos compulsórios**.

Apesar da clareza do raciocínio, por vezes as bancas de concursos públicos elaboram questões em que se pinta um quadro de grave crise institucional, tentando induzir o candidato a aceitar a utilização de lei ordinária ou medida provisória para a criação de empréstimo compulsório. Transcreve-se, nessa linha, uma questão elaborada pelo CEBRASPE no concurso para Auditor-Fiscal da Previdência Social, em 2000: "Se o Brasil tivesse grandes porções de seu território afetadas por violentos furacões, com a destruição de cidades e alta mortandade, e se, nessa situação, o Presidente da República baixasse decreto reconhecendo a ocorrência de calamidade pública em nível nacional, isso permitiria que a União instituísse empréstimo compulsório, mediante a aprovação de lei ordinária pelo Congresso Nacional, pois a hipótese de calamidade pública, ao lado da de guerra externa ou de iminência desta, é uma das que autorizam a criação dessa espécie de tributo".

A assertiva é FALSA, pois, apesar da insofismável presença de relevância e urgência na situação proposta, nada justifica a instituição de empréstimo compulsório por instrumento normativo diferente da lei complementar.

Um outro ponto digno de destaque é o fato de o CTN, em seu art. 15, III, prever a instituição de empréstimos compulsórios numa terceira situação, qual seja a "conjuntura que exija a absorção temporária de poder aquisitivo". Situação muito semelhante à descrita no dispositivo ocorreu em 1990, com a edição da MP 168/1990, convertida na Lei 8.024/1990, a qual implementou parte das medidas do "Plano Collor I", dentre elas a retenção de toda importância superior a 50.000 cruzados novos depositada nas cadernetas de poupança e nas contas correntes e de 80% das aplicações no *over* e demais produtos financeiros. Era uma tentativa de conter a inflação, baseando-se no raciocínio de que a absorção do poder aquisitivo diminuiria a demanda, segurando os preços.

O STF não chegou a se pronunciar sobre a matéria, pois atendeu questão de ordem e concluiu que o julgamento da ADI 534/DF, ajuizada contra a citada MP 168/1990, restara prejudicado em virtude da devolução integral dos ativos. Apesar disso, é esclarecedor o excerto abaixo, extraído de julgamento do Tribunal Regional Federal da 1.ª Região:

> "... III – A retenção compulsória dos ativos financeiros, em cruzados novos, determinada pela Medida Provisória 168/1990, convolada na Lei 8.024/1990, sujeita à fiscalização do BACEN, com promessa de restituição, nos prazos e condições fixados naqueles diplomas legais, configura disfarçado empréstimo compulsório, flagrantemente inconstitucional, por não encontrar adequado fundamento nos incisos I e II do art. 148 da Constituição Federal de 1988, eis que não instituído mediante lei complementar e inobservado o princípio da anterioridade tributária, previsto no art. 150, III, b [a indicação correta seria alínea *c*], da Carta Constitucional vigente, de vez que apenas o empréstimo compulsório previsto no art. 148, I, da Constituição Federal a ele não está sujeito" (TRF 1.ª Região, 2.ª T., AMS 91.01.06056-2, Rel. Juíza Assusete Magalhães, j. 14.04.1992, *DJ* 01.07.1992).

Assim, clara é a conclusão de que **o citado art. 15, III, do CTN não foi recepcionado pela Constituição Federal de 1988**, de forma que **os empréstimos compulsórios só podem ser instituídos nas hipóteses constitucionalmente previstas**.

Como já ressaltado, a urgência e a relevância sempre estão presentes nas situações que autorizam a criação de empréstimos compulsórios. Todavia, o legislador constitucional conferiu tratamento diferenciado às hipóteses descritas no inciso I do art. 148, permitindo que o tributo instituído em virtude de **calamidade pública** ou **guerra externa** (ou **sua iminência**) seja exigido dos contribuintes de imediato, **sem obediência aos princípios da anterioridade e da noventena** (estudados no item 2.7 do Capítulo 2). Já nos casos em que a criação do empréstimo compulsório tem por fundamento o inciso II do art. 148 (investimento público de caráter urgente e de relevante interesse **nacional**), o legislador considerou não haver a mesma necessidade de rapidez na cobrança do tributo, impondo a observância tanto da anterioridade comum como da anterioridade nonagesimal.

1.4.5.2 Destinação da arrecadação

Nos termos do parágrafo único do multicitado art. 148 da CF/1988, a aplicação dos recursos provenientes de empréstimo compulsório será vinculada à despesa que fundamentou sua instituição. O dispositivo visa a evitar que haja um desvirtuamento do tributo, pois, se a Constituição Federal estabelece as circunstâncias que autorizam sua criação, não faria sentido utilizar em outras despesas os recursos arrecadados. Assim, se o empréstimo compulsório foi criado em virtude de uma guerra externa, toda sua arrecadação deve ser carreada para fazer face aos esforços de guerra.

Novamente, reaviva-se a advertência para que não se confunda tributo vinculado com tributo de arrecadação vinculada. O tributo é considerado vinculado quando o Estado tem de realizar alguma atividade específica relativa ao sujeito passivo para legitimar a cobrança. Essa exigência não tem qualquer correlação com a destinação da arrecadação. Já os tributos de arrecadação vinculada têm como principal característica justamente a necessidade de a receita obtida ser utilizada exclusivamente em determinadas atividades.

Os **empréstimos compulsórios são tributos de arrecadação vinculada**. No tocante a sua classificação como tributos vinculados ou não vinculados, não existe uma definição prévia - nem na Constituição, nem no CTN –, de forma que a verificação desse aspecto só é possível por intermédio da análise pormenorizada do fato gerador definido na lei instituidora.

Apesar da liberdade conferida ao ente tributante, os empréstimos compulsórios já criados no Brasil foram todos não vinculados (sobre aquisição de combustíveis, automóveis e energia elétrica, p. ex.). O motivo é simples: se a União pode optar por fazer ou não a cobrança do tributo depender da realização de uma atividade voltada ao sujeito passivo, a tendência é que opte pela cobrança sem necessidade de tal contraprestação.

1.4.5.3 Restituição

O parágrafo único do art. 15 do Código Tributário Nacional exige que a lei instituidora do empréstimo compulsório fixe o prazo e as **condições de resgate**. Assim, a tributação não será legítima sem a previsão de restituição.

Não seria nem necessária a previsão infraconstitucional para que se entendesse como exigível a fixação dos prazos e condições da restituição. A conclusão deve decorrer do simples fato de o tributo ter sido denominado empréstimo, apesar de compulsório.

O STF tem entendimento firmado no sentido de que a restituição do valor arrecadado a título de empréstimo compulsório deve ser efetuada na mesma espécie em que recolhido (RE 175.385/CE). Como o tributo, por definição, é pago em dinheiro, a restituição deve ser efetivada também em dinheiro.

Nessa linha, o CEBRASPE, na prova do concurso público para Juiz Federal do TRF 5.ª Região, realizado em 2005, propôs a seguinte assertiva (**correta**): "A União poderá instituir empréstimo compulsório, sempre por lei complementar, vinculando os recursos às despesas que fundamentaram sua instituição, sendo que a restituição deverá ser, necessariamente, em moeda, quando esta for o objeto do empréstimo".

Esse foi um dos fundamentos para a declaração de inconstitucionalidade do empréstimo compulsório incidente sobre a aquisição de automóveis e o consumo de combustíveis, instituído ainda sob a vigência da Constituição Federal de 1969 pelo Decreto-lei 2.288/1986. A devolução não havia sido prevista em dinheiro, mas em quotas do Fundo Nacional de Desenvolvimento, o que contribuiu para que a Corte Suprema considerasse a exação inconstitucional (RE 121.336/CE e RE 175.385/SC).

Excepcionalmente, no caso do empréstimo instituído em benefício da Eletrobrás pela Lei 4.156/1962, o STF entendeu que o tributo havia sido recepcionado pela Constituição Federal de 1988, pois expressamente disciplinado no art. 34, § 12, do ADCT. Desse modo, tendo as disposições transitórias preservado a exigibilidade do empréstimo compulsório, o Tribunal reputou acolhida também a forma de restituição (em ações da Eletrobrás) prevista na legislação de regência (RE 193.798-AgR/PR).

1.4.6 As contribuições especiais

Dispõe o art. 149 da Constituição Federal:

> "Art. 149. Compete exclusivamente à União instituir contribuições sociais, de intervenção no domínio econômico e de interesse das categorias profissionais ou econômicas, como instrumento de sua atuação nas respectivas áreas, observado o disposto nos arts. 146, III, e 150, I e III, e sem prejuízo do previsto no art. 195, § 6.º, relativamente às contribuições a que alude o dispositivo".

Percebe-se que o legislador constituinte previu a possibilidade de a União instituir três espécies de contribuições, quais sejam: a) as **contribuições sociais**; b) as **contribuições de intervenção no domínio econômico** (CIDE); e c) as **contribuições de interesse de categorias profissionais ou econômicas** (contribuições corporativas).

Compete exclusivamente à União a criação das contribuições previstas no art. 149, *caput*, da CF/1988, denominadas pela doutrina de "contribuições especiais". Entretanto, o mesmo artigo, em seu § 1º, excepciona da regra as **contribuições previdenciárias dos servidores públicos vinculados a regime próprio de previdência social**, cuja instituição compete a cada ente federado, da seguinte forma:

> "§ 1º A União, os Estados, o Distrito Federal e os Municípios instituirão, por meio de lei, contribuições para custeio de regime próprio de previdência social, cobradas dos servidores ativos, dos aposentados e dos pensionistas, que poderão ter alíquotas progressivas de acordo com o valor da base de contribuição ou dos proventos de aposentadoria e de pensões".

A regra foi inicialmente inserida na Constituição por meio da EC 33/2001, mas recebeu novos contornos com os adventos da EC 41/2003 e da EC 103/2019, esta última responsável pela atual redação do dispositivo, cuja vigência, em cada ente, inicia-se a partir da data de publicação de lei de iniciativa privativa do respectivo Poder Executivo que referende integralmente a mudança.

Os detalhes da norma serão abordados no item 1.4.6.1.1. Por ora, importa ao estudo apenas registrar a existência de uma exceção à competência exclusiva da União para a instituição das contribuições especiais previstas no art. 149 da Constituição.

Inspirado na máxima segundo a qual não devem ser exportados tributos, mas sim mercadorias e serviços, o legislador constituinte derivado, por meio da EC 33/2001, estabeleceu, no § 2º, inciso I, do multicitado art. 149 da CF/1988, que **as contribuições sociais e de intervenção no domínio econômico não incidirão sobre as receitas decorrentes de exportação**.

Na contramão do objetivo de desonerar por completo as exportações, a Secretaria da Receita Federal do Brasil adotou uma interpretação absolutamente literal do dispositivo, entendendo que a imunidade somente impediria a cobrança de contribuições que tivessem como base de cálculo exatamente a **receita**. Assim, realmente não poderiam ser cobradas dos exportadores a contribuição para o Programa de Integração Social – **PIS** e a Contribuição para Financiar a Seguridade Social – **COFINS**, uma vez que oficialmente incidentes sobre a **receita** ou **faturamento**. Entretanto, ainda segundo a interpretação da SRF, seria viável a cobrança da Contribuição Social sobre o Lucro Líquido – **CSLL**, mesmo no que concerne ao **lucro decorrente de exportações**.

O Supremo Tribunal Federal chegou a rechaçar cautelarmente a sede arrecadatória federal, ao afirmar que se o lucro é a parcela da receita que resta após o abatimento das despesas dedutíveis, ele também é imune, não se podendo artificiosamente resgatar para o terreno da tributação algo que se encontra na zona morta da imunidade (AC 1.738-MC/SP).

No entanto, embarcando na literal interpretação dada pela Fazenda Pública, nossa Suprema Corte acabou por pacificar o entendimento de que o legislador constituinte claramente diferenciou a **receita** do **lucro**, tanto é que autorizou a criação de tributos distintos para gravar tais bases econômicas. Nessa linha, ainda no entender do Tribunal, ao imunizar as **receitas** decorrentes de exportação, a Constituição não desejou proibir a tributação do **lucro** (RE 474.132/SC).

No mesmo julgado, afirmou-se que a imunidade em questão também não impedia a cobrança da CPMF (enquanto vigorou tal contribuição), pois o tributo não incidia sobre o resultado imediato da exportação (o recebimento da receita), mas sobre operações (movimentações financeiras) realizadas posteriormente pelo exportador.

Pela importância do julgado, transcreve-se abaixo a respectiva ementa:

> "Recurso extraordinário. 2. Contribuições sociais. Contribuição Social sobre o Lucro Líquido (CSLL) e Contribuição Provisória sobre Movimentação ou Transmissão de Valores e de Créditos e Direitos de Natureza Financeira (CPMF). 3. Imunidade. Receitas decorrentes de exportação. Abrangência. 4. A imunidade prevista no art. 149, § 2º, I, da Constituição, introduzida pela Emenda Constitucional nº 33/2001, não alcança a Contribuição Social sobre o Lucro Líquido (CSLL), haja vista a distinção ontológica entre os conceitos de lucro e receita. 6. Vencida a tese segundo a qual a interpretação teleológica da mencionada regra de imunidade conduziria à exclusão do lucro decorrente das receitas de exportação da hipótese de incidência da CSLL, pois o conceito de lucro pressuporia o de receita, e a finalidade do referido dispositivo constitucional seria a desoneração ampla das exportações, com o escopo de conferir efetividade ao princípio da garantia do desenvolvimento nacional (art. 3º, I, da Constituição). 7. A norma de exoneração tributária prevista no art. 149, § 2º, I, da Constituição também não alcança a Contribuição Provisória sobre Movimentação ou Transmissão de Valores e de Créditos e Direitos de Natureza Financeira (CPMF), pois o referido tributo não se vincula diretamente à operação de exportação. A exação não incide sobre o resultado imediato da operação, mas sobre operações financeiras posteriormente realizadas. 8. Recurso extraordinário a que se nega provimento" (STF, Tribunal Pleno, RE 474.132/SC, Rel. Min. Gilmar Mendes, j. 12.08.2010).

Não obstante a imunidade nas operações de exportações, as contribuições sociais e de intervenção no domínio econômico **incidem sobre a importação** de produtos estrangeiros ou serviços (CF, art. 149, § 2º, II). Trata-se de regra destinada a equalizar a carga tributária incidente sobre as importações, deixando-a semelhante àquela que grava o produto nacional nas operações internas. Perceba-se que o comerciante que vende uma mercadoria dentro do Brasil está sujeito à incidência da dupla PIS/COFINS sobre sua receita; já nas importações, o recebedor da receita é o exportador estrangeiro, não sendo possível ao Brasil impor a tal agente o dever de recolher tributo aos cofres nacionais. Para que não haja um benefício fiscal ao produto estrangeiro (não onerado pelo PIS/COFINS sobre receita), criou-se, sob a autorização da norma constitucional ora analisada, a dupla PIS/COFINS-importação, com peso semelhante àquele que onera as operações internas (Lei 10.865/2004). Convém ressaltar que, por força da EC 132/2023 (Reforma Tributária), a extinção de ambas as contribuições (tanto na versão geral quanto na que onera as importações) está prevista para 2027.

A par dessas espécies de contribuição, previstas no art. 149, a EC 39/2002 acrescentou à Constituição Federal o art. 149-A, atribuindo competência aos Municípios e ao Distrito Federal para instituírem **contribuição para o custeio do serviço de iluminação pública**, a ser estudada mais adiante, com as alterações promovidas pela EC 132/2023. Em sede doutrinária e jurisprudencial, ainda não há uma definição precisa do enquadramento dessa contribuição no quadro das espécies tributárias existentes no Brasil.

Como exemplo da indefinição, a Fundação Carlos Chagas, no concurso para Procurador do Ministério Público junto ao Tribunal de Contas do Estado do Piauí, realizado em 2004, considerou **correta** assertiva afirmando que a contribuição de iluminação pública "é uma contribuição *sui generis* que pode ser instituída pelos Municípios ou Distrito Federal".

Opta-se, nesta obra, pela inclusão das contribuições de iluminação pública como espécie das "contribuições especiais", uma vez que, atualmente, tal rubrica já comporta um conjunto de contribuições com características bem diferenciadas entre si.

Seguindo essa linha, as contribuições especiais serão classificadas da seguinte forma:

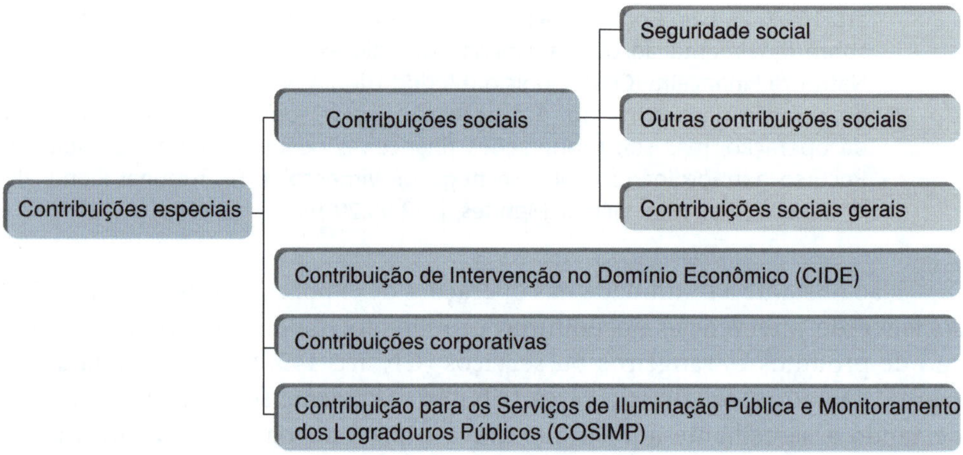

A denominação doutrinária "contribuições especiais" visa a diferençar tais espécies tributárias das já estudadas contribuições de melhoria. Já a designação "contribuições parafiscais", em desuso, mas ainda adotada por alguns doutrinadores, decorre do fato de que essas contribuições, em sua origem, eram instituídas com o objetivo de arrecadar recursos em favor de entidades não integrantes da Administração Pública, mas que realizavam atividades de interesse público (atuando paralelamente ao Estado). Como atualmente as contribuições previstas no art. 149 também podem ser destinadas à própria Administração Pública, perdeu o sentido a adoção de tal terminologia.

Sobre esse aspecto, um ponto é digno de nota. O fato de, via de regra, as contribuições especiais terem os produtos de suas arrecadações vinculados a determinada atividade, levou alguns autores a defender que todas as etapas relativas a tal atividade, desde a arrecadação da contribuição até a realização das despesas, deveriam ficar a cargo de uma mesma pessoa jurídica ou, ao menos, de um órgão autônomo.

Se o entendimento fosse seguido, o INSS, autarquia federal, deveria arrecadar, fiscalizar, administrar e aplicar as receitas das contribuições sociais destinadas ao financiamento da seguridade social, de forma que seria ilegítima sua cobrança pela Receita Federal do Brasil, órgão da União.

O Supremo Tribunal Federal, quando instado a se pronunciar sobre o assunto, firmou entendimento contrário a essa corrente doutrinária, conforme se pode verificar no excerto abaixo, extraído do voto (vencedor) do Ministro Relator Moreira Alves, proferido no julgamento do RE 146.773-9/SP:

> "Para que fosse inconstitucional essa forma de arrecadação, necessário seria que a Constituição tivesse criado um sistema de seguridade social cuja realização, em todas as suas etapas, tivesse de ser da competência exclusiva de um órgão autônomo de seguridade social. E não é isso o que resulta dos textos constitucionais concernentes à seguridade social" (STF, Tribunal Pleno, RE 146.733-9/SP, Rel. Min. Moreira Alves, j. 29.06.1992, *DJ* 06.11.92, p. 00684).

Interessante ressaltar que, no acórdão atacado pelo RE 146.773-9/SP, o juiz e famoso tributarista Hugo de Brito Machado afirmara expressamente que "a 'contribuição' criada pela Lei 7.689/1988 [Contribuição Social sobre o Lucro Líquido – CSLL] não é uma contribuição para a seguridade social, posto que não se comporta no regime constitucional desta". No entender dos que seguem essa corrente, em se criando, a título de contribuição para a seguridade social, um tributo cuja administração esteja afeta a órgão diferente da autarquia previdenciária, estar-se-ia criando um *imposto*. No caso específico da CSLL, a criação seria de um inconstitucional adicional de imposto de renda com receita vinculada.

O raciocínio não merece prosperar pelos motivos já aduzidos, que são sintetizados e reforçados pelas pedagógicas palavras do Ministro Carlos Velloso (RE 138.284/CE):

> "o que importa perquirir não é o fato de a União arrecadar a contribuição, mas se o produto da arrecadação é destinado ao financiamento da seguridade social (CF, art. 195, I). A resposta está na própria Lei 7.689, de 15.12.88, que, no seu art. 1.º, dispõe expressamente que 'fica instituída a contribuição social sobre o lucro das pessoas jurídicas, destinada ao financiamento da seguridade social'. De modo que, se o produto da arrecadação for desviado de sua exata finalidade, estará sendo descumprida a lei, certo que, uma remota possibilidade de descumprimento da lei não seria capaz, evidentemente, de torná-la inconstitucional" (STF, Tribunal Pleno, RE 138.284/CE, Rel. Min. Carlos Velloso j. 01.07.1992, *DJ* 28.08.1992, p. 13.456).

A matéria já foi objeto de questionamento em concurso público, como demonstra o seguinte item (**errado**) extraído do certame para provimento do cargo de Procurador do INSS (1996), aqui citado por sua importância histórica: "As contribuições devem ser arrecadadas pelo Instituto Nacional do Seguro Social (INSS). Se, diversamente, a arrecadação for efetivada pela União, restará descaracterizada a natureza jurídica da contribuição, evidenciando, nessa hipótese, tratar-se de imposto".

1.4.6.1 Contribuições sociais

As contribuições sociais são a primeira das subespécies de contribuições especiais previstas no art. 149 da Constituição Federal e, como o próprio nome indica, são instituídas visando à obtenção de recursos para a atuação da União na área social.

De acordo com o Supremo Tribunal Federal (RE 138.284-8/CE), as contribuições sociais subdividem-se em: a) **contribuições de seguridade social**, destinadas a custear o sistema de seguridade social, que compreende ações e serviços relacionados à saúde, à previdência e à assistência social (CF, art. 194); b) **outras contribuições sociais**, que são contribuições residuais de financiamento da seguridade social (CF, art. 195, § 4º); e c) **contribuições sociais gerais**, destinadas ao custeio de algum outro tipo de atuação da União na área social (p. ex., educação).

Apesar de soar estranha a denominação de duas categorias com expressões tão genéricas ("gerais" e "outras"), adota-se tal terminologia por ser a utilizada pelo STF.

1.4.6.1.1 Contribuições de seguridade social

Conforme antecipado no tópico anterior, as **contribuições de seguridade social** são instituídas para o financiamento da seguridade social, sistema que compreende um conjunto integrado de ações destinadas a assegurar os direitos relativos à **saúde**, à **previdência** e à **assistência social** (CF, art. 194).

Apesar de a instituição desse tipo de contribuição fundamentar-se no art. 149 da CF/1988, é no art. 195 da Carta Magna que são indicadas as bases econômicas sobre as quais a incidência é possível (fontes de financiamento), além de outras regras bastante específicas relacionadas ao tributo. O referido dispositivo autoriza a criação das seguintes contribuições de seguridade social:

> I – **contribuição do empregador, da empresa e da entidade a ela equiparada** na forma da lei, incidentes sobre:
>
> a) a folha de salários e demais rendimentos do trabalho pagos ou creditados, a qualquer título, à pessoa física que lhe preste serviço, mesmo sem vínculo empregatício;

b) a receita ou o faturamento;

c) o lucro;

II – **contribuição do trabalhador e dos demais segurados da previdência social**, podendo ser adotadas alíquotas progressivas de acordo com o valor do salário de contribuição, não incidindo contribuição sobre aposentadoria e pensão concedidas pelo Regime Geral de Previdência Social;

III – **contribuição sobre a receita de concursos de prognósticos**;

IV – **contribuição do importador** de bens ou serviços do exterior, ou de quem a lei a ele equiparar.

V – **contribuição sobre bens e serviços**, nos termos de lei complementar.

Em regra, para a criação dessas contribuições cujas fontes de financiamento constam expressamente da Constituição, não há exigência de lei complementar, sendo suficiente a edição de **lei ordinária** (ou medida provisória). A exceção a essa regra é a contribuição sobre bens e serviços (CBS), que deve ser instituída, junto com o imposto sobre bens e serviços (IBS), pela mesma lei complementar, de caráter nacional, de forma a assegurar a necessária identidade entre os principais aspectos desses tributos. Assim, no âmbito das contribuições especiais, a obrigatoriedade de lei complementar existe apenas para a contribuição sobre bens e serviços e para as contribuições sociais residuais ("outras contribuições sociais", na classificação do STF).

Por força do § 6º do art. 195 da CF/1988, as contribuições de seguridade social podem ser exigidas do contribuinte no mesmo exercício financeiro em que instituídas ou majoradas, mas somente após decorridos 90 (noventa) dias da data da publicação da lei que as houver instituído ou majorado. Embora o texto do dispositivo contenha a expressão "instituído ou modificado", o Supremo Tribunal Federal entende que, se não houver modificação substancial na contribuição, dispensa-se a observância do prazo citado.

Em suma, as contribuições de seguridade social se submetem à anterioridade nonagesimal (noventena), mas não à anterioridade do exercício financeiro. O tema será detalhado no item 2.7 do Capítulo 2, quando do estudo dos princípios da anterioridade simples e nonagesimal.

Dentre as contribuições de seguridade social, destacam-se as **contribuições previdenciárias dos servidores públicos vinculados a regimes próprios de previdência social**, que, conforme dispõe o § 1º do art. 149 da CF/1988, são instituídas pelos diversos entes federados – e não exclusivamente pela União –, podendo ter **alíquotas progressivas** de acordo com o valor da base de contribuição ou dos proventos de aposentadoria e de pensões.

A competência dos entes subnacionais abrange exclusivamente o objetivo de custear seus regimes próprios de **previdência**, não lhes sendo possível a criação de contribuição para o financiamento dos demais subsistemas da seguridade social **(assistência social e saúde)**, mesmo que em favor dos servidores públicos. Nada impede, contudo, que Estados, DF e Municípios instituam contribuições facultativas **(não tributárias)** para custeio de sistemas assistenciais ou de saúde. O que não lhes é permitida é a compulsoriedade (ADI 5.368/TO).

A disciplina anterior – dada pela EC 41/2003 e ainda vigente para os entes federados que não tenham referendado, por lei, a mudança realizada pela EC 103/2019 – previa apenas que, no âmbito dos Estados, do Distrito Federal e dos Municípios, as citadas contribuições deveriam ter alíquota não inferior à da contribuição dos servidores titulares de cargos efetivos da União.

Tal regra teve sua constitucionalidade contestada por aqueles que entendiam se tratar de agressão à forma federativa de Estado (cláusula pétrea), haja vista a redução da autonomia dos entes subnacionais, deixados a reboque de uma alíquota fixada pela União para atendimento de suas necessidades específicas. O STF, contudo, enxergou na previsão uma importante proteção ao equilíbrio financeiro e atuarial dos regimes próprios de previdência, relembrando, inclusive, a existência de compensação entre os diversos regimes previdenciários, o que, diante do caráter contributivo e solidário do sistema, exigiria uma certa uniformidade entre as contribuições cobradas pelos diversos entes federados (ADI 3.138/DF).

Com o advento da EC 103/2019, o § 1º do art. 149 da CF/1988 deixou de considerar a alíquota federal como a alíquota mínima nacional a ser adotada pelos regimes próprios de previdência dos servidores públicos. Essa vinculação foi mantida pelo legislador constituinte derivado apenas de forma parcial e em caráter transitório, até que entre em vigor lei complementar instituidora de normas gerais de organização, de funcionamento e de responsabilidade na gestão dos regimes próprios de previdência social, cuja edição está prevista no art. 40, § 22, da CF/1988.

De acordo com o art. 9º, *caput* e § 1º, da EC 103/2019, até que sobrevenha a dita lei complementar, os Estados, o Distrito Federal e os Municípios deverão continuar considerando a **alíquota federal** como limite mínimo, somente podendo estabelecer alíquota inferior se demonstrado que o respectivo regime próprio de previdência social **não possui déficit atuarial** a ser equacionado, hipótese em que a alíquota adotada não poderá ser menor que as alíquotas aplicáveis ao **regime geral de previdência social** (administrado pelo INSS), ao qual estão vinculados os trabalhadores do setor privado e os servidores públicos ocupantes de cargos em comissão.

No Brasil, são raros os casos de regimes próprios de previdência social que não possuem déficit atuarial. Por essa razão, ao elaborar a EC 103/2019, o legislador constituinte derivado preocupou-se em acrescentar ao art. 149 da CF/1988 a previsão de algumas medidas que podem ser implementadas para a solução do problema.

Quando o regime previdenciário apresenta déficit atuarial, é preciso que, dentre as providências adotadas, esteja o aumento da arrecadação de recursos.

Para tanto, em tal situação, o § 1º-A do art. 149 da CF/1988, oriundo da citada emenda, permite que a contribuição devida pelos aposentados e pensionistas incida sobre os **proventos que superem o salário-mínimo**.

Em condições de normalidade, graças à imunidade parcial conferida pelo art. 40, § 18, da CF/1988, a contribuição dos aposentados e pensionistas somente pode incidir sobre **proventos superiores ao limite máximo estabelecido para os benefícios do regime geral de previdência social**. Entretanto, num cenário de *déficit* atuarial, a própria Constituição possibilita que a amplitude da imunidade seja reduzida, limitando-a ao equivalente a um salário-mínimo. Por se tratar de medida que majora a carga tributária suportada pelo contribuinte – através do aumento da base de cálculo do tributo –, deve ser veiculada por **lei em sentido formal** (lei ordinária ou, em casos relevantes e urgentes, medida provisória), bem como observar a regra da **anterioridade nonagesimal** prevista no art. 195, § 6º, da CF/1988.

É importante salientar que, conforme tese de repercussão geral firmada pelo STF, "a ausência de estudo atuarial específico e prévio à edição de lei que aumente a contribuição previdenciária dos servidores públicos não implica vício de inconstitucionalidade, mas mera irregularidade que pode ser sanada pela demonstração do déficit financeiro ou atuarial que justificava a medida" (STF, Pleno, ARE 875.958/GO, Rel. Min. Roberto Barroso, j. 19/10/2021, DJe 21/10/2021).

Especificamente no caso da **União**, se o alargamento da base de cálculo da contribuição ordinária dos aposentados e pensionistas se mostrar insuficiente para solucionar o problema, os §§ 1ª-B e 1º-C do art. 149, também inseridos pela EC 103/2019, autorizam a implementação de uma medida adicional. Nessa situação, é facultada **à União** a criação de uma **contribuição extraordinária**, exigida dos seus servidores públicos ativos, dos aposentados e dos pensionistas, a vigorar por **período determinado**, contado da data de sua instituição, que deve ser acompanhada de outras medidas simultâneas para o equacionamento do *déficit* atuarial.

Apesar de serem distintos os conceitos de vigência e eficácia (ver item 3.3.1 do Capítulo 3), o legislador constituinte derivado, ao dispor que a contribuição entra em vigor tão logo instituída, provavelmente desejou dispensá-la de observar a anterioridade nonagesimal, de modo a possibilitar a cobrança imediata pelo ente tributante. A intenção, contudo, não sobrevive diante de uma análise sistemática da Constituição, já que, sendo a noventena (corolário do princípio da não surpresa) uma garantia individual do contribuinte – e, portanto, cláusula pétrea (CF, art. 60, § 4º) –, a criação de uma nova exceção representa uma diminuição da garantia, o que não é possível nem mesmo por meio de emenda constitucional.

É oportuno o alerta de que a denominação **"contribuição extraordinária"** representa simples contraponto à contribuição previdenciária usualmente recolhida pelos contribuintes, dita "ordinária". Não se trata, como alguns poderiam equivocadamente imaginar, de tributo decorrente do exercício da competência extraordinária da União, que está exclusivamente relacionada à criação de **impostos extraordinários**, na iminência ou no caso de guerra externa (CF, art. 154, II).

1.4.6.1.2 Outras contribuições sociais

Além das fontes indicadas nos incisos do art. 195 da CF/1988, o § 4º desse mesmo artigo permite que a União institua novas fontes destinadas à manutenção ou à expansão da seguridade social, desde que obedecido o disposto no art. 154, I. Trata-se de autorização para a criação de **contribuições sociais residuais** – cujas bases econômicas não constam expressamente da Constituição –, classificadas pelo Supremo Tribunal Federal como **"outras contribuições sociais"**.

O citado art. 154, I, da CF/1988 autoriza a União a instituir, mediante lei complementar, novos impostos, contanto que sejam não cumulativos e não tenham fato gerador ou base de cálculo próprios dos discriminados na Constituição Federal.

Assim, é possível afirmar que a União possui duas espécies de **competência residual**: a) para instituir **novos impostos**; e b) para instituir **novas contribuições sociais de financiamento da seguridade social**. Em ambos os casos, são necessárias a instituição via **lei complementar**, a obediência à técnica da **não cumulatividade** e a **inovação quanto a bases de cálculo e fatos geradores**.

Segundo o Supremo Tribunal Federal, a exigência de inovação só existe dentro da própria espécie tributária. Logo, um novo **imposto** deve possuir fato gerador e base de cálculo diferentes daqueles que servem para incidência dos **impostos** já existentes, ao passo que uma nova **contribuição** deve ter fato gerador e base de cálculo diferentes daqueles definidos para as **contribuições** já criadas. Percebe-se que, no entender do Tribunal, quando o § 4º do art. 195 da CF/1988 exige, para a criação das contribuições residuais, obediência ao inciso I do art. 154 da mesma Carta, o cumprimento da exigência deve ser feito com as devidas adaptações.

Há quem afirme que a remissão ao art. 154, I, da CF/1988, teria sido feita apenas para exigir que a instituição da contribuição residual fosse veiculada em lei complementar. No entanto, se o legislador constituinte originário quisesse estatuir regra tão singela, teria optado por simplesmente exigir lei complementar de forma expressa no próprio art. 195, § 4º, da Magna Carta, facilitando a tarefa do intérprete. Na verdade, a remissão foi feita para assemelhar a disciplina jurídica da criação de impostos e contribuições residuais.

A tese ora defendida tem sido adotada nas provas de concurso público, conforme demonstra o seguinte item, considerado **correto** pelo CEBRASPE no concurso para provimento de cargos de Juiz Federal Substituto do TRF da 5ª Região (2011): "As contribuições sociais residuais devem ser instituídas por lei complementar, ser não cumulativas e ter bases de cálculo e fatos geradores diferentes dos de outras contribuições sociais".

Por outro lado, a tradicional afirmativa de que novas contribuições para a seguridade social somente podem ser instituídas por lei complementar é imprecisa, podendo levar a conclusões equivocadas.

Em 1991, o Congresso Nacional decidiu instituir a Cofins, uma nova contribuição para financiamento da seguridade social que passaria a incidir sobre o **faturamento** dos empregadores, uma base econômica cuja tributação estava expressamente autorizada pela redação original do art. 195, I, da Constituição.

Entendendo equivocadamente que a criação da nova contribuição demandaria a edição de uma lei complementar, o Congresso Nacional editou a LC 70/1991. A mencionada LC **isentou** da nova contribuição as **sociedades civis de prestação de serviços de profissão legalmente regulamentada**, mas o benefício acabou sendo **revogado** anos depois pela Lei Ordinária 9.430/1996. Essa revogação gerou uma grande controvérsia: poderia um benefício concedido por lei complementar ser revogado por lei ordinária?

Tendo em vista o paralelismo das formas, a espécie normativa exigível para a instituição de um tributo também deve ser utilizada caso se opte por estabelecer hipóteses de isenção do mesmo tributo. Assim, se realmente a criação da Cofins fosse providência reservada à lei complementar, a concessão de isenção também o seria, o que geraria a impossibilidade de revogação da isenção assim concedida por uma lei ordinária.

No entanto, conforme comentado anteriormente, como a instituição de contribuição para a seguridade social sobre o faturamento **já era prevista no texto originário da Constituição**, a providência demandaria apenas a edição de **lei ordinária**. Se o Parlamento editou uma lei complementar para tanto, tal lei é apenas **formalmente complementar. Materialmente, ela será lei ordinária**, sendo seu conteúdo passível de veiculação em tal espécie normativa. Esta, aliás, é a única situação em que uma lei complementar pode ser revogada por uma lei ordinária: quando o seu conteúdo pode ser legitimamente disciplinado em lei ordinária. Portanto, a revogação, por lei ordinária, da isenção concedida pela lei complementar, especificamente neste caso, foi válida.

O Supremo Tribunal Federal pôs fim a todas as controvérsias ainda restantes ao editar a Súmula Vinculante 62, redigida nos seguintes termos:

> **STF - Súmula Vinculante 62** - É legítima a revogação da isenção estabelecida no art. 6º, II, da Lei Complementar 70/1991 pelo art. 56 da Lei 9.430/1996, dado que a LC 70/1991 é apenas formalmente complementar, mas materialmente ordinária com relação aos dispositivos concernentes à contribuição social por ela instituída.

Por fim, convém mencionar que o § 6º do multicitado art. 195 também é aplicável às contribuições sociais residuais, de modo que estas, na mesma linha do que foi explicado ao final do tópico anterior, submetem-se à anterioridade nonagesimal (noventena), mas não à anterioridade do exercício financeiro. Essa é uma característica própria das contribuições sociais para o financiamento da seguridade social, independentemente de a base econômica tributada estar, ou não, expressa na Constituição. Trata-se, aliás, de peculiaridade que as distingue das "contribuições sociais gerais", estudadas a seguir.

1.4.6.1.3 Contribuições sociais gerais

São contribuições sociais gerais aquelas destinadas à atuação da União em **áreas sociais que não sejam passíveis de enquadramento nos subsistemas da**

seguridade social (saúde, previdência e assistência social). O tradicional exemplo é o caso da contribuição social para o **salário-educação**, cuja arrecadação é **constitucionalmente vinculada ao custeio da educação básica pública** (CF, art. 212, § 5º, com redação dada pela EC 53/2006).

Há também quem enquadre como contribuições sociais gerais aquelas **destinadas ao custeio do chamado "Sistema S"**, composto pelos serviços sociais autônomos.

Os principais exemplos de contribuições sociais gerais serão analisados nos tópicos a seguir.

1.4.6.1.3.1 A contribuição para o salário-educação

Segundo o art. 212, § 5º, da CF/1988, "a educação básica pública terá como fonte adicional de financiamento a contribuição social do salário-educação, recolhida pelas empresas na forma da lei".

A contribuição foi criada sob a égide da Constituição Federal de 1969 (EC 1/1969). Na sua origem, **pagar a contribuição não era estritamente obrigatório**, configurando apenas uma alternativa à obrigação imposta às empresas comerciais, industriais e agrícolas de manter o ensino primário gratuito de seus empregados e o ensino dos respectivos filhos entre os 7 (sete) e os 14 (catorze) anos (EC 1/1969, art. 178). Na época, a exação **não possuía natureza tributária**, justamente por ser opcional, faltando-lhe compulsoriedade.

Com o advento da Constituição Federal de 1988, o caráter opcional deixou de existir. A contribuição **passou a ser compulsória – e a ter natureza indiscutivelmente tributária** –, apenas se permitindo que os contribuintes deduzissem do valor a pagar o montante relativo ao investimento realizado no ensino fundamental de seus empregados e dependentes. Posteriormente, como decorrência da EC 14/1996 (responsável pela atual redação do § 5º do art. 212 da CF/1988) e da regulamentação promovida pela Lei 9.424/1996, a possibilidade de abatimento foi extinta, sendo criada uma regra de transição que garantiu o direito dos alunos que vinham sendo atendidos com recursos da dedução, proibindo-se novos ingressos a partir de 1º de janeiro de 1997 (Lei 9.424/1996, art. 15, § 3º).

Instado a se manifestar, em face das várias inovações legislativas, o STF **reconheceu a atual natureza tributária da exação**, bem como a constitucionalidade da cobrança desde a criação, sem solução de continuidade, o que ficou cristalizado na Súmula 732, abaixo transcrita:

> **STF – Súmula 732** – É constitucional a cobrança da contribuição do salário-educação, seja sob a Carta de 1969, seja sob a CF de 1988, e no regime da Lei 9.424/1996.

Outro ponto também esclarecido pela Suprema Corte foi relativo ao veículo normativo adequado para a criação do tributo. Para o Tribunal, a contribuição do salário-educação possui **natureza social geral**. Na **não é uma outra fonte destinada ao custeio da seguridade social e, portanto, sua criação não depende de lei complementar (ADC 3/DF)**. A decisão é fundamental, pois aponta no sentido, hoje pacífico, de que, no âmbito das contribuições especiais, somente têm a instituição dependente de lei complementar aquelas residuais destinadas ao custeio da seguridade social (conforme detalhado no item 1.4.6.1.2 deste Capítulo).

1.4.6.1.3.2 As contribuições criadas pela Lei Complementar nº 110/2001

Entre 1987 e 1991, o Brasil passou por uma sucessão de fracassados planos econômicos adotados com o objetivo de enfrentar uma notória e perniciosa tendência à hiperinflação (planos Bresser, Verão, Collor I e Collor II).

Foi no contexto das medidas adotadas em tais planos que os trabalhadores titulares das contas do FGTS, sentindo-se prejudicados pelas mudanças dos critérios de correção dos valores depositados, ajuizaram ações visando a garantir o pagamento das diferenças, denominadas **"expurgos inflacionários"**. Em 31 de agosto de 2000, por motivos cuja análise foge ao objetivo desta obra, o Supremo Tribunal Federal, ao julgar o RE 226.855-7/RS, interposto pela Caixa Econômica Federal - CEF, **reconheceu o direito ao pagamento dos expurgos concernentes aos Planos Verão e Collor I**.

Para evitar uma enxurrada de ações judiciais e viabilizar o pagamento administrativo do passivo da CEF, a União Federal editou a Lei Complementar 110/2001, possibilitando o acordo para a quitação do débito e **instituindo duas contribuições sociais**, devidas pelos **empregadores**, destinadas a custear os pagamentos. São elas:

a) **contribuição devida em caso de despedida de empregado sem justa causa**, à alíquota de 10% sobre o montante de todos os depósitos de FGTS devidos durante a vigência do contrato de trabalho, acrescido das remunerações aplicáveis às contas vinculadas (art. 1º);
b) **contribuição mensal**, à alíquota de 0,5% sobre a remuneração devida, no mês anterior, a cada trabalhador (art. 2º).

A contribuição mensal era provisória cobrada durante 60 meses, a partir de sua primeira exigibilidade –, de forma que, quando o STF veio a julgar a matéria, o tributo já estava extinto por decurso de prazo, o que levou o Tribunal a entender que as ações diretas ajuizadas haviam perdido parcialmente o objeto. Não obstante, praticamente todo o raciocínio adotado pela Suprema Corte é aplicável a ambas as contribuições, motivo pelo qual aqui a análise será feita em conjunto.

O Supremo Tribunal Federal entendeu que se tratava de **contribuições sociais gerais**, e não de contribuições para a seguridade social (ADI 2.556/DF).

O efeito prático foi submetê-las ao princípio da anterioridade geral, previsto no art. 150, III, *b*, da CF/1988, e não apenas ao da anterioridade nonagesimal, que, no tocante às contribuições para a seguridade social, está expresso no art. 195, § 6º. Ambos os princípios serão estudados no Capítulo 2.

Digno de nota que, nos termos explanados acima, ao contrário do caso do salário-educação, as contribuições criadas pela LC 110/2001 **não estavam previstas na Constituição Federal**. A destinação da arrecadação – cobrir os gastos da CEF com o pagamento dos expurgos inflacionários relativos às contas vinculadas do FGTS – foi prevista exclusivamente na lei instituidora do tributo.

A situação poderia enganosamente induzir ao raciocínio de que realmente a criação dependeria de lei complementar, pois teria o tributo natureza de contribuição residual. Contudo, as contribuições residuais cuja criação depende de lei complementar são apenas as destinadas à seguridade social, conforme destacado no tópico anterior. Assim, o Congresso Nacional não precisava ter editado uma lei complementar para instituir as novas contribuições, podendo tê-lo feito por meio de mera lei ordinária.

Portanto, é lícito concluir que a LC 110/2001 somente era complementar na forma, sendo, entretanto, materialmente ordinária – e, como tal, passível de ser alterada, ou até mesmo revogada, por uma lei formal e materialmente ordinária. Essa possibilidade, há bastante tempo vislumbrada nesta obra, acabou se concretizando com a publicação da Lei 13.932/2019, cujo art. 12 extinguiu a contribuição prevista no art. 1º da LC 110/2001. A providência foi legítima e bastante atrasada, uma vez que a mencionada contribuição há tempos atingira seu objetivo.

De qualquer forma, como consequência do entendimento adotado pelo STF, tem-se o reconhecimento da possibilidade de instituição de **contribuições sociais gerais atípicas**, cujo destino da arrecadação é estipulado diretamente na lei instituidora, independentemente de qualquer previsão constitucional expressa (ADI 2556/DF).

1.4.6.1.3.3 As contribuições para os serviços sociais autônomos

Os **serviços sociais autônomos** são pessoas jurídicas de direito privado voltadas ao treinamento profissional, assistência social, consultoria, pesquisa e assistência técnica. Essas entidades compõem o chamado **"Sistema S"** e, apesar de não integrarem a Administração Pública, realizam **atividades de interesse público** (consistentes na prestação de serviço social e de formação profissional), o que permite que sejam destinatárias do produto da arrecadação de contribuições, conforme previsão expressa do art. 240 da CF/1988.

Atualmente, o "Sistema S" é composto pelos seguintes serviços sociais autônomos:

a) Serviço Social do Comércio – SESC;

b) Serviço Nacional de Aprendizagem do Comércio – SENAC;

c) Serviço Social da Indústria – SESI;

d) Serviço Nacional de Aprendizagem Industrial – SENAI;

e) Serviço Social de Transporte – SEST;

f) Serviço Nacional de Aprendizagem do Transporte – SENAT;

g) Serviço Nacional de Aprendizagem Rural – SENAR;

h) Serviço Nacional de Aprendizagem do Cooperativismo – SESCOOP;

i) Serviço Brasileiro de Apoio às Micro e Pequenas Empresas – SEBRAE.

De acordo com o art. 240 da CF/1988, esses serviços devem ser financiados por meio de **contribuições dos empregadores** incidentes sobre a **folha de salários**. Tais contribuições, por possuírem base de cálculo idêntica à utilizada para o cálculo das contribuições incidentes sobre a remuneração paga, devida ou creditada a segurados do Regime Geral de Previdência Social, são normalmente cobradas em conjunto com estas, não obstante a diferença no tocante ao destino da arrecadação. Dada essa sistemática, configuram um exemplo clássico de **parafiscalidade**.

Boa parte da doutrina entende que as contribuições para os serviços sociais autônomos são **corporativas**, o que teria como consequência o fato de a cobrança restringir-se aos "integrantes das respectivas corporações" ou, em termos mais claros, a impossibilidade de cobrança a instituições que não tenham por objeto social uma atividade enquadrada no âmbito de atuação do respectivo serviço social.

Assim, a título de exemplo, as contribuições destinadas ao SESC e ao SENAC somente poderiam ser cobradas das empresas estritamente comerciais. Seguindo uma interpretação exageradamente literal dessa regra, muitos chegam a defender que os estabelecimentos **prestadores de serviço**, por não serem exatamente comerciantes, não estariam sujeitos ao tributo.

É de amplo conhecimento que a distinção entre prestação de serviços e venda de mercadorias é bastante relevante em Direito Tributário, pois é o principal critério para evitar conflitos entre os Municípios, titulares da competência para instituir e cobrar o ISS, e os Estados, competentes para a instituição e cobrança do ICMS. Contudo, mesmo na época em que o Direito brasileiro abraçava a teoria dos atos de comércio, não se negava caráter comercial às duas atividades, o que sempre fez com que, na essência, a distinção entre ambas tivesse pouca relevância fora da seara tributária. A situação persiste nos dias atuais em que se aplica a moderna teoria da empresa a toda atividade econômica organizada para a produção ou circulação de bens ou para a prestação de serviços.

Assim, **a definição das corporações abarcadas por SESC e SENAC não pode ser realizada tendo como pano de fundo a imprópria separação estanque entre serviço e comércio**. Aliás, para realçar ainda mais a impossibilidade de uso desse critério, ganha relevo relembrar que os industriais também comercializam mercadorias (as que eles produzem), mas a atividade integra **serviços sociais autônomos específicos** (SESI e SENAI), não sendo seus empregados filiados a SESC e SENAC.

Ao que parece, a solução da controvérsia passa pelo raciocínio de que a filiação a um serviço social custeado por contribuições dos empregadores **é direito de todos os trabalhadores**. Consequentemente, a restrição do conceito de uma atividade conducente à exclusão dos trabalhadores respectivos da lista dos beneficiários de determinado serviço social somente se justifica quando houver outro serviço, mais específico, a que tais agentes estejam vinculados.

Assim, SESC e SENAC são os mais abrangentes serviços sociais autônomos, dada a amplitude da expressão; entretanto, como os empregados do setor industrial se filiam a instituições específicas (SENAI e SESI), eles acabam por não se vincularem ao SESC e ao SENAC. O mesmo se verifica com o setor de transporte, que, por possuir serviços sociais específicos (SEST e SENAT), também não está abrangido por SESC e SENAC (registre-se que, antes da criação dos serviços próprios, as empresas de transportes eram curiosamente enquadradas como sujeito passivo das contribuições para SENAI e SESI).

Não obstante, os empregados do setor de comércio **que não se enquadrem em serviço social específico**, acabam sendo beneficiários do SESC e SENAC, de forma que os respectivos empregadores são sujeitos passivos das contribuições que financiam tais instituições.

Seguindo exatamente essa linha de raciocínio, o STJ, julgando recurso representativo da controvérsia, afirmou de maneira bastante didática que "**os empregados das empresas prestadoras de serviços não podem ser excluídos dos benefícios sociais das entidades em questão (SESC e SENAC) quando inexistente entidade específica a amparar a categoria profissional a que pertencem**. Na falta de entidade específica que forneça os mesmos benefícios sociais e para a qual sejam vertidas contribuições de mesma natureza e, em se tratando de empresa prestadora de serviços, há que se fazer o enquadramento correspondente à Confederação Nacional do Comércio – CNC, ainda que submetida a atividade respectiva a outra Confederação, incidindo as contribuições ao SESC e SENAC que se encarregarão de fornecer os benefícios sociais correspondentes" (STJ, 1ª Seção, REsp 1.255.433/SE, Rel. Min. Mauro Campbell Marques, j. em 23/05/2012, DJe 29/05/2012).

Apesar de o julgado analisado acima parecer apontar para um caráter corporativo das contribuições para os serviços sociais autônomos, o próprio

Superior Tribunal de Justiça tem entendimento no sentido de incluí-las entre as "**contribuições sociais gerais**" (REsp 662.911/RJ).

A fundamentação do posicionamento é que, por visarem a benefícios às ordens social e econômica, os serviços sociais devem ser mantidos por **toda a sociedade**, e não somente por determinadas corporações. É relevante destacar que o precedente do STJ foi firmado num caso relativo ao SEBRAE; contudo, o trecho que detalha a natureza jurídica do tributo foi redigido de forma a abranger todas as contribuições previstas no art. 240 da CF/1988, conforme se pode verificar do excerto abaixo transcrito:

> "TRIBUTÁRIO. CONTRIBUIÇÃO SOCIAL AUTÔNOMA. ADICIONAL AO SEBRAE. EMPRESA DE GRANDE PORTE. EXIGIBILIDADE. PRECEDENTES DO STF.
>
> 1. As contribuições sociais, previstas no art. 240, da Constituição Federal, **têm natureza de 'contribuição social geral' e não contribuição especial de interesses de categorias profissionais** (STF, RE 138.284/CE), o que derrui o argumento de que somente estão obrigados ao pagamento de referidas exações os segmentos que recolhem os bônus dos serviços inerentes ao SEBRAE.
>
> 2. Deflui da *ratio essendi* da Constituição, na parte relativa ao incremento da ordem econômica e social, que esses serviços sociais devem ser mantidos 'por toda a coletividade' e demandam, *a fortiori*, fonte de custeio (...)" (STJ, 1.ª T., REsp 662.911/RJ, Rel. Min. Luiz Fux, j. 14.12.2004, *DJ* 28.02.2005, p. 241).

No âmbito do Supremo Tribunal Federal, as contribuições para o SEBRAE – exatamente as que foram analisadas no julgado do qual foi retirado o excerto acima transcrito – foram tratadas de maneira bastante diferente, conforme se passa a analisar.

O precedente sempre citado pela Suprema Corte ao se deparar com casos nos quais se discute a natureza jurídica das contribuições para o SEBRAE foi firmado no julgamento do RE 396.266-6/SC. A discussão se concentrou no fato de a lei instituidora da contribuição referir-se ao tributo como um **adicional das alíquotas das contribuições para SESI, SENAI, SESC, SENAC**. Diante do mecanismo de cálculo, muitos enxergaram que a contribuição para o SEBRAE teria a mesma natureza jurídica das contribuições para os demais serviços sociais autônomos ou, até mesmo, de uma contribuição social residual, cuja instituição, para alguns, demandaria a necessidade de edição de lei complementar, em virtude da interpretação combinada dos artigos 195, § 6º e 154, I, ambos da Constituição Federal.

Para enfrentar a questão, o Supremo Tribunal Federal relembrou que os objetivos institucionais do SEBRAE são "planejar, coordenar e orientar programas técnicos, projetos e atividades de apoio às micro e pequenas empresas, em conformidade com as políticas nacionais de desenvolvimento, particularmente as relativas às áreas industrial, comercial e tecnológica" (Lei 8.029/1990, art.

9º). Assim, o Tribunal enxergou na razão se ser do SEBRAE um **incentivo à criação e desenvolvimento de micro e pequenas empresas**, em consonância com o art. 179 da Constituição, o que se consistiria em uma clara **intervenção no domínio econômico** atrelada aos princípios gerais da atividade econômica estatuídos nos arts. 170 a 181 da Magna Carta.

Foi nesse contexto que a Suprema Corte fez uma comparação destinada a distinguir duas atividades e, por conseguinte, duas espécies de contribuições especiais: a) a **fiscalização e regulação de determinadas atividades profissionais**, feita pelos respectivos conselhos (CREA, CRC, CRA, CRE etc) e que possibilitou a criação e cobrança de contribuições de natureza **corporativa**; e b) a **intervenção no domínio econômico** feita pelo SEBRAE, que deu ensejo à criação da **contribuição interventiva** (ou de intervenção no domínio econômico).

O julgado inspirou outras decisões do STF, a exemplo da proferida nos autos do RE 404.919-AgR/SC. No âmbito do STJ, em 2019, durante o julgamento do EREsp 1619954/SC – no qual foi afastada a legitimidade dos serviços sociais autônomos para integrar o polo passivo de ações judiciais de repetição de indébito (tema detalhado no item 5.6.1 do Capítulo 5) –, o Ministro Gurgel de Faria, a quem coube a relatoria do processo, chegou a tratar como CIDE todas as contribuições destinadas aos serviços sociais autônomos. Ocorre que, naquele processo, a questão não era relevante para a solução do caso submetido a julgamento, não tendo sido apreciada pelo órgão colegiado. Portanto, não se pode considerar superado o entendimento firmado no REsp 662.911/RJ.

Em provas de concurso, as diversas polêmicas que permeiam a natureza jurídica das contribuições para os serviços sociais autônomos fazem com que as bancas examinadoras prefiram concentrar a abordagem no entendimento pacífico do STF em relação ao SEBRAE.

A título de exemplo, o IBFC, no concurso para Juiz Federal Substituto do TRF da 2ª Região realizado em 2018, considerou **correta** a seguinte assertiva: "A contribuição ao SEBRAE é qualificada, pelo Supremo Tribunal Federal, como tendo natureza de contribuição de intervenção no domínio econômico – CIDE, e não como contribuição social de interesse de categorias profissionais e econômicas". Seguindo a mesma linha, o CEBRASPE, no concurso para Procurador do Ministério Público de Contas da União realizado em 2015, assinalou como incorreta a assertiva: "Conforme o STF, a contribuição destinada ao SEBRAE ostenta natureza de contribuição social geral".

1.4.6.2 Contribuições de Intervenção no Domínio Econômico – CIDE

A atribuição constitucional de competência para a criação das contribuições de intervenção no domínio econômico (CIDE) encontra-se genericamente prevista no art. 149 da CF/1988, conforme analisado anteriormente.

A competência é **exclusiva da União,** e seu exercício, por não estar sujeito a reserva de lei complementar, pode se dar na via da lei ordinária ou da medida provisória.

Como o próprio nome parece indicar, as CIDE são tributos extrafiscais. Essa conclusão decorre do fato de os tributos extrafiscais serem, por definição, exatamente aqueles cuja finalidade precípua não é arrecadar, carrear recursos para os cofres públicos, mas sim intervir numa situação social ou econômica.

As CIDE são, portanto, tributos criados com base no elemento teleológico ou finalístico, uma vez que, para serem consideradas legítimas, suas finalidades têm que ser compatíveis com as disposições constitucionais, principalmente com aquelas relativas à ordem econômica e financeira, que aparecem a partir do art. 170 da Carta Magna.

Apesar de também visarem à intervenção no domínio econômico, a técnica utilizada nas CIDE para a consecução desse desígnio tem sido, via de regra, um pouco diferente daquela vislumbrada nos exemplos estudados, quando se definiu extrafiscalidade. Neles, a intervenção se dava pela diminuição/aumento da carga tributária sobre a atividade cujo estímulo/desestímulo se desejava.

Assim, se, em determinado momento, era interesse do Estado aumentar a concorrência sobre a indústria nacional de bens de informática, uma das medidas possíveis seria a diminuição do imposto de importação incidente nas operações de aquisição desses bens no mercado externo. Já nas CIDE, a intervenção ocorre pela destinação do produto da arrecadação a uma determinada atividade, que, justamente por conta desse "reforço orçamentário", tem-se por incentivada.

A título de exemplo, a Lei 10.168/2000 instituiu o Programa de Estímulo à Interação Universidade-Empresa para o Apoio à Inovação, "cujo objetivo principal é estimular o desenvolvimento tecnológico brasileiro, mediante programas de pesquisa científica e tecnológica cooperativa entre universidades, centros de pesquisa e o setor produtivo" (art. 1.º). Registre-se que o desenvolvimento tecnológico é, como não podia deixar de ser, plenamente incentivado pela Constituição Federal, que, no seu art. 214, V, deixa claro que o plano nacional de educação deve integrar ações governamentais conducentes à, entre outros objetivos, promoção científica e tecnológica do País.

Como forma de financiar o Programa, a própria Lei 10.168/2000 instituiu a **CIDE-*Royalties*** – também conhecida como **CIDE-Remessas** ou **CIDE--Tecnologia** –, nos precisos termos de seu art. 2.º, abaixo transcrito:

> "Art. 2.º Para fins de atendimento ao Programa de que trata o artigo anterior, fica instituída contribuição de intervenção no domínio econômico, devida pela pessoa jurídica detentora de licença de uso ou adquirente de conhecimentos tecnológicos, bem como aquela signatária de contratos que impliquem transferência de tecnologia, firmados com residentes ou domiciliados no exterior".

A partir de 1º de janeiro de 2002, por força do disposto no § 2º do mesmo art. 2º da Lei 10.168/2000, a contribuição teve sua incidência ampliada, passando a ser devida também pelas pessoas jurídicas signatárias de contratos que tenham por objeto serviços técnicos e de assistência administrativa e semelhantes a serem prestados por residentes ou domiciliados no exterior, bem assim pelas pessoas jurídicas que pagarem, creditarem, entregarem, empregarem ou remeterem royalties, a qualquer título (mesmo sem transferência de tecnologia), a beneficiários residentes ou domiciliados no exterior. São isentas da contribuição a remuneração pela licença de uso ou de direitos de comercialização ou distribuição de programa de computador, ressalvados os casos que envolverem a transferência da correspondente tecnologia.

É fácil perceber que, no caso da CIDE-*Royalties*, a "intervenção no domínio econômico" ocorre mediante a tributação de eventos que, de maneira bastante atécnica e simplificada, poderiam ser chamados de "importação de tecnologia" e, principalmente, pela **destinação dos recursos arrecadados ao desenvolvimento de tecnologia no País**. Não fosse pelo incremento de recursos oriundos da contribuição, tal setor da economia teria sua ampliação ou retração dependente apenas da "mão invisível do mercado", de forma que os resultados obtidos não seriam os mesmos que aqueles atingidos quando a mão perfeitamente visível do Estado propicia um reforço de caixa para a atividade incentivada.

Esse entendimento fica ainda mais claro em face das disposições constantes do art. 4.º da mesma lei, a seguir transcrito:

> "Art. 4.º A contribuição de que trata o art. 2.º será recolhida ao Tesouro Nacional e destinada ao Fundo Nacional de Desenvolvimento Científico e Tecnológico – FNDCT, criado pelo Decreto-lei 719, de 31 de julho de 1969, e restabelecido pela Lei 8.172, de 18 de janeiro de 1991".

A mesma linha de raciocínio pode ser adotada para a mais famosa das contribuições de intervenção no domínio econômico, a **CIDE-Combustíveis**, a única com fatos geradores delineados na própria Constituição Federal. Nela, a intervenção também se concretiza pela destinação do produto da arrecadação a determinadas atividades. Por oportuno, transcreve-se o art. 177, § 4º, da CF/1988 – com atual redação dada pela EC 132/2023 –, que disciplina a destinação dos recursos oriundos da contribuição:

> "§ 4.º A lei que instituir contribuição de intervenção no domínio econômico relativa às atividades de importação ou comercialização de petróleo e seus derivados, gás natural e seus derivados e álcool combustível deverá atender aos seguintes requisitos:
>
> (...)

> II – os recursos arrecadados serão destinados:
>
> a) ao pagamento de subsídios a preços ou transporte de álcool combustível, gás natural e seus derivados e derivados de petróleo;
>
> b) ao financiamento de projetos ambientais relacionados com a indústria do petróleo e do gás;
>
> c) ao financiamento de programas de infraestrutura de transportes";
>
> d) ao pagamento de subsídios a tarifas de transporte público coletivo de passageiros".

Registre-se que esse também tem sido o entendimento do STF (ver RE 209.365/SP e RE 218.061/SP, ambos referentes ao Adicional de Tarifa Portuária, classificado como CIDE pelo Tribunal).

A União tem autonomia relativamente grande para instituir as CIDE, pois, desde que não se desvie do mencionado "elemento teleológico", a liberdade para a criação das CIDE é bastante ampla. Isso se deve ao fato de a Constituição Federal de 1988 não ter explicitado quais as bases econômicas sobre as quais o tributo pode incidir. Confirmando a regra, a EC 33/2001 trouxe uma importante exceção, ao delinear, na combinação entre os arts. 149, § 2º, II, e 177, § 4º, ambos da CF/1988, os fatos geradores que ensejariam a incidência da CIDE-Combustíveis.

A novidade não diminuiu a liberdade que possui a União para a criação de outras CIDE. Na realidade, para legitimar a cobrança da CIDE-Combustíveis, não era necessário o delineamento material de sua hipótese de incidência no texto constitucional. Contudo, como se pretendia flexibilizar a imunidade que possuíam os combustíveis (a EC 33/2001 alterou o § 3º do art. 155, restringindo à espécie impostos uma imunidade que era aplicável ao gênero tributos), acredita-se que tal intuito possa ter levado o legislador constituinte derivado a dar uma normatividade mais intensa à novel contribuição, como se isso pudesse ter o condão de afastar uma eventual declaração de inconstitucionalidade fundamentada no fato de serem as limitações constitucionais ao poder de tributar – entre as quais estão as imunidades – garantias individuais do contribuinte, protegidas, portanto, por cláusula pétrea (CF, art. 60, § 4º, IV).

Por fim, também merece registro a EC 42/2003, que ampliou bastante a previsão constitucional de incidência das CIDE nas operações de importação. Originariamente, o inciso II do § 2º do art. 149 da CF/1988 previa a cobrança do tributo apenas sobre a importação de **petróleo e seus derivados, gás natural e seus derivados e álcool combustível**. Hoje, porém, a previsão abrange a importação de **produtos estrangeiros ou serviços**, expressão muito mais abrangente.

1.4.6.3 Contribuições de interesse das categorias profissionais ou econômicas – Contribuições corporativas

As **contribuições corporativas** são tributos criados pela União com o objetivo parafiscal de obter recursos para o financiamento de atividades de interesse das instituições representativas ou fiscalizatórias de categorias profissionais ou econômicas (corporações).

Com o advento da Lei 13.467/2017 (Reforma Trabalhista), que retirou o caráter compulsório da contribuição sindical – suprimindo-lhe, assim, a natureza de tributo –, é possível afirmar que, nos dias atuais, as **contribuições destinadas ao custeio das entidades de fiscalização do exercício de profissões regulamentadas**, estudadas no tópico seguinte, são o exemplo mais relevante de contribuição corporativa. Contudo, pela importância histórica, também será realizada, logo após, uma breve análise sobre a não mais tributária contribuição sindical.

É também digna de nota a tendência de evolução na jurisprudência para passar a enquadrar como corporativas as contribuições para os serviços sociais autônomos, com exceção daquela destinada ao financiamento do SEBRAE, classificada pelo STF como contribuição interventiva, conforme explanado no tópico 1.4.6.1.3.3 deste Capítulo.

1.4.6.3.1 Contribuições corporativas para o custeio das entidades de fiscalização do exercício de profissões regulamentadas

Em seu art. 5º, XIII, a Constituição declara livre o exercício de qualquer trabalho, ofício ou profissão, mas prevê a possibilidade de a lei estabelecer as qualificações profissionais necessárias para o exercício desse direito. Trata-se de norma constitucional de eficácia contida ou restringível, o que traz como consectário a possibilidade de a lei, calcada no interesse público, restringir legitimamente a amplitude de tal liberdade.

Com fundamento na autorização constitucional, foram criadas instituições descentralizadas que fiscalizam o exercício de determinadas profissões e atividades, além de representarem, coletiva ou individualmente, os interesses dos respectivos profissionais. A lei reputa essas atividades como de interesse público, o que legitima a possibilidade de o Estado instituir tributos cujo produto da arrecadação seja destinado a tais instituições.

Tem-se aqui uma típica utilização do tributo com **finalidade parafiscal**, uma vez que se está diante de um caso em que o Estado cria o tributo por lei e atribui o produto de sua arrecadação a uma terceira pessoa que realiza atividade de interesse público.

Exemplos dessas "terceiras pessoas" são os **conselhos de fiscalização de profissões** (CREA, CRM, CRC, CRECI etc.), cuja natureza jurídica, bem como a das anuidades por eles cobradas, historicamente tem sido objeto de controvérsias.

No que concerne à natureza jurídica das entidades, o primeiro ponto a ser destacado é que elas exercem **atividade de polícia administrativa**, uma vez que regulamentam e fiscalizam o exercício de profissões. Trata-se de atividade tipicamente estatal, exercida sob claro regime jurídico de direito público. Diante dessa realidade, a doutrina majoritária sempre defendeu que essas instituições são **autarquias corporativas** e que as anuidades compulsoriamente pagas pelos profissionais inscritos caracterizam-se como **tributos da espécie contribuição corporativa**.

A tese foi expressamente adotada pelo STF, como comprova o seguinte excerto extraído da ementa do MS 28.469 AgR-Segundo/DF:

> "1. Os conselhos de fiscalização profissional têm natureza jurídica de autarquias, consoante decidido no MS 22.643, ocasião na qual restou consignado que: (i) estas entidades são criadas por lei, tendo personalidade jurídica de direito público com autonomia administrativa e financeira; (ii) exercem a atividade de fiscalização de exercício profissional que, como decorre do disposto nos artigos 5.º, XIII, 21, XXIV, é atividade tipicamente pública; (iii) têm o dever de prestar contas ao Tribunal de Contas da União (art. 71, II, CRFB/88).
>
> (...)
>
> 3. A fiscalização das profissões, por se tratar de uma atividade típica de Estado, que abrange o poder de polícia, **de tributar** e de punir, não pode ser delegada (ADI 1.717), **excetuando-se a Ordem dos Advogados do Brasil** (ADI 3.026)".
>
> (STF, 1ª T., Rel. Min. Dias Toffoli, Rel. p/ Acórdão Min. Luiz Fux, j. 19/02/2013, DJe 09/05/2013)

A ressalva relativa à **OAB** deve-se ao fato de o seu enquadramento numa ou noutra categoria jurídica, ainda hoje, desencadear extensas discussões nos Tribunais Superiores, alimentadas, em sua maioria, pela ideia de que a entidade **não atua exclusivamente na defesa de interesses corporativos**. Decerto, além de "promover, com exclusividade, a representação, a defesa, a seleção e a disciplina dos advogados em toda a República Federativa do Brasil" (interesse corporativo previsto pela Lei 8.906/1996, art. 44, II), a OAB também acumula a atribuição não corporativa de "defender a Constituição, a ordem jurídica do Estado democrático de direito, os direitos humanos, a justiça social, e pugnar pela boa aplicação das leis, pela rápida administração da justiça e pelo aperfeiçoamento da cultura e das instituições jurídicas" (Lei 8.906/1996, art. 44, I).

Dando ênfase a essa peculiaridade, o Supremo Tribunal Federal, no julgamento da ADI 3.026/DF, em 2006, entendeu que a OAB não poderia ser considerada congênere dos demais conselhos de fiscalização profissional.

Isso porque, devido a suas atribuições constitucionais (a exemplo da prevista no art. 103, VIII, da CF/1988), a Ordem teria natureza jurídica ***sui generis***, consistindo em **serviço público independente**, porém **não enquadrado no conceito de autarquia** nem de qualquer modo sujeito a controle da Administração Pública.

A distinção estabelecida entre a OAB e os demais conselhos levou a um diferenciado enquadramento jurisprudencial das respectivas contribuições. Em relação às anuidades cobradas pelos conselhos de fiscalização, ante o reconhecimento de sua natureza autárquica, e tendo em vista a destinação da totalidade dos recursos recebidos a atividades de interesse corporativo, o STF entendeu que são **contribuições de interesse de categorias profissionais ou econômicas**, ou seja, **contribuições corporativas** (RE 138.284/CE). Já quanto às anuidades pagas pelos advogados inscritos na OAB, a jurisprudência caminhou no sentido de sequer considerá-las tributo, caracterizando-as como exação *sui generis*, assim como a entidade para a qual são vertidas.

Os fundamentos utilizados para embasar o raciocínio carecem de maior aprofundamento técnico. É que o enquadramento ou não de determinada exação como tributo deve ser feito mediante a comparação de suas características essenciais com os elementos da definição de tributo constante do art. 3º do CTN. As questões relativas ao sujeito ativo competente para a cobrança, disciplinadas nos arts. 7º e 119 do CTN, não deveriam repercutir na definição da natureza jurídica da exação.

Apesar disso, o entendimento acabou sendo reafirmado nos julgados subsequentes, produzindo diversos efeitos práticos, dentre eles: a) a submissão da cobrança das anuidades devidas à OAB ao regime do Código de Processo Civil, e não ao da Lei das Execuções Fiscais; b) a não inclusão da OAB no âmbito da competência fiscalizadora do Tribunal de Contas da União, inexistindo para a Ordem o dever de prestar contas dos valores recebidos.

Em julgados subsequentes, os Tribunais pátrios chegaram a sinalizar mudanças na forma de enxergar a OAB e as contribuições por ela exigidas.

Em 2020, a natureza tributária das contribuições vertidas à OAB foi tacitamente reconhecida pelo Supremo Tribunal Federal. Ao examinar o RE 647.885/RS, o Tribunal entendeu que a medida de suspensão do exercício profissional dos advogados inadimplentes com a Ordem (prevista nos arts. 34, XXIII, e 37, §2º, da Lei nº 8.906/1994) configura **sanção política em matéria tributária** – ou seja, um meio desproporcional ou desarrazoado de coerção para pagamento de tributo (ver item 12.5 do Capítulo 12) –, violando os princípios da liberdade profissional e da livre iniciativa encartados no art. 5º, VIII, da CRFB/1988.

Na ocasião, o STF continuou se referindo à OAB como "entidade prestadora de serviço *sui generis*", não integrante da Administração Pública, mas desta vez tratou a anuidade por ela cobrada como tributo, ainda que sem explicar o porquê de passar a enxergá-la dessa forma. De qualquer modo, a mudança era acertada, pelas razões já expostas no início deste tópico.

Como resultado do julgamento, foi fixada a seguinte tese de repercussão geral: **"É inconstitucional a suspensão realizada por conselho de fiscalização profissional do exercício laboral de seus inscritos por inadimplência de anuidades, pois a medida consiste em sanção política em matéria tributária"** (STF, Pleno, RE 647.885/RS, Rel. Min. Edson Fachin, j. 27/04/2020, DJe 18/05/2020).

Já o Tribunal de Contas da União, em 2018, assinalou que as anuidades exigidas pela Ordem dos Advogados do Brasil têm natureza de tributo e, por isso, a entidade deveriam prestar contas dos recursos arrecadados, como qualquer outro conselho profissional. (TCU).

Não obstante, em 2023, o Supremo Tribunal Federal, realçando a independência e autonomia da OAB, como entidade que presta um serviço que, apesar de público, não é estatal, firmou tese de repercussão geral em que se afirma o seguinte: "O Conselho Federal e os Conselhos Seccionais da Ordem dos Advogados do Brasil **não estão obrigados a prestar contas ao Tribunal de Contas da União nem a qualquer outra entidade externa**". O Voto que conduziu o julgamento foi o do Ministro Edson Fachin, que – apesar de ser o mesmo que relatara o RE 647.885/RS, tacitamente reconhecendo o caráter tributário das anuidades –, no julgamento deste novo processo, afirmou que "a Ordem, a rigor, enquanto instituição que desempenha serviço público mas não estatal, não se subordina à Administração, **não cobra tributos de seus associados**" (STF, Pleno, RE 1182189/BA, Rel. Min. Marco Aurélio, Rel. p/ Acórdão Min Edson Fachin, j. 25/04/2023, DJe 16/06/2023).

Em 2024, a Primeira Turma do STJ teve a oportunidade de reanalisar toda a matéria ao julgar recurso interposto contra decisão do TRF da 3ª Região, que afirmara categoricamente que as anuidades devidas pela OAB "possuem nítido caráter tributário". Na Corte Superior, o julgamento seguiu voto do Ministro Mauro Campbell Marques, o qual, atendo-se mais à natureza *sui generis* da Ordem que às características da exação, concluiu **pela natureza não tributária das anuidades**. Dada a importância do julgado, transcreve-se abaixo o trecho mais relevante da ementa:

> "A anuidade cobrada pela Ordem dos Advogados do Brasil não tem natureza jurídica tributária. Inteligência do art. 46, parágrafo único, da Lei 8.906/1994, e do RE 1.182.189/BA, redator para o acórdão Min. Edson Fachin." (STJ, 1ª T., AREsp 2451645/SP, Rel. Min Mauro Campbell Marques, j. 09/04/2024, DJe 15/04/2024).

Nas provas de concurso público – mesmo as posteriores ao julgamento do RE 647.885/RS (em que o STF tacitamente considerou que as anuidades da OAB seriam tributos), mas anteriores ao julgamento do RE 1.182.189/BA (em que o entendimento caminhou em sentido oposto) –, as bancas têm mantido o já tradicional entendimento pelo **caráter não tributário** da mencionada exação. A título de exemplo, no concurso para provimento de cargos de Auditor Fiscal de Tributos Estaduais do Estado de Roraima, realizado em 2021, a junção do enunciado com a alternativa considerada **correta** pelo CEBRASPE resultou na seguinte assertiva: "Os valores cobrados para custeio das entidades de fiscalização do exercício de profissões regulamentadas, exceto a Ordem dos Advogados do Brasil (OAB), são espécie de tributo denominado contribuição corporativa".

1.4.6.3.2 Contribuição sindical

A Constituição prevê, no art. 8º, IV, a criação de duas contribuições sindicais, quais sejam:

a) contribuição fixada pela assembleia-geral, para o custeio do sistema confederativo do respectivo sindicato;
b) contribuição fixada em lei, cobrada de todos os trabalhadores.

A **contribuição fixada pela assembleia-geral do sindicato** é voluntária, pois somente pode ser exigida dos trabalhadores sindicalizados (e cada trabalhador é livre para filiar-se ou não a um sindicato). Trata-se de entendimento pacífico, que foi, inclusive, objeto da Súmula 666/STF, posteriormente convertida em Súmula Vinculante, nos termos abaixo transcritos:

> **STF – Súmula Vinculante 40** – "A contribuição confederativa de que trata o art. 8º, IV, da Constituição Federal, só é exigível dos filiados ao sindicato respectivo".

A **ausência de compulsoriedade** e o fato de a contribuição **não ser estatuída por lei** (mas pela assembleia-geral do sindicato) impossibilitam o seu enquadramento no conceito legal de tributo (CTN, art. 3º), evidenciando a **natureza não tributária** da exação.

A segunda contribuição prevista no dispositivo constitucional – a **contribuição fixada em lei** – era instituída pela Consolidação das Leis do Trabalho e cobrada de todos os integrantes da categoria envolvida, independentemente de filiação ao respectivo sindicato. Por apresentar todos os elementos constantes do art. 3º do CTN, a contribuição possuía inequívoco caráter tributário (ADI 1.076-MC/DF) e ficou popularmente conhecida como "imposto sindical" (apesar de, tecnicamente, tratar-se de contribuição especial do tipo corporativa).

Ocorre que, com a edição da Lei 13.467/2017 (**Reforma Trabalhista**), o art. 579 da CLT foi alterado em sua essência, e o desconto da contribuição sindical, que antes era compulsório e independente de manifestação de vontade do trabalhador, passou a ser condicionado à "**autorização prévia e expressa** dos que participarem de uma determinada categoria econômica ou profissional, ou de uma profissão liberal". Como consequência, cessada a compulsoriedade da exação, **deixou ela de ostentar natureza tributária**.

A novidade legislativa imediatamente passou a ocupar o centro do debate jurídico, ao ponto de serem ajuizadas perante o Supremo Tribunal Federal nada menos que 19 (dezenove) Ações Diretas de Inconstitucionalidade contra o art. 1º da Lei 13.467/2017, responsável pelo afastamento da obrigatoriedade (e, com isso, do caráter tributário) da contribuição sindical.

Dentre os argumentos apresentados por quem defendia a incompatibilidade do dispositivo com a Carta Magna, destacava-se a tese de violação a direitos e garantias fundamentais dos trabalhadores, pela fragilização dos sindicatos que têm o dever de assisti-los juridicamente. Isso porque a retirada da compulsoriedade da contribuição comprometeria um importante pilar de sustentação do sistema sindical, pondo em risco a própria sobrevivência dos sindicatos. Havia, ainda, a alegação de ofensa ao art. 146, III, *a*, por não ter sido a alteração realizada por meio de lei complementar, bem como ao art. 150, § 6º, pela não observância da exigência de a matéria ser tratada em lei específica.

Em 2018, contudo, no julgamento da ADI 5.794/DF – cuja decisão foi aplicada às outras ações constitucionais correlatas –, a Suprema Corte entendeu, por maioria, que a extinção da obrigatoriedade da contribuição sindical de forma alguma ofendeu a Constituição.

Sob o aspecto formal, o Tribunal asseverou que a Lei 13.467/2017 não contempla normas gerais de Direito Tributário (CF, art. 146, III, a) e que a contribuição em questão não estava dentre os tributos cuja instituição depende de lei complementar, pelo que suficiente a edição de lei ordinária para sua extinção enquanto tributo. Além disso, considerou-se inaplicável a exigência de lei específica prevista no art. 150, § 6º, da CF/1988, já que a norma impugnada não disciplina nenhum dos benefícios fiscais nele mencionados (subsídio, isenção, redução de base de cálculo, concessão de crédito presumido, anistia ou remissão).

Em relação ao aspecto material, a Suprema Corte entendeu que a Constituição não veta nem impõe (simplesmente admite) a existência de uma contribuição sindical obrigatória. A escolha do modelo de gestão sindical é questão eminentemente política a ser decidida pelo Congresso Nacional, devendo o Poder Judiciário ser autocontido e respeitar as escolhas políticas do Poder Legislativo – que é livre, inclusive, para não estipular regras de transição, se reputá-las desnecessárias. O Tribunal salientou, ainda, que o princípio da liberdade sindical comporta tanto o direito de o trabalhador filiar-se ou não a uma entidade, como o de contribuir ou não com o regime sindical.

Por fim, convém alertar que, quando a contribuição sindical era considerada tributo, o Supremo Tribunal Federal entendia que os valores arrecadados eram verdadeiras receitas públicas, o que tinha o efeito de submeter as entidades sindicais beneficiárias à competência fiscalizadora do Tribunal de Contas da

União (MS 28.465/DF). Como a contribuição sindical não mais se enquadra no conceito de tributo, também não mais é possível sustentar a competência do TCU para fiscalização daquelas entidades.

1.4.6.4 Contribuição para os Serviços de Iluminação Pública e Monitoramento dos Logradouros Públicos – COSIMP

Conforme já estudado, é assente no âmbito do Supremo Tribunal Federal o entendimento de que o serviço de iluminação pública não atende aos requisitos de especificidade e divisibilidade, necessários à possibilidade de financiamento mediante a instituição de taxa. Recorde-se que o entendimento foi cristalizado no Enunciado 41 da Súmula Vinculante da Corte, afirmando que "o serviço de iluminação pública não pode ser remunerado mediante taxa".

A solução, no tocante ao financiamento do serviço, também ficou clara nos julgados que deram origem à Súmula. Sendo um serviço *uti universi*, prestado a beneficiários não identificados e não identificáveis, deveria ser remunerado pelos impostos, tributos que não podem ter sua arrecadação vinculada a qualquer despesa, ressalvadas as exceções expressamente previstas no texto da Constituição Federal.

O grande problema era o argumento econômico, sempre subjacente às discussões relativas à matéria tributária. Os Prefeitos alegavam a penúria dos cofres públicos municipais. Afirmavam que os Municípios não tinham condições de utilizar uma parcela relevante da limitada arrecadação oriunda de impostos próprios (CF, art. 156) e de transferências constitucionais de impostos alheios (CF, arts. 158 e 159, I, *b*) para o custeio do serviço de iluminação pública. Na visão dos edis, para o Município, o valor era muito elevado, mas, se fosse dividido por toda a população, tornar-se-ia bastante razoável.

Dados os fins – transferir para os munícipes, mediante tributo específico, o custeio do serviço de iluminação pública –, restava a viabilização jurídica – meios – para a solução do problema.

Assim, para fugir às restrições a que o art. 145, II, da CF/1988, submete as taxas, foi editada a EC 39/2002, acrescentando à Constituição um art. 149-A, para autorizar os Municípios e o Distrito Federal a instituírem contribuição, na forma das respectivas leis, para o custeio do serviço de iluminação pública.

A notória manobra levada a cabo pelo legislador constituinte derivado foi percebida e rechaçada pela doutrina. À época, Hugo de Brito Machado, em artigo publicado em seu site na internet, afirmou, de maneira contundente, que "a própria emenda constitucional pode ser considerada inconstitucional na medida em que tende a abolir direitos fundamentais dos contribuintes, entre os quais o de serem tributados dentro dos limites que o Sistema Tributário Nacional estabeleceu. E a lei municipal que institui uma contribuição simplesmente mudando o nome da antiga taxa é de inconstitucionalidade flagrante, na medida em que ignora as características da contribuição como espécie de tributo" (Estudos Doutrinários, Contribuição de Iluminação Pública. Disponível em: <www.hugomachado.adv.br>. Acesso em: 26 jan. 2003).

Não houve, contudo, declaração de inconstitucionalidade por parte do Supremo Tribunal Federal, presumindo-se, então, constitucionais as exações instituídas com base no dispositivo citado.

Originariamente, o art. 149-A deixava claro que a arrecadação da contribuição estaria vinculada ao **custeio** do serviço de iluminação pública, sendo, portanto, ilegítima qualquer espécie de tredestinação.

O sentido corriqueiro que a legislação financeira atribui ao vocábulo "custear" é o de manter, financiar um serviço já existente. É com essa conotação que o § 1º do art. 12 da Lei Federal 4.320/1964 classifica como despesa de custeio "as dotações para a manutenção de serviços anteriormente criados, inclusive as destinadas a atender a obras de conservação e adaptação de bens imóveis".

Se adotada essa linha de raciocínio, seria manifestamente inconstitucional a utilização dos recursos provenientes da contribuição para instalar, melhorar ou expandir o serviço existente, sendo legítima a cobrança apenas como uma espécie de contrapartida ao serviço efetivamente prestado.

Contudo, o Supremo Tribunal Federal não se filiou a esse posicionamento. No julgamento do RE 666.404/SP, a Corte afirmou que "a iluminação pública é indispensável à segurança e bem estar da população local. Portanto, limitar a destinação dos recursos arrecadados com a contribuição ora em análise às despesas com a execução e manutenção significaria restringir as fontes de recursos que o Ente Municipal dispõe para prestar adequadamente o serviço público". Com base nesse fundamento, concluiu que **"é constitucional a aplicação dos recursos arrecadados por meio de contribuição para o custeio da iluminação pública na expansão e aprimoramento da rede"** (STF, RE 666.404/SP, Rel. Marco Aurélio, Re. p/ Acórdão Min. Alexandre de Moraes, j. 18/08/2020, DJe 03/09/2020).

A competência constitucional foi deferida aos Municípios e ao Distrito Federal (por não ser dividido em Municípios), que podem exercê-la por intermédio de lei própria, definindo com determinado grau de liberdade seu fato gerador, base de cálculo, alíquotas e contribuintes.

Como não se trata formalmente de um imposto, não é necessária lei de caráter nacional para definir fato gerador, base de cálculo e contribuintes (CF, art. 146, III, *a*), o que abre espaço outras espécies de despautérios.

Digno de nota que, no julgamento do RE 573.675/SC, o Supremo Tribunal Federal definiu importantíssimos aspectos relativos ao tributo. O caso concreto submetido à Corte envolvia a contribuição de iluminação pública criada pelo

Município de São José/SC. A lei instituidora do tributo (Lei Complementar Municipal 7/2002) **definia como contribuintes os consumidores residenciais e não residenciais de energia elétrica**. O valor a ser pago pelo contribuinte era calculado mediante **o rateio do custo do serviço entre os contribuintes, de acordo com os níveis individuais de consumo mensal de energia elétrica**, seguindo-se tabelas progressivas (quanto maior o consumo, maiores as alíquotas) constantes da própria lei (art. 2º).

Nesse ponto, surge uma importante discussão. Qual a correlação entre o consumo individual de energia elétrica e o valor que o consumidor deve verter aos cofres públicos para contribuir com o serviço de iluminação pública?

Imagine-se, a título de exemplo, que determinado proprietário de imóvel está estudando para concurso público e cancela as saídas à noite com os amigos, permanece mais em casa, utiliza mais o computador, o condicionador de ar e os demais eletrodomésticos. É justo que ele seja obrigado a recolher um valor maior a título de contribuição exatamente nos meses em que mais permaneceu em casa e menos "usou" individualmente do serviço de iluminação pública?

Para o Ministério Público do Estado de Santa Catarina (recorrente), a situação configuraria agressão: a) ao princípio da **igualdade**, pois não apenas os consumidores de energia se beneficiavam do serviço de iluminação pública; e b) aos princípios da **isonomia** e da **capacidade contributiva**, pois os munícipes estariam vertendo contribuições diferenciadas – e, portanto, sendo discriminados – com base em um critério desarrazoado.

Com relação ao primeiro argumento, o Supremo entendeu que seria impossível identificar todos os beneficiários do serviço de iluminação pública, para deles exigir uma contribuição. Relembrou que, na própria regra constitucional que prevê a cobrança do tributo, é possibilitada a cobrança do tributo na fatura de consumo de energia elétrica, deixando implícito que os contribuintes seriam as pessoas físicas e jurídicas consumidoras.

Quanto à sistemática de cálculo, entendeu-se que a progressividade atendia ao princípio da isonomia e da capacidade contributiva, pois, usando as palavras do Ministro Relator Ricardo Lewandowski, "é lícito supor que quem tem um consumo maior tem condições de pagar mais".

Um outro aspecto por demais relevante é a própria **natureza jurídica** do novo tributo, o que também foi discutido e pacificado no mesmo processo.

Para alguns, trata-se de um novo nome dado à inconstitucional **taxa** de iluminação pública, nos termos explicados anteriormente. Tal argumento, no entanto, contrasta com o fato de o legislador constituinte derivado ter incluído na Magna Carta um novo artigo (149-A) atribuindo aos Municípios e ao DF a competência para a criação de um novo tributo, não se podendo presumir que foi editada uma emenda à Constituição para "incluir" no texto constitucional o que lá já estava presente.

Há também quem afirme que a contribuição de iluminação pública instituída nos moldes previstos pelo Município de São José/SC configuraria verdadeiro **imposto**, pois sendo o *quantum* devido calculado em face do consumo individual de energia elétrica, o fato gerador seria tal consumo, uma situação independente de qualquer atividade estatal específica relativa ao contribuinte, de forma a se enquadrar com absoluta precisão na definição legal de imposto, constante no art. 16 do CTN.

Não obstante as críticas apresentadas, o Supremo Tribunal Federal entendeu que a contribuição de iluminação pública é um tributo sui generis, com peculiaridades próprias que o individualizam. Nas palavras da Corte, **o tributo não se confunde com um imposto, porque sua receita se destina a finalidade específica, nem com uma taxa, por não exigir a contraprestação individualizada de um serviço ao contribuinte**.

Ao que parece, o Supremo inverteu a ordem natural da análise. O mais adequado seria definir a natureza jurídica com base nos parâmetros legais e constitucionais já analisados nesta obra (item 1.4.1) e, a partir dessa definição, verificar se estão sendo observadas as diretrizes e restrições que informam aquela espécie tributária.

De maneira mais clara, se de acordo com os parâmetros constitucionais e legais um tributo é uma taxa de serviço, há de se exigir que o serviço remunerado seja específico e divisível, de forma que o tributo corresponda a uma "contraprestação individualizada". Assim, se o tributo remunerar um serviço, mas não houver contraprestação individualizada, aparentemente será uma taxa inconstitucional, não parecendo correto concluir que "**não se trata de taxa**". Da mesma forma, se um tributo é um imposto, não pode ter sua receita vinculada a órgão, fundo ou despesa, ressalvadas as exceções previstas no art. 167, IV, da CF/1988. Logo, havendo vinculação fora das exceções, o tributo será um imposto inconstitucional, não se devendo concluir simplesmente que "**não se trata de imposto**".

Teria sido mais aceitável afirmar que a contribuição de iluminação pública é um tributo submetido a um regime jurídico totalmente diferenciado dos existentes até o advento da EC 39/2002. No entanto, tendo o Tribunal preferido analisar a matéria da maneira já explicada, torna-se de extrema importância, principalmente aos potenciais candidatos a cargos públicos, conhecer os exatos termos do histórico julgado, cuja ementa, verdadeiro resumo do pensamento da Corte, é transcrita abaixo:

> "Constitucional. Tributário. RE interposto contra decisão proferida em ação direta de inconstitucionalidade estadual. Contribuição para o custeio do serviço de iluminação pública – COSIP. Art. 149-A da Constituição Federal. Lei Complementar 7/2002, do Município de São José, Santa Catarina. Cobrança realizada na fatura de energia elétrica. Universo de contribuintes que não coincide com o de beneficiários do serviço. Base de cálculo que leva em consideração o custo da iluminação pública e o consumo de energia. Progressividade da alíquota que expressa o rateio das despesas incorridas pelo município. Ofensa aos princípios

> da isonomia e da capacidade contributiva. Inocorrência. Exação que respeita os princípios da razoabilidade e proporcionalidade. Recurso extraordinário improvido.
>
> I – Lei que restringe os contribuintes da COSIP aos consumidores de energia elétrica do município não ofende o princípio da isonomia, ante a impossibilidade de se identificar e tributar todos os beneficiários do serviço de iluminação pública.
>
> II – A progressividade da alíquota, que resulta do rateio do custo da iluminação pública entre os consumidores de energia elétrica, não afronta o princípio da capacidade contributiva.
>
> III – Tributo de caráter sui generis, que não se confunde com um imposto, porque sua receita se destina a finalidade específica, nem com uma taxa, por não exigir a contraprestação individualizada de um serviço ao contribuinte.
>
> IV – Exação que, ademais, se amolda aos princípios da razoabilidade e da proporcionalidade.
>
> V – Recurso extraordinário conhecido e improvido" (Pleno, RE 573.675-SC, rel. Min. Ricardo Lewandowski, j. 25.03.2009, DJe 22.05.2009).

A EC 132/2023 (Reforma Tributária), além de tornar explícita a possibilidade de utilização do produto da arrecadação da contribuição para o custeio, a expansão e a melhoria do serviço de iluminação pública, ainda acrescentou mais um serviço a ser financiado com os recursos provenientes da exação, qual seja o "monitoramento para segurança e preservação de logradouros públicos", o que leva o autor desta obra a renomear a antiga "**COSIP**" como a atual "**COSIMP**".

Por sua relevância, transcreve-se, abaixo, a literalidade do art. 149-A, com a atual redação dada pela EC 132/2023:

> Art. 149-A. Os Municípios e o Distrito Federal poderão instituir contribuição, na forma das respectivas leis, para o custeio, a expansão e a melhoria do serviço de iluminação pública e de sistemas de monitoramento para segurança e preservação de logradouros públicos, observado o disposto no art. 150, I e III.
>
> Parágrafo único. É facultada a cobrança da contribuição a que se refere o caput, na fatura de consumo de energia elétrica.

Na prática, trata-se de mais uma quebra da lógica que permeou a criação do sistema tributário brasileiro, segundo a qual os serviços indivisíveis devem ser custeados com a arrecadação de impostos. O estratagema se repete, pois é pacífica a jurisprudência do STF no sentido de que o serviço de segurança pública, assim como o de iluminação pública, por não ser divisível, não pode ser custeado por taxa. Nesse contexto, seria manifestamente inconstitucional a criação de uma taxa para o custeio, expansão e melhoria de *"sistemas de monitoramento para segurança e preservação de logradouros públicos"*.

Ocorre que o Congresso Nacional, já tendo aprendido como driblar os requisitos constitucionais para a criação de taxas, autorizou a criação da contribuição. Como a situação é idêntica à anteriormente ratificada pelo STF, restará ao contribuinte se submeter à exação e olhar temeroso para a porta aberta para a autorização de criação de novas contribuições para custear serviços indivisíveis, que, pela lógica do sistema, deveriam ser financiados com a arrecadação dos impostos (ADI 7.692/DF).

1.4.6.5 Contribuição sobre Produtos Primários e Semielaborados – CPPS

Alguns Estados, visando à obtenção de uma contrapartida pela concessão de benefícios fiscais do ICMS, condicionava-os ao pagamento, pelo beneficiário, de uma **contribuição facultativa** sobre produtos primários e semielaborados. Os recursos arrecadados compunham **fundos destinados a investimentos em obras de infraestrutura e habitação**.

A título de exemplo, o Estado do Mato Grosso do Sul, por meio da Lei 1.963/1999, instituiu o Fundo de Desenvolvimento do Sistema Rodoviário do Estado de Mato Grosso do Sul (FUNDERSUL). Dentre outros benefícios, a Lei prevê que o diferimento do lançamento e pagamento do ICMS nas operações internas com produtos agropecuários e com extrativos vegetais ficam condicionados a que os produtores remetentes das mercadorias contribuam para a construção, manutenção, recuperação e para o melhoramento asfáltico de rodovias estaduais e de vias públicas urbanas (art. 9º). Além disso, a Lei deixa claro que os produtores que não aderirem a tal faculdade deverão pagar o ICMS no ato das saídas de mercadorias de seus estabelecimentos (art. 11).

Houve várias alegações de inconstitucionalidade a respeito da previsão. Para o estudo deste tópico, a principal crítica era a de que o Estado teria instituído uma contribuição para a qual a Constituição Federal não lhe outorgara competência tributária. No entanto, como o pagamento da exação somente é devido por quem queira gozar do benefício do diferimento do lançamento e pagamento do ICMS, a Suprema Corte entendeu que *"a contribuição criada pela lei estadual não possui natureza tributária, pois está despida do elemento essencial da compulsoriedade. Assim, não se submete aos limites constitucionais ao poder de tributar"* (ADI 2.056/MS).

Dessa forma, ratificada a possibilidade de os Estados criarem fundos a serem custeados com contribuições semelhantes, vários assim o fizeram, como foram os casos de Goiás, Tocantins, Rio de Janeiro, Pará, Pernambuco, dentre outros.

Com a EC 132/2023 (Reforma Tributária) prevendo o fim do ICMS e, portanto, dos respectivos benefícios fiscais, os Estados que haviam instituído tais contribuições reclamaram do esvaziamento das fontes de recursos dos fundos.

Infelizmente, a solução dada foi totalmente na contramão de dois dos principais valores buscados pela reforma, a simplificação e a praticidade. Autorizou-se a criação de mais um tributo. Nesse caso, trata-se realmente de tributo, porque a contribuição cuja instituição foi autorizada não mais será cobrada como requisito para gozo de benefícios fiscais (que, aliás, não mais poderão ser concedidos quanto ao IVA dual), mas, sim, de forma compulsória.

Trata-se de **tributo não vinculado**, porque seu fato gerador (que deve ser legalmente definido como a realização de operação com produtos primários ou semielaborados) não depende de qualquer atuação estatal específica relativa ao contribuinte. Em outros termos, o fato gerador do tributo é praticado pelo contribuinte – e não pelo Estado –, consistindo numa manifestação de riqueza dele.

Caso seguido à risca o conceito constante do art. 16 do CTN, tal característica seria apta a enquadrar o novo tributo como "imposto". Contudo, adotada a **pentapartição das espécies tributárias**, há de se reconhecer que os empréstimos compulsórios e as contribuições especiais são espécies tributárias autônomas que também têm como fatos geradores manifestações de riqueza que independem de qualquer atuação estatal específica relativa ao contribuinte. Seus fatos geradores são idênticos aos dos impostos, só sendo possível diferenciá-los entre si e dos próprios impostos mediante análise do destino da arrecadação.

Os impostos são tributos de arrecadação que não pode ser vinculada a qualquer órgão fundo ou despesa (CFRB, art. 167, IV). Os empréstimos compulsórios têm uma arrecadação restituível que somente pode ser utilizada para custear as despesas que justificaram sua instituição (guerra externa ou sua iminência, calamidade pública e investimento urgente e de relevante interesse nacional). Já as contribuições são tributos não vinculados (quanto ao fato gerador), mas com arrecadação vinculada a determinadas despesas. São criadas para atender tais despesas. É exatamente aqui que se enquadram as contribuições ora estudadas, pois o art. 136 do ADCT vincula sua arrecadação a fundos que custearão obras de infraestrutura e habitação.

O novo tributo, portanto, classifica-se como **contribuição especial** de competência exclusiva de alguns Estados da Federação, pois somente podem instituí-las *"os Estados que, em 30 de abril de 2023, possuíam "fundos destinados a investimentos em obras de infraestrutura e habitação e financiados por contribuições sobre produtos primários e semielaborados estabelecidas como condição à aplicação de diferimento, regime especial ou outro tratamento diferenciado, relativos (...)"* ao ICMS (ADCT, art. 136).

Além da atribuição de competência apenas aos Estados que já tinham instituído as contribuições não tributárias com a mesma finalidade, a EC 132/2023 também estabeleceu outras limitações à instituição e cobrança do novo tributo.

A principal delas é a natureza transitória da competência, uma vez que as novas contribuições ora estudadas **serão extintas no dia 31 de dezembro de 2043**. A extinção será automática, não dependendo de qualquer providência legislativa dos Estados, decorrendo diretamente da regra constante do art. 136, IV, do ADCT. Contudo, dada a corriqueira prática brasileira de prorrogar indefinidamente regras e institutos jurídicos criados para serem transitórios, não é difícil imaginar as lamentações que serão levadas ao Congresso Nacional ao final de 2043 e a possibilidade de êxito em sucessivos pedidos de adiamento da extinção.

O novo tributo **não poderá ter "alíquota ou percentual de contribuição" superiores nem "base de incidência" mais ampla que a das contribuições que substitui**, de natureza não tributária, vigentes em 30 de abril de 2023 (ADCT, art. 136 I). A restrição é por demais importante e impede que um Estado que, por exemplo, cobrava uma contribuição não tributária sobre produtos da pecuária, sinta-se, a partir da Reforma, autorizado a instituir uma contribuição tributária sobre todos os produtos primários e semielaborados, por conta do *caput* do art. 136 do ADCT.

Quanto a esse aspecto, é fundamental recordar que o objetivo da atribuição da nova competência tributária foi manter os fundos mediante a instituição de tributo em precisa substituição à contribuição não tributária, não se vislumbrando um mecanismo de incremento da arrecadação dos Estados. É também guiado por essa diretriz que o inciso II do mesmo art. 136 deixa claro que a criação da nova contribuição implicará a extinção da contribuição correspondente.

Adotando redação um tanto quanto confusa, o art. 136, parágrafo único, do ADCT demonstra que a criação da contribuição de natureza tributária é apenas uma das alternativas para fazer face à perda de arrecadação decorrente da extinção da contribuição não tributária. Há também uma regra geral de compensação pela perda, cujo funcionamento passa a ser analisado.

Durante a fase de transição para a nova sistemática de tributação do consumo no Brasil, a arrecadação do ICMS será paulatinamente reduzida e substituída pela arrecadação do IBS. De modo a evitar que a substituição resulte em perdas para os entes federados durante essa fase de transição, o art. 131 do ADCT estabelece regras para a repartição da arrecadação do novo imposto entre aqueles entes.

O principal critério para a distribuição é a receita média do ICMS de cada ente federado (ADCT, art. 131, § 2º, I, "a"). No entanto, para os Estados que instituíram os fundos por diversas vezes citados neste item, a receita média a eles (fundos) destinada também é considerada. Assim, a repartição da receita do IBS deverá ser calculada de modo a também compensar as perdas estaduais decorrentes da extinção das contribuições não tributárias (ADCT, art. 131,

§ 2º, I, "b"). Visando a garantir a efetividade da previsão, o ADCT também estipula que a queda dessa soma da arrecadação (ICMS + contribuição não tributária) será levada em consideração na definição da alíquota de referência do IBS a ser fixada em resolução do Congresso Nacional (ADCT, 130, II, "b").

Todo esse regramento, aliado à complexidade da criação de uma contribuição que vai onerar o consumo dos bens primários e semielaborados, permite concluir pela absoluta impropriedade e desnecessidade do novo tributo. Contudo, caso os Estados detentores de tal competência optem por exercê-la, o que provavelmente ocorrerá, as receitas arrecadadas não serão computadas nos cálculos de compensação acima mencionados (ADCT, art. 136, parágrafo único).

1.5 CLASSIFICAÇÕES DOUTRINÁRIAS DOS TRIBUTOS

A doutrina propõe diversas classificações para os tributos, levando em conta as peculiaridades de cada espécie em comparação com as demais.

São classificações que ajudam a melhor entender o regime jurídico a que estão submetidos os tributos, principalmente nos casos em que o próprio legislador se inspira na classificação doutrinária para restringir a certa espécie de tributo o alcance de determinada regra.

Algumas das classificações serão (ou já foram) analisadas em pontos específicos desta obra. Entretanto, para uma melhor sistematização, com o objetivo de facilitar a consulta, passa-se a uma síntese neste tópico.

1.5.1 Quanto à discriminação das rendas por competência: federais, estaduais ou municipais

A classificação dos tributos em **federais**, **estaduais** ou **municipais** relaciona-se à **atribuição constitucional de competência para a instituição do tributo**, independentemente de o produto da arrecadação estar sujeito ou não à repartição (discriminação da renda por produto). Assim, o IPVA é um imposto estadual, apesar de pertencerem aos Municípios 50% da arrecadação decorrente dos automotores licenciados em seus territórios e, em relação a veículos aquáticos e aéreos, cujos proprietários sejam domiciliados em seus territórios (CF, art. 158, III).

Ressalte-se que a competência do Distrito Federal é **cumulativa**, pois abrange os tributos estaduais e municipais. De modo semelhante, a União, nos Territórios, além dos tributos federais, acumula os tributos estaduais (sempre) e municipais (quando o Território não for dividido em Municípios), tudo em consonância com o art. 147 da CF/1988.

1.5.2 Quanto ao exercício da competência impositiva: privativos, comuns e residuais

São tributos **privativos** aqueles em que **a Constituição Federal defere a determinado ente político competência exclusiva para sua instituição, não sendo possível delegação, quer expressa, quer tácita**.

São os casos dos **impostos** (federais, estaduais, municipais e distritais), dos **empréstimos compulsórios** (federais), **das contribuições especiais** (federais, ressalvada a previdenciária cobrada dos servidores públicos estaduais, municipais e distritais, que são privativas de tais entes) e da **contribuição de iluminação pública** (municipal e distrital).

São **comuns** os tributos cuja competência para instituição é deferida pela Constituição Federal indiscriminadamente a todos os entes políticos.

São os casos dos tributos constitucionalmente definidos como contraprestacionais **(taxas** e **contribuições de melhoria)**, que devem ser instituídos por quem exerça a atividade estatal que justifica a cobrança (serviço específico e divisível, ou exercício do poder de polícia, nas taxas; obra pública da qual decorra valorização imobiliária, nas contribuições de melhoria).

São **residuais os novos impostos** (CF, art. 154, I) e **as novas contribuições sociais para seguridade social** (CF, art. 195, § 4º) que porventura sejam criadas pela União.

A matéria será minudenciada no capítulo relativo às competências tributárias.

1.5.3 Quanto à finalidade: fiscais, extrafiscais e parafiscais

O tributo possui **finalidade fiscal** quando visa precipuamente a **arrecadar, carrear recursos para os cofres públicos**. São os casos do ISS, do ICMS, do IR e de diversos outros.

O tributo possui **finalidade extrafiscal** quando objetiva fundamentalmente **intervir numa situação social ou econômica**. São os casos, entre outros, dos impostos de importação e exportação, que, antes de arrecadar, objetivam o controle do comércio internacional brasileiro, podendo, às vezes, servir de barreira protetiva da economia nacional e, em outras, de estímulo à importação ou exportação de determinada espécie de bem.

Digno de nota que a utilização extrafiscal do tributo, como instrumento da política econômica governamental, pode vir a contrariar interesses ou até gerar prejuízos para determinadas pessoas ou grupos. Contudo, se o Poder Público agir de maneira impessoal (editando ato geral e abstrato) e com respeito às condições e limites constitucionais e legais, o prejudicado não terá direito a qualquer indenização.

Foi o que ocorreu em 1994, quando o Poder Executivo federal reduziu o imposto de importação sobre brinquedos de 30% para 20%, o que permitiu a entrada de similares chineses a preços mais baixos, gerando, no entender da então maior produtora de brinquedos do País (Estrela), prejuízos à indústria nacional. Para o STF, como não há garantia de manutenção da política econômica – e, portanto, das alíquotas do imposto de importação – por determinado tempo, a mudança não configura afronta ao princípio da boa-fé nem quebra de confiança. Por conseguinte, não se tem por indenizável o prejuízo resultante da queda das vendas dos produtores nacionais (ARE 759755-AgR/SP).

Por fim, o tributo **possui finalidade parafiscal** quando a lei tributária nomeia sujeito ativo diverso da pessoa que a expediu, atribuindo-lhe a disponibilidade dos recursos arrecadados para o implemento de seus objetivos. Como exemplo, podem ser citadas as contribuições previdenciárias, que, antes da criação da Secretaria da Receita Previdenciária, eram cobradas pelo INSS (autarquia federal), que passava a ter, também, a disponibilidade dos recursos auferidos. Tem-se aí a finalidade **parafiscal** da tributação.

1.5.4 Quanto à hipótese de incidência: vinculados e não vinculados

São **vinculados** os tributos cujo fato gerador seja um "fato do Estado", de forma que, para justificar a cobrança, o sujeito ativo precisa realizar uma atividade específica relativa ao sujeito passivo. São vinculadas, portanto, as **taxas** e as **contribuições de melhoria**. Nestas, o sujeito ativo precisa realizar uma obra da qual decorra valorização em imóvel dos sujeitos passivos; naquelas, é necessária a prestação de um serviço público específico e divisível ou o exercício do poder de polícia.

São **não vinculados** os tributos que têm por fato gerador um "fato do contribuinte", não sendo necessário que o Estado, para legitimar a cobrança, desempenhe qualquer atividade específica voltada ao sujeito passivo. **Todos os impostos são não vinculados**, uma vez que seus fatos geradores são manifestações de riqueza dos contribuintes (renda, patrimônio, consumo) independentes de atividade estatal.

Alguns autores preferem denominar os tributos **vinculados** de **retributivos,** por enxergarem neles uma contraprestação a uma benesse estatal. Para tais autores, os tributos **não vinculados** seriam mais bem denominados como **contributivos**, porque, não havendo atividade estatal, o contribuinte apenas estaria se solidarizando, mesmo que forçadamente, aos fins do Estado.

Não há definição constitucional ou legal que imponha que os fatos geradores dos **empréstimos compulsórios ou das contribuições especiais** sejam vinculados ou não vinculados. Assim, deve-se analisar cada tributo criado individualmente. Na prática, como é mais cômodo para o Estado cobrar o tributo sem necessitar de alguma atividade relativa ao contribuinte, nos casos de criação de tais tributos, ficou clara a preferência por sua instituição como **não vinculados**.

1.5.5 Quanto ao destino da arrecadação: de arrecadação vinculada e de arrecadação não vinculada

O primeiro ponto importante é não confundir esta classificação com a anterior (quanto ao fato gerador). Lá, o divisor de águas é se a situação definida em lei como necessária e suficiente para o surgimento da obrigação de pagar tributo é uma atividade do Estado ou um fato do contribuinte. Aqui, a preocupação é com a liberdade que o Estado possui para definir a aplicação do produto da arrecadação.

São tributos de **arrecadação vinculada** aqueles em que a receita obtida deve ser destinada exclusivamente a determinadas atividades.

As **contribuições sociais para financiamento da seguridade social** (COFINS, CSLL), como a própria denominação deixa entrever, têm suas receitas vinculadas às despesas com a seguridade social, sendo, portanto, tributos de arrecadação vinculada. O mesmo raciocínio vale para os empréstimos compulsórios, por força do parágrafo único do art. 148 da CF/1988.

Nos tributos de **arrecadação não vinculada**, o Estado tem liberdade para aplicar suas receitas em qualquer despesa autorizada no orçamento. O caso típico é o dos **impostos**, que, por disposição constitucional expressa, estão proibidos de ter suas receitas vinculadas a órgãos, fundos ou despesas, ressalvadas as exceções previstas no próprio texto constitucional (CF, art. 167, IV).

As **taxas** e as **contribuições de melhoria** são tributos cuja arrecadação pode ou não ser vinculada a determinada despesa, de acordo com opção discricionária do legislador, salvo as custas e emolumentos (taxas judiciais ou extrajudiciais, segundo o STF), uma vez que a EC 45/2004 introduziu um § 2º ao art. 98 da CF/1988 estipulando que "as custas e emolumentos serão destinados exclusivamente ao custeio dos serviços afetos às atividades específicas da Justiça".

Digno de nota que o STF tem uma interpretação bastante elástica sobre quais seriam os serviços passíveis de serem beneficiados com a arrecadação das aludidas taxas. A Corte aceitou, por exemplo, a vinculação de parcela dos emolumentos extrajudiciais cobrados pelos registradores e notários (cartórios) a um Fundo Especial da Procuradoria-Geral do Estado, tendo em vista que a Advocacia Pública de Estado Membro é constitucionalmente definida como atividade essencial à Justiça (ADI 3.704/RJ).

Pode parecer estranho afirmar que as taxas não têm sua receita obrigatoriamente vinculada à atividade que configura seu fato gerador. Contudo, o serviço público e o exercício do poder de polícia podem ser custeados com recursos do orçamento e o valor arrecadado com a taxa ser destinado aos cofres públicos para cobrir outras despesas orçamentárias. **Normalmente, a vinculação acaba ocorrendo, mas por opção do legislador, que poderia decidir pela não vinculação.**

Já no que concerne à contribuição de melhoria, deve-se observar que somente após realizada a obra e verificada a valorização imobiliária o tributo poderá ser cobrado. Sendo assim, não há que se imaginar a vinculação dos valores arrecadados à realização da obra, afinal de contas, repita-se, quando a cobrança pode ser feita, a obra (ou a parcela que justifique a cobrança) já está concluída.

O entendimento aqui defendido também tem sido seguido nas provas de concurso público, como demonstra a seguinte assertiva, considerada **incorreta** pela Fundação Carlos Chagas, no concurso para provimento de cargos de Procurador da Procuradoria Especial do TCM/RJ, realizado em 2015: "as taxas e as contribuições de melhoria têm receita vinculada, necessariamente".

1.5.6 Quanto à possibilidade de repercussão do encargo econômico-financeiro: diretos e indiretos

São **indiretos** os tributos que, em virtude de sua configuração jurídica, **permitem translação do seu encargo econômico-financeiro** para uma pessoa diferente daquela definida em lei como sujeito passivo.

A definição aqui exposta inclui apenas os tributos que já foram tecnicamente concebidos como aptos à transferência do encargo, visto que, sob o ponto de vista econômico, a translação se verifica em praticamente todo tributo.

São **diretos** os tributos que **não permitem tal translação**, de forma que a pessoa definida em lei como sujeito passivo é a mesma que sofre o impacto econômico-financeiro do tributo.

Dois exemplos ajudam a esclarecer as hipóteses.

O **ICMS** é um tributo cujas configurações constitucional e legal estabelecem que a pessoa nomeada contribuinte (o comerciante) repassa para uma outra (o consumidor) o ônus econômico do tributo. São claras as **presenças** do contribuinte de direito (o comerciante) e o de fato (o consumidor), de forma que este sofre o impacto do tributo – que tem seu valor oficialmente embutido no preço pago –, enquanto aquele faz o recolhimento do valor recebido aos cofres públicos. O tributo é, portanto, **indireto**.

No caso do **imposto de renda**, não há previsão de transferência oficial do encargo para os consumidores. A pessoa que obtém a renda é que teoricamente sofre o respectivo ônus. Na prática, entretanto, a empresa beneficiada pelo rendimento acaba repassando o valor do tributo a ser pago para o preço dos bens ou serviços que vende. Há a repercussão econômica do tributo, mas não o que se poderia chamar de repercussão jurídica, somente verificada nos casos em que há previsão normativa da oficial transferência do encargo. Em razão disso, o imposto de renda é considerado um tributo **direto**.

Os economistas, baseados na indiscutível tese de que praticamente todo tributo tem a possibilidade de ter seu encargo econômico repassado para o consumidor de bens e serviços, afirmam que a classificação dos tributos como diretos ou indiretos é irrelevante. Não obstante tal entendimento, existe uma profunda relevância jurídica na classificação quando se comparam as regras relativas à restituição de tributo direto com aquelas referentes aos tributos indiretos. Ademais, a **inaplicabilidade de critérios econômicos para qualificação de um tributo como direto ou indireto é** ponto pacífico da Jurisprudência do STJ (REsp 118.488/RS).

1.5.7 Quanto aos aspectos objetivos e subjetivos da hipótese de incidência: reais e pessoais

São **reais** os tributos que, em sua incidência, não levam em consideração aspectos pessoais, subjetivos. Eles incidem objetivamente sobre coisas. A título de exemplo, se "A" e "B" possuem veículos idênticos, devem pagar o mesmo valor de **IPVA**, independentemente das respectivas características pessoais, pois o imposto somente leva em consideração a coisa, e não a pessoa.

Em contrapartida, são **pessoais** os tributos que incidem de forma subjetiva, considerando os aspectos pessoais do contribuinte. Nessa linha de raciocínio, o **imposto de renda** é pessoal, pois sua incidência leva em consideração características pessoais do sujeito passivo, como a quantidade de dependentes e os gastos com saúde, educação, previdência social etc.

1.5.8 Quanto às bases econômicas de incidência – A classificação do CTN

De acordo com as tradicionais bases econômicas de incidência, os **impostos** podem ser:

a) sobre o comércio exterior: II e IE;
b) sobre o patrimônio ou a renda: IR, ITR, IGF, IPVA, ITCMD, IPTU e ITBI;
c) sobre a produção ou circulação: IPI, ICMS, IOF e ISS;
d) impostos extraordinários: IEG.

A classificação foi retirada do CTN e adaptada à atual nomenclatura dos impostos, excluindo-se o que já foi revogado do ordenamento jurídico.

Conforme será detalhado em momento oportuno, nos vários casos em que a Constituição Federal imuniza **"patrimônio, renda e serviços"** de determinadas entidades, não se pode fazer cega utilização da classificação do CTN para restringir a imunidade.

A título de exemplo, a operação de importação de um bem está sujeita à incidência do II (imposto sobre comércio exterior), do IPI e do ICMS (impostos sobre produção e circulação). Apesar de o CTN não incluir tais tributos entre aqueles incidentes sobre o patrimônio, não se pode negar que incidem sobre o bem importado, ou que o patrimônio é composto por um conjunto de bens. Na esteira desse entendimento, o STF entende que, em certas situações, tributos que o CTN não inclui entre aqueles considerados "sobre o patrimônio" podem ter sua incidência obstada pelas citadas imunidades, visto que **não se pode adotar classificações infraconstitucionais como meio de restringir a plena aplicabilidade da Constituição Federal** (RE 203.755/ES).

Em suma, as classificações estudadas podem ser resumidas da seguinte forma:

CLASSIFICAÇÃO	ESPÉCIES	DEFINIÇÃO	EXEMPLOS
Quanto à competência impositiva	Federais	Criados privativamente pela União	II; IE; IR; IPI; ITR; IOF; IGF
	Estaduais	Criados privativamente pelos Estados e pelo DF	ITCMD; ICMS; IPVA
	Municipais	Criados privativamente pelos Municípios e pelo DF	IPTU; ITBI; ISS
	Compartilhada	Criado por lei complementar nacional, mas definido como de competência de Estados, DF e Municípios	IBS
Quanto ao exercício da competência	Privativos	A competência para criação é atribuída a determinado ente com caráter de exclusividade	Impostos; empréstimos compulsórios; contribuições especiais
	Comuns	A competência para criação é atribuída indiscriminadamente a todos os entes políticos	Taxas e contribuições de melhoria
	Residuais	A Constituição atribui à União competência para criar tributos não previstos ordinariamente	Novos impostos e novas contribuições para a seguridade social
Quanto à finalidade	Fiscais	Finalidade arrecadatória	IR; IGF; IPVA; ICMS; ITCMD; IPTU; ITBI; ISS; IEG; empréstimos compulsórios
	Extrafiscais	Finalidade interventiva	II; IE; IPI,[1] IOF; ITR; CIDE
	Parafiscais	Finalidade de arrecadar para atividades específicas	Contribuições sociais e corporativas

[1] Alguns autores sustentam a preponderância da finalidade fiscal do IPI.

Quanto à hipótese de incidência	Vinculados	Cobrança depende de atividade estatal específica relativa ao contribuinte	Taxas e contribuições de melhoria
	Não vinculados	Cobrança independe de atividade estatal específica relativa ao contribuinte	Impostos
Quanto ao destino da arrecadação	De arrecadação vinculada	Os recursos arrecadados somente podem ser utilizados em atividades determinadas	Empréstimos compulsórios; custas e emolumentos
	De arrecadação não vinculada	Os recursos arrecadados podem ser utilizados em qualquer despesa prevista no orçamento	Impostos
Quanto à possibilidade de repercussão	Diretos	Oneram diretamente a pessoa definida como sujeito passivo (não permitem a repercussão)	IR; ITR; IPTU
	Indiretos	Oneram pessoa diferente daquela definida como sujeito passivo (permitem a repercussão)	ICMS; ISS; IPI; IOF
Quanto aos aspectos subjetivos e objetivos da hipótese de incidência	Reais	Incidem objetivamente sobre coisas, desprezando aspectos subjetivos	IPTU; ITR; ITCMD; IPI
	Pessoais	Incidem de forma subjetiva, levando em consideração aspectos pessoais do sujeito passivo	IR
Quanto às bases econômicas tributadas	Sobre o comércio exterior	Incidem sobre as operações de importação e exportação	II e IE
	Sobre o patrimônio e a renda	Incidem sobre a propriedade de bens móveis ou imóveis e sobre o produto do capital, do trabalho ou da combinação de ambos	ITR; IPTU; IPVA; IGF; IR
	Sobre a produção e a circulação	Incidem sobre a circulação de bens ou valores e sobre a produção de bens	ICMS; ISS; IPI; IOF

Para acessar as questões referentes a esse capítulo, utilize o QR Code ao lado.

2

LIMITAÇÕES CONSTITUCIONAIS AO PODER DE TRIBUTAR

2.1 A RELAÇÃO TRIBUTÁRIA COMO RELAÇÃO JURÍDICA

O Estado existe para a consecução do bem comum. Justamente por conta disso é que goza, no ordenamento jurídico, de um conjunto de prerrogativas que lhe asseguram uma posição privilegiada nas relações jurídicas de que faz parte, afinal, se o interesse público deve se sobrepor ao interesse privado, deve-se admitir em certos casos a preponderância do ente que visa ao bem comum nas suas relações com os particulares.

Uma das situações em que a prevalência é claramente visualizada é a possibilidade de cobrança de tributos. O Estado possui o poder de, por ato próprio - a lei -, obrigar os particulares a se solidarizarem com o interesse público mediante a entrega compulsória de um valor em dinheiro.

Percebe-se que o Estado possui um poder de grande amplitude, mas esse poder não é ilimitado. A relação jurídico-tributária não é meramente uma relação de poder, pois, como toda relação jurídica, é balizada pelo direito e, em face da interferência que o poder de tributar gera sobre o direito de propriedade, o legislador constituinte originário resolveu traçar as principais diretrizes e limitações ao exercício de tal poder diretamente na Constituição Federal.

Seguindo a esteira deste raciocínio, o CEBRASPE, no concurso para Juiz do Estado de Sergipe, realizado em 2004, considerou **errada** a seguinte assertiva: "O poder de tributar decorre de uma relação de poder e não de uma relação jurídica, de modo que seu exercício não depende de previsão expressa no texto constitucional".

2.2 AS GARANTIAS COMO ROL NÃO EXAUSTIVO

A Carta Magna estatui as **principais** limitações ao exercício da competência tributária, mas não necessariamente todas. Isso é percebido pela simples leitura do art. 150 da CF/1988. O dispositivo inaugura a Seção denominada "Das limitações do poder de tributar", deixando claro que as garantias que estatui existem "sem prejuízo de outras (...) asseguradas ao contribuinte".

Assim, é lídimo afirmar que as garantias ali estatuídas formam um rol não exaustivo, pois existem outras estipuladas em dispositivos diversos da Constituição Federal (art. 5º, XXXIV, por exemplo), além daquelas que decorrem do regime e dos princípios adotados pela própria Carta ou dos tratados internacionais em que a República Federativa do Brasil seja parte (CF, art. 5º, § 2º).

Nessa linha, no concurso para Advogado da União, realizado em 2002, o CEBRASPE propôs a seguinte afirmativa (**correta**): "O poder de o Estado criar e cobrar tributos não é ilimitado no Estado democrático de direito; no caso brasileiro, esse poder sofre diversas limitações: boa parte delas, mas nem todas, está no capítulo que regula o Sistema Tributário Nacional".

2.3 QUANDO AS GARANTIAS CONFIGURAM CLÁUSULAS PÉTREAS

2.3.1 As limitações que constituem garantias individuais do contribuinte

Boa parte das limitações constitucionais ao poder de tributar está protegida contra mudanças que lhe diminuam o alcance ou a amplitude, por configurarem verdadeiras garantias individuais do contribuinte.

Relembre-se, todavia, que a norma constitucional que define as "cláusulas pétreas" (CF, art. 60, § 4º) não proíbe quaisquer Emendas sobre aquelas matérias, vedando apenas as mudanças **tendentes a abolir** o que ali está enumerado. Nessa linha, é correto afirmar que é possível a realização de emendas que ampliem ou melhorem a proteção que a Constituição Federal atribuiu ao contribuinte; o que não é possível é a supressão ou diminuição das garantias.

Nessa linha, quando a Emenda Constitucional 3/1993 tentou autorizar a criação do Imposto Provisório sobre a Movimentação Financeira (que deu origem à CPMF, hoje extinta), excluindo-o da regra que impõe que a cobrança só pode ser feita no exercício financeiro seguinte ao da publicação da lei instituidora (princípio da anterioridade – CF, art. 150, III, *b*), o Supremo Tribunal Federal entendeu que a Emenda era inconstitucional por tender a suprimir garantia individual do contribuinte (STF, Tribunal Pleno, ADI 939-7/DF, Rel. Min. Sydney Sanches, j. 15.12.1993, *DJ* 18.03.1994, p. 5.165).

O Tribunal não acatou o argumento de que a Emenda seria constitucional por apenas criar uma nova exceção a uma regra que já possui várias. O raciocínio da Corte foi correto, visto que, se existe uma regra com previsão das respectivas exceções, a ampliação destas põe em risco aquela. Caso se admita que se ampliem as exceções já existentes para a anterioridade, a tendência é de que as exceções suplantem a regra, passando esta à condição de exceção. De outra forma, é possível afirmar que a criação de novas exceções a uma regra existente **tende a abolir a própria regra** e, estando esta protegida por cláusula pétrea, haverá inconstitucionalidade.

Diferente é a situação em que há um reforço à garantia.

A título de exemplo, a Emenda Constitucional 42/2003 **estendeu genericamente aos tributos (como regra que comporta exceções)** a exigência de um prazo mínimo de 90 dias entre a data da publicação da lei que instituísse ou majorasse uma **contribuição social para a seguridade social** e a data de sua efetiva cobrança. Não houve qualquer inconstitucionalidade, pois se estava ampliando uma garantia do contribuinte.

Em suma, as Emendas Constitucionais que **ampliarem** garantias individuais do contribuinte são **válidas**; já aquelas que **diminuírem, criarem exceções** ou de qualquer forma **enfraquecerem** tais garantias são **inconstitucionais** por tenderem a aboli-las.

2.3.2 As limitações que constituem proteção a outras cláusulas pétreas

Como ressaltado, as denominadas cláusulas pétreas possuem tal *status* por conta da proteção contra Emendas, conferida pelo § 4º do art. 60 da CF/1988.

Quando se fala em limitações ao poder de tributar como cláusula pétrea, deve-se tomar o cuidado de analisar o conteúdo de cada limitação, verificando a possibilidade de enquadramento em uma das situações petrificadas pelo legislador constituinte originário (CF, art. 60, § 4º).

Dessa forma, ao contrário do que muitos afirmam, a configuração de uma limitação constitucional ao poder de tributar como garantia individual do contribuinte não é a única situação que possui o condão de lhe atribuir o *status* de cláusula pétrea.

No mesmo julgamento em que considerou o princípio da anterioridade garantia individual do contribuinte e, portanto, impossível de ser excetuado via Emenda Constitucional, o Supremo Tribunal Federal considerou também inconstitucional a previsão de que o novel Imposto Provisório sobre a Movimentação Financeira não seria sujeito à **imunidade tributária recíproca**, que impede que a União, os Estados, o Distrito Federal e os Municípios instituam impostos sobre patrimônio, renda ou serviços uns dos outros (CF, art. 150, VI, *a*).

A regra imunizante é verdadeiro **corolário da federação**, pois, a título de exemplo, se fosse lícito à União cobrar imposto sobre patrimônio, renda ou serviço de um Estado, correr-se-ia o risco de utilização do poder de tributar como mecanismo de pressão da União sobre o Estado, pondo em risco a autonomia, principal sustentáculo da federação, forma de Estado petrificada pelo legislador constituinte originário.

Também se considerou inconstitucional a previsão de que o IPMF não obedecesse à **imunidade dos templos de qualquer culto** (CF, art. 150, VI, *b*). A imunidade, denominada religiosa, protege a liberdade de culto, que é um direito individual.

Na mesma linha, também foram consideradas protegidas por **cláusulas pétreas** a **imunidade dos livros, jornais, periódicos e o papel destinado a sua impressão** (protegendo a livre difusão do pensamento e barateando o acesso à informação, garantias individuais), bem como a **proteção a diversas instituições cujas atividades são consectários de outras garantias constitucionalmente protegidas (liberdade sindical, liberdade de criação e filiação a partidos políticos etc.).**

Por ser extremamente pertinente, transcreve-se o trecho mais esclarecedor da Ementa (ADI 939-7/DF):

> "A Emenda Constitucional 3, de 17.03.1993, que, no art. 2.º, autorizou a União a instituir o IPMF, incidiu em vício de inconstitucionalidade, ao dispor, no § 2.º desse dispositivo, que, quanto a tal tributo, não se aplica 'o art. 150, III, *b*, e VI', da Constituição, porque, desse modo, violou os seguintes princípios e normas imutáveis (somente eles, não outros):
>
> 1. o princípio da anterioridade, que é garantia individual do contribuinte (art. 5.º, § 2.º, art. 60, § 4.º, inciso IV, e art. 150, III, *b*, da Constituição);
>
> 2. o princípio da imunidade tributária recíproca (que veda a União, aos Estados, ao Distrito Federal e aos Municípios a instituição de impostos sobre o patrimônio, rendas ou serviços uns dos outros) e que é garantia da Federação (art. 60, § 4.º, inciso I, e art. 150, VI, *a*, da CF);

3. a norma que, estabelecendo outras imunidades, impede a criação de impostos (art. 150, III) sobre: *b*): templos de qualquer culto; *c*): patrimônio, renda ou serviços dos partidos políticos, inclusive suas fundações, das entidades sindicais dos trabalhadores, das instituições de educação e de assistência social, sem fins lucrativos, atendidos os requisitos da lei; e *d*): livros, jornais, periódicos e o papel destinado a sua impressão" (STF, Tribunal Pleno, ADI 939-7/DF, Rel. Min. Sydney Sanches, j. 15.12.1993, *DJ* 18.03.1994).

2.4 PRINCÍPIOS OU REGRAS?

Em passagem que já se tornou clássica, Celso Antônio Bandeira de Melo afirma que "princípio é, por definição, mandamento nuclear de um sistema, verdadeiro alicerce dele, disposição fundamental que se irradia sobre diferentes normas, compondo-lhes o espírito e servindo de critério para a sua exata compreensão e inteligência exatamente por definir a lógica e a racionalidade do sistema normativo, no que lhe confere a tônica e lhe dá sentido harmônico".

Assim, é somente com a compreensão do conteúdo e do alcance dos princípios que se consegue entender as diversas normas integrantes de um determinado ramo do Direito e, por conseguinte, o todo, formado pelo ordenamento jurídico.

A moderna doutrina considera que boa parte dos denominados **princípios constitucionais tributários**, por não poderem ser ponderados quando parecem conflitar com outros princípios, seriam na realidade **regras**, visto que são disjuntivos, aplicando-se ou não a cada caso concreto, sem qualquer ponderação.

A título de exemplo, a isonomia (tratar igualmente quem é igual, e desigualmente quem é desigual, na proporção das desigualdades havidas) seria um verdadeiro **princípio**, pois pode ser objeto de ponderação, permitindo a concessão de uma isenção que beneficie grandes empresas para que estas se instalem em regiões subdesenvolvidas, tudo para garantir um objetivo traçado pela própria Constituição, qual seja estimular o desenvolvimento equilibrado entre as diversas regiões do País.

Já a anterioridade seria uma **regra** aplicável ou não a cada caso concreto. É um verdadeiro tudo ou nada. Dessa forma, como será detalhado adiante, a anterioridade **se aplica** ao aumento do Imposto sobre a propriedade Territorial Rural – ITR, não havendo o que ponderar. A mesma regra **não se aplica** ao aumento do Imposto de Importação – II, também não havendo o que ponderar.

Essa doutrina fala em **regra da anterioridade**, **regra da irretroatividade** etc.

Todavia, na linha do objetivo desta obra, seguir-se-á a terminologia consagrada, que denomina as limitações constitucionais ao poder de tributar como verdadeiros Princípios Constitucionais Tributários.

2.5 A LEGALIDADE

A Constituição Federal de 1988, em seu art. 5º, II, estabelece que "ninguém será obrigado a fazer ou a deixar de fazer alguma coisa senão em virtude de lei".

Como o tributo é uma prestação pecuniária **compulsória**, obrigando ao pagamento independentemente da vontade do sujeito passivo, o dispositivo constitucional transcrito bastaria para que a criação ou aumento de tributo estivesse sob os domínios do princípio da legalidade.

Todavia, referindo-se especificamente à matéria tributária, o art. 150, I, da Magna Carta proíbe os entes federados de "exigir ou aumentar tributo sem lei que o estabeleça". Além disso, recorde-se que o tributo, por definição legal (CTN, art. 3º), é prestação "instituída em lei".

Caso se opte por seguir a lição dos constitucionalistas, segundo a qual a submissão de matéria específica à regulação por lei é manifestação do princípio da **reserva legal**, enquanto a submissão da criação de quaisquer obrigações ao domínio da lei (CF, art. 5º, II) seria decorrência do princípio da **legalidade**, seria mais adequado denominar o princípio tributário esculpido no art. 150, I, da CF/1988 de reserva legal. Não obstante, há de se ressaltar que as provas de concurso público têm geralmente denominado o princípio como **legalidade tributária**.

A palavra "exigir", constante do transcrito art. 150, I, da CF/1988, possui o sentido de **cobrar** o tributo. Como a cobrança depende, por óbvio, da prévia instituição da exação, o dispositivo acaba por impor que **o tributo só pode ser instituído por lei**.

A lei em questão pode ser **ordinária**, sendo igualmente admitida a utilização de **medida provisória**. Para alguns tributos, contudo, exige-se processo legislativo mais rigoroso, sendo necessária a edição de lei complementar. É o que ocorre exclusivamente nos casos do **Imposto sobre Grandes Fortunas** (CF, art. 153, VII), do **Imposto sobre Bens e Serviços** (CF, art. 156-A, *caput*), da **Contribuição sobre Bens e Serviços** (CF, art. 195, V), do **Imposto Seletivo** (CF, art. 153, VIII), dos **empréstimos compulsórios** (CF, art. 148), dos **impostos residuais** (CF, art. 154, I) e das **contribuições residuais** (CF, art. 195, § 4º).

2.5.1 Demais matérias sujeitas à reserva legal

Conforme afirmado, a Constituição Federal veda que União, Estados, Distrito Federal e Municípios **exijam** ou **aumentem** tributos sem lei que o estabeleça. Todavia, a literalidade do texto constitucional exige menos do que sua essência impõe, conforme se passa a explicar.

Existe um princípio em Direito denominado **paralelismo das formas**. Tal princípio impõe que se um instituto jurídico foi criado por meio de uma regra jurídica de determinada hierarquia, para promover sua alteração ou extinção é necessária a edição de um ato de hierarquia igual ou superior.

Assim, se uma lei criou determinado tributo, somente outra lei - ou uma emenda constitucional - pode extingui-lo, sendo irracional imaginar a extinção de um tributo por meio, por exemplo, de um decreto. A consequência imediata é que, no ponto em que a Constituição exige lei para a **instituição** de tributos, também o faz, implicitamente, para a respectiva **extinção**. De modo semelhante, a exigência de lei para a **majoração** de tributo traz ínsito o mesmo requisito para a respectiva **redução**.

Por outros motivos, existem outras matérias tributárias reservadas à lei.

Em virtude de o patrimônio público ser, por princípio, indisponível, **a concessão de benefícios fiscais ou autorização de prática de atos que gerem impactos sobre o crédito tributário ou sobre sua exigibilidade somente pode ser feita por lei** (CF, art. 150, § 6º).

Já em face da amplitude do princípio da legalidade estatuído no art. 5º, II, da CF/1988, **a multa tributária, por gerar uma obrigação a ser adimplida pelo infrator, somente pode ser estatuída em lei**.

Enfim, o conjunto de matérias submetidas à reserva legal se encontra resumido no art. 97 do Código Tributário Nacional, conforme enumeração abaixo:

> "I – a instituição de tributos, ou a sua extinção;
>
> II – a majoração de tributos, ou sua redução;
>
> III – a definição do fato gerador da obrigação tributária principal e do seu sujeito passivo;
>
> IV – a fixação de alíquota do tributo e da sua base de cálculo;
>
> V – a cominação de penalidades para as ações ou omissões contrárias a seus dispositivos, ou para outras infrações nela definidas;
>
> VI – as hipóteses de exclusão, suspensão e extinção de créditos tributários, ou de dispensa ou redução de penalidades".

2.5.2 Exceções ao princípio

É de fundamental importância conhecer as matérias que **não** estão sujeitas ao princípio da legalidade, podendo ser disciplinadas por meio de ato infralegal (decreto presidencial, por exemplo).

O Supremo Tribunal Federal entende que o art. 97 do Código Tributário Nacional foi recepcionado pela Constituição Federal de 1988 e, interpretando o dispositivo *a contrario sensu*, conclui que as matérias ali não constantes **não estão abrangidas pelo princípio da legalidade**.

Os casos mais relevantes são **a atualização do valor monetário da base de cálculo do tributo** (expressamente ressalvada pelo § 2º do mesmo art. 97), **a avaliação inicial do valor venal de imóvel não previsto na Planta Genérica de Valores para fim de lançamento inicial do IPTU** e **a fixação do prazo para recolhimento** (jurisprudência do STF – RE 172.394/SP e RE 195.218/MG). Passa-se à análise de tais casos.

Nos termos do § 2º do art. 97 do CTN, não constitui majoração de tributo para o fim de exigir veiculação em lei formal "a atualização do valor monetário da respectiva base de cálculo". Para a correta aplicação do dispositivo, é fundamental não confundir a **atualização** do valor monetário da base de cálculo com o **aumento** dessa mesma base de cálculo (este reservado à lei).

Um exemplo notório dessa diferenciação – e que já gerou muitas controvérsias – reside no IPTU, cuja base de cálculo é o **valor venal do imóvel** (CTN, art. 33). Para chegar a esse valor, o Município se utiliza da **Planta Genérica de Valores (PGV)**, a qual indica o valor do metro quadrado de cada imóvel de acordo com critérios como localização, padrão de construção, idade e destinação. Quando do lançamento do imposto, tal montante é multiplicado pela área do imóvel, de modo a determinar a base de cálculo aplicável.

Os valores constantes da planta podem ser **atualizados** por mero **decreto** do Prefeito (ou Governador, no caso do Distrito Federal), desde que respeitado o **índice de correção monetária**. Apesar de muitos se referirem a essa providência como aumento, a correção apenas impede que os valores utilizados como base de cálculo do IPTU sejam artificialmente reduzidos pelo fenômeno inflacionário. É justamente por não configurar aumento que a atualização não depende de lei formal.

Contudo, há momentos em que os imóveis realmente aumentam de valor. Isso pode ocorrer de forma geral no mercado imobiliário ou atingir especificamente determinada área, como consequência de eventos como a revitalização do espaço, a construção de um novo aparelho público ou de um shopping, dentre outros. Nesses casos, para fazer o aumento repercutir na planta genérica de valores, é necessária a edição de lei formal.

Raciocinando dessa forma, o Superior Tribunal de Justiça editou a **Súmula 160**, afirmando que *"é defeso, ao município, atualizar o IPTU, mediante decreto, em percentual superior ao índice oficial de correção monetária"*. De maneira semelhante, a Suprema Corte, ao julgar o RE 648.245/MG, em sede de repercussão geral (tema 211), firmou tese segundo a qual *"a majoração do valor venal dos imóveis para efeito da cobrança de IPTU não prescinde da edição de lei em sentido formal, exigência que somente se pode afastar quando a atualização não excede os índices inflacionários anuais de correção monetária"*.

Entretanto, há bastante tempo os Prefeitos defendem a possibilidade de o decreto – instrumento mais célere e independente de deliberação parlamentar – ser sempre utilizado para levar a realidade do mercado imobiliário à planta genérica de valores, mesmo nos casos em que a adequação ocorre em patamar superior aos índices oficiais de inflação. Com o advento da EC 132/2023 (Reforma Tributária), a autorização finalmente foi dada, tendo sido inserido um inciso III no § 1º do art. 156 da CRFB/1988, no qual se afirma que o IPTU poderá *"ter sua base de cálculo atualizada pelo Poder Executivo, conforme critérios estabelecidos em lei municipal"*.

A utilização da palavra "atualizada" poderia levar o intérprete a defender que a literalidade do novo dispositivo não autoriza que o percentual acrescido pelo ato do Poder Executivo ultrapasse o índice oficial de inflação, por não configurar, nesse caso, mera atualização, mas, sim, aumento, o que dependeria de obediência ao princípio da legalidade. Tal interpretação, no entanto, equivaleria a dizer que, nesse ponto, a EC 132/2023 inserira na Constituição autorização para que se faça algo que já estava autorizado a ser feito, o que contraria a diretriz hermenêutica segundo a qual a lei não contém palavras (ou dispositivos) inúteis, cabendo ao intérprete buscar nos critérios para a interpretação da norma jurídica o objetivo do texto da norma. No caso em análise, tal objetivo é por demais óbvio: permitir que a "atualização", **mesmo em índices superiores ao da inflação**, seja levada à PGV por meio de **ato do Poder Executivo** (decreto).

Diante do exposto, é correto afirmar que a inserção do III no § 1º do art. 156 da CRFB/1988 teve o condão de **tornar superados os entendimentos que haviam sido cristalizados na Súmula 160 do STJ e na tese firmada pelo Supremo no RE 648.245/MG (Repercussão Geral).** Por conseguinte, continua sendo legítimo afirmar a atualização do valor da base de cálculo do IPTU, quando não exceder o índice anual de inflação, não é evento submetido ao princípio da legalidade (por não constituir aumento do tributo). Já quando a atualização for realizada mediante utilização de índice superior à inflação oficial – o que somente pode ser feito se, no mundo concreto, o valor venal do imóvel realmente tiver aumentado –, deve ser considerada verdadeira exceção ao princípio da legalidade, por conta da mencionada alteração decorrente da EC 132/2023.

O segundo exemplo de situação que não se insere no âmito de aplicação do princípio da legalidade também é relativo à base de cálculo do IPTU e decorre dos casos em que um **novo imóvel não está previsto na Planta Genérica de Valores**, em virtude, por exemplo, da realização de parcelamento urbano posterior à edição da Lei que estatuiu tal planta. Nesses casos, **é legítima a autorização veiculada na lei municipal para que a Fazenda proceda à avaliação casuística individualizada do imóvel,** de modo a viabilizar o lançamento do imposto. Isso porque a providência autorizada **não configura aumento do IPTU – não se submetendo, portanto, à legalidade –**, mas, sim, avaliação inicial de imóvel novo. Raciocinando assim, o Supremo Tribunal Federal formulou tese de epercussão geral lavrada nos seguintes termos (ARE 1.245.097/PR):

> "É constitucional a lei municipal que delega ao Poder Executivo a avaliação individualizada, para fins de cobrança do IPTU, de imóvel novo não previsto na Planta Genérica de Valores, desde que fixados em lei os critérios para a avaliação técnica e assegurado ao contribuinte o direito ao contraditório."

Nas provas de concurso público anteriores à Reforma Tributária, a tônica sempre foi a propositura de questões que abordavam o incontroverso: a possibilidade de a mera correção monetária ser veiculada em decreto. A título de exemplo, aponta-se a pedagógica questão cobrada pelo CEBRASPE, no concurso para Procurador da Procuradoria-Geral do Distrito Federal, realizado em 2013 (assertiva **certa**): "Decreto distrital X estipulou alíquota de IPTU em 0,3% para imóveis edificados com fins exclusivamente residenciais. Posteriormente, em razão da valorização do mercado imobiliário, foi editado o decreto distrital Y, que majorou o valor venal dos imóveis e alterou a alíquota de IPTU para 0,5%. Se a alteração da base de cálculo do IPTU em apreço decorresse de simples atualização monetária do valor venal do imóvel, não haveria infringência ao princípio da reserva legal".

Relativamente ao **prazo para o pagamento** do tributo, o Supremo Tribunal Federal entende ser possível a fixação por decreto, em virtude de não ter sido enumerado entre as taxativas matérias que o art. 97 do CTN submete à reserva de lei.

Outro ponto de importância é que, apesar de o princípio da legalidade não possuir exceções quanto à criação de tributos, contempla-as, todavia, para sua majoração. No texto originário da Constituição Federal 1988, eram previstas apenas quatro exceções, quais sejam a possibilidade de alteração, dentro dos limites legais, das alíquotas dos impostos de importação (II), de exportação (IE), sobre produtos industrializados (IPI) e sobre operações financeiras (IOF).

A Constituição prevê que as alterações são de competência do **Poder Executivo**, mas não estipula qual espécie de ato normativo desse Poder concretizará a alteração. Apesar de a maioria da doutrina entender que o ato deve ser um Decreto Presidencial, deve se repisar que a Constituição Federal de 1988 não afirma isso.

Na prática, as alíquotas dos tributos aduaneiros (II e IE) têm sido alteradas por Resolução da Câmara de Comércio Exterior – CAMEX, enquanto o IPI e o IOF têm suas alíquotas alteradas diretamente por decreto. Em ambos os casos, a alteração tem sido feita por **ato do Poder Executivo**, não havendo desobediência ao texto constitucional, conforme já decidido pelo STF (Pleno,

RE 570680/RS, Rel. Min. Ricardo Lewandowski, j. 28.10.2009, *DJ* 04.12.2009, p. 1.024).

Em provas de concurso, principalmente o CEBRASPE costuma afirmar que os quatro impostos citados podem ter suas alíquotas alteradas por Decreto do Presidente da República. A afirmação é tida por correta, pois, em virtude da hierarquia das normas, se uma Resolução da CAMEX pode alterar a alíquota dos tributos aduaneiros, o Decreto Presidencial também o pode.

Com o advento da Emenda Constitucional 33/2001, foram previstas duas outras exceções ao princípio da legalidade no tocante a alterações de alíquotas. Ambas se referem à tributação de combustíveis.

A primeira permite ao Poder Executivo **reduzir e restabelecer as alíquotas da CIDE-Combustíveis** (o Presidente da República tem usado o **Decreto** como via normativa para o exercício da competência prevista no art. 177, § 4º, I, *b*, da CF/1988).

A segunda permite aos Estados e ao Distrito Federal, mediante **convênio** (realizado no âmbito do CONFAZ, conforme será estudado em momento oportuno), **definir** as alíquotas do **ICMS-monofásico incidente sobre combustíveis definidos em Lei Complementar** (CF, art. 155, § 4º, IV).

Percebe-se que, no caso da CIDE-Combustíveis, a liberdade é menor que a prevista para a alteração das alíquotas de II, IE, IPI e IOF, pois se restringe à **redução** e ao **restabelecimento**. A palavra "restabelecer" tem amplitude menor que a palavra "aumentar", pois no restabelecimento a alíquota não pode superar o percentual anterior a uma redução porventura realizada.

Assim, se uma alíquota de 20% foi reduzida a 10%, o restabelecimento, sem sujeição ao princípio da legalidade, só permite a volta a 20%. Para que se ultrapasse este percentual, é necessária a edição de lei em sentido estrito ou medida provisória.

Já no caso do ICMS-monofásico, a alíquota é fixada diretamente por convênio, de forma que tanto a redução quanto o aumento podem ser feitos por convênio, sendo exceções à legalidade. A palavra "restabelecidas", que aparece na alínea *c* do inciso IV do § 4º do art. 155 da CF/1988, impede apenas que o aumento acima do patamar anterior à uma redução realizada seja feito sem obediência à **anterioridade**.

Em resumo, quanto à **CIDE-Combustíveis, a redução e *restabelecimento* de alíquotas podem ser feitos por decreto, sem obediência à legalidade nem à anterioridade**. Já quanto ao **ICMS-monofásico**, incidente sobre combustíveis definidos em Lei Complementar, **a *definição* (inclusive redução e *aumento*) de alíquotas pode ser feita por convênio**, **sem obediência à legalidade**, mas se o aumento ultrapassar o mero restabelecimento de patamar anteriormente fixado, deve-se obedecer à **anterioridade**.

Assim, no tocante às novas exceções que a EC 33/2001 trouxe para o princípio da legalidade, os tributos objeto de discussão podem ter suas alíquotas alteradas da seguinte forma:

TRIBUTO	*Exceção à legalidade*	*Exceção à anterioridade*	*Ato normativo*
CIDE-combustíveis	Redução e restabelecimento de alíquotas	Redução e restabelecimento de alíquotas	Decreto
ICMS-monofásico-combustíveis	Fixação de alíquotas (inclusive redução e aumento)	Redução e restabelecimento de alíquotas	Convênio (CONFAZ)

O estudo da anterioridade e suas exceções será feito adiante.

2.5.3 Legalidade e delegação legislativa

Teoricamente nada impede a utilização de lei delegada em matéria tributária. Contudo, desde a edição da Constituição Federal de 1988, o Presidente da República só editou duas leis delegadas (as LD 12/1992 e 13/1992), ambas concedendo gratificação a servidores públicos.

Não há dúvida de que a inutilidade prática do instituto deve-se ao fato de o Presidente da República possuir grande liberdade na edição de medidas provisórias, cuja utilização, ao contrário das leis delegadas, independe de qualquer autorização do Parlamento, sendo condicionada apenas à existência dos desmoralizados requisitos de relevância e urgência e a algumas poucas limitações materiais que guardam certa semelhança com as estipuladas para as leis delegadas.

Todavia, em teoria, é possível que, havendo delegação do Congresso Nacional por meio de resolução, o Presidente da República edite lei delegada, observados os limites estatuídos pelo Parlamento, podendo o ato de delegação prever a apreciação parlamentar do projeto elaborado, em sessão única, vedada qualquer emenda (delegação atípica).

A possibilidade de autorização parlamentar para que o Chefe do Executivo elabore lei delegada (CF, art. 68) não se confunde com a hipótese de o mesmo Parlamento autorizar o Executivo a elaborar um decreto ou regulamento disciplinando matéria ainda não regulada em lei (inexistente no Direito brasileiro, salvo nas restritas hipóteses do inciso VI do art. 84 da CF/1988). Essa segunda delegação não pode ser feita, visto que, nas matérias reservadas a determinada espécie normativa, não se entremostra viável a delegação da respectiva regulamentação a outra espécie de ato.

Contudo, a possibilidade de elaboração de leis delegadas sobre as mesmas matérias deve-se a dois argumentos básicos.

Em primeiro lugar, porque a norma a ser elaborada possui hierarquia legal e, respeitadas as limitações materiais constitucionalmente estabelecidas (CF, art. 68, § 1º), pode disciplinar todas as matérias sujeitas à reserva de lei, até porque, mesmo delegada, a norma elaborada é lei.

Em segundo lugar, porque a Constituição autoriza. O argumento, apesar de formal, é importante, uma vez que é pacífico em sede doutrinária e jurisprudencial que a delegação de funções típicas entre os poderes de Estado só é possível nas exaustivas hipóteses previstas no texto constitucional.

Sabendo que a exigência de lei para a criação de tributo tem por significado, ao menos teórico, a necessidade de autorização popular para que o Estado lhe cobre determinada exação, não há que se imaginar que os representantes do povo abdiquem de forma genérica do nobre mister que lhes é atribuído. As prerrogativas do legislador são, portanto, **indisponíveis**.

É possível, contudo, que o legislador atribua ao regulamento a incumbência de complementar conceitos jurídicos que a lei deixou indeterminados, sem que se tenha por ferido o princípio da legalidade.

A título de exemplo, as Leis 7.787/1989 e 8.212/1991 definiram os elementos essenciais para a cobrança da Contribuição ao Seguro de Acidentes de Trabalho (SAT), estipulando alíquotas diferenciadas de acordo com o "grau de risco leve, médio ou grave" da "atividade preponderante" exercida pela empresa.

Os conceitos de "grau de risco", "leve, médio ou grave" e de "atividade preponderante" foram definidos em Decretos do Presidente da República, o que levou ao ajuizamento de ações diretas de inconstitucionalidade, alegando que o princípio da legalidade estrita ou "cerrada" impediria a definição pela via regulamentar de conceitos imprescindíveis para a cobrança válida de tributo.

Seguindo lapidar voto do então Ministro Carlos Velloso, o STF esposou o entendimento de que "os decretos regulamentadores, ao tratarem da atividade econômica preponderante e do grau de risco acidentário, delimitaram conceitos necessários à aplicação concreta da Lei 8.212/1991, não exorbitando o poder regulamentar conferido pela norma, nem ferindo princípios em matéria tributária" (STF, Tribunal Pleno, RE 343.446-2/SC, Rel. Min. Carlos Velloso, j. 20.03.2003, *DJ* 04.04.2003).

Em suma, **devem constar na lei todos os elementos essenciais para a criação de um tributo** (**fato gerador, alíquota, contribuintes e base de cálculo**). **A exigência não impede, contudo, que o regulamento aclare conceitos jurídicos indeterminados adotados pela lei**. Nessa situação, o decreto regulamentar indicará o caminho a ser seguido para a fiel execução da lei, conforme previsto no art. 84, IV, da CF/1988.

No final de 2016, o Supremo Tribunal Federal firmou tese ampliando ainda mais o alcance dos atos infralegais em matéria tributária, ao considerar compatível com o princípio da legalidade a estipulação, por lei, de **teto** do valor de taxa, com a **atribuição a ato normativo infralegal da competência para fixar valor exato do tributo**, desde que em proporção razoável do custo da atuação estatal (RE 838.284/SC).

O julgado se refere à realização de Anotação de Responsabilidade Técnica – ART, que é o mecanismo utilizado pelo profissional de engenharia ou agronomia para registrar as atividades técnicas para cuja execução tenha sido contratado. É a ART que define os responsáveis técnicos pelo empreendimento, possibilitando o exercício do poder de polícia pela autarquia de fiscalização profissional (CONFEA/CREA), o que configura fato gerador da respectiva taxa.

A lei que rege a matéria **não fixou os valores da taxa de polícia** concernente à ART, apenas **estabeleceu o teto** e atribuiu ao CONFEA o poder de, por ato próprio, definir tais valores, **respeitada a limitação legal**.

A técnica utilizada aparenta ser frontalmente contrária ao texto da Constituição Federal, pois, quando o legislador constituinte quis permitir a edição de atos infralegais para alteração de valor de tributo dentro dos limites da lei, ele o fez expressamente (casos de II, IE, IOF e IPI). Além disso, quando o Poder Público entendeu ser necessária a criação de mais exceções à legalidade, optou por editar uma Emenda à Constituição (EC 33/2001), permitindo – com algumas peculiaridades para cada caso – a manipulação das alíquotas de dois tributos (ICMS sobre combustíveis definidos em lei complementar e CIDE-combustíveis) por ato não legislativo (conforme estudado no item 2.5.2 do Capítulo 2).

Já a possibilidade de definição, por ato do CONFEA, do valor cobrado a título de "taxa da ART" tem sede estritamente legal, não se fundando em qualquer autorização expressa da Constituição Federal, o que, se seguida a acepção tradicional do princípio da legalidade tributária, deveria levar à declaração de inconstitucionalidade da previsão.

Não foi assim, contudo, que raciocinou o STF. Analisando a matéria, o Tribunal expressamente falou em "esgotamento do modelo da tipicidade fechada como garantia de segurança jurídica". Detalhando seu raciocínio, a Corte afirmou que "a ortodoxa legalidade, absoluta e exauriente, deve ser afastada, em razão da complexidade da vida moderna e da necessidade de adaptação das leis tributárias à realidade em constante mudança".

Além disso, demonstrando que a possibilidade não é exclusiva das taxas, a Suprema Corte afirmou que "diante de **taxa ou contribuição parafiscal**, é possível haver maior **abertura dos tipos tributários**. Afinal, nessas situações, sempre há atividade estatal subjacente, o que acaba deixando ao regulamento uma carga maior de cognição da realidade, sobretudo em matéria técnica"

(RE 838.284/SC - grifos não constam do original). Nesse ponto, a menção às contribuições parafiscais não parece precisa, pois elas, ao menos no tocante ao seu fato gerador, normalmente não têm caráter contraprestacional (ver item 1.5.4 do Capítulo 1).

O fenômeno estudado já é conhecido no âmbito do Direito Administrativo, ramo no qual cada vez mais se fala em **deslegalização**, que se verifica principalmente em matérias de **maior complexidade técnica**, quando a normatização sai da esfera da lei para a esfera do **regulamento autorizado** por lei.

Em 2020, adotando linha de raciocínio semelhante àquela utilizada no caso da "taxa da ART", a Suprema Corte admitiu a possibilidade de alíquotas da **contribuição ao PIS/PASEP** e da **COFINS** serem alteradas por meio de ato infralegal. Na ocasião, foram consideradas constitucionais as leis que autorizam o Poder Executivo a fixar coeficientes de redução sobre as alíquotas dessas contribuições, manipulando-as ora para mais, ora para menos, observados os limites e condições definidos em lei.

Essa ratificação da tendência de **flexibilização da legalidade tributária** deu-se no julgamento conjunto da ADI 5.277/DF e do RE 1.043.313/RS. Na ação direta de inconstitucionalidade, o Tribunal analisou a compatibilidade de alguns dos parágrafos do art. 5º da Lei nº 9.718/98, incluídos pela Lei nº 11.727/08 - dos quais consta a permissão para a alteração, pelo Poder Executivo, das alíquotas das contribuições incidentes sobre a receita bruta auferida na venda de álcool - com o que dispõe a Carta Magna.

Ao apreciar a matéria, a Corte consignou que, diante da volatilidade do mercado de combustíveis e da concentração do poder de mercado em certos agentes econômicos, a possibilidade de alteração das alíquotas através da aplicação de coeficientes estipulados pelo Poder Executivo permite que a carga tributária seja, sempre que necessário, rapidamente adequada à realidade fática, evitando desequilíbrios na cadeia de produção. No entender do STF, trata-se de um modelo plenamente constitucional, desde que, nos casos de restabelecimento de alíquota (aumento após anterior redução), seja respeitada a anterioridade nonagesimal prevista no art. 150, III, *c*, da CF/1988.

No âmbito do RE 1.043.313/RS, julgado em conjunto com a ADI 5.277/DF, analisou-se de modo semelhante a possibilidade de manipulação de alíquotas do PIS/PASEP e da COFINS incidentes sobre as receitas dos contribuintes sujeitos à sistemática de não cumulatividade, fixando-se a seguinte tese de repercussão geral: "É constitucional a flexibilização da legalidade tributária constante do § 2º do art. 27 da Lei nº 10.865/04, no que permitiu ao Poder Executivo, prevendo as condições e fixando os tetos, reduzir e restabelecer as alíquotas da contribuição ao PIS e da COFINS incidentes sobre as receitas financeiras auferidas por pessoas jurídicas sujeitas ao regime não cumulativo, estando presente o desenvolvimento de função extrafiscal" (STF, Pleno, RE 1.043.313/RS, Rel. Min. Dias Toffoli, j. 10/12/2020, DJe 24/03/2021).

Note-se que, tanto no caso da "taxa da ART" quanto no das contribuições para a seguridade social mencionadas, o fator determinante para a flexibilização da legalidade tributária consiste no reconhecimento de que, em algumas situações, a Administração Pública, por estar mais próxima que o legislador da realidade fenomênica, dispõe de mais elementos para definir com exatidão o aspecto quantitativo da obrigação tributária. Assim, é a Administração Pública quem melhor pode calibrar as alíquotas do tributo de acordo com o custo do serviço por ela prestado, no caso da "taxa da ART"; e, no da contribuição para o PIS/PASEP e da COFINS, quando restar evidenciada preponderante extrafiscalidade, será também o Poder Executivo o mais apto a estipular as alíquotas mais adequadas à política extrafiscal adotada.

A flexibilização admitida pelo STF **não** chegou ao ponto de admitir que o valor de um tributo seja fixado **diretamente por ato administrativo, sem a estipulação de limites legais**. Nesse sentido, o Tribunal declarou a **inconstitucionalidade** do art. 2º da Lei 11.000/2004 no ponto em que autorizava aos Conselhos de fiscalização de profissões regulamentadas a fixar as respectivas anuidades (RE 704.292/PR).

Merece grifo a marcante diferença entre as situações: no caso da "taxa da ART", **a lei estipula o valor máximo**, cabendo ao Conselho definir o **montante exato, respeitado o teto fixado**; no caso da anuidade, o conselho teria o poder de originalmente fixar o **valor da taxa, sem qualquer teto legal**. O Supremo considerou **constitucional** o primeiro modelo e **inconstitucional** o segundo. Por oportuno, registra-se que **atualmente as anuidades dos conselhos de fiscalização de profissões têm seus limites máximos fixados na Lei 12.514/2011** (seguindo o primeiro modelo exposto acima), cuja constitucionalidade já foi reconhecida pela Suprema Corte (ADI 4697/DF e ADI 4762/DF).

2.5.4 Legalidade e medida provisória

A utilização de medida provisória em matéria tributária já foi objeto de intermináveis controvérsias em sede doutrinária. Alegavam alguns autores que o Direito Tributário e o Direito Penal eram ramos do Direito em que o princípio da legalidade se mostrava mais rígido, de forma que a instituição de tributos e a tipificação de crimes e contravenções só poderiam ser feitas por lei em sentido estrito.

Em sede jurisprudencial, **o STF não demorou a definir que, em se tratando de matéria tributária, o uso da medida provisória era plenamente possível, desde que observados os seus requisitos constitucionais (relevância e urgência)**.

Com o advento da Emenda Constitucional 32/2001, a Constituição Federal passou a prever que, ressalvados o II, o IE, o IPI, o IOF e os impostos extraordinários de guerra, a medida provisória que implique majoração de impostos só produzirá efeitos no exercício financeiro seguinte se for convertida em lei até o último dia daquele em que foi editada (CF, art. 62, § 2º). Assim, estabelecidos requisitos para o uso da medida provisória em matéria tributária, fica claro que a utilização é lícita.

Ressalte-se que a restrição relativa à necessidade da conversão em lei no exercício da edição da medida provisória aplica-se **exclusivamente aos impostos**, de forma que, no tocante às demais espécies tributárias, a regra da anterioridade deve ser observada tomando como referência a data da **publicação da MP**, e **não** de sua **conversão** em lei.

O conhecimento dessa regra foi exigido dos candidatos ao cargo de Procurador do Município de Curitiba/PR, no concurso realizado em 2015 pelo Núcleo de Concursos da Universidade Federal do Paraná (NC/UFPR). Na oportunidade, considerou-se **incorreta** a seguinte proposição: "Medida provisória que implique instituição ou majoração de taxa só produzirá efeitos no exercício financeiro seguinte se houver sido convertida em lei até o último dia daquele em que foi editada".

A regra também foi objeto de cobrança pelo CEBRASPE, na prova para Juiz do Tribunal de Justiça do Pará, realizado em 2012: "Medida provisória que determine a majoração do IPI só poderá produzir efeitos no exercício financeiro seguinte se for convertida em lei até o último dia do exercício em que seja editada". A afirmativa está **errada**, pois, como visto, o IPI é uma das exceções exaustivamente previstas no art. 62, § 2º, da CF/1988.

Há impedimento constitucional à utilização de medida provisória em matéria tributária cuja disciplina está reservada à **lei complementar** (CF, art. 62, § 1º, III).

Dessa forma, a título de exemplo, a Constituição Federal reserva à lei complementar a estipulação de normas gerais em matéria de legislação tributária, especialmente sobre a definição de tributos e de suas espécies, bem como, em relação aos impostos discriminados no seu texto, a dos respectivos **fatos geradores, bases de cálculo e contribuintes** (CF, art. 146, III, *a*). Como consequência, não é possível a utilização de medida provisória para disciplinar quaisquer dessas matérias. Pelo mesmo motivo, os tributos cuja criação é atribuída à lei complementar não podem ser instituídos via medida provisória.

O entendimento foi cobrado pela FCC no concurso para Procurador do Município de Campinas/SP, realizado em 2016, na questão a seguir transcrita (assertiva **errada**): "A União, mediante medida provisória, poderá instituir empréstimos compulsórios para atender as despesas extraordinárias decorrentes de calamidade pública, de guerra externa ou sua iminência".

Por fim, a Constituição Federal estatui uma última restrição à utilização de medidas provisórias que pode ter importantes repercussões em matéria tributária. Trata-se de regra também decorrente da Emenda Constitucional 32/2001, que deu ao art. 246 da CF/1988 a seguinte redação:

> "Art. 246. É vedada a adoção de medida provisória na regulamentação de artigo da Constituição cuja redação tenha sido alterada por meio de emenda promulgada entre 1.º de janeiro de 1995 até a promulgação desta emenda, inclusive".

Registre-se que, em termos práticos, está impedida a edição de medidas provisórias para regulamentar artigos da CF/1988 cujas redações tenham sido alteradas pelas Emendas Constitucionais 5/1995 a 32/2001. No que concerne à matéria tributária, a restrição aplica-se às seguintes emendas:

- **EC 12/1996** (que outorgou competência à União para a instituição da CPMF, hoje extinta);
- **EC 20/1998** (com importantes repercussões sobre as contribuições para financiamento da seguridade social);
- **EC 21/1999** (que prorrogou a CPMF, hoje extinta);
- **EC 29/2000** (que autorizou a progressividade fiscal do IPTU e a diferenciação das respectivas alíquotas com base no uso e na localização do imóvel);
- **EC 31/2000** (que instituiu o Fundo de Combate e Erradicação da Pobreza, vinculando-lhe a receita de diversos tributos).

2.6 PRINCÍPIO DA ISONOMIA

2.6.1 Acepções do princípio

Tornou-se célebre a lição dada por Rui Barbosa quando afirmou, na sua "Oração aos Moços":

> "A regra da igualdade não consiste senão em quinhoar desigualmente aos desiguais, na medida em que se desigualam. Nesta desigualdade social, proporcionada à desigualdade natural, é que se acha a verdadeira lei da igualdade. O mais são desvarios da inveja, do orgulho, ou da loucura. Tratar com desigualdade a iguais, ou a desiguais com igualdade, seria desigualdade flagrante, e não igualdade real".

A isonomia possui, portanto, uma acepção **horizontal** e uma **vertical**.

A acepção horizontal refere-se às pessoas que estão niveladas (daí a nomenclatura) na mesma situação e que, portanto, **devem ser tratadas da mesma forma**.

Assim, contribuintes com os mesmos rendimentos e mesmas despesas devem pagar o mesmo imposto de renda.

A acepção vertical refere-se às pessoas que se encontram em situações distintas e que, justamente por isso, **devem ser tratadas de maneira diferenciada na medida em que se diferenciam**.

Assim, a pessoa física que possui salário de mil e quinhentos reais mensais está isenta do imposto sobre a renda; enquanto aquela cujos rendimentos são de dez mil reais mensais se sujeita a uma alíquota de 27,5% do mesmo imposto. Mesmo que os rendimentos sejam idênticos, o tratamento deve ser diferenciado se, por exemplo, há uma diferença relevante quanto a número de filhos, despesas com saúde, educação, previdência, entre outras.

O legislador constituinte, seguindo a lição, estipulou, no art. 150, II, da CF/1988, que é vedado aos entes federados "instituir tratamento desigual entre contribuintes que se encontrem em situação equivalente (...)".

Tratou da isonomia no seu sentido horizontal, pois exigiu que se dispensasse tratamento igual aos que estão em situação equivalente, **mas deixou implícita a necessidade de tratamento desigual aos que se encontram em situações relevantemente distintas (sentido vertical)**.

Por tudo, é lícito afirmar que, havendo desigualdade relevante, a Constituição não apenas permite a diferenciação como também a exige.

Como consequência e a título de exemplo, haveria inconstitucionalidade (por omissão) se a lei do imposto de renda não previsse as chamadas deduções da base de cálculo do imposto (saúde, educação, dependentes), pois a inexistência das deduções redundaria num tratamento idêntico dispensado a pessoas em situações claramente distintas.

Imaginem-se duas pessoas com rendimentos de dez mil reais mensais. A primeira solteira e com gastos muito pequenos com saúde e educação próprias; a segunda casada, com filhos matriculados em escola privada e responsável pelo pagamento de plano de saúde para toda a família. Seria absurdo que ambos pagassem o mesmo valor a título de imposto de renda, o que demonstra a imprescindibilidade da previsão das deduções como meio de se assegurar isonomia.

2.6.2 A isonomia tributária na jurisprudência do Supremo Tribunal Federal

No âmbito do Supremo Tribunal Federal, o princípio da isonomia tem fundamentado decisões que ilustram com maestria a aplicação prática do princípio.

2.6.2.1 *Percepção cumulativa de valores – Discriminação entre quem recebe rendimentos no momento adequado e quem os recebe em atraso*

Para a verificação da ocorrência do fato gerador e fixação da base de cálculo do imposto de renda da pessoa física, a lei leva em consideração a data da **efetiva disponibilidade** dos recursos, independentemente da época a que se referem tais rendimentos.

Assim, se um trabalhador recebeu os rendimentos referentes ao mês de dezembro de 2016 no início de janeiro de 2017, tais verbas são consideradas para a composição do fato gerador do imposto de renda do ano-base 2017, cuja declaração somente é entregue no exercício 2018. Trata-se da adoção do chamado **regime de caixa**, que leva em conta o efetivo pagamento, ou seja, a entrega dos recursos ao beneficiário (ingresso "no caixa"). Não se adota, portanto, o **regime de competência** (a regra, em contabilidade), que toma como parâmetro o "fato gerador" do pagamento (no exemplo, o "fato gerador" foi o serviço prestado pelo trabalhador em dezembro de 2016).

Havia uma hipótese em que essa regra prejudicava severamente o beneficiário do pagamento. Era o caso de **rendimentos de exercícios anteriores recebidos acumuladamente**. A título de exemplo, imagine-se que um trabalhador ajuizou ação cobrando diferenças salariais referentes aos cinco anos anteriores ao ajuizamento. Suponha-se também que a hipótese é relativa a empregado de rendimentos modestos, de forma que mesmo se os valores corretos tivessem sido pagos mensalmente, não haveria incidência do imposto sobre a renda em virtude de o salário ainda permanecer abaixo do limite para tributação.

No entanto, suponha-se que, com a decisão judicial, o trabalhador receba, de uma só vez, a soma dos valores atrasados relativos à diferença salarial dos sessenta meses cobrados, bem como as repercussões sobre os demais direitos trabalhistas (13º salário, adicional de férias), tudo com os devidos acréscimos legais. Obviamente, o total de verbas recebidas tende a superar com folga o patamar a partir do qual o imposto incide com sua maior alíquota (27,5%).

Confirmando que mesmo nessa hipótese o regime de caixa seria aplicável, o art. 12 da Lei 7.713/1988 assim dispunha:

> "Art. 12 No caso de rendimentos recebidos acumuladamente, o imposto incidirá, no mês do recebimento ou crédito, sobre o total dos rendimentos, diminuídos do valor das despesas com ação judicial necessárias ao seu recebimento, inclusive de advogados, se tiverem sido pagas pelo contribuinte, sem indenização".

A regra era bastante injusta e feria frontalmente o **princípio da isonomia**, pois os trabalhadores de idêntica remuneração que receberam seus rendimentos corretamente não se sujeitaram à incidência do imposto, enquanto aqueles que se encontrassem em situação semelhante à exemplificada seriam duplamente prejudicados.

Em primeiro lugar, eram prejudicados pelo próprio fato de permanecerem anos a fio privados do poder de compra que lhes era tolhido pelos pagamentos feitos ilegalmente a menor pelo empregador. Em segundo lugar – e este é o aspecto mais importante para os objetivos desta obra –, eram atingidos por uma pesada carga tributária gerada pelo simples fato de não terem recebido o que lhes era devido no momento adequado.

Como sempre ocorre quando se agride o **princípio da isonomia**, também se tem por ferido o seu corolário em matéria tributária, o **princípio da capacidade contributiva**. Neste caso, a agressão aos dois princípios é percebida pelo fato de não existir diferença de capacidade contributiva relevante entre quem recebeu os rendimentos no momento oportuno e quem os percebeu acumuladamente, em atraso.

Foi na esteira desse raciocínio que o Supremo Tribunal Federal declarou, na sistemática da repercussão geral, a inconstitucionalidade do art. 12 da Lei 7.713/1988, fixando a seguinte tese: "O Imposto de Renda incidente sobre verbas recebidas acumuladamente deve observar o regime de competência, aplicável a alíquota correspondente ao valor recebido mês a mês, e não a relativa ao total satisfeito de uma única vez" (RE 614.406/RS).

O entendimento tem sido objeto de abordagem nas provas de concurso público, conforme demonstra a seguinte assertiva, considerada **errada** pela Fundação Carlos Chagas, no concurso para provimento de cargos de Juiz Substituto do TJ/PE realizado em 2015: "No que tange ao cálculo do imposto de renda da pessoa física, não fere o princípio da igualdade tributária a sujeição dos pagamentos recebidos acumuladamente ao regime de caixa uma vez que todo indivíduo será igualmente tributado à medida que perceba seus rendimentos, respeitando-se a efetiva disponibilidade econômica da renda".

Tendo em vista o entendimento do Supremo Tribunal Federal, o dispositivo considerado inconstitucional foi revogado pela Lei 13.149/2015, responsável também pela alteração da Lei 7.713/2015, que passou a regular a matéria no seu art. 12-A, nos seguintes termos:

> "Art. 12-A. Os rendimentos recebidos acumuladamente e submetidos à incidência do imposto sobre a renda com base na tabela progressiva, quando correspondentes a anos-calendário anteriores ao do recebimento, serão tributados exclusivamente na fonte, no mês do recebimento ou crédito, em separado dos demais rendimentos recebidos no mês.
>
> § 1º O imposto será retido pela pessoa física ou jurídica obrigada ao pagamento ou pela instituição financeira depositária do crédito e calculado sobre o montante dos rendimentos pagos, mediante a utilização de tabela

progressiva resultante da multiplicação da quantidade de meses a que se refiram os rendimentos pelos valores constantes da tabela progressiva mensal correspondente ao mês do recebimento ou crédito".

Na prática, o dispositivo mais importante para fazer cessar a agressão à isonomia é o § 1º acima transcrito, que já existia desde a edição da MP 497/2010, convertida na Lei 12.350/2010. Contudo, o dispositivo não pôde ser utilizado no caso julgado pela Suprema Corte nos autos do RE 614.406/RS, porque, apesar de o julgamento ter ocorrido em 2014, os fatos em questão haviam se verificado em 2009.

Atualmente, com a conjunção do *caput* do art. 12-A com o seu § 1º, apesar de a tributação dos rendimentos percebidos acumuladamente ser feita totalmente dentro do mês do recebimento, a tabela a ser utilizada para tanto terá seus valores multiplicados pela quantidade de meses a que se refere o pagamento, atentando, de certa maneira, para a competência a que se referem os montantes recebidos. Assim, no tocante àquele contribuinte que recebeu de uma só vez diferenças referentes a 60 meses de verbas salariais em atraso, se a tabela do imposto de renda do mês do recebimento apontar que os rendimentos de até R$ 1.900,00 não estão sujeitos ao imposto, ele estará livre da incidência se o valor recebido for de até R$ 114.000,00 (60 x R$ 1.900,00).

2.6.2.2 A contribuição previdenciária dos servidores inativos – Discriminação de servidores de diferentes esferas

A Emenda Constitucional 41/2003 trouxe profundas reformas ao sistema próprio de previdência dos servidores públicos. Entre essas mudanças está a previsão constitucional de cobrança de contribuição previdenciária dos servidores inativos e dos pensionistas, **considerada constitucional pelo STF**.

Estipulou-se que os inativos e pensionistas de todas as esferas da Federação, em gozo de benefícios na data de publicação da Emenda, passariam a pagar contribuição previdenciária. O grande problema foi que, para os inativos e pensionistas da **União**, a incidência era sobre a remuneração que excedesse **sessenta por cento** do limite máximo estabelecido para os benefícios do regime geral de previdência social. Já para os beneficiários dos **Estados, Distrito Federal e Municípios**, a contribuição incidiria sobre a remuneração que excedesse **cinquenta por cento** do mesmo limite.

A agressão à isonomia era gritante. Por que um inativo de Estado ou Município com provento idêntico a um inativo da União deveria ser mais onerado do que este?

O STF, julgando a ADI 3.105/DF, pôs fim ao tratamento discriminatório desarrazoado. O seguinte excerto, extraído da ementa, resume o pensamento da Corte (grifou-se):

"Servidor público. Vencimentos. Proventos de aposentadoria e pensões. Sujeição à incidência de contribuição previdenciária. Bases de cálculo diferenciadas. *Arbitrariedade. Tratamento discriminatório entre servidores e pensionistas da União, de um lado, e servidores e pensionistas dos Estados, do Distrito Federal e dos Municípios, de outro. Ofensa ao princípio constitucional da isonomia tributária, que é particularização do princípio fundamental da igualdade*" (STF, Tribunal Pleno, ADI 3.105/DF, Rel. Min. Ellen Gracie, j. 18.08.2004, *DJ* 18.02.2005).

2.6.2.3 Discriminação com base na função ou ocupação exercida

Outra situação em que o STF entendeu haver tratamento discriminatório sem fundamento em desigualdade que justificasse a diferenciação foi quando entendeu insubsistente pretensão de contribuinte que, fundamentado em lei do Município de Niterói/RJ, pretendia ver reconhecida **isenção do IPTU exclusivamente como decorrência de sua qualidade de servidor público** (AI 157.871-AgR/RJ).

Veja-se que não existe uma diferença intrínseca de capacidade contributiva ou de qualquer outro parâmetro relevante que justifique um tratamento tributário diferenciado - seja melhor ou pior - tomando por base o exercício de cargo público.

Neste ponto, ressalte-se que, no mesmo dispositivo em que enuncia o princípio da isonomia, o legislador já estipula que **a ocupação profissional ou função exercida pelo contribuinte não pode ser tomada como parâmetro para diferenciação.**

A proibição tenta acabar com a situação anterior à Constituição Federal de 1988, quando algumas classes de pessoas conseguiam aprovar leis que, mudando a denominação jurídica das respectivas remunerações (normalmente denominando boa parte dos rendimentos de "ajuda de custo"), conseguiam diminuir consideravelmente a carga tributária a que estariam sujeitas em condições normais.

Justamente por isso, a Constituição Federal de 1988 completou a proibição de tratamento diferenciado com base em ocupação ou cargo com a cláusula "independentemente da denominação jurídica dos rendimentos, títulos ou direitos".

2.6.2.4 Discriminação entre as empresas lucrativas e deficitárias

A COFINS e a CSLL são contribuições para o financiamento da seguridade social. A primeira incide sobre a receita ou o faturamento (CF, art. 195, I, *b*), sendo, portanto, paga por todos os contribuintes, lucrativos ou não. Já a segunda incide sobre o lucro líquido, de forma que os contribuintes que registram prejuízos no exercício não estão sujeitos a seu pagamento.

Ao majorar a alíquota da COFINS de 2% para 3%, a Lei 9.718/1998 previu que o contribuinte sujeito a ambas as contribuições teria o direito de abater até um terço da COFINS com a CSLL, quando obtivesse lucro no exercício.

Os contribuintes alegaram que a lei agredia a isonomia, pois tratava de maneira beneficiada as empresas lucrativas, negando qualquer benefício àquelas que mais precisavam ser ajudadas, as que obtiveram prejuízos.

O raciocínio é inteligente, mas o STF enxergou a mesma situação de uma maneira completamente diversa. Entendeu que a isonomia estava sendo respeitada, pois a lei apenas tentava atenuar a carga tributária das empresas sujeitas à dupla tributação.

Por ser extremamente didático, transcreve-se o trecho mais relevante da ementa:

> "Alegada ofensa ao princípio da isonomia. Por efeito da referida norma, o contribuinte sujeito a ambas as contribuições foi contemplado com uma bonificação representada pelo direito a ver abatido, no pagamento da segunda (COFINS), até um terço do *quantum* devido, atenuando-se, por esse modo, a carga tributária resultante da dupla tributação. Diversidade entre tal situação e a do contribuinte tributado unicamente pela COFINS, a qual se revela suficiente para justificar o tratamento diferenciado, não havendo que falar, pois, de ofensa ao princípio da isonomia" (STF, Tribunal Pleno, RE 336.134/RS, Rel. Min. Ilmar Galvão, j. 20.11.2002, *DJ* 16.05.2003).

2.6.2.5 O Simples – Discriminação entre empresas com base na atividade exercida

A Lei 9.317/1996, cuja revogação pela Lei Complementar 123/2006 ocorreu no dia 1º de julho de 2007, instituiu o Sistema Integrado de Pagamento de Impostos e Contribuições das Microempresas e das Empresas de Pequeno Porte – SIMPLES, tomando como parâmetro para inclusão dos contribuintes na sistemática a receita bruta anual.

Todavia, mesmo sem ultrapassar os limites de receita estabelecidos pela Lei, alguns contribuintes foram excluídos da sistemática, como, por exemplo, as sociedades constituídas pelos profissionais liberais.

A Confederação Nacional das Profissões Liberais – CNPL ajuizou ação direta perante o STF argumentando que a exclusão das sociedades de profissionais liberais das vantagens tributárias e administrativas decorrentes do SIMPLES, independentemente da receita bruta auferida por tais sociedades, consistiria num tratamento diferenciado para contribuintes em situações equivalentes e, portanto, agressão ao princípio da isonomia.

O Tribunal considerou que o objetivo do tratamento diferenciado dado às microempresas e empresas de pequeno porte é dar-lhes condições de concorrer com as grandes empresas, protegendo aquelas contra eventuais abusos de poder econômico, assim como diminuir a informalidade, mantendo-as como a grande fonte de empregos no País.

Entretanto, conforme se extrai do voto que conduziu o julgamento (Min. Maurício Correia), "as sociedades civis de prestação de serviços profissionais relativos ao exercício de profissão regulamentada não sofrem o impacto do domínio do mercado pelas grandes empresas; não se encontram, de modo substancial, inseridas no contexto da economia informal; em razão do preparo científico, técnico e profissional dos seus sócios estão em condições de disputar o mercado de trabalho, sem assistência do Estado; não constituiriam, em satisfatória escala, fonte de geração de empregos se lhes fosse permitido optar pelo 'Sistema Simples'".

Como conclusão, o Tribunal prolatou acórdão em que se afirma (grifou-se):

> "*Não há ofensa ao princípio da isonomia tributária* se a lei, por motivos extrafiscais, imprime tratamento desigual a microempresas e empresas de pequeno porte de capacidade contributiva distinta, *afastando do regime do simples aquelas cujos sócios têm condição de disputar o mercado de trabalho sem assistência do Estado*" (STF, Tribunal Pleno, ADI 1.643/DF, Rel. Min. Maurício Corrêa, j. 05.12.2002, *DJ* 14.03.2003).

Ressalte-se que, pelos seus fundamentos, a decisão da Suprema Corte mantinha-se plenamente aplicável ao denominado Supersimples, instituído pela Lei Complementar 123/2006, que, no seu art. 17, XI, trazia regra semelhante àquela declarada constitucional pelo Tribunal. Contudo, com o advento da Lei Complementar 147/2014, a diferenciação praticamente deixou de existir, não mais havendo óbice para que a maioria das sociedades compostas por profissionais liberais (com profissão regulamentada ou não) opte pela sistemática do Simples Nacional.

2.6.2.6 *Discriminação na concessão de parcelamento de débitos referentes à COFINS*

Outro caso concreto envolvendo o princípio da isonomia e levado à apreciação do Supremo Tribunal Federal foi o da Portaria 655/1993 do Ministério da Fazenda. O referido ato autorizava o parcelamento dos débitos referentes à COFINS vencidos até 30 de novembro de 1993, porém seu art. 4º afastava do alcance da medida os débitos objeto de depósito judicial.

Assim, o parcelamento era permitido aos contribuintes que não houvessem ajuizado ação para discutir o débito, bem como aos que, tendo recorrido ao Judiciário, não tivessem depositado em juízo o valor do crédito tributário exigido pelo Fisco. Já aos contribuintes que houvessem ajuizado ação e optado por fazer o mencionado depósito (revestido de caráter facultativo), o parcelamento era vedado.

Para que se compreenda o contexto dos fatos, convém explicar que, na época, ainda se discutia a constitucionalidade da COFINS, recém-criada pela Lei Complementar 70/1991, de modo que eram comuns ações impugnando a cobrança do tributo. Somente em 1995, no julgamento da ADC 1/DF, a constitucionalidade da contribuição viria a ser declarada pelo STF.

O fato é que, em 1993, o tratamento diferenciado estipulado pelo Ministério da Fazenda levou os contribuintes excluídos da política de parcelamento a questionarem também a constitucionalidade do art. 4º da Portaria MF 655/1993, alegando violação ao princípio da isonomia (pela discriminação entre devedores de uma mesma exação) e, ainda, restrição ao princípio da universalidade de jurisdição (pela "punição" dos que legitimamente se socorreram da garantia do acesso à justiça).

A questão foi definida pelo STF em 2017, no julgamento do RE 640.905/SP, submetido à sistemática de repercussão geral. A Corte assentou a constitucionalidade da regra, afirmando que **o tratamento desigual, no caso, justifica-se pelas características específicas dos institutos do parcelamento e do depósito judicial do crédito impugnado**.

Em que pese tanto o parcelamento como o depósito integral do crédito serem causas de suspensão da exigibilidade do crédito tributário (CTN, art. 151, II e VI), o depósito tem a peculiaridade de dispensar o sujeito passivo dos encargos relativos à mora, o que, em regra, não acontece no caso de parcelamento. Além disso, o montante, uma vez depositado em juízo, torna-se litigioso, funcionando como garantia da dívida objeto de discussão, e por isso não pode ser levantado por nenhuma das partes enquanto não proferido o resultado da ação.

No parcelamento, não há, para o Fisco, garantia do recebimento. O depósito judicial, portanto, representa uma maior cautela do recebimento do crédito tributário devido (em troca, o contribuinte vê-se imune dos acréscimos legais decorrentes da inadimplência). Diante dessa garantia, e da própria impossibilidade de o contribuinte levantar o depósito antes de solucionado o litígio, não faria sentido estender a esse grupo de contribuintes a aplicação das regras de parcelamento.

Para a Corte, não houve violação à isonomia, pois a diferenciação feita pela Portaria MF 655/1993 apenas prestigiou a **racionalização na cobrança do crédito tributário**. Tampouco houve restrição do acesso à justiça, uma vez que a realização de depósito judicial não é condição para o exercício do direito de ação.

2.6.2.7 Contribuições para o PIS/PASEP – Discriminação entre empresas privadas e empresas estatais (empresas públicas e sociedades de economia mista)

Na década de 1970, as Leis Complementares 7 e 8 instituíram, respectivamente, o PIS (Programa de Integração Social) e o PASEP (Programa de Formação do Patrimônio do Servidor Público). Para o financiamento desses programas, o legislador impôs às empresas privadas a obrigação de recolher contribuição para o PIS, enquanto aos entes políticos (e respectivas autarquias, empresas públicas, sociedades de economia mista e fundações) coube o pagamento de contribuição para o PASEP.

Ocorre que a contribuição para o PASEP, da forma como definida pela LC 8/1970, mostra-se mais gravosa que a contribuição para o PIS, havendo, então, uma aparente desvantagem das empresas públicas e sociedades de economia mista na concorrência com as empresas do setor privado. Diante disso, tornou-se controversa a compatibilidade desse tratamento tributário diferenciado diante da Constituição Federal de 1988, que em seu art. 173, § 1º, II prevê a sujeição das empresas públicas e sociedades de economia mista "ao regime jurídico próprio das empresas privadas, inclusive quanto aos direitos e obrigações civis, comerciais, trabalhistas e tributários".

Ao julgar o RE 577.494/PR, o STF entendeu que a regra constitucional existe para proteger as empresas privadas da concorrência desleal por parte do Estado, quando este decide explorar diretamente atividade econômica por meio de empresa pública ou sociedade de economia mista. Não se garante, contudo, que tais entidades estatais devam ter um tratamento tributário em tudo idêntico ao dispensado à iniciativa privada.

Para a Suprema Corte, o dispositivo constitucional, mesmo combinado ao princípio da isonomia, não impede o legislador de se utilizar da seletividade no custeio da seguridade social, de forma a sujeitar as empresas estatais ao pagamento de contribuição especificamente destinada ao setor público, em substituição àquela, menos onerosa, devida pelas empresas privadas.

Ao final, o entendimento do STF foi resumido na seguinte tese de repercussão geral: "Não ofende o art. 173, § 1º, II, da Constituição Federal, a escolha legislativa de reputar não equivalentes a situação das empresas privadas com relação a das sociedades de economia mista, das empresas públicas e respectivas subsidiárias que exploram atividade econômica, para fins de submissão ao regime tributário das contribuições para o PIS e para o PASEP, à luz dos princípios da **igualdade tributária** e da **seletividade no financiamento da Seguridade Social**".

Convém salientar que, no âmbito do Direito Previdenciário, o denominado **princípio da seletividade** tem outro sentido, relacionado à identificação das contingências sociais amparadas pelo sistema de seguridade social e à definição dos serviços e benefícios a serem prestados, de acordo com as possibilidades econômicas e financeiras. Como a tese fixada fala em "seletividade no financiamento", e tendo em vista os fundamentos expostos no inteiro teor do julgado, tudo indica que a Corte quis se referir à possibilidade de tributação diferenciada de setores econômicos, de modo semelhante ao previsto no art. 195, § 9º, da CF/1988, que mais se aproxima do que os previdenciaristas chamam de **princípio da equidade de participação no custeio da seguridade social**.

2.6.2.8 Lei de Repatriação – Discriminação entre os detentores de cargos públicos e eletivos e as demais pessoas

Remeter recursos para o exterior para lá adquirir bens, direitos e outros ativos ou realizar investimentos em moeda estrangeira é uma atividade plenamente lícita, desde que cumpridos os requisitos legais, principalmente os tributários e os cambiais.

Não obstante, para muitas pessoas, a remessa serve exatamente para fugir à tributação pelo Fisco brasileiro. No passado, tal objetivo era invariavelmente atingido por conta de as rígidas regras estrangeiras sobre sigilo bancário por vezes inviabilizarem a cooperação entre os países. Isso acontecia principalmente quando os recursos eram remetidos a alguns países de tributação favorecida, os famosos "paraísos fiscais", que não apenas promoviam uma predatória concorrência fiscal, como muitas vezes blindavam os investidores com regras praticamente impenetráveis de sigilo.

Nos anos recentes, contudo, tem sido cada vez mais ampliada a cooperação fiscal entre os países e mais fechado o cerco aos paraísos fiscais. Esse salto na colaboração passou a gerar uma preocupação exatamente naqueles contribuintes que usavam e abusavam das remessas como um verdadeiro mecanismo de evasão fiscal. Em face da situação, a União Federal enxergou a oportunidade de recuperar ao menos uma parcela dos tributos não arrecadados por conta da mencionada prática e editou a Lei 13.254/2016, logo denominada **"Lei de Repatriação"**.

Tal Lei instituiu o **Regime Especial de Regularização Cambial e Tributária – RERCT**, permitindo "a declaração voluntária de recursos, bens ou direitos de origem lícita, não declarados ou declarados com omissão ou incorreção em relação a dados essenciais, remetidos ou mantidos no exterior, ou repatriados por residentes ou domiciliados no País, conforme a legislação cambial ou tributária". Como estímulo ao declarante, foi previsto que sobre o total declarado seriam pagos apenas 15% a título de imposto de renda e, a título de multa, mais 100% sobre tal montante de imposto, ou seja, mais 15% do valor declarado. Em suma, pagando apenas 30% do valor da omissão, o contribuinte teria seu patrimônio legalizado e seria anistiado de todas as infrações penais, cambiais e tributárias.

No entanto, o art. 11 da Lei 13.254/2016 **excluiu de seus benefícios** os detentores de cargos, empregos e funções públicas de direção ou eletivas, bem como o respectivo cônjuge e os parentes consanguíneos ou afins, até o segundo grau ou por adoção.

Para muitos, principalmente para os excluídos, a restrição agredia o **princípio da isonomia tributária** insculpido no art. 150, II, da Magna Carta, que, além de vedar a instituição de "tratamento desigual entre contribuintes que se encontrem em situação equivalente", também proíbe expressamente – e aqui reside o ponto crucial da questão – "qualquer **distinção em razão de ocupação profissional ou função** por eles exercida". Além disso, alegou-se que, nos casos em que tais agentes houvessem feito remessas de recursos para o exterior, eles teriam agido como particulares, sem a existência de qualquer vínculo entre a ação e a condição de agente público, o que seria ainda mais notório no caso dos parentes.

No entanto, **a Suprema Corte entendeu ser constitucional a diferenciação**, uma vez que os agentes excluídos do benefício legal, por serem pessoas que efetivamente integram o próprio aparelho estatal, deveriam manter conduta ilibada, pautada na ética, na boa-fé e no estrito cumprimento aos ditames legais, **tanto na vida profissional quanto em âmbito pessoal**. O Tribunal considerou também válida a restrição no tocante aos "cônjuges e aos parentes consanguíneos ou afins, até o segundo grau ou por adoção", dado que, por muitas vezes figuram como pessoas interpostas dos agentes públicos com quem mantém o vínculo familiar (ADI 5.586/DF).

Em suma, a restrição se insere na **margem de conformação do legislador**, que, em face da necessidade de obediência aos princípios da probidade, da impessoalidade e da moralidade administrativa, pode exigir uma maior retidão e uma maior fidelidade do agente que, em última análise, praticamente personifica o aparelho estatal.

2.6.2.9 Imposto de renda sobre pensões e proventos – Discriminação entre residentes no Brasil e residentes no exterior

O art. 7º da Lei nº 9.779/1999, com redação dada pela Lei nº 13.315/2016, dispõe que os rendimentos de aposentadoria ou de pensão recebidos por residentes ou domiciliados no exterior sujeitam-se à incidência do imposto de renda na fonte à alíquota fixa de 25%. A regra não prevê faixas de isenção, alíquotas progressivas nem a possibilidade de dedução de quaisquer despesas, conferindo, portanto, um tratamento tributário bem mais gravoso aos brasileiros que moram no exterior, em comparação aos que residem no território nacional.

A título de exemplo, imagine-se que certo aposentado residente no Brasil receba benefício no valor de R$ 2.250,00. Como essa quantia está dentro da faixa de isenção do imposto de renda, o aposentado nada tem a recolher a título desse tributo. Ainda que o valor de sua aposentadoria ultrapassasse o limite da faixa de isenção, o excesso seria tributado com alíquotas progressivas, havendo também a possibilidade de despesas com educação e saúde serem deduzidas da base de cálculo, diminuindo o imposto devido.

Pois bem. Suponha-se, agora, que o mesmo aposentado, aceitando o convite da filha que reside em Portugal, decida ir com ela morar. De acordo com o art. 7º da Lei n.º 9.779/1999, a partir do momento em que deixar o Brasil para fixar residência ou domicílio no exterior, passará a sofrer a retenção, em sua aposentadoria, de 25% de imposto de renda, ou seja, dos R$ 2.250,00 percebidos, serão recolhidos aos cofres públicos R$ 562,50, sem progressividade e sem possibilidade de deduções.

Ao se manifestar sobre a matéria, o Supremo Tribunal Federal considerou a norma inconstitucional, dentre outras razões, pela não observância da obrigatória progressividade do imposto de renda. A Corte ressaltou que a faixa de isenção existe para proteger da tributação os valores necessários à existência digna e que o grupo atingido pela regra impugnada (aposentados e pensionistas) é composto justamente por pessoas de reconhecida vulnerabilidade (idosos, crianças e pessoas com deficiência), para as quais os benefícios previdenciários são, muitas vezes, a única fonte de subsistência.

Para o Tribunal, não há proporcionalidade no tratamento tributário mais gravoso conferido aos não residentes no Brasil, restando configurada notória violação aos princípios constitucionais da isonomia tributária, da capacidade contributiva e da vedação ao confisco. O entendimento foi firmado no ARE 1.327.491/SC, julgado com repercussão geral, resultando na fixação da seguinte tese (Tema nº 1.174):

> "É inconstitucional a sujeição, na forma do art. 7º da Lei nº 9.779/99, com a redação conferida pela Lei nº 13.315/16, dos rendimentos de aposentadoria e de pensão pagos, creditados, entregues, empregados ou remetidos a residentes ou domiciliados no exterior à incidência do imposto de renda na fonte à alíquota de 25% (vinte e cinco por cento)" (STF, Pleno, ARE 1.327.491/SC, Rel. Min. Dias Toffoli, j. 21/10/2024, DJe 29/10/2024).

2.6.3 Isonomia e capacidade contributiva

Em matéria de tributação, a capacidade contributiva é o principal parâmetro de desigualdade a ser levado em consideração para a atribuição de tratamento diferenciado às pessoas.

É exato, portanto, afirmar que o princípio da capacidade contributiva está umbilicalmente ligado ao da isonomia, dele decorrendo diretamente.

A Constituição Federal trata do princípio no art. 145, § 1º, nos seguintes termos:

> "Art. 145. (...)
>
> § 1.º Sempre que possível, os impostos terão caráter pessoal e serão graduados segundo a capacidade econômica do contribuinte, facultado à administração tributária, especialmente para conferir efetividade a esses objetivos, identificar, respeitados os direitos individuais e nos termos da lei, o patrimônio, os rendimentos e as atividades econômicas do contribuinte".

Conforme ressaltado no Capítulo 1, item 1.4.3.3 ("A base de cálculo das taxas"), apesar de a Constituição Federal de 1988 ter previsto a aplicação do princípio da capacidade contributiva apenas para os impostos, a jurisprudência do STF entende que nada impede sua extensão a outras espécies tributárias.

A aplicação aos impostos "sempre que possível" decorre do entendimento de que **todos** os impostos incidem sobre alguma manifestação de riqueza do contribuinte (auferir renda, ser proprietário, importar, transmitir bens). Manifestada a riqueza, aparece a solidariedade social compulsoriamente imposta: o Estado, por lei, obriga o particular a entregar-lhe parte da riqueza, que será redistribuída para toda a sociedade por meio das atividades estatais. Por conseguinte, considera-se justo que cada pessoa seja solidária na medida de suas possibilidades, visto que quem mais tem renda, quem mais possui, quem mais importa, quem, enfim, mais manifesta riqueza, tem uma possibilidade maior de contribuir com a sociedade sem comprometer sua subsistência (capacidade contributiva).

Quem ganha pouco é isento do imposto de renda porque o Estado reconhece que praticamente todos os seus rendimentos estão comprometidos com suas necessidades básicas (ausência de capacidade contributiva). Quem tem rendimentos maiores contribui na medida destes, pois tem capacidade contributiva para fazê-lo.

Assim, **a imposição constitucional de progressividade do imposto de renda é exemplo de regra teleologicamente (finalisticamente) ligada aos princípios da capacidade contributiva e da isonomia**.

Na esteira desse entendimento, o Ministro Marco Aurélio, no julgamento do RE 423.768/SP, de sua relatoria, afirmou que "o § 1.º do art. 145 possui cunho social da maior valia, tendo como objetivo único, sem limitação do alcance do que nele está contido, o estabelecimento de uma gradação que promova justiça tributária, onerando os que tenham maior capacidade para pagamento do imposto".

2.6.3.1 A progressividade nos impostos reais

Uma vez que o art. 145, § 1º, da CF/1988, antes de impor a graduação dos impostos de acordo com a capacidade econômica do contribuinte, exige que eles tenham caráter pessoal (ambas as exigências a serem cumpridas "sempre que possível"), por muito tempo o Supremo Tribunal Federal considerou que a progressividade, enquanto técnica de graduação do tributo de acordo com a capacidade contributiva, somente seria aplicável aos impostos **pessoais**, e não aos impostos **reais.**

Tal conclusão decorria da ideia de que os impostos **reais**, por definição, não levam em consideração características do contribuinte, mas sim da **coisa** (*res*) tributada. Assim, somente quando o imposto fosse **pessoal** a capacidade contributiva da **pessoa** tributada deveria ser analisada. Nos impostos reais, a progressividade dependeria de expressa previsão constitucional, o que somente ocorre em relação ao ITR (art. 153, § 4º, I) e ao IPTU (arts. 156, § 1º, I, e 182, § 4º, II).

Foi esse raciocínio que presidiu a edição da Súmula 656/STF, segundo a qual "é inconstitucional a lei que estabelece alíquotas progressivas para o imposto de transmissão *inter vivos* de bens imóveis – ITBI com base no valor venal do imóvel". O mesmo entendimento orientou o Supremo Tribunal Federal a somente admitir a progressividade fiscal do IPTU a partir da edição da EC 29/2000, que expressamente autorizou a utilização da técnica para o tributo (Súmula 668/STF).

Contudo, em 2013, no julgamento do RE 562.045/RS, a Corte promoveu uma importantíssima alteração desse tradicional entendimento. Na ocasião, analisou-se a progressividade do Imposto de Transmissão *Causa Mortis* e Doação – ITCMD criado pelo Estado do Rio Grande do Sul. A evolução deve ser contextualizada com o fato de que o Senado Federal, ao cumprir a determinação constitucional que lhe impõe o estabelecimento das alíquotas máximas de ITCMD, além de prever o teto de 8%, estatuiu a possibilidade de adoção de alíquotas progressivas com base no valor do quinhão recebido por cada herdeiro (Resolução SF 9/1992, arts. 1º e 2º).

Se a tese que fundamentava a jurisprudência então prevalente houvesse sido mantida, seriam consideradas inconstitucionais tanto a Resolução senatorial quanto a Lei gaúcha. Entretanto, o Tribunal entendeu que "essa progressividade não é incompatível com a Constituição Federal nem fere o princípio da capacidade contributiva". Em 2016, evoluiu ainda mais no entendimento, chegando a reconhecer a possibilidade de a progressividade "incidir sobre todas as espécies tributárias" (ADI 4.697/DF e ADI 4.762/DF).

Em 2018, a nova tese foi mais uma vez reafirmada pela Suprema Corte no julgamento do RE 1.038.357-AgR/SP, em que se discutia a possibilidade de a Lei 9.393/1996, instituidora do Imposto Territorial Rural – ITR, estipular-lhe alíquotas progressivas, levando em conta não apenas o grau de utilização do imóvel, mas, também, sua área.

A questão crucial era a de que, enquanto a determinação de que o ITR tenha suas alíquotas fixadas de forma a **desestimular a manutenção de propriedades improdutivas** já constava do **texto originário da Constituição**, a imposição de que as alíquotas fossem **progressivas** só passou a fazer parte do texto constitucional com o advento da **EC 42/2003**.

A primeira determinação foi implementada mediante a estipulação de **maiores alíquotas do imposto para os menores graus de utilização do imóvel** (correspondente ao percentual da área útil que é efetivamente utilizada pelo sujeito passivo), regra que encarece e, portanto, **desestimula a manutenção da improdutividade no meio rural**. Quanto a esse aspecto, não pairavam suspeitas de inconstitucionalidade sob a Lei 9.393/1996.

A segunda imposição foi implementada por intermédio da previsão de **maiores alíquotas para os imóveis maiores**, o que tem o efeito de **graduar o imposto de acordo com uma presumível capacidade econômica do seu sujeito passivo**. Tem-se uma progressividade clássica, que, analisada sob a ótica da jurisprudência que fora prevalente na Suprema Corte até 2013, poderia ser considerada inconstitucional, pois, no momento da edição da Lei 9.393/1996, a CF/1988 não impunha (nem sequer autorizava) a progressividade do ITR.

Em relação a esse ponto, o passar do tempo foi o melhor remédio para a Lei 9.393/1996. Não se está aqui a afirmar que o advento da EC 42/2003 tenha "constitucionalizado" a Lei, pois a constitucionalidade superveniente não é admitida no Direito brasileiro (leis inconstitucionais são natimortas, não desfrutando qualquer instante de validade). O que realmente se verificou foi que a Suprema Corte veio a aferir a constitucionalidade da Lei 9.393/1996 quando sua jurisprudência já tinha evoluído para o estágio atual.

Como resultado, o Tribunal concordou que a progressividade em relação à área do imóvel atende à necessária observância da **capacidade contributiva do sujeito passivo**, corolário do princípio da isonomia, constante do texto originário da Magna Carta. Além disso, salientou que os critérios "grau de utilização" e "área do imóvel" não são adotados isoladamente, mas de forma conjugada, e que essa conjugação potencializa a função extrafiscal do tributo, pela imposição de maior alíquota quanto maior for o território rural e, ao mesmo tempo, quanto menor for seu aproveitamento.

Por todo o exposto, o STF tem claramente apontado para uma futura revisão (ou até cancelamento) dos entendimentos cristalizados nas Súmulas 656 e 668, passando a admitir a progressividade de impostos reais, haja vista a presumível maior capacidade contributiva dos sujeitos passivos que são proprietários, adquirentes ou alienantes de bens de valores mais elevados.

Não obstante, enquanto tal modificação não ocorrer de maneira expressa, recomenda-se aos que se preparam para provas de concursos públicos que continuem a considerar corretas as assertivas que afirmem literalmente o que consta das citadas Súmulas. A probabilidade maior de abordagem do novo entendimento nos concursos é em questões que se refiram diretamente ao ITCMD e ao ITR, ou que, de maneira mais ampla, considerem **incorretas** assertivas que afirmem que a progressividade de alíquotas de impostos reais somente pode ser implementada quando houver expressa autorização constitucional nesse sentido.

2.6.3.2 A concretização do princípio da capacidade contributiva em face dos direitos individuais do contribuinte

Visando a aparelhar o Estado de instrumentos jurídicos que possibilitem a concretização do princípio da capacidade contributiva, a Constituição Federal, no art. 145, § 1º, faculta à Administração Tributária "identificar, respeitados os direitos individuais e nos termos da lei, o patrimônio, os rendimentos e as atividades econômicas do contribuinte".

O próprio legislador constituinte fez uma **ponderação** entre a **finalidade social do tributo** e a **intimidade dos particulares**, entendendo que, dentro da razoabilidade, esta não pode servir como obstáculo intransponível ao Estado, quando este busca tributar cada um na medida de sua capacidade contributiva. Assim, a lei obriga a que cada contribuinte declare anualmente à Secretaria da Receita Federal sua atividade, sua renda, seu patrimônio, seus negócios relevantes.

Com fundamento no mesmo instituto, após o advento da Lei Complementar 105/2001, tornou-se possível ao Fisco requisitar diretamente às instituições financeiras (sem necessidade de ordem judicial) informações protegidas por sigilo bancário.

A requisição deve ser excepcional, apenas se justificando quando a Administração Fazendária não dispuser de outro meio para obter informações indispensáveis à consecução de seu mister constitucional.

Nessa linha, a própria Lei Complementar 105/2001 estatui, no seu art. 6º (grifou-se):

> "Art. 6.º As autoridades e os agentes fiscais tributários da União, dos Estados, do Distrito Federal e dos Municípios somente poderão examinar documentos, livros e registros de instituições financeiras, inclusive os referentes a contas de depósitos e aplicações financeiras, quando houver processo administrativo instaurado ou procedimento fiscal em curso e tais exames sejam considerados **indispensáveis** pela autoridade administrativa competente".

A redação é muito aberta, pois parece atribuir à autoridade administrativa competente uma ampla discricionariedade para definir, em cada caso, o que justifica e o que não justifica a chamada "quebra de sigilo".

Entretanto, o Poder Executivo federal cuidou de regulamentar a matéria, retirando boa parte dessa discricionariedade ao estipular, no art. 3º do Decreto 3.724/2001, em que casos o exame dos dados protegidos por sigilo bancário pode ser considerado "indispensável" pela autoridade fiscal. Segue-se, a título ilustrativo, a transcrição das hipóteses:

> "I – subavaliação de valores de operação, inclusive de comércio exterior, de aquisição ou alienação de bens ou direitos, tendo por base os correspondentes valores de mercado;
>
> II – obtenção de empréstimos de pessoas jurídicas não financeiras ou de pessoas físicas, quando o sujeito passivo deixar de comprovar o efetivo recebimento dos recursos;
>
> III – prática de qualquer operação com pessoa física ou jurídica residente ou domiciliada em país com tributação favorecida ou beneficiária de regime fiscal de que tratam os art. 24 e art. 24-A da Lei nº 9.430, de 27 de dezembro de 1996;
>
> IV – omissão de rendimentos ou ganhos líquidos, decorrentes de aplicações financeiras de renda fixa ou variável;
>
> V – realização de gastos ou investimentos em valor superior à renda disponível;
>
> VI – remessa, a qualquer título, para o exterior, por intermédio de conta de não residente, de valores incompatíveis com as disponibilidades declaradas;
>
> VII – previstas no art. 33 da Lei n. 9.430, de 1996;
>
> VIII – pessoa jurídica enquadrada, no Cadastro Nacional da Pessoa Jurídica (CNPJ), nas seguintes situações cadastrais:
>
> a) cancelada;
>
> b) inapta, nos casos previstos no art. 81 da Lei n. 9.430, de 1996;
>
> IX – pessoa física sem inscrição no Cadastro de Pessoas Físicas (CPF) ou com inscrição cancelada;
>
> X – negativa, pelo titular de direito da conta, da titularidade de fato ou da responsabilidade pela movimentação financeira;
>
> XI – presença de indício de que o titular de direito é interposta pessoa do titular de fato; e
>
> XII – intercâmbio de informações, com fundamento em tratados, acordos ou convênios internacionais, para fins de arrecadação e fiscalização de tributos."

O conjunto de restrições demonstra que a ponderação (capacidade contributiva e finalidade social do tributo *versus* direitos individuais) não significa o total abandono de um princípio em favor de outro, pois as prerrogativas atribuídas à Administração Tributária existem desde que "respeitados os direitos individuais" e "nos termos da lei".

Não obstante os nobres objetivos visados pela norma, considerável corrente doutrinária sustentou haver inconstitucionalidade na previsão, argumentando que o sigilo bancário, apesar de não ser uma garantia absoluta – algo inexistente no Direito brasileiro –, somente poderia ceder em face de **ordem judicial**, e não como decorrência de decisão de natureza administrativa.

Após mais de uma década de divergências doutrinárias e decisões judiciais conflitantes, o Supremo Tribunal Federal, em 2016, finalmente julgou **improcedentes** as Ações Diretas de Inconstitucionalidade que contestavam a possibilidade de requisição direta pelas autoridades fiscais de dados protegidos por sigilo bancário (ADIs 2.390/DF, 2.386/DF, 2.397/DF e 2.859/DF).

A Suprema Corte entendeu que o art. 6º da LC 105/2001, além de atentar à necessidade de ponderação entre a proteção ao sigilo e o dever geral de pagar impostos, também é sensível à repressão a crimes como narcotráfico, lavagem de dinheiro e terrorismo, cuja investigação é facilitada com a criação de instrumentos que propiciem ações mais eficazes da rede estatal de repressão (também integrada pelo Fisco).

Durante as discussões, prevaleceu a tese segundo a qual **a flexibilização do sigilo ocorre na medida do necessário à fiscalização estatal**, de forma que, a rigor, as informações sigilosas não perdem tal característica nem passam a ser de domínio público, pois a Administração Tributária também está sujeita a regras rígidas de sigilo. Em sendo assim, a mal denominada **"quebra de sigilo"** consiste, na realidade, numa **"transferência de sigilo da órbita bancária para a fiscal"**, ambas protegidas do conhecimento de terceiros.

Acerca da alegada invasividade do procedimento, o Ministro Gilmar Mendes ressaltou que há diversos casos de procedimentos fiscais bastante invasivos, mas que, por configurarem medidas necessárias e indispensáveis para que a Administração Tributária possa fiscalizar e cobrar tributos, são aceitas sem maiores contestações. Como exemplo, citou a inspeção de bagagens em aeroportos pelas autoridades aduaneiras.

Registre-se que, conforme já analisado, **na órbita federal**, a rígida regulamentação reduz drasticamente a discricionariedade aparentemente contemplada às autoridades administrativas no manejo do poder de requisição de dados protegidos por sigilo bancário. Isso demonstra que a Administração Tributária pode muito, mas não pode tudo, e que a regra não afasta o respeito aos direitos e garantias individuais, com as ponderações analisadas ao longo deste tópico.

Na esteira desse raciocínio, o STF exigiu que, **no âmbito municipal**, a utilização do poder de requisição de dados protegidos por sigilo bancário submeta-se a uma **normatividade semelhante àquela existente na esfera federal**. O Ministro Dias Toffolli, relator das ADIs, revisitando e consolidando as considerações dos demais Ministros, resumiu da seguinte forma o entendimento da Corte sobre esse ponto específico:

> "Os estados e municípios somente poderão obter as informações previstas no artigo 6º da LC 105/2001, uma vez regulamentada a matéria, de forma análoga ao Decreto Federal 3.724/2001, tal regulamentação deve conter as seguintes garantias: pertinência temática entre a obtenção das informações bancárias e o tributo objeto de cobrança no procedimento administrativo instaurado; a prévia notificação do contribuinte quanto a instauração do processo e a todos os demais atos; sujeição do pedido de acesso a um superior hierárquico; existência de sistemas eletrônicos de segurança que sejam certificados e com registro de acesso; estabelecimento de instrumentos efetivos de apuração e correção de desvios."

De maneira semelhante, o STF reconheceu a validade da exigência de transferência de dados protegidos por sigilo bancário para a Administração Tributária em virtude de determinação não constante em lei, mas sim de cláusulas de Convênio firmado no âmbito do Conselho Nacional de Política Fazendária (CONFAZ). O entendimento foi firmado no julgamento da ADI 7.276/DF, em que se discutiu a constitucionalidade das cláusulas do Convênio ICMS nº 134/2016, que obrigam instituições financeiras a fornecerem aos fiscos estaduais informações dos seus clientes – sejam eles pessoas físicas ou jurídicas – relativas a transações com cartões de débito, de crédito ou PIX, por exemplo.

A obrigatoriedade foi questionada pela Confederação Nacional do Sistema Financeiro (CONSIF), a qual defendia a tese de que as normas violavam o princípio da reserva legal e as garantias processuais para a quebra do sigilo bancário, além de versarem sobre matéria financeira e monetária sujeitas à regulação por lei complementar. Esses argumentos, contudo, não foram acolhidos pelo STF, que considerou as normas constitucionais.

Para a Corte, o Convênio ICMS nº 134/2016 apenas institui obrigações acessórias no interesse da arrecadação e da fiscalização tributária (CTN, art. 113, § 2º), que, diferentemente das obrigações principais, não se sujeitam à legalidade estrita, podendo estar previstas na legislação tributária e em normas complementares. Ratificando a jurisprudência já firmada sobre o tema, o Tribunal consignou que o compartilhamento das informações não configura "quebra" de sigilo, mas apenas a sua transferência de uma entidade para outra, permanecendo a obrigação legal de preservação da inviolabilidade dos dados, de modo a não haver qualquer agressão a direitos fundamentais dos contribuintes (STF, Pleno, ADI 7.276/DF, Rel. Min. Cármen Lúcia, j. 09/09/2024, DJe 20/09/2024).

2.7 O PRINCÍPIO DA NÃO SURPRESA

A segurança jurídica é, ao lado da justiça, um dos objetivos fundamentais do Direito. É fundamento para vários institutos no ordenamento jurídico brasileiro, como o do direito adquirido, o do ato jurídico perfeito, o da coisa julgada, o da prescrição, o da decadência etc.

A ideia sempre presente é a da certeza do direito, da certeza de que as situações consolidadas pelo passar do tempo também estarão juridicamente asseguradas.

Em matéria tributária, o princípio ganha colorido especial, pois, para o contribuinte, não basta a segurança com relação aos fatos passados (irretroatividade da lei), sendo também necessário um mínimo de previsibilidade quanto ao futuro próximo.

Um caso hipotético serve para exemplificar essa necessidade.

Suponha-se que uma determinada pessoa, passando por uma concessionária de veículos, apaixone-se por um certo modelo. O cliente em potencial adentra no estabelecimento, informa-se sobre o preço do veículo desejado, bem como sobre as opções para financiamento da diferença entre tal preço e o valor disponível para "entrada".

Imagine-se que se ofereça ao potencial comprador a possibilidade de dividir a diferença em três vezes sem juros (o que lhe é financeiramente impossível) ou em doze, dezoito, vinte e quatro... até sessenta meses (com juros). Fazendo as contas, o hipotético cliente percebe que, financiando o objeto de desejo em um número muito elevado de parcelas, vai ser tão onerado pela taxa de juros, que pagará, ao fim, uns dois ou três veículos idênticos ao que compra. Caso divida o débito em um número menor de parcelas, irá pagá-lo mais rápido, sendo menos onerado pelos juros; essa possibilidade, no entanto, encontra limites nos seus rendimentos.

A decisão mais sensata seria fazer o financiamento no menor número de parcelas possível, sem comprometimento da solvabilidade, ou seja, da capacidade de pagar a dívida contraída.

Assim raciocina o comprador hipotético, decidindo pelo financiamento do saldo em doze prestações, já se preparando para um ano de aperto no orçamento.

Alguns dias depois o adquirente do veículo é surpreendido por um aumento da alíquota do imposto de renda das pessoas físicas, de forma que, refazendo seus cálculos, percebe ser impossível o adimplemento do financiamento da forma planejada, e parte em busca de alternativas.

A Economia só oferece duas: aumentar receita ou diminuir despesas.

A primeira é inviável para aqueles que já dedicam o seu dia a um trabalho formal. A segunda pode ser viável, mas, com as compras parceladas e o uso do cartão de crédito, torna-se difícil fazer cortes relevantes de um mês para o outro. É preciso tempo.

Nesse ponto aparece o Direito impondo ao Estado que dê um prazo razoável para que o contribuinte se utilize das soluções que a Economia oferece e reorganize seu orçamento.

Inicialmente, além da garantia de que não se cobra tributo em relação a fatos geradores ocorridos antes do início da vigência da lei que os houver instituído ou aumentado (irretroatividade – CF, art. 150, III, *a*), o legislador constituinte apenas impediu a cobrança no mesmo exercício financeiro em que haja sido publicada a lei que instituiu ou aumentou a exação (anterioridade – CF, art. 150, III, *b*).

Na prática, a garantia mostrou-se frágil e insuficiente. O costume de "deixar tudo para a última hora" fazia com que, em dezembro, o Governo partisse desesperadamente em busca de aprovar no Parlamento diversas inovações tributárias, já sabendo que, se a aprovação ficasse para janeiro, os respectivos efeitos seriam adiados por um precioso ano.

A título de exemplo, no dia 31 de dezembro de 1994, um sábado, o então Presidente da República editou e fez publicar a Medida Provisória 812/1994, limitando a compensação de prejuízos no cálculo do Imposto de Renda das Pessoas Jurídicas (tornando-o mais oneroso). O *Diário Oficial* daquele dia só circulou efetivamente na segunda-feira, 2 de janeiro de 1995.

Ao analisar o caso, o STJ assim se manifestou:

> "Quando da publicação da Medida Provisória 812/94, em 31 de dezembro de 1994, ainda estava em curso o período de apuração do imposto de renda do ano-base de 1994. Pouco importa que o Diário Oficial só tenha circulado no dia 02 de janeiro de 1995, pois, o que determina a vigência da lei, neste caso, é a data de sua publicação. Recurso especial provido" (STJ, 2.ª T., REsp 318.849/SP, Rel. Min. Franciulli Netto, j. 07.03.2002, *DJ* 24.06.2002, p. 252).

No STF, o entendimento foi o mesmo (ver *Informativo* 184), o que demonstra que se a garantia, por si só, já era frágil, a maneira como o Poder Judiciário a tratava acabava por torná-la um quase inútil ornamento constitucional.

Registre-se que a esdrúxula situação foi relembrada em questão proposta pelo CEBRASPE, no concurso para provimento de cargos de Juiz Federal do Tribunal Regional da 1ª Região, com provas realizadas em 2009, considerando-se **correta** a seguinte assertiva: "Atende ao princípio da anterioridade de exercício a publicação, no Diário Oficial, da lei instituidora de imposto no dia 31/12, sábado, apesar de a sua circulação dar-se apenas na segunda-feira".

Tendo em vista o reconhecimento da fragilidade do princípio da anterioridade como regra assecuratória do princípio da não surpresa, num raro caso de Emenda Constitucional que, ao menos em parte, beneficia o contribuinte, **a EC 42/2003 estendeu como regra para os tributos em geral o princípio da noventena, que até então só era aplicável às contribuições para financiamento da seguridade social, por força do art. 195, § 6º, da CF/1988.**

Assim, foi incluída no art. 150, III, uma alínea *c* afirmando que é vedado cobrar tributos "antes de decorridos noventa dias da data em que haja sido publicada a lei que os instituiu ou aumentou", observando-se ainda a alínea *b* (anterioridade).

Agora, anterioridade e noventena (também chamada de anterioridade nonagesimal) trabalham em conjunto, devendo ser observadas simultaneamente. Como resultado, a regra passa a ser a existência de um prazo mínimo de noventa dias para a cobrança do tributo, que, mesmo assim, só pode ser feita no exercício financeiro subsequente ao de sua instituição ou majoração.

Em suma, é lícito afirmar que **o princípio da segurança jurídica traduz-se, em matéria tributária, no princípio da não surpresa, que traz como corolários os princípios da irretroatividade, da anterioridade e da noventena**.

2.7.1 Princípio da irretroatividade

Nos precisos termos constitucionais, é vedado aos entes tributantes cobrar tributos em relação a fatos geradores ocorridos antes do início da vigência da lei que os houver instituído ou aumentado (CF, art. 150, III, *a*).

Há uma imprecisão terminológica na redação do dispositivo. Os fatos anteriores à lei que cria o tributo não podem ser designados por "fatos geradores", justamente porque a nova lei não pode atingi-los e eles não são aptos a fazer surgir obrigações tributárias.

Nessa linha de entendimento, o Código Tributário Nacional, no seu art. 105, afirma que "a legislação tributária aplica-se imediatamente aos fatos geradores futuros e aos pendentes".

Apesar de ser difícil entender como algo pode ser aplicado "imediatamente" a fatos futuros, os objetivos do legislador são bastante claros, quais sejam: a) impedir a tributação de fatos que, no momento da sua ocorrência, não estavam sujeitos à incidência tributária; e b) garantir que a tributação já verificada é definitiva, não podendo ser objeto de majoração por legislação posterior.

As maiores discussões sobre o princípio da irretroatividade residem nos fatos geradores que o CTN denomina de "pendentes".

A controversa existência desses fatos decorre de uma não menos controversa classificação dos fatos geradores dos tributos como **periódicos** ou **instantâneos**.

Segundo essa classificação, são **periódicos** os fatos geradores que se **prolongam no tempo**, sendo considerados ocorridos nos instantes legalmente determinados, gerando, a cada período concluído, uma nova obrigação tributária, como é o caso do **IPVA**, cujo fato gerador ocorre anualmente, no dia 1º de janeiro. Em contrapartida, são **instantâneos** aqueles fatos geradores que **ocorrem num momento preciso** da linha do tempo, dando ensejo, em cada caso de ocorrência, ao surgimento de uma nova obrigação tributária, como é o caso do **imposto de importação**, cujo fato gerador se verifica a cada entrada de mercadoria estrangeira no território nacional.

Os fatos geradores **periódicos** podem ser divididos em **periódicos simples** e **periódicos compostos (complexivos)**. São **periódicos simples** aqueles que tomam por base um **único evento**, que se prolonga no tempo, como é o caso dos impostos sobre a propriedade. No IPTU, por exemplo, a propriedade de determinado imóvel é fato único, mas os seus efeitos se mantêm indefinidamente no tempo. São **periódicos compostos** (complexivos) os fatos geradores formados por **diversos eventos** que devem ser considerados de maneira global, dentro de um determinado período de tempo legalmente definido. O fato gerador do **imposto de renda**, por exemplo, é **periódico composto** (**complexivo**), pois é formado por um conjunto de eventos (recebimentos mensais de renda, investimentos financeiros, alienações de bens com lucro etc.) que, globalmente considerados, implicam aumento patrimonial do contribuinte dentro de um determinado exercício financeiro.

O grande problema da classificação é que, nos fatos geradores ditos **periódicos**, a lei estipula exatamente o **instante** de sua completude e perfeição, o que faz com que tais fatos possam ser tratados como **instantâneos**, sendo-lhes aplicável a legislação vigente na data em que a lei define como verificado o fato gerador do tributo.

Seguindo essa doutrina, jamais os fatos poderiam ser considerados "pendentes", pois das duas uma: ou o período legal se completou e o fato é passado; ou, não se tendo completado, o fato é futuro, não devendo haver dúvida sobre a legislação a ser aplicada.

Os casos mais interessantes relativos aos fatos geradores ditos periódicos referem-se à Contribuição Social sobre o Lucro Líquido e ao Imposto de Renda.

A Contribuição Social sobre o Lucro Líquido – CSLL – e o Imposto de Renda das Pessoas Jurídicas – IRPJ – seguem as mesmas normas de apuração e pagamento. Exemplificando-se com a sistemática de apuração anual, uma mudança da legislação (majorando os tributos) verificada no decorrer do exercício seria anterior à data em que os respectivos fatos geradores se reputariam perfeitos e acabados (31 de dezembro), o que poderia gerar dúvida sobre a possibilidade de aplicação da inovação ao cálculo do IRPJ e da CSLL incidentes sobre o lucro auferido durante todo o exercício, tendo em vista o princípio da irretroatividade.

Em face de a CSLL, ao contrário do IRPJ, não estar submetida ao princípio da anterioridade do exercício (estudado adiante), surgem especificidades na análise dos efeitos no tempo advindos de eventual alteração legislativa que majore as respectivas cargas tributárias específicas. Por conseguinte, nesta obra a análise será feita em separado.

2.7.1.1 Irretroatividade e CSLL

A Contribuição Social sobre o Lucro Líquido – CSLL – **não está sujeita ao princípio da anterioridade do exercício financeiro** (explicado adiante), dependendo a produção de efeitos decorrentes de eventual majoração apenas da obediência a um período mínimo de **noventa dias** entre a data da publicação da lei e o fato gerador. Aqui surge a pergunta crucial: se a lei majoradora da CSLL for publicada até o dia **1º de outubro**, poderá atingir os lucros percebidos desde o início do exercício?

Considerando que a contagem do período de noventena inicia-se no dia seguinte ao da publicação (no caso, no dia 2 de outubro), completar-se-iam os 90 dias em 30 de dezembro. Como o fato gerador "definitivo" da CSLL apenas se verifica em 31 de dezembro, conclui-se que já ocorreria sob à disciplina da lei majoradora. Assim, a resposta dada à pergunta seria positiva, independentemente da adoção da teoria do fato gerador complexivo, pois, para aqueles que admitem tal figura jurídica, durante o transcorrer do exercício, o fato gerador estaria **pendente**; para os que não a adotam, o fato seria **futuro**. De qualquer forma, nos termos do art. 105 do CTN, a conclusão seria a mesma: a **aplicabilidade da nova legislação**.

O raciocínio transita na contramão da segurança jurídica, por permitir a majoração de carga tributária sobre lucros já auferidos pelo contribuinte, quando este planejava sua vida econômico-financeira imaginando estar submetido a uma carga tributária que, posteriormente, veio a se mostrar mais gravosa.

Apesar do absurdo da situação, o Supremo Tribunal Federal, em julgados específicos sobre a CSLL, expressamente adotou essa tese, prestigiando a forma – ao ater-se ao aspecto temporal da hipótese de incidência, ou seja, à definição legal da data da ocorrência do fato gerador (no último dia do exercício financeiro) – e desprezando o conteúdo – ao desconsiderar a manifesta **retroatividade econômica** advinda da situação legitimada. Nas palavras da Corte, "se o fato gerador da obrigação tributária relativa à contribuição social reputa-se ocorrido em 31 de dezembro, conforme a orientação do STF, a lei que esteja em vigor nessa data é aplicável imediatamente, sem contrariedade ao art. 5.º, XXXVI, da Constituição" (STF, 1ª T., AI 333.209-AgR-ED/PR, Rel. Min. Sepúlveda Pertence, j. 02.03.2007).

Há, no entanto, indícios de que esse entendimento pode vir a ser modificado pela Suprema Corte, sobretudo após o cancelamento da Súmula 584/STF. Em 2020, no julgamento do RE 159.180/MG, que será detalhado no item seguinte, o Tribunal reconheceu a necessidade de proteger a confiança do contribuinte em relação aos critérios utilizados na apuração do débito tributário, afirmando que não podem ser simplesmente ignoradas as datas das aquisições das disponibilidades econômicas. Embora o caso concreto versasse sobre imposto de renda, a mesma linha de raciocínio pode ser aplicada à CSLL, sendo provável que em breve a Corte adote semelhante diretriz também para os casos relativos à contribuição.

Registre-se, por oportuno, que toda a discussão aqui expendida se concentra nas leis majoradoras publicadas até o dia 1 de outubro, pois, em relação àquelas publicadas em data posterior, sempre foi pacífica e incontroversa a posição do STF de bloquear as tentativas de cobrança no mesmo exercício financeiro. Conforme mencionado pelo Ministro Moreira Alves, a lei que majora contribuição para financiamento da seguridade social somente "entra em vigor" (melhor seria falar em produção de efeitos, não em vigência) 90 dias após a publicação. Se, após esse prazo, o fato gerador anual já houver ocorrido, não há dúvidas de que somente será possível a aplicação da nova lei ao fato gerador relativo ao exercício subsequente (STF, Pleno, RE 146.733-9/SP, Rel. Min. Moreira Alves, j. 29.06.1992).

2.7.1.2 Irretroatividade e IR

O imposto sobre a renda e proventos de qualquer natureza – IR não se sujeita ao princípio da noventena, mas deve observar o da **anterioridade do exercício financeiro**. Desse modo, leis que o tornem mais gravoso somente podem gerar efeitos a partir do primeiro dia do exercício seguinte ao de sua publicação.

Durante muito tempo, contudo, tal entendimento foi posto de lado pelo Supremo Tribunal Federal, que inexplicavelmente reafirmava e mantinha em vigor um antigo enunciado, editado nos idos de 1977, dispondo que "ao imposto de renda calculado sobre os rendimentos do ano base aplica-se a lei vigente no exercício financeiro em que deve ser apresentada a declaração" (**Súmula 584/STF**).

Assim como ocorre com a CSLL, o fato gerador "definitivo" do IR se verifica em 31 de dezembro. Logo, são considerados rendimentos do ano-base de 2020, por exemplo, aqueles apurados de 01/01/2020 a 31/12/2020, cuja declaração deve ser confeccionada e entregue no exercício seguinte. De acordo com a Súmula 584/STF, seria aplicável ao imposto de renda incidente sobre os rendimentos apurados em 2020 (ano-base) a lei vigente em 2021 (ano-exercício), em **flagrante violação aos princípios da irretroatividade e da anterioridade anual**.

A jurisprudência do **STJ**, desde pelo menos 2001, sustenta a **inaplicabilidade da Súmula 584/STF**, sob o fundamento de que ela foi "construída à luz de legislação anterior ao CTN" e que a tributação do imposto de renda deve decorrer "de concreta disponibilidade ou da aquisição de renda" (REsp 179.966/RS).

O STF, no entanto, indiferente às críticas da comunidade jurídica, insistia na manutenção do verbete, aplicando-o de forma automática, sem qualquer reflexão sobre os argumentos favoráveis à superação do enunciado. Em alguns de seus julgados – dentre os quais se destacam o do RE 183.130/PR e o do RE 502.396/SP –, a Suprema Corte até chegou a afastar a incidência da Súmula 584/STF, mas de forma pontual, em virtude de peculiaridades do caso concreto, e não pelo reconhecimento da incompatibilidade da tese sumulada com o Sistema Tributário Nacional.

No RE 183.130/PR, eram objeto de análise os efeitos da Lei 7.988, de 28 de dezembro de 1989, que aumentara de 6% para 18% a alíquota do imposto de renda aplicável ao lucro decorrente de exportações apurado no ano de 1989. Na prática, o aumento consistia na retirada de um incentivo concedido pelo Decreto-lei 2.413/1988.

O STF entendeu que o **imposto de renda havia sido utilizado com a finalidade extrafiscal de incentivo às exportações**, de forma que o aumento repentino do tributo com efeitos sobre o lucro auferido mediante o exercício da atividade incentivada significaria uma quebra do **vínculo de confiança** do particular no Poder Público, reduzindo a eficácia de políticas de incentivo fiscal. Por isso, determinou que os rendimentos das operações incentivadas deveriam ser tratados como unidades contábeis distintas das demais, **sendo definitiva** – e, portanto, não sujeita ao aumento imposto pela Lei 7.988/1989 – **a tributação realizada com base na norma incentivadora, enquanto ela esteve vigente**.

O julgamento foi concluído em 2014 e, apesar de ter afastado a aplicação da Súmula 584 ao caso em exame, a Suprema Corte destacou, como motivo, a peculiar utilização extrafiscal do imposto de renda, reafirmando expressamente que o entendimento tradicional cristalizado no verbete "continuaria sendo adotado para fins de interpretação do fato gerador do imposto de renda, de modo a corroborar orientação no sentido de que, em razão de o fato gerador do imposto de renda ocorrer somente em 31 de dezembro, se a lei fosse editada antes dessa data, sua aplicação a fatos ocorridos no mesmo ano da edição não violaria o princípio da irretroatividade" (RE 183.130/PR). A Corte, no entanto, deixou de apreciar a matéria também sob as luzes do princípio da anterioridade, que é de observância obrigatória para o imposto de renda.

Em 2015, o entendimento foi reafirmado em sede de Recurso Extraordinário com repercussão geral – no qual se julgou caso praticamente idêntico àquele objeto do RE 183.130/PR –, sendo fixada a seguinte tese (tema 168): "É inconstitucional a aplicação retroativa de lei que majora a alíquota incidente sobre o lucro proveniente de operações incentivadas ocorridas no passado, ainda que no mesmo ano-base, tendo em vista que o fato gerador se consolida no momento em que ocorre cada operação de exportação, à luz da extrafiscalidade da tributação na espécie" (RE 502.396/SP).

A análise da questão sob a ótica do princípio da confiança, apesar de tecnicamente adequada, guardava desnecessários ares de subjetividade. A matéria poderia ter sido resolvida de maneira absolutamente objetiva e segura com base no princípio da anterioridade. Se assim se fizesse, o grau de objetividade e segurança seria tão elevado que não haveria porque recorrer a "peculiaridades" da utilização extrafiscal do imposto de renda, argumento que confere nuances casuísticas ao julgado.

Os debates em torno do tema somente se encerraram em 2020, quando a Suprema Corte finalmente **cancelou a malfadada Súmula 584/STF**. A providência foi adotada no âmbito do RE 159.180/MG, que envolvia a análise da constitucionalidade da correção monetária do imposto de renda instituída pela Lei 7.738/1989, bem como da aplicação do novo adicional do imposto incidente sobre o lucro real, veiculado pelo Decreto Lei nº 2.462/1988, a fatos ocorridos ainda no curso do ano-base de 1988.

O art. 1º do Decreto Lei nº 2.462/1988, cuja vigência iniciara-se na data de sua publicação, em 31 de agosto de 1988, aumentava o adicional de imposto de renda devido por algumas pessoas jurídicas e autorizava a cobrança a partir de 1º de janeiro de 1989. Decerto, se observado o princípio da anterioridade anual, a majoração do adicional somente poderia alcançar os lucros obtidos no exercício financeiro seguinte ao da publicação do diploma, ou seja, os rendimentos apurados em 1989. Contudo, se aplicada a controversa Súmula 584/STF, admitir-se-ia a utilização do novo adicional já no cálculo do imposto incidente sobre os lucros auferidos em 1988 (ano-base), uma vez que estes somente foram declarados em 1989 (ano-exercício).

No julgamento do RE 159.180/MG, o STF refutou a tese de inconstitucionalidade relativa à modificação do **fator de correção monetária do imposto de renda**, adotando o entendimento de que a Lei 7.738/1989 não previa qualquer majoração do tributo, mas apenas substituía o índice de correção utilizado na atualização do débito tributário. Já no que diz respeito à questão relativa ao **adicional do imposto**, que claramente importava um aumento de carga tributária, a Corte, por maioria, considerou inconstitucional "a aplicação do adicional instituído pelo Decreto-Lei nº 2.462, de 30 de agosto 1988, aos fatos ocorridos no ano-base de 1988, ante a violação dos princípios da anterioridade e da irretroatividade".

O Ministro Marco Aurélio, Relator do processo, destacou em seu voto que não se pode relegar a segundo plano as datas das aquisições das disponibilidades, sendo inadmissível uma interpretação que permita à lei nova apanhar fatos jurídicos já verificados. Corroborando a linha de raciocínio exaustivamente defendida em edições anteriores desta obra, o Ministro salientou que também está abarcada pelo **princípio da não surpresa** a **"confiança do contribuinte em relação aos critérios que serão adotados para apuração do débito tributário"** (STF, Pleno, RE 159.180/MG, Rel. Min. Marco Aurélio, j. 22/06/2020, DJe 14/08/2020).

2.7.1.3 Inexistência de exceções ao princípio da irretroatividade

O princípio da irretroatividade da lei tributária que institui ou aumente tributo, conforme enunciado no art. 150, III, *a*, da CF/1988, **não possui**

qualquer exceção. O princípio, contudo, é compatível com a existência de leis que adotem outras providências com efeito retroativo, como as expressamente interpretativas e as que versem sobre infrações e sejam melhores para os infratores (estes casos, que serão detalhados em momento oportuno, estão expressamente previstos no art. 106 do CTN).

Em questões de concurso público, os aspectos ora analisados têm sido frequentemente abordados. A título de exemplo, o CEBRASPE, no concurso para Defensor Público do Estado de Pernambuco realizado em 2018, considerou **correto** o seguinte item: "O princípio da irretroatividade aplica-se a todo tributo; o da anterioridade, por sua vez, admite exceções". O enunciado da questão pedia que fosse assinalada a opção correta "a respeito dos princípios da anterioridade e da irretroatividade, ambos princípios constitucionais". Com efeito, a Constituição não excepciona qualquer tributo da observância do princípio da irretroatividade, mas o faz em relação à anterioridade.

A mesma banca, no concurso para Advogado da União realizado em 2015, considerou **correta** assertiva que, numa leitura desatenta, poderia parecer dizer o oposto do que se acabou de dizer, mas, na verdade, sintetiza o entendimento sobre o tema: "Conforme o princípio da irretroatividade da lei tributária, não se admite a cobrança de tributos em relação a fatos geradores ocorridos em período anterior à vigência da lei que os instituiu ou aumentou. Entretanto, o Código Tributário Nacional admite a aplicação retroativa de lei que estabeleça penalidade menos severa que a prevista na norma vigente ao tempo da prática do ato a que se refere, desde que não tenha havido julgamento definitivo".

2.7.2 Princípio da anterioridade do exercício financeiro

Conforme já visto, a Constituição Federal de 1988 veda à União, Estados, Distrito Federal e Municípios cobrar tributos "no mesmo exercício financeiro em que haja sido publicada a lei que os instituiu ou aumentou" (CF, art. 150, III, *b*).

Em primeiro lugar, deve-se prestar atenção para o fato de a regra tomar como marco temporal a data da **publicação** da lei, ao passo que o já estudado princípio da irretroatividade toma como base a data da **vigência** dessa mesma lei.

É importante ressaltar que **o princípio existe para proteger o contribuinte, não impedindo, portanto, a imediata aplicação das mudanças que diminuam a carga tributária a que o contribuinte está sujeito** (casos de extinção ou redução de tributos) **ou que não tenham qualquer impacto sobre essa carga tributária**.

Apesar de ser um posicionamento discutível, **o Supremo Tribunal Federal entende que a norma que se restringe a mudar o prazo para pagamento de tributo, mesmo antecipando-o, não agrava a situação do contribuinte, não se sujeitando à regra da anterioridade do exercício** (STF, 1.ª T., RE 274.949-AgR/SC, Rel. Min. Sydney Sanches, j. 13.11.2001, *DJ* 01.02.2002, p. 100).

O entendimento hoje se encontra cristalizado na **Súmula Vinculante 50** (que tornou vinculante o teor da antiga Súmula 669 do STF), em que se afirma que "norma legal que altera o prazo de recolhimento de obrigação tributária não se sujeita ao princípio da anterioridade".

Digna de destaque, portanto, a ampla facilidade de que desfruta o Estado para alterar o prazo de pagamento dos tributos. Além de poder fazê-lo por ato infralegal (não se sujeita à legalidade, conforme explanado no item 2.5.2), não precisa obedecer a qualquer prazo para que a cobrança seja feita na nova data fixada (não se submete à anterioridade do exercício nem à noventena, como se verá adiante).

Da mesma forma que é exceção ao princípio da legalidade, a mera atualização monetária do valor do tributo ou da sua base de cálculo, por não significar majoração do mesmo, não se sujeita à anterioridade. O entendimento é pacífico no âmbito do STF, conforme demonstra o seguinte excerto (grifou-se):

> "Substituição legal dos fatores de indexação – Alegada ofensa às garantias constitucionais do direito adquirido e da anterioridade tributária – Inocorrência – **Simples atualização monetária que não se confunde com majoração do tributo**. (...) A modificação dos fatores de indexação, com base em legislação superveniente, **não constitui desrespeito às situações jurídicas consolidadas** (CF, art. 5.º, XXXVI), **nem transgressão ao postulado da não surpresa, instrumentalmente garantido pela cláusula da anterioridade tributária** (CF, art. 150, III, *b*)" (STF, 2.ª T., RE 200.844-AgR/PR, Rel. Min. Celso de Mello, j. 25.06.2002, *DJ* 16.08.2002, p. 92).

Em suma, a ideia fundamental do princípio é proteger o contribuinte contra a imediata aplicação de normas que **aumentem** a carga tributária a que ele já está sujeito (casos de instituição ou majoração de tributos).

Por fim, é importante registrar que, apesar de se tratar de posicionamento bastante questionável, o STF entende que **não configura aumento de tributo a mera redução ou extinção de desconto legalmente previsto**, não sendo o caso, portanto, de incidência do princípio da anterioridade.

Nessa linha, analisando a constitucionalidade de lei paranaense que reduziu os descontos concedidos a quem paga antecipadamente ou em dia o Imposto sobre a Propriedade de Veículos Automotores (IPVA) no Estado, o

Tribunal seguiu o voto do Ministro-Relator Gilmar Mendes, no sentido de que "a redução ou a extinção de um desconto para pagamento de um tributo sob determinadas condições previstas em lei, com o pagamento antecipado em parcela única, não pode ser equiparada à majoração do tributo em questão" (ADI 4.016/PR).

2.7.2.1 Exceções à anterioridade do exercício financeiro

A Constituição Federal prevê as exceções ao princípio da anterioridade no art. 150, § 1º, e nos demais dispositivos indicados no esquema abaixo:

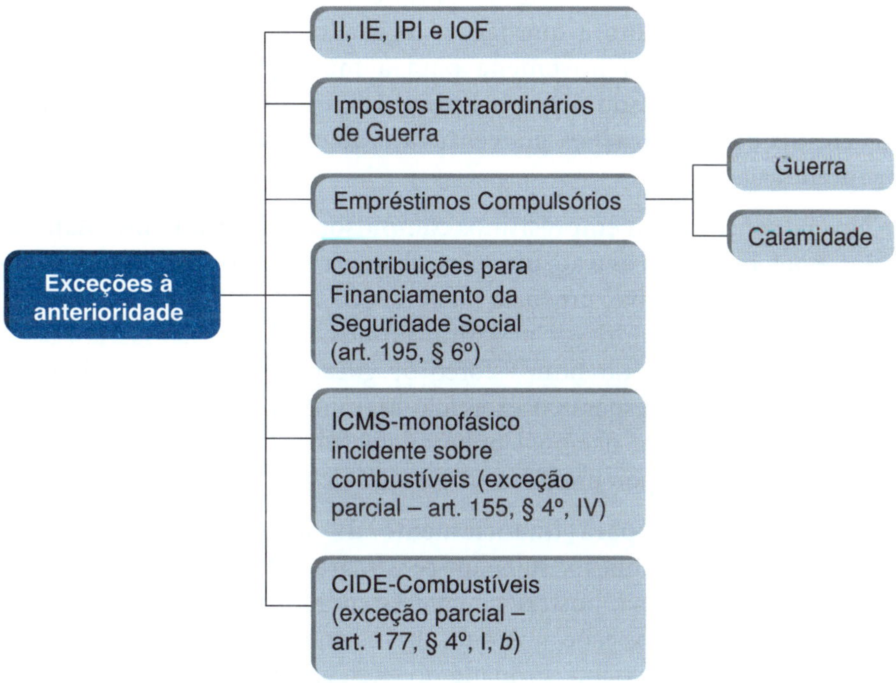

As quatro primeiras exceções (II, IE, IPI e IOF) existem porque esses impostos possuem características marcantemente extrafiscais, constituindo-se em poderosos mecanismos de intervenção no domínio econômico, postos nas mãos do Poder Executivo federal.

A título de exemplo, quando o Estado quer proteger determinado setor da indústria nacional, para dar-lhe fôlego na concorrência contra produtos estrangeiros, uma das medidas mais adequadas é a majoração das alíquotas do imposto de importação incidente sobre os bens e insumos produzidos pelo setor. A iniciativa estatal poderia ser praticamente inócua se fosse necessária a obediência de prazo para que a nova alíquota passasse a ser aplicada concretamente às importações. Sensível a essa necessidade, o legislador constituinte, além de excluir parcialmente os impostos reguladores do princípio da legalidade quanto às alterações de alíquotas, também os excetuou da anterioridade.

Neste ponto, faz-se necessária uma importante observação. **Parte da doutrina já classifica o IPI como um imposto fiscal**. Aliás, entre os impostos, **é o segundo maior arrecadador federal** (o maior é o imposto de renda). Por conta disto, a arrecadação do IPI é extremamente relevante, não podendo ser considerada mero "efeito colateral" de um tributo que visa precipuamente à intervenção no domínio econômico, como se diz costumeiramente dos tributos extrafiscais.

Sendo o IPI tratado como fonte de arrecadação, foi necessário criar um mecanismo de defesa para o contribuinte contra as majorações repentinas de sua incidência. Atento à questão, o legislador constituinte derivado, ao estender o princípio da noventena para a maioria dos tributos, **não excetuou o IPI**, que passou a ser **o único dos impostos ditos reguladores cujos efeitos das majorações porventura realizadas estão sujeitos a prazo (noventena)**.

No que concerne aos **empréstimos compulsórios de guerra ou calamidade pública** e aos **impostos extraordinários de guerra**, a não sujeição à anterioridade deve-se à indiscutível urgência na obtenção de recursos para enfrentar as graves situações que autorizam a instituição dos tributos. Não seria razoável, por exemplo, o País entrar num esforço de guerra, instituir um tributo para financiar tal esforço e esperar o exercício seguinte para começar a cobrança. Nesse caso, a segurança nacional prepondera sobre o interesse particular de não ser surpreendido por imediata majoração de carga tributária.

As **contribuições para financiamento da seguridade social**, desde a promulgação da Constituição, sujeitam-se à regra específica de não surpresa: o princípio da noventena, posteriormente estendido pela EC 42/2003 para os demais tributos (com exceções). Assim, da mesma forma que o IPI, tais contribuições estão livres da anterioridade do exercício financeiro, mas sujeitas à anterioridade nonagesimal (nonagesimal).

Por fim, as duas últimas exceções são, na realidade, exceções parciais, ambas criadas pela EC 33/2001. Trata-se do restabelecimento das **alíquotas do ICMS-monofásico incidente sobre combustíveis definidos em Lei Complementar** e das **alíquotas da CIDE-combustíveis**.

É importante registrar que, em ambos os casos, a Constituição Federal permite a redução e o restabelecimento das alíquotas sem obediência à anterioridade. Quanto à redução, o dispositivo é despiciendo, visto que o princípio só é aplicável para os casos de aumento de carga tributária, qualquer que seja o tributo. No que concerne ao restabelecimento, a regra é inovadora, pois permite que, após a realização de uma redução, seja possível uma majoração subsequente, sem obediência à anterioridade, desde que respeitado, como teto, o percentual anterior (ver exemplo citado no item 2.5.2).

2.7.2.2 Anterioridade e revogação de benefícios fiscais

Como visto, o princípio da anterioridade protege o contribuinte contra os efeitos imediatos de eventual agravamento (majoração) da carga tributária a que está sujeito.

Quando determinado contribuinte é beneficiado por isenção legalmente concedida, há uma diminuição da carga tributária a que está sujeito, não havendo qualquer prazo para que o benefício possa gerar efeitos concretos. Por outro lado, nos casos de revogação de isenção, apesar do notório acréscimo no sacrifício financeiro realizado pelo contribuinte, nem sempre foi adotado o entendimento (hoje, prevalente) no sentido da aplicação das regras de anterioridade.

O Código Tributário Nacional, em seu art. 104, III, estabelece que "entram em vigor no primeiro dia do exercício seguinte àquele em que ocorra a sua publicação os dispositivos de lei, referentes a impostos sobre o patrimônio ou a renda que extinguem ou reduzem isenções".

Não há unanimidade sobre o dispositivo se referir ou não à anterioridade. O problema inicial é que a anterioridade exige que a produção de efeitos da lei que aumenta carga tributária somente se dê no exercício seguinte ao da publicação; já o dispositivo transcrito se refere à vigência da mesma lei. Para alguns, a diferença dos textos é apenas falta de técnica legislativa. Para outros, o art. 104, III, do CTN estipula mais uma garantia do contribuinte, diferente da anterioridade.

Caso se considere que o dispositivo estipula nova garantia, deve-se perceber que ela somente prevê sua aplicação aos impostos sobre o patrimônio ou a renda.

Tradicionalmente, o Supremo Tribunal Federal entendia que a revogação de isenção não se equiparava à criação ou à majoração de tributo. Naquela época, para o Tribunal, como a isenção é apenas a dispensa legal do pagamento de exação já existente, a revogação do benefício apenas faria com que o tributo que anteriormente já incidia, mas não era cobrado, voltasse a ser imediatamente exigível, não sendo aplicável o princípio da anterioridade (RE 204.062/ES).

Em 2014, a Primeira Turma da Corte, ao apreciar o RE 564.225-AgR/RS, deu claras indicações de que poderia vir a ser superada a antiga jurisprudência do Tribunal. O caso julgado não consistia numa **revogação de norma concessiva de isenção**, mas numa **revogação de lei concessiva de redução de base de cálculo** do ICMS.

A redução de base de cálculo equivale a uma isenção parcial, devendo ambas se submeter a idêntico regime jurídico. A título de exemplo, uma hipotética redução em um quarto da base de cálculo do ICMS sobre certa operação tem o mesmo efeito prático de uma concessão de isenção (dispensa de pagamento) equivalente a um quarto do tributo devido na mesma operação. Assim, não seria razoável submeter a concessão e, o que aqui é mais relevante, a revogação de benefícios fiscais dotados de idênticos efeitos a regras distintas, admitindo que o contribuinte esteja protegido num caso, mas não tenha qualquer garantia no outro.

Ao analisar a questão, o órgão julgador, invocando justamente a interpretação teleológica do princípio, afirmou que a anterioridade "visaria garantir que o contribuinte não fosse surpreendido com aumentos súbitos do encargo fiscal, o que propiciaria um direito implícito e inafastável ao planejamento". Nesse contexto, entendeu que "toda alteração do critério quantitativo do consequente da regra matriz de incidência deveria ser entendida como majoração do tributo" e, dessa forma, sujeita à anterioridade (RE 564.225-AgR/RS).

Em 2019, a matéria foi submetida, mediante embargos de declaração, ao Plenário do Tribunal, que, confirmando a tendência de superação da antiga jurisprudência, assentou que **a revogação de incentivo ou benefício fiscal configura aumento indireto de tributo e, justamente por isso, deve se sujeitar às anterioridades anual e nonagesimal, conforme a disciplina aplicável a cada tributo**. Pela relevância da decisão, convém reproduzir trecho da ementa do julgado (grifou-se):

> "Como regra, ambas as espécies de anterioridade, geral e nonagesimal, se aplicam à instituição ou à majoração de tributos. Contudo, há casos em que apenas uma das anterioridades será aplicável e há casos em que nenhuma delas se aplicará. Essas situações estão expressas no § 1º do art. 150 e em outras passagens da Constituição. Sobre o assunto, vide o art. 155, § 4º, IV, c; o art. 177, § 4º, I, b; e o art. 195, § 6º, da CF/88. **Nas hipóteses de redução ou de supressão de benefícios ou de incentivos fiscais que acarretem majoração indireta de tributos, a observância das espécies de anterioridade deve também respeitar tais preceitos, sem se olvidar, ademais, da data da entrada em vigor da EC nº 42/03, que inseriu no texto constitucional a garantia da anterioridade nonagesimal**." (STF, Pleno, RE 564.225 AgR-EDv-AgR/, Rel. Min. Alexandre de Moraes, j. 20/11/2019, DJe 03/12/2019)

Trata-se de tema recorrente em provas de concurso público, como demonstra questão elaborada pela VUNESP, em 2021, no concurso público para provimento de cargos de Juiz Substituto do Tribunal de Justiça do Estado de São Paulo, em que foi considerada **incorreta** a seguinte assertiva: "O princípio da anterioridade nonagesimal não é de observância obrigatória na hipótese de incidência de tributo por retirada de benefícios fiscais".

2.7.2.3 Anterioridade e medidas provisórias

Conforme já analisado (item 2.5.4) são possíveis a instituição e a majoração de tributos por meio de medida provisória. Porém, se o tributo instituído ou majorado for um **imposto**, a cobrança só poderá ser realizada no exercício subsequente caso a medida provisória tenha sido convertida em lei até o último dia daquele em que foi editada (CF, art. 62, § 2º).

2.7.3 Princípio da anterioridade nonagesimal ou noventena

Quando da promulgação da Constituição Federal, a obediência a um prazo mínimo de noventa dias após a data da publicação de uma lei que majorasse ou criasse tributo era aplicável exclusivamente às **contribuições para financiamento da seguridade social**, por força do art. 195, § 6º, da Magna Carta.

Parte da doutrina denominava o princípio de **anterioridade mitigada.** O interessante é que, ao denominar de mitigada (sinônimo de suavizada, aliviada) a "anterioridade" aplicável a tais contribuições, a doutrina parecia imaginar que o princípio consistiria numa garantia menor ao contribuinte, uma restrição menor ao Estado.

Na prática, o que se percebeu foi justamente o contrário. A anterioridade do exercício transformou-se numa garantia meramente formal, dado o costume de concentrar a publicação das alterações na legislação tributária no final do exercício.

Assim, a anterioridade dita mitigada acabava por ser uma garantia bem mais eficiente para o contribuinte, pois lhe assegurava um período mínimo de dias para readequar seu orçamento, preparando-o para o aumento de carga tributária.

Tornou-se um clamor dos contribuintes que a "noventena" passasse a ser regra geral e, num raro caso de emenda constitucional que beneficiou o contribuinte, a EC 42/2003 promoveu a mudança desejada, incluindo, no art. 150, III, da Constituição, uma alínea *c*, cujo texto é bastante parecido com o do art. 195, § 6º, da CF/1988, destinado exclusivamente às contribuições para a seguridade social.

A única diferença aparentemente relevante é que o texto inserido pela EC 42/2003 exige o cumprimento do prazo de 90 dias nos casos de instituição ou **aumento** de tributo, enquanto o art. 195, § 6º, exige o cumprimento em caso de instituição ou **modificação,** parecendo, pela literalidade, ser uma regra mais ampla.

Entretanto, o STF, entendendo que a anterioridade nonagesimal existe para proteger o contribuinte contra mudanças que repercutam negativamente no seu patrimônio, decidiu que o art. 195, § 6º, só é aplicável no caso de instituição ou majoração. O legislador constituinte derivado, já conhecendo o posicionamento do Tribunal, ao estender a regra aos demais tributos, o fez já com uma redação mais clara, coincidente com o pensamento da Suprema Corte.

Alguns autores continuam atribuindo à regra do art. 195, § 6º, o título de "anterioridade nonagesimal", enquanto se referem à extensão feita pela EC 42/2003 como "noventena". Assim, a anterioridade nonagesimal (ou mitigada) seria um princípio aplicável às contribuições para financiamento da seguridade social, enquanto a noventena seria outro princípio, aplicável às demais espécies tributárias (com exceções). Não há sentido, contudo, na atribuição de nomenclaturas diferentes a um único princípio que submete as diferentes espécies tributárias às mesmas restrições. É o caso de se aplicar a lição doutrinária segundo a qual somente se devem classificar institutos jurídicos em espécies diferenciadas, se os respectivos regimes jurídicos forem diferentes.

Portanto, não havendo qualquer diferença relevante entre a restrição estatuída pelo art. 195, § 6º, e aquela prevista no art. 150, III, *c*, ambos da Constituição Federal, as duas serão denominadas de **princípio da noventena *ou* anterioridade nonagesimal**.

Aos que se preparam para provas de concursos públicos, ressalta-se que a terminologia aqui defendida tem sido a adotada pelas bancas. A título de exemplo, a Fundação Carlos Chagas, no concurso para provimento do cargo de Agente Fiscal de Rendas do Estado de São Paulo, realizado em 2006, formulou questão cujo enunciado era o seguinte: "NÃO se aplica o princípio da anterioridade nonagesimal (noventena criada pela Emenda Constitucional 42/2003) ao imposto sobre: (...)". Deixando de lado as alternativas, percebe-se que a banca, ao colocar entre parênteses a palavra "noventena" logo após a expressão "anterioridade nonagesimal", demonstrou entender que **as expressões são sinônimas, referindo-se ao mesmo instituto jurídico**.

De maneira ainda mais clara, a Fundação Getúlio Vargas, no concurso para provimento de cargos de Fiscal da Receita Estadual do Estado do Amapá, realizado em 2010, considerou correto o seguinte item: "A anterioridade nonagesimal foi estendida à União, aos Estados, ao Distrito Federal e aos Municípios a fim de vedar-lhes a cobrança de tributos antes de decorridos noventa dias da data em que tenha sido publicada a lei que os instituiu ou aumentou, comportando, dentre suas exceções, o imposto sobre a renda".

Controvérsias terminológicas à parte, em termos práticos, o relevante é entender que, a partir do advento da EC 42/2003, em homenagem ao princípio da não surpresa, **anterioridade (anual ou "do exercício") e noventena (anterioridade nonagesimal) passaram a ser, em regra, cumulativamente exigíveis**.

Dessa forma, se um tributo vier a ser majorado ou instituído por lei publicada **após** o dia **2 de outubro** (quando faltam exatamente 90 dias para o término do exercício financeiro), a cobrança não poderá ser feita a partir de 1º de janeiro seguinte, sob pena de infringir a noventena (publicada a lei "em meados de outubro", a cobrança deve se verificar "em meados de janeiro"). Já se a publicação da lei instituidora ou majoradora ocorrer no início do ano, a cobrança não poderá ocorrer imediatamente após o transcorrer de 90 dias, pois o princípio da anterioridade do exercício exige que se espere o início do ano subsequente.

Resumindo, instituído ou majorado tributo, a respectiva cobrança só pode ser realizada após o transcorrer de, no mínimo, noventa dias da data da publicação da lei instituidora/majoradora e desde que já atingido o início do exercício subsequente.

Para a correta aplicação do princípio da noventena, é preciso ter sempre em mente que a finalidade precípua da norma é proteger o contribuinte contra o aumento repentino de carga tributária. Interessante caso envolvendo a incidência do referido princípio ocorreu no Estado do Paraná, em virtude da edição da Lei Estadual 18.371/2014, publicada em 15/12/2014, prevendo aumento de 1% na alíquota de IPVA.

Como as alíquotas do IPVA, ao contrário de suas bases de cálculo, **obedecem à noventena**, não seria possível aplicar o aumento para os veículos já a partir do dia 1º de janeiro de 2015, quando a lei estadual previa a ocorrência do fato gerador do imposto, no tocante a veículos usados. Na prática, se mantida a regra segundo a qual o fato gerador do IPVA ocorre no primeiro dia do exercício (tradicional em todos os Estados e no DF), os veículos adquiridos até que se completassem os 90 dias impostos pela noventena, somente se submeteriam à nova alíquota **a partir de 2016**, quando aconteceria o próximo fato gerador do tributo.

Para superar o obstáculo, o legislador paranaense estabeleceu que, **exclusivamente no exercício de 2015,** o fato gerador do IPVA para veículos adquiridos em anos anteriores ocorreria no dia **1º de abril**, possibilitando, assim, a cobrança do tributo com o novo valor para praticamente toda a frota já em 2015.

A constitucionalidade da lei foi contestada por intermédio da ADI 5.282/PR, na qual se alegava que o jeitinho encontrado pelo legislador paranaense, com o deslocamento temporal em apenas um exercício, configurava dentre outros vícios, desvio de finalidade destinado a promover uma burla à anterioridade nonagesimal. A Suprema Corte, no entanto, fazendo uma interpretação teleológica do princípio da noventena, entendeu que **seu objetivo é garantir o prazo mínimo de 90 dias para que o contribuinte se prepare para arcar com o aumento da carga tributária**, o que teria sido assegurado na engenharia jurídica adotada pelo Estado do Paraná, sem qualquer ofensa à Constituição. Ao final, o Tribunal cristalizou seu entendimento na seguinte tese:

> "Não há desvio de finalidade no caso de lei ordinária alterar o aspecto temporal do IPVA para viabilizar, a um só tempo, o respeito à garantia da anterioridade, inclusive nonagesimal, e viabilizar a tributação dos veículos automotores pela alíquota majorada no exercício financeiro seguinte ao da

> publicação desse diploma legal. Afinal, a finalidade da legislação é lícita e explícita" (STF, Pleno, ADI 5.282/PR, Rel. André Mendonça, j. 18/10/2022, DJe 04/11/2022).

Também não há ofensa à noventena quando o ato normativo que previa certa redução de carga tributária não chega a ser efetivamente implementado em virtude do advento de novo ato normativo que impede sua produção de efeitos. Nesses casos, o sujeito passivo nutria uma justificada expectativa por um alívio que não vem a ocorrer, no entanto, em momento algum a carga tributária foi elevada, restringindo-se a frustração tão somente à não implementação da redução almejada, sem qualquer agressão ao conteúdo jurídico do princípio da não surpresa. Foi o que ocorreu, por exemplo, no caso da **repristinação promovida pelo Decreto nº 11.374/2023.**

Conforme estudado no subitem 2.5.3, a lei pode autorizar o Poder Executivo a aplicar coeficientes de redução sobre as alíquotas da Contribuição para os Programas de Integração Social e de Formação do Patrimônio do Servidor Público – **PIS/PASEP** e da Contribuição para o Financiamento da Seguridade Social – **COFINS**, manipulando-as para mais ou para menos, desde que respeitados os limites legais (RE 1.043.313/RS e ADI 5.277/DF). Um exemplo dessa prática é o Decreto nº 11.322, de 30/12/2022, que reduziu pela metade as alíquotas de 0,65% e 4% previstas no Decreto nº 8.426/2015 para a dupla PIS/PASEP e COFINS incidente sobre receitas financeiras obtidas por pessoas jurídicas sujeitas ao regime de não cumulatividade.

Em 1º/01/2023, antes mesmo de a redução começar a ser usufruída pelos contribuintes, o Decreto nº 11.374/2023 revogou o recém-editado Decreto nº 11.322/2022 e determinou a repristinação do Decreto nº 8.426/2015, ou seja, o retorno das alíquotas integrais. Como as contribuições de seguridade social sujeitam-se à noventena, os contribuintes afetados argumentaram que as alíquotas integrais somente poderiam voltar a ser cobradas quando transcorridos 90 dias da publicação do Decreto nº 11.374/2023.

A tese, no entanto, não foi acolhida pelo STF, que entendeu não ter havido violação aos princípios da segurança jurídica e da não surpresa. Primeiro, porque a redução pretendida pelo Decreto nº 11.322/2022 sequer chegou a ser efetivamente implementada. Segundo, porque o Decreto nº 11.374/2023 não instituiu nem aumentou tributo, apenas manteve as alíquotas que já vinham sendo aplicadas desde 2015, **sem qualquer quebra de previsibilidade para os contribuintes**. Como resultado do entendimento da Corte, a constitucionalidade do Decreto nº 11.374/2023 foi declarada na ADC 84/DF e, no julgamento do RE 1.501.643/PR, editou-se a tese de repercussão geral transcrita abaixo (Tema 1.337):

> A aplicação das alíquotas integrais do PIS e da COFINS, a partir da repristinação promovida pelo Decreto nº 11.374/2023, não está submetida à anterioridade nonagesimal (STF, Pleno, RE 1.501.643/PR, Rel. Min. Luís Roberto Barroso, j. 19/10/2024).

2.7.3.1 Noventena e medidas provisórias

Algumas observações precisam ser feitas no que concerne ao cumprimento do princípio da noventena, quando um tributo a ele sujeito é instituído ou majorado por meio de medida provisória.

A situação deu ensejo a uma discussão no âmbito do Supremo Tribunal Federal acerca do **termo inicial da contagem do prazo de noventa dias**, se a **data da edição da medida provisória** ou da sua final **conversão em lei**.

Acrescente-se a isso o fato de que, anteriormente à Emenda Constitucional 32/2001, as medidas provisórias possuíam vigência por apenas trinta dias, o que levou à adoção da terrível prática de suas sucessivas reedições (cuja possibilidade foi ratificada pelo STF). Naquela época, estavam sujeitas à noventena apenas as contribuições sociais para financiamento da seguridade social.

A título de exemplo, suponha-se que o Presidente da República tivesse editado uma primeira medida provisória (MP1) majorando a alíquota da COFINS (contribuição para financiamento da seguridade social). No trigésimo dia de vida da MP1, para evitar a perda de vigência, era editada uma segunda medida provisória (MP2), cujo conteúdo era idêntico ao da MP1, com o acréscimo de um artigo que convalidava os efeitos produzidos por esta. No trigésimo dia de vigência da MP2, editava-se a MP3, convalidando os efeitos da MP1 e da MP2. Quando a MP3 completava trinta dias, editava-se a MP4, convalidando os efeitos das medidas provisórias anteriores e se iniciava a cobrança, considerando-se que toda a história (desde a edição da MP1) já completava os noventa dias exigidos pela Constituição Federal.

Os contribuintes alegavam que não importava o número de medidas provisórias editadas, pois todas perdiam sua eficácia após 30 dias, de forma que nenhuma completaria os noventa dias exigidos pelo art. 195, § 6.º, da CF/1988. Como consequência, a contagem do prazo somente iniciaria se, e quando, houvesse conversão em lei de uma das medidas provisórias editadas.

Discordando dos contribuintes, o STF entendeu que, **se não houvesse mudança relevante no texto nas reedições, o prazo deveria ser contado da edição da primeira medida provisória**, pois, em face da continuidade normativa, não haveria surpresa do contribuinte. Contudo, no caso de **mudança substancial** no texto da medida provisória, no momento de sua conversão em lei, o prazo deveria ser contado da **publicação** da lei de conversão (RE 169.740/PR).

Após o advento da EC 32/2001, as medidas provisórias passaram a ter vigência por sessenta dias, prorrogáveis por mais sessenta. Por conseguinte, na metade do prazo de prorrogação, completam-se os noventa dias para o início da cobrança do tributo. Se a medida provisória for convertida em lei sem alteração substancial do texto, a cobrança continua. Se a conversão se der com alteração substancial, deve-se reiniciar a contagem da data da publicação da lei de conversão. Caso a medida provisória seja rejeitada ou perca a eficácia por decurso de prazo (120 dias), o tributo (ou a majoração) deixa imediatamente de ser cobrado. Neste caso, houve cobrança com base na medida provisória durante 30 dias, cabendo ao Congresso Nacional disciplinar por decreto legislativo as relações jurídicas geradas, ou seja, definir se haverá ou não devolução dos valores recolhidos (CF, art. 62, § 3º). Caso o Congresso silencie e não edite o decreto legislativo no prazo de 60 dias, as relações jurídicas geradas conservam-se regidas pela MP, ou seja, na prática, os valores pagos não são devolvidos (CF, art. 62, § 11).

Esquematicamente, levando em conta os períodos anteriores e posteriores ao advento da Emenda Constitucional 32/2001, a sistemática da medida provisória é a seguinte (com as observações acima expendidas):

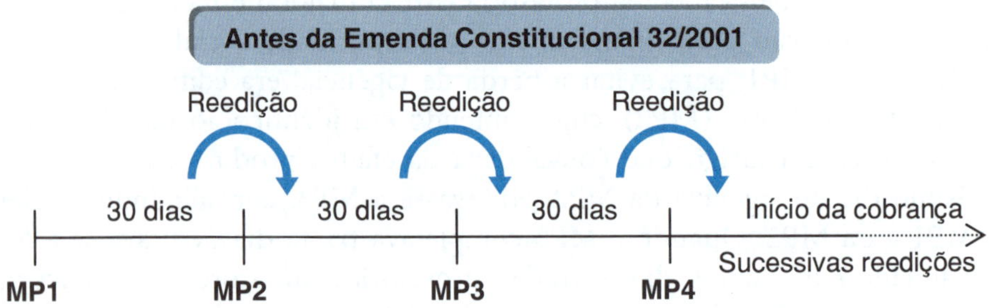

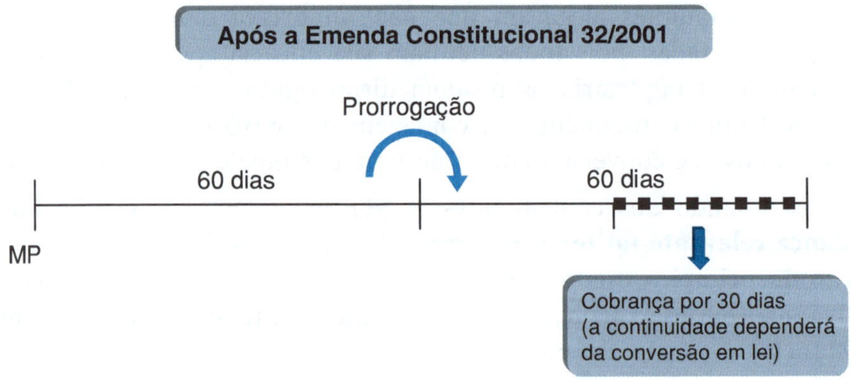

Ressalte-se, por oportuno, que devem ser simultaneamente observadas as regras relativas à anterioridade do exercício financeiro, caso o tributo não seja exceção a tal princípio. Se o tributo criado ou majorado for um imposto, a cobrança a partir do exercício subsequente dependerá da conversão da medida provisória em lei até o último dia daquele em que houver sido editada (CF, art. 62, § 2º), conforme explanado no item 2.7.2.3.

2.7.3.2 Exceções à noventena

A Constituição Federal, no § 1º do seu art. 150, e o ADCT, no § 1º do seu art. 130, preveem as seguintes exceções ao princípio da noventena:

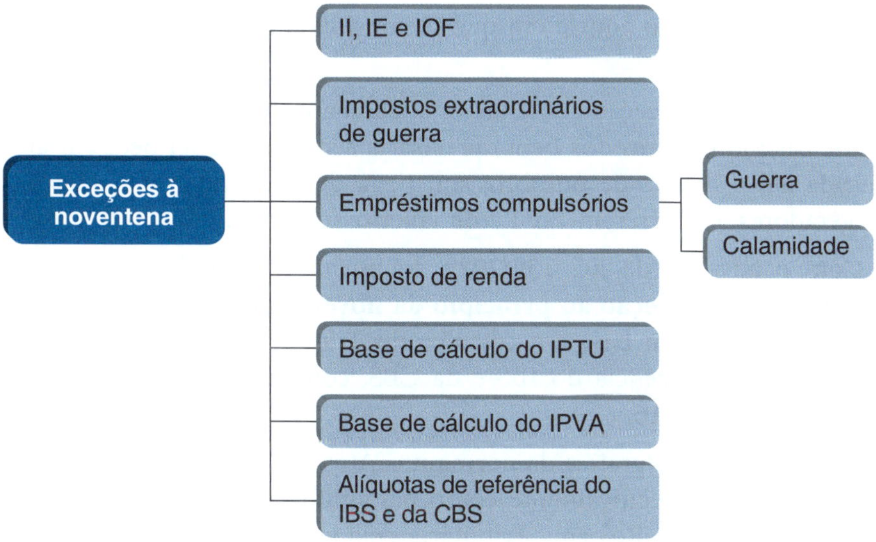

A lista das exceções à noventena é bastante semelhante à das exceções à anterioridade. Conforme já fora ressaltado, **dos "impostos reguladores", apenas o IPI é sujeito a uma das regras (noventena); os demais (II, IE e IOF) são exceções a ambas.**

Estranhamente, o **imposto de renda**, de finalidade marcantemente fiscal, talvez o tributo que mais merecesse uma eficaz regra de proteção ao contribuinte, ficou livre da noventena. Assim, ainda **é possível que uma majoração do imposto de renda por meio de lei publicada em 31 de dezembro gere efeitos a partir do dia seguinte,** visto que o tributo só obedece à anterioridade do exercício.

Somente não é possível que volte a ocorrer algo exatamente igual ao verificado em 31 de dezembro de 1994 (ver item 2.7), uma vez que, desde a Emenda Constitucional 32/2001, a cobrança a partir do primeiro dia do exercício seguinte depende da conversão em lei da **medida provisória** até o dia 31 de dezembro (pois se trata de majoração de **imposto**).

Quanto aos **impostos extraordinários de guerra** e aos **empréstimos compulsórios de guerra externa ou calamidade pública**, a mesma urgência que justifica a não submissão à anterioridade do exercício impõe que se excetue a nonagesimal.

Já a exceção relativa às **bases de cálculo de IPVA e IPTU** tem fundamento bastante diferente das demais. Ambos os tributos incidem sobre o valor de um bem (imóvel na área urbana do Município, no caso do IPTU; veículo automotor, no caso do IPVA). O momento mais propício para que as fazendas públicas estaduais e municipais procedam às revisões dos valores dos veículos e imóveis, respectivamente, é o fim de cada exercício. Primeiro, por possibilitar levar em consideração toda a variação daquele ano; segundo, e mais importante, porque as leis estaduais e municipais geralmente elegem o dia 1º de janeiro como aquele em que se consideram ocorridos os respectivos fatos geradores.

Se não fosse a exceção constitucional dada aos dois tributos, a revisão das bases de cálculo (valores dos bens) precisaria ser feita por lei necessariamente publicada até o dia 02 de outubro, sob pena de não poder ser aplicada aos fatos geradores a ocorrerem no 1.º de janeiro subsequente.

Com o advento da EC 132/2023, foi incluída no § 1º do art. 130 do ADCT **mais uma exceção ao princípio da noventena**, relativa à fixação, pelo Senado Federal – com base em cálculos do Tribunal de Contas da União –, das alíquotas de referência do IBS e da CBS, conforme estudado no subitem 16.4.4.1 do Capítulo 16.

A disposição topográfica da norma nos Atos das Disposições Constitucionais Transitórias, especificamente como parágrafo de um artigo que trata de regras de transição da Reforma Tributária cuja aplicação se exaurirá em 2033, leva à conclusão de que a exceção à noventena somente é aplicável dentro do contexto da transição e durante o seu período de duração.

No tocante à aplicação contextual, é fundamental entender que a Lei Complementar 214/2025, ao disciplinar as alíquotas de referência, reconheceu a existência de dois regimes para as suas modificações.

O primeiro é o **transitório**, disciplinado pelo art. 130 do ADCT da Constituição, que tem por objetivo manter estável a arrecadação dos entes federados durante o período de transição, conforme estudado no item 16.8.2.1. Nesse **regime transitório**, as modificações das alíquotas devem servir como um contrapeso ao aumento ou redução da carga tributária, fazendo parte do seu funcionamento a necessidade de calcular e de definir seus percentuais num exercício, para a aplicação no subsequente. Para tanto, é indispensável a acurada análise do comportamento da receita também durante o exercício em que serão realizados os cálculos, objetivo que poderia ser prejudicado caso fosse devida a observância à noventena.

Foi por conta dessa preocupação que o legislador constituinte derivado optou por **excetuar da noventena as alterações das alíquotas de referência realizadas no regime de transição** (ADCT, art. 130). A regra repercute no art. 349, § 1º, II, da LC 214/2025 que, disciplinando a fixação das alíquotas de referência durante a fase de transição, apesar de estabelecer como data limite para a providência o dia **31 de outubro do ano anterior ao de sua vigência**, atesta sua **não submissão ao princípio da noventena**.

O segundo regime de modificação das alíquotas de referência é o **geral**, de natureza perene, que também tem como objetivo garantir a preservação da arrecadação dos entes federados. Contudo, o parâmetro aferido para fundamentar as alterações nas alíquotas de referência não é o comportamento da receita pretérita, mas, sim, os **impactos que as modificações na legislação tributária nacional gerarão sobre a receita futura** dos entes federados.

Assim, impõe-se ao Poder Público a compensação dos efeitos das alterações da legislação nacional que reduza ou eleve a arrecadação do IBS ou da CBS com ajustes das respectivas alíquotas de referência, de modo a preservar a arrecadação das esferas federativas (LC 214/2018, art. 18, I).

Para cumprir tal objetivo, a modificação da legislação nacional **somente entrará em vigor com o início da produção de efeitos do ajuste das alíquotas de referência** (LC 214/2018, art. 19, II). Tratando-se de procedimento sem periodicidade definida e não correlacionado à análise do comportamento anterior da receita, o legislador constituinte não excetuou da noventena as alterações das alíquotas de referência realizadas no regime geral.

Adotando essa linha de entendimento, o art. 19, § 1º, III, da LC 214/2018, que disciplina o ajuste das alíquotas de referência pelo Senado Federal em decorrência de modificações na legislação nacional do IBS e da CBS, estabelece que os ajustes devem ser realizados "com base em cálculos elaborados pelo Comitê Gestor do IBS e pelo Poder Executivo da União e homologados pelo Tribunal de Contas da União, **observando a anterioridade nonagesimal** prevista na alínea 'c' do inciso III do caput do art. 150 da Constituição Federal e, para o IBS, também a anterioridade anual prevista na alínea 'b' do inciso III do caput do art. 150 da Constituição Federal".

A exigência de obediência à anterioridade anual apenas para o IBS decorre do fato de a CBS, por ter natureza de contribuição para o custeio da seguridade social, não se submeter ao princípio, conforme disposto no art. 195, § 6º, da CRFB/1988. Consequentemente, para a CBS, é possível, ao menos em tese, que alterações na legislação federal e nas alíquotas de referência sejam realizadas e entrem em vigor dentro do **mesmo exercício financeiro**, desde que **respeitada a anterioridade nonagesimal**.

Em suma, a exceção à anterioridade nonagesimal criada pela EC 132/2023 aplica-se **exclusivamente** ao procedimento periódico de fixação de alíquotas de referência destinado a assegurar a manutenção da arrecadação dos entes federados durante o período de transição da Reforma Tributária, nos termos disciplinados pelo art. 130 do ADCT e disposições pertinentes da LC 214/2025.

2.8 PRINCÍPIO DO NÃO CONFISCO

A rigor, apesar de a terminologia "não confisco" ter-se consagrado pelo uso, o que o art. 150, IV, da Constituição deseja proibir é a utilização do tributo com **efeito de confisco**, e não que o tributo configure **confisco**. É verdade que esta segunda proibição também existe, mas em decorrência da própria definição de tributo, uma vez que confisco, no Brasil, é punição, e o tributo, por definição, não pode ser sanção por ato ilícito.

Enquanto tributo confiscatório seria um tributo que servisse como punição; tributo com efeito confiscatório seria aquele de incidência exagerada, que, absorvendo parcela considerável do patrimônio ou da renda produzida pelo particular, gerasse neste e na sociedade em geral uma sensação de verdadeira punição. As duas situações estão proibidas – a primeira (**confisco**), pelo conceito legal de tributo (CTN, art. 3º); a segunda (**efeito de confisco**), por determinação constitucional expressa (CF, art. 150, IV).

Não obstante as diferenciações terminológicas, as expressões ("vedação ao confisco" e "vedação ao efeito de confisco") costumam ser tratadas como equivalentes. Em provas de concurso público, o candidato somente deve distingui-las se perceber que o examinador está adotando a tese aqui esposada (p. ex., quando nas alternativas de uma questão aparecerem ambas as expressões em sentidos claramente diversos).

O princípio da vedação ao efeito confiscatório também poder ser denominado de **princípio da razoabilidade ou proporcionalidade da carga tributária**. A ideia subjacente é a de que o legislador, ao se utilizar do poder de tributar que a Constituição lhe confere, deve fazê-lo de forma razoável e moderada, sem que a tributação tenha por efeitos impedir o exercício de atividades lícitas pelo contribuinte, dificultar o suprimento de suas necessidades vitais básicas ou comprometer seu direito a uma existência digna.

2.8.1 A configuração do efeito confiscatório

O conceito de efeito confiscatório é **indeterminado**, sujeito a alto grau de subjetividade e varia muito de acordo com as concepções político-filosóficas do intérprete. Isso não impede, contudo, que, em casos de notória ausência de razoabilidade de uma exação ou de um conjunto de exações, o Poder Judiciário reconheça a existência de um verdadeiro abuso do direito de tributar, tendo em vista a absorção de parcela substancial do patrimônio ou renda dos particulares.

De certa feita, foi submetida à apreciação do Supremo Tribunal Federal uma Ação Direta de Inconstitucionalidade (ADI 551/RJ) contra dois dispositivos do Ato das Disposições Constitucionais Transitórias da Constituição do Estado do Rio de Janeiro. O primeiro previa que as multas consequentes do não recolhimento de impostos e taxas estaduais não poderiam ser inferiores a duas vezes o seu valor; já o segundo, que as multas decorrentes da sonegação de impostos ou taxas estaduais não poderiam ser inferiores a cinco vezes o seu valor.

Ao ensejo do julgamento, a votação foi unânime no sentido de que **o princípio da vedação ao efeito confiscatório estende-se às multas decorrentes do descumprimento de obrigação tributária** (ainda que não tenham elas natureza de tributo) e que os pisos estipulados para as multas fluminenses agrediam flagrantemente a limitação constitucional.

Na ocasião, o Ministro Sepúlveda Pertence recordou célebre passagem do Ministro Aliomar Baleeiro, responsável pela condução do primeiro acórdão do STF a declarar inconstitucional um decreto-lei por versar sobre matéria não compreendida no âmbito da segurança nacional. Disse o jurista que não sabia o que era segurança nacional; mas certamente sabia o que não era: batom de mulher ou, o que era disciplinado no decreto-lei, locação comercial.

Seguindo a lição de Baleeiro, Pertence afirmou:

> "Também não sei a que altura um tributo ou uma multa se torna confiscatório; mas uma multa de duas vezes o valor de um tributo, por mero retardamento de sua satisfação, ou de cinco vezes, em caso de sonegação, certamente sei que é confiscatório e desproporcional".

O posicionamento da Corte sobre o caso pode ser resumido com o seguinte excerto, da lavra do Relator Ministro Ilmar Galvão (grifou-se):

> "Fixação de valores mínimos para multas pelo não recolhimento e sonegação de tributos estaduais. Violação ao inciso IV do art. 150 da Carta da República. **A desproporção entre o desrespeito à norma tributária e sua consequência jurídica, a multa, evidencia o caráter confiscatório desta, atentando contra o patrimônio do contribuinte, em contrariedade ao mencionado dispositivo do texto Constitucional Federal**" (STF, Tribunal Pleno, ADI 551/RJ, Rel. Min. Ilmar Galvão, j. 24.10.2002, *DJ* 14.02.2003, p. 58).

Como visto, o princípio da vedação ao efeito de confisco é expresso em cláusula aberta ou conceito jurídico indeterminado, cabendo ao prudente arbítrio do juiz, em cada caso que lhe for submetido, avaliar a existência ou não de confisco. Contudo, alguns parâmetros estão claramente delineados na jurisprudência do Supremo Tribunal Federal, conforme se percebe do seguinte trecho, extraído do acórdão proferido nos autos da ADC 8-MC/DF (grifou-se):

> "A identificação do efeito confiscatório deve ser feita em função da **totalidade da carga tributária**, mediante verificação da capacidade de que dispõe o contribuinte considerado o montante de sua riqueza (renda e capital) – para suportar e sofrer a incidência de **todos os tributos que ele deverá pagar, dentro de determinado período, à mesma pessoa política que os houver**

> **instituído** (a União Federal, no caso), condicionando-se, ainda, a aferição do grau de insuportabilidade econômico-financeira, à observância, pelo legislador, de padrões de **razoabilidade destinados a neutralizar excessos de ordem fiscal eventualmente praticados pelo Poder Público. Resulta configurado o caráter confiscatório de determinado tributo, sempre que o efeito cumulativo – resultante das múltiplas incidências tributárias estabelecidas pela mesma entidade estatal – afetar, substancialmente, de maneira irrazoável, o patrimônio e/ou os rendimentos do contribuinte**" (STF, Tribunal Pleno, ADC 8-MC/DF, Rel. Min. Celso de Mello, j. 13.10.1999, *DJ* 04.04.2003, p. 38).

Assim, nos termos da jurisprudência da Corte, não se deve analisar o tributo isoladamente, pois pode ser que o seu peso individual não aparente gerar efeito confiscatório, mas, ao ser acrescido a outros tributos incidentes sobre a mesma manifestação de riqueza e cobrados pelo mesmo ente, a razoabilidade desapareça.

No julgamento da ADI 2.010/DF, por exemplo, o Supremo Tribunal Federal foi instado a analisar se era confiscatória a criação de alíquota progressiva de contribuição previdenciária para servidores públicos federais ativos. As alíquotas aumentavam de acordo com o rendimento do servidor e, para rendimentos considerados mais elevados (superiores a R$ 2.500,00), chegavam ao patamar de 25% (vinte e cinco por cento).

Esse patamar, para alguns, já seria confiscatório por si só, mas, para outros, poderia ser considerado razoável. Dando-se à lei o benefício da dúvida e considerando-se o tributo isoladamente, estar-se-ia diante da chamada **zona cinzenta**, e não do "batom de mulher" mencionado pelo saudoso Aliomar Baleeiro.

Na análise do caso, porém, os Ministros lembraram que os servidores públicos com maiores rendimentos já estavam sujeitos a uma alíquota de imposto de renda de 27,5% (vinte e sete e meio pontos percentuais). Assim, alguns servidores entregariam para o mesmo ente (a União é a credora das duas exações) praticamente metade (a sistemática de cálculo não permite a simples soma de alíquotas) dos seus rendimentos.

O tributo em questão saía, então, da zona cinzenta e se revelava claramente confiscatório. Assim entendeu a Suprema Corte, conforme demonstra a manifestação do Relator Ministro Celso de Mello (grifou-se):

> "Não obstante as ponderações feitas, entendo que possui inquestionável relevo jurídico a arguição de que as alíquotas progressivas instituídas pelo art. 2.º da Lei 9.783/1999 – **especialmente porque agravadas pelo ônus resultante do gravame tributário representado pelo imposto sobre a renda das pessoas físicas – revestir-se-iam de efeito confiscatório vedado pelo art. 150, IV, da Constituição**" (STF, Tribunal Pleno, ADI-QO 2.010/DF, Rel. Min. Celso de Mello, j. 13.06.2002, *DJ* 28.03.2003, p. 62).

Em provas de concurso público, o entendimento do STF tem sido frequente objeto de cobrança das bancas examinadoras. A título de exemplo, o CEBRASPE, no concurso para Juiz Federal realizado em 2013, apresentou aos candidatos a seguinte assertiva (**correta**): "Configura-se o caráter confiscatório de determinado tributo sempre que o efeito cumulativo, resultante das múltiplas incidências tributárias estabelecidas pela mesma entidade estatal, afetar, substancialmente e de maneira irrazoável, o patrimônio ou os rendimentos do contribuinte".

2.8.2 Perspectivas dinâmica e estática da tributação do patrimônio

A tributação do patrimônio pode ser analisada sob as perspectivas **estática** e **dinâmica**.

Na **perspectiva estática**, analisa-se a tributação do **patrimônio em si mesmo**, não havendo preocupação em se aferir potenciais mutações que acresçam o valor do bem tributado. Como exemplos, têm-se o IPVA, o IPTU e o ITR, que incidem normalmente sobre a propriedade de determinado bem, em certo momento na linha do tempo, sendo calculados sobre o valor do bem tributado numa data especificada em lei.

Na **perspectiva dinâmica**, levam-se em consideração as **potenciais mutações que constituam acréscimos patrimoniais**, como é o caso do rendimento produzido por um imóvel (aluguel).

Perceba-se que a propriedade estaticamente considerada é um fato perene, que se protrai no tempo. Assim, somente por ficção é que se afirma que a cada dia 1.º de janeiro ocorre novo fato gerador do IPTU. Como o fato é único e a riqueza tributada não é renovável, a repetição ano a ano da cobrança resultaria em confisco, pois, a cada incidência, parcela da riqueza do contribuinte estaria sendo entregue ao Estado, num lento (às vezes nem tanto) processo confiscatório. Não obstante esse raciocínio, a mesma Constituição que proíbe a existência de tributo com efeito confiscatório expressamente autoriza a tributação do patrimônio, deixando entrever que não só o aspecto estático deve ser levado em consideração para que se configure o vedado efeito confiscatório.

Para solucionar o aparente conflito, parte da doutrina propõe que a análise leve em consideração **a riqueza que o bem tributado é capaz de gerar**. Assim, admitindo-se que determinado imóvel é capaz de gerar anualmente rendimento de aluguéis equivalente a 6% do seu valor venal, tal rendimento deveria também ser considerado para a análise do caráter confiscatório ou não do tributo.

Seguindo-se essa linha de raciocínio, seria correto afirmar que os impostos sobre o patrimônio, sob a perspectiva estática, são, por definição, confiscatórios, não o podendo ser, contudo, sob a perspectiva dinâmica, que leva em consideração a possibilidade de a propriedade tributada gerar renda.

Digno de nota que a análise aqui realizada não considera os impostos de transmissão como verdadeiros "impostos sobre o patrimônio", uma vez que seus fatos geradores não são definidos como "ser proprietário" de algo, mas sim "transferir" a propriedade desse algo, o que os caracteriza como um imposto sobre fatos ou negócios jurídicos.

Não obstante, o Código Tributário Nacional dispõe sobre o imposto de transmissão nos seus arts. 35 a 42, que fazem parte de um Capítulo denominado "Impostos sobre o Patrimônio e a Renda", o que permite afirmar que, do ponto de vista legal, os impostos de transmissão são considerados impostos sobre o patrimônio (à época da edição do Código, somente havia um imposto de transmissão estadual, que cobria a maior parte dos fatos hoje tributados pelo ITBI municipal e pelo ITCMD estadual).

Adotada essa premissa, merece destaque o entendimento do jurista Aires Barreto, explicitado em famosa palestra publicada na Revista de Direito Tributário (*Vedação ao efeito de confisco*, Revista de Direito Tributário. São Paulo, v. 64, 1994, p. 10), no sentido de que "podem ser confiscatórios os impostos sobre o patrimônio – quer considerados na sua perspectiva estática (propriedade imobiliária), quer na sua perspectiva dinâmica (transmissão de propriedade imobiliária)". Assim, percebe-se que o estudioso tratou o imposto de transmissão *causa mortis* como um tributo que grava o patrimônio na sua perspectiva dinâmica (assim entendida a mudança de propriedade), riqueza não renovável, cuja tributação, nesse contexto, configuraria um confisco constitucionalmente autorizado (uma vez que a CF/1988 autoriza a criação do tributo).

A tese ora analisada, ao defender que a Constituição Federal autoriza a instituição de certos tributos inevitavelmente confiscatórios – ao menos sob certa perspectiva – pode gerar insegurança aos que se preparam para provas de concursos públicos, tendo em vista a expressa vedação constante do art. 150, IV, da própria Carta Magna. No entanto, nos raros casos em que as bancas examinadoras abordaram o tema sob tal ótica, as questões propostas expressamente se referiram às perspectivas estática e dinâmica da tributação. Foi o que ocorreu, por exemplo, em famosa questão proposta pela saudosa ESAF no concurso para Auditor-Fiscal da Receita Federal, com provas aplicadas em 2002, sendo consideradas **corretas** afirmativas no sentido da possibilidade de caráter confiscatório: a) dos impostos sobre o patrimônio, na sua perspectiva estática e b) do imposto de transmissão *causa mortis,* na sua perspectiva dinâmica.

Convém registrar, contudo, que a jurisprudência brasileira tende a analisar o princípio do não confisco sob a ótica da razoabilidade e da proporcionalidade, conforme detalhado nos itens anteriores. No que concerne às provas de concurso público que abordam a matéria, a tendência é considerar que nenhum tributo pode ser confiscatório e interpretar o alcance do princípio adotando o citado entendimento jurisprudencial.

2.8.3 Pena de perdimento e confisco

A pena de perdimento de bens foi recepcionada pela Constituição Federal de 1988, notadamente pelo art. 5º, XLVI, *b*. **Não há que se confundir possibilidade de aplicação de pena de perdimento com tributo confiscatório.** O tributo não é sanção por ato ilícito (CTN, art. 3º). A pena de perdimento, como a própria designação demonstra, tem caráter punitivo.

Nada impede, portanto, que, em caso de grave infração tributária, a legislação específica preveja como punição o perdimento de bens.

O STF adota essa linha de raciocínio, como bem demonstra o seguinte excerto:

> "Importação – Regularização fiscal – Confisco. Longe fica de configurar concessão, a tributo, de efeito que implique confisco decisão que, a partir de normas estritamente legais, aplicáveis a espécie, resultou na perda de bem móvel importado" (STF, 2.a T., AI 173.689-AgR/DF, Rel. Min. Marco Aurélio, j. 12.03.1996, *DJ* 26.04.1996, p. 13.126).

2.8.4 Taxas e princípio do não confisco

Com relação às taxas, a análise da ocorrência ou inocorrência de confisco é feita de maneira diferente. O motivo da diferenciação é que, ao contrário dos impostos, as taxas não têm como fato gerador uma manifestação de riqueza do contribuinte e não se fundamentam na ideia de solidariedade social.

As taxas têm caráter **contraprestacional**, remunerando o Estado por uma atividade especificamente voltada para o contribuinte. Justamente por conta disso, **a verificação do caráter confiscatório da taxa é feita comparando-se o custo da atividade estatal com o valor cobrado a título de taxa**.

Se é correto afirmar que é difícil definir com precisão o custo de uma determinada atividade estatal, também é lícito afirmar que, em determinadas situações, o valor cobrado do contribuinte é exagerado, desproporcional. Nesses casos, o confisco está configurado.

Nessa linha, são extremamente pedagógicas as seguintes palavras do STF (grifou-se):

> "A taxa, enquanto contraprestação a uma atividade do Poder Público, não pode superar a relação de razoável equivalência que deve existir entre o custo real da atuação estatal referida ao contribuinte e o valor que o Estado pode exigir de cada contribuinte, considerados, para esse efeito, os elemen-

tos pertinentes às alíquotas e à base de cálculo fixadas em lei. **Se o valor da taxa, no entanto, ultrapassar o custo do serviço prestado ou posto à disposição do contribuinte, dando causa, assim, a uma situação de onerosidade excessiva, que descaracterize essa relação de equivalência entre os fatores referidos (o custo real do serviço, de um lado, e o valor exigido do contribuinte, de outro), configurar-se-á, então, quanto a essa modalidade de tributo, hipótese de ofensa à cláusula vedatória inscrita no art. 150, IV, da Constituição da República**" (STF, Tribunal Pleno, ADI 2.551-MC-QO/MG, Rel. Min. Celso de Mello, j. 02.04.2003, *DJ* 20.04.2006, p. 5).

Foi na esteira desse entendimento que o Supremo Tribunal Federal considerou confiscatória a Taxa de Controle, Acompanhamento e Fiscalização das Atividades de Exploração e Aproveitamento de Recursos Hídricos – TFRH, cobrada pelo Estado do Amapá, em virtude do exercício de poder de polícia por sua Secretaria do Meio Ambiente. O Tribunal percebeu que o produto da arrecadação da taxa era de quase dez vezes o orçamento total da Secretaria e que a própria lei instituidora destinava 70% daquele montante à conta única do tesouro estadual, de forma a demonstrar a existência de finalidade arrecadatória, em claro descompasso com o necessário caráter contraprestacional que deve presidir a criação uma taxa. Estava, assim, configurado o confisco vedado pelo art. 150, IV, da Constituição Federal (ADI 6.211/AP).

Para uma análise mais detalhada da questão relativa à base de cálculo das taxas e à necessidade de correlação com o valor da atividade estatal, remete-se o leitor ao item 1.4.3.3 do Capítulo 1.

2.8.5 Multas e princípio do não confisco

Conforme demonstrado no item 2.8.1, apesar de o texto literal do art. 150, IV, da Constituição anunciar o não confisco como um princípio relacionado aos tributos, o Supremo Tribunal Federal, no julgamento da ADI 551/RJ, considerou-o **igualmente aplicável às multas tributárias** (multas decorrentes do descumprimento de obrigação tributária).

Se para os tributos não há um limite exato a partir do qual se possa assegurar ter a exação efeito confiscatório, mas apenas parâmetros a serem observados na análise do caso concreto (totalidade da carga tributária imposta pelo mesmo ente sobre uma mesma manifestação de riqueza); no tocante às multas, a mesma afirmação já não pode ser feita, pois a Suprema Corte, em diversos julgados, tem fixado limites máximos para a cobrança.

Por força do art. 146, III, da CRFB/1988, as limitações qualitativas e quantitativas às sanções tributárias, a rigor, deveriam estar previstas em lei complementar definidora de normas gerais. No entanto, como a referida regulação legal de limites ainda não existe no ordenamento brasileiro, e diante da necessidade de evitar que as reprimendas impostas aos contribuintes infratores da legislação tributária adquiram viés confiscatório, o Poder Judiciário, quando provocado, tem adotado parâmetros, baseados na razoabilidade e na proporcionalidade, que concretizam a vedação ao confisco.

Existem dois tipos de multas tributárias – as moratórias e as punitivas (há quem fale em três tipos, por dividirem as punitivas em **isoladas** e **acompanhadas do lançamento de ofício do tributo**). As **multas moratórias** são devidas em razão da impontualidade injustificada no adimplemento da obrigação tributária; ao passo que as **multas punitivas** (ou de ofício) são aplicadas quando o contribuinte descumpre normas previstas na legislação tributária. Enquanto o primeiro tipo de sanção visa a desestimular o mero atraso, destacando-se por seu caráter pedagógico; o segundo tipo tem a clara finalidade de, como o próprio nome sugere, punir o contribuinte.

Em relação às **multas punitivas**, desde o emblemático julgamento do RE 833.106/GO, em 2014, o STF tem reiteradamente afirmado – o que permite concluir tratar-se de entendimento pacífico – que possui caráter confiscatório a sanção que ultrapassar o valor da obrigação tributária principal. No marco citado, a Corte considerou inconstitucional disposição constante de lei tributária do Estado de Goiás que estabelecia multa de ofício de 120% do valor do tributo. A tese prevalente, reproduzida nos julgados que se seguiram (vide, por exemplo, RE 748.257-AgR/SE, RE 657.372-AgR/RS e AI 838.302-AgR/MG), é a de que o valor da obrigação principal deve funcionar como um limitador da norma sancionatória, de modo a serem reputadas abusivas as multas superiores a **100%** (cem por cento) do tributo devido.

Em 2024, ao analisar as multas previstas na Lei nº 9.430/96 – atualizada pela Lei nº 14.689/23 –, o STF, no julgamento do RE 736.090/SC, de reconhecida **repercussão geral**, reafirmou o limite de 100% do débito tributário para as multas de ofício aplicadas em virtude de **sonegação, fraude ou conluio**, porém admitiu, em casos de **reincidência** do sujeito passivo nesse tipo de infração, o agravamento da sanção pecuniária para patamar correspondente a **até 150%** do crédito tributário, de acordo com o grau de reprovabilidade da conduta do agente no caso concreto.

A Corte não ignorou a necessidade de a matéria ser disciplinada por lei complementar de caráter nacional, mas, diante da ausência dessa norma, considerou razoáveis e proporcionais as limitações previstas na Lei nº 9.430/96 (com redação dada pela Lei nº 14.689/23), adotando-as como referência para todos os entes federativos, até que sobrevenha a norma reclamada pelo art. 146, III, da CRFB/1988. A importância da decisão decorre da tese de repercussão geral dela resultante, assim redigida (Tema nº 863):

> "Até que seja editada lei complementar federal sobre a matéria, a multa tributária qualificada em razão de sonegação, fraude ou conluio limita-se a

100% (cem por cento) do débito tributário, podendo ser de até 150% (cento e cinquenta por cento) do débito tributário, caso se verifique a reincidência definida no art. 44, § 1º-A, da Lei nº 9.430/96, incluído pela Lei nº 14.689/23, observando-se, ainda, o disposto no § 1º-C do citado artigo" (STF, Pleno, RE 736.090/SC, Rel. Dias Toffoli, j. 03/10/2024, Dje 28/11/2024).

Para garantir segurança às relações jurídicas, o Tribunal modulou os efeitos da decisão, estabelecendo que a tese supracitada somente deve produzir efeitos a partir da edição da Lei nº 14.689/23, ressalvados desses efeitos as ações judiciais e os processos administrativos pendentes de conclusão até a referida data, bem como os fatos geradores ocorridos até a mesma data em relação aos quais não tenha havido o pagamento de multa.

Quanto às **multas moratórias**, a Primeira Turma da Corte, ao julgar o AI 727.872 AgR/RS, em 2015, considerou arbitrária multa fixada em 30% (trinta por cento), reduzindo-a ao patamar de 20% (vinte por cento), compreendido como mais adequado ao caráter pedagógico da sanção. O mesmo raciocínio foi adotado no RE 938.538-AgR/ES, inclusive fazendo parte de sua ementa, o que indica que também pode vir a se consolidar, no âmbito do STF, um limite máximo para multas moratórias, correspondente a **20%** (vinte por cento) do tributo devido.

As bancas examinadoras, nas provas de concurso público, costumam abordar a matéria de maneira principiológica – a simples aplicação do princípio do não confisco às multas tributárias –, sem adentrar no mérito da estipulação de limites máximos para a exação. Nessa linha, o CEBRASPE, no concurso para Advogado da União realizado em 2015, considerou **correta** a assertiva: "O princípio da vedação à utilização de tributo com efeito de confisco, previsto expressamente na CF/1988, aplica-se igualmente às multas tributárias, de modo a limitar, conforme jurisprudência pacífica do STF, o poder do Estado na instituição e cobrança de penalidades".

A mesma banca, no concurso para Auditor Fiscal do Estado do Rio Grande do Sul realizado em 2018, até chegou a quantificar a multa e exigir que os candidatos soubessem caracterizá-la como confiscatória, mas o fez abordando caso semelhante ao julgado na ADI 551/RJ (ver item 2.8.1), atribuindo à sanção um valor tão elevado que seu efeito confiscatório se tornava notório e indiscutível. O item, considerado **correto**, continha a seguinte redação: "Após regular processo administrativo, determinado auditor tributário aplicou multa a contribuinte, em decorrência do não recolhimento de imposto. O valor da multa corresponde ao dobro do montante não recolhido com base em previsão legal. Nessa situação hipotética, houve violação do princípio do não confisco, dado o valor da multa aplicada".

2.9 PRINCÍPIO DA LIBERDADE DE TRÁFEGO

O inciso V do art. 150 da CF/1988 proíbe os entes federados de "estabelecer limitações ao tráfego de pessoas ou bens, por meio de tributos interestaduais ou intermunicipais, ressalvada a cobrança de pedágio pela utilização de vias conservadas pelo Poder Público".

O objetivo do legislador constituinte foi evitar que os entes políticos criassem tributos (normalmente taxas) incidentes sobre a passagem de pessoas e bens em seus territórios. A situação era relativamente comum no passado – os tributos eram criados com finalidade arrecadatória, mas acabavam restringindo o direito das pessoas de se locomoverem livremente no território nacional de posse dos seus bens (hoje, previsto no art. 5º, XV, da CF/1988).

A regra possui exceções. A primeira é a **possibilidade de cobrança do ICMS interestadual**. Por ser um gravame incidente também sobre operações que destinam a outro Estado determinados bens e sobre a prestação de determinados serviços, o tributo interestadual acaba por constituir uma limitação ao tráfego de bens pelo território nacional. **Como a cobrança tem fundamento constitucional** (CF, art. 155, II, e § 2º, VII), **é plenamente válida**, não havendo que se discutir sua legitimidade.

No que se refere ao **pedágio**, a questão é bastante controversa, principalmente com relação a sua natureza jurídica (tributária ou não).

Por uma questão de lógica, é possível afirmar que o legislador constituinte originário imaginou o pedágio como um tributo. O raciocínio é bastante simples: só se exclui de uma regra algo que, não fora a disposição excludente, faria parte da regra.

Assim, seria absurdamente ilógico afirmar que "todo ser humano possui direito à liberdade, excetuados os gatos e cachorros". A frase não faz sentido, pois gatos e cachorros não são seres humanos e, portanto, não fazem parte da regra, não precisando ser excetuados.

Seguindo a mesma linha de raciocínio, há de se perceber que, quando a Constituição Federal de 1988 afirmou que sobre determinada situação não se pode instituir tributos, *ressalvada a cobrança de pedágio*, é porque, ao menos para o legislador constituinte, o pedágio seria um tributo. Nesse contexto, registra-se a existência de famoso precedente em que o Supremo Tribunal Federal considerou ser tributo da espécie taxa o "selo-pedágio" instituído pela Lei 7.712/1988 (RE 181.475/RS). No entanto, segundo o próprio STF, o antigo "selo-pedágio" tinha peculiaridades inexistentes no regime jurídico a que se submetem os modernos pedágios atuais, de forma que a correta aferição da natureza jurídica destes não pode ser feita mediante a adoção do citado julgado como paradigma.

O principal motivo apontado pela Suprema Corte para a diferenciação do regime jurídico dos **pedágios atuais** quando comparado ao do **"selo-pedágio"**, é que este era **cobrado de forma compulsória de todos os usuários de rodovias federais, independentemente da frequência de uso**; já os pedágios modernos somente são **devidos quando e cada vez que haja uso da rodovia.** A distinção, ainda no entender do STF, importa o reconhecimento da **ausência de caráter compulsório dos pedágios atuais, o que lhes retira a natureza tributária**, do que resulta seu enquadramento como **exações de natureza contratual** (**preços públicos**). Em termos práticos, o STF acabou reconhecendo que o pedágio previsto pelo Decreto 34.417/1992, do Estado do Rio Grande do Sul, por ter natureza contratual, não se sujeita ao princípio da legalidade estrita, sendo, portanto, legítima sua disciplina por norma de caráter infralegal (ADI 800/RS).

Ao que parece, a Suprema Corte desconsiderou a existência de taxas que somente são devidas quando e cada vez que haja a utilização efetiva do serviço público que remuneram. É o caso, por exemplo, das taxas judiciárias (custas judiciais), que remuneram serviço público específico e divisível (jurisdição) cuja utilização efetiva é imprescindível para que a cobrança seja possível. Mesmo diante desse aspecto, as taxas judiciárias são pacificamente reconhecidas como tributos pelo próprio STF (ADI 1.378-MC/ES). Da mesma forma, é fácil perceber que, na sistemática do selo-pedágio, quem jamais utilizasse rodovias federais não se sujeitava ao tributo, apesar de que quem as utilizasse devia pagá-lo independentemente da quantidade de usos. Fica assim demonstrado que a compulsoriedade apontada pelo STF também dependia da efetiva utilização, o que, ao invés de afastar, na realidade aproxima a sistemática do extinto "selo-pedágio" daquela adotada nos pedágios atuais.

Polêmicas à parte, é fundamental entender que a celeuma sempre se restringiu aos casos de **pedágios instituídos e cobrados pelo Poder Público em virtude da utilização de vias por ele conservadas**. No que concerne à sistemática mais comum dos dias atuais, em que a conservação da via é atribuída **a particulares em regime de concessão**, forma contratual de delegação, não houve qualquer novidade, sendo também **contratual o regime jurídico do pedágio cobrado**, que, ainda com mais razão, **será enquadrado como tarifa ou preço público** (aqui as expressões são usadas como sinônimas, mas quem as diferencia aponta que o preço público é cobrado pela própria Administração Pública, enquanto a tarifa é cobrada pelos seus delegatários).

Confirmando o caráter contratual do pedágio cobrado por concessionários de rodovias, a Lei 10.233/2001, ao instituir a Agência Nacional de Transportes Terrestres – ANTT –, previu no seu art. 26:

"Art. 26. Cabe à ANTT, como atribuições específicas pertinentes ao Transporte Rodoviário:

(...)

VI – publicar os editais, julgar as licitações e celebrar os **contratos de concessão** de rodovias federais a serem exploradas e administradas por terceiros;

(...)

§ 2º Na elaboração dos editais de licitação, para o cumprimento do disposto no inciso VI do **caput** deste artigo, a ANTT promoverá a compatibilização da **tarifa do pedágio** com as vantagens econômicas e o conforto de viagem proporcionados aos usuários em decorrência da aplicação dos recursos de sua arrecadação no aperfeiçoamento da via em que é cobrado, bem como a utilização de sistema tarifário que guarde maior proporcionalidade com o trecho da via efetivamente utilizado. (Redação dada pela Lei nº 14.157, de 2021)

Na linha do que foi explanado, fica fácil perceber que, no caso de concessão da administração e exploração de rodovias **por terceiros** (particulares), o valor cobrado pela utilização será necessariamente **tarifa** (preço público), exação de direito privado. Por conseguinte, não estará o concessionário sujeito às amarras do Direito Tributário (legalidade, anterioridade, noventena, entre outras estudadas neste Capítulo 2), nem gozará de algumas das prerrogativas típicas do regime publicista (compulsoriedade, privilégios processuais etc.).

Em suma, diante da tese abraçada pela Suprema Corte a partir do ano de 2014 (ADI 800/RS), aconselha-se aos que pretendem se submeter a provas de concurso público que **sempre considerem o pedágio um preço público**, ressalvadas exclusivamente as eventuais questões que abordem modelos semelhantes ao do extinto "selo-pedágio", em que o Poder Público cobre um valor que não varie em função da quantidade de utilizações que o contribuinte faça da via pedagiada. Nestas hipóteses, a exação deve, ainda, ser considerada um **tributo da espécie taxa**.

2.10 VEDAÇÕES ESPECÍFICAS À UNIÃO – A PROTEÇÃO AO PACTO FEDERATIVO

A Constituição Federal de 1988 traz, em seu art. 151, três vedações voltadas especificamente à União. O claro objetivo do dispositivo é proteger o pacto federativo, impedindo ao ente que tributa em todo o território nacional a utilização desse poder como meio de submeter os entes menores à sua vontade, tolhendo-lhes a autonomia.

São regras protegidas por **cláusula pétrea**, em virtude de se configurarem como verdadeiras garantias da Federação (CF, art. 60, § 4º, I).

2.10.1 O princípio da uniformidade geográfica da tributação

Este princípio está previsto no inciso I do art. 151 da CF/1988, que veda à *União* "instituir tributo que não seja uniforme em todo o território nacional ou que implique distinção ou preferência em relação a Estado, ao Distrito Federal ou a Município, em detrimento de outro, admitida a concessão de incentivos fiscais destinados a promover o equilíbrio do desenvolvimento socioeconômico entre as diferentes regiões do País".

Não pode a União, portanto, estipular diferentes alíquotas do imposto sobre a renda, nos distintos Estados da Federação. Caso a alíquota fosse menor, a título de exemplo, no Estado de São Paulo, os demais Estados estariam sendo ilegitimamente diferenciados, o que poria em risco a Federação.

O mesmo dispositivo que prevê a regra traz também a exceção, ao permitir a diferenciação com a finalidade extrafiscal de diminuir as diferenças de desenvolvimento socioeconômico entre as diferentes regiões do País.

A possibilidade está em plena consonância com o art. 3º da Magna Carta, que inclui, entre os objetivos da República Federativa do Brasil, o de reduzir as desigualdades sociais e regionais. Foi com fundamento nesse objetivo que a Constituição Federal de 1988 previu, no art. 40 do ADCT, a manutenção da Zona Franca de Manaus, com suas características de área livre de comércio, de exportação e importação, e de incentivos fiscais, pelo prazo de vinte e cinco anos, a partir da promulgação da Constituição. A EC 42/2003 acrescentou dez anos a esse prazo, que depois tornou a ser prorrogado, desta vez por mais 50 anos, pela EC 83/2014.

Exemplo marcante do regime jurídico tributário privilegiado a que está submetida a Zona Franca de Manaus é a concessão, às remessas de mercadorias de origem nacional para consumo ou industrialização naquela região, do mesmo tratamento privilegiado de que gozam as exportações para o estrangeiro (Decreto-lei 288/1967, art. 4º). Com base nessa regra, o STJ entende que o Regime Especial de Reintegração de Valores Tributários para as Empresas Exportadoras – REINTEGRA, que tem como objetivo devolver parcial ou integralmente o resíduo tributário remanescente na cadeia de produção de bens exportados (Lei nº 13.043/2014, art. 21), é igualmente aplicável nas mencionadas remessas para a Zona Franca. Nesse sentido, o Tribunal editou a Súmula 640, nos termos transcritos a seguir:

> **STJ – Súmula 640** – "O benefício fiscal que trata do Regime Especial de Reintegração de Valores Tributários para as Empresas Exportadoras (REINTEGRA) alcança as operações de venda de mercadorias de origem nacional para a Zona Franca de Manaus, para consumo, industrialização ou reexportação para o estrangeiro".

Foi também com base nas mesmas diretrizes que o STF, no julgamento do RE 592.145/SP (repercussão geral), considerou constitucional o tratamento tributário diferenciado previsto no art. 2º da Lei 8.393/1991, que, quando vigente, concedia isenção de IPI para os produtores de açúcar situados nos Estados do Norte e do Nordeste, bem como autorizava a redução da alíquota do imposto em até 50% para os localizados no Rio de Janeiro e no Espírito Santo. Para a Corte, o incentivo fiscal não acarretara preferência desarrazoada entre Estados-Membros, justificando-se pelas peculiaridades dos contribuintes situados nas regiões indicadas.

De fato, quando a diferenciação é pautada pela razoabilidade e pela proporcionalidade e tem por objetivo a redução de desigualdades sociais e regionais, como no caso citado, não há ofensa aos princípios federativo, da isonomia tributária, da uniformidade geográfica dos tributos federais e da livre concorrência.

É verdade que, em algumas situações, o benefício concedido parece caminhar na contramão do princípio da **isonomia**. A situação é praticamente inevitável, pois, ao conceder benefícios fiscais com o objetivo de atrair grandes empresas para regiões menos desenvolvidas do País, acaba-se por negar o mesmo tratamento a empresas de menor potencial econômico que estejam instaladas nas regiões mais prósperas. A benesse não é extensiva, portanto, a entidades que estão entre as que mais dela precisam, mas terá como consequência uma melhoria na qualidade de vida de um grupo bem maior de pessoas, justamente as residentes em regiões subdesenvolvidas, e que têm nas ações do Estado uma das últimas esperanças de melhoria de suas condições econômico-sociais.

O Supremo Tribunal Federal entende que a concessão de isenção se funda no **juízo de conveniência e oportunidade** de que gozam as autoridades públicas na implementação de suas políticas fiscais e econômicas. Portanto, como regra, **não cabe ao Poder Judiciário, que não pode se substituir ao legislador, estender isenção a contribuintes não contemplados pela lei, a título de isonomia** (STF, 1.ª T., RE 344.331/PR, Rel. Min. Ellen Gracie, j. 11.02.2003, *DJ* 14.03.2003, p. 40).

Digno de nota que, em 2020, no julgamento da ADO 30/DF, o STF proferiu decisão que excetuou essa consagrada jurisprudência e acabou, por motivos bastante peculiares, por realizar uma extensão de isenção a categoria não inicialmente contemplada pela lei. A decisão é analisada detalhadamente no item 4.3.1 do Capítulo 4.

2.10.2 Princípio da uniformidade da tributação da renda – Vedação à utilização do IR como instrumento de concorrência desleal

Segundo o art. 151, II, da CF/1988, é vedado à União "tributar a renda das obrigações da dívida pública dos Estados, do Distrito Federal e dos Municípios, bem como a remuneração e os proventos dos respectivos agentes públicos, em níveis superiores aos que fixar para suas obrigações e para seus agentes".

A restrição, **aplicável exclusivamente ao imposto sobre a renda**, visa evitar que a União utilize o tributo como um meio de **concorrer deslealmente** no "mercado" de títulos da dívida pública e na seleção de servidores públicos.

Em primeiro lugar, deve-se entender que quando um particular adquire um título da dívida pública emitido por um ente federado, o adquirente está, em termos práticos, concedendo um empréstimo ao ente.

O particular realiza o investimento por interesse na taxa de juros que remunera tal título. Quando o ente emissor do título quitar sua obrigação, pagando o valor do principal mais os juros legais, o particular estará obtendo um rendimento do capital aplicado, estando sujeito, por conseguinte, ao pagamento do imposto sobre a renda.

Perceba-se que **não se está a tributar o rendimento do ente federado que emitiu o título** (o que seria vedado pelo art. 150, VI, *a*, da CF/1988); o que se tributa é a **renda gerada pela operação**, que é **rendimento do particular adquirente do título**.

No que concerne a tais operações, o que a Constituição Federal impede no art. 151, II, é que a União tribute os rendimentos gerados pelos títulos estaduais e municipais de maneira mais gravosa que aqueles gerados pelos títulos que ela própria emite. Se assim não fosse, a União poderia concorrer deslealmente no mercado de títulos, pois haveria a tendência de o investidor preferir adquirir títulos federais em face da tributação privilegiada.

A segunda vedação constante no dispositivo impede que a União tribute os rendimentos dos servidores públicos estaduais e municipais de maneira mais gravosa do que aquela estipulada para os servidores públicos federais.

A rigor, a previsão expressa da restrição é desnecessária, visto que a mesma já seria consequência natural do princípio da **isonomia**, estatuído no art. 150, II, da CF/1988, dispositivo em que se proíbe qualquer distinção de tratamento que tome por base ocupação profissional ou função exercida.

Supõe-se que a explicitação do dispositivo dentro de um artigo que protege a Federação e, de maneira mais específica, dentro de um inciso que tenta evitar a concorrência desleal, tem por objetivo demonstrar que o tratamento tributário beneficiado aos servidores públicos federais teria como consequência uma concorrência desleal da União na seleção dos seus servidores públicos, pois seria possível imaginar que os melhores servidores se sentiriam mais atraídos por fazer carreira no serviço público federal, se, diante de remunerações semelhantes, existisse tratamento mais gravoso nos serviços públicos estadual e municipal.

2.10.3 Princípio da vedação às isenções heterônomas

A isenção é forma de exclusão do crédito tributário (assunto a ser detalhado em capítulo futuro) consistente na **dispensa legal do pagamento do tributo**. É benefício fiscal concedido exclusivamente por lei, em regra elaborada pelo ente que tem competência para a criação do tributo.

Assim, é lícito afirmar que **o poder de isentar é natural decorrência do poder de tributar**. Em outras palavras, a regra é que as isenções sejam

autônomas (ou autonômicas), porque concedidas pelo ente federado a quem a Constituição atribuiu a competência para a criação do tributo. A regra está prevista no art. 151, III, cuja redação veda à União "instituir isenções de tributos da competência dos Estados, do Distrito Federal ou dos Municípios". Por simetria, é também possível afirmar que os Estados não podem conceder isenção de tributos municipais.

A vedação é importante garantia protetora do pacto federativo, pois impede que os entes maiores, por ato próprio, interfiram na arrecadação dos entes menores, pondo-lhes em risco a autonomia.

A proibição é novidade da Constituição Federal de 1988, pois se contrapõe à Constituição de 1967, que, no seu art. 19, § 2.º, dispunha que "a União, mediante lei complementar e atendendo o relevante interesse social ou econômico nacional, poderá conceder isenções de impostos estaduais e municipais".

Seguindo a linha aqui exposta, no concurso para AFRF realizado em 2005, a saudosa ESAF propôs o seguinte item: "Com o advento da Constituição de 1988, a concessão da isenção heterotópica passou a ser proibida (art. 151, III)".

O gabarito apontou a assertiva como **correta**, uma vez que efetivamente a proibição de concessão de isenção heterotópica é novidade introduzida pela Constituição Federal de 1988. Todavia, o item **deveria ter sido anulado**, em virtude da existência de exceções à regra, como será analisado a seguir.

2.10.3.1 Isenções heterônomas constitucionalmente permitidas

Da maneira como o art. 151, III, da CF/1988 foi escrito, parece que o princípio constitui um obstáculo intransponível à existência das chamadas isenções **heterônomas** (ou heterotópicas), ou seja, aquelas concedidas por ente diferente daquele que tem competência para a criação do tributo.

Entretanto, o legislador constituinte originário achou por bem criar duas exceções expressas à regra, ambas relativas à exportação, ambas partes integrantes da diretriz econômica universalmente seguida de que não se deve exportar tributos, mas sim mercadorias e serviços.

A primeira exceção consta do art. 155, § 2º, XII, e, da CF/1988, cujo estudo aprofundado é realizado no item 14.2.11.1 do Capítulo 14.

Por ora, para a compreensão do tema sob análise, basta entender que a Carta Magna, em seu art. 155, § 2º, X, *a*, imuniza de ICMS as operações que destinem mercadorias para o exterior e os serviços prestados a destinatários no exterior. Contudo, logo em seguida, no inciso XII, alínea *e*, do mesmo dispositivo, o legislador constituinte autoriza que, ainda no âmbito das exportações para o exterior, lei complementar de caráter nacional exclua da incidência do imposto estadual outros produtos e serviços além dos mencionados na alínea *a* do inciso X.

Em outras palavras, a Constituição permite que a União conceda, por meio de lei complementar, **isenção heterônoma do ICMS incidente nas operações**

com serviços e outros produtos destinados ao exterior, além dos citados no art. 155, § 2º, X, *a*, da CF/1988.

A segunda exceção se refere à possibilidade de a União conceder, também via lei complementar, isenção heterônoma do **ISS, da competência dos Municípios, nas exportações de serviços para o exterior** (art. 156, § 3º, II).

Não há dúvida quanto à vigência do dispositivo e, apesar de alguns argumentos em sentido contrário, o entendimento majoritário é de que se trata de uma exceção à regra da vedação à existência de isenções heterônomas.

2.10.3.2 O caso da isenção decorrente de tratado internacional

Por fim, tecnicamente, é possível vislumbrar uma terceira exceção ao princípio que veda a concessão de isenções heterônomas. É a possibilidade de o **tratado internacional** conceder isenções de tributos estaduais e municipais.

Seguindo-se a interpretação estrita do art. 151, III, da CF/1988, tal possibilidade não existiria, pois a celebração do tratado internacional, assim como sua aprovação parlamentar, são realizadas no âmbito federal (Presidente da República e Congresso Nacional).

Assim, se o tratado concedesse uma isenção de tributo de competência dos Estados ou Municípios, haveria flagrante desrespeito à restrição constitucional, pois o benefício estaria sendo concedido pela União, o que é expressamente proibido.

Entretanto, entendendo que, no sistema presidencialista adotado pelo Estado brasileiro, o Presidente da República, agindo como **Chefe de Estado**, firma tratados internacionais em nome da **soberana República Federativa do Brasil** (Estado brasileiro) e não em nome da **autônoma União**, o STF decidiu que a concessão de isenção na via do tratado não é abrangida pelo princípio da vedação à concessão de isenção heterônoma.

Nessa linha, pode-se citar o acórdão proferido nos autos da ADI 1.600, em cuja ementa expressamente se afirma que o "âmbito de aplicação do art. 151, CF, é o das relações das entidades federadas entre si. Não tem por objeto a União quando esta se apresenta na ordem externa" (STF, Tribunal Pleno, ADI 1.600/UF, Rel. Min. Sydney Sanches, Rel. p/ Acórdão Min. Nelson Jobim, j. 26.11.2001, *DJ* 20.06.2003, p. 56).

O tema foi abordado de forma bastante pedagógica pelo CEBRASPE, em 2014, no concurso para Analista Legislativo da Câmara dos Deputados, em que se considerou **correto** o seguinte item: "A norma constitucional que veda a concessão de isenções tributárias heterônomas é inoponível ao Estado federal brasileiro (vale dizer, à República Federativa do Brasil), incidindo, unicamente, no plano das relações institucionais domésticas que se estabelecem entre as pessoas políticas de direito público interno. Nada impede, portanto, que o Estado Federal brasileiro celebre tratados internacionais que veiculem cláusulas de exoneração tributária em matéria de tributos locais, pois a República Federativa do Brasil estará praticando ato legítimo que se inclui na esfera de suas prerrogativas como pessoa jurídica de direito internacional público, que detém – em face das unidades meramente federadas – o monopólio da soberania e da personalidade internacional".

Os casos concretos mais relevantes se referem ao Acordo Geral Sobre Tarifas e Comércio – GATT –, tratado internacional multilateral do qual o Brasil faz parte, que, ao prever a equivalência de tratamento entre o produto importado, quando este ingressa no território nacional, e o produto similar nacional (regra do tratamento nacional), acaba por estender àquele isenções eventualmente concedidas a este (ver Capítulo 3, item 3.2.2.1.4).

Não obstante os efeitos práticos do entendimento, a matéria tornou-se controversa sob o ponto de vista puramente teórico, quando o próprio STF, apesar de reafirmar a possibilidade de o tratado internacional impedir a cobrança de tributos estaduais e municipais, passou a dizer que tal situação **não se enquadra no conceito de isenção heterônoma**.

Pela relevância do acórdão, transcreve-se abaixo sua ementa (RE 229.096/RS – grifou-se):

> "Direito Tributário. Recepção pela Constituição da República de 1988 do acordo geral de tarifas e comércio. Isenção de tributo estadual prevista em tratado internacional firmado pela República Federativa do Brasil. Artigo 151, inciso III, da Constituição da República. Artigo 98 do Código Tributário Nacional. **Não caracterização de isenção heterônoma**. Recurso extraordinário conhecido e provido. 1. A isenção de tributos estaduais prevista no Acordo Geral de Tarifas e Comércio para as mercadorias importadas dos países signatários quando o similar nacional tiver o mesmo benefício foi recepcionada pela Constituição da República de 1988. 2. O artigo 98 do Código Tributário Nacional 'possui caráter nacional, com eficácia para a União, os Estados e os Municípios' (voto do eminente Ministro Ilmar Galvão). 3. No direito internacional apenas a República Federativa do Brasil tem competência para firmar tratados (art. 52, § 2.º, da Constituição da República), dela não dispondo a União, os Estados-membros ou os Municípios. **O Presidente da República não subscreve tratados como Chefe de Governo, mas como Chefe de Estado, o que descaracteriza a existência de uma isenção heterônoma, vedada pelo art. 151, inc. III, da Constituição.** 4. Recurso extraordinário conhecido e provido."

Neste ponto, cumpre esclarecer que, dentro do contexto analisado, a palavra "**heterônoma**" quer demonstrar que a norma impeditiva da tributação **não decorre da autonomia** do ente federado que tem competência para instituir o tributo, tendo sido editada por outro ente. É por isso que se pode afirmar com absoluta precisão que, ao contrário das isenções, as **imunidades** são **sempre heterônomas, uma vez que são concedidas** diretamente pelo texto constitucional, não havendo, por parte do ente competente para a cobrança do tributo, autonomia para estabelecê-las. Nessa linha, é correto interpretar a imunidade como uma **limitação heterônoma constitucional ao poder de tributar**.

Se a própria jurisprudência do Supremo entende que tratado internacional sobre matéria tributária tem força de lei, quando tal espécie de norma impede a cobrança de um tributo, a benesse concedida é uma **isenção**. Como o ente responsável pela edição da norma – República Federativa do Brasil, pessoa jurídica de direito público internacional – é diferente daquele competente para a instituição do tributo, a isenção é ineludivelmente **heterônoma**. Aliás, se não o fosse, o que seria? Autônoma?

A rigor, a situação ora analisada realmente não é uma exceção à norma constante do art. 151, III, da CF/1988, pois tal dispositivo é direcionado expressamente à União, somente podendo ser consideradas verdadeiras exceções os casos em que ela (a União) possa isentar tributo alheio (casos do ICMS-exportações, com as citadas ressalvas, e do ISS-exportações).

Entretanto, há de se recordar que o princípio federativo tem como corolário natural a impossibilidade de concessão de quaisquer isenções heterônomas, o que impede, por exemplo, que os Estados-membros concedam isenções de tributos de competência dos seus Municípios (apesar de não haver vedação expressa neste sentido em nenhum dispositivo constitucional). Assim, é lídimo afirmar que a possibilidade de concessão de isenções em tratados internacionais é uma exceção ao princípio que veda isenções heterônomas, que é bem mais amplo que a disposição constante do art. 151, I, da CF/1988 (direcionada, repise-se, apenas à União).

Apesar do equívoco de ordem técnica, resta firmar o tradicional aviso aos que se preparam para as provas de concurso público, tendo em vista de que nelas o argumento da autoridade (STF) vale mais que a autoridade (poder de persuasão) do argumento. Assim, em tais certames, aconselha-se ao candidato considerar **possível a concessão de isenção de tributos estaduais e municipais mediante tratados internacionais**, mas **não qualificar tal hipótese como isenção heterônoma**, tendo em vista o transcrito acórdão lavrado por nossa Suprema Corte.

Em face do exposto, a visualização das regras e exceções pode ser feita da seguinte forma:

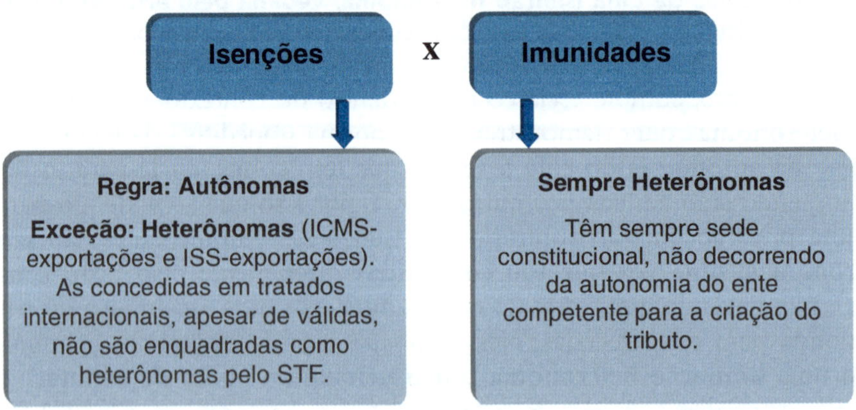

Há de se relembrar que as custas judiciais são tributos da espécie taxa, pagos pela prestação do serviço público específico e divisível da jurisdição. Assim, sujeitam-se às limitações tributárias, entre as quais a da vedação à concessão de isenções heterônomas.

Ocorre que existem leis federais estipulando casos de isenção de custas judiciais, mesmo quando o processo tramita na justiça estadual. Trata-se da isenção concedida pela União de tributo que é da competência dos Estados. Há fortes indícios de inconstitucionalidade das leis que abrigam tais normas.

Apesar de o assunto já ter sido debatido em votos, o STF ainda não tem um pronunciamento direto sobre a matéria.

No âmbito do STJ, apesar de não se referir diretamente ao art. 151, III, da CF/1988, existe uma súmula que parece caminhar no sentido da impossibilidade de a União conceder isenção de custas judiciais relativas a processos que tramitem no âmbito da justiça estadual. É a seguinte a redação da súmula:

> **STJ – Súmula 178 –** "O INSS não goza de isenção do pagamento de custas e emolumentos, nas ações acidentárias e de benefícios propostas na Justiça Estadual".

2.11 PRINCÍPIO DA NÃO DISCRIMINAÇÃO BASEADA EM PROCEDÊNCIA OU DESTINO

Este princípio é previsto no art. 152 da CF/1988 como aplicável exclusivamente aos Estados, ao Distrito Federal e aos Municípios, vedando-os estabelecer diferenças tributárias entre bens e serviços de qualquer natureza em razão de sua procedência ou destino.

Também aqui se tem uma importante regra protetiva do pacto federativo, visto que se proíbe que os entes locais se discriminem entre si.

A título de exemplo, não é lícito a um Estado criar adicionais, redutores ou quaisquer outras diferenças de tratamento tomando por base a procedência ou o destino da mercadoria.

Relembre-se, entretanto, que a União – e somente ela – está autorizada a estipular tratamento tributário diferenciado entre os Estados da Federação tendo por meta diminuir as desigualdades socioeconômicas tão comuns no Brasil (item 2.10.1). Providências semelhantes, portanto, não são lícitas aos Estados e Municípios, sob pena de grave risco ao pacto federativo.

A linha de raciocínio até aqui adotada, ligando umbilicalmente o princípio da não discriminação e o pacto federativo, parece conduzir ao entendimento de que a impossibilidade de tratamento diferenciado com base na procedência ou destino do bem ou serviço só é aplicável no **âmbito interno**, não impedindo o tratamento diferenciado quando o bem ou serviço é procedente do **exterior**.

Contudo, se a vedação constitucional proíbe discriminação com base em procedência, não podem os Estados, por exemplo, estatuir alíquotas mais elevadas de IPVA para veículos importados.

Essa proibição tem sede constitucional e é ratificada pela chamada **cláusula do tratamento nacional,** que prevê a equivalência de tratamento entre o produto importado, quando este ingressa no território nacional, e o produto similar nacional.

Para uma análise detalhada da matéria relativa à **cláusula do tratamento nacional**, prevista no Acordo Geral sobre Tarifas e Comércio – GATT, do qual o Brasil é signatário, recomenda-se a leitura do item 3.2.2.1.4 do Capítulo 3. Lá serão analisadas a jurisprudência do STJ e do STF sobre a matéria e a maneira como são elaboradas questões de prova envolvendo o assunto.

2.12 O PRINCÍPIO DA INDISPONIBILIDADE DO INTERESSE PÚBLICO E A CONCESSÃO DE BENEFÍCIOS FISCAIS

Um dos princípios basilares do Direito Público é a indisponibilidade do interesse e do patrimônio público.

O gestor público administra patrimônio de outrem, não podendo praticar atos dos quais resultem impactos negativos sobre tal patrimônio sem a autorização do verdadeiro titular das disponibilidades, o povo.

Em um Estado Democrático de Direito, o povo pode autorizar a prática de atos que configuram disponibilidade do patrimônio público por meio da elaboração de lei.

O crédito tributário é parte do patrimônio público. Os benefícios fiscais ora extinguem (remissão), ora excluem (isenção, anistia), ora diminuem (redução de base de cálculo, concessão de crédito presumido) o crédito tributário.

Como consequência, não é possível a concessão de benefícios fiscais por intermédio de qualquer ato infralegal. A restrição tem o salutar efeito de diminuir bastante a margem de manobra do Poder Executivo, dificultando-lhe a tentadora possibilidade de se utilizar da desoneração tributária como moeda de troca por vantagens pessoais da autoridade administrativa.

Referindo-se expressamente a esse fundamento, o Supremo Tribunal Federal considerou inconstitucional lei paraense que autorizava o Poder Executivo a conceder, mediante regulamento, remissão e anistia (ADI 3.462/PA). Na ementa do julgamento, a Corte, com tintas fortes e fundada no princípio constitucional da separação de Poderes, fez menção expressa à **reserva absoluta de lei formal**, uma vez que, conforme já detalhado neste Capítulo (item 2.5.3), o Parlamento, que tem o nobre mister de legislar, não pode se sentir proprietário de tal atribuição e aliená-la ao Executivo.

Recorde-se que é possível ao Chefe do Executivo editar leis delegadas, desde que autorizado pelo Parlamento, nos termos do art. 68 da Constituição Federal (referente ao Presidente da República, mas aplicável, por simetria, às demais esferas). Todavia, lei delegada é lei formal, mesmo que elaborada num processo legislativo peculiar, o que não se pode dizer do regulamento.

Em estrita consonância com o princípio da indisponibilidade do interesse e do patrimônio público, a Constituição Federal impõe, em seu art. 150, § 6º, que qualquer subsídio ou isenção, redução de base de cálculo, concessão de crédito presumido, anistia ou remissão, relativos a impostos, taxas ou contribuições, só poderá ser concedido mediante lei específica, federal, estadual ou municipal, que regule exclusivamente as matérias acima enumeradas ou o correspondente tributo ou contribuição, sem prejuízo do disposto no art. 155, § 2º, XII, *g*.

Perceba-se que, além de positivar o princípio, a Magna Carta faz mais, pois exige que a lei isentiva seja específica sobre a matéria. Esse e outros aspectos do dispositivo constitucional serão detalhados adiante.

2.12.1 Exigência de lei específica para a concessão de benefícios fiscais

Apesar de o tema se referir a uma limitação constitucional ao poder de tributar - o que, em razão do disposto no art. 146, II, da CF/1988, poderia induzir o leitor a pressupor a necessidade de edição de lei complementar -, a norma isentiva, por não estar regulando tal limitação, mas sim excluindo a tributação, poderá ser uma **lei ordinária**, salvo nos casos em que o próprio tributo isentado só possa ser criado por lei complementar.

O art. 150, § 6º, da Constituição exige que a lei veiculadora do benefício seja **específica**, disciplinando exclusivamente benefícios fiscais ou o correspondente tributo ou contribuição (a rigor, uma redundância, visto que as contribuições citadas são tributos).

O motivo da exigência de especificidade da lei é evitar a prática, infelizmente tão comum no Parlamento, de esconder benefícios fiscais dentro de leis que tratam de matéria totalmente diversa da tributária.

Na praxe legislativa brasileira, os projetos de lei ganham nomes que lhes identificam o conteúdo e facilitam a discussão da matéria. Assim, em vez de serem mencionados números, fala-se na "lei geral das microempresas", "lei dos transgênicos" etc.

Um grave problema ocorreria se, por exemplo, fosse escondida, dentro de uma hipotética lei que cria o "dia do homem", uma anistia às multas tributárias das empresas que descumpriram regras da legislação do IPI.

Seria possível que a lei tramitasse no Congresso Nacional sem que a maioria dos parlamentares tomasse conhecimento do benefício, o que configuraria uma agressão ao princípio da indisponibilidade do patrimônio público, pois os representantes do povo não teriam efetivamente analisado o mérito da questão.

Também é possível imaginar a perniciosa inclusão, por parte da oposição, de benefício fiscal dentro de uma lei importante, de interesse da situação, como mecanismo para "negociar" uma aprovação conjunta.

Entretanto, não se deve dar ao citado § 6º uma interpretação tão restritiva ao ponto de considerar inconstitucional a concessão de um benefício fiscal por uma lei que não trate exclusivamente de matéria tributária, pois a finalidade da restrição constitucional é impedir a inserção de benefícios fiscais em leis de conteúdo totalmente alheio àquele relativo ao benefício.

Nessa linha, transcreve-se abaixo pedagógica lição formulada pelo Ministro Ilmar Galvão, constante de voto por ele proferido nos autos da ADI 1.379-MC/AL:

> "Na verdade, o mencionado dispositivo constitucional não impede que uma lei que contemple, *v.g.*, um programa de financiamento agropecuário ou de incremento à construção de casas populares contemple a atividade com determinado incentivo fiscal. O benefício fiscal, aí, acha-se inter-relacionado com objetivo da lei, encontrando-se, portanto, atendido o requisito da especificidade. O que, a todas as luzes, teve por escopo a emenda constitucional em tela foi coibir velho hábito que induzia nosso legislador a enxertar benefícios tributários casuísticos no texto de leis, notadamente as orçamentárias, no curso do respectivo processo de elaboração, fenômeno que, no presente caso, não se verifica" (STF, Tribunal Pleno, ADI 1.379-MC/AL, Rel. Min. Maurício Corrêa, j. 24.04.1996, *DJ* 22.08.1997, p. 38.759).

Um caso emblemático discutido sob as luzes do dispositivo constitucional ora analisado foi a previsão contida no art. 13, § 3º, da LC 123/2006, que isentava as microempresas e empresas de pequeno porte optantes pelo Simples Nacional do pagamento da antiga contribuição sindical. Tal Lei, estudada no Capítulo 18 desta obra, não versa exclusivamente sobre a concessão de isenções (tampouco se dedicava, à época, à disciplina da contribuição sindical). A norma institui um tratamento diferenciado e favorecido a ser dispensado às microempresas e empresas de pequeno porte, englobando medidas de caráter não apenas tributário, mas também previdenciário, trabalhista, administrativo, dentre outras

Ao julgar a ADI 4.033/DF, ajuizada contra a regra isentiva, o STF entendeu haver total correlação entre o benefício analisado e a criação de um tratamento diferenciado e favorecido para as microempresas e empresas de pequeno porte, nos termos estatuídos na LC 123/2006, em consonância com a previsão constante do art. 146, III, *d*, da CF/1988.

Em termos mais técnicos, pode-se afirmar a existência de **pertinência temática** entre a isenção que fora concedida e a Lei em que ela havia sido inserida. De maneira bastante cuidadosa, a Suprema Corte também verificou que constavam dos arquivos do Congresso Nacional registros sobre discussões relativas ao benefício fiscal, de forma a demonstrar cabalmente a não ocorrência do principal problema que o legislador constituinte desejou evitar, qual seja a aprovação de norma exonerativa sem discussão pelo Parlamento.

Tendo em vista a importância do julgado, transcreve-se abaixo o trecho mais relevante da respectiva ementa:

> "1. Ação direta de inconstitucionalidade ajuizada contra o art. 13, § 3º, da LC 123/2006, que isentou as microempresas e empresas de pequeno porte optantes pelo Regime Especial Unificado de Arrecadação de Tributos e Contribuições devidos pelas Microempresas e Empresas de Pequeno Porte – Simples Nacional ('Supersimples'). 2. Rejeitada a alegação de violação da reserva de lei específica para dispor sobre isenção (art. 150, § 6º, da Constituição), uma vez que há pertinência temática entre o benefício fiscal e a instituição de regime diferenciado de tributação. Ademais, ficou comprovado que o Congresso Nacional não ignorou a existência da norma de isenção durante o processo legislativo. [...]
>
> 3.1. O fomento da micro e da pequena empresa foi elevado à condição de princípio constitucional, de modo a orientar todos os entes federados a conferir tratamento favorecido aos empreendedores que contam com menos recursos para fazer frente à concorrência. Por tal motivo, a literalidade da complexa legislação tributária deve ceder à interpretação mais adequada e harmônica com a finalidade de assegurar equivalência de condições para as empresas de menor porte" (STF, Tribunal Pleno, ADI 4.033/DF, Rel. Min. Joaquim Barbosa, j. 15.09.2010, DJe 04.02.2011, p. 28-37).

Outro caso que merece ser mencionado é o da própria extinção da natureza tributária da contribuição sindical, levada a cabo pela Lei 13.467/2017 (Reforma Trabalhista). Dentre os argumentos apresentados por quem defendia a incompatibilidade da referida extinção com a Carta Magna, havia um de cunho eminentemente formal, baseado na tese de violação ao art. 150, § 6º, da CF/1988, por não ter sido a medida veiculada em lei específica sobre a matéria.

No julgamento da ADI 5.794/DF, contudo, a Suprema Corte entendeu que o legislador ordinário procedeu em absoluta conformidade com a ordem constitucional. Todos os fundamentos da decisão encontram-se detalhados no item 1.4.6.3.2 do Capítulo 1 desta obra. A este estudo, interessa saber que o Tribunal considerou inaplicável ao caso a exigência de lei específica, uma vez que nenhum dos benefícios fiscais mencionados no § 6º do art. 150 – subsídio, isenção, redução de base de cálculo, concessão de crédito presumido, anistia ou remissão – estava sendo concedido pela norma impugnada.

A importante conclusão a ser extraída dessa parte do julgado é a de que **a concessão de um benefício fiscal relativo a certo tributo** – que nada mais é que um regime especial de tributação – **não se confunde com a extinção desse mesmo tributo** – sua retirada do ordenamento jurídico. Ambas as situações se submetem à reserva legal, devendo a providência ser veiculada por lei, mas a necessidade de essa lei ser específica só existe para a concessão de benefícios fiscais, sendo, em tese, possível que um tributo seja extinto por lei que trate cumulativamente de outras matérias.

De qualquer modo, no caso particular da Reforma Trabalhista, supondo que a Lei 13.467/2017, em vez de extinguir a contribuição sindical enquanto tributo, apenas houvesse concedido, por exemplo, isenção à determinada categoria de trabalhadores, ainda assim seria possível verificar certa pertinência temática entre a hipotética norma exonerativa e a Lei, que se propõe a modernizar e desburocratizar as relações de trabalho.

Por fim, convém destacar que a tradicional jurisprudência do STF é no sentido da impossibilidade de o Poder Judiciário, invocando o princípio da isonomia, substituir o juízo discricionário do legislador e estender a outras pessoas benefícios fiscais que a lei só destinou expressamente a determinada categoria de contribuintes. Nas palavras da própria Corte, "entendimento diverso, que reconhecesse aos magistrados essa anômala função jurídica, equivaleria, em última análise, a converter o Poder Judiciário em inadmissível legislador positivo, condição institucional esta que lhe recusou a própria Lei Fundamental do Estado" (STF, 1.ª T., AI 142.348-AgR/MG, Rel. Min. Celso de Mello, j. 02.08.1994, *DJ* 24.03.1995, p. 6.807).

Em 2020, no entanto, esse entendimento foi flexibilizado pela Corte, que, no julgamento da ADO 30/DF, de forma absolutamente excepcional, estendeu isenção de IPI a categoria de pessoas não contemplada expressamente pela lei, argumentando que a omissão legislativa violara, dentre outros princípios constitucionais, o da dignidade da pessoa humana. Os detalhes da decisão são analisados no item 4.3.1 do Capítulo 4.

2.12.2 Concessão de benefícios fiscais relativos ao ICMS

A ressalva feita ao final do art. 150, § 6º, da CF/1988 – a de que a exigência de lei específica para a concessão de benefícios fiscais existe sem prejuízo do disposto no art. 155, § 2º, XII, g – traz uma restrição maior à prática de atos de disposição envolvendo o ICMS. Como se verá mais à frente, o ICMS é o tributo com maior quantidade de regras constantes da própria Constituição. O motivo é que o Brasil, diferentemente da imensa maioria das federações, optou por atribuir aos entes regionais (Estados) a criação do ICMS.

A consequência de se atribuir a entes menores a criação e administração de um tributo que grava toda a economia é óbvia: **guerra fiscal**. Para minimizar o problema, a Constituição traz um arsenal de regras que tenta conter a competição predatória entre os Estados-membros.

Talvez a mais importante dessas regras seja exatamente o art. 155, § 2º, XII, *g*, da CF/1988, que exige que a concessão de benefícios fiscais de ICMS seja precedida de **deliberação conjunta dos Estados e do Distrito Federal**, conforme regulado em lei complementar.

Atualmente a "deliberação conjunta" toma a forma de convênio celebrado no âmbito do **Conselho Nacional de Política Fazendária - CONFAZ**, órgão formalmente inserido na estrutura do Ministério da Fazenda, mas com assento garantido aos diversos titulares das fazendas estaduais (Secretários Estaduais da Fazenda ou cargo equivalente).

A matéria é regulada pela Lei Complementar 24/1975, cujo art. 1º estipula a necessidade de celebração de convênio para **qualquer ato de disposição relacionado ao ICMS**, o que inclui não apenas a concessão e a revogação de isenções, mas também a redução da base de cálculo, a devolução total ou parcial do tributo a responsável ou a terceiros, a concessão de créditos presumidos, bem como quaisquer outros incentivos ou favores fiscais dos quais resulte redução ou eliminação do ônus tributário.

Nas provas de concurso público, o dispositivo costuma ser abordado de forma direta e objetiva. O CEBRASPE, por exemplo, no certame para provimento de cargos de Procurador do Estado da Paraíba realizado em 2021, reputou **correto** enunciado que dispunha o seguinte: "O procedimento de celebração de convênio no âmbito do CONFAZ é aplicável à concessão de créditos presumidos".

O art. 2º da LC 24/1975 determina, para as reuniões do CONFAZ, a convocação de representantes de todos os Estados e do Distrito Federal. Essas reuniões, que só podem ser realizadas com a presença de representantes da maioria das Unidades da Federação, são presididas por representantes do Governo federal. A concessão de benefícios dependerá sempre de decisão unânime dos Estados representados na reunião; ao passo que sua revogação, total ou parcial, dependerá da aprovação de pelo menos 4/5 (quatro quintos) dos representantes presentes.

Dentro de **10 dias**, contados da data final da reunião em que o convênio foi firmado, a resolução nela adotada será publicada no Diário Oficial da União. Após esse prazo, o **Poder Executivo de cada Unidade da Federação** disporá de **15 dias** para publicar **decreto** ratificando ou não os convênios celebrados, considerando-se **ratificação tácita** dos convênios a falta de manifestação no prazo assinalado. Tais regras também se aplicam às Unidades da Federação cujos representantes não tenham comparecido à reunião em que hajam sido celebrados os convênios.

A **não ratificação** pelo Poder Executivo de todas as Unidades da Federação (no caso de concessão de benefício) ou de, no mínimo, 4/5 (quatro quintos) das Unidades da Federação (no caso de revogação total ou parcial de benefício) implica **rejeição** do convênio firmado.

Até **10 dias** depois de findo o prazo de ratificação dos convênios, deve ser **publicada** no Diário Oficial da União a informação relativa à **ratificação** ou à **rejeição**. Os convênios entrarão em vigor no **trigésimo dia após tal publicação**, salvo disposição em contrário, vinculando todas as Unidades da Federação, **inclusive as que, regularmente convocadas, não se tenham feito representar na reunião** em que o ato foi celebrado.

Os principais aspectos do procedimento descrito na LC 24/1975 podem ser visualizados no quadro abaixo:

CONVOCADOS P/ REUNIÃO	REALIZAÇÃO DA REUNIÃO	PRESIDÊNCIA DA REUNIÃO	CONCESSÃO DE BENEFÍCIO	REVOGAÇÃO DE BENEFÍCIO	RATIFICAÇÃO DA CONCESSÃO	RATIFICAÇÃO DA REVOGAÇÃO
Representantes de **todos** os Estados e do DF.	Presença de representantes da **maioria** das Unidades da Federação.	Representantes do **Governo federal.**	Decisão **unânime** dos entes representados **na reunião.**	Aprovação de, no mínimo, **4/5** dos entes representados **na reunião.**	Ratificação expressa ou tácita do Executivo de **todas** as Unidades da Federação.	Ratificação expressa ou tácita do Executivo de, no mínimo, **4/5** das Unidades da Federação.

Segundo o Supremo Tribunal Federal, não obstante os termos da LC 24/1975, é necessário atentar para o fato de que o art. 150, § 6º, da CF/1988 exige lei para concessão de benefícios fiscais "sem prejuízo" do disposto no art. 155, § 2º, XII, *g*, também da Magna Carta. Como a norma determina o cumprimento de um requisito sem prejuízo de outro, ambos têm que ser necessariamente observados, de forma que a aprovação do benefício por meio do rito analisado neste tópico **não dispensa a ratificação da concessão pelo Parlamento do ente político**. Assim entendeu a Corte no julgamento da ADI 5929/DF, cuja ementa segue abaixo transcrita:

> "1. O poder de isentar submete-se às idênticas balizar do poder de tributar com destaque para o princípio da legalidade tributária que a partir da EC n.03/1993 adquiriu destaque ao prever lei específica para veiculação de quaisquer desonerações tributárias (art.150 §6º, in fine).
>
> 2. Os convênios CONFAZ têm natureza meramente autorizativa ao que imprescindível a submissão do ato normativo que veicule quaisquer benefícios e incentivos fiscais à apreciação da Casa Legislativa.
>
> 3. A exigência de submissão do convênio à Câmara Legislativa do Distrito Federal evidencia observância não apenas ao princípio da legalidade tributária, quando é exigida lei específica, mas também à transparência fiscal que, por sua vez, é pressuposto para o exercício de controle fiscal-orçamentário dos incentivos fiscais de ICMS.
>
> 4. Ação Direta de Inconstitucionalidade julgada improcedente".
>
> (STF, Pleno, ADI 5.929/DF, Rel. Min. Edson Fachin, j. 14/02/2020, DJe 05/03/2020)

Um aspecto do julgado merece atenção especial. Apesar de a literalidade do art. 150, § 6º, da CF/1988 dar a entender que a aprovação do benefício requer a edição de **lei**, no caso do Distrito Federal, a Suprema Corte considerou cumprido o requisito mediante a edição de **decreto legislativo**. Tal ato normativo tem força de lei, sendo considerado uma verdadeira "lei sem sanção", por não demandar a aquiescência do Chefe do Poder Executivo. No caso da concessão de benefício do ICMS, como o Poder Executivo já se manifesta no ato procedimental imediatamente anterior ao envio do convênio para a aprovação parlamentar, a edição de decreto legislativo pode legitimamente veicular a homologação legislativa.

A sistemática estudada destina-se exclusivamente aos casos de concessão de benefício fiscal de ICMS, não sendo possível a adoção de procedimento semelhante para outros tributos. Nessa linha, o STJ considerou inválida Resolução aprovada pela Assembleia Legislativa do Estado de Minas Gerais e pela Câmara de Vereadores do Município de Belo Horizonte na qual se ratificava convênio firmado entre tais entes e concessionárias de serviço público, concedendo, a estas, isenções de tributos municipais. A Corte, invocando o art. 176 do CTN e os dispositivos constitucionais ora analisados, declarou a invalidade da sistemática. Pela relevância do julgado, transcreve-se a respectiva ementa:

> "TRIBUTÁRIO – IMPOSTOS MUNICIPAIS – ISENÇÃO CONCEDIDA POR MEIO DE RESOLUÇÃO LEGISLATIVA: ILEGALIDADE – VIOLAÇÃO DO ART. 176 DO CTN.
>
> 1. Nos termos do art. 176 do CTN, a isenção tributária somente pode ser concedida mediante lei específica, com exceção do ICMS, que se dá mediante convênio firmado entre todos os Estados (art. 150, § 6.º c/c 155, § 2.º, XII, *g*, da CF/1988).
>
> 2. Ilegalidade da concessão de isenção de tributos municipais por resolução legislativa.
>
> 3. Recurso especial provido" (STF, 2ªT., REsp 723.575/MG, Rel. Min. Eliana Calmon, j. 26.06.2007, *DJ* 03.08.2007).

É relevante registrar que o fato de um ente da Federação não cumprir as premissas constitucionais para a concessão de benefícios fiscais não autoriza os demais a, invocando um suposto direito à proteção da economia local, conceder, definitiva ou transitoriamente, qualquer benefício semelhante. Não há "compensação de inconstitucionalidades" ou "direito de vingança". Nessa linha, o Supremo Tribunal Federal suspendeu absurda norma paranaense que previa o seguinte:

> "Havendo concessão, por qualquer outro Estado ou pelo Distrito Federal, de benefício fiscal ou eliminação direta ou indireta da respectiva carga tributária, com inobservância da legislação federal que regula a celebração de acordos exigidos para tal fim, e sem que haja aplicação das sanções nela previstas, fica o Poder Executivo autorizado a adotar medidas similares de proteção à economia paranaense".

Nas precisas palavras do STF, "o dispositivo da referida lei estadual traduz, em verdade, permissão para que o Estado do Paraná, por meio do Poder Executivo, desencadeie a denominada 'guerra fiscal'", restando, portanto, "caracterizada, em princípio, a ofensa ao disposto no art. 155, § 2º, XII, *g*, da CF" (STF, Tribunal Pleno, ADI 3.936-MC/PR, Rel. Min. Gilmar Mendes, j. 19.09.2007, DJ 09.11.2007).

O que a Suprema Corte tem admitido é que, no mecanismo de créditos e débitos que viabiliza a sistemática de não cumulatividade do imposto, sejam **desconsiderados favores fiscais implementados sem deliberação prévia dos Estados-membros e do Distrito Federal.** Assim, no caso citado, em vez de instituir uma técnica de exoneração em retaliação ao incentivo irregularmente concedido por outro ente, o Estado do Paraná poderia limitar a compensação do crédito dos adquirentes paranaenses ao montante de imposto efetivamente recolhido ao Estado de origem.

Para o Tribunal, essa medida está de acordo com o art. 8º da LC 24/1975, segundo o qual a inobservância dos dispositivos da Lei acarreta, dentre outras consequências, a ineficácia do crédito fiscal atribuído ao estabelecimento recebedor da mercadoria e a exigibilidade do imposto não pago. Uma vez que o enquadramento legal do benefício pode ser facilmente aferido a partir de critérios objetivos, permite-se ao Estado de destino da mercadoria "determinar a glosa de parte do crédito destacado na nota fiscal de aquisição, impedindo o seu aproveitamento pelo adquirente situado em seu território" (STF, Pleno, ADI 3.692/SP, Rel(a) Cármem Lúcia, j. 18/08/2020, DJe 10/11/2020).

O entendimento do STF tem sido objeto de cobrança em provas de concurso público, como demonstra questão elaborada pelo CEBRASPE, em 2021, no concurso para provimento de cargos de Procurador do Estado de Alagoas. Na ocasião, foi considerada **correta** a seguinte assertiva: "Segundo a jurisprudência do Supremo Tribunal Federal, em uma operação interestadual de mercadorias, se o estado de origem conceder crédito presumido de ICMS, sem prévia aprovação em convênio celebrado no âmbito do CONFAZ, será válido ao estado de destino glosar proporcionalmente os créditos fiscais atribuídos ao estabelecimento recebedor das mercadorias".

Digno de nota que as regras ora estudadas, em virtude de expressa dispensa constante do art. 15 da LC 24/1975, mantida pela regra do art. 40 do ADCT, **não se aplicam "às indústrias instaladas ou que vierem a instalar-se na Zona Franca de Manaus**, sendo vedado às demais Unidades da Federação determinar a exclusão de incentivo fiscal, prêmio ou estímulo concedido pelo Estado do Amazonas". Assim, em face do regime tributário diferenciado da Zona Franca, o Estado do Amazonas pode, sem deliberação do CONFAZ, conceder benefícios fiscais de ICMS às empresas daquela área, não podendo os demais membros da Federação negar eficácia a tais benefícios.

Foi com base nesse raciocínio que o Supremo Tribunal Federal considerou inconstitucionais atos administrativos do Estado de São Paulo que haviam determinado a supressão de créditos de ICMS relativos à aquisição de mercadorias oriundas da Zona Franca de Manaus, sob a alegação de que elas haviam sido contempladas com benefícios fiscais concedidos unilateralmente pelo Estado do Amazonas (ADPF 1.004/SP).

No entanto, como o regime jurídico diferenciado somente se aplica às **indústrias** instaladas ou que venham se instalar na **Zona Franca de Manaus**, não é legítimo ao Estado do Amazonas, sem prévia deliberação no âmbito do CONFAZ, conceder benefícios a indústrias instaladas em **outras regiões** do seu território nem a empresas que **não realizem atividade industrial**, ou seja, àquelas de caráter estritamente comercial (ADI 4.832/AM).

É importante salientar que os benefícios fiscais aprovados pelo CONFAZ **não precisam ser necessariamente uniformes em todas as Unidades da Federação**, desde, é claro, que a decisão observe o procedimento disposto na LC 24/1975, ou seja, que haja a concordância de todos os entes representados na reunião do Conselho e, posteriormente, a ratificação do Poder Executivo de todas as Unidades da Federação.

Há inúmeras situações em que determinado incentivo se mostra relevante para um ou alguns dos Estados-membros ou para o DF, e os demais entes concordam que sua concessão pontual não acarretará prejuízos ao pacto federativo, sendo, pelo contrário, útil ao desenvolvimento do País enquanto nação.

A título de exemplo, em 2021, no contexto do combate à pandemia de Covid-19, foi aprovado o Convênio ICMS 03/21, autorizando Maranhão, Pará e Pernambuco a concederem isenção do ICMS incidente nas saídas interestaduais de oxigênio medicinal destinadas ao Estado do Amazonas. Isso porque, em janeiro daquele ano, os hospitais da capital amazonense entraram em colapso por falta desse insumo, demandando a ajuda coordenada dos demais Estados e do Governo federal. Desse modo, fazia sentido isentar de ICMS o oxigênio destinado ao Amazonas, mas não estender tal benefício ao oxigênio destinado, por exemplo, a São Paulo, sem que tal medida representasse ameaça aos demais entes federados.

A necessidade de edição de convênio para a concessão de benefícios fiscais de ICMS sempre foi considerada um verdadeiro dogma na jurisprudência brasileira, de forma que, em todos os casos em que o benefício foi outorgado sem a prévia celebração de convênio e a questão foi submetida ao Judiciário, a decisão foi invariavelmente a declaração de inconstitucionalidade da norma concessiva.

Contudo, em 2010, o Supremo Tribunal Federal surpreendeu ao ratificar uma **concessão de benefício fiscal do tributo sem necessidade de convênio autorizativo**. O caso objeto de discussão era uma lei paranaense que concedia isenção do ICMS nas contas de água, luz, telefone e gás utilizados por templos de qualquer culto. Registre-se que a situação não era abrangida pela imunidade religiosa, uma vez que os contribuintes de direito do tributo são as respectivas concessionárias e não a igreja, mera consumidora do serviço (de água ou telefone) ou da mercadoria (gás ou energia elétrica). Assim, a hipótese era de incidência do ICMS, mas com dispensa do pagamento (isenção), de forma a desonerar o templo de qualquer culto.

O STF entendeu inexigível a celebração de convênio, porque a concessão de isenção a templo de qualquer culto **não tem aptidão para deflagrar guerra fiscal ou gerar risco ao pacto federativo**. Por óbvio, o Estado do Paraná não editou a lei visando a atrair todas as igrejas para o seu território, em detrimento dos demais Estados e do Distrito Federal. Assim, tendo em vista a remansosa doutrina no sentido de que a exigência de acordo visa a evitar guerra fiscal, e o entendimento de que, no citado caso, não havia risco de deflagração de conflito, o Tribunal entendeu ser **desnecessária a submissão da matéria ao CONFAZ.**

Adotando esse raciocínio no Voto que conduziu o julgamento unânime do Plenário do STF, o Ministro Marco Aurélio (Relator) afirmou que "a proibição de introduzir-se benefício fiscal, sem o assentimento dos demais estados, tem como móvel evitar competição entre as unidades da Federação e isso não acontece na espécie". Sintetizando o posicionamento, a ementa do Acórdão foi lavrada atestando que "longe fica de exigir consenso dos Estados a outorga de benefício a igrejas e templos de qualquer crença para excluir o Imposto sobre Circulação de Mercadorias e Serviços nas contas de serviços públicos de água, luz, telefone e gás" (STF, Tribunal Pleno, ADI 3421/PR, Rel. Min. Marco Aurélio, j. 05.05.2010, DJe 27.05.2010).

Em provas de concursos públicos, podem aparecer questões abordando a matéria de, basicamente, duas formas: a) citando situação idêntica ao caso julgado, afirmando não ser necessária a formalização de convênio autorizativo para a exclusão do ICMS das contas dos serviços públicos de água, luz, telefone e gás; b) abordando genericamente a desnecessidade de formalização de convênio autorizativo para a concessão de benefício fiscal de ICMS quando o benefício não tenha aptidão para deflagrar guerra fiscal ou para gerar risco ao pacto federativo. Por fim, convém salientar que, infelizmente, não são incomuns os casos de concessões de benefícios fiscais sem a prévia celebração de convênio no âmbito do CONFAZ, algo que, conforme analisado, configura manifesta agressão não só às regras da LC 24/1975, como também às do art. 155, § 2º, XII, *g*, da Constituição Federal.

Mesmo após firmada a jurisprudência do STF no sentido da invalidade dos benefícios assim concedidos, na prática, o procedimento continuou a ser intensamente adotado, ainda que, em cada caso, fosse previsível uma futura declaração de inconstitucionalidade pela Suprema Corte. Era a manutenção do execrável estado de guerra fiscal entre Estados-membros e Distrito Federal, em manifesto prejuízo à segurança jurídica e ao próprio pacto federativo.

A solução para o problema tendia a ser a edição de Súmula Vinculante pelo Supremo Tribunal Federal, o que poderia gerar sérios problemas para os Estados que durante décadas concederam tais benefícios ao arrepio do Direito e que, justamente dessa forma, atraíram empresas e um certo grau de desenvolvimento e arrecadação para o seu território. Assim, apesar de, do ponto de vista jurídico, a solução parecer óbvia, sob a ótica da subsistência fiscal das unidades fiscais envolvidas, a questão era ainda bastante complexa.

Em alguns casos, o próprio CONFAZ autorizou a concessão pelas leis locais de **remissão de créditos anteriormente julgados inconstitucionais**. Tais leis chegaram a ser contestadas, porque houve quem enxergasse na medida uma insubordinação à decisão judicial, pois se ela declarara inconstitucional o benefício, sem qualquer modulação de efeitos, o tributo teria que ser cobrado. No entanto, o STF, em decisão dotada de repercussão geral, não entendeu que a providência configurava qualquer lesão à autoridade dos julgados, pois a remissão concedida configurava um **novo benefício fiscal e não a constitucionalização do que anteriormente fora julgado inválido**. Assim, se amparado em convênio do CONFAZ, o novo benefício é plenamente compatível com a ordem constitucional vigente (RE 851.421/DF)

No entanto, a solução ora aventada era pontual, adotada caso a caso sob a dependência dos rigorosos requisitos necessários para a elaboração de um convênio autorizativo.

Por tudo, decidiu-se pela busca de uma **solução mais ampla**, concretizada com a edição da **Lei Complementar 160/2017**, que concedeu ao CONFAZ a possibilidade de, no prazo de 180 dias (contados da publicação da própria LC), editar convênio adotando as seguintes providências:

> a) **remissão** (perdão) dos créditos tributários, constituídos ou não, decorrentes das isenções, dos incentivos e dos benefícios fiscais ou financeiro-fiscais instituídos unilateralmente por legislação estadual publicada até a data de início de produção de efeitos a LC 160/2017;
>
> b) **reinstituição** das isenções, dos incentivos e dos benefícios fiscais ou financeiro-fiscais referidos na letra "a" acima que ainda se encontrem em vigor.

Apesar de o convênio ser celebrado no âmbito do CONFAZ, sua aprovação depende de um quórum diferente do estabelecido na LC 24/1975, sendo necessária a concordância de 2/3 de todas as unidades federadas (quórum nacional – 18 unidades), e que, em cada região geográfica do País, 1/3 das unidades aprovem a medida (quórum regional – 1 no Sul, 2 no Sudeste, 3 no Nordeste, 3 no Norte e 2 no Centro-Oeste).

Em 15/11/2017, fundado na citada autorização legal, o CONFAZ editou o **Convênio 190/2017**, disciplinando a matéria e cumprindo a primeira etapa do procedimento para a adoção das medidas ora estudadas. As demais medidas são da alçada dos Estados e do Distrito Federal, de forma a compor o procedimento que pode ser visualizado a seguir:

Fica fácil perceber que a LC 160/2017 objetiva encerrar um estado de permanente desrespeito à sistemática constitucionalmente estabelecida para concessão de benefícios fiscais do ICMS e inaugurar uma nova era em que eventuais desobediências não mais contarão com a condescendência do Poder Público.

Nesse contexto, o art. 6º da LC 160/2017 estabelece que os benefícios fiscais concedidos em desacordo com as regras da LC 24/1975 sujeitarão a unidade federada responsável às proibições estabelecidas nos incisos I, II e III do § 3º do art. 23 da LRF: a) recebimento de transferências voluntárias; b) obtenção de garantia por outro ente; c) contratação de operações de crédito, ressalvadas as destinadas ao refinanciamento da dívida mobiliária e as que visem à redução das despesas com pessoal.

A punição será aplicada pelo Ministro de Estado da Fazenda, mediante acolhimento de representação formulada por Governador de Estado ou do Distrito Federal, sendo possível ao TCU verificar a correção do procedimento (LC 160, art. 6º e parágrafos).

2.13 PRINCÍPIO DA SIMPLICIDADE

O princípio da simplicidade, também conhecido como **princípio da praticabilidade** ou da **praticidade**, exige a criação de mecanismos de racionalização (simplificação) que tornem a norma tributária mais fácil de ser compreendida e aplicada em massa. No sentido dicionarizado, "praticabilidade" denota a qualidade daquilo que é exequível, realizável. Em Direito, costuma ser associada a um conjunto de medidas destinadas à **execução eficiente e econômica das leis**.

O que o princípio busca simplificar é a natural complexidade das normas tributárias, que decorre, de um lado, do dinamismo das relações sociais e dos fatos econômicos e, de outro, da tentativa do Estado de aferir a capacidade contributiva das pessoas, circunstâncias que levam o legislador a editar uma profusão de normas, com regras, suas exceções e ainda exceções às exceções (as quais redundam numa volta à regra).

A complexidade do sistema tributário traz consigo consequências indesejadas, como a dificuldade de entender a norma, a elevação do custo das obrigações acessórias (custo de conformidade) e a própria impossibilidade estrutural de a administração fiscal dar adequada aplicação à lei. Segundo relatório feito pelo Banco Mundial (*Doing Business*), as empresas brasileiras, em 2019, gastaram 1.958 horas para cumprir a legislação tributária, enquanto nos países da OCDE a média anual foi de aproximadamente 160,7 horas. Isso sinaliza um nível de complexidade tributária muito além do aceitável.

As repercussões práticas de tamanha burocracia tributária são inúmeras, a começar pelas desvantagens concorrenciais entre as empresas, já que as mais bem estruturadas, por meio de dispendiosas consultorias, conseguem identificar e utilizar as brechas da lei para pagar menos tributos, enquanto as empresas menores acabam se sujeitando à integralidade da carga tributária. A complexidade do sistema torna o País pouco atrativo à celebração de negócios, desestimula o empreendedorismo, eleva os preços de produtos e serviços, propicia o cometimento de crimes fiscais e dificulta a fiscalização por parte da Fazenda.

A praticidade é necessária tanto para o contribuinte quanto para a administração tributária. Afinal, o custo da arrecadação precisa ser proporcional ao produto arrecadado. Há diversos casos de pequenos Municípios que abriram mão de exercer a competência relativa à instituição do ISS porque demonstrado que as despesas com a manutenção da estrutura administrativa fiscal seriam maiores que a própria arrecadação do imposto, o que comprova que a complexidade também custa caro para o Fisco.

Como o princípio da praticabilidade está intimamente ligado à **efetividade das normas** – inclusive, há quem considere a praticabilidade um pressuposto da norma jurídica –, ele sempre foi considerado um **princípio geral do direito**, estando implícito na Constituição. Com a EC 132/2023, tal princípio passou a constar expressamente no texto constitucional, sendo possível percebê-lo em muitas das mudanças promovidas pela Reforma Tributária.

Ainda que não se tenha conseguido implementar o modelo de um único imposto sobre valor agregado, o IVA dual representa um avanço importante para o sistema tributário brasileiro. A simplificação pode ser vista não apenas na redução da quantidade de tributos, mas também nas características dos novos tributos incidentes sobre o consumo, que possuem incidência ampla, não cumulatividade plena, incidência "por fora" (evitando o pagamento de tributo sobre tributo), alíquotas uniformes (com poucas exceções), instituição pela mesma lei (complementar, a ser editada pela União) e regulamentação única (a cargo do Comitê Gestor, no caso do IBS).

Quando a complexidade do sistema é reduzida, o cidadão consegue compreender a legislação, identificar e cumprir mais facilmente as suas obrigações, perceber o quanto paga de tributos e exigir do Estado a adequada aplicação dos recursos arrecadados. Portanto, a simplificação favorece a transparência – próximo princípio a ser estudado –, com ela andando de mãos dadas.

2.14 PRINCÍPIO DA TRANSPARÊNCIA

O princípio da transparência tributária está expressamente previsto na Constituição de 1988 desde a sua origem, conforme se depreende do art. 150, § 5º, segundo o qual *"a lei determinará medidas para que os consumidores sejam esclarecidos acerca dos* **impostos** *que incidam sobre* **mercadorias e serviços***"*.

Em atenção à norma constitucional, foi editada a **Lei 12.741/2012**, estabelecendo, dentre outras medidas, que documentos fiscais ou equivalentes informem o valor aproximado de **todos os tributos** (federais, estaduais e municipais) cuja incidência tenha influído na formação dos respectivos preços de venda. Na verdade, o legislador ordinário fez mais do que pediu o constituinte, estipulando uma regra de transparência: a) não limitada a impostos; b) que abrange as incidências em geral, e não apenas aquelas oficialmente caracterizadas como "sobre mercadorias e serviços", desde que tenham interferido na formação de preço de venda (art. 1º).

A transparência é um dos princípios basilares do Direito Tributário e do Direito Financeiro. Está intimamente ligada ao **direito à informação**, permitindo que os contribuintes, a partir do conhecimento da carga tributária a que estão sujeitos, possam, de um lado, planejar seu orçamento doméstico e, de outro, realizar o controle social da aplicação dos recursos arrecadados, dando concretude à **democracia participativa**.

Com o advento da EC 132/2023, o princípio da transparência passou nominalmente expresso no § 3º do art. 145 da CRFB/1988 junto a outros princípios norteadores do Sistema Tributário Nacional. A menção reforça a importância da transparência como valor jurídico e revela a atenção que lhe foi dada pelo legislador constituinte derivado na idealização dos novos tributos incidentes sobre bens e serviços.

Dentre as mudanças trazidas pela nova tributação do consumo, a que mais reflete a busca pela transparência é a proibição de IBS, CBS e imposto seletivo integrarem as suas próprias bases de cálculo, ou seja, a necessidade de serem calculados "por fora", evitando, assim, a tributação em cascata (incidência de tributo sobre tributo) causada pelo cálculo "por dentro" de tributos como ICMS, PIS e Cofins.

A metodologia de cálculo "por dentro" dificulta a percepção da quantidade de tributos embutidos nos preços dos bens e serviços e acaba fazendo com que as alíquotas efetivamente praticadas sejam maiores que as nominalmente previstas na lei, submetendo o consumidor (contribuinte de fato) a uma carga tributária mais elevada do que aquela que ele imaginava pagar. Através da adoção da sistemática de cálculo "por fora", a EC 132/2023 se propõe a corrigir essa grave ofensa à transparência, conforme detalhado e exemplificado nos itens 13.8.3.3 (no Capítulo 13) e 16.4.7 (no Capítulo 16).

Deve-se acrescentar, ainda, que, não obstante a transparência ser mais intensamente exigida do Poder Público, o qual deve administrar, fiscalizar, arrecadar e destinar os recursos da forma mais clara possível, também é esperada transparência por parte do contribuinte, cuja conduta perante a administração pública deve ser igualmente clara, sobretudo no que concerne à sua participação nos fatos econômicos.

2.15 PRINCÍPIO DA JUSTIÇA TRIBUTÁRIA

Independentemente de previsão expressa, o princípio da justiça tributária compõe a base de qualquer sistema tributário e está atrelado à ideia de **equidade na distribuição da carga tributária**, a ser alcançada através da observação da capacidade contributiva das pessoas e do respeito ao mínimo existencial que deve a elas ser garantido.

No Estado Democrático de Direito, a tributação deixou de ser apenas fonte de obtenção de recursos para ser também instrumento de redistribuição de riquezas e de redução de desigualdades. Nesse sentido, a noção de **justiça tributária** acaba sendo pressuposto da **justiça social**, concretizando-se quando a carga tributária é distribuída de forma justa entre as pessoas, quando não são exigidas obrigações não previstas na lei e quando o sistema tributário é, em geral, progressivo, ou seja, arrecada mais de quem de fato detém mais capacidade contributiva.

Deve-se salientar que a justiça em questão é a **justiça distributiva**, relacionada a **impostos**, tributos não vinculados, cujo fato gerador consiste numa situação independente de qualquer atividade estatal específica relativa ao contribuinte. Nesse caso, como a tributação decorre da simples manifestação de riqueza do sujeito passivo, deve, então, ser calibrada de acordo com a sua capacidade econômica.

Em relação a tributos vinculados, como **taxas** e **contribuições de melhoria**, fala-se em **justiça comutativa**. Aqui, a lógica é um pouco diferente, porque a obrigação de pagar tributo decorre de uma atividade estatal (exercício do poder de polícia, prestação de serviço público ou realização de obra da qual decorra valorização imobiliária) especificamente relacionada ao contribuinte, de tal forma que justa será a cobrança de tributo que guarde correspondência com o custo dessa atividade.

Na EC 132/2023, a menção expressa à justiça tributária como princípio geral do Sistema Tributário Nacional, feita através da inserção de um § 3º no art. 145 da CRFB/1988, foi acompanhada de outras medidas que corroboram a busca pela efetiva realização desse valor jurídico. São exemplos a criação da cesta básica nacional de alimentos e a previsão do mecanismo de *cashback* para devolução de tributos a pessoas físicas de baixa renda.

A **cesta básica nacional de alimentos**, prevista no art. 8º da EC 132/2023, foi criada pelo constituinte com fundamento no art. 6º da CRFB/1988, o qual prevê o direito social à alimentação. A referida cesta será composta por produtos destinados à alimentação humana saudável e nutricionalmente adequada, definidos por lei complementar de acordo com a diversidade regional e cultural da alimentação do País. Alinhando-se ao objetivo constitucional de erradicar a pobreza e a marginalização (CF, art. 3º, III) – que necessariamente envolve o combate à fome –, as alíquotas do IBS e da CBS incidentes sobre os produtos da cesta básica nacional serão reduzidas a zero.

Já o **mecanismo de *cashback*** está previsto no art. 156-A, § 5º, para o IBS, e no art. 195, § 18, para a CBS, consistindo na devolução de parte dos tributos incidentes sobre bens e serviços para pessoas físicas de baixa renda. O instituto visa ao controle da regressividade da tributação do consumo, prometendo maior justiça social na distribuição da carga tributária ao exigir menos de quem possui menos recursos, e mais de quem detém maior capacidade contributiva.

2.16 PRINCÍPIO DA COOPERAÇÃO

O princípio da cooperação funda-se na ideia de que a relação entre o Fisco e os contribuintes deve ser pautada pela **colaboração** e **mútua compreensão dos interesses**, e não apenas pelo tradicional antagonismo das posições de sujeição ativa e passiva. Além disso, também orienta a **parceria entre as administrações fiscais**, visando ao compartilhamento de informações e à otimização das forças de trabalho.

No início, durante a fase de formulação do Sistema Tributário brasileiro, o antagonismo da relação jurídico-tributária entre Fisco e contribuinte foi importante para a delimitação dos direitos e deveres de cada um deles e para a própria construção do arcabouço tributário. Recorde-se que o Código Tributário Nacional foi editado em 1966, em plena ditadura militar, refletindo a rigidez moral da época e pendendo consideravelmente em favor do Estado, o que explica, logo em seguida, a preocupação do constituinte de 1988 em estipular direitos e garantias fundamentais para o contribuinte.

Hoje, os influxos da economia moderna requerem o aprimoramento e a maior fluidez da relação jurídico-tributária, com **redução da litigiosidade** e **ênfase na eficiência, na economicidade, na confiança e na transparência**. Decerto, isso depende, em boa medida, da atuação do Parlamento na elaboração de normas que incentivem condutas guiadas pela boa-fé e pela colaboração, mas o que é realmente crucial para a efetiva mudança de paradigma é que os agentes, eles próprios, passem a se olhar de um modo diferente, enxergando no outro um aliado, ao invés de um inimigo.

Do fiscal, espera-se, por exemplo, a percepção de que as empresas geram emprego e renda, movendo a economia e empurrando o desenvolvimento nacional. Ainda, a compreensão de que às vezes o descumprimento de uma obrigação fiscal não decorre da má-fé do contribuinte, mas da circunstância de a legislação tributária nem sempre ser tão clara como deveria. Assim, dentro das possibilidades legais existentes, deve o Fisco ser, em relação ao contribuinte, mais do que aquele que cobra tributos e pune infrações, assumindo também o papel pedagógico de quem esclarece dúvidas e orienta a caminhada.

Já para o contribuinte, o princípio da cooperação propõe a conscientização de que é a arrecadação de tributos a principal fonte de sustento do Estado, viabilizando a prestação de serviços públicos essenciais para o próprio contribuinte e para toda a coletividade. Nesse sentido, uma postura colaborativa envolve o adimplemento pontual das obrigações fiscais, a agilidade no atendimento das solicitações, o fornecimento de informações precisas, a adoção de conduta transparente na realização dos fatos geradores etc.

A outra vertente do princípio da cooperação diz respeito ao **relacionamento entre os órgãos de fiscalização**, os quais também devem agir entre si de modo colaborativo. Antes mesmo da Reforma Tributária, tal orientação já estava sinalizada no art. 37, XXII, da CRFB/1988 (com redação dada pela EC 42/2003), segundo o qual as administrações tributárias da União, dos Estados, do Distrito Federal e dos Municípios *"atuarão de forma integrada, inclusive com o compartilhamento de cadastros e de informações fiscais, na forma da lei ou convênio"*.

Essa integração pode ser vista, por exemplo, na fiscalização relativa ao **Simples Nacional**, realizada de maneira compartilhada pelos entes federados (LC 123, art. 33). Com a Reforma Tributária, a necessidade de colaboração tende a ser ainda maior, em virtude da previsão de um novo tributo sobre o consumo – o **Imposto sobre Bens e Serviços (IBS)** – de gestão compartilhada entre Estados, Municípios e Distrito Federal.

O princípio da cooperação não é específico do Direito Tributário. Na verdade, tem sido adotado em diversos ramos do Direito. No Direito Processual Civil, por exemplo, os arts. 6º e 67 do CPC prevêem a cooperação de todos os sujeitos do processo – incluindo o juiz –, em prol de uma decisão de mérito justa, efetiva e em tempo razoável. Em Direito Administrativo, a Lei 13.019/2014, ao instituir o regime jurídico das parcerias entre a administração pública e as organizações da sociedade civil, menciona, logo em seu art. 1º, um dever de mútua cooperação para a consecução de finalidades de interesse público e recíproco.

Em Direito Tributário, conforme antecipado, o princípio da cooperação já podia ser parcialmente extraído do art. 37, XXII, da CRFB/1988, introduzido pela EC 42/2003. A EC 132/2023, contudo, deu-lhe maior peso, inserindo-o expressa e nominalmente no § 3º do art. 145 e considerando-o princípio geral do Sistema Tributário Nacional.

2.17 PRINCÍPIO DA DEFESA DO MEIO AMBIENTE

Ao longo do século XX, a natureza foi subjugada e explorada. Rapidamente absorvida pelo sistema industrial, tornou-se pré-requisito indispensável a esse modo de produção de riquezas, sendo tratada como fornecedora de insumos abundantes e ilimitados, bem como depósito, igualmente ilimitado, de resíduos e dejetos. Somente depois o sistema econômico passou a ser analisado como imerso num sistema maior – o meio ambiente –, com o qual interage e impacta.

Após a Conferência de Estocolmo (1972) – primeira reunião global voltada ao debate de temas ambientais –, as Constituições de diversos países passaram a demonstrar notável preocupação com a preservação ambiental. Hoje, o direito ao meio ambiente ecologicamente equilibrado integra a **terceira dimensão de direitos fundamentais** – os denominados **direitos de fraternidade ou de solidariedade** –, os quais não configuram interesses pertencentes a um único indivíduo ou grupo, tendo como destinatário todo o gênero humano.

Na Carta Magna de 1988, considerada bastante avançada em termos de tutela ambiental e até apelidada por alguns de "Constituição Verde", a defesa do meio ambiente é **princípio geral da atividade econômica**, estando expressamente prevista no art. 170, VI (com redação atual dada pela EC 42/2003), que autoriza, inclusive, que seja dado tratamento diferenciado a produtos e serviços de acordo com o impacto ambiental de seus processos de elaboração e prestação.

Em reforço, o art. 225, *caput*, da CRFB/1988, impõe ao Poder Público e à coletividade o dever de proteger e preservar o meio ambiente para as presentes e futuras gerações. Trata-se, simultaneamente, de **objetivo** a ser atingido pelo Estado e de **direito** (e **dever**) fundamental do indivíduo e da coletividade. Há, em tal direito, três aspectos bem claros: a) **individual**, relacionado ao princípio constitucional da dignidade da pessoa humana; b) **social**, por integrar o patrimônio coletivo e não poder ser tomado individualmente; e c) **intergeracional**, ante a sua imprescindibilidade para a própria evolução humana.

Mesmo antes da EC 132/2023, a tributação já era um importante instrumento à disposição do Estado para a concretização do objetivo constitucional de preservação do meio ambiente, haja vista a possibilidade de utilização extrafiscal de tributos, concessão de benefícios fiscais para práticas sustentáveis, cobrança de taxas pela exploração de recursos naturais etc.

Com a Reforma Tributária, a defesa do meio ambiente, que, como dito, já era considerada princípio geral da ordem econômica, passou a ser também **princípio geral do Sistema Tributário Nacional**, expresso no § 3º do art. 145 da CRFB/1988. Além disso, foi prevista a criação de um novo tributo – o imposto seletivo – com a específica função de gravar bens e serviços prejudiciais ao meio ambiente ou à saúde humana, visando desestimular o seu consumo. Ao ser incorporado ao custo dos produtos e serviços, o imposto seletivo certamente contribuirá para a realização do **princípio do poluidor-usuário pagador**, consistente na atribuição ao poluidor-usuário da responsabilidade social pelos custos ambientais provenientes do exercício da atividade econômica, que é um dos pilares do Direito Ambiental.

Além dessas, a EC 132/2023 prevê inúmeras outras disposições fortalecedoras da defesa do meio ambiente, as quais podem ser compiladas no quadro abaixo:

DISPOSITIVO	NORMA CONSTITUCIONAL
Art. 43, § 4º	Sempre que possível, a **concessão de incentivos regionais** concernentes a isenções, reduções ou diferimento temporário de tributos federais devidos por pessoas físicas ou jurídicas considerará critérios de **sustentabilidade ambiental** e **redução das emissões de carbono**.
Art. 145, § 3º	O Sistema Tributário Nacional deve observar os princípios da simplicidade, da transparência, da justiça tributária, da cooperação e da **defesa do meio ambiente**.
Art. 153, VIII	Compete à União instituir imposto sobre produção, extração, comercialização ou importação de **bens e serviços prejudiciais à saúde ou ao meio ambiente**, nos termos de lei complementar.
Art. 155, § 6º	O **IPVA** poderá ter **alíquotas diferenciadas** em função do tipo, do valor, da utilização e do impacto ambiental.
Art. 158, § 2º	5% da parcela do produto da arrecadação do IBS pertencente aos Municípios será creditada com base em **indicadores de preservação ambiental**, de acordo com o que dispuser lei estadual.
Art. 159-A, § 2º	Na aplicação dos recursos do **Fundo Nacional de Desenvolvimento Regional, os Estados e o Distrito Federal** priorizarão projetos que prevejam ações de sustentabilidade ambiental e redução das emissões de carbono.
Art. 92-B, § 2º	Lei complementar instituirá **Fundo de Sustentabilidade e Diversificação Econômica do Estado do Amazonas**, que será constituído com recursos da União e por ela gerido, com a efetiva participação do Estado do Amazonas na definição das políticas, com o objetivo de fomentar o desenvolvimento e a diversificação das atividades econômicas no Estado.
Art. 92-B, § 6º	Lei complementar instituirá **Fundo de Desenvolvimento Sustentável dos Estados da Amazônia Ocidental e do Amapá**, que será constituído com recursos da União e por ela gerido, com a efetiva participação desses Estados na definição das políticas, com o objetivo de fomentar o desenvolvimento e a diversificação de suas atividades econômicas.

Art. 225, VIII	Incumbe ao Poder Público manter regime fiscal favorecido para os biocombustíveis e para o hidrogênio de baixa emissão de carbono, na forma de lei complementar, a fim de assegurar-lhes tributação inferior à incidente sobre os combustíveis fósseis, capaz de garantir diferencial competitivo em relação a estes.

Em suma, diante da necessária coexistência harmônica entre economia e meio ambiente, o que se busca, afinal, é o **desenvolvimento sustentável**, definido pela Comissão Mundial sobre Meio Ambiente e Desenvolvimento (Relatório *Brundtland*, de 1987) como aquele que atende as necessidades do presente sem comprometer o futuro, pressupondo a satisfação das necessidades básicas de alimentação, saúde e habitação, a superação da pobreza, a utilização de fontes renováveis de energia e um processo de inovação tecnológica democraticamente compartilhado por países ricos e pobres.

2.18 IMUNIDADES

2.18.1 Diferenciação de institutos assemelhados

Basicamente, três diferentes institutos jurídicos podem excepcionar a regra, que é o pagamento do tributo. São eles: a **não incidência** (que abrange as imunidades), a **isenção** e a fixação de **alíquota zero**.

Sob o aspecto jurídico, o fenômeno da incidência está ligado à ocorrência na realidade fática da hipótese abstratamente prevista na lei tributária como necessária e suficiente para o surgimento da obrigação tributária (CTN, art. 114).

Assim, **a não incidência refere-se às situações em que um fato não é alcançado pela regra da tributação**. Tal fenômeno pode decorrer, basicamente de três formas:

a) **o ente tributante, podendo fazê-lo, deixa de definir determinada situação como hipótese de incidência tributária:**

A título de exemplo, pode-se imaginar que um Estado, tendo competência constitucional para instituir o imposto sobre transmissão *causa mortis* e doação de quaisquer bens ou direitos, cria o tributo por meio de lei que prevê, como fato gerador do tributo, apenas os casos envolvendo bens imóveis. Nessa hipótese, a doação de um bem móvel não é idônea a fazer nascer a obrigação tributária, de forma que não ocorre a subsunção do fato à norma. Portanto, não há incidência tributária.

b) **o ente tributante não dispõe de competência para definir determinada situação como hipótese de incidência do tributo**, uma vez que a atribuição constitucional de competência não abrange tal fato. É o caso da propriedade de uma bicicleta, que, por não ser veículo automotor, não é fato idôneo para ensejar o nascimento de obrigação do pagamento do IPVA.

c) a **própria Constituição delimita a competência do ente federado, impedindo-o de definir determinadas situações como hipóteses de**

incidência de tributos. Nesse caso, o desenho das competências tributárias é redefinido de forma a obstar a atividade legislativa da pessoa tributante. Trata-se do instituto da **imunidade**.

Nos dois primeiros casos, é lídimo dizer que ocorreram situações de **não incidência *pura e simples***, também denominada não incidência *tout court* por parte da doutrina. Na última hipótese, tem-se uma **não incidência constitucionalmente qualificada,** que configura a própria definição de **imunidade**.

A **isenção consiste na dispensa legal do pagamento do tributo.** O ente político **tem competência para instituir o tributo** e, ao fazê-lo, **opta por dispensar o pagamento em determinadas situações**.

Pela importância e peculiaridades dos institutos da **imunidade e da isenção**, o aprofundamento dos conceitos e da diferenciação entre ambos será feito no tópico a seguir (2.18.2).

Nos casos de **alíquota zero**, o ente tributante tem competência para criar o tributo – tanto que o faz –, e **o fato gerador ocorre no mundo concreto, mas a "obrigação tributária" dele decorrente, por uma questão de cálculo, é nula**.

Poder-se-ia perguntar o que levaria o legislador a instituir um tributo com alíquota igual a zero. Na realidade, os casos de alíquota zero normalmente se referem aos tributos regulatórios (II, IE, IPI e IOF), que, conforme já estudado, podem ter suas alíquotas alteradas por ato do Poder Executivo. Em determinados momentos, querendo incentivar certa atividade, o Presidente da República pode optar por diminuir a alíquota de um destes tributos a zero (desde que esse percentual esteja dentro dos limites estipulados em lei).

A título de exemplo, é normal que a alíquota do imposto de exportação da imensa maioria das mercadorias seja reduzida a zero, como parte da política de incentivo à exportação.

Em resumo, os casos que resultam no não pagamento do tributo são os seguintes:

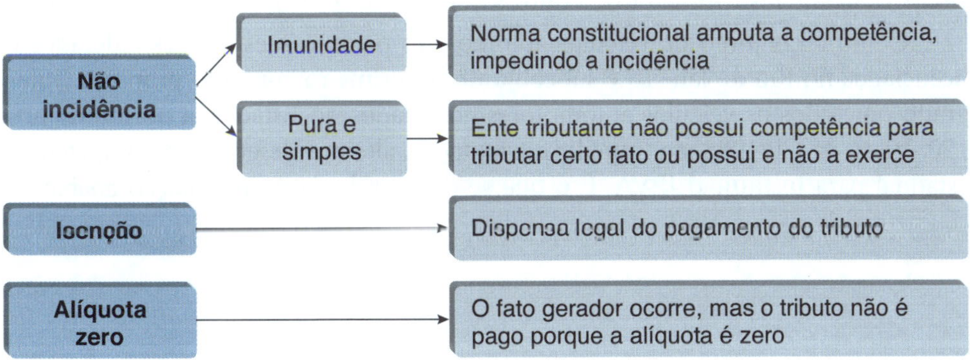

2.18.2 Imunidades e isenções

As imunidades são limitações constitucionais ao poder de tributar consistentes na delimitação da competência tributária constitucionalmente conferida aos entes políticos.

Para ajudar na compreensão, imagine-se um conjunto, a seguir representado, em que estejam incluídos todos os veículos automotores licenciados no Estado do Rio de Janeiro.

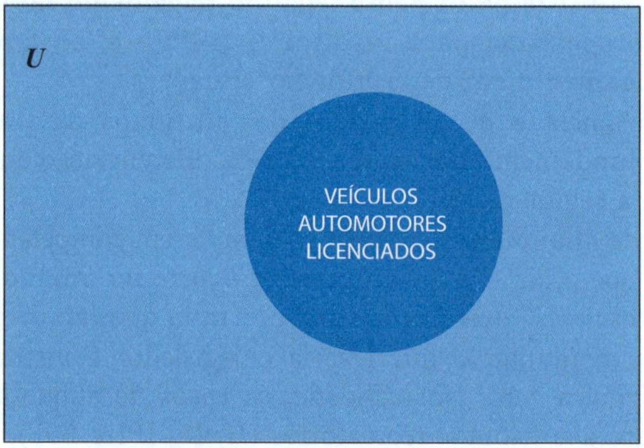

O art. 155, III, da CF/1988, ao conferir aos Estados a competência para instituir o imposto sobre a propriedade de veículos automotores, acaba por afirmar que o Estado do Rio de Janeiro tem competência para criar IPVA sobre os veículos integrantes do conjunto proposto. Assim, é possível concluir que a representação gráfica desse conjunto revela o "desenho" da competência do ente tributante.

Agora, atente-se para a regra constante do art. 150, VI, *a*, da CF/1988. Ela impede que os entes tributantes instituam impostos sobre patrimônio, renda e serviços uns dos outros. Como consequência, o Estado do Rio de Janeiro não pode instituir IPVA sobre veículos que, mesmo licenciados dentro do seu território, pertençam aos Municípios, a outros Estados, ao Distrito Federal ou à União.

Como o conjunto de veículos automotores pertencentes a entes federados e licenciados no Rio de Janeiro é subconjunto do primeiro conjunto proposto (integrado por todos os veículos automotores licenciados no Estado), a norma do art. 150, VI, a, da CF/1988, ao impedir a tributação, altera o desenho da competência estadual para instituir o IPVA. É o que se depreende da representação abaixo:

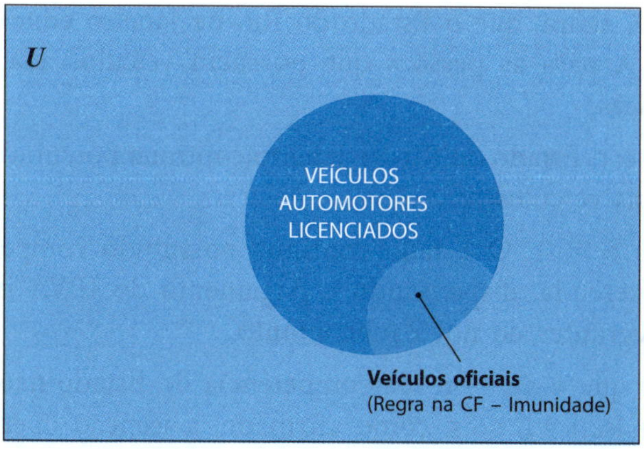

O fato de a visualizaçao gráfica da competência do Estado do Rio de Janeiro ser modificada pela norma imunizante demonstra com precisão que esse tipo de norma atua no âmbito da delimitação da competência, e não no do seu exercício.

Se não fosse a regra imunizante, os veículos automotores pertencentes aos entes políticos estariam inseridos no campo da competência do Estado do Rio de Janeiro, mas, em virtude da imunidade, não estão sujeitos ao poder de tributar do Estado.

Aliás, esse raciocínio traz a mais essencial diferenciação entre isenção e imunidade: a **isenção** opera no âmbito do **exercício da competência**, enquanto a **imunidade**, como visto, opera no âmbito da própria **delimitação de competência**.

Trata-se de distinção bastante cobrada em provas de concursos públicos, a exemplo da que foi elaborada pela VUNESP, em 2015, no concurso para o cargo de Advogado da Câmara Municipal de Itatiba/SP. No certame, a banca examinadora considerou **correta** a seguinte assertiva: "a imunidade e a isenção distinguem-se porque a primeira verifica-se no âmbito do poder de tributar, ao passo que a segunda constitui-se em mero não exercício da competência tributária".

Utilizando o exemplo citado no início do tópico, imagine-se um outro subconjunto do grande conjunto composto pelos veículos automotores licenciados no Estado do Rio de Janeiro. O subconjunto agora proposto é formado por veículos adaptados pertencentes a pessoas com deficiência.

Pergunta-se: o Estado do Rio de Janeiro tem **competência** para instituir IPVA incidente sobre a propriedade dos veículos integrantes desse novo subconjunto?

A resposta é **SIM**, pois não há qualquer regra constitucional excetuando tal subconjunto.

Imagine-se, agora, que o Estado do Rio de Janeiro edite lei instituindo isenção de IPVA para as pessoas que possuem veículos adaptados às suas deficiências físicas.

Pergunta-se: o Estado do Rio de Janeiro continua possuindo competência para tributar tais veículos?

A resposta é **SIM**. O Estado continua possuindo competência, só que resolveu não exercê-la, dispensando o pagamento do IPVA incidente sobre os veículos integrantes do novo subconjunto.

Perceba-se que o **desenho** da competência do Estado não se altera com a concessão de isenção, pois, como afirmado, a isenção opera no exercício (e não na delimitação) da competência. Os exemplos citados podem ser graficamente representados da seguinte forma:

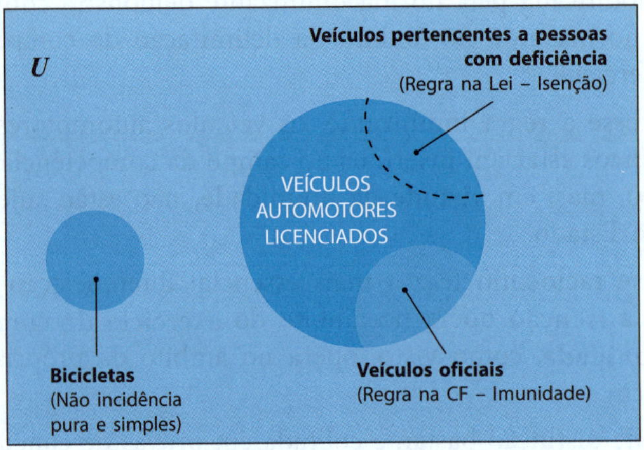

A consequência da diferença essencial entre imunidade e isenção é que, como a imunidade delimita uma competência constitucionalmente atribuída, é **sempre prevista na própria Constituição**, pois não se pode criar exceções a uma regra numa norma de hierarquia inferior àquela que estatui a própria regra. Já a isenção está sempre prevista em lei, pois atua no âmbito do exercício **legal** de uma competência.

Em face da diferenciação, é importante compreender que não importa como o texto constitucional foi redigido: se impede a cobrança de tributo, limitando a competência tributária, o caso é de imunidade.

A Constituição Federal usa diversas terminologias para se referir às imunidades, embora em nenhum momento em que estatui regras tributárias use a própria palavra imunidade. Mas, como ressaltado, não importa a terminologia usada. Se a limitação consta da própria Constituição, trata-se de uma imunidade.

Como exemplo curioso, o art. 195, § 7º, da CF/1988 estatui que "são isentas de contribuição para a seguridade social as entidades beneficentes de assistência social que atendam às exigências estabelecidas em lei".

Apesar de o dispositivo prever que os requisitos para que as entidades mencionadas gozem do benefício serão estipulados em lei, o caso é de **imunidade** (e **não** de **isenção**), pois é a própria Constituição Federal de 1988 (e não a lei) que prevê a impossibilidade de cobrança do tributo.

Nessa linha, são pertinentes as seguintes palavras do Supremo Tribunal Federal (grifou-se):

> "**A jurisprudência constitucional do Supremo Tribunal Federal já identificou, na cláusula inscrita no art. 195, § 7.º, da Constituição da República, a existência de uma típica garantia de *imunidade* (*e não de simples isenção*) estabelecida em favor das entidades beneficentes de assistência social**. Precedente: *RTJ* 137/965. Tratando-se de imunidade – que decorre, em função de sua natureza mesma, do próprio texto constitucional –, revela-se evidente a absoluta impossibilidade jurídica de a autoridade executiva, mediante deliberação de índole administrativa, restringir a eficácia do preceito inscrito no art. 195, § 7.º, da Carta Política, para, em função de exegese que claramente distorce a teleologia da prerrogativa fundamental em referência, negar, à entidade beneficente de assistência social que satisfaz os requisitos da lei, o benefício que lhe é assegurado no mais elevado plano normativo" (STF, 1.ª T., RMS 22.192/DF, Rel. Min. Celso de Mello, j. 28.11.1995, *DJ* 19.12.1996, p. 51.802).

2.18.3 Classificações doutrinárias das imunidades tributárias

Diversas são as classificações a que a doutrina tributarista submete o instituto da imunidade tributária, tendo em vista os critérios, parâmetros e características que individualizam os regimes jurídicos adotados pelo legislador constituinte quando este resolve vedar a tributação de certo fato.

Nesta obra, serão analisadas as mais importantes classificações, assim consideradas aquelas que contribuírem didaticamente para a análise sistemática do quadro traçado pela Constituição e, na linha de um dos objetivos desta obra, aquelas que tenham sido abordadas nas provas dos concursos para provimento de cargos públicos. Seguindo essas diretrizes, passa-se à análise das classificações.

2.18.3.1 Quanto ao parâmetro para concessão: imunidades subjetivas, objetivas e mistas

O legislador constituinte, ao estabelecer as imunidades, toma como base parâmetros que podem levar em consideração as **pessoas** beneficiadas pela exceção (**imunidades subjetivas**), os **objetos** cuja tributação é impedida (**imunidades objetivas**) ou **as duas coisas ao mesmo tempo** (**imunidades mistas**).

A título de exemplo, a regra imunizante que impede a tributação de **patrimônio, renda ou serviços dos entes políticos** (CF, art. 150, VI, *a*) é **subjetiva (ou pessoal)**, pois um veículo pertencente ao Município de São Paulo não pode ser tributado por conta do ente a que pertence. Se tal veículo for vendido a um particular, automaticamente passa a ser sujeito ao IPVA, o que demonstra que não é o **bem** que é imune, mas sim a **pessoa** que é sua proprietária.

Como exemplo de imunidade **objetiva**, pode-se citar a que protege os **livros, jornais, periódicos e o papel destinado à sua impressão** (CF, art. 150, VI, *d*). Não importa quem é o proprietário do livro, quem vende, quem compra. Se é livro, é imune.

Por fim, um bom exemplo de **imunidade mista** é aquela que impede a incidência do Imposto sobre a Propriedade Territorial Rural (ITR) **sobre pequenas glebas rurais, assim definidas em lei, quando as explore o proprietário que não possua outro imóvel** (CF, art. 153, § 4º, II).

Tal imunidade é mista porque depende de **aspectos subjetivos** (**o proprietário possuir apenas um imóvel**) e **objetivos** (**a área da pequena gleba estar dentro dos limites da lei**). É importante registrar que **a imunidade subjetiva não exime as pessoas por ela protegidas do dever de pagar tributo na condição de responsáveis.** O instituto da responsabilidade é detalhadamente estudado no Capítulo 6 desta obra; mas, em apertada síntese, pode-se afirmar que ele trata dos casos em que pessoas sem relação pessoal e direta com o fato gerador, ou seja, pessoas que não praticaram a conduta definida em lei como fato gerador do tributo, são obrigadas por lei a fazer o pagamento (CTN, art. 121, parágrafo único e seus incisos).

Apesar de não tê-lo praticado, o responsável necessariamente tem um vínculo com o fato gerador (CTN, art. 128) e, mesmo que seja uma pessoa imune, será obrigado a fazer o recolhimento. Como exemplo, se o ente imune ao imposto de renda faz pagamento tributável a pessoa física, deverá efetuar a retenção na fonte e o respectivo recolhimento nos termos legais.

Inspirado em raciocínio semelhante, e com base principalmente no art. 130 do CTN, o Supremo Tribunal Federal decidiu que a União Federal, quando extinguiu a Rede Ferroviária Federal S.A. – RFFSA, passou a ser responsável (por sucessão) pelo IPTU e pela contribuição de melhoria incidentes sobre imóvel que pertencia à companhia (RE 599.176/PR).

Em casos como esse, **o divisor de águas para que se afira se a imunidade tem o condão de impedir a cobrança do imposto é o momento da ocorrência do fato gerador**. Como o fato gerador do IPTU é considerado ocorrido no dia 1º de janeiro de cada ano, se nesta data o imóvel pertence a pessoa que não goza de imunidade, nasce a obrigação tributária e o tributo é devido, o que não é alterado por futuras mudanças de proprietário. Todavia, caso no dia 1º de janeiro o imóvel pertença a ente imune e não esteja em circunstância que afaste a imunidade (utilização em atividade econômica, por exemplo), a ocorrência do fato gerador é impedida por imperativo constitucional, não havendo que se falar em obrigação tributária ou em tributo devido.

2.18.3.2 Quanto à origem: ontológicas e políticas

São **ontológicas** as imunidades que **existiriam mesmo sem previsão expressa do texto constitucional**, por serem fundamentais ao atendimento do princípio da isonomia (principalmente de seu corolário, o princípio da capacidade contributiva) e à proteção do pacto federativo. Nessa linha, **são consideradas ontológicas as imunidades das instituições de educação e assistência social sem fins lucrativos** (CF, art. 150, VI, *c*), tendo em vista sua falta de capacidade contributiva, devendo seus parcos recursos ser destinados à sua importante atividade-fim. Também **é ontológica a imunidade recíproca** (CF, art. 150, VI, *a*), por configurar cláusula protetiva do pacto federativo.

São **políticas** as imunidades que visam à proteção de outros princípios em virtude de uma **opção política do legislador constituinte**, como é o caso da **imunidade dos templos de qualquer culto** (CF, art. 150, VI, *b*) **e dos livros, jornais, periódicos e do papel destinado à sua impressão** (CF, art. 150, VI, *d*).

2.18.3.3 Quanto ao alcance: gerais e específicas

A Constituição Federal, ao estabelecer uma regra imunizante, pode fazê-lo de forma geral, estabelecendo **vedações a todos os entes tributantes, abrangendo diversos tributos**. Assim ocorre com o famoso art. 150, VI, da CF/1988, que impede que **qualquer ente político** institua **qualquer imposto** sobre patrimônio, renda e serviços das diversas entidades previstas nas alíneas *a*, *b* e *c*, bem como sobre os objetos constantes na alínea *d* (livros, jornais, periódicos e o papel destinado à sua impressão) e *e* (fonogramas e videofonogramas, suportes materiais e arquivos digitais). São hipóteses de imunidades **genéricas** (ou **gerais**).

A generalidade das vedações decorre da importância dos valores protegidos pela regra imunizante, como é o caso do pacto federativo (na imunidade recíproca da alínea *a*), da liberdade religiosa (na imunidade de templos de qualquer culto prevista na alínea *b*) e da liberdade de expressão e de informação (na imunidade cultural da alínea *d*).

Em outros casos, **o legislador restringe a aplicação da imunidade a um determinado tributo de competência de determinada pessoa política**, de forma a atender a certa conveniência ou a determinado e restrito valor. Como exemplos, podem ser citadas as imunidades ao IPI e ao ICMS nas operações de exportação (CF, arts. 153, § 3º, III, e 155, § 2º, X, *a*) e a imunidade ao ITBI que beneficia diversas operações societárias (CF, art. 156, § 2º, I). Tais imunidades são classificadas como **específicas** (ou **tópicas**).

2.18.3.4 Quanto à forma de previsão: explícitas e implícitas

No ordenamento jurídico brasileiro, a regra é que as imunidades estejam expressamente previstas no texto constitucional. Não obstante, entende a doutrina que certas imunidades existiriam implicitamente, ainda que não expressas na Constituição.

Assim, as imunidades expressas no texto são consideradas **explícitas** (ou **expressas**). Aquelas que existem como decorrência dos princípios constitucionalmente consagrados, mas não estão previstas no texto constitucional, são consideradas **implícitas**.

É difícil imaginar um exemplo de imunidade implícita no Direito brasileiro, tendo em vista o modelo de Constituição analítica adotado no País. Contudo, para entender bem a classificação, é possível citar um famoso exemplo, colhido do Direito norte-americano.

Não há, na sintética Constituição dos Estados Unidos da América, qualquer dispositivo estatuindo expressamente a denominada imunidade tributária recíproca (proibição de que os entes políticos que compõem a Federação tributem patrimônio, renda ou serviços uns dos outros). No entanto, em 1971, o governo central criou um banco nacional, com o objetivo de regular o comércio e a moeda. O Estado de Maryland tributou a filial deste banco e o procedimento foi contestado judicialmente, dando ensejo à histórica decisão da Suprema Corte (McCulloch vs. Maryland) na qual o juiz Marshall afirmou que "o poder de tributar envolve o poder de destruir", não se podendo permitir que os serviços e instrumentos de uma esfera de governo fiquem à mercê de outra.

A situação demonstra que, no Direito norte-americano, a imunidade tributária recíproca é implícita, decorrendo diretamente do pacto federativo. Conforme afirmado, no Direito brasileiro, não há um exemplo claro já reconhecido judicialmente, o que não impede que a construção doutrinária e jurisprudencial venha atestar em casos concretos imunidades implícitas relativas ao acesso a determinados serviços, ao exercício de profissões etc.

Percebe-se que as imunidades classificadas anteriormente como **políticas** são sempre **explícitas** e as imunidades **ontológicas**, em virtude de existirem por si mesmas, como decorrência dos princípios basilares constantes da Constituição, podem ser **explícitas ou implícitas**.

2.18.3.5 Quanto à necessidade de regulamentação: incondicionadas e condicionadas

A imunidade é considerada **incondicionada** quando a norma constitucional que a prevê **produz efeitos independentemente de regulamentação, possuindo eficácia plena e aplicabilidade imediata**. Como exemplos, podem ser citadas as imunidades recíproca e cultural (CF, art. 150, VI, *a* e *d*).

Quando a norma imunizante é classificada como **de eficácia limitada, ficando a sua aplicabilidade e o gozo do benefício a depender da edição de regulamentação infraconstitucional**, a imunidade é considerada **condicionada**.

Como exemplos, têm-se as imunidades das instituições de educação e assistência social sem fins lucrativos (CF, art. 150, VI, *c*), que somente gozam do benefício se cumprirem os requisitos estabelecidos em lei complementar, conforme detalhado no item 2.13.4.3.

2.18.4 As imunidades tributárias em espécie

Conforme analisado, sempre que a Constituição Federal diretamente limita a competência tributária atribuída aos entes políticos, está conferindo uma imunidade.

Teoricamente, as regras imunizantes podem suprimir a competência tributária para quaisquer espécies tributárias, bastando a respectiva previsão constitucional.

Na atual Carta Magna, a título de exemplo, existem imunidades relativas a **taxas** (CF, art. 5.º, XXXIV), **impostos** (CF, art. 150, VI), e **contribuições para a seguridade social** (CF, art. 195, § 7º).

As mais importantes imunidades, contudo, são aquelas constantes do art. 150, VI, da CF/1988, aplicáveis aos impostos e também à contribuição sobre bens e serviços (CBS), por força do art. 149-B, parágrafo único, da Magna Carta, inserido pela EC 132/2023 (Reforma Tributária).

Conforme será estudado no item 16.2 do Capítulo 16, apesar de a CBS ser uma contribuição para a seguridade social, a identidade estrutural que deve manter em relação ao IBS, exigida pelo legislador constituinte derivado no art. 149-B, parágrafo único, faz com que a referida contribuição não seja alcançada pela imunidade prevista no art. 195, § 7º, mas, sim, por aquelas que se encontram listadas no art. 150, VI.

2.18.4.1 A imunidade tributária recíproca

Em seu art. 150, VI, *a*, a CF/1988 proíbe União, Estados, Distrito Federal e Municípios de instituírem impostos sobre patrimônio, renda ou serviços uns dos outros. Trata-se de comando com *status* de **cláusula pétrea**, por configurar importante regra protetiva do pacto federativo, impedindo a sujeição de um ente federado ao poder de tributar dos demais (ADI 939/DF).

A imunidade recíproca **somente se aplica aos impostos** – e à **CBS**, em virtude do art.149-B, parágrafo único, conforme alertado no tópico anterior –, não alcançando contribuições e taxas em geral. Desse modo, não existe vedação, por exemplo, para que os Municípios, ao instituírem **taxa** pela coleta domiciliar de lixo, exijam-na, inclusive, pelo serviço prestado às repartições públicas federais e estaduais localizadas em seu território.

Por força do disposto no § 2º do art. 150, com atual redação dada pela EC 132/2023, a imunidade recíproca estende-se "às autarquias e às fundações instituídas e mantidas pelo poder público e à empresa pública prestadora de serviço postal, no que se refere ao patrimônio, à renda e aos serviços vinculados a suas finalidades essenciais ou às delas decorrentes". Parte da doutrina denomina essa regra de extensão de **imunidade tributária recíproca extensiva**.

Ocorre que a extensão da imunidade tributária recíproca às entidades citadas não lhes confere uma garantia de igual amplitude àquela conferida aos entes políticos (União, Estados, Distrito Federal e Municípios). A diferença fundamental é que, **para gozar da imunidade dita extensiva, as entidades precisam manter seu patrimônio, renda e serviços vinculados às suas finalidades essenciais ou às delas decorrentes, restrição esta não aplicável aos entes políticos**.

Assim, se a União der a um imóvel uma utilidade totalmente desvinculada de suas finalidades essenciais (instalação de um campo de golfe, por exemplo), não perderá a imunidade tributária.

Por outro lado, se o INSS, autarquia federal, fizer a mesma coisa, a imunidade restará afastada, voltando os fatos a caracterizar "fatos geradores" dos tributos porventura cabíveis.

Entretanto, afirmar que União, Estados, Municípios e Distrito Federal conservam a imunidade recíproca inclusive em relação a patrimônio, renda e serviços desvinculados de suas atividades essenciais não significa dizer que toda e qualquer atividade desenvolvida por esses entes estará abarcada pela regra imunizante.

Conforme será detalhado no subitem 2.18.4.1.2, o § 3º do art. 150, dirigindo-se tanto aos entes políticos quanto às autarquias e fundações públicas, expressamente exclui da imunidade o patrimônio, a renda e os serviços relacionados com a **exploração de atividades econômicas regidas pelas normas**

aplicáveis a empreendimentos privados *ou* em que haja contraprestação ou pagamento de preços ou tarifas pelo usuário.

2.18.4.1.1 Extensão da imunidade recíproca a empresas públicas e sociedades de economia mista

De acordo com a redação originária do art. 150, § 2º, da CF/1988, a extensão da imunidade recíproca a entes da Administração Indireta somente abrangeria as autarquias e as fundações públicas. O Supremo Tribunal Federal, contudo, sempre entendeu que a regra imunizante também alcança as **empresas públicas e sociedades de economia mista prestadoras de serviços públicos de prestação obrigatória e exclusiva do Estado.**

A origem do entendimento remonta ao RE 407.099/RS, no âmbito do qual a Corte foi instada a apreciar a possibilidade de extensão da imunidade recíproca à Empresa de Correios e Telégrafos – ECT. A conclusão a que o Tribunal chegou foi a de que a ECT, apesar de ser empresa pública (e não autarquia ou fundação pública) e de cobrar preços ou tarifas por seus serviços, goza de imunidade recíproca, pois presta serviço público de prestação obrigatória e exclusiva do Estado (no caso, o serviço postal). A situação peculiar dos Correios, de acordo com atual redação do art. 150, § 2º, conferida pela EC 132/2023, serão detidamente analisadas no próximo tópico.

Por ora, convém reproduzir importante excerto do voto do Ministro Carlos Velloso, relativo ao julgamento do RE 407.099/RS, realizado em junho de 2004 (grifou-se):

> "Visualizada a questão do modo acima – fazendo-se a distinção entre empresa pública como instrumento da participação do Estado na economia e empresa pública prestadora de serviço público – **não tenho dúvida em afirmar que a ECT está abrangida pela imunidade tributária recíproca (CF, art. 150, VI, *a*), ainda mais se considerarmos que presta ela serviço público de prestação obrigatória e exclusiva do Estado, que é o serviço postal, CF, art. 21, X** (Celso Antônio Bandeira de Mello, ob. cit., p. 636).
>
> Dir-se-á que a Constituição Federal, no § 3.º do art. 150, estabelecendo que a imunidade do art. 150, VI, *a*, não se aplica: a) ao patrimônio, à renda e aos serviços relacionados com a exploração de atividades econômicas regidas pelas normas aplicáveis a empreendimentos privados; b) ou em que haja contraprestação ou pagamento de preços ou tarifas pelo usuário; c) nem exonera o promitente comprador da obrigação de pagar imposto relativamente ao bem imóvel, à ECT não se aplicaria a imunidade mencionada, por isso que cobra ela preço ou tarifa do usuário.
>
> A questão não pode ser entendida dessa forma. **É que o § 3.º do art. 150 tem como destinatário entidade estatal que explore atividade econômica**

regida pelas normas aplicáveis a empreendimentos privados, ou em que haja contraprestação ou pagamento de preços ou tarifas pelo usuário. No caso, tem aplicação a hipótese inscrita no § 2.º do mesmo art. 150" (STF, 2.ª T., RE 407.099/RS, Rel. Min. Carlos Velloso, j. 22.06.2004, *DJ* 06.08.2004, p. 62).

Posteriormente, em 2007, foi submetida ao STF a análise de ação cautelar referente à Companhia de Águas e Esgotos de Rondônia – CAERD, uma sociedade de economia mista estadual (AC 1.550-2/RO). O Ministro Gilmar Mendes, relator do processo, afirmou, em seu voto, que a decisão contra a qual havia sido ajuizada a cautelar parecia afrontar a jurisprudência da Corte firmada no julgamento do RE 407.099/RS. No entendimento do Ministro, seguido unanimemente pela Segunda Turma do Tribunal, a decisão relativa à ECT (**empresa pública**) seria um precedente a justificar a extensão da imunidade recíproca também às **sociedades de economia mista** prestadoras de serviço público.

Em resumo, partindo dos mesmos pressupostos adotados para a decisão que reconheceu que as empresas públicas prestadoras de serviços públicos de prestação obrigatória e exclusiva do Estado estariam abrangidas pela imunidade tributária recíproca, o STF entendeu que também são destinatárias da proteção constitucional as sociedades de economia mista que atendam aos mesmos requisitos.

No julgamento relativo à CAERD (AC 1.550-2/RO), o Supremo não analisou se a necessária presença de particulares dentre os acionistas de uma sociedade de economia mista poderia prejudicar a configuração da imunidade. O problema reside no fato de que normalmente é a possibilidade de lucro que move um particular a adquirir ações de uma companhia, o que poderia levar à conclusão no sentido da inexistência de imunidade.

Tais questões foram apreciadas quando a Suprema Corte, em 2010, analisou o caso da Companhia Docas do Estado de São Paulo – CODESP (RE 253.472/SP). Em termos práticos, quanto à composição do capital social, o Tribunal levou em consideração a participação relativa do capital privado quando comparada com a participação do ente público detentor do controle acionário. **Se a participação privada for considerada ínfima, a imunidade não restará prejudicada**, o que se verificou no caso concreto da CODESP, em que a quase totalidade das ações (99,97%) pertencia à União. A Corte também entendeu não haver finalidade lucrativa na atuação da CODESP, tendo em vista a "falta de indicação de que a atividade da pessoa jurídica satisfaça primordialmente interesse de acúmulo patrimonial público ou privado" (item 2.2 da ementa).

A mencionada "falta de indicação" sinalizava que seria da **autoridade fiscal o ônus de demonstrar a eventual existência de finalidade de acúmulo patrimonial justificadora do afastamento da imunidade**. Confirmando tal entendimento, consta do item 3 da ementa do julgado – que versava sobre a possibilidade de cobrança do IPTU – ressalva do Relator no sentido de que "cabe à autoridade fiscal indicar com precisão se a destinação concreta dada ao imóvel atende ao interesse público primário ou à geração de receita de interesse particular ou privado".

A maneira como fundamentada a decisão gera certa insegurança na definição precisa de quais são os elementos cuja comprovação configura a presença da finalidade de aumento patrimonial estatal ou privado. Fica claro que tal aferição será feita em cada caso concreto submetido à Corte.

Não obstante o subjetivismo do critério, em 2020 o Tribunal definiu uma situação cuja ocorrência deve ser sempre entendida como comprovação da busca de aumento patrimonial dos acionistas (Estado e particulares), submetendo, por consequência, a sociedade de economia mista ao regime normal de tributação. Trata-se dos casos em que **a instituição abre seu capital na Bolsa de Valores, visando a conseguir financiamento no mercado.**

Foi o que aconteceu com a Companhia de Saneamento Básico do Estado de São Paulo – SABESP, que tem ações negociadas em Bolsas de Valores. Em agosto de 2011, a composição societária da Companhia estava dividida entre o Estado de São Paulo (50,3%), investidores privados em mercado nacional (22,6% – Bovespa) e investidores privados em mercado internacional (27,1% – New York Stock Exchange), de forma que quase a metade do capital social pertencia a acionistas privados, certamente objetivando remunerar seu capital investido.

Por esse motivo, no julgamento do RE 600.867/SP, a SABESP foi expressamente caracterizada como uma "autêntica S/A", ou seja, aquela que possui participação relevante de particulares, ávidos por aumentos patrimoniais, na formação do seu capital social. Foi justamente esse o motivo pelo qual o Supremo Tribunal Federal não considerou a instituição imune.

Ao final, a Corte sintetizou o seu entendimento na seguinte tese de repercussão geral: "Sociedade de economia mista, cuja participação acionária é negociada em Bolsas de Valores, e que, inequivocamente, está voltada à remuneração do capital de seus controladores ou acionistas, não está abrangida pela regra de imunidade tributária prevista no art. 150, VI, 'a', da Constituição, unicamente em razão das atividades desempenhadas" (STF, Pleno, RE 600.867/SP, Rel. Joaquim Barbosa, Rel. p/ Acórdão: Luiz Fux, j. 29/06/2020, DJe 29/09/2020).

Por fim, merece registro que, ainda no mencionado julgamento relativo à CODESP (RE 253.472/SP), o STF consignou que, sem prejuízo da necessidade de cumprimento das demais exigências constitucionais e legais, **a aplicabilidade da imunidade deve observar os seguintes requisitos** (denominados "estágios" pela Corte):

a) restringir-se à propriedade, bens e serviços utilizados na satisfação dos objetivos institucionais imanentes do ente federado;

b) não beneficiar atividades de exploração econômica, destinadas primordialmente a aumentar o patrimônio do Estado ou de particulares;

c) não ter como efeito colateral a quebra dos princípios da livre concorrência e do exercício de atividade profissional ou econômica lícita.

Ratificando o entendimento acima e, ao mesmo tempo, consagrando a irrelevância da cobrança de preço ou tarifa para fins de aplicação da imunidade recíproca às empresas públicas e sociedades de economia mista prestadoras de serviços públicos essenciais, a Suprema Corte, no julgamento do RE 1.320.054/SP, fixou tese de repercussão geral segundo a qual:

> "As empresas públicas e as sociedades de economia mista delegatárias de serviços públicos essenciais, que não distribuam lucros a acionistas privados nem ofereçam risco ao equilíbrio concorrencial, são beneficiárias da imunidade tributária recíproca prevista no artigo 150, VI, a, da Constituição Federal, independentemente de cobrança de tarifa como contraprestação do serviço" (STF, Pleno, RE 1.320.054/SP, Rel. Min. Luiz Fux, j. 06/05/2021, DJe 13/05/2021).

Também merece destaque o fato de o Supremo Tribunal Federal ter adotado entendimento semelhante em interessante caso que versava sobre a possibilidade de aplicação da imunidade recíproca a um hospital constituído sob a forma de sociedade de economia mista cujas ações pertenciam quase que integralmente à União Federal (99,99%). A situação possui como principal nota distintiva das anteriormente narradas o fato de o serviço de saúde também ser prestado pela iniciativa privada, o que poderia ter levado a Corte a entender que a imunidade tributária não poderia ser reconhecida, sob pena de restar configurada concorrência desleal com a iniciativa privada.

No entanto, o fato de o hospital atender exclusivamente pelo Sistema Único de Saúde (SUS) e, portanto, receber somente recursos públicos, investindo-os integralmente nas suas finalidades institucionais, e não distribuindo lucros, levou o Tribunal a não enxergar finalidade lucrativa na instituição nem possibilidade de deslealdade concorrencial com o setor privado. Nesse contexto, o STF considerou que a atuação da sociedade de economia mista da forma descrita na área de saúde correspondia à própria atuação estatal, estando, por conseguinte, protegida pela imunidade recíproca (RE 580.264/RS).

O julgado fundamentou a formulação da seguinte assertiva, considerada **correta** pelo CEBRASPE, no concurso para provimento de cargos de Juiz Federal, com provas realizadas em 2014: "A prestação de ações e serviços de saúde por sociedades de economia mista corresponde à própria atuação do Estado, razão pela qual a elas se estende a imunidade tributária prevista na alínea a do inciso VI do art. 150 da Constituição Federal, desde que a empresa estatal não tenha por finalidade a obtenção de lucro e o capital social seja majoritariamente estatal".

2.18.4.1.2 A imunidade recíproca em face da exploração de atividade econômica

Conforme adiantado nos itens antecedentes, a imunidade tributária recíproca não pode servir como mecanismo de concorrência desleal dos entes estatais com as pessoas jurídicas de direito privado.

Raciocinando assim, o legislador constituinte originário expressamente afirmou que a imunidade recíproca dos entes políticos e sua extensão às autarquias e fundações públicas não se aplicam ao patrimônio, à renda e aos serviços relacionados com a exploração de atividades econômicas regidas pelas normas aplicáveis a empreendimentos privados ou em que haja contraprestação ou pagamento de preços ou tarifas pelo usuário (CF, art. 150, § 3º).

A exploração direta de atividade econômica pelo Estado é excepcional, só sendo permitida quando necessária aos imperativos da segurança nacional ou de relevante interesse coletivo, conforme definidos em lei (CF, art. 173).

Nesses casos excepcionais, o normal é que o Estado explore a atividade econômica por intermédio de empresas públicas e sociedades de economia mista, ambas pessoas jurídicas de direito privado integrantes da Administração Indireta do Estado.

Como tais entidades **não podem gozar de benefícios fiscais não extensivos às do setor privado** (CF, art. 173, § 2º), diminui-se o risco de concorrência desleal praticada pelo próprio Estado.

Não é tecnicamente razoável imaginar que o Estado possa explorar atividade econômica por intermédio de uma autarquia, cuja característica principal é o exercício de funções típicas de Estado num regime jurídico de direito público.

Também é despropositado pensar que a exploração venha a ser feita por intermédio de uma fundação pública, pois sua área de atuação deve ser definida em lei complementar, sendo naturalmente vinculada à área social ou cultural, sempre sem finalidade lucrativa.

Mais absurdo ainda é pensar em órgãos da Administração Direta explorando atividade econômica.

Apesar de a exploração de atividade econômica por intermédio de entes de direito público não ser tecnicamente adequada, poderia ser sorrateiramente utilizada para que governantes mal-intencionados concorressem deslealmente com a iniciativa privada por meio de um uso atípico do aparelho estatal, em acintosa afronta àquilo que o art. 150, § 3º, da Magna Carta tenta evitar.

Assim, se, fugindo à boa técnica e ao bom senso, um ente político resolver explorar atividade econômica por meio de entidade imune, de nada adiantará a tentativa, pois a própria Constituição traz como consequência a inaplicabilidade da imunidade, de modo que o ente se sujeitará a todos os tributos a que estão submetidas as instituições da iniciativa privada.

A despeito da aparente clareza dos dispositivos constitucionais, o Supremo Tribunal Federal, em 2013, por ocasião do julgamento do RE 601.392/PR, proferiu decisão cujo teor pode ser encarado como uma flexibilização do entendimento ora apresentado.

O caso concreto novamente envolvia a possibilidade de extensão da imunidade recíproca à Empresa de Correios e Telégrafos - ECT, mas desta vez enfocando especificamente as atividades que, exercidas por essa empresa pública, extrapolam os conceitos de "serviço postal e correio aéreo nacional", tais como a venda de títulos de capitalização, o recebimento de mensalidades de associações e sindicatos, de inscrições em vestibulares e concursos, dentre outras que, a rigor, sequer podem ser enquadradas como serviços públicos.

Quanto a esse aspecto, é relevante repisar que, mesmo no tocante aos entes integrantes da Administração Indireta expressamente imunizados pela Constituição Federal (autarquias e fundações públicas), a regra imunizante somente se aplica ao patrimônio, à renda e aos serviços vinculados às suas finalidades essenciais ou às delas decorrentes (CF, art. 150, § 2º).

Desse modo, considerando o caso dos Correios, não pareceria possível, nem mesmo com enorme esforço interpretativo, incluir dentre as atividades essenciais da empresa, ou reputar delas decorrentes, os serviços que não são tipicamente postais e que não estão abarcados pelo monopólio concedido pela União. Na verdade, a venda de títulos de capitalização e o recebimento de depósitos e pagamentos de títulos constituem atividades plenamente enquadráveis dentre as realizadas pelas instituições financeiras, estando sujeitas ao regime de concorrência, o que, segundo a jurisprudência firmada pelo próprio STF, afastaria a aplicação da regra imunizante.

O Tribunal, no entanto, sensibilizou-se com a apresentação de novos argumentos, cuja análise segue abaixo.

(1) Mesmo no que concerne às atividades exercidas fora do âmbito do "serviço postal e correio aéreo nacional", os Correios se sujeitam a um conjunto de restrições não aplicáveis à iniciativa privada, como a exigência de prévia licitação para a celebração de contratos, a realização de concursos públicos para a contratação de pessoal e a submissão a controle pelo Tribunal de Contas.

(2) A principal clientela que busca nos Correios a prestação de serviços passíveis de enquadramento como financeiros é composta por pessoas sem acesso à moderna rede bancária brasileira. Foram citadas como exemplo as pequenas cidades localizadas em rincões afastados dos grandes centros e desprovidos de agências bancárias, onde não haveria de se falar em concorrência, mas em universalização dos citados serviços. Destacou-se, ainda, que em apenas quatro unidades da Federação (SP, RJ, MG e DF) a empresa mostrava-se superavitária, sendo deficitária em todas as demais.

Nesse sentido, cabe transcrever a pedagógica intervenção feita pelo Ministro Ricardo Lewandowski durante o julgamento:

> "[...] os Correios prestam serviços onde a iniciativa privada não presta ou não quer prestar ou entende que é deficitária. A iniciativa privada não vai para os mais longínquos rincões do País, para o interior da Amazônia, mas os Correios estão presentes lá, mesmo sofrendo prejuízo, estão prestando serviços. E, ademais, o que é interessante, as próprias empresas privadas de *courier*, aquelas que são responsáveis pela entrega de encomendas e pacotes, valem-se dos serviços dos Correios, porque, do ponto de vista econômico-financeiro, isso é desinteressante".

(3) A prestação do serviço postal vem passando por um momento histórico de baixa, sendo paulatinamente esvaziada pela utilização de novas tecnologias, principalmente a internet, o que tem tornado obsoleta, por exemplo, a comunicação por carta e por telegrama. Sendo assim, a redação do dispositivo constitucional atribuindo à União Federal a competência para "**manter** o serviço postal e o correio aéreo nacional" (CF, art. 21, X) deve ser entendida como uma **obrigação de manter** tal serviço, mesmo que ele deixe de ser lucrativo.

O raciocínio leva em consideração que, quanto menos desenvolvida a localidade, mais ela depende dos serviços dos Correios e que a diminuição de sua qualidade ou sua interrupção prejudicaria as pessoas mais pobres e as residentes nos recantos mais afastados do País.

Por conseguinte, havendo imposição constitucional de manutenção do serviço, a própria viabilidade econômica da Empresa Brasileira de Correios e Telégrafos dependeria do que a doutrina denomina **"subsídio cruzado"**. Assim, o exercício das atividades lucrativas não compreendidas no conceito de "serviços postais e correio aéreo nacional" gera recursos que subsidiam a prestação destes serviços, de forma que a desoneração daquelas atividades como consequência da imunidade recíproca é fundamental para que se cumpra a determinação constitucional da **manutenção** dos citados serviços essenciais.

Em face dos três argumentos, por maioria mínima, o STF entendeu que todas as atividades realizadas pelos Correios estão protegidas pela imunidade recíproca. Pela importância do julgado, transcreve-se abaixo a respectiva ementa:

> "Recurso extraordinário com repercussão geral. 2. Imunidade recíproca. Empresa Brasileira de Correios e Telégrafos. 3. Distinção, para fins de tratamento normativo, entre empresas públicas prestadoras de serviço público e empresas públicas exploradoras de atividade. Precedentes. 4. Exercício simultâneo de atividades em regime de exclusividade e em concorrência com a iniciativa privada. Irrelevância. Existência de peculiaridades no serviço postal. Incidência da imunidade prevista

no art. 150, VI, 'a', da Constituição Federal. 5. Recurso extraordinário conhecido e provido" (STF, Tribunal Pleno, RE 601.392/PR, Rel. Min. Joaquim Barbosa, Rel. p/ Acórdão Min. Gilmar Mendes, j. 28.02.2013, DJE 05.06.2013).

A leitura apressada da ementa pode levar a equívocos. É importante perceber que a afirmativa que considera ser "irrelevante o exercício de atividades em regime de exclusividade e em concorrência com a iniciativa privada" deve ser interpretada como consequência da existência de "peculiaridades no serviço postal", como consta expressamente da ementa e conforme explicado nos comentários antecedentes.

Apesar disso, é fundamental relembrar o costume que têm as bancas examinadoras de considerar algumas frases constantes de julgados do STF e do STJ como verdades absolutas, mesmo em questões que propõem o julgamento desses itens de maneira descontextualizada. Desse modo, em provas de concurso público, devem ser assinaladas como verdadeiras assertivas que afirmem que, para o efeito de aplicação da imunidade recíproca, "é irrelevante o exercício de atividades em regime de exclusividade e em concorrência com a iniciativa privada".

Seguindo a esteira desse raciocínio, no concurso para provimento de cargos de Procurador da República, com provas realizadas em 2013, promovido pelo Ministério Público Federal, foi considerada **correta** a seguinte assertiva: "O exercício simultâneo de atividades em regime de exclusividade e em regime de concorrência com a iniciativa privada, a exemplo de atividade bancária conhecida como 'banco postal' e venda de títulos de capitalização, não se inserindo no conceito de serviço postal – é irrelevante para a incidência da imunidade tributária".

Quando a jurisprudência sobre a matéria encontrava-se pacificada, a EC 132/2023 (Reforma Tributária) alterou o dispositivo que servira de pano de fundo para toda a discussão. Infelizmente, a nova redação dada ao § 2º do art. 150 da CRFB/1988, em vez de aclarar o texto constitucional, incorporando-lhe o que o STF demorou décadas para definir, pode acabar reabrindo questões que já estavam devidamente resolvidas. Por oportuno, transcreve-se o novo texto:

"Art. 150.

(...)

§ 2º A vedação do inciso VI, "a", é extensiva às autarquias e às fundações instituídas e mantidas pelo poder público e à empresa pública prestadora de serviço postal, no que se refere ao patrimônio, à renda e aos serviços vinculados a suas finalidades essenciais ou às delas decorrentes".

O primeiro grande problema é que a redação original da norma só contemplava expressamente com a imunidade recíproca as autarquias e as fundações públicas, sendo a extensão às empresas públicas e às sociedades de economia mista o resultado do entendimento jurisprudencial construído em torno do tema. A partir do momento em que se torna expressa a extensão da imunidade a uma única empresa pública, claramente identificada na letra do novo texto, passa a ser defensável a ideia de que o objetivo da norma teria sido o de restringir o beneplácito à empresa nominada, não pretendendo que ele seja aplicado a outras empresas públicas ou a qualquer sociedade de economia mista.

Faz-se, então, a seguinte pergunta: será mesmo que a EC 132/2023 pretendeu retirar a imunidade que o STF entendeu ser aplicável à Infraero, à Casa da Moeda, à Companhia das Docas do Estado de São Paulo e a diversas sociedades de economia mista prestadoras de serviço de saneamento básico, dentre outras? Acredita-se que não. Salvo um profundo apego à literalidade, não há método hermenêutico que dê suporte a tal conclusão.

Ao que tudo indica, **a inclusão expressa da "empresa pública prestadora de serviço postal" no texto imunizante não quis excluir da imunidade quem o STF já entendia ser por ela beneficiado**. A providência foi apenas o final vitorioso de uma longa batalha dos Correios para ver a sua imunidade tributária reconhecida de forma expressa no texto constitucional. Isso porque alguns entes federados, em manifesta afronta à jurisprudência da Suprema Corte, continuavam a não reconhecer a imunidade da empresa, que muitas vezes somente conseguia anular as autuações indevidas recorrendo ao Poder Judiciário.

Além da questão analisada, uma outra controvérsia pode vir a se instaurar em virtude da nova redação dada ao § 2º do art. 150 da CRFB/1988. É que o texto do dispositivo que agora imuniza de forma expressa os Correios restringe o benefício "*ao patrimônio, à renda e aos serviços vinculados a suas finalidades essenciais ou às delas decorrentes*". Uma leitura literal da norma poderia levar à conclusão de que a amplitude da imunidade assegurada à empresa teve seu âmbito reduzido, não mais abarcando os serviços prestados em regime de concorrência com a iniciativa privada.

No entanto, tal interpretação não merece prosperar, uma vez que as decisões do STF que reconheceram a imunidade dos Correios sempre se fundamentaram no mesmo § 2º, em cuja redação original já constava o requisito, exigido de todas as entidades imunizadas pelo dispositivo, atinente à mencionada vinculação de patrimônio, renda e serviços. Decerto, não faria sentido interpretar como incluído na regra imunizante quem nela não está expressamente citado, sem, contudo, submeter-lhe aos mesmos requisitos aplicáveis a quem está.

Assim, para adotar a teoria do subsídio cruzado – considerando o serviço prestado em regime de concorrência para a obtenção de recursos destinados ao custeio de uma atividade essencial algo decorrente dessa atividade essencial e, portanto, protegido pela imunidade –, o STF já havia levado em conta a exigência de vinculação constante do § 2º do art. 150 da CRFB/1988, de modo que a alteração textual apontada não deve modificar tal entendimento.

Por fim, para os que defendem a importância da vontade do legislador como critério de interpretação da norma, a exposição de motivos apresentada pelo Senador Efraim Filho ao apresentar à Comissão de Constituição e Justiça do Senado a Emenda 784 – da qual resultou a nova redação do art. 150, § 2º, da CRFB/1988 – demonstra com clareza os objetivos da alteração do dispositivo e o acerto da interpretação defendida nesta obra. Pela relevância, transcreve-se, abaixo, o trecho mais significativo da citada exposição (grifos não constam do original):

> "Entretanto, a Empresa Brasileira de Correios e Telégrafos continua enfrentando desafios no que diz respeito ao reconhecimento de sua imunidade tributária por parte das autoridades tributárias. A título de ilustração, com relação ao ICMS, há 24 estados que insistem em realizar cobrança desse imposto à revelia da jurisprudência do STF. Diante dessa realidade, vislumbra-se a pertinência de apresentar uma proposição ao texto constitucional com o objetivo de mitigar litígios e interpretações equivocadas por parte das administrações tributárias. **Assim, a proposição ao art. 150, VI, § 2º da Constituição da República de 1988 almeja explicitar de maneira clara a imunidade tributária das empresas públicas prestadoras de serviço público, conforme jurisprudência consolidada do Supremo Tribunal Federal** (STF)".

A exposição de motivos evidencia que **o que se pretendia era explicitar (jamais reduzir) a imunidade tributária das empresas públicas prestadoras de serviço público, e não apenas a imunidade dos Correios**. Todo o problema interpretativo que pode vir a ser gerado em torno do referido dispositivo decorre simplesmente da redação involuntariamente reducionista da modificação proposta pelo parlamentar à CCJ e de sua incorporação ao texto da EC 132/2023 sem uma análise mais criteriosa.

2.18.4.1.3 A imunidade recíproca e os casos de arrendamento e cessão de uso de bem público

No estudo das classificações doutrinárias das imunidades, foi explicado que a imunidade recíproca dos entes políticos, autarquias e fundações instituídas e mantidas pelo Poder Público é subjetiva, ou seja, existe em virtude das características da pessoa que é prestadora do serviço ou detentora da renda ou patrimônio, e não desses elementos objetivos isoladamente considerados.

Nesse contexto, ponto que merece análise especial é o do alcance da imunidade tributária recíproca em relação aos imóveis que, embora pertencentes a entes públicos, são utilizados por concessionários para a exploração de atividades econômicas com fins lucrativos. Em tal hipótese, considerando que o imóvel não sai, formalmente, da esfera patrimonial do ente público, continuaria o bem imune ao Imposto sobre a Propriedade Predial e Territorial Urbana?

Os impostos municipais em espécie serão abordados no Capítulo 15 desta obra. Por ora, no que concerne ao IPTU, é suficiente para a compreensão deste ponto saber que o imposto incide sobre imóveis localizados em áreas urbanas, sendo contribuinte "o proprietário do imóvel, o titular do seu domínio útil, ou o seu possuidor a qualquer título" (CTN, art. 34).

Embora, no Direito Civil brasileiro, a condição de possuidor independa da intenção de dono (*animus domini*); no âmbito tributário, não obstante o emprego da expressão "possuidor a qualquer título" pelo legislador ordinário, prepondera o entendimento, pacífico na jurisprudência do **STJ**, de que, para fins de cobrança do IPTU, somente é considerado contribuinte aquele que exerce **posse exclusiva**, com **ânimo definitivo**, em virtude de **direito real**.

Como no contrato de cessão de uso de bem público não há, por parte do cessionário, o exercício de posse exclusiva com ânimo definitivo – mas, sim, de posse precária e desdobrada –, a jurisprudência do STF, em consonância com a do STJ, por muito tempo inclinou-se no sentido de não admitir a possibilidade de o cessionário figurar no polo passivo da obrigação tributária referente ao IPTU. Tampouco o proprietário do imóvel, ente público imune no exercício de posse indireta, poderia assumir tal posto. O bem, então, permanecia livre do tributo, ainda que o uso dado pelo cessionário fosse voltado à exploração de atividade econômica com intuito de lucro.

Em 2017, porém, o STF debruçou-se com mais afinco sobre o tema, reconhecendo, no RE 601.720/RJ, a repercussão geral da matéria. No caso concreto, o Município do Rio de Janeiro pretendia o reconhecimento de crédito tributário relativo ao IPTU de um imóvel da União explorado, mediante contrato de concessão, por empresa privada atuante no comércio de importação e exportação de veículos automotores.

No julgamento, a Corte deu razão ao Município carioca, afirmando a **possibilidade de o concessionário ser sujeito passivo do IPTU**. Prevaleceu o entendimento de que particulares que exploram atividades lucrativas em regime de livre concorrência não podem ser beneficiados pela imunidade recíproca, pois esta existe tão somente para garantir a autonomia das unidades federadas, funcionando como uma ferramenta de mútua autocontenção, no que diz respeito ao exercício das competências tributárias.

O legislador constituinte, no § 3º do art. 150, ao se referir aos próprios titulares da regra imunizante, categoricamente tratou de afastar a imunidade nos casos em que o patrimônio, a renda e os serviços estejam relacionados à exploração de atividades econômicas regidas pelas normas aplicáveis aos empreendimentos privados. Logo, se os próprios detentores da imunidade a perdem quando verificada a exploração de atividade econômica em regime de concorrência com a iniciativa privada, não faria sentido preservá-la em benefício de particulares que, no uso de bens públicos, atuem de modo semelhante

Se a imunidade recíproca fosse alargada ao ponto de afastar a tributação de sociedades empresárias que se utilizam de bens públicos para o desenvolvimento de atividade econômica, além de afronta ao princípio da livre concorrência (CF, art. 170), haveria fragilização do próprio pacto federativo que a imunidade recíproca visa a proteger, haja vista a poda inconstitucional do poder de tributar do Município.

Adotando os fundamentos supracitados, o Supremo Tribunal Federal fixou tese de repercussão geral nos seguintes termos: "**Incide o IPTU, considerado imóvel de pessoa jurídica de direito público cedido a pessoa jurídica de direito privado, devedora do tributo**" (RE 601.720/RJ).

É importante salientar que, embora conste dos termos da tese a expressão "pessoa jurídica de direito privado" sem a especificação do tipo de atividade desenvolvida, o inteiro teor da deliberação deixa claro que o afastamento da imunidade se dá nos casos em que a pessoa jurídica de direito privado explora atividade econômica com finalidade lucrativa.

Portanto, não foi modificado o entendimento, ainda prevalente no âmbito do STF, de que **a imunidade recíproca alcança as empresas públicas e sociedades de economia mista prestadoras de serviços públicos de prestação obrigatória e exclusiva do Estado** (vide subitem 2.18.4.1.1).

Na verdade, alguns dias antes do julgamento relativo ao Município do Rio de Janeiro, o Tribunal já havia apreciado o RE 594.015/SP, que continha situação semelhante.

Na demanda paulista, também submetida à sistemática de repercussão geral, a Petrobrás, arrendatária de imóvel pertencente à União, pretendia ver afastada a obrigação de recolher ao Município de Santos/SP o respectivo IPTU.

A empresa alegou que o bem, por ser de propriedade da União e encontrar-se afetado à atividade de utilidade pública, estaria blindado pela imunidade recíproca. A Corte, porém, entendeu que, apesar de a atividade exercida pela arrendatária (armazenamento e movimentação de combustíveis) realmente ser de interesse público, era desempenhada por sociedade de economia mista com capital social negociado na bolsa de valores e notória intenção de auferir lucro (para, dentre outras finalidades, distribuí-lo aos acionistas).

Além da interpretação teleológica da imunidade recíproca e de sua ponderação em face do princípio da livre concorrência, no caso específico do imóvel arrendado pela Petrobrás, o Tribunal considerou que sequer havia precariedade na posse, haja vista a longevidade do contrato de concessão. Transcreve-se abaixo excerto retirado do voto-vista do Ministro Roberto Barroso:

> "[...] os contratos firmados entre as empresas privadas e a Administração Pública para uso de bem público, além de se sujeitarem a longos prazos, conferem direitos aos particulares, como alteração do imóvel utilizado e construção de imóveis com outras finalidades. Pode-se dizer que o bem é formalmente público e materialmente privado, uma vez que o particular detém quase todas as prerrogativas do proprietário, não havendo precariedade da posse. Nesses casos, resta caracterizado o fato gerador do IPTU conforme art. 32, do CTN, e a sujeição passiva, conforme art. 34".

A Suprema Corte, então, no julgamento do caso paulista, fixou tese de repercussão geral com termos mais precisos, quais sejam: "**A imunidade recíproca, prevista no art. 150, VI, a, da Constituição não se estende a empresa privada arrendatária de imóvel público, quando seja ela exploradora de atividade econômica com fins lucrativos. Nessa hipótese é constitucional a cobrança do IPTU pelo Município**" (RE 594.015/SP).

Em suma, a conclusão a que se chega, após a análise de ambos os julgados, é a de que a imunidade tributária recíproca não é aplicável a imóveis que, embora formalmente pertencentes a entes públicos, sejam utilizados por concessionários ou arrendatários para a exploração de atividades econômicas com o intuito de lucro. Em tal hipótese, tem-se por configurado o fato gerador do IPTU, sendo legítima a inclusão do particular no polo passivo da obrigação tributária.

Frise-se, contudo, que os fundamentos que embasam a tese ora estudada têm sido, até o momento, utilizados apenas na análise da imunidade recíproca. Conforme se verá adiante, no âmbito da imunidade religiosa e da imunidade das entidades educacionais e assistenciais sem fins lucrativos, a jurisprudência do STF não tem demonstrado preocupação com o tipo de atividade desenvolvida pelo particular locatário de imóvel pertencente a entidade imune, apenas exigindo, para a manutenção da não sujeição ao IPTU, que os rendimentos obtidos com o aluguel sejam empregados pela entidade em suas finalidades essenciais. A aparente contradição da jurisprudência da Corte será detalhada nos itens 2.18.4.2 e 2.18.4.3.

2.18.4.1.4 A imunidade recíproca e a Ordem dos Advogados do Brasil

A natureza jurídica dos conselhos de fiscalização de profissões, dentre eles a Ordem dos Advogados do Brasil – OAB, sempre despertou acalorados debates no mundo jurídico, conforme detalhado no item 1.4.6.3.1 do Capítulo 1.

Para os objetivos deste tópico, interessa saber que, segundo o atual entendimento do Supremo Tribunal Federal, os **conselhos de fiscalização** (CREA, CRC, CRM, CRECI etc.), **com exceção da OAB**, são **autarquias federais**, haja vista serem criados por lei, terem personalidade jurídica de direito público, possuírem autonomia administrativa e financeira e exercerem uma atividade típica de Estado (fiscalização do exercício de profissões regulamentadas).

Como consequência de sua natureza autárquica, os **conselhos de fiscalização gozam de imunidade recíproca**, no que se refere ao patrimônio, à renda e aos serviços vinculados às suas finalidades essenciais ou delas decorrentes, tendo em vista o que dispõe o § 2º do art. 150 da CF/1988.

No que pertine especificamente à **OAB**, a Suprema Corte entende que a entidade não pode ser tida como congênere dos demais órgãos de fiscalização profissional, pois não está voltada exclusivamente a objetivos corporativos, possuindo relevantes finalidades institucionais (defesa da Constituição, da ordem jurídica do Estado Democrático de Direito, dos direitos humanos e da justiça social). Apesar de alguns julgados sinalizarem uma possível mudança de entendimento (ver item 1.4.6.3.1 do Capítulo 1), ainda prevalece a tese de que a OAB possui natureza jurídica *sui generis* de **serviço público independente**, porém **não enquadrado no conceito de autarquia** nem de qualquer forma integrante da Administração Pública Indireta (ADI 3.026/DF).

Mesmo não fazendo parte da Administração Pública Indireta, essa entidade de natureza jurídica *sui generis*, no entender do Tribunal, **também é protegida pela imunidade tributária recíproca**, pois sua atuação institucional consubstancia atividade própria de Estado (RE 259.976-AgR/RS). Quanto a esse aspecto, portanto, a OAB recebe o mesmo tratamento jurídico dispensado aos conselhos de fiscalização em geral, estando livre da incidência de impostos.

Para que se compreenda um pouco da estrutura da Ordem dos Advogados, convém explicar que é composta pelos seguintes órgãos: (1) **Conselho Federal**, órgão máximo, com sede na capital da República e jurisdição em todo o País; (2) **Conselhos Seccionais**, com jurisdição nas unidades federativas; (3) **Subseções**, com jurisdição delimitada pelo respectivo Conselho Seccional da unidade federativa, podendo abranger um município, parte de um município ou vários municípios; (4) **Caixas de Assistência dos Advogados – CAA**, órgãos de caráter assistencial (prestação de serviços e benefícios aos advogados inscritos) criados pelos Conselhos Seccionais. Apesar de serem considerados "órgãos" da OAB, todos eles, com exceção das Subseções, são dotados de personalidade jurídica própria, porque assim dispõe o art. 45 da Lei 8.906/1994 (Estatuto da Advocacia e da OAB).

Durante algum tempo, foi objeto de discussão a possibilidade de as Caixas de Assistência de Advogados usufruírem da imunidade tributária recíproca concedida à OAB. Ambas as Turmas do STF chegaram a proferir decisões negando a esses órgãos assistenciais a benesse constitucional, sob o argumento de que, embora ligados à estrutura organizacional da OAB, possuem personalidade jurídica própria e atuam exclusivamente na prestação de benefícios assistenciais – eventualmente, também previdenciários (seguridade complementar) – aos seus inscritos, atividade eminentemente corporativista que não está relacionada à relevante missão institucional da Ordem.

Ao final de 2018, contudo, o Plenário do Tribunal, ao julgar o RE 405.267/MG, alterou radicalmente o posicionamento da Corte sobre o tema. Prevaleceu, por unanimidade, a tese de que tanto as finalidades institucionais quanto as finalidades corporativas da OAB devem receber o mesmo tratamento de direito público, sendo a **imunidade recíproca**, por essa razão, **aplicável inclusive às Caixas de Assistência dos Advogados**. Considerou-se, para tanto, que as CAA integram a estrutura da OAB, não sendo possível conceder tratamento tributário diferenciado a órgãos de uma mesma entidade. Entendeu-se também que as CAA prestam serviço público delegado, possuem *status* jurídico de ente público e não exploram atividades econômicas em sentido estrito, com intuito de lucro.

Na ocasião, o Ministro Alexandre de Moraes, reforçando os argumentos do Relator Ministro Edson Fachin, pontuou que, dada a relação umbilical (continente/conteúdo) existente entre a OAB e as CAA, eventuais excessos tributários cometidos em relação às CAA inevitavelmente repercutiriam sobre a OAB, fragilizando a imunidade de que esta desfruta e pondo em risco sua autonomia e independência institucional.

2.18.4.1.5 Preocupação constitucional de coibir a elisão fiscal

Além dos condicionamentos já estudados, a parte final do § 3º do art. 150 da CF/1988 ainda estatui uma outra restrição, que tem por objetivo impedir a utilização da imunidade recíproca como mero mecanismo de elisão fiscal.

A Constituição afirma que a regra imunizante **não exonera o promitente comprador da obrigação de pagar imposto relativamente ao bem imóvel**.

O compromisso irretratável de compra e venda é o contrato pelo qual o promitente vendedor obriga-se a vender ao promitente comprador determinado imóvel, pelo preço, condições e modo combinados, outorgando-lhe a escritura definitiva assim que ocorrer o adimplemento da obrigação.

O contrato é comumente celebrado entre construtoras (promitentes vendedoras) e particulares (promitentes compradores). Nessa situação, como há apenas um compromisso (mesmo que irretratável), o imóvel continua sendo propriedade da construtora, de modo que o IPTU contra ela é lançado. Normalmente, o promitente comprador paga o imposto por ter se comprometido a isso no contrato assinado, mas o sujeito passivo, repita-se, é a promitente vendedora.

Imagine-se, agora, que seja celebrado um compromisso irretratável de compra e venda em que aparecem como promitente vendedor um ente imune (o Estado do Ceará, por exemplo) e como promitente comprador um particular.

O Ceará é ente imune, e o imóvel lhe pertence até o total cumprimento do compromisso e registro da transferência no cartório. Se não fosse o dispositivo constitucional ora estudado, o promitente comprador também estaria livre do pagamento de qualquer imposto sobre o imóvel.

Perceba-se que a restrição em questão impede que a celebração de tais compromissos entre particulares e entes imunes sirva, tão somente, como mecanismo para se fugir à tributação.

Na esteira desse entendimento, o STF, mesmo na vigência do ordenamento constitucional anterior, editou a Súmula 583, cujo teor é abaixo transcrito:

> **STF – Súmula 583 –** "Promitente comprador de imóvel residencial transcrito em nome de autarquia é contribuinte do imposto predial territorial urbano".

2.18.4.1.6 A imunidade dos Estados estrangeiros

Com a incorporação ao Direito brasileiro do texto das Convenções de Viena de 1961 e 1963, **restou assegurada aos Estados estrangeiros a "imunidade" a impostos e taxas no Brasil, ressalvadas aquelas decorrentes da prestação de serviços individualizados e específicos**.

Apesar de a palavra "imunidade" ser empregada com frequência para qualificar a garantia, trata-se de verdadeira **isenção**, uma vez que não está prevista expressamente no texto constitucional, mas sim em convenções internacionais, que, no ponto em que versam sobre matéria tributária, são incorporadas ao direito interno com hierarquia meramente legal (conforme exposto no item 3.2.2.1.1 do Capítulo 3, tratados e convenções internacionais somente têm *status* constitucional ou supralegal quando versam sobre direitos humanos). Quanto a este aspecto, reavive-se que, nos termos detalhados no item 2.10.3.2 deste Capítulo, é legítima a concessão de isenção de tributos estaduais e municipais mediante tratado internacional.

De qualquer forma, embora seja tecnicamente possível a cobrança de taxas de serviço dos Estados estrangeiros, o fato de eles também gozarem de **imunidade de jurisdição** impede que sejam executados caso não paguem espontaneamente os valores devidos.

A imunidade de jurisdição pode ser expressamente renunciada pelo Estado estrangeiro, que deve ser consultado sobre a questão. Em não havendo renúncia da prerrogativa, ficam os entes tributantes desprovidos de qualquer mecanismo judicial para a cobrança coativa do tributo (RE 138/RJ).

2.18.4.1.7 Outras decisões do Supremo Tribunal Federal

Com base na imunidade recíproca, o Supremo Tribunal Federal proferiu algumas outras decisões cujo conhecimento é fundamental para a compreensão da matéria. Confira-se abaixo:

a) os **valores investidos pelos entes federados**, bem como a renda auferida, **são imunes ao IOF e ao IR** (STF, 2.ª T., AI 174.808-AgR/RS, Rel. Min. Maurício Corrêa, j. 11.03.1996, DJ 21.06.1996; STF, 1.ª T., RE 196.415/PR, Rel. Min. Ilmar Galvão, j. 21.05.1996, DJ 09.08.1996);

b) **empresa privada que presta serviços de iluminação pública e é remunerada pelo Município não é beneficiada pela imunidade,** visto que paga o ICMS à Fazenda estadual e o inclui no preço do serviço disponibilizado ao usuário. Segundo o STF, "a imunidade tributária [...] pressupõe a instituição de imposto incidente sobre serviço, patrimônio ou renda do próprio Município" (STF, 1.ª T., AC 457-MC/MG, Rel. Min. Celso de Mello, j. 26/10/2004, DJ 11.02.2005);

c) o **serviço notarial e de registro** (atividade estatal delegada), por ser prestado em caráter privado, **não é imune à incidência do ISS** (STF, Pleno, ADI 3.089/DF, Rel. Min. Carlos Britto, j. 13.02.2008, *DJE* 21.02.2008).

d) os **bens e direitos que integram o patrimônio do fundo vinculado ao Programa de Arrendamento Residencial – PAR beneficiam-se da imunidade tributária recíproca**. O PAR é um programa habitacional criado pelo Governo federal visando ao atendimento da necessidade de moradia da população de baixa renda. A Lei 10.188/2001, instituidora do programa, esclarece em seus arts. 1º e 3º que o patrimônio e os recursos do fundo financiador pertencem à União, cabendo à Caixa Econômica Federal – CEF apenas a sua operacionalização. Para o STF, a atuação da CEF na gestão do PAR dá-se na qualidade de braço instrumental da União, numa atividade desprovida de caráter comercial, essencialmente voltada à concretização de um direito fundamental, não havendo, pois, prejuízo à livre concorrência. Como consequência do reconhecimento da imunidade recíproca, não incide IPTU sobre os imóveis do PAR (STF, Pleno, RE 928.902/SP, Rel. Min. Alexandre de Moraes, j. 17.10.2018, DJE 18.10.2018).

e) a **Casa da Moeda do Brasil – CMB faz jus à imunidade recíproca**, por ser empresa governamental, delegatária de serviço público prestado em regime constitucional de monopólio (CF, art. 21, VII) (STF, 2.ª T., RE 610.517-AgR/RJ, Rel. Min. Celso de Mello, j.03.06.2014, DJE 23.06.2014). Para o Tribunal, a imunidade não se aplica a todas as atividades da estatal, mas tão somente àquelas exercidas em regime de exclusividade, decorrente de prerrogativas da União que lhe foram transferidas, tais como a fabricação de papel-moeda e moeda metálica, a impressão de selos postais, fiscais e títulos da dívida pública federal. (ACO 2107/DF)

f) a **pessoa jurídica de direito público que figura como devedora em contrato de alienação fiduciária goza de imunidade recíproca**. Na alienação fiduciária – negócio jurídico comumente celebrado na aquisição de automóveis –, o credor fiduciário (em geral, uma instituição financeira) cede a quantia em dinheiro necessária para a compra do bem indicado pelo devedor. Embora, a título de garantia, o credor permaneça com o título de propriedade do bem, desde logo o devedor passa a exercer sobre ele posse direta, dele usufruindo como se já integrasse seu patrimônio. Nesse contexto, no caso de veículo automotor, poderá o IPVA ser exigido do devedor fiduciário, a menos que seja este pessoa jurídica de direito público que dê ao bem destinação pública, hipótese em que deverá ser observada a imunidade recíproca prevista no artigo 150, VI, "a", da Constituição Federal (STF, Pleno, RE 727.851/MG, Rel. Marco Aurélio, j. 22/06/2020, DJe 16/07/2020).

2.18.4.2 A imunidade tributária religiosa

O legislador constituinte originário viu, inserido no poder de tributar, o poder de subjugar. Por isso é que, da mesma forma que a imunidade recíproca protege a autonomia dos entes federados, a imunidade religiosa impede que o Estado se utilize do poder de tributar como meio de embaraçar o funcionamento das entidades religiosas.

Como a liberdade de culto é direito individual expressamente consagrado (CF, art. 5º, VI), e a imunidade religiosa é uma das garantias que protege tal direito, ambos estão protegidos por **cláusula pétrea**.

Também aqui a imunidade é aplicável exclusivamente aos **impostos – e à CBS, em virtude do art. 149-B, parágrafo único, da Magna Carta –**, não sendo extensiva a outras espécies tributárias, como taxas e demais contribuições especiais, por exemplo.

O art. 150, VI, *b*, da CRFB/1988, em sua redação originária, dispunha ser vedado aos entes federados "instituir impostos sobre templos de qualquer culto". Na verdade, o texto dizia menos do que o legislador constituinte efetivamente queria dizer.

A afirmação baseia-se na distinção entre o **templo** (prédio fisicamente considerado) e a **entidade religiosa**, com todas as atividades que lhe são inerentes. Se a imunidade fosse tão somente do templo, estaria impedida apenas a cobrança dos impostos que incidissem sobre a **propriedade do imóvel em que está instalado o templo** (IPTU ou ITR). Entretanto, nada impediria a cobrança, por exemplo, do **imposto de renda sobre as oferendas ou do imposto sobre serviços relativo à celebração de casamentos**.

Vista a questão sob o prisma teleológico, há de se concordar que, se o objetivo da imunidade era evitar a submissão de entidades religiosas ao Estado, a proteção teria que abranger **todo o patrimônio, todas as rendas e todos os serviços dessas entidades**.

Aliás, se a regra imunizante for analisada em conjunto com o § 4º do mesmo art. 150 da CF/1988, a conclusão há de ser a mesma, pois o dispositivo afirma que as imunidades expressas no inciso VI, alíneas *b* e *c*, compreendem somente o patrimônio, a renda e os serviços relacionados com as finalidades essenciais das **entidades** nelas mencionadas.

A citada alínea *b* não fala exatamente numa "entidade", mas em "templos de qualquer culto", o que demonstra que o legislador tinha por objetivo imunizar não apenas o templo, mas a própria entidade religiosa.

Nesse ponto, o entendimento do STF é pacífico, conforme demonstra o seguinte excerto:

> "Instituição religiosa. IPTU sobre imóveis de sua propriedade que se encontram alugados. A imunidade prevista no art. 150, VI, *b*, CF, deve abranger não somente os prédios destinados ao culto, mas, também, o patrimônio, a renda e os serviços 'relacionados com as finalidades essenciais das entidades nelas mencionadas'. O § 4.º do dispositivo constitucional serve de vetor interpretativo das alíneas *b* e *c* do inciso VI do art. 150 da CF. Equiparação entre as hipóteses das alíneas referidas" (STF, Tribunal Pleno, RE 325.822/SP, Rel. Min. Ilmar Galvão, rel. p/ acórdão Min. Gilmar Mendes, j. 18.12.2002, *DJ* 14.05.2004, p. 33).

Com a **EC 132/2023** (Reforma Tributária), a redação do art. 150, VI, *b*, da CRFB/1988 foi aprimorada, deixando expresso o que antes estava logicamente implícito. No texto atual do dispositivo, lê-se que é vedado à União, aos Estados, ao Distrito Federal e aos Municípios instituir impostos sobre **"entidades religiosas e templos de qualquer culto, inclusive suas organizações assistenciais e beneficentes"**.

Note-se que a imunidade também foi estendida às organizações assistenciais e beneficentes pertencentes às entidades religiosas, livrando-as da necessidade do cumprimento dos requisitos constantes do art. 14 do CTN, conforme será estudado no subitem 2.18.4.3.3.

Do julgamento do RE 325.822/SP, cujo trecho foi transcrito acima, também se pode extrair uma conclusão muito importante. O Supremo Tribunal Federal entende que, **se um imóvel que pertence a ente imune é alugado, não deixa de estar vinculado às finalidades essenciais do ente, não perdendo a imunidade**.

Como se verá na análise da imunidade das entidades de assistência sem fins lucrativos, a Suprema Corte exige apenas que os rendimentos obtidos com o aluguel do imóvel revertam para as finalidades essenciais da instituição. Obedecida essa regra, tanto o imóvel permanece imune ao IPTU quanto os rendimentos advindos do aluguel são imunes ao IR. Note-se, portanto, que, diferentemente do que ocorre em relação à imunidade recíproca (ver item 2.18.4.1.3), aqui a jurisprudência do Tribunal não tem demonstrado qualquer preocupação em averiguar o uso dado ao imóvel pelo particular locatário (se por parte deste há ou não exploração de atividade econômica).

Diferente sempre foi o tratamento dado ao caso em que a instituição religiosa é **locatária** de imóvel pertencente a particular. Apesar de o CTN prever que o contribuinte do IPTU pode ser o "possuidor a qualquer título" do imóvel, a jurisprudência é uníssona no sentido de que a sujeição passiva somente abarca o possuidor com ânimo de dono, o que não acontece com o locatário que detém a **posse meramente contratual**, conforme explanado no item 15.1.6 do Capítulo 15.

Assim, mesmo alugando o imóvel para instituição religiosa, o proprietário continuava sendo sujeito passivo do IPTU, o que o levava a transferir, no contrato de aluguel, a obrigação de pagar o imposto para o locatário. Como consequência, as igrejas que não eram proprietárias dos imóveis em que funcionavam eram oneradas pelo imposto, uma vez que, como estudado no item 15.1.6, apesar de a mencionada previsão contratual não poder ser oposta à Fazenda Pública, ela é plenamente válida e eficaz entre os particulares.

Tal situação durou até o ano de 2022, quando foi editada a Emenda Constitucional 116, que acresceu ao art. 156 da Constituição Federal um § 1º-A, estabelecendo o seguinte:

> § 1º-A O imposto previsto no inciso I do caput deste artigo não incide sobre templos de qualquer culto, ainda que as entidades abrangidas pela imunidade de que trata a alínea "b" do inciso VI do caput do art. 150 desta Constituição sejam apenas locatárias do bem imóvel.

Com a EC 116/2022, o imóvel locado a entidade religiosa se torna imune ao IPTU durante todo o período da locação, de forma a impedir a incidência do imposto, livrando do tributo tanto o locador quanto o locatário, independentemente de qualquer cláusula contratual. A previsão abrange exclusivamente os templos de qualquer culto, não contemplando qualquer outra entidade imune.

Abordando a novidade, a Fundação Getúlio Vargas, no concurso para provimento de cargos de Analista Judiciário do TJDFT, realizado em 2022, propôs questão cujo enunciado acrescido da alternativa considerada correta resultava na seguinte narrativa:

> "A organização religiosa Alfa alugou o imóvel de João para ali instalar o seu templo. Ato contínuo, foi comunicada, pela imobiliária que administrava a relação locatícia, sobre a necessidade de pagar o IPTU incidente sobre o imóvel, o que estaria previsto no contrato de locação. Por ter dúvida a respeito da compatibilidade da cobrança com a ordem constitucional, consultou seu advogado, que respondeu, corretamente, que ela era inconstitucional, pois, apesar de a organização religiosa Alfa figurar como contribuinte de fato, não de direito, ela é imune à cobrança do IPTU".

A banca resolveu aliar a abordagem da nova regra à cobrança da jurisprudência do Supremo Tribunal Federal, firmada em tese de repercussão geral segundo a qual "a imunidade tributária subjetiva aplica-se a seus beneficiários na posição de contribuinte de direito, mas não na de simples contribuinte de fato, sendo irrelevante para a verificação da existência do beneplácito constitucional a repercussão econômica do tributo envolvido" (RE 608872). Assim, no entender da FGV, o locatário é apenas contribuinte de fato do IPTU, pois assume, em face de expressa previsão contratual, um encargo que, nos termos da lei tributária, seria do locador.

No entanto, da forma como foi redigida a questão, a FGV cometeu um deslize técnico e adotou um posicionamento polêmico. O deslize reside no fato de que a própria inclusão da situação como abrangida pela imunidade, como reconhece o gabarito oficial, impede que os sujeitos envolvidos sejam considerados contribuintes, quer de fato, quer de direito. Em termos mais simples, se a imunidade é aplicável, não ocorre o fato gerador do tributo, não se podendo falar em sujeito passivo de obrigação tributária inexistente.

Já o posicionamento polêmico decorre de a tradicional – e criticada – distinção entre contribuinte de fato e contribuinte de direito ser aplicável aos tributos indiretos, aqueles cuja concepção jurídica permite a translação oficial do encargo econômico do primeiro para o segundo, conforme estudado no item 1.5.6. Tal fenômeno é previsto na própria legislação do tributo, como ocorre com o IPI, o ICMS e o ISS. A tributação do patrimônio por meio do IPVA, do ITR e do IPTU é tradicionalmente classificada como direta, de modo que a mesma pessoa assume simultaneamente as condições de contribuinte de fato e de direito sem repercussão econômica do tributo. Isso obviamente não afasta a possibilidade de, em condições favoráveis de mercado, o contribuinte conseguir repassar seu ônus para outros agentes, como é o caso do comerciante que aumenta um pouco o preço de suas mercadorias para conseguir bancar os seus impostos patrimoniais, ou do locador que, da forma abordada na questão, transfere contratualmente seus ônus tributários para o locatário. Mas nesses casos a translação é exclusivamente econômica, decorrente de fenômenos alheios ao Direito Tributário, não transformando os mencionados tributos em indiretos. Nesse sentido, importante recordar que o STJ entende como **inaplicáveis os critérios econômicos para qualificação de um tributo como direto ou indireto** (REsp 118.488/RS). Contudo, aos que se preparam para prestar concurso público, fica a menção ao entendimento da Fundação Getúlio Vargas.

Por fim, registre-se que é encampada pelo STF uma interpretação ampla da imunidade dos templos de qualquer culto, o que é percebido, por exemplo, na adoção do entendimento de que ela é aplicável aos cemitérios que funcionem como extensões de entidades religiosas, não tenham fins lucrativos e se dediquem exclusivamente à realização de serviços religiosos e funerários.

Para a Corte, a regra imunizante protege a liberdade de crença e de culto e garante a proteção aos locais de culto e suas liturgias. Nesse contexto, no julgamento do RE 578.562/BA, o Ministro Eros Grau, a quem coube a relatoria do feito, apontou a necessidade da abrangência mais ampla do conceito de templo como local de religião, entendendo que nela devem ser incluídas as dependências a ele contíguas eventualmente existentes, desde vinculadas às finalidades essenciais dos templos e não empregadas para fins lucrativos (o que não impede a cobrança por serviços prestados). Como consequência da linha interpretativa defendida pelo Relator, unanimemente acatada pelos demais Ministros, o Tribunal sepultou, no caso concreto, a pretensão do Município de Salvador de cobrar IPTU sobre a área de funcionamento do cemitério dos ingleses pertencente à Igreja Anglicana.

Registre-se que, nas razões constantes do voto condutor do julgamento, ficou expressamente asseverado que **não se aplica a imunidade religiosa aos cemitérios instituídos por particulares com manifesta finalidade lucrativa.** Nas palavras do Relator, "a pessoa jurídica, que também explora economicamente o terreno com a comercialização de jazigos, também demonstra capacidade contributiva e finalidade não religiosa e, por fim, a não tributação implica risco à livre concorrência, à livre iniciativa e à isonomia" (STF, Pleno, RE 578.562/BA, Rel. Min. Eros Grau, j. 21.05.2008, DJE 12.09.2008).

2.18.4.3 A imunidade tributária dos partidos políticos, sindicatos de trabalhadores e entidades educacionais e assistenciais sem fins lucrativos

O art. 150, VI, *c*, da CF/1988 veda aos entes federados a instituição de **impostos** sobre o patrimônio, a renda ou os serviços de partidos políticos (inclusive suas fundações), de entidades sindicais dos trabalhadores e de instituições de educação e de assistência social sem fins lucrativos (atendidos os requisitos da lei). O § 4º do mesmo artigo especifica que a imunidade só é aplicável ao patrimônio, à renda e aos serviços relacionados com as finalidades essenciais dessas entidades. Por conta do art. 149-B, parágrafo único, a imunidade também impede a incidência da **contribuição sobre bens e serviços (CBS)**.

A imunidade tributária conferida aos **partidos políticos** e às fundações por eles mantidas é corolário do Estado Democrático de Direito e assegura o pluralismo político, por evitar que o Estado use do poder de tributar como pretexto para subjugar partidos políticos cujas concepções contrariem aquelas adotadas por quem esteja no exercício do poder.

Ao imunizar as **entidades sindicais dos trabalhadores**, o legislador constituinte quis proteger a liberdade de associação sindical estatuída no art. 8º da Magna Carta. Perceba-se, contudo, que a proteção somente beneficia os sindicatos de trabalhadores, talvez por estes se encontrarem no lado normalmente mais fraco da relação trabalhista. Os sindicatos de empregadores (patronais) não são, portanto, beneficiários da regra imunizante.

Nesse sentido, registra-se que o STJ, no julgamento do AREsp 654.401/SP, reconheceu a legalidade da cobrança do imposto sobre serviços de qualquer natureza ao Sindicato do Comércio Varejista da Baixada Santista, que é uma entidade sindical patronal da região.

No caso concreto, discutia-se a incidência do ISS sobre o Serviço de Proteção ao Crédito – SPC, mantido e prestado pelo sindicato, mediante pagamento dos associados pelas consultas realizadas. A principal questão sobre a qual a Corte se debruçou residia no fato de o sindicato prestar o serviço sem finalidade lucrativa. Tal circunstância, sob o ponto de vista da lei federal da qual o STJ é guardião, foi considerada irrelevante pelo Tribunal, pois o fato gerador do ISS não depende da existência de intuito de lucro na prestação do serviço e a atividade em questão consta da lista dos serviços sujeitos ao imposto.

Além disso, no parágrafo imediatamente anterior à parte dispositiva do voto condutor do julgamento, o Ministro Relator Gurgel de Faria fez questão de destacar que a imunidade não se estende aos sindicatos patronais, empregando os seguintes termos (sublinhado constante do original):

> "Anoto, por precaução, que a imunidade prevista no art. 150, VI, "c", da Constituição Federal é restrita às "entidades sindicais dos trabalhadores", razão pela qual não se aplica à hipótese dos autos".

Quanto às **entidades educacionais e assistenciais sem fins lucrativos**, são imunes à incidência de impostos, desde que atendam aos requisitos estipulados em lei, conforme exigência expressa do final do art. 150, VI, *c*, da CF/1988. Para o STF, a imunidade alcança, inclusive, as escolas de ensino profissionalizantes mantidas pelos serviços sociais autônomos, como são os casos do Serviço Nacional de Aprendizagem Comercial – SENAC e do Serviço Nacional de Aprendizagem Industrial – SENAI (RE 235.737/SP).

O fato de a norma constitucional depender de regulamentação legal não pode levar à conclusão de que o benefício previsto seja uma isenção e não uma imunidade. O que acontece neste caso é que a **imunidade foi estipulada em norma constitucional de eficácia limitada**. Em sendo editada a norma que a Constituição reclama, o não pagamento de impostos sobre patrimônio, renda e serviços decorrerá da eficácia que a lei regulamentadora conferiu à norma constitucional. Assim, é lícito afirmar que a regulamentação torna possível a aplicação da imunidade prevista.

Como a lei editada estará regulando uma limitação constitucional ao poder de tributar (imunidade), será necessariamente **complementar**, por conta da exigência constante do art. 146, II, da CF/1988. Assim entende o STF, que, no julgamento do RE 566.622/RS, realizado em 2017, fixou a seguinte tese de repercussão geral: "**Os requisitos para o gozo de imunidade hão de estar previstos em lei complementar**" (STF, Pleno, RE 566.622/RS, Rel. Min. Marco Aurélio, j. 23.02.2017, DJE 23.08.2017).

Não se trata de uma exceção à regra de que a lei complementar só é exigível quando a Constituição expressamente a requer. Na realidade, o que ocorre nesse caso é que a lei complementar não foi expressamente exigida no dispositivo que pediu a regulamentação (art. 150, VI, *c*), mas o foi em outra parte do texto constitucional, qual seja o inciso II do art. 146 da Carta Maior.

2.18.4.3.1 Vinculação do patrimônio, da renda e dos serviços dos entes imunes às suas finalidades essenciais

Conforme adiantado no tópico anterior, a imunidade dos partidos políticos, das entidades sindicais dos trabalhadores e das entidades educacionais e assistenciais sem fins lucrativos só é aplicável ao patrimônio, à renda e aos serviços relacionados com as finalidades essenciais desses entes (CF, art. 150, § 4º). Do mesmo modo que ocorre em relação à imunidade religiosa (ver item 2.18.4.2), o STF tem sido bastante flexível na análise da vinculação exigida pelo comando constitucional.

Segundo a jurisprudência pacífica da Corte, o fato de a entidade utilizar seu patrimônio em atividade que gere acréscimo patrimonial e que, a rigor, não se enquadre nas suas finalidades essenciais, **não afasta a imunidade**, desde que os recursos obtidos sejam destinados a tais finalidades. Em outras palavras, o **reinvestimento** dos recursos oriundos da exploração patrimonial garante o vínculo que a Constituição exige entre o patrimônio e as finalidades da entidade.

Nessa situação estão, a título de exemplo, os rendimentos obtidos com o **aluguel do imóvel a particular** (RE 390.451-AgR/MG) e aqueles obtidos com a **exploração do serviço de estacionamento** (RE 144.900/SP) em imóvel pertencente a ente imune. Nos dois casos, nem se pode cobrar imposto sobre a propriedade do imóvel (IPTU ou ITR), nem imposto sobre a renda gerada pela atividade desenvolvida.

No que concerne ao aluguel de imóvel integrante do patrimônio de entidade imune, o entendimento do STF foi cristalizado na Súmula 724, cujo teor era o seguinte (grifou-se):

> **STF – Súmula 724** – "Ainda quando alugado a terceiros, permanece imune ao IPTU o imóvel pertencente a qualquer das entidades referidas pelo art. 150, VI, *c*, da Constituição, desde que o valor dos aluguéis seja aplicado nas **atividades essenciais de tais entidades**".

Em 2015, o STF, por maioria, decidiu **converter em vinculante o enunciado acima transcrito**, realizando, contudo, uma sutil **modificação de redação**, como demonstra o texto aprovado, nos termos abaixo transcritos (grifou-se):

> **STF – Súmula Vinculante 52** – "Ainda quando alugado a terceiros, permanece imune ao IPTU o imóvel pertencente a qualquer das entidades referidas pelo art. 150, VI, *c*, da CF, desde que o valor dos aluguéis seja aplicado nas **atividades para as quais tais entidades foram constituídas**".

A modificação acaba por conferir uma maior objetividade na interpretação do enunciado. Se poderia haver uma discussão sobre quais seriam as "atividades essenciais" de uma instituição, a subjetividade desaparece quando se passa a perquirir quais são as "atividades para as quais tais entidades foram constituídas". Basta uma simples consulta aos estatutos da entidade para se saber, sem margens para dúvidas, quais são essas atividades e, por conseguinte, no que podem ser aplicados os valores recebidos a título de aluguel, sem que o imóvel alugado perca o benefício de imunidade ao IPTU.

De qualquer forma, feita a ressalva relativa à novidade inserida no texto da Súmula Vinculante 52, é fundamental registrar que, mesmo quando as atividades desenvolvidas pela entidade imune se afastam daquelas que, numa interpretação estrita, poderiam ser consideradas essenciais, o STF, ressaltando o objetivo de preservar, estimular e proteger as entidades, tem historicamente entendido presente a imunidade.

A título de exemplo, o Tribunal considerou que não era alheia à finalidade filantrópica de entidade de assistência social a utilização de imóvel como clube para fins de **recreação e lazer** dos funcionários da instituição. Afirmou-se expressamente "que o emprego do imóvel para tais propósitos não configura desvio de finalidade em relação aos objetivos da entidade filantrópica" (STF, 1ª T., RE 236.174/SP, Rel. Min. Menezes Direito, j. 02.09.2008, DJe 23.10.2008).

Também demonstrando uma tendência de interpretação extensiva do conceito de atividade essencial, o Tribunal entendeu **aplicável a imunidade** nos casos de manutenção por entidade beneficente de uma **livraria em imóvel de sua propriedade** (RE 345.830/MG) e da **venda realizada por serviço social autônomo (SESC) de ingressos de cinema ao público em geral** (AI 155.822-AgR/SP).

Perceba-se que, em algumas das situações descritas, a imunidade em questão acaba gerando uma concorrência desleal com pessoas jurídicas de direito privado sujeitas ao pagamento do imposto de renda e dos impostos sobre a propriedade. Isso, contudo, não tem impedido que o STF, mesmo nessas circunstâncias, mantenha a aplicação da regra imunizante. Contraditoriamente, no âmbito da imunidade recíproca dos entes políticos, a Corte recorre justamente ao argumento relativo à concorrência desleal para afastar, por exemplo, a imunidade ao IPTU, quando o imóvel pertencente a ente imune é utilizado pelo locatário particular na exploração de atividade econômica (ver item 2.18.4.1.3).

O caso mais marcante em que o STF deu prevalência ao instinto protetivo da imunidade sobre a igualdade de condições entre os concorrentes no mercado foi no julgamento do RE 186.175-Edv-ED/SP. Na decisão, solucionando divergência entre a 1ª e a 2ª Turmas, a Corte Suprema entendeu que a venda de bens de entidade imune **não se sujeita ao ICMS**.

O ICMS é tributo indireto. Todo o seu ônus econômico-financeiro é transferido para o consumidor que, ao pagar o preço da mercadoria, paga também o valor do imposto que naquele preço se acha embutido.

Para alguns, como a entidade imune, ao vender a mercadoria, não sofre qualquer encargo direto no seu patrimônio, a venda não estaria abrangida pela imunidade. O STF, na contramão desse raciocínio, entendendo que a não aplicação da imunidade acabaria por onerar os preços praticados pelas entidades assistenciais, diminuindo-lhes a competitividade no mercado, reconheceu que as vendas estariam inseridas dentro do contexto da regra protetiva.

Aqui, um importantíssimo alerta. Nos casos diametralmente opostos, em que o adquirente imune acaba por sofrer o encargo relativo ao tributo indireto, o STF não tem reconhecido como aplicável o benefício da imunidade. O Tribunal teve a oportunidade de analisar a matéria ao se debruçar sobre caso em que o Serviço Social da Indústria – SESI invocou a imunidade tributária para se livrar do dever de pagar o ICMS relativo à aquisição de feijão vendido por contribuinte localizado no Estado de São Paulo. Como é consabido, se um comerciante vende determinada mercadoria, ocorre o fato gerador do ICMS, cujo sujeito passivo (**contribuinte**) é o **alienante**.

No entanto, nos termos da legislação do Estado de São Paulo, cumpria ao **adquirente** (SESI), na condição de **responsável** tributário, fazer o recolhimento do imposto (a questão relativa à dicotomia contribuinte/responsável é devidamente aprofundada no item 5.5.2 do Capítulo 5).

Ora, conforme visto, mesmo em se tratando de tributo indireto (como é o caso do ICMS), o STF reconhece a aplicação da imunidade em benefício do **contribuinte de direito** (comerciante) e não em favor do **contribuinte de fato** (adquirente, que sofre o encargo do tributo). No caso ora analisado, o STF afirmou ser irrelevante investigar quem suportaria a carga tributária para estabelecer o alcance da imunidade, "na medida em que existiria um contribuinte de direito, que seria o produtor-vendedor, descabendo estender-lhe o benefício, se ele não gozar da imunidade" (STF, 2ª T., RE 202.987/SP, Rel. Min. Joaquim Barbosa, j. 30.06.2009, *DJe* 25.09.2009, p. 1.021).

Em 2017, no julgamento do RE 608.872/MG, o Supremo Tribunal Federal consolidou o entendimento por meio da fixação da seguinte tese de repercussão geral: "A imunidade tributária subjetiva aplica-se a seus beneficiários na posição de contribuinte de direito, mas não na de simples contribuinte de fato, sendo irrelevante para a verificação da existência do beneplácito constitucional a repercussão econômica do tributo envolvido".

Em suma, devem ser diferenciadas as seguintes situações:

a) Se o **contribuinte de direito goza de imunidade pessoal**, tem-se por aplicável o benefício constitucional mesmo nos casos em que o encargo econômico do tributo iria naturalmente recair sobre outra pessoa (contribuinte de fato).

b) Mesmo que o **contribuinte de fato goze de imunidade pessoal**, o benefício não será aplicável no que concerne às hipóteses em que o tributo tenha como contribuinte de direito uma pessoa não imune. Nesses casos, não há qualquer vedação a que o ente imune seja nomeado responsável pelo pagamento do tributo devido, podendo até mesmo vir a assumir o encargo econômico da exação.

2.18.4.3.2 Regulamentação legal da imunidade

Conforme visto, a imunidade a impostos das instituições listadas no art. 150, VI, *c*, da Constituição depende de regulamentação por lei complementar. Atualmente, quem faz esse papel é o art. 14 do Código Tributário Nacional. Nos precisos termos do dispositivo, os requisitos para que as entidades em questão gozem da imunidade são:

> a) não distribuírem qualquer parcela de seu patrimônio ou de suas rendas, a qualquer título;
>
> b) aplicarem integralmente, no País, os seus recursos na manutenção dos seus objetivos institucionais;
>
> c) manterem escrituração de suas receitas e despesas em livros revestidos de formalidades capazes de assegurar sua exatidão.

Não se deve confundir ausência de fim lucrativo com proibição de obtenção de superávit financeiro. Toda entidade que se pretenda viável e pense em crescimento deve se esforçar para que suas receitas superem suas despesas. O que não pode acontecer, sob pena de configuração de finalidade lucrativa, é a distribuição de excedentes entre os sócios, diretores, gerentes ou quaisquer outras pessoas.

Seguindo essa linha de raciocínio, inclusive com maior rigidez, a Lei Complementar 104/2001 alterou o primeiro requisito e, no ponto em que se proibia a distribuição de qualquer parcela do patrimônio ou das rendas **a título de lucro ou participação no resultado**, passou-se a proibir que a mesma distribuição se fizesse **a qualquer título**.

É importante registrar que as entidades de assistência social, quando de natureza beneficente, também gozam da imunidade a **contribuições para a seguridade social**, conforme previsto no art. 195, §7º, da Constituição Federal. Apesar de, em notória manifestação de atecnia, ser iniciado com a expressão "são isentas", o dispositivo estatui verdadeira imunidade, tendo em vista se tratar de desoneração diretamente oriunda da CF/1988, conforme já decidido pelo STF (RMS 22.192/DF). Como decorrência, da mesma forma que a imunidade a impostos, estudada neste tópico, a regulação exigida pela parte final do dispositivo não pode ser realizada por mera lei ordinária. Nesse sentido, a Suprema Corte firmou tese no sentido de que "a lei complementar é forma exigível para a definição do modo beneficente de atuação das entidades de assistência social contempladas pelo art. 195, § 7º, da CF, especialmente no que se refere à instituição de contrapartidas a serem por elas observadas" (STF, Pleno, RE 566.622 ED/RS, Rel. Min Marco Aurelio, Rel. p/ Acórdao Min. Rosa Weber, j. 18/12/2019, DJe 08/05/2020). Digno de nota que a regulação exigida só veio a ser adequadamente realizada com a edição da **Lei Complementar 187/2021.**

Analisando esta imunidade a contribuições para a seguridade social, o Superior Tribunal de Justiça firmou entendimento no sentido de que a decisão administrativa que reconhece o preenchimento dos requisitos legais para gozo da imunidade possui **natureza declaratória** e, por isso, produz **efeitos retroativos** (*ex tunc*), ficando a incidência dos tributos atingidos pela imunidade obstada desde o momento em que efetivamente cumpridos os requisitos, e não somente após a decisão que reconhecer (declarar) esse cumprimento.

A título de exemplo, suponha-se que uma entidade filantrópica cumpra à risca todas as exigências legalmente estabelecidas desde janeiro de 2018, mas apenas em agosto tenha formalizado perante a autoridade competente o pedido de reconhecimento de sua imunidade tributária, apresentando os respectivos documentos comprobatórios de seu enquadramento como beneficiária da regra imunizante. Suponha-se ainda, que a decisão contendo o reconhecimento, por sua vez, só foi proferida no mês de novembro. Na esteira da jurisprudência do STJ, a referida decisão produzirá efeitos retroativos a janeiro, estando, portanto, a entidade imune desde o início de 2018.

O entendimento ensejou a edição da Súmula 612, cujo teor é abaixo transcrito:

> **STJ – Súmula 612 –** "O certificado de entidade beneficente de assistência social (CEBAS), no prazo de sua validade, possui natureza declaratória para fins tributários, retroagindo seus efeitos à data em que demonstrado o cumprimento dos requisitos estabelecidos por lei complementar para a fruição da imunidade".

A redação da Súmula é imprecisa na parte em que se lê "retroagindo seus efeitos à data em que demonstrado o cumprimento", pois os precedentes que orientaram a edição do enunciado deixam claro que a retroação deve ocorrer à data em que **cumpridos** os requisitos, e não à data em que **demonstrado** o cumprimento ou à data em que **reconhecido** o cumprimento. Atente-se que, no caso dado como exemplo, o cumprimento ocorreu em janeiro; a demonstração desse cumprimento (comprovação), em agosto; e o reconhecimento do cumprimento, em novembro. São, portanto, eventos distintos, e é o primeiro deles que marca o início do gozo da imunidade pela entidade.

Não obstante, em provas de concurso público, devem ser assinaladas como verdadeiras as assertivas que reproduzirem a literalidade da Súmula 612/STJ.

Se a entidade deixar de cumprir qualquer dos requisitos para o gozo da imunidade a impostos, a autoridade competente poderá suspender a aplicação do benefício, conforme prevê o § 1º do art. 14 do CTN. Apesar da existência de opiniões divergentes, prevalece no âmbito do Supremo Tribunal Federal o entendimento de que milita em favor da entidade imune a **presunção de que seu patrimônio, renda e serviços encontram-se vinculados às suas**

finalidades essenciais. Como consequência, para declarar a inaplicabilidade da regra imunizante e lançar os tributos devidos, a autoridade deverá afastar a presunção, constituindo prova que demonstre inequivocamente o desvio de finalidade (RE 470.520/SP; RE 470.520/SP).

O STJ entende que também **o ato de suspensão da aplicação da imunidade possui natureza declaratória**, retroagindo seus efeitos à data em que inequivocamente comprovado o descumprimento dos requisitos para gozo do benefício, o que permite à Fazenda proceder ao lançamento dos tributos não pagos em virtude da indevida aplicação do benefício constitucional (AgInt nos EDcl no AREsp 1878937/RJ – Segunda Turma).

No âmbito federal, o art. 32 da Lei 9.430/1996 estabelece os procedimentos de fiscalização a serem adotados para a suspensão da imunidade nos casos objeto de exame, sendo assegurado à entidade o direito à impugnação do ato declaratório de suspensão do benefício.

Já no tocante à suspensão da certificação como entidade beneficente, essencial para o gozo, pelas instituições beneficentes de assistência social, da imunidade a contribuições para a seguridade social, o procedimento é disciplinado no art. 38 da Lei Complementar 187/2021.

2.18.4.3.3 Possibilidade de entidade religiosa gozar da imunidade das entidades assistenciais

Em 2022, no julgamento do RE 630.790/SP, o Supremo Tribunal Federal se debruçou sobre o interessante caso de uma instituição de **natureza religiosa** que **pretendia se enquadrar como instituição de assistência social**, com o fito de se beneficiar da imunidade estatuída pelo art. 150, VI, *c*, da Constituição.

O caso concreto envolvia a **"Associação Torre de Vigia de Bíblias e Tratados"** – denominação jurídica adotada pelas **Testemunhas de Jeová** no Brasil –, que tem como finalidades a divulgação dogmática e o desenvolvimento de programas de educação, formação humana e **assistência social**. Sua natureza assistencial fora reconhecida pelo Poder Público mediante a expedição de Certificado de Entidade Beneficente de Assistência Social (CEBAS) e declarações de utilidade pública, devidamente juntados aos autos do processo. O Tribunal Regional da 3ª Região, no entanto, entendera que as atividades religiosas e de evangelização não caracterizariam assistência social, pelo não atendimento aos requisitos de generalidade e universalidade da prestação assistencial.

O Supremo Tribunal Federal, de forma distinta, entendeu que **a universalidade esperada das entidades privadas não tem a mesma abrangência que a imposta ao Poder Público**. Nas palavras do Ministro Luís Roberto Barroso, seguido à unanimidade, tal universalidade, no âmbito das instituições privadas, deve ser compreendida "no sentido de que devam dirigir as suas ações assistenciais indistintamente **à coletividade por elas alcançada**, especialmente às pessoas em situação de vulnerabilidade ou risco social, **sem viés discriminatório**".

Assim, cumpridos os requisitos legais, e desde que não haja "discriminação entre os assistidos ou coação para que passem a aderir aos preceitos religiosos em troca de terem suas necessidades atendidas", as instituições se caracterizam como assistenciais e estão aptas a gozar da imunidade.

O alcance da mencionada imunidade também foi objeto de discussão, pois a Constituição Federal a restringe aos impostos sobre "**o patrimônio, a renda e os serviços,** relacionados com as finalidades essenciais das entidades" (CF, art. 150, § 4º), enquanto, no caso concreto, a instituição vislumbrava a não incidência de **imposto de importação** e **imposto sobre produtos industrializados** sobre uma importação de papel especial para impressão de bíblias, limpador de banda de papel e de outros bens para uso próprio e destinados às suas finalidades essenciais.

Ocorre que o alcance de uma imunidade constitucional não pode ser restringido por uma classificação infralegal. A imunidade deve proteger o contribuinte da incidência de qualquer imposto que, de maneira direta ou indireta, desfalque o patrimônio do beneficiário ou dificulte o exercício de suas atividades essenciais. Foi raciocinando assim que o STF já afirmou, por exemplo, que a imunidade deveria abranger não apenas impostos formalmente designados como sobre patrimônio renda e serviços, aplicando-se também a outros tributos como o IOF (RE 611.510/SP) e até mesmo o ICMS sobre mercadorias (RE 608.872/MG). Assim, como no caso concreto os bens importados seriam destinados à consecução dos objetivos estatutários da instituição, a Corte considerou aplicável o **beneplácito constitucional**.

Ao final, os entendimentos foram cristalizados na seguinte tese de repercussão geral:

> "As entidades religiosas podem se caracterizar como instituições de assistência social a fim de se beneficiarem da imunidade tributária prevista no art. 150, VI, c, da Constituição, que abrangerá não só os impostos sobre o seu patrimônio, renda e serviços, mas também os impostos sobre a importação de bens a serem utilizados na consecução de seus objetivos estatutários" (STF, Pleno, RE 630.790/SP, Rel. Roberto Barroso, j. 21/03/2022, DJe 28/03/2022).

Diante do posicionamento da Suprema Corte, a Procuradoria-Geral da Fazenda Nacional editou o Parecer SEI 7012/2022/ME, concluindo que as entidades em tela precisariam, dentre outras exigências, cumprir os requisitos materiais estabelecidos no art. 14 do Código Tributário Nacional, que regulamenta, com base no art. 150, VI, *c*, da CRFB, as imunidades a impostos das entidades assistenciais.

Importante registrar que, para gozar da imunidade prevista no art. 150, VI, *b*, da Constituição, a entidade religiosa não se submete à necessidade de cumprir tais requisitos, pois a mencionada alínea *b* (aplicável às entidades religiosas), ao contrário da alínea *c* (aplicável às entidades assistenciais), não exige o preenchimento de quaisquer requisitos estabelecidos em lei.

Com o advento da EC 132/2023, não mais é possível a adoção da interpretação mais rígida para as entidades assistenciais pertencentes a entidades religiosas do que para as próprias entidades religiosas. É que a Reforma Tributária expressamente estendeu a imunidade prevista no art. 150, VI, *b* – em tese, não sujeita ao cumprimento de requisitos legais – às organizações assistenciais e beneficentes pertencentes a entidades religiosas.

Assim, ao contrário das demais entidades assistenciais, as que fazem parte de entidades religiosas não se submetem ao regramento do art. 14 do CTN. Contudo, não obstante a existência de posições divergentes, adota-se, nesta obra, o entendimento segundo o qual nada impede que, fundado na autorização genérica constante do art. 146, II, da CRFB/1988, o Congresso Nacional edite lei complementar regulando a imunidade tributária religiosa, contexto no qual poderá especificar os requisitos necessários ao seu gozo.

2.18.4.3.4 A imunidade e as entidades fechadas de previdência social privada

Um ponto controverso da matéria ora estudada refere-se ao enquadramento das **entidades fechadas de previdência social privada** dentro do conceito de **entidade assistencial sem fins lucrativos,** para fins de reconhecimento de imunidade tributária.

O primeiro aspecto a ser destacado é que os **planos de previdência privada aberta** – aqueles que qualquer pessoa pode contratar junto a uma instituição financeira – indiscutivelmente possuem finalidade lucrativa, **não estando protegidos por imunidade**.

A dúvida surge em relação àquelas instituições costumeiramente denominadas de "fundos de pensão". São instituições cujos beneficiários são parte de um grupo determinado de pessoas, normalmente os empregados de uma certa empresa ou de um conjunto de empresas.

O objetivo da instituição é complementar os proventos da aposentadoria que o regime geral de previdência social pagará aos beneficiários do sistema, quando inativados. Tais entidades fechadas de previdência privada não têm fins lucrativos e, em sua maioria, conseguem cumprir os requisitos estipulados no já mencionado art. 14 do Código Tributário Nacional.

Um aspecto, porém, deve ser levado em consideração. A Constituição Federal, ao traçar as diretrizes da seguridade social, afirma que esta compreende um conjunto integrado de ações de iniciativa dos Poderes Públicos e da sociedade, destinadas a assegurar os direitos relativos à saúde, à previdência e à assistência social (CF, art. 194).

Percebe-se claramente que **previdência social** e **assistência social** são, no entender do legislador constituinte, coisas distintas, cujo ponto de confluência é o fato de fazerem parte de um sistema maior, o de **seguridade social**.

Reforçando a existência de diferença conceitual, a Constituição Federal, mais à frente, estipula o **caráter contributivo da previdência social** (art. 201) e o **caráter não contributivo da assistência social** (art. 203). De maneira mais clara, só tem acesso aos benefícios da previdência social quem com ela contribui; já a assistência social será prestada a quem dela necessitar, independentemente de contribuição à seguridade social.

Se o legislador vê como realidades distintas assistência e previdência, deve-se entender que há relevância no fato de o art. 150, VI, *c*, da Magna Carta ter imunizado expressamente as entidades de **assistência social,** sem fazer qualquer referência às entidades de previdência social ou ao termo mais genérico "seguridade social".

Assim, seguindo à risca o dispositivo constitucional, o STF entende que a imunidade só abrange as entidades de assistência social, e não as previdenciárias.

Há de se ressaltar, entretanto, que a Corte Maior considera que nada impede que uma entidade cujo objetivo é assegurar aos filiados uma complementação dos benefícios pagos pela previdência oficial (INSS) seja considerada assistencial. Para chegar a tal conclusão, o Tribunal partiu da diferenciação essencial entre previdência e assistência social no tocante ao financiamento dos sistemas.

As entidades fechadas de previdência privada são mantidas com contribuições. Normalmente, são vertidas ao sistema **contribuições** de dois grupos de pessoas:

a) o **patrocinador**, que é a entidade ou grupo de entidades cujos empregados podem se filiar ao sistema (como exemplo, o Banco do Brasil é o patrocinador da **Previ**, o "fundo de pensão" dos empregados do Banco);
b) os **beneficiários** do sistema (no exemplo citado, os empregados do Banco do Brasil).

Nesses casos, percebe-se nitidamente o caráter contributivo e, portanto, previdenciário (não assistencial) do sistema. **Não há que se falar em imunidade**.

No entanto, existem alguns casos raros de entidades fechadas de previdência privada que constituem um verdadeiro presente do empregador (patrocinador) ao empregado (beneficiário), pois só aquele verte contribuições ao sistema. Como o filiado não precisa contribuir para receber os futuros benefícios, o

Supremo Tribunal Federal considera que o caráter do sistema **é assistencial** e **a entidade é imune**.

Um raro exemplo dessa segunda situação é a COMSHELL - Sociedade de Previdência Privada, fundo de pensão dos empregados da Shell Brasil e da ICOLUB (fábrica de lubrificantes da empresa). A entidade foi considerada imune nos autos do RE 259.756/RJ, cuja ementa ficou assim redigida:

> "Imunidade – Entidade fechada de previdência privada. Na dicção da ilustrada maioria, entendimento em relação ao qual guardo reservas, o fato de mostrar-se onerosa a participação dos beneficiários do plano de previdência privada afasta a imunidade prevista na alínea *c* do inciso VI do art. 150 da CF. **Incide o dispositivo constitucional, quando os beneficiários não contribuem e a mantenedora arca com todos os ônus. Consenso unânime do Plenário**, sem o voto do ministro Nelson Jobim, **sobre a impossibilidade, no caso, da incidência de impostos, ante a configuração da assistência social**" (STF, Tribunal Pleno, RE 259.756/RJ, Rel. Min. Marco Aurélio, j. 28.11.2001, *DJ* 29.08.2003, p. 21) (grifou-se).

O entendimento histórico do STF deu ensejo à edição da Súmula 730, cujo teor é abaixo transcrito:

> **STF – Súmula 730 –** "A imunidade tributária conferida a instituições de assistência social sem fins lucrativos pelo art. 150, VI, *c*, da Constituição, somente alcança as entidades fechadas de previdência social privada se não houver contribuição dos beneficiários".

Ressalte-se que a Constituição Federal, no seu art. 202, § 3º, veda o aporte de recursos a entidade de previdência privada pela União, Estados, Distrito Federal e Municípios, suas autarquias, fundações, empresas públicas, sociedades de economia mista e outras entidades públicas, **salvo na qualidade de patrocinador**, situação na qual, **em hipótese alguma, sua contribuição normal poderá exceder a do segurado.**

Assim, **as entidades de previdência privada que tiverem como patrocinadores os entes políticos e suas entidades da Administração Indireta jamais serão beneficiadas pela imunidade tributária das entidades assistenciais**, pois se o patrocinador estatal não pode contribuir com um montante maior que aquele a cargo do beneficiário, também não pode, por óbvio, contribuir sozinho.

A decisão foi, portanto, uma grande derrota impingida aos chamados "fundos de pensão das estatais".

É fundamental registrar que, tendo em vista as alegações dos Ministros Dias Toffoli, Marco Aurélio, Cármen Lúcia e Teori Zavascki no sentido de que o art. 150, VI, *c*, da CF/1988 não distinguiria as entidades de assistência social que contam das que não contam com contribuições dos beneficiários, o Supremo entendeu que, na sua composição ao tempo do julgamento, a matéria não estaria pacificada ao ponto de se tornar vinculante. Como consequência, foi **rejeitado o projeto que transformava os dizeres da Súmula 730 em um enunciado vinculante, porém a manutenção do verbete, mesmo que sem o *status* de súmula vinculante**, demonstra que ainda reflete o posicionamento majoritário do STF.

2.18.4.4 A imunidade tributária cultural

No seu art. 150, VI, *d*, a CF/1988 proíbe os entes federados de instituir impostos sobre **livros, jornais, periódicos e o papel destinado à sua impressão**. O art. 149-B, parágrafo único, da Magna Carta, também impede a incidência da contribuição sobre bens e serviços (CBS).

A imunidade visa a baratear o acesso à cultura. Por facilitar a livre manifestação do pensamento, a liberdade de atividade intelectual, artística, científica e da comunicação e o acesso à informação – todos direitos e garantias individuais constitucionalmente protegidos (CF, art. 5º, IV, IX e XIV) –, configura **cláusula pétrea**.

Das imunidades previstas no inciso VI do art. 150 da CF/1988, a denominada imunidade cultural é a única puramente **objetiva**, de forma a impedir tão somente a cobrança dos impostos incidentes diretamente sobre os livros, jornais, periódicos e sobre o papel destinado à sua impressão.

Assim, por exemplo, como o **objeto livro é imune**, não se cobra ICMS quando este sai do estabelecimento comercial, nem IPI quando sai da indústria, nem II quando é estrangeiro e ingressa no território nacional. Por outro lado, como o **sujeito livraria não é imune**, deve pagar IR pelos rendimentos que obtém com a venda dos livros, bem como o IPTU relativo ao imóvel de que é proprietária. Nessa linha é a jurisprudência pacífica do STF, conforme demonstra o excerto abaixo transcrito:

> "IPMF. Empresa dedicada à edição, distribuição e comercialização de livros, jornais, revistas e periódicos. Imunidade que contempla, exclusivamente, veículos de comunicação e informação escrita, e o papel destinado a sua impressão, sendo, portanto, de natureza objetiva, razão pela qual não se estende às editoras, autores, empresas jornalísticas ou de publicidade – que permanecem sujeitas à tributação pelas receitas e pelos lucros auferidos. Consequentemente, não há falar em imunidade ao tributo sob enfoque, que incide sobre atos subjetivados (movimentação ou transmissão de valores e de créditos e direitos de natureza financeira)" (STF, 1.ª T., RE 206.774-ED/RS, Rel. Min. Ilmar Galvão, j. 04.04.2000, *DJ* 09.06.2000, p. 30).

Ao se afirmar que o principal objetivo da imunidade ora analisada é baratear o acesso à cultura, poder-se-ia discutir a possibilidade de diferenciação dos livros, jornais e periódicos quanto ao **conteúdo**, de modo a reconhecer a imunidade apenas às publicações cujas informações veiculadas possuíssem relevante valor didático ou artístico.

A possibilidade não existe. Não é lícito ao intérprete restringir direitos ou garantias conferidas de forma irrestrita pelo legislador constituinte. Raciocinando assim, o STF afastou qualquer possibilidade de aferimento do valor cultural das publicações com o objetivo de conferir-lhes ou não imunidade, visto que esta é assegurada irrestritamente pela Constituição Federal. Nesse sentido, o seguinte excerto (grifou-se):

> "'Álbum de figurinhas'. Admissibilidade. A imunidade tributária sobre livros, jornais, periódicos e o papel destinado à sua impressão tem por escopo evitar embaraços ao exercício da liberdade de expressão intelectual, artística, científica e de comunicação, bem como facilitar o acesso da população à cultura, à informação e à educação. **O Constituinte, ao instituir esta benesse, não fez ressalvas quanto ao valor artístico ou didático, à relevância das informações divulgadas ou à qualidade cultural de uma publicação. Não cabe ao aplicador da norma constitucional em tela afastar este benefício fiscal instituído para proteger direito tão importante ao exercício da democracia, por força de um juízo subjetivo acerca da qualidade cultural ou do valor pedagógico de uma publicação destinada ao público infanto-juvenil**" (STF, 2.ª T., RE 221.239/SP, Rel. Min. Ellen Gracie, j. 25.05.2004, *DJ* 06.08.2004, p. 61).

Por configurarem, no entender do STF, um "veículo de transmissão de cultura simplificado", as **apostilas** também estão protegidas pela imunidade (STF, 2.ª T., RE 183.403/SP, Rel. Min. Marco Aurélio, j. 07.11.2000, *DJ* 04.05.2001, p. 35).

Apesar de a qualidade cultural da publicação não ser relevante para o efeito do reconhecimento da imunidade, o Supremo Tribunal Federal entende que, **por não poderem ser considerados como destinados à cultura e à educação, os encartes com exclusiva finalidade comercial, mesmo que inseridos dentro de jornais, não estão protegidos pela imunidade** (STF, 1.ª T., RE 213.094/ES, Rel. Min. Ilmar Galvão, j. 22.06.1999, *DJ* 15.10.1999, p. 23). Ressalte-se, porém, que **a presença de propaganda no corpo da própria publicação, sendo dela inseparável, não lhe retira a imunidade**, pois ajuda a financiar a empresa jornalística, diminuindo o preço da publicação, o que, afinal, está em plena consonância com o objetivo da própria norma constitucional.

Seguindo a mesma ideia, o STF decidiu que "o fato de as edições das listas telefônicas veicularem anúncios e publicidade não afasta o benefício constitucional da imunidade. A inserção visa a permitir a divulgação das informações necessárias ao serviço público a custo zero para os assinantes, consubstanciando acessório que segue a sorte do principal" (STF, 2.ª T., RE 199.183/SP, Rel. Min. Marco Aurélio, j. 17.04.1998, *DJ* 12.06.1998, p. 67).

Para a produção de um livro, jornal ou periódico podem ser necessários vários materiais, como tinta, cola, linha, papel. Destes insumos, o texto expresso do art. 150, VI, *d*, da CF/1988 **somente protege o papel** destinado à impressão das publicações.

O Supremo Tribunal Federal considera a regra aplicável ao papel e aos materiais com ele relacionados, como "papel fotográfico, inclusive para fotocomposição por *laser*, filmes fotográficos, sensibilizados, não impressionados, para imagens monocromáticas e papel para telefoto", não se aplicando, por exemplo, à "tinta para jornal" (STF, 2.ª T., RE 273.308/SP, Rel. Min. Moreira Alves, j. 22.08.2000, *DJ* 15.09.2000, p. 132).

Nesse contexto, o Tribunal editou a Súmula 657, afirmando que "a imunidade prevista no art. 150, VI, *d*, da CF **abrange os filmes e papéis fotográficos** necessários à publicação de jornais e periódicos".

Por também se constituírem em material assimilável a papel, o STF considerou **imunes os filmes destinados à produção de capas de livros**, visto que o material "se integra no produto final – capas de livros sem capa dura" (STF, 2.ª T., RE 392.221/SP, Rel. Min. Carlos Velloso, j. 18.05.2004, *DJ* 11.06.2004, p. 16).

O mesmo já não se pode dizer do **maquinário que compõe o parque gráfico**, que, no entender da Corte Suprema, **não é assimilável ao papel** de impressão nem guarda relação direta com a finalidade pretendida pela norma constitucional. No julgamento do RE 202.149-EDv-AgR/RS, o Plenário do Tribunal, solucionando divergência em torno da amplitude da norma encartada no art. 150, IV, b, da CF/1988, cuidou de expressamente retirar do alcance da imunidade cultural as máquinas empregadas na fabricação de livros, jornais e periódicos, esclarecendo que a interpretação dada à regra imunizante não pode ser ampla e irrestrita.

Sempre foi bastante controversa a questão relativa à possibilidade de extensão da imunidade aos livros, jornais e periódicos publicados em meio eletrônico (*CD-ROM*, por exemplo). A maioria da doutrina sempre entendeu que publicações em meio eletrônico, por também difundirem cultura, estariam abrangidas pela imunidade. Para os defensores dessa tese, a menção constitucional ao "papel destinado a sua impressão" não restringiria o benefício apenas ao livro em papel, até porque a inexistência de menção expressa a outros meios de divulgação – principalmente eletrônicos – seria decorrente do fato de que, à época da elaboração da Constituição Federal de 1988, esses meios não eram tão difundidos como atualmente.

Este último argumento, entretanto, costumava ser afastado com base numa interpretação histórica da norma imunizante. Isso porque, durante a elaboração da Constituição Federal de 1988, a Assembleia Nacional Constituinte teve a oportunidade de apreciar projeto que estendia a imunidade a outros meios de difusão de cultura, mas expressamente optou por rejeitar tal redação, o que demonstra não ter sido a falta de conhecimento, e sim o desejo de imunizar apenas o meio papel, que resultou na redação final dada ao dispositivo constitucional em tela.

No âmbito do STF, os posicionamentos não eram muito claros, mas pareciam inclinar-se pelo não reconhecimento da imunidade, sob a justificativa de que a mídia que dá suporte físico ao livro eletrônico (*CD-ROM* ou outra) não poderia ser confundida nem assimilada como papel.

Em edições passadas desta obra, por diversas vezes foi ressaltada a necessidade de evolução da jurisprudência da Suprema Corte relativa à matéria, sob pena de, numa sociedade que passa por uma rápida disseminação dos livros em meio eletrônico (*e-books*), ser frustrado o objetivo que presidiu a elaboração da regra imunizante ora estudada, qual seja o de baratear a difusão da cultura e do pensamento.

Em 2017, a evolução finalmente ocorreu. No julgamento conjunto do RE 330.817/RJ e do RE 595.676/RJ, ambos submetidos à sistemática de repercussão geral, o STF asseverou que "a interpretação das imunidades deve se projetar no futuro e levar em conta os novos fenômenos sociais, culturais e tecnológicos", reconhecendo que o papel não é essencial ao conceito de "livro", enquanto produto final destinatário da regra imunizante. Consignou-se que o suporte da publicação, seja ele tangível ou intangível, apenas dá abrigo ao conteúdo da obra, devendo ser considerado elemento meramente acidental do livro, e não essencial ao ponto de condicionar-lhe o gozo da imunidade.

Desse modo, pode-se afirmar que, atualmente, a jurisprudência pacífica do Supremo Tribunal Federal considera que **a imunidade tributária constante do art. 150, VI, *d*, da CF/1988 aplica-se ao livro eletrônico (*e-book*)**. Além disso, visando à democratização da cultura, não se exige, para a configuração da imunidade, que o consumidor da obra tenha que passar a visão pelo texto e decifrar os signos da escrita, estando o **audiolivro** (***audio book***) igualmente protegido pela regra imunizante.

No que pertine ao suporte do livro digital, a Corte entendeu que fatores como o avanço tecnológico e a preocupação ambiental justificam que os suportes utilizados para a publicação do livro eletrônico sejam equiparados ao papel. Assim, **a regra de imunidade alcança os aparelhos leitores de livros eletrônicos (*e readers*) confeccionados exclusivamente para esse fim**. É possível que tais equipamentos disponibilizem ferramentas acessórias à leitura, tais como dicionário, marcadores, escolha do tipo e tamanho da fonte etc. O que não se admite é que a imunidade seja conferida a aparelhos multifuncionais – *tablets*, *smartphones* e *laptops* –, os quais possuem funcionalidades que vão muito além da leitura de livros digitais.

O entendimento encontra-se cristalizado na Súmula Vinculante 57, enunciada nos seguintes termos:

> **STF – Súmula Vinculante 57** – "A imunidade tributária constante do art. 150, VI, d, da CF/88 aplica-se à importação e comercialização, no mercado interno, do livro eletrônico (e-book) e dos suportes exclusivamente utilizados para fixá-los, como leitores de livros eletrônicos (e-readers), ainda que possuam funcionalidades acessórias".

Por fim, o Tribunal Constitucional também considerou que **a imunidade alcança os componentes eletrônicos exclusivamente destinados a integrar unidade didática com fascículos**. Trata-se, aqui, dos fascículos que são compostos por um material teórico impresso e por peças com finalidade demonstrativa e prática. Segundo o entendimento adotado pela Corte, "o essencial é o curso e as peças nada representam sem o curso teórico, ou seja, as ditas 'pecinhas' nada mais são do que partes integrantes dos fascículos, estando, portanto, esse conjunto abarcado pela referida imunidade tributária" (STF, Pleno, RE 595.676/RJ, Rel. Min. Marco Aurélio, j. 08.03.2017, DJE 18.12.2017).

2.18.4.5 Imunidade tributária da música nacional

Introduzido pela Emenda Constitucional 75/2013 como decorrência da aprovação da denominada "PEC da Música", o art. 150, VI, *e*, da Carta Magna proíbe a instituição de impostos sobre "fonogramas e videofonogramas musicais produzidos no Brasil contendo obras musicais ou literomusicais de autores brasileiros e/ou obras em geral interpretadas por artistas brasileiros", bem como sobre "os suportes materiais ou arquivos digitais que os contenham, salvo na etapa de replicação industrial de mídias ópticas de leitura a laser". O art. 149-B, parágrafo único, da Magna Carta também impede a incidência da contribuição sobre bens e serviços (CBS).

Trata-se do que parcela da doutrina se apressou em denominar "imunidade musical", terminologia demasiadamente ampla, uma vez que, conforme demonstrado a seguir, a regra somente imuniza a música que possua alguns elementos de conexão nacional.

Na Exposição de Motivos da Proposta de Emenda à Constituição que resultou na EC 75/2013, afirmou-se que a novidade atenuaria "sensivelmente a barreira econômica que pesa sobre o produto original, tornando-o mais acessível ao consumo, popularizando ainda mais seu acesso às classes menos privilegiadas do País". Assim, o objetivo expressamente declarado foi o **combate à pirataria**, o que torna bastante estranha a não extensão do benefício à música de autoria estrangeira interpretada por artista estrangeiro. Se a pirataria é algo indiscutivelmente nocivo – e não há dúvidas de que o é –, ela deveria ser combatida no Brasil igualmente, tanto nos casos em que atinge artistas e autores brasileiros, quanto naqueles em que atinge apenas os estrangeiros.

Ao que parece, quanto a esse aspecto, foi mais feliz o legislador constituinte originário quando, ao imunizar livros, jornais, periódicos e o papel destinado à sua impressão, o fez sem excluir as publicações estrangeiras, algo bem mais consentâneo com a ideia subjacente de propiciar a difusão da cultura e a manifestação do pensamento livres de encargos tributários.

Paira também sobre a regra imunizante a crítica relativa à existência de produtos de essencialidade bem mais acentuada que CDs, DVDs e *Blu-rays*, cuja necessidade de desoneração é bem mais premente, porém ainda não atendida pelo Poder Público, como é o caso dos medicamentos.

2.18.4.5.1 Detalhamento do objeto da imunidade

Para melhor compreensão da alínea *e* do inciso VI do art. 150 da Constituição Federal, convém desmembrá-la em tópicos.

Assim, é vedado aos entes federados instituir **impostos** sobre:

– Fonogramas e videofonogramas musicais;

O art. 5º, IX, da Lei de Direitos Autorais (Lei 9.610/1998) conceitua fonograma como "toda fixação de sons de uma execução ou interpretação ou de outros sons, ou de uma representação de sons que não seja uma fixação incluída em uma obra audiovisual". Assim, de maneira simplificada, pode-se considerar como "fonograma musical" o arquivo contendo música.

Apesar da inexistência de definição legal, podemos considerar como "videofonograma musical o arquivo contendo música e vídeo".

Em ambos os casos, para a caracterização do arquivo como fonograma ou videofonograma musical, *não se tem como relevante a sua apresentação em* suporte material (CD, DVD, *Blu-ray*, cassete, vinil) ou sua disponibilidade e circulação mediante transferência eletrônica de dados, como os comercializados pela *App Store*, *Google Play* e assemelhados.

– Produzidos no Brasil;

A exigência de produção no Brasil é de caráter absoluto, não comportando, nos termos constitucionais, qualquer flexibilização ou alternativa, diferentemente do que ocorre quanto à composição ou interpretação, conforme será visto a seguir. Em termos menos congestionados, para gozar da imunidade, o fonograma ou videofonograma deve ser necessariamente produzido no Brasil, sem qualquer exceção.

– Contendo obras musicais ou literomusicais de autores brasileiros e/ ou obras em geral interpretadas por artistas brasileiros;

Essa exigência descaracteriza o caráter puramente objetivo que a imunidade poderia ter. É que, para imunizar determinadas coisas (fonogramas e videofonogramas musicais produzidos no Brasil), exigiram-se certas características das pessoas a elas vinculadas ("nacionalidade brasileira" para o intérprete ou para o autor). Assim, por possuir requisitos objetivos e subjetivos, a imunidade pode ser classificada como mista.

Para cumprir a exigência ora estudada (requisito subjetivo), basta que o compositor **ou** o intérprete seja brasileiro. Dessa forma, se produzidos no Brasil, seriam protegidos pela imunidade hipotéticos fonogramas contendo: a) o intérprete brasileiro Roberto Carlos cantando "New York, New York" (composta pelos norte-americanos John Kander e Fred Ebb) e b) o irlandês Bono Vox cantando "Garota de Ipanema" (composta e letrada, respectivamente, pelos brasileiros Antônio Carlos Jobim e Vinicius de Moraes). Em qualquer das situações, o elemento de conexão nacional estará presente, garantindo a aplicação da regra imunizante.

– Bem como os suportes materiais ou arquivos digitais que os contenham;

Essa importante regra destina-se a evitar que se instaure, a respeito da imunidade da música nacional, discussão semelhante que, no passado, existiu em relação à imunidade dos livros, jornais e periódicos (imunidade cultural), no caso de conteúdo publicado em meio eletrônico (ver item 2.18.4.4).

No que concerne à imunidade da música nacional, não há espaço para o surgimento da discussão, estando protegidos pela benesse constitucional todos os suportes materiais (vinil, cassete, CD, DVD, *Blu-ray*) e arquivos digitais (vendidos por *App Store*, *Google Play* e similares) que contenham fonogramas e videofonogramas imunes.

A literalidade do art. 150, VI, *e*, da CRFB/1988 sugere que não haveria obrigatoriedade de os suportes materiais serem produzidos no Brasil, exigência que, em tese, somente teria sido imposta aos fonogramas e videofonogramas neles fixados. No entanto, essa não tem sido a interpretação adotada pelo Supremo Tribunal Federal, que, no julgamento do ARE 1.244.302/SP, fixou a seguinte tese de repercussão geral (Tema nº 1.083):

> "A imunidade tributária prevista no art. 150, inciso VI, alínea e, da Constituição Federal não se aplica às importações de suportes materiais produzidos fora do Brasil, ainda que contenham obra musical de artista brasileiro" (STF, Pleno, ARE 1.244.302/SP, Rel. Min. Gilmar Mendes, j. 09/09/2024, DJe 16/09/2024).

O caso concreto que deu origem à tese envolvia empresa atuante no mercado musical que importara discos de vinil da Argentina e desejava se ver livre do ICMS incidente sobre a operação de importação. Todos os requisitos para a aplicação da imunidade estavam presentes, pois os fonogramas haviam sido integralmente produzidos no Brasil, continham obras de artistas brasileiros, a primeira fixação em mídia também havia sido realizada em território nacional e apenas a etapa de replicação do vinil ocorrera na Argentina.

O STF, contudo, entendeu que a produção do fonograma englobaria até mesmo a produção industrial do seu suporte material, devendo inclusive este ser produzido no País, para ser possível a aplicação da imunidade. Para o Tribunal, a interpretação teleológica do dispositivo constitucional, extraída da Exposição de Motivos da PEC nº 98/2007, não abarca a importação de suportes materiais estrangeiros, pois o que o legislador constituinte derivado pretendia com a norma era a salvaguarda da cultura nacional e da indústria musical interna, devendo a regra imunizante ser aplicada dentro dessas balizas territoriais.

Na verdade, o que se percebe no inteiro teor da decisão é que nem todos os aspectos da matéria foram analisados em profundidade, tendo a Corte não distinguido adequadamente o fonograma do seu respectivo suporte material. Além disso, a interpretação teleológica manejada pelo Tribunal possui limites, não podendo ser utilizada em sentido contrário ao texto claro e expresso da norma. Ora, a parte final da alínea e do inciso VI do art. 150, ao tratar dos suportes materiais utilizados para armazenar os fonogramas e videofonogramas descritos no início do dispositivo, não impõe a tais substratos quaisquer outros requisitos além de sua própria utilização para o fim acima descrito, não exigindo que sejam fabricados dentro do País.

Não obstante, tendo a tese sido fixada em sede de repercussão geral, ao menos do ponto de vista jurisprudencial, deve-se entender que a discussão se encontra encerrada.

– Salvo na replicação industrial de mídias ópticas de leitura a laser.

A ressalva final do dispositivo foi inserida na tentativa de arrefecer a insatisfação do Estado do Amazonas com o fato de que a imunidade aplicada nacionalmente retiraria a exclusividade do benefício existente na Zona Franca de Manaus. Realmente, as indústrias responsáveis pela replicação das mídias digitais somente mantêm suas sedes em Manaus, e não em locais mais próximos dos maiores centros consumidores, em virtude dos benefícios fiscais exclusivos da Zona Franca. A existência de benefício de caráter nacional com extensão semelhante poderia, portanto, resultar em perda de postos de trabalho na Zona Franca.

Para minorar o problema, foi inserida no texto da alínea a ressalva ora estudada. Há de se registrar, contudo, que o Estado do Amazonas reclama que somente foi excluída da imunidade a replicação industrial, mas não a distribuição das mídias digitais, de forma que o Estado ainda corre sérios riscos de perda de postos de trabalho.

Perceba-se que a ressalva sob análise não se aplica ao vinil, que não é mídia óptica, de forma que sua replicação industrial é abrangida pela imunidade. Sobre esse aspecto, relembramos que o Brasil sedia a única fábrica da América Latina que produz a mídia, a Polysom, em Belford Roxo/RJ.

2.18.4.5.2 Tributos abrangidos

Da mesma forma que comentado para as demais imunidades constantes do art. 150, VI, da Constituição Federal, deve-se atentar para o fato de que a imunidade musical somente se aplica a impostos e à CBS (CF, art. 149, parágrafo único), não impedindo a cobrança de contribuições como PIS, COFINS, CSLL etc. Além disso, por incidir sobre a renda dos agentes envolvidos com a produção, gravação, replicação, distribuição e venda dos fonogramas e videofonogramas, e não sobre estes arquivos, a incidência do **Imposto de Renda** não foi impedida pela regra.

De maneira semelhante, tendo em vista o entendimento do STF no sentido de que a imunidade cultural não impede a incidência do **ISS** sobre os serviços de composição gráfica voltada para a impressão de livros, jornais e periódicos (AI 723.018-AgRg/MG), tem-se como bastante provável que a Corte entenda pela **incidência do imposto** sobre os serviços de contratação de estúdio, músico, mixagem, produção fonográfica e videofonográfica.

Por conseguinte, **somente estão abrangidos pela imunidade os impostos que incidiriam diretamente sobre os fonogramas e videofonogramas** se não fora o impeditivo constitucional. Nessa situação estão o **IPI** e o **ICMS** que incidiriam na etapa de "prensagem" (salvo na replicação industrial de mídias ópticas de leitura a laser), bem como o **ICMS** que incidiria sobre a distribuição e a venda, seja da mídia física, seja dos arquivos disponibilizados *on-line*. Na hipótese de exportação, também a incidência do **imposto de exportação** estará impedida.

2.18.5 Demais imunidades previstas na CF/1988

Além das imunidades estudadas nos itens anteriores, a Constituição Federal prevê outras, conforme apontado no quadro a seguir:

Fundamento constitucional	Objeto/Pessoa/Operação imunizados	Tributos cuja incidência é impedida
Art. 5.º, XXXIV	- Obtenção de certidões, exercício do direito de petição	Taxas em geral
Art. 5.º, LXXIII	- Ação popular, salvo comprovada má-fé	Custas judiciais (consideradas taxas pelo STF)
Art. 5.º, LXXVI	- Registro civil de nascimento e certidão de óbito, para os reconhecidamente pobres	Emolumentos (considerados taxas pelo STF)
Art. 5.º, LXXVII	- *Habeas corpus*, habeas data e, na forma da lei, atos necessários ao exercício da cidadania	Custas judiciais e emolumentos (considerados taxas pelo STF)
Art. 149, § 2.º, I	- Receitas decorrentes de exportação	Contribuições sociais e de intervenção no domínio econômico
Art. 153, § 3.º, III	- Exportação de produtos industrializados	IPI
Art. 153, § 4.º, II	- Pequenas glebas rurais, definidas em lei, exploradas por proprietário que não possua outro imóvel	ITR
Art. 153, § 5.º c/c ADCT, art. 74, § 2.º	- Ouro definido em lei como ativo financeiro ou instrumento cambial	Tributos em geral, salvo IOF
Art. 155, § 2.º, X	- Exportações de mercadorias e serviços; - Operações que destinem a outros Estados petróleo, inclusive lubrificantes, combustíveis líquidos e gasosos dele derivados, e energia elétrica; - Prestações de serviço de comunicação nas modalidades de radiodifusão sonora e de sons e imagens de recepção livre e gratuita	ICMS
Art. 155, § 3.º	- Operações relativas a energia elétrica, serviços de telecomunicações, derivados de petróleo, combustíveis e minerais do País	Impostos em geral, exceto II, IE e ICMS
Art. 156, § 3.º	- Operações relativas a energia elétrica e serviçoes de telecomunicações.	Impostos em geral, exceto II, IE, ICMS e IBS.
	- Operações relativas a derivados de petróleo, combustíveis e minerais.	Impostos em geral, exceto II, IE, ICMS e IBS e imposto seletivo.
Art. 156, § 2.º, I	- Transmissão de bens ou direitos incorporados ao patrimônio de pessoa jurídica em realização de capital; - Transmissão de bens ou direitos decorrente de fusão, incorporação, cisão ou extinção de pessoa jurídica, salvo se, nesses casos, a atividade preponderante do adquirente for a compra e venda desses bens ou direitos, locação de bens imóveis ou arrendamento mercantil	ITBI
Art. 184, § 5.º	- Operações de transferência de imóveis desapropriados para fins de reforma agrária	Impostos em geral
Art. 195, II	- Rendimentos de aposentadoria e pensão concedidas pelo regime geral de previdência social	Contribuição previdenciária
Art. 195, § 7.º	- Entidades beneficentes de assistência social que atendam às exigências estabelecidas em lei	Contribuições para financiamento da seguridade social
Art. 226, § 1.º	- Celebração do casamento civil	Taxas em geral

Para acessar as questões referentes a esse capítulo, utilize o QR Code ao lado.

3

COMPETÊNCIA TRIBUTÁRIA & LEGISLAÇÃO TRIBUTÁRIA

3.1 COMPETÊNCIA PARA LEGISLAR SOBRE DIREITO TRIBUTÁRIO E COMPETÊNCIA TRIBUTÁRIA – DIFERENÇAS

Em primeiro lugar, faz-se necessário diferenciar a **competência para legislar sobre Direito Tributário** da **competência tributária**.

Competência para legislar sobre Direito Tributário é o poder constitucionalmente atribuído para editar leis que versem sobre tributos e relações jurídicas a eles pertinentes. Trata-se de uma competência genérica para traçar regras sobre o exercício do poder de tributar.

Em contrapartida, segundo o conceito doutrinário clássico, **competência tributária** é o poder constitucionalmente atribuído aos entes federados para, mediante a edição de lei, **instituir determinados tributos no seu âmbito territorial**.

No entanto, com advento da EC 132/2023, que reformou a tributação do consumo no Brasil, surgiu um caso em que a designação "competência tributária" passou a ser usada no texto constitucional num sentido diferente, o que será analisado no item 3.1.3.2.

Foi exercendo a **competência para legislar sobre Direito Tributário** que a União Federal editou o Código Tributário Nacional, a lei de normas gerais sobre tal ramo do Direito.

Mas foi exercendo a **competência tributária**, na concepção clássica do instituto, que a mesma União instituiu, por meio de lei, o imposto de renda, o imposto territorial rural, a contribuição para o PIS e a COFINS, entre outros tributos.

3.1.1 Competência para legislar sobre Direito Tributário

Os constitucionalistas, ao estudarem as técnicas de repartição constitucional de competências legislativas, falam em repartição **horizontal** e repartição **vertical de competências**.

Para entender com precisão a diferença entre as técnicas, imagine-se uma prateleira de livros. Os livros estão colocados lado a lado (**horizontalmente** dispostos) e organizados por assunto.

O art. 22, I, da Magna Carta estabelece que compete privativamente à União legislar, entre outras matérias, sobre Direito Civil. Isto significa que o livro de Direito Civil constante da prateleira é integralmente escrito pela União, ressalvada a hipótese em que a própria União editar lei complementar autorizando os Estados e o Distrito Federal a "escreverem" algumas disposições específicas sobre a matéria (CF, art. 22, parágrafo único).

Já a competência para "escrever" o livro de Direito Tributário foi repartida pela Constituição Federal entre a União, os Estados e o Distrito Federal. Neste ponto, para evitar conflitos, optou-se por dividir a matéria em normas gerais, de observância obrigatória por todos os entes federados, e específicas, editadas regionalmente, segundo as peculiaridades locais (CF, art. 24, I e §§ 1º a 4º). Como se trata de uma divisão entre normas gerais, que podem ser vistas num patamar mais elevado de abstração e generalidade, e específicas, logo abaixo, devendo guardar consonância com as normas gerais, a doutrina optou por qualificar a técnica de repartição como **vertical**.

Assim, no que concerne à matéria tributária, compete à União editar normas gerais de observância obrigatória para todos os entes tributantes, restando aos Estados e ao Distrito Federal a competência suplementar.

Se a União não editar as normas gerais, os Estados e o Distrito Federal exercerão a competência legislativa plena para atender as suas peculiaridades.

Um exemplo concreto pode ajudar a entender melhor a situação. Quando o CTN foi editado, a Constituição Federal então vigente (CF/1946) não previa a existência de um Imposto sobre a Propriedade de Veículos Automotores. Consequentemente, o Código não trouxe as regras gerais sobre tal imposto, cuja previsão constitucional apenas surgiu com o advento da Emenda Constitucional 27/1985.

O problema é que o art. 146, III, *a*, da CF/1988 afirma caber à lei complementar estabelecer normas gerais em matéria de legislação tributária, especialmente sobre definição de tributos e de suas espécies, bem como, em relação aos **impostos** discriminados na Constituição, a dos respectivos fatos geradores, bases de cálculo e contribuintes.

Diante **da ausência de norma geral da União sobre IPVA, cada Estado exerceu a competência legislativa plena**, com base no art. 24, § 3.º, da atual CF.

Alguns autores defenderam a inconstitucionalidade de todas as leis estaduais instituidoras do IPVA (exercício de competência tributária) em face da ausência de normas gerais editada pela União (falta de exercício da competência para legislar sobre Direito Tributário).

O Supremo Tribunal Federal deu razão aos Estados, conforme se pode verificar do seguinte excerto, retirado do Acórdão proferido pela Corte no RE 191.703-AgR/SP:

> "2. Imposto sobre a Propriedade de Veículos Automotores – IPVA. 3. Competência legislativa plena da unidade da federação, à falta de normas gerais editadas pela União. Art. 24, § 3.º, da Constituição Federal. Precedentes" (STF, 2.ª T., RE 191.703-AgR/SP, Rel. Min. Néri da Silveira, j. 19.03.2001, *DJ* 12.04.2002, p. 63).

O entendimento já foi objeto de prova de concurso público, conforme demonstra o seguinte item (**incorreto**), constante do exame para Procurador do Estado de São Paulo, realizado em 2009: "A competência legislativa dos Estados para instituir o IPVA depende da prévia edição de lei complementar, conforme já decidiu o Supremo Tribunal Federal".

Finalmente, como os Estados exerceram a competência legislativa plena em virtude da ausência de norma geral editada pela União, se a União vier a editar a lei de normas gerais sobre o IPVA, todas as normas estaduais estarão suspensas no que forem contrárias à lei federal (a terminologia é imprópria, pois sempre que uma lei não tiver exclusiva aplicação na esfera federal, deveria ser qualificada como "nacional", e não "federal" – manter-se-á, todavia, a terminologia adotada na Constituição Federal de 1988).

Trata-se de mera suspensão, e não de revogação. Seria, inclusive, absurdo falar em revogação de uma lei estadual ou distrital por uma lei federal, pois não existe hierarquia entre tais leis.

A diferença é importante, pois, se posteriormente a lei federal for revogada, as leis estaduais imediatamente recuperam suas respectivas eficácias, não havendo que se falar em repristinação.

3.1.1.1 O Código Tributário Nacional como norma geral em matéria tributária – Teoria da recepção

Existem duas afirmativas frequentes que se revelam, mediante uma análise mais aprofundada, como clássicos enganos.

A primeira diz que o Código Tributário Nacional foi editado como lei ordinária e se transformou em lei complementar com a Constituição Federal de 1988.

O erro decorre de uma incorreta compreensão do fenômeno da recepção normativa.

Quando se edita uma nova Constituição, um novo Estado é criado. Mesmo se admitindo que geográfica, histórica e sociologicamente se trata do mesmo Estado, juridicamente – e este aspecto é o mais relevante para o presente estudo – trata-se de um novo Estado.

Um novo ordenamento jurídico é inaugurado, o que poderia levar à conclusão de que todas as normas anteriores estariam automaticamente revogadas. Todavia, essa conclusão geraria um verdadeiro caos. A título de exemplo, enquanto não editada a legislação infraconstitucional, nada seria crime e nenhum tributo existiria, pois a tipificação de condutas e situações como crimes ou fatos geradores de tributo depende de lei.

Para evitar tal caos, criou-se a **teoria da recepção**, segundo a qual as normas materialmente compatíveis com a nova Constituição seriam por esta recepcionadas, passando a ter o mesmo *status* da espécie legislativa exigida pela nova Carta para disciplinar a matéria.

Assim, recepcionada uma lei ordinária que trata de uma matéria cuja disciplina o novo ordenamento atribui à lei complementar, **a lei ordinária não deixa de ser ordinária, mas passa a ter *status* de lei complementar**, somente podendo ser revogada ou alterada por essa espécie normativa.

Assim, é correto afirmar que as normas gerais em matéria tributária constantes do CTN têm, hoje, *status* de lei complementar, só podendo ser alteradas por lei complementar. Mas é errado afirmar que o CTN **é** lei complementar.

A segunda afirmativa incorreta, porém comum, é a de que o CTN passou a ter *status* de lei complementar com o advento da Constituição Federal de 1988.

Para entender o equívoco da assertiva é necessária uma brevíssima análise da vida jurídica (vigência) do Código, desde sua edição até os dias atuais.

O Código Tributário Nacional é a Lei 5.172, de 25 de outubro de 1966, que foi inicialmente designado de "Lei do Sistema Tributário Nacional".

A lei é ordinária e já na ementa afirma que institui normas gerais de Direito Tributário aplicáveis à União, Estados e Municípios.

À época da edição, estava em vigor a Constituição Federal de 1946, que não previa a figura da lei complementar.

Alguns meses após a edição da Lei 5.172/1966, foi publicado o Ato Complementar 33, de 13 de março de 1967, que denominou a Lei de "Código Tributário Nacional".

Dois dias depois (15 de março de 1967), entrou em vigor a Constituição Federal de 1967, criando no Direito brasileiro a figura da lei complementar e prevendo, no art. 19, § 1º, o seguinte:

> "Art. 19 (...)
>
> (...)
>
> § 1.º Lei complementar estabelecerá normas gerais de direito tributário, disporá sobre os conflitos de competência tributária entre a União, os Estados, o Distrito Federal e os Municípios, e regulará as limitações constitucionais do poder tributário".

Por isso, o CTN tem força de lei complementar **desde 15 de março de 1967**, quando foi recepcionado pela Constituição Federal, que entrou em vigor naquela data.

A questão é fundamental, pois todas as normas gerais em matéria tributária editadas a partir de tal data devem ter como veículo normativo a lei complementar, sob pena de inconstitucionalidade.

Só assim é possível entender o motivo por que os Tribunais brasileiros consideram inválidas as disposições constantes da Lei das Execuções Fiscais (Lei 6.830, de 22 de setembro de 1980) que entrem em conflito com o CTN. Ora, se o CTN somente passasse a ter *status* de lei complementar com a atual Constituição Federal (que foi promulgada em 5 de outubro de 1988), poderia ter sido alterado pela LEF em 1980. A alteração só não foi possível, repise-se, porque, à época da edição da LEF, o CTN já havia sido recepcionado pela Constituição Federal de 1967 como lei complementar, mantendo o mesmo *status* com o advento da Constituição Federal de 1988.

Nessa linha, o seguinte excerto, extraído do Acórdão proferido pelo STJ, nos autos do AGRGREsp 189.150/SP:

> "As hipóteses contidas nos artigos 2.º, § 3.º, e 8.º, § 2.º, da Lei 6.830/1980 não são passíveis de suspender ou interromper o prazo prescricional, estando a sua aplicação sujeita aos limites impostos pelo art. 174, do Código Tributário Nacional, norma hierarquicamente superior" (STJ, 1.ª T., AgRg REsp 189.150, Rel. Min. Francisco Falcão, j.17.06.2003, *DJ* 08.09.2003, p. 220).

A matéria objeto de discussão no acórdão do STJ (prescrição) será discutida oportunamente. Por enquanto, perceba-se que o Tribunal não aceitou que a Lei Ordinária 6.830/1980 disciplinasse matéria reservada a lei complementar e constante do CTN, com tal *status* recebido.

Enfim, a maneira correta de se referir ao fenômeno ocorrido com o CTN é afirmar que foi editado como lei ordinária (Lei 5.172/1966), tendo sido recepcionado com força de lei complementar pela Constituição Federal de 1967, e mantido tal *status* com o advento da Constituição Federal de 1988, visto que, tanto esta quanto aquela Magna Carta reservavam à lei complementar a veiculação das normas gerais em matéria tributária, a regulação das limitações ao poder de tributar e as disposições sobre conflitos de competência.

3.1.1.2 A regulação das limitações constitucionais ao poder de tributar

O art. 146, II, da CF/1988 também atribui à lei complementar a regulação das limitações constitucionais ao poder de tributar.

As limitações ao poder de tributar, por serem constitucionais, já estão, por óbvio, no próprio texto da Constituição Federal, de forma que não cabe à lei complementar inovar nesta seara, criando novas limitações. Cabe-lhe, tão somente, ser o veículo normativo utilizado para disciplinar as limitações que o legislador constituinte optou por submeter à regulação infraconstitucional.

Assim, a título de exemplo, o legislador constituinte imunizou a **impostos** o patrimônio, a renda e os serviços das instituições de educação e de assistência social sem fins lucrativos, atendidos os requisitos da lei. Como a lei exigida regulará uma imunidade (limitação constitucional ao poder de tributar), o STF entende que esta deverá ser necessariamente complementar, conforme tese de repercussão geral fixada no âmbito do RE 566.622/RS. Remete-se o leitor à explanação feita no item 2.18.4.3 do Capítulo 2.

A mesma linha de raciocínio se aplica à previsão do art. 195, § 7º, da CF/1988, que afirma serem "isentas de **contribuição para a seguridade social** as entidades beneficentes de assistência social que atendam às exigências estabelecidas em lei".

Novamente, trata-se de uma imunidade (impropriamente denominada de isenção), cuja regulação, pelos mesmos motivos, deve ser feita necessariamente por lei complementar. Algumas leis ordinárias foram editadas para disciplinar a matéria, a exemplo da Lei 8.212/1991 (art. 55, hoje revogado). Diante do vício formal, o STF considerou inconstitucionais tais normas e determinou que, enquanto não editada a lei complementar reclamada pelo texto constitucional, a matéria se submeteria às regras do art. 14 do CTN, apesar de o dispositivo destinar-se especificamente a regular a imunidade a impostos (ADIs 2.028, 2.036, 2.228 e 2.621/DF). A omissão legislativa somente foi sanada com a edição da Lei Complementar 187/2021 que finalmente regulou de modo legítimo a mencionada imunidade.

3.1.1.3 As disposições sobre conflitos de competência

O art. 146, I, da CF/1988, também prevê que cabe à lei complementar dispor sobre conflitos de competência, em matéria tributária, entre a União, os Estados, o Distrito Federal e os Municípios.

É importante ressaltar que a Constituição Federal, ao repartir, em seu próprio texto, as competências tributárias, impediu, no plano lógico, a existência de conflitos reais de competência. Estes, quando aparecem, são apenas aparentes, cabendo à lei complementar apenas estipular os critérios para a resolução do problema.

Segundo a doutrina, os conflitos de competência podem ocorrer entre entes **homólogos** ou entre entes **heterólogos**.

Quando a múltipla exigência tributária parte de **entes da mesma natureza federativa**, tem-se conflito entre entes **homólogos**. Como exemplo, tem-se o caso do contribuinte que mora no Estado de São Paulo, mas trabalha no Rio de Janeiro e escolhe esta unidade federada para emplacar seu veículo, recolhendo em favor dela o IPVA. Contudo, suponha que o Estado de São Paulo se considere competente para cobrar o imposto, constitua o crédito tributário correspondente e notifique o contribuinte a fazer o pagamento. Nesta hipótese, tem-se por instaurado um conflito de competência entre entes homólogos (dois Estados-membros).

Situação diversa ocorre quando a União lança ITR sobre a propriedade de imóvel situado em Município que, considerando-o urbano, notifica o proprietário para o pagamento do IPTU. Os fatos geradores de IPTU e ITR são bastante semelhantes (propriedade imobiliária), mas os entes que se entendem competentes para a cobrança são considerados **heterólogos**, pois possuem **estatura federativa diversa** (União e Município).

Independentemente de o conflito ser instaurado entre entes homólogos ou heterólogos, é imprescindível a previsão de critérios nacionalmente uniformes para a solução das eventuais controvérsias. Tal papel cabe a lei complementar a ser editada pela União, que não cumpriu seu papel no tocante ao IPVA, imposto para o qual não existe uma lei complementar de caráter nacional definindo-lhe as regras gerais (ver item 3.1.1) nem estipulando os critérios aptos a solucionar os potenciais conflitos de competência.

Já no que concerne ao segundo exemplo (IPTU *versus* ITR), o cerne do conflito reside no critério a ser adotado para definir se um imóvel é ou não urbano. Seria razoável, por exemplo, adotar como divisor de águas a utilização do imóvel. Assim, o imóvel utilizado exclusivamente para agricultura, mesmo que localizado em área considerada urbana, estaria sujeito ao ITR, enquanto o imóvel com uso exclusivamente residencial, ainda que localizado em área rural, seria tributado pelo IPTU.

Resolvendo a questão de maneira diferente, o CTN, no seu art. 32, definiu que o importante para que o imóvel esteja sujeito à incidência do IPTU é, exclusivamente, **estar localizado na área urbana do Município, sendo irrelevante, portanto, a destinação que lhe é dada**.

No § 1º do mesmo dispositivo, indicou-se como zona urbana a definida em lei municipal. Ficou listado um conjunto de melhoramentos, dentre os quais o Município deve propiciar ao menos dois, para que seja possível definir determinada área como urbana.

O problema está resolvido. Se o imóvel está localizado em área urbana, nos termos disciplinados, está a União impedida de cobrar ITR. Caso o imóvel se encontre em área rural, o Município não pode cobrar IPTU. Em qualquer caso de controvérsia, o Poder Judiciário dispõe dos precisos parâmetros legais para definir a situação.

Há de se observar, contudo, que antes mesmo de o CTN entrar em vigor (o que se deu em 1º de janeiro de 1967), as disposições do art. 15 do Decreto-lei 57/1966 alteraram profundamente a sistemática impeditiva de conflitos ora estudada. De acordo com a nova regra, **o imóvel destinado a exploração extrativa vegetal, agrícola, pecuária ou agroindustrial se sujeita ao ITR, mesmo que situado na área urbana do Município** (REsp 492.869/PR).

Poderia gerar dúvida o fato de que o art. 12 da Lei 5.868/1972 afirmou expressamente revogar o citado art. 15 do DL 57/1966. No entanto, desde o advento da Constituição Federal de 1967, a regra cuja revogação se tentava, por dispor sobre conflito de competência em matéria tributária, possuía *status* de lei complementar. Consequentemente, o art. 12 da Lei Ordinária 5.868/1972 incidiu em inconstitucionalidade ao tentar invadir espaço reservado àquela espécie normativa. O entendimento é uníssono, tanto no STF (RE 140.773/SP), quanto no STJ (REsp 472.628/RS). Tendo em vista a decisão da Suprema Corte, o **Senado Federal**, usando da prerrogativa que lhe é concedida pelo art. 52, X, da CF/1988, **editou a Resolução 9/2005, suspendendo a execução da norma revogadora constante da Lei 5.868/1972, tornando inquestionável a vigência do art. 15 do Decreto Lei 57/1966**.

3.1.2 Competência tributária

Como é consabido, **a Constituição Federal não cria tributos, apenas outorga competência para que os entes políticos o façam por meio de leis próprias**. Assim, conforme mencionado no item 3.1, na sua concepção clássica, é correto definir competência tributária como o poder constitucionalmente atribuído aos entes federados para, mediante a edição de lei, instituir determinados tributos no seu âmbito territorial.

Sobre os eventuais impactos do art. 156-A da Constituição, introduzido pela Emenda Constitucional 132/2023 (Reforma Tributária) sobre o conceito de competência tributária, recomenda-se a leitura do item 3.1.3.2.

O exercício do poder atribuído é uma **faculdade**, não uma imposição constitucional. Cada ente decide, de acordo com seus critérios de oportunidade e conveniência política, e, principalmente, econômica, sobre o exercício da competência tributária.

Nesse ponto, é relevante comentar uma previsão constante da Lei Complementar 101/2000 (Lei de Responsabilidade Fiscal), segundo a qual constituem **requisitos essenciais da responsabilidade na gestão fiscal** a instituição, previsão e efetiva arrecadação de todos os tributos da competência constitucional do ente da Federação (LRF, art. 11).

A previsão tem caráter principiológico, estando dentro do contexto do equilíbrio das contas públicas, maior objetivo da LRF. Todavia, a Lei foi além, proibindo a realização de transferências voluntárias para os entes federados que deixem de instituir os **impostos** de sua competência (LRF, art. 11, parágrafo único).

Trata-se de uma verdadeira **sanção institucional**, que parece caminhar em sentido contrário à lição de que o exercício da competência tributária é facultativo.

A regra, entretanto, decorre da lógica. Se um ente possui competência para criar um imposto e não o faz, a presunção é de que não precisa da respectiva receita. Se, posteriormente, procura os entes maiores em busca de repasse de recursos, a negativa é razoável.

O dispositivo deve ser interpretado com cuidado. O espírito da LRF não é o de exigir a criação do tributo a qualquer custo, mas tão somente o de estimular a criação dos tributos economicamente **viáveis**.

Imagine-se, a título de exemplo, um pequeno e pobre Município, cuja economia depende, quase que exclusivamente, dos recursos advindos das aposentadorias de parte de sua população. Admita-se a inexistência de empresas prestadoras de serviços, de forma a tornar inócua a criação de um imposto sobre serviços.

Estaria o Município obrigado a instituir formalmente o ISS e criar uma "máquina arrecadatória" para o mesmo?

A resposta deve ser negativa. Contrariaria o espírito da LRF obrigar à criação de um tributo cuja arrecadação seria menor que o custo decorrente da instituição e administração.

Em resumo, é requisito essencial da responsabilidade fiscal a instituição, previsão e efetiva arrecadação de todos os tributos **economicamente viáveis** da competência constitucional do ente da Federação.

Em provas de concursos públicos, todavia, deve-se seguir a literalidade da LRF, no sentido de que **todos** os tributos de competência do ente federado devem ser efetivamente instituídos e arrecadados.

No concurso para Procurador Consultivo do Tribunal de Contas do Estado de Pernambuco, o CEBRASPE propôs a seguinte assertiva: "Se determinado governante federal não instituiu o imposto sobre grandes fortunas, sua gestão deve ser classificada, sob a ótica da LRF, como irresponsável".

A afirmativa é **correta**, pois quem deixa de cumprir um "requisito essencial" para a **responsabilidade** na gestão fiscal, pode, por óbvio, ser considerado **irresponsável**.

Mesmo assim, em provas que não se referirem direta ou indiretamente à regra da LRF, deve-se entender que a **facultatividade do exercício** é uma das características da competência tributária.

Outra importante característica da competência tributária é a **indelegabilidade**, conforme se extrai do art. 7º do Código Tributário Nacional, abaixo transcrito:

> "Art. 7.º A competência tributária é indelegável, salvo atribuição das funções de arrecadar ou fiscalizar tributos, ou de executar leis, serviços, atos ou decisões administrativas em matéria tributária, conferida por uma pessoa jurídica de direito público a outra, nos termos do § 3.º do art. 18 da Constituição".

Assim, não pode o ente federado editar norma que atribua a outro ente a competência para criar tributo que lhe foi outorgado pela Constituição Federal.

A exceção prevista no texto do dispositivo legal transcrito não se refere a todos os aspectos da competência tributária, mas tão somente à **capacidade tributária ativa**, denominação dada pela doutrina à parcela meramente **administrativa** da competência tributária.

É fundamental entender a diferença entre os dois institutos. Em **sentido estrito, a competência tributária é política** e se refere à possibilidade de **editar lei** instituindo o tributo, definindo seus elementos essenciais (fatos geradores, contribuintes, alíquotas e bases de cálculo). **A capacidade ativa decorre da competência tributária**, mas possui natureza **administrativa**, referindo-se às funções de arrecadar ou fiscalizar tributos, ou de **executar** leis, serviços, atos ou decisões administrativas em matéria tributária.

Em **sentido amplo**, a competência seria a soma de quatro atribuições, quais sejam: **instituir**, **arrecadar**, **fiscalizar** e **executar** leis, serviços, atos ou decisões administrativas relativas ao tributo.

Utilizando-se a expressão competência tributária em **sentido amplo**, a **indelegabilidade** seria referente apenas à primeira atribuição, a de **instituir** o tributo; as demais funções (**arrecadar**, **fiscalizar** e **executar**) seriam **delegáveis**. Utilizando-se a expressão em **sentido estrito**, poder-se-ia afirmar que a **competência tributária (política) é indelegável**, seja expressa (CTN, art. 7º), seja tacitamente (CTN, art. 8º); já **a capacidade ativa (administrativa) é delegável** de uma pessoa jurídica de direito público a outra.

De qualquer forma, as questões de concursos públicos que afirmem ser a competência tributária **delegável** devem ser sempre consideradas **incorretas**, porque mesmo que a expressão (competência tributária) esteja sendo utilizada no seu sentido amplo, há de se recordar que a principal atribuição decorrente da competência (instituir o tributo) é sempre **indelegável**.

Pelo mesmo motivo, as bancas examinadoras têm considerado **corretas** questões que asseverem ser a competência tributária **indelegável**. Nesse caso, poderia haver dúvida do candidato, uma vez que, se adotada a expressão no seu sentido amplo, parcela da competência seria **delegável**. Percebe-se que há uma tendência de se adotar o sentido estrito da expressão, separando-se a competência tributária da capacidade ativa, mas considerando que esta é mera decorrência daquela. Não obstante, é necessário ao candidato atenção a eventuais enunciados em que se siga o sentido amplo da expressão, hipótese em que deve o candidato entender que a única parcela indelegável da competência tributária é o poder de editar a lei instituidora do tributo.

Normalmente, competência tributária e capacidade ativa estão reunidas na pessoa que institui o tributo e pratica os atos necessários à sua administração. Todavia, conforme ressaltado, o ente detentor da competência pode delegar a capacidade ativa a outra pessoa de direito público, seja a um ente político (União, Estado, Distrito Federal ou Município), seja a um ente administrativo (autarquia ou fundação). A título de exemplo, pode-se citar o longo tempo em que o INSS, autarquia federal, recebeu a delegação da capacidade ativa relativa a algumas das contribuições previdenciárias instituídas pela União, detentora da competência tributária.

Conforme previsão expressa do § 2º do art. 7º do CTN, a delegação pode ser revogada, a qualquer tempo, por ato unilateral da pessoa jurídica de direito público que a tenha conferido. A título de exemplo, pode-se citar a Lei 11.098/2005, que trouxe de volta para a União, por intermédio do Ministério da Previdência Social, a capacidade ativa para a cobrança das contribuições anteriormente delegadas ao INSS, autorizando a criação da Secretaria da Receita Previdenciária. Por oportuno, transcreve-se a ementa da citada lei:

> "Atribui ao Ministério da Previdência Social competências relativas à arrecadação, fiscalização, lançamento e normatização de receitas previdenciárias, autoriza a criação da Secretaria da Receita Previdenciária no âmbito do referido Ministério; altera as Leis 8.212, de 24 de julho de 1991, 10.480, de 2 de julho de 2002, 10.683, de 28 de maio de 2003; e dá outras providências".

Claramente demonstrando tratar-se de uma revogação de delegação, a Lei autorizou o Poder Executivo a transferir do INSS para o Ministério da Previdência Social os acervos técnico e patrimonial, as obrigações e direitos, seus contratos e convênios, bem como os processos e demais instrumentos em tramitação relacionados às competências e prerrogativas a que se referia a própria Lei (art. 8º, VI).

Posteriormente, a Secretaria da Receita Previdenciária foi unificada com a Secretaria da Receita Federal.

Sobre a admissão pelo Superior Tribunal de Justiça da delegação da capacidade tributária ativa a pessoas jurídicas de direito privado, recomenda-se a atenta leitura ao item 5.5.1.

3.1.3 Repartição da competência tributária

Como visto, a competência tributária é o poder de instituir o tributo. Esse poder foi repartido pelo legislador constituinte entre os entes federados de maneira distinta, em se tratando de tributos vinculados ou não vinculados.

No item 1.5.4 do Capítulo 1, foi explicado que são **vinculados** os tributos cujo fato gerador é definido com base em uma atividade estatal específica voltada para contribuintes determinados, sendo **não vinculados** aqueles que têm por fato gerador uma situação independente de qualquer atuação estatal.

Nos tributos vinculados, a regra foi atribuir a competência ao ente que realizar a atividade com base na qual o fato gerador é definido, o que dá os contornos da definição de **competência comum**. Nos tributos não vinculados, a ausência de atividade estatal na definição do fato gerador importou a necessidade de a Constituição escolher o ente a quem seria deferida a competência, o que traz as linhas básicas da **competência privativa**. A matéria será detalhada nos itens subsequentes.

Convém salientar que, apesar de a Constituição atribuir competência tributária para que União, Estados, Distrito Federal e Municípios instituam seus próprios tributos, o exercício de tal competência não pode ser considerado inteiramente livre, pois, além da sujeição aos limites constitucionalmente estabelecidos, os entes menores ainda devem observância às normas gerais editadas pela União, na via da lei complementar.

A limitação existe na instituição de qualquer espécie tributária, mas, quando se trata da instituição de impostos, as restrições são ainda mais acentuadas, pois é a **norma geral federal que estabelece os fatos geradores, bases de cálculo e contribuintes**, de forma que a liberdade legislativa conferida aos entes só é ampla no que concerne à estipulação das **alíquotas**, ainda assim devendo fazê-lo de maneira a não agredir o princípio constitucional da vedação ao confisco (CRFB, art. 150, IV).

3.1.3.1 Competência tributária privativa

Segundo a clássica doutrina tributária, os impostos, tributos não vinculados por definição (CTN, art. 16), tiveram sua competência para instituição deferida pela Constituição Federal de maneira privativa.

Uma discutível exceção à regra foi a previsão – constante do art. 156-A da CRFB/1988 – de uma estranha **competência compartilhada** entre Estados, Distrito Federal e Municípios para a instituição do **imposto sobre bens e serviços**. No entanto, como o dispositivo prevê que a criação do IBS se dará mediante lei complementar, caso se analise a mencionada competência de acordo com o sentido tradicional do instituto (poder constitucionalmente atribuído para instituir tributos), seria possível afirmar que o imposto é de competência da União, uma vez que a lei complementar reclamada será necessariamente editada pelo Congresso Nacional.

Caso se siga, com precisão, a lição dos constitucionalistas no sentido de que as competências **privativas,** ao contrário das **exclusivas**, são passíveis de delegação, a competência tributária seria, a rigor, sempre exclusiva, tendo em vista a indelegabilidade já estudada no item 3.1.2.

No entanto, seguindo a terminologia consagrada especificamente no âmbito do Direito Tributário, mesmo que ao arrepio dos constitucionalistas, as competências tributárias deferidas de forma específica e nominal a entes de determinada esfera da federação serão denominadas **privativas**.

Assim, nos termos do art. 153 da CRFB/1988, compete privativamente à União instituir impostos sobre:

> I – importação de produtos estrangeiros;
>
> II – exportação, para o exterior, de produtos nacionais ou nacionalizados;
>
> III – renda e proventos de qualquer natureza;
>
> IV – produtos industrializados;
>
> V – operações de crédito, câmbio e seguro, ou relativas a títulos ou valores mobiliários;
>
> VI – propriedade territorial rural;
>
> VII – grandes fortunas, nos termos de lei complementar.
>
> VIII - produção, extração, comercialização ou importação de bens e serviços prejudiciais à saúde ou ao meio ambiente, nos termos de lei complementar.

Já os Estados e o Distrito Federal possuem competências privativas para instituir impostos sobre (CRFB, art. 155):

> I – transmissão *causa mortis* e doação, de quaisquer bens ou direitos;
>
> II – operações relativas à circulação de mercadorias e sobre prestações de serviços de transporte interestadual e intermunicipal e de comunicação, ainda que as operações e as prestações se iniciem no exterior;
>
> III – propriedade de veículos automotores.

A Constituição Federal, no seu art. 156, defere aos **Municípios** competência – também acumulada pelo **Distrito Federal** (CRFB, art. 147) – para a instituição de impostos sobre:

> I – propriedade predial e territorial urbana;
>
> II – transmissão *inter vivos*, a qualquer título, por ato oneroso, de bens imóveis, por natureza ou acessão física, e de direitos reais sobre imóveis, exceto os de garantia, bem como cessão de direitos a sua aquisição;
>
> III – serviços de qualquer natureza, não compreendidos no art. 155, II, definidos em lei complementar.

No que concerne aos **Estados**, **Distrito Federal** e **Municípios**, as listas são **absolutamente exaustivas**, pois, ressalvada a possibilidade de Emenda à Constituição, **em nenhuma hipótese tais entes poderão instituir quaisquer impostos, ressalvados os que lhe foram expressamente deferidos**.

A lista dos impostos federais não é, contudo, absolutamente exaustiva, uma vez que, conforme explicado no item 1.4.2 do Capítulo 1, a União possui **competência residual** para instituir, mediante lei complementar, novos impostos, desde que sejam não cumulativos e não tenham fato gerador ou base de cálculo próprios dos discriminados na Constituição (art. 154, I), bem como **competência extraordinária** para criar, na iminência ou no caso de guerra externa, impostos extraordinários, compreendidos ou não em sua competência tributária (CRFB, art. 154, II).

Por fim, também podem ser denominadas de **privativas** as já analisadas competências para instituir: **Empréstimos Compulsórios** (privativa da União – CRFB, art. 148); **Contribuições Especiais** (privativa da União – CRFB, art. 149), ressalvada a competência dos Estados, do Distrito Federal e dos Municípios para instituírem a cobrança da **contribuição previdenciária dos seus servidores** (privativa em cada esfera – CRFB, art. 149, § 1.º); e **contribuição para os serviços de iluminação pública e monitoramento dos logradouros públicos** (privativa dos Municípios e do Distrito Federal – CRFB, art. 149-A).

3.1.3.2 Competência tributária compartilhada

Com o advento da EC 132/2023, responsável pela reformulação da tributação sobre o consumo no Brasil, foi prevista uma inédita "**competência compartilhada**" entre os Estados, o Distrito Federal e os Municípios relativa ao Imposto sobre Bens e Serviços (IBS). Não há como enquadrar tal atribuição de competência no sentido clássico atribuído ao instituto "competência tributária", por ser impossível entes federados distintos editarem, concomitante, lei para a instituição de um único tributo.

Conforme visto no tópico anterior, nos artigos 153, 155 e 156 da CRFB/1988 afirma-se textualmente competir a determinado ente federado a instituição dos impostos então listados. Já no art. 156-A, incluído pela Emenda, **não se aponta certo ente federado como competente para instituir o IBS, mas, sim, a espécie normativa necessária para tanto**, conforme se pode perceber da transcrição a seguir:

> "Art. 156-A. Lei complementar instituirá imposto sobre bens e serviços de competência compartilhada entre Estados, Distrito Federal e Municípios.".

Ao que parece, houve, por parte do legislador constituinte, um certo pudor de expressamente afirmar que a União detém a competência para instituir o imposto, já que a ela compete a edição da lei complementar necessária à sua instituição. Essa competência foi exercida pela União por meio da LC nº 214, de 16 de janeiro de 2025.

Como seria impactante que a mesma Emenda Constitucional que estabelece a futura extinção dos principais impostos estadual e municipal (ICMS e ISS) os substituísse por um imposto expressamente qualificado como de competência federal, optou-se, então, por considerar tal competência compartilhada, apesar de a única atribuição legislativa de Estados, DF e Municípios, com relação ao IBS, ser a definição de suas alíquotas próprias.

É verdade que o produto da arrecadação do IBS é integralmente destinado aos entes subnacionais, contudo, conforme se extrai do parágrafo único do art. 6º do CTN, a distribuição da receita do tributo não altera a competência tributária, que continua sendo do ente ao qual a tenha sido atribuída (pela Constituição) a competência legislativa para institui-lo.

No entanto, aos que se preparam para provas de concurso público, aconselha-se considerar correta a caracterização do IBS como imposto de competência compartilhada entre os entes subnacionais, mas em eventual questão que abra espaço para apresentação de fundamentação pelo candidato (provas discursivas ou orais), demonstrar a **incompatibilidade dessa designação com o conceito tradicional de competência tributária**.

3.1.3.3 Competência tributária comum

Os fatos geradores dos tributos vinculados (taxas e contribuições de melhoria) são atividades do Estado. Justamente por isso, não foi necessário estipular na Constituição Federal quem seria competente para instituir cada taxa ou cada contribuição de melhoria. **O ente que prestar o serviço público específico e divisível ou exercer o poder de polícia cobra a respectiva taxa**; **aquele responsável pela realização de obra pública da qual decorra valorização de imóvel pertencente a particular tem competência para instituir a contribuição de melhoria decorrente**.

Em virtude de a competência não ser privativamente deferida a ente estatal específico, é corriqueiro em sede doutrinária denominar a atribuição para instituir taxas e contribuições de melhoria de "competência tributária **comum**".

Não se pode afirmar, contudo, que todos os entes podem cobrar quaisquer taxas e contribuições de melhoria, bastando para tanto exercer a atividade administrativa que é definida como seu fato gerador. A questão central aqui é que só é legitima a cobrança de taxa de serviço ou de polícia quando o ente exerce legitimamente tal atividade, ou seja, quando a Constituição lhe atribuiu tal competência.

Em outras palavras, s**omente o ente a quem foi deferida a competência para prestar determinado serviço ou exercer o poder de polícia é competente para criar a respectiva taxa**. Da mesma forma, é exclusivamente do membro da Federação que, em regular exercício de suas atribuições administrativas, realiza obras das quais decorrem valorizações imobiliárias a competência para a instituição da respectiva contribuição de melhoria.

Há discussões interessantes sobre tal **correlação**, principalmente no caso das taxas de polícia.

A título de exemplo, alguns Estados instituíram taxa de fiscalização de atividades de **pesquisa, lavra, exploração ou aproveitamento de recursos minerários**. A providência gerou grande controvérsia, em virtude de muitos defenderem que, nos termos constitucionais, o tributo somente poderia ser instituído pela União, por ser o ente que: a) é o proprietário das "jazidas, em lavra ou não, e demais recursos minerais" (CF, art. 176, *caput*); b) detém a competência para autorizar ou conceder a pesquisa e a lavra de tais recursos (CF, art. 176, § 1º); c) é titular da competência privativa para "legislar sobre jazidas, minas, outros recursos minerais" (CF, art. 22, XII).

No entanto, a competência tributária para instituir "taxa de fiscalização" de certa atividade, típica taxa de polícia, não tem correlação com qualquer dos aspectos acima mencionados, mas sim com a **competência para fiscalizar a atividade**, ou seja, exercer o poder de polícia, praticando o fato gerador do tributo.

Ao se deparar com a questão, o Supremo Tribunal Federal resolveu a controvérsia a partir do art. 23, XI, da Constituição, que afirma ser competência comum da União, dos Estados, do Distrito Federal e dos Municípios "registrar, acompanhar e fiscalizar as concessões de direitos de pesquisa e exploração de recursos hídricos e minerais em seus territórios". O dispositivo deixa claro que os Estados detêm, mesmo que não de forma exclusiva, competência para exercer o poder de polícia – e, portanto, instituir a respectiva taxa – sobre a mencionada atividade.

A Corte cristalizou o entendimento na seguinte tese (ADI 7.400/MT): "**O Estado-membro é competente** para a instituição de taxa pelo exercício regular do poder de polícia sobre as atividades de pesquisa, lavra, exploração ou aproveitamento, de recursos minerários, realizada no Estado".

Situação diferente é a relativa aos **serviços de telecomunicações,** que também estão submetidos à legislação privativa da União (CF, art. 22, IV). Exercendo tal competência, a União editou a Lei Geral de Telecomunicações – LGT (Lei 9.472/1997), em cujo art. 1º, § 1º, se atribui à própria União, por meio do "órgão regulador" (Anatel), "o disciplinamento e a fiscalização da execução, comercialização e uso dos serviços e da implantação e funcionamento de redes de telecomunicações, bem como da utilização dos recursos de órbita e espectro de radiofrequências". Na mesma linha, a Lei 13.116/15 (conhecida como Lei Geral das Antenas), no seu art. 4º, II, estabelece ser competência exclusiva da União não apenas a regulamentação, mas também "a fiscalização de aspectos técnicos das redes e dos serviços de telecomunicações".

Assim, no tocante aos serviços de telecomunicações, a inexistência de atribuição constitucional de competência fiscalizatória aos entes subnacionais – aliada às regras legais que restringem o exercício de tal poder de polícia à União, mesmo que por intermédio da Anatel – impede a criação de taxa de polícia por aqueles entes. Nessa linha, o STF, no julgamento do RE 776.594/SP, submetido à sistemática de Repercussão Geral, firmou a seguinte tese: "A instituição de **taxa de fiscalização do funcionamento** de torres e antenas de transmissão e recepção de dados e voz **é de competência privativa da União**, nos termos do art. 22, IV, da Constituição Federal, **não competindo aos municípios instituir referida taxa**".

Note-se que a fundamentação invocada no teor da tese foi apenas o dispositivo constitucional atributivo de competência legislativa (art. 22, IV). Contudo, do inteiro teor do julgado, percebe-se a importância dos outros dispositivos legais acima mencionados.

No mesmo julgado, o STF reconheceu a possibilidade de os Municípios, usando sua competência constitucional para legislar sobre assuntos de interesse local (CF, art. 30, I), editarem suas leis sobre uso e ocupação do solo e **fiscalizar o cumprimento pelas torres e antenas de transmissão e recepção de dados e voz instaladas e a instalar em seus territórios dos requisitos previstos em tais leis**. Nesse caso, torna-se legítima a criação da taxa de polícia para a expedição da respectiva licença.

Em suma, apesar de os Municípios **não** gozarem de competência para instituir a "**taxa de fiscalização do funcionamento de torres e antenas de transmissão e recepção de dados e voz**", eles podem **legitimamente** instituir "**taxa de fiscalização de uso do solo por torres e antenas**". Em outro precedente muito interessante sobre a competência comum para a criação de taxas, o STF analisou a constitucionalidade da instituição pelo Município de "**taxa de fiscalização do funcionamento de postes de transmissão de energia**".

O julgado teve como pano de fundo a interpretação da Lei 9.427/96 (que institui a Agência Nacional de Energia Elétrica – ANEEL), editada pela União, no exercício de sua competência privativa para legislar sobre energia (CRFB, art. 22, IV). No artigo 20 da Lei, foi autorizada a delegação da União para os Estados e Distrito Federal das "atividades complementares de regulação, controle e fiscalização dos serviços e instalações de energia elétrica (...) mediante convênio de cooperação". No entanto, no art. 21, a Lei exigiu que tais atividades observassem as normas legais e regulamentares **federais** (*caput*) e vedou à unidade federada conveniada "exigir de concessionária ou permissionária sob sua ação complementar de regulação, controle e fiscalização **obrigação não exigida ou que resulte em encargo distinto do exigido de empresas congêneres, sem prévia autorização da ANEEL**" (§ 2º).

A Suprema Corte entendeu que a instituição por lei municipal da **"taxa de fiscalização do funcionamento de postes de transmissão de energia"** configurava imposição de novos encargos às concessionárias e delegatárias, em afronta à clara vedação constante na lei nacional editada pela União, no legítimo exercício de competência privativa. Como consequência, declarou a **inconstitucionalidade da taxa** (ADPF 512/DF).

Por fim, registre-se que, fundada na premissa de que a competência para a instituição de tributos vinculados decorre da competência administrativa do ente federado, parte da doutrina afirma que o fato de os Estados-membros deterem competência residual na divisão constitucional de competências administrativas – afinal, o que a Constituição Federal não atribuiu expressamente aos Municípios nem à União insere-se na competência estadual – resulta na atribuição a estes da **competência residual para a instituição de taxas e contribuições de melhoria**.

Assim, não obstante algumas celeumas doutrinárias, pode-se afirmar que a competência residual para criar impostos é da União, mas a competência residual para criar taxas e contribuições de melhoria é dos Estados-membros (e do Distrito Federal, por conta da competência cumulativa analisada adiante).

3.1.3.4 Competência tributária cumulativa

A competência doutrinariamente tratada por **cumulativa** é prevista no art. 147 da CF/1988, nos seguintes termos:

> "Art. 147. Competem à União, em Território Federal, os impostos estaduais e, se o Território não for dividido em Municípios, cumulativamente, os impostos municipais; ao Distrito Federal cabem os impostos municipais".

A regra decorre das peculiaridades dos Territórios e do Distrito Federal, como se passa a analisar.

O art. 32 da CF/1988 veda a divisão do Distrito Federal em Municípios, de forma que este ente político acumula as competências tributárias dos Estados e dos Municípios.

O Distrito Federal tem, portanto, competência para instituir seis impostos: os três estaduais (CF, art. 155) e os três municipais (CF, art. 156).

Também é do Distrito Federal a competência para instituir as taxas e contribuições de melhoria de competência dos Estados e Municípios, a contribuição previdenciária dos seus servidores e a contribuição de iluminação pública.

A regra é semelhante nos Territórios Federais, hoje inexistentes, mas de criação possível, conforme previsto no art. 18, § 2º, da CF/1988.

Como os Territórios não são entes políticos, não tendo *status* de membros da Federação, os impostos estaduais que lhe caberiam fazem parte da competência da União, assim como os impostos municipais, caso o Território não seja dividido em Municípios. Se o for, os impostos municipais caberão a cada Município.

Novamente vale a mesma observação: os demais tributos estaduais (e municipais, em caso de não divisão do território em Municípios) também serão de competência da União.

3.1.3.5 Bitributação e bis in idem

Como será detalhado no Capítulo 5, é conhecimento basilar de Direito Tributário que, com a verificação no mundo dos fatos da hipótese designada em lei como "fato gerador" do tributo, nasce a obrigação tributária correspondente. O natural é que a cada fato gerador nasça apenas uma obrigação tributária, de forma que as manifestações de riquezas ou as atividades estatais não estejam sujeitas a múltiplas incidências tributárias.

Nos casos em que a mesma situação é definida na lei como fato gerador de mais de uma incidência tributária, aparecem no mundo os fenômenos do ***bis in idem*** ou da **bitributação**.

Inicialmente, duas questões puramente terminológicas devem ser esclarecidas.

Em primeiro lugar, na referência a "*bis in idem* **ou** bitributação", o vocábulo "ou" não quer aproximar os conceitos, mas sim, de forma disjuntiva, demonstrar que os institutos são excludentes, dadas as notórias diferenças explanadas a seguir.

Em segundo lugar, apesar de a terminologia adotada aparentar se referir apenas aos casos de dupla incidência **(*bis in idem* ou bitributação)**, toda a teoria em torno dos institutos é aplicável a quaisquer casos de múltiplas incidências (mais de uma, não importando o número).

Já estando claro que os institutos se aproximam por decorrerem da definição legal da mesma situação como fato gerador de diversas exações, passa-se à análise das diferenças entre o *bis in idem* e a bitributação.

3.1.3.5.1 *Bis in idem*

Ocorre o ***bis in idem*** (duas vezes sobre a mesma coisa) quando o mesmo ente tributante edita diversas leis instituindo múltiplas exigências tributárias, decorrentes do mesmo fato gerador.

Apesar de não se coadunar com o princípio da praticabilidade que deve nortear todo sistema tributário, **não** há, no texto constitucional brasileiro, uma genérica vedação expressa ao *bis in idem*. Assim, a União está autorizada a criar contribuição social para financiamento da seguridade social incidente sobre a receita ou faturamento (CF, art. 195, I, *b*). No exercício de tal competência, a União Federal instituiu não somente uma, mas duas contribuições (COFINS e PIS), num cristalino exemplo de *bis in idem*. Registre-se que, para parte da doutrina, não obstante a diferença das espécies tributárias, também pode ser considerada *bis in idem* a tributação do lucro de uma empresa pelo Imposto sobre a Renda das Pessoas Jurídicas – IRPJ – e pela Contribuição Social sobre o Lucro Líquido – CSLL.

Apesar da inexistência de vedação genérica ao *bis in idem*, há de se recordar que o dispositivo constitucional que atribui à União Federal a chamada competência residual (CF, art. 154, I) exige que os novos impostos criados possuam fatos geradores e bases de cálculo diferentes dos discriminados na Constituição. A regra restringe a possibilidade de ***bis in idem***, porque impede a União de usar a competência para "clonar" um imposto que já se encontra na sua competência. Registre-se a existência de regra semelhante no que concerne à criação de novas contribuições para a seguridade social (art. 195, § 4º, que remete ao mesmo art. 154, I, ambos da CF/1988).

3.1.3.5.2 Bitributação

Ocorre a **bitributação** quando **entes tributantes diversos** exigem do mesmo sujeito passivo tributos decorrentes do **mesmo fato gerador**.

Em face de a Constituição Federal estipular uma rígida repartição de competência tributária, a **bitributação** está, como regra, **proibida** no Brasil e os casos concretos verificados normalmente configuram **conflitos aparentes de competência**, devendo, portanto, ser resolvidos à luz dos respectivos dispositivos constitucionais.

A título de exemplo, pode-se citar a interminável controvérsia sobre o Município competente para a cobrança do ISS, se o do local do estabelecimento prestador (conforme prevê a Lei Complementar 116/2003) ou o da prestação do serviço (conforme tem decidido o STJ). Na prática, vários Municípios simplesmente não se submeteram ao regramento da LC 116/2003 e, nas suas leis institutivas do ISS, consideraram-se competentes para a cobrança do tributo quando o serviço é prestado em seus territórios, o que tem gerado seriíssimos conflitos a serem resolvidos pelo Judiciário. Imagine-se um caso concreto em que o estabelecimento prestador de serviços esteja situado no Município de Lauro de Freitas/BA, mas a efetiva prestação do serviço ocorra no Município de Salvador/BA, de forma que ambos se considerem competentes para a cobrança do ISS (Lauro de Freitas com base na LC 116/2003 e Salvador com base em lei própria, seguindo o que tem decidido o STJ). Nessa situação, tem-se um conflito aparente de competência, gerando uma **ilegítima bitributação**, que deve ser afastada pelo Judiciário.

Às vezes, o conflito decorre da dúvida relativa ao tributo incidente sobre certo fato. Como exemplo, pode-se imaginar discussão referente à localização de determinado imóvel na área urbana ou rural do Município (IPTU ou ITR).

Nos casos citados, o conflito é sempre **aparente** e a **bitributação** sempre **ilegítima**, uma vez que somente um ente é competente para a cobrança do tributo, dependendo a solução apenas da interpretação que o Judiciário considerar mais adequada às normas que regem o caso concreto.

Existem, contudo, duas situações em que a **bitributação** é **legítima**.

A primeira decorre da possibilidade de que a União institua, na iminência ou no caso de guerra externa, impostos extraordinários, **compreendidos ou não em sua competência tributária** (CF, art. 154, II). Perceba-se que, na hipótese aventada, a União poderia tanto instituir um novo IR (tributo já compreendido em sua competência ordinária) quanto um novo ICMS (tributo compreendido na competência estadual). No primeiro caso, haveria ***bis in idem*** (o mesmo ente - União - cobrando mais de uma exação - IR ordinário e IR extraordinário de guerra - com base no mesmo fato gerador); no segundo, **bitributação** (dois entes - União e Estado - cobrando dois tributos - ICMS ordinário e ICMS extraordinário de guerra - sobre o mesmo fato gerador).

Registre-se que, ao contrário do que alguns apressadamente afirmam, a hipótese não traz uma invasão de competência alheia pela União Federal, mas sim um caso em que a União, extraordinária e temporariamente, passa a deter competência para tributar manifestações de riqueza já tributadas por outros entes.

Apesar do entendimento, a Fundação Carlos Chagas, no concurso para provimento do cargo de Agente Fiscal de Rendas do Estado de São Paulo, realizado em 2006, considerou **correta** a seguinte afirmativa: "A Constituição Federal atribui à União, aos Estados, ao Distrito Federal e aos Municípios competências tributárias privativas, vedando que um ente político invada a competência do outro, exceto, em relação à União que, na iminência ou no caso de guerra externa, poderia instituir impostos extraordinários, compreendidos ou não em sua competência tributária". Percebe-se que, na leitura da banca, a hipótese aventada poderia ser considerada uma verdadeira "invasão de competência".

Em 2012, a mesma FCC evoluiu bastante no seu entendimento e passou a abordar a situação de maneira absolutamente precisa. A elogiável mudança ocorreu no concurso para provimento de cargos de Analista Judiciário do TRF da 5.ª Região, em que a banca formulou questão com o seguinte enunciado: Admite-se constitucionalmente a bitributação e o *bis in idem* na seguinte hipótese: (...). Como resposta oficial, foi apontada a criação de "imposto extraordinário, pela União, na iminência ou no caso de guerra externa".

A segunda situação em que pode haver **legítima bitributação** ocorre nos casos envolvendo Estados-nações diversos, principalmente no que concerne à **tributação da renda**. A título de exemplo, quando um residente no Brasil recebe rendimentos de trabalho realizado no Uruguai, os dois Estados podem cobrar imposto sobre a renda, sendo a **bitributação legítima**. A única maneira de evitar a dupla incidência é a celebração de tratado internacional, o que não ocorre nos casos envolvendo Brasil e Uruguai (a lista dos países com os quais o Brasil mantém tratados internacionais para evitar a bitributação da renda encontra-se no *site* da Receita Federal do Brasil na *internet* - http://receita.economia.gov.br/acesso-rapido/legislacao/acordos-internacionais/acordos-para-evitar-a-dupla-tributacao/acordos-para-evitar-a-dupla-tributacao).

É importante registrar que, não obstante as diferenças formais, bitributação e *bis in idem* bastante se assemelham, o que leva alguns autores a usar a expressão "**bitributação jurídica**" para se referir ao que aqui foi denominado simplesmente de **bitributação** e "bitributação econômica" para tratar do que se denominou ***bis in idem***. O raciocínio é que, mesmo nos casos em que a fraseologia jurídica não qualifica como bitributação, economicamente há a dupla oneração tributária, o que justifica a aproximação terminológica.

Por fim, alguns autores consideram que todos os casos em que dois tributos possuem a mesma base de cálculo ou fato gerador caracterizam necessariamente bitributação ou *bis in idem*. A situação é muito comum no que concerne às contribuições criadas pela União, como a incidente sobre o lucro líquido (CSLL), cuja base de cálculo e fato gerador são muito semelhantes aos do imposto sobre a renda das pessoas jurídicas (IRPJ). Também já ocorreram situações semelhantes quando da criação de empréstimos compulsórios, como o incidente sobre a comercialização de combustíveis (cujos fatos geradores e bases de cálculo eram praticamente idênticos aos do atual ICMS sobre combustíveis).

Nesta obra, contudo, seguiu-se o raciocínio segundo o qual somente podem ser qualificados como bitributação ou *bis in idem* em sentido jurídico os casos em que **o segundo tributo incidente sobre determinada riqueza é exatamente da mesma espécie do primeiro** (um **segundo** imposto sobre a renda, por exemplo).

Dada a adoção pelo STF da teoria que reconhece o destino da arrecadação como relevante na definição da natureza jurídica das contribuições especiais e dos empréstimos compulsórios (ver item 1.4.1 do Capítulo 1), há de se concluir, como também o fez a Suprema Corte brasileira, que "o uso compartilhado de base de cálculo própria de imposto pelas contribuições não se revelaria bitributação" (ADI-2556/DF, julgada em 13.06.2012). Obviamente, esposada tal tese, a mesma conclusão deve ser aplicada para o citado caso dos empréstimos compulsórios.

Em face do exposto, a diferenciação entre os institutos pode ser esquematizada da seguinte forma:

	Bis in idem (bitributação econômica)	x	**Bitributação** (bitributação jurídica)
Conceito	O mesmo ente institui mais de um tributo sobre o mesmo fato gerador		Entes distintos instituem tributo sobre o mesmo fato gerador
Possibilidade de ocorrência	Não há proibição genérica, mas devem ser observadas as restrições dos arts. 154, I e 195, § 4.º da CF/1988.		É, em regra, proibida, com as exceções citadas como exemplo no quadro a seguir.
Exemplos	- PIS e COFINS - II e IPI/importação (REsp 846.667/RJ)		- bitributação internacional - impostos extraordinários de guerra

A distinção entre bitributação e *bis in idem* é tema recorrente em provas de concurso público, como demonstra questão elaborada pelo CEBRASPE, em 2021, no concurso para provimento de cargos de Auditor Fiscal de Finanças e Controle da Secretaria da Fazenda do Estado de Alagoas, em que foi considerado **errado** o seguinte enunciado: "A principal distinção entre bis in idem e bitributação é que, no caso da bitributação, a dupla tributação é estabelecida por um mesmo ente político, ao passo que, no caso do bis in idem, ela é estabelecida por entes federativos diferentes".

3.2 LEGISLAÇÃO TRIBUTÁRIA

O Código Tributário Nacional, em seu art. 96, afirma que a expressão "legislação tributária" compreende as leis, os tratados e as convenções internacionais, os decretos e as normas complementares que versem, no todo ou em parte, sobre tributos e relações jurídicas a eles pertinentes.

Todavia, tal enumeração de normas que compõem a "legislação tributária" não é exaustiva, conforme demonstra o próprio CTN, em seu art. 2º, ao asseverar que o sistema tributário nacional é regido pelo disposto na Emenda Constitucional 18, de 1º de dezembro de 1965, em leis complementares, em resoluções do Senado Federal e, nos limites das respectivas competências, em leis federais, nas Constituições e leis estaduais, e em leis municipais.

A referência à EC 18/1965 deve hoje ser interpretada como uma referência à atual Constituição Federal. Todavia, o ponto mais importante a ser ressaltado é que, seguindo a linha de raciocínio adotada pelo legislador do Código Tributário Nacional, **todo ato normativo que verse sobre matéria tributária integra a denominada "legislação tributária"**.

Neste ponto, é importante entender o exato significado da expressão "ato normativo".

Numa sociedade politicamente organizada (Estado), existem regras de conduta de observância obrigatória pelas pessoas às quais tais regras sejam destinadas.

Assim, a título de exemplo, a legislação do imposto de importação impõe à pessoa que promover a entrada de mercadoria estrangeira no território aduaneiro (território nacional) a obrigação de pagar o respectivo imposto, ressalvadas as exceções legais (isenção, não incidência, alíquota zero). Tal regra é geral, pois atinge a totalidade das pessoas que, no mundo concreto, se puserem na situação abstratamente prevista na lei. Dessa forma, por não ter destinatário específico, a doutrina diz que esta regra é dotada de **generalidade**. Na mesma linha, por não dispor sobre situações concretamente verificadas no mundo dos fatos, mas apenas sobre hipóteses (alguém importar uma mercadoria), a regra é dotada de **abstração**.

São estas duas características (**generalidade e abstração**) que diferenciam um ato normativo das demais regras de conduta impositivas existentes em Direito.

Um segundo exemplo, trazendo um caso em que os requisitos de generalidade e abstração não se fazem presentes, pode ser útil para estabelecer, com precisão, o "divisor de águas".

Suponha-se que uma equipe de fiscalização da Receita Federal do Brasil tenha auditado determinado contribuinte e, verificando que este não recolheu o "imposto de renda" relativo ao ano-calendário de 2018, exercício de 2019, vencido no dia 30 de abril de 2019, procedeu à devida autuação, cobrando-lhe o imposto acrescido de multa no valor de 75% do imposto não recolhido e fixando um prazo de 30 dias para pagamento ou impugnação.

Nessa situação, tem-se uma obrigação (pagar ou impugnar dentro de 30 dias) estipulada por uma regra de conduta destinada especificamente a uma pessoa (o contribuinte fiscalizado), sendo, portanto, uma regra **individual, desprovida de generalidade**.

Na mesma linha, a regra foi estipulada em face de um caso concreto, ocorrido no mundo dos fatos (o contribuinte não cumpriu suas obrigações legais) e não de uma situação abstrata. Assim, a regra é **concreta, desprovida de abstração**.

A primeira regra, estipulando a obrigação geral das pessoas que promovem a importação de mercadorias estrangeiras, é um "ato normativo" que integra a legislação tributária. Já o segundo preceito, estipulando que determinado contribuinte, que não adimpliu suas obrigações, promova o pagamento do tributo com o acréscimo da respectiva multa ou ofereça impugnação, não é ato normativo e não integra a "legislação tributária".

Assim, numa definição mais ampla, a "legislação tributária" compreende todas as normas gerais e abstratas integrantes do ordenamento jurídico nacional que versem sobre tributos e relações jurídicas a eles pertinentes.

Na esteira dessa definição, integram a "legislação tributária" desde a Constituição Federal até os mais subalternos dos atos normativos, como, por exemplo, uma ordem de serviço expedida por um Delegado da Receita Federal trazendo as regras a serem seguidas pelos contribuintes para o atendimento nos "Centros de Atendimento" de sua circunscrição.

Esclarecida a abrangência da expressão "legislação tributária", passa-se à análise dos atos normativos por ela abrangidos, nos termos do art. 96 do Código Tributário Nacional.

3.2.1 Leis

Por questões didáticas, serão incluídos nesta rubrica os atos normativos que têm "força de lei" - medidas provisórias, leis delegadas, decretos legislativos e resoluções do Senado Federal. Os tratados internacionais, apesar de também possuírem "força de lei", serão analisados em separado, em virtude de terem sido enumerados expressamente pelo art. 96 do CTN.

Neste contexto, **possuir força de lei significa ter aptidão para inovar no ordenamento jurídico, criando novos direitos e obrigações**. Recorde-se que a Constituição Federal, enunciando o princípio da legalidade, afirma que ninguém será obrigado a fazer ou deixar de fazer alguma coisa senão em virtude de lei (art. 5º, II).

3.2.1.1 Leis em sentido estrito

Especificamente em relação à matéria tributária, a Constituição Federal veda que União, Estados, Distrito Federal e Municípios exijam ou aumentem tributo sem lei que o estabeleça (art. 150, I).

Aqui, como já ressaltado, o legislador constituinte trilhou os caminhos da democracia representativa aplicada à matéria tributária. O entendimento é que, ao menos em teoria, no Parlamento se encontram os legítimos representantes do povo. Por isso, a criação do tributo por meio de lei significaria uma autorização popular para a instituição da exação, de forma que o povo só seria obrigado a pagar os tributos que aceitou pagar.

A afirmação parece teórica em excesso, visto que o povo brasileiro parece não se sentir representado pelo Parlamento que elege. Não obstante, o CEBRASPE já chegou a cobrar o raciocínio em prova, conforme demonstra o item abaixo (**certo**), extraído da longínqua prova para Procurador do INSS, realizada em 1997: "No vigente regime político brasileiro, é correto afirmar, ao menos do ponto de vista teórico, que os cidadãos suportam tão somente os tributos que aceitaram pagar".

A banca deu pistas de que iria cobrar algo não obrigatoriamente condizente com a realidade prática, quando intercalou a oração "ao menos do ponto de vista teórico". Isso é muito comum em provas de concurso público, exigindo do candidato uma atenção especial.

Criar tributo, de uma maneira simplificada, significa definir na lei seus fatos geradores, bases de cálculo, alíquotas e contribuintes. Por conseguinte, todos esses elementos se encontram na abrangência do princípio da legalidade tributária.

Todavia, a literalidade do texto constitucional (art. 150, I) exige menos do que sua essência impõe, conforme se analisou nos itens 2.5.1 e 2.5.2 do Capítulo 2. Lá, após análise à luz do **princípio geral da legalidade** (CF, art 5.º, II), do **paralelismo das formas** e da **indisponibilidade do patrimônio público**, chegou-se à conclusão de estarem sujeitas à legalidade ou, de maneira mais estrita, à reserva legal:

I – a instituição de tributos, ou a sua extinção;
II – a majoração de tributos, ou sua redução;
III – a definição do fato gerador da obrigação tributária principal e do seu sujeito passivo;
IV – a fixação de alíquota do tributo e da sua base de cálculo;
V – a cominação de penalidades para as ações ou omissões contrárias a seus dispositivos, ou para outras infrações nela definidas;
VI – as hipóteses de exclusão, suspensão e extinção de créditos tributários, ou de dispensa ou redução de penalidades.

Também se concluiu que **não** estão sujeitas ao princípio da legalidade, podendo ser disciplinadas por meio de ato infralegal (decreto presidencial, por exemplo), a atualização do valor monetário da base de cálculo do tributo (expressamente ressalvada pelo § 2º do art. 97 do CTN) e a fixação do prazo para recolhimento (jurisprudência do Supremo Tribunal Federal – RE 172.394/SP e RE 195.218/MG).

Em provas de concurso, a matéria tem sido exaustivamente cobrada, conforme demonstra a seguinte questão apresentada pelo CEBRASPE no concurso para Especialista em Regulação da ANATEL, realizado em 2014: "O prazo de recolhimento de tributos pode ser alterado por decreto do Poder Executivo sem que haja necessidade de previsão legal" (**certo**).

3.2.1.2 Medidas provisórias

As condições e os requisitos para o uso de medida provisória em matéria tributária foram objeto de estudo do item 2.5.4 do Capítulo 2, para o qual se remete o leitor.

3.2.1.3 Leis delegadas

A possibilidade de utilização de lei delegada em matéria tributária, bem como seus requisitos e condições, foram criteriosamente estudados no item 2.5.3 do Capítulo 2, tópico para o qual se remete o leitor.

3.2.1.4 Resoluções do Senado Federal

As resoluções são editadas pelo Congresso Nacional ou pelas respectivas Casas (Câmara ou Senado) no uso de suas competências exclusivas e privativas (CF/1988, arts. 49, 50 e 52). Não se sujeitam à deliberação executiva (sanção ou veto), o que leva parte da doutrina a denominá-las, ao lado dos decretos legislativos, de "**leis sem sanção**".

Em matéria tributária, as resoluções mais importantes são as elaboradas pelo Senado Federal. Como Casa de representação dos Estados-membros, o Senado certamente é o melhor foro para se discutirem assuntos em que os interesses destes entes políticos estejam em jogo.

Assim, o estabelecimento de alíquotas máximas, mínimas ou interestaduais de alguns tributos estaduais ficou a cargo do Senado Federal, atribuição que o torna um órgão fundamental na tentativa de evitar ou, ao menos, minorar os efeitos das guerras fiscais que se podem tornar típicas num Estado federativo.

Seguindo tal doutrina, no concurso para Juiz Federal Substituto da 5.ª região, realizado em 2004 pelo CEBRASPE, foi proposta a seguinte assertiva, considerada **correta** pela banca examinadora: "Para evitar a chamada guerra fiscal entre os estados em relação ao IPVA, visto que cada unidade da Federação pode estabelecer alíquotas mais atrativas para os veículos nela licenciados, a Constituição Federal estabeleceu que cabe ao Senado a definição de alíquota mínima de abrangência nacional".

Sobre o mesmo tema, a FCC, no concurso para Procurador do Estado do Amazonas, realizado em 2010, considerou igualmente **correta** a proposição: "Em relação às alíquotas do IPVA, a legislação tributária do Estado poderá estabelecer alíquotas diferentes em função do tipo e utilização, desde que observe a alíquota mínima fixada pelo Senado Federal".

Assim, é extremamente importante conhecer os casos em que o Senado Federal tem competência para tratar, mediante resolução, de matéria tributária de interesse dos Estados e do Distrito Federal. São eles:

1) No que concerne ao **IPVA** (CF, art. 155, § 6º, I), o Senado fixará (**obrigatoriamente**) as alíquotas **mínimas**.
2) Quanto ao **ITCMD**, o Senado fixará (**obrigatoriamente**) suas alíquotas **máximas** (CF, art. 155, § 1º, IV).
3) No tocante ao **ICMS**, o Senado detém três competências distintas:

a) Estabelecer, com iniciativa do **Presidente da República *ou*** de **um terço dos Senadores** e aprovação da maioria absoluta deles, as alíquotas aplicáveis às **operações interestaduais** e **de exportação** (CF, art. 155, § 2º, IV). O exercício desta competência senatorial é **obrigatório** (a CF afirma que o SF **"estabelecerá"** tais alíquotas).

   Com o advento da Emenda Constitucional 42/2003, a imunidade das exportações ao ICMS (CF, art. 155 § 2º, X, *a*), que antes abrangia apenas os **produtos industrializados**, excluídos os semielaborados, definidos em lei complementar, passou a abranger todas as **mercadorias**.

   Assim, salvo se, num malabarismo interpretativo, admitir-se que o legislador constituinte derivado quis manter a possibilidade de tributação das exportações de bens (coisas com valor econômico) que não se enquadrem no conceito de mercadorias (bens disponibilizados para negociação no mercado), há de se concluir que não mais faz sentido a atribuição do Senado de fixar as alíquotas de exportação, dada a impossibilidade constitucional de incidência do ICMS sobre operações que destinem mercadorias para o exterior. É mais uma das várias falhas da EC 42/2003.

   Todavia, como o citado art. 155, § 2º, IV, não foi expressamente alterado, as bancas de concurso público continuam considerando a atribuição senatorial existente, conforme demonstra o item a seguir, considerado **correto** pela FGV, no certame para o provimento de cargos de Auditor Fiscal Tributário da Receita Municipal de Cuiabá/MT, realizado em 2016: "Cabe ao Senado Federal, por meio de Resolução, estabelecer as alíquotas do ICMS aplicáveis às operações e prestações, interestaduais e de exportação".

b) Estabelecer, com iniciativa de **um terço dos Senadores** e aprovação da maioria absoluta deles, as alíquotas **mínimas** aplicáveis às operações internas (CF, art. 155, § 2º, V, *a*). O exercício da competência senatorial, nesse caso, é **facultativo**.

c) Estabelecer, com iniciativa da maioria **absoluta dos Senadores** e aprovação de dois terços deles, as alíquotas **máximas** aplicáveis às operações internas (CF, art. 155, § 2º, V, *b*). O exercício da competência senatorial, também nesse caso, é **facultativo**.

No que concerne ao **ICMS**, portanto, a competência do Senado Federal pode ser assim resumida:

Alíquotas internas dos Estados-membros (fixação facultativa):

	Iniciativa	Aprovação
Alíquota mínima	1/3	Maioria absoluta
Alíquota máxima	Maioria absoluta	2/3

Alíquotas interestaduais e de exportação* (fixação obrigatória):

	Iniciativa	Aprovação
Alíquotas	Presidente ou 1/3 do Senado	Maioria absoluta

* Quanto às alíquotas aplicáveis à exportação, ver comentários acima sustentando a revogação tácita do fundamento constitucional.

3.2.1.5 Decretos legislativos

Os decretos legislativos são editados pelo Congresso Nacional, no uso de sua **competência exclusiva**, não se sujeitando, à semelhança das resoluções, à deliberação executiva (sanção ou veto).

Especificamente em matéria tributária, os decretos legislativos mais importantes são aqueles que aprovam os tratados internacionais firmados pelo Presidente da República, seguindo o procedimento a ser detalhado mais adiante.

3.2.1.6 Decretos-leis

A figura do decreto-lei não foi prevista pela Constituição Federal de 1988, em virtude de ter sido substituída pelas medidas provisórias. Todavia, é importante ressaltar que, em virtude da teoria da recepção, ainda existem vários decretos-leis em vigor no Brasil, alguns versando sobre matéria tributária.

A título de exemplo, podem-se citar o Decreto-lei 37/1966, que, ainda hoje, disciplina importantes aspectos relativos ao Imposto de Importação, e o Decreto-lei 288/1967, que regula a Zona Franca de Manaus e seu regime atípico de tributação.

3.2.2 Tratados e convenções internacionais

"Tratado internacional" e "convenção internacional" são expressões sinônimas, ambas significando um **acordo bilateral ou multilateral de vontades**

manifestadas por Estados soberanos ou organismos internacionais, regularmente representados por órgãos competentes, destinando-se a produzir efeitos jurídicos.

No Brasil, o inciso VIII do art. 84 da CF/1988 atribui privativamente ao Presidente da República a competência para firmar tratados, convenções e atos internacionais, sujeitos a referendo do Congresso Nacional.

A aprovação parlamentar (CF, art. 49, I) é manifestada por meio de **decreto legislativo**, fase imprescindível para que o ato produza efeitos no território nacional.

O Supremo Tribunal Federal entende que, **enquanto não se completar todo o procedimento constitucionalmente previsto para a incorporação do tratado ao Direito interno, não haverá qualquer produção doméstica de efeitos do ato firmado pelo Presidente da República**.

Nos autos da Carta Rogatória 8.279-4 (AgRg), o STF, de maneira extremamente didática, resumiu as fases necessárias e suficientes para o efeito de ulterior execução, no plano interno, das regras contidas no tratado **já firmado pelo Chefe de Estado**. São elas:

> 1) **Aprovação pelo Congresso Nacional**, mediante **decreto legislativo**;
> 2) **Ratificação pelo Presidente da República**, mediante **depósito do respectivo instrumento**;
> 3) **Promulgação pelo Presidente da República**, mediante **decreto presidencial**, em ordem a viabilizar a produção dos seguintes efeitos básicos, essenciais à sua vigência interna: a) publicação oficial do texto do tratado, e b) executoriedade do ato de direito internacional público, que passa, então – e somente então – a vincular e a obrigar no plano do direito positivo interno (STF, CR/8.729, Rel. Min. Presidente, *DJ* 26.05.1999).

O Código Tributário Nacional, em seu art. 98, afirma que os tratados e as convenções internacionais revogam ou modificam a legislação tributária interna, e serão observados pela que lhes sobrevenha.

A redação abre margem para um conjunto de discussões. As mais relevantes, com as respectivas conclusões, são analisadas a seguir.

3.2.2.1 Impacto do tratado internacional sobre o direito interno

Após o advento da Emenda Constitucional 45/2004, a Constituição Federal passou a prever que **os tratados e convenções internacionais sobre direitos humanos que forem aprovados, em cada Casa do Congresso Nacional, em dois turnos, por três quintos dos votos dos respectivos membros, serão equivalentes às emendas constitucionais** (CF, art. 5º, § 3º).

Como os tratados internacionais sobre matéria tributária normalmente trazem acordos visando a **evitar a bitributação internacional** e a **estatuir regras de cooperação internacional para evitar a evasão fiscal**, dificilmente será possível enquadrar um tratado que verse sobre matéria tributária na regra citada, aplicável exclusivamente a tratados que versem sobre direitos humanos. Justamente por isso, a análise dos tratados e convenções que versem sobre matéria estritamente tributária deve ser feita considerando a inaplicabilidade das disposições trazidas pela EC 45/2004.

Ao afirmar que o tratado internacional **revoga ou modifica** a legislação tributária interna, o art. 98 do CTN incorreu numa imprecisão. Para a compreensão exata do problema, apresenta-se um exemplo concreto.

No dia 2 de outubro de 2003, foi editado o Decreto 4.853, que promulgou convenção internacional entre o Brasil e o Chile, estipulando, entre outras coisas, uma regra segundo a qual **os rendimentos do trabalho recebido num dos Estados contratantes só poderia ser tributado nesse Estado, salvo se o emprego fosse exercido no outro**. Essa regra, por óbvio, impede a aplicação da legislação brasileira do imposto de renda no tocante aos rendimentos recebidos por brasileiros trabalhando no Chile. Todavia, seria correto afirmar que *a regra **revogou ou modificou** a legislação tributária brasileira*?

A resposta a esta pergunta é *negativa*. Certamente as disposições do tratado, por serem especiais, em relação às da legislação de imposto de renda, sobre ela prevalecem. A questão resolve-se, portanto, simplesmente pela aplicação da **regra da especialidade**, segundo a qual **a norma especial deve ser aplicada com preferência sobre a geral, sem modificá-la ou revogá-la**.

Nesse sentido é a jurisprudência consolidada no âmbito do STF. Em 2017, no julgamento do RE 636.331/RJ, com reconhecida repercussão geral, a Corte debruçou-se sobre o aparente conflito entre o art. 14 do Código de Defesa do Consumidor e o art. 22 da Convenção de Varsóvia, no que diz respeito à responsabilidade do fornecedor do serviço de transporte aéreo internacional (RE 636.331/RJ e ARE 766.618/SP). O cerne da controvérsia era a possibilidade de o direito do passageiro à indenização por danos materiais (previsto no CDC) poder ser limitado por legislação internacional incorporada à ordem jurídica nacional.

O Tribunal entendeu que não há diferença hierárquica entre os diplomas citados, devendo o problema ser solucionado por meio da aplicação do critério da especialidade, fazendo prevalecer a lei especial em relação à lei geral, ou seja, priorizando a Convenção de Varsóvia. Isso porque, enquanto a Convenção disciplina especificamente o contrato de transporte aéreo internacional de passageiros, o CDC é norma geral para as relações de consumo (somente pode ser considerado norma especial em relação ao Código Civil).

Como nesse caso as normas em conflito possuem âmbito de validade distintos – sendo uma geral e a outra especial –, aplica-se o disposto no art. 2º, § 2º, da Lei de Introdução às normas de Direito Brasileiro, segundo o qual "a lei nova, que estabeleça disposições gerais ou especiais a par das já existentes, não revoga nem modifica a lei anterior". Desse modo, o CDC não revoga nem é revogado pela Convenção de Varsóvia. Ambos os regramentos convivem no ordenamento jurídico, afastando-se a incidência do Código somente quando o caso concreto encontrar disciplina específica na Convenção.

Em suma, embora a literalidade do art. 98 do CTN disponha que os tratados e as convenções internacionais "revogam ou modificam" a legislação tributária interna, a interpretação mais apropriada é a de que esses diplomas internacionais prevalecem sobre a legislação tributária interna sem, no entanto, revogá-la.

Ressalte-se que a doutrina, considerando o fato de que a posterior denúncia do tratado pelo Brasil – equivalente a uma revogação interna – faz com que a legislação tributária anterior retome imediatamente sua vigência, entende que os tratados, na realidade, apenas **suspendem ou modificam** a legislação anterior com eles incompatível, não a revogando. Em outras palavras, não ocorre, a rigor, revogação, mas sim suspensão da eficácia da norma tributária nacional.

Em provas de concurso público, se a banca não sinalizar que deseja uma interpretação doutrinária ou jurisprudencial, devem ser consideradas corretas as assertivas que reproduzirem a literalidade de dispositivos legais.

3.2.2.2 Tratados internacionais e a legislação tributária superveniente – A visão do STF

Outro ponto que costuma gerar discussões é o correto entendimento da parte final do art. 98 do CTN, que afirma que os tratados e convenções **serão observados pela legislação tributária que lhes sobrevier**.

Pela redação literal do dispositivo, não seria possível ao legislador ordinário revogar, nem tampouco alterar, as regras constantes do tratado regularmente incorporado ao Direito interno. Essa é a linha de raciocínio adotada pela maioria dos internacionalistas, que alegam, além da previsão legal constante do CTN, os problemas que surgiriam para o Brasil na ordem internacional, no caso de revogação ou alteração unilateral de um tratado multilateral que o vincula.

Contudo, ressalvada a hipótese do § 3º do art. 5º da CF/1988, a jurisprudência do STF é pacífica no sentido de que, **após regular incorporação ao direito interno, o tratado internacional adquire posição hierárquica idêntica à de uma lei ordinária**, não podendo disciplinar, por isso, matéria reservada a lei complementar (ADI MC 1.480-MC/DF e RE 80.004/SE), mas **possibilitando**

que uma lei ordinária venha a modificá-lo ou revogá-lo internamente (o que equivaleria a uma denúncia no âmbito externo).

Aliás, caso se entendesse que o Poder Legislativo – Órgão, ao menos em teoria, composto pelos representantes do povo – não mais poderia tomar qualquer medida em relação ao tratado aprovado, estar-se-ia diante de um verdadeiro **paradoxo da democracia**, em que as gerações futuras estariam "engaioladas" por regras estatuídas por representantes das gerações passadas. O "desengaiolamento" só poderia ser feito por novo tratado (dependendo da ação do Presidente da República, que não é representante do povo) ou por intermédio do ritual mais dificultoso de emenda à Constituição.

3.2.2.3 Tratados normativos e contratuais e a legislação tributária superveniente – A visão do STJ

Segundo entendimento doutrinário, quanto à natureza, os tratados e convenções internacionais podem ser classificados como **normativos** (**tratados-leis**) e **contratuais** (**tratados-contratos**).

Os tratados **normativos** caracterizam-se pela **generalidade**, criando uma regra de direito internacional de aplicação cogente pelos signatários. São firmados entre Estados que possuem **vontades coincidentes**. Como exemplo, tem-se a Convenção de Viena sobre Relações Diplomáticas.

Os tratados **contratuais** decorrem do estabelecimento de obrigações recíprocas entre os pactuantes (prestações e contraprestações), exaurindo-se com o seu cumprimento. Na avença, os signatários estipulam concessões mútuas, **não sendo as vontades manifestadas, sob este aspecto, coincidentes**. Tome-se como exemplo um tratado de paz em que um signatário se compromete a deixar determinado território e o outro a oferecer-lhe uma reparação financeira. O objetivo de um é o domínio sobre o território; o do outro, o valor em dinheiro.

O Superior Tribunal de Justiça tem dado importância prática à distinção, já tendo chegado a asseverar a integral aplicabilidade da restrição constante no art. 98 do Código Tributário Nacional aos **tratados normativos**, mas não aos tratados contratuais. Nas palavras do Tribunal, "o art. 98 do CTN permite a distinção entre os chamados tratados-contratos e os tratados-leis. Toda a construção a respeito da prevalência da norma interna com o poder de revogar os tratados, equiparando-os à legislação ordinária, foi feita tendo em vista os designados tratados-contratos, e não os tratados-leis" (STJ, 1ª T., REsp 426.945/PR, Rel. Ministro Teori Albino Zavascki, Rel. p/ Acórdão Min. José Delgado, j. em 22/06/2004, DJ 25/08/2004, p. 141).

No caso concreto, discutia-se se a lei que isentou do imposto de renda na fonte apenas os lucros recebidos por sócios residentes e domiciliados no Brasil (Lei 8.383/1991, arts. 75 e 77, e Decreto 1.041/1994, art. 751) teria revogado a convenção que assegurava tratamento não discriminatório ("Convenção entre o Brasil e a Suécia para evitar a dupla tributação em matéria de impostos sobre a renda" – promulgada por meio do Decreto 77.053/1976 – art. 24, 1 a 4).

No julgamento, a Corte Superior, asseverando o **caráter normativo** do Tratado, entendeu que a revogação não teria acontecido, assegurando-lhe a plena vigência.

Na linha defendida nesta obra, entende-se que é correta a conclusão do Superior Tribunal de Justiça, mas por outro fundamento. A questão central é que a Convenção entre Brasil e Suécia é **norma específica** e, como tal, não foi revogada pela norma geral (Lei 8.383/1991).

Ao que parece, a tese encampada pelo Superior Tribunal de Justiça no julgado mencionado é absolutamente equivocada, pois são os contratos que, criando obrigações recíprocas, podem vir a ser considerados verdadeiros "atos jurídicos perfeitos", devendo ser protegidos contra inovações legislativas. Há de se registrar que o próprio Superior Tribunal de Justiça possui decisões contraditórias sobre a matéria, já tendo afirmado, por exemplo, que, "em se tratando de matéria tributária, **a superveniência de legislação nacional não revoga disposição contida em tratado internacional contratual**, consoante dispõe o art. 98 do CTN" (STJ, 2ª T., REsp 228.324/RS, rel. Min. João Otávio de Noronha, j. 12.05.2005, *DJ* 01.07.2005).

3.2.2.4 Acordo Geral sobre Tarifas e Comércio (GATT)

O Acordo Geral Sobre Tarifas e Comércio – GATT, tratado internacional multilateral do qual o Brasil faz parte, prevê a equivalência de tratamento entre o produto importado, quando este ingressa no território nacional, e o produto nacional. É a famosa regra do **tratamento nacional**, que também possui fundamento na Constituição, cujo art. 152 veda aos entes federados estabelecer diferença tributária entre bens e serviços, de qualquer natureza, em razão de sua procedência ou destino.

Assim, mesmo que a lei instituidora da isenção nada diga a respeito, o benefício por ela concedido ao produto nacional deve ser interpretado como aplicável a todos os casos de mercadorias estrangeiras (salvo os expressamente ressalvados), em virtude da extensão da isenção pelo tratado internacional citado.

A princípio, poder-se-ia imaginar haver incompatibilidade entre o que acabou de ser afirmado e a regra do art. 111, II, do CTN, segundo o qual a legislação tributária que disponha sobre **isenção** deve ser interpretada **literalmente**.

Conforme explicado no item 4.3.1 do Capítulo 4, a redação do dispositivo não é tecnicamente precisa, pois a finalidade pretendida pela norma não é impor a utilização do critério literal, de forma a impedir o manejo de qualquer outro critério interpretativo. A rigor, nenhuma norma pode ter seu sentido, conteúdo e alcance auferidos de forma absolutamente isolada, pois faz parte de um sistema normativo com o qual deve guardar harmonia, conforme determina a **interpretação sistemática**.

Recorrendo a tal critério e orientada pela busca da coerência do sistema, a Ministra Eliana Calmon, ao analisar a questão da aplicabilidade do art. 111 aos casos de similaridade como os ora estudados, entendeu pela prevalência da legislação internacional, de maior abrangência, aplicada de maneira semelhante em praticamente todas as relações sujeitas aos principais tratados sobre comércio internacional. Das palavras da Ministra, merece destaque o trecho a seguir transcrito:

> "Dentro deste enfoque, doutrinário e jurisprudencial, é que aplico o art. 98 do CTN, afasto a incidência do art. 111 do CTN, por entender que deve prevalecer a legislação de âmbito internacional, de maior abrangência e concluo que, sendo o salmão importado do Chile, País signatário do GATT, enquanto não sofrer processo de industrialização, deve ser isento do **ICMS** quando da sua internação no País" (STJ, 2ª T., REsp 460.165/SP, Rel. Min. Eliana Calmon, j. 06.02.2003, *DJ* 24.03.2003, p. 208).

Seguindo esse entendimento, o STJ editou as seguintes súmulas:

> **STJ – Súmula 20 –** "A mercadoria importada de país signatário do GATT é isenta de ICM, quando contemplado com esse favor o similar nacional".

> **STJ – Súmula 71 –** "O bacalhau importado de país signatário do GATT é isento do ICM".

No âmbito do STF, o entendimento é o mesmo, como demonstra a Súmula 575, abaixo transcrita:

> **STF – Súmula 575 –** "À mercadoria importada de país signatário do (GATT), ou membro da (ALALC), estende-se a isenção do imposto de circulação de mercadorias concedida a similar nacional".

A título informativo, registra-se que, segundo o STJ, as importações de bacalhau oriundas de país signatário do GATT somente estiveram desoneradas do ICMS até 30 de abril de 1999, data em que expiraram as regras do Convênio 60/1991. A partir de tal data, não havendo mais isenção do similar nacional, obviamente, não há que se falar em isenção da mercadoria importada. Por consequência, a Súmula 71 do STJ somente é aplicável às importações realizadas até 30 de abril de 1999 (REsp 401.178/RJ, Rel. Min. Castro Meira, julgado em 20.11.2007).

3.2.3 Decretos

A Constituição Federal, em seu art. 84, IV, atribui privativamente ao Presidente da República a competência para sancionar, promulgar e fazer publicar as leis, bem como expedir decretos e regulamentos para sua fiel execução.

Interpretando o dispositivo, a imensa maioria da doutrina entendia não existir no Direito brasileiro a figura do decreto ou regulamento autônomo.

O ordenamento jurídico tem sido representado por uma pirâmide em cujo topo aparece a Constituição, fundamento de validade para todas as demais normas que compõem o sistema. Logo abaixo aparecem as normas analisadas nos itens anteriores (leis complementares, ordinárias e delegadas, medidas provisórias, decretos legislativos, resoluções), consideradas primárias por poderem inovar no ordenamento jurídico.

Os decretos vêm logo a seguir, simplesmente disciplinando como a lei será fielmente cumprida, pois encontram seu fundamento de validade exatamente na lei que imediatamente regulam, e não diretamente na Constituição.

Justamente por isso, o art. 99 do CTN assevera que o conteúdo e o alcance dos decretos restringem-se aos das leis em função das quais sejam expedidos. Afinal, se o decreto ultrapassar o conteúdo e o alcance da lei, será considerado ilegal.

Apesar de a EC 32/2001 ter dado nova redação ao inciso VI do art. 84 da CF/1988, permitindo a edição de decretos autônomos, nas restritas matérias ali enumeradas, **em se tratando de matéria especificamente tributária, a utilização do decreto autônomo continua vedada**, dada a dificuldade de se enquadrar Direito Tributário dentro das hipóteses constantes do citado dispositivo constitucional.

Assim, ainda são inteiramente aplicáveis aos decretos as restrições decorrentes da interpretação conjunta do art. 99 do CTN e do art. 84, IV, da CF.

Interessante destacar que, apesar de o decreto ser ato inequivocamente infraconstitucional e ser tratado pela doutrina como norma secundária, o CTN não o colocou entre as normas complementares, pois, além de afirmar que a expressão "legislação tributária" compreende as leis, os tratados e as convenções internacionais, os decretos e as normas complementares, ao enumerar estas, afirmou que complementam as leis, os tratados e convenções e os decretos (CTN, art. 100).

3.2.4 Normas complementares

O art. 100 do CTN enumera as normas complementares das leis, dos tratados e das convenções internacionais e dos decretos, conforme se passa a analisar.

3.2.4.1 Atos normativos expedidos pelas autoridades administrativas

Os atos normativos expedidos pelas autoridades administrativas são normas editadas pelos servidores da Administração Tributária e visam a detalhar a aplicação das normas que complementam.

A atividade administrativa tributária é exercida dentro do Poder Executivo, poder hierarquizado por excelência. Tomando, a título de exemplo, a esfera federal, seguindo uma das linhas hierárquicas, tem-se a seguinte sequência: Presidente da República → Ministro da Fazenda → Secretário da Receita Federal → Superintendente da Receita Federal na 4ª Região Fiscal → Delegado da Receita Federal em Recife → Chefe do Centro de Atendimento ao Contribuinte.

Para orientar a execução das atividades afetas à Administração Tributária federal, cada uma dessas autoridades possui competência para expedir atos gerais e abstratos (normativos). Tais atos também são hierarquicamente organizados, de forma que o posicionamento de determinada autoridade administrativa em determinado ponto da escala hierárquica da instituição terá como consectário posicionamento semelhante das normas editadas por esta autoridade, quando comparadas com as normas emanadas das demais autoridades da mesma esfera administrativa.

Assim, as disposições de um decreto editado pelo Presidente da República podem ser detalhadas, porém jamais contrariadas por uma Portaria expedida pelo Ministro da Fazenda. Da mesma forma, a portaria ministerial pode fundamentar a edição de uma Instrução Normativa pelo Secretário da Receita Federal, desde que esta Instrução Normativa não contrarie as regras constantes da Portaria, e assim por diante.

No final das contas, tudo acaba sendo visualizado na famosa pirâmide que representa graficamente a organização do ordenamento jurídico, no sentido de que cada norma jurídica encontra fundamento de validade em outra que lhe é superior e com a qual deve guardar estrita consonância, sob pena de nulidade.

Apesar de os atos normativos objeto de análise não revogarem a lei, sua observância, nos termos do parágrafo único do art. 100 do CTN, impede a exigência de qualquer acréscimo legal – sejam juros, correção monetária ou multas – ao valor pago pelo contribuinte a título de tributo (STJ, 2ª T., REsp 88.179/PR, Rel. Min. Ari Pargendler, j. 21.05.1998, *DJ* 31.08.1998, p. 55 – ver comentário no item 3.2.4.3).

3.2.4.2 Decisões dos órgãos coletivos e singulares de jurisdição administrativa a que a lei atribua eficácia normativa

A Constituição Federal prevê a aplicação dos princípios do **contraditório** e da **ampla defesa** tanto aos processos judiciais quanto aos administrativos.

Como consequência, é obrigatória para os entes administrativos a criação de um órgão administrativo ao qual os contribuintes e responsáveis possam direcionar suas impugnações quando entenderem ser indevida qualquer imposição da Administração Tributária.

A rigor, tais órgãos ditos "julgadores" não estão exercendo jurisdição em sentido estrito, tendo em vista o sistema da jurisdição una (sistema inglês) adotado pelo Brasil, segundo o qual ao Poder Judiciário compete a exclusividade de dirimir com caráter de definitividade (fazendo coisa julgada) os conflitos. De uma maneira mais precisa, pode-se afirmar que estes órgãos ditos "julgadores" realizam mero **controle de legalidade** dos atos praticados pela Administração Tributária.

No entanto, em mais uma de suas imprecisões terminológicas, o CTN qualificou tais repartições administrativas como "órgãos coletivos ou singulares de **jurisdição administrativa**".

Nos termos legais, os "órgãos julgadores" podem ser **coletivos** – quando compostos por **mais de um julgador**, como os Tribunais Administrativos Tributários existentes em alguns Estados e Municípios –, ou **singulares** – quando a atribuição de julgamento é conferida a **uma autoridade julgadora**.

A título de exemplo, na esfera federal, existem as Delegacias da Receita Federal de Julgamento – DRJ, que já foram órgãos singulares – quando então a competência para julgar era deferida com exclusividade ao *Delegado de Julgamento*. Hoje, as DRJ podem ser consideradas órgãos **coletivos**, visto que os julgamentos são realizados por **turmas** compostas por cinco Auditores-Fiscais da Receita Federal do Brasil.

Neste ponto, é fundamental ressaltar que a **regra** é que as decisões proferidas pelos ditos "órgãos de jurisdição administrativa" ***não* integram a legislação tributária**, pois versam sobre casos **concretos (não são abstratas)** objetos de impugnação por **determinado contribuinte ou responsável** (**não são gerais**). Assim, **as decisões proferidas só têm efeito para aquele contribuinte que interpôs a impugnação** (algo semelhante à eficácia *inter partes* das decisões em sede de controle difuso de constitucionalidade).

Não obstante, **é possível que o ente político** (União, Estado, Distrito Federal ou Município) **decida atribuir, por lei, eficácia normativa às decisões proferidas por seu órgão de "jurisdição administrativa"**. Nessa situação, a tese adotada na decisão passa a ser de observância obrigatória pela Administração Tributária nos casos futuros (algo semelhante à eficácia *erga omnes* e vinculante das decisões em sede de controle concentrado de constitucionalidade).

Conforme se ressaltou, a regra é que a lei não atribua eficácia normativa às decisões dos órgãos de jurisdição administrativa. O provável motivo do não uso da autorização dada pelo CTN seria o fato de as autoridades públicas considerarem perigosa a possibilidade de uma decisão de um órgão administrativo vir a impedir, por exemplo, a cobrança de um tributo em todos os casos futuros semelhantes a um único que tenha sido julgado.

3.2.4.3 Práticas reiteradamente observadas pelas autoridades administrativas

Conforme estudado, o princípio da legalidade é muito rígido em Direito Tributário. Uma das consequências dessa rigidez é a interpretação extremamente restritiva que se deve dar ao art. 100, III, do CTN. Ao falar em "práticas reiteradamente observadas pelas autoridades administrativas", o legislador abriu espaço, é verdade, para a utilização dos **usos e costumes** como **normas complementares** em matéria tributária.

Todavia, os usos e costumes aqui admitidos são aqueles **meramente interpretativos**, jamais podendo inovar em matérias sujeitas a reserva de lei ou, ainda com mais razão, derrogar disposições legais.

Não se pode admitir a revogação da lei pelos usos e costumes, alegando simplesmente que aquela "caiu em desuso"; aliás, a Lei de Introdução às normas do Direito Brasileiro afirma expressamente que, "não se destinando à vigência temporária, a lei terá vigor até que outra a modifique ou revogue" (art. 2º).

Assim, o principal objetivo da expressa inclusão das práticas administrativas entre as normas complementares em matéria tributária é garantir ao contribuinte que, seguindo a interpretação que o Fisco vem dando à norma, uma mudança de interpretação por parte da Administração só lhe será aplicada para os casos futuros. Se, no caso concreto, a interpretação abandonada resultou na falta de pagamento de tributo, o crédito será exigido **sem a aplicação de qualquer punição**.

No parágrafo único do art. 100, o legislador do CTN impediu, inclusive, a aplicação de correção monetária nesses casos, o que, reconheça-se, é um benefício até certo ponto exagerado, pois, a rigor, a atualização não pode ser compreendida como um acréscimo, mas sim como uma barreira à diminuição artificial do valor do tributo.

No âmbito do Superior Tribunal de Justiça, o entendimento é pacífico, conforme demonstra o seguinte excerto, constante da Ementa do REsp 98.703/SP:

> "Tributário. Práticas administrativas. Se o contribuinte recolheu o tributo à base de prática administrativa adotada pelo Fisco, eventuais diferenças devidas só podem ser exigidas sem juros de mora e sem atualização do valor monetário da respectiva base de cálculo (...) Recurso Especial conhecido e provido em parte" (STJ, 2.ª T., REsp 98.703/SP, Rel. Min. Ari Pargendler, j. 18.06.1998, *DJ* 03.08.1998, p. 179).

O caso concreto tratava de um contribuinte que prestava o serviço de conserto e reparação de pneus e, seguindo uma prática que o Município de Campinas/SP até então considerara correta, excluía da base de cálculo do ISS o valor dos materiais utilizados na prestação do serviço. O STJ entendeu possível a cobrança da **diferença**, porém **sem qualquer acréscimo**.

Na prática, o entendimento leva à **impossibilidade de imposição de quaisquer acréscimos legais** aos sujeitos passivos que, orientando-se por práticas administrativas reiteradas, praticaram atos que, em tese, configurariam descumprimento da legislação tributária. O fundamento é a isonomia. Se alguns não são punidos, todos os que praticaram os mesmos atos têm a garantia de não serem punidos.

Nos julgamento do REsp 142.280/SC, o STJ adotou expressamente a tese. No caso concreto, o Tribunal deparou-se com o argumento do contribuinte no sentido de "não poder o Fisco tratar desigualmente os contribuintes que se encontrem em idêntica situação, de modo a dispensar alguns dos encargos decorrentes do não recolhimento do imposto de renda incidente sobre a ajuda de custo, exigindo-os de outros". Na decisão, o STJ, dando razão ao contribuinte, assim se manifestou:

> "Se, em várias situações idênticas, a autoridade fazendária afastou os acréscimos legais do tributo, cobrando apenas o imposto de renda devido, o procedimento se caracteriza como prática reiterada na aplicação da legislação tributária, tornando legítima a pretensão do contribuinte" (STJ, 2.a T., REsp 142.280/SC, Rel. Min. Helio Mosimann, j. 23.03.1999, DJ 03.05.1999, p. 132).

Seguindo essa linha de raciocínio, no concurso para Delegado da Polícia Federal realizado em 2004 – certame nacional –, o CEBRASPE propôs a seguinte assertiva (**certa**): "Após reiteradas vezes e pelo período de quatro anos, a autoridade administrativa fiscal deixou de exigir os juros incidentes sobre o atraso de até dez dias no pagamento da taxa anual de alvará de funcionamento para o setor de distribuição de autopeças, apesar de não existir previsão legal. Nessa situação, os contribuintes na mesma condição têm direito à referida dispensa, em virtude de as práticas reiteradas observadas pela autoridade administrativa constituírem normas complementares da legislação tributária".

Em suma, o pagamento de **acréscimos legais** por parte do sujeito passivo que segue as práticas administrativas reiteradas (e demais normas complementares) é dispensado diretamente pelo parágrafo único do art. 100 do CTN. Contudo, não há expressa dispensa legal do pagamento de **tributo** eventualmente não quitado em virtude da obediência a uma prática reiterada, conforme ficou claro do entendimento do STJ anteriormente citado (REsp 98.703/SP). Apesar disso, há precedente da Segunda Turma do Tribunal no sentido de que a cobrança do tributo em tais hipóteses seria incompatível com a própria caracterização, pelo CTN, da prática como norma tributária, dado que esta "deve obedecer ao princípio da irretroatividade, vedando que a alteração dessas práticas possa atingir fatos já realizados na égide dessa norma complementar" (AREsp 1688160/RS).

No caso objeto do julgamento, detectou-se que a Administração Tributária costumeiramente excluía da base de cálculo do ICMS uma subvenção advinda da "Conta de Desenvolvimento Energético". Ao mudar seu entendimento, a Fazenda notificou o contribuinte e cobrou as diferenças de tributo de forma retroativa, realizando lançamentos suplementares de ICMS com base em **critérios jurídicos diferentes** do que adotava até então.

A situação é passível de enquadramento no que a doutrina denomina como revisão de lançamento com base em **erro de direito**, o que é **vedado pelo art. 146 do CTN**, o qual somente permite a cobrança de tributo com base em novos critérios jurídicos adotados pela autoridade administrativa no exercício do lançamento quanto a fato gerador ocorrido posteriormente à introdução da novidade. Tal dispositivo, que reforça o caráter normativo das práticas reiteradamente observadas pelas autoridades administrativas, é analisado no item 7.1.6 do Capítulo 07.

3.2.4.4 Convênios que entre si venham a celebrar a União, os Estados, o Distrito Federal e os Municípios

Os convênios são acordos de vontade firmados entre as pessoas políticas de direito público interno para a consecução de objetivos comuns.

Os convênios aqui previstos são aqueles que se destinam à mútua colaboração entre os entes tributantes para a administração dos seus respectivos tributos, dispondo, por exemplo, sobre permuta de informações sigilosas (CTN, art. 199), extraterritorialidade de legislação tributária (CTN, art. 102) ou regras de uniformização de procedimentos e entendimentos. Destacam-se, entre estas últimas hipóteses, os diversos convênios firmados entre os Estados e o Distrito Federal acerca da administração do ICMS.

No que concerne ao ICMS, alguns convênios têm previsão constitucional, sendo, portanto, **normas primárias**, de **hierarquia legal**, não podendo ser classificados como atos meramente "complementares". Seguem essa linha os convênios que autorizam a **concessão ou revogação de isenções e demais benefícios fiscais** (CF, art. 155, § 2º, XII, *g*), os que **fixam as alíquotas aplicáveis aos combustíveis e lubrificantes definidos em lei complementar como sujeitos à incidência do ICMS em etapa única** (CF, art. 155, § 4º, IV) **e os que fixam, entre outras, as regras destinadas à apuração e à destinação do ICMS incidente sobre esses mesmos combustíveis e lubrificantes** (CF, art. 155, § 5º).

Alguns autores, como Paulo de Barros Carvalho, defendem que, por se assemelharem aos tratados internacionais firmados pela República Federativa do Brasil, os convênios firmados pelos entes políticos internos deveriam passar por um procedimento de aprovação e incorporação semelhante, não gerando efeitos jurídicos enquanto não ratificados pelos respectivos parlamentos (Assembleias Legislativas nos Estados, Câmara Legislativa no Distrito Federal ou Câmara de Vereadores nos Municípios).

No âmbito do Supremo Tribunal Federal, a tese é pacificamente rejeitada, entendendo a Corte que se configura inconstitucional, por ser incompatível com o **princípio da separação de poderes**, a exigência de submissão dos convênios firmados pelo Poder Executivo à ratificação do Poder Legislativo. Nesse sentido, o julgamento da ADI 1.857/SC, de cuja ementa retirou-se o seguinte excerto:

> "Ação direta de inconstitucionalidade. Dispositivos da Constituição do Estado de Santa Catarina. Inconstitucionalidade de normas que subordinam convênios, ajustes, acordos, convenções e instrumentos congêneres firmados pelo Poder Executivo do Estado-membro, inclusive com a União, os outros Estados federados, o Distrito Federal e os Municípios, à apreciação e à aprovação da Assembleia Legislativa estadual" (STF, Tribunal Pleno, ADI 1.857/SC, Rel. Min. Moreira Alves, j. 05.02.2003, *DJ* 07.03.2003, p. 33).

3.3 VIGÊNCIA E APLICAÇÃO DA LEGISLAÇÃO TRIBUTÁRIA

3.3.1 Validade, vigência e eficácia – noções gerais

A Constituição Federal estipula as regras procedimentais para a produção das normas que integram o processo legislativo brasileiro.

Para a elaboração de uma lei, a título de exemplo, o legislador constituinte exige:

a) propositura por um dos órgãos legitimados (fase de iniciativa);
b) discussão e votação no Parlamento (deliberação parlamentar);
c) manifestação de aquiescência (sanção) ou discordância (veto) do Chefe do Poder Executivo (deliberação executiva);
d) no caso de veto, a deliberação e rejeição do veto pelo Parlamento.

Somente no terceiro ou quarto momentos (sanção ou derrubada de veto) é possível afirmar que o ordenamento jurídico foi inovado e que a lei existe (antes só era possível falar em projeto de lei).

Apesar do término do seu processo de formação, ainda faltam alguns detalhes para que a lei possa ser aplicada aos casos que o legislador infraconstitucional quis regular.

Adentra-se, neste ponto, numa nova fase do processo legislativo, a fase complementar.

Na fase complementar, o Presidente da República promulga a lei, atestando sua existência e a inovação da ordem jurídica, e determina a publicação.

A lei que completou todo o seu ciclo de formação presume-se **válida**. Tal presunção, no entanto, não é absoluta, podendo ser legitimamente afastada por meio da instauração de controle de constitucionalidade (difuso ou concentrado).

A **validade**, portanto, está presente quando **o processo de produção e formação da lei houver observado as diretrizes e os requisitos procedimentais previstos na Constituição Federal (aspecto formal)** e **seu conteúdo não agredir a Constituição Federal (aspecto material)**.

É com a publicação que nasce a presunção de que todos conhecem a lei, não sendo permitido a ninguém escusar-se de cumpri-la alegando desconhecimento (art. 3º da Lei de Introdução às normas do Direito Brasileiro – Decreto-lei 4.657/1942).

Para que a lei publicada efetivamente obrigue seus destinatários, é necessário que esteja **em vigor**.

O legislador tem certa discricionariedade para determinar o termo inicial da vigência de uma lei que elabora. Entretanto, por questões de segurança jurídica e pacificação social, a Lei Complementar 95/1998, que trata da elaboração, redação, alteração e consolidação das leis, estipula, em seu art. 8.º, que a vigência da lei será indicada de forma expressa e de modo a contemplar prazo razoável para que dela se tenha amplo conhecimento, reservada a cláusula "entra em vigor na data de sua publicação" para as leis de pequena repercussão.

Assim, nas leis de pequena repercussão ou, por motivos óbvios, naquelas consideradas urgentes, a vigência pode vir "colada" com a publicação, apondo-se, ao final da lei, cláusula nesse sentido.

Nas leis não urgentes, ou de maior repercussão, deve haver um "descolamento" entre a publicação e a vigência. Nesse caso, o período de tempo entre a publicação da lei e a sua entrada em vigor denomina-se *vacatio legis*.

A norma vigente tem, em regra, total aptidão para produzir, em maior ou menor grau, efeitos jurídicos, ao regular, desde logo, as situações, relações e comportamentos que o legislador quis disciplinar. Em outras palavras, **a regra é que a norma vigente seja eficaz**. Contudo, nem sempre isso acontece.

Em Direito Tributário, tem-se um exemplo bem claro disso. A Constituição Federal, definindo o princípio da anterioridade, proíbe aos entes federados cobrar tributos no mesmo exercício financeiro em que haja sido publicada a lei que os instituiu ou aumentou (CF, art. 150, III, *b*).

É fácil perceber que a regra **não** proíbe a **vigência** da lei que institui ou majora tributo no mesmo exercício de sua publicação, mas tão somente adia para o exercício subsequente a **produção de efeitos** dessa norma, ou seja, adia sua eficácia.

Não se trata, aqui, de *vacatio legis*, pois nesse caso o descolamento ocorre entre vigência e eficácia e não entre publicação e vigência.

O STF entende possível esse descolamento entre vigência e produção de efeitos. Assim, é extremamente comum no Brasil as leis tributárias serem encerradas com disposições que asseguram a entrada em vigor na data da publicação e a produção de efeitos financeiros apenas a partir do primeiro dia do exercício subsequente à publicação.

Existem casos ainda mais interessantes. A Lei 11.196/2005 ("Lei do Bem"), por exemplo, possui uma cláusula de vigência (data da publicação) e 8 (oito) cláusulas de produção de efeitos (eficácia). Parte dos dispositivos convalida os efeitos produzidos desde a data da publicação da medida provisória que resultou na aprovação da Lei; parte produziu efeitos a partir do primeiro dia do quarto mês subsequente ao da publicação (obediência à noventena); parte produziu efeitos a partir do primeiro dia do ano subsequente ao da publicação (obediência exclusiva à anterioridade, caso do Imposto de Renda); parte produziu efeitos a partir da regulamentação; parte na data da publicação, entre outras regras.

São casos de vigência imediata com eficácia diferida por motivos diversos, mas que, em conjunto, mostram a diferenciação entre os conceitos.

Percebe-se, portanto, que a lei pode estar em vigor sem estar plenamente apta a produzir efeitos (vigente, porém não eficaz), mas jamais poderá produzir efeitos jurídicos sem estar em vigor. É condição de eficácia da lei sua vigência, e não o contrário.

No caso da Lei 11.196/2005, parte da norma tinha uma cláusula de produção de efeitos referida a data passada. Todavia, neste caso, quem estava produzindo efeitos era a medida provisória que resultou na lei e não, por óbvio, a própria lei, que inexistia no mundo jurídico.

Em resumo e de maneira simplificada, pode-se trabalhar com as seguintes definições:

a) **Válida**, sob o ponto de vista técnico-jurídico, é a lei constitucional (formal e materialmente).

b) **Vigente** é a lei que terminou seu ciclo de produção, foi publicada, existe juridicamente, e já atingiu o termo porventura determinado pelo legislador para possuir força de atingir seus objetivos finais, apesar de ser possível a existência de algum outro requisito para a efetiva produção de efeitos. Para estar vigente, também é necessário que a lei não tenha sido revogada.

c) **Eficaz** é a lei que está completamente apta a gerar imediatamente os efeitos jurídicos pretendidos pelo legislador. Para ser considerada eficaz, é necessário também que a lei não tenha sido declarada inconstitucional pelo STF em sede de controle concentrado, ou suspensa pelo Senado Federal, após declaração de inconstitucionalidade pelo STF em sede de controle difuso.

Apesar de a análise deste tópico ter-se referido à lei, o mesmo raciocínio é aplicável, com as devidas adaptações, aos demais atos normativos.

Para o objetivo do curso, não se pode deixar de ressaltar que existe controvérsia doutrinária acerca dos conceitos ora estudados. O ciclo vital da lei foi aqui explanado da maneira mais simples e próxima da doutrina majoritária possível.

No concurso para AFRF da área Tecnologia da Informação, realizado em 2005 pela saudosa ESAF, propôs-se ao candidato uma assertiva que, de tão controversa, foi considerada **errada**; depois o gabarito foi alterado para **certo** e, completando a sucessão de equívocos que marcaram a divulgação dos resultados, finalmente foi **anulada**. Transcreve-se o item: "Em face do princípio da legalidade, uma lei pode estar vigente e eficaz, mas só se pode aplicá-la aos fatos geradores que ocorrerem no exercício seguinte ao da sua publicação".

Em primeiro lugar, o item possui um erro indiscutível, pois a questão relativa à produção de efeitos no exercício subsequente decorre do princípio da anterioridade, e não da legalidade.

Em segundo lugar, conforme analisado aqui, não faz muito sentido imaginar que a lei pode estar vigente e **eficaz**, mas só se podendo aplicá-la aos fatos geradores que ocorrerem no exercício seguinte ao da sua publicação, visto que a eficácia é exatamente a aptidão para produção de efeitos imediatos.

3.3.2 Vigência da legislação tributária no CTN

As regras sobre vigência das normas se encontram na denominada Lei de Introdução às normas do Direito Brasileiro (Decreto-lei 4.657/1942). A atual denominação do diploma foi dada pela Lei 12.376/2010 em resposta à crítica doutrinária à anterior nomenclatura (Lei de Introdução ao Código Civil), uma vez que se trata de verdadeira norma geral de introdução ao Direito, tendo sido colocada, inicialmente, como Introdução ao Código Civil, porque este disciplina as matérias mais próximas do dia a dia das pessoas, como as relativas a obrigações, família, propriedade etc.

A LINDB é, portanto, plenamente aplicável ao Direito Tributário, salvo a existência de disposição legal específica deste ramo do Direito, uma vez que um dos critérios para a solução do conflito aparente entre normas é justamente o da especialidade, sendo conhecido o brocardo que afirma que a lei especial derroga a lei geral (*lex specialis derogat legi generali*), um verdadeiro princípio da hermenêutica jurídica (ciência da interpretação jurídica).

Assim, nos pontos em que houver norma especial tributária disciplinando determinado tema, também disciplinado pela LINDB, será aplicada a norma tributária, em face da especialidade.

O entendimento, tranquilo em seara doutrinária, consta de disposição expressa do art. 101 do CTN, conforme abaixo transcrito:

> "Art. 101. A vigência, no espaço e no tempo, da legislação tributária rege-se pelas disposições legais aplicáveis às normas jurídicas em geral, ressalvado o previsto neste Capítulo".

Como se vê, além de expressamente acolher o princípio da especialidade como mecanismo de solução dos conflitos aparentes de normas, o CTN trata da vigência da legislação tributária em dois âmbitos, o espacial e o temporal.

3.3.2.1 Vigência espacial

O estudo da vigência espacial da legislação tributária tem por objetivo revelar qual o âmbito territorial em que cada norma integrante da legislação tributária vigora, sendo de observância obrigatória.

A regra fundamental aqui é a da **territorialidade**. Tal regra é bastante simples de se entender. Cada ente federado possui um território claramente demarcado. As normas expedidas por um ente só têm vigência dentro do seu respectivo território, não sendo aplicáveis aos fatos ocorridos nos territórios dos demais entes.

Assim, as normas expedidas pela União têm vigência e aplicação em todo o território nacional. As normas editadas pelo Estado do Espírito Santo têm vigência e aplicação tão somente nesse Estado, não sendo aplicáveis, por exemplo, no Estado de Minas Gerais. Já as normas editadas pelo Município de Ilhéus/BA têm vigência e aplicação dentro do território de Ilhéus, não incidindo sobre fatos ocorridos no território de Itabuna/BA.

A territorialidade é regra que comporta as exceções expressamente previstas pelo art. 102 do CTN, conforme abaixo transcrito:

> "Art. 102. A legislação tributária dos Estados, do Distrito Federal e dos Municípios vigora, no País, fora dos respectivos territórios, nos limites em que lhe reconheçam extraterritorialidade os convênios de que participem, ou do que disponham esta ou outras leis de normas gerais expedidas pela União".

O dispositivo enuncia a regra (territorialidade) por intermédio da enumeração das exceções (casos de extraterritorialidade), deixando para o aplicador da norma a função de, na interpretação *a contrario sensu*, vislumbrar a correlação regra/exceções.

Nos casos de exceção, portanto, a norma tributária terá vigência fora do território da entidade que a expedir, o que, numa primeira análise, pode parecer entrar em conflito com o princípio federativo, conforme se passa a explicar.

A principal característica de um Estado Federal, como é o caso brasileiro, é a autonomia política, financeira e administrativa constitucionalmente conferida aos entes federados.

É no exercício da autonomia política que cada ente edita suas próprias leis dentro das competências legislativas que a Constituição Federal lhe reservou.

Parece estranho que, em alguma circunstância, determinado ente político expeça uma norma que passe a gerar efeitos sobre fatos ocorridos no território de outro ente, sem que haja concordância deste, o que poderia ser considerado, nesse sentido, agressivo ao pacto federativo.

Deve-se evitar, portanto, que a atividade legislativa de um membro da Federação interfira na dos demais, prejudicando a harmonia desejada pelo legislador constituinte.

O Código Tributário Nacional prevê, no transcrito art. 102, duas hipóteses de vigência extraterritorial da legislação tributária, que passam a ser analisadas sob a ótica acima descrita.

3.3.2.1.1 A extraterritorialidade prevista em convênio de cooperação

Segundo o art. 102 do CTN, a extraterritorialidade é admitida **nos limites em que reconhecida nos convênios de que participem os Municípios, os Estados e o Distrito Federal**.

Nesse caso, não parece haver qualquer arranhão ao princípio federativo, uma vez que, para que uma norma editada por um determinado ente federado tenha vigência no território de outro, é necessária a **expressa aquiescência** deste, manifestada mediante convênio. Em outras palavras, preservada a autonomia para adesão ou retirada do pacto, a autonomia dos entes conveniados é totalmente garantida.

Pode-se imaginar, a título de exemplo, um convênio firmado entre Municípios integrantes da região metropolitana do São Paulo prevendo a fiscalização conjunta do ISS devido pelos prestadores de serviço a cada um desses Municípios.

Para possibilitar a atuação conjunta, os Municípios poderiam prever que os procedimentos de fiscalização seriam aqueles estipulados na legislação do Município do São Paulo. Nessa situação, uma lei editada por um ente federado teria vigência também no território de outro ente (Guarulhos, por exemplo).

3.3.2.1.2 A extraterritorialidade prevista em norma geral nacional

Segundo o CTN, haverá também extraterritorialidade **nos limites do que disponham o próprio Código ou outras normas gerais expedidas pela União**.

Assim, como as normas gerais em matéria tributária devem necessariamente estar disciplinadas em **lei complementar nacional** elaborada pela União (CF, art. 146, III), tem-se a esdrúxula autorização para que o Congresso Nacional, atuando como parlamento da Federação, estipule casos em que a norma expedida por um ente federado terá vigência também no território de outros.

As leis que estipulem tais casos devem se ater a situações em que a extraterritorialidade se imponha como única solução viável para determinado problema, sob pena de inconstitucionalidade, por agressão ao pacto federativo, que tem como sustentáculo a autonomia – inclusive legislativa – dos entes que compõem a Federação.

Um exemplo em que a existência de um problema legitima a extraterritorialidade prevista em lei de caráter nacional é a criação de novo ente político, mediante o desmembramento territorial de outro.

Nessa situação, o novo ente precisa instalar um parlamento, elaborar sua própria legislação tributária, instituindo seus tributos com obediência às regras da anterioridade, da noventena e da irretroatividade.

O problema salta aos olhos: num dos momentos em que um ente mais precisa de recursos (inclusive para criar seu parlamento), a cobrança de tributos estaria absolutamente impedida.

A solução necessária, eficaz e razoável é a prevista no art. 120 do CTN, qual seja a pessoa política constituída pelo desmembramento territorial de outra aplica a legislação desta até a entrada em vigor da sua (salvo disposição legal em contrário).

O dispositivo está em plena consonância com o art. 102, visto que o CTN, editado pela União como norma geral em matéria tributária, foi, justamente por isso, recepcionado com o *status* de lei complementar.

3.3.2.2 Vigência temporal

Conforme estudado, após a publicação da lei, segue-se sua **vigência**, o que pode se verificar de imediato ou após um lapso temporal previsto no próprio texto legal (*vacatio legis*).

Também já foi dito que o art. 8º da Lei Complementar 95/1998 determina que a data de vigência da lei seja indicada de forma expressa no próprio texto legal.

Entretanto, no caso de ausência de disposição expressa no texto da lei porventura editada, o ordenamento jurídico ainda prevê uma solução subsidiária, constante no art. 1º da Lei de Introdução às normas do Direito Brasileiro, nos termos abaixo transcritos:

> "Art. 1.º Salvo disposição contrária, a lei começa a vigorar em todo o país quarenta e cinco dias depois de oficialmente publicada.
>
> § 1.º Nos Estados estrangeiros, a obrigatoriedade da lei brasileira, quando admitida, se inicia três meses depois de oficialmente publicada".

A regra é plenamente aplicável em matéria de legislação tributária, ressalvadas as regras específicas de vigência relativas a esse ramo do Direito, previstas no CTN, conforme se extrai do art. 101 do próprio Código.

Dessa forma, publicada uma lei tributária, a vigência se dará de acordo com a cláusula própria que deve constar do próprio texto legal. **No caso de inexistência de disposição expressa, deve-se observar o prazo de quarenta e cinco dias após a data de publicação** (*vacatio legis*) para o início da vigência.

No caso de aplicação de lei brasileira em território estrangeiro (caso admitida via tratado, por exemplo), **a vigência dar-se-ia no prazo de três meses**.

Há de se ressaltar, entretanto, que o Código Tributário Nacional possui regras diferenciadas de vigência para as normas complementares previstas no seu art. 100 (salvo no que concerne aos costumes que estarão em vigor tão logo se configurem como tal).

Com base na regra da especialidade, portanto, são as seguintes as regras de vigência das normas complementares (CTN, art. 103):

a) Os **atos normativos** expedidos pelas autoridades administrativas entram em vigor, salvo disposição em contrário, na **data de sua publicação**.

Tais atos (Portarias, Instruções Normativas, Atos Declaratórios Normativos) também devem conter cláusula expressa de vigência, caso em que se observará o prazo previsto.

Entretanto, na ausência de disposição expressa (daí o "salvo disposição em contrário"), a vigência virá colada com a publicação, não ocorrendo o fenômeno da *vacatio legis*.

b) As **decisões dos órgãos singulares ou coletivos de jurisdição administrativa**, a que a lei atribuir eficácia normativa, entram em vigor, salvo disposição em contrário, **30 dias após a data de sua publicação**.

Conforme estudado no item 3.2.4.2, quando a lei atribui eficácia normativa aos impropriamente chamados "órgãos de jurisdição administrativa", as decisões por estes proferidas passam a ter **duplo efeito**.

O **primeiro efeito atinge apenas a pessoa que é "parte" no processo**, o sujeito passivo que impugnou o ato da Administração Tributária. **O segundo decorre da eficácia normativa conferida por lei, de forma que a tese adotada na decisão passa a integrar a legislação tributária, vinculando os servidores da respectiva Administração Fazendária**.

Dessa forma, se a decisão final de órgão julgador estadual declara improcedente lançamento feito contra contribuinte "X", entendendo que não incide ICMS no deslocamento de mercadoria feito entre filiais da mesma empresa, imediatamente a decisão beneficia o contribuinte "X", que deixa de ser devedor. Se a legislação desse mesmo Estado atribuiu eficácia normativa às decisões finais do proposto órgão julgador, após o prazo estabelecido na lei, a decisão passará a possuir efeito normativo, "entrando em vigor".

Perceba-se que cabe à lei que trata do processo administrativo fiscal do ente federado estabelecer o prazo após o qual a decisão entrará em vigor. Na ausência de disposição expressa, a vigência se dará 30 dias após a data de sua publicação.

c) Os **convênios** que entre si celebrarem a União, os Estados, o Distrito Federal e os Municípios, entrarão em vigor, salvo disposição em contrário, **na data neles prevista**.

Aqui residem mais algumas imperfeições do Código Tributário Nacional.

Em primeiro lugar, é absolutamente desnecessária uma regra que diga que uma norma jurídica entra em vigor na data nela prevista, visto que isso é o óbvio, o corriqueiro, o usual. As regras sobre vigência previstas no CTN deveriam ser apenas subsidiárias, aplicando-se, como nos casos anteriores, salvo disposição em contrário.

Neste ponto, o CTN perdeu a preciosa oportunidade de ditar a regra aplicável aos convênios que não preveem, em seus textos, a data da vigência, situação que ficou sem solução normativa expressa.

Entende parte da doutrina que, em tal situação, o convênio simplesmente não entraria em vigor, o que, admita-se, não é uma solução razoável.

Parece que a solução mais apropriada é seguir o art. 101 do CTN, que deixa claro que, na ausência de disposição específica, devem ser seguidas as disposições legais aplicáveis às normas jurídicas em geral. **Nessa linha, se o convênio não possui cláusula de vigência, deve ser seguido o art. 1º da LINDB, que estipula um prazo de 45 dias de *vacatio legis*.**

Em prova de concurso público, a matéria não tem gerado problemas, pois as bancas têm-se limitado a transcrever as disposições do Código, que, em síntese, são resumidas no quadro abaixo:

Início da vigência no tempo		
	Atos normativos administrativos	Na data da sua publicação, salvo disposição em contrário
	Decisões de jurisdição administrativa, caso se atribua eficácia normativa	30 dias após a data da sua publicação, salvo disposição em contrário
	Convênios	Na data neles prevista; se não houver previsão, 45 dias após a publicação oficial (LINDB, art. 1º)

3.3.2.3 O art. 104 do CTN e o princípio da anterioridade

Conforme estudado, o princípio da anterioridade impede, ressalvadas as exceções expressas, que se cobrem tributos no mesmo exercício financeiro em que haja sido publicada a lei que os instituiu ou aumentou. Trata-se, claramente, de uma regra relativa à produção de efeitos, não disciplinando a vigência das leis que criam ou majoram tributos.

O art. 104 do Código Tributário Nacional, entretanto, traz regras semelhantes, todavia expressamente referenciadas à vigência. Por oportuno, transcreve-se o dispositivo:

> "Art. 104. Entram em vigor no primeiro dia do exercício seguinte àquele em que ocorra a sua publicação os dispositivos de lei, referentes a impostos sobre o patrimônio ou a renda:
>
> I – que instituem ou majoram tais impostos;
>
> II – que definem novas hipóteses de incidência;
>
> III – que extinguem ou reduzem isenções, salvo se a lei dispuser de maneira mais favorável ao contribuinte, e observado o disposto no art. 178".

Para alguns, o CTN estaria disciplinando, de maneira atécnica, o instituto da anterioridade, devendo-se, hoje em dia, entender que a regra seria interpretada não mais como se referindo à vigência, mas à produção de efeitos (eficácia). A consequência dessa linha interpretativa seria o reconhecimento da absoluta inutilidade dos incisos I e II, ambos constituindo meras repetições imprecisas de uma regra constitucional (CF, art. 150, III, *b*).

Para outros, o dispositivo traz uma nova garantia, diferente da anterioridade, desta feita referente à vigência. O fundamento dessa doutrina seria o fato de o *caput* do art. 150 da Constituição Federal afirmar expressamente que as garantias ali expressas existem sem prejuízo de outras.

Esta segunda tese não tem sido acatada na jurisprudência, pois há muito se tem afirmado que não há impedimento constitucional para que uma lei que institui ou majora tributo tenha vigência imediata, desde que a produção de efeitos seja diferida para o exercício subsequente.

O melhor entendimento, contudo, é o que afirma que os incisos I e II do dispositivo transcrito não foram recepcionados pela Constituição Federal de 1988.

Quanto ao inciso III, referente à revogação de isenções, aconselha-se a leitura atenta da explanação constante do item 2.7.2.2 do Capítulo 2, em que é estudada a evolução do entendimento do STF acerca da aplicação dos princípios da anterioridade e da noventena à extinção ou supressão de incentivos e benefícios fiscais.

Relembre-se, por oportuno, que se a lei **concede** isenção, pode entrar em vigor imediatamente, pois trará uma **surpresa positiva** para o contribuinte.

3.3.3 Aplicação da legislação tributária

A legislação tributária é composta por um conjunto de normas gerais e abstratas que versam sobre tributos e relações jurídicas a eles pertinentes.

São normas gerais porque não têm destinatários específicos e determinados, sendo aplicáveis a todas as pessoas que porventura se ponham nas situações previstas. São normas abstratas porque não versam sobre situações concretas, mas apenas sobre hipóteses que, se verificadas no mundo concreto, gerarão as consequências previstas na própria norma.

Aplicar a legislação tributária é concretizar no mundo fático a vontade que o legislador manifestou em abstrato na norma, dando aos fatos que se subsumirem à legislação tributária as consequências por ela previstas.

3.3.3.1 Princípio da irretroatividade no CTN

A primeira regra que o CTN prevê acerca da aplicação da legislação tributária é mera reafirmação do princípio da irretroatividade, conforme transcrito abaixo:

> "Art. 105. A legislação tributária aplica-se imediatamente aos fatos geradores futuros e aos pendentes, assim entendidos aqueles cuja ocorrência tenha tido início mas não esteja completa nos termos do art. 116".

Apesar da surreal previsão de que algo se aplica imediatamente ao futuro, percebe-se, claramente, que o objetivo do dispositivo é afirmar que a regra é a impossibilidade de aplicação da legislação tributária para o passado.

Na realidade, a legislação tributária se aplica aos fatos **futuros** – quando estes vierem a se verificar – e aos **pendentes**, assim denominados pelo CTN os fatos cuja ocorrência tenha-se iniciado, mas não concluído.

Para entender melhor a definição, é relevante relembrar a classificação que parte da doutrina dá aos fatos geradores dos tributos, dividindo-os em **instantâneos** e **periódicos** (classificação já detalhada no item 2.7.1 do Capítulo 2).

Seguindo essa linha, pode-se dizer que são instantâneos os fatos geradores que ocorrem em determinado momento no tempo, fazendo nascer obrigação tributária autônoma a cada oportunidade em que verificados no mundo dos fatos.

A título de exemplo, poder-se-ia citar o fato gerador do imposto de importação, verificado a cada entrada de mercadoria estrangeira no território nacional.

Ao contrário, seriam periódicos aqueles fatos geradores definidos com base em situações que se protraem no tempo, que se completam num período de formação legalmente determinado.

Um exemplo seria o fato gerador do imposto de renda, composto por um conjunto de eventos que devem ser globalmente considerados, dentro de um período de tempo determinado (exercício financeiro), para que se tenha por surgida a obrigação tributária respectiva. Neste caso, como o fato gerador é composto de diversos eventos, ele pode ser denominado de "periódico composto", ou simplesmente de "complexivo".

Também são considerados periódicos todos os fatos geradores dos tributos definidos com base na propriedade de bens (IPTU, ITR e IPVA), visto que a propriedade não é uma situação que se exaure a cada fato isolado, mas se protrai no tempo, sendo necessário que a lei tributária defina, com precisão, o momento em que se tem por verificado o fato gerador respectivo. Nessa situação, como o fato gerador refere-se a evento único, ele pode ser denominado de "periódico simples".

Assim, como o fato gerador do IPTU é periódico, e tem-se por verificado a cada dia 1º de janeiro, durante o exercício financeiro (coincidente com o ano civil), o fato gerador do tributo poderia ser considerado pendente, podendo ser-lhe aplicadas, sem prejuízo do princípio da irretroatividade, as alterações da respectiva legislação, desde que obedecidas as demais limitações constitucionais ao poder de tributar (anterioridade e noventena).

Há de se ressaltar, entretanto, que atualmente a tendência é entender que todos os fatos geradores são instantâneos, uma vez que, mesmo naqueles que parte da doutrina denomina periódicos, a lei estabelece, com precisão, o instante em que o ciclo se completa, considerando-se ocorrido o fato gerador.

Seguindo essa linha, durante todo o exercício financeiro, os fatos geradores do IR, do IPTU, do IPVA e do ITR poderiam ser considerados futuros. Quando atingido o momento em que a lei entende por encerrado o ciclo, a lei tributária incidiria e, a partir daí, os fatos seriam considerados pretéritos e protegidos contra a incidência das inovações legislativas.

Percebe-se, portanto, que hoje em dia a discussão sobre a existência dos chamados fatos geradores periódicos tem importância meramente acadêmica, visto que, na prática, a adoção de quaisquer das correntes doutrinárias aparentemente contraditórias chegará exatamente à mesma conclusão.

Dessa forma, para quem admite a existência dos fatos geradores periódicos, durante o exercício financeiro de 2020, o fato gerador do IPTU/2020 é **pendente**. Para quem considera que todo fato gerador é instantâneo, o fato gerador do mesmo IPTU/2020 é **futuro**. Em ambos os casos, é possível a aplicação de legislação tributária modificada em 2020.

Entretanto, é relevante destacar que o Superior Tribunal de Justiça expressamente admite a existência dos fatos geradores periódicos, conforme demonstra o seguinte excerto, retirado do Acórdão proferido no Recurso Especial 377.099/RS:

> "A cobrança do Imposto de Renda mês a mês, pelo sistema de bases correntes, não descaracteriza a complexidade do fato gerador, findo em 31 de dezembro de cada ano" (STJ, 2.ª T., REsp 37.7099/RS, Rel. Min. Eliana Calmon, j. 03.04.2003, *DJ* 12.05.2003, p. 264).

Em síntese, a questão da produção de efeitos da nova lei tributária material pode ser assim resumida:

Aplicação da legislação tributária	Fatos geradores não consumados	Imediata
	Fatos geradores pendentes	Imediata
	Fatos geradores consumados	Não se aplica

3.3.3.2 Exceções legais ao princípio da irretroatividade

Neste ponto, é fundamental entender que **o princípio da irretroatividade, conforme definido no art. 150, III, *a*, da CF/1988, *não possui qualquer exceção***. Não há, portanto, nenhuma hipótese em que se possa cobrar tributo em relação a fatos geradores ocorridos antes do início da vigência da lei que os houver instituído ou aumentado.

No que se refere ao princípio da irretroatividade disciplinado no **CTN**, a abrangência é mais ampla, o que dá ensejo ao surgimento de exceções.

A maior amplitude ocorre porque o Código trata da irretroatividade de toda a legislação tributária e não apenas da lei que institua ou majore tributos. Já as exceções terão vez em situações bem específicas, não relacionadas à majoração ou instituição de tributo.

3.3.3.2.1 Lei expressamente interpretativa

A primeira exceção refere-se à lei expressamente interpretativa, excluída a aplicação de penalidade à infração dos dispositivos interpretados.

Os estudiosos da hermenêutica jurídica classificam a interpretação quanto à fonte em: a) **administrativa**, feita pelas autoridades administrativas na aplicação da norma aos casos concretos; b) **doutrinária**, feita pelos estudiosos do Direito; c) **jurisprudencial**, adotada reiteradamente pelos órgãos judiciários, nos processos que lhe são submetidos; e d) **autêntica**, emanada do mesmo órgão responsável pela elaboração da norma interpretada.

É exatamente no âmbito da interpretação autêntica que surgem as leis expressamente interpretativas, definidas como aquelas que interpretam institutos previstos na mesma ou em outras leis.

Quando o dispositivo interpretado faz parte da própria lei que o interpreta, não se configura a retroatividade, pois tanto o dispositivo quanto sua interpretação constam da mesma lei, com vigência em data única.

A título de exemplo, pode-se citar o art. 32 do CTN, que define como sujeitos ao IPTU os imóveis localizados na zona urbana do Município, e o parágrafo único do mesmo dispositivo, que esclarece o que deve ser considerado como zona urbana para efeito de incidência do imposto (norma expressamente interpretativa).

Situação diferente ocorre quando são editadas uma "Lei 01", numa determinada data, e, posteriormente, uma "Lei 02", com disposições que interpretam a "Lei 01". Nesse caso, a "Lei 02" não revoga a "Lei 01", mas tão somente aclara seu conteúdo.

Para quem admite a existência de leis interpretativas, estas, a rigor, não trazem inovações, de forma que é possível que a "Lei 02" retroaja à data da "Lei 01".

Alguns autores negam a existência de leis interpretativas, alegando que ao legislativo não é dado interpretar outras leis, e que ou a lei inova no ordenamento jurídico (e não será interpretativa), ou apenas repete o que se afirma em lei anterior (e será inútil).

Apesar da discussão, o Supremo Tribunal Federal expressamente admite a existência das leis interpretativas, como demonstra o seguinte excerto, retirado do acórdão proferido na ADI 605/DF:

> "É plausível, em face do ordenamento constitucional brasileiro, o reconhecimento da admissibilidade das leis interpretativas, que configuram instrumento juridicamente idôneo de veiculação da denominada interpretação autêntica. As leis interpretativas – desde que reconhecida a sua existência em nosso sistema de direito positivo – não traduzem usurpação das atribuições institucionais do judiciário e, em consequência, não ofendem o postulado fundamental da divisão funcional do poder – mesmo as leis interpretativas expõem-se ao exame e à interpretação dos juízes e tribunais. Não se revelam, assim, espécies normativas imunes ao controle jurisdicional" (STF, Tribunal Pleno, ADI 605-MC/DF, Rel. Min. Celso de Mello, j. 23.10.1991, *DJ* 05.03.1993, p. 2.897).

Há de se ressaltar que se a lei que se afirma interpretativa trouxer **efetivas modificações de institutos jurídicos**, ela terá caráter **normativo** e **não interpretativo**, sendo **impedida de retroagir**.

Um claro exemplo desta situação ocorreu com o advento da Lei Complementar 118/2005, que foi editada a pretexto de adaptar o Código Tributário Nacional às novidades trazidas pela Lei 11.101/2005 (Lei de Falências). Todavia, o Congresso Nacional aproveitou o ensejo para promover algumas mudanças que, a rigor, não possuíam qualquer correlação com as novas regras sobre falências e recuperação judicial.

Dentre as mudanças realizadas, uma chamou bastante atenção. O Código Tributário Nacional, em seu art. 168, prevê que o direito de pleitear restituição de tributos extingue-se com o decurso do prazo de 5 (cinco) anos, contados da **data da extinção do crédito tributário**.

O Superior Tribunal de Justiça, interpretando o dispositivo, firmou jurisprudência no sentido de que a data da extinção do crédito seria a data do **pagamento**, nos casos de lançamento de ofício ou por declaração, e a data da **homologação**, nos lançamentos por homologação (as modalidades de lançamento serão estudadas no item 7.2 do Capítulo 7).

Na prática, o efeito era fazer com que, nos casos de lançamento por homologação, sendo esta tácita, como ocorre na maioria dos casos, o prazo para o pedido de restituição fosse de **dez anos**, pois antes da homologação o pedido já poderia ser feito, apesar de a contagem do prazo de cinco anos não se ter iniciado (**teoria dos cinco mais cinco**).

A matéria já estava pacificada quando veio ao mundo a LC 118/2005, afirmando, em seu art. 3º, que, para efeito de **interpretação** do CTN, a **extinção do crédito tributário** ocorre, no caso de tributo sujeito a lançamento por **homologação**, no momento do **pagamento** antecipado de que trata o § 1º do art. 150 da referida Lei.

O objetivo da Lei era bem claro: reduzir o prazo para pedido de restituição de **dez** para **cinco** anos. Tratava-se de um desrespeitoso atropelo à jurisprudência do STJ. Mas a agressão ainda não estava completa. Na cláusula de vigência da LC 118/2005, estava escrito:

> "Art. 4.º Esta Lei entra em vigor 120 (cento e vinte) dias após sua publicação, observado, quanto ao art. 3.º, o disposto no art. 106, inciso I, da Lei 5.172, de 25 de outubro de 1966 – Código Tributário Nacional".

Conforme se está a estudar, o citado art. 106, I, do CTN estatui que "a lei aplica-se a ato ou fato pretérito em qualquer caso, quando seja expressamente interpretativa, excluída a aplicação de penalidade à infração dos dispositivos interpretados".

Assim, toda a LC 118/2005 entraria em vigor 120 dias após a sua publicação. Não obstante, a nova "interpretação" dada ao art. 168 do CTN poderia ser aplicada aos atos e fatos pretéritos. Consequência pretendida: todos os pedidos de restituições pendentes estariam sujeitos ao novo prazo, de forma que os pedidos formulados há mais de cinco anos da data da ocorrência do fato gerador seriam denegados.

A resposta do STJ, contudo, não demorou muito. A Corte entendeu que o alcance que o legislador complementar quis dar à novidade agredia:

a) a **separação dos poderes** (pois o Legislativo tentava infirmar **retroativamente** posicionamentos do Judiciário) e (o que é fundamental neste ponto do curso);
b) a garantia do **direito adquirido**, do **ato jurídico perfeito** e da **coisa julgada** (pela tentativa de conferir à "interpretação" uma retroatividade ilimitada, tendo por termo inicial a data da edição do CTN).

A palavra "interpretação" apareceu no Acórdão do Tribunal assim, entre aspas, aquelas aspas da desconfiança, usadas para avisar ao leitor mais incauto que a palavra "adornada" não deve ser tomada no sentido literal.

Apesar de proibir a retroatividade, o STJ entendeu que a mudança do prazo para pedido de restituição era válida. Aliás, não poderia ser de outra forma, afinal, como o CTN tem força de lei complementar, respeitada a Constituição Federal, alterações realizadas via nova lei complementar são plenamente válidas (EREsp 327.043/DF).

Colocando a coisa noutros termos, **a lei não tinha caráter interpretativo, mas sim normativo**. Inovava trazendo uma **alteração material**, uma **modificação** e, portanto, **só poderia ser aplicada a partir de sua vigência**.

Registre-se que, na sessão realizada no dia 15 de maio de 2007, o Supremo Tribunal Federal deu provimento parcial a Recurso Extraordinário interposto pela União contra a decisão ora comentada. O motivo foi meramente formal, qual seja, o fato de a decisão do STJ não ter sido proferida pelo Órgão Especial do Tribunal, mas sim por sua Primeira Seção, o que configura descumprimento da regra da reserva de plenário estatuída pelo art. 97 da Constituição Federal (RE 544.246/SE – noticiado no Informativo 467 do STF, de 23.05.2007).

Conforme se previa na primeira edição desta obra, a Primeira Seção do STJ, cumprindo a decisão do STF, determinou o processamento de incidente de inconstitucionalidade e o Órgão Especial da Corte proferiu novo acórdão adotando **exatamente o mesmo entendimento do primeiro julgado**. Pela relevância da matéria, transcreve-se o trecho mais importante da respectiva ementa:

> "CONSTITUCIONAL. TRIBUTÁRIO. LEI INTERPRETATIVA. PRAZO DE PRESCRIÇÃO PARA A REPETIÇÃO DE INDÉBITO, NOS TRIBUTOS SUJEITOS A LANÇAMENTO POR HOMOLOGAÇÃO. LC 118/2005: NATUREZA MODIFICATIVA (E NÃO SIMPLESMENTE INTERPRETATIVA) DO SEU ARTIGO 3.º. INCONSTITUCIONALIDADE DO SEU ART. 4.º, NA PARTE QUE DETERMINA A APLICAÇÃO RETROATIVA.
>
> (...)

> 3. O art. 3.º da LC 118/2005, a pretexto de interpretar esses mesmos enunciados, conferiu-lhes, na verdade, um sentido e um alcance diferente daquele dado pelo Judiciário. Ainda que defensável a 'interpretação' dada, não há como negar que a Lei inovou no plano normativo, pois retirou das disposições interpretadas um dos seus sentidos possíveis, justamente aquele tido como correto pelo STJ, intérprete e guardião da legislação federal.
>
> 4. Assim, tratando-se de preceito normativo modificativo, e não simplesmente interpretativo, o art. 3.º da LC 118/2005 só pode ter eficácia prospectiva, incidindo apenas sobre situações que venham a ocorrer a partir da sua vigência.
>
> 5. O artigo 4.º, segunda parte, da LC 118/2005, que determina a aplicação retroativa do seu art. 3.º, para alcançar inclusive fatos passados, ofende o princípio constitucional da autonomia e independência dos poderes (CF, art. 2.º) e o da garantia do direito adquirido, do ato jurídico perfeito e da coisa julgada (CF, art. 5.º, XXXVI).
>
> 6. Arguição de inconstitucionalidade acolhida".
>
> (STJ, Corte Especial, AI nos EREsp 644.736/PE, Rel. Min. Teori Zavascki, j. 06/06/2007, DJ 27/08/2007, p. 170)

Tendo em vista o caráter constitucional da discussão, faltava o posicionamento do Supremo Tribunal Federal, o que veio a ocorrer em agosto de 2011. A Corte adotou os mesmos fundamentos invocados pelo STJ para chegar a idêntica conclusão. No entanto, o julgado foi muito importante por afastar as dúvidas ainda existentes sobre o parâmetro a ser utilizado para a aplicabilidade da nova norma.

Em termos mais precisos, a dúvida era a seguinte: definido que a Lei Complementar 118/2005 entraria em vigor no dia 9 de junho de 2005 (120 dias após a sua publicação), a aplicabilidade ocorreria para as **ações ajuizadas** a partir desta data (sendo irrelevante o dia do pagamento) ou para os **pagamentos realizados** a partir desta data (não importando o momento do ajuizamento da ação)? Existia ainda uma corrente que defendia a aplicação, por analogia, do art. 2.028 do Código Civil, de forma a aplicar o prazo anterior (dez anos) se, na data da entrada em vigor da LC 118/2005, já houvesse transcorrido mais da metade de tal prazo.

O Supremo Tribunal Federal rechaçou expressamente a aplicação analógica da norma civilista, que não é norma geral, e, mesmo que o fosse, poderia ser derrogada pela cláusula de vigência constante da LC 118/2005 (120 dias após a publicação). Ao final, adotou-se a data do ajuizamento da ação como parâmetro, ao se afirmar ser "**válida a aplicação do novo prazo de 5 anos tão somente às ações ajuizadas após o decurso da *vacatio legis* de 120 dias, ou seja, a partir de 9 de junho de 2005**" (RE 566.621/RS).

Por fim, ressalte-se que, mesmo admitindo a retroatividade da lei expressamente interpretativa, o CTN faz uma importante ressalva, excluindo a possibilidade de aplicação de penalidade à infração dos dispositivos interpretados.

A exclusão está em consonância com o princípio basilar de que não pode haver retroatividade de lei punitiva que traga como resultado o agravamento da situação da pessoa a ser punida, entendimento que, aliás, fundamenta o segundo caso de possibilidade de retroatividade da legislação tributária, estudado logo a seguir.

3.3.3.2.2 Lei mais benéfica acerca de infrações e penalidades

Esta hipótese de retroatividade decorre de uma forte influência do Direito Penal, ramo da ciência jurídica em que a retroatividade da lei mais benéfica é praticamente absoluta, inclusive beneficiando pessoas já condenadas por decisões judiciais transitadas em julgado.

Apesar da influência, deve-se ter em mente que, em se tratando de Direito Tributário Penal, composto de normas tributárias que punem infrações de natureza tributário-administrativa, a lei mais benéfica retroage, **mas não alcança os atos definitivamente julgados**, conforme assevera expressamente o inciso II do art. 106 do CTN, assim redigido:

> "II – tratando-se de ato não definitivamente julgado:
>
> a) quando deixe de defini-lo como infração;
>
> b) quando deixe de tratá-lo como contrário a qualquer exigência de ação ou omissão, desde que não tenha sido fraudulento e não tenha implicado em falta de pagamento de tributo;
>
> c) quando lhe comine penalidade menos severa que a prevista na lei vigente ao tempo da sua prática".

Em primeiro lugar, deve-se ressaltar que, mesmo encerrada a esfera administrativa, ajuizada a execução fiscal, efetivada a penhora, oferecidos e rejeitados os embargos à execução, enquanto não realizada a arrematação, adjudicação ou remição, ainda não há julgamento definitivo, sendo possível a aplicação de nova legislação mais benigna, conforme demonstra o seguinte acórdão, da lavra do Superior Tribunal de Justiça:

> "Execução fiscal – Multa – Redução de 30% para 20% – Art. 106 do Código Tributário Nacional – Leis paulistas 6.374/1989 e 9.399/1996 – Alegado julgamento definitivo em face da improcedência dos embargos à execução – Não ocorrência (precedentes) – Recurso especial não conhecido. O Código Tributário Nacional, em seu art. 106, estabelece que a lei nova mais benéfica ao contribuinte aplica-se ao fato pretérito, razão por que correta a redução da multa para 20% nos casos, como na espécie, em que a execução fiscal não foi definitivamente julgada. Somente se tem por definitivamente julgada a execução fiscal quando realizadas a arrematação, adjudicação ou remição, nos moldes de rr. Precedentes desta Egrégia Corte Superior. Recurso especial não conhecido. Decisão unânime" (STJ, 2.ª T., REsp 183.994/SP, Rel. Min. Franciulli Netto, j. 11.04.2000, *DJ* 15.05.2000, p. 151).

Em segundo lugar, atente-se para o fato de que as três alíneas do transcrito art. 106, II, tratam exclusivamente de infrações e suas respectivas punições, de forma que **não haverá retroatividade de lei que verse sobre tributo, seja a lei melhor ou pior**.

Assim, a título de exemplo, se alguém deixou de pagar imposto de renda enquanto a alíquota era de 27,5%, não será beneficiado por uma posterior redução da alíquota para 25%, pois, em se tratando das regras materiais sobre tributos (alíquotas, bases de cálculo, contribuintes, fatos geradores), a legislação a ser aplicada será sempre a vigente na data do fato gerador.

Alguns autores defendem não existir qualquer diferença entre as hipóteses previstas nas alíneas *a* e *b*, pois deixar de tratar algo como contrário a qualquer exigência de ação ou omissão seria o mesmo que deixar de defini-lo como infração.

Entretanto, o fato de a alínea *b* exigir que o ato não seja fraudulento e **não tenha implicado falta de pagamento de tributo** aponta no sentido de que o dispositivo se refere exclusivamente às obrigações ditas acessórias (que não têm conteúdo pecuniário), de forma que a alínea *a* seria aplicável às infrações relativas às obrigações principais (com conteúdo pecuniário).

Em ambos os casos, a retroatividade é obrigatória, mesmo havendo dúvida sobre o correto enquadramento do fato, pois, em caso de dúvida, deve-se adotar a interpretação mais favorável ao sujeito passivo, conforme deixa claro o art. 112 do CTN, a ser estudado mais adiante.

Finalmente, a alínea *c* traz o mais típico caso de retroatividade da lei tributária que define infrações ou comina penalidades, qual seja quando "comine penalidade menos severa que a prevista na lei vigente ao tempo da sua prática".

Aqui, o raciocínio é bem simples. Suponha-se que alguém deixou de entregar uma declaração tributária quando a multa aplicável a tal infração era de R$ 500,00. Admita-se que, posteriormente, a multa foi diminuída para R$ 200,00. Caso o infrator ainda não tenha feito o pagamento, será beneficiado pela nova lei, tendo direito a efetuar o recolhimento do menor valor.

O exemplo não deve ser confundido com o citado anteriormente (redução da alíquota do IR). **Conforme ressaltado, a retroatividade só é possível em matéria de infração (Direito Tributário Penal)**.

Para acessar as questões referentes a esse capítulo, utilize o QR Code ao lado.

Em segundo lugar, atente-se para o fato de que as três alíneas do transcrito art. 106, II, tratam exclusivamente de infrações e suas respectivas punições, **de forma que não haverá retroatividade de lei que verse sobre tributo, seja a lei melhor ou pior.**

Assim, a título de exemplo, se alguém deixou de pagar imposto de renda enquanto a alíquota era de 27,5%, não será beneficiado por uma posterior redução da alíquota para 25%, pois, em se tratando das regras materiais sobre tributos (alíquotas, bases de cálculo, contribuintes, fatos geradores), a legislação a ser aplicada será sempre a vigente na data do fato gerador.

Alguns autores defendem não existir qualquer diferença entre as hipóteses previstas nas alíneas *a* e *b*, pois deixar de tratar algo como contrário a qualquer exigência de ação ou omissão seria o mesmo que deixar de defini-lo como infração.

Entretanto, o fato de a alínea *b* exigir que o ato não seja fraudulento e não tenha implicado falta de pagamento de tributo aponta no sentido de que o dispositivo se refere exclusivamente às obrigações ditas acessórias (que não têm conteúdo pecuniário), de forma que a alínea *a* seria aplicável às infrações relativas às obrigações principais (com conteúdo pecuniário).

Em ambos os casos, a retroatividade é obrigatória, mesmo havendo dúvida sobre o correto enquadramento do fato, pois, em caso de dúvida, deve-se adotar a interpretação mais favorável ao sujeito passivo, conforme deixa claro o art. 112 do CTN, a ser estudado mais adiante.

Finalmente, a alínea *c* traz o mais típico caso de retroatividade da lei tributária que define infrações ou comina penalidade, a qual será aplicada quando cominar penalidade menos severa que a prevista na lei vigente ao tempo de sua prática.

A aplicação do dispositivo é bem simples. Suponha-se que alguém deixou de entregar uma declaração tributária quando a multa aplicável a tal infração era de R$ 500,00. Admita-se que, posteriormente, essa multa foi diminuída para R$ 200,00. Caso o infrator ainda não tenha feito o pagamento, será beneficiado pela lei nova, tendo direito a efetuar o recolhimento do menor valor.

O exemplo não deve ser confundido com o [illegible] conforme resultado [illegible]

4

INTERPRETAÇÃO E INTEGRAÇÃO DA LEGISLAÇÃO TRIBUTÁRIA

4.1 NOÇÕES GERAIS DE INTERPRETAÇÃO

Interpretação é a parte da ciência jurídica que estuda os métodos e processos lógicos que visam a definir o conteúdo e o alcance das normas jurídicas. A **hermenêutica jurídica** estuda a teoria científica da interpretação.

Toda norma precisa de interpretação, por mais claro que seja o seu texto, não sendo correto o entendimento constante no antigo brocardo *in claris cessat interpretatio* (as normas claras não precisam ser interpretadas).

O perigo de afirmar que as normas consideradas claras não necessitam de interpretação é a possibilidade de o intérprete, na análise superficial de um texto, entender certas normas apenas no sentido imediato de seus dizeres, sem analisar o contexto em que se encontra o texto, suas conexões históricas, suas finalidades, entre outros aspectos relevantes.

Assim, usando um exemplo citado pelo Professor Luís Roberto Barroso, uma placa em que esteja escrito "Proibida a entrada usando sungas, maiôs, biquínis e similares" parece conter uma regra clara, cuja interpretação é óbvia. Todavia, o sentido da norma varia de acordo com o contexto. Se a placa for afixada na porta de um restaurante próximo ao mar, a regra extraída do texto é: "Para entrar aqui, vista-se". Já se a mesma placa for afixada numa árvore na entrada de uma praia de nudismo, a norma extraída do texto é: "Para entrar aqui, dispa-se".

Portanto, não se pode confundir o **texto** com a **norma** que se extrai do texto. O **texto**, claro ou ambíguo, deve ser sempre interpretado para que dele se extraia o seu exato conteúdo (a norma).

Relembre-se uma outra situação, já analisada nesta obra. No Capítulo 3, item 3.1.2, discutiu-se a correta interpretação do parágrafo único do art. 11 da Lei de Responsabilidade Fiscal (LC 101/2000), cuja redação é a seguinte:

> "Art. 11. Constituem requisitos essenciais da responsabilidade na gestão fiscal a instituição, previsão e efetiva arrecadação de todos os tributos da competência constitucional do ente da Federação.
>
> Parágrafo único. É vedada a realização de transferências voluntárias para o ente que não observe o disposto no *caput*, no que se refere aos impostos".

A norma do parágrafo único parece bastante clara: se o ente federado não cria um imposto cuja competência lhe foi atribuída, nenhum outro ente poderá lhe fazer transferências voluntárias.

Entretanto, a interpretação teleológica do dispositivo aponta para outra conclusão, a de que é requisito essencial da responsabilidade fiscal a instituição, a previsão e a efetiva arrecadação de todos os tributos **economicamente viáveis** da competência constitucional de cada ente político.

Afora as diferenças específicas previstas no CTN, não existe uma disciplina diferenciada de "hermenêutica jurídico-tributária", de forma que o estudo da interpretação da legislação tributária deve partir de alguns conceitos básicos da ciência da interpretação jurídica válidos para todos os ramos do Direito.

4.2 CRITÉRIOS DE INTERPRETAÇÃO

Buscando extrair o preciso conteúdo e alcance da norma, a doutrina propõe diversos critérios (métodos, elementos, técnicas) interpretativos que observam a norma sobre diferentes prismas não hierarquizados.

Assim, fala-se em interpretação literal (gramatical), sistemática, teleológica e histórica.

A **interpretação literal ou gramatical** leva em conta exclusivamente o rigoroso significado léxico das palavras constantes do texto legal, sem considerar qualquer outro valor. Conforme será visto adiante, o CTN exige que as normas que versem sobre determinados conteúdos sejam interpretadas literalmente.

A **interpretação sistemática** analisa a norma como parte de um sistema na qual está inserida, buscando a harmonia e unicidade que devem caracterizar o ordenamento jurídico, afastando antinomias (contradições). Deixa-se de olhar exclusivamente para o texto do dispositivo interpretado e se passa a analisá-lo em conjunto com todos os demais dispositivos da mesma norma e com todas as demais normas correlatas que integram o ordenamento jurídico, respeitando-se a hierarquia.

A **interpretação teleológica** busca conhecer o sentido da norma através do entendimento da finalidade de sua inserção no ordenamento jurídico. A norma vem ao mundo com determinado intento, determinado propósito. O intérprete deve possuir em mente os objetivos que presidiram a elaboração da norma, para atribuir-lhe o sentido que mais se coadune com tais desígnios, de forma a concretizar, no mundo dos fatos, a vontade abstrata da norma.

A **interpretação histórica** leva em consideração as circunstâncias políticas, sociais, econômicas e culturais presentes no momento da edição da norma. Confere-se importância ímpar à análise das exposições de motivos do projeto de lei, das discussões do Parlamento e da sociedade, da evolução histórica do instituto disciplinado na norma. Assim se chega ao que o legislador pretendia dizer ao redigir o texto objeto de interpretação.

Os critérios acima estudados não são hierarquizados, de forma que nenhum se sobrepõe aos demais. Não são excludentes, pois se complementam ao permitir a análise da norma sob diversos prismas (significado léxico, harmonia com o sistema, finalidades e contexto histórico) para que se chegue ao conteúdo e alcance precisos, consentâneos com o Direito.

4.2.1 Interpretação quanto à fonte

Quanto à fonte da qual emana, a interpretação pode ser autêntica, doutrinária, judicial ou administrativa.

A interpretação é **autêntica** quando é realizada pela mesma autoridade responsável pela elaboração da lei interpretada.

Às vezes a interpretação é realizada no texto da mesma lei interpretada. É o caso dos dispositivos que trazem regras como "para os efeitos do art. 3.º desta lei, considera-se...", e segue-se uma interpretação legal de um instituto citado no dispositivo referido.

Em outras oportunidades, edita-se uma "Lei 02" com o objetivo de interpretar disposições de uma "Lei 01", anteriormente editada. É nesse caso que se fala em retroatividade da lei expressamente interpretativa, conforme estudado no capítulo anterior.

A interpretação é **doutrinária** quando é fruto do trabalho dos estudiosos do Direito (doutrinadores) na análise das normas produzidas pelas autoridades competentes. Apesar de não ser uma interpretação de observância obrigatória, possui grande importância, pois serve como base para as demais fontes interpretativas, sendo comum que o legislador, o juiz e as autoridades administrativas fundamentem suas conclusões no posicionamento da doutrina especializada.

A interpretação é **judicial** quando emanada dos órgãos do Poder Judiciário (juízes e tribunais) ao analisarem os processos que lhes são submetidos. Quando as decisões se reiteram no mesmo sentido, diz-se que se formou jurisprudência. Assim, falar em jurisprudência é mais que falar em interpretação judicial. A decisão de um juiz é fruto de uma interpretação judicial. Para se falar em jurisprudência é necessário um conjunto de decisões de órgãos judiciais diversos - ou de estatura constitucional elevada - no mesmo sentido.

A interpretação é **administrativa** quando realizada pela Administração Pública no exercício de seu mister de concretizar no mundo as disposições abstratas da lei. A Administração interpreta a lei por intermédio de atos gerais e abstratos ou por meio de atos individuais e concretos.

A título de exemplo, quando o Secretário-Geral da Receita Federal do Brasil edita uma instrução normativa interpretando determinada lei tributária, o ato é geral (destinado a todos que se ponham ao alcance da lei) e abstrato (versa sobre hipóteses, não sobre casos concretos). Já quando um Auditor-Fiscal da Receita Federal do Brasil elabora um auto de infração, também interpreta administrativamente a lei; entretanto, o ato decorrente é individual (destina-se exclusivamente ao contribuinte autuado) e concreto (refere-se a fatos concretamente verificados no mundo, e não a meras hipóteses).

4.2.2 Interpretação quanto aos efeitos ou resultados

A lei, como obra do homem, não é uma obra perfeita.

Além dessa afirmativa incontestável, há de se recordar que o Parlamento não é composto necessariamente de técnicos, tampouco de juristas. Nele estão presentes, ao menos na teoria, representantes do povo, com suas diversas formações acadêmicas, ou até mesmo ausência delas.

Entre as diversas imperfeições percebidas no produto dos trabalhos legislativos, estão os casos em que as técnicas interpretativas estudadas apontam que o texto legal escrito diz mais do que deveria, mais do que o próprio legislador intentava dizer. O problema oposto também é possível, ocorrendo quando o texto diz menos do que deveria ter dito, menos do que o legislador almejava dizer.

Nesses casos, é necessário que o intérprete faça uma verdadeira retificação (ampliação ou redução) de alcance. Nesse contexto, a interpretação, quanto aos efeitos (ou resultados), pode ser classificada como declaratória, extensiva ou restritiva.

A interpretação **declaratória** opera-se quando o intérprete, utilizando dos critérios estudados, conclui que há coincidência entre o que o legislador quis dizer e o que efetivamente ficou disposto no texto legal, não havendo necessidade de se fazer qualquer correção interpretativa (ampliação ou restrição) do alcance normativo.

A interpretação é **extensiva** quando o intérprete percebe que no texto escrito o legislador **disse menos** do que pretendia, deixando de abranger casos que deveriam estar sob regulação, sendo necessário **ampliar** o conteúdo aparente da norma, de forma a atribuir-lhe o alcance que o legislador originariamente lhe quis conferir.

A título de exemplo, o legislador constituinte originário proibiu, no art. 150, IV, da CF/1988, a utilização de **tributo** com efeito de confisco. Entendendo que o objetivo do legislador era evitar que o Estado, no contexto da tributação, estipulasse quaisquer exações não razoáveis, o STF interpretou extensivamente a regra, aplicando-a, também, às **multas tributárias** (ADI 551/RJ).

A interpretação é **restritiva** quando o intérprete percebe que no texto escrito o legislador **disse mais** do que pretendia, abrangendo casos que não deveriam estar sobre sua regulação, sendo necessário se **restringir** o conteúdo aparente da norma, de forma a atribuir-lhe o alcance que o legislador originariamente lhe quis conferir.

Como exemplo, tem-se a regra estatuída pelo art. 195, § 6º, da CF/1988, segundo o qual o princípio da noventena deve ser observado em qualquer caso de **instituição ou modificação** de contribuição para financiamento da seguridade social. Pela literalidade do texto, qualquer **modificação** estaria sujeita à noventena. Entretanto, percebendo que o intuito do legislador constituinte foi proteger o contribuinte contra mudanças que agravassem a carga tributária a que estava sujeito, o STF restringiu o alcance da norma para os casos de **instituição** e de **majoração** das citadas contribuições (ADI 1.135-9/DF).

4.3 INTERPRETAÇÃO DA LEGISLAÇÃO TRIBUTÁRIA NO CÓDIGO TRIBUTÁRIO NACIONAL

O Código Tributário Nacional possui poucas regras específicas sobre interpretação da legislação tributária. O motivo, conforme já ressaltado, é que as regras estudadas pela hermenêutica jurídica valem para todo o Direito, que, nunca é demais ressaltar, é uno, sendo a separação em ramos apenas uma conveniência didática para facilitar-lhe o estudo.

Vale dizer, o CTN só trata de situações específicas, por vezes impondo critérios ou métodos a serem aplicados de forma vinculada para a análise de determinados institutos específicos da disciplina tributária.

4.3.1 A interpretação necessariamente literal de determinados institutos

O Código Tributário Nacional, em seu art. 111, determina que seja interpretada literalmente a legislação tributária que disponha sobre:

a) suspensão ou exclusão do crédito tributário;

b) outorga de isenção;

c) dispensa do cumprimento de obrigações tributárias acessórias.

Os casos se referem a situações de exceção, de forma que o dispositivo está em plena harmonia com princípio da hermenêutica segundo o qual as exceções devem ser interpretadas **estritamente**, evitando-se tanto a imposição de restrições não previstas quanto a utilização de extensões ou analogias.

Caso fossem admitidas interpretações extensivas ou analógicas para a pesquisa do alcance das exceções, estas tenderiam a suplantar a regra, subvertendo a ordem. De maneira mais clara, se uma regra possui três exceções e o intérprete, por meio de extensões e analogias, abarca como exceções mais três, cinco, dez casos, a tendência é que a exceção passe a ser regra; e a regra, exceção.

Assim, ocorrendo o fato gerador, o crédito tributário deve ser constituído e o tributo exigido do sujeito passivo; verificando-se o cometimento de infração, a penalidade deve ser aplicada ao contribuinte. Essa é a regra. Havendo, contudo, **suspensão** da exigibilidade do crédito tributário (CTN, art. 151), temporariamente o tributo deixará de ser exigido. Também é possível a **exclusão** do crédito tributário, em que o tributo não será exigido (**isenção**) ou a punição não será aplicada (**anistia**). Essas exceções à regra, no dizer do Código, devem ser interpretadas literalmente.

A rigor, os casos de **outorga de isenção** configuram hipóteses de exclusão do crédito tributário, sendo sua menção no inciso II do art. 111 do CTN mera redundância.

A terceira hipótese versa sobre a **dispensa do cumprimento de obrigações tributárias acessórias**. Como se estudará em momento oportuno, tais obrigações são aquelas que não possuem conteúdo pecuniário, como, por exemplo, a de promover a escrituração de livros fiscais ou a de entregar declarações tributárias.

Ora, se a regra é escriturar livros fiscais e uma lei dispensa, por exemplo, os optantes do Simples Nacional de fazê-lo, tal exceção deve ser interpretada em sentido estrito, de forma que os não optantes têm que proceder à devida escrituração, mesmo que estejam em situação econômico-financeira semelhante e exerçam atividades idênticas às dos optantes.

Uma vez que todas as situações indicadas - suspensão da exigibilidade do crédito tributário, exclusão do crédito tributário e dispensa do cumprimento de obrigações tributárias acessórias - configuram exceções a importantes regras tributárias, o art. 111 do CTN submete os dispositivos que disciplinam tais institutos a uma interpretação literal.

Na verdade, a terminologia adotada pelo Código não é das melhores, pois o legislador, ao afirmar que a interpretação de certas normas deve ser feita literalmente, não pretendia vedar a utilização dos critérios sistemático, histórico e teleológico (finalístico).

Para demonstrar o afirmado, basta lembrar que toda norma jurídica infraconstitucional está sujeita à aferição de sua compatibilidade com a Constituição Federal. Quando se faz controle de constitucionalidade, deixa-se de olhar para a norma como um ente isolado no mundo e passa-se a encará-la como integrante de um sistema em que absolutamente todas as normas têm que ser compatíveis com a Constituição, sob pena de invalidade.

Assim, toda norma deve ser interpretada também de maneira sistemática, inclusive aquelas para as quais o CTN impõe uma interpretação literal. Na realidade, o que se pretende é que certas normas sejam interpretadas em sentido estrito (sem extensões, sem analogias), não necessariamente literal.

Corroborando esse raciocínio, há precedente do Superior Tribunal de Justiça afirmando que a determinação de interpretação literal constante do art. 111 do CTN "não pode levar o aplicador do direito à absurda conclusão de que esteja ele impedido, no seu mister de apreciar e aplicar as normas de direito, de valer-se de uma equilibrada **ponderação dos elementos lógico-sistemático, histórico e finalístico ou teleológico**, os quais integram a moderna metodologia de interpretação das normas jurídicas" (STJ, Segunda Turma, REsp 192.531/RS, Rel. Min. João Otávio de Noronha, j. 17/02/2005, DJ 16/05/2005).

O que a Corte Superior não admite é que dessa ponderação dos elementos lógico-sistemático, histórico e teleológico resultem interpretações extensivas ou analógicas de hipóteses que o CTN submete à necessária interpretação literal.

A título de exemplo, no REsp 1.013.060/RJ, ao analisar a lista de doenças cujos portadores inativos (aposentados ou reformados) têm seus proventos **isentos** do imposto de renda (art. 6º, XIV, da Lei 7.713/1988), a Corte considerou inviável o enquadramento da surdez na regra isentiva, vedando a interpretação analógica do inciso que expressamente inclui a cegueira (mas não a surdez) dentre as enfermidades contempladas pelo benefício fiscal. Para o Tribunal, diferentemente da cegueira, a surdez não é moléstia prevista na norma, não cabendo ao Poder Judiciário substituir a vontade do legislador para conceder a isenção.

Em relação à cegueira, houve durante algum tempo controvérsia acerca da possibilidade de os acometidos pela deficiência em apenas um dos olhos (cegueira monocular) serem alcançados pela isenção. No julgamento do REsp 1.196.500/MT, o STJ considerou que a interpretação literal da isenção prevista no art. 6º, XIV, da Lei 7.713/88 favorece o portador de qualquer tipo de cegueira, desde que assim caracterizada por definição médica. Uma vez que a Organização Mundial de Saúde não restringe a cegueira à perda da visão de ambos os olhos – podendo ser diagnosticada a partir do comprometimento da visão em apenas um deles –, e tendo em vista que a lei não distingue, para efeitos da isenção, quais espécies de cegueira estariam beneficiadas, concluiu-se que tanto os portadores de cegueira bilateral quanto os de cegueira monocular são isentos de imposto de renda.

É fácil perceber que a Corte **não ampliou o âmbito de aplicação do dispositivo** além dos limites estritamente legais; apenas deu ao vocábulo "cegueira" um dos seus possíveis alcances literais. Afinal, a lei não se refere à "cegueira bilateral", mas simplesmente à "cegueira". O que se aponta como proibida é a tentativa de incluir no dispositivo qualquer déficit visual que não possa ser enquadrado em algum dos significados possíveis da palavra "cegueira".

Em suma, pode-se considerar compatível com o CTN uma interpretação de certo modo ampla dos dispositivos de lei que tratam dos institutos enumerados no multicitado art. 111, desde que realizada dentro dos limites da "moldura" delineada pelos significados literalmente possíveis de cada conceito.

Ainda tendo como pano de fundo o art. 111 do CTN, o STF se debruçou sobre outra polêmica resultante da aplicação do mesmo art. 6º, XIV, da Lei 7.713/1988. Nos estritos termos legais, a isenção somente é extensiva a quem, cumulativamente: a) receba proventos de aposentadoria, reforma ou pensão (esta, tendo em vista a extensão feita pelo inciso XXI do mesmo dispositivo); e b) esteja acometido de uma das doenças listadas no dispositivo.

A aplicação do benefício exclusivamente aos inativos (aposentados e reformados) e pensionistas levou o Procurador Geral da República a ajuizar a ADI 6025/DF, alegando que o dispositivo fere a isonomia por excluir da isenção os trabalhadores em atividade acometidos pelas mesmas enfermidades. O STF, no entanto, reafirmou sua tradicional jurisprudência no sentido de que cabe ao Parlamento discricionariamente conceder isenções tributárias, de forma que o Poder Judiciário não pode assumir o papel de legislador positivo, "ampliando a incidência da concessão de benefício tributário, de modo a incluir contribuintes não expressamente abrangidos pela legislação pertinente".

Registre-se que, no mesmo julgado, a Suprema Corte manifestou-se sobre o mérito do benefício, considerando os requisitos legais para gozo como respeitosos à dignidade da pessoa humana (art. 1º, III, da Constituição Federal), aos valores sociais do trabalho (art. 1º, IV, da CF) e ao princípio da igualdade (art. 5º, *caput*, da CF). A lógica foi a de que o benefício foi previsto somente para aqueles cujos efeitos da enfermidade são tão intensos ao ponto de retirar-lhes a capacidade laborativa, impondo-lhes a inativação.

Não obstante, não ficou claro se, na eventualidade de reconhecimento de que um benefício fiscal legitimamente concedido a uma categoria agride os mencionados princípios constitucionais por excluir outra, a Corte simplesmente declararia a inconstitucionalidade da previsão, retirando o benefício de quem legalmente fora contemplado, ou se, de maneira inédita, sanaria o vício estendendo a benesse a quem não fora textualmente incluído entre seus beneficiários.

A surpreendente resposta apareceu em meados de agosto de 2020, quando a Suprema Corte, numa Ação Direta de Inconstitucionalidade por Omissão (ADO 30/DF), mais uma vez analisando o mérito da concessão de isenção para certa categoria de contribuintes, entendeu que haveria omissão inconstitucional no fato de o benefício não contemplar outra categoria e **determinou a aplicação do benefício à categoria não expressamente contemplada na lei**.

O caso se referia à isenção de IPI na aquisição, por pessoas portadoras de **"deficiência física, visual, mental severa ou profunda, ou autistas"**, de veículos com certas características (Lei 8.989/1995, art. 1º, IV). Novamente aqui, as pessoas com deficiência auditiva não foram contempladas com o favor legal, omissão que, desta feita, foi considerada inconstitucional. Para chegar a essa conclusão, o Tribunal entendeu que a omissão configurava "ofensa à dignidade da pessoa humana e aos direitos à mobilidade pessoal, à acessibilidade, à inclusão social e à não discriminação", todos "constitucionalmente reconhecidos como essenciais". Além disso, a Corte afirmou que "a omissão constitui violação da Convenção sobre os Direitos das Pessoas com Deficiência, aprovada conforme o art. 5º, § 3º, da CF/88", o que lhe confere equivalência a uma emenda constitucional (ADO 30/DF).

Ao final, de maneira inédita, o Supremo estabeleceu prazo para que o Congresso Nacional adote as medidas legislativas para sanar a omissão (18 meses) e determinou que, enquanto perdurar a omissão legislativa, o benefício previsto no art. 1º, IV, da Lei 8.989/1995 deve ser também aplicado às pessoas com deficiência auditiva (categoria, repise-se, não contemplada expressamente no dispositivo). A omissão perdurou até o dia 31 de dezembro de 2021, quando, em cumprimento à decisão do STF, foi publicada a Lei 14.287/2021, estendendo o benefício para pessoas com deficiência auditiva e prorrogando-o até o final do ano de 2026.

Apesar de se tratar de situações semelhantes, há de se perceber que, nos fundamentos das duas mencionadas decisões relativas à extensão de isenção a deficientes auditivos, existe uma importante diferença. No caso da isenção do imposto de renda, o STJ, atendo-se ao seu papel de guardião da lei federal, debruçou-se sobre a regra isentiva e, curvando-se ao CTN, não entendeu possível estender o benefício, na via interpretativa, a quem não fora legalmente contemplado. Já no caso da isenção do IPI-veículos, o STF, guardião da Constituição, não reduziu seu papel a intérprete da norma posta, hipótese em que teria que enfrentar o poderoso obstáculo estatuído pelo art. 111 do CTN. Pelo contrário, partiu de valores constitucionais maiores, inclusive do direito à mobilidade das pessoas com deficiência, diretamente correlacionado com o ônus decorrente de um tributo incidente sobre aquisição de veículos, e reconheceu uma omissão inconstitucional, sanando-a de forma inédita.

Neste sentido, merece destaque a afirmativa constante do voto do Ministro Relator Dias Toffoli de que a decisão não implica "interpretar o benefício fiscal de modo extensivo (o que é vedado pelo art. 111 do Código Tributário Nacional), mas sim de adequar aos preceitos maiores da Constituição a efetivação das políticas públicas subjacentes ao dispositivo legal questionado".

Para quem vai se submeter a provas de concursos públicos, recomenda-se considerar como ainda prevalente o entendimento tradicional acerca dos efeitos do art. 111 do CTN, mas, e aqui reside a grande novidade, admitir que a restrição não impede que o Judiciário, para fazer valer a supremacia de importantes valores constitucionais, sane omissões legislativas, estendendo um benefício fiscal a quem não fora com ele originariamente contemplado.

4.3.2 A interpretação benigna em matéria de infrações

Aqui, mais uma vez, o Direito Tributário Penal (aquele que se refere à definição de infrações administrativo-tributárias e suas respectivas punições na esfera administrativa) sofre influência direta do Direito Penal. Trata-se do princípio segundo o qual, na dúvida, deve-se adotar a interpretação mais favorável à pessoa acusada do cometimento de uma infração (*in dubio pro reo*).

O primeiro aspecto importante a destacar é o âmbito de aplicação do princípio. A interpretação benigna **aplica-se exclusivamente à lei que define infrações ou comina penalidades**.

Em se tratando de lei que discipline o próprio tributo, definindo, por exemplo, o fato gerador, a alíquota, a base de cálculo ou o contribuinte, não há que se falar em interpretação mais favorável.

Se houver dúvida sobre em que posição deve ser enquadrada determinada mercadoria na tabela da Nomenclatura Comum do Mercosul – NCM, não se pode decidir pela posição que traga menor incidência tributária do II e do IPI tão somente por ser a interpretação mais benéfica.

A dúvida deve ser sanada utilizando-se dos diversos critérios interpretativos já estudados e a solução pode ser pela alíquota maior ou pela menor ou por qualquer outra intermediária.

Repise-se: **não** existe qualquer concepção interpretativa apriorística para se resolverem as dúvidas em Direito Tributário. Não são aplicáveis os brocardos "na dúvida favorecer o fisco" ou "na dúvida favorecer o contribuinte". O certo é: "na dúvida, dirima-se a dúvida".

Todavia, em matéria de infrações, existe a concepção apriorística ora estudada: "na dúvida, interprete-se em favor do acusado".

Por oportuno, transcreve-se o dispositivo do CTN que contém a regra:

> "Art. 112. A lei tributária que define infrações, ou lhe comina penalidades, interpreta-se da maneira mais favorável ao acusado, em caso de dúvida quanto:
>
> I – à capitulação legal do fato;
>
> II – à natureza ou às circunstâncias materiais do fato, ou à natureza ou extensão dos seus efeitos;
>
> III – à autoria, imputabilidade, ou punibilidade;
>
> IV – à natureza da penalidade aplicável, ou à sua graduação".

O segundo ponto relevante é que, mesmo em se tratando de Direito Tributário Penal, a interpretação benéfica só é aplicável **em caso de dúvida**. São vários os precedentes do STJ no sentido de que, "não havendo divergência acerca da interpretação da lei tributária, o art. 112 do CTN não pode ser aplicado" (STJ, 2.ª T., REsp 9.571/RJ, Rel. Min. Ari Pargendler, j. 18.10.1995, *DJ* 20.11.1995; STJ, 1.ª T., REsp 41.928/SP, Rel. Min. Humberto Gomes de Barros, j. 24.08.1994, *DJ* 26.09.1994, p. 25.609; STJ, 2.ª T., REsp 178.427/SP, Rel. Min. Adhemar Maciel, j. 01.09.1998, *DJ* 07.12.1998, p. 76).

Um exemplo, definido na jurisprudência, ajuda a aclarar a afirmativa. O art. 23, parágrafo único, III, do Decreto-lei 7.661/1945 (antiga Lei de Falências), afirmava que não poderiam ser reclamadas na **falência** as penas pecuniárias por infração das leis penais e administrativas. Vários contribuintes em **concordata** (hoje substituída pela recuperação judicial) quiseram se livrar das multas tributárias com base no dispositivo.

Primeiro propuseram uma interpretação extensiva do dispositivo, afirmando que o legislador não queria beneficiar somente as empresas em processo de falência, mas também as concordatárias.

Com as discussões criadas, e vendo o insucesso da alegação, as concordatárias passaram a alegar que haveria dúvida no dispositivo e que, portanto, deveria ser aplicado o art. 112 do CTN, interpretando-se a então Lei de Falências da maneira mais favorável ao acusado.

A Primeira Seção do STJ, em 24.08.2000, no julgamento, por maioria, proferido no EREsp 111.926/PR, firmou o entendimento de que o dispositivo legal citado não poderia, numa interpretação extensiva, ser aplicado à concordata. Asseverou-se, na ocasião, que, na concordata, a supressão da multa moratória beneficia apenas o concordatário, que já não honrara seus compromissos, enquanto na falência, a multa, se imposta, afetaria os próprios credores, quebrando o princípio de que a pena não pode passar do infrator.

Não havia, portanto, dúvida na interpretação da norma, não sendo o caso de utilização do art. 112 do CTN.

4.3.3 Princípios de Direito Privado e princípios de Direito Público

O Direito Tributário é ramo de **Direito Público**, estando sujeito, por conseguinte, aos princípios basilares que informam o regime jurídico publicista, quais sejam a **supremacia do interesse público sobre o interesse privado** e a **indisponibilidade do interesse público**.

O **Direito Privado** fundamenta-se em princípios diametralmente opostos, pois, nas relações entre particulares, presume-se que **as partes buscam interesses privados, sendo tratadas de maneira igual pela lei** (não se fala em supremacia dos interesses de nenhuma das partes). **Os interesses privados são, em regra, disponíveis, sendo a indisponibilidade exceção.**

Percebe-se que, apesar da unidade do Direito, o privatista raciocina de maneira diferente do publicista, pois os princípios norteadores dos respectivos ramos são manifestamente opostos.

Até aí nenhuma novidade, nenhum problema. As complicações poderiam surgir nos diversos momentos em que as normas constitucionais se utilizam de conceitos de Direito Privado para definir ou limitar competências tributárias.

Como exemplo, pode-se citar a norma constitucional que atribui competência para que os Municípios instituam o ITBI, assim redigida:

> "Art. 156. Compete aos Municípios instituir impostos sobre:
>
> (...)
>
> II – transmissão *inter vivos*, a qualquer título, por ato oneroso, de bens imóveis, por natureza ou acessão física, e de direitos reais sobre imóveis, exceto os de garantia, bem como cessão de direitos a sua aquisição".

Trata-se indiscutivelmente de uma norma constitucional-tributária que define e limita a competência tributária municipal. Entretanto, a norma é redigida, do início ao fim, fazendo uso de institutos típicos de Direito Privado.

É o Direito Privado que estuda a propriedade e os seus meios de transferência, define o que é ato oneroso, o que são direitos reais, o que são bens imóveis por natureza ou por acessão física, enumera e regula os direitos reais sobre imóveis, os direitos de garantia, os casos de cessão de direito, enfim, **todos** os institutos citados no dispositivo transcrito são objeto de estudo do Direito Privado (Direito Civil).

Poderia o intérprete mais apressado ter dúvida sob qual enfoque o dispositivo deveria ser interpretado: sob a ótica do Direito Público ou sob a do Direito Privado.

Conforme afirma o art. 109 do CTN, os princípios gerais de direito privado devem ser utilizados para pesquisa da definição, do conteúdo e do alcance de seus institutos, conceitos e formas, mas não para definição dos respectivos efeitos tributários.

Em outras palavras, se o intérprete quer entender o significado de propriedade para interpretar a regra que atribui ao Município a competência para instituir o imposto sobre a propriedade predial e territorial urbana (CF, art. 156, I), deve procurar os compêndios de Direito Civil.

Porém, não lhe será útil vasculhar os princípios gerais adotados pela doutrina civilista para perquirir os efeitos tributários da propriedade, pois tal atividade é levada a cabo sob outra ótica, a dos princípios de Direito Tributário.

As restrições não se aplicam tão somente à utilização dos princípios de direito privado para o estudo da matéria tributária, pois o Direito Tributário também não pode tudo nesta seara.

Quando o legislador constituinte adota determinado instituto de Direito Privado na regra que atribui ou limita competência tributária, imagina tal instituto conforme conhecido e definido pelos privatistas.

Admitir que o legislador tributário altere um conceito de Direito Privado do qual o legislador constituinte fez uso na definição ou limitação de competência tributária seria legitimar a mudança da Constituição por norma infraconstitucional.

É bem fácil entender a afirmação feita acima quando se relembra serem diferentes os conceitos de texto e de norma. O texto é composto pelos signos colocados sobre o papel. A norma é a regra de conduta extraída da leitura do texto, mediante a utilização das técnicas interpretativas.

Relembre-se o exemplo citado no início deste Capítulo. Dependendo do contexto, de um mesmo texto ("Proibida a entrada usando sungas, maiôs, biquínis e similares") poderiam ser extraídas normas de sentidos absolutamente opostos. Assim, do texto, na entrada de um restaurante, extraía-se a norma "Vista-se"; na entrada de uma praia de nudismo, extraía-se a norma "Dispa-se".

A norma constitucional nada mais é que o conteúdo extraído do **texto** constitucional, mediante a utilização das técnicas interpretativas.

Assim, se o legislador tributário edita norma em que se afirma que "**para efeitos de cobrança do IPTU considera-se propriedade** ..." e continua a sentença dando uma definição de propriedade diferente da lição comezinha de Direito Civil, não estará simplesmente mudando um conceito, estará agredindo a Constituição Federal.

Caso se admita como possível a situação aqui exemplificada, toda a Constituição Federal poderia ser alterada sem a necessidade do procedimento mais rigoroso que a define como rígida e, em situações específicas, até mesmo sem respeito às cláusulas pétreas.

Seguindo a esteira desse entendimento, o Código Tributário Nacional, no seu art. 110, afirma que lei tributária não pode alterar a definição, o conteúdo e o alcance de institutos, conceitos e formas de Direito Privado utilizados, expressa ou implicitamente, pela Constituição Federal, pelas Constituições dos Estados, ou pelas Leis Orgânicas do Distrito Federal ou dos Municípios, para definir ou limitar competências tributárias.

A rigor, a definição e limitação das competências tributárias é matéria disciplinada exclusivamente na Constituição Federal, não podendo haver inovação de conteúdo nas Leis Orgânicas do Distrito Federal e Municípios, nem nas Constituições Estaduais. Em provas de concurso público, todavia, deve ser tida por correta a literalidade da lei. Assim, não se pode alterar, na legislação tributária, conceito expressa ou implicitamente utilizado nas leis máximas dos entes políticos menores ou na Constituição Federal.

A interpretação *a contrario sensu* é também importante, de forma que os **conceitos de Direito Privado que *não* tenham sido utilizados pelas citadas leis máximas podem ser alterados pelo legislador infraconstitucional**, não havendo que se falar em inconstitucionalidade neste caso. Como será visto adiante, o CTN efetivamente disciplina de maneira diferenciada diversos institutos de Direito Privado não utilizados na Constituição, como se pode perceber nas regras sobre transação e compensação, entre outras.

Uma controvérsia recentemente solucionada pelo Supremo Tribunal Federal exemplifica o que foi acima exposto.

A Constituição Federal previa no texto originário do art. 195, I, entre outras, uma contribuição social sobre o **faturamento**.

A palavra "faturamento" sempre foi entendida como referente às receitas decorrentes da venda de mercadorias e, por extensão, da prestação de serviços (operações sujeitas à emissão de fatura). Em suma, só é possível enquadrar dentro do conceito de faturamento a receita operacional, assim entendida aquela que a empresa obtém por meio de atos de compra e venda, seja de mercadorias, seja de serviços.

Não é possível, sem agredir o mínimo semântico da palavra faturamento, fazê-la compreender, por exemplo, as receitas financeiras, como os juros.

Na contramão desse raciocínio, foi editada a Lei 9.718/1998, que ampliou a base de cálculo da COFINS e do PIS, cujo art. 3º, § 1º, assim definia faturamento:

> "Art. 3.º O faturamento a que se refere o artigo anterior compreende a receita bruta da pessoa jurídica.

> § 1.º Entende-se por receita bruta a totalidade das receitas auferidas pela pessoa jurídica, sendo irrelevantes o tipo de atividade por ela exercida e a classificação contábil adotada para as receitas".

O Supremo Tribunal Federal falhou por tardar, mas, sete anos após a edição da Lei 9.718/1998, concluindo o julgamento de uma série de recursos extraordinários, proferiu decisão histórica, assim anunciada no Informativo 408 da Corte (transcreve-se trecho):

> "O Tribunal, por unanimidade, conheceu dos recursos e, por maioria, deu-lhes provimento para declarar a inconstitucionalidade do § 1.º do art. 3.º da Lei 9.718/1998. Entendeu-se que esse dispositivo, ao ampliar o conceito de receita bruta para toda e qualquer receita, violou a noção de faturamento pressuposta no art. 195, I, *b*, da CF, na sua redação original, que equivaleria ao de receita bruta das vendas de mercadorias, de mercadorias e serviços e de serviços de qualquer natureza, conforme reiterada jurisprudência do STF" (STF, 1.ª T., RE 410.691-ED/MG, Rel. Min. Sepúlveda Pertence, j. 23.05.2006, *DJ* 23.06.2006, p. 52).

No entanto, desde o advento da Emenda Constitucional 20/1998, a Constituição prevê a possibilidade de criação de contribuição sobre **a receita ou o faturamento** (art. 195, I, *b*), de forma a tornar possível a incidência sobre a totalidade das receitas, como desejado pelo governo federal. Não obstante, a edição de uma Emenda à Constituição não tem o chamado "efeito Lázaro", ressuscitando os mortos ou constitucionalizando o que "era inconstitucional". Lei inconstitucional é lei natimorta, não sendo possível aplicar a teoria da recepção para receber o que não era constitucional no seu nascedouro. Foi exatamente por isso que, no excerto acima transcrito, a Suprema Corte afirmou que o citado dispositivo da Lei 9.718/1998 "violou a noção de faturamento pressuposta no art. 195, I, *b*, da CF/1988, **na sua redação original**".

Em respeito à decisão do STF, em 2009 o § 1º do art. 3º da Lei 9.718/1998 foi revogado. Já em 2013, a MP 627/2013 deu ao art. 3º da mesma Lei a seguinte redação: "O faturamento a que se refere o art. 2.º compreende a receita bruta de que trata o art. 12 do Decreto-Lei n.º 1.598, de 26 de dezembro de 1977".

Para o perfeito entendimento da sistemática hoje vigente, registramos que o conceito de faturamento ao qual o novo dispositivo remete afirma que a Lei nº 12.973, de 2014 alterou a redação do art.12 do DL 1.598/77.

Apesar de toda a análise acima realizada se inspirar na doutrina dominante, em julgado de 2016 o STF afirmou que a regra do art. 110 do CTN **não veicula norma de interpretação constitucional**. Para o Tribunal, a tradicional e literal exegese do dispositivo significaria uma interpretação do texto constitucional condicionada por norma infraconstitucional, algo considerado inaceitável. Nessa linha, invocou o **pluralismo metodológico para a interpretação da "Constituição Tributária"**, abrindo espaço para a utilização dos métodos literal, lógico, histórico, sistemático e teleológico, bem como para a **colaboração de diversos ramos do conhecimento**, sejam extrajurídicos (como a economia, a ciência das finanças e a contabilidade), sejam jurídicos (englobando os ramos **público e privado** do Direito).

A decisão foi tomada num contexto em que se analisava a possibilidade de incidência do imposto sobre serviços de qualquer natureza – ISS sobre a administração de planos de saúde. O pano de fundo da discussão era o **conceito de serviço**, sendo dominante até então a diretriz, inspirada no art. 110 do CTN, de que somente poderia ser enquadrado como "prestação de serviço" o cumprimento das **obrigações de fazer**, pois assim é entendida a expressão no âmbito do Direito Privado.

No entanto, o Tribunal, apesar de reconhecer a importância dos conceitos de Direito Civil na interpretação dos conceitos constitucionais tributários, afirmou que eles **não exaurem a atividade interpretativa**. Por conseguinte, utilizando o pluralismo metodológico proposto, inclusive sob o influxo de outras áreas do conhecimento, o Supremo conceituou prestação de serviço como "oferecimento de uma utilidade para outrem, a partir de um conjunto de atividades imateriais, prestado com habitualidade e intuito de lucro, podendo estar conjugado ou não à entrega de bens ao tomador" (RE 651.703/PR). Como resultado, entendeu enquadrada no conceito a atividade de administração de planos privados de saúde, que, portanto, foi declarada como sujeita à incidência do ISS.

Nas provas de concurso público, deve continuar predominando a adoção do posicionamento tradicional explicado no início deste tópico. Contudo, os fundamentos da decisão de 2016 passarão a ser cobrados, principalmente mediante a abordagem do mesmo caso objeto de julgamento, qual seja, a confirmada possibilidade de incidência de ISS sobre o serviço da administração de planos privados de saúde.

4.4 O PRINCÍPIO DO *PECUNIA NON OLET*

Conforme já estudado no item 1.3.3 do Capítulo 1, para o Direito Tributário não existe relevância se a situação que teve como consequência a ocorrência do fato gerador configure ilícito, mesmo que criminal.

Naquele ponto do curso, utilizou-se como exemplo a tributação dos rendimentos oriundos de atividades ilícitas, como o tráfico de entorpecentes ou a corrupção. Nesses casos, apesar de o fato que deu origem aos rendimentos ser criminoso ("não cheirar bem"), a renda dele decorrente é sujeita ao imposto de renda (dinheiro não cheira).

Seguindo a mesma linha de raciocínio, o art. 118 do CTN prevê que a definição legal do fato gerador é interpretada abstraindo-se: a) da validade jurídica dos atos efetivamente praticados pelos contribuintes, responsáveis, ou terceiros, bem como a natureza de seu objeto ou efeitos; e b) dos efeitos dos fatos efetivamente ocorridos.

Assim, por exemplo, os requisitos para que se considere válido um negócio jurídico sob a ótica do Direito Civil (agente capaz; objeto lícito, possível, determinado ou determinável; forma prescrita ou não defesa em lei - CC, art. 104) são irrelevantes para se interpretar a definição legal de fato gerador.

Por isso, o próprio Código Tributário Nacional prevê, em seu art. 126, que a capacidade tributária passiva independe da capacidade civil das pessoas naturais. Percebe-se que, nos termos do Código Civil, não havendo capacidade civil, o negócio jurídico celebrado é inválido. Para o Direito Tributário, contudo, a falta de capacidade civil é irrelevante, pois se ocorrer no mundo dos fatos a situação definida em lei como necessária e suficiente para o nascimento da obrigação tributária (fato gerador), o tributo será cobrado.

4.5 INTEGRAÇÃO DA LEGISLAÇÃO TRIBUTÁRIA

Como visto, interpretar é perquirir o conteúdo e o alcance de determinada norma jurídica.

Entretanto, como o legislador não é Deus, a lei, sua obra, não consegue prever soluções normativas para todos os fatos que possam vir a acontecer no mundo. Surge então o problema das lacunas, situações não disciplinadas por lei, mas que precisam de uma solução a ser dada pelo Direito.

Os estudiosos da ciência da interpretação discutem se efetivamente existem lacunas no ordenamento jurídico. A maioria conclui pela plenitude de tal sistema, pois mesmo quando a lei se apresenta lacunosa há a previsão, no próprio ordenamento, de como colmatar a lacuna.

A conclusão majoritária é que, vendo as normas de maneira estática, lacunas serão percebidas, mas, em sua dinâmica, as regras de integração da legislação irão garantir a plenitude do Direito.

Assim, em homenagem ao **princípio da plenitude do Direito**, o juiz está proibido de deixar de decidir os litígios que lhe são submetidos alegando que não existe lei disciplinando a matéria (proibição do *non liquet*), pois, nesses casos, o próprio Direito lhe diz qual a providência a ser adotada.

Há de se ressaltar, porém, que não se pode confundir lacuna com os casos em que o legislador quis que determinado texto normativo abrangesse só determinadas situações e não outras. Nesses casos, o silêncio da norma deve ser interpretado como uma manifestação no sentido de que ela não deve ser aplicada a outros casos que não os previstos expressamente, pois, nas palavras do Ministro Moreira Alves, "só se aplica a analogia quando, na lei, haja lacuna, e não o que os alemães denominam 'silêncio eloquente' (*beredtes Schweigen*), que é o silêncio que traduz que a hipótese contemplada é a única a que se aplica o preceito legal, não se admitindo, portanto, aí o emprego da analogia" (excerto do voto proferido no julgamento, pela 1.ª Turma do STF, do RE 130.552/SP, Rel. Min. Moreira Alves, j. 04.06.1991, *DJ* 28.06.1991, p. 8.907).

4.5.1 Técnicas de integração

A regra geral básica para a solução do problema das lacunas no Direito brasileiro está prevista no art. 4º da LINDB, assim redigido:

> "Art. 4.º Quando a lei for omissa o juiz decidirá o caso de acordo com: a analogia, os costumes e os princípios gerais de Direito".

Tratando-se de matéria tributária, contudo, a solução do problema das lacunas toma por base a regra específica – portanto prevalente – constante do art. 108 do CTN, abaixo transcrito:

> "Art. 108. Na ausência de disposição expressa, a autoridade competente para aplicar a legislação tributária utilizará sucessivamente, na ordem indicada:
>
> I – a analogia;
>
> II – os princípios gerais de direito tributário;
>
> III – os princípios gerais de direito público;
>
> IV – a equidade.
>
> § 1.º O emprego da analogia não poderá resultar na exigência de tributo não previsto em lei.
>
> § 2.º O emprego da equidade não poderá resultar na dispensa do pagamento de tributo devido".

O dispositivo é direcionado tanto para a autoridade fiscal quanto para a autoridade judiciária que se depare com uma situação cuja solução normativa não esteja prevista expressamente.

É apresentada uma sequência **taxativa** e **hierarquizada** de técnicas aptas a solucionar o problema da omissão na legislação tributária. Em primeiro lugar, tenta-se preencher a lacuna por intermédio da analogia, só se utilizando os princípios gerais de Direito Tributário na hipótese de não se encontrar uma solução viável por intermédio daquela técnica, e assim por diante.

A primeira técnica da integração prevista foi a **analogia**.

A analogia consiste na aplicação de uma norma jurídica existente a um caso não previsto, mas essencialmente semelhante ao previsto. Em outras palavras, a regra existente não abrange explicitamente o caso concreto a ser resolvido, mas como este se assemelha com o previsto abstratamente pode desfrutar da mesma solução normativa prevista para aquele outro.

A analogia não deve ser confundida com a interpretação extensiva. Nesta, como visto no item 4.2.2, o intérprete percebe que o legislador, ao redigir o texto, disse menos do que intentava, de forma a ser necessária uma ampliação do conteúdo aparente da norma, abarcando situações aparentemente não previstas. Na analogia, a situação a ser resolvida está indiscutivelmente fora do alcance da norma, pois o legislador não pensava em tratar de tal situação ao escrever o texto, mas, em virtude de a situação imprevista se assemelhar à expressamente prevista, acaba por compartilhar com esta a mesma solução.

O fundamento da utilização da analogia é o princípio da isonomia, pois aos casos semelhantes devem-se aplicar soluções análogas. Imagine-se que, se para a situação "A" o legislador previu a solução "X", e para a situação "B", análoga à situação "A", não previu qualquer solução, a solução "X" pode ser aplicada também à situação "B", pois, provavelmente, assim faria o próprio legislador, caso fosse instado a resolver o problema.

Os professores Vicente Paulo e Marcelo Alexandrino, em seu *Manual de direito tributário*, propõem o seguinte exemplo:

> "A legislação do IR prevê que, quando a autoridade fiscal verifica inconsistências na declaração de renda, pode notificar o sujeito passivo para prestar esclarecimentos na repartição, fixando-lhe um prazo de 20 dias para comparecimento. A legislação do ITR também prevê a possibilidade de notificar o sujeito passivo para prestar esclarecimentos relativos à declaração do ITR, mas não estabelece prazo nenhum. Nessa situação, a autoridade administrativa, ao intimar determinado sujeito passivo para prestar esclarecimentos relativos à declaração do ITR, pode fixar-lhe prazo de 20 dias para comparecimento à repartição, utilizando-se, por analogia, a legislação do IR".

Não preenchida a lacuna por meio da analogia, deve a autoridade responsável pela aplicação da legislação tributária buscar a solução nos **princípios gerais de Direito Tributário**.

Tais princípios são aqueles específicos desse ramo de Direito, como o da anterioridade, noventena, isonomia, capacidade contributiva, não confisco, liberdade de tráfego, entre outros.

Superada a possibilidade de solução da lacuna normativa pelas duas primeiras técnicas interpretativas, a autoridade deverá partir para a utilização dos **princípios gerais de Direito Público**.

Perquire-se uma solução do problema por meio das diretrizes básicas válidas para os diversos ramos do Direito Público (administrativo, constitucional, processual, penal). São princípios que, por vezes, têm sua importância ampliada em alguns desses ramos, mas que, dada a unicidade do Direito, podem ser úteis na solução de uma lacuna normativa em quaisquer deles.

Como exemplos, podem ser citados os princípios da supremacia do interesse público sobre o privado, da indisponibilidade do interesse público, da segurança jurídica, da ampla defesa, do contraditório, da unidade da jurisdição, da liberdade de exercício de trabalho, ofício ou profissão, entre outros.

Se nenhuma das três técnicas apresentadas resolver o problema, a autoridade responsável pela aplicação da legislação tributária se utilizará da **equidade**, procurando dar a solução mais justa para o caso concreto que lhe é apresentado.

Trata-se de uma humanização do Direito positivo, que traz para a autoridade responsável um amplo grau de discricionariedade para preencher a lacuna, adequando o ordenamento jurídico – normalmente composto de normas gerais e abstratas – às especificidades de um caso concreto.

4.5.2 Discricionariedade interpretativa e limitações ao uso das técnicas de integração

Pela análise realizada, percebe-se que a ordem estabelecida pelo CTN visa a solucionar o problema da lacuna normativa em Direito Tributário, sem completo abandono da rigidez que caracteriza o princípio da legalidade neste ramo da ciência jurídica.

Assim, estabeleceu-se uma rigorosa sequência hierarquizada de técnicas a ser seguida pelo intérprete, sem qualquer margem de discricionariedade que lhe permitisse valorizar mais ou valorizar menos determinada técnica ou aplicá-las conjuntamente.

O critério usado pelo legislador para consignar uma sequência de preferência entre as técnicas integrativas foi o de conferir à autoridade responsável o mínimo grau de discricionariedade possível, ampliando-o passo a passo, na medida do necessário.

Perceba-se que a discricionariedade existe na manipulação de cada técnica, jamais na escolha entre as técnicas, procedimento absolutamente vinculado.

Nessa linha, percebe-se que a analogia confere à autoridade competente para a aplicação da legislação tributária um certo grau de discricionariedade, pois há margem interpretativa na análise de semelhança entre as situações normatizadas pelo legislador e aquelas carentes de disciplinamento normativo expresso.

Entretanto, não se obtendo a solução do problema por meio da analogia, parte-se para algo que permite uma maior margem interpretativa, os princípios de Direito, mas desde já restringindo a busca a princípios específicos do ramo tributário da ciência jurídica.

No passo subsequente, novamente a discricionariedade da autoridade é aumentada, uma vez que o campo de investigação dos princípios não mais se restringe a ramo jurídico específico (tributário), mas a um conjunto de ramos do direito (público).

Não resolvido o problema, o legislador tributário passa para a derradeira técnica, a que mais confere liberdade à autoridade responsável, determinando-lhe praticamente que crie a solução que lhe pareça mais justa (equidade).

Em nenhum caso se abandona por completo a legalidade, tão rígida em matéria tributária, pois, em primeiro lugar, o próprio Código proíbe que da utilização da analogia decorra a cobrança de tributo não previsto em lei (CTN, art. 108, § 1º). Assim, por mais que uma manifestação de riqueza sem previsão de tributação se assemelhe a uma outra tributada, o tributo não pode ser cobrado.

A título de exemplo, quando um navio pesqueiro sai das águas territoriais brasileiras e captura pescados em alto-mar, ingressando novamente em território nacional (território aduaneiro), ocorre algo muito semelhante (análogo) à entrada da mercadoria estrangeira em território nacional, fato gerador do imposto de importação. Entretanto, como a mercadoria não é estrangeira, a norma não incide, e o tributo não é cobrado.

Caso a cobrança fosse realizada, haveria agressão indireta ao princípio da legalidade (CF, art. 150, I) e direta à regra restritiva ora comentada (CTN, art. 108, § 1º).

Em segundo lugar, é também o princípio da legalidade que fundamenta a restrição contida no § 2º do art. 108 do CTN, o qual impede que do emprego da equidade resulte a dispensa de tributo devido.

Assim, se a lei prevê a incidência tributária sobre determinado fato, não pode a autoridade fiscal, diante de considerações sobre o que seria justo no caso concreto, deixar de cobrá-lo.

Aliás, a equidade, como os demais métodos integrativos ora estudados, serve para solucionar o problema da inexistência de disposição normativa expressa, não podendo se converter num mecanismo que afaste a incidência de norma existente. Assim, se a lei que instituiu o tributo incidiu, não se pode dispensar o pagamento devido com base em equidade.

Provavelmente, o legislador positivou a regra com o objetivo de impedir manobras interpretativas conducentes a exonerações tributárias não previstas.

A título de exemplo, suponha-se que determinada incidência tributária pareça injusta no caso concreto e que o legislador não tenha criado qualquer norma isentiva para a situação. Sem a regra, o intérprete poderia pretender invocar a existência de lacuna na legislação, visando a solucioná-la por meio do manejo da equidade.

O raciocínio destoa do ordenamento tributário brasileiro por vários motivos. Em primeiro lugar, agride o princípio da legalidade (CF, art. 150, I). Em segundo, contrapõe-se à definição de tributo, que impõe a plena vinculação de sua atividade de cobrança (CTN, art. 3º). Em terceiro, encontra impedimento na regra que submete as isenções à interpretação literal (CTN, art. 111, II). Em quarto – e não menos importante – agride a proibição ora analisada (CTN, art. 108, § 2º).

Por fim, apesar de as restrições constantes nos parágrafos do art. 108 do CTN se aplicarem expressamente ao emprego da equidade e da analogia (raciocínio que deve ser seguido em provas objetivas de concursos públicos), o princípio da legalidade impõe que sejam observadas em qualquer caso de integração da legislação tributária.

Vale dizer, jamais se pode, com base em quaisquer das quatro técnicas integrativas da legislação tributária, previstas no art. 108 do CTN, exigir tributo não previsto em lei ou dispensar tributo legalmente previsto.

Para acessar as questões referentes a esse capítulo, utilize o QR Code ao lado.

5

OBRIGAÇÃO TRIBUTÁRIA

5.1 CONSIDERAÇÕES INICIAIS

O direito das obrigações é estudado na seara do Direito Civil, sendo no âmbito desse ramo jurídico que se deve buscar o conceito de obrigação.

No seu consagrado *Curso de direito civil*, Washington de Barros Monteiro assim define obrigação:

> "Obrigação é uma relação jurídica, de caráter transitório, estabelecida entre devedor e credor e cujo objeto consiste numa prestação pessoal econômica, positiva ou negativa, devida pelo primeiro ao segundo, garantindo-lhe o adimplemento através do seu patrimônio".

A **relação jurídico-tributária** é eminentemente **obrigacional**, formada pelos seguintes polos:

a) **Polo ativo** (**credor**) – ente político (União, Estado, Distrito Federal ou Município) ou outra pessoa jurídica de direito público a quem tenha sido delegada a capacidade ativa;

b) **Polo passivo** (**devedor**) – sujeito obrigado ao cumprimento da obrigação, podendo ser um particular ou, o que é mais raro, uma pessoa jurídica de direito público em situação não abrangida pela imunidade tributária.

Essas duas pessoas (credor e devedor), necessariamente presentes para que se forme o vínculo obrigacional, constituem os elementos subjetivos da obrigação tributária e serão estudadas em item específico.

Para entender por completo a relação, há de se analisar, também, seu elemento objetivo, ou seja, o objeto do vínculo existente entre devedor e credor.

Na definição de Washington de Barros, afirma-se que o objeto da obrigação é uma prestação econômica **positiva** ou **negativa**. Nessa linha, os civilistas classificam as obrigações como de **dar**, **fazer** ou **deixar de fazer** algo, sendo as duas primeiras modalidades positivas (pois importam um dever de agir), e a última negativa (importa um dever de se omitir).

Em Direito Tributário, a obrigação pode assumir as três formas previstas pelos civilistas: a obrigação de pagar tributo ou multa caracteriza-se como uma obrigação de **dar** (dinheiro); as obrigações de escriturar livros fiscais e de entregar declarações tributárias são obrigações de **fazer**; as obrigações de não rasurar a escrituração fiscal e de não receber mercadorias sem os documentos fiscais previstos na legislação são obrigações de **deixar de fazer**.

Conforme se verá adiante, no primeiro caso (dar dinheiro), a obrigação será considerada **principal**. Nos casos restantes, a obrigação será considerada **acessória**.

Alguns autores falam numa quarta modalidade de obrigação, consistente num dever de permitir algo (tolerar que se faça), como seria a obrigação de permitir o acesso da fiscalização a livros, documentos e mercadorias. Aqui se adotará a classificação tradicional (dar, fazer e deixar de fazer), sendo a obrigação exemplificada entendida como uma obrigação de não embaraçar a fiscalização (não fazer).

Uma outra controvérsia que poderia decorrer da definição de obrigação acima transcrita é o seu conteúdo econômico. Em matéria tributária, existem diversas obrigações enquadradas nas modalidades de fazer ou de não fazer, caracterizadas como um dever burocrático, sem qualquer conteúdo economicamente apreciável. Alguns autores afirmam, justamente por isso, que esses "deveres" não seriam alcançados pelo conceito de obrigação, sendo considerados "simples deveres administrativos".

Tal posicionamento peca pelo fato de deixar de lado o Direito positivo em nome de um entendimento doutrinário, não reconhecendo que, obedecidas as normas constitucionais, o Parlamento tem liberdade para definir os contornos dos institutos jurídicos adotados no Direito interno.

Registre-se, por oportuno, que a existência de obrigações sem qualquer conteúdo patrimonial não é novidade do Direito Tributário. Já em 1971, Pontes de Miranda, no seu *Tratado de direito privado*, afirmava – e bem exemplificava – o seguinte:

> "Longe vai o tempo em que se não atendia ao interesse somente moral da prestação, em que se dizia que a prestação tinha de ser patrimonial. O que se deve pode não ter qualquer valor material, como se A obtém de B que o acompanhe ao teatro por ser B de alta família. Nem o interesse é patrimonial, nem a prestação é de valor patrimonial, nem há ilicitude na promessa (...) No direito brasileiro, não há regra jurídica que exija às prestações prometidas o serem avaliáveis em dinheiro".

Assim, pode-se afirmar que o caráter econômico da prestação não é algo essencial à definição de obrigação em Direito Privado e, ainda que o fosse, seria possível ao Direito Tributário alterar-lhe o conceito, porque este não foi utilizado expressa ou implicitamente pelas leis máximas dos entes políticos para limitar ou definir competências tributárias (interpretação *a contrario sensu* do art. 112 do CTN).

Feitas essas considerações iniciais, passa-se à análise da obrigação tributária, nos termos disciplinados pelo Código Tributário Nacional.

5.2 OBRIGAÇÃO TRIBUTÁRIA PRINCIPAL

A primeira observação a ser feita é que o legislador do CTN utilizou as palavras "principal" e "acessória" num sentido bem diferente daquele estudado em Direito Civil.

Para os civilistas, a coisa acessória presume a existência de uma coisa principal ("não há acessório sem principal"), pois só esta existe por si, abstrata ou concretamente. Assim, é regra que a coisa acessória siga o destino da coisa principal. A título de exemplo, o aparelho de som automotivo instalado num veículo é uma coisa acessória (do veículo). Se o automóvel é vendido sem ressalva, o aparelho de som faz parte do contrato.

Nessa linha, se uma determinada obrigação é nula, nula também será a respectiva cláusula penal (multa), pois o acessório segue o destino do principal, e se não há o débito, não há a multa.

Em Direito Tributário, tanto um crédito quanto os respectivos juros e multas são considerados **obrigação tributária principal**, pois o enquadramento de uma obrigação tributária como principal depende exclusivamente do seu **conteúdo pecuniário**.

Conforme estudado no item 1.3.3 do Capítulo 1, a multa é, exatamente, o que o tributo, por definição legal, está impedido de ser: a sanção por ato ilícito. Entretanto, a obrigação de pagar a multa tributária foi tratada pelo CTN como obrigação tributária principal.

Vale dizer, **multa tributária não é tributo, mas a obrigação de pagá-la tem natureza tributária**.

O legislador tributário optou por adotar essa fórmula aparentemente paradoxal com o objetivo de submeter a cobrança tanto do tributo quanto das respectivas multas ao mesmo regime jurídico, utilizando-se das diversas vantagens legais inerentes a tal regime.

Digna de nota uma observação a ser aprofundada em momento oportuno. Após a edição da Lei de Falências (Lei 11.101/2005) e a adaptação do CTN às suas respectivas regras (LC 118/2005), o crédito tributário referente à multa tributária deixou de ter, na falência, a mesma preferência desfrutada pelo crédito tributário referente a tributo (CTN, art. 186, parágrafo único, III).

Trata-se de um reconhecimento legal do que já vinha sendo entendido no âmbito do Superior Tribunal de Justiça, não mais se podendo afirmar que a cobrança de multas tributárias e tributos estão submetidos exatamente ao mesmo regime jurídico. Contudo, continua escorreito asseverar que, se a obrigação tributária é de dar dinheiro, ela é principal, quer se refira à multa, quer se refira ao tributo.

Em resumo, ao afirmar que a obrigação tributária principal tem por objeto o pagamento de tributo ou penalidade pecuniária (art. 113, § 1º), o CTN acabou por definir que tal obrigação é sempre de dar (dinheiro), jamais de fazer ou deixar de fazer algo.

5.3 OBRIGAÇÃO TRIBUTÁRIA ACESSÓRIA

5.3.1 Conceito, objeto e características

Segundo o § 2º do art. 113 do CTN, a obrigação acessória tem por objeto as prestações, positivas ou negativas, previstas no interesse da arrecadação ou da fiscalização dos tributos.

Ao falar em prestações positivas ou negativas, o legislador tributário quis se referir às obrigações que os civilistas classificam como **de fazer** ou **deixar de fazer**. Não se incluem as obrigações de dar dinheiro, porque estas, conforme analisado no item anterior, são consideradas "principais". São, na realidade, obrigações meramente instrumentais, simples deveres burocráticos que facilitam o cumprimento das obrigações principais.

Aqui não valem as lições dos civilistas, no sentido de que a existência da coisa acessória pressupõe a da coisa principal. Em Direito Tributário, existem vários exemplos de obrigações acessórias que independem da existência de obrigação principal. Um excelente exemplo de tal situação é o art. 14, III, do CTN, que coloca como um dos requisitos para gozo de imunidade por parte das entidades de assistência social sem fins lucrativos que estas mantenham escrituração de suas receitas e despesas em livros revestidos de formalidades capazes de assegurar sua exatidão. É uma obrigação acessória (escriturar livros) para quem, em circunstâncias normais, não possui obrigações principais, ao menos no que se refere aos impostos sobre patrimônio, renda e serviços (CF, art. 150, VI, *c*).

A relação de acessoriedade, em Direito Tributário, consiste no fato de que as obrigações acessórias existem no interesse da fiscalização ou arrecadação de tributos, ou seja, são criadas com o objetivo de facilitar o cumprimento da obrigação tributária principal, bem como de possibilitar a comprovação deste cumprimento (fiscalização).

Assim, a declaração do imposto de renda facilita o cálculo do montante a ser recolhido e possibilita a verificação, por parte do Fisco, da correção do procedimento adotado pelo contribuinte.

Mesmo no que concerne às entidades imunes, as obrigações acessórias existem no interesse da fiscalização e arrecadação de tributos, visto que são obrigadas a escriturar livros fiscais para que a Administração Tributária tenha como fiscalizá-las e verificar se as condições para a fruição da imunidade permanecem presentes.

Também é possível que, mesmo imunes, as entidades sejam obrigadas a recolher tributos na condição de **responsáveis**, como é o caso da entidade imune ao Imposto de Renda que faz pagamentos a uma pessoa física que lhe presta serviço, sendo responsabilizada pela retenção e recolhimento do respectivo imposto. Daí a necessidade de apresentação de Declaração de Imposto de Renda Retido na Fonte (DIRF), que existe no interesse da arrecadação e fiscalização do imposto.

Claro que nada impede que as entidades, mesmo imunes, que descumpram as obrigações acessórias sejam multadas. Em tal situação, a entidade passa a ser sujeito passivo (devedor) de uma obrigação principal: a de pagar a multa pelo descumprimento da obrigação acessória.

O CTN poderia ter afirmado que o descumprimento de obrigação acessória pode ser definido como fato gerador de obrigação principal concernente ao pagamento da respectiva penalidade pecuniária. Em vez disso, de maneira atécnica, optou por regular a hipótese asseverando que "a obrigação acessória, pelo simples fato da sua inobservância, converte-se em obrigação principal relativamente à penalidade pecuniária" (CTN, art. 113, § 3º).

É impreciso afirmar que uma obrigação converte-se noutra, uma vez que, a título de exemplo, a obrigação de escriturar livros fiscais não se "converte" em multa quando descumprida. Se isso ocorresse, o contribuinte poderia optar por pagar a multa e não escriturar os livros, uma vez que a obrigação acessória, convertida em principal, e cumprida a tal título, deixaria de existir.

Apesar da imprecisão, em provas de concurso público, deve ser, como sempre, considerada correta qualquer assertiva que utilize a literal redação da lei, mas, caso se elabore uma questão com redação mais doutrinária, também deve ser considerada certa a fraseologia aqui adotada.

Em síntese, as obrigações tributárias podem ser visualizadas da seguinte forma:

	Espécies	Natureza	Modalidade Obrigacional	Objeto
OBRIGAÇÃO TRIBUTÁRIA	***Principal***	Patrimonial	De **dar** (dinheiro)	Pagamento de tributo Pagamento de penalidade pecuniária
	Acessória	Não patrimonial	De **fazer** (ex. escriturar livros fiscais e entregar declarações tributárias) ou de **não fazer** (ex. não rasurar a escrituração fiscal e não receber mercadorias desacompanhadas dos documentos fiscais)	Prestações positivas ou negativas de interesse da arrecadação ou fiscalização

5.3.2 Estatuto Nacional de Simplificação de Obrigações Tributárias Acessórias

Seguindo os termos do CTN, todos os entes federados dispõem de ampla autonomia para instituir obrigações acessórias relativas aos seus tributos.

Essa amplitude gerou um sistema de obrigações acessórias extremamente burocratizado, com alto grau de **complexidade**, **falta de padronização** e muitas **redundâncias** residentes na necessidade de prestação de informações muitas vezes idênticas a esferas federativas distintas.

Também é característica do modelo brasileiro a utilização pelos entes federados de sistemas informatizados diversos e não integrados, assim como a exigência do preenchimento de declarações, formulários, notas fiscais e outros documentos dotados de peculiaridades decorrentes de suas legislações. Como resultados, têm-se a imposição de pesadas multas a contribuintes confusos e o aumento do gasto necessário para o cumprimento das complexas normas tributárias a que eles se submetem (**custo de conformidade**), tudo com um prejuízo incalculável para o desenvolvimento do País.

Há algumas exceções relevantes, é verdade, como o Sistema Público de Escrituração Digital - Sped, criado com o objetivo de "unificar as atividades de recepção, validação, armazenamento e autenticação de livros e documentos que integram a escrituração contábil e fiscal dos empresários e das pessoas jurídicas, inclusive imunes ou isentas, mediante fluxo único, computadorizado, de informações" (Decreto 6022/2007, art. 2º). Apesar de a União, os Estados e o Distrito Federal serem usuários do Sped, o Sistema "não pegou" entre os Municípios, sendo poucos os que aderiram ao modelo.

Foi nesse contexto que foi editado o **Estatuto Nacional de Simplificação de Obrigações Tributárias Acessórias** (LC 199/2023), que, já no seu artigo inaugural, aponta as finalidades de "diminuir os custos de cumprimento das obrigações tributárias e de incentivar a conformidade por parte dos contribuintes".

Na mesma linha, o § 2º do dispositivo detalha a principal diretriz a ser seguida para atingir tais finalidades ao enunciar que o Estatuto "objetiva a **padronização das legislações e dos respectivos sistemas direcionados ao cumprimento de obrigações acessórias,** de forma a possibilitar a **redução de custos** para as administrações tributárias das unidades federadas e para os contribuintes. Na busca da consecução de tais desígnios, o mesmo art. 1º enumera as seguintes medidas:

> a) emissão unificada de documentos fiscais eletrônicos;
>
> b) instituição da Nota Fiscal Brasil Eletrônica (NFB-e);
>
> c) utilização dos dados de documentos fiscais para a apuração de tributos e para o fornecimento de declarações pré-preenchidas e respectivas guias de recolhimento de tributos pelas administrações tributárias;
>
> d) facilitação dos meios de pagamento de tributos e contribuições, por meio da unificação dos documentos de arrecadação;
>
> e) unificação de cadastros fiscais e seu compartilhamento em conformidade com a competência legal;
>
> f) instituição do Registro Cadastral Unificado (RCU).

Caso a desejada simplificação prevista no Estatuto viesse a ser operacionalizada mediante a criação de toda uma nova estrutura e o completo abandono daquela atualmente existente, o resultado, ao menos num primeiro momento, seria a geração de elevados custos para o contribuinte e para as Fazendas Públicas.

Justamente por isso, o § 1º do art. 1º da LC 199/2023 determina que a emissão unificada de documentos fiscais eletrônicos (prevista na letra "a", acima) seja operacionalizada levando em consideração "os sistemas, as legislações, os regimes especiais, as dispensas e os sistemas fiscais eletrônicos **existentes**, de forma a promover a sua integração, inclusive com redução de custos para os contribuintes".

Os mecanismos previstos no art. 1º do Estatuto serão instituídos e aperfeiçoados pelo **Comitê Nacional de Simplificação de Obrigações Tributárias Acessórias (CNSOA)**, vinculado ao Ministério da Fazenda, composto mediante representação paritária entre as esferas federadas (6 representantes da União, oriundos da Receita Federal, 6 representantes dos Estados e do DF e 6 representantes dos Municípios). A presidência e a coordenação do Comitê caberão a um dos representantes da União, escolhido pelo Ministério da Fazenda (LC 199/2023, art. 3º, § 3º).

O CNSOA foi legalmente designado como gestor das ações de simplificação das obrigações tributárias acessórias (art. 3º) e órgão competente para disciplinar tais obrigações, ressalvadas as competências do Comitê Gestor do Simples Nacional (CGSN).

Por ter sido previsto na EC 132/2023, posterior ao advento da LC 199/2023, o Comitê Gestor do Imposto sobre Bens e Serviços (CGIBS) não foi expressamente ressalvado como foi o CGSN. Contudo, como a competência para "atuar com vistas a harmonizar normas, interpretações, obrigações acessórias e procedimentos relativos ao imposto sobre bens e serviços e a contribuição sobre bens e serviços" foi constitucionalmente atribuída ao CGIBS, à Receita Federal e à Procuradoria-Geral da Fazenda Nacional, (CRFB, art. 156-B, § 6º), o trio também terá grande importância na disciplina das obrigações acessórias referente a tais tributos.

A Lei Complementar 214/2025, responsável pela instituição do IBS e da CBS, bem como pela criação do Comitê Gestor do IBS, reafirma, em seu art. 318, a literalidade da previsão constitucional. Segundo a Lei, a harmonização entre os tributos será alcançada através de dois órgãos colegiados, o "Comitê de Harmonização das Administrações Tributárias" e o "Fórum de Harmonização Jurídica das Procuradorias", cuja composição e atribuições são detalhadas em capítulo próprio da LC 214/2025.

De qualquer modo, é importante salientar que as regras da LC 199/2023, segundo seu art. 5º, serão aplicáveis também aos tributos instituídos após sua publicação, o que engloba os que tiveram sua criação autorizada na Reforma Tributária introduzida pela EC 132/2023 (IBS, CBS, imposto seletivo e contribuição sobre produtos primários e semielaborados). Assim, e tendo em vista o disposto no art. 1º, § 5º, do Estatuto, **só não estão sob o alcance de suas normas as obrigações acessórias relativas ao Imposto de Renda e ao IOF,** devendo também a harmonização de normas relativas ao IBS e à CBS, a cargo da Receita Federal, da PGFN e do CGIBS, guardar consonância com as ações de simplificação oriundas do CNSOA.

Ainda acerca do Comitê, é fundamental destacar que sua existência e atuação não impedem que "a União, os Estados, o Distrito Federal e os Municípios disponham sobre as obrigações tributárias acessórias relativas aos tributos de sua competência". A exigência legal é apenas que, no exercício de tal competência, os entes federados cumpram o que houver sido disciplinado pelo CNSOA (LC 199/2023, art. 3º, § 2º).

Também merece destaque a disposição constante do art. 2º do Estatuto, segundo a qual "as administrações tributárias da União, dos Estados, do Distrito Federal e dos Municípios **poderão compartilhar dados fiscais e cadastrais, sempre que necessário para reduzir obrigações acessórias e aumentar a efetividade da fiscalização".**

Não há dúvidas que o mencionado compartilhamento colabora com a diminuição da burocracia e da redundância concernentes à necessidade de fornecimento da mesma informação a entes distintos, mas não se pode negar sua clara finalidade de aumentar a eficiência da fiscalização, mediante o cruzamento de dados.

A título de exemplo, sempre foi comum o contribuinte fundamentar um aumento patrimonial na sua declaração de imposto de renda (aquisição de uma casa, por exemplo) no recebimento de uma doação, que é fato isento desse imposto. Se o doador, na sua declaração pessoal do IR, informa precisamente o valor da doação, o donatário e demonstra que tinha os recursos disponíveis para a transferência realmente concretizada, toda a situação está regular no âmbito da Receita Federal, mas o Estado titular da competência para cobrar o imposto sobre transmissão causa mortis e doações tem o legítimo interesse de tomar conhecimento da doação. Caso o sigilo fiscal configurasse impeditivo do compartilhamento da informação pela União, o Estado ficaria na dependência do conhecimento da legislação (e da honestidade) por parte do donatário ou da transcrição da operação no Registro de Imóveis e do repasse da informação pelo Cartório.

Até o advento do Estatuto Nacional de Simplificação de Obrigações Tributárias Acessórias, tal "assistência para a fiscalização dos tributos respectivos e permuta de informações" entre os entes federados – algo essencial, conforme demonstra o exemplo proposto – dependia da celebração de um convênio entre os entes interessados ou da edição de uma lei disciplinando a permuta, de forma geral ou específica, conforme exigido pelo art. 199 do CTN.

O art. 2º da LC 199/2023, anteriormente transcrito, em total sintonia com as regras do CTN, autorizou de forma bastante geral tal compartilhamento de informações. Assim, **sempre que o compartilhamento dos dados for necessário para "aumentar a efetividade da fiscalização"**, o repasse da informação é permitido, sendo **desnecessária a elaboração de convênio entre os entes**.

Seguindo a mesma diretriz de permitir uma intensa e quase irrestrita cooperação entre as diversas administrações tributárias, o art. 4º do Estatuto estabelece que "a União, os Estados, o Distrito Federal e os Municípios atuarão de forma integrada e **poderão ter acesso às bases de dados dos documentos**

fiscais eletrônicos, das declarações fiscais, do RCU, dos documentos de arrecadação e dos demais documentos fiscais que vierem a ser instituídos, na forma disciplinada pelo CNSOA".

Contudo, não se pode perder de vista que a norma ora estudada integra um Estatuto que visa primordialmente à simplificação das obrigações acessórias e é também nesse contexto normativo que os mencionados dispositivos devem ser analisados.

Como visto, cada vez mais a Administração Tributária tem acesso, em tempo real, aos mais minudentes detalhes das operações realizadas pelos contribuintes. Tal facilidade aliada ao uso da tecnologia da informação e da inteligência artificial devem progressivamente ter como efeitos práticos não apenas o já ressaltado aperfeiçoamento da atividade fiscalizatória, mas também – e, no contexto da lei, principalmente – uma significativa **redução ou até mesmo eliminação da maioria das obrigações acessórias cujo cumprimento dependa de intervenção do sujeito passivo**.

Há algum tempo, por exemplo, a Receita Federal já afirma vislumbrar uma futura eliminação do dever de entrega anual da declaração do imposto de renda. Isso porque, no atual "Big Brother Fiscal", o Fisco já dispõe de precisas informações oriundas das mais diversas fontes sobre a vida financeira e econômica dos sujeitos passivos. Assim, imagina-se que, em breve, já será possível que a Receita, utilizando-se exclusivamente dos seus recheados bancos de dados e das validações possíveis com o cruzamento com as informações dos bancos de dados das demais administrações tributárias, lance "de ofício" o imposto de renda (modalidade de lançamento estudada no Capítulo 7) e notifique os contribuintes do procedimento realizado para que estes, em caso de discordância, possam impugnar os lançamentos. Algo bem semelhante ao que ocorre atualmente com o IPTU e o IPVA, tributos de administração bem mais simplificada.

Registre-se que o imposto de renda, conforme ressaltado anteriormente, não tem suas obrigações acessórias sujeitas às disposições da LC 199/2023, mas o exemplo demonstra um norte que as administrações tributárias devem seguir, que poderia ser chamado de "princípio da obrigação acessória mínima" ou "princípio da intervenção mínima do contribuinte", que já pode ser considerado expressamente previsto no parágrafo único do art. 4º do Estatuto, lavrado nos seguintes termos:

> Art. 4º (...)
>
> Parágrafo único. O CNSOA terá como objetivo a automatização da escrituração fiscal de todos os tributos abrangidos por esta Lei Complementar, com mínima intervenção do contribuinte, gerada a partir dos documentos fiscais eletrônicos por ele emitidos.

5.4 TEORIA DO FATO GERADOR

O estudo do fato gerador é o ponto central da teoria do Direito Tributário. A imensa maioria das lides tributárias tem como pano de fundo a discussão sobre a ocorrência ou não do fato gerador e, portanto, a incidência ou não de determinado tributo.

O primeiro ponto relevante é a imprecisão do Código Tributário Nacional ao reunir realidades completamente distintas sob a mesma rubrica (fato gerador).

A palavra "fato" se refere a algo concretamente verificado no mundo. Tanto é assim que as pessoas que prezam por um português escorreito, evitando as redundâncias, não dizem que "o fato é verdadeiro", dizem simplesmente "é fato", pois se é fato, é verdadeiro.

O problema é que o CTN trata como fato tanto a descrição abstrata prevista em lei quanto a situação concreta verificada no mundo.

Uma comparação com o Direito Penal ajuda a demonstrar a diferença. O art. 121 do Código Penal tipifica como homicídio a conduta de "matar alguém". Nenhum penalista denominaria a previsão abstrata do dispositivo de "fato típico", mas sim de "tipo penal". Quando uma pessoa mata alguém no mundo concreto, aí sim tem-se por ocorrido o fato típico. É simples assim: *fato* é o que ocorre no mundo, *tipo* é a previsão abstrata, na letra da lei.

O CTN, em seu art. 114, afirma que o "**fato gerador** da obrigação principal é a **situação definida em lei** como necessária e suficiente à sua ocorrência". Ora, se apenas está definida em lei, a situação não poderia ser denominada de "fato". Por isso, a boa doutrina afirma que a previsão abstrata deve ser denominada "hipótese", pois se refere a algo que pode vir a ocorrer no mundo, tendo como consequência a incidência tributária. Daí a famosa terminologia "hipótese de incidência".

Já no art. 113, § 1º, o CTN afirma que "a obrigação principal surge com a ocorrência do fato gerador". Nesse caso, o Código se refere efetivamente a um fato da vida, verificado no mundo concreto, sendo lícito denominar a situação de "fato gerador". Alguns doutrinadores preferem as expressões **"fato imponível"**, **"fato jurídico tributário"** ou **"fato jurígeno tributário"**, mas o que é relevante é utilizar a palavra fato apenas para situações concretas, jamais para se referir a meras hipóteses.

Dessa forma, tem-se:

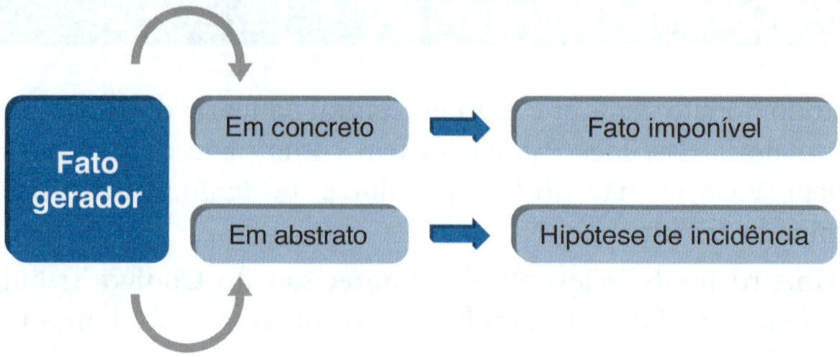

Em provas de concurso público, o candidato deve ficar bastante atento à terminologia adotada pela banca. O normal é que se siga o linguajar do CTN, denominando-se fato gerador tanto a hipótese de incidência (fato gerador em abstrato) como o fato imponível (fato gerador em concreto). Entretanto, em várias questões, percebe-se que o examinador preferiu fazer a diferenciação proposta pela doutrina.

A saudosa ESAF, no concurso para Gestor Governamental do Estado de Minas Gerais (prova aplicada em 2005), considerou **incorreta** uma assertiva que afirmava o seguinte: "A hipótese de incidência é o fato da vida que gera, diante do que dispõe a lei tributária, o dever de pagar o tributo".

O erro da assertiva é bastante óbvio. Hipótese de incidência não é um "fato da vida", mas tão somente uma descrição abstrata de comportamento que, verificado no mundo dos fatos, terá como consequência - agora sim - o dever de pagar tributo.

Na mesma prova, entretanto, a banca considerou **correta** a seguinte afirmativa: "O fato gerador é a situação definida em lei como necessária e suficiente para que se considere surgida a obrigação tributária".

Se o examinador mantivesse o critério doutrinário, a assertiva estaria, a rigor, incorreta, uma vez que "situação prevista em lei" é hipótese e não fato. Contudo, no item, o examinador seguiu à risca o que afirma o art. 114 do CTN, considerando correta a assertiva.

Portanto, em provas de concurso público, principalmente as objetivas, deve-se perquirir qual a linha terminológica que o examinador está seguindo ao utilizar a expressão "fato gerador". No entanto, ao utilizar a expressão "hipótese de incidência", a referência sempre será a situações abstratas, e não a fatos concretamente verificados no mundo.

Analisada a questão sob as óticas legal e doutrinária, passa-se ao estudo da teoria do fato gerador, adotando-se estritamente a terminologia legal. Vale dizer: como está consagrada na lei a expressão "fato gerador", seja em referência a descrições abstratas, seja em relação a fatos concretos, assim se fará daqui para frente, salvo expressa menção em sentido contrário.

Recorde-se, porém, que, para o surgimento do vínculo obrigacional, é necessário que a lei defina certa situação (hipótese de incidência), a qual que, verificada no mundo concreto (fato gerador), dará origem à obrigação tributária, conforme demonstrado no esquema abaixo:

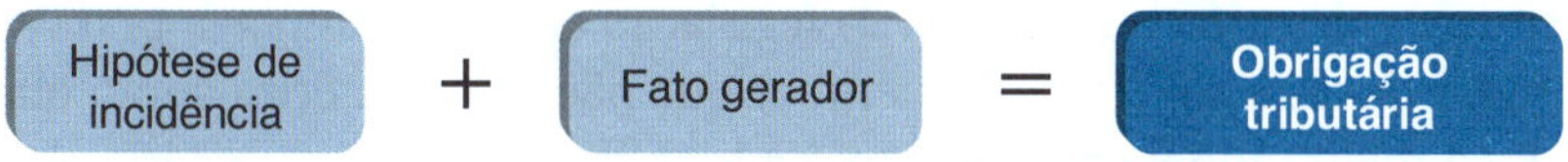

5.4.1 Fato gerador da obrigação principal

Segundo o art. 114 do CTN, fato gerador da obrigação principal é a situação definida em lei como necessária e suficiente à sua ocorrência.

Situações **necessárias** são todas aquelas que precisam estar presentes para a configuração do fato. São verdadeiros requisitos. Assim, a entrada de uma mercadoria em território nacional é situação necessária para a ocorrência do fato gerador do imposto de importação. Entretanto, para que a obrigação nasça, também é necessário que a mercadoria seja estrangeira.

É por conta desse raciocínio que o dispositivo legal afirma que a situação é definida não só como necessária, mas também como **suficiente** para o surgimento da obrigação principal.

O entendimento, aparentemente uma filigrana acadêmica, tem sido cobrado em provas de concurso público, conforme demonstra a seguinte assertiva, proposta pela FUNDATEC no concurso para Técnico Tributário da Receita Estadual da SEFAZ-RS (2014): "O fato gerador da obrigação principal é a situação definida em lei como necessária à sua ocorrência".

A proposição está **errada** porque, conforme exposto, para ser considerada fato gerador, não basta que uma situação seja necessária para o nascimento da obrigação tributária, é imprescindível que seja também suficiente para tanto.

5.4.2 Fato gerador da obrigação acessória

O CTN define, em seu art. 115, o fato gerador da obrigação acessória como qualquer situação que, na forma da legislação aplicável, impõe a prática ou a abstenção de ato que não configure obrigação principal.

Aqui o raciocínio é bastante simples e pode ser mais bem entendido com um exemplo.

Nos termos da legislação do imposto de renda e proventos de qualquer natureza, quem, no dia 31 de dezembro de determinado ano, teve a posse ou a propriedade, de bens ou direitos, inclusive terra nua, de valor total superior a R$ 300.000,00 (trezentos mil reais), é obrigado a entregar declaração de rendimentos no ano subsequente (ano-exercício).

A situação descrita, nos termos da legislação aplicável, impõe a prática de um ato (entregar declaração de rendimentos) que não se caracteriza como obrigação principal, configurando, portanto, fato gerador de obrigação tributária acessória.

5.4.3 Fato gerador e princípio da legalidade

Como visto, o Código Tributário Nacional exigiu que o fato gerador da obrigação tributária principal fosse uma situação definida em **lei**.

A imposição já foi analisada por diversas vezes no decorrer desta obra e é mera aplicação do princípio da legalidade, previsto genericamente no art. 5º, II, e especificamente no art. 150, I, ambos da CF/1988.

Assim, definir os fatos geradores de uma exação é – juntamente com a definição das alíquotas, bases de cálculo e contribuintes – criar o tributo, o que somente pode ser feito por lei ou ato normativo de igual hierarquia (medida provisória), respeitada a reserva de lei complementar nacional para a definição dos fatos geradores, bases de cálculo e contribuintes dos impostos.

Entretanto, ao tratar do fato gerador da obrigação acessória, o Código se referiu, de maneira ampla, à **"legislação"**, e não ao termo restrito **"lei"**.

Conforme estudado, a expressão legislação compreende todos os atos normativos gerais e abstratos que versem sobre tributos e relações jurídicas a eles pertinentes, compreendendo desde a Constituição Federal e suas Emendas até o mais subalterno dos atos administrativos normativos.

Adotando a literalidade do CTN, seria possível sustentar a criação de obrigações acessórias por intermédio de **atos infralegais**, algo considerado impossível pelos constitucionalistas mais rigorosos.

A inconstitucionalidade entrevista por alguns decorre da imposição de que ninguém será obrigado a fazer ou deixar de fazer alguma coisa senão em virtude de lei (CF, art. 5º, II). Assim, alega parcela da doutrina, a criação de qualquer obrigação – não importa se principal ou acessória – só poderia ter a lei como veículo de introdução no ordenamento jurídico.

O raciocínio é sedutor, mas não está em perfeita consonância com o Direito brasileiro.

Como é consabido, o art. 84, IV, da CF/1988 atribui ao Presidente da República a competência de expedir decretos e regulamentos para a fiel execução da lei (poder regulamentar).

As obrigações são criadas por lei. O regulamento traz disposições mais detalhadas, que possibilitam o fiel cumprimento da lei regulamentada. Claro que o regulamento não pode criar novas obrigações que não tenham correlação com o estrito cumprimento da obrigação originariamente instituída por lei. Mas também é óbvio que o regulamento não vai se limitar a repetir o que já está colocado em lei, podendo trazer disposições que aparentemente criam novas obrigações, mas que, na realidade, apenas possibilitam o cumprimento daquelas já previstas em lei.

Nessa linha, se a lei instituidora do imposto de renda cria a obrigação de que os beneficiários de rendimentos anuais acima de determinado montante paguem certo valor a título de imposto de renda, seria lícito ao regulamento estipular a obrigatoriedade de que o cálculo do tributo fosse feito numa declaração a ser entregue ao Fisco. Nessa situação, efetivamente se cria obrigação acessória por meio de ato infralegal, mas a obrigação criada está dentro do que é possível ao regulamento em sua função constitucional de **disciplinar o fiel cumprimento da lei**.

Sob esta ótica, considera-se constitucional a possibilidade de criação de obrigações acessórias por meio da legislação tributária. Assim, aquelas obrigações que facilitem, instrumentalizem ou concretizem o cumprimento da obrigação principal, são destas acessórias e podem ser instituídas por ato infralegal.

Em resumo, nos estritos termos disciplinados pelo CTN, a definição legal da situação que constitui o **fato gerador de obrigação principal** deve ser feita necessariamente por **lei ou ato de igual hierarquia** (medida provisória). Já a definição da situação que constitui o **fato gerador de obrigação acessória** pode ser feita pela **legislação tributária**.

Da jurisprudência do Superior Tribunal de Justiça extrai-se um interessante julgado em que a teoria ora estudada foi magistralmente aplicada. A controvérsia dizia respeito às obrigações de comprar e afixar **selos especiais de controle do IPI** sobre os produtos definidos em ato da Receita Federal, como ocorre, por exemplo, com diversas bebidas alcoólicas.

Segundo a legislação aplicável, os selos especiais de controle do IPI são confeccionados pela Casa da Moeda, que os distribui às unidades da Receita Federal para que estas os forneça aos contribuintes obrigados pela legislação a fixá-los, ficando obrigados a pagar ao Poder Público um valor a título de ressarcimento de custos e encargos.

A doutrina e a jurisprudência são pacíficas no enquadramento do **dever de afixar os selos de IPI** nos produtos que requerem tal providência como **obrigação tributária acessória.** No entanto, durou mais tempo a discussão sobre a natureza do dever de **pagar ao Poder Público** pelo fornecimento dos selos, se seria uma **obrigação autônoma de natureza pecuniária** ou apenas um **custo necessário para o cumprimento da obrigação acessória**.

Sobre esse aspecto, é importante destacar que as obrigações acessórias, apesar de não possuírem natureza pecuniária, frequentemente acabam por gerar custos ao contribuinte, como ocorre com a necessidade de pagar para obter certificado digital, de contratar profissional contador para realizar a escrituração fiscal etc. Essa necessidade, contudo, não retira de tais obrigações a natureza de acessórias, pois os valores despendidos não são devidos à Fazenda Pública; não se instaura entre Estado e os sujeitos passivos qualquer obrigação de conteúdo pecuniário. No caso dos selos de controle, de forma diversa, o "ressarcimento" em dinheiro deve ser pago ao Estado; obrigação que, por ser pecuniária, tecnicamente não é passível de ser enquadrada como acessória.

Caso se admita a natureza tributária da obrigação de pagar pelos selos, esta será indiscutivelmente uma obrigação principal, e não acessória. A dúvida sobre o caráter tributário da exação decorre da ausência de previsão, no sistema tributário nacional, de espécie tributária que configure contraprestação ao fornecimento de bem pelo Poder Público. Ao se debruçar sobre a questão, o STJ percebeu que o pagamento pelo selo de controle, cuja afixação configura requisito para exercício de uma atividade privada, tem como contrapartida não o selo propriamente dito, mas a fiscalização estatal, como também já decidiu o STF (RE 662.113/PR). Trata-se, portanto, de um **pagamento em contraprestação ao exercício do poder de polícia estatal**, o que leva à identificação de que se está diante de uma legítima **taxa de polícia**.

Assim, o dever de **pagar a taxa de polícia** relativa à aquisição dos selos de controle do IPI configura **obrigação tributária principal**, submetendo-se ao princípio da legalidade; já o dever de **afixar tais selos nas mercadorias a ele sujeitas** tem natureza de **obrigação tributária acessória**, passível de instituição por ato infralegal.

Definidos esses pontos, ficou fácil resolver o problema submetido ao Judiciário. A taxa de polícia fora instituída por ato infralegal, editado pelo Ministro da Fazenda, com base em delegação legislativa constante do Decreto-Lei 1.437/1975, considerada inconstitucional pelo STF (RE 662.113/PR). Nesse contexto, o STJ, no rito dos recursos repetitivos, entendeu como ilegítima a cobrança no período anterior à vigência da Lei 12.995/2014, que finalmente instituiu o tributo em consonância com o princípio da legalidade.

Registre-se que, na tese firmada ao fim do julgado, o STJ não detalhou que o vício do Decreto-Lei 1.437/1975 residia na inconstitucionalidade da delegação legislativa; diferentemente, acabou resumindo a questão declarando a "inexigibilidade do ressarcimento de custos e demais encargos pelo fornecimento de selos de controle de IPI instituído pelo DL 1.437/1975, que, embora denominado ressarcimento prévio, é tributo da espécie Taxa de Poder de Polícia, de modo que há vício de forma na instituição desse tributo por norma infralegal, excluídos os fatos geradores ocorridos após a vigência da Lei 12.995/2014" (REsp 1.405.244/SP).

Em provas de concurso público, o candidato deve atentar tanto à literalidade da tese firmada pelo STJ (REsp 1.405.244/SP) quanto ao detalhamento dos motivos da inconstitucionalidade do DL 1.437/1975, o que é melhor detalhado no julgado do Supremo Tribunal Federal (RE 662.113/PR).

5.4.4 O momento da ocorrência do fato gerador

O ponto central do estudo do Direito Tributário é a teoria do fato gerador. Saber **se** e, em caso positivo, **quando** ocorreu o fato gerador é a questão de maior importância dentro desta matéria, tanto para o Fisco, quanto para o contribuinte.

Neste ponto, será analisado o **aspecto temporal** da obrigação tributária, ou seja, o momento em que esta se considera nascida, como decorrência da verificação, no mundo dos fatos, da situação definida em lei como fato gerador.

O Código Tributário Nacional divide os fatos geradores em dois grandes grupos: um compreendendo os definidos com base em **situações de fato**; outro composto por aqueles definidos com base em **situações jurídicas**. Como se verá, dependendo do enquadramento do fato gerador numa dessas hipóteses, diferentes serão as regras relativas ao momento em que o mesmo se tem por completo e acabado.

Ao definir o fato gerador de um tributo, o legislador escolhe uma situação de relevância econômica como base para a incidência. A opção normalmente recai sobre uma das tradicionais bases econômicas de tributação (renda, patrimônio e consumo). A escolha não é livre, pois decorre de uma prévia atribuição constitucional de competência.

Algumas vezes, as situações definidas como fatos geradores de tributos se enquadram com precisão em alguma hipótese já prevista em lei como geradora de consequências jurídicas. Noutras palavras, mesmo antes de a lei tributária definir determinada situação como fato gerador de um tributo, já havia norma, de outro ramo do Direito, estipulando efeitos jurídicos para o mesmo fato. Neste caso, pode-se dizer que o fato gerador do tributo configura uma **situação jurídica**.

Em outras hipóteses, a situação escolhida pelo legislador para a definição do fato gerador do tributo possuía apenas relevância econômica, mas não era definida em qualquer ramo de Direito como produtora de efeitos jurídicos. Nestes casos, é correto afirmar que o fato gerador foi definido com base numa **situação de fato**.

É óbvio que, após a lei tributária definir certa situação como fato gerador do tributo, tal situação passa a ser uma situação jurídica, uma vez que, verificada no mundo concreto, produz como efeito o surgimento do vínculo jurídico-tributário. Entretanto, para classificar a situação como "de fato" ou "jurídica", o CTN se preocupou em identificar se, independentemente da tipificação como fato gerador de tributo, a situação já configurava um instituto jurídico disciplinado em outro ramo de Direito (normalmente civil ou comercial).

Assim, ao instituir impostos sobre a propriedade, o legislador tomou por base, para a definição do fato gerador, situações que, independentemente da lei tributária, já possuíam seus contornos e efeitos definidos pela lei civil. Dessa forma, os impostos sobre a propriedade (IPTU, ITR e IPVA) têm por fatos geradores situações jurídicas.

Ao contrário, ao definir como fato gerador do imposto de importação a entrada da mercadoria estrangeira em território nacional, o legislador tributário conferiu efeitos jurídicos a uma mera situação de fato, não definida como produtora de efeitos jurídicos em qualquer outro ramo da ciência jurídica.

Perceba-se que hipótese de incidência do imposto de importação não é a compra de mercadoria estrangeira. Se assim fosse, o fato gerador seria uma situação jurídica, pois o contrato de compra e venda é disciplinado pelo Direito Civil, que lhe estabelece os efeitos.

5.4.4.1 Fato gerador definido com base em situação de fato

Segundo o art. 116, I, do CTN, salvo disposição de lei em contrário, considera-se ocorrido o fato gerador e existentes os seus efeitos, tratando-se de **situação de fato**, desde o momento em que se verifiquem as **circunstâncias materiais** necessárias a que produza os efeitos que normalmente lhe são próprios.

No caso do imposto de importação, a circunstância material a ser verificada é a efetiva entrada da mercadoria no território brasileiro, ou seja, se ela cruzou a fronteira, adentrou nas águas territoriais ou ingressou no espaço aéreo.

Ocorre que seria muito difícil instalar uma fiscalização alfandegária na linha imaginária que define o mar territorial brasileiro ou o respectivo espaço aéreo. Foi justamente por isso que o legislador optou por utilizar a cláusula que lhe possibilita excetuar a regra ("salvo disposição em contrário") e estatuir, na legislação aduaneira, que, para efeito de cálculo do imposto, considera-se ocorrido o fato gerador na data do registro da declaração de importação de mercadoria submetida a despacho para consumo (Regulamento Aduaneiro, art. 73, e Decreto-lei 37/1966, art. 23).

5.4.4.2 Fato gerador definido com base em situação jurídica

Nos termos do art. 116, II, do CTN, salvo disposição de lei em contrário, considera-se ocorrido o fato gerador e existentes os seus efeitos, tratando-se de **situação jurídica**, desde o momento em que esta esteja definitivamente constituída, nos termos de **direito aplicável**.

Como a situação já é disciplinada por outro ramo da ciência jurídica, para verificar a completude do evento definido em lei como fato gerador do tributo, o intérprete deverá buscar, no direito aplicável, a estipulação do momento em que a situação está definitivamente constituída.

Assim, se o intérprete quer saber quando a propriedade imóvel está definitivamente transferida para efeito de configuração do fato gerador dos impostos sobre a transmissão (ITBI e ITCMD) ou para o efeito de modificar o sujeito passivo dos impostos sobre a propriedade imóvel (IPTU e ITR), a resposta estará na lei civil.

Novamente, vale a ressalva no sentido de que o *caput* do art. 116 do CTN afirma que as regras constantes do inciso são aplicáveis "salvo disposição em contrário", de forma que, também aqui, é possível a lei tributária definir diferentemente o exato momento da ocorrência do fato gerador.

Em resumo, o legislador tributário tem relativa discricionariedade para definir o momento da ocorrência do fato gerador. Caso não o faça, aplicam-se as regras do art. 116 do CTN.

5.4.4.3 As situações jurídicas condicionadas

Conforme definido pelo art. 121 do Código Civil, "considera-se condição a cláusula que, derivando exclusivamente da vontade das partes, subordina o efeito do negócio jurídico a evento futuro e incerto".

Assim, fica ao talante das partes a possibilidade de subordinar o efeito de um negócio entre elas celebrado a um evento futuro e incerto. O evento tem que ser incerto, como, por exemplo, "se chover em 31 de dezembro, fulano se compromete a..." não pode ser certo, como, por exemplo, "fulano se compromete a, no dia 31 de dezembro...". No primeiro caso, tem-se **condição** ("se chover" – algo incerto). No segundo, tem-se **termo** ("no dia 31 de dezembro" – algo certo).

A relevância do estudo das condições em Direito Tributário decorre da existência dos fatos geradores definidos com base em negócios jurídicos. Quando estes são condicionados, pode surgir a dúvida sobre o momento da ocorrência do fato gerador e, por conseguinte, do nascimento da obrigação tributária. Como se verá adiante, esta data será um divisor de águas, uma vez que determinará a legislação material aplicável e, se for o caso, a taxa de câmbio a ser utilizada para a conversão de valores para moeda nacional.

Para se definir o momento em que o fato gerador se reputa perfeito e acabado, o CTN toma por base uma importante classificação que os civilistas dão às condições, dividindo-as em **suspensivas** e **resolutórias** (ou resolutivas).

As condições **suspensivas** são aquelas que **suspendem** a eficácia do negócio jurídico a que foram apostas, de forma que a eficácia somente surgirá com o implemento da condição.

Imagine-se que o pai de uma garota prometa ao namorado dela a doação de um apartamento para a residência do casal, quando (e se) o casamento vier a ser celebrado. Trata-se de um evento futuro e incerto (o casamento), **suspendendo** a eficácia do negócio jurídico celebrado (doação). A condição é, portanto, **suspensiva**.

Somente quando o casamento vier a ser celebrado (**implemento da condição**), o negócio jurídico se reputará perfeito e acabado, tomando-se por ocorrida a doação, situação necessária para a configuração do fato gerador do imposto sobre a transmissão *causa mortis* e doação – ITCMD (que estará completo com o registro do título no cartório de registro de imóveis).

É por isso que o CTN afirma, no art. 117, I, que, salvo disposição de lei em contrário, os atos ou negócios jurídicos condicionais reputam-se perfeitos e acabados, sendo **suspensiva** a condição desde o momento de seu **implemento**.

Quando a condição for resolutória, entretanto, o raciocínio é bastante diferente.

A condição é **resolutória** quando seu implemento tem por efeito **resolver** (desmanchar, desfazer, dissolver) o negócio jurídico que foi celebrado. Claro que, nessa situação, não há que se falar que o fato gerador ocorre com o implemento da condição, pois este, ao contrário, retira efeito do ato que foi praticado.

Suponha-se, como exemplo, que o pai daquela mesma garota, cujo marido foi contemplado com a doação de um apartamento, tentando estimular a manutenção do casal formado, doa-lhes uma casa de praia, colocando no novo contrato de doação uma cláusula no sentido de que, se o casal vier a se divorciar, a casa voltará a ser patrimônio do pai generoso. Nessa situação, a ocorrência do divórcio é algo que, se verificado no mundo, **resolve** um negócio jurídico que já era perfeito e acabado. A condição, nesse caso, é **resolutória**.

Na situação proposta, salvo disposição de lei em contrário, o fato gerador ocorre no momento em que a casa é doada (**celebração do negócio**, com o respectivo registro), sendo o implemento da condição (se vier a ocorrer) um irrelevante tributário que não redundará em nova cobrança de tributo nem devolução do montante anteriormente pago.

Nesta linha, o art. 117, II, do CTN, afirma que, salvo disposição de lei em contrário, os atos ou negócios jurídicos condicionais reputam-se perfeitos e acabados, sendo **resolutória** a condição, desde o momento da **prática do ato ou da celebração do negócio**.

5.5 ELEMENTOS SUBJETIVOS DA OBRIGAÇÃO TRIBUTÁRIA

Falar dos elementos subjetivos da obrigação tributária é falar dos **sujeitos** que figuram nos polos ativo e passivo da relação jurídico-tributária, tendo a competência para exigir o seu adimplemento (sujeito ativo) ou o dever de adimplementá-la (sujeito passivo).

5.5.1 Sujeito ativo da obrigação tributária

Segundo o art. 119 do CTN, sujeito ativo da obrigação é a pessoa jurídica de direito público titular da competência para exigir o seu cumprimento.

Conforme já comentado, não se pode confundir a atribuição constitucional de competência para instituir o tributo (competência tributária) com a possibilidade de figurar no polo ativo da relação jurídico-tributária (capacidade ativa). A primeira é indelegável; a segunda é passível de delegação de uma pessoa jurídica de direito público a outra.

Assim, ao definir como sujeito ativo a pessoa jurídica de direito público titular da competência para exigir o cumprimento da obrigação tributária, o CTN não pretendeu impedir a delegação por uma pessoa de direito público a outra das funções de arrecadar ou fiscalizar tributos, ou de executar leis, serviços, atos ou decisões administrativas em matéria tributária, uma vez que isso é expressamente permitido pelo art. 7º do Código.

No entender do Superior Tribunal de Justiça, a delegação da capacidade tributária ativa modifica o sujeito ativo do tributo, passando tal posição a ser ocupada pela pessoa a quem houver sido delegada a atribuição. Nesse sentido, confira-se o seguinte excerto extraído da ementa de julgamento do REsp 257.642/SC:

> "Ilegitimidade passiva da União e legitimidade do FNDE e do INSS, visto que este é o agente arrecadador e fiscalizador da contribuição do salário-educação, repassando àquele os valores devidos e arrecadados, sendo, portanto, o sujeito ativo da obrigação tributária, nos moldes do art. 119 do CTN" (STJ, 2ª T., REsp 257.642-AgRg/SC, Rel. Min. Franciulli Netto, j. 15.08.2002, *DJ* 28.10.2003, p. 246).

Conclui-se, portanto, que o sujeito ativo da obrigação tributária é o ente federado titular da competência para instituir a exação ou, nos casos de delegação da capacidade ativa, a pessoa jurídica de direito público incumbida das funções de arrecadação e fiscalização do tributo e execução da legislação tributária.

A importância de corretamente identificar o sujeito ativo da obrigação tributária está relacionada, dentre outros aspectos, à determinação da legitimidade processual para figurar como réu (**legitimidade passiva *ad causam***) em ações judiciais que tenham como objeto a relação jurídico-tributária. Somente o sujeito ativo possui tal legitimidade, de modo que apenas ele pode ser instado a integrar demandas de contribuintes que almejem, por exemplo, a compensação de créditos ou a repetição de indébitos.

Frise-se que a circunstância de o valor arrecadado com um tributo ser destinado a terceiro não transfere a este a posição de sujeito ativo nem a legitimidade ora estudada. Como visto, a capacidade tributária ativa compreende, dentre outras, a função de arrecadar o tributo. É a esse título (tributo) que os recursos ingressam no caixa da pessoa jurídica arrecadadora. Quando, porém, esta os destina a um terceiro, tais recursos são repassados na forma de subvenção econômica, não sendo o destinatário de modo algum integrante da relação jurídico-tributária.

Quanto à possibilidade de delegação da capacidade tributária ativa a pessoas jurídicas de **direito privado**, existe controvérsia doutrinária a respeito. Contudo, no que concerne especificamente à disciplina normativa do CTN a literalidade dos seus artigos 7º e 119 estatui que somente as pessoas jurídicas de **direito público** podem figurar no polo ativo da relação jurídico-tributária.

Os defensores do entendimento contrário costumavam apontar como exemplo a contribuição instituída por lei em favor das entidades sindicais, que, antes da Lei 13.467/2017 (Reforma Trabalhista), possuía caráter tributário. Entretanto, uma breve leitura dos dispositivos legais que instituíam a contribuição sindical revelava que, apesar de as entidades sindicais serem as destinatárias do produto da arrecadação, quem figurava como sujeito ativo da contribuição corporativa era a União, por intermédio do Ministério do Trabalho e Emprego. Embora a execução fiscal por não pagamento da contribuição ficasse a cargo das entidades sindicais, a certidão de dívida ativa que comprovava o débito era expedida pelo Ministério do Trabalho e Emprego. Portanto, cabia à União a administração do tributo, ainda que o destinatário da arrecadação possuísse o ônus da cobrança judicial.

É relevante registrar que, em 2009, o STJ sumulou entendimento aparentemente oposto ao aqui esposado, nos termos abaixo transcritos:

> **STJ – Súmula 396 –** "A Confederação Nacional da Agricultura tem legitimidade ativa para a cobrança da contribuição sindical rural".

Mesmo quando a contribuição sindical prevista na parte final do art. 8º, IV, da Constituição Federal era considerada tributo, a cobrança relativa aos trabalhadores rurais era feita pela Confederação Nacional da Agricultura – CNA, uma pessoa jurídica de direito privado, tendo em vista a sucessão de eventos analisados abaixo.

O art. 4º do Decreto-lei 1.166/1971 atribuía a capacidade tributária ativa para cobrança do antigo tributo ao Instituto Nacional de Colonização e Reforma Agrária (INCRA), autarquia federal. Com o advento da Lei 8.022/1990, a atribuição foi devolvida à União, que a exercia por intermédio da Secretaria da Receita Federal – SRF.

Posteriormente, foi editada a Lei 8.847/1994, contendo, no seu artigo 24, I, a seguinte regra:

> "Art. 24. A competência de administração das seguintes receitas, atualmente arrecadadas pela Secretaria da Receita Federal por força do artigo 1.º da Lei 8.022, de 12 de abril de 1990, cessará em 31 de dezembro de 1996:
>
> I – Contribuição Sindical Rural, devida à Confederação Nacional da Agricultura – CNA e à Confederação Nacional dos Trabalhadores na Agricultura – CONTAG, de acordo com o artigo 4.º, do Decreto-lei 1.166, de 15 de abril de 1971, e o artigo 580 da Consolidação das Leis de Trabalho – CLT".

Com a edição da norma, cessou a competência da SRF para cobrar a contribuição sindical rural. Entretanto, não ficou claro quem passaria a deter tal atribuição: o INCRA, nos termos da legislação anterior; ou a própria CNA, por ser a titular dos respectivos créditos.

Afirmar a capacidade ativa do INCRA seria reconhecer a repristinação tácita do Decreto-Lei 1.166/1971, o que não é admitido no Brasil (Lei de Introdução às normas do Direito Brasileiro, art. 2º, § 3º). Atribuir a cobrança à CNA aparentemente seria atribuir capacidade tributária ativa a pessoa jurídica de direito privado, o que está proibido pelo art. 7º do CTN.

Em 18.05.1998, SRF e CNA firmaram convênio estipulando que esta passaria a cobrar a contribuição sindical rural. Muitos afirmaram que a SRF não podia delegar uma competência que já não detinha, mas o STJ entendeu que a atribuição já seria naturalmente da CNA, tendo em vista o disposto no art. 24 da Lei 8.847/1994, anteriormente transcrito. Nesse sentido, transcreve-se o seguinte excerto da Ementa do julgamento proferido pelo STJ:

> "Com o advento da Lei 8.847/94, cessou a competência da SRF para a arrecadação das contribuições sindicais devidas pelos produtores rurais e pelos trabalhadores rurais, que passaram ao encargo dos órgãos titulares, respectivamente, CNA – Confederação Nacional da Agricultura e CONTAG – Confederação Nacional dos Trabalhadores na Agricultura. Precedentes desta Corte" (STJ, 2ª T., REsp 704.506/PR, Rel. Min. Eliana Calmon, j. 17.04.2008, DJ 06.05.2008).

Em alguns precedentes do STJ, a mesma conclusão foi fundamentada com base no convênio celebrado entre SRF e CNA. A título de exemplo, ao julgar o REsp 712.965/PR, o Tribunal expressamente fez constar da Ementa que "em face de convênio celebrado entre a Receita Federal e a Confederação Nacional da Agricultura, esta última entidade jurídica passou a exercer a função arrecadadora da contribuição sindical rural" (STJ, 1ª T., REsp 712.965/PR, Rel. Min. José Delgado, j. 12.04.2005, DJ 06.06.2005).

Em eventuais provas subjetivas de concurso público, aconselha-se que o candidato, para fundamentar o entendimento constante da Súmula 396/STJ, ainda vigente, invoque os dois fundamentos, quais sejam: a) o advento de lei revogando a competência da SRF; e b) o convênio firmado entre a SRF e a CNA.

Analisando os precedentes que resultaram na edição da Súmula, percebe-se que o STJ não chegou a se manifestar expressamente sobre a compatibilidade da cobrança do antigo tributo pela CNA com o disposto no art. 7º do CTN, que somente permite a delegação da capacidade ativa para pessoas jurídicas de direito público.

A norma se funda no fato de que o exercício das atividades que compõem a capacidade ativa, principalmente as relativas à fiscalização tributária, somente é possível segundo o **regime jurídico típico de direito público**, que verticaliza as relações jurídicas de modo que o ente estatal delas participa dotado de **prerrogativas** não condizentes com a personalidade jurídica de direito privado. Na esteira desse raciocínio, o legislador, percebendo que o encargo ou função de arrecadar tributos **não envolve prerrogativas estatais**, permitiu seu exercício por pessoas de **direito privado** (CTN, art. 7º, § 3º).

No entanto, a Segunda Turma do STJ, ao julgar o AgInt no Resp. 1.824.474/RJ entendeu que os **serviços sociais autônomos**, **pessoas jurídicas de direito privado** não integrantes da Administração Pública e que compõem o denominado "**Sistema S**" (Sesc, Sesi, Senai, Sebrae etc.), teriam competência para **fiscalizar, lançar e cobrar as respectivas contribuições**. Já nos autos do REsp 1.555.158/AL, a mesma Segunda turma chegou a afirmar que "o representante do SESI encontra-se investido das atribuições de fiscalização e arrecadação direta" e que "a fiscalização do SESI, no exercício de atribuição típica de autoridade administrativa tem legitimidade para constituir crédito tributário relativo à contribuição adicional de que trata o art. 3º, § 1º, do Decreto-Lei n. 9.403/46" (REsp 1.555.158/AL). Digno de nota que a Primeira Turma do Tribunal possui decisões no mesmo sentido (AgInt no AREsp 1.181.487/SP, por exemplo).

A conjunção das decisões mostra de maneira clara o posicionamento do STJ no sentido da viabilidade da delegação aos integrantes do "Sistema S" da capacidade tributária ativa relativa às contribuições discriminadas na lei. Como tais instituições são **pessoas jurídicas de direito privado**, o entendimento, repita-se, é manifestamente contrário à previsão expressa do Código Tributário Nacional.

A adoção expressa do posicionamento não é comum nas provas de concurso público, ainda sendo o padrão considerar corretas as assertivas no sentido de que delegação da capacidade ativa somente pode ser efetuada para pessoas jurídicas de direito público, seguindo-se à risca a regra constante do art. 7º do CTN. Contudo, a Fundação Getúlio Vargas, no concurso para provimento de cargos de Titular do Serviço de Notas do TJ/SC, com provas aplicadas em 2021, propôs questão cujo enunciado, acrescido da assertiva considerada correta, compôs o seguinte texto:

> "Projeto de lei complementar federal pretende delegar a uma entidade privada integrante do chamado "sistema S" (serviços sociais autônomos) a fiscalização e cobrança de uma contribuição já existente voltada para o custeio das atividades de tal entidade. Na Comissão de Constituição e Justiça e de Cidadania da Câmara dos Deputados, um dos membros da referida comissão sustenta a impossibilidade de tal delegação, por transferir a uma entidade privada funções tributárias privativas do poder público. Diante desse cenário, é correto afirmar que a capacidade para fiscalizar e cobrar tais contribuições pode ser delegada a pessoas jurídicas de direito privado."

Nessa questão, para abordar a matéria, a banca tomou o cuidado de propor situação hipotética absolutamente idêntica aos casos concretos objetos dos julgados anteriormente mencionados. Já no concurso para provimentos de cargos de Juiz Substituto do TJ/PR, também com provas aplicadas em 2021, a mesma FGV, de modo mais genérico, ampliou o alcance da tese adotada, ao considerar **correta** a seguinte afirmativa: "Pessoas jurídicas de direito privado, integrantes ou não da Administração Pública, podem receber delegação para fiscalizar e arrecadar tributos".

Por fim, o CTN, no art. 120, prevê uma hipótese de modificação superveniente de sujeito ativo. A situação já foi analisada quando do estudo da vigência espacial da legislação tributária e diz respeito ao caso de criação de novo ente federado por intermédio de desmembramento territorial de ente anteriormente existente. Nesse caso, o Código afirma que a nova pessoa jurídica de direito público, além de aplicar a legislação do ente do qual se desmembrou até que crie a sua própria, sub-roga-se nos direitos deste, de forma a haver **inovação subjetiva** na obrigação.

Um exemplo ajuda a esclarecer a situação. Quem possuía débito de IPVA em virtude de propriedade de veículo automotor licenciado em Município do Estado de Tocantins, quando este foi desmembrado de Goiás, passou a dever IPVA a Tocantins, de forma que houve mudança do sujeito ativo (mudança subjetiva) da obrigação tributária, uma vez que Tocantins se sub-rogou nos direitos de Goiás relativamente aos fatos geradores ocorridos em território tocantinense.

5.5.2 Sujeito passivo da obrigação tributária

Como as obrigações têm por objeto um dever de dar, fazer ou deixar de fazer, o sujeito passivo sempre será a pessoa obrigada a tais prestações. Em Direito Tributário, isso equivale a dizer que, na obrigação tributária principal, o sujeito passivo será a pessoa obrigada a pagar o tributo ou penalidade pecuniária (CTN, art. 121); ao passo que, na obrigação acessória, o sujeito passivo será a pessoa obrigada a adimplir as prestações (de fazer ou deixar de fazer) que constituem seu objeto (CTN, art. 122).

No que concerne à obrigação tributária principal, deve-se tomar cuidado com uma palavra que se consagrou e passou a ser utilizada de maneira atécnica, referindo-se a situações inteiramente distintas. Trata-se da palavra **"contribuinte"**.

As repartições fiscais, a imprensa e o povo utilizam a palavra "contribuinte" para se referir a quem quer que sofra a incidência econômica do tributo e, justamente por isso, **contribua** com a atividade financeira do Estado.

Assim, o sujeito que compra uma mercadoria qualquer arca com o ônus do ICMS e, por isso, é chamado de contribuinte. O problema é que o sujeito passivo da obrigação de recolher o ICMS da operação é o comerciante, e não o consumidor. A relação jurídico-tributária se instaura tendo, no polo ativo, o Estado e, no polo passivo, o comerciante, legalmente definido como contribuinte.

Por tudo isso, hoje se fala em **contribuinte de fato** e em **contribuinte de direito**. No primeiro conceito estão enquadradas as pessoas que sofrem a incidência econômica do tributo (no exemplo dado, o consumidor), mesmo que formalmente não integrem a relação jurídico-tributária instaurada; no segundo caso, está enquadrada parte das pessoas que ocupam o polo passivo da relação jurídico-tributária (no exemplo, o comerciante), sendo obrigadas a efetivamente pagar o tributo ou penalidade pecuniária (nas obrigações acessórias, a classificação não é aplicável).

Falou-se em "parte das pessoas" porque, conforme se passa a analisar, existem duas diferentes modalidades de sujeito passivo da obrigação tributária principal, quais sejam os **contribuintes** e os **responsáveis**.

Seguindo a teoria adotada pelo Código Tributário Nacional, pode-se afirmar que a diferenciação entre contribuinte e responsável parte da seguinte pergunta: **O sujeito passivo possui relação pessoal e direta com o fato gerador?**

Se a resposta for **positiva**, o sujeito passivo é **contribuinte** (**sujeito passivo direto**); se **negativa**, o sujeito passivo **é responsável** (**sujeito passivo indireto**).

O critério legal parece simples, mas o significado da expressão "relação pessoal e direta" com o fato gerador merece um detalhamento maior.

Tome-se como exemplo os impostos. Todos os impostos têm por fato gerador alguma manifestação de riqueza (patrimônio, renda, consumo). Possui relação pessoal e direta com o fato gerador quem faz com que este aconteça, quem – no caso dos impostos – manifesta a riqueza definida em lei como fato gerador do tributo.

Se a pessoa que manifesta a riqueza é a mesma obrigada a pagar o tributo, tal pessoa é sujeito passivo na modalidade contribuinte, uma vez que possui relação pessoal e direta com o fato gerador da obrigação.

Quando a pessoa obrigada por lei ao pagamento do tributo é diferente daquela que manifestou riqueza, apesar de estar vinculada ao evento definido em lei como fato gerador, tal pessoa é sujeito passivo na modalidade responsável, visto que não possui relação pessoal e direta com o fato gerador da obrigação.

Apesar de o sujeito legalmente definido como responsável não possuir relação pessoal e direta com o fato gerador, não pode ser um estranho ao fato, devendo necessariamente possuir um **vínculo** com a situação tipificada na lei como fato gerador do tributo. A conclusão decorre não só de uma concepção de lógica, mas de disposição expressa constante do art. 128 do CTN.

Alguns exemplos podem aclarar as definições.

Segundo o art. 32 do CTN, o fato gerador do IPTU é a propriedade, o domínio útil ou a posse de bem imóvel por natureza ou por acessão física, como definido na lei civil, localizado na zona urbana do Município.

O proprietário do imóvel recebe anualmente uma notificação da Administração Tributária municipal para pagar o tributo. Perceba-se que a manifestação de riqueza tributada pelo IPTU é a propriedade (ou posse, ou domínio útil). Quem manifesta riqueza é o proprietário (ou titular da posse ou do domínio útil). A obrigação de pagar é, portanto, da mesma pessoa que manifesta a riqueza. O sujeito passivo está na situação de **contribuinte**.

Na esteira desse raciocínio, o art. 34 do CTN afirma que **contribuinte** do imposto é o proprietário do imóvel, o titular do seu domínio útil, ou o seu possuidor a qualquer título.

No caso do imposto de renda das pessoas físicas, a situação é bastante diferente. O art. 43 do CTN assevera que o IR tem como fato gerador a aquisição da disponibilidade econômica ou jurídica de renda ou proventos de qualquer natureza. Quem manifesta riqueza no caso do imposto de renda é quem recebe o rendimento ou provento. É por isso que o art. 45 do Código estatui que o **contribuinte** do IR é de regra o titular da disponibilidade a que se refere o art. 43, sem prejuízo de a lei atribuir essa condição ao possuidor, a qualquer título, dos bens produtores de renda ou dos proventos tributáveis. Ressalte-se que, mesmo no caso do possuidor do bem produtor de renda ou provento, o sujeito passivo possuirá relação pessoal e direta com o fato gerador do tributo.

Entretanto, em face da dificuldade de fiscalizar todas as pessoas que percebem renda e proventos, o parágrafo único do mesmo artigo do CTN resolveu permitir que a lei instituidora do IR atribuísse à fonte pagadora da renda ou dos proventos tributáveis a condição de **responsável** pelo imposto cuja retenção e recolhimento lhe caibam. Em tal situação, o sujeito passivo (fonte pagadora) é uma pessoa que **não tem relação pessoal e direta com a situação definida em lei como fato gerador**, uma vez que **não é a pessoa que manifesta riqueza** (quem manifesta a riqueza não é a fonte, mas sim o beneficiário dos rendimentos). A fonte pagadora, no caso de IR sujeito à retenção, é, por isso, definida como sujeito passivo na modalidade **responsável**.

Em síntese, as modalidades de sujeição passiva podem ser resumidas da seguinte forma:

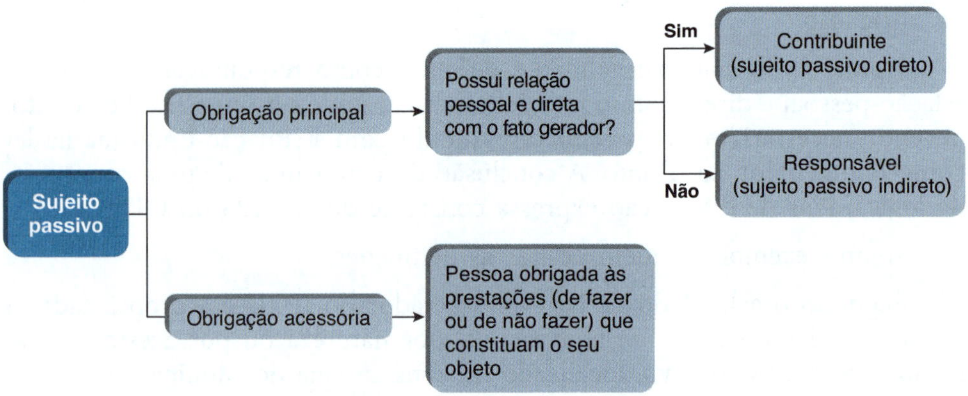

É importante destacar que, apesar de o CTN definir responsável como o sujeito passivo que, sem revestir a condição de contribuinte, tenha obrigação decorrente de disposição expressa de lei (art. 121, parágrafo único, II), a definição do contribuinte também tem que vir expressa na lei, porque ninguém pode ser obrigado a qualquer coisa, salvo em virtude de lei. Nessa linha, e mostrando um profundo respeito ao princípio da legalidade, o STJ afirma que não pode o magistrado ampliar o conceito legal de sujeito passivo da obrigação tributária para abranger todo um grupo econômico de empresas (REsp 1.232.968/SC).

Como decorrência de a definição do sujeito passivo, em quaisquer de suas modalidades, possuir sempre sede legal, o art. 123 do CTN afirma que, salvo disposições de lei em contrário, as **convenções particulares**, relativas à responsabilidade pelo pagamento de tributos, não podem ser opostas à Fazenda Pública, para modificar a definição legal do sujeito passivo das obrigações tributárias correspondentes.

Claro que um contrato feito entre particulares não pode vincular a Fazenda Pública mudando algo que foi definido pela lei. Assim, suponha-se que "A" adquiriu um veículo de "B", tendo este se comprometido por escrito a pagar qualquer débito de IPVA porventura pendente. Se, dois anos após a alienação, o Estado descobre um valor não pago, relativo ao período em que "B" era o proprietário, o valor será cobrado de "A", pois o art. 131, I, do CTN atribui ao adquirente a condição de **responsável** pelo pagamento dos tributos relativos ao bem adquirido. Mesmo que "A", ao ser notificado do débito, apresente o contrato firmado com "B", a situação não se modifica, pois a avença firmada entre os particulares não pode ser oposta à Fazenda Pública para modificar a definição legal do sujeito passivo. Caso "B" não cumpra sua promessa, "A" deve pagar o valor do tributo, podendo responsabilizar "B" pelo inadimplemento contratual, o que, a rigor, não tem qualquer relação com Direito Tributário, sendo matéria de Direito Civil.

Da mesma forma, a cláusula – comum em contratos de aluguel – que responsabiliza o locatário pelo IPTU incidente sobre o imóvel durante o período de vigência do contrato é válida entre as partes, mas, em caso de inadimplemento, a Fazenda Pública Municipal cobra o imposto do proprietário (**contribuinte**), cabendo a este, caso queira, ajuizar ação regressiva contra o contratante inadimplente.

Perceba-se que, nos termos legais, é possível que a lei tributária disponha em sentido contrário, admitindo a eficácia das relações entre particulares contra a Fazenda Pública. Na prática, é muito difícil que isso venha a se verificar, pois não parece ser algo interessante para o Estado elaborar uma lei que coloque a definição da sujeição passiva tributária ao arbítrio dos particulares.

5.5.3 Solidariedade

Segundo o art. 264 do Código Civil, há solidariedade quando na mesma obrigação concorre mais de um credor, ou mais de um devedor, cada um com direito, ou obrigado, à dívida toda.

Assim, há a **solidariedade ativa** quando, no polo ativo da obrigação, existe **mais de um credor** com direito a exigir a dívida toda. Em contrapartida, há **solidariedade passiva** quando, no polo passivo da obrigação, existe **mais de um devedor** com a obrigação de pagar toda a dívida.

Na relação jurídico-tributária, o credor é a pessoa política (União, Estado, Distrito Federal ou Município) a quem a Constituição Federal atribui competência para instituir o tributo, ou outra pessoa jurídica de direito público a quem a capacidade tributária ativa tenha sido delegada, nos termos do art. 7º do CTN. Tal circunstância leva a doutrina dominante a concluir que a rígida repartição de competências tributárias **impede a existência de solidariedade ativa** nesta espécie de relação jurídica, pois, mesmo no caso de delegação, somente o delegatário pode aparecer no polo ativo da relação. Este tem sido também o posicionamento tradicionalmente adotado nas provas de concurso público.

Não obstante, é necessário pontuar que, com algumas ressalvas, é possível enxergar, na sistemática de fiscalização e cobrança do Simples Nacional, um **peculiar caso de solidariedade tributária ativa**.

Conforme será detalhado no Capítulo 18 desta obra, o optante do Simples Nacional recolhe, numa única guia, a maioria dos impostos e contribuições da União, além do ICMS estadual e distrital e do ISS municipal e distrital, sendo os recursos arrecadados posteriormente destinados ao ente titular da competência relativa a cada tributo incluído na sistemática.

A fiscalização relativa ao Simples Nacional é realizada de maneira compartilhada entre os entes federados e, nesse contexto, o art. 33, § 1º-C, da LC 123/2006 estabelece que **as autoridades fiscais federais, estaduais e municipais têm competência para efetuar o lançamento de todos os tributos incluídos na sistemática**, apurados na forma do Simples Nacional, relativamente a todos os estabelecimentos da empresa, **independentemente do ente federado instituidor**.

Portanto, ao lançar de forma unificada valores relativos ao Simples Nacional, **a autoridade administrativa exige o cumprimento da obrigação por inteiro**; não apenas das parcelas referentes aos tributos da sua esfera federativa.

No entanto, **caso os valores lançados não sejam pagos pelo sujeito passivo, a inicial solidariedade ativa cessa**, pois o art. 41, § 2º, da LC 123/2006, estabelece que os créditos serão apurados, inscritos em Dívida Ativa da União e cobrados judicialmente pela Procuradoria-Geral da Fazenda Nacional, exceto no tocante aos valores de ISS e ICMS devidos pelo microempreendedor individual.

Para um melhor conhecimento das peculiaridades da cobrança administrativa e judicial dos valores devidos na sistemática do Simples Nacional, recomenda-se a leitura dos tópicos 18.19 a 18.21 do Capítulo 18.

Uma outra peculiaridade da solidariedade tributária decorre da não aplicabilidade por inteiro da regra estatuída pelo parágrafo único do art. 264 do Código Civil, no sentido de que a solidariedade não se presume, mas resulta da lei ou da vontade das partes.

Um dos pilares do Direito Civil é a liberdade contratual, de forma que os particulares podem firmar suas avenças, fontes de obrigação, com uma autonomia bastante acentuada. Tratando-se de Direito Tributário, a definição do sujeito passivo da obrigação – e, por conseguinte, dos casos de solidariedade – tem sede na lei, não havendo possibilidade de haver, neste ramo da ciência jurídica, solidariedade resultante da vontade das partes.

5.5.3.1 Tipos de solidariedade

O Código Tributário Nacional inicia a disciplina da matéria no seu art. 124, enunciando dois grupos de solidários, abaixo expostos:

a) as pessoas que tenham **interesse comum** na situação que constitua o fato gerador da obrigação principal;

b) as pessoas expressamente **designadas por lei**.

A doutrina afirma que, no primeiro caso, tem-se a solidariedade **de fato** (ou natural); no segundo, a **de direito** (ou legal). A existência de uma solidariedade dita "de fato" não afasta a conclusão de que a solidariedade sempre decorre da lei, só que, nessa situação, a "lei" é o próprio CTN. Assim, a solidariedade dita "de direito" refere-se aos casos previstos nas leis tributárias específicas dos tributos a que se refiram.

Na solidariedade **"de fato"**, o fundamento para a multiplicidade de pessoas no polo passivo da obrigação é o **interesse comum** que estas têm no fato gerador da obrigação. Os exemplos mais claros são os relativos a impostos sobre o patrimônio, nos casos de existência de mais de um proprietário. Dessa forma, se André, Bruno e Carlos são proprietários de um imóvel na área urbana do Município do Rio de Janeiro, o IPTU correspondente pode ser integralmente exigido de qualquer dos três, ou de dois deles, ou dos três ao mesmo tempo. Não importam as quotas individuais, pois, mesmo que Carlos possua 1% do imóvel, o Município pode exigir o IPTU integralmente dele. Nesse caso, pagando o tributo, Carlos poderá ajuizar ação regressiva contra os demais, cobrando os 99% que a eles cabiam, mas, novamente, há de se ressaltar que a possibilidade de regresso não é matéria tributária em sentido estrito.

Para que esteja configurada a solidariedade natural, portanto, é necessário que as pessoas obrigadas sejam sujeitos da relação jurídica que deu azo à tributação. Em outros termos, tais pessoas necessariamente devem ter participado da situação definida em lei como fato gerador do tributo. A título de exemplo, em julgado bastante interessante, o STJ entendeu não estar configurada a solidariedade entre instituição financeira e empresa de arrendamento mercantil no tocante ao ISS incidente numa operação realizada entre esta e o arrendatário. Para o Tribunal, sendo a operação realizada entre o arrendatário e a instituição de arrendamento mercantil, o banco, pessoa jurídica distinta, não pode ser considerado responsável solidário pelo simples fato de fazer parte do mesmo grupo econômico que a instituição arrendadora. Nas pedagógicas palavras da Corte, em se tratando de ISS, a situação que evidencia a solidariedade "é a existência de duas ou mais pessoas na condição de prestadoras de apenas um único serviço para o mesmo tomador, integrando, desse modo, o polo passivo da relação" (STJ, 1ª T., REsp 884.845/SC, Rel. Min. Luiz Fux, j. 05.02.2009, *DJe* 18.02.2009).

De maneira semelhante, o STJ entende que o simples fato de os cônjuges optarem por fazer declaração conjunta de imposto de renda não significa, por si só, que ambos passam a ter interesse comum na situação constitutiva do fato gerador do tributo, na acepção do art. 124, I, do CTN. No entender do Tribunal, para que estivesse configurada a solidariedade, seria necessária a "participação ativa" dos consortes, um ao lado do outro, "na produção do fato gerador da percepção dos rendimentos tidos por tributáveis" (STJ, 1ª T., REsp 1.273.396/DF, Rel. Min. Napoleão Nunes Maia Filho, j. 05/12/2019, DJe 12/12/2019).

A solidariedade **"de direito"** (legal) decorre de expressa previsão de lei específica de determinado tributo.

A título de exemplo, a Lei 9.528/1997 deu nova redação ao art. 30, VI, da Lei 8.212/1991, estabelecendo a seguinte regra:

> "Art. 30. A arrecadação e o recolhimento das contribuições ou de outras importâncias devidas à Seguridade Social obedecem às seguintes normas:
>
> (...)
>
> VI – o proprietário, o incorporador definido na Lei n. 4.591, de 16 de dezembro de 1964, o dono da obra ou condômino da unidade imobiliária, qualquer que seja a forma de contratação da construção, reforma ou acréscimo, **são solidários** com o construtor, e estes com a subempreiteira, pelo cumprimento das obrigações para com a Seguridade Social, **ressalvado o seu direito regressivo** contra o executor ou contratante da obra e admitida a retenção de importância a este devida para garantia do cumprimento dessas obrigações, não se aplicando, em qualquer hipótese, o benefício de ordem" (grifou-se).

5.5.3.2 Características da solidariedade

Em seu art. 124, parágrafo único, o CTN afirma que a solidariedade nele prevista **não comporta benefício de ordem**.

No artigo subsequente, o Código assevera que, **salvo disposição em contrário** (a regra pode, portanto, ser legalmente afastada), são os seguintes os efeitos da solidariedade:

> a) o pagamento efetuado por um dos obrigados aproveita aos demais;
>
> b) a isenção ou remissão de crédito exonera todos os obrigados, salvo se outorgada pessoalmente a um deles, subsistindo, nesse caso, a solidariedade quanto aos demais pelo saldo;
>
> c) a interrupção da prescrição, em favor ou contra um dos obrigados, favorece ou prejudica aos demais.

Passa-se à análise de tais características.

Imagine-se que "A", "B" e "C" são proprietários de um imóvel na área urbana do Município de Recife/PE. O imóvel tem o valor venal de cem mil reais, tendo "A" uma quota de setenta mil reais (70%), "B" uma quota de vinte mil reais (20%), e "C" uma quota de dez mil reais (10%). Suponha-se que, de acordo com o valor, uso e localização do imóvel, a alíquota do IPTU aplicável seja de 1%.

O mais justo é que o valor do IPTU devido (mil reais) seja dividido proporcionalmente entre "A", "B" e "C", de forma que o primeiro deve contribuir com setecentos reais (70%), o segundo com duzentos reais (20%) e o terceiro com cem reais (10%). Entretanto, como visto, na solidariedade passiva, cada devedor é integralmente obrigado por toda a dívida, de forma que o Município pode, por exemplo, resolver cobrar todo o valor de "C", mesmo este possuindo a menor quota, pois, nos termos do art. 124, parágrafo único, do CTN, a solidariedade **não comporta benefício de ordem**.

Benefício de ordem é o direito de se exigir que a cobrança da dívida seja feita com observância de uma sequência (ordem). A título de exemplo, o art. 827 do Código Civil estabelece que o fiador demandado pelo pagamento da dívida tem direito a exigir, até a contestação da lide, que sejam primeiro executados os bens do devedor. Noutras palavras, no contrato de fiança pura, existe o benefício de ordem, podendo o fiador exigir que primeiro se utilize o patrimônio do devedor para quitar a dívida, somente tendo seus próprios bens executados depois de demonstrada a insuficiência patrimonial deste.

Na solidariedade, ao contrário, não existe devedor principal. Todos devem o total da dívida.

No exemplo citado, se "B", entendendo que sua quota é de duzentos reais, recolher este valor aos cofres públicos municipais, ainda restará um débito de oitocentos reais, que poderá ser cobrado de qualquer dos devedores solidários, inclusive do próprio "B". Assim, conforme enunciado pelo segundo efeito da solidariedade, **o pagamento efetuado por um dos obrigados aproveita aos demais** (a dívida de todos foi reduzida para oitocentos reais).

Esquematicamente, a situação proposta pode ser visualizada da seguinte forma:

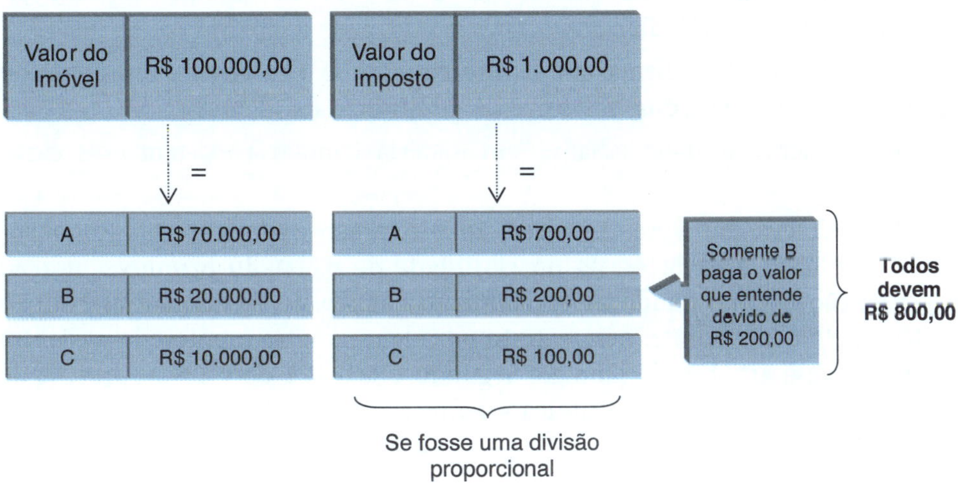

Em terceiro lugar, **a isenção ou remissão de crédito exonera todos os obrigados, salvo se outorgada pessoalmente a um deles, subsistindo, nesse caso, a solidariedade quanto aos demais pelo saldo**.

Isenção, conforme já comentado, é a dispensa legal do pagamento do tributo. Remissão, como se estudará no momento oportuno, é o perdão da dívida tributária concedida por meio de lei.

Em ambos os casos, o benefício fiscal pode ser concedido de maneira objetiva (real) ou subjetiva (pessoal).

Para que se entenda a diferenciação entre os conceitos, imagine-se que a lei do IPTU preveja que os imóveis urbanos com área inferior a 40m² e valor venal inferior a vinte mil reais sejam isentos do imposto. Nessa situação, a concessão de isenção adotou parâmetros puramente **objetivos** (área e valor venal), sendo aplicável a todos os contribuintes que possuam tais imóveis, independentemente de qualquer característica pessoal. Se o imóvel de "A", "B" e "C" estivesse nessa situação, todos seriam beneficiados pela isenção, ficando livres do pagamento do tributo.

Suponha-se agora que a lei municipal preveja que as pessoas que possuam doença grave e incurável, na forma da lei, são isentas do IPTU incidente sobre o imóvel em que residam. Trata-se de isenção subjetiva (pessoal), visto que só beneficia pessoas que cumpram determinados requisitos. Admita-se que os três proprietários do multicitado exemplo residam no imóvel, mas apenas "A" seja acometido de doença grave e incurável, na forma da lei. Nesse caso, abre-se uma exceção à regra de que todos os que possuem interesse na situação que constitui o fato gerador são obrigados ao pagamento da dívida inteira. Retira-se da relação jurídico-tributária o contribuinte beneficiado ("A") e a parcela de valor que corresponderia à sua quota (setecentos reais), continuando os demais devedores ("B" e "C") solidariamente responsáveis pelo saldo (trezentos reais).

Por fim, o CTN afirma que **a interrupção da prescrição, em favor ou contra um dos obrigados, favorece ou prejudica aos demais**.

Como será estudado adiante, em matéria tributária existem dois casos de prescrição.

Na primeira hipótese, a prescrição é o prazo extintivo que, se consumado, implicará a **extinção da possibilidade de o Estado promover a ação de execução fiscal**, visando ao recebimento coativo do crédito tributário não quitado pelo contribuinte, nem extinto por alguma outra hipótese legal dentre as previstas no art. 156 do Código. Segundo o art. 174 do CTN, o prazo é de cinco anos, contados da constituição definitiva do crédito tributário.

Na segunda, a prescrição é o prazo extintivo, que, se consumado, implicará a **extinção da possibilidade de o sujeito passivo que pagou tributo**

indevido, ou maior que o devido, ajuizar a ação anulatória contra a decisão que denegar pedido administrativo de restituição. Nos termos do art. 169 do CTN, o prazo é de dois anos.

Interromper um prazo significa, em regra, restituí-lo à pessoa contra quem o prazo fluía.

Na primeira hipótese, o prazo fluía contra o Fisco e, caso verificada alguma das causas interruptivas do art. 174, parágrafo único, do CTN, a Administração Fazendária voltará a ter o prazo de cinco anos para ajuizar a ação de execução fiscal. O prazo lhe é integralmente restituído. A interrupção é a favor do Estado e **contra o devedor**.

Conforme se extrai da jurisprudência do Superior Tribunal de Justiça, a regra é aplicável no caso de dissolução de sociedade que operava irregularmente, recaindo a responsabilidade solidária sobre os sócios, de forma que, interrompida a prescrição contra um, haverá prejuízo dos demais. Pela relevância do entendimento, transcreve-se o seguinte excerto:

> "Processual civil. Execução fiscal contra empresa que funciona irregularmente. Citação de um dos sócios. Consequências. Prescrição. Na sociedade que opera irregularmente e já dissolvida, a citação feita a um dos sócios (devedores) interrompe a prescrição a favor do Fisco e alcança não só o citando, mas, também, todos os demais solidários" (STJ, 1ª T., REsp 165.219/RS, Rel. Min. Demócrito Reinaldo, j. 01.06.1999, *DJ* 28.06.1999, p. 54).

Na segunda hipótese, o prazo flui contra o sujeito passivo que pleiteia a restituição e, caso verificada a causa interruptiva prevista no CTN, art. 169, parágrafo único, o contribuinte terá o prazo devolvido pela metade (restituição parcial). A interrupção é contra o Estado e **a favor do devedor**.

Assim, se o Estado ajuíza uma ação de execução fiscal contra "A" e o juiz despacha, ordenando a citação de "A", a interrupção do prazo prescricional **prejudica os demais devedores** (o prazo para cobrar de qualquer dos devedores solidários é integralmente restituído ao credor). Da mesma forma, se "C" ajuíza uma ação anulatória contra uma decisão administrativa que denegou restituição do IPTU, quando o procurador do Estado for intimado (erro do Código, pois deveria ter usado a palavra citado, como será visto adiante), haverá interrupção da prescrição e a restituição do prazo **beneficiará todos os solidários**.

5.5.4 Capacidade tributária passiva

Capacidade tributária passiva é a aptidão para ser sujeito passivo da relação jurídico-tributária.

Com a verificação no mundo concreto da hipótese abstratamente descrita na lei como fato gerador do tributo, surge a obrigação tributária, independentemente da validade do negócio jurídico que resultou na ocorrência do fato gerador.

Para que alguém venha a ser considerado sujeito passivo de obrigação tributária, basta que a lei tributária assim o defina e que ocorra o fato gerador da respectiva obrigação, **sendo irrelevantes as regras sobre capacidade segundo o Direito Civil**.

Na esteira desse entendimento, o CTN preleciona:

> "Art. 126. A capacidade tributária passiva independe:
>
> I – da capacidade civil das pessoas naturais;
>
> II – de achar-se a pessoa natural sujeita a medidas que importem privação ou limitação do exercício de atividades civis, comerciais ou profissionais, ou da administração direta de seus bens ou negócios;
>
> III – de estar a pessoa jurídica regularmente constituída, bastando que configure uma unidade econômica ou profissional".

Em primeiro lugar, o CTN afirma que a capacidade tributária independe da capacidade civil das pessoas naturais. O Código Civil, em seu primeiro artigo, afirma que toda pessoa é capaz de direitos e obrigações na ordem civil. Todavia, ao tratar do exercício pessoal de direito, o mesmo Código divide as pessoas em três grupos: os capazes, os absolutamente incapazes e os relativamente incapazes.

Para a validade dos atos praticados pelos absolutamente incapazes, é necessário que estes estejam devidamente representados; no que concerne aos relativamente incapazes, faz-se necessário que estejam assistidos.

Para o Direito Tributário, a diferenciação é irrelevante. Se uma criança de dez anos de idade é proprietária de um imóvel na área urbana do Município, é contribuinte do IPTU. Se o imóvel está alugado a particulares, a criança é contribuinte do imposto de renda incidente sobre o valor dos aluguéis.

Também não importa se uma pessoa está sujeita a alguma medida que limite ou prive o exercício de atividades. Se o fato gerador ocorrer, o tributo será devido. A título de exemplo, o Estatuto da OAB (Lei 8.906/1994) declara incompatíveis com a advocacia várias pessoas, entre elas as que ocupam cargos ou funções que tenham competência de lançamento, arrecadação ou fiscalização de tributos e contribuições parafiscais (art. 28, VII). Assim, um Auditor-Fiscal da Receita Federal pode ser bacharel em Direito, mas não pode exercer a advocacia. Se, apesar da restrição, o AFRF advoga, exercendo ilicitamente a profissão, estará sujeito às punições específicas, mas não ficará livre do imposto de renda sobre os rendimentos porventura auferidos, nem do imposto sobre os serviços prestados.

Por fim, o Código afirma que a capacidade tributária passiva independe de estar a pessoa jurídica regularmente constituída, bastando que configure uma unidade econômica ou profissional.

Ao contrário das pessoas físicas, que existem como tal desde o nascimento, possuindo o registro natureza apenas declaratória, as pessoas jurídicas existem como tal somente a partir do registro dos seus atos constitutivos no órgão competente. Assim, antes da regular constituição, as unidades econômicas ou profissionais não podem, a rigor, serem denominadas de pessoas jurídicas. Tal situação, contudo, não livra a unidade do pagamento dos tributos inerentes ao exercício de suas atividades, como o ICMS (se comerciante), o IPI (se industrial), a COFINS e até mesmo o imposto de renda **das pessoas jurídicas**. Mais uma vez, o Direito Tributário se afasta do Direito Civil, tratando como pessoa jurídica quem, a rigor, não é. Mas a cobrança é justa e impede que a torpeza dos sócios da unidade não regularmente constituída sirva como meio de concorrência desleal, em flagrante agressão ao princípio da capacidade contributiva.

Na prática, a unidade não regularmente constituída não recolhe os tributos até porque não possui CNPJ, registro estadual etc. Todavia, descoberta a situação irregular pela Administração Tributária, devem os tributos respectivos ser cobrados na pessoa dos sócios, uma vez que, não havendo efetivamente pessoa jurídica, não existe separação entre o patrimônio dos sócios e o da entidade irregular. O dispositivo, portanto, apenas garante a cobrança dos tributos inerentes à situação de pessoa jurídica, e não a cobrança à pessoa jurídica, visto que esta não existe como sujeito de direitos e obrigações.

5.6 DOMICÍLIO TRIBUTÁRIO

Conforme já analisado, em se tratando de vigência espacial da legislação tributária, a regra é a **territorialidade**. O domicílio do sujeito passivo determina qual autoridade administrativa terá atribuição para cobrar-lhe tributo e em que ponto do território da entidade tributante tal sujeito deve ser procurado, caso se faça necessário.

Assim, se um contribuinte é domiciliado em Campina Grande/PB, a análise de sua declaração anual de imposto de renda cabe à Delegacia da Receita Federal desse Município (e não à de João Pessoa, por exemplo). Da mesma forma, caso a Receita Federal resolva notificar o contribuinte a prestar esclarecimentos, deve encaminhar a notificação ao domicílio por ele indicado.

Caso a autoridade administrativa encaminhe notificação fiscal para endereço diferente do indicado pelo contribuinte, tal notificação será nula, restando configurada restrição ao direito de defesa do contribuinte, pois não se pode ter certeza que o mesmo teve conhecimento do ato, de forma a poder apresentar, por exemplo, uma impugnação. O entendimento é pacífico na jurisprudência do STJ, conforme demonstra o excerto abaixo transcrito:

> "Tributário. Domicílio tributário. Firma individual. CTN, art. 127, II. Aplicação. O acórdão recorrido, ao admitir como válida notificação fiscal enviada para local diverso do domicílio tributário do contribuinte, que era do conhecimento do fisco, ofendeu o art. 127, II, do CTN. Recurso especial conhecido e provido" (STJ, 2ª T., REsp 33.837/MG, Rel. Min. Antônio de Pádua Ribeiro, j. 04.03.1996, DJ 25.03.1996, p. 8.560).

O Código Tributário Nacional estipula como regra básica para o estabelecimento do domicílio tributário a **eleição**, ou seja, a escolha do sujeito passivo. Todas as regras dispostas nos incisos do art. 127 somente se aplicam na **falta de eleição**, constituindo, portanto, regras supletivas excepcionais.

Apesar de ser regra a livre escolha, é possível à autoridade administrativa **recusar** o domicílio eleito, caso perceba que este impossibilita ou dificulta a arrecadação ou a fiscalização do tributo (CTN, art. 127, § 2º).

Pela redação do dispositivo, percebe-se que a recusa deverá ser **sempre motivada**, sendo ônus da autoridade administrativa demonstrar a dificuldade ou impossibilidade gerada pelo domicílio pretendido pelo contribuinte ou responsável.

Já se tentou alegar que a inviolabilidade do domicílio (CF, art. 5º, XI) dificultaria a fiscalização do tributo, justificando a rejeição da residência do contribuinte como seu domicílio fiscal. O raciocínio é absurdo, pois ninguém pode ser prejudicado pelo exercício de uma garantia constitucionalmente assegurada. Assim pensa o STJ, conforme demonstra o seguinte excerto:

> "Domicílio tributário. Mesmo da residência. Não procede o argumento de que sendo inviolável o domicílio da pessoa física, dificultaria a atuação dos agentes fiscais, caso tenha o domicílio tributário a mesma sede, porque tal proteção deixaria de existir. É injustificável e sem base legal impedir o contribuinte de indicar sua residência para domicílio tributário. Recurso improvido" (STJ, 1ª T., REsp 28.237/SP, Rel. Min. Garcia Vieira, j. 16.11.1992, *DJ* 14.12.1992, p. 23.906).

Conforme se pode extrair da análise do § 2º do art. 127 do CTN, caso haja legítima rejeição de domicílio eleito pelo contribuinte, será aplicada "a regra do parágrafo anterior". A redação do dispositivo acabou gerando uma relevante dúvida. O problema é que o citado "parágrafo anterior" (§ 1º) prevê que quando não couber a aplicação das regras fixadas em qualquer dos incisos do artigo, considerar-se-á como domicílio tributário do contribuinte ou responsável o lugar da situação dos bens ou da ocorrência dos atos ou fatos que deram origem à obrigação.

Interpretando a regra, alguns entendem que diante da rejeição, o domicílio será "o lugar da situação dos bens ou da ocorrência dos atos ou fatos que deram origem à obrigação". Tal exegese peca por desconsiderar que a regra prevista no final do § 1º somente pode ser empregada "quando não couber a aplicação das regras fixadas em qualquer dos incisos do artigo", conforme afirma o início do próprio dispositivo e será detalhado no final deste tópico. Assim, **no caso de recusa legítima, deve ser seguida exatamente a mesma sequência de regras a serem observadas no caso de falta de eleição do domicílio pelo sujeito passivo**, da maneira estudada a seguir.

Segundo o CTN, não feita a eleição pelo contribuinte – ou não aceito o domicílio por ele eleito –, aplicam-se as seguintes regras:

> a) quanto às **pessoas naturais**, a sua residência habitual, ou, sendo esta incerta ou desconhecida, o centro habitual de sua atividade;
>
> b) quanto às **pessoas jurídicas de direito privado ou às firmas individuais** (estas denominadas "empresários" pelo Código Civil de 2002), o lugar de sua sede, ou, em relação aos atos ou fatos que derem origem à obrigação, o de cada estabelecimento;
>
> c) quanto às **pessoas jurídicas de direito público**, quaisquer de suas repartições no território da entidade tributante.

Para o STJ, a previsão no sentido de que, no caso de a pessoa jurídica de direito privado não eleger seu domicílio este será, em relação aos atos ou fatos que derem origem à obrigação, o lugar de cada estabelecimento, demonstra que o Código adotou o **princípio da autonomia dos estabelecimentos**. Como consequência desta opção legislativa, é possível a um estabelecimento individualizado, com CNPJ próprio, a obtenção de certidão negativa de débito (CND, prevista no art. 205 do CTN e estudada no item 12.4 do Capítulo 12), mesmo que a matriz ou outros estabelecimentos da mesma pessoa jurídica possuam débitos em aberto. Nessa linha o STJ pedagogicamente asseverou que "ainda que se afirme que o conjunto de filiais e a matriz façam parte de um todo indissolúvel denominado 'pessoa jurídica', a existência de registros de CNPJ diferentes caracteriza a autonomia patrimonial, administrativa e jurídica de cada um dos estabelecimentos, fato que justifica a expedição do documento de modo individual" (STJ, 2ª T., AREsp 192.658-AgRg/AM, Rel. Min. Castro Meira, j. 23/10/2012, DJe 06/11/2012).

O CTN estabelece, ainda, uma regra supletiva das regras acima (que já são supletivas, uma vez que aplicáveis quando não houver eleição pelo sujeito passivo). Quando não couber a aplicação das regras enumeradas, considerar-se-á como domicílio tributário do contribuinte ou responsável o lugar da situação dos bens ou da ocorrência dos atos ou fatos que deram origem à obrigação. Imagine-se o exemplo de um artista de rua (pessoa natural) que não elege seu domicílio. Procura-se sua residência habitual e não se encontra, por ser esta desconhecida. Passa-se à procura do centro habitual de sua atividade, e, caso não se encontre tal centro, considera-se como domicílio o local dos bens ou da ocorrência dos atos ou fatos que deram origem à obrigação. Perceba-se que se trata da mesma regra a ser aplicada quando da recusa do domicílio eleito, visando, novamente, a facilitar a cobrança do tributo.

Em síntese, a definição do domicílio tributário do sujeito passivo pode ser efetivada mediante a utilização do seguinte esquema:

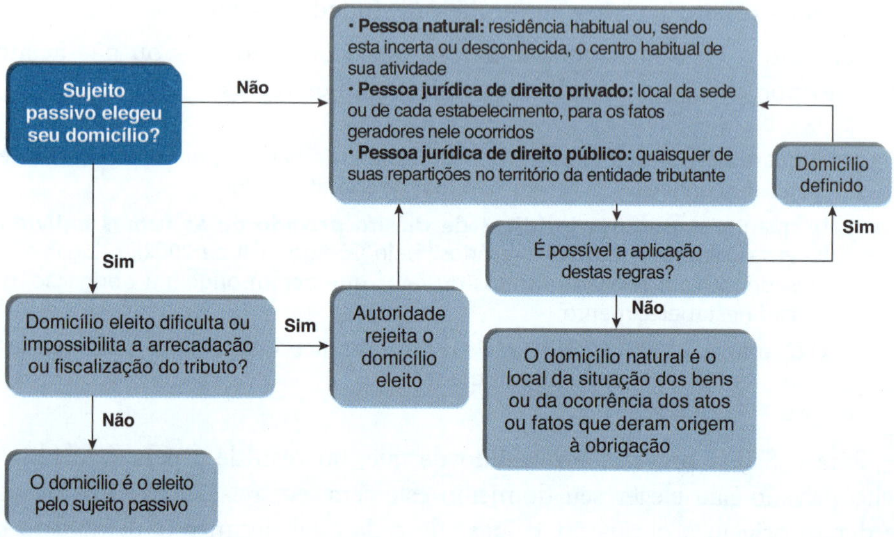

Por último, registre-se que, apesar da liberdade conferida pelo legislador ao sujeito passivo na escolha do domicílio tributário, tem-se admitido, em face da peculiaridade de alguns tributos, a edição de leis restritivas de tal direito. A título de exemplo, o parágrafo único do art. 4º da Lei 9.393/1996 impõe como domicílio do contribuinte do ITR o Município de localização do imóvel, vedando a eleição de qualquer outro.

A restrição pode ser encarada como exercício, em sede legislativa, da possibilidade de rejeitar a eleição de domicílio que inviabilize ou dificulte a fiscalização ou arrecadação de tributo. No caso do ITR, praticamente todos os elementos indispensáveis ao cálculo do montante devido dependem de características do próprio imóvel tributado, o que parece legitimar a prévia definição legal do respectivo Município como domicílio tributário do contribuinte.

Para acessar as questões referentes a esse capítulo, utilize o QR Code ao lado.

6

RESPONSABILIDADE TRIBUTÁRIA

6.1 CONSIDERAÇÕES INICIAIS

Conforme visto no Capítulo anterior, o sujeito passivo da obrigação tributária pode ser um **contribuinte** ou um **responsável**. Será **contribuinte** quando tiver relação pessoal e direta com a situação que constitua o respectivo fato gerador; caso contrário, será denominado **responsável**. Em ambos os casos, a sujeição passiva depende de expressa previsão legal.

Assim, o responsável integra a relação jurídico-tributária como devedor de um tributo, sem possuir relação pessoal e direta com o respectivo fato gerador. A terminologia adotada pelo Código parece autorizar que a lei tributária aponte qualquer pessoa como responsável pelo pagamento de tributo, independentemente de qualquer relação com o fato gerador.

O raciocínio, entretanto, não é correto. Não é lícito ao legislador definir arbitrariamente como sujeito passivo pessoa totalmente alheia à situação definida em lei como fato gerador do tributo. Para perceber isso, basta uma leitura atenta do art. 128 do CTN, abaixo transcrito:

> "Art. 128. Sem prejuízo do disposto neste capítulo, a lei pode atribuir **de modo expresso** a responsabilidade pelo crédito tributário a terceira pessoa, **vinculada ao fato gerador da respectiva obrigação**, excluindo a responsabilidade do contribuinte ou atribuindo-a a este em caráter supletivo do cumprimento total ou parcial da referida obrigação" (grifou-se).

Como decorrência do dispositivo, a pessoa a quem o legislador atribui a responsabilidade deve ser **vinculada ao fato gerador da obrigação**. Aqui se deve ter uma noção de **intensidade do vínculo**, que necessariamente deve existir, mas não pode configurar relação pessoal e direta com o fato gerador, afinal, se tal situação se caracterizar, o sujeito passivo será contribuinte, e não responsável.

O transportador da mercadoria possui um vínculo com os fatos geradores do imposto de importação (entrada de mercadoria no território nacional) e do ICMS (saída da mercadoria do estabelecimento comercial), e pode, por isso, ser considerado, por disposição expressa de lei, **responsável** pelo pagamento do tributo em determinadas circunstâncias.

Não é suficiente, contudo, um raciocínio lógico para definir determinada pessoa como responsável pelo pagamento de um tributo. **Sempre é necessário expressa disposição legal** atribuindo a alguém tal condição, pois, nunca é demais recordar, ninguém pode ser obrigado a fazer ou deixar de fazer alguma coisa senão em virtude de lei.

Desse entendimento – pacífico na lei, na doutrina e na jurisprudência – decorre o seguinte excerto de acórdão, da lavra do Superior Tribunal de Justiça:

> "Tributário – Imposto de importação – Mercadoria a granel – Transporte marítimo – Quebra – Responsabilidade tributária do agente marítimo – Inocorrência – Súmula 192 do ex-TFR – Termo de responsabilidade – Princípio da reserva legal – CTN, 121, II – Precedentes do STJ.
>
> – O agente marítimo não é considerado responsável pelos tributos devidos pelo transportador, nos termos da Súmula 192 do ex-TFR.
>
> – **O termo de compromisso firmado por agente marítimo não tem o condão de atribuir-lhe responsabilidade tributária, em face do princípio da reserva legal previsto no art. 121, II, do CTN**" (STJ, 2ª T., REsp 252.457/RS, Rel. Min. Francisco Peçanha Martins, j. 04.06.2002, *DJ* 09.09.2002, p. 188) (grifou-se).

Relembre-se, por oportuno, que, se o agente marítimo firmou termo de responsabilidade com o sujeito passivo de direito (contribuinte ou responsável), é obrigado a cumpri-lo, segundo a lei civil, mas a avença não possui o condão de mudar a definição legal do devedor, tudo em consonância com o já analisado art. 123 do CTN.

A exigência de **expressa norma legal** para que seja possível a atribuição de responsabilidade tributária a um terceiro também impede que, por meio de interpretação extensiva ou do uso da analogia, uma lei instituidora de outra natureza de responsabilidade seja utilizada para tornar alguém sujeito passivo de tributo.

A título de exemplo, diversas fazendas estaduais tentaram utilizar o art. 134 da Lei 9.503/97 (Código de Trânsito Brasileiro) para, nas circunstâncias previstas no dispositivo, responsabilizar o antigo proprietário de um veículo automotor pelo IPVA não pago pelo novo proprietário. O dispositivo prevê que, no caso de transferência de propriedade, passados 30 (trinta) dias sem que o **novo proprietário** adote as providências necessárias à expedição do novo Certificado de Registro de Veículo, "o **antigo proprietário** deverá encaminhar ao órgão executivo de trânsito do Estado ou do Distrito Federal, no prazo de 60 (sessenta) dias, cópia autenticada do comprovante de transferência de propriedade, devidamente assinado e datado, sob pena de ter que se responsabilizar solidariamente pelas **penalidades** impostas e suas reincidências até a data da comunicação" (grifou-se).

A pretensão estadual de utilizar o dispositivo para responsabilizar ex-proprietários de veículos automotores pelo IPVA relativo a fatos geradores ocorridos posteriormente à alienação não tinha como prosperar. Seria notoriamente incompatível com o art. 128 do CTN adotar uma absurda interpretação ampliativa cujo resultado fosse aplicar a um tributo – que, por definição, não pode configurar sanção por ato ilícito – um regramento expressamente voltado para a responsabilização por penalidades. Foi seguindo essa linha de raciocínio que o Superior Tribunal de Justiça editou a Súmula 585, cujo teor é abaixo transcrito:

> **STJ – Súmula 585 –** "A responsabilidade solidária do ex-proprietário, prevista no art. 134 do Código de Trânsito Brasileiro CTB, não abrange o IPVA incidente sobre o veículo automotor, no que se refere ao período posterior à sua alienação".

Importante registrar que apesar de não ser possível extrair a responsabilização pretendida pelos Estados e DF diretamente da previsão do CTB, nada impede que as leis específicas de tais entes, fundadas nos arts. 124, II, e 128 do Código Tributário Nacional, a estabeleçam na mencionada situação, conforme decidido pelo STJ em tese fixada por meio da sistemática de recursos repetitivos (REsp 1.881.788/SP).

6.2 MODALIDADES DE RESPONSABILIDADE

Segundo lição doutrinária, de acordo com o momento em que surge o vínculo jurídico entre a pessoa designada por lei como responsável e o sujeito ativo do tributo, a responsabilidade tributária pode ser classificada como **"por substituição"** ou **"por transferência"**.

Em apertada síntese (os conceitos serão aprofundados nos itens a seguir), na responsabilidade **"por substituição"**, a sujeição passiva do responsável surge **contemporaneamente à ocorrência do fato gerador**. Já na responsabilidade **"por transferência"**, no momento do surgimento da obrigação, determinada pessoa figura como sujeito passivo, contudo, **num momento posterior, um evento definido em lei causa a modificação da pessoa que ocupa o polo passivo da obrigação**, surgindo, assim, a figura do responsável, conforme definida em lei.

Segundo a doutrina, a responsabilidade "por transferência" abrange os casos de responsabilidade "por sucessão", "por solidariedade" e "de terceiros", conforme esquematizado a seguir:

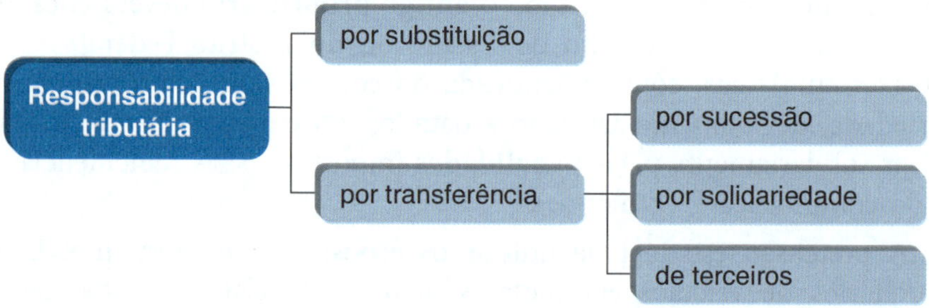

O CTN não sistematiza a matéria da forma esposada pela doutrina. A responsabilidade por solidariedade é tratada nas disposições relativas à obrigação tributária (CTN, art. 124), encontrando-se a disciplina legal das responsabilidades "por sucessão" (CTN, arts. 130 a 133) e "de terceiros" (CTN, art. 134) nas disposições relativas à responsabilidade.

Não obstante a lição doutrinária, agiu bem o legislador tributário ao tratar da solidariedade fora das regras sobre responsabilidade, uma vez que os devedores solidários possuem interesse comum na situação que constitua o fato gerador da obrigação principal (CTN, art. 124, I). Tal interesse manifesta-se, por exemplo, quando duas pessoas são coproprietárias de imóvel na área urbana do Município, sendo, por isso, devedoras solidárias. Perceba-se que ambas têm relação pessoal e direta com o fato gerador, enquadrando-se, portanto, na definição legal de contribuinte, e não na de responsável. Poder-se-ia imaginar a possibilidade de a lei nomear como devedoras solidárias pessoas sem relação pessoal e direta com o fato gerador da obrigação, com fundamento no art. 124, II, do CTN, mas, didaticamente, a sistematização legal de institutos jurídicos deve levar em consideração prioritariamente as regras, e não as possíveis exceções.

Os casos de solidariedade disciplinados pelo CTN serão estudados, nesta obra, seguindo a sistematização utilizada pelo próprio Código, sem prejuízo da análise mais detalhada da essência de cada instituto.

Nessa linha, é importante registrar que o Código Tributário Nacional divide as hipóteses de responsabilidade em três modalidades, a saber:

a) Responsabilidade **dos sucessores** (arts. 129 a 133);

b) Responsabilidade **de terceiros** (arts. 134 e 135);

c) Responsabilidade **por infrações** (arts. 136 a 138).

Se merece elogio a exclusão da solidariedade das hipóteses de responsabilidade por transferência, não se pode dizer a mesma coisa dos casos relativos à responsabilidade por infrações (letra "c"), porque, conforme se verá adiante, o Código acaba por cometer o disparate de chamar de responsável a pessoa que praticou a infração, tendo relação pessoal e direta com o fato gerador da respectiva penalidade.

Nos tópicos a seguir, serão aprofundados os conceitos relativos à responsabilidade "por transferência" e "por substituição", bem como a sistematização das modalidades adotadas pelo CTN, conforme apontado acima.

6.3 RESPONSABILIDADE POR TRANSFERÊNCIA

Como já estudado, ocorrido o fato gerador, nasce a obrigação tributária, cujos contribuintes e responsáveis são definidos em lei. Ocorre que o CTN prevê a possibilidade de mudança da pessoa que figura no polo passivo da respectiva obrigação como decorrência da verificação de determinados fatos.

Trata-se de casos em que a obrigação nasce tendo, no polo passivo, determinado devedor (**contribuinte ou responsável**), mas, em virtude de evento descrito com precisão na lei, há a **transferência da sujeição passiva a uma outra pessoa**, esta na condição de **responsável**. Verifica-se, portanto, uma modificação subjetiva (dos sujeitos) na obrigação surgida.

A título de exemplo, a cada ano verificam-se novos fatos geradores do IPTU. Os sujeitos passivos são os proprietários dos imóveis, objetos da incidência tributária. Todavia, com a morte do proprietário de um imóvel determinado, a sujeição é transferida para o espólio (conjunto de bens e direitos deixados pelo falecido). Mais à frente, com a partilha dos bens, a responsabilidade é novamente transferida, desta feita para os sucessores e para o cônjuge meeiro, conforme determina o art. 131, II e III, do CTN.

Percebe-se, pelo exemplo, que além dos casos de transferência de sujeição passiva **de contribuinte para responsável**, existem também hipóteses em que a transferência se verifica **de responsável para responsável**. O inciso II do art. 131 traz um exemplo do primeiro caso; o inciso III do mesmo artigo, um exemplo do segundo.

A responsabilidade, em todos estes casos, é denominada **"por transferência"**, uma vez que, devido a evento posterior à ocorrência do fato gerador, a responsabilidade é **transferida** para algum(ns) sucessor(es).

6.4 RESPONSABILIDADE POR SUBSTITUIÇÃO

Nos casos de responsabilidade por substituição, **desde a ocorrência do fato gerador**, a sujeição passiva recai sobre uma pessoa diferente daquela que possui relação pessoal e direta com a situação descrita em lei como fato gerador do tributo. Em nenhum momento, o dever de pagar o tributo recai sobre a figura do contribuinte, não havendo qualquer mudança subjetiva na obrigação.

O exemplo mais conhecido é o da responsabilidade que a lei faz recair sobre a fonte pagadora dos rendimentos, no caso do imposto de renda das pessoas físicas. Nesse caso, no momento em que a fonte disponibiliza os rendimentos ou proventos, nasce a obrigação tributária relativa ao IRPF. O sujeito passivo já é a fonte pagadora, que possui o dever legal de efetuar a retenção e recolher o imposto devido aos cofres públicos federais.

Assim, a fonte pagadora **substitui**, no polo passivo da obrigação tributária, a pessoa que naturalmente figuraria em tal relação jurídica na condição de contribuinte (o beneficiário do pagamento), daí a designação da hipótese como responsabilidade **"por substituição"**.

A partir do cotejo entre o momento da ocorrência do fato gerador e o momento do surgimento da obrigação de efetuar o pagamento do tributo, verifica-se que a substituição tributária pode ocorrer em relação a operações antecedentes, subsequentes ou concomitantes (LC 87/1996, art. 6º, § 1º). Em razão disso, os casos de responsabilidade tributária por substituição costumam ser subdivididos em **substituição regressiva** ("para trás", antecedente), **substituição progressiva** ("para frente", subsequente) e **substituição concomitante**, estudadas a seguir.

6.4.1 Substituição tributária regressiva

A substituição tributária "para trás", regressiva ou antecedente ocorre nos casos em que as pessoas ocupantes das posições **anteriores** nas cadeias de produção e circulação são substituídas, no dever de pagar tributo, por aquelas que ocupam as posições **posteriores** nessas mesmas cadeias. Em outras palavras, o substituto é responsável pelo pagamento dos tributos devidos nas **operações antecedentes** àquela da qual ele participa. Há **diferimento** do pagamento do tributo.

Para entender melhor a definição, imagine-se a seguinte cadeia de produção e circulação:

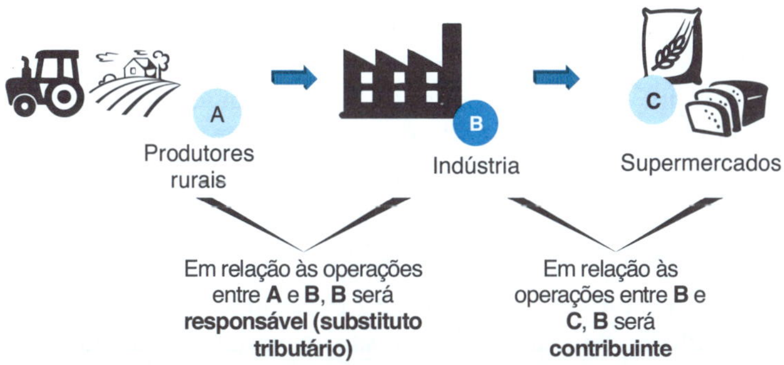

Obs.: Somente nas operações entre "A" e "B" ocorre substituição tributária para trás. As operações entre "B" e "C", assim como as futuras vendas aos consumidores, sujeitam-se à sistemática normal de tributação, em que o comerciante alienante figura como contribuinte.

Suponha-se que as pessoas indicadas pela letra "A" sejam produtores rurais de leite; a pessoa "B" seja uma grande indústria de laticínios; e as pessoas indicadas pela letra "C" sejam supermercados varejistas.

Percebe-se que "B" adquire sua matéria-prima de fornecedores diversos. A cadeia, neste ponto, é caracterizada pela concentração, pois a produção de diversos fornecedores é concentrada em um adquirente único.

Em situações como essa, percebe-se que seria bem mais fácil para a Administração Tributária exigir de "B" todos os tributos incidentes sobre as operações realizadas pelos seus vários fornecedores ("A"). O argumento é reforçado pelo fato de a decisão facilitar a vida de pequenos produtores rurais sem condições de manter uma logística contábil-financeira para providenciar o recolhimento do tributo.

Por tudo, é comum que a lei tributária preveja que "B" **substitua** os seus fornecedores como devedor dos tributos incidentes sobre as alienações feitas ao próprio "B". Nessa hipótese, "B" será sujeito passivo tanto com relação às aquisições feitas de "A" (operações entre "A" e "B"), quanto no tocante às vendas que realizar para "C" (operações entre "B" e "C"). No primeiro caso (compras), "B" é **responsável**, pois, apesar de não possuir relação pessoal e direta com a situação que constitui o fato gerador (não é o alienante), possui vínculo com tal situação (é o adquirente), e sua obrigação decorre de expressa disposição de lei. No segundo caso (vendas), "B" será **contribuinte**, pois possui relação pessoal e direta com o fato gerador do tributo (é o alienante).

Numa análise apressada, pode parecer que "B" é duplamente onerado pela incidência tributária. Entretanto, isso não acontece. Na sistemática normal de tributação (sem substituição), o alienante repassa o ônus econômico do ICMS para o adquirente, incluindo no preço de venda da mercadoria o valor do tributo. Como os produtores rurais ("A") não precisam recolher o tributo, eles não o embutem no preço exigido de "B", que, assim, compra por preço menor. Além disso, a lei ainda permite que "B" somente recolha (como responsável) o tributo relativo à compra feita de "A" quando for efetuar o pagamento (como contribuinte) do tributo referente à venda para "C". Tendo em vista que o ônus de todas essas incidências tributárias é incluído no preço da mercadoria que "B" vende para "C", na prática, "B" não precisa utilizar patrimônio próprio para cumprir suas obrigações de sujeito passivo.

Desse modo, "B" tem a vantagem de não precisar desembolsar o tributo na compra da mercadoria feita a "A". "A" possui a vantagem de não precisar criar logística para recolher o tributo sobre suas operações. O Fisco, apesar de receber o tributo em momento posterior (por isso se fala que na substituição regressiva há **diferimento** do pagamento), tem a grande vantagem de otimizar a utilização da mão de obra fiscal, pois lhe é possível concentrar seus esforços fiscalizatórios numa quantidade bem menor de empresas e, assim, diminuir a evasão fiscal.

Como a regra é que essa técnica de tributação resulte em benefícios para a maioria dos potenciais integrantes das relações jurídico-tributárias sujeitas à sistemática, não existem controvérsias judiciais relevantes relativas à matéria.

Por fim, perceba-se que as pessoas que ficaram "para trás" nas cadeias de produção e circulação são substituídas por aquelas que estão mais à frente nessa cadeia. Vale dizer, a terminologia consagrada qualifica a substituição tributária como **"para frente"** ou **"para trás"** sob a ótica do **substituído**, e não do substituto.

6.4.2 Substituição tributária progressiva

A substituição tributária "para frente", progressiva ou subsequente ocorre nos casos em que as pessoas ocupantes das posições **posteriores** das cadeias de produção e circulação são substituídas, no dever de pagar tributo, por aquelas que ocupam as posições **anteriores** nessas mesmas cadeias. Nesse caso, o substituto é responsável pelo pagamento dos tributos devidos nas **operações subsequentes** àquela da qual ele participa. Há **antecipação** do pagamento do tributo.

Da mesma forma que feito na análise da substituição regressiva, para a análise da definição da substituição progressiva, imagine-se a seguinte cadeia de produção e circulação:

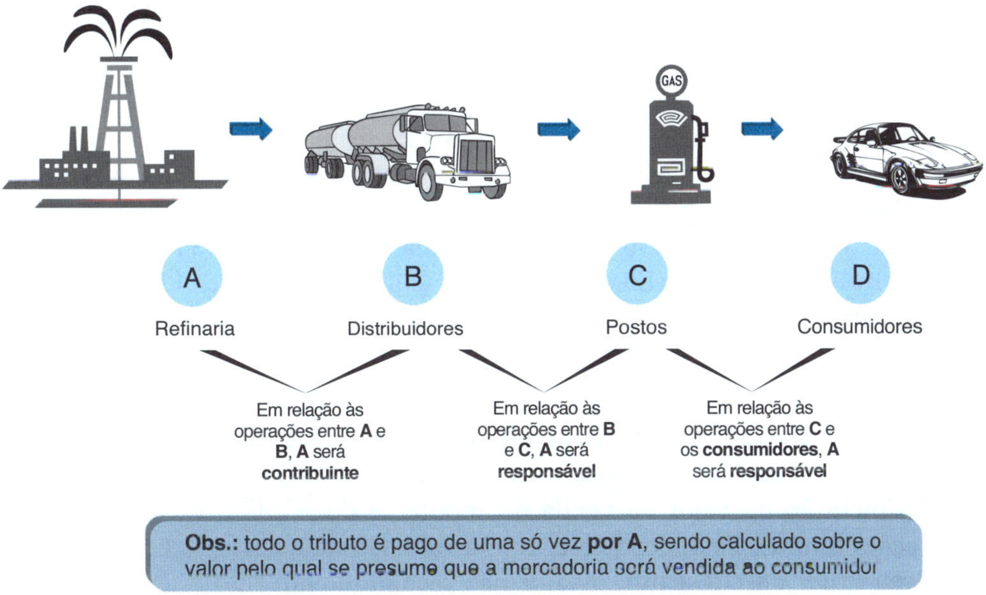

Suponha-se que "A" é uma refinaria de combustíveis que vende gasolina para diversos distribuidores ("B"), os quais, por sua vez, vendem o combustível para milhares de postos ("C"), que, por fim, fazem a venda aos consumidores finais.

Nessa situação, torna-se mais fácil e eficiente para o Estado cobrar de "A" todo o tributo incidente na cadeia produtiva, mesmo no que concerne aos fatos geradores a serem praticados em momento futuro.

Assim, "A" será sujeito passivo do tributo incidente sobre as seguintes operações:

a) venda de combustível feita de "A" para "B";

b) venda de combustível de "B" para "C";

c) venda de combustível feita por "C" aos consumidores.

Com relação ao primeiro caso, "A" é **contribuinte**, pois é ele quem pratica o ato definido em lei como fato gerador do ICMS, tendo com ele relação pessoal e direta (promove a saída da mercadoria do estabelecimento comercial). Com relação aos dois últimos casos, "A" é **responsável**, pois sua obrigação decorre de expressa determinação legal, apesar de não possuir relação pessoal e direta com a saída da mercadoria do estabelecimento comercial.

Todo o tributo da cadeia produtiva é pago, mesmo somente tendo se verificado o primeiro fato gerador. O cálculo do recolhimento total é realizado sobre o valor pelo qual se presume que a mercadoria será vendida ao consumidor. Tal montante é definido mediante a aplicação do **regime de valor agregado** estabelecido no art. 8º da LC 87/1996, levando em consideração os dados concretos de cada caso.

O Superior Tribunal de Justiça considera a técnica de cobrança do ICMS antecipado sobre uma base de cálculo fixada segundo os ditames do regime de valor agregado (exposta acima) absolutamente distinta da cobrança com base em "pautas fiscais", considerada ilegítima pelo Tribunal (STJ, 2ª T., REsp 1.041.216/AM, Rel. Min. Eliana Calmon, j. 20.11.2008, *DJe* 17.12.2008), conforme detalhado no item 7.2.2.2 do Capítulo 7.

A jurisprudência apresenta casos em que o contribuinte **substituído** (correspondente a "B", no exemplo anteriormente mencionado) acionou o Judiciário e obteve decisão **suspendendo o regime de substituição tributária** e, como consequência, determinando ao **substituto** ("A", no exemplo multicitado) a **não inclusão** no valor da venda do montante do ICMS a incidir sobre as operações futuras. Posteriormente, com a reversão da decisão judicial, o Fisco resolveu exigir do **substituto** o valor não recolhido enquanto esteve vigente a determinação. Obviamente o substituto, não tendo ajuizado qualquer ação, nem tendo se beneficiado do provimento que fora inicialmente deferido (afinal, o ônus do tributo pago em substituição é repassado ao substituído), não pode vir a ser cobrado. **O valor deve ser exigido do substituído**, verdadeiro beneficiário da decisão que, ao final, acabou sendo revertida (AREsp 1.423.187/SP).

Digno de nota o fato de alguns doutrinadores não incluírem o caso da substituição tributária progressiva no mesmo tópico dos demais casos de substituição. O motivo seria porque, na substituição progressiva, o vínculo de responsabilidade não nasce no momento da ocorrência do fato gerador, mas antes dele, visto que há uma antecipação do pagamento do tributo.

Para uma melhor sistematização da matéria, opta-se, nesta obra, pela reunião dos casos de substituição numa única rubrica, sem prejuízo do reconhecimento das peculiaridades de cada caso.

6.4.2.1 A constitucionalidade da sistemática da substituição progressiva

Boa parte da doutrina considera que a previsão na lei da antecipação do pagamento de tributo cujo fato gerador ainda não se verificou configura agressão a vários princípios tributários, entre eles o da tipicidade, o da capacidade contributiva e o do não confisco.

A agressão à **tipicidade** decorreria do fato de que a situação abstratamente prevista em lei como fato gerador do tributo (hipótese de incidência ou, em analogia com o Direito Penal, tipo tributário) não teria se verificado no mundo, daí decorrendo a impossibilidade da cobrança.

A técnica utilizada em Direito Penal para tipificar condutas como crimes é muito semelhante àquela adotada em Direito Tributário para definir as hipóteses de incidência dos tributos. Em ambos os casos, define-se algo abstrato que, verificado no mundo, terá as consequências abstratamente previstas em lei.

O art. 121 do Código Penal atribui para o ato de "matar alguém" a consequência da aplicação de uma pena de reclusão de seis a vinte anos. As leis tributárias de vários Estados, usando técnica semelhante, estabelecem para o ato de promover a saída da mercadoria de estabelecimento comercial a consequência de pagar ICMS no valor de 17% do valor da mercadoria.

A técnica é praticamente a mesma. Então, se não é possível aplicar uma pena de reclusão de seis a vinte anos com base na presunção de que alguém vai matar, também não seria possível cobrar ICMS fundado na presunção de que uma mercadoria vai ser vendida por determinado valor.

Noutra linha, há quem afirme que a substituição progressiva agride os princípios da **capacidade contributiva** e do **não confisco**, alegando que o ICMS é um tributo tecnicamente concebido para permitir a transferência do encargo econômico-financeiro ao adquirente da mercadoria, de forma que o alienante só poderia ser chamado a recolher o montante correspondente ao tributo após recebê-lo do adquirente.

Relembre-se o exemplo citado no início deste item, em que uma refinaria "A" vende gasolina para uma distribuidora "B", que a vende para o Posto "C", que, por sua vez, aliena o combustível para o consumidor.

Conforme estudado, todo o ICMS da cadeia produtiva deve ser pago por "A", sendo calculado sobre o valor presumido da futura venda ao consumidor. Como no preço exigido de "B" está embutido não apenas o valor do ICMS incidente sobre a operação entre "A" e "B", mas também o imposto relativo a todas as operações subsequentes (de "B" para "C" e de "C" para o consumidor), e tendo em vista que "A" só faz o recolhimento desses tributos após receber o pagamento de "B", pode-se afirmar que o impacto econômico da tributação de toda a cadeia produtiva recai sobre "B". É em relação a "B" que a lógica do ICMS é subvertida, pois ele precisa utilizar patrimônio próprio para pagar a "A" um preço que inclui o ICMS relativo a fatos geradores futuros, tendo que assumir esse custo antes de realizar a venda para "C". Como isso não é característico do ICMS, estaria havendo confisco e agressão à capacidade contributiva de "B".

Esse argumento é superado pelo fato de o impacto econômico da cobrança antecipada ser apenas provisório, pois, quando da ocorrência da venda de "B" para "C", "B" recupera o valor do ICMS que o atingiu antecipadamente. Quando "C" vende a mercadoria ao consumidor, todo o ônus da cadeia de produção/circulação é repassado ao adquirente, resolvendo-se o problema.

Hoje, a substituição tributária para frente é objeto de expressa previsão constitucional. Ressalte-se, entretanto, que a autorização somente ganhou *status* constitucional com o advento da EC 3/1993, o que possibilita a análise da constitucionalidade da própria Emenda e das regras sobre substituição instituídas antes do seu advento.

Julgando casos relativos a fatos geradores ocorridos em momentos anteriores ao advento da Emenda, o Supremo Tribunal Federal considerou **constitucional** a substituição para frente (RE 213.396/SP), de forma que o raciocínio que mais guarda consonância com a jurisprudência da Corte Suprema é o que afirma que o § 7º do art. 150 da CF/1988, incluído no texto constitucional pela EC 3/1993, apenas veio a declarar como possível aquilo que já o era. Seguindo com precisão esse entendimento, o STJ já afirmou que "continua, assim, em vigor a legislação infraconstitucional, reguladora da chamada 'substituição tributária para a frente', hoje com endosso da Emenda Constitucional 3/1993" (STJ, 2ª T., REsp 89.630/PR, Rel. Min. Ari Pargendler, j. 08.06.1999, *DJ* 01.07.1999, p. 161). Por oportuno, transcreve-se o dispositivo incluído pela Emenda:

> "Art. 150. (...)
>
> § 7º A lei poderá atribuir a sujeito passivo de obrigação tributária a condição de responsável pelo pagamento de impostos ou contribuição, cujo fato gerador deva ocorrer posteriormente, assegurada a imediata e preferencial restituição da quantia paga, caso não se realize o fato gerador presumido".

Perceba-se que o dispositivo constitucional autoriza a possibilidade de **antecipação tributária, que pode ocorrer com ou sem substituição**, ambos os casos sujeitos à reserva de lei. No entender do STF, "ao se antecipar o surgimento da obrigação tributária, o que existe, necessariamente, é, também, a antecipação, por ficção, da ocorrência do fato gerador da exação" e, tendo em vista que "o momento da ocorrência do fato gerador é um dos aspectos da regra matriz de incidência", somente por lei essa antecipação é possível, como, aliás, deixa claro o dispositivo constitucional (STF, Pleno, RE 598.677/RS, Rel. Min. Dias Toffoli, j. 29/03/2021, DJe 04/05/2021).

Na **antecipação tributária sem substituição**, o contribuinte recolhe de forma antecipada somente o tributo relativo ao fato gerador que presumidamente será por ele praticado, sem qualquer responsabilidade sobre o tributo incidente no restante da cadeia produtiva. Essa sistemática deve estar prevista em **lei ordinária do ente tributante**, por força do art. 150, § 7º, da CF/1988.

Já a **antecipação tributária com substituição** nada mais é que a substituição progressiva estudada no presente tópico, caracterizada pelo fato de pessoas ocupantes de posições iniciais na cadeia de produção substituírem, no dever de pagar tributo, aquelas que ocupam as posições subsequentes, antecipando o pagamento do encargo fiscal que grava toda a cadeia. O mecanismo também depende de previsão **em lei ordinária**.

Digno de nota que, em se tratando de **ICMS**, a implementação da sistemática de substituição tributária progressiva demanda mais uma etapa, que é a prévia edição de **lei complementar de caráter nacional**, em cumprimento da regra estatuída no art. 155, § 2º, XII, *b*, da Constituição.

O entendimento foi sintetizado em tese de repercussão geral fixada pelo STF no julgamento do RE 598.677/RS, redigida nos seguintes termos:

> "A antecipação, sem substituição tributária, do pagamento do ICMS para momento anterior à ocorrência do fato gerador necessita de lei em sentido estrito. A substituição tributária progressiva do ICMS reclama previsão em lei complementar federal" (STF, Pleno, RE 598.677/RS, Rel. Min. Dias Toffoli, j. 29/03/2021, DJe 04/05/2021.

A leitura da tese firmada pode levar à conclusão equivocada de que, para implementar a substituição tributária progressiva do ICMS, bastaria a edição da lei complementar nacional, exigência que já foi cumprida com o advento da LC 87/1996 (Lei Kandir). Ocorre que, na lei nacional, a substituição é prevista em normas gerais (LC 87/1996, art. 6º a 10), cabendo às **leis ordinárias** estaduais e distritais a efetiva **atribuição de responsabilidade** ao substituído (conforme art. 6º da LC 87/1996).

Em suma, em se tratando de ICMS, a **antecipação tributária com substituição** somente pode ser implementada se houver a conjunção da **lei complementar nacional** com a **lei ordinária estadual/distrital**, normalmente seguida pelo detalhamento operacional realizado pela regulamentação introduzida por **decreto do governador** (ADI 5.702/DF). Na hipótese de antecipação tributária sem substituição, aplica-se ao ICMS a mesma lógica que orienta os demais tributos, bastando a previsão em lei ordinária do ente tributante, conforme já decidido pelo STF na ADI 2.805/RS.

Por fim, ainda do art. 150, § 7º, da CF/1988 extrai-se que a possibilidade de adoção da sistemática de antecipação existe exclusivamente no que concerne aos **impostos** e **contribuições**. A restrição é bastante lógica, visto que os tributos constitucionalmente vinculados (taxas e contribuições de melhoria) têm sua cobrança dependente de uma atividade estatal especificamente voltada para o contribuinte, não parecendo razoável a exigência de pagamento antes da realização de tal atividade.

6.4.2.2 A questão da restituição

Pacificada no Judiciário a constitucionalidade da sistemática de substituição progressiva, a discussão passou a se concentrar na possibilidade de restituição dos valores recolhidos antecipadamente nos casos de não ocorrência do fato gerador presumido e nos de ocorrência em valores menores que os presumidos.

A **primeira situação** é resolvida pela literalidade do próprio art. 150, § 7.º, da CF/1988, que assegura a imediata e preferencial restituição da quantia paga, caso **não se realize o fato gerador presumido**. Assim, se parte do estoque de cervejas de um bar ultrapassou o prazo de validade e não chegou a ser comercializada, o tributo relativo a esta operação frustrada, antecipadamente pago pela fábrica, mas cujo encargo foi repassado para a distribuidora e posteriormente para o bar, deve ser devolvido.

Nesse caso, a restituição imediata e preferencial dar-se-á nos termos do art. 10 da LC 87/1996, mediante compensação do crédito em operações subsequentes. De acordo com o referido dispositivo, e é importante atentar para esse detalhe, o pedido de restituição deverá ser formulado pelo **contribuinte substituído** (no exemplo, o bar), e não pelo **substituto** tributário que antecipou o pagamento (no exemplo, a fábrica). Trata-se de regra coerente, já que a fábrica, no momento do negócio jurídico, naturalmente repassou o ônus econômico do tributo para a distribuidora, que, por sua vez, de maneira semelhante, o repassou para o bar.

Uma vez formulado o pedido de restituição, se não houver deliberação no prazo de 90 (noventa) dias, o contribuinte substituído poderá se creditar, em sua escrita fiscal, do valor indicado no pedido, atualizado segundo os mesmos critérios aplicáveis ao tributo. Se, porém, sobrevier decisão contrária irrecorrível, o contribuinte substituído terá 15 (quinze) dias, contados de sua notificação, para proceder ao estorno dos créditos lançados, devidamente atualizados e com os acréscimos legais cabíveis.

A **segunda situação** é aquela em que o **fato gerador ocorre, mas com um valor inferior ao que foi presumido**. Suponha-se, por exemplo, que se presumiu, como preço de venda da cerveja ao consumidor, o valor de R$ 5,50. Com base nessa presunção, o tributo foi calculado e integralmente recolhido já na saída da fábrica. Imagine-se, ainda, que o bar anteriormente citado não tenha perdido parte do estoque, mas que, por conta de dificuldades financeiras, tenha decidido vender todas as cervejas do lote por R$ 3,00 cada. Ora, se a cerveja foi vendida pelo bar, o fato gerador do ICMS de fato ocorreu, mas se o efetivo valor de venda foi R$ 3,00, e não R$ 5,50, o ICMS sobre a diferença (R$ 2,50) foi recolhido a maior.

Como o problema não encontra solução expressa na Constituição, o Fisco e a doutrina majoritária, durante muito tempo, digladiaram-se em torno da possibilidade de restituição parcial do valor pago antecipadamente.

Visando à adoção de um entendimento uniforme, 23 dos 27 entes que cobram ICMS – apenas ficaram de fora os Estados de Pernambuco, São Paulo, Santa Catarina e Paraná – chegaram a pactuar, no Convênio ICMS 13/1997, a não restituição de valores recolhidos aparentemente a maior, assim como a ausência de cobrança de valores recolhidos aparentemente a menor.

No âmbito da ADI 1.851/AL, o Convênio ICMS 13/1997 foi considerado constitucional pela Suprema Corte. Dentre os argumentos, estava o de que boa parte da utilidade prática da sistemática de substituição progressiva seria perdida se a Administração precisasse fiscalizar a parte final da cadeia produtiva.

A decisão incentivou os Estados de Pernambuco e São Paulo, não signatários do Convênio, a proporem ações diretas de inconstitucionalidade (ADI 2.675/PE e ADI 2.777/SP, respectivamente) contra suas leis internas que previam ajustes (restituições ou cobranças suplementares) também na hipótese de ocorrência do fato gerador com base de cálculo diferente da presumida.

O STF, já no princípio, alertou que as questões discutidas na ADI 1.851/AL e nas ADIs 2.675/PE e 2.777/SP não eram exatamente idênticas, o que poderia levar a decisões diferentes. Segundo a Corte, no caso do Convênio ICMS 13/1997, julgado na ADI 1.851/AL, a adoção da sistemática de substituição tributária para frente era opcional, consistindo em requisito para a fruição de benefício fiscal pelo contribuinte (um benefício autorizado pelo Convênio ICMS 129/1997, do qual todos os entes eram signatários). Por outro lado, nos casos das leis pernambucana e paulista, a sistemática revestia-se de obrigatoriedade, configurando técnica de arrecadação do ICMS.

Em 2016, antes de se debruçar sobre as ADIs 2.675/PE e 2.777/SP, o STF levou a julgamento o RE 593.849/MG, afetado à sistemática de repercussão geral. Sinalizando a modificação do entendimento encampado na ADI 1.851/AL, o Tribunal, naquele caso concreto, reconheceu o direito de o contribuinte lançar em sua escrita fiscal os créditos de ICMS pagos a maior, por entender que o § 7º do art. 150 da CF/1988 deve ser aplicado a todas as situações em que "o fato gerador presumido não se concretize empiricamente da forma como antecipadamente tributado". Ao final, foi fixada tese nos seguintes termos: **"É devida a restituição da diferença do Imposto sobre Circulação de Mercadorias e Serviços – ICMS pago a mais no regime de substituição tributária para a frente se a base de cálculo efetiva da operação for inferior à presumida"** (RE 593.849/MG).

Naquele mesmo ano, a Suprema Corte reafirmou essa tese no julgamento das ADIs 2.675/PE e 2.777/SP, colocando um ponto final em quase duas décadas de controvérsia.

Prevaleceu o entendimento de que a ficção jurídica que permite a antecipação do pagamento do tributo, criada para simplificar as atividades de arrecadação e fiscalização do Estado (**princípio da praticidade tributária**), não pode se sobrepor aos **direitos e garantias dos contribuintes**. Portanto, se o fato gerador ocorre com base de cálculo inferior à presumida, o Estado deve restituir a diferença, sob pena de violação ao **princípio constitucional da**

vedação ao confisco. Para evitar insegurança jurídica, contudo, os ministros optaram pela modulação dos efeitos da decisão, restringindo a aplicação da tese apenas a fatos posteriores à conclusão do julgamento e a fatos anteriores que, já tendo sido judicializados, ainda não tenham transitado em julgado.

A forma pela qual deve ser operacionalizada a restituição não foi objeto de debate das ações diretas de inconstitucionalidade apreciadas pelo Supremo Tribunal Federal. Alguns doutrinadores defendem que a restituição imediata e preferencial prevista no art. 150, § 7º, da CF/1988 e regulamentada pelo art. 10 da LC 87/1996 somente se aplica aos casos de inocorrência do fato gerador. Nos casos de verificação de base de cálculo menor que a prevista, diferentemente, a restituição da diferença seguiria a regra geral disposta no art. 165 do CTN.

Nesta obra, entretanto, adota-se o entendimento de que o § 7º do art. 150 da CF/1988, ao assegurar a "imediata e preferencial restituição da quantia paga, caso não se realize o fato gerador presumido", alcança todas as situações em que o fato gerador não seja realizado exatamente como presumido, englobando tanto a hipótese de inocorrência quanto a de ocorrência com base de cálculo inferior à prefixada. Ambas as situações são formas de não realização do que foi presumido, portanto ambas ensejam restituição imediata e preferencial (total ou parcial, conforme o caso).

Registre-se, por fim, que ao pedido de restituição formulado pelo substituído **não se aplica a exigência estabelecida pelo art. 166 do CTN** (comprovação de que o solicitante assumiu o encargo do tributo ou está autorizado pelo terceiro que o assumiu a formular o pleito repetitório). Isso porque, ao adquirir a mercadoria submetida ao regime de substituição tributária, o substituído inclui no preço de compra o imposto incidente sobre sua futura venda. Quando efetua a alienação por um valor diferente do que fora presumido, ele não consegue recuperar do adquirente o imposto sobre a diferença, tendo, portanto, assumido tal encargo (REsp 525.625/RS).

Nas decisões mais recentes, o STJ **não** considera o pleito formulado pelo substituído como um verdadeiro **pedido de restituição** de tributo pago indevidamente. Esse entendimento se guia pelo fato de que o valor recolhido antes da ocorrência do fato gerador era efetivamente devido, sendo o direito à devolução decorrente de eventos posteriores ao surgimento originário da obrigação. Por conta de tal diferenciação, nas decisões mais recentes, o Tribunal tem utilizado a palavra "**ressarcimento**" para se referir ao direito que o substituto tributário tem perante a Fazenda Pública. A questão não é meramente terminológica, uma vez que, ao afastar o fundamento do pedido de devolução da disciplina específica da repetição de indébito, a Corte aponta mais um argumento para não aplicar ao pleito do substituído as exigências do art. 166 do Código (REsp 2034975/MG).

Não obstante a maior precisão técnica da expressão "**ressarcimento**" para se referir à devolução dos valores pagos em virtude da não ocorrência do fato gerador presumido – ou da sua ocorrência com base de cálculo inferior à presumida –, preferiu-se, na redação deste tópico, a utilização da palavra "**restituição**", por ser ela a utilizada no texto constitucional (art. 150, § 7º) e na maioria das normas que disciplinam a matéria, vindo a se consagrar pelo uso.

De qualquer modo, a questão crucial relativa ao ponto ora analisado pode ser sintetizada na tese jurídica firmada – na sistemática dos recursos repetitivos – nos seguintes termos:

> "Na sistemática da substituição tributária para frente, em que o contribuinte substituído revende a mercadoria por preço menor do que a base de cálculo presumida para o recolhimento do tributo, é inaplicável a condição prevista no art. 166 do CTN" (STJ, 1ª Seção, REsp 2034975/MG, Rel. Min. Herman Benjamin, j. 14/08/2024, DJe 23/08/2024).

Em se tratando de provas de concurso público, devem ser adotados os seguintes posicionamentos:

a) a sistemática da substituição tributária para frente, progressiva ou subsequente é constitucional, mesmo com relação aos fatos anteriores à Emenda Constitucional 3/1993;

b) de acordo com o art. 150, § 7º, da CF/1988, **não ocorrido o fato gerador presumido, nasce o direito à restituição imediata e preferencial da quantia paga**;

c) no julgamento da ADI 1.851/AL, o STF chegou a reconhecer a constitucionalidade de decisão tomada pela maioria dos Estados da Federação e pelo Distrito Federal no sentido de não restituir nem cobrar diferenças nos casos de ocorrência do fato gerador com base de cálculo diferente da presumida (Convênio ICMS 13/1997);

d) no julgamento do RE 593.849/MG, o STF fixou tese, posteriormente reafirmada nas ADIs 2.675/PE e 2.777/SP, segundo a qual "é devida a restituição da diferença do Imposto sobre Circulação de Mercadorias e Serviços – ICMS pago a mais no regime de substituição tributária para a frente se a base de cálculo efetiva da operação for inferior à presumida".

e) a tese firmada no âmbito do RE 593.849/MG, que sintetiza o atual entendimento acerca da matéria, tornou sem efeitos o disposto no Convênio ICMS 13/1997;

f) ao pedido de restituição formulado em virtude da não ocorrência do fato gerador presumido ou da sua ocorrência com base de cálculo inferior à presumida não se aplica a condição prevista no art. 166 do CTN.

6.4.3 Substituição tributária concomitante

Na **substituição concomitante**, a obrigação de efetuar o pagamento do tributo surge concomitantemente à operação ou prestação a que o tributo se refere. O delineamento da responsabilidade se verifica assim que ocorre o fato gerador, não havendo de se falar em antecipação ou diferimento do pagamento do tributo.

Imagine-se, a título de exemplo, que uma empresa "X", sediada no Estado de São Paulo, venda certa mercadoria a um destinatário no Rio de Janeiro e, para realizar o transporte do item, contrate um profissional autônomo "Y". Conforme é sabido, há incidência de ICMS na prestação de serviços de transporte interestadual, de modo que caberia a "Y", na condição de contribuinte (afinal, sendo o prestador do serviço, é ele quem pratica o fato gerador da exação), a obrigação de recolher o tributo. Suponha-se, contudo, que "Y" não esteja inscrito no cadastro de contribuintes de ICMS do Estado de São Paulo, onde o imposto deve ser recolhido. Nessa situação, pode a lei paulista – com base na Cláusula Segunda do Convênio 25/1990, editado pelo CONFAZ – atribuir ao alienante da mercadoria (tomador do serviço de transporte) a responsabilidade pelo pagamento do tributo.

Perceba-se que há, na hipótese, substituição tributária, pois, desde a ocorrência do fato gerador, a responsabilidade recai sobre pessoa diferente daquela que o praticou de forma pessoal e direta. Aqui, porém, não há diferimento (como na substituição regressiva) nem antecipação (como na substituição progressiva) do pagamento do tributo, que deve ser recolhido pelo responsável no prazo legal, tão logo verificado o fato gerador.

6.5 DISCIPLINA LEGAL DA RESPONSABILIDADE POR SUCESSÃO

O confuso art. 129 do CTN estatui a seguinte regra:

> "Art. 129. O disposto nesta Seção aplica-se por igual aos créditos tributários definitivamente constituídos ou em curso de constituição à data dos atos nela referidos, e aos constituídos posteriormente aos mesmos atos, desde que relativos a obrigações tributárias surgidas até a referida data".

O dispositivo inaugura uma Seção denominada "Responsabilidade dos sucessores" e, portanto, disciplina a aplicabilidade no tempo das normas sobre responsabilidade por sucessão.

Como já estudado, ocorrido o fato gerador, nasce a obrigação tributária, que possui como sujeito passivo um **contribuinte** legalmente definido. Posteriormente, ocorre um evento que transfere a sujeição passiva a um **responsável** expressamente designado por lei. Tem-se a sucessão, pois o responsável sucede o contribuinte como sujeito passivo do tributo.

O marco temporal da transferência de responsabilidade é a data da ocorrência dos eventos previstos em lei como aptos a gerar a sucessão. Seria bem mais simples afirmar que as regras sobre sucessão tributária se aplicam às obrigações tributárias surgidas até a data dos atos legalmente definidos como geradores de sucessão tributária. O CTN, contudo, trilhou por uma redação mais complexa, definindo o fenômeno com base na constituição do crédito (lançamento), momento irrelevante na perquirição da aplicabilidade das regras sobre sucessão.

Explique-se melhor. O Código afirma que as regras sobre responsabilidade dos sucessores são aplicáveis "aos créditos tributários definitivamente constituídos ou em curso de constituição à data dos atos nela referidos, e aos constituídos posteriormente aos mesmos atos". Ora, o legislador tributário acabou por asseverar que as regras se aplicam ao antes, ao durante e ao depois. É lícito afirmar, portanto, que o momento da constituição do crédito tributário (lançamento) é dado absolutamente irrelevante para definir a aplicabilidade da legislação sobre sucessão, pois o que realmente importa é a data do surgimento da obrigação (ocorrência do fato gerador), como inequivocamente aponta a cláusula final do confuso dispositivo ("desde que relativos a obrigações tributárias surgidas até a referida data").

6.5.1 A responsabilidade do adquirente de bens imóveis

Segundo o art. 130 do CTN, os créditos tributários relativos a impostos cujo fato gerador seja a propriedade, o domínio útil ou a posse de bens imóveis, e bem assim os relativos a taxas pela prestação de serviços referentes a tais bens, ou a contribuições de melhoria, sub-rogam-se na pessoa dos respectivos adquirentes, salvo quando conste do título a prova de sua quitação.

Conforme deflui do texto legal, a sub-rogação verificada na aquisição de bens imóveis é pessoal, o que, segundo a doutrina tradicional, significa que há uma mudança do sujeito passivo da obrigação, de forma que o adquirente passa a ser responsável por todo o crédito tributário relativo ao imóvel, não importando o montante, mesmo que esse ultrapasse o valor do próprio bem.

Contudo, é importante destacar que há precedentes do Superior Tribunal de Justiça no sentido de que a responsabilização do adquirente **não afasta sujeição passiva do alienante**, de forma que ambos se tornam **devedores solidários** da obrigação tributária (REsp 1.319.319/RS).

Para chegar a tal conclusão, o Tribunal afirmou que a sucessão tributária tem que ser neutra em relação ao credor, que poderia ser muito prejudicado caso um abastado contribuinte alienasse um imóvel que passasse a ser o único bem do adquirente. Nessa hipótese, se o alienante tivesse a propriedade de bens e ativos financeiros de maior liquidez, e que poderiam responder de forma preferencial e mais eficaz pela dívida, o credor estatal seria prejudicado pela alienação. De maneira ainda pior, transações mais sofisticadas, envolvendo inclusive triangulações, blindagens e planejamentos patrimoniais, poderiam dificultar a satisfação do crédito tributário e caminhar no sentido oposto ao que permeia todo o capítulo de responsabilidade tributária, que é o de aparelhar o fisco com mecanismos que facilitem o recebimento de seus haveres.

Em suma, segundo esses precedentes do STJ, tanto a sub-rogação tributária prevista no *caput* do art. 130 do CTN quanto aquela estabelecida no parágrafo único do mesmo dispositivo **não resultam na transferência da sujeição passiva** de um contribuinte para um responsável, mas sim na **solidariedade de ambos** como devedores do tributo (AgInt no AREsp 942.940/RJ). Apesar de este não ser o posicionamento adotado nesta obra, ele é o mais seguro para ser utilizado nas provas de concurso público.

No tocante ao seu alcance objetivo, o dispositivo claramente se restringe à disciplina da responsabilidade tributária na aquisição de **imóveis**, pois fala em impostos sobre **imóveis**, em taxas pela prestação de serviços referentes a **tais bens**, e em contribuições de melhoria (estas, por definição, são cobradas quando há valorização **imobiliária** decorrente de obra pública).

Especificamente no que concerne aos créditos tributários relativos às taxas, o CTN restringiu a regra aos casos em que o fato gerador é a **prestação de serviços** referentes ao imóvel, não sendo possível a responsabilização do adquirente nos casos de taxas decorrentes do exercício do **poder de polícia**, ainda que relativos ao imóvel. Seguindo este raciocínio, o CEBRASPE, no concurso para provimento de cargos de Advogado da União, com provas aplicadas em 2012, considerou **incorreta** a seguinte assertiva: "As taxas de prestação de serviços, tais como as cobradas em razão do poder de polícia, devidas pelo alienante até a data da aquisição do imóvel, são de responsabilidade do adquirente do imóvel".

Perceba-se que a afirmativa, além de indevidamente inserir as "taxas de polícia" na regra, também apresentou o problema de não restringir a aplicabilidade da norma aos casos em que os serviços prestados são **referentes ao próprio imóvel alienado**. A título de exemplo, obviamente não é transferida para o adquirente de imóvel a responsabilidade pelo pagamento de custas judiciais (taxa judiciária) devidas pelo alienante em virtude do serviço jurisdicional que lhe tenha sido prestado, uma vez que tal serviço não é relativo ao imóvel.

O Código Tributário Nacional estipula duas expressas exceções à regra ora estudada. Assim, não ocorre a sub-rogação pessoal prevista no art. 130 nos seguintes casos:

a) Quando conste do título de transferência de propriedade a **prova da quitação dos tributos** (parte final do *caput* do art. 130 do CTN);

b) No caso de **arrematação em hasta pública**, caso em que a sub-rogação ocorre sobre o respectivo preço (CTN, art. 130, parágrafo único).

Apesar de, nos estritos termos legais, ambas as exceções beneficiarem apenas os adquirentes de **bens imóveis**, há quem defenda a aplicação da segunda exceção também a bens móveis. Isso porque a arrematação em hasta pública é considerada **forma originária de aquisição de propriedade**, o que, nos termos detalhados no item 6.5.1.3, garantiria ao adquirente a investidura na propriedade do bem arrematado livre de quaisquer ônus, inclusive tributários, que anteriormente o gravasse.

No entanto, tal raciocínio não é condizente com a literalidade do CTN, uma vez que as disposições de um parágrafo (no caso, o parágrafo único do art. 130) devem ser interpretadas no contexto do artigo que o contém, e o *caput* do art. 130 refere-se exclusivamente a imóveis.

Há, contudo, precedente do STJ afirmando que "o credor que arremata veículo em relação ao qual pendia débito de IPVA não responde pelo tributo em atraso. O crédito proveniente do IPVA sub-roga-se no preço pago pelo arrematante" (STJ, 3.ª T, REsp 905.208/SP, Rel. Min. Humberto Gomes de Barros, j. 18/10/2007, DJ 31/10/2007, p. 332).

Em provas objetivas de concurso público, a tendência, conforme demonstra a questão da FCC acima transcrita, é considerar a literalidade do Código. Não obstante, se invocado o posicionamento do STJ, deve ser adotado o citado precedente.

Não obstante o raciocínio ora exposto, a tese referente à exoneração de responsabilidade tributária do adquirente de imóveis em hipóteses de aquisições originárias de propriedade não beneficiadas por regra expressa do CTN tem sido encampada pelo Superior Tribunal de Justiça, conforme será detalhado no tópico 6.5.1.3 deste Capítulo.

Passa-se à análise das exceções.

6.5.1.1 A apresentação de certidão negativa

É relevante ressaltar que a transferência da propriedade de imóveis somente ocorre com o registro do ato no cartório de registro de imóveis. Nesse momento, o oficial de registro deve exigir a apresentação de certidões que comprovem a **inexistência de registro** de crédito tributário vencido e não quitado relativo ao imóvel objeto da transferência. Apresentados os comprovantes da quitação dos tributos, o adquirente não pode ser responsabilizado por obrigações porventura existentes.

Neste ponto, vale uma observação. Pode parecer estranho falar em obtenção de certidão negativa e aparecimento posterior de débito. Entretanto, a situação é plausível, pois a certidão é como uma fotografia, relatando uma situação de momento. É possível que o contribuinte obtenha uma certidão negativa e dois minutos depois seja cientificado da lavratura de um auto de infração cobrando tributo relativo a fato ocorrido há três anos (o limite é o prazo decadencial, a ser estudado em momento oportuno). Assim, no momento em que se requer uma certidão, o servidor competente para emissão normalmente consulta um sistema informatizado. Não havendo débito registrado, a certidão é expedida, sem prejuízo da possibilidade de posterior constituição de crédito relativo a período passado, sempre obedecido o prazo decadencial.

Em resumo, o adquirente de boa-fé imagina que, se lhe foi apresentada a certidão, não há débito quanto ao passado. Caso haja alguma pendência, a Administração pode lançar o tributo, todavia a cobrança irá recair sobre o **anterior proprietário** (contribuinte), **não se colocando o adquirente na posição de responsável tributário**.

6.5.1.2 A arrematação em hasta pública

A arrematação em hasta pública ocorre no processo de execução, no qual o Estado-juiz adentra no patrimônio do executado, apreendendo um bem e alienando-o em praça pública. Nesse caso, o arrematante (aquele que ofereceu o maior lance) adquire o bem livre de quaisquer ônus.

A hipótese se encaixa no conceito de **aquisição originária de propriedade**, pois não decorre de vínculo entre o adquirente e o anterior proprietário. Como será detalhado no tópico subsequente (6.5.1.2), é característica das transferências originárias a investidura do adquirente na propriedade **sem que lhe seja imputado qualquer ônus anteriormente incidente sobre o bem adquirido**. Inspirado nessa lição, o legislador do CTN estabeleceu, no parágrafo único do art. 130, que, "no caso de arrematação em hasta pública, a sub-rogação ocorre sôbre o respectivo preço", de modo a impedir a imputação ao arrematante da responsabilidade pelos tributos referentes ao bem adquirido incidentes até a data da arrematação.

Como consequência, **é do preço alcançado na arrematação em hasta pública que devem ser retirados os valores necessários ao pagamento do tributo devido**. Se o montante não for suficiente, a parcela não quitada do crédito tributário não poderá ser exigida do arrematante, mas tão somente do executado, pois este é quem possui relação jurídico-tributária com o Fisco (o arrematante possui relação jurídica com o Estado-juiz).

Nas palavras do Superior Tribunal de Justiça, "os débitos tributários pendentes sobre o imóvel arrematado, na dicção do art. 130, parágrafo único, do CTN, fazem persistir a obrigação do executado perante o Fisco, posto impossível a transferência do encargo para o arrematante, ante a inexistência de vínculo jurídico com os fatos jurídicos tributários específicos, ou com o sujeito tributário" (STJ, 1ª T., REsp 1.059.102/RS, Rel. Min. Luiz Fux, j. 03/09/2009, DJe 07/10/2009).

Esse entendimento sempre foi pacificamente reafirmado pelo Tribunal nos **casos em que não havia previsão, no edital da hasta pública em que o bem imóvel seria alienado, acerca da responsabilidade pelos créditos tributários eventualmente pendentes na data da alienação**.

No entanto, diante da exigência do Código de Processo Civil de que o edital da hasta pública mencione a existência de ônus incidentes sobre o bem a ser leiloado, o STJ proferiu diversos julgados no sentido de que, havendo previsão editalícia expressa de responsabilidade tributária ao arrematante, seria aplicada a regra geral de sub-rogação do crédito na pessoa do adquirente e afastada a incidência do parágrafo único do art. 130 do CTN (REsp 716.438/PR, 1ª Turma; REsp 1.685.627/SP, 2ª Turma; REsp 1.316.970/RJ, 3ª Turma; AgRg no REsp 1.168.950/DF, 4ª Turma, por exemplo).

Os reiterados julgados, apesar de se fundamentarem também em lei de caráter nacional (o CPC), não enfrentavam a questão **da impossibilidade do afastamento, por mera lei ordinária, de uma norma geral em matéria tributária** (CTN, art. 130, parágrafo único), âmbito constitucionalmente reservado à disciplina de lei complementar (CRFB, art. 146, III).

Somente em 2024, na sistemática dos Recursos Repetitivos, o Superior Tribunal de Justiça reconheceu o equívoco dos julgados anteriores e entendeu como nulas as cláusulas editalícias que, em manifesta afronta ao Código Tributário Nacional, previam responsabilidade tributária do arrematante sobre créditos tributários em aberto na data da arrematação. A questão foi pacificada nos termos da seguinte tese jurídica:

> "Diante do disposto no art. 130, parágrafo único, do Código Tributário Nacional, é inválida a previsão em edital de leilão atribuindo responsabilidade ao arrematante pelos débitos tributários que já incidiam sobre o imóvel na data de sua alienação" (STJ, 1ª Seção, REsp 1.14.902/SP, Rel. Min. Teodoro Silva Santos, j. 09/10/2024, Dje 24/10/2024).

6.5.1.3 A aquisição originária de propriedade

Muita controvérsia já existiu em torno da possibilidade de aplicar a regra de responsabilidade prevista no art. 130 do Código Tributário Nacional não apenas aos casos de aquisição derivada de propriedade, mas também às hipóteses de aquisição originária.

Na **aquisição derivada acontece a transferência do domínio de uma pessoa para a outra** por ato *inter vivos* ou *causa mortis*. Nesses casos, é absolutamente necessário verificar se o transmitente é realmente o proprietário do imóvel. Daí a existência do denominado "princípio da continuidade" no registro dos imóveis, segundo o qual para cada imóvel se forma uma cadeia de titularidades sequenciadas no tempo, somente sendo possível registrar um título de aquisição se este foi outorgado por quem atualmente aparece no registro como titular do imóvel. É justamente por derivar de título outorgado pelo anterior proprietário, que essa espécie de aquisição é denominada "derivada", sendo a ela aplicável a regra segundo a qual o adquirente se torna responsável pelos tributos referentes ao bem adquirido.

Na **aquisição originária não há relação entre o domínio adquirido e qualquer domínio anterior**; o que ocorre é uma verdadeira aquisição sem transmissão por outrem. É o que se verifica nos casos de usucapião e desapropriação, hipóteses em que o adquirente recebe o bem livre de qualquer ônus anterior, inclusive tributário. Dessa forma, **não são aplicáveis ao caso as regras de sub-rogação dos créditos tributários na pessoa dos adquirentes**. Foi seguindo essa linha de raciocínio, que o STJ, analisando um caso relativo a desapropriação, decidiu que "o ente desapropriante não responde por tributos incidentes sobre o imóvel desapropriado nas hipóteses em que o período de ocorrência dos fatos geradores é anterior ao ato de aquisição originária da propriedade" (REsp 1.668.058/ES).

6.5.2 A responsabilidade do adquirente ou remitente de bens móveis

A regra relativa à aquisição de bens móveis é basicamente a mesma aplicada à aquisição de imóveis, de forma que a única diferença que merece nota é a **inaplicabilidade das exceções estudadas nos itens anteriores** (ver comentários finais do item 6.5.1 em que é citado precedente da 3.ª Turma do STJ em sentido oposto).

A transferência da propriedade de bens móveis ocorre com o que os civilistas denominam de "tradição", ou seja, com a entrega do bem ao adquirente. No caso de aquisição de veículo, quando o adquirente procura o Detran para o registro da transferência, esta já está aperfeiçoada, assim como a sucessão tributária. Não há exceção ao caso, de forma que o pagamento do IPVA pendente deve ser efetuado pelo adquirente, mesmo que na aquisição tenha sido apresentada certidão afirmando a inexistência de débito.

O fundamento legal para a transferência de sujeição passiva para o adquirente de bens móveis é o art. 131, I, do CTN, segundo o qual "são pessoalmente responsáveis o adquirente ou remitente, pelos tributos relativos aos bens adquiridos ou remidos".

A maneira como o dispositivo foi redigido poderia levar à conclusão de que a regra é aplicável tanto a móveis quanto a imóveis. Entretanto, como a disciplina relativa à responsabilidade do adquirente de bens imóveis consta do art. 130, o entendimento mais razoável é no sentido de que **o art. 131, I, ao menos no que concerne ao adquirente, aplica-se exclusivamente a móveis**.

Interpretação contrária tornaria o art. 130 despiciendo, o que contrariaria a regra hermenêutica segundo a qual a lei não deve conter palavras desnecessárias ou inúteis, devendo o intérprete buscar a essência de cada dispositivo legal, conferindo-lhe aplicabilidade e eficácia.

A regra objeto de análise se refere ao adquirente e ao **remitente**. Remitente é a pessoa que pratica a **remição** (com "ç"), instituto diferente da **remissão** (com "ss").

A **remissão**, como será detalhado no item 9.1.4, do Capítulo 9 desta obra, é o **perdão** concedido por lei, que extingue o crédito tributário. Já a **remição** não extingue crédito algum, consistindo, pelo contrário, em caso de **transferência da sujeição passiva**.

Tradicionalmente, a remição era exercida quando o cônjuge, o ascendente ou o descendente resgatava bens que, num processo de execução, haviam sido levados à hasta pública, depositando o preço pelo qual tais bens foram alienados ou adjudicados. Atualmente matéria é disciplinada pelos artigos 826 e 877, §§ 3º e 4º do Novo Código de Processo Civil (Lei 13.105/2015), que **tornam a remição instituto de uso exclusivo do executado**, salvo **nos casos de falência ou de insolvência do devedor hipotecário**, hipóteses em que o direito será deferido à **massa ou aos credores em concurso**.

Sob o ponto de vista tributário, o mais relevante é saber que, cumpridas as regras aplicáveis ao instituto, se alguém que não o devedor originário pratica a remição, este alguém (remitente) passa automaticamente a ser responsável pelo tributo porventura pendente de pagamento.

Pode-se afirmar, em síntese, que o remitente é, na realidade, espécie de adquirente e, da mesma forma que este, põe-se na condição de responsável pelos tributos incidentes sobre o bem adquirido, desde que relativos aos fatos geradores ocorridos anteriormente à aquisição. Com relação às obrigações tributárias surgidas posteriormente, o adquirente e o remitente passam a ser contribuintes.

6.5.3 A responsabilidade na sucessão *causa mortis*

Com a morte, ocorre a abertura da sucessão. Segundo o direito das sucessoes, a transferência do patrimônio do *de cujus* (falecido) ocorre imediatamente com tal fato.

A **formalização** da transferência da responsabilidade para os sucessores, contudo, depende da conclusão do processo de **inventário (ou arrolamento)**, com a consequente partilha dos bens.

Durante o período de tempo iniciado com a abertura da sucessão (morte) e concluído com o término do processo de inventário (partilha dos

bens), a responsabilidade pelos tributos devidos pelo *de cujus*, até a data de sua morte, é do espólio.

O **espólio** é o conjunto de bens e direitos deixados pelo *de cujus*, atuando no mundo jurídico por meio do inventariante.

O **espólio não é pessoa**, consistindo tão somente numa universalidade de bens e direitos. A decorrência teórica desta afirmação seria a impossibilidade de o espólio ser sujeito de direitos e obrigações na ordem jurídica. Assim, não seria possível ao espólio figurar como devedor (sujeito passivo) em qualquer relação jurídica (os débitos porventura existentes seriam dos sucessores, que, em teoria, imediatamente passam a ser proprietários dos bens, titulares dos direitos e sujeitos passivos das obrigações).

Entretanto, conforme já visto, ao estipular as regras sobre capacidade tributária passiva, o CTN desconsidera por completo as regras civilistas sobre capacidade.

Em mais uma manifestação dessa autonomia das regras tributárias, o Código afirma, no seu art. 131, III, que o espólio é pessoalmente responsável pelos tributos devidos pelo *de cujus* até a data da abertura da sucessão. Perceba-se que o CTN acabou por afirmar que algo que **não é pessoa** é **pessoalmente responsável** por algo.

Alguns intérpretes mais apressados atestam que o espólio somente é responsável até a data da abertura da sucessão, o que é absurdo. Na realidade, **a responsabilidade do espólio se inicia com a abertura da sucessão, pois antes desta data, o falecido estava vivo e era o sujeito passivo da obrigação (contribuinte)**.

Dessa forma, a expressão "até a data da abertura da sucessão" refere-se aos tributos não pagos pelo *de cujus* (até tal data). Não se estipula, por óbvio, um momento a partir do qual o espólio deixa de ser responsável.

Com a prolação da sentença de partilha ou adjudicação, a responsabilidade por todo o período passado (respeitado o prazo decadencial) passa a ser dos sucessores a qualquer título e do cônjuge meeiro, limitada esta responsabilidade ao montante do quinhão do legado ou da meação (CTN, art. 131, II).

Portanto, se o *de cujus* deixou créditos tributários em aberto, o espólio deve fazer o pagamento (é responsável). Caso o pagamento não tenha sido feito e, mesmo assim, os bens tenham sido partilhados, os sucessores a qualquer título e o cônjuge meeiro deverão fazer o pagamento (são responsáveis).

As situações descritas podem ser visualizadas por intermédio do seguinte esquema:

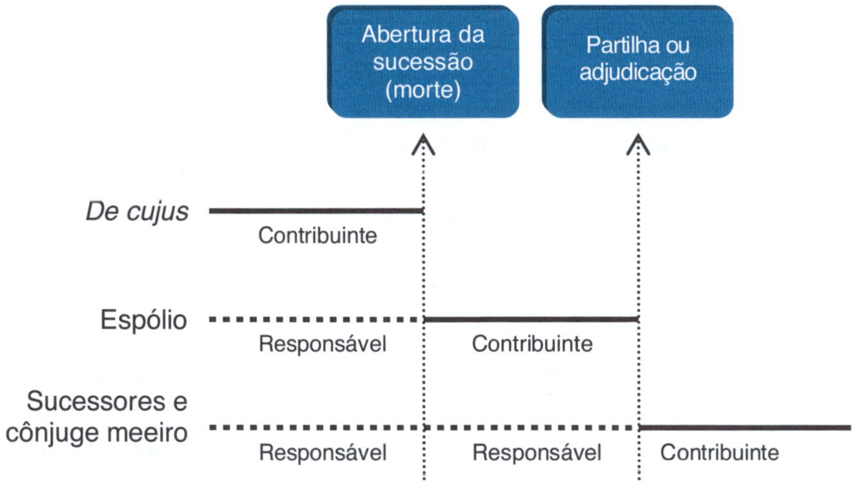

No esquema, as três **linhas cheias** demonstram o seguinte:

a) **até sua morte** (abertura da sucessão), o ***de cujus*** era sujeito passivo na modalidade **contribuinte**;

b) **após a morte**, os novos fatos geradores terão como **contribuinte** o **espólio**, e tal situação durará até data da partilha ou adjudicação;

c) **após a partilha ou adjudicação**, os novos fatos geradores terão como **contribuintes** os **sucessores a qualquer título** e o **cônjuge meeiro**.

Já as duas **linhas tracejadas** demonstram o seguinte:

a) o **espólio** é pessoalmente **responsável** pelos tributos devidos pelo *de cujus* **até a data de abertura da sucessão** (o que corresponde com exatidão à previsão do art. 131, III, do CTN)

Ressalte-se que o espólio surge com a morte do *de cujus*, e existe até a data da partilha ou adjudicação. A linha cheia demonstra, portanto, o período de vida do espólio. Quanto aos fatos geradores ocorridos durante tal período, o espólio será **contribuinte** (letra "a" da enumeração anterior). A linha tracejada demonstra que, no tocante às obrigações surgidas durante o período correspondente e não quitadas pelo contribuinte, o espólio, após o seu surgimento, será sujeito passivo na modalidade **responsável**.

Em resumo, o espólio só existe no mundo jurídico durante o período indicado no gráfico pela respectiva linha cheia, mas neste intervalo de tempo, é responsável pelas obrigações surgidas no período passado (quando o *de cujus* era contribuinte).

b) o **sucessor a qualquer título** e o **cônjuge meeiro** são pessoalmente **responsáveis** pelos tributos devidos pelo *de cujus* **até a data da partilha ou adjudicação**, tendo como limite do débito o montante do quinhão, do legado ou da meação recebidos (o que corresponde, com exatidão, à previsão do art. 131, II, do CTN)

Aqui vale o mesmo raciocínio. Se o tributo não foi pago pelo *de cujus*, a **responsabilidade** passa para o espólio; se este não quita o tributo de que era sujeito passivo, seja como **responsável** (linha tracejada), seja como **contribuinte** (linha cheia), o sucessor a qualquer título e o cônjuge meeiro serão **responsáveis** por todo o período, tendo como limite o montante do quinhão, do legado ou da meação recebidos.

Note-se que, para tornar o Código mais inteligível, o legislador do CTN deveria ter invertido a ordem dos incisos II e III, pois este último se refere a algo que surge em primeiro lugar na ordem natural dos fatos (responsabilidade do espólio) quando comparado com a situação descrita no "inciso II" (responsabilidade dos sucessores e do cônjuge meeiro).

Por fim, para o completo entendimento do sentido da última regra citada (art. 131, II), é necessário o esclarecimento de alguns conceitos oriundos do direito das sucessões.

Quinhão é uma parcela ideal (fração) do patrimônio deixado pelo *de cujus*. Assim, quem tem direito a 1/3 de uma herança de 300 mil reais recebe um quinhão de 100 mil reais e só responde por débitos tributários até esse montante. A regra almeja evitar que a existência de débitos superiores aos bens e direitos recebidos impusesse ao sucessor (herdeiro) a utilização de patrimônio próprio para pagar débitos que não gerou.

Existe **legado** quando, no testamento, o *de cujus* deixa um bem determinado para pessoa determinada. Assim, se o legatário recebe uma casa no valor de duzentos mil reais, somente responde por débitos até esse montante, pelos mesmos motivos acima explicados.

A **meação** é a parcela (metade) do patrimônio do casal pertencente a cada cônjuge, que, justamente por isto, é designado meeiro (desde que casados em regime no qual haja comunicação patrimonial). Os cônjuges são partes de uma sociedade, a sociedade conjugal ou matrimonial. Com o falecimento de um deles, o outro tem direito à meação, sendo responsável pelos respectivos tributos.

A regra é, a rigor, desnecessária e atécnica, visto que os bens integrantes da meação (patrimônio comum, de acordo com o regime do casamento) **já pertenciam ao cônjuge sobrevivente**, mesmo antes da morte do *de cujus*, de forma que, não havendo qualquer transferência de patrimônio, o meeiro continua sendo **contribuinte** dos respectivos tributos. O STJ, não obstante reconhecer que o caso não é de sucessão, o trata como hipótese de responsabilidade, já havendo decidido, por exemplo, que "a dívida deve ser cobrada da viúva meeira, como responsável legal, e não como sucessora, na proporção de sua meação" (REsp 212.554).

Não se pode olvidar que com o advento do art. 1.845 do novo Código Civil (Lei 10.406/2002) o cônjuge passou a ser, também, herdeiro necessário, concorrendo com os demais sucessores na forma estabelecida no próprio dispositivo civilista.

Em provas de concurso, em se tratando de matéria tributária, deve ser adotada a redação literal do CTN, designando-se o cônjuge como verdadeiro **responsável tributário**, tanto no que concerne à **meação** quanto no que concerne à sua parcela da **herança**.

Outra questão relevante é a abrangência da norma estudada quanto à composição do crédito transferido. Apesar de os dispositivos legais se referirem à responsabilidade por **tributos**, o Superior Tribunal de Justiça entende que também devem se incluir na regra as **multas moratórias** (REsp 295.222 – no acórdão, são citados diversos outros precedentes).

A ideia em torno do entendimento é que a expressão "patrimônio" abrange um conjunto de bens, direitos e obrigações, de forma que o sucessor não pode receber os bônus (bens e direitos) sem arcar com os respectivos ônus (obrigações – entre elas as multas) integrantes do patrimônio transferido.

Adotando uma linha um pouco diferente, a Fundação Carlos Chagas, no concurso para provimento de cargos do Tribunal de Contas dos Municípios do Ceará, realizado em 2006, formulou questão que, pela relevância, tem seu teor abaixo transcrito:

> "Herdeiros de um contribuinte que deixou patrimônio, tendo sido autuado pela prática de sonegação fiscal, sofrem processo de execução fiscal, compreendendo o valor do tributo, acrescido da correção monetária, da multa e dos juros. Essa cobrança é
>
> (a) ilegal apenas quanto à multa;
>
> (b) legal quanto ao tributo e à multa e ilegal quanto aos juros e à correção monetária;
>
> (c) legal quanto ao tributo e todos os seus acréscimos;
>
> (d) ilegal quanto ao tributo e à multa e legal quanto aos juros e à correção monetária;
>
> (e) ilegal quanto ao tributo e todos os seus acréscimos."

O gabarito oficial apontou como correta a assertiva "a". Pelas alternativas propostas – todas iniciadas com a palavra "legal" ou a palavra "ilegal" –, parece que a banca tomou o texto literal do CTN como parâmetro único para a resposta, desconsiderando interpretações puramente doutrinárias.

Certamente, o examinador, ao tratar de sonegação fiscal (crime), quis se referir a uma multa **de ofício** (punitiva) e não a uma multa **por atraso** (de mora), de forma a haver responsabilidade pessoal do agente nos termos do art. 137, I do Código, dispositivo estudado no item 6.7.1.

Curiosamente, a mesma FCC, no concurso para Auditor do Tribunal de Contas dos Municípios do Amazonas, realizado em 2007, elaborou questão de idênticos enunciados e alternativas, mas apontou como correta a afirmação de que a cobrança era "**legal quanto ao tributo e à correção monetária e ilegal quanto à multa e aos juros**".

Após os recursos, a banca **anulou** a questão, o que foi correto, pois não é razoável que uma questão absolutamente idêntica, palavra por palavra, letra por letra, seja repetida em certames tão próximos. Contudo, se não fosse a anulação, certamente, o posicionamento mais coerente seria o de alteração do gabarito, de forma a considerar correta a alternativa segundo a qual apenas a cobrança da **multa** padeceria de ilegalidade.

Por tudo, há de se concluir o seguinte:

a) para efeitos de responsabilidade tributária por sucessão *causa mortis*, devem ser entendidas, dentro do conceito de tributos, as **multas moratórias**, conforme já decidido pelo Superior Tribunal de Justiça;

b) nos casos de aplicação de multa "de ofício", cuja responsabilidade seja pessoal do infrator (casos do art. 137 do CTN), a responsabilidade, nos exatos termos legais, não é transferida aos sucessores. Este é o posicionamento mais seguro para se adotar em **provas objetivas**, conforme demonstra o exemplo acima citado (FCC);

c) nos casos propostos em **provas subjetivas**, principalmente para provimento de cargos de advocacia pública (em que o candidato deve usar os argumentos disponíveis em defesa do Estado), é possível invocar a tese de que o sucessor também deve responder pelas multas "de ofício", mesmo nos casos de responsabilidade pessoal do infrator, pois, desaparecendo o devedor (sucessão *causa mortis*), seu patrimônio (conjunto de bens, direitos e **obrigações**) seria integralmente transferido para os sucessores. Também é relevante argumentar que quando o CTN quis restringir a responsabilidade de alguém apenas às penalidades de caráter moratório, o fez expressamente, como ocorre no parágrafo único do art. 134.

6.5.4 A responsabilidade na sucessão empresarial

Aqui a expressão "sucessão empresarial" é utilizada em sentido amplo, compreendendo todos os casos de operações entre empresas, como as fusões, cisões, incorporações, alienações de filiais, entre outras.

O raciocínio que orientou a elaboração das regras foi o de que a Administração Tributária deve seguir a manifestação de riqueza dessas entidades, de forma que o "desaparecimento" de uma entidade implicará a responsabilidade daquelas que lhe sucederem.

Assim, pode-se afirmar que a premissa fundamental é a de que a **sucessão empresarial gera sucessão tributária**.

O CTN, a partir de tal premissa, estipula regras específicas para os casos que serão detalhados a seguir.

Antes, contudo, é relevante analisar a possibilidade de aplicação das regras de responsabilidade por sucessão para os créditos tributários relativos a **multas**.

Há quem defenda que o fato de a multa ser sanção por ato ilícito teria por consectário a responsabilidade pessoal do infrator, de forma a não ser possível que uma outra pessoa venha a suceder aquele na obrigação de arcar com o encargo punitivo.

O raciocínio, entretanto, não pode prosperar, por dois motivos.

O primeiro é que o CTN, ao estabelecer as regras sobre sucessão empresarial, não diferenciou os créditos relativos a multas e a tributos. Ressalte-se que, quando o Código quis estipular algum tipo de tratamento diferente entre tributo e multa tributária, ele expressamente o fez, como se vê no art. 186, parágrafo único, III.

O segundo e mais importante motivo de a sucessão tributária englobar créditos relativos a tributos e multas decorre do fato de o patrimônio ser definido como um conjunto de bens, direitos e obrigações, de forma que o sucessor não recebe apenas os bônus (bens e direitos), mas também arca com os ônus (obrigações – entre elas as multas) integrantes do patrimônio.

Essa linha de raciocínio é a prevalente no âmbito do Superior Tribunal de Justiça, conforme demonstra o seguinte excerto, extraído da Ementa do Acórdão proferido no julgamento do Recurso Especial 432.049-SC (Grifou-se):

> "**2.** Os arts. 132 e 133, do CTN, impõem ao sucessor a responsabilidade integral tanto pelos eventuais tributos devidos quanto pela multa decorrente, seja ela de caráter moratório ou punitivo. A multa aplicada antes da sucessão se incorpora ao patrimônio do contribuinte, podendo ser exigida do sucessor, sendo que, em qualquer hipótese, o sucedido permanece como responsável. Portanto, é devida a multa, **sem se fazer distinção se é de caráter moratório ou punitivo**, visto ser ela imposição decorrente do não pagamento do tributo na época do vencimento.
>
> **3.** Na expressão 'créditos tributários' estão incluídas as multas moratórias.
>
> **4.** A empresa, quando chamada na qualidade de sucessora tributária, é responsável pelo tributo declarado pela sucedida e não pago no vencimento, incluindo-se o valor da multa moratória.

5. Precedentes das 1.ª e 2.ª Turmas desta Corte Superior e do colendo STF" (STJ, 1.ª T., REsp 432.049/SC, Rel. Min. José Delgado, j. 13.08.2002, *DJ* 23.09.2002, p. 279).

Em face dos diversos precedentes que abraçaram a tese exposta, o Superior Tribunal de Justiça decidiu editar a Súmula 554, sujo teor é o seguinte:

> **STJ – Súmula 554 –** "Na hipótese de sucessão empresarial, a responsabilidade da sucessora abrange não apenas os tributos devidos pela sucedida, mas também as multas moratórias ou punitivas referentes a fatos geradores ocorridos até a data da sucessão."

6.5.4.1 *A responsabilidade na fusão, incorporação, transformação, cisão e extinção de pessoas jurídicas*

O art. 132 do CTN afirma que a pessoa jurídica de direito privado que resultar de fusão, transformação ou incorporação de outra ou em outra é responsável pelos tributos devidos até à data do ato pelas pessoas jurídicas de direito privado fusionadas, transformadas ou incorporadas.

A regra objetiva atribuir responsabilidade à pessoa jurídica de direito privado resultante de alterações (fusão, cisão, transformação e incorporação) de outras pessoas jurídicas de direito privado devedoras de tributo. As alterações são aquelas previstas na lei comercial, e serão a seguir explanadas na forma de exemplos em que constarão as respectivas consequências tributárias.

Ocorre **fusão** quando se unem duas ou mais sociedades para formar sociedade nova, que lhes sucederá em todos os direitos e obrigações, inclusive as de natureza tributária.

Assim, quando as empresas Antarctica e Brahma resolveram criar a AmBev, aquelas deixaram de existir como sujeitos de direitos e obrigações, sendo nesses aspectos sucedidas por esta. Todos os tributos devidos pela Antarctica e pela Brahma **(contribuintes)** na data da fusão (1º de julho de 1999) passaram a ser de **responsabilidade** da AmBev. A partir de tal data, a AmBev passou a ser contribuinte em relação às novas obrigações tributárias surgidas.

Se a Brahma houvesse absorvido a Antarctica (imagine-se que a Brahma houvesse "comprado" a Antarctica), ter-se-ia uma **incorporação**. Nessa situação, a Brahma continuaria existindo como sujeito de direitos e obrigações, sendo, ainda, **contribuinte** dos seus tributos. Já a Antarctica deixaria de existir como pessoa jurídica e seus tributos passariam a ter como sujeito passivo a Brahma, na condição de **responsável**.

O legislador do CTN, novamente mostrando profundo desapego à definição técnica dos institutos jurídicos, também citou a **transformação** como geradora de sucessão tributária. Segundo a definição legal de transformação, esta ocorre quando a sociedade passa, independentemente de dissolução e liquidação, de um tipo para outro (Lei 6.404/1976, art. 220).

A título de exemplo, imagine-se que uma empresa por quotas de responsabilidade limitada (Ltda.) transforme-se numa sociedade por ações (S.A.). Nessa situação, a empresa não se extingue como sujeito de direitos e obrigações, continuando como **contribuinte** dos seus respectivos tributos.

Entretanto, sob a ótica do CTN, a sociedade resultante da transformação – no exemplo citado, a S.A. – passa a ser **responsável** pelos tributos devidos pela sociedade transformada – a Ltda. É assim que o fenômeno deve ser encarado em provas de concurso público.

O Código Tributário Nacional não estabeleceu regra expressa sobre sucessão tributária nos casos de cisão. O motivo da omissão foi que o instituto só veio a ser disciplinado pela Lei 6.404/1976, editada mais de uma década após o advento do CTN.

Segundo a definição legal, cisão é a operação pela qual a companhia transfere parcelas do seu patrimônio para uma ou mais sociedades, constituídas para esse fim ou já existentes, extinguindo-se a companhia cindida, se houver versão de todo o seu patrimônio, ou dividindo-se o seu capital, se parcial a versão (art. 229 da Lei 6.404/1976).

Assim, se a sociedade "A" transfere todo o seu patrimônio para as sociedades "B" e "C", haverá **cisão total**, extinguindo-se "A" (cindida). Já se "A" transfere apenas parcela do seu patrimônio para "B" e "C", haverá **cisão parcial**, continuando "A" a ser sujeito de direitos e obrigações.

Conforme afirmado, o CTN não tratou da existência de responsabilidade das sociedades recipientes de patrimônio – "B" e "C", no exemplo citado – pelos tributos devidos pela sociedade cindida – "A". O fato gerou certa controvérsia doutrinária sobre a possibilidade de aplicação das regras do art. 132 do Código também aos casos de cisão, havendo quem defenda que, em virtude de a atribuição de responsabilidade tributária depender de expressa previsão legal, resta impedida a extensão na via interpretativa.

Majoritariamente, contudo, tem-se entendido por suficiente para atribuição de responsabilidade a previsão constante do art. 233 da Lei 6.404/1976, que estabelece responsabilidade solidária entre:

a) a própria sociedade cindida que continuar a existir (cisão parcial) e as sociedades que receberem seu patrimônio;

b) as sociedades que receberem o patrimônio da sociedade cindida, quando esta deixar de existir (cisão total).

O parágrafo único do mesmo art. 233 prevê que o ato de **cisão parcial** poderá estipular que as sociedades que absorverem parcelas do patrimônio da companhia cindida serão responsáveis apenas pelas obrigações que lhes forem transferidas, **sem solidariedade entre si ou com a companhia cindida**.

Tratando-se de responsabilidade tributária, parte da doutrina entende que a regra excludente não pode ser aplicada, pois o ato de cisão é uma convenção entre particulares, que, nos termos do já analisado art. 123 do CTN, não teria o condão de se sobrepor às regras legais de atribuição de responsabilidade. Esquece-se tal corrente doutrinária que o próprio art. 123 invocado inicia com a famosa ressalva "salvo disposições de lei em contrário", o que legitima a possibilidade de estipulação contratual de inexistência de sucessão tributária, prevista na Lei 6.404/1976.

Como se vê, a questão relativa à sucessão tributária nos casos de cisão é por demais controversa, de forma que, em provas objetivas, a tendência é não abordar o tema de maneira detalhada. É apenas necessário que o candidato saiba que o CTN não disciplina a matéria. Em caso de provas subjetivas, sugere-se a adoção da linha acima explanada, além da verificação criteriosa da possibilidade de sujeitar o caso concreto porventura proposto à regra do art. 133 do CTN, analisada mais adiante.

Um último aspecto precisa ser destacado. Na maioria dos casos de sucessão empresarial estudados neste tópico, pessoas jurídicas desaparecem, sendo sucedidas, como devedoras tributárias, por outras pessoas jurídicas. Como consequência lógica, somente pode a Fazenda Pública cobrar seus créditos da sucessora, não sendo possível exigir da sucedida (normalmente extinta) os valores devidos.

Assim, por exemplo, o negócio jurídico de incorporação culmina na extinção da pessoa jurídica incorporada, não sendo viável contra ela lançar tributo, sob pena de nulidade. Se o lançamento mesmo assim for realizado, o vício contaminará todos os atos subsequentes, sendo também nulas a inscrição em dívida ativa, a certidão de inscrição e a consequente ação de execução fiscal. Tal nulidade não poderá ser sanada sequer com a substituição da certidão de dívida ativa, autorizada pelo art. 203 do CTN, pois de tal providência não pode resultar a modificação do sujeito passivo da execução, conforme entendimento sumulado pelo STJ (Súmula 392).

Contudo, **o negócio jurídico de que resulta a sucessão** (a incorporação, no caso usado a título de exemplo) **somente terá eficácia perante a Administração Tributária quanto aos lançamentos futuros se for a ela tempestivamente comunicado**. Caso tal providência não seja adotada antes dos novos fatos geradores, o lançamento realizado em nome da sucedida será válido, sendo possível à Fazenda Pública o redirecionamento contra a sucessora da execução indevidamente ajuizada contra a sucedida, sem necessidade sequer de emendar ou substituir a certidão de dívida ativa, não se aplicando ao caso a Súmula 392/STJ. Foi raciocinando assim que o STJ, apreciando situação idêntica à ora exemplificada, firmou a seguinte tese de repercussão geral:

> "A execução fiscal pode ser redirecionada em desfavor da empresa sucessora para cobrança de crédito tributário relativo a fato gerador ocorrido posteriormente à incorporação empresarial e ainda lançado em nome da sucedida, sem a necessidade de modificação da Certidão de Dívida Ativa, quando verificado que esse negócio jurídico não foi informado oportunamente ao fisco" (STJ, 1ª Seção, REsp 1.848.993/SP, Rel. Min. Gurgel de Faria, j. 26/08/2020, DJe 09/09/2020).

Em suma, os casos de responsabilidade decorrentes das alterações societárias objeto de exame podem ser visualizados da seguinte forma:

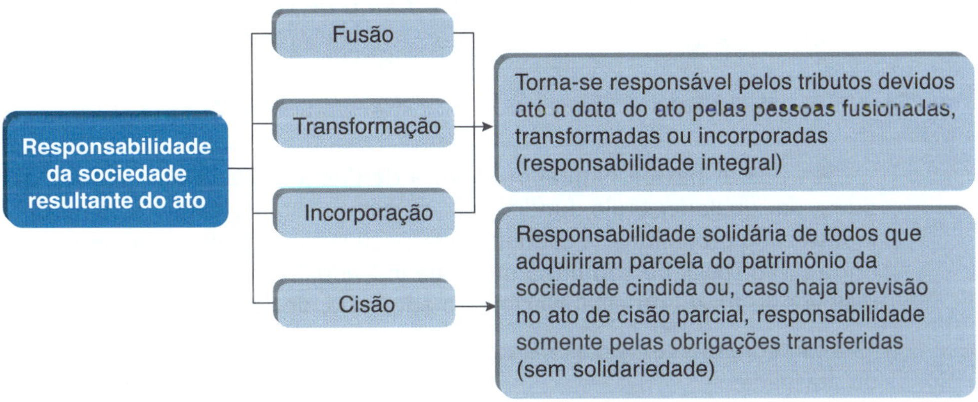

6.5.4.2 Os casos de extinção da sociedade

O parágrafo único do art. 132 do CTN afirma que as regras estipuladas para os casos de fusão, incorporação e transformação aplicam-se aos casos de extinção de pessoas jurídicas de direito privado, quando a exploração da **respectiva atividade** seja continuada por qualquer sócio remanescente, ou seu espólio, sob a mesma ou outra razão social, ou sob firma individual.

Pela literalidade do dispositivo, percebe-se que somente subsistirá responsabilidade caso algum dos sócios remanescentes (ou seu espólio) continue a exploração da **mesma atividade** a que se dedicava a sociedade extinta.

Não há qualquer relevância na razão social adotada pela entidade sucessora, nem mesmo no fato de a exploração ocorrer por meio de firma individual (empresa individual, segundo a terminologia do Código Civil de 2002). Mesmo que o sócio explore a atividade da sociedade extinta sem regular constituição, haverá sucessão tributária, uma vez que, conforme já estudado, a capacidade tributária passiva independe de estar a pessoa jurídica regularmente constituída, bastando que configure uma unidade econômica ou profissional (CTN, art. 126, III).

Com base neste raciocínio, há amparo legal para que a Administração Tributária cobre tributos nas extinções fraudulentas, ou meramente "de fachada", em que a sociedade é artificiosamente extinta e os respectivos sócios continuam exercendo a mesma atividade, muitas vezes de maneira informal.

Por último, observe-se que, conforme será detalhado mais à frente, a qualidade de sócio implicará responsabilidade pelos tributos relativos aos atos que tenham praticado e às omissões que lhes sejam imputáveis, no caso de extinção de sociedade de pessoas.

6.5.4.3 A responsabilidade do adquirente de fundo de comércio ou estabelecimento

Dispõe o art. 133 do CTN:

> "Art. 133. A pessoa natural ou jurídica de direito privado que adquirir de outra, por qualquer título, fundo de comércio ou estabelecimento comercial, industrial ou profissional, e continuar a respectiva exploração, sob a mesma ou outra razão social ou sob firma ou nome individual, responde pelos tributos, relativos ao fundo ou estabelecimento adquirido, devidos até à data do ato:
>
> I – integralmente, se o alienante cessar a exploração do comércio, indústria ou atividade;
>
> II – subsidiariamente com o alienante, se este prosseguir na exploração ou iniciar dentro de seis meses a contar da data da alienação, nova atividade no mesmo ou em outro ramo de comércio, indústria ou profissão".

Mais uma vez, se reafirma a regra fundamental, segundo a qual a sucessão empresarial gera sucessão tributária.

O dispositivo trata da hipótese de alienação de um conjunto de bens materiais (imóvel, mercadorias) ou imateriais (ponto) de uma pessoa jurídica ou empresa individual para outra. Não é a própria empresa que é alienada, mas apenas o conjunto de bens. Tem-se entendido que a alienação apenas da **razão social** não gera a sucessão tributária prevista no dispositivo.

Pelo texto legal, percebe-se que o adquirente **sempre** responderá pelos tributos devidos até a data do ato, relativos ao fundo ou estabelecimento adquirido (após a Lei Complementar 118/2005, foram incluídas exceções relativas aos processos de falência e recuperação judicial – antiga concordata –, conforme se analisará adiante). Haverá diferença, contudo, na qualificação da responsabilidade do adquirente, sendo em certos casos subsidiária e em outros integral.

O raciocínio do legislador é bem fácil de ser compreendido. Se a empresa que alienou o fundo ou estabelecimento cessou a exploração do comércio, indústria ou atividade, seria muito difícil para o Fisco dela buscar o pagamento dos tributos relativos ao fundo ou estabelecimento alienado. A manifestação de riqueza passa a ser **exclusiva da adquirente**, que responde integralmente pelos citados tributos.

Quando a alienante continua a exploração de atividade econômica, ainda é possível cobrar-lhe os tributos relativos ao fundo ou estabelecimento alienado – sendo esta, inclusive, a solução mais justa. Somente se for infrutífera a cobrança realizada à alienante (contribuinte), é que o Fisco pode redirecionar sua pretensão contra a adquirente, sempre na busca de captar a manifestação de riqueza. Tem-se, portanto, um caso de **responsabilidade subsidiária do adquirente**, visto que este só é chamado a responder pelo crédito tributário quando comprovado o insucesso na cobrança realizada ao alienante. Neste caso, aparece claramente o denominado "**benefício de ordem**".

Como saber, contudo, se o alienante cessou a exploração do comércio, indústria ou atividade ou se apenas ocorreu uma suspensão temporária? A disciplina legal da situação deve ser bastante precisa e clara, sob pena de se abrir espaço para que o alienante suspenda temporariamente suas atividades apenas com o objetivo de transmitir responsabilidade tributária integral ao adquirente, algo que não se coaduna com o intento do legislador.

Na falta de uma solução perfeita, o legislador optou por estabelecer um prazo. Assim, se o alienante iniciar dentro de **seis meses**, a contar da data da alienação, nova atividade **no mesmo ou em outro ramo de comércio, indústria ou profissão**, estará na mesma situação daquele que continuou a exploração, de forma que o adquirente responderá apenas subsidiariamente. Completados seis meses, no dia subsequente, o alienante estará livre de qualquer responsabilidade quanto aos tributos relativos ao fundo ou estabelecimento até a data da alienação.

Em resumo, quem para as atividades e as retoma **dentro de seis meses** está na mesma situação de quem não parou; quem para e retorna **após seis meses** está na mesma situação de quem parou em definitivo.

Três pontos merecem atenção especial com relação à regra ora estudada.

Em primeiro lugar, ao contrário da regra do art. 132, parágrafo único, do CTN, a sujeição passiva do alienante existe **independentemente da atividade** que o mesmo continua a explorar, podendo esta ocorrer em qualquer ramo de comércio, indústria ou profissão.

Em segundo lugar, a responsabilidade do adquirente existe apenas no que concerne aos tributos relativos ao fundo ou estabelecimento **adquirido** e não, por óbvio, com relação a todos os tributos devidos pelo alienante.

Assim, se foi alienada a filial "A", o adquirente responderá pelo IPTU sobre a propriedade do imóvel em que está instalada a filial, e pelos tributos incidentes sobre a atividade da filial, que podem ser, por exemplo, IPI e ICMS para uma indústria, ICMS para uma comerciante, ou ISS para uma prestadora de serviços. Não responderá, portanto, pelo Imposto de Renda da Pessoa Jurídica alienante.

Em terceiro lugar, quando se fala em fundo de comércio, não se pode adotar o posicionamento radical de que quem porventura veio a se instalar no mesmo prédio em que anteriormente funcionava a empresa devedora passa a ser sucessor tributário, simplesmente por ter eventuais benefícios decorrentes do ponto. Não se tratando de efetiva **alienação** do fundo de comércio, não haverá responsabilidade do adquirente. O entendimento é pacífico no âmbito do Superior Tribunal de Justiça, conforme demonstra o seguinte excerto, extraído da Ementa do Acórdão proferido no Recurso Especial 108.873/SP:

> "Tributário. Responsabilidade por sucessão. Não ocorrência. A responsabilidade prevista no art. 133 do Código Tributário Nacional só se manifesta quando uma pessoa natural ou jurídica adquire de outra o fundo de comércio ou o estabelecimento comercial, industrial ou profissional; a circunstância de que tenha se instalado em prédio antes alugado à devedora, não transforma quem veio a ocupá-lo posteriormente, também por força de locação, em sucessor para os efeitos tributários. Recurso especial não conhecido" (STJ, 2.ª T., REsp 108.873/SP, Rel. Min. Ari Pargendler, j. 04.03.1999, *DJ* 12.04.1999, p. 111).

Até o advento da nova Lei de Falências (Lei 11.101/2005) e da adaptação do CTN às novas regras sobre a matéria (Lei Complementar 118/2005), as normas sobre responsabilidade na aquisição de fundo de comércio ou estabelecimento eram somente aquelas até aqui estudadas. Não havia exceção à regra de que a sucessão empresarial geraria sucessão tributária (ao menos subsidiária).

A nova lei de falências veio ao mundo num momento em que todos os estudos comparativos entre a legislação de falências e concordatas brasileira e a dos demais países do mundo apontavam graves desvantagens para a sistemática nacional.

A **concordata**, por exemplo, deveria propiciar condições para que as empresas que passassem por dificuldades se recuperassem, de forma a manter os empregos, a arrecadação tributária e a colaboração com o desenvolvimento nacional. Com perdão pela utilização do desgastado lugar-comum, a ideia da concordata era – ou deveria ser – salvar a "galinha dos ovos de ouro". Entretanto, o que se viu foi a formação de uma verdadeira indústria da concordata, com o objetivo de lesar credores, além do fato de que a divulgação da notícia segundo a qual uma empresa pediu concordata era equivalente à de que o médico desenganou um paciente cuja morte era certa. Na concordata, a falência era certa.

Quanto à **falência**, o sistema brasileiro também era sujeito a graves problemas, sendo o principal deles o baixíssimo percentual de quitação de débitos para com os credores. Pouquíssimos credores conseguiam receber algo da empresa cuja falência fora decretada.

Quando uma empresa passa por dificuldades, pode-lhe ser conveniente, por exemplo, alienar uma filial, visando a recuperar algum fôlego financeiro. No outro lado da moeda, a compra pode ser uma excelente oportunidade de uma outra instituição expandir seus negócios, mantendo empregos e arrecadação tributária. Parece algo benéfico para todos: credores, devedores, investidores, empregados e Estado. Da mesma forma, se já houve decretação de falência, a venda de estabelecimento ou fundo de comércio pode também ser útil, pois além de ajudar a manutenção da arrecadação, da produção e dos empregos, colabora para o pagamento dos credores da massa falida.

Todos esses efeitos benéficos, contudo, eram praticamente impedidos pela regra que se acabou de estudar, resumida na frase "sucessão empresarial gera sucessão tributária". Ora, quem iria optar por comprar uma filial de uma empresa que passava por dificuldades, sabendo que, se a alienante encerrasse suas atividades, o adquirente responderia por todos os tributos relativos à filial comprada? E no caso de instituição com falência já decretada?

Dentro do espírito de possibilitar a efetiva recuperação de empresa que passa por dificuldades e de permitir o pagamento de um percentual maior dos débitos da empresa falida, foram criadas exceções à regra básica, de forma que **não mais há responsabilidade do adquirente no caso de alienação realizada em processo de falência ou de filial ou unidade produtiva isolada, em processo de recuperação judicial** (CTN, art. 133, § 1.º, I e II).

São claros os nobres objetivos da exceção. Todavia, abre-se uma brecha para a "lavagem" (ou purificação) de empresas podres por meio da venda fraudulenta de cada uma de suas filiais a pessoas físicas ou jurídicas factualmente ligadas aos sócios da empresa problemática ou, até mesmo, da alienação ao próprio sócio da empresa podre, em face da separação patrimonial existente entre as pessoas jurídicas e as pessoas físicas que lhe integram o quadro societário.

Assim, a título de exemplo, uma sociedade "Evasão Ltda.", cujos sócios sejam "A" e "B", com um conjunto de pendências tributárias, poderia entrar em processo de recuperação judicial e sair alienando filiais isoladas para os familiares de "A" e "B" ou a estes mesmos, que receberiam as unidades limpas, sem quaisquer ônus tributários, ficando a "Evasão Ltda." apenas com a parte negativa da equação patrimonial.

Foi justamente para evitar tal espécie de procedimento que a mesma Lei que incluiu o § 1.º no art. 133 do CTN, criando uma exceção à regra de responsabilização dos sucessores empresariais, acrescentou, no mesmo artigo, o § 2.º, que estatui uma "exceção da exceção" (volta-se à regra). Dessa forma, não se aplica a exceção quando, apesar da alienação ser feita em processo de **falência** ou ter por objeto filial ou unidade produtiva isolada, em processo de **recuperação judicial**, o adquirente for:

> I – sócio da sociedade falida ou em recuperação judicial, ou sociedade controlada pelo devedor falido ou em recuperação judicial;
>
> II – parente, em linha reta ou colateral até o 4.º (quarto) grau, consanguíneo ou afim, do devedor falido ou em recuperação judicial ou de qualquer de seus sócios; ou
>
> III – identificado como agente do falido ou do devedor em recuperação judicial com o objetivo de fraudar a sucessão tributária.

Nos dois primeiros casos, a ligação entre o adquirente e a sociedade falida ou em recuperação judicial (antiga concordata) é de fácil comprovação, mediante consulta aos órgãos de registro público. No terceiro caso, a comprovação de que alguém está adquirindo uma filial na condição de agente do falido ou do devedor em recuperação judicial será, na prática, bastante difícil.

Em provas de concurso público, contudo, as questões tendem a ser bastante simples, pois o enunciado deve afirmar, peremptoriamente, a existência ou não de vínculo e de intuito fraudulento.

Como será estudado em momento oportuno, na falência, o crédito tributário deixou de possuir a preferência quase que absoluta prevista antes do advento da LC 118/2005. Em plena consonância com a novidade, a citada Lei Complementar tratou de acrescer um § 3.º ao art. 133 ora analisado, impedindo a utilização do produto da alienação judicial de empresa, filial ou unidade produtiva isolada para pagamento de créditos tributários concursais.

Quando se estiver a estudar as garantias e privilégios do crédito tributário, o momento do pagamento dos créditos tributários no processo de falência será detalhadamente analisado. Por hora, transcreve-se o teor do novo dispositivo:

> "Art. 133. (...)
>
> (...)
>
> § 3.º Em processo da falência, o produto da alienação judicial de empresa, filial ou unidade produtiva isolada permanecerá em conta de depósito à disposição do juízo de falência pelo prazo de 1 (um) ano, contado da data de alienação, somente podendo ser utilizado para o pagamento de créditos extraconcursais ou de créditos que preferem ao tributário".

6.6 RESPONSABILIDADE DE TERCEIROS

O Código Tributário Nacional trata da responsabilidade de terceiros em dois diferentes dispositivos. Em ambos os casos, os "terceiros" responsabilizados são pessoas que, em determinadas circunstâncias, falharam no cumprimento de um dever legal de gestão ou vigilância do patrimônio do contribuinte. A grande diferença é que, numa situação os terceiros responsáveis atuaram **regularmente**, sem agressão à lei, ao contrato social ou aos estatutos (CTN, art. 134); já a outra dispõe sobre a atuação **irregular** do terceiro (CTN, art. 135). A diferenciação gera, como se passa a detalhar, a submissão dos dois grupos a regimes jurídicos diferenciados.

6.6.1 Responsabilidade de terceiros decorrentes de atuação regular

Conforme detalhado acima, os denominados terceiros responsáveis possuem algum vínculo jurídico com a pessoa que, por ter relação pessoal e direta com o fato gerador, naturalmente ocuparia o polo passivo da relação jurídico-tributária na condição de contribuinte. É o que ocorre com os pais, com relação aos tributos devidos por seus filhos menores; com os tutores e curadores, no que concerne aos tributos devidos por seus tutelados ou curatelados; com os administradores de bens de terceiros, pelos tributos devidos por estes; bem como com todas as demais pessoas designadas pelo art. 134 do CTN.

A regra é enunciada no *caput* do citado dispositivo nos seguintes termos:

> "Art. 134. Nos casos de impossibilidade de exigência do cumprimento da obrigação principal pelo contribuinte, respondem solidariamente com este nos atos em que intervierem ou pelas omissões de que forem responsáveis.
>
> I – os pais, pelos tributos devidos por seus filhos menores;
>
> II – os tutores e curadores, pelos tributos devidos por seus tutelados ou curatelados;
>
> III – os administradores de bens de terceiros, pelos tributos devidos por estes;
>
> IV – o inventariante, pelos tributos devidos pelo espólio;
>
> V – o síndico e o comissário, pelos tributos devidos pela massa falida ou pelo concordatário;
>
> VI – os tabeliães, escrivães e demais serventuários de ofício, pelos tributos devidos sobre os atos praticados por eles, ou perante eles, em razão do seu ofício;
>
> VII – os sócios, no caso de liquidação de sociedade de pessoas".

Pela redação da norma, fica claro que a atribuição de responsabilidade às pessoas exaustivamente enumeradas nas sete alíneas depende da presença dos seguintes requisitos:

a) Impossibilidade do cumprimento da obrigação principal pelo contribuinte

Fica patente mais uma imprecisão terminológica do CTN. Ora, se uma das características da solidariedade é justamente a inexistência do benefício de ordem, não se pode designar "solidária" uma responsabilidade que depende da impossibilidade da exigência do cumprimento da obrigação principal pelo contribuinte. Seguindo a linha do Código, a Administração Tributária deve inicialmente voltar sua pretensão executória contra a pessoa legalmente definida como **contribuinte**. Somente no caso de insucesso (a execução fiscal é frustrada pela inexistência de bens suficientes, o contribuinte não é encontrado etc.) a cobrança pode ser redirecionada contra o **responsável**, desde que presente o segundo requisito, analisado a seguir.

A rigor, portanto, a responsabilidade das pessoas enumeradas no dispositivo é **subsidiária** (ou supletiva), estando claramente presente o "benefício de ordem". Nesse sentido, é também o entendimento do Superior Tribunal de Justiça, conforme demonstra o seguinte excerto:

> "Flagrante ausência de tecnicidade legislativa se verifica no art. 134, do CTN, em que se indica hipótese de responsabilidade solidária 'nos casos de impossibilidade de exigência do cumprimento da obrigação principal pelo contribuinte', uma vez cediço que o instituto da solidariedade não se coaduna com o benefício de ordem ou de excussão. Em verdade, o aludido preceito normativo cuida de responsabilidade subsidiária" (EREsp 446.955/SC, Rel. Min. Luiz Fux, 1.ª Seção, j. 09.04.2008, *DJe* 19.05.2008).

Em provas de concurso público, todavia, novamente se aconselha que o candidato mantenha a estratégia de considerar corretas as assertivas que transcrevam disposições legais. Assim, usando a precária terminologia do CTN, a responsabilidade prevista no art. 134 é **solidária, mas somente surge quando não é possível o cumprimento da obrigação principal pelo contribuinte**. Essa é a forma mais segura de o candidato resolver as questões de concurso. Entretanto, dada a insegurança gerada pelo conflito entre o tecnicamente correto e o impreciso texto legal, merece elogios a postura do CEBRASPE que, no concurso para provimento de cargos de Advogado da União, com provas aplicadas em 2012, citando o excerto jurisprudencial acima transcrito, entendeu por anular o seguinte item: "No que se refere à penalidade de caráter moratório, a responsabilidade tributária do espólio e do inventariante é solidária".

b) Ação ou indevida omissão imputável à pessoa designada como responsável

Mesmo com a impossibilidade do cumprimento da obrigação principal pelo contribuinte, somente haverá responsabilidade dos "terceiros" enumerados nas alíneas do art. 134 se estes tiverem participado ativamente da situação que configura fato gerador do tributo ou tenham indevidamente se omitido.

A título de exemplo, o administrador de imóveis pertencentes a terceiros, responsável pelo recebimento dos aluguéis, pode ser também responsabilizado pelo pagamento do respectivo IPTU (mesmo que o contrato de administração traga cláusula em sentido contrário). Para isso, é necessário que o administrador tenha se omitido no pagamento, quando possuía condições de fazê-lo. Se o imóvel não estava produzindo qualquer rendimento, a sujeição passiva não é transferida.

Da mesma forma, o inventariante só é obrigado a pagar o IPTU relativo ao espólio se este possuir recursos para o pagamento, caso no qual a omissão pode ser efetivamente imputada àquele.

Nos casos em que não houver ação ou indevida omissão imputável à pessoa relacionada no art. 134, não surgirá a chamada responsabilidade de terceiro.

Trata-se, portanto, de casos de responsabilidade por transferência ou sucessão, uma vez que, no momento da ocorrência do fato gerador, a sujeição passiva normalmente recai sobre o contribuinte e, verificados os requisitos acima explicitados, é transferida para um responsável.

Das hipóteses disciplinadas pelo art. 134, três exigem alguns esclarecimentos.

O inciso V atribui responsabilidade ao síndico e ao comissário pelos tributos devidos pela massa falida ou pelo concordatário. Hoje, a regra deve ser adaptada à terminologia adotada pela nova Lei de Falências (Lei 11.101/2005). Assim, é responsável **o administrador judicial pelos tributos devidos pela massa falida ou pela empresa em processo de recuperação judicial**.

O inciso VI atribui responsabilidade aos **tabeliães, escrivães e demais serventuários de ofício** pelos tributos devidos sobre os atos praticados por eles, ou perante eles, em razão do seu ofício.

Como hoje em dia a maioria dos cargos de escrivão foi transformada em cargos públicos, remunerados pelos cofres públicos, de forma que os atos praticados pelos seus titulares são imputados ao próprio Estado, na prática, a regra de responsabilidade tem aplicabilidade basicamente para os tabeliães.

O tabelião (ou notário) é o oficial público responsável por redigir certos documentos públicos e instrumentalizar certos atos jurídicos, conferindo-lhes fé pública e garantindo-lhes a autenticidade. Ele é responsável pelos tributos devidos sobre os atos que pratica ou que perante ele são praticados, desde que atue ou se omita indevidamente com relação a obrigações decorrentes do seu ofício.

A título de exemplo, a transferência da propriedade imobiliária é aperfeiçoada com a inscrição do título aquisitivo no cartório de registro de imóveis.

Nesta oportunidade, o tabelião deve exigir a comprovação do pagamento dos impostos incidentes sobre o imóvel. Caso se omita, e não haja sucesso na cobrança ao contribuinte, o tabelião é responsável "solidário".

Já a hipótese contida no inciso VII, ao prever a responsabilidade dos **sócios, no caso de liquidação de sociedade de pessoas**, acabou por gerar algumas controvérsias, conforme se passa a explicar.

São frequentes as situações em que o Poder Público não obtém sucesso ao tentar cobrar tributos devidos por uma pessoa jurídica empresária, em virtude de esta não possuir patrimônio ou renda suficientes para a total extinção do crédito. Em alguns casos, contudo, a Fazenda percebe que os sócios da sociedade devedora teriam condições de pessoalmente quitar o valor em aberto.

O grande problema enfrentado pela Fazenda nessas hipóteses é a famosa **regra da separação patrimonial**, segundo a qual cada pessoa é um centro individualizado de bens, direitos e obrigações, de forma que não há que se confundir débitos e créditos de uma pessoa jurídica com os das pessoas físicas que integram seu quadro societário. Em se tratando de cobrança de créditos tributários, a regra também é de observância obrigatória. Assim, somente nos poucos casos expressamente previstos no CTN é possível a responsabilização do sócio por débitos da pessoa jurídica cujo quadro societário ele integra.

Todavia, ao contrário do que desejaria a Fazenda, a norma do inciso VII é bastante específica, somente se aplicando às hipóteses de "liquidação de sociedades de pessoas", sendo inviável invocá-la na maioria dos casos concretos, por dois motivos cruciais.

Em primeiro lugar, a tentativa de cobrança ao sócio de débitos gerados por uma sociedade se apresenta com maior frequência nas situações em que **não há liquidação da pessoa jurídica devedora**.

O segundo motivo é que a regra também não encontra aplicação nos casos das **sociedades de capital** (em que a contribuição patrimonial é o elemento mais importante para o ingresso na sociedade – como acontece na maioria dos casos), uma vez que a literalidade do texto legal se volta exclusivamente para as **sociedades de pessoas** (em que os atributos pessoais do sócio são mais relevantes do que as contribuições patrimoniais que ele pode trazer para a sociedade – como ocorre quando um famoso professor procura outro famoso professor para unirem forças na criação de um curso).

Em suma, a regra continua sendo a de que os sócios não sejam responsabilizados pelas obrigações da pessoa jurídica cujo quadro societário integram. Ressalte-se, contudo, que o sócio que também exercer a gerência da sociedade pode, em certas circunstâncias, tornar-se responsável por tributos que, em situações normais, teriam como sujeito passivo apenas a pessoa jurídica.

Tal possibilidade não é mera decorrência da condição de sócio, mas **sim do exercício abusivo da função de administração da empresa**. Em termos mais práticos, é possível afirmar que a previsão é aplicável ao **sócio-gerente pela sua condição de gerente e não pela de sócio.** Além disso, tal responsabilização é excepcional, pois depende de **atuação irregular do gerente**, conforme fica claro da leitura do dispositivo que a fundamenta (CTN, art. 135, III) e que será detalhado no tópico a seguir.

Por fim, um último ponto é digno de nota. Segundo o parágrafo único do art. 134, as regras do *caput* só se aplicam, em matéria de penalidades, às de caráter moratório.

Doutrinariamente, as multas são divididas em **punitivas** e **moratórias**. As multas decorrentes do **mero atraso** no adimplemento da obrigação tributária (**moratórias**) são também imputadas aos responsáveis designados no art. 134. Já as multas **punitivas** (chamadas pelas autoridades fiscais de multas de ofício) decorrem de **atos ilícitos** e, como se verá a seguir, estarão sujeitas à regra da **responsabilização pessoal** do respectivo infrator.

6.6.2 Responsabilidade de terceiros decorrentes de atuação irregular

Há casos em que a sujeição passiva do terceiro decorre da sua atuação em desconformidade com o direito, levando-o à condição de **responsável pessoal pelo próprio tributo devido** (e não apenas pela multa eventualmente cabível). As hipóteses estão previstas no art. 135 do CTN, abaixo transcrito (grifou-se):

> "Art. 135. São **pessoalmente responsáveis** pelos créditos correspondentes a obrigações tributárias resultantes de atos praticados com **excesso de poderes** ou **infração de lei**, **contrato social** ou **estatutos**:
>
> I – as pessoas referidas no artigo anterior;
>
> II – os mandatários, prepostos e empregados;
>
> III – os diretores, gerentes ou representantes de pessoas jurídicas de direito privado".

Observe-se que a lista de pessoas abrangidas pelo dispositivo é maior do que aquela relativa aos terceiros responsabilizados por sua atuação regular (CTN, art. 134), pois o Código inclui, no art. 135, além de todas as pessoas do art. 134 (CTN, art. 135, I), os mandatários, prepostos, empregados, diretores, gerentes ou representantes de pessoas jurídicas de direito privado (CTN, art. 135, II e III).

Neste ponto, faz-se necessário atentar para as diferentes modalidades da responsabilidade que podem ser atribuídas às pessoas enumeradas no art. 134

do Código, pois às vezes o fundamento é o próprio dispositivo citado (atuação regular – estudada no tópico anterior) e às vezes é o art. 135 (atuação irregular – estudada neste tópico).

A título de exemplo, a responsabilidade que pode ser atribuída aos pais com relação a obrigações que, de outra forma, seriam de seus filhos menores é excepcional e, mesmo nos casos em que presente, ocorre em diferentes graus.

Em primeiro lugar, a regra é que, se os tributos são devidos pelos filhos menores, **não haja responsabilidade dos pais**.

Em contrapartida, caso os pais, representantes dos filhos menores, atuando **sem excessos**, tenham intervindo em determinado ato ou se omitido indevidamente, verificar-se-á a possibilidade de cobrança do tributo do próprio filho. Sendo esta impossível, os pais responderão **solidariamente** (como visto, seria mais correto dizer subsidiariamente), tendo em vista o disposto no art. 134, I, do Código.

Havendo **atuação irregular** dos pais, de forma a ultrapassar o que a lei lhes permite na administração do patrimônio dos filhos menores, a responsabilidade daqueles será **pessoal**, nos termos do art. 135 do CTN. É esta a modalidade de responsabilidade de terceiros que é estudada neste tópico.

As maiores discussões acerca da possibilidade de responsabilização pessoal de agentes que atuaram de maneira irregular são referentes aos administradores das pessoas jurídicas de direito privado. Conforme se deixou entrever no tópico anterior (6.6.1), a regra é que os atos praticados pelo dirigente em nome da entidade são a esta imputados, de forma que os respectivos tributos têm a pessoa jurídica como sujeito passivo. Porém, se o dirigente pratica ato em agressão a lei ou extrapolando as atribuições que os estatutos ou o contrato social da pessoa jurídica lhe conferem, a responsabilidade pelos tributos daí decorrentes é do próprio agente, que responderá com seu patrimônio pessoal.

Compreendida a distinção entre a responsabilidade do terceiro quando esse atua de forma regular (item 6.6.1) e quando ele atua de forma irregular (ora estudada), convém distinguir deste último caso as hipóteses de responsabilidade por infração previstas no art. 137 do mesmo Código (estudadas no item 6.7.1 deste Capítulo).

Apesar de ambos os dispositivos exigirem **prática de ilícito** para que se aplique a regra atributiva de responsabilidade, há de se perceber a existência de notórias diferenças entre as situações disciplinadas.

O vício do qual decorre a aplicação do art. 135 está no fato de o agente praticar um ato contrariando os limites legais, estatutários ou contratuais de sua atuação, de forma que o ato praticado não se caracteriza necessariamente como **ilícito tributário**. Na maioria dos casos, o vício reside na **ausência de legitimação** (competência específica) **ou de autorização** para sua prática.

Assim, o diretor que pratica um ato de gestão que não estava dentro de suas atribuições estatutárias responde pelo excesso e pelo respectivo **tributo**, mesmo que o ato não tenha conteúdo ilícito. Incide o art. 135, III, do CTN.

De maneira bastante distinta, se o diretor pratica um ato **ilícito no conteúdo**, com o dolo específico de prejudicar a empresa que dirige, será responsável pela respectiva **penalidade pecuniária**. Incide nesse caso o art. 137, III, *c*, do CTN.

Voltando a atenção aos casos de responsabilidade tributária disciplinados pelo art. 135 do CTN, é preciso destacar que o uso do vocábulo **"pessoal"** para caracterizar a responsabilidade, parece ter o condão de **afastar a sujeição passiva do devedor originário**. É que, ao contrário da responsabilidade **subsidiária** (em que há um devedor principal e o responsável somente é chamado caso aquele não arque com a obrigação), e da responsabilidade **solidária** (em que os diversos devedores podem ser cobrados sem benefício de ordem), a responsabilidade **pessoal** seria exclusiva, não havendo quem respondesse supletiva ou subsidiariamente com o devedor.

Não obstante, o Superior Tribunal de Justiça, ao julgar caso em que a aplicação das regras ora estudadas resultou na **responsabilização pessoal de diretores** por débitos de uma sociedade, expressamente afirmou que eles "respondem para com esta e para com terceiros **solidária e ilimitadamente** pelo excesso de mandato e pelos atos praticados com violação do estatuto ou lei" (EREsp 174.532-PR).

Para chegar a esta conclusão, o STJ percebeu que seria um contrassenso atribuir a ato ilícito praticado por sócio um efeito liberatório sobre a correspondente pessoa jurídica. Para o Tribunal, não há, nem no CTN nem na legislação esparsa, regra afirmando que a responsabilização do terceiro que agiu de forma irregular constitui causa de exclusão da responsabilidade tributária da pessoa jurídica (REsp 1.455.490-PR).

O entendimento tem sido seguido à risca pelas bancas examinadoras nas provas de concursos público. Como exemplo, no certame para provimento de cargos de Agente Fiscal de Rendas do Estado de São Paulo, realizado em 2013, a Fundação Carlos Chagas propôs situação hipotética na qual um dos sócios-administradores de determinada empresa, contrariando vedação expressa do respectivo contrato social, investiu recursos da sociedade na bolsa de valores, obtendo lucro bastante expressivo. Como o imposto de renda relativo à operação não fora recolhido no prazo, discutiu-se a responsabilidade pelo pagamento tanto do tributo quanto da multa de mora.

Para resolver a questão, o candidato, além de saber que a responsabilidade tributária seria **pessoal do administrador que realizou a operação contratualmente vedada** (apesar de os demais sócios também terem se beneficiado pelo lucro da operação), conhecer da jurisprudência do STJ para ser capaz de identificar como correta a alternativa que, após apontar precisamente o responsável, afirmava que **"da empresa também deverá ser cobrado o imposto e multas"**.

Entendido o alcance da modalidade de responsabilidade estabelecida pelo Código, o ponto mais importante para a correta interpretação das regras de responsabilização dos administradores das pessoas de direito privado passa a ser a precisa delimitação do que se entende por "agressão à lei" que possibilite o redirecionamento das pretensões fazendárias contra o gerente.

O grande problema é que, na ânsia de buscar do gerente (que, reitere-se, não precisa ser sócio, apesar de na maioria dos casos sê-lo) a satisfação do crédito tributário lançado contra a sociedade, a Fazenda Pública esbarra na exigência legalmente imposta de comprovar a prática de uma das ilicitudes apontadas pelo *caput* do art. 135 do CTN. Para superar o obstáculo, a Fazenda Pública tentou emplacar a tese segundo a qual se o administrador não tomou providências para pagar o tributo, ele agrediu a lei, o que, por si só, fundamentaria sua responsabilização. Ora, se essa linha de raciocínio prevalecesse, todos os administradores sempre poderiam ser cobrados, afinal a matéria da responsabilização somente se põe quando o tributo não foi pago e a Fazenda entende que ele é devido.

O STJ percebeu que há de se diferenciar o **mero inadimplemento** (que pode decorrer da simples falta de recursos para proceder ao recolhimento) da **infração à lei justificadora da atribuição de responsabilidade ao administrador**, pois o primeiro gera débito típico da pessoa jurídica, não se comunicando com o patrimônio das pessoas físicas que administram a sociedade nestes momentos de dificuldades.

Da pedagógica manifestação da Corte Superior, destacam-se as seguintes palavras

> "4. O simples inadimplemento não caracteriza infração legal. Inexistindo prova de que se tenha agido com excesso de poderes ou infração de contrato social ou estatutos, não há falar-se em responsabilidade tributária de ex-sócio a esse título ou a título de infração legal. Inexistência de responsabilidade tributária do exsócio. 5. Precedentes desta Corte Superior. (STJ, 1.ª T., AgRg REsp 276.779/SP, Rel. Min. José Delgado, j. 20.02.2001, *DJ* 02.04.2001, p. 260).

Atualmente, o entendimento se encontra cristalizado na **Súmula 430 do STJ**, cujo teor é o seguinte: "O inadimplemento da obrigação tributária pela sociedade não gera, por si só, a responsabilidade solidária do sócio-gerente". A expressão "por si só" foi intercalada na disposição sumular para demonstrar que, apesar de o inadimplemento não ser causa isolada de responsabilização do sócio-gerente, pode vir a gerar tal efeito desde que acrescido de outros eventos legalmente previstos (excesso de poderes, agressão à lei, contrato social ou estatutos).

O tema tem sido abordado com frequência em provas de concurso público. A título de exemplo, o CEBRASPE, no concurso para Procurador do Ministério Público junto ao Tribunal de Contas da União realizado em 2015, e a PGR, no concurso para Procurador da República realizado em 2018, exigiram dos candidatos o conhecimento da literalidade da Súmula 430/STJ, considerando **incorreta** a seguinte assertiva, constante de ambas as provas: "o inadimplemento da obrigação tributária pela sociedade gera, por si só, a responsabilidade solidária do sócio-gerente".

O STJ entende configurada hipótese de responsabilização do sócio-gerente quando comprovada a dissolução irregular da sociedade, uma vez que ao gerente competia adotar as providências legalmente exigíveis para que a dissolução fosse operacionalizada em conformidade com o direito. É pacífico na Corte que a dissolução irregular pode ser presumida quando a empresa deixa de funcionar no seu domicílio fiscal, sem comunicação formal à Administração Tributária. Em termos bastante claros, o Tribunal sintetizou o posicionamento na sua **Súmula 435**, cujo teor é o seguinte: "Presume-se dissolvida irregularmente a empresa que deixar de funcionar no seu domicílio fiscal, sem comunicação aos órgãos competentes, legitimando o redirecionamento da execução fiscal para o sócio-gerente".

Há quem defenda que para responsabilizar o sócio-gerente nos termos do entendimento do STJ, seria necessário que ele também estivesse no **exercício da gerência no momento do fato gerador ou do vencimento do prazo para o pagamento do tributo**. A tese é sedutora e funda-se numa suposta impossibilidade de que atos praticados em determinados momentos da linha do tempo (no caso, assunção de gerência e posterior dissolução irregular de sociedade) gerem responsabilização por eventos (fatos geradores e respectivos lançamentos) pretéritos. Contudo, conforme já analisado, não é o inadimplemento tributário que gera a responsabilidade do sócio gerente (STJ Súmula 430). Por conseguinte, a ocorrência do fato gerador e o não pagamento do tributo não trazem, por si só consequências jurídicas para quem exerce a gerência da empresa. O que gera a responsabilização do gerente é o cometimento dos ilícitos estudados ao longo deste tópico, o que pode acontecer, como é bastante comum, contemporaneamente à ocorrência do fato gerador ou o vencimento do tributo, ou noutro momento, como, por exemplo, numa futura dissolução irregular.

Foi na esteira deste raciocínio que o Superior Tribunal de Justiça afirmou que "é irrelevante para a definição da responsabilidade por dissolução irregular (ou sua presunção) a data da ocorrência do fato gerador da obrigação tributária, bem como o momento em que vencido o prazo para pagamento do respectivo débito" (REsp 1.520.257-SP). Assim, **a pessoa que exerce a gerência no**

momento da dissolução irregular da sociedade é responsável pelos tributos eventualmente devidos, mesmo quando não esteve no exercício da gerência no momento da ocorrência do fato gerador ou na data do vencimento dos créditos tributários não adimplidos.

Fundado nos mesmos motivos, o Tribunal firmou as seguintes teses:

> "O redirecionamento da execução fiscal, quando fundado na dissolução irregular da pessoa jurídica executada ou na presunção de sua ocorrência, não pode ser autorizado contra o sócio ou o terceiro não sócio que, embora exercesse poderes de gerência ao tempo do fato gerador, sem incorrer em prática de atos com excesso de poderes ou infração à lei, ao contrato social ou aos estatutos, dela regularmente se retirou e não deu causa à sua posterior dissolução irregular, conforme art. 135, III, do CTN." (STJ, 1ª Seção, REsp 1.377.019/SP, Rel. Min. Assusete Magalhães, j. 24/11/2021, DJe 29/11/2021)
>
> "O redirecionamento da execução fiscal, quando fundado na dissolução irregular da pessoa jurídica executada ou na presunção de sua ocorrência, pode ser autorizado contra o sócio ou o terceiro não sócio, com poderes de administração na data em que configurada ou presumida a dissolução irregular, ainda que não tenha exercido poderes de gerência quando ocorrido o fato gerador do tributo não adimplido, conforme art. 135, III, do CTN" (STJ, 1ª Seção, REsp 1.645.333-SP, Rel. Min. Assusete Magalhães, j. 25/05/2022, DJe 28/06/2022)

Apesar da lógica por trás da tese encampada, é justificável o temor de que ela poderia abrir espaço para alterações societárias fraudulentas, destinadas a concentrar toda a responsabilidade tributária em determinada pessoa, de forma a livrar da sujeição passiva os verdadeiros causadores e beneficiários do inadimplemento tributário, lesando os direitos da Fazenda Pública. Contudo, caso se comprove que o objetivo da alteração societária foi exatamente o de fraudar a Fazenda, estar-se-á diante de uma infração à lei a que o art. 135 do CTN atribui o efeito de responsabilização pessoal do respectivo agente (REsp 1.520.257-SP).

Não obstante ser clara a necessidade do cumprimento de certos requisitos para a responsabilização do sócio-gerente pelos débitos tributários da uma sociedade por quotas de responsabilidade limitada, a criatividade da Fazenda Pública acabou por encontrar um mecanismo apto a facilitar a tal responsabilização. O raciocínio é por demais simples e parte da **presunção de liquidez e certeza** que o art. 204 do Código Tributário Nacional confere ao **crédito tributário inscrito em dívida ativa**, conforme detalhado no item 12.3 desta obra.

É verdade que a presunção é **relativa** (*juris tantum*), mas somente pode ser afastada por prova **a cargo do sujeito passivo ou de terceiro a quem aproveite** (CTN, art. 204, parágrafo único). Para o STJ, **se uma execução fiscal é ajuizada apenas contra a pessoa jurídica, mas o nome do sócio consta da**

certidão de dívida ativa, a ele incumbe o ônus da prova de que não ficou caracterizada nenhuma das circunstâncias previstas no art. 135 do CTN, ou seja, não houve a prática de atos "com excesso de poderes ou infração de lei, contrato social ou estatutos" (STJ, 1.ª T., REsp 1.104.900/ES, rel. Min. Denise Arruda, j. 25.03.2009, *DJe* 01.04.2009).

Para evitar arbitrariedades por parte da Fazenda Pública, a inserção do nome do gerente como codevedor na Certidão de Dívida Ativa somente deve ser feita caso ele tenha sido **pessoalmente notificado** do lançamento, em cujo texto deve constar a ação ou omissão que lhe esteja sendo imputada como fundamento para sua responsabilização (hipóteses dos arts. 134, 135 ou 137 do CTN, este último estudado no item 6.7.1). Ao potencial responsabilizado também devem ser asseguradas as reclamações e recursos previstos na respectiva lei do processo administrativo fiscal.

Contudo, da maneira como posta a questão da presunção da liquidez e certeza do débito inscrito em dívida ativa, as citadas providências nem sempre têm sido adotadas. De qualquer maneira, **o ônus da prova é invertido**, de forma que, se o sócio quiser se livrar da responsabilização, precisará comprovar pela via própria (especialmente os embargos à execução) não haver incidido nas hipóteses legais cuja prática tornam o agente responsável tributário.

Apesar das facilidades propiciadas pela presunção de liquidez e certeza que militam em favor do crédito inscrito em dívida ativa, não é lícito à Fazenda Pública simplesmente substituir a certidão de dívida ativa por outra com o objetivo de incluir o nome do sócio que não constava originariamente do documento. Nesta hipótese, se o Fisco quer cobrar o tributo do sócio-gerente, precisará **demonstrar a configuração de algum dos casos em que o CTN prevê tal responsabilização**, conforme detalhado no item 6.6.3, logo a seguir. Nesse sentido, ganha relevância a parte final da Súmula 392 do STJ, cujo teor é o seguinte (grifo não consta do original):

> **STJ – Súmula 392 –** "A Fazenda Pública pode substituir a certidão de dívida ativa (CDA) até a prolação da sentença de embargos, quando se tratar de correção de erro material ou formal, **vedada a modificação do sujeito passivo da execução**".

Há no direito brasileiro uma importante **exceção à impossibilidade de responsabilização tributária dos sócios que não praticaram atos ilícitos**. A hipótese foi inicialmente estatuída no art. 9º da LC 123/2006, cujo *caput* atualmente tem a seguinte redação:

> "Art. 9º O registro dos atos constitutivos, de suas alterações e **extinções (baixas)**, referentes a empresários e pessoas jurídicas em qualquer órgão dos 3 (três) âmbitos de governo ocorrerá **independentemente da regularidade de obrigações tributárias**, previdenciárias ou trabalhistas, principais ou acessórias, do empresário, da sociedade, dos sócios, dos administradores ou de empresas de que participem, sem prejuízo das responsabilidades do em-

presário, dos titulares, dos sócios ou dos administradores por tais obrigações, apuradas antes ou após o ato de extinção."

Com a baixa dos atos constitutivos, extingue-se a personalidade jurídica, e como somente pessoas podem contrair obrigações e exercer direitos, a consequência imediata seria a impossibilidade de cobrança dos tributos eventualmente devidos, uma vez que, sendo a baixa nos termos citados uma faculdade legalmente estabelecida, não seria possível afirmar que os gerentes ou administradores da sociedade teriam cometido ato ilícito ao realizá-la.

Contudo, o § 5º do mesmo art. 9º afirma que "a solicitação de baixa do empresário ou da pessoa jurídica importa **responsabilidade solidária dos empresários, dos titulares, dos sócios e dos administradores** no período da ocorrência dos respectivos fatos geradores".

Neste caso, a responsabilidade dos titulares, sócios e administradores não será decorrente do art. 135 do Código Tributário Nacional e, por conseguinte, **não dependerá da prática de qualquer ato ilícito**. A inovação, desta feita, é válida, uma vez que **introduzida mediante lei complementar**, conforme detalhado no item 18.16 desta obra.

A Lei Complementar 123/2006 é a norma que disciplina o Simples Nacional (comentada em detalhes no Capítulo 18 desta obra), o que poderia levar à conclusão de que a hipótese de responsabilização ora estudada somente seria aplicável aos optantes pela sistemática. Contudo, a mesma Lei Complementar 147/2014, que deu a redação atual aos dispositivos da LC 123/2007 anteriormente transcritos, introduziu disposições essencialmente idênticas no art. 7º-A e seu § 2º da Lei 11.598/2007, aplicável a todos os empresários e pessoas jurídicas. É fundamental realçar que, apesar de a Lei alterada ser ordinária, os referidos dispositivos foram **introduzidos na via da lei complementar** e, justamente por isso, estabeleceram validamente a hipótese de responsabilização ora estudada.

Além de o aspecto formal ter sido cumprido (veiculação em lei complementar), a previsão é bastante razoável, pois a simplificação e a desburocratização permitidas pela medida estabelecem notória vantagem para as pessoas jurídicas, que **podem** optar por utilizá-la, mas, em contrapartida, caso decidam por fazê-lo, sujeitam-se à nova regra de responsabilização. Desproporcionalidade – e, portanto, inconstitucionalidade – ocorreria se a faculdade de baixa independentemente da liquidação da empresa e da comprovação de regularidade fiscal fosse conferida sem a possibilidade de cobrança a quem quer que fosse dos eventuais créditos tributários em aberto, que acabariam por se extinguir seja em virtude de prescrição, seja em virtude da hipótese – não contemplada no CTN – de desaparecimento do sujeito passivo.

6.6.3 Responsabilidade de terceiros e incidente de desconsideração da personalidade jurídica

Conforme estudado no item anterior, **estando presente ao menos uma das hipóteses de responsabilidade de terceiros** (arts. 134 e 135 do CTN), a Fazenda pode, após processo regular, inscrever o débito em dívida ativa já apontando, na própria inscrição, **o nome do terceiro corresponsável**. Nesse caso, mesmo que ajuizada a ação de execução fiscal contra apenas um dos codevedores, a Fazenda poderá optar por **redirecioná-la** contra os demais. Nos casos em que não consta o nome do terceiro codevedor, o redirecionamento ainda será possível, **desde que a Fazenda demonstre ao magistrado a ocorrência de alguma das mencionadas hipóteses de responsabilização**.

Em ambas as situações, o terceiro tem sua sujeição passiva estabelecida **diretamente pela lei**. Justamente por isso, a hipótese **não é de desconsideração de personalidade jurídica,** não sendo necessário instaurar o incidente previsto no art. 133 do Código de Processo Civil (REsp 1.646.648-AgInt/SP).

Conclusão oposta se verifica quando a Fazenda deseja redirecionar a execução contra quem **não** é designado responsável tributário por disposição expressa de lei. É o que acontece na multicitada tentativa de cobrar dos sócios de uma sociedade por cotas de responsabilidade limitada os débitos desta, sem que esteja configurada qualquer das hipóteses de responsabilização prevista no CTN. Nesse caso, como o débito originariamente tem como sujeito passivo exclusivo a pessoa jurídica, a utilização do patrimônio pessoal do sócio, mediante redirecionamento contra ele da execução, somente poderá ser feita nos casos em que o Direito permite que seja **desconsiderada a personalidade jurídica do devedor**.

A possibilidade é disciplinada pelo art. 50 do Código Civil e exige comprovação de **abuso da personalidade jurídica**, caracterizado por **confusão patrimonial** (quando, de fato, os patrimônios do sócio e da pessoa jurídica não estão separados) ou **desvio de finalidade** (quando a sociedade vem sendo utilizada para lesar credores e praticar atos ilícitos). Torna-se, então, indispensável a instauração do **incidente de desconsideração**, garantindo ao potencial responsabilizado o exercício do contraditório e da ampla defesa.

Os mesmos procedimentos e requisitos são aplicáveis quando o Fisco pretende responsabilizar uma pessoa jurídica por débitos tributários de seus sócios (**desconsideração inversa da personalidade jurídica**) ou uma pessoa jurídica por débitos de outra que compõe o mesmo **grupo econômico** (REsp 1.775.269/PR).

Registre-se a existência de Acórdão divergente sobre a matéria no âmbito da 2º Turma do STJ (REsp 1.786.311/PR). Nesse julgado, a Turma afirmou que "a previsão constante no art. 134, *caput*, do CPC/2015, sobre o cabimento do incidente de desconsideração da personalidade jurídica, na execução fundada em título executivo extrajudicial, não implica a incidência do incidente na execução fiscal regida pela Lei n. 6.830/1980". Para chegar a tal conclusão, a Turma considerou serem incompatíveis os regimes previstos nas duas leis, devendo o Código de Processo Civil ser utilizado de maneira apenas subsidiária, o que não era cabível no caso.

Infelizmente, a Primeira Seção do Tribunal (composta pelas duas Turmas de Direito Público), ao julgar os embargos de divergência interpostos (EREsp 1.786.311/PR), não enxergou contradição entre os julgados de suas Turmas, sob a alegação de que, no julgado proferido pela Segunda (REsp 1.786.311/PR), foi afirmado que, "no caso concreto, a confusão patrimonial entre as pessoas jurídicas integrantes do grupo econômico já estava caracterizada", circunstância que não estava presente no emanado da Primeira (REsp 1.775.269/PR).

O STJ não enfrentou a divergência referente à possibilidade/necessidade de instauração do incidente de desconsideração da personalidade jurídica quando não estiverem presentes as hipóteses de responsabilização já previstas no CTN. Contudo, é possível perceber que, mesmo no julgado da Segunda Turma, a responsabilização acabou sendo também fundamentada no reconhecimento de uma das circunstâncias justificadoras da desconsideração da personalidade jurídica (confusão patrimonial), apesar de não ter sida exigida a instauração do respectivo incidente.

Da mesma decisão divergente, também consta a afirmativa convergente – e, portanto, pacífica – segundo a qual "evidenciadas as situações previstas nos arts. 124, 133 e 135, todos do CTN, não se apresenta impositiva a instauração do incidente de desconsideração da personalidade jurídica, podendo o julgador determinar diretamente o redirecionamento da execução fiscal para responsabilizar a sociedade na sucessão empresarial".

Em suma, apesar de as decisões conflitantes semearem dúvidas sobre a possibilidade de instauração do incidente em certas situações, ambas são uníssonas em atestar sua desnecessidade nos casos em que a responsabilidade do terceiro é prevista expressamente pelo Código Tributário Nacional. São esses os casos mais passíveis de cobrança nas provas de concurso público.

6.7 RESPONSABILIDADE POR INFRAÇÕES

Encerrando as espécies de responsabilidade disciplinadas pelo Código Tributário Nacional, os arts. 136 e 137 tratam da chamada responsabilidade tributária por infrações.

A primeira observação a ser feita é que as pessoas impropriamente designadas como responsáveis por infrações são, na realidade, as pessoas que cometeram tais infrações, tendo com estas relação pessoal e direta. Nessa linha, utilizando literalmente as definições constantes do parágrafo único do art. 121 do CTN, as pessoas aqui denominadas **responsáveis** seriam, na realidade, **contribuintes**. Todavia, como soaria estranho designar alguém que cometeu um ato ilícito de "contribuinte da multa", o CTN optou por impropriamente atribuir-lhe a qualificação de responsável. Assim, a palavra "responsável", nesses casos, deve ser entendida no seu sentido comum, qual seja aquele a quem é imputada determinada conduta, devendo assumir as respectivas consequências.

Apesar de entender que esse é o posicionamento mais consentâneo com as definições de contribuinte e responsável adotadas pelo CTN, é importante registrar que, em provas de concursos públicos, deve-se adotar o entendimento de que os casos de responsabilidade por infrações se enquadram dentro das regras sobre responsabilidade tributária (pois assim fez o Código). Dessa forma, ter-se-iam casos de **responsabilidade por substituição**, uma vez que já no momento do cometimento da infração o sujeito passivo (da multa) é "responsável".

Em Direito Tributário, a consequência mais comum do cometimento de infrações é a aplicação de multas. Por conseguinte, é lícito afirmar que a infração à legislação tributária normalmente é fato gerador da obrigação tributária principal consubstanciada na respectiva penalidade pecuniária. Existem, contudo, outras espécies de sanções aplicáveis aos ilícitos tributários, tais como a pena de perdimento e a proibição de gozo de regimes especiais de tributação, ambas comuns nos tributos aduaneiros (imposto de importação e de exportação).

O art. 136 do Código Tributário Nacional afirma que, salvo disposição de lei em contrário, a responsabilidade por infrações da legislação tributária **independe da intenção do agente ou do responsável e da efetividade, natureza e extensão dos efeitos do ato**. Dessa disposição se extrai a conclusão, tão famosa em Direito Tributário, de que **a responsabilidade por infrações tributárias é, em regra, *objetiva***.

Responsabilidade **objetiva** é justamente aquela que é imputada a determinadas pessoas, **independentemente** da análise da existência de dolo ou culpa na prática do respectivo ato. Em contrapartida, é **subjetiva** a responsabilidade cujo surgimento **depende** da presença de tais elementos.

Nas lições de Direito Penal, aprende-se que existe dolo quando o agente quer a produção do resultado ou assume o risco de produzi-lo. Existe culpa quando o agente não previu o que era previsível, atuando com negligência, imprudência ou imperícia. Nesse ramo da ciência jurídica, a aplicação da pena só é possível quando o agente operou no mínimo com culpa. Em outras palavras, sempre será necessária a análise, muitas vezes complicada, sobre o que pensou o agente, qual a sua vontade, o que lhe era ou não previsível. **A responsabilidade em *Direito Penal* é, portanto, sempre *subjetiva*.**

Em se tratando de infrações à legislação tributária, o CTN, ao afirmar que a responsabilidade independe da intenção do agente, acabou por permitir sua punição independentemente da perquirição da presença de elementos subjetivos (dolo ou culpa) na conduta. Assim, se o sujeito passivo da obrigação acessória de entregar declaração de imposto de renda das pessoas físicas, até o último dia útil do mês de abril, não a cumprir, será punido com a respectiva multa. Não haverá relevância na alegação, por exemplo, de que o sujeito estava doente, viajando, ou que contratou um contador para elaborar a declaração e este não cumpriu a avença. Infringida a legislação, a punição se impõe.

É importante perceber que, nos precisos termos do art. 136 do Código, nada impede que o legislador decida por atribuir caráter **subjetivo** à responsabilidade por determinadas infrações, uma vez que o dispositivo é iniciado com a ressalva "salvo disposição em contrário". Assim, se o legislador silenciou a respeito da necessidade de comprovação de dolo ou culpa para a atribuição de responsabilidade, esta é **objetiva**, não dependendo de tal comprovação. Se o legislador quiser que a responsabilização dependa da análise da presença de dolo ou culpa, deve afirmá-lo expressamente, o que não é comum em matéria tributária.

A adoção da responsabilidade objetiva visa a facilitar a punição das infrações à legislação tributária, providência que poderia ser inviabilizada na prática, caso fossem possíveis longas discussões sobre a intenção do infrator. Apesar disso, existem casos em que a lei tributária **agrava** a punição aplicável, se comprovada a existência de dolo.

Um exemplo ajuda a esclarecer o comentário. O art. 44, I, da Lei 9.430/1996, com a redação dada pela Lei 11.488/2007 (aplicável apenas na esfera federal), prevê a imposição de multa de ofício de 75% sobre a totalidade ou diferença de imposto ou contribuição, nos casos de falta de pagamento ou recolhimento, de falta de declaração e nos de declaração inexata. Entretanto, o § 1º do mesmo art. 44 afirma que a multa será duplicada (agravada para 150%), nos casos previstos nos arts. 71, 72 e 73 da Lei 4.502/1964 (sonegação, fraude e conluio), independentemente de outras penalidades administrativas ou criminais cabíveis.

Assim, se em sua declaração de imposto de renda o contribuinte pessoa física declarou como despesas com educação o gasto com um cursinho preparatório para concurso público porque pensava que tal despesa era dedutível, ele será punido com a multa de 75% sobre o imposto que deixou de pagar, em virtude da inexatidão da declaração. Caso o contribuinte, visando a reduzir o imposto devido, declare como dependentes filhos fictícios, a multa será de 150%, agravada em virtude da prática de ato definido como sonegação fiscal (art. 71, II, da Lei 4.502/1964). Perceba-se que a responsabilidade não deixou, a rigor, de ser objetiva, visto que, havendo ou não dolo, o contribuinte será punido. Entretanto, a presença do intuito fraudulento, caso comprovada, resulta no agravamento da punição aplicada.

Relembre-se, por oportuno, que, em se tratando de infrações à legislação tributária, é aplicável a regra consubstanciada no brocardo *in dubio pro reo*, de forma que, se houver dúvida sobre a caracterização de sonegação, fraude ou conluio, o contribuinte deve ser punido com a multa mais suave. A base é o já estudado art. 112, I, do CTN, que impõe a interpretação mais favorável em caso de dúvida quanto à capitulação legal do fato. Dessa forma, no primeiro exemplo citado (abatimento da despesa com cursinho), seria possível que o contribuinte efetivamente soubesse que a despesa não poderia ser deduzida e, com intuito fraudulento, a incluísse na declaração. Quando a autoridade fiscal estivesse a analisar a declaração e percebesse o erro, provavelmente ficaria em dúvida sobre a existência ou não de dolo e, por conseguinte, sobre a correta capitulação legal do fato (puramente no inciso I do art. 44 da Lei 9.430/1996 ou na gravosa combinação de tal inciso com o § 1º do mesmo dispositivo legal). Não havendo como dirimir a dúvida, impor-se-ia a solução mais benéfica para o contribuinte, qual seja a aplicação da menor multa, com a capitulação isolada no inciso I do art. 44 da Lei 9.430/1996.

Não se deve confundir responsabilidade objetiva por infrações à legislação tributária com inexistência do direito à defesa por parte do contribuinte. Apesar de a comprovação da infração gerar, como regra, a punição, independentemente da existência de dolo ou culpa, sempre é necessária a correta fundamentação, apontando os elementos de fato (descrição do que ocorreu no mundo) e de direito (demonstração de que os fatos se enquadram em previsão legal de punição), possibilitando ao contribuinte a formulação de defesa quanto a tais aspectos. Nesse sentido é a jurisprudência do Superior Tribunal de Justiça, conforme se vê no excerto abaixo transcrito:

> "Processo civil e tributário – Responsabilidade objetiva por infração à legislação tributária: Art. 136 do CTN. 1. É dever do contribuinte ou responsável portar a documentação da mercadoria que transporta. 2. Justificada, no processo administrativo, a ausência dos documentos, por razão relevante, não houve oportunidade de o contribuinte provar a alegação. 3. Cerceamento de defesa que afasta a responsabilidade objetiva do art. 136 do CTN. 4. Recurso especial não conhecido" (STJ, 2.ª T., REsp 117.301/RS, Rel. Min. Eliana Calmon, j. 07.11.2000, *DJ* 04.12.2000 p. 57).

O Superior Tribunal de Justiça tem entendimento firmado no sentido de que o comerciante de boa-fé que verdadeiramente adquire mercadoria cuja nota fiscal emitida pelo vendedor é posteriormente declarada inidônea não pode ser responsabilizado objetivamente pela infração, nem perde o direito ao aproveitamento do respectivo crédito decorrente da não cumulatividade. É que a verificação da inidoneidade é atribuição do Fisco, de forma que a declaração somente gera efeito a partir de sua publicação. Na hipótese, ainda segundo a inteligência do Tribunal, a **responsabilidade objetiva prevista no art. 136 do CTN aplica-se ao alienante e não ao adquirente**, que, estando de boa-fé, tem o direito ao aproveitamento do crédito (REsp 1.148.444/MG). A pacificação do entendimento levou o Tribunal a editar a Súmula nº 509, cujo teor é o seguinte:

> **STJ – Súmula 509 –** É lícito ao comerciante de boa-fé aproveitar os créditos de ICMS decorrentes de nota fiscal posteriormente declarada inidônea, quando demonstrada a veracidade da compra e venda. .

Pelas mesmas razões, o STJ decidiu que o adquirente de boa-fé também não pode ser responsabilizado pelo imposto não recolhido pelo alienante que simulou ser microempresa, enquadrou-se indevidamente no Simples Nacional e, como o ICMS está incluído na sistemática, deixou de destacar e recolher o imposto incidente sobre suas vendas (AREsp 1.198.146/SP). Também aqui, é possível afirmar não ser razoável exigir do adquirente que afira a regularidade da adesão do alienante àquela sistemática simplificada de tributação.

A questão deve ser tratada de maneira bastante diferente nos casos em que o Estado precisa lidar com sujeitos passivos que, de maneira reiterada, descumprem o dever fundamental de pagar seus tributos, de forma a concorrer deslealmente com os que cumprem regularmente suas obrigações tributárias, em flagrante desrespeito ao princípio da isonomia. Nesses casos, é justificado submeter o contribuinte costumeiramente inadimplente a sistemáticas especiais de vigilância e salvaguarda, que podem legitimamente incluir o condicionamento do direito a crédito daqueles que com eles transacionam. Para isso, no entanto, é indispensável que os adquirentes estejam informados da submissão de tais alienantes a um regime jurídico especial e das restrições dele decorrentes.

Nesse contexto, o Superior Tribunal de Justiça considerou válido o **Regime Especial de Fiscalização – REF** a que o Estado do Rio Grande do Sul subordina os seus **devedores contumazes** de ICMS. Pela lei gaúcha, é devedor contumaz aquele que houver deixado de recolher, nos últimos 12 meses, débitos declarados referentes a pelo menos 8 meses de apuração do imposto ou que possua créditos tributários inscritos como Dívida Ativa que ultrapassem os limites fixados pelo Fisco Estadual.

Os contribuintes submetidos ao REF, dentre outras consequências, ficam obrigados ao **pagamento do ICMS já na ocorrência dos fatos geradores**, e não no mês seguinte, como os demais contribuintes. Da nota fiscal por ele emitida, deve constar a informação de que o contribuinte está submetido ao REF (informação publicada no site do Fisco estadual) e que o adquirente somente pode usar o respectivo crédito "mediante comprovante de arrecadação".

Esse é o ponto mais importante para diferenciar o julgado ora analisado dos anteriormente analisados. Na hipótese ora estudada, pode-se legitimamente presumir que o adquirente sabe da submissão do alienante ao REF e do condicionamento do uso do crédito à apresentação do comprovante da arrecadação do imposto, uma vez que a informação se encontra expressa na nota fiscal e a lista dos contribuintes sujeitos ao regime se encontra divulgada na internet.

Foi assim entendendo que o Superior Tribunal de Justiça decidiu que "o creditamento pelo adquirente em relação ao ICMS destacado nas notas fiscais de compra de mercadorias de contribuinte devedor contumaz, incluído no regime especial de fiscalização, pode ser condicionado à comprovação da arrecadação do imposto, não havendo que se falar em violação dos princípios da não cumulatividade, isonomia, proporcionalidade ou razoabilidade" (STJ, 2ª T., AREsp 1.241.527/RS, Rel. Min. Francisco Falcao, j. 19/03/2019, DJe 26/03/2019).

6.7.1 Responsabilidade pessoal do agente

A regra básica sobre responsabilidade por infrações é que as consequências da prática de ato ilícito devem ser atribuídas pessoalmente ao infrator, pois a punição deve atingir direta e exclusivamente a pessoa (física ou jurídica) que agrediu o ordenamento jurídico.

Os atos praticados pelas pessoas jurídicas são exteriorizados por meio de pessoas físicas (administradores, diretores, gerentes, empregados etc.). Nestes casos, poderia haver dúvida acerca da pessoa a ser punida: se a própria pessoa jurídica ou se a pessoa física que praticou concretamente o ato ilícito (agente).

Em direito penal, a regra é raciocinar no sentido de que somente o ser humano pode delinquir, de forma a responsabilizar os agentes (pessoas físicas) pelos crimes que praticaram em nome de pessoas jurídicas (sonegação fiscal, por exemplo), sem prejuízo das punições que possam a estas ser aplicadas, de acordo com sua natureza.

Em direito tributário, a regra é punir a própria pessoa jurídica pelos ilícitos que venha a cometer. Assim, a multa é aplicada contra a pessoa jurídica e não contra o agente (pessoa física) que concretizou, no mundo dos fatos, o ilícito.

Há casos, no entanto, em que o ordenamento jurídico entrevê a necessidade de que o ato punitivo recaia pessoalmente sobre o agente responsável. É nesse sentido que o art. 137 do CTN trata das excepcionais hipóteses de responsabilidade pessoal do agente. Transcreve-se o dispositivo:

> "Art. 137. A responsabilidade é pessoal ao agente:
>
> I – quanto às infrações conceituadas por lei como crimes ou contravenções, salvo quando praticadas no exercício regular de administração, mandato, função, cargo ou emprego, ou no cumprimento de ordem expressa emitida por quem de direito;
>
> II – quanto às infrações em cuja definição o dolo específico do agente seja elementar;
>
> III – quanto às infrações que decorram direta e exclusivamente de dolo específico:

a) das pessoas referidas no art. 134, contra aquelas por quem respondem;

b) dos mandatários, prepostos ou empregados, contra seus mandantes, preponentes ou empregadores;

c) dos diretores, gerentes ou representantes de pessoas jurídicas de direito privado, contra estas".

O dispositivo enumera situações em que a própria pessoa jurídica sofre os danos causados pela condenável ação daquele que atua em seu nome, de forma que a **punição** deve ser imposta ao próprio **agente**, permanecendo a **pessoa jurídica** na condição de **sujeito passivo do tributo, mas não da multa**.

O primeiro caso se refere às infrações mais graves, que, além da agressão à legislação tributária, configuram **ilícitos penais** (crimes ou contravenções). Conforme já analisado, em matéria criminal, a regra é a punição das pessoas físicas (agentes) e não das entidades em nomes das quais atuam. Para manter a coerência do ordenamento jurídico, o CTN seguiu a mesma linha, determinando a responsabilização pessoal do agente.

O Código ressalva os casos em que o agente pratica o crime ou contravenção no **exercício regular** de administração, mandato, função, cargo ou emprego, ou no cumprimento de ordem expressa emitida por quem de direito.

Ora, é muito difícil imaginar, por exemplo, um cargo ou emprego que tenha entre suas funções **regulares** o cometimento de crimes ou contravenções. Novamente, é necessário um esforço interpretativo para entender o que quis afirmar o legislador.

As pessoas jurídicas possuem órgãos de deliberação que tomam as decisões mais importantes sobre a atuação da entidade no mundo jurídico. Quando o órgão diretivo delibera, os órgãos de execução são incumbidos de transformar em atos concretos as decisões tomadas. Nessa situação, o agente (administrador, mandatário, empregado etc.) é simplesmente um **braço executório** da vontade de outrem, atuando em **exercício regular** de administração, mandato, emprego etc., devendo a responsabilidade pela infração à legislação tributária porventura cometida recair sobre a própria pessoa jurídica. Entretanto, o agente será responsável se, **por decisão própria**, resolver praticar o ilícito, caso em que **não estará no exercício regular de suas atribuições**.

O segundo caso de responsabilidade pessoal do agente é o das **infrações em cuja definição o dolo específico do agente seja elementar**.

São elementares todos os componentes essenciais para a configuração de um delito. Na definição de ilícitos, normalmente é necessária a análise de três elementos (as elementares), quais sejam o **objetivo** (ou formal), o **subjetivo** e o **normativo** (ou valorativo).

Em apertada síntese, pode-se afirmar que o elemento objetivo ou formal é o que se refere à descrição da conduta, com o respectivo resultado e o liame existente entre os dois (nexo de causalidade). O elemento subjetivo é o que se refere à existência de dolo ou culpa no comportamento do agente. O elemento normativo (nem sempre presente) é aquele que exige um esforço interpretativo para a perquirição do conteúdo de conceitos jurídicos indeterminados, como "segurança nacional", "mal injusto" etc.

Conforme já analisado, as infrações à legislação tributária são, em regra, objetivas, não dependendo da presença de dolo ou culpa. Entretanto, existem casos em que o legislador insere na definição de determinados ilícitos a presença de um elemento subjetivo do injusto, fazendo que sua configuração dependa da existência de dolo específico.

Como visto, existe dolo quando o agente pratica o ato desejando o resultado ou assumindo o risco de produzi-lo. É o caso de uma pessoa que mata um desafeto. O resultado morte é desejado, havendo dolo (genérico).

Existem casos em que, além da produção do resultado, o agente visa a alcançar uma finalidade específica. É o caso da extorsão mediante sequestro (Código Penal, art. 159), em cuja definição legal já consta o intuito de obter vantagem econômica (dolo específico). Caso não exista tal objetivo, a subtração de pessoa pode configurar outro crime, como o simples sequestro, previsto no art. 148 do Código Penal.

Percebe-se, portanto, que, ao dispor que nas infrações em que o dolo específico do agente é elementar e que a sua responsabilidade é pessoal, o CTN quis afirmar que a presença, na própria definição do delito, de uma finalidade especial impõe a punição pessoal de quem o pratica. Ressalte-se que, a rigor, o inciso II somente se refere às infrações simplesmente administrativas, pois aquelas que também configuram ilícitos penais já se encontram enquadradas no inciso I.

O último caso previsto no dispositivo refere-se **às infrações que decorram direta e exclusivamente de dolo específico de determinadas pessoas contra aquelas em nomes das quais praticam certos atos**. A intenção é punir aquele que age com o objetivo específico de prejudicar pessoas cujos interesses deveriam defender. Assim, o normal é que a empresa seja responsável pelos ilícitos praticados pelos seus empregados. Caso se verifique, contudo, que o empregado praticou determinada infração tributária com a finalidade especial (dolo específico) de prejudicar a empresa, a **penalidade** tributária recairá sobre aquele e não sobre esta. Da mesma forma que nos demais casos previstos no artigo, a responsabilidade do agente é relativa à **infração**, pois a sujeição passiva quanto ao **tributo** continua sendo da pessoa jurídica.

6.7.2 Denúncia espontânea de infrações

Sob a inapropriada denominação de "denúncia espontânea de infrações", o CTN traz medida de política tributária que visa a atrair de volta à legalidade contribuintes que dela se afastaram, oferecendo em troca a garantia de não aplicação de medidas punitivas.

A impropriedade terminológica está no fato de que, a rigor, ninguém **denuncia** a si mesmo, mas **confessa** ilícitos cometidos. O instituto é inspirado na "desistência voluntária" e no "arrependimento posterior" do direito penal, que visam a estimular o delinquente a interromper a investida criminosa ou, ao menos, a reparar o dano causado.

Em direito tributário, a regra está prevista no art. 138 do Código Tributário Nacional, nos seguintes termos:

> "Art. 138. A responsabilidade é excluída pela denúncia espontânea da infração, acompanhada, se for o caso, do pagamento do tributo devido e dos juros de mora, ou do depósito da importância arbitrada pela autoridade administrativa, quando o montante do tributo dependa de apuração.
>
> Parágrafo único. Não se considera espontânea a denúncia apresentada após o início de qualquer procedimento administrativo ou medida de fiscalização, relacionados com a infração".

A título de exemplo, imagine-se que determinado contribuinte omitiu, em sua declaração de imposto de renda, vários rendimentos percebidos no ano-calendário. Suponha-se, também, que começaram a sair os primeiros lotes de restituição do imposto, sem que seu nome constasse das listas. Bate sobre a cabeça do sujeito passivo um medo de que sua declaração "caia na malha fina" e a omissão seja descoberta. É neste momento que se visualiza, em sua maior magnitude, o estímulo legal. Se o contribuinte confessar o fato, corrigindo sua declaração, e pagando a diferença de imposto porventura devida, será beneficiado pelo instituto da denúncia espontânea, não sendo punido.

A configuração da denúncia como espontânea, com o consequente benefício do afastamento da responsabilidade pela infração, depende de que a confissão seja realizada antes que o Fisco tome qualquer providência tendente a lançar o tributo. Assim, se o contribuinte citado no exemplo acima recebeu um pedido de esclarecimentos formulado pela Administração Tributária, não lhe é mais possível obter os benefícios da denúncia espontânea. Aliás, após saber das providências fiscais, nada de espontâneo haverá no procedimento do sujeito passivo.

O afastamento da espontaneidade depende da **formal comunicação** ao sujeito passivo do início do procedimento administrativo ou medida de fiscalização relacionados com a infração. Nessa linha, enquanto a autoridade fiscal investiga, faz pesquisas, coleta dados necessários ao lançamento do tributo ou multa, o sujeito passivo ainda tem a possibilidade de se beneficiar do instituto, faculdade que somente cessa com o conhecimento oficial por parte do interessado acerca da existência de procedimento instaurado relativo à respectiva infração.

Assim, o ato que formaliza o início de procedimento relativo à infração deve identificar os **períodos** objeto de apuração e os **tributos** a que se refere. Por conseguinte, somente estará o sujeito passivo impedido de obter os benefícios da denúncia espontânea no que concerne a tais tributos e a tais períodos. A título de exemplo, se a Receita Federal inicia formalmente processo de fiscalização relativo ao Imposto sobre a Renda das Pessoas Jurídicas e contribuições vinculadas (COFINS, PIS, CSLL), não está o fiscalizado impedido de confessar espontaneamente infrações relativas ao IPI, livrando-se das respectivas punições. Da mesma forma, se a fiscalização se refere a fatos geradores ocorridos no transcorrer dos exercícios de 2004 e 2005, nada impede que o contribuinte usufrua dos benefícios da denúncia espontânea relativa a fatos geradores verificados nos exercícios anteriores ou posteriores àqueles fiscalizados.

Tomando como parâmetro a legislação federal, tem-se por iniciado o procedimento de fiscalização e, portanto, ficará afastada a espontaneidade do fiscalizado, com: a) o primeiro ato de ofício, escrito, praticado por servidor competente, cientificado o sujeito passivo da obrigação tributária ou seu preposto; b) a apreensão de mercadorias, documentos ou livros; c) o começo de despacho aduaneiro de mercadoria importada (Decreto 70.235/1972, art. 7.º). Ressalvada a especificidade da legislação aduaneira (letra *c* acima), disposições idênticas em conteúdo constam da legislação tributária de muitos, se não de todos, os entes tributantes.

Registre-se que a norma reguladora do Processo Administrativo Fiscal no âmbito federal prevê a exclusão da espontaneidade de todos os envolvidos em uma infração se qualquer deles for cientificado do procedimento administrativo ou medida de fiscalização referente ao ilícito (Decreto 70.235/1972, art. 7.º, § 1.º). Assim, por exemplo, se a Receita Federal do Brasil instaura procedimento fiscal contra contribuinte pessoa física em virtude de ausência de retenção de Imposto de Renda sobre seus rendimentos, não estará configurada a espontaneidade em eventual confissão do ilícito, acompanhada de pagamento por parte da fonte pagadora omissa. A regra é razoável, pois carece de real espontaneidade uma confissão provavelmente motivada pelo conhecimento de que a fiscalização já deflagrou procedimento impositivo contra um dos envolvidos no ilícito.

O Superior Tribunal de Justiça entende que **o parcelamento** – meio de adimplemento desmembrado da obrigação, apenas suspendendo a exigibilidade do crédito tributário – **não pode ser equiparado ao pagamento** – forma de extinção imediata do crédito tributário – **para efeitos de gozo dos benefícios da denúncia espontânea**. Trata-se de uma infeliz interpretação literal do art. 138 do CTN, pois acaba por estimular que os infratores que queiram se livrar dos riscos de uma punição, mas não tenham recursos para adimplir integralmente a obrigação, apostem no acaso, torcendo para que a irregularidade não seja descoberta. Afinal, se a confissão não o livra da multa, pode parecer mais interessante esperar. Se o Fisco descobrir o ilícito, o sujeito passivo parcela e paga o tributo e a multa; se não, o passar do tempo e o instituto da decadência resolverão seu problema.

O excerto abaixo demonstra com clareza como o STJ compreende o instituto da denúncia espontânea de infrações:

> "Recurso especial – Alíneas *a* e *c* – Tributário – Parcelamento de débito de ICMS declarado e não pago – Exclusão da multa moratória – Impossibilidade – Alínea *a* – Pretensa violação ao art. 138 do CTN – Inocorrência – Súmula 208 do TFR – § 1.º do art. 155-A do CTN (acrescentado pela LC 104/2001) – Divergência jurisprudencial conhecida, porém não provido o recurso pela alínea *c* [do art. 105, III, da CF]. O instituto da denúncia espontânea da infração constitui-se num favor legal, uma forma de estímulo ao contribuinte, para que regularize sua situação perante o fisco, procedendo, quando for o caso, ao pagamento do tributo, antes do procedimento administrativo ou medida de fiscalização relacionados com a infração. Nos casos em que há parcelamento do débito tributário, não deve ser aplicado o benefício da denúncia espontânea da infração, visto que o cumprimento da obrigação foi desmembrado, e só será quitada quando satisfeito integralmente o crédito. O parcelamento, pois, não é pagamento, e a este não substitui, mesmo porque não há a presunção de que, pagas algumas parcelas, as demais igualmente serão adimplidas, nos termos do art. 158, I, do mencionado *Codex*. Esse parece o entendimento mais consentâneo com a sistemática do Código Tributário Nacional, que determina, para afastar a responsabilidade do contribuinte, que haja o pagamento do devido, apto a reparar a delonga do contribuinte. Nesse sentido o enunciado da Súmula 208 do extinto Tribunal Federal de Recursos: 'a simples confissão de dívida, acompanhada do seu pedido de parcelamento, não configura denúncia espontânea'. A Lei Complementar 104, de 10 de janeiro de 2001, que acresceu ao Código Tributário Nacional, dentre outras disposições, o art. 155-A, veio em reforço ao entendimento ora esposado, ao estabelecer, em seu § 1.º, que 'salvo disposição de lei contrário, o parcelamento do crédito tributário não exclui a incidência de juros e multas'. Recurso especial não conhecido pela alínea *a* e conhecido, mas, não provido pela alínea *c*" (STJ, 1.ª Seção, REsp 284.189/SP, Rel. Min. Franciulli Netto, j. 17.06.2002, *DJ* 26.05.2003, p. 254).

Se o valor do crédito tributário relativo a tributo e seus acréscimos não puder ser apurado de plano, o sujeito passivo deverá depositar previamente o valor arbitrado pela autoridade fiscal, sob pena, como visto, de não ser beneficiado pelo afastamento das penalidades, conforme deixa claro o *caput* do transcrito art. 138 do Código.

Tal hipótese **não pode ser confundida com o depósito integral do montante relativo ao crédito tributário,** medida apta apenas a **suspender-lhe a exigibilidade**, nos termos do art. 151, II do Código Tributário Nacional (EREsp

1.131.090-RJ). O raciocínio adotado reconhece que o sujeito passivo se utiliza do **depósito do montante integral** quando **não concorda com a cobrança que lhe é feita** e deseja discuti-la, via de regra judicialmente, o que não resulta no cumprimento da exigência de que, "se for o caso", **pague** o montante devido para que possa gozar dos benefícios da denúncia espontânea.

No mesmo julgado, o Superior Tribunal de Justiça invocou interessante análise doutrinária na qual o instituto da denúncia espontânea é enxergado como uma troca, em que a Administração Tributária **abre mão da possibilidade de punir o sujeito passivo** (que tem um custo para se regularizar, o **custo de conformidade**) **e acaba liberada dos custos que teria, não fora a denúncia, para fiscalizar e lançar o tributo** (**custo administrativo**). Na esteira deste entendimento, o Tribunal afirma que no caso do depósito do montante integral a Administração passa a ter um **novo custo**, qual seja, o de discutir judicialmente o tributo cuja exigibilidade se encontra suspensa, não sendo viável, portanto, falar-se na troca característica do instituto da denúncia espontânea (EREsp 1.131.090-RJ).

É também da lavra do Superior Tribunal de Justiça o entendimento de que o instituto da denúncia espontânea de infrações não é aplicável no caso de **descumprimento de obrigações meramente formais** (acessórias).

Assim, se determinado contribuinte não entregou a declaração de imposto de renda do prazo fixado em lei (obrigação acessória), será multado, mesmo que confesse o ilícito e entregue a declaração antes de qualquer procedimento administrativo formalizado pela Receita Federal.

Perceba-se que, se fosse possível aplicar o benefício para tais espécies de obrigações, os prazos seriam desmoralizados, pois o contribuinte poderia deixar para entregar a declaração na semana seguinte ao termo final, visto que seria praticamente impossível ao Fisco formalizar o início de um procedimento contra todos os contribuintes em atraso.

O fragmento a seguir, retirado da ementa do acórdão proferido no julgamento do Recurso Especial 322.505-PR, demonstra o pensamento da Corte:

> "Mandado de Segurança. Tributário. Imposto de Renda. Atraso na Entrega da Declaração. Multa Moratória. Lei 8.981/1991 (art. 88) CTN, art. 138.
>
> A responsabilidade acessória autônoma, portanto desvinculada do fato gerador do tributo, não está albergada pelas disposições do art. 138, CTN. A tardia entrega da declaração de Imposto de Renda justifica a aplicação de multa (art. 88, Lei 8.981/1991)" (STJ, 1.ª T. REsp 322.505/PR, Rel. Min. Milton Luiz Pereira, j. 21.06.2001, *DJ* 17.06.2002, p. 199).

Ainda segundo o STJ, "o benefício da denúncia espontânea não se aplica aos tributos sujeitos a lançamento por homologação regularmente declarados, mas pagos a destempo" (Súmula 360). Como será detalhado no momento oportuno (item 7.2.3), na sistemática do lançamento por homologação, é obrigação do sujeito passivo declarar o tributo devido e proceder ao recolhimento. Ora, se não fosse correto o entendimento do STJ, o declarante sempre estaria em situação de espontaneidade no que concerne aos tributos declarados, uma vez que a confissão de débito (regular declaração) sempre teria ocorrido em momento anterior a qualquer procedimento fiscal.

O entendimento mais restritivo do STJ pode ser pedagogicamente resumido nas palavras do Ministro José Delgado, constantes de acórdão proferido em precedente invocado no EAg 573.771: "A denúncia espontânea não foi prevista para que favoreça o atraso do pagamento do tributo. Ela existe como incentivo ao contribuinte para denunciar situações de ocorrência de fatos geradores que foram omitidas, como é o caso de aquisição de mercadorias sem nota fiscal, de venda com preço registrado aquém do real, etc." (EREsp 629.426/PR).

Perceba-se que nesse último caso, para o Poder Público lançar o tributo, seria necessário arcar com os custos administrativos de fiscalização conducentes à descoberta da verdade, o que é evitado pela denúncia espontânea por parte do sujeito passivo, estando, portanto, configurada a troca (custo de conformidade vs. custo administrativo) exigida pelo STJ no julgamento do EREsp 1.131.090-RJ, comentado acima. Já na hipótese de o tributo ter sido regularmente declarado, não há qualquer troca a ser feita, pois nesse caso o crédito já se encontra devidamente constituído, estando a Administração Tributária de posse de todos os dados necessários para proceder à execução dos valores que lhe são devidos.

Seguindo à risca o entendimento, a Fundação Carlos Chagas, no concurso para Procurador do Estado de São Paulo, realizado em 2009, considerou **correta** a seguinte assertiva: "A norma contida no art. 138 do CTN, que trata da denúncia espontânea da infração, não autoriza o contribuinte do ICMS, que declarou o imposto e não o recolheu tempestivamente, efetuar, após a data do vencimento, o pagamento do tributo, acrescido de juros de mora, mas sem a multa moratória". Em 2015, a mesma banca organizadora, no concurso para Julgador Administrativo Tributário do Tesouro Estadual da SEFAZ-PE, considerou **incorreto** afirmar que "o benefício da denúncia espontânea se aplica aos tributos sujeitos a lançamento por homologação regularmente declarados, ainda que pagos a destempo, desde que em montante integral".

Por último, destaque-se que, apesar de ainda existir muita controvérsia doutrinária sobre a matéria, o Superior Tribunal de Justiça tem entendido que a denúncia espontânea eficaz (a apresentada antes do procedimento fiscal e acompanhada do pagamento) extingue a punibilidade tanto das multas denominadas **punitivas (de ofício)**, quanto das multas classificadas como **administrativas (moratórias, por atraso no pagamento)**. A título exemplificativo, no julgamento do Recurso Especial 957.036/SP, a Segunda Turma da Corte, ironizando a distinção entre multas punitivas e administrativas, assim se manifestou:

> "A expressão 'multa punitiva' é até pleonástica, já que toda multa tem por objetivo punir, seja em razão da mora, seja por outra circunstância, desde que prevista em lei. Daí, a jurisprudência deste Superior Tribunal ter-se alinhado no sentido de que a denúncia espontânea exclui a incidência de qualquer espécie de multa, e não só a 'punitiva', como quer o recorrente".

Também no âmbito da 1.ª Turma do STJ, existem julgados esposando a mesma tese (como, por exemplo, o AgRg nos EDcl no Ag 755.008/SC).

Não obstante os julgados, o entendimento prevalente no âmbito administrativo é o de que a denúncia espontânea não tem o condão de impedir a aplicação da multa de mora (administrativa). Na esfera federal, por exemplo, a multa moratória é de 0,33% por dia de atraso, com o limite máximo de 20% (atrasos superiores a 60 dias); já a multa de ofício é de 75% ou 150%, dependendo da configuração ou não do intuito de sonegação, fraude ou conluio. Os percentuais demonstram que, mesmo adotada a tese esposada pela administração, a confissão ainda seria vantajosa para o contribuinte, que ainda dispõe das vias judiciais para a discussão da própria multa moratória.

Para acessar as questões referentes a esse capítulo, utilize o QR Code ao lado.

7

CRÉDITO TRIBUTÁRIO E LANÇAMENTO

7.1 CRÉDITO TRIBUTÁRIO E LANÇAMENTO

Segundo a teoria adotada no Código Tributário Nacional, quando verificada no mundo dos fatos a situação definida em lei como fato gerador do tributo, nasce a obrigação tributária. Tal obrigação consiste num vínculo jurídico transitório entre o sujeito ativo (credor) e o sujeito passivo (devedor) e tem por objeto uma prestação em dinheiro. Para muitos, se já há credor e devedor, já há crédito, de forma que o nascimento do crédito tributário seria concomitante ao surgimento da obrigação tributária.

Ocorrido o fato gerador, é necessário definir, com precisão, o montante do tributo ou penalidade, o devedor e o prazo para pagamento, de forma a conferir exigibilidade à obrigação. Daí a exigência de um procedimento oficial consistente em declarar formalmente a ocorrência do fato gerador, definir os elementos materiais da obrigação surgida (alíquota e base de cálculo), calcular o montante devido, identificar o respectivo sujeito passivo, com o fito de possibilitar que contra este seja feita a cobrança do tributo ou da penalidade pecuniária. Todo esse procedimento é legalmente denominado de **lançamento**, conforme se pode extrair do art. 142 do CTN, abaixo transcrito:

> "Art. 142. Compete privativamente à autoridade administrativa constituir o crédito tributário pelo lançamento, assim entendido o procedimento administrativo tendente a verificar a ocorrência do fato gerador da obrigação correspondente, determinar a matéria tributável, calcular o montante do tributo devido, identificar o sujeito passivo e, sendo caso, propor a aplicação da penalidade cabível".

Para haver lançamento – e, portanto, crédito tributário – é necessário que exista fato gerador – e, portanto, obrigação. É exatamente por isso que o art. 139 do CTN afirma que o crédito tributário decorre da obrigação principal e tem a mesma natureza desta. O mesmo raciocínio presidiu a elaboração do art. 140, que trata do crédito tributário e da "obrigação tributária que lhe deu origem". Um crédito não fundamentado em obrigação é um absurdo lógico e só aparece no mundo dos fatos quando há lançamento indevidamente realizado, caso em que o crédito possuirá **existência meramente formal**, devendo ser extinto posteriormente por decisão judicial ou administrativa.

Da análise realizada extrai-se a resposta legal a uma interminável celeuma doutrinária. Qual seria a natureza jurídica do lançamento? Declaratória ou constitutiva? Para aqueles que afirmam que o surgimento do crédito ocorre no mesmo momento do fato gerador, o lançamento apenas tornaria líquido e certo um crédito já existente, declarando-o. Entretanto, pela análise realizada, percebe-se que o legislador do CTN enxergou o fenômeno jurídico-tributário de maneira bastante diferente, entendendo que não existe crédito antes do lançamento, de forma que este teria, quanto ao crédito, **natureza constitutiva**. A tese foi expressamente adotada pelo art. 142 acima transcrito, pois este afirma que "compete à autoridade administrativa **constituir** o crédito tributário pelo lançamento".

O entendimento também é seguido no âmbito do Superior Tribunal de Justiça, o qual já afirmou textualmente que "o crédito tributário não surge com o fato gerador. Ele é constituído com o lançamento" (1.ª T., REsp 250.306/DF, rel. Min. Garcia Vieira, j. 06.06.2000, *DJU* 01.08.2000, p. 208).

Não obstante a natureza **constitutiva** do lançamento, no que se refere ao **crédito** é necessário que se perceba que o CTN claramente atribuiu-lhe natureza **declaratória** quanto à **obrigação**. A conclusão decorre da redação do mesmo art. 142, no ponto em que inclui no procedimento de lançamento a função de "verificar a ocorrência do fato gerador da obrigação correspondente". Ora, ao verificar formalmente que o fato gerador ocorreu, a autoridade fiscal **declara** – e não constitui – a obrigação tributária.

Assim, seguindo à risca a tese adotada pelo legislador brasileiro, adotar-se-á, nesta obra, o entendimento segundo o qual o lançamento possui **natureza jurídica mista**, sendo **constitutivo do crédito tributário** e **declaratório da obrigação tributária.**

Aliás, a análise de qualquer lançamento realizado por autoridade fiscal demonstra na prática o que aqui se tenta explanar teoricamente. O documento que instrumentaliza o lançamento – um auto de infração, por exemplo – é redigido, em sua maior parte, em tempo pretérito, declarando que num momento passado ocorreu o fato gerador de determinado tributo ou penalidade. A autoridade, por exemplo, **declara** que, em certa data, certo sujeito teve a disponibilidade econômica de rendimentos (fato gerador do imposto de renda) ou promoveu a saída de mercadoria de estabelecimento comercial (fato gerador do ICMS) e, com base nisso, **constitui** – neste ponto se passa a utilizar o tempo presente na redação do documento – o crédito tributário respectivo.

Portanto, tomando por base a tese encampada pelo do CTN (e adotada nesta obra), é possível visualizar os dois momentos ora analisados da seguinte forma:

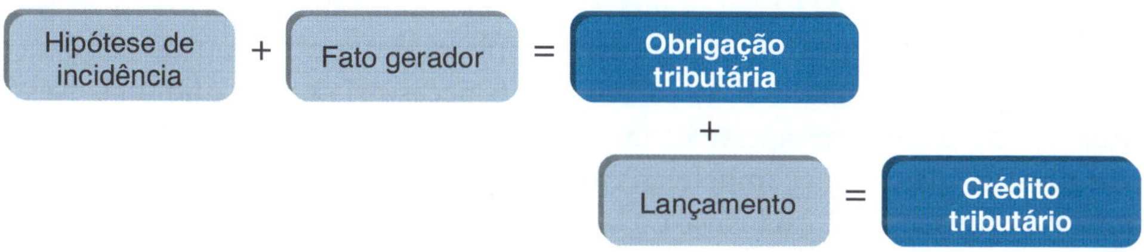

Outra discussão doutrinária resolvida – ao menos do ponto de vista formal – sobre o lançamento é sua configuração como ato ou procedimento administrativo. O art. 142 do CTN afirma que o lançamento deve ser entendido como o "procedimento administrativo tendente a ...", e segue com sua definição.

Procedimento é um conjunto de atos sistematicamente organizados para a produção de determinado resultado. A maioria da doutrina entende que o lançamento é ato administrativo, apesar de ser resultante de um procedimento. Quando se entra na essência do lançamento, percebe-se que a autoridade administrativa realiza várias atividades conducentes à produção do ato final. Faz-se a identificação do sujeito passivo, a determinação da matéria tributável, o cálculo do montante do tributo devido. Nenhum desses esforços, contudo, pode ser considerado como ato integrante de um procedimento, mas sim um conjunto de providências preparatórias para a produção de um único ato, o lançamento final. Aliás, como se perceberá da análise do instituto, será aplicável ao lançamento praticamente toda a teoria dos atos administrativos, demonstrando o acerto doutrinário. Em provas para concurso público, vale a mesma ressalva de sempre, sendo mais seguro adotar o posicionamento expressamente adotado pela lei (no caso sob exame, colocando o lançamento entre os procedimentos administrativos).

7.1.1 Competência para lançar

Segundo o art. 142 do CTN, a competência para lançamento é privativa da "autoridade administrativa". O Código não define qual autoridade administrativa possui tal poder legal, deixando para a lei de cada ente político a incumbência de fazê-lo. Na esfera federal, a título de exemplo, a Lei nº 10.593/2002, em seu art. 6º, I, *a*, atribui, em caráter privativo, aos ocupantes de cargo de Auditor-Fiscal da Receita Federal do Brasil – AFRFB – a competência para constituir, mediante lançamento, o crédito tributário.

Como os mais puristas afirmam que as competências privativas, ao contrário das exclusivas, são delegáveis, o mais correto, a rigor, seria afirmar que o AFRFB tem competência **exclusiva** para lançar, pois tal competência é indelegável e insuscetível de avocação.

Suponha-se que uma Seção de Fiscalização de uma Delegacia da Receita Federal do Brasil seja chefiada por um Analista Tributário da Receita Federal do Brasil – ATRFB – a quem estejam subordinados vários AFRFB (a hipótese, apesar de incomum, é possível, pois a chefia é função de confiança a ser ocupada por servidor de carreira, não necessariamente Auditor). Nessa situação, seria possível ao Analista, com base no poder hierárquico, realizar lançamento, avocando competência do subordinado? A resposta é negativa, pois a competência é exclusiva do ocupante do cargo de AFRFB, não sendo possível a avocação.

Na mesma linha, é também a exclusividade da competência para lançamento que impede, por exemplo, que um AFRFB delegue a um ATRFB que o auxilia a competência para proceder ao lançamento.

A exclusividade da competência para a realização do lançamento vincula até mesmo o juiz, que não pode lançar, e tampouco corrigir, lançamento realizado pela autoridade administrativa. Reconhecendo algum vício no lançamento realizado, deve o juiz proclamar-lhe a nulidade, cabendo à autoridade administrativa competente, se for o caso, novamente constituir o crédito.

Esse é um dos fundamentos que justifica o entendimento do Supremo Tribunal Federal segundo o qual não se pode propor ação penal por crime de sonegação fiscal antes da conclusão do procedimento de lançamento (término do processo administrativo porventura instaurado), pois o juiz não tem competência para decidir acerca da existência ou não do crédito tributário cuja sonegação é alegada.

Questão tormentosa em face da regra de que o lançamento é ato privativo da autoridade administrativa é a competência atribuída pelo art. 114, VIII, da CRFB/1988, para que a Justiça do Trabalho promova "a execução, de ofício, das contribuições sociais previstas no art. 195, I, *a*, e II, e seus acréscimos legais, decorrentes das sentenças que proferir". A redação atual foi dada pela

Emenda Constitucional 45/2004, mas a possibilidade foi introduzida no Direito brasileiro pela EC 20/1998 (à época, acrescentou-se um § 3º ao mesmo art. 114 da Magna Carta).

Nas edições anteriores desta obra, a questão foi analisada tendo em vista o art. 879, § 3º, da CLT, que prevê que a conta elaborada pela parte ou pelos órgãos auxiliares da Justiça do Trabalho é submetida, pelo juiz trabalhista, "à União para manifestação, no prazo de 10 (dez) dias, sob pena de preclusão". Diante disso, defendeu-se que a manifestação de concordância da Fazenda Pública configuraria um **ato homologatório** que eventualmente poderia ser tácito (no caso de preclusão em 10 dias).

A conclusão era no sentido de que a situação estudada configuraria uma peculiar sistemática de **lançamento por homologação** que contaria com a fundamental **participação da autoridade judiciária** no procedimento.

No entanto, em 2024, decisão da 1ª Turma do Superior Tribunal de Justiça, na qual se invocaram também precedentes de outras turmas, pôs novas luzes sobre o tema.

A questão objeto de julgamento derivava de caso no qual a sentença trabalhista fora proferida bastante tempo após a prestação de serviço pelo empregado, o que levou a uma discussão sobre o cumprimento do prazo de que a Fazenda Pública dispunha para constituir o crédito tributário (decadencial, conforme estudado no item 9.1.5 do Capítulo 9).

Ora, para analisar especificamente o prazo decadencial aplicável às contribuições previdenciárias incidentes sobre verbas trabalhistas delimitadas em sentença, há de se reconhecer que as obrigações resultam da própria sentença, e não da prestação de serviço realizada no passado. Assim, não é plausível contabilizar o prazo decadencial aplicando as regras do CTN como se os fatos geradores tivessem ocorrido no passado. Tal aspecto, por si só, resolveria o caso objeto de julgamento, não restando configurada a decadência.

No entanto, o aspecto mais importante do julgado para o ponto ora analisado foi que o STJ, ao se manifestar especificamente sobre a possibilidade de configuração de decadência dos valores definidos na sentença, afirmou que "não há falar em decadência tributária quando a sentença trabalhista, ao reconhecer o direito pleiteado pelo trabalhador, já delimita a obrigação tributária a ser cumprida pela empresa, autorizando, inclusive, a execução, de ofício, das contribuições decorrentes da condenação, conforme regra do art. 114, VIII" (STJ, 1ª T., AgInt no REsp 1648628/RS, Rel. Min. Benedito Gonçalves, j. 18/06/24, DJe 25/06/2024).

Ora, como a constituição de crédito tributário somente pode ser legitimamente realizada dentro do prazo decadencial, afirmar que, por conta da sentença, não há mais possibilidade de verificação de decadência, significa admitir que **a própria sentença constituiu o crédito tributário**. Foi essa a tese encampada pelo Ministro Benedito Gonçalves (Relator), cujo voto afirma que "**os atos de ofício do juízo trabalhista já fizeram as vezes de constituição do crédito tributário**" e, de maneira ainda mais contundente, conclui:

> "A sentença trabalhista, assim, substitui as etapas tradicionais de constituição do crédito tributário pela autoridade fiscal, englobando o lançamento, a notificação, a apuração do valor devido e a intimação do devedor para pagamento, e autoriza a execução, de ofício, das contribuições decorrentes da condenação. Não se executa a contribuição previdenciária, mas o título que a corporifica" (STJ, 1ª T., AgInt no REsp 1648628/RS, Rel. Min. Benedito Gonçalves, j. 18/06/24, DJe 25/06/2024).

De qualquer modo, há como se compatibilizar o entendimento adotado pelo STJ com as disposições do CTN, uma vez que o Tribunal **não** afirmou que o lançamento tributário fora realizado pela justiça trabalhista.

A tese encampada nos votos é a de que **a constituição do crédito tributário foi realizada pela sentença trabalhista**, sendo possível a interpretação segundo a qual, **apesar de o lançamento tributário ser privativo da autoridade administrativa, ele não é a única hipótese de constituição do crédito tributário.** Dessa maneira, a leitura mais atual do art. 142 do CTN é a de que a constituição do crédito tributário **por meio do lançamento** é procedimento privativo da autoridade administrativa. Contudo, **isso não impede a constituição do crédito por outros mecanismos,** como são os casos da sentença trabalhista, ora analisado, e da confissão de dívida pelo contribuinte, conforme será estudado a seguir.

Também é assente na jurisprudência atual do Superior Tribunal de Justiça a plena aplicabilidade das diversas previsões legais que atribuem à **apresentação de determinada declaração tributária** em que o sujeito passivo **informe um débito** que não vem a ser pago o efeito de **constituir o crédito tributário, independentemente de qualquer outra providência da Administração.**

Atualmente o entendimento se encontra cristalizado na **Súmula 436 do STJ**, redigida nos seguintes termos: **"A entrega de declaração pelo contribuinte reconhecendo débito fiscal constitui o crédito tributário, dispensada qualquer outra providência por parte do fisco".**

Trata-se de mais uma situação cuja compatibilização com o art. 142 do CTN depende do entendimento de que a privatividade que o dispositivo atribui à autoridade administrativa é a de utilização do lançamento como meio de constituição do crédito tributário. No entanto, ainda adotando essa linha interpretativa, é compatível com o Código o estabelecimento, em lei, de outros mecanismos que, justamente por não se enquadrarem como lançamento, podem ser operacionalizados por outros agentes para a constituição do crédito tributário, como ocorre com a entrega da declaração de débito pelo sujeito passivo.

7.1.2 Lançamento como atividade vinculada

O parágrafo único do art. 142 do CTN afirma que a atividade administrativa de lançamento é vinculada e obrigatória, sob pena de responsabilidade funcional. O dispositivo apenas ratifica algo que já decorre da definição de tributo, constante do art. 3.º do próprio Código.

Assim, como o tributo é cobrado mediante atividade administrativa plenamente vinculada, e o lançamento é o ato que formaliza o valor do crédito, conferindo-lhe exigibilidade, há de se concluir que a atividade de lançar é vinculada, no sentido de que a ocorrência do fato gerador dá à autoridade fiscal não apenas o poder, mas também o dever de lançar, não havendo qualquer possibilidade de análise de conveniência e oportunidade para que se deflagre o procedimento.

7.1.3 Legislação material e formal aplicável ao procedimento de lançamento

O lançamento é realizado em determinado momento na linha do tempo, mas sempre com os olhos voltados para um instante passado, o da ocorrência do fato gerador da respectiva obrigação.

Foi na esteira desse entendimento que a Fundação Carlos Chagas, no concurso para provimento do cargo de Agente Fiscal de Rendas do Estado de São Paulo, realizado em 2006, considerou correta a assertiva segundo a qual **o lançamento possui efeitos *ex tunc*** (retroativos). A banca quis afirmar simplesmente que o lançamento sempre se refere a evento passado, retroagindo no tempo para constituir crédito decorrente de obrigação surgida em momento pretérito.

Caso a obrigação tributária surgida seja relativa à penalidade pecuniária **(multa)**, aplica-se ao lançamento a lei mais favorável ao infrator, dentre aquelas que tiveram vigência entre a data do fato gerador e a data do lançamento, ainda se garantindo ao contribuinte o direito de aplicar legislação mais favorável surgida posteriormente, desde que não haja coisa julgada ou extinção do crédito.

Quando se trata do lançamento de **tributo**, a autoridade competente deve aplicar a legislação que estava em vigor no momento da ocorrência do respectivo fato gerador, mesmo que tal legislação já tenha sido modificada ou revogada, tudo em conformidade com o art. 144 do CTN.

Não poderia ser diferente, pois no lançamento apenas se declara a ocorrência de um fato gerador, tornando líquido e certo o objeto de uma obrigação já existente, constituindo-se o crédito tributário.

Neste ponto, há de se fazer uma diferenciação fundamental. Ao se referir genericamente à legislação aplicável ao lançamento, o CTN trata das regras **materiais** (legislação substantiva) relativas ao tributo correspondente, assim entendidas aquelas que definem fatos geradores, bases de cálculo, alíquotas, contribuintes etc.

Entretanto, para realizar o lançamento, a autoridade competente deve observar, também, as regras **formais** (legislação adjetiva) que disciplinam o seu agir durante o procedimento. Trata-se das normas que estipulam a competência para lançar, o modo de documentar o início do procedimento, os poderes que possuem as autoridades lançadoras, os prazos para a conclusão das atividades etc.

A modificação de uma norma procedimental (formal, adjetiva) não muda a essência de qualquer obrigação já surgida, mas tão somente o modo de sua apuração. É justamente por isso que são aplicáveis ao lançamento as normas formais que estiverem em vigor na data da realização do próprio procedimento.

Relembre-se, em face da utilidade da analogia, que a aplicação imediata das alterações de legislação adjetiva é princípio básico em todos os ramos de direito processual. Mesmo em se tratando de matéria penal, em que é princípio a retroatividade da lei mais benéfica, há a diferenciação relativa a processo penal, em que se aplica a lei em vigor na data da realização de cada ato processual, respeitada a validade dos atos anteriormente praticados. A mesma linha de raciocínio vai valer para o processo civil, trabalhista e administrativo.

Em matéria tributária, a diferenciação é percebida mediante a simples comparação entre o art. 144 do CTN e o seu respectivo § 1.º, abaixo transcritos:

> "Art. 144. O lançamento reporta-se à data da ocorrência do fato gerador da obrigação e rege-se pela lei então vigente, ainda que posteriormente modificada ou revogada.
>
> § 1.º Aplica-se ao lançamento a legislação que, posteriormente à ocorrência do fato gerador da obrigação, tenha instituído novos critérios de apuração ou processos de fiscalização, ampliado os poderes de investigação das autoridades administrativas, ou outorgado ao crédito maiores garantias ou privilégios, exceto, neste último caso, para o efeito de atribuir responsabilidade tributária a terceiros".

O *caput* do artigo trata da legislação tributária **material** e estipula a regra da aplicação da legislação vigente à data do fato gerador. Já o § 1.º refere-se, fundamentalmente, à legislação **formal**, como se percebe pela referência às normas que tenham instituído "novos critérios de apuração ou processos de fiscalização".

Também se aplica ao lançamento a legislação que tenha ampliado os poderes de investigação das autoridades administrativas. Um bom exemplo desta situação ocorreu quando da entrada em vigor da Lei Complementar 105/2001, que permitiu o acesso das autoridades fiscais a dados protegidos por sigilo bancário, independentemente de determinação judicial. Apesar de a vigência ter-se dado a partir de novembro de 2001, a Secretaria da Receita Federal instaurou procedimentos fiscais para apurar créditos relativos a **exercícios anteriores**, usando do novo poder legalmente atribuído. Alguns contribuintes alegaram a impossibilidade de aplicação retroativa de lei que os prejudicasse. A utilização da nova legislação para lançamento referente a fatos geradores passados, entretanto, foi considerada lícita. Em primeiro lugar, pela expressa previsão do CTN no sentido da aplicabilidade imediata das regras que ampliam os poderes de investigação da autoridade administrativa, como se está a estudar. Em segundo lugar, pelo fato de não se tratar de qualquer alteração material na legislação de tributo.

Se alguém recebeu elevado rendimento e não o declarou, nem pagou o respectivo imposto de renda, pode-se afirmar que houve fato gerador, nasceu obrigação tributária, mas o tributo não foi pago. A permissão de acesso aos dados protegidos por sigilo bancário em nada interferiu nos aspectos materiais do tributo devido; apenas possibilitou à autoridade fiscal tomar conhecimento do que efetivamente ocorreu, de forma a possibilitar a adoção das providências cabíveis em cada caso concreto.

No final do transcrito § 1.º, o Código veda que a aplicação retroativa, prevista para a legislação formal, seja utilizada com o efeito de **atribuir responsabilidade tributária a terceiros**. Neste ponto, não há novidade alguma, pois as regras sobre responsabilidade tributária são normas de direito tributário **material**, de forma que se submetem integralmente à normatividade do *caput* do art. 144 do CTN.

Encerrando as disposições acerca da legislação aplicável ao lançamento, o § 2.º do mesmo art. 144 assevera que as regras do artigo não se aplicam aos impostos lançados por períodos certos de tempo, desde que a respectiva lei fixe expressamente a data em que o fato gerador se considera ocorrido.

Apesar da referência às "regras do artigo", certamente o dispositivo trata das "regras do *caput* do artigo", visto que, no que concerne à legislação formal, a aplicabilidade imediata sempre se impõe. A exceção prevista ("tributos lançados por períodos certos de tempo") refere-se a casos como os dos impostos sobre a propriedade, em que o fato tributado se protrai no tempo, sendo necessário que a lei defina, com precisão, a data em que o fato gerador se considera ocorrido, possibilitando a definição da legislação material aplicável.

Na realidade, não se trata exatamente de uma exceção, pois se a lei expressamente definiu o momento em que o fato gerador se tem por ocorrido, será aplicável no lançamento a legislação em vigor na data dessa ocorrência.

O que o legislador tentou fazer – de certa forma, desnecessariamente – foi prevenir o surgimento de dúvidas relativas à possibilidade, por exemplo, de aplicar ao IPTU referente a determinado exercício à legislação alterada no meio de tal exercício. Ora, se se define legalmente que o fato gerador do imposto ocorre a cada dia 1.º de janeiro, a legislação alterada no transcorrer do exercício anterior poderá ser usada, pois estará em vigor na data da ocorrência do fato imponível, em obediência – e não como exceção – ao *caput* do art. 144 do CTN.

7.1.4 Taxa de câmbio aplicável ao procedimento de lançamento

Existem casos em que o valor da base de cálculo do tributo é originariamente expresso em moeda estrangeira, sendo necessária sua conversão em moeda nacional. Nestas situações, poderiam surgir dúvidas sobre a taxa de câmbio a ser utilizada na conversão, se aquela vigente no dia da ocorrência do fato gerador da obrigação ou se a do dia do respectivo lançamento.

Vale aqui o mesmo raciocínio adotado quando da análise da legislação aplicável. O lançamento apenas formaliza obrigação surgida em momento pretérito. Em se tratando de aspectos materiais – e a taxa de câmbio é um deles –, devem-se levar em consideração aqueles presentes quando do surgimento da obrigação. O CTN adotou expressamente a tese, consoante demonstra o texto do seu art. 143, abaixo transcrito:

> "Art. 143. Salvo disposição de lei em contrário, quando o valor tributário esteja expresso em moeda estrangeira, no lançamento far-se-á sua conversão em moeda nacional ao câmbio do dia da ocorrência do fato gerador da obrigação".

Assim, se em 2007 uma fiscalização da Receita Federal terminar em constituição de crédito relativo à diferença de II decorrente de importação realizada em 2003, a taxa de câmbio a ser utilizada é a da data do fato gerador do respectivo imposto (2003). As correções serão realizadas a partir dos valores resultantes da conversão de moedas em 2003, com a utilização dos índices internos previstos na legislação brasileira.

A regra é aplicável principalmente ao imposto de importação, influenciando a apuração do crédito relativo aos demais tributos que podem vir a ser cobrados no contexto de uma importação (IPI, ICMS, IOF, PIS, Cofins, Cide).

Há de se perquirir a exata data da ocorrência do fato gerador, e não a do pagamento ou a da celebração do contrato. A título de exemplo, tem-se o seguinte excerto, retirado da jurisprudência do Superior Tribunal de Justiça:

> "Tributário. ICM na importação de mercadorias. Diferença decorrente de variação cambial entre a data do pagamento do tributo por ocasião do desembaraço aduaneiro e a efetiva liquidação do contrato de câmbio. Quando

o valor tributário estiver expresso em moeda estrangeira, no lançamento far-se-á sua conversão em moeda nacional ao câmbio do dia da ocorrência do fato gerador da obrigação (CTN, art. 143); nenhuma diferença de ICM pode ser exigida em razão da variação cambial verificada entre a data do desembaraço aduaneiro e a da efetiva liquidação do contrato de câmbio, salvo se, desconhecida a taxa cambial na ocasião da liberação das mercadorias importadas, a cobrança do tributo se deu por estimativa. Recurso especial conhecido e provido" (STJ, 2.ª T., REsp 15.450/SP, Rel. Min. Ari Pargendler, j. 08.02.1996, *DJ* 04.03.1996, p. 5.394).

7.1.5 Alteração do lançamento regularmente notificado

Após a realização do lançamento, a autoridade administrativa precisa comunicá-lo oficialmente ao sujeito passivo, para que este possa pagar o montante do crédito constituído ou, em caso de discordância, proceder à respectiva impugnação.

É a notificação que confere efeitos ao lançamento realizado, pois antes daquela não se conta prazo para pagamento ou impugnação. Entretanto, não se deve confundir o lançamento com a notificação do lançamento, pois esta é apenas a comunicação oficial da realização daquele.

Com a notificação, o lançamento se presume definitivo e, em regra, não mais poderá ser alterado. Não se trata, porém, de presunção absoluta. O CTN, no seu art. 145, traz as hipóteses excepcionais em que o lançamento regularmente notificado ao sujeito passivo poderá ser modificado. São elas: a impugnação do sujeito passivo; o recurso de ofício (ou, como se verá adiante, o recurso voluntário); e a iniciativa de ofício da autoridade administrativa, nos casos previstos no art. 149. Passa-se à análise de cada caso.

7.1.5.1 Impugnação pelo sujeito passivo

O art. 5.º, LV, da CF assegura o contraditório e a ampla defesa aos litigantes, em processo judicial **ou administrativo**. Existe litígio quando uma pretensão é resistida. Caso o sujeito passivo não concorde com o lançamento realizado pela autoridade fiscal, deve manifestar sua irresignação por meio da impugnação.

A impugnação constitui, portanto, uma maneira legal de se insurgir contra a pretensão do Fisco, instaurando um litígio; tudo em plena consonância com as garantias constitucionais do contraditório e da ampla defesa. Como consequência desse raciocínio, o Superior Tribunal de Justiça entende irregular a notificação e, por conseguinte, nulo o lançamento a que esta visava a dar eficácia, quando não se abre prazo para que o sujeito passivo, querendo, exerça seu direito de impugnação (REsp 1.227.676/PR). O julgado foi claramente a fonte usada pelo CEBRASPE para a elaboração do seguinte asserto, proposto no concurso para provimento de cargos de Juiz de Direito do TJ/CE, com provas aplicadas em 2012: "De acordo com o posicionamento do STJ, é irregular a notificação do contribuinte no processo administrativo-tributário quando não houver previsão de prazo para a correspondente impugnação, hipótese que caracteriza ofensa ao devido processo legal, ao contraditório e à ampla defesa, acarretando a nulidade do lançamento do crédito tributário" (**correto**).

Assim, o procedimento de lançamento pode ser dividido em duas fases: a) a **oficiosa**, que se encerra com a notificação e b) a **contenciosa**, que pode ser instaurada com a impugnação por parte do sujeito passivo.

É na segunda fase que se verifica o contraditório (diferido). Quando do estudo dos prazos de prescrição e decadência, far-se-á uma análise mais detalhada dessas fases.

O objetivo do sujeito passivo com a impugnação é desconstituir ou alterar o lançamento realizado. O pedido é dirigido ao órgão de "jurisdição" administrativa responsável pela análise da legalidade do procedimento (na esfera federal, as Delegacias da Receita Federal de Julgamento – DRJ). O acatamento total ou parcial da impugnação formulada terá como consequência a anulação (ou alteração) do lançamento realizado.

Registre-se, contudo, que a impugnação pelo sujeito passivo pode resultar em **agravamento da exigência** contra ele formalizada se, por exemplo, em diligência ou perícia determinada pela autoridade julgadora, for verificada alguma incorreção ou omissão. Nessa hipótese, será realizado um **lançamento suplementar,** com a consequente devolução do prazo para impugnação relativa à parte modificada. Não há, portanto, proibição de alteração para pior (*reformatio in pejus*) no processo administrativo fiscal, uma vez que, nessa seara, deve ser observado o princípio da **verdade material**. No âmbito federal, a hipótese está expressamente prevista no art. 18, § 3.º, do Decreto 70.235/1972.

7.1.5.2 Recurso de ofício e recurso voluntário

O instituto que o CTN denominou "recurso de ofício" corresponde ao que hoje a doutrina processualista denomina "remessa necessária", ou "reexame necessário", ou "duplo grau obrigatório". Em processo civil, a terminologia refere-se basicamente aos casos em que o juiz que sentencia num determinado sentido (contra a Fazenda Pública, por exemplo) é obrigado a remeter o processo à instância superior para reexame.

Anteriormente, o fenômeno era enxergado como se a própria autoridade julgadora recorresse contra a decisão que proferira. Hoje, a ciência processual entende como uma das características do recurso a **voluntariedade**, no sentido de que o recorrente, por não concordar ou não entender algum aspecto da decisão, contra ela voluntariamente oferece recurso.

Em se tratando de processo administrativo fiscal, se o sujeito passivo discordou de lançamento realizado, impugnando-o, e a autoridade julgadora do processo administrativo instaurado, concordando total ou parcialmente com os argumentos da impugnação, desconstituiu total ou parcialmente o crédito, liberando o contribuinte de montante acima de determinado valor (denominado "valor de alçada"), o processo necessariamente será remetido à segunda instância (na esfera federal o Conselho Administrativo de Recursos Fiscais, instituído pela Medida Provisória 449/2008, em substituição aos Conselhos de Contribuintes). Enxergado o fenômeno como um recurso da autoridade julgadora contra sua própria decisão, o CTN – de 1966, relembre-se – denominou-o de recurso de ofício.

Como o órgao julgador de segunda instância pode, novamente, alterar o lançamento realizado com a análise do recurso de ofício, tem-se, em termos legais, mais uma hipótese de alteração de lançamento regularmente notificado.

Neste ponto, um comentário fundamental. O legislador aparentemente esqueceu que o próprio sujeito passivo interessado, discordando da decisão do órgão julgador de primeira instância, pode recorrer voluntariamente ao órgão de segundo grau. Trata-se do que as leis de processo administrativo fiscal normalmente denominam de **"recurso voluntário"**. Por óbvio, o manejo do recurso voluntário também pode resultar na alteração de lançamento já realizado; por isso é que foi feita a inclusão dessa hipótese neste ponto, apesar do manifesto lapso legal.

7.1.5.3 Iniciativa de ofício da autoridade administrativa

Um dos princípios a ser observado na atividade administrativa é o da **autotutela**, corolário do princípio da legalidade. Assim, da mesma forma que a administração não pode agir sem autorização legal (legalidade), também deve tomar as providências para corrigir os atos que contrariam a lei, anulando-os ou corrigindo-lhes os vícios.

O ato (ou, na terminologia do CTN, o procedimento) administrativo do lançamento também deve ter a sua legalidade aferida pela própria administração responsável por sua prática. Assim, verificado um vício no ato praticado, tem a Administração Tributária o poder-dever de corrigi-lo, independentemente de provocação do particular, em homenagem ao princípio da legalidade e ao seu corolário, o princípio da autotutela.

Uma interessante utilização prática da iniciativa de ofício para alteração de lançamento já notificado ao sujeito passivo é a revisão de lançamento em virtude de impugnação intempestiva do sujeito passivo. São casos em que o interessado oferece impugnação fora do prazo – o que, em tese, levaria ao não conhecimento dos argumentos do contribuinte –, mas a administração, percebendo que o impugnante tem manifesta razão, altera o lançamento. A rigor, o lançamento não é alterado com base no art. 145, I, pois a impugnação não é formalmente conhecida, mas a administração se utiliza do art. 145, III, e, "de ofício", corrige o vício.

Como será estudado no item 7.2, o lançamento de ofício é apenas uma das modalidades de lançamento (as outras são os lançamentos por declaração e por homologação), mas, independentemente da maneira como o tributo foi originariamente lançado, a correção de vícios verificados em lançamentos já notificados pode ser feita de ofício, sendo correta a afirmação de que todo tributo pode, em determinadas circunstâncias, ser lançado de ofício.

7.1.6 Erro de direito e erro de fato – Possibilidade de alteração do lançamento

Dispõe o art. 146 do CTN:

> "Art. 146. A modificação introduzida, de ofício ou em consequência de decisão administrativa ou judicial, nos critérios jurídicos adotados pela autoridade administrativa no exercício do lançamento somente pode ser efetivada, em relação a um mesmo sujeito passivo, quanto a fato gerador ocorrido posteriormente à sua introdução".

São infindáveis as controvérsias acerca da correta interpretação do dispositivo. Aqui será adotada a tese esposada pelo Superior Tribunal de Justiça, que, em resumo, entende que, com a regra, o legislador tentou evitar a revisão de lançamentos já realizados com base no que se convencionou chamar de **"erro de direito"**.

Na realidade, a nomenclatura tradicional não é adequada, pois o dito "erro de direito" não é, necessariamente, erro. O que se tem em alguns casos é que algumas normas deixam margem para mais de uma interpretação razoável acerca de determinada matéria. Quando o Fisco formaliza o lançamento adotando uma delas, este é um critério jurídico que, nos termos do dispositivo transcrito, torna-se imutável com relação ao lançamento já realizado.

Perceba-se que, entre as hipóteses que justificam a revisão de ofício de lançamento (CTN, art. 149), não aparece qualquer caso que possa ser enquadrado no conceito de "erro de direito".

Tenta-se proteger o princípio da segurança jurídica e o seu corolário em matéria tributária, o princípio da não surpresa, de forma a garantir que as mudanças nos critérios jurídicos adotados pela Administração Tributária, no exercício da atividade do lançamento, só terão efeitos *ex nunc*, sendo aplicáveis somente aos casos futuros.

Assim, a título de exemplo, se a Administração Tributária vinha aceitando como correta a adoção de determinada classificação fiscal para certa mercadoria, não pode posteriormente, com base em novos critérios, alterar o entendimento de forma retroativa para a revisão de lançamentos já efetuados. O exemplo e a respectiva conclusão constam da jurisprudência do Superior Tribunal de Justiça, conforme demonstra o excerto abaixo transcrito (grifou-se):

> "Tributário. IPI. Mandado de segurança. Importação de mercadoria. Desembaraço aduaneiro. Classificação tarifária. Autuação posterior. Revisão de lançamento por erro de direito. Súmula 227/TRF [*rectius*: TFR]. Precedentes. Aceitando o Fisco a classificação feita pelo importador no momento do desembaraço alfandegário ao produto importado, a alteração posterior constitui-se em mudança de critério jurídico vedado pelo CTN. *Ratio essendi* da Súmula 227/TRF [*rectius*: TFR] no sentido de que 'a mudança de critério jurídico adotado pelo fisco não autoriza a revisão do lançamento'. **Incabível o lançamento suplementar motivado por erro de direito**. Recurso improvido" (STJ, 1.ª T., REsp 412.904/SC, Rel. Min. Luiz Fux, j. 07.05.2002, *DJ* 27.05.2002, p. 142).

Noutra decisão bastante interessante, o STJ, apesar de não ter invocado diretamente o art. 146 do Código, impediu a revisão com base no chamado "erro de direito", quando considerou impossível que o Município alterasse de forma retroativa os critérios para classificação das atividades dos imóveis, com repercussão no valor do IPTU incidente. Pela relevância, transcreve-se fragmento da decisão:

> "Tributário – IPTU – *Apart-hotel*: Classificação. 1. Esta Corte tem precedente, no sentido de que o município tem competência para legislar sobre IPTU, podendo classificar os imóveis, definindo quais os que devem pagar a exação municipal mais ou menos gravosa (REsp 196.027/RJ). 2. Hipótese em julgamento em que a municipalidade, de forma unilateral, alterou a classificação, invocando os princípios da isonomia e da capacidade contributiva do contribuinte, razões não elencadas no art. 149 do CTN para que se faça

a revisão de lançamento (precedente desta Turma REsp 1.718/RJ). 3. Recurso especial conhecido e provido pela letra *a* do permissivo constitucional [art. 105, III]" (STJ, 2.ª T., REsp 259.057/RJ, Rel. Min. Eliana Calmon, j. 12.09.2000, *DJ* 09.10.2000, p. 136).

Neste ponto, é importante reavivar que, segundo o parágrafo único do art. 100 do CTN, a observância das **normas complementares (sempre gerais e abstratas)** pelo sujeito passivo, **exime-o do pagamento de acréscimos legais, mas não do pagamento do tributo**. Dessa forma, a administração pode alterar o critério jurídico adotado por considerar o anterior errado e cobrar o tributo eventualmente devido. Entretanto, se o **lançamento (sempre individual e concreto)** já foi realizado, **a administração não pode alterar o critério jurídico adotado**, pois lhe é vedada a revisão por "erro de direito", de forma que o novo critério somente poderá ser adotado para os fatos geradores supervenientes à inovação (art. 146 do CTN).

Há também um precedente bastante curioso do STJ, afirmando expressamente que o "erro de direito" cometido pela Fazenda Pública na atividade de lançamento é "imodificável" e enquadrando nesta definição "o lançamento do tributo pelo Fisco com base em legislação revogada, equivocadamente indicada em declaração do contribuinte" (AgRg no Ag 1.422.444-AL). Para chegar a esta conclusão, o Tribunal invocou, além do art. 146 do CTN, o **princípio da proteção à confiança**, no caso concreto, aquela confiança depositada pelo sujeito passivo na correção do procedimento de lançamento realizado pela autoridade administrativa. Trata-se do outro lado da moeda, pois se a administração tem o bônus da presunção de veracidade, legalidade e legitimidade de sua atuação, deve arcar com o ônus de proteger a confiança que o particular deposita na administração ao imaginar que sua atuação realmente ocorrerá dentro dos liames legais. Obviamente o caráter imodificável do lançamento feito com "erro de direito" é uma restrição à Fazenda Pública, não podendo ser aplicado em prejuízo do sujeito passivo, que tem todo o direito de impugnar o lançamento equivocado e vê-lo modificado pela Fazenda Pública.

Registre-se, por fim, que o chamado **"erro de fato"** pode – e deve – indiscutivelmente justificar a revisão de lançamento já realizado.

A expressão "erro de fato" se refere ao incorreto enquadramento das **circunstâncias objetivas que não dependem de interpretação normativa para sua verificação**. Assim, se houve importação de dez toneladas de trigo e o lançamento foi feito como se houvessem sido importadas apenas oito toneladas, está configurado erro de fato (não se trata de modificação de critério jurídico, mas de dado objetivo manifestamente incorreto), de forma que o lançamento deve ser revisto, com a observância do prazo decadencial previsto no art. 173 do CTN (a ser analisado oportunamente).

7.2 MODALIDADES DE LANÇAMENTO

Consoante estudado, o lançamento é atividade privativa da autoridade administrativa a quem a lei do ente político atribui competência para fazê-lo. Entretanto, o CTN permite a participação do sujeito passivo - responsável ou contribuinte - na atividade.

De acordo com a intensidade da participação do sujeito passivo no lançamento, a lei o classifica em três modalidades, conforme demonstrado abaixo:

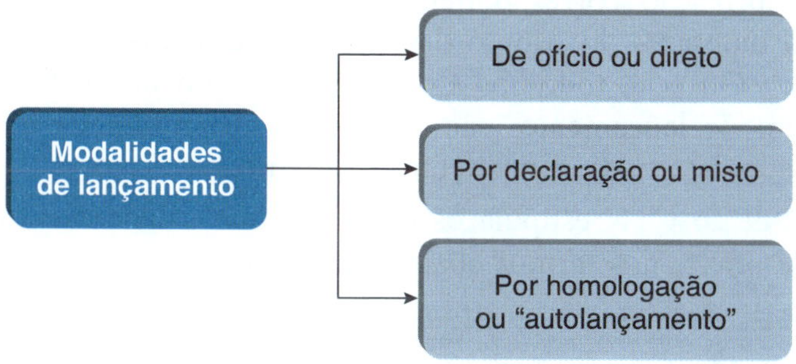

Numa linha imaginária em que, da esquerda para a direita, aumenta a colaboração do sujeito passivo com a atividade do lançamento, ter-se-iam as modalidades organizadas da seguinte forma:

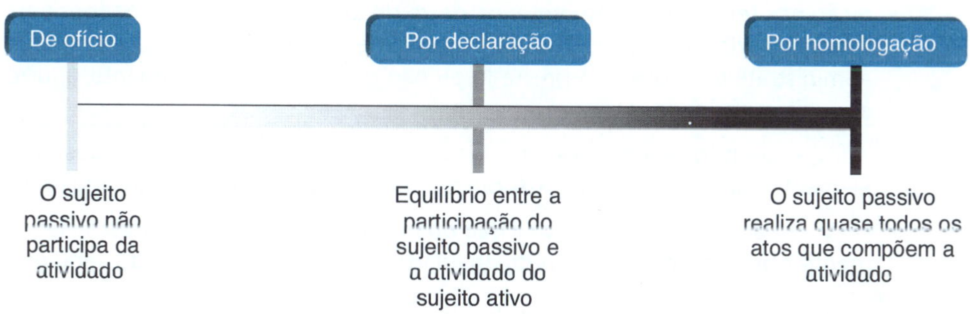

Pela representação gráfica, percebe-se que, no lançamento **de ofício ou direto**, a participação do sujeito passivo é praticamente inexistente; no lançamento **por declaração ou misto**, há um equilíbrio entre a participação do sujeito passivo e a atividade do sujeito ativo; no lançamento por **homologa-**

ção, ou "autolançamento", o sujeito passivo é responsável por **quase** todas as atividades que compõem o procedimento.

Feitas estas considerações iniciais, passa-se à análise de cada modalidade.

7.2.1 Lançamento de ofício ou direto

No denominado lançamento de ofício ou direto, a participação do sujeito passivo na atividade privativa da autoridade fiscal é nula ou quase nula. Daí a denominação doutrinária e legal, visto que, nesta modalidade, a autoridade fiscal, como decorrência do poder-dever imposto por seu ofício, diretamente procede ao lançamento do tributo, sem colaboração relevante do devedor.

São casos em que a autoridade fiscal se utilizará dos dados que dispõe a respeito do sujeito passivo, identificando-o, declarando a ocorrência do fato gerador da obrigação correspondente, determinando a matéria tributável, calculando o montante do tributo devido e, sendo o caso, aplicando a penalidade cabível. Ou seja, todos os atos integrantes do que o CTN denomina "procedimento de lançamento" são realizados no âmbito da administração, pela autoridade designada competente para tanto.

O art. 149 do CTN estipula os casos em que o lançamento é realizado ou revisto de ofício, nos termos abaixo transcritos:

> "Art. 149. O lançamento é efetuado e revisto de ofício pela autoridade administrativa nos seguintes casos:
>
> I – quando a lei assim o determine;
>
> II – quando a declaração não seja prestada, por quem de direito, no prazo e na forma da legislação tributária;
>
> III – quando a pessoa legalmente obrigada, embora tenha prestado declaração nos termos do inciso anterior, deixe de atender, no prazo e na forma da legislação tributária, a pedido de esclarecimento formulado pela autoridade administrativa, recuse-se a prestá-lo ou não o preste satisfatoriamente, a juízo daquela autoridade;
>
> IV – quando se comprove falsidade, erro ou omissão quanto a qualquer elemento definido na legislação tributária como sendo de declaração obrigatória;
>
> V – quando se comprove omissão ou inexatidão, por parte da pessoa legalmente obrigada, no exercício da atividade a que se refere o artigo seguinte;
>
> VI – quando se comprove ação ou omissão do sujeito passivo, ou de terceiro legalmente obrigado, que dê lugar à aplicação de penalidade pecuniária;
>
> VII – quando se comprove que o sujeito passivo, ou terceiro em benefício daquele, agiu com dolo, fraude ou simulação;
>
> VIII – quando deva ser apreciado fato não conhecido ou não provado por ocasião do lançamento anterior;

IX – quando se comprove que, no lançamento anterior, ocorreu fraude ou falta funcional da autoridade que o efetuou, ou omissão, pela mesma autoridade, de ato ou formalidade especial.

Parágrafo único. A revisão do lançamento só pode ser iniciada enquanto não extinto o direito da Fazenda Pública".

O inciso I parece transitar na seara do óbvio, pois afirma que o lançamento será efetuado ou revisto de ofício "quando a lei assim o determine". Na realidade, o legislador quis se referir aos casos em que o lançamento de determinado tributo é feito originariamente de ofício, conforme determina sua legislação específica, visto que as situações disciplinadas nos incisos subsequentes se referem sempre a correção de erros, fraudes, omissões e outros problemas em lançamentos que foram ou deveriam ter sido feitos anteriormente, numa outra modalidade legal.

Estão enquadrados dentro do inciso I, por exemplo, via de regra, os lançamentos do IPTU, do IPVA, da contribuição de iluminação pública e da maioria das taxas, todos originariamente lançados de ofício (diretamente), com a utilização dos dados que a administração tributária possui. Repise-se que, nos casos relatados nos incisos II a IX, a administração estará solucionando problemas decorrentes de omissões (declarações não prestadas, não atendimento a pedido de esclarecimentos), erros (declaração prestada com equívocos, cálculos incorretos, enquadramentos equivocados) ou fraudes (do sujeito passivo ou da própria autoridade fiscal), que justificam a realização de lançamento de ofício **em substituição ou para a correção de lançamento não feito ou feito incorretamente em outra modalidade**, conforme também fica claro da leitura do art. 145, III, do CTN.

A análise das hipóteses de lançamento de ofício constantes do art. 149 deixa claro que, dependendo das circunstâncias, todos os tributos podem vir a ser lançados de ofício, seja porque a lei determina que o lançamento seja feito originariamente de ofício, seja porque foi necessário o suprimento de uma omissão ou a correção de algum vício em lançamento anteriormente realizado. Nestas últimas hipóteses, a constituição do crédito é normalmente realizada por intermédio de auto de infração, em que também é lançada a respectiva penalidade pecuniária.

O parágrafo único transcrito apenas exige que a revisão de lançamento seja feita dentro do prazo decadencial, a ser estudado em momento oportuno.

7.2.2 Lançamento por declaração ou misto

Nos termos do art. 147 do CTN, o lançamento por declaração é efetuado com base na declaração do sujeito passivo ou de terceiro, quando um ou outro, na forma da legislação tributária, presta à autoridade administrativa informações sobre matéria de fato indispensáveis à sua efetivação.

Assim, no lançamento por declaração ou misto, aparece, de forma bastante relevante, a colaboração do sujeito passivo – ou terceiro – com a atividade privativa da autoridade administrativa. Há, portanto, um **misto** de atuação (administração e sujeito passivo ou terceiro) na realização do procedimento.

A elaboração de declarações tributárias e a sua entrega à Administração Fazendária são obrigações acessórias estipuladas na legislação tributária como meios de possibilitar ao Fisco a constituição do crédito tributário pelo lançamento.

É fundamental perceber que, na sistemática de lançamento ora estudada, a declaração entregue pelo sujeito passivo da obrigação acessória apenas fornece a matéria de **fato** necessária para a constituição do crédito. É neste ponto que reside um dos aspectos mais relevantes da distinção entre os casos de lançamento por declaração e aqueles por homologação em que também se exige a prestação de declaração.

Explique-se melhor. A mais famosa declaração tributária é a referente ao imposto de renda das pessoas físicas, entregue anualmente até o último dia útil do mês de abril. Nela o contribuinte é obrigado não somente a informar seus rendimentos e respectivas fontes pagadoras (**matéria de fato**), mas também a enquadrar tais verbas como isentas, tributáveis ou sujeitas à tributação exclusiva (**matéria de direito**). Na mesma linha, o contribuinte é obrigado não apenas a relacionar uma série de despesas realizadas (**matéria de fato**), mas também a verificar se estas podem ser deduzidas do imposto, da base de cálculo do imposto ou se não podem ser usadas como dedução (**matéria de direito**). Por fim, após aplicar o direito aos fatos que declara, o próprio contribuinte calcula se tem ou não direito a restituição e, em caso de imposto a pagar, antecipa o pagamento.

Pode-se afirmar que o caso acima relatado não é exemplo de lançamento por declaração, afinal o contribuinte não apenas fornece matéria de fato para o Fisco lançar. Ele aplica o direito ao caso concreto e a atividade fiscal vai se restringir apenas a homologar ou não o procedimento do sujeito passivo. Trata-se de **lançamento por homologação** (estudado no item 7.2.3 deste Capítulo).

Se o IRPF fosse lançado por declaração, como muitos erroneamente imaginam, os contribuintes apenas forneceriam as informações de fato ao Fisco, que subsumiria os fatos à norma, procedendo ao lançamento.

Hoje em dia, o lançamento por declaração caiu em desuso, justamente por exigir um trabalho volumoso e detalhado do Fisco. Cite-se, a título de exemplo, o fato de a Secretaria da Receita Federal do Brasil receber, anualmente, mais de 20 milhões de declarações de IRPF. Se cada declaração precisasse passar pelas etapas que compõem o procedimento de lançamento, muitos créditos deixariam de ser constituídos em face da verificação de decadência. É bem mais cômodo, rápido e eficaz obrigar o próprio sujeito passivo a aplicar o direito ao fato, antecipar o pagamento e prestar a declaração e, já no âmbito administrativo, submetê-la a uma triagem eletrônica ("malha fina"), utilizando a análise humana apenas nas declarações incidentes em certos parâmetros, que apontam a necessidade de uma apreciação mais detida.

Até a 8.ª edição desta obra, era apontado como exemplo de lançamento por declaração na esfera federal o imposto de importação sobre bagagem acompanhada, pois o viajante que regressasse do exterior trazendo bens de declaração obrigatória devia preencher a chamada Declaração de Bagagem Acompanhada – DBA, informando à autoridade aduaneira a matéria de fato indispensável à realização do lançamento porventura cabível.

No entanto, com o advento da Instrução Normativa 1.385/2013, a DBA foi substituída pela **Declaração Eletrônica de Bens de Viajante (e-DBV)** que é preenchida no *site* da Receita Federal na *internet* ou mediante o uso de aplicativos para dispositivos móveis disponibilizados pela instituição. No que nos interessa mais de perto, a grande novidade é a possibilidade de o declarante, com a ajuda da tecnologia, realizar o enquadramento tributário dos bens trazidos do exterior, calcular o tributo incidente na operação, transmitir eletronicamente a declaração e, se assim o desejar, fazer o recolhimento antecipado do valor devido. Procedendo assim, ao chegar à Alfândega de entrada no País, o declarante deve solicitar o registro da declaração transmitida e apresentar o comprovante do recolhimento antecipado (caso tenha optado por fazê-lo). Registrada a declaração, a autoridade fiscal competente procederá ao despacho dos bens declarados na e-DBV, podendo liberá-los sem qualquer outra análise ou proceder à conferência dos bens e/ou dos documentos a eles relativos.

O ato final que libera legalmente os bens para entrada no País é o **desembaraço**, que, à semelhança do que ocorre na sistemática comum de importações, em não se lançando de ofício qualquer valor além do pago antecipadamente, corresponde à concordância da autoridade fiscal com o procedimento adotado pelo contribuinte (inclusive o pagamento), podendo ser corretamente entendido como uma **atividade homologatória**.

É verdade que não podemos afirmar a existência de uma precisa correspondência entre a sistemática da e-DBV (que **permite** recolhimento antecipado), com conceito de lançamento por homologação extraído do art. 150 do CTN (em que consta o "**dever** de antecipar o pagamento"), conforme estudado no item 7.2.3 deste Capítulo. Contudo, de maneira semelhante ao que relatamos para o IRPF, ao preencher a e-DBV, o viajante não apenas fornece matéria de fato, mas também **qualifica juridicamente os fatos declarados**, enquadrando certos bens como de declaração obrigatória, incluindo-os no conceito de bagagem, excluindo-os do conceito de finalidade comercial e calculando o montante do tributo eventualmente devido, **atividades que no lançamento por declaração ficariam a cargo da autoridade administrativa**.

Seguindo essas notas distintivas, é possível afirmarmos que na sistemática da e-DBV o lançamento do imposto de importação sobre bagagem acompanhada também passou a ser realizado, em regra, **por homologação**.

Nesse contexto, registramos que a visível tendência de universalização do lançamento por homologação que, além da apontada vantagem de permitir a saudável simbiose entre as fiscalizações eletrônica e tradicional, também possibilita que a maior parte da receita tributária ingresse nos cofres públicos independentemente de qualquer providência estatal, visto que o sujeito passivo antecipa o pagamento sem prévia análise da autoridade administrativa. É fundamentalmente por esses motivos que os exemplos de tributos lançados por declaração são raros, sendo ainda possível registrar o caso do **ITBI**, nas hipóteses em que a legislação municipal prevê que o tributo será calculado pela autoridade administrativa com base nas informações declaradas pelo contribuinte.

Por tudo, para os objetivos desta obra, há de se destacar o alerta de que **não se deve confundir lançamento por declaração com lançamento em cuja sistemática existe uma declaração**.

7.2.2.1 Retificação de declaração

Já se analisou que são restritas as hipóteses de alteração de lançamento objeto de regular comunicação ao sujeito passivo (notificação). Em se tratando de tributo sujeito a lançamento por declaração, após a entrega desta, deve haver a análise por parte do Fisco, que tomará as providências necessárias à constituição do crédito e à notificação ao sujeito passivo. Enquanto não concluídas essas etapas, o lançamento não estará completo ou ainda não gerará efeitos (no último caso, se faltar apenas a notificação). É por esta razão que o CTN admite a retificação da declaração por iniciativa do próprio declarante, com o objetivo de reduzir ou de excluir tributo, desde que seja feita mediante **comprovação do erro** em que se funde, e **antes de notificado o lançamento** (art. 147, § 1.º).

A exigência de comprovação de erro possui duas utilidades. A primeira, a de advertir que é do contribuinte o ônus de comprovar que a declaração como originariamente formulada continha erro. A segunda, a de deixar claro que não é possível ao contribuinte alterar declaração para mudar uma opção que veio a se mostrar desfavorável.

Existem vários casos em que a legislação tributária disponibiliza opções igualmente válidas ao contribuinte, podendo a escolha exercer intensa influência sobre os valores dos tributos a que este está sujeito.

Assim, a pessoa jurídica escolhe tributação pelo lucro real ou presumido. Da mesma forma, a pessoa física, ao formular a declaração de imposto de renda, opta pelo "formulário completo" ou pelo "formulário simplificado". Se o contribuinte fez opção que, posteriormente, mostrou-se mais onerosa, não há tecnicamente erro, mas somente escolha infeliz.

Registre-se que, apesar de os exemplos citados se referirem a tributos lançados por homologação, a regra sobre possibilidade de alteração da declaração (prevista expressamente para os lançamentos por declaração) tem sido aplicada por analogia, não obstante algumas peculiaridades (a legislação do IRPF, por exemplo, permite a alteração de opção por formulário até o fim do prazo para entrega da declaração, sendo mais favorável ao obrigado).

Independentemente de manifestação do declarante, os erros contidos na declaração e apuráveis pelo seu exame serão retificados **de ofício** pela autoridade administrativa a que competir a revisão daquela (CTN, art. 147, § 2.º). O dispositivo trata dos casos em que o declarante cometeu erros crassos, que podem ser prontamente corrigidos pela autoridade responsável quando da análise da declaração.

Enquadram-se na hipótese, por exemplo, os casos em que o contribuinte declarou como tributável rendimento indiscutivelmente isento ou como dedutível da base de cálculo despesa que claramente não o era.

Notificado o lançamento, não mais é possível a alteração da declaração com o fim de reduzir ou excluir tributo (para aumentar é possível a alteração), devendo eventuais erros ser objeto de impugnação por parte do sujeito passivo.

O Fisco chegou a defender a absurda tese de que não seria possível ao contribuinte impugnar lançamento feito com base em dados que ele mesmo (contribuinte) declarou. O raciocínio despreza o princípio da legalidade, que impõe a correção de atos ou procedimentos praticados de forma contrária à lei.

No âmbito do STJ, a possibilidade de impugnação de lançamento realizado com base em declaração do sujeito passivo é pacífica, conforme se extrai, a título exemplificativo, do excerto abaixo, referente ao julgamento do Recurso Especial 396.875-PR:

> "O CTN prevê a possibilidade de impugnação, mesmo do lançamento com base na declaração efetuada pelo contribuinte, posto que, além de tratar-se de ato administrativo, o dispositivo de regência não faz referência a que tipo de lançamento pode ser alvo de impugnação, ou não, não podendo o intérprete distinguir onde a lei não distingue, como pontifica avelhantado brocardo jurídico" (STJ, 1.ª T., REsp 396.875/PR, Rel. Min. Luiz Fux, j. 23.04.2002, *DJ* 27.05.2002, p. 136).

7.2.2.2 Lançamento por arbitramento

O lançamento por arbitramento se refere aos casos em que o valor que vai servir como base de cálculo na constituição do crédito tributário vai ser determinado com base numa prudente e razoável suposição da autoridade administrativa.

Não se trata de valor **arbitrário**, mas de valor **arbitrado**. Assim, a autoridade administrativa deve deflagrar um procedimento para encontrar um valor que a experiência e o bom senso demonstrem ser o que comumente se verifica em situações semelhantes.

Um dos casos em que se usa a técnica do arbitramento se refere às hipóteses em que o cálculo do tributo toma por base valores que são declarados pelo sujeito passivo e este se omite na sua obrigação ou a cumpre informando valores absolutamente fora da realidade, tão incompatíveis com o mercado, que impossibilitam a aceitação.

Nesse caso, resta à autoridade administrativa proceder ao arbitramento, nos termos do art. 148 do CTN, abaixo transcrito:

> "Art. 148. Quando o cálculo do tributo tenha por base, ou tome em consideração, o valor ou o preço de bens, direitos, serviços ou atos jurídicos, a autoridade lançadora, mediante processo regular, arbitrará aquele valor ou preço, sempre que sejam omissos ou não mereçam fé as declarações ou os esclarecimentos prestados, ou os documentos expedidos pelo sujeito passivo ou pelo terceiro legalmente obrigado, ressalvada, em caso de contestação, avaliação contraditória, administrativa ou judicial".

Pelo dispositivo, pode-se afirmar corretamente que o arbitramento **não se constitui numa quarta modalidade de lançamento**, sendo apenas uma técnica para se definir a base de cálculo, para que se proceda a um **lançamento de ofício**.

Sempre que, na atividade de lançamento, for adotada uma base de cálculo que não corresponda comprovadamente ao preciso valor ou preço do bem, direito, serviço ou ato jurídico, mas sim a um valor razoável fixado com base em pesquisas, estatísticas ou procedimentos semelhantes, haverá arbitramento. Assim acontece com as chamadas **"pautas fiscais"**, que contêm os "preços normais" de determinados bens e que, ao serem utilizadas, seja por determinação legal, seja pela impossibilidade de se encontrar o valor real do bem, exemplificam o lançamento por arbitramento.

Atualmente, a expressão "pauta fiscal" deve ser utilizada com bastante cuidado, já que o Superior Tribunal de Justiça tem entendimento sumulado no sentido de que "é ilegal a cobrança de ICMS com base no valor da mercadoria submetido ao regime de pauta fiscal" (Súmula 431). A questão é apenas terminológica, pois o que o Tribunal considerou ilegítima foi a utilização de tabelas com "valores fixados prévia e aleatoriamente para a apuração da base de cálculo do tributo" que sejam encaradas como **presunção absoluta de valor** (RMS 18.677/MT). Na prática, vários Estados utilizam o valor da pauta sem aceitar qualquer outro, de forma a se configurar **arbitramento sem que estejam presentes as hipóteses previstas no art. 148 do CTN**. Em termos mais claros, não pode a Administração arbitrar a base de cálculo sem antes analisar se o valor declarado pelo contribuinte merece ou não fé. O problema não está na tabela (pauta fiscal) em si, mas no seu uso generalizado como uma presunção absoluta de valor.

Não obstante, como no teor da súmula e das ementas dos julgados do STJ constam frases genéricas, simplesmente afirmando que **a utilização de pauta fiscal pela administração configura ilegalidade**, as bancas de concurso público elaboram questões adotando o mesmo grau de generalidade. A título de exemplo, o CEBRASPE, no concurso para Procurador do Distrito Federal, realizado em 2013, assinalou como **errado** o seguinte item: "Conforme jurisprudência do STJ, admite-se, no processo administrativo, a fixação da base de cálculo do ICMS no valor da mercadoria submetido ao regime de pauta fiscal".

Em eventuais questões subjetivas, é fundamental que o candidato registre que **a ilegalidade está presente quando a pauta fiscal é utilizada como presunção absoluta de valor ou como pauta de valores mínimos, de forma a configurar arbitramento fora das hipóteses previstas no art. 148 do Código Tributário Nacional**.

Realizado de forma legítima o procedimento de arbitramento, deve-se assegurar ao sujeito passivo o exercício do direito à **ampla defesa** e ao **contraditório**, conforme se extrai do art. 148, acima transcrito, uma vez que este garante, em caso de contestação, "avaliação contraditória, administrativa ou judicial".

Por fim, registre-se que a simples ausência de escrita fiscal regular não é motivo para que a autoridade fiscal promova o lançamento por arbitramento, uma vez que tal técnica **não possui natureza punitiva**. Não se pode, portanto, considerar legítimo o arbitramento de um valor que pode ser obtido com absoluta exatidão. Sendo possível chegar ao valor preciso do tributo, isto deve ser feito, sem prejuízo da aplicação de penalidades pela ausência ou desqualificação da escrita.

7.2.3 Lançamento por homologação ou "autolançamento"

A denominação **"autolançamento"** é equívoca, pois dá ensejo à interpretação de que o sujeito passivo lança o tributo contra ele mesmo, algo que não se coaduna com a definição legal de lançamento como privativo da autoridade administrativa. É por esta razão que os autores, ao utilizar a expressão "autolançamento", normalmente colocam-na entre aspas, tentando demonstrar ao leitor que o vocábulo não deve ser interpretado em seu sentido literal.

Já a expressão **"lançamento por homologação"** também deve ser interpretada com cuidado, sob pena de incidir no mesmo problema. Não se pode entender que o sujeito lança o tributo e a autoridade administrativa apenas homologa o lançamento feito.

Por sua vez, a expressão **"homologação do lançamento"**, apesar de aparecer no final do § 1.º do art. 150 do CTN, também deve ser evitada. O próprio Superior Tribunal de Justiça prefere, na maioria dos seus acórdãos sobre a matéria, usar a terminologia **"homologação do pagamento"** ou **"homologação da atividade do sujeito passivo"**, ambas mais adequadas para tratar do instituto, sendo a última extraída da literalidade do *caput* do art. 150 do CTN, abaixo transcrito:

> "Art. 150. O lançamento por homologação, que ocorre quanto aos tributos cuja legislação atribua ao sujeito passivo o dever de antecipar o pagamento sem prévio exame da autoridade administrativa, opera-se pelo ato em que a referida autoridade, tomando conhecimento da atividade assim exercida pelo obrigado, expressamente a homologa".

Perceba-se que, na expressão final "a homologa", o pronome "a" se refere à palavra "atividade", que, por sua vez, trata da atividade do sujeito passivo, consistente em antecipar o pagamento sem prévio exame da autoridade administrativa.

Também da literalidade se extrai que o lançamento por homologação somente é considerado completo (o CTN fala "opera-se") quando a autoridade administrativa homologa a atividade do sujeito passivo. O raciocínio que mantém nas mãos da autoridade o ato final do procedimento (o ato mediante o qual o procedimento "se opera") garante a convivência pacífica do transcrito art. 150 (que disciplina o lançamento por homologação) e do art. 142 (que impõe a natureza privativa da competência para lançar).

Superada a questão do respeito à "privatividade" da competência para lançar, passa-se a analisar o ato mediante o qual o lançamento feito na modalidade ora analisada se aperfeiçoa, ou seja, a homologação.

É com a homologação que a autoridade administrativa manifesta sua concordância com a atividade do sujeito passivo, atestando sua correção. Como decorrência, nos tributos sujeitos a tal modalidade de lançamento, **não é com o pagamento, mas sim com a homologação, que se pode considerar o crédito tributário definitivamente extinto**. Nas palavras do Código, "o pagamento antecipado pelo obrigado nos termos deste artigo extingue o crédito, sob condição resolutória da ulterior homologação ao lançamento" (art. 150, § 1.º).

Neste ponto, reside mais uma das intermináveis imprecisões do Código. Segundo a doutrina, o advento de condição resolutória desfaz (resolve) algo. Claro que a homologação não desfaz a extinção do crédito, mas torna-a definitiva. Na realidade, o que pode vir a resolver a extinção, tornando o crédito novamente exigível, é a não homologação, hipótese em que a autoridade fiscal, discordando do valor recolhido pelo contribuinte, lança (de ofício) uma diferença.

No § 2.º do mesmo art. 150, o CTN tenta assegurar que a definitividade da extinção do crédito somente ocorre com a homologação. Como o crédito decorre da obrigação, não seria possível legitimamente efetuar lançamento se a obrigação estivesse extinta. Por isso, o CTN assevera que não influem sobre a obrigação tributária quaisquer atos anteriores à homologação, praticados pelo sujeito passivo ou por terceiro, visando à extinção total ou parcial do crédito. A obrigação permanece intacta e, se o Fisco entender necessário lançar de ofício alguma diferença, poderá fazê-lo.

Claro que nada impede que o contribuinte se antecipe e pratique atos tentando adimplir corretamente a obrigação (fazendo pagamentos suplementares, por exemplo). Com relação a esta hipótese, o CTN afirma que tais atos serão considerados na apuração do saldo porventura devido e, sendo o caso, na imposição de penalidade, ou sua graduação (art. 150, § 3.º).

A homologação pode ser **expressa** ou **tácita**. Será expressa quando a autoridade administrativa editar ato em que formalmente afirme sua concordância com a atividade do sujeito passivo, homologando-a. Será tácita quando a Administração Tributária deixar escoar o prazo legal para a homologação expressa.

Assim, **esgotado o prazo para a homologação expressa, dá-se a homologação tácita**, e o ciclo está completo. Nessa linha, o § 4.º do art. 150 do CTN afirma que se a lei não fixar prazo para a homologação, será ele de cinco anos, a contar da ocorrência do fato gerador; expirado esse prazo sem que a Fazenda Pública se tenha pronunciado, considera-se homologado o lançamento e definitivamente extinto o crédito, salvo se comprovada a ocorrência de dolo, fraude ou simulação.

Há quem entenda que o CTN, ao afirmar que o prazo para homologação é de cinco anos **se a lei não fixar outro**, teria deixado aberta ao legislador ordinário a possibilidade praticamente ilimitada de manipulação do prazo, aumentando-o ou reduzindo-o. **Essa tese deve ser descartada**, uma vez que as normas gerais sobre prescrição e decadência tributária (que segundo o STF compreendem também a fixação dos respectivos prazos) somente podem ser estabelecidas na via da **lei complementar de caráter nacional** (o próprio CTN foi recepcionado pelas Constituições de 1967 e 1988 com esse *status*). Assim, como o citado § 4.º veicula uma regra de **decadência tributária** (aspecto a ser detalhado no item 9.1.5.4), no ponto em que se abriu espaço para a "lei", deve-se entender que a permissão somente se aplica à "lei complementar". Não foi por outro motivo que o STF editou a **Súmula Vinculante 8**, considerando **inconstitucionais** os arts. 45 e 46 da Lei 8.212/1991, que dobrava os prazos de decadência e prescrição relativos às contribuições para o financiamento da seguridade social.

O CTN não previu expressamente a solução a ser dada no caso de comprovação de **dolo, fraude ou simulação**, apenas afirmando que não será aplicada a regra de lançamento por homologação. O tema será detalhado quando do estudo do instituto da decadência, mas, desde já, adianta-se que serão aplicáveis as regras – inclusive quanto a prazos – do **lançamento de ofício**.

Por fim, partindo do pressuposto de que a homologação não pode incidir sobre o nada, o STJ tem entendimento firmado no sentido de que "se não houver antecipação de pagamento, não há falar-se em lançamento por homologação, mas em lançamento de ofício" (STJ, 2.ª T., REsp 23.706/RS, Rel. Min. Antônio de Pádua Ribeiro, j. 08.08.1996, *DJ* 14.10.1996, p. 38.978), de forma que, também neste caso, a contagem dos prazos seguirá as regras estipuladas para o **lançamento de ofício**, a serem estudadas em momento oportuno.

7.2.4 Modalidades de lançamento e autonomia

No transcorrer dos itens anteriores, a cada modalidade de lançamento analisada, foram apontados exemplos práticos de sua aplicação. Assim, no item 7.2.1 foram listados IPVA, IPTU, contribuição de iluminação pública e a maioria das taxas como exemplos de lançamento de ofício. É fundamental perceber, contudo, que a exemplificação foi feita tendo em vista a lógica adotada majoritariamente para estes tributos no Brasil. Como os Estados possuem um banco de dados apontando os veículos licenciados em seu território e os respectivos proprietários, torna-se bastante viável a realização do lançamento direto. Situação semelhante acontece com os municípios no que concerne ao IPTU. Todavia, não há qualquer norma geral no direito brasileiro que determine que tais tributos sejam necessariamente lançados de ofício**, sendo possível que determinado ente preveja na legislação local a realização dos lançamentos dos seus tributos na modalidade que entender mais conveniente**.

Nas provas de concurso público, tem-se adotado como regra geral apontar como modalidade de lançamento aplicável a determinado tributo aquela identificada pela doutrina dominante como a adequada para a exação. Nessa linha são comuns assertivas afirmando que "o IPTU e o IPVA são lançados de ofício", "o ITCD é lançado por declaração", que "o ISS é lançado por homologação". No entanto, a autonomia do ente federado para adotar na lei local a modalidade de lançamento que julgar mais conveniente para seus tributos já foi abordada pela Fundação Carlos Chagas no concurso para provimento de cargos de Procurador do Estado de São Paulo, tendo sido considerado **correto** o seguinte item: "Lei estadual que disciplina o IPVA pode atribuir ao sujeito passivo o dever de antecipar o pagamento do tributo, sem prévio exame da autoridade administrativa, configurando, nesta hipótese, o lançamento por homologação".

Assim, nos concursos públicos, aconselha-se que, como regra, cada tributo seja enquadrado como sujeito à modalidade de lançamento que a doutrina tradicionalmente aponta como aplicável, nos termos exemplificados nesta obra. Contudo, quando o examinador mais exigente elaborar questões como a acima transcrita (PGE/SP), deve-se atentar para a autonomia dos entes federados como justificativa para a possibilidade de adoção na lei local de modalidades diferentes daquelas apontadas como mais adequadas pela doutrina tradicional.

Para acessar as questões referentes a esse capítulo, utilize o QR Code ao lado.

8

SUSPENSÃO DA EXIGIBILIDADE DO CRÉDITO TRIBUTÁRIO

8.1 CONSIDERAÇÕES INICIAIS

A constituição do crédito tributário tem como principal efeito tornar líquida, certa e exigível a obrigação já existente. A exigibilidade impõe ao sujeito passivo o dever de adimplir a obrigação e, em caso de descumprimento, permite que a Administração Tributária promova os atos executivos necessários para o recebimento coativo do que lhe é devido.

Existem hipóteses em que a possibilidade de promoção de atos de cobrança por parte do Fisco fica suspensa. São estes os casos disciplinados pelo Código no Capítulo denominado "Suspensão do Crédito Tributário", inaugurado pelo art. 151, cuja redação é a seguinte:

> "Art. 151. Suspendem a exigibilidade do crédito tributário:
>
> I – moratória;
>
> II – o depósito do seu montante integral;
>
> III – as reclamações e os recursos, nos termos das leis reguladoras do processo tributário administrativo;

IV – a concessão de medida liminar em mandado de segurança;

V – a concessão de medida liminar ou de tutela antecipada, em outras espécies de ação judicial;

VI – o parcelamento.

Parágrafo único. O disposto neste artigo não dispensa o cumprimento das obrigações acessórias dependentes da obrigação principal cujo crédito seja suspenso, ou dela consequentes".

Nos termos do art. 141 do CTN, o crédito tributário regularmente constituído somente tem sua exigibilidade suspensa nos casos previstos no próprio Código (o texto legal fala nos casos previstos **nesta** Lei). A aparente taxatividade da lista é reforçada pelo art. 111, I, do CTN, que determina a **interpretação literal** da legislação que disponha sobre suspensão do crédito tributário.

No entanto, o Supremo Tribunal Federal, amparado na diretriz interpretativa segundo a qual "quem pode o mais pode o menos", entende que como os entes federados podem, por lei própria, até conceder remissão, abrindo mão por completo de receber os valores que lhes são devidos, eles também podem dispor sobre outras formas de extinção e suspensão da exigibilidade do crédito tributário. Nesse sentido, no julgamento da ADI 2.405/RS, o Tribunal afirmou que "não há reserva de Lei Complementar Federal para tratar de novas hipóteses de suspensão e extinção de créditos tributários" e ratificou a "possibilidade de o Estado-Membro estabelecer regras específicas de quitação de seus próprios créditos tributários". O detalhamento dos fundamentos dos julgados que definiram o caráter não exaustivo das hipóteses suspensivas e extintivas do crédito tributário se encontra no item 9.1 do Capítulo 9.

Como exemplo de hipóteses suspensivas não previstas no CTN, tem-se a legislação aduaneira que, ao disciplinar os regimes aduaneiros especiais e os regimes aduaneiros aplicados em áreas especiais (estudados no item 13.1.5 do Capítulo 13), regula casos nos quais se percebe que a exigibilidade do crédito – ou ao menos a possibilidade de constituí-lo – está suspensa (ou impedida).

É fundamental destacar que somente os institutos listados no art. 151 do CTN compõem a lista de hipóteses de suspensão da exigibilidade do crédito tributário simultaneamente admitidas em todas as esferas da Federação. O ente federado que deseje ampliar sua lista, definindo outras hipóteses suspensivas, precisará editar lei própria contendo previsão expressa nesse sentido. Dito de outra forma, os julgados do Supremo Tribunal Federal não ampliaram a lista do art. 151 do CTN, apenas reconheceram que a possibilidade de fazê-lo existe e reside no âmbito da autonomia constitucionalmente desfrutada pelos membros da Federação.

Outro ponto digno de nota é que as causas de suspensão do crédito tributário não operam apenas nos casos em que o lançamento já foi efetuado.

É possível, por exemplo, que seja concedida uma liminar em mandado de segurança mesmo antes da constituição do crédito. Nesse caso, a jurisprudência tem afirmado que o juiz não pode impedir que a autoridade realize o lançamento, pois o que a liminar suspende é **a exigibilidade do crédito** e não a **possibilidade de constituí-lo**. Assim, o crédito pode (e deve) ser constituído, mas **sem estipulação de prazo para pagamento** e **sem imposição de penalidade**, devendo-se apor, ao final do documento que instrumentaliza o lançamento, a expressão "**suspenso por medida judicial**".

Em provas de concurso público, o entendimento tem sido seguido à risca, conforme demonstra o seguinte item, considerado correto pelo CEBRASPE, na prova do certame destinado ao preenchimento de cargos de Juiz Federal do Tribunal Regional Federal da 1.ª Região, realizado em 2009: "A concessão de medida liminar em ação judicial suspende a exigibilidade do crédito tributário, mas não a possibilidade de sua constituição pelo fisco".

O raciocínio não poderia ser diferente, pois, se as causas de suspensão fossem impeditivas de lançamento, haveria o risco de o Fisco ver esvair-se o prazo para a constituição do crédito sem poder tomar qualquer providência por estar legalmente impedido.

Apesar do caráter pacífico do entendimento exposto, ainda há casos em que o juiz, ao arrepio da jurisprudência do STJ, concede medidas liminares expressamente proibindo a autoridade fiscal de proceder ao lançamento do tributo. São decisões de fácil reversão, mas que geram efeitos durante o tempo em que vigentes, o que poderia resultar no escoamento do prazo para o lançamento, restando configurada a decadência, forma extintiva do crédito tributário estudada no item 9.1.5 do Capítulo 9 (a rigor, o crédito nem chegaria a existir, mas o art. 156, V, do CTN trata a decadência como forma de extinção do crédito).

Nessas hipóteses, reconhecendo que não houve inércia do Poder Público, o STJ entende que **não se proclamará a decadência, podendo a Fazenda realizar o lançamento após a reversão do provimento judicial** (REsp 849.273/RS e AREsp 930.915-AgInt/MG). Apesar de não se ter expressamente nominado a hipótese como suspensiva do prazo decadencial, fica fácil perceber que assim foi tratada a concessão de provimento judicial que temporariamente impeça a autoridade fiscal de realizar o lançamento.

Repise-se que situações como as acima narradas são absolutamente excepcionais, podendo ser consideradas verdadeiros equívocos dos magistrados, devendo-se manter a conclusão pela impossibilidade de o magistrado impedir a realização de um lançamento. Assim, quanto ao momento do advento e seus efeitos, as causas "suspensivas" podem ser verificadas prévia ou posteriormente ao procedimento de lançamento, conforme abaixo esquematizado:

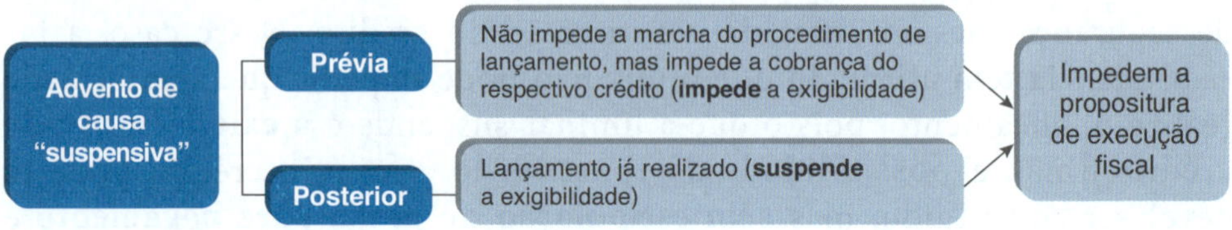

Conforme se percebe na ilustração, em ambos os casos não é possível à Administração Tributária propor as medidas judiciais tendentes ao recebimento coativo do crédito (execução fiscal).

A diferenciação terminológica entre o efeito do advento prévio das hipóteses "suspensivas" (**impedir** a exigibilidade) e o do advento posterior de tais hipóteses (**suspender** a exigibilidade) é justificada pelo fato de que somente se pode suspender o que já estava em andamento, o que, em se tratando de exigibilidade de crédito tributário, somente se verifica nos casos em que já havia lançamento definitivo.

Em concursos públicos, a diferenciação somente deve ser feita se a banca examinadora claramente tentar distinguir as duas situações. É regra, contudo, que ambos os casos sejam tratados como causas de suspensão da exigibilidade do crédito tributário, porque o CTN não registra qualquer distinção formal das hipóteses.

Dentre as hipóteses "suspensivas" previstas no art. 151 do CTN, as constantes dos incisos III e VI somente se verificam após a realização do lançamento, uma vez que não há como parcelar crédito tributário não constituído nem como impugnar lançamento não realizado. O raciocínio não se aplica à hipótese do inciso I, pois a redação do art. 154 do CTN possibilita que a lei excepcionalmente conceda moratória de crédito cujo lançamento não tenha sido iniciado.

São seis as causas de suspensão. Analisar-se-ão, em primeiro lugar, aquelas que o CTN apenas cita, mas não regulamenta. Logo em seguida, serão estudadas as hipóteses disciplinadas pelo próprio Código.

Por oportuno, registre-se que os casos em que o CTN apenas cita a causa suspensiva referem-se às hipóteses verificadas no âmbito de um litígio judicial ou administrativo (mandado de segurança, ação ordinária, processo administrativo fiscal), de forma que a respectiva regulamentação tem sede na lei específica que disciplina o litígio.

8.2 DEPÓSITO DO MONTANTE INTEGRAL

Se o sujeito passivo não concorda com lançamento realizado, pode impugná-lo, administrativa ou judicialmente. Se a opção é a via judicial, será necessária a adoção de alguma providência que impeça a Administração Fazendária de ajuizar a ação de execução fiscal, procedimento que leva à constrição coativa do patrimônio do devedor. O sujeito passivo precisará, portanto, suspender a exigibilidade do crédito tributário. A hipótese mais viável para tal fim é o depósito do montante integral do crédito tributário exigido pelo Fisco. Trata-se de um **direito subjetivo** do contribuinte, que não pode ter seu exercício obstado pela Fazenda Pública, conforme se extrai da jurisprudência do STJ (REsp 196.235/RJ).

Caso a opção seja a via administrativa, a própria instauração do processo administrativo fiscal tem por efeito a suspensão da exigibilidade do crédito (ver item a seguir), mas pode o contribuinte optar pela efetivação do depósito como meio de se livrar da fluência dos juros de mora.

Assim, só faz sentido falar em depósito do montante integral caso haja algum litígio judicial ou administrativo instaurado ou na iminência de instauração. Ao final do litígio, **havendo razão do depositante**, será reconhecida a improcedência total ou parcial do lançamento, de forma que o sujeito passivo **levantará** (receberá de volta) **o depósito** (integral ou parcialmente), com os respectivos acréscimos legais. Segundo consta da jurisprudência do STJ, vitorioso o depositante, o levantamento se impõe, mesmo que o vencedor possua outros créditos tributários em aberto perante o mesmo sujeito ativo. Pela importância da decisão, transcreve-se seu fragmento mais relevante:

> "O depósito inibitório de ação fiscal (CTN, art. 151) deve ser devolvido ao contribuinte em caso de este ser vitorioso na ação a ele relativa. Não é lícito ao Fisco apropriar-se de tal depósito a pretexto de que existem outras dívidas do contribuinte, oriundas de outros tributos. Semelhante apropriação atenta contra a coisa julgada (CPC, arts. 467 e 468)" (STJ, 1.ª T., REsp 297.115/SP, Rel. Min. Humberto Gomes de Barros, j. 03.04.2001, *DJ* 04.06.2001, p. 72).

Caso se entenda pela **procedência do lançamento**, o valor depositado será **convertido em renda** (destinado definitivamente aos cofres públicos), o que também se verifica com a parcela devida no caso de lançamento parcialmente procedente.

A **conversão do depósito em renda** é causa de **extinção** do crédito tributário prevista no art. 156, VI, do CTN. Também o são a **decisão administrativa irreformável** (art. 156, IX) e a **decisão judicial passada em julgado** (art. 156, X). Assim, é coerente afirmar que, se o depósito foi feito corretamente, após a conclusão do litígio haverá **extinção do crédito**. Assistindo razão ao sujeito passivo, a própria decisão final possui força extintiva; assistindo razão ao sujeito ativo, o crédito é extinto pela conversão do depósito em renda.

Nos casos em que transita em julgado uma decisão judicial extinguindo o processo **sem julgamento de mérito**, o STJ entende que o depósito deve ser **convertido em renda**, pois a única hipótese que ensejaria o levantamento do depósito – que é feito também como garantia à Fazenda – seria a decisão judicial passada em julgado em favor do sujeito passivo (EREsp 215.589-RJ, Rel. Min. José Delgado, julgado em 12.09.2007).

O depósito deve ser do **montante exigido pela Fazenda Pública** (incluídos juros e multas). Se o contribuinte entende que deve 100, mas a Fazenda lhe exige 200, deve depositar os 200 e discutir o correto valor.

Pela exigência de absoluta liquidez do valor depositado, somente suspende a exigência do crédito tributário o depósito realizado em dinheiro. Nesse sentido, a Súmula 112 do Superior Tribunal de Justiça, com a seguinte redação: "O depósito somente suspende a exigibilidade do crédito tributário se for integral e em dinheiro".

Reafirmando a aplicabilidade da Súmula, o STJ possui decisões em que não se aceita, por exemplo, a substituição do depósito pela prestação de fiança bancária (REsp 304.843/PR).

O entendimento, contudo, **não** se aplica a **créditos de natureza não tributária**, como são os casos das multas aplicadas pela Administração no exercício do poder de polícia, para as quais o STJ já afirmou expressamente a não incidência da Súmula 112 e a possibilidade de suspensão da exigibilidade mediante apresentação de fiança bancária ou do seguro garantia judicial (REsp 1.381.254/PR).

Por fim, registre-se que, conforme afirmado nas "considerações iniciais" deste Capítulo, as causas de suspensão do crédito tributário não operam apenas nos casos em que o lançamento já foi efetuado. Por conseguinte, é possível a efetivação do depósito mesmo antes da realização do lançamento, hipótese em que não se impede a constituição do crédito, mas apenas a promoção, por parte da Administração Tributária, de atos de cobrança do tributo (exigibilidade). Contudo, após algumas divergências entre suas duas Turmas de Direito Público, o STJ pacificou o entendimento segundo o qual, na sistemática do **lançamento por homologação**, realizado o **depósito do montante integral** pelo contribuinte, incumbe à Fazenda Pública manifestar sua concordância ou discordância com o valor depositado. Manifestada a concordância (expressa ou tacitamente), reputa-se efetuado o lançamento, não mais havendo risco de a Fazenda ver perecer (decair) seu direito de lançar. Assim, há de se concluir que, em tais hipóteses, **não é necessária a realização de lançamento de ofício para prevenir a verificação da decadência** (EREsp 767.328-RS, Rel. Min. Herman Benjamin, julgado em 11.04.2007).

O entendimento jurisprudencial acima explicitado chegou a constar expressamente do art. 49 da Medida Provisória 449/2008, no qual se afirmava que "para efeito de interpretação do art. 63 da Lei n.º 9.430, de 1996, prescinde do lançamento de ofício destinado a prevenir a decadência, relativo ao tributo sujeito ao lançamento por homologação, o crédito tributário cuja exigibilidade houver sido suspensa na forma do inciso II do art. 151 da Lei n.º 5.172, de 25 de outubro de 1966 – Código Tributário Nacional". Contudo, a disposição não constou do texto da Lei 11.941/2008, resultante da conversão em lei da citada MP.

Não obstante a atual ausência de previsão normativa, o raciocínio continua aplicável, tendo em vista a permanência dos fundamentos invocados no citado precedente jurisprudencial.

8.3 RECLAMAÇÕES E RECURSOS NO PROCESSO ADMINISTRATIVO FISCAL

No exercício do direito à **ampla defesa** e ao **contraditório** que o art. 5.º, LV, da CF/1988 lhe assegura, também na via administrativa, o sujeito passivo – contribuinte ou responsável –, tem a possibilidade de formular **impugnação administrativa**, manifestando sua discordância contra lançamento efetuado.

Com a impugnação, instaura-se um litígio a ser dirimido por um órgão julgador de primeira instância (ou instância única). Tecnicamente, não se trata de recurso, pois o litígio acabou de ser instaurado e ainda não foi objeto de julgamento. Assim, pode-se afirmar que a primeira manifestação de inconformismo do sujeito passivo contra lançamento efetuado pela administração tributária enquadra-se dentro do gênero **"reclamações"**. Decidido o processo em primeira instância e havendo previsão na lei do processo administrativo fiscal (federal, estadual ou municipal), poderá haver – agora sim – **recurso** contra a decisão, direcionado ao órgão de segunda instância. Tanto no caso das reclamações, quanto no dos recursos propriamente ditos, haverá a suspensão da exigibilidade do crédito tributário, não sendo possível ao Fisco promover qualquer ato de cobrança enquanto não encerrado o processo administrativo.

Assim, é legítimo afirmar que, apesar de os entes políticos possuírem autonomia para editar suas leis de processo administrativo fiscal, estipulando as regras respectivas, respeitados os direitos e garantias constitucionalmente previstos, não existe a possibilidade de que tais leis neguem às reclamações e aos recursos o **efeito suspensivo**, visto que este é previsto em norma geral de caráter nacional, o CTN.

Em suma, em se tratando de processo administrativo fiscal, toda reclamação e todo recurso têm efeito suspensivo, impedindo, até a decisão final do processo, que a Administração Tributária promova contra o sujeito passivo litigante qualquer ato de cobrança, bem como que o inscreva em cadastros de inadimplentes, como é o caso do Cadastro Informativo de Créditos não Quitados do Setor Público Federal (CADIN). O entendimento é pacífico no âmbito do STF (AC 1.620, julgada em 25 de junho de 2008). A regra tem o efeito de evitar que em matéria tributária seja aplicado o abominável "*solve et repete*" (pague e depois reclame), cláusula segundo a qual, mesmo discordando de um valor que lhe é cobrado, o suposto devedor deveria promover o pagamento e, posteriormente, contestar a cobrança, pedindo a devolução (repetição).

Por outro lado, bastante controversa é a questão relativa à possibilidade de suspensão da exigibilidade do crédito tributário quando o interessado se insurge contra o lançamento mediante a interposição **recurso intempestivo ou incabível**.

Por oportuno, esclareça-se que o recurso é **intempestivo** quando interposto **fora do prazo legal** (no 31º dia de um prazo de 30 dias, por exemplo) e é **incabível** quando **não previsto na lei reguladora** como apto a atacar a decisão da qual o recorrente discorda (por exemplo, a interposição de um "recurso administrativo extraordinário" quando a lei reguladora não prevê tal espécie recursal).

Nos dois casos, o fato de o CTN afirmar que suspendem a exigibilidade do crédito tributário as reclamações e os recursos "nos termos das leis reguladoras do processo tributário administrativo" poderia levar à conclusão de que, se não foram obedecidos tais termos legais (por intempestividade ou não cabimento), a exigibilidade do crédito não estaria suspensa. Contudo, não é assim que pensa o Superior Tribunal de Justiça. Para a Corte, o direito de petição aos Poderes Públicos e o consequente dever estatal de se manifestar sobre a pretensão do peticionante resultam na **suspensão da exigibilidade do crédito tributário enquanto pendente de solução o recurso interposto e não concluído o contencioso administrativo** (EDcl no AgRg no REsp Nº 1.401.122/PE, AgRg no Ag 1094144/SP).

Foi inspirado nos julgados do STJ que o CEBRASPE considerou **errada** a seguinte assertiva, proposta no concurso para Analista da Câmara dos Deputados, realizado em 2014: "A reclamação ou o recurso administrativo interposto fora do prazo previsto na lei não têm o condão de suspender a exigibilidade do crédito tributário e, por consequência, o curso do prazo prescricional enquanto perdurar o contencioso administrativo".

Por outro lado, é bastante diferente a situação em que o interessado interpõe recurso ou reclamação que não discute o lançamento tributário propriamente dito, mas uma matéria correlata. Como exemplo, pode-se citar o caso analisado pelo Superior Tribunal de Justiça, referente a um contribuinte que se utilizou de reclamação administrativa para questionar a legalidade de ato que o excluíra de programa de parcelamento (REFIS). Para o Tribunal, tal reclamação, **por não discutir "o próprio lançamento tributário, ou seja, a exigibilidade do crédito tributário" não se enquadra no art. art. 151, III do CTN, mantendo-se intacta a exigibilidade** (REsp 1.372.368-PR).

O STF possuía entendimento firmado no sentido de ser possível a exigência legal de **depósito** de percentual do valor discutido, ou de **arrolamento de bens** na mesma proporção, como condição de procedibilidade para recurso interposto em processo administrativo fiscal (STF, Tribunal Pleno, ADI-MC 1.049/DF, Rel. Min. Carlos Velloso, j. 18.05.1995, *DJ* 25.08.1995, p. 26.021; STF, Tribunal Pleno, RE 210.246/GO, Rel. Min. Ilmar Galvão, rel. p/ acórdão Min. Nelson Jobim, j. 12.11.1997, *DJ* 17.03.2000, p. 28).

Para chegar a tal conclusão, a Corte partiu da tese (ainda prevalente) de que o ordenamento jurídico brasileiro não consagra uma garantia de "duplo grau" nos processos administrativos, de forma a ser plenamente possível a existência de processos administrativos de instância única. Por conseguinte, seguindo o antigo raciocínio da Corte, se era admissível a criação de um processo em instância única (sem previsão de qualquer recurso), nada impediria a criação de um processo em dupla instância, sendo o recurso condicionado ao depósito (ou arrolamento).

Como se percebe, o entendimento tinha por pano de fundo uma apressada aplicação da baliza hermenêutica segundo a qual "quem pode o mais pode o menos". Assim, caso admitida a possibilidade de a lei estabelecer a irrecorribilidade de certas decisões (o mais), há de se admitir também a possibilidade de a mesma lei permitir o recurso, mas condicioná-lo à prévia realização de depósito ou de arrolamento de bens (o menos).

Na sessão realizada no dia 28 de março de 2007, a matéria foi reexaminada pelo Plenário do STF, que, mudando o entendimento adotado no julgamento das medidas cautelares requeridas nas mesmas ações, esposou tese diametralmente oposta àquela anteriormente prevalente (STF, Tribunal Pleno, ADI 1.922/DF, Rel. Min. Joaquim Barbosa, j. 28.03.2007, *DJ* 18.05.2007, p. 64; STF, Tribunal Pleno, ADI 1.976/DF, Rel. Min. Joaquim Barbosa, j. 28.03.2007, *DJ* 18.05.2007, p. 64 – noticiadas no Informativo 461 do STF).

A exigência do depósito recursal e do arrolamento de bens foram consideradas **inconstitucionais** em virtude dos seguintes fundamentos:

a) agressão ao princípio da **isonomia** (CF, art. 5.º, *caput*):

Ao impedir que as pessoas desprovidas de condições financeiras ou econômicas para efetuar o depósito ou arrolamento tenham acesso às mesmas oportunidades de defesa desfrutadas pelas que podem fazê-lo, acaba-se por conferir um tratamento discriminatório entre os dois grupos, sem que a diferenciação tome por parâmetro critério razoável ou proporcional.

b) agressão à garantia do **contraditório** e da **ampla defesa** com os meios e recursos a ela inerentes (CF, art. 5.º, LV) e, por conseguinte, ao **devido processo legal** (CF, art. 5.º, LIV):

O processo administrativo deve obedecer ao princípio do devido processo legal não só em sua acepção adjetiva (procedimental), como também em sua acepção substantiva (material). Se é por conta da acepção adjetiva que a lei deve disciplinar o exercício do direito de defesa dos interessados, é por conta da acepção substantiva que a mesma lei está impedida de impor restrições desprovidas de razoabilidade e proporcionalidade ao exercício de tal garantia.

Assim, a exigência do depósito recursal (ou arrolamento de bens) também peca por limitar desproporcionalmente o exercício do direito à ampla defesa.

Registre-se que a Corte **não** alterou seu entendimento no sentido de que é possível a criação de processos administrativos em instância única.

c) agressão à reserva de **lei complementar** para disciplinar as **normas gerais em matéria tributária** (CF, art. 146, III, *b*):

Partindo do entendimento de que as hipóteses de suspensão da exigibilidade do crédito tributário somente podem ser disciplinadas em lei complementar, há de se reconhecer a inconstitucionalidade da lei ordinária que estatui requisito não previsto na lei complementar que discipline tais hipóteses.

Em palavras menos congestionadas, como o art. 151, III, do CTN previu que as reclamações e os recursos, nos termos das leis reguladoras do processo tributário administrativo, suspendem a exigibilidade do crédito tributário, não seria legítimo a tais leis criarem condições adicionais autônomas para que a suspensão legal venha a ocorrer.

d) agressão à regra que assegura a todos, **independentemente do pagamento de taxas**, o **direito de petição** aos Poderes Públicos em defesa de direitos ou contra ilegalidade ou abuso de poder (CF, art. 5.º, XXXIV, *a*):

Por óbvio o depósito recursal não é uma taxa. Não obstante, o objetivo do legislador constituinte ao estabelecer a regra imunizante foi impedir que o direito de peticionar aos Poderes Públicos fosse obstado pela criação de quaisquer **ônus**.

Registre-se que, ao invocar a regra ora comentada, o STF adotou a tese de que os processos administrativos são manifestações do direito de petição.

Alguns autores, inclusive, afirmam que não existe "processo administrativo", mas tão somente um procedimento de controle de legalidade por parte da Administração Pública em virtude de provocação de particular interessado (petição). Deixando de lado as discussões terminológicas, é importante registrar que o consagradamente denominado "processo administrativo" decorre do direito de petição, que não pode ser obstado por quaisquer restrições de ordem financeira ou econômica.

Em 2009, sepultando a matéria, o STF editou a Súmula Vinculante 21, cuja redação é a seguinte:

> **STF – Súmula Vinculante 21 –** "É inconstitucional a exigência de depósito ou arrolamento prévios de dinheiro ou bens para admissibilidade de recurso administrativo".

Registre-se que, no mesmo ano, o STJ também havia sumulado entendimento idêntico que, no entanto, reconhecia a ilegitimidade apenas do depósito recursal, conforme abaixo transcrito:

> **STJ – Súmula 373** – "É ilegítima a exigência de depósito prévio para admissibilidade de recurso administrativo".

8.4 LIMINAR EM MANDADO DE SEGURANÇA

A Lei 12.016/2009 disciplina a ação constitucional do mandado de segurança. Em seu art. 7.º, III, determina que, ao despachar a inicial, o juiz ordenará que se suspenda o ato que deu motivo ao pedido, quando houver fundamento relevante e do ato impugnado puder resultar a ineficácia da medida, caso seja finalmente deferida, sendo facultado exigir do impetrante caução, fiança ou depósito, com o objetivo de assegurar o ressarcimento à pessoa jurídica.

Trata-se de medida cautelar com a qual o juiz busca assegurar o resultado prático do processo, a ser deferida quando presentes dois requisitos essenciais: o *periculum in mora*, ou perigo da demora (possibilidade de o tempo prejudicar a eficácia da medida, se ao final concedida), e o *fumus boni juris*, ou "fumaça" do bom direito (relevância do fundamento).

Em direito tributário, é comum o sujeito passivo impetrar mandado de segurança para suspender a possibilidade de que o Fisco promova atos de cobrança decorrentes do não pagamento de tributo. Ao ajuizar a ação, o impetrante (contribuinte ou responsável) corriqueiramente alega que a demora no provimento jurisdicional final lhe traria prejuízos irreparáveis, como a negativa de certidões, com a consequente impossibilidade de participar de procedimentos licitatórios, a inscrição em cadastros de inadimplentes, a negativa de acesso a crédito oficial, entre outros. Tenta assim, comprovar o "perigo da demora". Quanto à relevância dos argumentos, o impetrante desenvolve raciocínio jurídico tendente a demonstrar que há algum tipo de inconstitucionalidade, ilegalidade ou irregularidade na cobrança que tenta evitar. Se o juiz vislumbra a presença dos requisitos legais, **deve** conceder a liminar, pois se trata de **direito do impetrante**.

Não é necessário que exista crédito tributário constituído para que a ação seja ajuizada. Aliás, não é necessário nem que tenha ocorrido fato gerador, pois a Constituição Federal de 1988 proíbe que se exclua da apreciação do Poder Judiciário não só a lesão, mas também a ameaça de lesão a direito.

Por isso se, a título de exemplo, foi publicada uma lei inconstitucional aumentando o ISS incidente sobre a prestação de serviços de assessoria contábil, o profissional desta área pode se socorrer do Judiciário antes de qualquer prestação de serviço, pois seu patrimônio já se encontra sob ameaça desde a publicação da lei. Só não é possível o ajuizamento da ação a quem não esteja sob o alcance das novas disposições legais, pois, conforme sumulado pelo STF, não cabe mandado de segurança contra lei em tese (Súmula 266), sendo necessário ao impetrante comprovar que a lei terá o efeito de violar concretamente seus direitos.

Conforme já ressaltado, ao conceder a liminar, não pode o juiz expedir ordem impedindo que a autoridade fiscal promova o lançamento, sob pena de inverter o perigo da demora. O raciocínio é simples. A liminar não é uma decisão final, apenas suspendendo um ato com base numa análise rápida e superficial dos argumentos do impetrante, podendo ser concedida, inclusive, antes de se notificar a autoridade impetrada para prestar informações. É possível que o juiz conceda a liminar, mas, ao final do processo, denegue a segurança. Em matéria tributária, com a denegação da segurança, o crédito recupera a sua exigibilidade. Se a liminar houvesse impedido a autoridade fiscal de lançar, poderia ocorrer de se esvair o prazo decadencial de forma a, mesmo com a decisão final favorável, restar definitivamente obstado o lançamento. É nesse sentido que se afirma que uma liminar que impedisse o lançamento **inverteria o perigo da demora**, pois o tempo passaria a fluir gerando risco de prejuízo irreversível do Poder Público.

Por tudo, a concessão da liminar apenas proíbe a promoção de atos executórios, **suspendendo** a exigibilidade do crédito. Dessa forma, ao se deparar com um caso em que o sujeito passivo fez um pagamento a menor protegido por liminar em mandado de segurança, a autoridade fiscal deve proceder ao lançamento da diferença. Todavia, em vez de encerrar o auto de infração concedendo prazo para que o sujeito passivo pague ou impugne o objeto da autuação, deve consignar a expressão "suspenso por medida judicial", ou outra equivalente.

Há de se relembrar, contudo, que, conforme já alertado no item 8.1 deste Capítulo, há casos em que o juiz indevidamente profere decisão liminar impedindo a autoridade fiscal de realizar o lançamento. O provimento é de fácil reversão e o STJ, reconhecendo que nesses casos o eventual escoamento do prazo não decorre de inércia da administração, afirma que **não se proclamará a decadência, podendo a Fazenda realizar o lançamento após a reversão do provimento judicial** (REsp 849.273/RS e AREsp 930.915-AgInt/MG).

Por fim, é relevante anotar que as causas de suspensão da exigibilidade do crédito tributário são individualmente eficazes, não sendo necessária qualquer combinação para se obter o efeito suspensivo. A afirmativa transita no terreno do óbvio, mas alguns juízes ainda teimam em conceder liminares "sob a condição de que o impetrante deposite o montante integral exigido pelo Fisco". Ora, o depósito é direito subjetivo do sujeito passivo! Se este quisesse suspender o crédito pelo depósito, não precisaria de qualquer provimento judicial. Em casos assim, entende-se que o juiz negou a liminar requerida. Nesse sentido, bastante esclarecedoras são as seguintes palavras do Superior Tribunal de Justiça:

> "Tributário. Suspensão da exigibilidade do crédito tributário. Distinção entre medida liminar e depósito do tributo controvertido. A medida liminar em mandado de segurança suspende a exigibilidade do crédito tributário, independentemente do depósito do tributo controvertido; se o juiz condiciona a concessão da medida liminar à realização do depósito, está, na verdade, indeferindo a medida liminar. Recurso ordinário provido em parte" (STJ, 2.ª T., RMS 3.881/SP, Rel. Min. Ari Pargendler, j. 01.09.1997, *DJ* 22.09.1997, p. 46.395).

É verdade que a atual Lei do Mandado de Segurança (Lei 12.016/2009) reacendeu as controvérsias em torno do tema ao prever expressamente, no art. 7º, III, a possibilidade de o juiz exigir do impetrante "caução, fiança ou depósito, com o objetivo de assegurar o ressarcimento à pessoa jurídica", providência considerada constitucional pelo STF no julgamento da ADI 4.296/DF. Trata-se de clara medida de **contracautela** que visa a assegurar que o ente público não venha a ser prejudicado por eventuais liminares que, na prática, se mostrem irreversíveis.

No entanto, **em se tratando de matéria tributária**, tendo em vista o CTN arrolar a liminar em mandado de segurança e o depósito do montante integral como **hipóteses autônomas de suspensão da exigibilidade do crédito tributário**, há de se entender que o raciocínio acima esposado, no sentido da inviabilidade de se condicionar a concessão de liminar ao depósito, continua inteiramente aplicável.

8.5 LIMINAR OU TUTELA ANTECIPADA EM OUTRAS ESPÉCIES DE AÇÃO JUDICIAL

Até o advento da Lei Complementar 104/2001, o CTN não continha disposição expressa reconhecendo efeito suspensivo sobre o crédito tributário das liminares e tutelas antecipadas concedidas em ações judiciais diversas do mandado de segurança.

Ocorre que, em muitas situações, não era possível ao sujeito passivo proteger seu direito via mandado de segurança, seja pela ausência dos pressupostos constitucionais da ação (liquidez e certeza do direito), seja pela perda do prazo decadencial de 120 dias para a impetração. Nesses casos, o contribuinte precisava recorrer a outras espécies de ação judicial, mas a jurisprudência, fundada numa interpretação literal do art. 151 do CTN, impedia-lhe o acesso às liminares e tutelas antecipadas.

Atualmente, a situação está legalmente resolvida, com a previsão expressa dos aludidos provimentos judiciais como forma de suspensão do crédito (CTN, 151, V).

Com as devidas adaptações, os comentários acima expendidos acerca da liminar em mandado de segurança são também aqui aplicáveis, restando fazer uma breve análise acerca da distinção entre a medida cautelar (como a liminar em mandado de segurança) e a antecipação de tutela, e sobre a nova disciplina das **tutelas de urgência** na sistemática inaugurada com o Novo Código de Processo Civil (Lei 13105/2015).

A **medida cautelar** visa a assegurar a **eficácia do provimento judicial final**, garantindo, assim, o **resultado útil do processo (natureza conservativa)**. Já a **tutela antecipada**, como a própria denominação deixa entrever, visa a **satisfazer** desde logo o direito afirmado, **antecipando o gozo** de algo que só seria concedido no momento da sentença **(natureza satisfativa)**, apenas com a ressalva de que o julgamento é provisório e não definitivo.

A diferença é bastante sutil e sempre existiram casos limítrofes, nos quais surgiam profundas divergências nos âmbitos doutrinário e jurisprudencial acerca da medida mais adequada para cada situação. A celeuma levou o legislador a incluir um § 7º no art. 273 do antigo CPC (Lei 5.869/1973), autorizando que se uma medida fosse equivocadamente pedida, o magistrado pudesse conceder a correta desde que cumpridos os respectivos requisitos. Registre-se que apesar de o dispositivo prever apenas a concessão de medida cautelar quando pedida equivocadamente a tutela antecipada, a doutrina e a jurisprudência majoritárias entendiam que o caminho inverso também era possível (**princípio da fungibilidade** entre as medidas).

Com o advento do Novo Código de Processo Civil a celeuma perdeu boa parte de sua razão de ser, pois os regimes jurídicos das tutelas provisórias de urgência foram unificados, de forma que os requisitos para concessão da tutela cautelar e da tutela satisfativa (antecipação de tutela) foram igualados. Assim, ainda que possam ainda existir acalorados debates sobre a tutela mais adequada para cada caso, a distinção carece de relevância prática.

A unificação dos regimes pode ser facilmente percebida mediante a leitura de dois dispositivos do NCPC. Em primeiro lugar, o art. 294, parágrafo único deixa claro que que a **tutela provisória de urgência** é **gênero**, do qual são **espécies** a **tutela cautelar** e a **tutela antecipada**. Já o art. 300 unifica os requisitos para a concessão das duas medidas. Em ambos os casos, o interessado precisará demonstrar a **probabilidade do direito** e **perigo de dano ou risco ao resultado útil do processo**.

No mais, aos que se preparam para provas de direito tributário, o importante é conhecer a aptidão de ambos os institutos para suspenderem a exigibilidade do crédito tributário e as suas peculiaridades tributárias, conforme explanado no item anterior.

8.6 MORATÓRIA

A moratória é a primeira das hipóteses de suspensão da exigibilidade do crédito tributário diretamente disciplinadas pelo CTN.

O benefício implica a dilação de prazo para pagamento do tributo, podendo ser concedido direta e genericamente por lei (caráter geral - CTN, art. 152, I) ou por ato administrativo declaratório do cumprimento dos requisitos previstos em lei (caráter individual - CTN art. 152, II).

Na moratória concedida em **caráter geral**, a lei objetivamente dilata o prazo para o pagamento do tributo, beneficiando a generalidade dos sujeitos passivos, sem necessidade da comprovação por parte destes de alguma característica pessoal especial.

Como exemplo, imagine-se o caso de a União, em face dos efeitos de uma crise econômica, editar lei dilatando por um mês os prazos para pagamento da Contribuição para Financiamento da Seguridade Social - Cofins, beneficiando todos os sujeitos passivos do tributo.

Já na moratória concedida em **caráter individual**, a lei restringe a abrangência do benefício às pessoas que preencham determinados requisitos, de forma que o gozo dependerá de requerimento formulado à Administração Tributária no qual se comprove o cumprimento dos pressupostos legais. É nesta hipótese que o reconhecimento do benefício se dará mediante ato administrativo declaratório (despacho administrativo, na terminologia adotada pelo CTN).

Como exemplo, suponha-se que a União tome conhecimento de que excepcionais temperaturas elevadas na Serra Gaúcha fizeram com que parte das videiras brotasse no inverno, sendo posteriormente dizimadas por uma friagem de primavera, gerando elevados prejuízos aos produtores de vinho. Como ajuda oficial em favor dos prejudicados, a União edita lei concedendo **aos produtores de vinho cujas culturas estejam localizadas na Serra Gaúcha** a dilação por seis meses do prazo para o pagamento das obrigações tributárias federais. A hipotética lei certamente definiria os documentos hábeis para comprovar o domicílio e atividade dos beneficiários, que, de posse de tais comprovantes, deveriam formular requerimento à autoridade administrativa, pleiteando o reconhecimento do favor fiscal.

Na situação proposta, a providência federal teria fundamento tanto na autorização genérica do art. 152, II, do CTN, quanto na regra mais específica do seu parágrafo único. De qualquer forma, é importante perceber que, mesmo na moratória individual, a concessão decorre da **lei**, possuindo o **despacho administrativo** exarado pela Administração Tributária **caráter declaratório** de direito preexistente.

Segundo o art. 152 do Código, a moratória pode ser concedida em caráter geral tanto pela pessoa jurídica de direito público competente para instituir o tributo a que se refira, quanto pela União, quanto a tributos de competência dos Estados, do Distrito Federal ou dos Municípios, quando simultaneamente concedida quanto aos tributos de competência federal e às obrigações de direito privado.

No primeiro caso, tem-se a **moratória autônoma**, em que o ente competente para a instituição do tributo dilata-lhe legalmente o prazo.

No segundo caso, tem-se a **moratória heterônoma**, em que a União concede moratória de tributo de competência alheia. Sobre esta hipótese, pairam severas suspeitas de inconstitucionalidade, conforme se passa a explicar.

Quando da análise da proibição de que a União institua isenções de tributos da competência dos Estados, do Distrito Federal ou dos Municípios (CF, art. 151, III), afirmou-se que a vedação é importante garantia protetora do pacto federativo, pois impede que a União, por ato próprio, interfira na arrecadação dos entes menores, pondo-lhes em risco a autonomia. Alegou-se também que as exceções existentes só eram admitidas porque constantes no próprio texto constitucional (arts. 155, § 2º, XII, *e*, e 156, § 3.º, II – ver comentários no item 2.10.3 do Capítulo 2).

Ora, a dilatação de prazo para pagamento de tributo da competência estadual ou municipal, por ato da União, também parece pôr em risco a **autonomia** dos entes menores, em detrimento do **pacto federativo**. O raciocínio poderia levar ao entendimento de que a autorização contida no art. 152, I, *b*, do CTN seria inconstitucional.

Entretanto, apesar de não constar expressamente do Código, é da essência da moratória a concessão em virtude de **excepcionais** situações naturais, econômicas ou sociais, que dificultem o normal adimplemento das obrigações tributárias (os exemplos anteriormente citados caminham nessa direção). Na situação específica da **moratória heterônoma**, o CTN exige que a dilação de prazo relativa aos tributos estaduais e municipais seja acompanhada de medidas idênticas para os tributos federais e até para as obrigações de direito privado (contratos, inclusive entre particulares).

Há de se perguntar: o que poderia levar a União a editar lei tomando providência tão drástica, de efeitos tão severos sobre a economia nacional? Certamente, a resposta passa por uma situação bastante grave, o que leva ao entendimento de que, apesar de não prevista de maneira expressa pelo CTN, a necessidade da excepcional situação natural, econômica ou social, como fundamento de fato para a edição de lei concessiva de moratória está escrita em suas entrelinhas.

Assim, situações extremas podem exigir providências severas, legitimando-as. Fazendo-se uma analogia, a previsão expressa da possibilidade de concessão de moratória em caráter individual (só para algumas pessoas) não é, em si mesma, agressiva à isonomia, mas seu uso pode vir a ser (se não fundamentada em parâmetros razoáveis). Da mesma forma, a possibilidade de a União conceder moratória heterônoma não é inconstitucional em si mesma, mas seu uso pode vir a ser (se, por exemplo, configurar providência de natureza política agressiva à autonomia estadual ou municipal).

Nessa linha, o uso legítimo da autorização é bastante difícil, não havendo notícia de que a União o tenha feito ou ventilado fazê-lo. Não há, portanto, jurisprudência sobre a matéria, devendo-se presumir, em provas de concurso público, a constitucionalidade do dispositivo.

De qualquer forma, nos termos expressamente previstos pelo CTN, os casos de concessão de moratória podem ser assim resumidos:

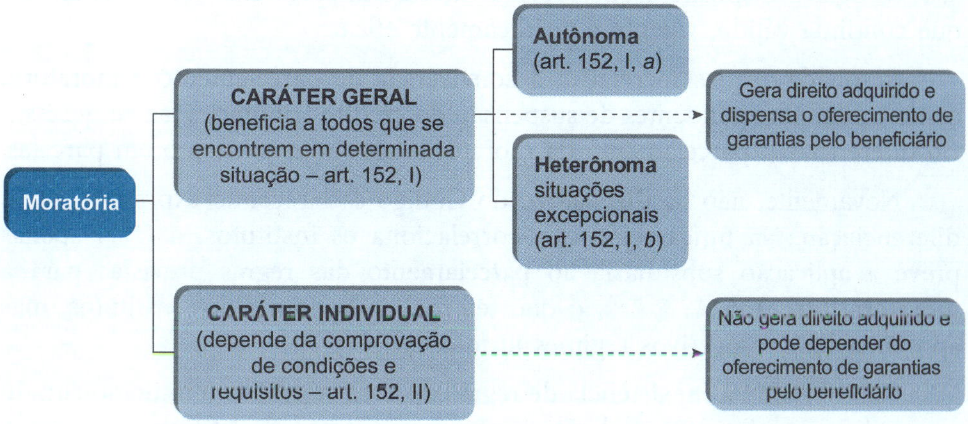

8.6.1 Moratória parcelada e parcelamento – Diferenciação

O art. 153 do Código prevê os requisitos que podem ser estipulados na lei que **conceder** moratória em **caráter geral** ou **autorizar a sua concessão** em **caráter individual**. Entre os requisitos, deverão ser previstos, se for o caso, o número de prestações e seus vencimentos, dentro do prazo de duração do favor, podendo atribuir a fixação de uns e de outros à autoridade administrativa, para cada caso de concessão em caráter individual (inciso III, alínea *b*).

Durante muito tempo, a previsão foi entendida como fundamento legal para a existência, no ordenamento jurídico-tributário, do instituto do **parcelamento**. Era comum na doutrina a lição de que o parcelamento seria, na realidade, uma dilação de prazo, com autorização para adimplemento em prestações, ou, simplesmente, uma **"moratória parcelada"**.

Ocorre que a Lei Complementar 104/2001 incluiu expressamente o parcelamento como uma das causas de suspensão da exigibilidade do crédito tributário. Alguns autores entendem que a inclusão apenas ratifica o entendimento de que o parcelamento seria uma espécie de moratória. O raciocínio, contudo, agride a uma regra fundamental da ciência da interpretação jurídica, conforme se passa a demonstrar.

É princípio basilar de hermenêutica jurídica que a lei não contém palavras inúteis ou desnecessárias. A redundância é contrária à técnica legislativa e não pode ser presumida. Na esteira do princípio, não se pode presumir que a Lei Complementar 104/2001 incluiu no Código Tributário Nacional o que dele já fazia parte.

Ora, o art. 151 do CTN traz as exaustivas hipóteses de suspensão da exigibilidade do crédito tributário. Em seu inciso I, aparece a moratória. A lei complementar incluiu na lista o inciso VI, prevendo o parcelamento, mas sem revogar o dispositivo que prevê a "moratória parcelada" (art. 153, III, *b*), que continua válido, vigente e juridicamente eficaz.

Resolvida a questão relativa à convivência de parcelamento e moratória como causas independentes de suspensão do crédito tributário, faz-se necessário diferenciar o parcelamento da moratória com adimplemento em parcelas.

Novamente, não há dispositivo do Código esclarecendo expressamente a diferenciação. Na única regra que correlaciona os institutos, o CTN apenas prevê a aplicação subsidiária ao parcelamento das regras previstas para a moratória (art. 155-A, § 2.º), o que reforça a autonomia dos institutos, mas aproxima seus respectivos regimes jurídicos.

Não obstante a inexistência de regra expressa, a prática tem demonstrado que a diferença fundamental reside nos pressupostos de fato que ensejam o manejo dos institutos. Conforme se asseverou anteriormente, a **moratória** é **medida excepcional**, que somente deve ter lugar em casos de situações naturais, econômicas ou sociais que dificultem o normal adimplemento das obrigações tributárias. Já o **parcelamento** é corriqueira medida de **política** fiscal, que visa a recuperar créditos e a permitir que contribuintes inadimplentes voltem à situação de regularidade, podendo gozar dos benefícios decorrentes de tal *status*.

Há de se ressaltar, contudo, que a diferenciação entre institutos jurídicos só tem importância prática se resultar na submissão dos mesmos a regimes jurídicos diferenciados. Vale dizer: não haveria utilidade na diferenciação entre a "moratória parcelada" e o parcelamento se as mesmas regras fossem aplicadas para os dois institutos.

As leis concessivas de **moratória**, reconhecendo que a dificuldade dos sujeitos passivos para adimplir suas obrigações tributárias decorre de eventos externos (caso fortuito ou força maior), têm permitido que o futuro pagamento seja feito **livre de qualquer penalidade pecuniária e até mesmo de juros**. Já no **parcelamento**, o próprio Código Tributário Nacional indica que, salvo disposição de lei em contrário, o parcelamento do crédito **não exclui a incidência de juros e multas**. Claro que a regra é meramente dispositiva, podendo a lei concessiva dispor de maneira diferente. Na prática, contudo, parcela-se todo o crédito (com juros e multas), e o pagamento das prestações é acrescido dos juros legais.

8.6.2 Créditos abrangidos pela moratória

Segundo o art. 154 do CTN, salvo disposição de lei em contrário, a moratória somente abrange os créditos definitivamente constituídos à data da lei ou do despacho que a conceder, ou cujo lançamento já tenha sido iniciado àquela data por ato regularmente notificado ao sujeito passivo.

Adota-se como regra a extensão do benefício somente para créditos **lançados** ou em **fase de lançamento**, o que é razoável, pois a moratória é causa de suspensão **do crédito – e, não havendo lançamento, não há crédito**. Entretanto, é expressamente prevista a possibilidade de disposição legal em contrário, o que pode ser justificável e absolutamente necessário na prática.

A título de exemplo, se uma praga agrícola atacou determinada região e o Estado quer dar fôlego para os produtores rurais a fim de que estes se recuperem, pode conceder moratória mesmo dos tributos que ainda não foram lançados. Relembre-se que, nesse caso, não se impede que a autoridade fiscal promova o lançamento, mas tão somente que exija o pagamento, mediante a promoção de atos de cobrança. Faz-se a constituição do crédito de maneira a prevenir a configuração da decadência.

O parágrafo único do referido artigo, fundado na ideia de que a moratória deve beneficiar os sujeitos passivos que estão passando por dificuldades em virtude de imprevisíveis eventos externos, estabelece que o favor **não aproveita aos casos de dolo, fraude ou simulação** do sujeito passivo ou do terceiro em benefício daquele.

8.6.3 Moratória individual e direito adquirido

A análise do art. 155 do CTN é fundamental, uma vez que, apesar de sua redação abranger expressamente apenas os casos de **moratória** concedida em **caráter individual**, **tem aplicação aos outros benefícios fiscais que possam ser individualmente concedidos**, em virtude das regras de extensão previstas nos arts. 172, parágrafo único (**remissão**), 179, § 2.º (**isenção**), 182, parágrafo único (**anistia**) – todos do CTN –, e da expressa aplicação subsidiária prevista no art. 155-A (**parcelamento**), também do CTN.

Estatui o dispositivo:

> "Art. 155. A concessão da moratória em caráter individual não gera direito adquirido e será revogada de ofício, sempre que se apure que o beneficiado não satisfazia ou deixou de satisfazer as condições ou não cumpria ou deixou de cumprir os requisitos para a concessão do favor, cobrando-se o crédito acrescido de juros de mora:
>
> I – com imposição da penalidade cabível, nos casos de dolo ou simulação do beneficiado, ou de terceiro em benefício daquele;
>
> II – sem imposição de penalidade, nos demais casos.
>
> Parágrafo único. No caso do inciso I deste artigo, o tempo decorrido entre a concessão da moratória e sua revogação não se computa para efeito da prescrição do direito à cobrança do crédito; no caso do inciso II deste artigo, a revogação só pode ocorrer antes de prescrito o referido direito".

Conforme já analisado, a moratória concedida em caráter individual depende de que o interessado demonstre, em requerimento formulado à autoridade administrativa competente, o cumprimento de certas condições e requisitos indispensáveis ao gozo do benefício. Com base nas informações e comprovação documental fornecidas à autoridade fiscal, esta profere "despacho" reconhecendo ou não o direito à moratória.

Condições e **requisitos** são os pressupostos **objetivos** e **subjetivos** necessários para o reconhecimento do benefício.

Em seu livro *Direito tributário*, João Marcelo Rocha afirma que "requisito significa mera característica exigida pela lei que rege algum incentivo, como ser ex-combatente, ser aposentado, etc. Condição significa aquela tarefa onerosa que a lei impõe sobre o contribuinte como contraprestação, pelo benefício concedido (...). Exemplos: construir uma creche para os filhos dos funcionários da empresa, instalar uma fábrica em lugar longínquo etc.".

O importante é perceber que algumas dessas condições e requisitos são **instantâneos**, referindo-se a situações contemporâneas ao reconhecimento do benefício (produzir vinho na Serra Gaúcha, por exemplo). Outros são **continuados**, devendo ter sua permanência verificada enquanto o benefício estiver gerando efeitos (pagar pontualmente as prestações da "moratória parcelada", por exemplo).

Assim, se o beneficiário da moratória **não satisfazia** as condições e requisitos **instantâneos ou continuados** ou **deixou de satisfazer** os **continuados**, o benefício deve ser extinto.

Neste ponto há de se destacar que o Código cometeu um imperdoável pecado ao falar que a moratória concedida em caráter individual seria **"revogada"** nos casos citados.

O reconhecimento de moratória concedida por lei é **ato administrativo vinculado** e, como tal, **irrevogável**.

Conforme é cediço em direito administrativo, a **revogação** decorre de motivos de **conveniência e oportunidade**. Como para a prática do ato vinculado não há análise desses aspectos, também não pode haver revogação por conta dos mesmos. Em termos práticos, se o sujeito passivo comprovou o cumprimento das condições e requisitos para o gozo do benefício, tem direito a obtê-lo, não sendo possível o indeferimento ou a revogação.

Se o sujeito passivo **não cumpria** as condições e requisitos instantâncos ou continuados para o favor fiscal, a concessão do mesmo foi ilegal. A consequência da ilegalidade é a **anulação**, jamais a **revogação**.

Quando o beneficiário **deixa de cumprir** as condições e requisitos continuados, o ato concessório, apesar de legal (a legalidade é vista na data da prática do ato) deve ser **cassado**, jamais **revogado**.

Assim, para explicar o fenômeno ora analisado, o CTN deveria ter se referido aos institutos da **cassação** e da **anulação**. De maneira contrária à técnica, referiu-se à **revogação**. A expressão deve ser considerada correta, caso figure em provas de concurso público, mas o candidato deve ter em mente de que se trata, na realidade, de anulação ou cassação, dadas as diferenças práticas entre os institutos, principalmente quanto aos efeitos no tempo.

São diferentes as consequências da "revogação", de acordo com a presença ou ausência de **dolo** por parte do beneficiário.

A título de exemplo, imagine-se que, em certo exercício financeiro, determinada lei previu a concessão de moratória dos tributos federais para os produtores que possuam imóveis ou conjunto de imóveis rurais inteiramente localizados no polígono das secas e cujas áreas, ou somatório de áreas, não ultrapassem 100 hectares.

O contribuinte "A", proprietário de um imóvel rural localizado em Itabuna-BA – Município não localizado no polígono das secas (lista disponível no Manual da Declaração do ITR) – escuta, pelo rádio, uma notícia segundo a qual o "governo aumentou o prazo para que os pequenos produtores rurais do Nordeste quitem seus débitos". No transcorrer da reportagem, o jornal detalha as informações relativas à área dos imóveis beneficiados e ao procedimento a ser adotado pelos interessados, ressaltando a necessidade de apresentação de certidão do Cartório de Registro de Imóveis comprovando a localização do imóvel.

"A", pensando ser beneficiário do favor fiscal, providencia uma certidão, em que se lê claramente que seu imóvel está localizado em Itabuna/BA e protocoliza o pedido de reconhecimento. Suponha-se que uma desatenta autoridade fiscal, verificando que se trata de um pedido de um contribuinte do interior da Bahia, não se dá ao trabalho de verificar se tal Município faz ou não parte do polígono das secas, presumindo que sim. O benefício é concedido ilegalmente. Percebido o erro, o ato concessório deve ser "revogado", mas o contribuinte não será punido, em virtude da ausência de dolo. Além disso, a "revogação" somente pode ocorrer antes de prescrito o direito da Fazenda Pública (como será analisado adiante, o prazo de prescrição é de cinco anos contados da definitividade do lançamento).

Suponha-se que o contribuinte "B", também proprietário de um imóvel rural localizado em Itabuna/BA, sabendo que não foi beneficiado pela lei, falsifique uma certidão do cartório, para que nela passe a constar a informação de que seu imóvel está localizado em Jequié/BA, Município localizado no polígono das secas. A autoridade fiscal analisa e defere o requerimento. Percebida a fraude, o benefício também será "revogado", mas o contribuinte será punido, e o tempo decorrente entre a concessão e a "revogação" da moratória não será levado em consideração para o efeito de prescrição.

Conforme se pode extrair do art. 155 do CTN, nos dois casos, o contribuinte deve pagar o **tributo** acrescido dos **juros de mora**. Somente há diferença no tocante à aplicabilidade de **multa** e à **contagem do prazo prescricional**.

Por último, como a "revogação" repercute no patrimônio jurídico do particular, deve ser precedida de procedimento administrativo em que se assegure ampla defesa e contraditório (STJ, AgRg no AI 431.059). Apesar de a citada decisão do STJ tratar de um caso de "revogação" de **anistia**, é aplicável, também, aos demais casos sujeitos à disciplina normativa do art. 155 do CTN **(moratória, parcelamento, remissão e isenção)**.

8.7 PARCELAMENTO

A diferenciação entre o parcelamento e a moratória com permissão de adimplemento em prestações já foi objeto de análise no item anterior.

Aqui, é necessário relembrar que o parcelamento consiste numa medida de política fiscal com a qual o Estado procura recuperar créditos e criar condições práticas para que os contribuintes que se colocaram numa situação de inadimplência tenham a possibilidade de voltar para a regularidade, usufruindo os benefícios daí decorrentes.

Segundo o art. 155-A do CTN, o parcelamento será concedido na forma e condição estabelecidas em **lei específica**.

A lei específica reclamada pelo dispositivo é lei do membro da Federação com competência para a instituição do tributo. Assim, cada ente político possui autonomia para editar suas leis autorizadoras de parcelamento do crédito tributário, podendo estabelecer, dentre outros aspectos, o número máximo de prestações, os valores mínimos das parcelas, as garantias a serem fornecidas pelo sujeito passivo, os créditos cujo parcelamento não é permitido e os casos de rescisão do parcelamento. **Não é possível, contudo, condicionar a suspensão da exigibilidade do crédito tributário parcelado a requisito não previsto no Código Tributário Nacional.**

Nesse sentido, o Supremo Tribunal Federal considerou inconstitucional a autorização para que a União compensasse de ofício créditos tributários "parcelados sem garantia". Conforme analisado no item 9.1.2 do Capítulo 9, a compensação de ofício não pode ser realizada quando o tributo está com exigibilidade suspensa (REsp 1.130.680/RS). Por esse motivo, o STF entendeu que a mencionada autorização equivaleria à retirada de um efeito suspensivo que é garantido pelo CTN e, portanto, ao descumprimento da reserva de lei complementar estabelecida pelo art. 146, III, *b*, da CF/88 (RE 917.285/SC).

O Tribunal também já considerou inconstitucional a exclusão de contribuintes de programa de parcelamento por causas não expressamente previstas em lei. Esse entendimento foi firmado no julgamento da ADI 7.370-MC/DF, no âmbito da qual a Fazenda Pública defendia, em relação aos participantes do Programa de Recuperação Fiscal (Refis) instituído pela Lei nº Lei 9.964/2000, a aplicação da tese das "parcelas ínfimas ou impagáveis", pela qual seriam considerados inadimplentes os contribuintes que, mesmo sem desobedecer às regras do parcelamento, recolhem valores insuficientes para a amortização total da dívida.

A Lei nº 9.964/2000 foi editada em um contexto de grave crise econômica do País, com a finalidade de ajudar as empresas a regularizarem sua situação fiscal. Para tanto, foi criado um programa de parcelamento peculiar, no qual não havia número definido nem valor mínimo para as parcelas, sendo estas determinadas, mês a mês, mediante a aplicação de um percentual sobre a receita bruta do mês imediatamente anterior. Nessa sistemática, as parcelas poderiam ser tão pequenas em relação ao total da dívida que, na prática, dificilmente se chegaria à completa quitação do passivo. A Fazenda, então, começou a excluir do programa contribuintes nessa situação, ainda que, do ponto de vista formal, eles não estivessem descumprindo qualquer regra legal.

Na ADI 7.370-MC/DF, ajuizada pelo Conselho Federal da Ordem dos Advogados do Brasil (CFOAB), o STF manteve-se ao lado do contribuinte, pontuando que a Lei nº 9.964/2000 define com clareza o conceito de inadimplência e estabelece de forma taxativa as hipóteses de exclusão do programa de parcelamento, não sendo possível o uso de analogia ou de interpretação extensiva que resulte na criação de novas hipóteses estranhas ao rol exaustivo da Lei.

Questão interessante enfrentada pelo STJ foi a possibilidade de, **na ausência de previsão em lei**, ato normativo infralegal da Administração Tributária estabelecer um **limite máximo de valor** para a adesão a uma modalidade simplificada de parcelamento.

Em termos mais específicos, a Lei nº 10.520/2002 previu regras para o **parcelamento ordinário** (comum) de débitos perante a Fazenda Nacional. Posteriormente, foi introduzida uma **modalidade simplificada** de parcelamento que se diferenciava da modalidade comum por ser menos burocrática e onerosa, podendo o contribuinte formular o requerimento de forma on-line e **sem necessidade de apresentação de garantias**.

No tocante ao parcelamento simplificado, a Lei atribuiu amplo poder normativo ao Ministro da Fazenda, que, por meio de ato infralegal, poderia estabelecer limites e condições para diferenciá-lo do parcelamento comum. Posteriormente, o dispositivo que expressamente atribuía tal competência ao Ministro da Fazenda foi revogado por uma medida provisória, o que levou os contribuintes a entenderem que o legislador tomou de volta para si a exclusividade do poder de definir quaisquer requisitos para a obtenção do parcelamento simplificado.

Perceba-se que a conclusão nesse sentido significaria praticamente o fim do parcelamento ordinário, pois a ausência de diferenciação para o parcelamento simplificado tornaria ilógica a busca do regime jurídico mais rígido que disciplina a modalidade ordinária (com a exigência de garantia, por exemplo).

Não obstante a revogação da norma que expressamente lhe atribuía competência para regulamentar o parcelamento simplificado, o Ministro da Fazenda delegou ao Procurador-Geral da Fazenda Nacional e ao Secretário da Receita Federal do Brasil a possibilidade de dispor sobre o tema. Tais autoridades exerceram a suposta competência por atos normativos próprios, que estabeleceram limites máximo de valor para que um débito fosse parcelado na modalidade simplificada (posteriormente, o limite estabelecido pelo PGFN foi revogado, mas o estatuído pelo Secretário da RFB permaneceu em vigor).

Os contribuintes alegaram que o Ministro da Fazenda delegara uma competência que não mais tinha, sendo ilegais os limites estabelecidos por atos próprios das mencionadas autoridades administrativas. Foi essa a questão submetida ao Superior Tribunal de Justiça.

Para resolver a controvérsia, o Tribunal, em primeiro lugar, afirmou que **nem toda matéria tributária precisa ser disciplinada por lei no seu sentido estrito e formal**. Para isso, invocou o art. 96 do CTN, que deixa claro que a expressão "legislação tributária" não compreende apenas a lei, mas todos os atos normativos que versem sobre "tributos e relações jurídicas a eles pertinentes", inclusive vários atos infralegais. Também mencionou que **as matérias submetidas a reserva legal em sentido estrito estão listadas no art. 97 do Código**, no qual não estão inseridos os requisitos para a concessão de parcelamento. O STJ não fez o cotejo do dispositivo invocado com o art. 155-A, também do CTN, que, ao afirmar ser a concessão do parcelamento realizada "na forma e condição estabelecidas em lei específica", parece submeter todas as condições para a concessão da benesse à disciplina de lei formal.

Em segundo lugar, o Tribunal afirmou que **a imposição de teto não implica restrição de direitos**, pois a vedação ao acesso ao parcelamento simplificado não impede o gozo do parcelamento na modalidade ordinária, sendo os institutos, nas palavras da Corte, "idênticos entre si". O argumento não parece adequado, pois a exigência de garantia, por si só, já torna o parcelamento ordinário mais oneroso do que o simplificado.

Em terceiro lugar, o STJ alegou que **a estipulação dos requisitos em ato infralegal seria até mais adequada do que a veiculação em lei formal**, pois "a autoridade que administra o crédito possui, naturalmente, contato direto com a realidade cotidiana que envolve o estabelecimento dos critérios e meios de obter, com maior eficácia, a recuperação do crédito público". Assim, seria conveniente que a disciplina da matéria fosse estabelecida diretamente pelos órgãos responsáveis pela administração e cobrança dos créditos a serem recuperados, o que colaboraria para uma **melhor gestão e uma maior eficiência da máquina arrecadatória.**

Apesar da apontada maior conveniência do uso do ato normativo infralegal como veículo para o estabelecimento dos requisitos, o Tribunal não afirmou que o legislador ordinário estaria proibido de fixar ele mesmo, integralmente por meio de lei, todos os requisitos para o gozo de um parcelamento tributário. Caso essa seja a opção, prevalece a subordinação do regulamento à lei, não podendo a autoridade administrativa editar ato normativo que contrarie o mandamento legal. Assim, no tocante ao que era o tema central do julgamento, se o legislador houvesse optado por estabelecer, diretamente na lei, um limite máximo para que um débito pudesse ser inserido no parcelamento simplificado, não poderia o ato infralegal estabelecer um limite menor, restringindo um direito legalmente assegurado ao interessado. Como esse não foi o modelo adotado, a Corte considerou plenamente válidos os tetos estabelecidos pelas mencionadas normas infralegais.

Sintetizando suas conclusões, o Superior Tribunal de Justiça formulou, na sistemática dos recursos repetitivos, a seguinte tese jurídica:

> "O estabelecimento de teto para adesão ao parcelamento simplificado, por constituir medida de gestão e eficiência na arrecadação e recuperação do crédito público, pode ser feito por ato infralegal, nos termos do art. 96 do CTN. Excetua-se a hipótese em que a lei em sentido estrito definir diretamente o

valor máximo e a autoridade administrativa, na regulamentação da norma, fixar quantia inferior à estabelecida na lei, em prejuízo do contribuinte" (STJ, 1ª Seção, REsp 1.679.536/RN, Rel. Min. Herman Benjamin, j. 20/06/2024, DJe 01/07/2024).

Um outro aspecto relevante é a previsão constante do § 1º do art. 155-A do CTN no sentido de que, "salvo disposição de lei em contrário, o parcelamento do crédito tributário não exclui a incidência de juros e multas".

A regra, inserida no CTN pela Lei Complementar 104/2001, incorporou ao Código a solução que o Superior Tribunal de Justiça dava à controvérsia relativa à possibilidade de o sujeito passivo confessar a prática de ilícito fiscal, parcelar o crédito tributário correspondente e gozar do benefício da **denúncia espontânea**, livrando-se da respectiva multa. Para o STJ, os benefícios da denúncia espontânea somente são aplicáveis quando há o pagamento, não se equiparando a tal o parcelamento. Agora, com o § 1º do art. 155-A do Código, existe fundamento expresso para o entendimento. Com o advento da LC 104/2001, esse entendimento passou a ter base legal expressa.

Após a edição da Lei Complementar 118/2005, foram incluídos dois novos parágrafos no art. 155-A, disciplinando o parcelamento relativo aos créditos tributários do devedor em **recuperação judicial**. Como a concessão da recuperação judicial depende da apresentação da prova de quitação de todos os tributos (CTN, art. 191-A), entendeu por bem o legislador facilitar o cumprimento do requisito, uma vez que, restando impossível a uma empresa quitar todas as suas obrigações, a decisão sobre quais pagamentos suspender inicialmente recai sobre os tributos. Assim, quando é necessária a recuperação judicial, o passivo tributário normalmente já atingiu um montante que impossibilitaria a quitação.

Previu-se, inicialmente, que **lei específica** disporá sobre as condições de parcelamento dos créditos tributários do devedor em recuperação judicial. Trata-se de uma lei que é específica em relação a outra lei também específica. Assim, haverá em cada ente federado a edição de **duas leis específicas** sobre parcelamento. A primeira é a que trata **genericamente** do parcelamento de créditos tributários no âmbito da respectiva esfera (denominada de *lei geral de parcelamento* pelo § 4º do art. 155-A). A segunda é a lei que tratará **especificamente** do parcelamento dos débitos da empresa em **recuperação judicial**.

Caso o ente político não edite a segunda lei específica, surgirá para o devedor o direito de utilizar a lei geral de parcelamento do ente, não podendo, neste caso, ser o prazo de parcelamento inferior ao concedido pela lei federal específica.

A título de exemplo, suponha-se que a lei geral de parcelamento da União estipule um prazo máximo (para quitação) de 60 meses, que a lei específica federal para parcelamento dos débitos do devedor em recuperação judicial estipule um prazo máximo de 120 meses, e que a lei geral do Estado de Pernambuco estipule um prazo máximo de 72 meses para o parcelamento dos respectivos créditos.

Pernambuco tem autonomia para editar lei disciplinando, no seu âmbito, as regras para parcelamento dos débitos dos devedores em recuperação judicial. A lógica indica que o faça estipulando condições mais facilitadas que aquelas previstas em sua lei geral. Caso Pernambuco não edite a segunda lei, o devedor beneficiário da sistemática possuirá o direito de parcelar seus débitos usando a lei geral do Estado, mas, como o prazo máximo previsto nesta lei (72 meses) é inferior ao previsto na lei federal específica (120 meses), é direito do devedor utilizar o prazo previsto nesta última norma. Não se trata de aplicação integral da lei federal. O parcelamento seguirá as regras constantes da **lei geral de parcelamento do Estado de Pernambuco**. Apenas o prazo a ser utilizado será o da **lei federal específica** (por ser maior).

O Superior Tribunal de Justiça, fundado no princípio da preservação da empresa como garantia da manutenção da fonte produtora, dos empregos, dos interesses dos credores e da atividade econômica, considera que "o parcelamento tributário é direito da empresa em recuperação judicial". Como consequência, a Corte decidiu pela **inaplicabilidade da exigência de certidões de regularidade fiscal (negativas ou positivas com efeitos de negativas), constate tanto do art. 191-A do CTN quanto do art. 57 da Lei 11.101/2005 (Lei de Recuperação e Falências), enquanto não editada a lei específica para parcelamento dos débitos das empresas em recuperação judicial** (REsp 1.187.404/MT). À época da decisão (2013), a União ainda não editara sua lei especificamente destinada a tais devedores.

A omissão legislativa da União foi aparentemente sanada com a edição da Lei nº 13.043/2014, que inseriu na Lei nº 10.522/2002 o art. 10-A, estabelecendo a possibilidade de o devedor que pleiteia a recuperação judicial parcelar seus débitos com a Fazenda Nacional em 84 parcelas mensais e consecutivas. Mesmo com a edição da norma, a existência de alguns casos de parcelamentos ordinários em condições mais vantajosas que as oferecidas ao devedor que pleiteava a recuperação judicial, levou o STJ a majoritariamente manter o entendimento pela ausência de uma regulamentação adequada a fazer valer o princípio da preservação da empresa. As certidões de regularidade fiscal continuavam a não ser exigidas como condição para o deferimento da recuperação judicial.

Somente com o advento das alterações promovidas pela **Lei nº 14.112/2020** é que o STJ passou a entender que **a regulamentação finalmente seria adequada e suficiente**. Isso tendo em vista a nova disciplina legal da matéria haver estabelecido várias outras benesses para o sujeito que pretende obter a recuperação judicial. Como exemplos desse regime jurídico favorecido, podem ser citadas: a) a ampliação do prazo de parcelamento para **120 meses**; b) a possibilidade de **utilização de créditos decorrentes**

de prejuízo fiscal e de base de cálculo negativa da CSLL para a liquidação de parte do débito (com parcelamento do saldo restante em 84 meses); c) a **possibilidade de transação** relativa a créditos inscritos em dívida ativa da União após o deferimento do processamento da recuperação judicial.

Diante do novo quadro, considerando a nova regulamentação da matéria na esfera federal, o STJ acabou por evoluir e, no julgamento do REsp 1.955.325/PE, consolidou um novo entendimento, no seguinte sentido:

> "Considerando-se a nova disciplina adequada a oportunizar, no contexto da recuperação judicial, o equacionamento também das dívidas fiscais do empresário e da sociedade empresária, infere-se que a partir da entrada em vigor da Lei n. 14.112/2020 torna-se exigível a apresentação das certidões de regularidade fiscal como condição para a homologação do plano de recuperação judicial, nos termos dos arts. 57 da Lei n.11.101/2005 e 191-A do Código Tributário Nacional" (STJ, 4ª T., REsp 1.955.325/PE, Rel. Min. Antônio carlos, j. 12/03/2024, DJe 22/04/2024).

Contudo, corretamente orientado pelo princípio da segurança jurídica, o Tribunal **manteve a inexigibilidade de comprovação da regularidade fiscal para os casos de decisões homologatórias do plano de recuperação proferidas anteriormente à vigência da Lei n. 14.112/2020**.

No tocante às dívidas nas esferas estadual e municipal, o Tribunal afirmou que "a exigência da apresentação das certidões de regularidade fiscal como condição para a homologação do plano de recuperação judicial depende da edição de lei específica acerca do parcelamento dos tributos de sua respectiva competência".

Por fim, é importante registrar que a Lei 12.382/2011 acresceu parágrafos ao art. 83 da Lei n. 9.430/1996, estabelecendo que **a concessão de parcelamento impede o encaminhamento ao Ministério Público de representação fiscal para fins penais relativas aos crimes contra a ordem tributária** definidos nos arts. 1.º e 2.º da Lei 8.137/ 1990. A proibição somente cessa se houver exclusão da pessoa física ou jurídica do parcelamento, ficando suspensa a pretensão punitiva e a prescrição criminal enquanto vigente o favor, **desde que o pedido de parcelamento tenha sido formalizado antes do recebimento da denúncia criminal**. Para um melhor entendimento da matéria, recomenda-se a leitura do item 12.2.2.2.2, do Capítulo 12 desta obra.

Para acessar as questões referentes a esse capítulo, utilize o QR Code ao lado.

9

EXTINÇÃO DO CRÉDITO TRIBUTÁRIO

9.1 CONSIDERAÇÕES INICIAIS

As causas de extinção do crédito tributário estão previstas no art. 156 do CTN, cuja redação é a seguinte:

> "Art. 156. Extinguem o crédito tributário:
>
> I – o pagamento;

II – a compensação;

III – a transação;

IV – remissão;

V – a prescrição e a decadência;

VI – a conversão de depósito em renda;

VII – o pagamento antecipado e a homologação do lançamento nos termos do disposto no art. 150 e seus §§ 1.º e 4.º;

VIII – a consignação em pagamento, nos termos do disposto no § 2.º do art. 164;

IX – a decisão administrativa irreformável, assim entendida a definitiva na órbita administrativa, que não mais possa ser objeto de ação anulatória;

X – a decisão judicial passada em julgado.

XI – a dação em pagamento em bens imóveis, na forma e condições estabelecidas em lei.

Parágrafo único. A lei disporá quanto aos efeitos da extinção total ou parcial do crédito sobre a ulterior verificação da irregularidade da sua constituição, observado o disposto nos artigos 144 e 149".

É acirrada a discussão doutrinária sobre a configuração da lista acima transcrita como exaustiva ou apenas exemplificativa. Na mesma linha que foi adotada quando da análise das hipóteses de suspensão da exigibilidade do crédito, pode-se afirmar que o art. 141 do CTN parece apontar no sentido da **taxatividade da lista**, ao afirmar expressamente que "o crédito tributário regularmente constituído somente se modifica **ou extingue**, ou tem sua exigibilidade suspensa ou excluída, nos casos previstos **nesta Lei**".

Observa-se que não se estabelece que a extinção ocorrerá nos casos previstos **em lei** – o que permitiria a estipulação legal de outras hipóteses de extinção; assevera-se que os casos são os previstos **nesta Lei**, ou seja, no CTN, a lei de normas gerais sobre matéria tributária. Perceba-se que, no dispositivo, a palavra "Lei" aparece grafada com a inicial maiúscula, o que, como mandam as regras de gramática, só é cabível no início de uma frase ou – o que é o caso – quando o redator se refere a uma determinada lei. No caso, a Lei referida é o próprio CTN, e não qualquer lei editada pelo ente federado.

Mas a solução da controvérsia depende da contextualização com outros aspectos. O Direito Tributário, por ser eminentemente obrigacional, extrai muitos de seus conceitos do Direito das Obrigações (Direito Civil). Boa parte das hipóteses de extinção do crédito são, ao mesmo tempo, hipóteses de extinção das obrigações, o que leva ao questionamento sobre a possibilidade de os entes federados, usando de sua autonomia constitucionalmente assegurada, incorporarem ao rol dos casos de extinção dos seus créditos tributários outras hipóteses que o Direito Civil prevê como aptas a extinguir obrigações, mas que não foram mencionadas no Código Tributário Nacional.

É verdade que o art. 146, III, da Constituição Federal submete à reserva de lei complementar nacional as normas gerais em matéria tributária. Contudo, ao listar, nas alíneas do dispositivo, as matérias necessariamente submetidas a tal regra, a Magna Carga somente menciona expressamente duas das hipóteses de extinção constantes do CTN: a prescrição e a decadência (CF, art. 146, III, "b"). Também é necessário recordar que, no âmbito da competência legislativa concorrente, na qual está inserido o ramo tributário do Direito (CF, art. 24, I), "a competência da União para legislar sobre normas gerais não exclui a competência suplementar dos Estados" (CF, art. 24, § 2º). Da confluência dessas premissas, nasce a conclusão de autonomia dos Estados para preverem em suas leis outras hipóteses de extinção do crédito tributário, salvo aquelas constitucionalmente reservadas para a lei de normas gerais editada pela União (prescrição e decadência).

Caminhando nessa direção, no julgamento de medida cautelar na ADI 2.405/RS, o Supremo Tribunal Federal invocou a diretriz interpretativa segundo a qual "quem pode o mais pode o menos", e afirmou que se o ente federado pode até conceder remissão, dispensando por completo o recebimento do crédito tributário, ele também tem autonomia para adotar uma providência de bem menor impacto, dispondo sobre como os valores que lhe são devidos podem ser quitados.

Abordando os fundamentos da evolução da jurisprudência do STF, o CEBRASPE, no concurso para provimento de cargos de Juiz Federal do TRF da 1ª Região, com provas realizadas em 2009, considerou **correta** a seguinte assertiva "O STF passou a entender que os Estados e o DF podem estabelecer outros meios não previstos expressamente no Código Tributário Nacional de extinção de seus créditos tributários, máxime porque podem conceder remissão, e quem pode o mais pode o menos".

Em 2019, o Supremo julgou em definitivo o mérito da ADI 2.405/RS e confirmou o entendimento que adotara na cautelar nos seguintes termos: "Não há reserva de Lei Complementar Federal para tratar de novas hipóteses de suspensão e extinção de créditos tributários. Possibilidade de o Estado-Membro estabelecer regras específicas de quitação de seus próprios créditos tributários".

Como principais exemplos de hipóteses de extinção das obrigações previstas no Código Civil que legitimamente poderiam ser relacionadas pelas leis locais como aptas a extinguirem o crédito tributário, a doutrina aponta a **novação** e a **confusão**.

Confusão é a forma de extinção das obrigações que se verifica quando se confundem na mesma pessoa as qualidades de credor e devedor (Código Civil, art. 381).

Suponha-se que "A" possui uma promissória não paga por "B". Imagine-se também que "A" vem a falecer e que "B" é seu sucessor universal, na qualidade de único herdeiro. Na situação proposta, "B" recebe, entre os demais bens integrantes da herança, uma promissória em que ele próprio consta como devedor. Reuniram-se (confundiram-se) na mesma pessoa ("B") as qualidades de devedor e credor. **A obrigação está extinta.**

O Código Tributário Nacional, conforme ressaltado, não prevê a confusão como forma de extinção das obrigações. No mundo prático, todavia, já surgiram casos concretos em que o Poder Judiciário declarou extintos créditos tributários em virtude de confusão.

Um interessante exemplo desta situação ocorreu quando o Município de Belo Horizonte praticou desapropriação indireta – um verdadeiro esbulho possessório – imitindo-se na posse de imóvel particular. O anterior sujeito passivo estava em tal condição tão somente por ser possuidor do imóvel. Com o esbulho praticado pelo Município, este passou a ser o possuidor e, portanto, o sujeito passivo. Ocorre que o mesmo Município é o sujeito ativo do IPTU. Confundiram-se, na mesma pessoa, credor e devedor. O STJ declarou extinto o crédito, por confusão (AgRg. 117.895/MG).

Há, contudo, um equívoco nesse entendimento. Conforme detalhado no item 6.5.1.3 do Capítulo 06, **a desapropriação é uma das formas originárias de aquisição de propriedade,** de forma que o expropriante adquire a propriedade livre de qualquer vínculo jurídico anterior, **não havendo, portanto, a sub-rogação dos tributos pendentes na pessoa do adquirente**. Digno de nota que o Superior Tribunal de Justiça, nos julgados mais recentes, tem encampado essa tese. A título de exemplo, no julgamento do REsp 1.668.058/ES, o Tribunal chegou à conclusão de que "o ente desapropriante não responde por tributos incidentes sobre o imóvel desapropriado nas hipóteses em que o período de ocorrência dos fatos geradores é anterior ao ato de aquisição originária da propriedade" (STJ, 2ª T., REsp 1668058/ES, Rel. Min. Mauro Campbell, j. 08/06/2017, DJe 14/06/2017).

Quanto à **novação**, o Código Civil prevê sua ocorrência, dentre outras hipóteses, quando o devedor contrai com o credor nova dívida para extinguir e substituir a anterior (CC, art. 360, I). Trata-se de **novação objetiva**, em que a nova obrigação mantém os mesmos sujeitos passivos e ativos, mudando-se apenas o objeto. Assim, se o devedor de prestação em dinheiro não possui condições de adimpli-la, seria possível a extinção da obrigação e a substituição por outra em que este se comprometesse a prestar determinados serviços ao credor.

Em Direito Tributário, não há previsão expressa para providência semelhante. Contudo, existem autores que veem no **parcelamento** uma espécie de novação em que a obrigação tributária seria extinta e substituída por uma outra com adimplemento parcelado.

A tese, apesar de sedutora, não é compatível com a disciplina específica do CTN, que considera o **parcelamento** uma forma de **suspensão da exigibilidade** do crédito tributário, que somente será extinto com o pagamento integral das parcelas ou, caso contrário, recuperará sua exigibilidade.

Nesse sentido, o CEBRASPE, no concurso para provimento de Cargos de Auditor de Controle Externo (área Procuradoria) do Tribunal de Contas do Estado do Pará, realizado em 2016, considerou **correta** a seguinte assertiva: "A concessão de parcelamento tributário não dá ensejo à extinção dos créditos tributários parcelados, pois não ocorre o fenômeno da novação".

De qualquer forma, nas provas de concurso público, deve-se adotar a tese de que **é lícito aos entes federados ampliar, no seu âmbito e por lei própria, a lista de hipóteses de extinção dos créditos tributário.** Novação e confusão, por exemplo, devem ser consideradas como plenamente passíveis de inclusão na lista. Já no tocante à dação em pagamento em bens móveis, apesar de o Supremo Tribunal Federal caminhar no sentido da possibilidade de sua inclusão, a utilização do instituto é bastante dificultada por conta dos condicionamentos jurisprudencialmente estabelecidos, conforme detalhado no item 1.3.1 do Capítulo inaugural desta obra.

9.1.1 Pagamento

O pagamento é a causa mais natural de extinção das obrigações. Tratando-se de matéria tributária, o CTN estatui um conjunto de regras específicas que diferenciam, em alguns aspectos, o regime jurídico a que está sujeito o pagamento como forma de extinção do crédito tributário daquele aplicável ao pagamento como causa extintiva das obrigações em geral. É sobre este conjunto de aspectos distintivos que se passa a discorrer.

9.1.1.1 Cumulatividade das multas

Segundo o art. 157 do Código, a imposição de penalidade não ilide o pagamento integral do crédito tributário. Ressalte-se que o legislador utilizou a palavra "ilide" (rebate, refuta) quando objetivava usar "elide" (suprime, elimina).

Por conta da regra, em direito tributário, **a multa é sempre cumulativa**, jamais substituindo o pagamento do respectivo tributo. Assim, se foi comprovada sonegação de tributos por parte de determinado contribuinte e a autoridade fiscal contra este lançou o tributo e uma multa de 150%, apesar de o valor desta superar o do tributo, ambos deverão ser pagos cumulativamente, não cabendo a alegação de que no valor pago a título de multa já se inclui o montante do tributo.

Registre-se que, após a edição da Lei Complementar 118/2005, na falência, a posição privilegiada do credor tributário com relação aos demais somente existe quanto a crédito tributário relativo a tributo, não se aplicando ao relativo a multas. Se houvesse caráter substitutivo da multa, nos casos de falência, parte dos créditos tributários relativos a tributos acabaria perdendo, por via transversa, o grau de preferência que o legislador quis lhe conferir.

9.1.1.2 Pagamento e presunções civilistas

O art. 158, I, do CTN prevê que o pagamento **parcial** de um crédito não importa presunção de pagamento das prestações em que se decomponha. No pagamento **total** (art. 158, II, do CTN) também não há a presunção em relação a outros créditos referentes ao mesmo ou a outros tributos. Os dispositivos tornam inaplicáveis em direito tributário a regra civilista, segundo a qual, quando o pagamento for em quotas periódicas, a quitação da última estabelece, até prova em contrário, a presunção de estarem solvidas as anteriores (Código Civil, art. 322).

Por conseguinte, a comprovação do pagamento da última quota do IPVA não gera a presunção do pagamento das parcelas anteriores. O pagamento do IPTU relativo ao exercício de 2006 não presume a quitação da taxa de lixo do mesmo exercício ou dos créditos de IPTU referentes aos exercícios anteriores.

A consequência prática da inaplicabilidade da tradicional presunção é o dever, por parte do contribuinte, de manutenção dos comprovantes de pagamento de todas as prestações ou quotas, relativos a todos os tributos, até que se verifique a prescrição dos créditos respectivos (CTN, art. 195, parágrafo único).

Na linha do completo afastamento das presunções, o Superior Tribunal de Justiça entende que "a expedição de certificado de registro e licenciamento de veículo, embora condicionada à quitação de tributos incidentes sobre a propriedade de veículo automotor, não é dotada de qualquer eficácia liberatória de obrigação fiscal". Segundo o Tribunal, se a quitação do tributo se faz mediante documento específico de arrecadação, não se presta para comprovar o pagamento um "certificado lavrado por terceiro estranho à relação tributária, mesmo que órgão público, vinculado ao Estado credor". No acórdão (STJ, 1.ª T., REsp 511.480/RS, Rel. Min. Luiz Fux, j. 24.06.2003, *DJ* 04.08.2003, p. 244), expressamente se invocou como fundamento o art. 158 do CTN.

9.1.1.3 Local e prazo para pagamento

Os arts. 159 e 160 do CTN preveem regras meramente supletivas, porque **somente aplicáveis no caso de inexistência de norma expressa na legislação do tributo a que se referir**. Trata-se de casos em que a omissão legislativa não é sanada pelas técnicas integrativas previstas no art. 108 do Código, mas mediante a aplicação das regras supletivas contidas no próprio CTN.

Assim, não havendo regra específica na legislação tributária, o pagamento é efetuado na repartição competente do domicílio do sujeito passivo.

Assim, se a legislação tributária federal não previsse o local de pagamento do Imposto de Renda, deveria o sujeito passivo procurar uma repartição da Receita Federal no seu domicílio. Dessa forma, o contribuinte domiciliado em Maceió efetuaria o pagamento na repartição fiscal em cuja circunscrição estivesse inserido o seu domicílio, no caso, a Delegacia da Receita Federal na cidade.

A obrigação, portanto, não deixaria de ser **portável** (o devedor procura o credor até a data do vencimento), até porque não é razoável imaginar uma obrigação de natureza tributária legalmente definida como **quesível** (quando o credor deve procurar o devedor na data do vencimento).

A norma é, hoje, desprovida de importância prática, pois a generalidade das legislações tributárias prevê expressamente o recolhimento do tributo na rede bancária.

Quanto ao prazo para pagamento, a regra é também a definição pela legislação tributária do ente político competente para a criação do tributo. Na falta de norma expressa, o vencimento do crédito ocorre **trinta dias depois** da data em que se considera o sujeito passivo **notificado do lançamento**.

É importante ressaltar que **a regra não é aplicável ao lançamento por homologação**, pois, nesta modalidade de constituição de crédito, o pagamento deve ser feito antecipadamente, **não havendo que se falar em notificação de lançamento**. Por conseguinte, é imprescindível que a legislação de cada tributo sujeito a tal sistemática estipule expressamente o prazo para pagamento.

Assim, tem-se:

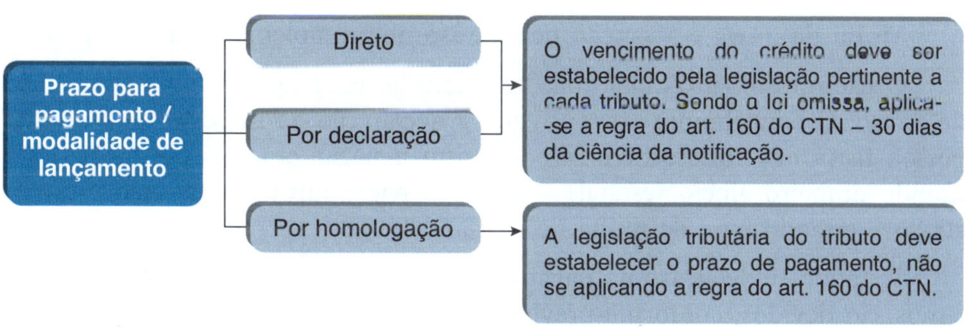

Absurdamente, o CTN submete à **legislação tributária** a possibilidade de concessão de desconto pela antecipação do pagamento (art. 160, parágrafo único). O problema é que, diante do princípio da indisponibilidade do patrimônio público, não parece possível que a concessão de quaisquer descontos tenha como veículo normativo algo que não a **lei**.

Na prática, as concessões de desconto em virtude de pagamento antecipado têm sempre sede legal, como corriqueiramente se verifica nas leis municipais que disciplinam o IPTU.

9.1.1.4 Efeitos da mora em Direito Tributário

Está em mora o sujeito passivo que não efetuar o pagamento no tempo, lugar e forma legalmente estabelecidos. O retardamento no adimplemento da obrigação de pagar tributo terá repercussões negativas para o devedor em mora, sendo-lhe imputáveis juros e multas.

Em direito tributário, os efeitos da mora são automáticos (mora *ex re*), não sendo necessário ao credor tomar qualquer providência para "constituir em mora" o devedor. A conclusão decorre da disposição expressa contida no art. 161 do CTN e abaixo transcrita:

> "Art. 161. O crédito não integralmente pago no vencimento é acrescido de juros de mora, seja qual for o motivo determinante da falta, sem prejuízo da imposição das penalidades cabíveis e da aplicação de quaisquer medidas de garantia previstas nesta Lei ou em lei tributária."

9.1.1.4.1 Juros de mora, multa de mora e correção monetária – diferenças

Correção monetária é a atualização de um valor em face do fenômeno inflacionário.

Juro é o preço pelo uso do dinheiro alheio.

Multa de mora é a sanção pelo atraso no adimplemento da obrigação.

O uso do dinheiro alheio não traz consigo necessariamente a ocorrência de atraso. O contribuinte que entregou a declaração de imposto de renda de pessoa física em abril e dividiu o imposto a pagar em seis prestações está usando dinheiro alheio (estatal) – devendo pagar juros –, mas não está em atraso – estando livre de multa de mora.

Tratando-se de atraso no pagamento do tributo, entretanto, os dois acréscimos são devidos, conforme previsto na lei do respectivo ente tributante.

A regra constante no § 1.º do art. 161 do CTN é meramente supletiva, de forma que somente se aplica a taxa de juros de 1% ao mês ali prevista caso não haja percentual especificamente previsto na lei tributária.

Atualmente, no âmbito federal, a correção monetária e os juros de mora estão reunidos em único índice, a taxa referencial do Sistema Especial de Liquidação e de Custódia - SELIC.

A possibilidade da utilização da taxa se encontra pacificada no âmbito do Superior Tribunal de Justiça, que entende ser impossível a cumulação da SELIC com qualquer outro índice de correção (REsp 447.690).

Como será objeto de estudo adiante, também na restituição de valor pago a maior ou inteiramente indevido, a correção monetária e os juros de mora estarão reunidos na taxa SELIC. Trata-se de regra bastante justa, pois submete o pagamento e a restituição exatamente aos mesmos índices.

Registre-se que em virtude da autonomia que lhes é consagrada, os Estados e Municípios têm liberdade para estipular a taxa de juros que será utilizada para o pagamento em atraso dos tributos de sua competência e para a restituição de valores que lhe foram recolhidos indevidamente (como visto, os índices necessariamente serão iguais). Muitos entes editam leis adotando a SELIC. Há quem critique essa opção, pois a SELIC é definida pelo Comitê de Política Monetária, constituído no âmbito Banco Central do Brasil, o que deixaria o ente que opta pela utilização do índice a reboque de uma entidade federal, de forma a restar configurada uma verdadeira renúncia à autonomia. Contudo, há de se recordar que o ente federado que fizer tal opção o fará livremente, no exercício de sua autonomia, podendo a qualquer momento editar nova lei e adotar um outro índice. Seguindo essa linha de raciocínio, o STJ editou, quanto aos Estados, a Súmula nº 523, cujo teor é transcrito a seguir:

> **STJ Súmula 523** – "A taxa de juros de mora incidente na repetição de indébito de tributos estaduais deve corresponder à utilizada para cobrança do tributo pago em atraso, sendo legítima a incidência da taxa Selic, em ambas as hipóteses, quando prevista na legislação local, vedada sua cumulação com quaisquer outros índices".

9.1.1.4.2 Termo inicial da fluência de juros e da multa de mora

Não obstante ser teoricamente possível a incidência dos juros e multa de mora já no **dia seguinte ao do vencimento** do débito, as legislações têm previsto que os juros de mora incidem somente a partir **do primeiro dia do mês seguinte a tal data**. No que concerne à multa de mora, contudo, a previsão tem sido a incidência a partir do **dia seguinte ao vencimento**.

9.1.1.4.3 Processo administrativo de consulta

Conforme se extrai do art. 161, § 2.º, do CTN, **enquanto pendente consulta formulada pelo sujeito passivo dentro do prazo para pagamento do crédito, não haverá fluência dos juros, nem aplicação de penalidade**.

A regra se refere à possibilidade de o sujeito passivo – diante de dúvida razoável, decorrente de omissão, obscuridade ou contradição na legislação tributária, que repercuta na impossibilidade de certeza sobre o correto adimplemento da obrigação a que se refira – consultar a administração tributária sobre a solução a ser dada.

Enquanto a dúvida não for sanada, ao sujeito passivo não poderão ser impostos os efeitos da mora, pois não se trata de inadimplemento, mas de impossibilidade de cumprimento decorrente da imperfeição da legislação aplicável.

Apesar de as consequências práticas de pendência de solução da consulta serem semelhantes às dos casos de suspensão da exigibilidade do crédito tributário, não se pode afirmar que efetivamente se trata de mais uma hipótese suspensiva, sob pena de contrariar o caráter exaustivo que o CTN almejou atribuir à lista constante do seu art. 151.

Assim, apesar de parecer contraditória a afirmativa, aconselha-se que, em provas de concurso público, seja adotado o entendimento de que a formulação de consulta não suspende a exigibilidade do crédito tributário, mas impede a fluência de juros de mora e aplicação da multa de mora, enquanto pendente a solução.

As regras sobre o processo de consulta constam da legislação específica de cada ente federado. No âmbito federal, aplicam-se as disposições estatuídas pelo Decreto 70.235/1972 e pela Lei 9.430/1996.

9.1.1.5 Forma de pagamento

Sendo o tributo, por definição, uma **prestação pecuniária**, o normal é que seu pagamento somente possa ser efetuado **em dinheiro**, não obstante a cláusula "ou cujo valor nele se possa exprimir" constante do art. 3.º do CTN, analisado no início do curso.

Entretanto, o art. 162 do Código afirma que o pagamento pode ser efetuado em moeda corrente, cheque ou vale postal; e, nos casos previstos em lei, em estampilha, em papel selado, ou por processo mecânico.

Concretamente, não se deixa de lado a ideia de que o tributo é pago em moeda corrente, pois os demais "meios de pagamento" citados no dispositivo ou configuram meros mecanismos para a **transferência do dinheiro** para os cofres públicos (cheque e vale postal), ou simples meios de **comprovação** de que o pagamento – em dinheiro – foi realizado (estampilha, papel selado e por processo mecânico).

O Código Tributário Nacional autorizou em norma de eficácia plena – e, portanto, independentemente de regulamentação – que o pagamento seja feito em moeda corrente, cheque e vale postal. Entretanto, no que concerne ao pagamento em estampilha, em papel selado, ou por processo mecânico, inseriu-se a expressão "nos casos previstos em lei", o que torna a possibilidade dependente de regulamentação.

Apesar de não prever a necessidade de regulamentação específica para pagamento com cheque, o Código, no art. 162, § 1.º, previu que a legislação tributária pode determinar as garantias exigidas para o pagamento por cheque ou vale postal, desde que não o torne impossível ou mais oneroso que o pagamento em moeda corrente. Assim, não poderia, por exemplo, a legislação tributária exigir que o cheque utilizado para pagamento de tributo fosse visado pelo banco, na hipótese de os bancos cobrarem taxa pela realização de tal procedimento, de forma a tornar mais oneroso o pagamento.

De qualquer forma, o § 2.º do mesmo dispositivo faz a extinção do pagamento feito por cheque depender do posterior resgate deste pelo sacado (compensação bancária). A regra tem o efeito de evitar que o não resgate do cheque pelo banco sacado altere a natureza do crédito tributário para cambiário, o que poderia ocorrer caso se considerasse que o crédito tributário fora extinto pelo pagamento, restando para a Fazenda, tão somente, o crédito representado pelo título cambiário (cheque).

Estampilha e papel selado são **espécies de selo** com os quais o sujeito passivo comprova o pagamento do tributo, feito em dinheiro, no momento da aquisição. Tais meios foram muito utilizados no passado, principalmente para comprovação de pagamento dos impostos sobre consumo, em que os contribuintes adquiriam os selos e os afixavam nos livros fiscais.

O exemplo mais recente foi o caso do selo-pedágio, que era adquirido pelo proprietário do veículo e afixado no respectivo para-brisa, de forma a comprovar o pagamento do pedágio (neste caso, considerado taxa pelo STF – RE 181.475-6).

Segundo o § 3.º do dispositivo ora analisado, o crédito pagável em estampilha considera-se extinto com a inutilização regular daquela, ressalvada a necessidade de homologação, caso se trate de tributo lançado em tal modalidade. A estampilha se tem por inutilizada quando afixada em local determinado, visto ser teoricamente impossível a sua reutilização. A título de exemplo, não era possível – ao menos na teoria – a retirada do selo-pedágio intacto do para-brisa do veículo após a fixação.

Também consta do CTN regra segundo a qual a perda ou destruição da estampilha, ou o erro no pagamento por esta modalidade, não dão direito à restituição, salvo nos casos expressamente previstos na legislação tributária, ou naquelas (*sic*) em que o erro seja imputável à autoridade administrativa (art. 162, § 4.º).

Por fim, o pagamento "por processo mecânico" nada mais é do que a aposição sobre documento fiscal de chancela oficial comprobatória de pagamento efetuado em moeda corrente, sendo equiparado ao pagamento por estampilha e por papel selado, em virtude de expressa determinação legal (CTN, art. 162, § 5.º).

9.1.1.6 Imputação em pagamento

A imputação em pagamento tem lugar quando se verifica que o **mesmo sujeito passivo** possui perante o **mesmo sujeito ativo** mais de um débito e oferece para pagamento montante insuficiente para quitação de tudo o que deve.

O Código Tributário Nacional optou por atribuir à autoridade administrativa a prerrogativa de, seguindo rígida disciplina legal, estabelecer quais os débitos que serão quitados pelo montante oferecido pelo sujeito passivo, dada a impossibilidade de plena quitação.

Hoje em dia, como o pagamento dos tributos é feito na rede bancária, sem supervisão da autoridade administrativa e por meio de documentos em que se indica com precisão o crédito tributário que o sujeito passivo está pagando, é improvável a utilização das regras sobre imputação em pagamento pela autoridade administrativa.

Excepcionalmente, seria possível a utilização do instituto se, em algum dos casos de cobrança coletiva de créditos (falência, por exemplo), ao chegar o momento de pagar os créditos tributários de determinado ente, o montante de recursos disponíveis não for suficiente para a quitação de todos os créditos, restando à autoridade administrativa a incumbência de proceder à imputação, seguindo os parâmetros a seguir estudados.

Dispõe o art. 163 do CTN:

> "Art. 163. Existindo simultaneamente dois ou mais débitos vencidos do mesmo sujeito passivo para com a mesma pessoa jurídica de direito público, relativos ao mesmo ou a diferentes tributos ou provenientes de penalidade pecuniária ou juros de mora, a autoridade administrativa competente para receber o pagamento determinará a respectiva imputação, obedecidas as seguintes regras, na ordem em que enumeradas:
>
> I – em primeiro lugar, aos débitos por obrigação própria, e em segundo lugar aos decorrentes de responsabilidade tributária;
>
> II – primeiramente, às contribuições de melhoria, depois às taxas e por fim aos impostos;

III – na ordem crescente dos prazos de prescrição;

IV – na ordem decrescente dos montantes".

O primeiro critério a ser seguido para a definição da ordem de imputação é o que dá preferência aos créditos em que o sujeito passivo é devedor na condição de **contribuinte** – o CTN fala em débitos por **obrigação própria** –, em detrimento daqueles em que o mesmo comparece na condição de **responsável** (decorrentes de **responsabilidade tributária**).

Não resolvida a imputação com base no primeiro critério (por exemplo, se o sujeito passivo possuía dois débitos, ambos na condição de contribuinte), passa-se para o segundo critério, qual seja na **ordem inversa do grau de retributividade** (do mais retributivo para o menos retributivo).

O mais retributivo dos tributos é a contribuição de melhoria, pois o sujeito passivo obteve uma valorização de seu patrimônio individual, devendo pagar o tributo correspondente, de forma a evitar o enriquecimento sem causa. A **contribuição de melhoria** é, portanto, a primeira espécie tributária na ordem de imputação em pagamento.

Logo após as contribuições de melhoria, a imputação em pagamento deve ser feita em benefício das **taxas**. As taxas são também tributos retributivos, pois seus sujeitos passivos foram beneficiados pela prestação de um serviço público específico e divisível a eles diretamente referidos ou foram objeto do exercício do poder de polícia do Estado. Apesar de não parecer vantagem ser "objeto do exercício do poder de polícia", a situação é absolutamente necessária para o exercício de diversas atividades. De uma forma ou de outra, percebe-se um alto grau de retributividade nas taxas, mas não como o das contribuições de melhoria, cuja cobrança depende da comprovação do aumento do patrimônio individual dos contribuintes. Daí o posicionamento das taxas como segundas colocadas na regra de imputação ora estudada.

Após a imputação em benefício dos tributos constitucionalmente definidos como vinculados, chega-se o momento de quitar os créditos relativos aos **impostos**, tributos que, conforme definição do art. 16 do CTN, têm por fato gerador uma situação independente de qualquer atividade estatal específica, relativa ao contribuinte, não possuindo, portanto, qualquer grau de retributividade.

Não resolvida a imputação pelas duas primeiras regras (imagine-se o sujeito passivo que deve dois créditos tributários relativos a impostos, estando, em ambos os casos, na condição de contribuinte), a imputação deve ser resolvida segundo a **ordem crescente do prazo de prescrição**.

O motivo da regra é óbvio. Privilegiam-se os créditos com prazo de prescrição mais curto, porque, quanto a estes, o risco de extinção por decurso de prazo é maior.

Por fim, praticamente como critério de desempate, não resolvida a questão com base nas regras anteriores (suponha-se o sujeito passivo que deve dois créditos tributários relativos a impostos, em idêntica situação relativa aos prazos de prescrição, estando, em ambos os casos, na condição de contribuinte), decide-se a imputação em benefício dos créditos de valor mais elevado **(ordem decrescente dos montantes)**.

9.1.1.7 Pagamento indevido e repetição de indébito

É cediço em direito que quem pagou o que não era devido possui direito à restituição. O fundamento da regra é princípio da **vedação ao enriquecimento sem causa**, pois não é justo que alguém obtenha um aumento patrimonial sem que tenha concorrido para tanto, sendo apenas beneficiário de erro de outrem.

Na esteira deste raciocínio, o art. 165 do CTN afirma:

> "Art. 165. O sujeito passivo tem direito, independentemente de prévio protesto, à restituição total ou parcial do tributo, seja qual for a modalidade do seu pagamento, ressalvado o disposto no § 4.º do art. 162, nos seguintes casos:
>
> I – cobrança ou pagamento espontâneo de tributo indevido ou maior que o devido em face da legislação tributária aplicável, ou da natureza ou circunstâncias materiais do fato gerador efetivamente ocorrido;
>
> II – erro na edificação do sujeito passivo, na determinação da alíquota aplicável, no cálculo do montante do débito ou na elaboração ou conferência de qualquer documento relativo ao pagamento;
>
> III – reforma, anulação, revogação ou rescisão de decisão condenatória".

Se um pagamento foi considerado indevido ou maior que o devido, o montante pago indevidamente não corresponde a tributo, mas a algo pago a título de tributo. A pessoa que pagou não é necessariamente sujeito passivo de tributo, possuindo direito à restituição independentemente de prévio protesto. A rigor, a obrigação de restituir não é tributária, mas sim civil, possuindo fundamento, como já explicado, na vedação ao enriquecimento sem causa.

A expressão "independentemente de prévio protesto" tem o objetivo de fazer com que a restituição não dependa do estado de espírito do sujeito passivo quando efetuou o pagamento indevido ou maior que o devido. Afasta-se a possibilidade de aplicação do art. 877 do Código Civil, segundo o qual, "àquele que voluntariamente pagou o indevido incumbe a prova de tê-lo feito por erro".

A regra é, portanto, bastante simples: verificado o recolhimento a maior, há o direito à restituição do montante que não era devido. Não há importância no fato de o sujeito passivo ter espontaneamente pago determinado valor a título de tributo por erroneamente entendê-lo devido; também é irrelevante se foi o Fisco ou o próprio sujeito passivo quem calculou o *quantum* que veio a ser pago.

A possibilidade de restituição não depende de prévia ressalva de que o pagamento foi realizado "sob protesto", pois a obrigação tributária tem por única fonte a lei (é *ex lege*), de forma a tornar irrelevante a vontade dos sujeitos passivo e ativo para o nascimento do dever legal.

Nas hipóteses em que o dispositivo transcrito fala de direito à restituição, sempre há a presença de um pagamento indevido ou maior que o devido, mesmo que o reconhecimento do fato se dê *a posteriori*, por meio de uma decisão judicial ou administrativa relacionada à situação que resultou no pagamento em discussão.

9.1.1.7.1 Restituição de tributo indireto

Conforme analisado no item 1.5.6 do Capítulo 1, quanto à possibilidade de repercussão do encargo econômico financeiro, os tributos podem ser diretos e indiretos.

São **indiretos** os tributos que, em virtude de sua configuração jurídica, permitem a translação do seu encargo econômico para uma pessoa diferente daquela definida em lei como sujeito passivo. Por sua vez, são **diretos** os tributos que não permitem, oficialmente, tal translação.

Naquele ponto do curso, foi discutida a tese adotada pelos economistas, segundo a qual praticamente todo tributo tem a possibilidade de ter seu encargo econômico repassado para o consumidor de bens e serviços, de forma que a classificação dos tributos como diretos ou indiretos seria irrelevante.

Demonstrou-se, contudo, a existência de relevância jurídica na classificação quando se comparam as regras relativas à restituição de tributo direto com aquelas referentes aos tributos indiretos.

Citou-se pacífica jurisprudência do STJ, em que se afirma a inaplicabilidade de critérios econômicos para definição do alcance das regras sobre restituição. Pela profunda importância para a compreensão do ponto ora estudado, transcreve-se o excerto mais relevante da decisão proferida pela Corte ao julgar o REsp 118.488:

> "(...) 2 – Nem todos os tributos, por sua própria natureza, comportam transferência do respectivo encargo financeiro. 3 – A identificação dos tributos que não comportam transferência do respectivo encargo financeiro dar-se-á com base em critérios normativos hauridos do ordenamento posto e não

> em razões de ciência econômica" (STJ, 1.ª T., REsp 118.488/RS, Rel. Min. José Delgado, j. 04.09.1997, *DJ* 06.10.1997, p. 49.888).

Nos tributos diretos, a regra relativa às restituições já foi estudada e é por demais simples. Quem pagou um valor indevido ou maior que o devido tem direito à restituição.

Nos tributos considerados indiretos, a questão deve ser analisada por outra ótica. Se o contribuinte de direito repassou oficialmente o encargo econômico do tributo para um terceiro e, mais à frente, percebeu-se que tal ônus não correspondia ao previsto na lei, havendo direito à restituição, seria justo restituir o excesso ao primeiro?

Em termos práticos, suponha-se que um comerciante (contribuinte de direito) recolheu aos cofres públicos – a título de ICMS – R$ 1.000,00 incluídos no preço de uma venda feita a consumidor (contribuinte de fato). Admita-se que, mais tarde, seja descoberto que o valor correto do ICMS devido na operação seria de R$ 600,00. Teria o comerciante o direito à restituição do excesso pago?

Perceba-se que, se a pergunta for respondida positivamente, haverá enriquecimento sem causa (do comerciante), pois o mesmo receberá a título de restituição um valor que apenas repassou aos cofres públicos, mas que, na realidade, saiu do bolso do consumidor final.

Durante algum tempo, pautado no argumento de que a restituição geraria enriquecimento sem causa do contribuinte (de direito), o STF entendeu ser impossível a restituição, tendo inclusive editado, em 1963, a **Súmula 71**, cuja redação afirmava de maneira clara que "embora pago indevidamente, não cabe restituição de tributo indireto".

A doutrina teceu severas críticas ao entendimento, argumentando, basicamente, que, sob a desculpa de tentar evitar o enriquecimento sem causa (do contribuinte de direito), o STF acabou por oficializá-lo, porque a negativa de restituição de valor recebido a maior configura enriquecimento sem causa do beneficiário do pagamento (no caso o Estado). Posicionando-se de maneira no mínimo curiosa, o Tribunal afirmava que, se o enriquecimento sem causa fosse inevitável, mal menor seria sua ocorrência em benefício do Estado, pois o privilégio seria repartido por toda a sociedade.

Mais à frente, o Código Tributário Nacional (1966) deu solução mais razoável, consoante se percebe do art. 166, abaixo transcrito:

> "Art. 166. A restituição de tributos que comportem, por sua natureza, transferência do respectivo encargo financeiro somente será feita a quem prove haver assumido o referido encargo, ou, no caso de tê-lo transferido a terceiro, estar por este expressamente autorizado a recebê-la".

Ao se referir aos tributos que comportem, **por sua natureza**, a repercussão econômica, o CTN adota a definição de tributo indireto esposada nesta obra. Assim, não basta que seja possível a repercussão econômica, pois, conforme afirmado, tal possibilidade existe praticamente em todo tributo. É necessário que as normas que disciplinam o tributo prevejam a **possibilidade oficial de transferência do encargo**. Trata-se da **repercussão jurídica** e não apenas da **repercussão econômica**.

O mais relevante é que o dispositivo tomou um caminho diferente daquele anteriormente sumulado pelo STF, permitindo a restituição do tributo indireto nas seguintes – e exaustivas – hipóteses:

a) quando o contribuinte de direito comprovar que não transferiu o encargo financeiro do tributo; e

b) quando o contribuinte de direito estiver expressamente autorizado pelo contribuinte de fato a receber a restituição.

Posteriormente, o Supremo Tribunal Federal evoluiu no seu antigo entendimento e editou a Súmula 546, abaixo transcrita:

> **STF – Súmula 546** – "Cabe a restituição do tributo pago indevidamente, quando reconhecido por decisão, que o contribuinte *de jure* não recuperou do contribuinte *de facto* o *quantum* respectivo".

De uma forma mais clara, não havendo repercussão, o contribuinte de direito (*de jure*) é na realidade também contribuinte de fato, pois sofre o encargo econômico do tributo, não havendo que se falar em enriquecimento sem causa.

O entendimento é aplicado na prática, não obstante as respeitáveis dissonâncias doutrinárias. Pela relevância pedagógica de demonstrar a) a utilização jurisprudencial da classificação dos tributos como diretos e indiretos; b) a inclusão do ICMS no último grupo; e c) a aplicabilidade do art. 166 do CTN e da Súmula 546 do STF, transcreve-se a seguinte ementa, da lavra do Superior Tribunal de Justiça (AgRg no REsp 440.300-SP):

> "Tributário. Compensação. Repetição de indébito. ICMS. Tributo indireto. Transferência de encargo financeiro ao consumidor final. Art. 166 do CTN. Ilegitimidade ativa.
>
> 1. ICMS é de natureza indireta, porquanto o contribuinte real é o consumidor da mercadoria objeto da operação (contribuinte de fato) e a empresa (contribuinte de direito) repassa, no preço da mesma, o imposto devido, recolhendo,

após, aos cofres públicos o tributo já pago pelo consumidor de seus produtos. Não assumindo, portanto, a carga tributária resultante dessa incidência.

2. Ilegitimidade ativa da empresa em ver restituída a majoração de tributo que não a onerou, por não haver comprovação de que a contribuinte assumiu o encargo sem repasse no preço da mercadoria, como exigido no art. 166 do Código Tributário Nacional. Prova da repercussão. Precedentes.

3. Ausência de motivos suficientes para a modificação do julgado. Manutenção da decisão agravada.

4. Agravo Regimental desprovido" (STJ, 1.ª T., AgRg REsp 440.300/SP, Rel. Min. Luiz Fux, j. 21.11.2002, *DJ* 09.12.2002, p. 302).

Há entendimento doutrinário segundo o qual o art. 166 do CTN, ao facultar a restituição do tributo "a quem prove haver assumido o referido encargo", possibilitaria que o **contribuinte de fato**, de posse do documento que comprove ser ele o real atingido pelo ônus do tributo (nota fiscal), estaria legitimado a pleitear a restituição. Esta é a interpretação que mais se coaduna com os ideais de justiça, propiciando àquele que efetivamente foi lesado a possibilidade de reparação direta do seu prejuízo. O Superior Tribunal de Justiça, apesar de já haver decidido dessa forma, tem adotado como regra o entendimento de que o **contribuinte de fato**, por formalmente **não fazer parte da relação jurídico-tributária**, não estaria autorizado a pleitear judicialmente a restituição de tributo pago pelo **contribuinte de direito, este sim, legitimado a fazê-lo**, desde que cumpridas as exigências do art. 166 do CTN (REsp 983.814-MG).

Assim, o consumidor indevidamente atingido por uma errônea cobrança do ICMS, munido de documento em que comprove ter suportado o ônus do tributo, fica impossibilitado de obter diretamente a repetição do indébito tributário, passando a depender de uma iniciativa do comerciante (contribuinte de direito), que pode não demonstrar interesse em litigar em busca de um valor para ser repassado a terceiro.

Em alguns julgados mais recentes, contudo, o Superior Tribunal de Justiça tem atentado ao absurdo da situação. São casos relativos a **concessionárias de serviços públicos** que, sendo consideradas contribuintes do ICMS (muitas vezes indevidamente), repassam tal encargo tributário aos tomadores do serviço, de forma que estes, meros contribuintes de fato, não teriam – caso seguida à risca a tese encampada pela jurisprudência prevalente acima exposta - possibilidade de buscar na justiça eventual repetição de indébito. Contudo, o STJ decidiu que "diante do que dispõe a legislação que disciplina as concessões de serviço público e da peculiar relação envolvendo o Estado-concedente, a concessionária e o consumidor, esse último tem legitimidade para propor ação declaratória c/c repetição de indébito" (REsp Nº 1.299.303/SC).

A peculiaridade que levou o Tribunal a excetuar sua tradicional jurisprudência foi o fato de que a concessionária trabalha em conjunto com o Estado-concedente numa posição de submissão a este, podendo até ver o próprio contrato de concessão rescindido caso não se enquadre nas diretrizes fixadas. A situação, no entender do Tribunal, leva a concessionária a tentar evitar litígios desgastantes com o Poder Concedente (como poderia ocorrer, por exemplo, com eventual ajuizamento de ação de repetição de indébito). Além disso, no tocante especificamente à cobrança de tributos, o Tribunal entendeu que concessionária e concedente atuam lado a lado, sem qualquer possibilidade de conflito.

O principal precedente neste sentido é relativo à possibilidade de o consumidor de energia elétrica, buscar do Estado a repetição de indébito relativo ao ICMS indevidamente cobrado sobre demanda contratada e não utilizada (REsp 1.299.303/SC). Contudo, o fato de o STJ já haver aplicado a mesma tese para casos semelhantes (como no REsp 1.349.196/RJ – discussão sobre a não incidência sobre o serviço público de fornecimento de água tratada), torna correta a conclusão de que para o Tribunal **o contribuinte de fato tem legitimidade ativa para propor ação de repetição de indébito relativa ao ICMS cobrado sobre serviços públicos concedidos**.

Uma outra importante controvérsia, tendo como pano de fundo o art. 166 do Código Tributário Nacional, foi resolvida de forma bastante curiosa pela 2ª Turma do Superior Tribunal de Justiça. Trata-se da repetição de indébito do ISS incidente sobre serviços postais pleiteada pelos Correios em virtude dos recolhimentos realizados antes da consolidação do entendimento segundo o qual a empresa goza da imunidade tributária recíproca.

O recurso julgado pela Corte foi interposto contra uma decisão que presumira que o Ministério da Fazenda, ao fixar os valores a serem pagos em contraprestação aos serviços prestados pelos Correios, teria levado em consideração os custos incorridos pela empresa, entre eles, o valor do ISS incidente na prestação.

Assim, o encargo relativo ao imposto teria sido embutido no preço e transferido pelos Correios aos seus clientes, somente sendo possível à empresa pleitear a repetição de indébito caso obtivesse a autorização de tais clientes (contribuintes de fato).

Ao julgar o recurso, a 2ª Turma do STJ inverteu a presunção, alegando que, diante do fato de que os Correios e a Administração Federal sempre entenderam ser a empresa pública beneficiária da imunidade recíproca, a Corte deveria presumir que eles não incluíam no valor do serviço prestado o montante de um imposto (ISS) que não consideravam devido.

Não parece crível que o comportamento presumido pela Turma corresponda à realidade. Seria realmente razoável imaginar que os Correios passaram décadas recolhendo um imposto sem incluí-lo no preço dos seus serviços, à espera de uma inversão de jurisprudência que poderia nunca ocorrer? A resposta negativa ao questionamento parece a mais plausível. Ao que tudo indica, trata-se de mais uma das decisões em que o Poder Judiciário, sensível à grave crise econômico-financeira que os Correios vêm tentando atravessar, flexibiliza algumas exigências fiscais feitas à instituição.

No âmbito da 1ª Turma, contudo, a partir de 2024 passou a prevalecer o entendimento segundo o qual cabe aos Correios comprovar o cumprimento do art. 166 do CTN para que tenha o direito à repetição do indébito. Nas palavras do Órgão Fracionário, "o fato de a atividade econômica ser remunerada por preço controlado pelo governo não é suficiente para afastar a natureza indireta do ISS, pelo que cabe ao contribuinte demonstrar a condição estabelecida no art. 166 do CTN (ausência de repasse econômico da exação ou autorização do contribuinte de fato) para a postulação à repetição de indébito" (STJ, 1ª T, REsp 2.073.516/SP, Rel. Min. Gurgel de Faria, j. 12/11/2024, DJe 11/12/2024).

Registre-se, por fim, que o STJ não aceita como legítima a ficção legal que trate como indiretos tributos que são nitidamente diretos. Foi encampando essa tese que o Tribunal se manifestou sobre a contribuição previdenciária a cargo da empresa incidente sobre os pagamentos a administradores, autônomos e empregados avulsos. Nas palavras da Corte, "os valores recolhidos a esse título são restituíveis ou compensáveis, independentemente do cumprimento da exigência contida na Lei 9.032/1995 e no art. 166 do CTN, por isso que não se trata de tributo indireto, inocorrendo o fenômeno da repercussão ou repasse" (REsp 255.803/ES).

9.1.1.7.2 Restituição de tributo direto pago em virtude de obrigação contratual

Conforme visto no item anterior, os contribuintes de fato de tributos indiretos, por serem alheios à relação jurídico-tributária, não têm, em regra, legitimidade para pleitear a restituição dos tributos cujos encargos lhe tenham sido transferidos. O fundamento e a conclusão são semelhantes no tocante **àqueles que assumiram obrigação contratual de pagar tributo direto.**

Para esses casos, é fundamental recordar que, salvo disposição em contrário, as convenções entre particulares não podem ser opostas à Fazenda Pública para mudar a definição legal do sujeito passivo das obrigações tributárias (CTN, art. 123). Assim, a obrigação contratual eventualmente assumida vincula os signatários do pacto, mas não transforma em integrante da relação jurídico-tributária – e, por conseguinte, em legitimado a discuti-la – quem legalmente não o é.

O caso mais comum é o relativo à locação de bens imóveis, em que o locatário tradicionalmente assume a obrigação contratual de pagar o IPTU e as taxas decorrentes de prestação de serviços que tenham como contribuinte o proprietário do imóvel (como a de coleta domiciliar de lixo, por exemplo), sem que este, contudo, adquira legitimidade para discutir ou repetir os valores que tenha pago. Foi raciocinando dessa forma que o Superior Tribunal de Justiça editou a Súmula 614, com o seguinte teor:

> **STJ – Súmula 614** – "O locatário não possui legitimidade ativa para discutir a relação jurídico-tributária de IPTU e de taxas referentes ao imóvel alugado nem para repetir indébito desses tributos".

9.1.1.7.3 Restituição de juros e multas

Os juros de mora e as multas de mora são definidos em lei e calculados sobre o montante do tributo devido. Por conseguinte, havendo pagamento a maior de tributo, os juros e multas de mora porventura devidos serão superestimados e também recolhidos a maior, na mesma proporção. O mesmo raciocínio não vale para as multas referentes a infrações de caráter formal que porventura não sejam prejudicadas pela causa da restituição. Com relação a estas, não há direito à restituição de qualquer parcela.

A título de exemplo, admita-se que determinado contribuinte recolheu, a título de tributo, o valor de dois mil reais. Como o pagamento foi feito em atraso, ele pagou 50% a título de juros e 20% a título de multa moratória. Suponha-se que a legislação preveja uma multa de quinhentos reais pelo atraso na entrega da declaração referente àquele tributo e que o sujeito passivo objeto do exemplo tenha incidido em atraso e recolhido a multa. Na situação proposta, teriam sido recolhidos os seguintes valores:

R$ 2.000,00 – Tributo.

R$ 1.000,00 – Juros de mora.

R$ 400,00 – Multa de mora.

R$ 500,00 – Multa por atraso na entrega de declaração.

Imagine-se que, posteriormente, seja verificado que o montante do tributo devido era de apenas mil reais. Se o débito relativo a tributo era apenas metade do valor pago e a multa e juros de mora foram calculados sobre tal valor, deve haver restituição de metade do valor do tributo, metade do valor da multa, metade do valor dos juros. Do montante recolhido a título de multa por atraso na entrega de declaração, nada será restituído, uma vez que o respectivo fato gerador não é prejudicado pela causa da restituição, nem foi calculado com base no valor do tributo devido.

Assim, o contribuinte terá direito à restituição das seguintes verbas:

R$ 1.000,00 – Restituição de tributo.

R$ 500,00 – Restituição de juros de mora.

R$ 200,00 – Restituição de multa de mora.

A rigor, não seria correto falar em restituição de tributo, mas sim de restituição de valor pago **a título de tributo**, pois se trata de montante que o particular achou que seria tributo, mas não o era.

A regra ora estudada decorre do art. 167 do CTN, cuja redação é a seguinte:

> "Art. 167. A restituição total ou parcial do tributo dá lugar à restituição, na mesma proporção, dos juros de mora e das penalidades pecuniárias, salvo as referentes a infrações de caráter formal não prejudicadas pela causa da restituição".

9.1.1.7.4 Termo inicial da fluência de juros e correção monetária na restituição

Além da restituição do valor indevidamente recolhido, o sujeito passivo poderá ter direito a juros e correção relativos a tal valor.

Quanto a este aspecto, não se deve confundir a restituição de valor recolhido a título de juros (restituição de juros), analisada no subitem anterior, com o direito a receber juros sobre o valor da restituição (juros sobre restituição), ora analisado. Aqui se está a tratar do montante que o Estado deve pagar ao contribuinte por ter demorado a devolver o valor do tributo, após decisão definitiva determinando a restituição.

Seria injusto sempre determinar ao Estado o pagamento de juros que tivesse por termo inicial o dia do pagamento indevido, visto que, em algumas hipóteses, o recolhimento a maior decorre de erro do próprio devedor, como pode ocorrer, por exemplo, na sistemática do lançamento por homologação, em que o próprio sujeito passivo calcula o tributo devido.

Na esteira desse raciocínio, mas sem atentar para o fato de que há casos em que o recolhimento indevido decorre de erro atribuível ao próprio Estado, o parágrafo único do art. 167 do CTN previu a seguinte regra (grifou-se):

> "Art. 167. (...)
>
> Parágrafo único. A restituição vence juros não capitalizáveis, **a partir do trânsito em julgado** da decisão definitiva que a determinar".

Juros não capitalizáveis são os **juros simples**, **não havendo** o que popularmente tem sido chamado de incidência de "juros sobre juros" (anatocismo), o que se verifica na sistemática dos juros compostos, somados ao capital (capitalização) a cada incidência (normalmente mensal).

O dispositivo é injusto nos casos em que o recolhimento indevido decorreu de exigência feita pelo próprio Fisco, seja por conta da inconstitucionalidade de uma lei, seja em virtude de equivocadas interpretações oficiais. Nestes casos, a fluência dos juros de mora deveria tomar por termo inicial a data do pagamento indevido. O raciocínio seria inclusive mais isonômico, uma vez que o sujeito passivo sucumbente em disputa judicial contra o Estado é condenado ao pagamento de juros de mora a partir do vencimento do tributo. Entretanto, a aplicabilidade da regra estatuída pelo CTN é pacificamente reconhecida pelo Superior Tribunal de Justiça, conforme entendimento sumulado nos seguintes termos:

> **STJ – Súmula 188** – "Os juros moratórios, na repetição do indébito tributário, são devidos a partir do trânsito em julgado da sentença".

Sumulada a matéria no STJ, algumas dúvidas voltaram a atormentar os estudiosos como decorrência de uma série de decisões do Supremo Tribunal Federal que culminaram com a edição da Súmula Vinculante 17, abaixo transcrita:

> **STF – Súmula Vinculante 17** – "Durante o período previsto no parágrafo 1.º do artigo 100 da Constituição, não incidem juros de mora sobre os precatórios que nele sejam pagos".

O § 1º do art. 100 da Constituição Federal, citado no texto da Súmula, corresponde ao que hoje diz o § 5º do art. 100 do mesmo artigo da Magna Carta (com redação dada pela Emenda Constitucional 114/2021). Segundo a regra, o pagamento dos débitos oriundos de sentenças transitadas em julgado constantes de precatórios judiciários apresentados até 2 de abril será feito até o final do exercício seguinte, quando terão seus valores atualizados monetariamente. Na prática, **a entidade devedora possui um prazo de ao menos 21 meses (de abril de determinado ano a dezembro do exercício seguinte) – denominado "período de graça" –, para efetuar o pagamento dos débitos constantes de precatórios**.

Analisando o dispositivo, o STF entendeu que, **se a entidade devedora realiza o pagamento no prazo constitucional, não há que se falar em mora, não sendo possível a cobrança de juros moratórios**, mas tão somente da atualização monetária, conforme previsto no próprio texto constitucional. Frise-se que esse entendimento, cristalizado na citada Súmula Vinculante 17, foi mantido pelo Tribunal inclusive após a EC 62/2009 – a qual implementou mudanças no art. 100 da CRFB/1988 –, conforme se depreende da seguinte tese de repercussão geral (Tema nº 1.037), fixada no julgamento do RE 1.169.289/SC:

> "O enunciado da Súmula Vinculante 17 não foi afetado pela superveniência da Emenda Constitucional 62/2009, de modo que não incidem juros de mora no período de que trata o § 5º do art. 100 da Constituição. Havendo o inadimplemento pelo ente público devedor, a fluência dos juros inicia-se após o período de graça" (STF, Pleno, RE 1.169.289/SC, Rel. Min. Marco Aurélio, Rel. p/ Acórdão Min. Alexandre de Moraes, j. 16/06/2020, DJe 30/06/2020).

Firmado o sentido da **Súmula Vinculante 17**, parece surgir um conflito do verbete com a analisada **Súmula 188 do STJ**, quanto ao termo inicial para a fluência dos juros na repetição de indébito tributário (término do prazo para pagamento do precatório – segundo a Súmula Vinculante 17 – e data do trânsito em julgado da decisão condenatória – segundo a Súmula 188 do STJ). Para compreender que o conflito é aparente e que os enunciados tratam de situações diferentes, faz-se necessária uma resumida análise da sistemática dos precatórios, conforme se passa a fazer.

Com o trânsito em julgado de decisão determinando a devolução de valor indevidamente recolhido a título de tributo, é reconhecido de forma teoricamente imutável o direito ao recebimento de determinada quantia pelo vencedor da batalha judicial. A devolução normalmente não é feita de imediato, uma vez que é necessário que exista dotação orçamentária para tanto, dado que o patrimônio público é impenhorável. É neste ponto que aparece a figura dos precatórios.

Após o trânsito em julgado da decisão, inicia-se a fase de execução. Ao fim desta etapa, o juiz, a requerimento do credor, expede o ofício requisitando ao presidente do tribunal competente a inscrição do precatório neste órgão, obedecendo-se a ordem cronológica da apresentação das diversas ordens (precatórios). Os precatórios apresentados até o dia 2 de abril têm os respectivos acréscimos legais (juros e correção monetária) computados até tal data e compõem uma lista encaminhada ao Executivo para que este inclua na proposta orçamentária do exercício subsequente a dotação necessária ao pagamento, o que deve ser feito até o final de tal exercício.

Perceba-se que, desde o trânsito em julgado da decisão, já fluem os juros de mora, tendo em vista o parágrafo único do art. 167 do CTN e a Súmula 188 do STJ. Só que, inscrito o precatório até 2 de abril e encaminhada a lista para o Poder Executivo para efeito de inclusão da dotação no orçamento, entra em cena a Súmula Vinculante 17, cessando a fluência dos juros. Explique-se melhor. Como foi dito acima, o Supremo Tribunal Federal entende que, se o próprio texto constitucional prevê que o pagamento do precatório deve ser realizado até o final do exercício subsequente, não se pode impor ao devedor o pagamento de juros enquanto tal prazo não for ultrapassado. Assim, pago o precatório até o último dia do exercício seguinte ao da inclusão no orçamento, não são acrescidos novos juros; vencido tal prazo, voltam a ser computados os juros de mora.

Em suma, deve-se entender que entre o dia 2 de abril de determinado exercício e o último dia do exercício subsequente não devem ser computados juros de mora no pagamento dos respectivos precatórios, tendo em vista a Constituição ter concedido este prazo para o pagamento do débito. O raciocínio pode ser visualizado da seguinte forma:

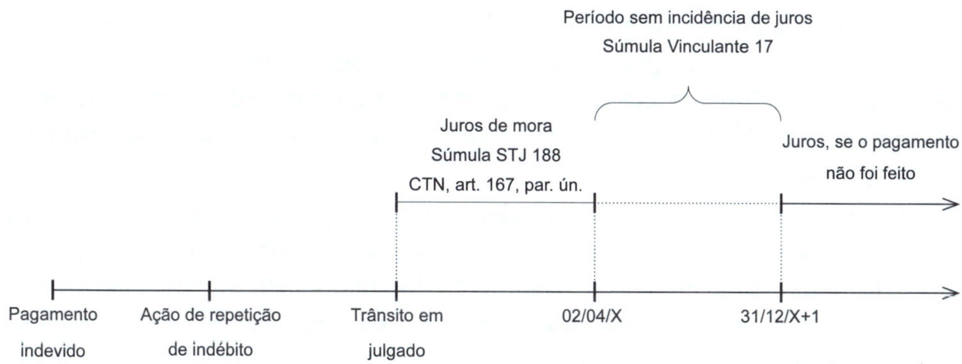

A questão é controversa, mas, demonstrando que o STF adota um entendimento consoante a tese aqui esposada, o Ministro Marco Aurélio, em **voto vencido** num dos julgados que deram origem à edição da Súmula Vinculante 17 (STF, Tribunal Pleno, RE 298.616-0, Rel Min. Gilmar Mendes, j. 31.10.2002, *DJ* 03.10.2003, p. 10) asseverou: "O precatório não é uma forma de mitigar o título já formalizado, a sentença. Para mim, surge um paradoxo, ao assentar-se, como agora, que cabem juros da mora até 1.º de julho, mas não no período de 1.º de julho até 31 de dezembro do ano seguinte, e, após 31 de dezembro – já que esse prazo não é respeitado, e ninguém ousa dizer o contrário –, ter-se-á a volta ao inadimplemento e à incidência dos juros da mora" (grifos não constam do original, redigido **antes** do advento da **Emenda Constitucional 114/2021, que antecipou o prazo de 1º de julho para 2 de abril**).

O excerto, apesar de consubstanciar uma crítica ao posicionamento vencedor, retratando suas consequências negativas, demonstra com clareza que o entendimento prevalente no âmbito do STF está em consonância com o adotado nesta obra.

Registre-se, por oportuno que o Supremo Tribunal Federal tem entendimento firmado em tese de repercussão geral no sentido de que os **juros de mora legais** (taxa Selic) pagos na repetição de indébito tributário são pagos ao contribuinte como uma verdadeira **indenização por danos emergentes**, não aumentando seu patrimônio e, por conseguinte, **não estando sujeitos à incidência de imposto de renda ou de contribuição social sobre o lucro** (RE 1063187/SC).

No que concerne à **correção monetária**, o raciocínio é diferente, pois os efeitos da desvalorização da moeda são perenes, devendo ser compensados desde o momento do **pagamento indevido**. O entendimento é pacífico no âmbito do Superior Tribunal de Justiça, conforme se extrai da Súmula 162, abaixo transcrita:

> **STJ – Súmula 162** – "Na repetição de indébito tributário, a correção monetária incide a partir do pagamento indevido".

A duplicidade dos termos iniciais para juros e correção monetária gerou um problema de ordem prática. Atualmente, os acréscimos legais aplicáveis à restituição de valores pagos indevidamente à Fazenda Pública Federal estão reunidos sobre única taxa, a SELIC, a mesma utilizada quando o sujeito passivo paga um valor em atraso.

Ocorre que, conforme já estudado, a SELIC engloba em único percentual os juros e a correção monetária, o que tornaria impossível sua utilização no lapso de tempo que medeia o pagamento indevido pelo sujeito passivo e o trânsito em julgado da decisão que condena a Fazenda Pública Federal a proceder à restituição, visto que, durante este período, não há incidência de juros.

Inicialmente, o STJ decidiu não ser possível a incidência da SELIC a partir do pagamento indevido, sob pena de agressão ao Código Tributário Nacional. Pela relevância, transcreve-se fragmento da ementa do julgamento (grifou-se):

> "O aplicar da Taxa SELIC, *in casu*, afasta-se dos ditames do Código Tributário Nacional, à medida que impõe à Fazenda o ônus de pagar os juros, os quais sequer são compensatórios, mas remuneratórios, antes do trânsito em julgado da sentença, e em maior percentual do que aquele previsto no art. 161, § 1.º, do CTN.
>
> (...)
>
> Recurso conhecido e provido, observado o limite da *causa petendi*, para **impor a incidência da Taxa SELIC, apenas a partir do trânsito em julgado da sentença,** na restituição dos valores recolhidos a título de contribuição sobre a remuneração de autônomos, avulsos e administradores, **substituindo-a pela correção monetária plena, entre o lapso temporal iniciado com o pagamento indevido e o respectivo trânsito em julgado**" (STJ, 2.ª T., REsp 308.797/SC, Rel. Min. Paulo Medina, j. 21.11.2002, *DJ* 12.05.2003, p. 248).

Contudo, diante de algumas controvérsias ainda remanescentes, continuava-se no aguardo de uma clara manifestação da 1.ª Seção do Superior Tribunal de Justiça (que, relembre-se, reúne os Ministros das duas Turmas de direito público da Corte), a ser proferida quando do julgamento do EREsp 321.897/SP, bastante aguardado pela comunidade jurídica.

Finalmente, no dia 13 de setembro de 2006, a Seção proferiu sua decisão nos seguintes termos:

> "Nas ações de repetição/compensação de indébito, os juros moratórios são devidos a partir do trânsito em julgado da sentença, nos termos do parágrafo único do art. 167 do CTN, mesmo nos casos de tributos declarados inconstitucionais. Inteligência da Súmula 188/STJ" (STJ, 1.ª Seção, EREsp 321.897/SP – j. 13.09.2006, *DJ* 12.03.2007).

Perceba-se que simplesmente foi reafirmada a jurisprudência anterior, ratificando a vigência do parágrafo único do art. 167 do Código Tributário Nacional, cuja inteligência é cristalizada na citada Súmula 188 do próprio STJ.

O problema é que, mesmo nos julgamentos proferidos a partir de tal decisão da Primeira Seção, o STJ continuou afirmando que "os índices de **correção monetária** aplicáveis na restituição de indébito tributário são: a) desde o **recolhimento indevido**, o IPC, de jan./1989 a jan./1991; o INPC, de fev./1991 a dez./1991; a Ufir, de jan./1992 a dez./1995; e b) **a taxa SELIC, exclusivamente, a partir de jan/1996**" (2.ª Turma – j. 19.10.2006).

Ora, se a taxa SELIC fosse tão somente um índice de **correção monetária**, estariam as diversas decisões subsequentes em perfeita consonância com o precedente da Primeira Seção.

Na prática, ao denominar, contraditoriamente, a SELIC de **"índice de correção monetária"**, o STJ acabou por permitir a sua utilização **desde a realização do pagamento tido por indevido**, não levando em consideração o fato de o índice também incluir na sua composição o valor dos **juros** que, de acordo com o art. 167, parágrafo único, do CTN e com a Súmula 188 do próprio STJ, somente deveriam incidir **a partir do trânsito em julgado da decisão**.

Em provas de concurso público, aconselha-se que o candidato, nas questões que versem genericamente sobre o termo inicial da fluência dos juros e da correção monetária (sem citar a SELIC), adote o posicionamento tradicional (separando-os, como nas Súmulas 162 e 188 do STJ). Por outro lado, quando houve menção expressa à taxa SELIC, deve ser observado o raciocínio que consta dos acórdãos atuais do STJ, sintetizado no excerto abaixo:

> "8. Nos casos de repetição de indébito tributário, a orientação prevalente no âmbito da 1.ª Seção quanto aos juros pode ser sintetizada da seguinte forma: (a) antes do advento da Lei 9.250/1995, incidia a correção monetária desde o pagamento indevido até a restituição ou compensação (Súmula 162/STJ), acrescida de juros de mora a partir do trânsito em julgado (Súmula 188/STJ), nos termos do art. 167, parágrafo único, do CTN; (b) após a edição da Lei 9.250/1995, aplica-se a taxa SELIC desde o recolhimento indevido, ou, se for o caso, a partir de 1º.01.1996, não podendo ser cumulada, porém, com qualquer outro índice, seja de atualização monetária, seja de juros, porque a SELIC inclui, a um só tempo, o índice de inflação do período e a taxa de juros real" (STJ, 1ª T., REsp 799.564/PE, Rel. Min. Teori Albino Zavascki, j. 18/10/2007, DJ 05/11/2007).

O que não se tem admitido é a incidência da taxa SELIC durante o prazo constitucional para o pagamento do precatório – o denominado "período de graça", explicado no início deste tópico –, pois, quanto a tal período, a Suprema Corte, invocando os fundamentos da Súmula Vinculante 17, é incisiva em afastar a aplicação de quaisquer tipos de juros, somente permitindo – mesmo após o advento da EC nº 113/2021 – a correção monetária.

A referida Emenda modificou o regime de atualização das condenações judiciais da Fazenda Pública e, à época de sua edição, gerou debates em virtude de seu art. 3º dispor que, para tais débitos, "independentemente de sua natureza e para fins de atualização monetária, de remuneração de capital e de compensação de mora, inclusive do precatório, haverá a incidência, uma única vez, até o efetivo pagamento, do índice da taxa referencial do Sistema Especial de Liquidação e de Custódia (Selic), acumulado mensalmente".

O cerne da controvérsia era como harmonizar o dispositivo acima com o § 5º do art. 100 da CRFB/1988, cuja redação conferida pela EC 114/2021 determina que os precatórios apresentados até 2 de abril sejam pagos até o final do exercício seguinte, "quando terão seus valores atualizados monetariamente". Ou seja, enquanto o art. 3º da EC 113/2021 manda aplicar a SELIC (juros + correção monetária) até a data do efetivo pagamento, o art. 100, § 5º, da Constituição proíbe a incidência de juros durante o "período de graça" do precatório.

Para solucionar a questão, o STF considerou haver uma relação de especialidade entre os dispositivos, pois, à medida que o art. 3º da EC 113/2021 contém uma regra geral de utilização da taxa SELIC para atualização dos débitos da Fazenda Pública (inclusive precatórios), o § 5º do art. 100, de seu turno, trata especificamente da atualização do precatório (somente por correção monetária) durante o prazo constitucional para o seu pagamento.

A conclusão a que a Corte chegou foi a de que a norma específica deve prevalecer sobre a norma geral – não havendo, portanto, aplicação da SELIC durante o "período de graça" –, até porque, na situação estudada, se assim não fosse, haveria o completo esvaziamento da parte final do § 5º do art. 100, contrariando o princípio da unidade da Constituição, pelo qual as normas constitucionais devem ser interpretadas como partes integrantes de um sistema harmônico. O entendimento do Tribunal foi sintetizado em tese jurídica fixada nos seguintes termos:

> "1. Não incide a taxa SELIC, prevista no art. 3º da EC nº 113/2021, no prazo constitucional de pagamento de precatórios do § 5º do art. 100 da Constituição. 2. Durante o denominado 'período de graça', os valores inscritos em precatório terão exclusivamente correção monetária, nos termos decididos na ADI 4.357-QO/DF e na ADI 4.425-QO/DF" (STF, Pleno, Rel. Luís Roberto Barroso, j. 11/10/2024, DJe 21/10/2024).

9.1.1.7.5 Prazo para pleitear restituição no âmbito administrativo

Da mesma maneira que a Administração Tributária possui prazo (decadencial) para proceder ao lançamento do tributo que considera devido, o sujeito passivo possui um prazo para pleitear administrativamente a restituição (repetição de indébito) do valor que entende ter recolhido indevidamente. A matéria é disciplinada no art. 168 do CTN, cuja redação é a seguinte:

> "Art. 168. O direito de pleitear a restituição extingue-se com o decurso do prazo de 5 (cinco) anos, contados:
>
> I – nas hipóteses dos incisos I e II do art. 165, da data da extinção do crédito tributário;
>
> II – na hipótese do inciso III do art. 165, da data em que se tornar definitiva a decisão administrativa ou passar em julgado a decisão judicial que tenha reformado, anulado, revogado ou rescindido a decisão condenatória".

Existe controvérsia sobre a natureza do prazo objeto de análise (decadencial ou prescricional). Alguns defendem que, como o **direito de *obter* a restituição** depende de uma outra pessoa (o sujeito ativo), não sendo, portanto, potestativo, o prazo seria **prescricional**. Outros defendem que, como o **direito de *pleitear* restituição** não depende de qualquer providência de terceiro, sendo, portanto, potestativo, o prazo seria **decadencial**.

Apesar de se reconhecer que a tese segundo a qual o prazo seria prescricional seria a mais lógica, de acordo com a teoria dos prazos extintivos, a maneira como o legislador redigiu os arts. 168 e 169 parece apontar na direção de que o primeiro traz um prazo **decadencial** (para pleitear restituição) e o segundo um prazo **prescricional** (para buscar no judiciário a anulação de decisão que indefira a restituição). Quis-se estabelecer uma disciplina dual semelhante à dos prazos extintivos aplicáveis à cobrança do tributo (prazo decadencial para lançar e prescricional para buscar no judiciário o adimplemento coativo do crédito).

Em resumo, apesar de não haver motivo técnico para a dualidade, aparentemente o legislador optou por atribuir natureza **decadencial** aos direitos potestativos de lançar e de pleitear restituição. Violado o direito que tem o Fisco de receber o valor lançado ou o direito que tem o sujeito passivo de recuperar o valor pago indevidamente, abre-se o prazo **prescricional** para que as questões sejam submetidas ao Poder Judiciário.

Nesse sentido, parece correta a lição de Luciano Amaro que, analisando os arts. 168 e 169 do Código, afirma: "Mais uma vez aqui o legislador ficou impressionado com os aspectos periféricos da decadência e da prescrição e, aparentemente, deu ao prazo de cinco anos a natureza decadencial, e ao de dois anos o caráter prescricional. Não vemos razão para isso. Não há motivo lógico ou jurídico para a diversidade de tratamento (...)".

Necessário registrar, contudo, que o STJ, ao editar a Súmula 625, referindo-se mais especificamente ao uso do prazo do art. 168 para pleitear a restituição na via judicial (ver item 9.1.1.7.8, a seguir), expressamente **designou o prazo ora estudado como prescricional**. Esse é, portanto, o entendimento mais seguro para ser adotado na prática profissional e nas provas de concurso público.

9.1.1.7.6 Prazo na extinção não contenciosa do crédito

Os casos previstos nos incisos I e II do art. 165 referem-se a todas as hipóteses em que o sujeito passivo tenha recolhido um valor indevido ou maior que o devido em face da legislação aplicável, independentemente da instauração de um litígio. A conclusão decorre do fato de o inciso III referir-se a situações em que uma anterior decisão condenatória - judicial ou administrativa - é reformada, anulada, revogada ou rescindida.

Os citados incisos I e II do art. 165 são redundantes e prolixos. Na realidade, não importa a causa do recolhimento, se este foi indevido, impõe-se a restituição. Não seria necessário falar em valor indevido ou maior que o devido, pois sempre a restituição incidirá sobre o valor indevido, não importando que este tenha sido recolhido junto a uma parcela considerada devida.

Deixando de lado as intermináveis imprecisões terminológicas do CTN, há de se atentar para o termo inicial legalmente estabelecido para a contagem do prazo de cinco anos disponibilizado para que o contribuinte pleiteie a restituição: **a data da extinção do crédito tributário**.

Conforme analisado, nos lançamentos **de ofício** e **por declaração**, quem calcula o valor do tributo a ser recolhido pelo sujeito passivo é a autoridade fiscal competente, de forma a se presumir que tal valor esteja correto e que **o pagamento extingue imediatamente o crédito tributário**, não havendo que se falar em necessidade de qualquer providência posterior da Administração Tributária.

No caso do **lançamento por homologação**, é o sujeito passivo quem calcula o montante do tributo devido e antecipa o respectivo pagamento, extinguindo o crédito tributário sob condição resolutória. Nos termos do art. 150, §§ 1.º e 4.º, bem como do art. 156, VII, todos do CTN, **a extinção somente é definitiva com a homologação**, que poderá ser expressa ou tácita.

Por conta do raciocínio, o Superior Tribunal de Justiça, após muita discussão, pacificou o entendimento no sentido de que a extinção do crédito tributário ocorria (AgRg no REsp 601.111 - CE):

a) nos casos de lançamento **de ofício** ou **por declaração**, **na data do pagamento**;
b) nos casos de lançamento **por homologação**, **na data da homologação**.

Na prática, como a homologação tácita é regra, o sujeito passivo acabava por possuir um prazo de praticamente dez anos para formular o pedido de restituição.

Em termos mais precisos, efetuado um pagamento que venha a considerar indevido, o sujeito passivo poderia pleitear restituição já no dia seguinte. Apesar disso, o prazo para formular o pedido ainda não começara a fluir, o que viria a ocorrer tão somente na data da homologação. Como tal homologação é, na maioria das vezes, tácita, o comum é que o prazo de cinco anos previsto no art. 168, I, do CTN só começasse a fluir cinco anos após o fato gerador. Assim, o sujeito passivo poderia pleitear a restituição desde a data do pagamento indevido até cinco anos após a homologação. Como a data do pagamento e a do fato gerador são bastante próximas (normalmente com uma diferença de dez a trinta dias), o sujeito passivo teria prazo de praticamente dez anos para pleitear a restituição. Trata-se da famosa teoria dos **cinco mais cinco** (como será visto adiante, existe uma teoria, com mesma denominação, mas referente ao prazo para o Fisco formular lançamentos complementares na sistemática do lançamento por homologação).

A partir do dia 9 de junho de 2005, o entendimento do Superior Tribunal de Justiça restou superado pela entrada em vigor da Lei Complementar 118/2005, que previu, no seu art. 3.º, a seguinte regra:

> "Art. 3.º Para efeito de interpretação do inciso I do art. 168 da Lei 5.172, de 25 de outubro de 1966 – Código Tributário Nacional, a extinção do crédito tributário ocorre, no caso de tributo sujeito a lançamento por homologação, no momento do pagamento antecipado de que trata o § 1.º do art. 150 da referida Lei".

A nova regra, na realidade, muda o prazo para a formulação do pedido de restituição de tributo sujeito a lançamento por homologação. A mudança decorre de um deslocamento do termo inicial do prazo. Conforme analisado, até o advento da Lei Complementar 118/2005, o STJ entendia que o crédito tributário de tributo sujeito a tal modalidade de lançamento estaria extinto no momento da **homologação**, sendo esse o termo inicial para a contagem do prazo de cinco anos previsto no art. 168, I, do CTN. Agora, para a definição do termo inicial do prazo, o crédito é considerado extinto desde o momento do **pagamento**, sendo este o novo termo inicial para a contagem do prazo para pleitear restituição.

De maneira manifestamente abusiva, o art. 4.º da Lei Complementar 118/2005 tentou dar caráter retroativo à nova regra, considerando-a expressamente interpretativa, o que ensejaria a aplicação retroativa da novidade, tendo em vista o disposto no art. 106, I, do CTN.

O STJ bloqueou a pretensão, considerando que a norma trazia não apenas uma interpretação, mas uma **alteração material**, uma verdadeira inovação no ordenamento jurídico, não podendo retroagir. Considerou-se a tentativa agressiva à **separação dos poderes** (pois o legislativo tentava infirmar retroativamente posicionamentos do judiciário) e à garantia do **direito adquirido**, do **ato jurídico perfeito** e da **coisa julgada** (pela tentativa de conferir à "interpretação" uma retroatividade ilimitada, tendo por termo inicial a data da edição do CTN). Não obstante, **a Corte garantiu a aplicação da novidade a partir da data da entrada em vigor dos demais dispositivos da malsinada LC 118/2005** (AI no EREsp 644.736, *DJ* 27.08.2007).

Em agosto de 2011, o Supremo Tribunal Federal ratificou o entendimento do STJ e definiu, com precisão, os parâmetros para aplicabilidade da nova norma. As decisões com seus fundamentos, sob o ponto de vista do princípio da irretroatividade, foram analisadas no Capítulo 3, item 3.3.3.2.1, concluindo-se que, em face das inovações decorrentes da LC 118/2005 e do entendimento do STF e do STJ a respeito da matéria, é "**válida a aplicação do novo prazo de 5 anos tão somente às ações ajuizadas após o decurso da *vacatio legis* de 120 dias, ou seja, a partir de 9 de junho de 2005**".

9.1.1.7.7 Prazo na extinção contenciosa do crédito

O art. 168, II, do CTN prevê que o prazo para pleitear a restituição será de cinco anos da "data em que se tornar definitiva a decisão administrativa ou passar em julgado a decisão judicial que tenha reformado, anulado, revogado ou rescindido a decisão condenatória".

Trata-se de caso em que o sujeito passivo pagou o montante exigido pelo Fisco, após a prolação de uma decisão condenatória que posteriormente veio a ser modificada.

É muito improvável que se verifique a situação prevista no dispositivo em caso de litígio administrativo, pois como as reclamações e recursos no âmbito do processo administrativo têm efeito suspensivo, não parece razoável que o sujeito passivo faça o pagamento após uma decisão não definitiva e contra ela ofereça recurso. Se optar pelo pagamento, provavelmente a Administração Tributária entenderá que o sujeito passivo aceitou a exigência, renunciando ao direito de recorrer.

Também no processo judicial a situação é de difícil – apesar de possível – verificação prática, pois parece ser mais conveniente ao sujeito passivo depositar o montante integral e discutir a dívida judicialmente e, se vencedor ao final, levantar o valor depositado.

De qualquer forma, se porventura for verificada a situação descrita no dispositivo, o sujeito passivo possui o prazo de cinco anos – contados da definitividade da decisão favorável – para pleitear administrativamente a restituição.

Nessa linha, já decidiu o STJ que "recolhido o tributo na pendência de ação judicial que visava a elidi-lo, o direito do contribuinte à repetição do indébito só exsurgiu a partir do acórdão que o reconheceu, não iniciando até aí o prazo de decadência da ação de restituição" (STJ, 2.ª T., AgRg Ag 172.896/RJ, Rel. Min. Ari Pargendler, j. 19.03.1998, *DJ* 06.04.1998, p. 94).

Quanto à redação do dispositivo, digno de nota é que, mais uma vez, o legislador do CTN demonstrou desconhecer as características do instituto da "revogação". Assim como fizera no art. 155, referiu-se à revogação de ato vinculado, algo impossível segundo comezinha lição de direito administrativo. Ora, se a cobrança de tributo é atividade administrativa plenamente vinculada (CTN, art. 3.º), resta impossível qualquer análise de conveniência e oportunidade por parte de autoridade fiscal responsável pela cobrança, não se entremostrando possível a "revogação" de uma decisão que condenou o particular a pagar tributo. Se o montante era indevido, a decisão condenatória pode ser **reformada** (por conta de um recurso), **anulada** (por ilegalidade) ou **rescindida** (por conta da utilização da ação rescisória após o trânsito em julgado). A revogação, contudo, é juridicamente impossível.

Novamente, vale a ressalva para os potenciais candidatos a cargos públicos. Em provas, assertivas que transcrevam os dizeres literais do dispositivo devem ser consideradas corretas.

Um outro ponto bastante relevante se refere à contagem do prazo para formalização do pleito de restituição nos casos em que **o Supremo Tribunal Federal declara, em sede de controle concentrado, a inconstitucionalidade de determinado tributo ou que o Senado Federal suspende a execução, no todo ou em parte, de norma instituidora de tributo declarada inconstitucional pelo STF em sede de controle difuso**.

Entendia-se anteriormente que, no primeiro caso (controle concentrado de constitucionalidade), o prazo seria contado do **trânsito em julgado da decisão do STF**. No segundo caso (controle difuso de constitucionalidade), o prazo teria como termo inicial a data da **publicação da Resolução do Senado Federal** (EREsp 423.994/MG).

A tese encampada criava um problema de ordem prática.

Não há prazo para ajuizamento de uma Ação Direta de Inconstitucionalidade, nem para que o Senado suspenda a execução de norma declarada inconstitucional pelo STF. Por conseguinte, a qualquer momento poderia ser reaberto o prazo para que o sujeito passivo pleiteasse a restituição, de forma a colocar em risco a segurança jurídica.

Na esteira deste raciocínio o Superior Tribunal de Justiça, em julgados recentes, tem entendido ser "irrelevante para o estabelecimento do termo inicial da prescrição da ação de repetição e/ou compensação, a eventual declaração de inconstitucionalidade do tributo pelo E. STF" (STJ, 1.ª T., AgRg REsp, 615.819/RS, Rel. Min. Luiz Fux, j. 01.06.2004, *DJ* 28.06.2004, p. 209).

9.1.1.7.8 Prazo para pleitear a restituição no âmbito judicial

Há casos em que a Administração não se opõe – ou ao menos não há certeza de que ela possa se opor – a um eventual pleito de restituição por parte do sujeito passivo. A título de exemplo, para o contribuinte do imposto de renda pessoa física obter a restituição do tributo pago em excesso num determinado ano (ano-base), basta entregar, no ano seguinte (ano-exercício), uma correta declaração do tributo; a restituição será feita. Em um sem-número de outras situações, basta o simples preenchimento de um requerimento, que a devolução, após os trâmites administrativos de praxe, será realizada.

Para todas essas hipóteses, a litigiosidade não é o caminho adequado, não sendo necessário ao interessado buscar socorro diretamente do Poder Judiciário. Estará ausente o interesse processual, um dos requisitos para se postular em juízo (ou uma das condições da ação, para parcela da doutrina). Ora, o Judiciário resolve litígios, assim entendidas as pretensões resistidas. **Se não há resistência ao pleito formulado pelo sujeito, não há litígio a ser resolvido.**

Já nas hipóteses em que notoriamente a Fazenda Pública é contrária ao pleito que o contribuinte deseja formular (o que pode ser comprovado por posicionamentos oficiais, indeferimentos em casos semelhantes, outros litígios judiciais, contestação oferecida pela Fazenda etc.), é possível ao sujeito passivo ajuizar a ação de repetição de indébito mesmo **sem anterior pleito administrativo**, dada a inexistência, no Brasil, do chamado curso administrativo forçado (salvo raras exceções, como é o caso da Justiça Desportiva, conforme o art. 217, § 1º, da CF/1988). Para esses casos, o prazo para submeter a matéria diretamente ao Poder Judiciário é de cinco anos; o mesmo disponível para formulação de pleito administrativo.

Nesse contexto, interessante discussão foi travada a respeito da possibilidade de aplicar, aos casos de judicialização não precedida de pleito administrativo, a hipótese de interrupção do prazo prescricional prevista no art. 174, parágrafo único, IV, do CTN (confissão inequívoca de débito pelo devedor, da qual é hipótese o pedido de compensação). Ora, é verdade que o devedor, ao pedir compensação de um alegado crédito com determinado débito tributário, reconhece inequivocamente a existência de tal dívida, o que, nos termos legais, interrompe o prazo prescricional de que dispõe a Fazenda Pública para cobrá-la judicialmente (apesar de existirem precedentes do STJ em sentido contrário). No entanto, **no tocante ao crédito que o devedor julga possuir contra a Fazenda Pública, esta seria a suposta devedora, mas obviamente o pedido do devedor não configura confissão de débito da Fazenda**, não sendo plausível, sequer por analogia, sustentar como verificada a hipótese interruptiva prevista no CTN.

De maneira ainda mais clara, é fácil perceber que o mero pedido administrativo de restituição formulado pelo sujeito passivo – que não configura confissão de débito de qualquer pessoa – também **não interrompe** o prazo de **5 anos** para ajuizamento da **ação de repetição de indébito**.

Resumindo o raciocínio desenvolvido acima, o Superior Tribunal de Justiça editou a seguinte Súmula:

> **STJ – Súmula 625** – "O pedido administrativo de compensação ou de restituição não interrompe o prazo prescricional para a ação de repetição de indébito tributário de que trata o art. 168 do CTN nem o da execução de título judicial contra a Fazenda Pública."

Em provas de concurso público, o entendimento tem sido rigorosamente seguido, conforme demonstra a seguinte assertiva, composta do enunciado acrescido da assertiva considerada **correta** pelo CEBRASPE no concurso para provimento de cargos de Procurador do Ministério Público de Contas do Pará, realizado em 2019:

> "Em 10/4/2014, um contribuinte pagou, à alíquota de 3%, o ISSQN referente à prestação de serviços médicos em determinado município. Posteriormente, verificou que, de acordo com a legislação tributária aplicável, ele deveria ter recolhido o tributo à alíquota de 2% na referida data, razão pela qual solicitou administrativamente, em 10/4/2016, a restituição do valor pago a mais. No entanto, em 2/2/2018, o pedido foi indeferido pela administração. Inconformado, o contribuinte ajuizou ação de repetição de indébito em 10/5/2019. Nessa situação hipotética, a ação de repetição de indébito deve ser julgada improcedente, pois o direito à restituição foi atingido pela prescrição".

Na questão, o prazo prescricional seria de 5 anos contados a partir do dia do pagamento (10/04/2014) e, não havendo sido interrompido pelo pedido administrativo de restituição, esvaiu-se no dia 10/04/2019, o que justifica a afirmativa de que, na data do ajuizamento da ação de repetição de indébito (10/05/2019), a pretensão estava prescrita.

Digno de nota que, se a questão se referisse especificamente ao prazo para ajuizamento não da **ação de repetição de débito**, mas da **ação anulatória** da decisão administrativa que denegou a restituição, o prazo prescricional não teria escoado, pois seria contado da forma prevista no art. 169 do CTN, transcrito a seguir:

> "Art. 169. Prescreve em dois anos a ação anulatória da decisão administrativa que denegar a restituição.
>
> Parágrafo único. O prazo de prescrição é interrompido pelo início da ação judicial, recomeçando o seu curso, por metade, a partir da data da intimação validamente feita ao representante judicial da Fazenda Pública interessada".

Demonstrando adotar a tese da plena aplicabilidade do dispositivo, a Fundação Carlos Chagas, no concurso para provimento de cargos de Procurador Autárquico da Manausprev, com provas aplicadas em 2021, considerou

correta a seguinte assertiva: "A ação anulatória da decisão administrativa que denegar a restituição de valor indevidamente pago prescreve em dois anos".

Nos termos do parágrafo único do dispositivo, o prazo de prescrição é **interrompido pelo início da ação judicial**, ou seja, pela sua **distribuição**, desde que a citação seja feita nos termos do art. 240 e seus parágrafos do Novo Código de Processo Civil (Lei 13.105/2015).

Destaque-se que apesar de a interrupção ocorrer com a distribuição, o prazo prescricional não volta a fluir imediatamente. Seguindo as disposições do CTN, o prazo volta a fluir **pela metade** e a partir da **intimação** (o correto seria dizer **citação**) validamente feita ao representante da Fazenda Pública interessada (Procurador da Fazenda, Procurador do Estado ou cargo equivalente).

A regra trata da **prescrição intercorrente**, que se terá por verificada caso o processo judicial não venha a ser concluído no prazo legalmente fixado. O usual seria que, com a interrupção, o prazo fosse integralmente restituído, voltando a fluir por inteiro, pois normalmente os casos de interrupção se referem a providências do interessado que demonstra não estar inerte, afastando a possibilidade de perecimento do seu direito. Como consequência, é regra quanto à prescrição intercorrente que o prazo para que uma ação venha a ter julgamento definitivo é o mesmo que possui o autor para ajuizá-la. Aqui, novamente criando uma vantagem em benefício da Fazenda Pública, o dispositivo previu que o prazo para a conclusão corresponde apenas à **metade** do prazo para ajuizamento.

Quem conhece o funcionamento do Poder Judiciário brasileiro sabe que é praticamente impossível que uma ação judicial venha a ser julgada em caráter definitivo dentro de um ano. O Judiciário tem entendido que a prescrição intercorrente somente pode ser declarada se a demora excessiva for imputável ao próprio autor da ação. Não parece possível a prolação de provimento judicial, declarando o perecimento de qualquer direito em virtude da longa duração de processo causada, em última análise, pela ineficiência e lentidão típicas da própria sistemática jurisdicional brasileira.

Um outro ponto a ser realçado é a impossibilidade de a interrupção de prazo gerar prejuízos para o interessado que a promoveu. Trata-se de regra principiológica, uma vez que, conforme já ressaltado, se o fundamento básico dos prazos extintivos (prescrição e decadência) é o de que "o direito não socorre a quem dorme", não se pode punir com a diminuição de prazo aquele que agiu, demonstrando que não dorme.

Assim, **se a interrupção ocorrer na segunda metade do prazo de dois anos previsto no dispositivo, o prazo voltará a fluir por mais um ano** (houve ampliação de prazo). Já **se a interrupção ocorrer na primeira metade do prazo original, não poderá se imaginar que o prazo recomeçará seu curso pela metade, pois haveria prejuízo do interessado.**

Como exemplo da segunda hipótese, imagine-se que o particular ajuizou a ação anulatória seis meses após a decisão que lhe denegou a restituição. Restavam-lhe dezoito meses para que se operasse a prescrição. Se, com a interrupção, o prazo voltasse a fluir por um ano, o interessado teria "perdido" seis meses do seu prazo, de forma que faltariam apenas mais doze meses para que ocorresse a prescrição (intercorrente). Como nessa situação haveria prejuízo para o particular que agiu, entende-se, de maneira praticamente unânime, que o prazo voltaria a fluir pelo que ainda lhe restava (no caso proposto, dezoito meses).

O entendimento se encontra cristalizado na Súmula 383 do Supremo Tribunal Federal, nos seguintes termos:

> **STF – Súmula 383** – "A prescrição em favor da Fazenda Pública recomeça a correr, por dois anos e meio, a partir do ato interruptivo, mas não fica reduzida aquém de cinco anos, embora o titular do direito a interrompa durante a primeira metade do prazo".

Apesar da Súmula se referir ao prazo de cinco anos – regra geral relativa ao prazo de prescrição em favor da Fazenda Pública –, o entendimento é aplicável, por perfeita analogia ao prazo de dois anos ora analisado.

Por fim, ressalte-se a impressionante diferença de tratamento que o Código Tributário Nacional proporciona ao particular e à Fazenda Pública. Além da diferença do prazo prescricional – cinco anos para esta, dois anos para aquele –, estatui-se uma outra relativa às consequências da interrupção de prazo (parágrafo único). Mesmo levando em consideração o princípio da supremacia do interesse público sobre o privado, que justifica um tratamento favorecido aos entes estatais, parte da doutrina tem considerado desproporcional – e, portanto, inconstitucional – a discriminação imposta pela norma ora analisada.

Em provas de concurso público, contudo, deve-se seguir a literalidade do dispositivo, aliada às interpretações segundo as quais a interrupção somente ocorre para beneficiar e a prescrição intercorrente somente pode ser decretada contra quem lhe deu causa. Posicionamentos contrários somente devem ser adotados se, em prova prática, as teses contrárias forem as únicas viáveis para que o candidato a cargo de representante judicial da Fazenda Pública defenda seu futuro cliente.

9.1.2 Compensação

Opera-se a compensação quando "duas pessoas forem ao mesmo tempo credor e devedor uma da outra". A consequência é que as duas obrigações "extinguem-se até onde compensarem" (CC, art. 368).

Assim, se "A" deve a "B" cem reais e "B" deve a "A" setenta reais, as obrigações são passíveis de compensação até setenta reais, de forma que a dívida de "B" estará completamente extinta e a dívida de "A" será parcialmente extinta, restando, tão somente, a parcela não compensada de trinta reais.

Em matéria tributária, a compensação está disciplinada pelo art. 170 do CTN, da seguinte forma:

> "Art. 170. A lei pode, nas condições e sob as garantias que estipular, ou cuja estipulação em cada caso atribuir à autoridade administrativa, autorizar a compensação de créditos tributários com créditos líquidos e certos, vencidos ou vincendos, do sujeito passivo contra a Fazenda Pública.
>
> Parágrafo único. Sendo vincendo o crédito do sujeito passivo, a lei determinará, para os efeitos deste artigo, a apuração do seu montante, não podendo, porém, cominar redução maior que a correspondente ao juro de 1% (um por cento) ao mês pelo tempo a decorrer entre a data da compensação e a do vencimento".

O dispositivo deixa claro que, em se tratando de crédito tributário, a compensação sempre depende da existência de lei que estipule as respectivas condições e garantias, ou que delegue à autoridade administrativa o encargo de fazê-lo. Não é suficiente a simples existência de reciprocidade de dívidas para que a compensação se imponha.

Por conseguinte, não são automaticamente aplicáveis à compensação tributária as regras previstas no Código Civil. A título de exemplo, a legislação tributária federal prevê que, em havendo compensação parcial, o valor devido pela União ao contribuinte será amortizado **proporcionalmente do principal e dos juros**. Para os contribuintes seria mais vantajoso que a imputação fosse feita **primeiramente nos juros vencidos e, somente depois, no valor do principal**, em termos semelhantes aos previstos no art. 354 do Código Civil. A preferência reside no fato de que, na compensação e na repetição de indébito tributário, os juros não são capitalizáveis (não incidem juros sobre juros), em virtude da regra estatuída no art. 167, parágrafo único, do CTN. Assim, é mais vantajoso manter intacto o principal (que continua rendendo juros) do que fazer uma compensação proporcional.

Entretanto, o Superior Tribunal de Justiça, além de ressaltar que o invocado art. 354 do Código Civil contém a cláusula "salvo estipulação em contrário", permitindo o estabelecimento de exceções ao seu comando, reafirmou a aplicabilidade das normas específicas relativas à compensação tributária constantes nos arts. 66 da Lei 8.383/1991 e 74 da Lei 9.430/1996 (aplicáveis na esfera federal). Dentre outras disposições, tais normas delegam à Secretaria da Receita Federal e ao INSS a faculdade de detalhar a compensação tributária no âmbito federal. Relembre-se, por oportuno, que o art. 170 do CTN expressamente permite a delegação à autoridade administrativa do poder de estabelecer as condições para a compensação. Em face de tais autorizações e, no entender do STJ (REsp 960.239/SC), sem exorbitar do poder regulamentar, foi editada a Instrução Normativa SRF 900/2008 que estabeleceu a regra ora estudada.

No âmbito jurisprudencial, a pacificação da matéria deu ensejo à edição da Súmula STJ 464, cujo teor é o seguinte:

> **STJ – Súmula 464 –** "A regra de imputação de pagamentos estabelecida no art. 354 do Código Civil não se aplica às hipóteses de compensação tributária".

Em direito civil, a compensação depende de que as dívidas recíprocas sejam líquidas (quanto ao valor), certas (quanto à existência), vencidas (quanto à exigibilidade) e fungíveis (quanto ao objeto).

Existe **certeza** quando não paira dúvida sobre a existência da dívida. Há **liquidez** quando o seu valor é preciso, determinado. Está **vencida** a dívida cujo prazo para pagamento expirou. Haverá **fungibilidade** quando as dívidas se referirem a objetos semelhantes que podem ser determinados pelo seu gênero ou quantidade, sendo substituíveis entre si. Quanto a este último aspecto, por exemplo, não se pode compensar a dívida de entregar determinado cavalo de corrida com a de prestar um serviço, dada a falta de fungibilidade.

Em direito tributário, o valor do crédito que o particular quer compensar com o crédito tributário deve ser **líquido**, **certo** e **em dinheiro** (o que garante a fungibilidade). Todavia, e aqui se percebe uma diferença fundamental: **é possível a compensação de crédito ainda não vencido** (vincendo).

Repise-se que, em direito civil, se "A" e "B" são devedores recíprocos, mas a dívida de "A" perante "B" está vencida, enquanto a de "B" perante "A" vai vencer cinco dias depois, "A" não poderá opor a compensação, devendo, salvo acordo, pagar o débito vencido e esperar o vencimento da dívida de "B", para receber o respectivo valor. Já no CTN, é expressamente autorizada a compensação de crédito tributário com créditos líquidos e certos, **vencidos ou vincendos** do sujeito passivo contra a Fazenda Pública. Ressalte-se que **somente pode ser vincendo o valor que a Fazenda Pública deve ao sujeito passivo do tributo, jamais o crédito tributário, que deve sempre estar vencido**.

No caso de o crédito do particular ser vincendo, é necessário calcular seu **valor atual**, mediante a aplicação de uma taxa de juros que reduza o montante que deveria ser pago futuramente ao valor que a ele corresponde na data da compensação.

Para evitar que a autorização servisse como pretexto para que o Estado induzisse o particular a aceitar diminuições exageradas nos seus direitos creditórios contra o Estado, o CTN estipulou como **teto** para o redutor o percentual de 1% ao mês, pelo tempo a decorrer entre a data da compensação e a do vencimento.

Muitas vezes, o sujeito passivo que pagou determinado valor a título de tributo e, posteriormente, veio a entendê-lo indevido, opta por pleitear judicialmente a compensação do valor pago com outros créditos tributários, em vez de buscar a restituição. O motivo da opção é que a escolha pela restituição sujeitaria o interessado vencedor à modorrenta sistemática dos precatórios, conforme previsto no art. 100 da Constituição Federal.

Registre-se, por oportuno, que é facultado ao contribuinte optar pela compensação ou pela restituição via precatório, conforme, inclusive, entendimento sumulado pelo Superior Tribunal de Justiça nos seguintes termos:

> **STJ – Súmula 461 –** "O contribuinte pode optar por receber, por meio de precatório ou por compensação, o indébito tributário certificado por sentença declaratória transitada em julgado".

Mesmo optando pela compensação, o contribuinte se sujeita às regras relativas à repetição de indébito, principalmente no que concerne aos prazos extintivos, analisados no tópico relativo a pagamento.

Nessa situação, consoante expressa previsão do art. 170-A do Código, a compensação só pode ser realizada em caráter definitivo com o trânsito em julgado da respectiva decisão judicial.

A regra tem por fundamento a inexistência de certeza relativa ao crédito que ainda é objeto de discussão judicial, não sendo aplicável à compensação verificada no âmbito do lançamento por homologação, uma vez que nessa modalidade, a autoridade administrativa tem o prazo de cinco anos para manifestar sua concordância ou discordância com o procedimento compensatório levado a cabo pelo contribuinte (STJ, 2.ª T., REsp 555.058/PE, Rel. Min. Castro Meira, j. 16.10.2003, *DJU* de 25.02.2004).

Registre-se que como o art. 170-A decorreu de inovação legislativa, tendo sido introduzido no CTN por intermédio da Lei Complementar 104/2001, o Superior Tribunal de Justiça entende que a restrição somente é aplicável para as demandas ajuizadas após o início da vigência da novidade (AgRg no REsp 1.240.038-PR).

Ressalvada a sistemática do lançamento por homologação, se a própria decisão de mérito ainda pendente de recurso não seria, seguindo a literalidade do Código, suficiente para que se opere a compensação, a providência não poderia ser deferida por meio dos provimentos essencialmente provisórios (medidas cautelares e antecipações de tutela). O entendimento então prevalente foi cristalizado na **Súmula 212** do STJ, que posteriormente foi **cancelada** pelos motivos que se passa a expor.

Em 2021, o Supremo Tribunal Federal, julgando a ADI 4.296/DF, ajuizada para aferir a constitucionalidade de diversos dispositivos da Lei do Mandado de segurança (Lei 12.016/2009), entendeu que **não é legítima a edição de lei ou ato normativo vedando a concessão de medida liminar na ação mandamental**. Para a Corte, tal proibição viola a garantia do pleno acesso à jurisdição e, por conseguinte, a própria proteção ao direito líquido e certo, constitucionalmente assegurada. Nesse contexto, dentre outros dispositivos, foi declarada a inconstitucionalidade do art. 7º, § 2º, da Lei, que expressamente vedava a concessão "de medida liminar que tenha por objeto a compensação de créditos tributários".

Não foi objeto do julgado o art. 170-A do CTN, mas, nos termos em que fundamentada a decisão, é possível que mais à frente a Suprema Corte dê ao dispositivo interpretação conforme à Constituição, afirmando que ele não impede a concessão de medida liminar para a compensação de crédito, mas que a definitividade dessa compensação dependerá do trânsito em julgado da decisão favorável ao sujeito passivo. Nessa hipótese, ter-se-ia uma verdadeira compensação sob condição resolutória (com efeitos semelhantes ao de uma suspensão de exigibilidade do crédito), que poderia ser infirmada ao final do processo, o que nada guarda de excepcional, dado que a reversibilidade é característica essencial das medidas cautelares e antecipatórias.

Por enquanto, nas provas de concurso público, as questões objetivas que sejam redigidas com base na literalidade do art. 170 do CTN, assim como as que afirmem a possibilidade de concessão de medida liminar em mandado de segurança que tenha como objeto a compensação de crédito tributário, devem ser consideradas corretas, apesar da aparente contradição entre as afirmativas.

Digno de nota que o Superior Tribunal de Justiça, em julgados anteriores à mencionada decisão do STF (ADI 4296/DF), já repeliu tentativas de evitar a incidência do art. 170-A do CTN por parte de contribuintes que formulam pedido de suspensão do crédito tributário até o montante do valor que entendem ter recolhido indevidamente, relativo ao mesmo ou outro tributo.

Ora, ao contrário da compensação, a suspensão da exigibilidade do crédito mediante ato jurisdicional jamais dependeu de trânsito em julgado, não pairando dúvida sobre a possibilidade do seu deferimento, inclusive mediante medida liminar ou antecipação de tutela. No antigo entendimento da Corte, o contribuinte que tentava disfarçar como suspensão uma verdadeira compensação tributária visava a artificiosamente driblar a regra restritiva do art. 170-A, não merecendo ver prosperar seu pleito (REsp 352.859).

Tal entendimento praticamente negava vigência aos incisos IV e V do art. 151 do CTN, que permitem ao Judiciário a suspensão da exigibilidade do crédito tributário mediante a concessão de medida liminar ou de tutela antecipada nas diversas ações judiciais. Por conta disso, em decisões mais recentes, a Primeira Turma do Tribunal tem entendido como cabível a suspensão liminar da exigibilidade de créditos tributários a serem, posteriormente, compensados (REsp 575.867-CE, Rel. Min. Teori Albino Zavascki, j. 05.02.2004, *DJU* 25.02.2004, p. 121 e AGA 517.989-DF, Rel. Min. José Delgado, j. 16.10.2003, *DJU* 15.12.2003, p. 214).

Já no tocante à idoneidade do **mandado de segurança** como meio para a declaração de direito à compensação tributária, a matéria é pacífica, conforme entendimento sumulado pelo STJ nos seguintes termos:

> **STJ – Súmula 213 –** "O mandado de segurança constitui ação adequada para a declaração do direito à compensação tributária".

Analisando os requisitos para que o impetrante obtenha a declaração do direito à compensação, o STJ, no julgamento do REsp 1.111.164/BA, firmou a seguinte tese: **"É necessária a efetiva comprovação do recolhimento feito a maior ou indevidamente para fins de declaração do direito à compensação tributária em sede de mandado de segurança".**

A maneira como redigida a tese pode conduzir ao entendimento segundo o qual sempre que se pretenda declarar direito a compensação tributária em sede de mandado de segurança o impetrante precisa apresentar todos os comprovantes dos recolhimentos indevidos. Contudo, a exigência somente é aplicável quando o contribuinte pretende obter do Judiciário um juízo específico sobre os elementos da compensação, envolvendo, dentre outros possíveis aspectos, a definição do montante exato do indébito tributário (liquidação), englobando os juros e correções a serem acrescidos, bem como afastando a possibilidade de prescrição. Para a aferição desses pontos, é imprescindível a análise dos comprovantes de cada pagamento que se pretende compensar, que devem ser apresentados de plano, já acompanhando a petição inicial, pois o rito do mandado de segurança não comporta dilação probatória, sendo necessária prova pré-constituída.

De outra banda, há casos em que o impetrante pretende apenas a declaração de que certa exação que vem recolhendo é inconstitucional ou ilegal e que, como consequência, ele possui direito a compensar os valores indevidamente pagos. O pedido formulado nesses termos não engloba juízo específico sobre os valores a serem compensados, de forma que a matéria a ser analisada é exclusivamente de direito (juridicidade de uma exação). Assim, não é necessária a apresentação de comprovantes de pagamento, mas tão somente a demonstração de que o impetrante é sujeito àquele tributo, sendo, portanto, credor do Fisco no tocante aos valores que tenha indevidamente recolhido. Reconhecida a ilegalidade ou inconstitucionalidade da decisão, há de ser declarado o direito à compensação, cabendo ao contribuinte apresentar à Administração – e não ao Judiciário – os comprovantes dos valores pagos, com o fito de liquidar os montantes a serem compensados.

Em suma, para se definir os documentos que devem ser apresentados de plano com o ajuizamento de mandado de segurança que pretenda declaração do direito à compensação, é fundamental se delimitar a extensão do pedido formulado pelo impetrante. Nesse sentido, merece transcrição a didática distinção feita pelo STJ quando, ao julgar os REsps 1.365.095/SP e 1.715.256/SP, firmou o alcance do que fora definido na tese:

> (a) tratando-se de Mandado de Segurança impetrado com vistas a declarar o direito à compensação tributária, em virtude do reconhecimento da ilegalidade ou inconstitucionalidade da anterior exigência da exação, independentemente da apuração dos respectivos valores, é suficiente, para esse efeito, a comprovação cabal de que o impetrante ocupa a posição de credor tributário, visto que os comprovantes de recolhimento indevido serão exigidos posteriormente, na esfera administrativa, quando o procedimento de compensação for submetido à verificação pelo Fisco; e
>
> (b) tratando-se de Mandado de Segurança com vistas a obter juízo específico sobre as parcelas a serem compensadas, com efetiva alegação da liquidez e certeza dos créditos, ou, ainda, na hipótese em que os efeitos da sentença supõem a efetiva homologação da compensação a ser realizada, o crédito do Contribuinte depende de quantificação, de modo que a inexistência de comprovação suficiente dos valores indevidamente recolhidos representa a ausência de prova pré-constituída indispensável à propositura da ação mandamental.

Curiosamente, apesar de admitir a utilização do mandado de segurança com o objetivo de **declarar** o direito à compensação tributária, o STJ não aceita a utilização da mesma ação para **convalidar** a compensação já realizada pelo contribuinte. O Tribunal cristalizou seu entendimento com a edição da Súmula 460, lavrada nos seguintes termos:

> **STJ – Súmula 460 –** "É incabível o mandado de segurança para convalidar a compensação tributária realizada pelo contribuinte".

O raciocínio da Corte parte da premissa segundo a qual a convalidação de compensação demandaria dilação probatória, algo incabível em sede de mandado de segurança, ação cujo manejo depende de liquidez e certeza do direito invocado pelo impetrante. Além disso, nos casos concretos que resultaram nos julgados que servem de precedentes para a Súmula, o contribuinte, que já havia efetivado a compensação tributária por sua conta e risco, ajuizava um mandado de segurança pretendendo que o Judiciário convalidasse a compensação, de forma a impedir o fisco de analisar se estavam ou não presentes os requisitos conducentes à homologação do procedimento realizado pelo particular. O Tribunal entendeu que, deferindo tal pretensão, ele estaria substituindo o fisco na sua atividade privativa de lançamento, contexto em que está compreendida a competência para homologar.

Seguindo esta linha de raciocínio, a Ministra Eliana Calmon, em voto vencedor, proferido no julgamento dos EDcl no REsp 1.027.591-SP, afirmou que, "efetuada a compensação, inexiste para o contribuinte direito líquido e certo, uma vez que o Poder Judiciário não pode imiscuir-se ou limitar o poder da Autoridade Fazendária de fiscalizar a existência ou não de créditos, assim como a conformidade do procedimento adotado com os termos da legislação vigente". No mesmo sentido, o STJ, analisando um dos casos objeto dos julgados que serviram como precedente para a Súmula 460, manifestou-se da seguinte forma (grifos constam do original – REsp 1.040.245-SP):

> "(...) verifica-se dos autos que a compensação já foi efetuada pela contribuinte *sponte propria*, ressoando inconcebível que o Judiciário venha a obstaculizar o Fisco de fiscalizar a existência ou não de créditos a ser compensados, o procedimento e os valores a compensar, e a conformidade do procedimento adotado com os termos da legislação pertinente, sendo inadmissível provimento jurisdicional substitutivo da homologação da autoridade administrativa, que atribua eficácia extintiva, desde logo, à compensação efetuada".

Em suma, conjugando os dizeres das Súmulas 213 e 460 do Superior Tribunal de Justiça, **devemos considerar plausível a utilização do mandado de segurança para declarar o direito à compensação tributária, mas não para convalidar a compensação já realizada pelo sujeito passivo**.

Neste contexto, há de se destacar o entendimento do Superior Tribunal de Justiça no que concerne à possibilidade de a autoridade administrativa proceder à **compensação de ofício** (independentemente de pedido do particular) de valores a ser restituídos ao sujeito passivo com débitos que a Fazenda considera que este tem perante ela.

Em passagem que bem sintetiza o entendimento da Corte, o Ministro Mauro Campbell afirmou que "a restituição ou o ressarcimento de tributos sempre esteve legalmente condicionada à inexistência de débitos certos, líquidos e exigíveis por parte do contribuinte, sendo dever da Secretaria da Receita Federal efetuar de ofício a compensação, sempre que o contribuinte não o fizer voluntariamente" (REsp 1.213.082). Nessa linha, pode-se afirmar que se há débito de quem pede a restituição, a compensação não é apenas uma alternativa, mas um **poder-dever** a vincular a atuação administrativa. O Tribunal fez questão de ressaltar que ao contribuinte devedor resta a faculdade de decidir sobre quais débitos deseja liquidar, podendo excluir os que pretende contestar judicial ou administrativamente, mas não negar-se genericamente a realizar a compensação. É por este motivo que o Decreto Federal 2.138/1997 prevê que a compensação de ofício será precedida de notificação ao sujeito passivo para que se manifeste sobre o procedimento, no prazo de 15 dias, sendo o seu silêncio considerado como aquiescência. Ainda nos termos regulamentares, no caso de discordância notificada, a unidade da Secretaria da Receita Federal reterá o valor da restituição ou do ressarcimento até que o débito seja liquidado.

O raciocínio ora analisado somente é aplicável se o crédito tributário em aberto **não estiver com exigibilidade suspensa** por alguma das hipóteses previstas no art. 151 do CTN. Obviamente, se o sujeito passivo do tributo objeto de parcelamento desejar abater da dívida um crédito passível de restituição, poderá fazê-lo mediante livre e espontânea manifestação de vontade, mas o Fisco não poderá tomar tal providência sem que ela tenha sido requerida. Neste sentido, o Tribunal considerou ilegal a previsão constante de Instruções Normativas da Receita Federal (IN/SRF 600/2005 e 900/2008), que, exorbitando do poder regulamentar, continham disposições nesse sentido. Ora, se o crédito tributário está parcelado, sua exigibilidade se encontra suspensa, não podendo o Estado cobrá-lo fora dos termos acordados no ato do parcelamento, sendo ainda mais agressivo à lei compensá-lo sem solicitação do contribuinte (REsp 1.130.680-RS).

Por fim, é importante registrar que o direito de pleitear a compensação é manifestação do direito fundamental de petição, consagrado pelo art. 5º, XXXIV, *a*, da Carta Magna. Seu exercício sem dolo, má-fé, falsidade ou fraude – circunstâncias que precisam ser provadas, e não simplesmente presumidas – **não pode ser punido pelo Estado sob o fundamento isolado da não existência do crédito cuja compensação se pleiteia**. Ora, se a Fazenda entende que a compensação requerida não é cabível, que a indefira ou não homologue a respectiva declaração, conforme o caso. Foge por completo à proporcionalidade punir o declarante ou solicitante pelo simples fato de peticionar ao Poder Público.

Raciocinando assim, o STF considerou **inconstitucional** a previsão constante da Lei 9.430/1996, art. 74, § 17, segundo a qual **seria aplicada multa isolada de 50%** sobre o valor do débito objeto de declaração de **compensação não homologada pela Fazenda.** Cristalizando seu entendimento, o Tribunal, na sistemática de Repercussão Geral, lavrou a seguinte tese (RE 796.939/RS):

> "É inconstitucional a multa isolada prevista em lei para incidir diante da mera negativa de homologação de compensação tributária por não consistir em ato ilícito com aptidão para propiciar automática penalidade pecuniária".

Destaque-se que as mencionadas manifestações do STF e do STJ se deram diante de casos envolvendo tributos **federais**, tendo por pano de fundo a legislação federal sobre compensação. Contudo, como as decisões cuidaram de compatibilizar as previsões normativas com as disposições do CTN e da Constituição, tem-se por possível aplicá-las para as demais esferas, com as devidas adaptações.

9.1.3 Transação

Transação é o negócio jurídico em que as partes, mediante concessões mútuas, extinguem obrigações, prevenindo ou terminando litígios (CC, art. 840).

Se foi firmado um contrato para a construção de uma casa e, durante a realização da obra, começam a surgir dúvidas e conflitos sobre a correta execução, os interessados podem fazer um acordo extinguindo as obrigações recíprocas, **prevenindo** um litígio judicial. Caso já houvesse lide instaurada, seria também possível aos contratantes celebrarem um acordo na esfera judicial, **terminando** ao litígio. No primeiro caso, haveria a transação **preventiva**. No segundo, a **terminativa**.

Em direito tributário, não existe a figura da transação preventiva. Seria bastante perigoso permitir concessões recíprocas entre a Administração Tributária e o particular, sem que houvesse algum processo instaurado. O raciocínio decorre do art. 171 do CTN, cujos dizeres são os seguintes:

> "Art. 171. A lei pode facultar, nas condições que estabeleça, aos sujeitos ativo e passivo da obrigação tributária celebrar transação que, mediante concessões mútuas, importe em determinação de litígio e consequente extinção de crédito tributário.
>
> Parágrafo único. A lei indicará a autoridade competente para autorizar a transação em cada caso".

Como sempre ocorre em qualquer caso em que possa haver diminuição do patrimônio público, a transação somente pode ser celebrada com base em lei autorizativa, editada pelo ente competente pela instituição do tributo de que se tratar.

Não há livre manifestação de vontade por parte da autoridade fiscal, pois esta não a possui. Na realidade, a vontade do Estado é manifestada pela lei.

O particular possui a liberdade de transacionar ou não com a Administração, mas não há a possibilidade da negociação fora dos limites da lei. O instituto decorre da ampla liberdade para negociar interesses disponíveis. Como em direito público vige o princípio da indisponibilidade do patrimônio público, a utilização da transação acaba sendo algo bastante restrito.

Na prática, a transação sempre aparece combinada com outros institutos, de forma que somente é extinta pela transação a parte que foi objeto da concessão feita pelo Estado.

A título de exemplo, suponha-se que uma lei seja publicada autorizando que o Estado conceda desconto de 80% das multas moratórias aplicadas contra os contribuintes que desistissem das ações judiciais contestatórias dos créditos relativos a determinado tributo e procedessem ao respectivo pagamento no prazo de 30 dias contados da desistência.

A concessão do Estado seria o valor de 80% das multas, de forma que esta seria a parcela do crédito extinta pela transação. O montante restante seria extinto pelo pagamento, hipótese extintiva já estudada.

Existe discussão sobre a natureza do litígio que poderia ser terminado por meio da transação: os judiciais e administrativos ou somente os judiciais.

Não existe definição clara sobre a matéria e apesar de parecer sedutor o entendimento segundo o qual somente a supervisão jurisdicional seria compatível com os fins do instituto. Registre-se, contudo, que o CTN não fez tal restrição.

9.1.4 Remissão

Remissão é a dispensa gratuita da dívida, feita pelo credor em benefício do devedor.

Tratando-se de crédito tributário, devido ao princípio da indisponibilidade do patrimônio público, a remissão somente pode ser concedida com fundamento em lei específica (CF, art. 150, § 6.º).

As regras gerais sobre a remissão, como forma de extinção do crédito tributário, encontram-se no art. 172 do CTN, conforme abaixo transcrito:

> "Art. 172. A lei pode autorizar a autoridade administrativa a conceder, por despacho fundamentado, remissão total ou parcial do crédito tributário, atendendo:
>
> I – à situação econômica do sujeito passivo;
>
> II – ao erro ou ignorância escusáveis do sujeito passivo, quanto à matéria de fato;
>
> III – à diminuta importância do crédito tributário;
>
> IV – a considerações de equidade, em relação com as características pessoais ou materiais do caso;
>
> V – a condições peculiares a determinada região do território da entidade tributante.
>
> Parágrafo único. O despacho referido neste artigo não gera direito adquirido, aplicando-se, quando cabível, o disposto no art. 155".

O texto legal não restringe a possibilidade de concessão de remissão apenas para créditos relativos a **tributos**. A redação do dispositivo refere-se à expressão "crédito tributário" que, conforme já ressaltado, abrange valores referentes a **tributos** e a **multas**.

Alguns autores entendem que o perdão de multa seria anistia, sendo a remissão aplicável tão somente a tributos. Raciocínios em sentido contrário, alegam, tornariam o CTN redundante, pois não haveria como diferenciar, tecnicamente, a remissão de multa da anistia.

A diferenciação, contudo, é possível. A anistia (sempre referente à multa) será estudada no tópico relativo às formas de **exclusão** do crédito tributário. Excluir significa impedir o lançamento, evitando o nascimento do crédito. Noutra mão, a remissão é forma de **extinção** de crédito tributário (referente à multa ou a tributo).

Somente se extingue o que já nasceu. Portanto, se o Estado quer perdoar infrações cujas respectivas multas não foram lançadas, deverá editar lei concedendo anistia, o que impedirá o lançamento e o consequente nascimento de crédito tributário. Se a multa foi lançada, já existindo crédito tributário, o perdão somente pode ser dado na forma de remissão, forma extintiva do crédito.

A título de exemplo, suponha-se que, em face de graves problemas de congestionamento no *site* da Receita Federal na última semana do prazo de entrega da declaração de imposto de renda, o Congresso Nacional edite lei perdoando da multa aplicável os contribuintes que entregaram suas declarações na semana subsequente ao término do prazo. Na situação proposta, a lei estaria concedendo remissão ou anistia? A resposta depende de uma informação básica, qual seja a referente ao momento da concessão do benefício.

Se a lei foi editada em momento anterior ao lançamento das multas, impedindo autoridades fiscais de fazê-lo, estará concedendo **anistia**. Se a lei foi editada após as autuações, de forma a perdoar multas já lançadas, trata-se de concessão de **remissão**.

Em qualquer caso, não importa se a lei afirma estar concedendo remissão ou anistia, pois o nome formalmente atribuído a determinado instituto não determina a natureza do mesmo, que é aferida de acordo com suas características essenciais.

A mesma linha de raciocínio deve ser seguida para diferenciar a isenção (forma de exclusão do crédito tributário relativo a tributo) da remissão de tributo (forma de extinção de crédito tributário já constituído).

O transcrito art. 172 enumera os aspectos que podem justificar a edição de lei que autorize a concessão de remissão. Trata-se de norma destinada ao legislador e não ao aplicador da legislação tributária.

De grande importância é perceber que não há incompatibilidade entre a hipótese prevista no inciso IV – que autoriza a concessão de remissão atendendo "a considerações de equidade, em relação com as características pessoais ou materiais do caso" – e a vedação de que, na atividade de integração da legislação tributária, a utilização da equidade resulte na dispensa do pagamento de tributo devido (vedação constante do art. 108, § 2.º, do CTN).

A diferenciação é bastante simples. A vedação do art. 108, § 2.º, é destinada ao aplicador da legislação tributária, impedindo que, na ausência de norma expressa, se decida por dispensar o pagamento do tributo devido. Já a autorização constante do art. 172, IV, é destinada ao legislador, permitindo-lhe que, diante das características pessoais ou materiais do caso, decida usar da equidade e edite lei concedendo ou autorizando a concessão do benefício.

Registre-se, por último, que o parágrafo único do art. 172 determina que sejam aplicadas à remissão concedida em caráter individual as regras constantes do art. 155 do CTN. Tais normas foram detalhadamente analisadas quando do estudo do instituto da moratória (recomenda-se a leitura atenta da explanação). Em resumo, devem ser obedecidas as seguintes regras:

a) A concessão da remissão em caráter individual não gera direito adquirido e será "revogada" (o correto seria falar **anulada**) de ofício, sempre que se apure que o beneficiário não satisfazia ou deixou de satisfazer as condições ou não cumpria ou deixou de cumprir os requisitos para a concessão do favor.

b) No caso de "revogação", sempre será cobrado o tributo e os juros de mora.

c) Se o benefício foi obtido com dolo ou simulação do beneficiário, ou de terceiro em favor daquele, haverá cobrança da penalidade pecuniária. Além disso, o tempo decorrido entre a concessão da remissão e sua revogação não será computado para efeito da prescrição do direito à cobrança do crédito.

d) Se não houve dolo ou simulação, não haverá cobrança de penalidade pecuniária e a revogação só pode ocorrer antes de prescrito o direito à cobrança do crédito.

9.1.5 Decadência

Consoante já analisado, com a ocorrência do fato gerador, nasce a obrigação tributária. Com o lançamento, a obrigação é tornada líquida e certa, surgindo o crédito tributário. Caso o sujeito passivo não pague o valor relativo ao crédito tributário, violando o direito da Fazenda Pública, esta deverá promover a competente ação de execução fiscal, visando à satisfação do crédito.

O prazo para que a Administração Tributária, por meio da autoridade competente, promova o lançamento é **decadencial**. O prazo para que se ajuíze a ação de execução fiscal é **prescricional**.

Até o advento do Código Civil de 2002, houve muita discussão sobre como diferenciar os prazos de decadência e prescrição, pois o Código anterior (1916) denominava os todos prescricionais.

Parte da doutrina tentava distingui-los com base nos efeitos, afirmando que a decadência extinguiria um direito, enquanto a prescrição extinguiria a possibilidade de propor a ação que protegia o direito. A técnica estava mais para um "macete" do que para uma regra e possuía exceções que a tornavam não muito confiável (como exemplo, a **ação** do mandado de segurança está sujeita ao prazo **decadencial** de 120 dias). Apesar disso, em direito tributário, a proposta nota distintiva era (e ainda é) plenamente suficiente. Operada a

decadência, tem-se por extinto o **direito** de lançar. Verificada a **prescrição**, tem-se impossibilitado o manejo da **ação de execução fiscal**.

Com base na diferenciação aventada, alguns autores defendem que aquele que pagara crédito tributário já "extinto" pela decadência faria jus à restituição, pois o direito da Fazenda Pública não mais existiria no momento do pagamento. Já quem pagasse crédito prescrito não teria sucesso num pedido de restituição, pois a prescrição apenas extinguiria o direito de ação, mantendo intocado o direito material subjacente.

Tratando-se de matéria tributária, a tese não deve ser aplicada, uma vez que o art. 156, V, do CTN afirma que **a prescrição e a decadência igualmente extinguem o crédito tributário**. Assim, parece mais consoante com o Código afirmar que tanto o sujeito que paga "crédito prescrito" quanto aquele que paga "crédito decaído" possuem direito à restituição, pois, em ambos os casos, o crédito objeto do pagamento já se tinha por extinto.

Nessa linha, Paulo de Barros Carvalho, no seu *Curso de Direito Tributário*, afirma:

> "Outro deplorável equívoco repousa na teoria perante a qual, sendo paga uma dívida caduca, terá cabimento a repetição, porque desaparecera o direito do sujeito ativo (isto é, o crédito). Contudo, tratando-se de débitos prescritos, não caberia a restituição, porquanto, embora houvesse perecido a ação, o sujeito pretensor continuava titular do direito. De qualquer ângulo pelo qual se examinem as duas situações, o nexo obrigacional estará extinto. Até o Código Tributário o reconhece, catalogando o instituto entre as formas extintivas".

No âmbito do Superior Tribunal de Justiça, não obstante a controvérsia, o entendimento aqui defendido já fundamentou diversos acórdãos. A título de exemplo, no julgamento dos Embargos de Divergência no REsp 29.432/RS, consta do voto condutor do Ministro Ari Pargendler a seguinte lição: "a prescrição, no regime de direito civil, inibe a ação sem prejudicar o direito. Já no direito tributário, ela extingue tanto a ação quanto o direito (CTN, art. 156, V)". Em 2009, a 2.ª Turma do Tribunal proferiu decisão bastante pedagógica que, pela importância, tem sua ementa transcrita abaixo (REsp 646.328-RS, Rel. Min. Mauro Campbell Marques, j. 04.06.2009):

> "Processual Civil e Tributário. Repetição de Indébito. IPTU. Artigos 156, inciso V, e 165, inciso I, do CTN. Interpretação Conjunta. Pagamento de Débito Prescrito. Restituição Devida.
>
> 1. A partir de uma interpretação conjunta dos artigos 156, inciso V, (que considera a prescrição como uma das formas de extinção do crédito tributário) e 165, inciso I, (que trata a respeito da restituição de tributo) do CTN, há o direito do contribuinte à repetição do indébito, uma vez que o montante pago foi em razão de um crédito tributário prescrito, ou seja, inexistente. Precedentes: (REsp 1004747/RJ, Rel. Min. Luiz Fux, DJe 18.06.2008; REsp 636.495/RS, Rel. Min. Denise Arruda, DJ 02.08.2007)

2. Recurso especial provido".

Seguindo essa linha de raciocínio, a FUNDATEC, no concurso para Auditor-Fiscal da Receita Estadual da SEFAZ/RS, realizado em 2014, considerou **correto** afirmar que: "Tendo sido pago determinado tributo e posteriormente constatado que o mesmo já estava prescrito, é possível pleitear a restituição de seu valor, diferentemente do que ocorre no direito privado".

Utilizando um parâmetro mais técnico para diferenciar prescrição e decadência quanto à essência, pode-se afirmar que a prescrição extingue direitos a uma prestação (que podem ser violados pelo sujeito passivo), enquanto a decadência extingue direitos potestativos (invioláveis). Assim, o **direito de lançar** é **potestativo**, sendo sujeito à **decadência**; já o **direito de receber o valor lançado** é **"direito a uma prestação"**, estando a ação que o protege sujeita à **prescrição**.

De qualquer forma, para os objetivos desta obra, a diferenciação é simples e segura, pois o **lançamento** é exatamente o marco que separa, na linha do tempo, a prescrição da decadência. Assim, antes do lançamento, conta-se o prazo **decadencial** (que é, em suma, o prazo para que o Fisco exerça o direito de lançar). Quando o lançamento validamente realizado se torna definitivo, não mais se fala em decadência (pois o direito do Estado foi tempestivamente exercido), passando-se a contar o prazo **prescricional** (para propositura da ação de execução fiscal).

A diferenciação pode ser visualizada da seguinte forma:

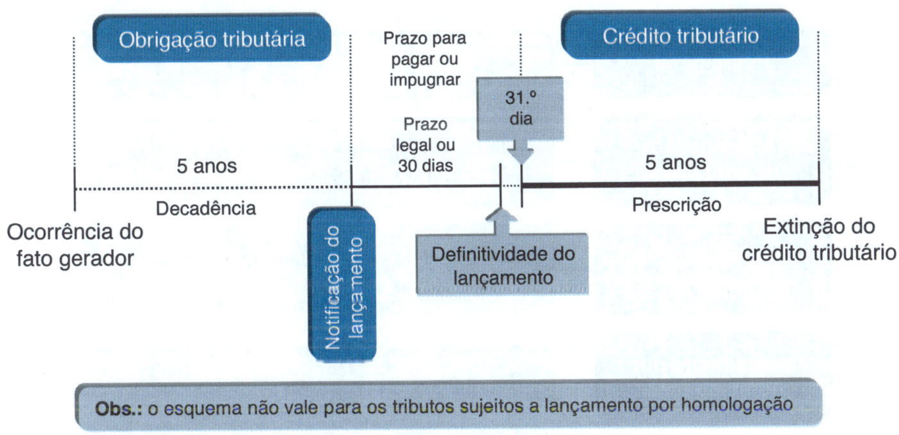

Conforme será detalhado adiante, o termo inicial do prazo decadencial não é exatamente a data da ocorrência do fato gerador, mas uma data em torno deste momento (via de regra, o primeiro dia do exercício financeiro subsequente). No caso do lançamento por homologação, contudo, o termo inicial pode coincidir com precisão com a data do fato gerador.

Também é importante ressaltar que, na ilustração proposta, supôs-se que o lançamento realizado não foi impugnado, tornando-se definitivo trinta dias após a notificação feita ao sujeito passivo. No caso de impugnação, o prazo prescricional somente iniciaria sua fluência com o fim do processo administrativo fiscal e do prazo fatal para pagamento do tributo.

Pelo que foi analisado, percebe-se que a fluência do prazo decadencial **impede o nascimento** do crédito tributário. Estranhamente, contudo, o CTN incluiu a decadência entre as formas de **extinção** do crédito tributário, de forma a acabar por afirmar que **a decadência extingue algo que ela própria impediu que nascesse**.

Seguindo a já não muito boa sistemática adotada pelo CTN, seria melhor ter incluído a decadência entre as formas de **exclusão** do crédito tributário, pois a nota fundamental das hipóteses de exclusão é justamente a impossibilidade de constituição do crédito. Entretanto, adotando a enumeração estatuída pelo Código, tratar-se-á a decadência como verdadeira forma de extinção do crédito tributário.

O prazo é de **cinco anos**. Entretanto, a definição precisa do **termo inicial** da decadência é o ponto mais controverso e relevante sobre a matéria, existindo quatro diferentes regras estabelecidas no Código Tributário Nacional, conforme relacionado abaixo:

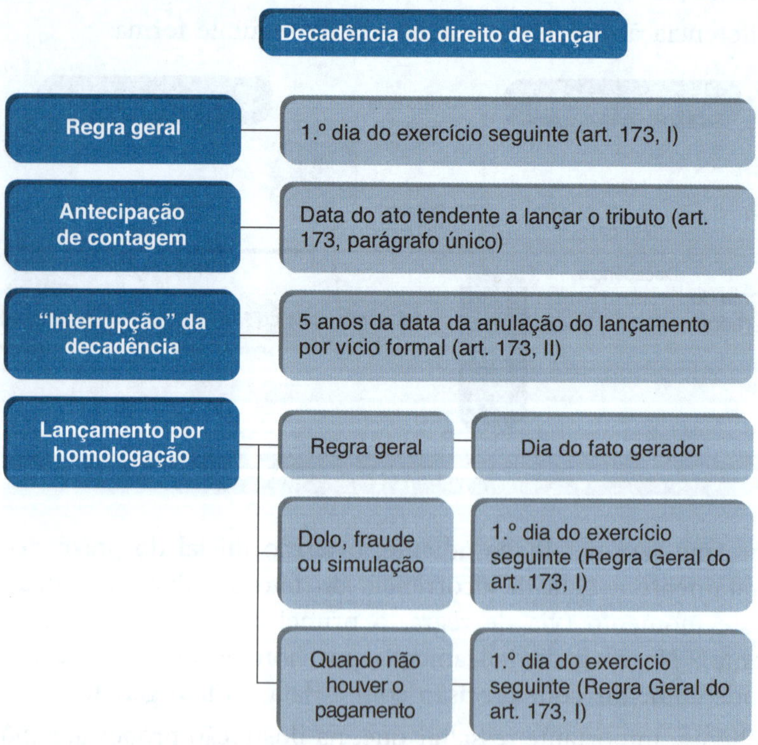

Passa-se ao exame detalhado de cada regra.

9.1.5.1 Regra geral

A regra geral está prevista no inciso I do art. 173 do CTN, segundo o qual o direito de a Fazenda Pública constituir o crédito tributário extingue-se após cinco anos, contados do primeiro dia do exercício seguinte àquele em que o lançamento poderia ter sido efetuado.

Imagine-se que determinado tributo sujeito a lançamento de ofício teve fato gerador em 1.º de janeiro de 2007. Teoricamente, já no dia 2 de janeiro do mesmo ano seria possível à autoridade fiscal competente efetuar o lançamento. Como a providência já seria possível em 2007, o direito de a Fazenda Pública tomá-la extingue-se após cinco anos, contados a partir de 1.º de janeiro de 2008. Por conseguinte, a decadência estará consumada em 1.º de janeiro de 2013, de forma que o lançamento somente poderia ser realizado até 31 de dezembro de 2012.

A situação pode ser visualizada da seguinte forma:

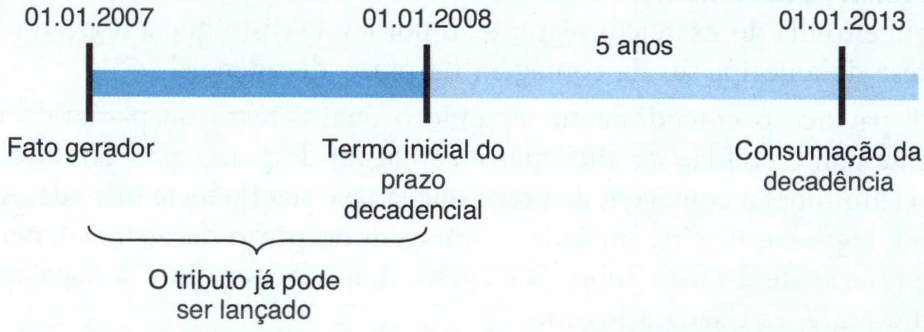

Percebe-se que a Administração Tributária acaba tendo mais de cinco anos para exercer o direito de constituir o crédito. No exemplo citado, o prazo chega praticamente a seis anos. A parcela da doutrina que tenta explicar porque o **prazo para lançar** começar a fluir em momento posterior ao que o **direito de lançar** se torna exercitável aduz que o legislador do CTN quis conferir um prazo razoável para que o Fisco tomasse conhecimento da ocorrência do fato gerador. A linha mestra de tal teoria é que a decadência somente deve atingir aquele que "dorme", não se considerando em tal situação quem presumidamente não tomou conhecimento do fato que pede uma providência.

O raciocínio, contudo, não é sempre aplicável. No caso das taxas, por exemplo, o fato gerador depende de uma atividade estatal, não sendo razoável imaginar que a Administração Tributária não tome conhecimento imediato da ocorrência de tal fato. Entretanto, como se perceberá ao longo da análise das demais regras, a justificativa é útil por conseguir explicar o motivo da existência de exceções à regra geral.

9.1.5.2 Regra da antecipação de contagem

O parágrafo único do art. 173 do CTN estatui que o direito de lançar se extingue definitivamente com o decurso do prazo de cinco anos, contados da data em que tenha sido iniciada a constituição do crédito tributário pela notificação, ao sujeito passivo, de qualquer medida preparatória indispensável ao lançamento.

O dispositivo é aplicável nos casos em que, durante o lapso de tempo compreendido entre o fato gerador e o início da fluência do prazo decadencial, a Administração Tributária adota medida preparatória para o lançamento.

O exemplo mais comum é o caso em que, antes de se chegar o primeiro dia do exercício seguinte àquele em que o lançamento poderia ter sido efetuado, a Administração Tributária inicia procedimento de fiscalização relativo ao fato.

O procedimento de fiscalização é formalmente deflagrado por meio da lavratura de termo de início. Na data em que o sujeito passivo toma ciência do termo – e, portanto, do início da fiscalização –, inicia-se a contagem do prazo de decadência. Relembre-se que, se não fosse a adoção da providência preparatória para lançamento, a contagem do prazo só seria iniciada a partir do primeiro dia do exercício seguinte. É por conta disto que a regra traz uma hipótese de antecipação da contagem de prazo decadencial.

É pacífico o entendimento segundo o qual a regra do parágrafo único somente tem o condão de antecipar a contagem de prazo, não gerando qualquer efeito sobre a contagem de prazo que já teve sua fluência iniciada. Assim, como é regra em direito, iniciada a contagem do prazo decadencial, nenhum fato posterior terá efeito sobre seu curso. A única exceção é a constante da terceira regra, estudada a seguir.

Esquematicamente, a situação pode ser visualizada da seguinte forma:

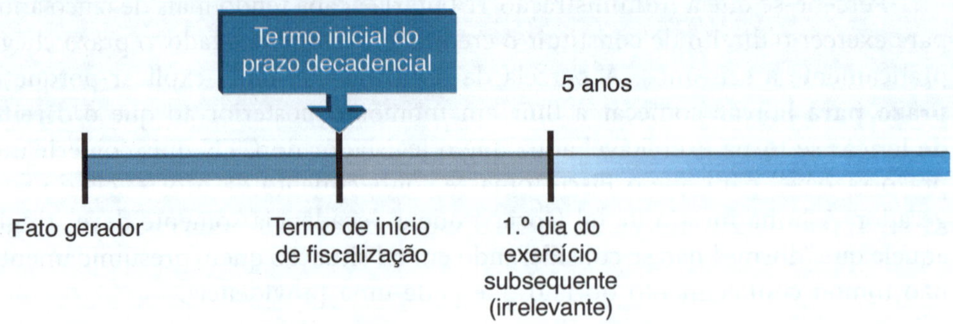

9.1.5.3 Regra da anulação de lançamento por vício formal

Segundo o art. 173, II, do CTN, o direito de proceder ao lançamento extingue-se em cinco anos contados da data em que se tornar definitiva a decisão que houver anulado, por vício formal, o lançamento anteriormente efetuado.

A regra premia o cometimento de ilegalidades na atividade de lançamento, uma vez que estabelece como consequência para a administração que praticou ato viciado a devolução do prazo para que constitua o crédito.

Há de se perceber que a regra somente é aplicável quando o vício que constar do lançamento for de natureza **formal** (adjetivo), não aproveitando aos casos de vício **material** (substantivo).

Assim, se o lançamento foi declarado nulo em virtude de cerceamento de defesa do sujeito passivo ou de a autoridade lançadora carecer de competência legal para exercer a atividade, a regra é aplicável, pois o vício não se refere ao conteúdo do ato, mas sim a um aspecto formal. Já no caso em que o lançamento é anulado porque o órgão julgador entendeu que a situação-base considerada como fato gerador do tributo não se enquadra com precisão na hipótese legal de incidência tributária, não tem lugar a regra, pois o vício é material e não formal. Na segunda hipótese, a fraseologia administrativa costuma afirmar que "lançamento é improcedente".

A maior discussão sobre a regra refere-se à possibilidade de enquadramento como hipótese de interrupção de fluência do prazo decadencial.

Se o prazo para a constituição do crédito já começara a fluir, em virtude de incidência da regra geral, e o lançamento foi efetivado antes de consumada a decadência, teoricamente, as preocupações se voltariam para o prazo de prescrição. Entretanto, se tal lançamento vier a ser anulado, volta a ter importância a decadência, pois a Administração Tributária não está impedida de fazer novo lançamento com a correção dos vícios que macularam o primeiro.

A solução mais óbvia para a situação seria afirmar que a Administração Tributária deveria efetuar o novo lançamento antes de concluído o lapso temporal de cinco anos cuja fluência começara de acordo com a regra geral do art. 173, I, do CTN.

Seria razoável também uma solução intermediária, segundo a qual o tempo decorrido entre a notificação do lançamento viciado e a sua anulação não seria contado para efeito de decadência (criando-se uma causa de suspensão do prazo).

O CTN, contudo, adotou a solução que mais beneficia a Fazenda Pública: a restituição integral do prazo.

Parte da doutrina entende que a regra estatui hipótese de **interrupção de prazo decadencial**, porque o prazo começara a fluir, e um evento (anulação de lançamento) fez com que o mesmo fosse devolvido. Uma outra corrente doutrinária afirma que não se trata de interrupção de prazo, mas sim de concessão de um **novo prazo**, totalmente independente do originário.

A distinção não é meramente acadêmica, pois dela decorrem efeitos práticos. Somente se pode interromper um prazo em curso, não sendo possível, perante a lógica, interromper a vida de quem já morreu. Caso se admita que o art. 173, II, do CTN traz causa de interrupção de decadência, deve-se entender que o dispositivo somente pode ser aplicado enquanto o prazo não se esvaiu. O raciocínio não encontra guarida no texto legal, uma vez que o Código faz o reinício do prazo depender apenas da anulação por vício formal de lançamento anteriormente realizado, não estabelecendo prazo para que a regra seja aplicada.

Assim, tendo em vista a redação do art. 173, II, parece mais adequada a conclusão de que o dispositivo estipula prazo decadencial autônomo (para o caso de anulação por vício formal de lançamento anteriormente realizado), e não a interrupção de prazo decadencial.

Apesar do entendimento aqui defendido, no concurso para Procurador Federal realizado em 2004, o CEBRASPE, mesmo após o julgamento dos recursos, considerou **errada** a seguinte assertiva: "A decadência, em direito tributário, refere-se ao direito de constituir o crédito tributário, não sendo o prazo decadencial sujeito a suspensão ou interrupção". Da mesma forma, a FCC, no concurso para Procurador do Estado de São Paulo, realizado em 2002, assinalou como **correta** a proposição assim formulada: "segundo o CTN, a decisão administrativa definitiva que anule lançamento anteriormente efetuado interrompe o prazo decadencial".

Ao que parece, o CEBRASPE e a FCC adotam a primeira corrente, segundo a qual o art. 173, II, traz causa de interrupção de prazo decadencial. Quem segue essa linha também entende que o dispositivo engloba uma causa de suspensão do prazo prescricional, pois o mesmo não fluiria na pendência do processo em que se discute a validade do lançamento feito.

Em virtude da adoção da teoria pelo CEBRASPE e pela FCC, transcrevem-se as palavras de Luciano Amaro que, mesmo criticando o dispositivo, interpreta-o no sentido seguido pelas bancas:

> "O dispositivo comete um dislate. De um lado, ele, a um só tempo, introduz, para o arrepio da doutrina, causa de interrupção e suspensão do prazo decadencial (suspensão porque o prazo não flui na pendência do processo em que se discute a nulidade do lançamento, e interrupção porque o prazo recomeça a correr do início e não da marca já atingida no momento em que ocorreu o lançamento nulo) (...)".

A título de exemplo, imagine-se que, no dia 22 de maio de 2015, tenha ocorrido o fato gerador de determinada taxa sujeita a lançamento de ofício. Nesta situação, por conta da regra geral, o prazo decadencial começaria a fluir no primeiro dia do exercício seguinte (1.º de janeiro de 2016). Admita-se que, no dia 23 de abril de 2019, um agente público incompetente promova o lançamento do tributo e que, posteriormente, o sujeito passivo impugne o lançamento realizado, resultando na anulação de lançamento em virtude do vício formal decorrente da incompetência da autoridade lançadora. Se a declaração de nulidade se tornar definitiva no dia 20 de novembro de 2021, a partir desta data começará a fluir quinquênio legal para a realização de novo lançamento.

A situação proposta pode ser visualizada da seguinte forma:

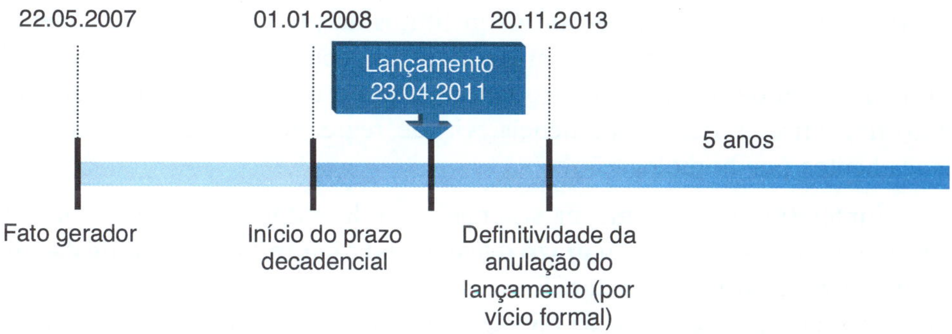

9.1.5.4 Regra do lançamento por homologação

Conforme já estudado, o § 4.º do art. 150 do CTN, disciplinando a sistemática do lançamento por homologação, dispõe:

> "Art. 150. (...)
>
> (...)
>
> § 4.º Se a lei não fixar prazo a homologação, será ele de cinco anos, a contar da ocorrência do fato gerador; expirado esse prazo sem que a Fazenda Pública se tenha pronunciado, considera-se homologado o lançamento e definitivamente extinto o crédito, salvo se comprovada a ocorrência de dolo, fraude ou simulação".

Doutrina esmagadora tem entendido que o passar do prazo para a homologação, sem que esta tenha sido expressamente realizada, não apenas configura **homologação tácita**, mas também **decadência do direito de constituir o crédito tributário** relativo a qualquer diferença entre o valor antecipado pelo sujeito passivo e aquele que a Administração Tributária entende devido.

Aqui uma observação é muito importante. Normalmente, o lançamento por homologação não está sujeito à decadência, pois, com o passar do prazo sem providência administrativa, o lançamento se tem por perfeito e acabado.

Entretanto, na linha adotada pela doutrina majoritária, é possível perceber que o passar do prazo para a homologação efetivamente extingue o direito de que se lancem diferenças entendidas devidas.

O que decai, na realidade, é o direito de a Administração Tributária **lançar de ofício** as diferenças apuradas, caso viesse a deixar de "homologar o lançamento". Entretanto, passado o prazo sem qualquer providência, o lançamento por homologação reputa-se legalmente efetuado.

Seguindo esta linha, o CEBRASPE, no concurso para Advogado da União, realizado em 2002, considerou **correta** a seguinte assertiva: "A despeito das controvérsias teóricas que cercam os institutos da prescrição e da decadência no direito civil, no direito tributário a doutrina considera que a segunda fulmina o direito de o fisco efetuar o lançamento do tributo; consequentemente, é correto afirmar que a decadência, via de regra, não atinge os chamados lançamentos por homologação".

É interessante notar que, na sistemática do lançamento por homologação, tem-se o único caso em que **o prazo decadencial é contado exatamente da data da ocorrência do fato gerador**. Entende-se que não se justificaria esperar um prazo razoável para o início da contagem de prazo (conforme ocorre na regra geral) porque a antecipação do pagamento provoca imediatamente o Estado a verificar sua correção, de forma que a inércia inicial já configura cochilo.

Justamente por isso, tem-se por correto o posicionamento do STJ, no sentido de que a regra do art. 150, § 4.º, **não é aplicável** nos casos em que o contribuinte não faz, até a data do vencimento, pagamento algum, devendo, neste caso, o prazo decadencial ser contado na forma definida na regra geral prevista no art. 173, I, do CTN.

Assim, se o contribuinte antecipou o pagamento dentro do prazo legal, mesmo que o valor recolhido tenha sido ínfimo, a homologação tácita ocorrerá em cinco anos, contados da data do fato gerador (CTN, art. 150, § 4.º). Se, ao contrário, o contribuinte não antecipou qualquer valor, o prazo para a realização do lançamento de ofício correspondente começará a fluir a partir do primeiro dia do exercício subsequente (CTN, art. 173, I), uma vez que, já no exercício financeiro em que verificada a omissão, seria possível ao Estado constituir o crédito relativo ao tributo não recolhido (STJ, 1.a Seção, EREsp 101.407/SP, Rel. Min. Ari Pargendler, j. 07.04.2000, *DJ* 08.05.2000, p. 53).

Dúvidas poderiam surgir quanto à solução a ser adotada, quando verificada a presença de **dolo, fraude ou simulação**, pois o § 4.º do art. 150 do CTN apenas excetua tais casos da regra que enuncia, sem, contudo, prever a regra aplicável a eles.

Não obstante algumas controvérsias, sedimentou-se em sede doutrinária o entendimento no sentido de que, na ausência de regra expressa, a contagem do prazo decadencial deveria ser feita de acordo com a regra geral do art. 173, I, do CTN.

A solução é a mais consentânea com o espírito do CTN, pois além do argumento irretocável da aplicabilidade da regra geral na ausência de regra específica, há de se ressaltar que a existência de dolo, fraude ou simulação gera dificuldades para que o Fisco descubra a realidade dos fatos, o que, nos termos já analisados, deve levar à concessão de um prazo razoável para o começo da contagem do prazo decadencial, como ocorre, conforme analisado, na regra geral constante do art. 173, I, do Código. Ademais, a descoberta do ilícito deve ter por consectário um procedimento que culmine com um lançamento de ofício, o qual se submete, no tocante ao prazo decadencial, à multicitada regra geral.

Em resumo, seguindo a doutrina majoritária, o termo inicial do prazo decadencial, na sistemática do lançamento por homologação, pode ser facilmente identificado por meio do seguinte esquema:

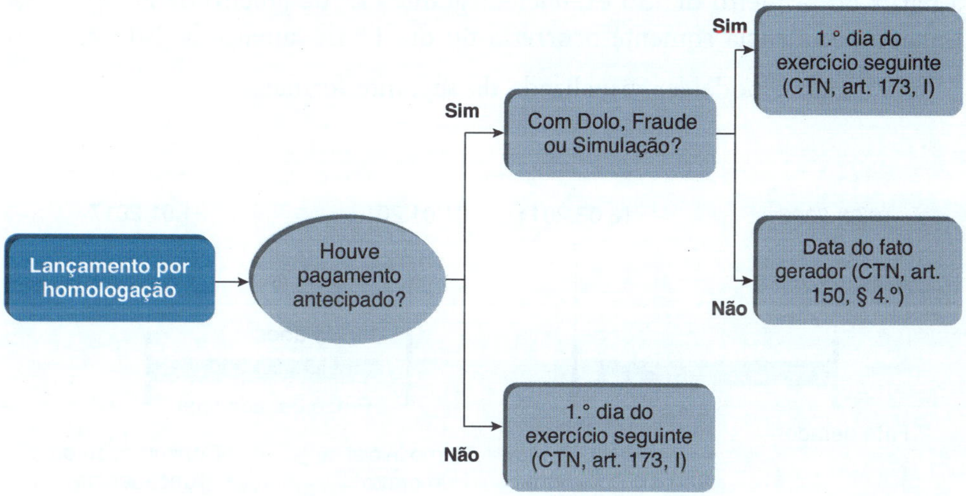

9.1.5.4.1 A tese dos "cinco mais cinco"

A partir de 1995, o STJ passou a adotar um entendimento que possuía o efeito de ampliar o prazo para que a Fazenda Pública constitua créditos tributários relativos a diferenças apuradas na sistemática do lançamento por homologação (REsp 58.918/RJ). Tratava-se da famosa **tese dos cinco mais cinco**, que, até o advento da LC 118/2005, possuía uma tese homônima referente ao prazo para que o sujeito passivo pleiteasse restituição de valores pagos a título de tributo na sistemática do lançamento por homologação.

A tese era engenhosa e decorria do entendimento de que as regras relativas à decadência do direito de lançar eram exclusivamente aquelas constantes do *caput*, alíneas e parágrafo único do art. 173 do CTN. Nessa linha, a regra relativa ao prazo para homologação (CTN, art. 150, § 4.º) deveria ser complementada pela constante do art. 173, I, do mesmo Código.

Por conseguinte, a decadência somente se verificaria com o decurso de cinco anos, contados do exercício seguinte àquele em que se extinguiu o direito potestativo que possui o Estado para rever o lançamento.

Um exemplo ajuda na compreensão da tese.

Suponha-se que o fato gerador de um tributo sujeito a lançamento por homologação ocorra no dia 16 de março de 2006 e que o respectivo sujeito passivo, descumprindo a legislação aplicável, não realize qualquer pagamento até a data do vencimento. O prazo para "homologação" seria de cinco anos contados do fato gerador, expirando-se no dia 16 de março de 2011 (aplicação do art. 150, § 4.º, do CTN). Como no último dia do prazo a Administração Tributária poderia deixar de "homologar o lançamento" e constituir o crédito correspondente, o prazo para lançar de ofício seria de cinco anos, contados a partir do primeiro dia do exercício seguinte (1.º de janeiro de 2012). Nessa linha, a decadência somente ocorreria no dia 1.º de janeiro de 2017.

A situação pode ser visualizada da seguinte forma:

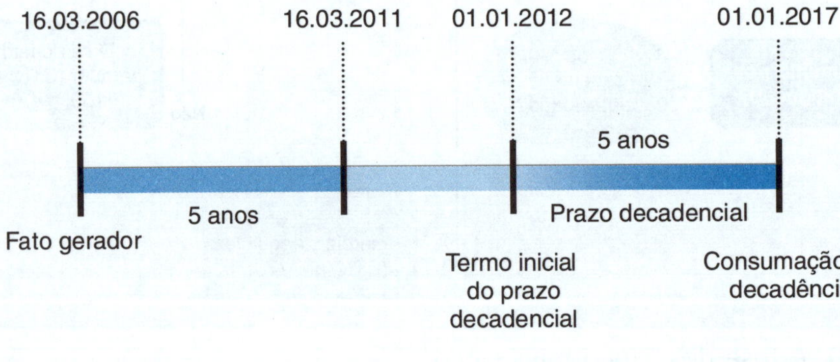

Pelo entendimento, quando o CTN afirmou que o prazo decadencial seria contado "do primeiro dia do exercício seguinte àquele em que o lançamento poderia ter sido efetuado" (art. 173, I), teria tomado como referência a data até a qual o lançamento poderia ser homologado.

A tese é, no mínimo, curiosa, pois fala em **homologação** quando o sujeito passivo não realizou qualquer pagamento sobre o qual tal atividade administrativa pudesse incidir, o que, por si só, já demonstraria sua incongruência com a essência da sistemática.

Pela peculiaridade do entendimento, transcreve-se o seguinte excerto, da lavra do STJ:

> "(...). À luz do CTN esta Corte desenvolveu entendimento no sentido de computar, a partir do fato gerador, prazo decadencial de cinco anos e, após, mesmo não se sabendo qual a data da homologação do lançamento, se este não ultrapassou o quinquídio, computar mais cinco anos. Surgiu assim a contagem do cinco mais cinco, merecendo adesão majoritária" (STJ, 2.ª T., AgRgREsp 251.831/GO, Rel. Min. Eliana Calmon, j. 11.09.2001, *DJ* 18.02.2002).

Em provas objetivas de concurso público, a tese não tem sido cobrada. Contudo, é necessário conhecê-la, principalmente para citação em provas subjetivas.

9.1.5.4.2 O entendimento atual do Superior Tribunal de Justiça

Nos julgados mais recentes, o Superior Tribunal de Justiça tem consolidado um entendimento mais consentâneo com o caminho apontado pela doutrina majoritária, nos termos explanados nesta obra. Resumidamente, na linha hoje seguida pela Corte, o prazo decadencial, na sistemática do lançamento por homologação, obedece às seguintes regras:

a) se o tributo não foi declarado nem pago, o termo inicial do prazo decadencial é o primeiro dia do exercício seguinte (aplicação do art. 173, I do CTN);

A regra decorre de algo já detalhado anteriormente, não trazendo qualquer novidade. **A homologação incide sobre o pagamento. Não havendo pagamento nem declaração de débito, não há o que homologar**, devendo, por conseguinte, ser utilizada a **regra geral de contagem do prazo decadencial** para efeito de realização de **lançamento de ofício**.

Em 2015, o Superior Tribunal de Justiça, na esteira do entendimento ora analisado, editou a **Súmula nº 555**, afirmando que "quando não houver declaração do débito, o prazo decadencial quinquenal para o Fisco constituir o crédito tributário conta se exclusivamente na forma do art. 173, I, do CTN, nos casos em que a legislação atribui ao sujeito passivo o dever de antecipar o pagamento sem prévio exame da autoridade administrativa".

Esse era o caso clássico a que o STJ aplicava a tese dos cinco mais cinco, entendendo que terminado o prazo de cinco anos contados da data do fato gerador, haveria homologação tácita e, a partir do primeiro dia do exercício seguinte, deveria ser iniciada a contagem do prazo decadencial. Combinavam-se os arts. 173, I e 150, § 4.º do CTN, o que, agora, está definitivamente sepultado.

b) se foi realizado um pagamento, a Fazenda Pública tem o prazo de cinco anos, contados da data do fato gerador, para homologar tal pagamento expressamente ou realizar eventual lançamento suplementar (de ofício), caso contrário, ocorrerá homologação tácita e o crédito estará definitivamente extinto (aplicação pura e simples do art. 150, § 4.º do CTN).

Também aqui não mais é possível a invocação da tese dos "cinco mais cinco", apesar de existir precedente (hoje superado) do Superior Tribunal de Justiça admitindo, mesmo nessa hipótese, a absurda forma de contagem (Resp 463.521-PR, Rel. Ministro Luiz Fux, *DJ* de 19.05.2003).

Valem aqui as mesmas advertências feitas no item anterior aos eventuais candidatos a cargos de representação judicial da Fazenda Pública.

c) se o tributo foi declarado e não pago, não há que se falar em decadência, pois o crédito tributário estará constituído pela própria declaração de débito do contribuinte, sendo possível a imediata inscrição em dívida ativa e posterior ajuizamento da ação de execução fiscal (a preocupação passa, portanto, a ser com o prazo prescricional, contado a partir do vencimento do prazo para pagamento)

Esse caso merece um maior detalhamento. Sabe-se que o Superior Tribunal de Justiça, contrariando entendimento de boa parte da doutrina, entendeu que se o contribuinte elabora as declarações informando **débitos não pagos** e a lei prevê tal situação como **confissão de débito com efeito constitutivo do crédito tributário** (como a Declaração de Débitos e Créditos Tributários Federais – DCTF – ou as Guias de Informação e Apuração ICMS – GIA), não há que se falar em decadência (AgRg nos EAg 670.326/PR). Nas decisões mais recentes, o STJ acabou por estender o raciocínio para todas as declarações tributárias existentes na sistemática do lançamento por homologação (AgRg no Ag 884.833/SC, Rel. Min. João Otávio de Noronha, *DJ* 07.11.2007). Atualmente, a tese adotada encontra-se cristalizada na **Súmula STJ 436**, cujo teor é o seguinte: "A entrega de declaração pelo contribuinte reconhecendo débito fiscal constitui o crédito tributário, dispensada qualquer outra providência por parte do fisco".

Em face do exposto, é lídimo afirmar que, na sistemática do lançamento por homologação, havendo **declaração de débito sem o correspondente pagamento**, na data do vencimento, serão verificados quatro efeitos:

- início da contagem do prazo prescricional;
- possibilidade de imediata inscrição do declarante em dívida ativa;
- impossibilidade de o declarante gozar dos benefícios da denúncia espontânea (Súmula STJ 360);
- legitimidade da recusa de expedição de certidão negativa ou positiva com efeito de negativa (Súmula STJ 446).

Na realidade, os quatro efeitos configuram meras consequências de se considerar definitivamente constituído o crédito tributário. Assim: a) o prazo prescricional começa a fluir porque seu termo inicial é a constituição definitiva do crédito (CTN, art. 174); b) não havendo mais prazo para que se faça o pagamento, deve ser providenciada a inscrição em dívida ativa (CTN, art. 201); c) se já há crédito, não é cabível denúncia espontânea, pois como esta é afastada pelo início de qualquer procedimento relacionado com a infração (CTN, art. 138, parágrafo único), também o será – e ainda com mais razão – quando o crédito tributário já estiver definitivamente constituído; d) se há crédito, a certidão é positiva, não gozando dos efeitos de negativa por não restar configurada qualquer das hipóteses constantes do art. 206 do CTN.

Pela profunda importância do julgado objeto de análise, transcrevem-se abaixo as pedagógicas palavras da Corte, constantes da respectiva Ementa (REsp 850.423-SP, Rel. Min. Castro Meira, j. 28.11.2007):

> "TRIBUTÁRIO. ARTIGO 535. TRIBUTO SUJEITO A LANÇAMENTO POR HOMOLOGAÇÃO. DECLARAÇÃO DO CONTRIBUINTE DESACOMPANHADA DE PAGAMENTO. PRESCRIÇÃO. DENÚNCIA ESPONTÂNEA.
>
> (...)
>
> 2. Tratando-se de tributos sujeitos a lançamento por homologação, ocorrendo a declaração do contribuinte desacompanhada do seu pagamento no vencimento, não se aguarda o decurso do prazo decadencial para o lançamento. A declaração do contribuinte elide a necessidade da constituição formal do crédito, podendo este ser imediatamente inscrito em dívida ativa, tornando-se exigível, independentemente de qualquer procedimento administrativo ou de notificação ao contribuinte.
>
> 3. O termo inicial da prescrição, em caso de tributo declarado e não pago, não se inicia da declaração, mas da data estabelecida como vencimento para o pagamento da obrigação tributária declarada.
>
> 4. A Primeira Seção pacificou o entendimento no sentido de não admitir o benefício da denúncia espontânea no caso de tributo sujeito a lançamento por homologação quando o contribuinte, declarada a dívida, efetua o pagamento a destempo, à vista ou parceladamente. Precedentes.
>
> 5. Não configurado o benefício da denúncia espontânea, é devida a inclusão da multa, que deve incidir sobre os créditos tributários não prescritos.
>
> (...)".

9.1.5.4.3 O prazo decadencial e as contribuições para a Seguridade Social

O art. 45 da Lei 8.212/1991 estipula um prazo decadencial de dez anos para a realização do lançamento das contribuições para financiamento da seguridade social.

Desde a primeira edição desta obra, sustentou-se que a regra era de constitucionalidade extremamente duvidosa, uma vez que a matéria relativa à prescrição e decadência tributárias se encontra sob reserva constitucional de **lei complementar** (CF, art. 146, III, b).

No final do ano de 2007, o Superior Tribunal de Justiça acolheu a tese, afirmando expressamente que o art. 45 da Lei 8.212/1991 é **formalmente inconstitucional**. Pela extrema relevância do Acórdão, transcreve-se sua Ementa (grifou-se):

> "CONSTITUCIONAL, PROCESSUAL CIVIL E TRIBUTÁRIO. INCIDENTE DE INCONSTITUCIONALIDADE DO ARTIGO 45 DA LEI 8.212, DE 1991. OFENSA AO ART. 146, III, B, DA CONSTITUIÇÃO.
>
> 1. As contribuições sociais, inclusive as destinadas a financiar a seguridade social (CF, art. 195), têm, no regime da Constituição de 1988, natureza tributária. Por isso mesmo, aplica-se também a elas o disposto no art. 146, III, *b*, da Constituição, segundo o qual **cabe à lei complementar dispor sobre normas gerais em matéria de prescrição e decadência tributárias, compreendida nessa cláusula inclusive a fixação dos respectivos prazos**. Consequentemente, **padece de inconstitucionalidade formal o artigo 45 da Lei 8.212, de 1991, que fixou em dez anos o prazo de decadência para o lançamento das contribuições sociais devidas à Previdência Social**.
>
> 2. Arguição de inconstitucionalidade julgada procedente" (AI no REsp 616.348, Corte Especial, Rel. Min. Teori Albino Zavascki, *DJU* de 15.10.2007).

Finalmente, em 2008, o Supremo Tribunal Federal resolveu definitivamente as controvérsias sobre a matéria, quando, em casos concretos que lhe foram submetidos (RREE 556.664, 559.882, 560.626 e 559.943), encampou a mesma tese esposada pelo STJ, editando a Súmula Vinculante 8, cujo teor é o seguinte:

> **STF – Súmula Vinculante 8** – "São inconstitucionais o parágrafo único do art. 5.º do Decreto-lei n. 1.569/1977 e os arts. 45 e 46 da Lei n. 8.212/1991".

Os efeitos temporais do enunciado foram modulados, de forma que os sujeitos passivos que pagaram as contribuições sem contestá-las ou sem posteriormente formularem pedidos de restituição antes da edição da Súmula Vinculante 8, não mais poderão formulá-los.

Diante do posicionamento do Supremo Tribunal Federal, o Congresso Nacional aproveitou a edição da Lei Complementar 128/2008 e expressamente revogou o citado art. 45 da Lei 8.212/1991, bem como o art. 46, que, padecendo exatamente do mesmo vício, dobrava os prazos de **prescrição** para as contribuições destinadas ao financiamento da seguridade social (LC 128/2008, art. 13, I, "a").

Digno de nota que apesar de a literalidade da Súmula Vinculante 8 não abrir exceção à inconstitucionalidade dos dispositivos legais nela citados, o próprio Supremo Tribunal Federal entende que a regra constante do parágrafo único do art. 5.º do Decreto-lei n. 1.569/1977 (que estipula uma hipótese de suspensão de prescrição de créditos débitos que deixariam de ser cobrados em virtude de comprovada inexequibilidade e de reduzido valor) é **aplicável no caso de créditos não tributários**. (RE 816084 AgR/DF). O julgado não altera em nada o posicionamento aqui explanado, uma vez que remanesce o entendimento no sentido da inconstitucionalidade das regras que versem sobre prescrição e decadência **tributárias** que não tenham sido veiculadas em lei complementar.

Em suma, a Súmula Vinculante 8 declara a **inconstitucionalidade** dos arts. 45 e 46 da Lei n. 8.212/1991 e a **inconstitucionalidade da aplicação em matéria tributária** do parágrafo único do art. 5.º do Decreto-lei n. 1.569/1977, sendo **constitucional a utilização deste último dispositivo em matéria não tributária**.

9.1.6 Prescrição

Opera-se a prescrição quando a Fazenda Pública não propõe, no prazo legalmente estipulado, a ação de execução fiscal para obter a satisfação coativa do crédito tributário.

Segundo o art. 174 do CTN, o prazo de prescrição é de cinco anos, iniciando sua contagem **da data da constituição definitiva do crédito tributário**.

Quando o sujeito passivo é notificado do lançamento, o crédito tributário está constituído não havendo mais que se falar em decadência (salvo se o lançamento vier a ser anulado). Como o Fisco exerceu seu direito, não mais pode ser atingido por um instituto que faz perecer os direitos dos inertes.

Em face das garantias do contraditório e da ampla defesa, é possível que o sujeito passivo impugne o lançamento realizado, instaurando um litígio e inaugurando a fase contenciosa do lançamento, o que, conforme se deduz do art. 145, I, do CTN, pode gerar uma alteração do próprio lançamento realizado.

Pode-se afirmar, portanto, que, com a notificação, o crédito **está constituído**, mas **não que ele está definitivamente constituído**. Por conseguinte, tem-se uma situação em que não se conta decadência – porque a Administração já exerceu seu direito – nem prescrição por conta da ausência de definitividade do lançamento efetuado.

Não havendo pagamento ou impugnação ou, em havendo esta, concluído o processo administrativo fiscal e ultrapassado o prazo para pagamento do crédito tributário sem que ele tenha sido realizado, surge para a Fazenda Pública o que a doutrina denomina **pretensão**, que é a possibilidade de exigência coativa da satisfação do crédito lançado, mediante o manejo da ação de execução fiscal. Começa a partir daí (surgimento da pretensão em virtude da constituição definitiva do crédito) a fluir o prazo de prescrição.

Foi raciocinando exatamente assim, que o Superior Tribunal de Justiça editou em 2018 a Súmula 622, em que esse caminho de cessação da fluência do prazo decadencial (com o lançamento), exaurimento da via administrativa e início do prazo prescricional (com a definitividade do lançamento) foi resumido com maestria, conforme se transcreve abaixo:

> **STJ – Súmula 622** – "A notificação do auto de infração faz cessar a contagem da decadência para a constituição do crédito tributário; exaurida a instância administrativa com o decurso do prazo para a impugnação ou com a notificação de seu julgamento definitivo e esgotado o prazo concedido pela Administração para o pagamento voluntário, inicia-se o prazo prescricional para a cobrança judicial".

O verbete faz expressa referência ao lançamento realizado mediante lavratura de auto de infração, que é caso de lançamento de ofício (estudado no item 7.2.1 desta obra) de penalidade pecuniária, seja em conjunto com tributo, seja isoladamente. Não obstante, conforme já se deixou claro, a mesma linha de raciocínio deve ser aplicada a toda hipótese de lançamento regularmente notificado ao contribuinte.

No tocante ao IPTU e ao IPVA, contudo, o Superior Tribunal de Justiça tornou necessária uma ressalva ao entendimento ora analisado. A peculiaridade prende-se ao fato de os dois impostos serem lançados originariamente de ofício, sendo tradicionalmente os respectivos contribuintes notificados para pagar – e não para pagar ou impugnar – em determinado prazo, o valor calculado pelo próprio Fisco. Diante dessa praxe, e sem realizar qualquer ressalva expressa quanto à necessidade de oferecimento e exaurimento prévio de uma instância administrativa, o STJ firmou, na sistemática dos recursos repetitivos, teses praticamente idênticas para os dois tributos, definindo como termo inicial do prazo prescricional "o dia seguinte à data estipulada para o vencimento da exação" (REsp 1.658.517/PA, quanto ao IPTU; REsp. 1.320.825/RJ, quanto ao IPVA).

Nesse contexto é importante registrar que, por vezes, o ente tributante estipula mais de uma data para vencimento para pagamento da cota única de um tributo, com diferentes descontos para cada data. É o que ocorre, por exemplo, quando a lei institutiva do IPTU prevê um vencimento em 31 de janeiro para pagamento com desconto de 10% sobre o valor do tributo, e uma opção de vencimento em 31 de março, com desconto de 5%. Nesses casos, somente se pode considerar violado o direito do Fisco e, portanto, possível a exigência judicial do tributo, **quando expirado o segundo prazo** (princípio da *actio nata*).

Da mesma forma que foi tentado quanto à decadência, a Lei 8.212/1991 também pretendeu dobrar o prazo prescricional para a cobrança das contribuições destinadas ao custeio da seguridade social. No art. 46 da Lei, afirmava-se que "o direito de cobrar os créditos da Seguridade Social, constituídos na forma do artigo anterior, prescreve em 10 (dez) anos". Valem para o dispositivo os mesmos comentários feitos no tópico relativo ao prazo de decadência no lançamento por homologação (item 9.1.5.4), principalmente no que concerne à **inconstitucionalidade decorrente da invasão de competência reservada à lei complementar**. Nessa linha, com a edição, pelo STF, da **Súmula Vinculante 8**, tem-se por definitivamente afastada do ordenamento jurídico brasileiro a aplicabilidade do prazo dobrado previsto pelo citado dispositivo legal. Conforme ressaltado anteriormente, diante do posicionamento do STF, o Parlamento optou por revogar expressamente o dispositivo (LC 128/2008, art. 13, I, "a").

Foi também a reserva de lei complementar que fundamentou a declaração de inconstitucionalidade de dispositivo da Constituição do Estado de Santa Catarina que determinava o arquivamento de processo administrativo tributário sem a possibilidade de revisão ou renovação do lançamento, quando as impugnações e os recursos eventualmente interpostos não fossem julgados dentro do prazo determinado por lei (até a promulgação da lei reclamada pelo dispositivo, seria aplicado o prazo de 12 meses, previsto no ADCT). O STF entendeu que a norma estatuía caso de prescrição intercorrente no curso do processo administrativo fiscal, sem qualquer previsão no CTN ou em outra lei complementar nacional, sendo, por conseguinte, inconstitucional (STF, Tribunal Pleno, ADI 124/SC, Rel. Min. Joaquim Barbosa, j. 01.08.2008, *DJe* 17.04.2009, p. 11).

Os casos anteriormente analisados deixam claro que as regras relativas à prescrição somente podem ser veiculadas em lei complementar. Contudo, há um caso em que o Superior Tribunal de Justiça reconheceu uma importante repercussão de uma lei ordinária sobre a contagem do prazo prescricional relativo a um tributo.

A novidade decorreu do imperativo lógico segundo o qual não se pode contar um prazo para que alguém tome determinada providência enquanto existir um impedimento legal a que este alguém tome tal providência.

Conforme analisado, o prazo prescricional deve ser contado a partir do surgimento da **pretensão**, que é possibilidade de exigir coativamente a satisfação do direito subjetivo. O art. 174 do CTN está em perfeita sintonia com essa lição, pois somente com o fim do prazo para pagamento do tributo ou interposição de qualquer reclamação ou recurso administrativo é que surge a pretensão, sendo possível à Fazenda Pública inscrever o crédito em dívida ativa e ajuizar a ação de execução fiscal.

No entanto tal sequência de atos e fatos não ocorre da mesma maneira com as contribuições para os conselhos de fiscalização de profissões (CREA, CRC, CRM, CRECI), conhecidas como "anuidades" e consideradas tributos da espécie "contribuições corporativas", conforme detalhado no item 1.4.6.5.1 do Capítulo 01 desta obra.

Para tais contribuições, deve ser observada a regra constante no art. 8º da Lei 12.514/2011, segundo a qual os Conselhos não executarão judicialmente dívidas referentes a anuidades inferiores a 5 (cinco) vezes o valor cobrado anualmente dos profissionais de nível superior. O mínimo originariamente fixado correspondia a R$ 2.500,00, mas o art. 6º, § 1º, da mesma Lei prevê que o valor será reajustado anualmente de acordo com o Índice Nacional de Preços ao Consumidor – INPC, calculado pelo IBGE, ou pelo índice oficial que venha a substituí-lo.

Neste caso, **mesmo com a constituição definitiva do crédito tributário, não surge a pretensão** enquanto a soma das anuidades atrasadas – acrescidas das multas, juros e correção monetária – não atingir o valor de cinco anuidades atuais.

Por tudo, tem-se por absolutamente correto o entendimento do Superior Tribunal de Justiça no sentido de que, no tocante a tais anuidades, "considerando a limitação de valor mínimo para fins de execução criada pela Lei n. 12.514/11, para o ajuizamento da execução, **o prazo prescricional dever ter início somente quando o crédito se tornar exequível, ou seja, quando o total da dívida inscrita, acrescida dos respectivos consectários legais, atingir o patamar mínimo exigido pela norma**" (Resp 1.524.930/RS). Apesar da sua natureza jurídica *sui generis*, a OAB, segundo o STJ, também se submete à regra (AREsp 2147187-MS).

Foi a também diretriz de que não deve haver fluência do prazo prescricional enquanto a Fazenda estiver legalmente impossibilitada de ajuizar a ação de execução fiscal que levou o STJ a afirmar a existência de um diferente termo inicial da prescrição, relativo a certos créditos que se tornam controvertidos.

Trata-se dos casos em que o sujeito passivo consegue uma decisão judicial favorável com o efeito de **infirmar a certeza do crédito inscrito em dívida ativa** e, como consequência, impedir o ajuizamento da execução fiscal (o que ocorre, por exemplo, quando um acórdão de apelação confirma a decisão favorável ao contribuinte). Nessas hipóteses, caso a Fazenda consiga reverter o decidido, recuperando a possibilidade de ajuizar a execução, **somente a partir do trânsito em julgado dessa nova decisão começará a fluir o prazo prescricional**.

Nesse sentido, merece destaque o seguinte trecho do acórdão da Corte (AREsp 1.280.342-RS):

"... 3. Somente depois de anulado ou reformado o aludido acórdão é que, não ocorrendo nenhuma causa de suspensão de exigibilidade (art. 151 do CTN), o fisco estará autorizado a proceder à cobrança do credito tributário referente ao direito então controvertido, iniciando-se a contagem da prescrição para o ajuizamento da execução fiscal do transito em julgado desse novo provimento judicial."

9.1.6.1 Interrupção do prazo prescricional

Existem situações estritamente definidas em lei em que o prazo prescricional é integralmente devolvido à pessoa que seria prejudicada pela sua consumação. Trata-se dos casos de interrupção do prazo prescricional, normalmente configurando hipóteses em que o interessado age na busca da satisfação do seu direito, demonstrando não estar em situação de inércia.

Os casos de interrupção do prazo prescricional estão enumerados no art. 174 do CTN da seguinte forma:

"Art. 174. (...)

(...)

Parágrafo único. A prescrição se interrompe:

I – pelo despacho do juiz que ordenar a citação em execução fiscal;

II – pelo protesto judicial ou extrajudicial;

III – por qualquer ato judicial que constitua em mora o devedor;

IV – por qualquer ato inequívoco ainda que extrajudicial, que importe em reconhecimento do débito pelo devedor".

Observa-se que a maioria das hipóteses de interrupção do prazo prescricional ocorre no âmbito de um processo **judicial**. Apenas nas situações de **protesto extrajudicial** (incluído pela Lei Complementar 208/2024) e de reconhecimento do débito pelo devedor (confissão de dívida) a interrupção pode resultar de um ato realizado fora do contexto judicial.

A confissão de dívida apresenta ainda uma segunda peculiaridade, sendo o único caso de interrupção que pode decorrer de **iniciativa do próprio devedor**. Nos demais casos, a interrupção decorre de um ato no qual o credor manifesta claramente sua intenção de receber o crédito, evidenciando não estar inerte.

9.1.6.1.1 O despacho do juiz que ordenar a citação em execução fiscal

O dispositivo que hoje prevê a interrupção do prazo prescricional "pelo despacho do juiz que ordenar a citação em execução fiscal" tem sua atual redação dada pela Lei Complementar 118/2005. Até então, o CTN previa que a interrupção ocorreria "pela citação pessoal feita ao devedor".

A redação anterior criava um conflito com o art. 8.º, § 2.º, da Lei 6.830/1980 (Lei das Execuções Fiscais), em cuja redação se afirmava que "o despacho do Juiz, que ordenar a citação, interrompe a prescrição". O Superior Tribunal de Justiça entendia que, em se tratando de execuções fiscais da dívida ativa de natureza tributária, o dispositivo não poderia ser aplicado, uma vez a Lei das Execuções Fiscais é ordinária e, quando da sua edição (1980), o CTN já possuía *status* de lei complementar (STJ, 1.ª T., AgRg REsp 323.442/SP, Rel. Min. José Delgado, j. 16.08.2001, *DJ* 24.09.2001, p. 248).

A prevalência da redação anterior do CTN possibilitava ao devedor fugir à citação pessoal, de forma a manter artificiosamente a fluência do prazo prescricional. Tal situação era por demais injusta para a Fazenda Pública que, mesmo agindo (propondo a ação de execução fiscal), poderia ver seu direito perecer por algo que lhe é alheio (a fuga do devedor).

É relevante ressaltar que, seguindo a mesma diretriz – evitar que a Fazenda seja prejudicada por demora que não lhe pode ser imputada –, o STJ entende que "o marco interruptivo atinente à prolação do despacho que ordena a citação do executado retroage à data do ajuizamento do feito executivo, a qual deve ser empreendida no prazo prescricional" (REsp 1.120.295-SP).

Em termos menos congestionados, **o que a Fazenda tem a obrigação de realizar dentro do prazo prescricional é o ajuizamento da ação de execução fiscal**, sendo incompatível com o bom senso imaginar a possibilidade de a Fazenda promover ajuizamento tempestivo e o juiz decretar a prescrição em virtude de ele mesmo ter ordenado a citação do executado após o prazo prescricional. Neste contexto, parece possível invocar a pedagógica lição cristalizada na Súmula nº 106 do próprio STJ, em que se afirma o seguinte:

> **STJ – Súmula 106** – "Proposta a ação no prazo fixado para o seu exercício, a demora na citação, por motivos inerentes ao mecanismo da Justiça, não justifica o acolhimento da argüição de prescrição ou decadência".

O raciocínio, além de decorrer de imperativo de lógica, era também fundamentado na interpretação conjunta do art. 174, parágrafo único, I, do CTN (ora analisado) com o art. 219, § 1.º, do Código de Processo Civil, no qual expressamente se afirma que "a interrupção da prescrição retroagirá à data da propositura da ação" (destaque-se que no julgamento do REsp 1.120.295-SP a primeira Seção do STJ não enxergou empecilho em se utilizar o CPC na análise de prescrição tributária, matéria constitucionalmente reservada a lei complementar).

Apesar do advento do Novo Código de Processo Civil (Lei 13.105/2015), a tese encampada pelo STJ não deve ser alterada, pois o art. 240, § 1º do

NCPC estipula praticamente a mesma regra, ao afirmar que "a interrupção da prescrição, operada pelo despacho que ordena a citação, ainda que proferido por juízo incompetente, retroagirá à data de propositura da ação".

9.1.6.1.2 O protesto judicial ou extrajudicial e a constituição em mora

Embora juridicamente disponíveis, o protesto judicial e a adoção de outros atos judiciais com a finalidade de constituir em mora o devedor não são, na prática, meios judiciais costumeiramente utilizados pela Fazenda Pública para manifestar seu interesse em receber o montante objeto de lançamento. A medida judicial usada no caso de inadimplência, de plano, é o ajuizamento da ação de execução fiscal.

Antes do advento da Lei Complementar 208/2024, o **protesto extrajudicial da certidão de dívida ativa**, apesar de ser providência legalmente prevista (parágrafo único do art. 1º da Lei 9.492/1997) e considerada constitucional pelo Supremo Tribunal Federal (ADI 5135/DF, analisada no Capítulo 12, item 12.5), não interrompia o prazo prescricional, por falta de previsão legal nesse sentido.

Contudo, a utilização do protesto extrajudicial, realizado em cartório, vinha sendo frequentemente realizada pelas Fazendas Públicas, demonstrando ser, principalmente nos casos de créditos de valores mais baixos, uma providência mais efetiva que o ajuizamento da execução fiscal.

Em 2024, na esteira do princípio da **eficiência administrativa**, a Suprema Corte passou a considerar o protesto extrajudicial uma **condição prévia ao ajuizamento da execução fiscal** (RE 1.355.208/SC), e o legislador complementar, como contrapartida à Fazenda Pública, assegurou-lhe a **interrupção do prazo prescricional** para a propositura da referida ação. Para tanto, foi editada a Lei Complementar 208/2024, que alterou o inciso II do parágrafo único do art. 174 do CTN, ampliando as hipóteses de interrupção da prescrição do crédito tributário para dentre elas incluir o protesto extrajudicial.

Por fim, é importante registrar que qualquer medida judicial adotada pelo credor, demonstrando que não está inerte e que deseja receber o valor lançado, constituirá em mora o devedor, restituindo ao credor o prazo prescricional na sua integralidade. Estão incluídas na regra, além dos protestos judiciais (citados redundantemente no inciso II, pois já alcançados pelo genérico inciso III), as interpelações e notificações judiciais, bem como os arrestos e demais medidas cautelares.

9.1.6.1.3 A confissão de dívida

A quarta hipótese de interrupção do prazo prescricional é a prática de "qualquer ato inequívoco ainda que extrajudicial, que importe em reconhecimento do débito pelo devedor". Trata-se da única situação em que o ato interruptivo é de **iniciativa do sujeito passivo.**

Os casos mais comuns de verificação concreta da hipótese ocorrem no pedido de parcelamento, pois quem o formula demonstra concordar com a existência do débito, de forma que, mesmo sem que o credor envide esforços concretos para a satisfação do seu crédito, terá o prazo integralmente restituído.

Assim, com a **formulação do pedido** de parcelamento do débito, ocorre automaticamente a **interrupção** do prazo prescricional, mesmo que tal pedido seja indeferido, pois o efeito interruptivo decorre da confissão, que já se tem por perfeita e presentes seus efeitos independentemente do que decidir a Administração acerca da pretensão formulada. O STJ sintetizou entendimento nesse mesmo sentido na Súmula 653, abaixo transcrita:

> **STJ Súmula 653** - "O pedido de parcelamento fiscal, ainda que indeferido, interrompe o prazo prescricional, pois caracteriza confissão extrajudicial do débito".

Com o **deferimento do pedido**, a exigibilidade do crédito estará suspensa, o que, conforme se verá no item a seguir, também **suspenderá o prazo de prescrição** (alguns autores falam que nessa hipótese a fluência do prazo ficará **impedida**). Assim, a Fazenda Pública, além de contar com a **devolução integral** do prazo (decorrência da **interrupção**), também terá, caso deferido o pleito, a **paralisação** (ou impedimento) **da fluência** do prazo que lhe foi devolvido (consequência da **suspensão**).

É Fundamental perceber, contudo, que os dois efeitos somente se verificam se o parcelamento for realizado **com anuência prévia do sujeito passivo, o que não ocorre no caso de o ente tributante, "de ofício" (por iniciativa própria), encaminhar para o contribuinte guias para pagamento do tributo em parcelas.**

Nesse sentido, o STJ tem precedente, julgado na sistemática dos recursos repetitivos, relativo ao Município de Belém-PA, que, à semelhança de inúmeros outros municípios brasileiros, encaminha ao contribuinte do IPTU carnê para pagamento do imposto contemplando a possibilidade de quitação em cota única (com desconto) ou em 10 cotas mensais. Dentro desse contexto, em execução fiscal tardiamente proposta pelo Município contra determinado contribuinte, o Tribunal de Justiça do Estado do Pará reconheceu a prescrição da cobrança e o Município recorreu ao STJ alegando que o prazo de prescrição fora interrompido e, ato contínuo, ficara suspenso pelos 10 meses de parcelamento concedido de ofício. O argumento, se acatado, salvaria o crédito tributário da extinção pela prescrição. Analisando a questão, o Tribunal, diante de ausência de requerimento ou, ao menos, anuência do contribuinte com o parcelamento, firmou a seguinte tese: "o parcelamento de ofício da dívida tributária não configura causa interruptiva da contagem da prescrição, uma vez que o contribuinte não anuiu" (REsp 1.658.517-PA). Digno de nota que, apesar de a tese firmada literalmente ter apenas afastado o efeito da interrupção do prazo prescricional, o "item 3" da Ementa do julgado foi mais completo, afirmando que "a liberalidade do Fisco em conceder ao contribuinte opções de pagamento à vista (cota única) ou parcelado (10 cotas), independente de sua anuência prévia, **não configura as hipóteses de suspensão da exigibilidade do crédito**

tributário previstas no art. 151, I e VI do CTN (moratória ou parcelamento), **tampouco causa de interrupção da prescrição**, a qual exige o reconhecimento da dívida por parte do contribuinte (art. 174, parágrafo único, IV do CTN)".

Nos casos em que houve anuência do sujeito passivo, e, portanto, estão presentes os efeitos estudados neste item, se houver **descumprimento do parcelamento**, o prazo prescricional volta a fluir, tendo como novo termo inicial o dia em que o devedor deixar de adimplir o acordo celebrado (Súmula 248 do extinto TFR). De maneira semelhante, o prazo também terá seu curso reinaugurado caso o devedor venha a ser **formalmente excluído de um programa de parcelamento** (como o REFIS, por exemplo), situação em que o crédito recupera imediatamente sua exigibilidade, surgindo para a Fazenda a pretensão de cobrança dos valores devidos. Tais efeitos se verificam mesmo que o devedor continue a pagar as parcelas voluntariamente (por liberalidade). Caso a Fazenda se acomode com o recebimento das parcelas e não promova a execução fiscal, a manutenção da fluência do prazo extintivo poderá resultar na prescrição dos valores ainda não pagos (REsp 1.493.115/SP).

Apesar de demonstrar concordância com o débito objeto de confissão, nada impede a formulação posterior de pedido de restituição, pois a restituição de valores indevidamente recolhidos deve ser feita "independentemente de prévio protesto" (CTN, art. 165), sendo irrelevante, para efeito de restituição, o estado de espírito ou as razões íntimas do devedor no momento do pagamento.

9.1.6.2 Suspensão do prazo prescricional

No subitem anterior, afirmou-se que, ocorrida uma causa de **interrupção** do prazo de prescrição, este é **integralmente devolvido** ao credor. Trata-se de um fenômeno instantâneo, de forma que o prazo é interrompido e, logo após, **volta a fluir pelo seu total**.

Nos casos de **suspensão**, o prazo fica sem fluir durante o tempo em que durar a respectiva causa e, cessada esta, **volta ao seu curso apenas pelo que lhe faltava**.

Assim, se um prazo de cinco anos flui até atingir três anos e é **interrompido**, o mesmo prazo volta imediatamente ao seu curso pelo total, de forma que restarão ao interessado os mesmos cinco anos iniciais. Se houver **suspensão** no final do terceiro ano, o prazo para de fluir e, cessada a causa suspensiva, volta ao seu curso pelos dois anos restantes.

O CTN **não** prevê expressamente as hipóteses de **suspensão** da fluência do prazo prescricional. Entretanto, conforme já foi estudado, em face da regra prevista no parágrafo único do art. 155 do Código, durante o tempo decorrido entre a concessão de **moratória em caráter individual** obtida de maneira fraudulenta e a sua "revogação" (o correto seria **anulação**), não corre a prescrição. É lícito afirmar, portanto, que ocorreu a **suspensão do prazo prescricional** no período.

Como já analisado, a regra do art. 155, parágrafo único, é aplicável também ao **parcelamento**, à **remissão**, à **isenção** e à **anistia** obtidos em **caráter individual** com base em procedimento fraudulento. Assim, ocorre suspensão do prazo prescricional em todos esses casos.

Além dessas hipóteses, tem-se entendido que, em **todos os casos em que a exigibilidade do crédito tributário está suspensa** (CTN, art. 151), **também estará suspenso o respectivo prazo prescricional**. O raciocínio decorre do simples fato de que a prescrição não pode punir o credor que não age porque está legalmente impedido de fazê-lo. Ora, não se pode continuar a contagem de um prazo para que a Fazenda Pública tome uma providência que está legalmente proibida de tomar (promover ação de execução fiscal).

Apesar de não estar expressa no Código Tributário Nacional, a regra é cobrada em provas de concurso público, conforme demonstra a seguinte assertiva, proposta pelo CEBRASPE no certame para provimento do cargo de Procurador do Ministério Público no Tribunal de Contas dos Municípios de Goiás, realizado em 2007: "A ação para a cobrança do crédito tributário prescreve em cinco anos, contados da data da sua constituição definitiva. Constitui hipótese de suspensão da prescrição a concessão de medida liminar em mandado de segurança" **(correta)**.

Já o art. 2.º, § 3.º, da Lei 6.830/1980 (Lei das Execuções Fiscais), prevê que a **inscrição do crédito tributário em dívida ativa** "suspenderá a prescrição, para todos os efeitos de direito, por 180 dias, ou até a distribuição da execução fiscal, se esta ocorrer antes de findo aquele prazo".

Assim, se a Fazenda Pública, poucos dias antes da consumação da prescrição, inscreve o débito em dívida ativa (providência necessária à execução), terá bastante tempo disponível para evitar a consumação do prazo. O motivo é bem simples. A Fazenda passa a ter um acréscimo de cento e oitenta dias no tempo disponível para ajuizar a ação. Com a distribuição da execução fiscal, o prazo volta a fluir, mas logo a seguir, com o despacho do juiz ordenando a citação, haverá a interrupção prevista no art. 174 do CTN, de forma que o prazo de cinco anos será integralmente restituído.

No âmbito do STJ, contudo, tem-se entendido que a LEF não poderia estipular causa de suspensão do prazo prescricional não prevista no CTN (que tem *status* de lei complementar), de forma que a previsão não poderia ser aplicada para as execuções fiscais da dívida ativa de natureza tributária (STJ, 1.ª T., REsp 249.262/DF, Rel. Min. José Delgado, j. 18.05.2000, *DJU* 19.06.2000, p. 120).

Não obstante a jurisprudência, as bancas continuam cobrando a regra. As questões são elaboradas de maneira blindada, normalmente citando a própria lei (*Segundo a Lei das Execuções Fiscais...*). Neste caso, como nos semelhantes, devem ser consideradas corretas as questões que transcreverem a lei. Entretanto, é importante conhecer a jurisprudência, dada a possibilidade de cobrança nas provas com maior grau de exigência.

Por fim, a Lei das Execuções Fiscais, no seu art. 40, trouxe mais um caso de suspensão do prazo prescricional. Pela peculiaridade da previsão, transcreve-se o dispositivo:

> "Art. 40. O Juiz suspenderá o curso da execução, enquanto não for localizado o devedor ou encontrados bens sobre os quais possa recair a penhora, e, nesses casos, não correrá o prazo de prescrição.
>
> § 1.º Suspenso o curso da execução, será aberta vista dos autos ao representante judicial da Fazenda Pública.
>
> § 2.º Decorrido o prazo máximo de 1 (um) ano, sem que seja localizado o devedor ou encontrados bens penhoráveis, o Juiz ordenará o arquivamento dos autos.
>
> § 3.º Encontrados que sejam, a qualquer tempo, o devedor ou os bens, serão desarquivados os autos para prosseguimento da execução".

Como o § 3.º afirma que se os bens forem encontrados "a qualquer tempo", os autos serão desarquivados para prosseguimento da execução, as Fazendas Públicas defendiam que, na situação, o prazo prescricional estaria suspenso por prazo indefinido. Se a tese fosse adotada, estaria institucionalizado um inusitado caso de imprescritibilidade em matéria tributária.

Todavia, novamente mantendo sua coerência com relação à matéria de prescrição, o STJ tratou de afastar a tese fiscal. Neste sentido, é extremamente pedagógico o seguinte fragmento (AGREsp 323.442/SP):

> "O art. 40 da Lei 6.830/1980, nos termos em que foi admitido em nosso ordenamento jurídico, não tem prevalência. A sua aplicação há de sofrer os limites impostos pelo art. 174, do Código Tributário Nacional. 4. Repugna aos princípios informadores do nosso sistema tributário a prescrição indefinida. 5. Após o decurso de determinado tempo sem promoção da parte interessada, deve-se estabilizar o conflito, pela via de prescrição, impondo segurança jurídica aos litigantes. 6. Os casos de interrupção do prazo prescricional estão previstos no art. 174 do CTN, nele não incluídos os do art. 40 da Lei 6.830/1980. Há de ser sempre lembrado que o art. 174 do CTN tem natureza de Lei Complementar".

Atualmente o art. 40 da LEF conta com mais um parágrafo, incluído pela Lei 11.501/2004. O novo dispositivo acaba com qualquer pretensão no sentido de se entender que a regra prevista no art. 40 cria caso de imprescritibilidade. É a seguinte a redação do dispositivo:

> "Art. 40. (...)
>
> § 4.º Se da decisão que ordenar o arquivamento tiver decorrido o prazo prescricional, o juiz, depois de ouvida a Fazenda Pública, poderá, de ofício, reconhecer a prescrição intercorrente e decretá-la de imediato".

O dispositivo deixa claro que, após a ordem de arquivamento, não mais se pode afirmar que o prazo prescricional ficará suspenso indefinidamente, podendo o magistrado – e aí é a grande novidade – decretar de ofício a prescrição intercorrente. O STJ não demorou a analisar a matéria e prolatou acórdão cuja ementa ficou assim redigida:

> "A jurisprudência do STJ, no período anterior à Lei 11.051/2004, sempre foi no sentido de que a prescrição intercorrente em matéria tributária não podia ser decretada de ofício.
>
> 2 – O atual § 4.º do art. 40 da LEF (Lei 6.830/1980), acrescentado pela Lei 11.051, de 30.12.2004 (art. 6.º), viabiliza a decretação da prescrição intercorrente por iniciativa judicial, com a única condição de ser previamente ouvida a Fazenda Pública, permitindo-lhe arguir eventuais causas suspensivas ou interruptivas do prazo prescricional. Tratando-se de norma de natureza processual, tem aplicação imediata, alcançando inclusive os processos em curso.
>
> (...)" (STJ, 1.ª T., REsp 735.220/RS, Rel. Min. Teori Albino Zavascki, j. 03.05.2005, *DJ* 16.05.2005, p. 270).

Não obstante a decisão, ainda remanesciam críticas no sentido de que, se a reserva de lei complementar justificou a restrição da aplicabilidade da causa de suspensão do prazo de prescrição prevista no art. 2º, § 3º, da Lei 6.830/1980, conforme estudado anteriormente, a mesma restrição deveria ser aplicada à regra de suspensão do prazo prescricional constante do *caput* do art. 40 da mesma lei.

O Supremo Tribunal Federal enfrentou a questão e entendeu que o prazo de suspensão da execução fiscal ora estudado tem **natureza processual**. Assim, o art. 40 da LEF legitimamente adaptou o regramento da prescrição tributária ordinária, disciplinada no art. 174 do CTN às peculiaridades ínsitas à prescrição intercorrente. Por oportuno, transcrevem-se as pedagógicas palavras da Corte:

> "6. *Desnecessidade de lei complementar para dispor sobre prescrição intercorrente tributária.* A prescrição intercorrente tributária foi introduzida pela Lei nº 6.830/1980, que tem natureza de lei ordinária. O art. 40 desse diploma não afronta o art. 146, III, b, da CF/1988, pois o legislador ordinário se limitou a transpor o modelo estabelecido pelo art. 174 do CTN, adaptando-o às particularidades da prescrição intercorrente. Observa ainda o art. 22, I, da CF/1988, porquanto compete à União legislar sobre direito processual."

Ao final, a Suprema Corte editou a seguinte Tese de Repercussão Geral: "**É constitucional o art. 40 da Lei 6.830/1980** (Lei de Execução Fiscal – LEF), tendo **natureza processual** o prazo de um ano de suspensão da execução fiscal.

Após o decurso desse prazo, inicia-se automaticamente a contagem do prazo prescricional tributário de cinco anos" (RE 636.562/SC).

No que concerne à possibilidade de decretação de ofício da prescrição por parte do juiz, não há qualquer vício formal na disciplina mediante lei ordinária, pois a regra não definiu prazos prescricionais, sua maneira de contagem ou seus termos iniciais ou finais. Apenas se concedeu ao juiz um poder, numa norma tipicamente processual civil. Registre-se, por oportuno, que o art. 53 da Lei 11.941/2009 permitiu o **reconhecimento de ofício da prescrição tributária pela própria autoridade administrativa**, o que configura uma medida salutar para evitar a propositura de ações de execução fiscal intempestivas e tendentes a gerar prejuízos para a própria Fazenda exequente. Digno de nota que a necessidade de o magistrado, previamente à decretação da prescrição intercorrente, ouvir a Fazenda Pública (possibilitando-lhe a arguição de alguma causa interruptiva ou suspensiva do prazo), conforme previsto no § 4º, é dispensada no caso de execuções de valores inferiores ao mínimo fixado pelo Ministro de Estado da Fazenda, nos termos expressos pelo § 5º do mesmo art. 40.

Segundo o STJ, os arts. 40 da LEF e 174 do CTN podem – e devem – ser interpretados harmonicamente (REsp 194.296/SC), o que levou o Tribunal a editar a Súmula 314, cuja redação é a seguinte: "Em execução fiscal, não localizados bens penhoráveis, suspende-se o processo por um ano, findo o qual se inicia o prazo da prescrição quinquenal intercorrente".

Por fim, há de se recordar que é da natureza da prescrição prejudicar aqueles que se quedam inertes e não tomam as providências para o exercício de seus direitos, não sendo razoáveis interpretações que reconheçam a prescrição quando a paralisação de um processo de execução decorre de determinação da própria autoridade judicial (perante a qual tramita uma ação anulatória, por exemplo) ou de ato do executado (interposição de embargos, por exemplo). Assim, pode-se afirmar genericamente que suspendem a prescrição no curso do processo de execução (daí a terminologia "prescrição intercorrente") os atos e fatos **não imputáveis ao exequente** que ensejem a suspensão **da própria pretensão executiva**.

Em face de tudo o que foi exposto, como resumo, pode se afirmar que suspendem a fluência do prazo prescricional:

a) a concessão de moratória, parcelamento, remissão, isenção e anistia em caráter individual e mediante procedimento fraudulento do beneficiário (nestes casos o prazo ficará suspenso até a "revogação" do favor);

b) as causas de suspensão da exigibilidade do crédito tributário previstas no art. 151 do CTN (nestes casos a suspensão durará até que o crédito volte a ser exigível);

c) a inscrição do crédito tributário em dívida ativa (a suspensão durará 180 dias ou até a distribuição da ação de execução fiscal, se esta ocorrer primeiro);

d) a ordem judicial suspendendo o curso da execução fiscal, enquanto não for localizado o devedor ou encontrados bens sobre os quais possa recair a penhora (neste caso a suspensão deve durar um ano, após o qual o processo será arquivado e o prazo para prescrição intercorrente voltará a fluir do seu início).

e) os demais atos e fatos não imputáveis ao exequente que ensejem a suspensão da própria pretensão executiva.

A moratória e o parcelamento aparecem como causas de suspensão tanto na letra *a* como na *b*. A alínea *b* é mais ampla e poderia levar à conclusão de que a concessão de moratória sempre suspenderia a exigibilidade do crédito tributário, não sendo necessária a análise da utilização de procedimentos fraudulentos para a sua obtenção. Entretanto, há de se recordar que, segundo lição basilar de direito administrativo, os atos administrativos nulos não geram efeitos, salvo quanto a terceiros de boa-fé. Assim, aplicando a teoria à risca, a moratória obtida de maneira fraudulenta não geraria qualquer efeito, nem mesmo o de suspender o prazo prescricional.

Daí a necessidade de se estipular expressamente que, mesmo se verificando que a concessão de moratória em caráter individual foi um ato administrativo nulo, um efeito seu permanecerá, qual seja o de suspender o prazo prescricional.

9.1.7 Conversão do depósito em renda

Conforme já analisado, o sujeito passivo que discorda de lançamento efetuado pode decidir por contestá-lo judicial ou administrativamente.

Caso opte pela via judicial, é conveniente que adote alguma medida que suspenda a exigibilidade do crédito tributário contestado, pois, caso contrário, não haverá impedimento para que a Fazenda Pública proponha a ação de execução fiscal, constrangendo-lhe o patrimônio. A alternativa mais viável no caso é o **depósito do montante integral**.

Se optar pela via administrativa, já conseguirá a suspensão da exigibilidade mediante o manejo das reclamações e recursos previstos na lei respectiva. Entretanto, pode ser conveniente a realização do depósito para evitar a fluência dos juros de mora.

Em qualquer caso, não obtendo sucesso no litígio instaurado, a importância depositada será convertida em renda da Fazenda Pública interessada, de forma que o crédito tributário respectivo será extinto.

A conversão do depósito em renda é modalidade de extinção do crédito tributário necessariamente ligada à existência de um depósito anteriormente realizado.

Além do caso da realização de depósito com o objetivo de suspender a exigibilidade do crédito tributário e/ou a fluência dos juros de mora, também existe a possibilidade de conversão em renda de depósito realizado em sede de ação de consignação em pagamento. Como será visto adiante, nesta espécie de ação o sujeito passivo deposita o montante que entende devido e não o exigido pela Fazenda Pública, sendo possível que a conversão em renda extinga apenas parcialmente o crédito tributário, devendo a diferença ser cobrada com os acréscimos legais.

9.1.8 Pagamento antecipado e a homologação do lançamento

Consoante analisado, na sistemática do lançamento por homologação, o sujeito passivo calcula o montante do tributo devido, antecipa o pagamento e fica no aguardo da homologação do seu proceder pela autoridade administrativa.

Segundo o § 1.º do art. 150 do CTN, o pagamento antecipado extingue o crédito, sob condição resolutória da ulterior homologação ao lançamento.

Assim, pode-se afirmar que o crédito tributário objeto de lançamento por homologação somente se poderá considerar definitivamente extinto quando a autoridade administrativa competente homologar a atividade do sujeito passivo ou – usando as infelizes palavras do § 1.º do art. 150 e do inciso VII do art. 156, ambos do CTN – quando houver "homologação do lançamento".

Relembre-se, entretanto, que, após o advento da Lei Complementar 118/2005, **para o exclusivo efeito de definição do termo inicial do prazo para pleitear restituição**, considera-se extinto o crédito tributário, também na sistemática do lançamento por homologação, na **data do pagamento**.

9.1.9 Consignação em pagamento julgada pela procedência

A ação de consignação em pagamento é o meio processual adequado para que o sujeito passivo exerça o seu **direito de pagar e obter a quitação do tributo**, quando tal providência está sendo obstada por fato imputável ao credor.

Pode parecer estranho se falar em direito de pagar, quando normalmente se falaria em dever. Há de se recordar, contudo, que o sujeito passivo tem legítimo interesse em proceder ao pagamento tempestivamente, uma vez que os efeitos da mora em direito tributário são automáticos, fazendo com que o adimplemento extemporâneo tenha como consectário a incidência de juros e multa.

No art. 164 do CTN, estão estabelecidas as regras relativas à utilização da consignação em pagamento em matéria tributária. A redação do dispositivo é a seguinte:

> "Art. 164. A importância do crédito tributário pode ser consignada judicialmente pelo sujeito passivo, nos casos:
>
> I – de recusa de recebimento, ou subordinação deste ao pagamento de outro tributo ou de penalidade, ou ao cumprimento de obrigação acessória;
>
> II – de subordinação do recebimento ao cumprimento de exigências administrativas sem fundamento legal;
>
> III – de exigência, por mais de uma pessoa jurídica de direito público, de tributo idêntico sobre um mesmo fato gerador.
>
> § 1.º A consignação só pode versar sobre o crédito que o consignante se propõe pagar.
>
> § 2.º Julgada procedente a consignação, o pagamento se reputa efetuado e a importância consignada é convertida em renda; julgada improcedente a

consignação no todo ou em parte, cobra-se o crédito acrescido de juros de mora, sem prejuízo das penalidades cabíveis".

A primeira observação relevante é que o consignante deposita o valor que entende devido e não aquele exigido pelo Fisco. Essa é uma distinção fundamental entre o **depósito do montante integral**, causa de **suspensão da exigibilidade** do crédito tributário, e o depósito feito a título de **consignação em pagamento**, cujo julgamento pela procedência é causa de **extinção** do crédito tributário.

O particular que deposita o montante integral exigido pelo Fisco vai discutir judicial ou administrativamente o crédito tributário. Tem ele a esperança de, logrando sucesso no litígio, levantar o valor depositado. Já no caso da consignação em pagamento, em consonância com o § 1.º do dispositivo acima transcrito, o consignante se propõe a pagar determinado montante e o deposita, não importando qual o valor que o Fisco entende devido. Neste sentido é a jurisprudência do STJ (STJ, 2.ª T., REsp 26.156, rel. Min. Américo Luz, j. 17.10.1994, *DJU* 07.11.1994, p. 30.014).

As hipóteses podem ser visualizadas da seguinte forma:

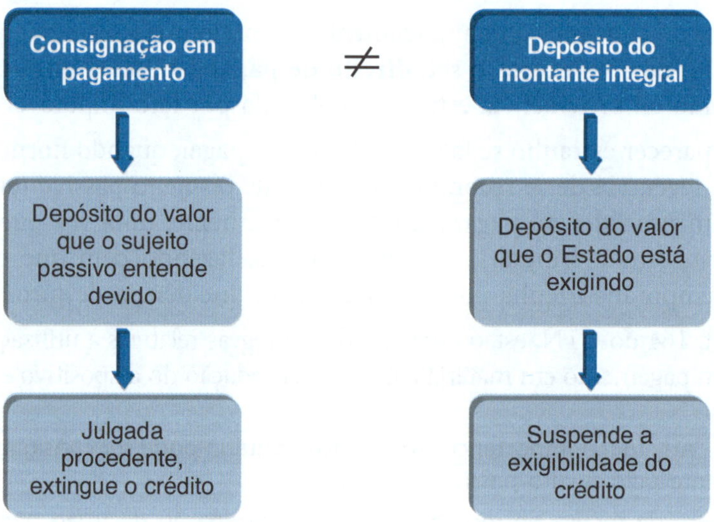

É por conta da diferença apontada que, ao fim da discussão que sucede ao depósito do montante integral, caso haja insucesso do depositante, o crédito tributário será extinto na sua integralidade, não havendo diferença a ser cobrada, pois o valor depositado era o exigido pelo Fisco. Já na consignação em pagamento, caso haja insucesso do particular, o pagamento não se reputa efetuado, tendo o particular de arcar com os acréscimos legais relativos à diferença.

No que concerne aos acréscimos legais, a literalidade do § 2.º acima transcrito causa a impressão de que os juros e multas incidirão sobre o valor total do débito. Esta, entretanto, não é a interpretação mais justa, como se passa a demonstrar.

Suponha-se, a título de exemplo, que determinado contribuinte consigne em pagamento o montante de dez mil reais. Ao final do processo a decisão judicial julga parcialmente improcedente o pedido formulado, afirmando que o montante devido é de quinze mil reais. Se fosse seguido à risca o entendimento decorrente da literalidade, haveria cobrança de juros sobre o valor total do crédito tributário (quinze mil reais). A solução é por demais injusta, pois aquele que deposita um valor entendendo-o indevido, partindo para uma discussão (depósito do montante integral), não pode ser tratado de maneira melhor do que o particular que quer pagar determinado valor, reconhecendo-o devido.

Por tudo, a interpretação correta do dispositivo é no sentido de que se a consignação foi julgada improcedente em parte, em virtude de o valor consignado ter sido considerado insuficiente para a total extinção do crédito, o autor terá de pagar juros e multa **apenas sobre a diferença** entre o valor consignado e aquele que, ao final, foi considerado devido.

Analisados os aspectos gerais sobre a matéria, passa-se ao estudo das hipóteses de consignação expressamente previstas no Código Tributário Nacional.

A primeira hipótese prevista no CTN é a da **recusa de recebimento, ou subordinação deste ao pagamento de outro tributo ou de penalidade, ou ao cumprimento de obrigação acessória**.

Imagine-se, por exemplo, que determinado particular deseja alienar um apartamento e precisa, para tanto, apresentar certidão negativa de débito de IPTU, taxas e contribuições de melhoria relativas ao imóvel. Comparecendo à Secretaria de Finanças do Município, é informado de que possui débitos de IPTU relativos ao imóvel que quer alienar e a outros dois. Como o objetivo é alienar o imóvel específico, o particular tenta pagar o débito a tal unidade, sendo informado por um servidor que o pagamento somente poderá ser realizado se abranger todos os débitos de IPTU em que o interessado figure como sujeito passivo.

A exigência do servidor é ilegal. O particular tem o direito de quitar o crédito tributário que quiser. É o caso de utilização da consignação em pagamento.

Apesar de o dispositivo referir-se à subordinação do recebimento ao pagamento de outro tributo ou penalidade, também é cabível o manejo da ação de consignação em pagamento no caso de subordinação do recebimento ao pagamento de juros e correção monetária. O STJ já chegou a afirmar que esta hipótese é **típica** de utilização da ação (REsp 55.911/SP).

A segunda hipótese apontada pelo Código é a da **subordinação do recebimento ao cumprimento de exigências administrativas sem fundamento legal**.

Se os procedimentos burocráticos exigidos pela Administração para recebimento do pagamento (preenchimento de requerimentos ou formulários, obtenção de vistos ou quaisquer outros) não têm fundamento legal, o caso é de consignação em pagamento.

Se as exigências têm fundamento legal, devem ser cumpridas, não sendo caso de manejo da ação. Assim, se a legislação estipula que o pagamento deve ser feito em agência bancária e mediante o preenchimento de determinada guia, há fundamento legal para a exigência administrativa, devendo ser negada a possibilidade de o contribuinte quitar o crédito mediante entrega de dinheiro a servidor na repartição.

A terceira hipótese é a da **exigência, por mais de uma pessoa jurídica de direito público, de tributo idêntico sobre um mesmo fato gerador**.

O dispositivo trata da "tentativa de bitributação", que pode ser verificada, por exemplo, no caso de dois Municípios limítrofes notificarem o mesmo contribuinte para pagar IPTU sobre o mesmo imóvel. O particular pode ajuizar a ação de consignação em pagamento, requerendo a citação dos dois Municípios, para que estes tenham condições de trazer os argumentos que desejarem no intuito de demonstrar seu direito, comprovando a respectiva competência.

Segundo a jurisprudência, é também possível a utilização da ação consignatória para que o sujeito passivo satisfaça seu direito de "pagar corretamente o tributo quando entende que o Fisco está exigindo prestação maior que a devida" (STJ, REsp 667.302/RS, Rel. Min. Teori Albino Zavascki, j. 21.10.2004, *DJ* 22.11.2004, p. 292). Perceba-se que a situação não está expressamente prevista nos incisos do art. 164, o que demonstra que as restrições que o dispositivo faz sobre o objeto da ação devem ser consideradas em termos.

Por fim, uma observação muito importante para quem vai se submeter a provas objetivas de concurso público. Devem ser consideradas **incorretas** as assertivas que afirmem ser a ação de consignação em pagamento causa extintiva do crédito tributário, pois a extinção somente ocorre quando a ação é julgada procedente. Assim, somente são **corretas** as assertivas que atestem ser hipótese de extinção **a consignação em pagamento julgada procedente** ou, de maneira mais técnica, a consignação em pagamento **cujo pedido foi julgado procedente**.

9.1.10 Decisão administrativa irreformável

Se o sujeito passivo, irresignado com lançamento efetuado pela autoridade administrativa, oferece impugnação, acaba por instaurar um litígio que seguirá as regras da lei do processo administrativo fiscal do respectivo ente tributante.

Se, ao final do litígio, a decisão for pela improcedência do lançamento, o crédito estará definitivamente extinto.

A improcedência do lançamento pode decorrer de razões formais ou de razões materiais.

Quando o vício do lançamento é meramente formal, ele pode ser repetido (inclusive ocorre a devolução do prazo decadencial decorrente da decisão anulatória definitiva - CTN, art. 173, II). O típico exemplo é o do lançamento realizado por autoridade incompetente.

É possível também que o lançamento tenha sido anulado por vício material (de conteúdo). Imagine-se, por exemplo, um lançamento de crédito relativo a imposto de importação não pago sobre a entrada de pescados capturados fora do mar territorial brasileiro. Ora, o pescado, nesta situação, não é mercadoria estrangeira. Não ocorre fato gerador, não há obrigação tributária. O crédito porventura constituído tem existência meramente formal. Após a anulação do lançamento, não se abre novo prazo para nova constituição de crédito e esta, por óbvio, não deve ser realizada.

Em qualquer dos casos, não é razoável imaginar que a matéria relativa a lançamento anulado seja submetida ao Judiciário, pois o particular não tem interesse em rediscutir matéria que foi objeto de decisão favorável. Também não parece haver interesse de agir por parte de Fazenda Pública, uma vez que ela própria, por meio de órgãos especializados, decidiu pela improcedência do lançamento.

Não obstante o entendimento, é necessário perceber que o inciso IX do art. 156 do CTN, ao prever a extinção do crédito por decisão administrativa irreformável, conceitua esta como sendo "a definitiva na órbita administrativa, que não mais possa ser objeto de ação anulatória". Por conseguinte, o dispositivo parece admitir que a Fazenda Pública busque no Judiciário a anulação de decisão que ela mesma proferiu.

Somente diante de graves vícios na decisão prolatada pelo órgão julgador, pode-se imaginar a propositura, pela Fazenda Pública, de ação visando a anular sua própria decisão. Como exemplo, poderia ser imaginada a situação em que se comprove que parte das autoridades julgadoras foi corrompida para votar favoravelmente ao contribuinte.

Não obstante parecer juridicamente despropositado, na esfera federal existem atos da Procuradoria-Geral da Fazenda Nacional determinando a obrigatoriedade do representante da Fazenda Pública propor ao Poder Judiciário ações anulatórias contra acórdãos do Conselho de Contribuintes e da Câmara Superior de Recursos Fiscais que afastem a aplicação de leis ou de decretos (Parecer PGFN/CRJ 1.087/2004 e Portaria PGFN 820/2004).

Registre-se que a Medida Provisória 449/2008 extinguiu os Conselhos de Contribuintes incorporando suas atribuições ao novo **Conselho Administrativo de Recursos Fiscais**. A Câmara Superior de Recursos Fiscais passou a ser um dos órgãos do novo Conselho.

9.1.11 Decisão judicial passada em julgado

Diz-se que a decisão judicial passou (ou transitou) em julgado quando contra a mesma não mais cabe recurso, situação em que o julgamento passa a gozar de imutabilidade constitucionalmente protegida (CF, art. 5.º, XXXVI).

Por óbvio, assim como na decisão administrativa irreformável, somente extingue o crédito tributário a decisão judicial passada em julgado **favorável ao sujeito passivo.**

De extrema relevância é a análise da continuidade dos efeitos da coisa julgada em relações jurídico-tributárias de **caráter não periódico com cumprimento instantâneo individualizado**, em comparação com os tais efeitos naquelas de **trato sucessivo ou continuado.**

Há casos em que o fato gerador do tributo ocorre eventualmente, **sem qualquer periodicidade definida**, e o cumprimento da obrigação tributária surgida se faz de maneira individualizada e instantânea, exaurindo a relação jurídica, sem deixar data marcada para o surgimento de outra.

Para exemplificar, já caminhando para a análise dos efeitos de eventual decisão passada em julgado sobre a matéria, imagine-se o caso de uma importação **ocasional** de veículo para uso próprio realizada por pessoa física, antes do advento da EC 33/2001, época em que a jurisprudência do STF era no sentido da não incidência do ICMS (Súmula STF 660). Nesse caso, se a Fazenda estadual lançasse o imposto e o importador ajuizasse ação anulatória atacando o ato constitutivo, provavelmente iria obter uma decisão favorável que transitaria em julgado a seu favor, extinguindo o crédito tributário. **Não mais seria possível rediscutir a matéria com base no advento de uma modificação dos pressupostos jurídicos que fundamentaram a decisão**, como ocorreu com a edição da EC 33/2001, que, ao alterar o art. 155, § 2º, IX, *a*, deixou claro que, dali em diante, o ICMS incidiria em casos semelhantes.

Já no caso das relações jurídico-tributárias de **trato sucessivo**, os fatos geradores se sucedem **periodicamente**, produzindo novas obrigações tributárias ao longo do tempo. Nesses casos, ganha relevo analisar quais impactos são gerados sobre os **fatos geradores futuros** em virtude de **uma modificação dos pressupostos jurídicos** adotados numa decisão transitada em julgado.

Se a inovação for relativa à própria **norma jurídica que dá suporte à cobrança**, de maneira semelhante à promovida pela EC 33/2003 e sua regulação subsequente, não haverá dúvidas de que **a coisa julgada não impede a realização de lançamentos futuros**.

Nesse ponto, é necessário relembrar que o STF sumulou o entendimento segundo o qual "a decisão que declara indevida a cobrança do imposto em determinado exercício não faz coisa julgada em relação aos posteriores" (**Súmula 239**). Contudo, a própria Suprema Corte já deixou claro que **o verbete somente se aplica quando a decisão judicial versa sobre lançamentos relativos a exercícios financeiros específicos**, com todas as suas peculiaridades (AI 791.071 AgR-ED). Quando a decisão versar sobre vícios da própria norma impositiva em tese, deixando claro que ela não é apta a gerar obrigações tributárias, como os casos das leis que previram a cobrança progressiva do IPTU antes do advento da EC 29/2000, **os efeitos da coisa julgada se protraem no tempo até eventual alteração nos pressupostos de fato ou jurídicos** (ARE 704.846 ED).

A grande questão para os objetivos deste tópico passa ser a seguinte: O advento de **uma decisão do STF que declare constitucional** uma norma que dá suporte à cobrança de um tributo cobrado de forma periódica (trato continuado) gera efeitos futuros para um contribuinte que obteve em seu favor uma **decisão transitada em julgado que declarara inconstitucional tal norma**?

O STF enfrentou a questão analisando caso em que um contribuinte fora beneficiado por decisão que transitara em julgado no Tribunal Regional da 1ª Região em **1992**, declarando inconstitucional a instituição da contribuição social sobre o lucro líquido por meio de lei ordinária (Lei nº 7.869/1988). Quando o Supremo veio a analisar a constitucionalidade da Lei nº 7.869/1988, o fez em processo relativo a caso concreto de outro contribuinte e considerou-a constitucional (RE 138.284/CE, também julgado em **1992**). Posteriormente, **já em 2007**, a Corte finalmente julgou a matéria em sede de controle concentrado de constitucionalidade, com seus tradicionais efeitos **vinculantes** (cumprimento obrigatório pelas demais instâncias do Judiciário e pela Administração) e **erga omnes** (para todos), e definitivamente **declarou a constitucionalidade da Lei** (ADI 15/DF).

Para boa parte da doutrina, a decisão não poderia atingir os contribuintes que estavam protegidos pelo manto da coisa julgada. Perceba-se, contudo, que a adoção dessa corrente implicaria uma manifesta quebra na isonomia e prejuízos à livre (e leal) concorrência, pois os beneficiários competiriam com os demais atores do seu setor econômico sem sofrer os mesmos encargos que seus concorrentes.

No entanto, a Suprema Corte entendeu que a sua decisão em sede de controle concentrado de constitucionalidade **equivale a uma nova norma**, trazendo "modificação substantiva na situação jurídica subjacente à decisão transitada em julgado, em favor do contribuinte" (RE 955.227/BA e RE 949.297/CE).

Importante registrar que, no caso concreto objeto do julgamento, o contribuinte saiu vitorioso do processo, que versava sobre autos de infração lavrados pela Receita Federal em 2006, constituindo créditos tributários relativos à CSLL dos anos de 2001 a 2003. O STF entendeu que sua decisão em sede de **controle difuso** relativa a outro contribuinte, proferida em 1992 (RE 138.284/CE), por ter **efeitos apenas "inter partes"** não traria qualquer impacto sobre a primeira decisão transitada em julgado.

Digno de nota que, a partir de 3 de maio de 2017, com a publicação da Emenda Regimental nº 21/ 2007, o Supremo passou a proferir decisões na **sistemática de repercussão geral**, elaborando teses de natureza objetiva e efeitos vinculantes para os demais órgãos do Poder Judiciário.

No julgamento ora analisado (RE 955.227/BA e RE 949.297/CE), mesmo não sendo o caso concreto objeto dos autos, o Supremo firmou teses no sentido de que, além de suas decisões proferidas em sede de controle concentrado de constitucionalidade, também as prolatadas na sistemática de repercussão geral fazem cessar os efeitos da coisa julgada que as contrarie. Dada a essencialidade das teses, segue abaixo sua transcrição:

> "1. As decisões do STF em **controle** incidental de constitucionalidade, anteriores à instituição do regime de repercussão geral, não impactam automaticamente a coisa julgada que se tenha formado, mesmo nas relações jurídicas tributárias de trato sucessivo.
>
> 2. Já as decisões proferidas em ação direta ou em sede de repercussão geral interrompem automaticamente os efeitos temporais das decisões transitadas em julgado nas referidas relações, respeitadas a irretroatividade, a anterioridade anual e a noventena ou a anterioridade nonagesimal, conforme a natureza do tributo."

9.1.12 Dação em pagamento em bens imóveis

Segundo lição civilista, a dação em pagamento é a forma de extinção das obrigações em que o credor consente em receber do devedor prestação diversa da que lhe é devida.

Em Direito Tributário, a prestação devida pelo sujeito passivo é pecuniária, em moeda ou cujo valor nela se possa exprimir (CTN, art. 3.º), de forma que haverá dação em pagamento quando o Estado consentir em extinguir o crédito tributário mediante o recebimento de algo que não seja dinheiro.

Se seguida a literalidade do art. 156, XI, do CTN, a prestação substitutiva do pagamento em dinheiro **somente poderia ser a entrega de um bem *imóvel*.**

Mesmo diante da restritiva previsão do Código Tributário Nacional, há discussão sobre a possibilidade de a lei de ente federado autorizar a quitação dos créditos tributários a ele devidos mediante dação em pagamento em bens móveis, títulos ou direitos. A celeuma novamente remete para a questão de a lista de hipóteses extintivas do crédito ser taxativa ou exemplificativa.

Conforme estudado no item 9.1, o fato de o art. 141 do Código estipular que o crédito tributário regularmente constituído somente se modifica ou **extingue**, ou tem sua exigibilidade suspensa ou excluída, nos casos previstos no próprio CTN, parece apontar no sentido de que novas hipóteses de extinção não possam ser criadas, salvo mediante a utilização de lei complementar de caráter nacional, alterando o próprio Código.

No entanto, também no item 9.1, ficou claro que a jurisprudência atual do Supremo Tribunal Federal é no sentido de que "não há reserva de Lei Complementar Federal para tratar de novas hipóteses de suspensão e extinção de créditos tributários", de forma que o Estado-Membro pode "estabelecer regras específicas de quitação de seus próprios créditos tributários" (ADI 2.405/RS).

O detalhamento a respeito dos julgados sobre o tema e dos condicionamentos que dificultam a utilização de dação em pagamento em bens móveis como forma de extinção do crédito tributário é realizado 1.3.1 do Capítulo 1.

Ao afirmar genericamente que a dação em pagamento em bens imóveis se dará "na forma e condições estabelecidas em lei", o CTN atribui ao legislador local elevado grau de autonomia para definir os contornos do instituto.

Dentre outros aspectos passíveis de regulação, a lei que regule a matéria no âmbito de cada ente federado precisa, no mínimo, definir as competências e procedimentos para **aferição da conveniência e oportunidade de incorporar ao patrimônio público** o bem ofertado pelo particular (é da natureza do instituto a liberdade de o credor aceitar ou não a proposta do devedor), bem como para **determinar seu valor**. Também é essencial que a lei local estabeleça como serão solucionados os casos em que o valor de avaliação seja diferente do montante do débito a ser quitado (pagamento ou devolução em dinheiro da diferença? Parcelamento?).

A título de exemplo, a Lei 13.259/2016 disciplina a matéria na esfera federal restringindo-a à quitação dos créditos inscritos em dívida ativa e exigindo que da operação resulte a quitação total do valor devido. Se o imóvel oferecido obtiver avaliação inferior ao montante do débito, restará ao sujeito passivo quitar a diferença em dinheiro. Já na hipótese de o bem ter valor superior ao do crédito a ser quitado, a Portaria PFGN 32/2018, regulamentando a lei, prevê que a dação somente poderá ser concretizada se o interessado abrir mão da diferença. A regra é absurda, dela podendo resultar odioso enriquecimento sem causa da União Federal. Poderia ser substituída, por exemplo, pela concessão de crédito para utilização pelo particular para a quitação de outros créditos devidos à União, inclusive vincendos.

Ainda segundo a Portaria PFGN 32/2018, a avaliação do imóvel deve ser feita por instituição financeira oficial, em se tratando de imóvel urbano, ou pelo Instituto Nacional de Colonização e Reforma Agrária (Incra), em se tratando de imóvel rural. Já a análise da conveniência e oportunidade de aceitação do bem ofertado fica a cargo de órgãos da Procuradoria Geral da Fazenda Nacional.

Para acessar as questões referentes a esse capítulo, utilize o QR Code ao lado.

10

EXCLUSÃO DO CRÉDITO TRIBUTÁRIO

10.1 CONSIDERAÇÕES INICIAIS

Excluir o crédito tributário significa impedir a sua constituição. Trata-se de situações em que, não obstante a ocorrência do fato gerador e o consequente nascimento da obrigação tributária, não pode haver lançamento, de forma que não surgirá crédito tributário, não existindo, portanto, obrigação de pagamento.

Assim, é possível afirmar que as cláusulas excludentes (isenção e anistia) impedem a normal sucessão de fatos, na linha do tempo do fenômeno jurídico tributário, pois o procedimento do lançamento, com o consequente nascimento do crédito tributário, é evitado.

Esse aspecto temporal, por vezes controverso no âmbito acadêmico, foi expressamente encampado pela VUNESP no concurso para provimento de cargos de Juiz de Direito do Estado de São Paulo, realizado em 2014, ao elaborar questão cujo enunciado, acrescido da alternativa **correta,** formaram a seguinte sentença: "São causas de exclusão do crédito tributário apenas a isenção e a anistia, desde que se deem após o nascimento da obrigação tributária e antes do lançamento.".

Dessa forma, o fenômeno da exclusão pode ser visualizado como uma barreira que impede a Constituição do crédito tributário, consoante ilustração a seguir:

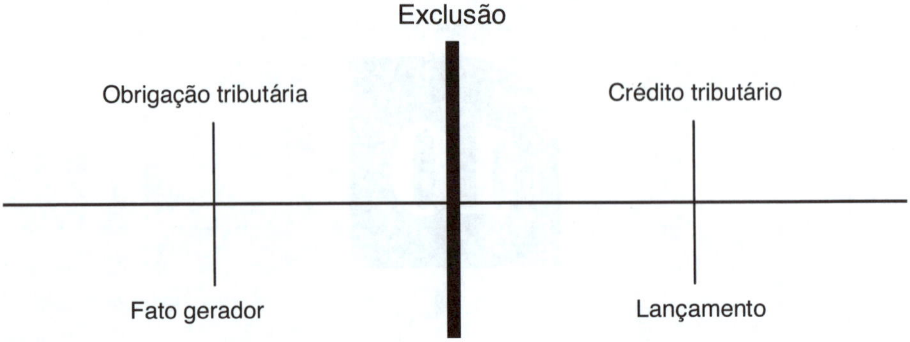

Conforme previsto no art. 175 do CTN, somente existem duas hipóteses de exclusão do crédito tributário, quais sejam a isenção e a anistia.

A diferença fundamental entre ambas é que a **isenção** exclui crédito tributário relativo a **tributo**, enquanto a anistia exclui crédito tributário relativo à **penalidade pecuniária**.

Em ambos os casos, apesar de haver dispensa legal do pagamento (do tributo ou da multa), não se dispensa o cumprimento das obrigações acessórias dependentes da obrigação principal cujo crédito seja excluído, ou dela seja consequente.

Assim, a concessão de anistia da multa por atraso na entrega de declaração de imposto de renda não implica dispensa da entrega da própria declaração. Da mesma forma, a isenção de ICMS concedida aos comerciantes de determinada mercadoria não traz consigo a dispensa da escrituração dos livros fiscais.

Feitas as considerações iniciais sobre os institutos, passa-se à análise de suas peculiaridades.

10.1.1 Isenção

Isenção é a dispensa legal do pagamento do tributo devido. Segundo a tese que prevaleceu no Judiciário, **a isenção não é causa de não incidência tributária**, pois, mesmo com a isenção, os fatos geradores continuam a ocorrer, gerando as respectivas obrigações tributárias, sendo apenas excluída a etapa do lançamento e, por conseguinte, a constituição do crédito.

O poder de isentar é uma decorrência natural do poder de tributar. Por essa razão, como regra, somente o ente competente para instituir o tributo pode editar uma lei estabelecendo caso de isenções a ele referentes. Em termos mais técnicos, as isenções devem ser **autônomas**, ou seja, devem resultar do exercício da autonomia política que detém o ente federado titular da competência constitucional para instituir o tributo. Assim, **são vedadas as isenções heterônomas**, ou seja, aquelas concedidas por entidade diferente da competente para instituir o tributo. Tal princípio consta do art. 151, III, da

Constituição Federal e, juntamente com suas exceções, é analisado no item 2.10.3 do Capítulo 02.

A competência para conceder isenções, contudo, não é exercida de maneira completamente livre. Com o objetivo de evitar que a concessão de benefícios fiscais fosse realizada sem o respeito aos requisitos mínimos de responsabilidade na gestão fiscal, a Emenda Constitucional 95/2013 incluiu no Ato das Disposições Constitucionais Transitórias o art. 113, afirmando que "a proposição legislativa que crie ou altere despesa obrigatória ou renúncia de receita deverá ser acompanhada da estimativa do seu impacto orçamentário e financeiro". Apesar de estar situada no ADCT, essa regra não possui vigência temporária e seu descumprimento gera a inconstitucionalidade do benefício fiscal concedido. Nesse sentido, no julgamento da ADI 6303/RR, o STF fixou a seguinte tese: "**É inconstitucional lei estadual que concede benefício fiscal sem a prévia estimativa de impacto orçamentário e financeiro exigida pelo art. 113 do ADCT**" (STF, Pleno, ADI 6.303/RR, Rel. Min. Roberto Barroso, j. 14/03/2022, Dje 18/03/2022).

Conforme já analisado, o art. 150, § 6.º, da CF/1988 impõe que a concessão de isenção seja feita por intermédio de lei específica, não sendo cabível a previsão via ato infralegal. O art. 176 do CTN apenas reafirma a regra ao estipular que a isenção, ainda quando prevista em contrato, é sempre decorrente de lei que especifique as condições e requisitos exigidos para a sua concessão, os tributos a que se aplica e, sendo caso, o prazo de sua duração.

A menção à "isenção prevista em contrato" visa a disciplinar os casos em que governos que tentam atrair investimento para o seu território fazem um acordo com empresas, segundo o qual o Poder Público se compromete a conceder benefícios fiscais para as entidades que se instalem em seu território. O pacto, por si só, não tem o condão de efetivamente isentar a entidade que cumpra sua parte, pois a isenção necessariamente decorre de lei, como exige o princípio da indisponibilidade do patrimônio público.

Nada impediria, entretanto, que, não editada a lei isentiva, a empresa pleiteasse indenização com base no contrato. A pretensão, no entanto, não se basearia em regra tributária, mas sim em regras de direito civil e administrativo relativas ao inadimplemento contratual por parte da administração.

Segundo o parágrafo único do art. 176 do CTN, é possível que a isenção abranja somente parte do território da entidade tributante, em função das peculiaridades locais. Entretanto, caso a isenção seja concedida pela União, deve ser observado o princípio da uniformidade geográfica, previsto no art. 151, I, da CF. Assim, não é lícito que o benefício implique discriminatória diversidade de incidência tributária nos diferentes pontos do território nacional, ressalvada a possibilidade de concessão de incentivos fiscais destinados a promover o equilíbrio do desenvolvimento socioeconômico entre as diferentes regiões do País. A matéria foi objeto de estudo no capítulo referente às limitações constitucionais ao poder de tributar.

O art. 177 do CTN assevera que, salvo disposição de lei em contrário, a isenção não é extensiva às taxas e às contribuições de melhoria nem aos tributos instituídos posteriormente à sua concessão.

Taxas e contribuições de melhoria são tributos contraprestacionais (retributivos), ou seja, tributos cujos fatos geradores são definidos com base numa atividade estatal especificamente relacionada ao contribuinte. O sujeito passivo é, portanto, diretamente beneficiado pela situação definida em lei como fato gerador, de forma a tornar regra a não extensão do benefício a tais tributos.

É importante perceber, contudo, que a presença da cláusula "salvo disposição de lei em contrário" torna possível a extensão da isenção às taxas e contribuições de melhoria, desde que haja previsão expressa neste sentido.

A título de exemplo, se uma lei concede isenção do IPTU para determinada classe de contribuintes, não se pode presumir que estes também estarão isentos da taxa de coleta domiciliar de lixo ou da contribuição de melhoria em virtude de valorização decorrente de obra pública porventura realizada. Se o Município quer isentar tais tributos, terá de fazê-lo mediante regra expressa; caso contrário, o pagamento será devido.

Já a proibição de que a isenção seja extensiva aos tributos instituídos posteriormente à sua concessão decorre da mais pura lógica. Claro que a concessão de isenção não pode ser tão genérica a ponto de abranger os tributos atualmente existentes e os que venham a ser criados. Apesar de a redação do art. 177 do CTN aparentar permitir a estipulação de disposição legal em sentido contrário, a exigência de especificidade da lei instituidora do benefício (CF/1988, art. 150, § 6.º) dificulta bastante a concessão de isenção para tributos a serem criados. Ora, se, nos termos constitucionais, a lei é específica quando regula exclusivamente a própria isenção ou o correspondente tributo ou contribuição, fica difícil imaginar isenção de tributo a ser criado em momento futuro.

Em provas de concurso público, contudo, a resposta à pergunta relativa à possibilidade de disposição expressa de a lei conceder isenção de tributo a ser criado posteriormente deve ser afirmativa, por dois motivos. O primeiro, e mais importante, é a presença da cláusula "salvo disposição de lei em contrário", no *caput* do art. 177 do CTN. O segundo decorre da possibilidade de se sustentar, mediante um esforço interpretativo, que a lei reguladora exclusivamente de isenções é específica e pode conceder isenção de tributo futuro (ver art. 150, § 6.º, da CF/1988).

O art. 178 do Código disciplina as restrições à revogação das denominadas **isenções onerosas**, definidas como aquelas que não trazem somente o bônus da dispensa legal do pagamento, mas também algum **ônus** como condição para o seu gozo.

É a seguinte a redação do dispositivo:

> "Art. 178. A isenção, salvo se concedida por prazo certo e em função de determinadas condições, pode ser revogada ou modificada por lei, a qualquer tempo, observado o disposto no inciso III do art. 104".

A regra é, portanto, a possibilidade de revogação ou modificação, a qualquer tempo, da isenção não onerosa (quanto aos efeitos da revogação, recomenda-se a leitura do tópico relativo à "anterioridade e revogação de isenções").

Para ser abrangida pela exceção à plena revogabilidade, a isenção precisa ser concedida em função de determinadas **condições** (onerosa) **e** por **prazo certo**. Atualmente, tem-se definido como onerosa apenas a isenção que cumpra **ambos os requisitos**, de forma que o conceito se tornou bem mais restrito.

Nessa linha, tem-se a Súmula 544 do Supremo Tribunal Federal, cuja redação é a seguinte:

> **STF – Súmula 544** – "Isenções tributárias concedidas, sob condição onerosa, não podem ser livremente suprimidas".

O caráter cumulativo dos requisitos que caracterizam o tipo de isenção não sujeito à livre revogação (isenção onerosa) foi objeto de prova no concurso para Especialista em Regulação de Serviços de Transportes Aquaviários da ANTAC, realizado em 2014 pelo CEBRASPE, que propôs a seguinte assertiva: "O crédito tributário é excluído pela isenção, que, salvo disposição de lei em contrário, não é extensiva às taxas e tampouco poderá ser revogada em prejuízo do contribuinte beneficiário se for concedida sob condição".

Embora a isenção realmente afaste a constituição do crédito e, nos termos do art. 177 do CTN, não se estenda, salvo disposição de lei em contrário, às taxas, às contribuições de melhoria e aos tributos criados após a sua concessão, o item foi considerado **incorreto** pela banca examinadora porque, ao descrever a isenção que não pode ser revogada em prejuízo do contribuinte beneficiário, mencionou apenas um de seus requisitos, qual seja a concessão sob condição, não mencionando que tal concessão também deve ser por prazo certo.

A título de exemplo, imagine-se uma lei que conceda isenção de ICMS por dez anos (prazo certo) para as empresas que se instalarem no interior de Pernambuco e produzam mamona destinada à utilização no processo de produção de biodiesel (condições). A empresa que tenha cumprido os requisitos durante a vigência da lei concessória tem direito adquirido à isenção, que não pode ser revogada.

Não se pode confundir a **revogação da isenção onerosa** (impossível, por conta da proteção ao direito adquirido) com **revogação da lei concessória** de isenção onerosa (possível, pois não se pode impedir o parlamento de revogar uma lei).

Quem, durante a vigência da lei concessória, cumpre os requisitos para o gozo do benefício, tem direito adquirido ao mesmo, pelo prazo previsto na lei, mesmo que esta venha a ser revogada. Em contrapartida, os contribuintes que estavam se estruturando para cumprir os requisitos previstos da lei e, antes de ultimadas as providências, são surpreendidos pela revogação, não têm direito à isenção, sendo prejudicados pela inovação legislativa.

Em resumo, a revogação da lei concessiva de isenção onerosa não tem o condão de prejudicar quem já cumprira os requisitos para o gozo do benefício legal, mas impede o gozo daqueles que não tinham cumprido tais requisitos na data da revogação da lei.

Assim como os demais benefícios fiscais, a isenção pode ser concedida em **caráter geral** (objetivo) ou em **caráter individual** (subjetivo ou pessoal). Haverá isenção concedida em **caráter geral** quando o benefício atingir a generalidade dos sujeitos passivos, sem necessidade da comprovação por parte destes de alguma característica pessoal especial.

Como exemplo, tem-se a isenção do imposto de renda incidente sobre os rendimentos da caderneta de poupança.

Haverá isenção em **caráter individual** quando a lei restringir a abrangência do benefício às pessoas que preencham determinados requisitos, de forma que o gozo dependerá de requerimento formulado à Administração Tributária no qual se comprove o cumprimento dos pressupostos legais (STJ – REsp 196.473).

Como exemplo, tem-se a isenção de IPI e IOF concedida aos deficientes físicos para que adquiram veículos adaptados às suas necessidades especiais. Perceba-se que, nesse caso, o gozo do benefício depende da comprovação da condição pessoal de deficiente físico.

No caso de o benefício ser concedido em caráter individual, a autoridade administrativa deve analisar cada caso, verificando se o interessado preencheu as condições e requisitos para o gozo do benefício (CTN, art. 179).

Conforme se pode extrair da regra constante do § 1.º do art. 179 do CTN, quando o tributo objeto da isenção é lançado por período certo de tempo, o despacho concessório deve ser renovado antes da expiração de cada período, cessando automaticamente os seus efeitos a partir do primeiro dia do período para o qual o interessado deixar de promover a continuidade do reconhecimento da isenção.

A título de exemplo, IPTU, ITR, IPVA e, na maioria dos casos, o IR são lançados anualmente (período certo de tempo). Pela regra do dispositivo, a cada ano, o beneficiário de isenção de caráter individual deve renovar o requerimento de gozo do benefício, comprovando a manutenção dos pressupostos legais. Na prática, a regra tem sido aplicada em termos. Não há que se imaginar que o portador de deficiência irreversível, beneficiário de isenção de IPVA, seja, a cada ano, obrigado a comprovar que o que é irreversível não se reverteu.

Ainda no tocante à concessão e manutenção do benefício, merecem especial atenção os casos relativos à **isenção ao imposto de renda** desonerativa dos proventos de aposentadoria ou reforma percebidos pelas pessoas acometidas pelas **moléstias graves** listadas no art. 6.º, XIV, da Lei 7.713/88. Tanto para o reconhecimento inicial, quanto para a manutenção da isenção, a União Federal (por intermédio da Receita Federal) sempre exigiu a contemporaneidade dos sintomas, de forma que a aparente cura (ausência de sintomas) seria motivo para o indeferimento do pedido de isenção ou de cassação do benefício anteriormente concedido (algumas decisões denominam impropriamente a retirada do ato como "revogação", o que é tecnicamente inapropriado, uma vez que a questão não envolve qualquer análise de conveniência e oportunidade).

Os casos mais comuns foram relativos a neoplasia maligna (câncer), quando o acometido pela doença passava pelos tratamentos médicos prescritos e se tornava assintomático. Para a Receita Federal, o benefício não poderia ser deferido e, se já o fora, deveria ser cassado ("revogado"), ressalvada a hipótese de volta dos sintomas (recidiva).

No entanto, no entender do Superior Tribunal de Justiça, para a concessão ou manutenção do benefício, "não se exige a demonstração da contemporaneidade dos sintomas, a indicação de validade do laudo pericial ou a comprovação de recidiva da enfermidade, uma vez que a isenção do imposto de renda, em favor dos inativos portadores de moléstia grave, tem como objetivo diminuir o sacrifício do aposentado, aliviando os encargos financeiros relativos ao tratamento médico" (STJ, Segunda Turma, REsp 1.706.816/RJ, Rel. Min. Og Fernandes, j. 07/12/2017, DJe 18/12/2017).

Em 2018, o entendimento do Tribunal foi sintetizado na sua Súmula 627, vazada nos seguintes termos:

> **STJ – Súmula 627** – "O contribuinte faz jus à concessão ou à manutenção da isenção do imposto de renda, não se lhe exigindo a demonstração da contemporaneidade dos sintomas da doença nem da recidiva da enfermidade".

Por fim, faz-se necessário relembrar que são aplicáveis à isenção concedida em caráter individual as regras constantes do art. 155 do CTN. Tais normas foram detalhadamente analisadas quando do estudo do instituto da moratória (recomenda-se a leitura atenta da explanação). Em resumo, devem ser obedecidas as seguintes regras:

a) A concessão da isenção em caráter individual não gera direito adquirido e será "revogada" (o correto seria falar **anulada**) de ofício, sempre que se apure que o beneficiário não satisfazia ou deixou de satisfazer as condições ou não cumpria ou deixou de cumprir os requisitos para a concessão do favor.

b) No caso de "revogação", sempre será cobrado o tributo e os juros de mora.

c) Se o benefício foi obtido com dolo ou simulação do beneficiário, ou de terceiro em favor daquele, haverá cobrança da penalidade pecuniária. Além disso, o tempo decorrido entre a concessão da isenção e sua revogação não será computado para efeito da prescrição do direito à cobrança do crédito.

d) Se não houve dolo ou simulação, não haverá cobrança de penalidade pecuniária e a revogação só pode ocorrer antes de prescrito o direito à cobrança do crédito.

10.1.2 Anistia

Anistia é o perdão legal de infrações, tendo como consequência a proibição de que sejam lançadas as respectivas penalidades pecuniárias.

É por servir como impeditivo do procedimento administrativo de lançamento que a anistia é incluída como hipótese de exclusão do crédito tributário.

Em consonância com o comentário relativo ao significado da expressão "exclusão do crédito tributário", somente pode se falar em exclusão antes da constituição do crédito (antes do lançamento).

Tratando-se de concessão de anistia, existe uma outra limitação temporal a ser observada. Segundo o art. 180 do CTN, o benefício somente pode abranger as infrações cometidas anteriormente à vigência da lei que a concede. Tal regra não pode ser excetuada, porque do dispositivo não consta a expressão "salvo disposição legal".

A restrição é decorrente de uma lógica insofismável. Imagine-se que, em março de 2007, foi publicada uma lei afirmando que as pessoas que entregassem a declaração de imposto de renda das pessoas físicas relativa ao exercício de 2006 após o prazo legal (último dia útil do mês de abril de 2007) estariam anistiadas da respectiva multa. A situação é surreal e serviria de estímulo à entrega fora do prazo.

Não se pode perdoar infração futura, sob pena de se formalizar um incentivo legal à desobediência civil.

Existem, portanto, dois marcos temporais que delimitam a possibilidade de concessão de anistia. O benefício somente pode ser concedido **após o cometimento da infração** (sob pena de servir de incentivo à prática de atos ilícitos) e **antes do lançamento da penalidade pecuniária**, pois se o crédito já está constituído, a dispensa somente pode ser realizada mediante **remissão**.

Os incisos do art. 180 do CTN trazem casos em que a concessão de anistia está proibida.

O primeiro caso veda a concessão do benefício aos atos qualificados em lei como **crimes ou contravenções** e aos que, mesmo sem essa qualificação, sejam praticados com **dolo, fraude ou simulação** pelo sujeito passivo ou por terceiro em benefício daquele.

Há casos em que a conduta definida em lei como infração tributária também está tipificada na lei penal como crime ou contravenção. Nestas situações, por conta da gravidade dos fatos, o legislador do CTN optou por proibir que o infrator possa ser beneficiado pelo instituto da anistia.

Pela redação do dispositivo, se a infração foi praticada com dolo, fraude ou simulação pelo sujeito passivo ou por terceiro em benefício daquele, também não será anistiada, mesmo que não configure crime ou contravenção. Relembre-se que a infração à legislação tributária é, em regra, objetiva, de forma que não é necessária a análise da presença de elementos subjetivos (culpa ou dolo) para legitimar a punição. Entretanto, novamente querendo excluir da possibilidade do perdão legal os atos mais graves, o legislador optou por proibir sua concessão aos atos simulados, dolosos e fraudulentos.

Repise-se que mesmo a conduta ilícita não sendo simulada, dolosa ou fraudulenta, deverá ser, em regra, punida, podendo, todavia, ser anistiada. Havendo simulação, dolo ou fraude, além da punição, há a proibição do perdão legal.

O segundo caso de proibição legal à concessão de anistia refere-se às infrações resultantes de conluio entre duas ou mais pessoas naturais ou jurídicas.

A rigor, o conluio já estaria inserido na primeira hipótese em que é proibida a concessão de anistia, pois, por definição, é sempre doloso. O pior, contudo, não é a redundância. Ocorre que o dispositivo ora analisado (CTN, art. 180, II) é iniciado com a expressão "salvo disposição em contrário", o que acaba por contraditoriamente permitir – ao menos em tese – a concessão de anistia a infrações cometidas mediante um dos mais graves comportamentos dolosos, o que seria proibido pelo inciso I do art. 180 do CTN.

Para que seja percebida a gravidade da infração praticada em conluio, transcreve-se a definição oficial do ilícito, constante do art. 73 da Lei 4.502/1964:

> "Art. 73. Conluio é o ajuste doloso entre duas ou mais pessoas naturais ou jurídicas, visando qualquer dos efeitos referidos nos arts. 71 e 72".

Os citados arts. 71 e 72 da Lei 4.502/1964 definem sonegação e fraudes fiscais, o que demonstra a irracionalidade do legislador tributário ao estatuir a regra constante do inciso II do art. 180 do CTN. Por conta do descuido legislativo, **as gravíssimas infrações praticadas em conluio acabam sendo as únicas infrações dolosas que podem ser beneficiadas pela concessão de anistia**.

O CTN previu a possibilidade de concessão de anistia em caráter geral ou limitado, estipulando no art. 181, II, as restrições que podem ser estabelecidas no segundo caso. Transcreve-se o dispositivo:

> "Art. 181. A anistia pode ser concedida:
>
> I – em caráter geral;
>
> II – limitadamente:

> a) às infrações da legislação relativa a determinado tributo;
>
> b) às infrações punidas com penalidades pecuniárias até determinado montante, conjugadas ou não com penalidades de outra natureza;
>
> c) a determinada região do território da entidade tributante, em função de condições a ela peculiares;
>
> d) sob condição do pagamento de tributo no prazo fixado pela lei que a conceder, ou cuja fixação seja atribuída pela mesma lei à autoridade administrativa".

Assim, é possível que uma lei federal concessiva de anistia seja aplicável apenas às infrações relativas à legislação do imposto de renda (alínea *a*). É viável também anistiar somente às infrações punidas com multas até mil reais, conjugadas ou não com penalidade de outra natureza, como a proibição de gozo de regimes especiais de tributação (alínea *b*). Também é possível a concessão de anistia apenas aos contribuintes do imposto de renda domiciliados na região metropolitana do Rio de Janeiro, na hipótese de esta região ser atingida por uma pane que impeça o acesso à internet na última semana do prazo para entrega da declaração do imposto (alínea *c*). Por fim, é legítima a concessão de anistia do crédito tributário relativo à multa de imposto de renda para os contribuintes que pagarem o imposto no prazo fixado pela própria lei ou pela autoridade administrativa a quem a lei atribua tal poder (alínea *d*).

Por se tratar de benefício fiscal que pode ser concedido em caráter individual, aplicam-se à anistia as mesmas regras estudadas no subitem anterior, concernentes à isenção concedida em caráter individual e sua "revogabilidade" (CTN, art. 182 e seu parágrafo único).

Para acessar as questões referentes a esse capítulo, utilize o QR Code ao lado.

11

GARANTIAS E PRIVILÉGIOS DO CRÉDITO TRIBUTÁRIO

11.1 A QUESTÃO TERMINOLÓGICA

O art. 183 do CTN inaugura um capítulo denominado "Garantias e Privilégios do Crédito Tributário" sem diferenciar garantias de privilégios expressamente. Apesar disso, da análise dos respectivos dispositivos, é possível extrair a necessária distinção.

São garantias as regras que asseguram direitos. Em matéria tributária, as garantias facilitam a entrada do Estado no patrimônio particular para receber a prestação relativa ao tributo. São privilégios as regras que põem o crédito tributário numa posição de vantagem quanto aos demais.

Tais definições serão detalhadas na análise dos respectivos regimes jurídicos.

11.2 AS GARANTIAS COMO ROL NÃO EXAUSTIVO

A enumeração das garantias que o CTN atribui ao crédito tributário não exclui outras que sejam expressamente previstas em lei, em função da natureza ou das características do tributo a que se refiram (CTN, art. 183). A lista, portanto, não é taxativa.

Os tributos são diferentes entre si, o que justifica a necessidade de estipulação de garantias diferenciadas, protegendo os respectivos créditos.

A título de exemplo, o imposto sobre a propriedade territorial rural tem por fato gerador a propriedade de imóvel localizado em área rural, o que configura uma situação perene, impossível de ser mudada de um instante para outro, de forma que o próprio imóvel serve como garantia para o pagamento do tributo que sobre ele incide.

Já o imposto de importação tem por fato gerador a entrada de mercadoria estrangeira no território nacional, uma situação instantânea, que não se protrai no tempo, o que pode justificar a estipulação de garantias específicas.

De uma maneira mais simples, se um ilícito relativo a uma importação não é detectado na alfândega, pode ser difícil buscar a recuperação do crédito após a entrada da mercadoria importada no território nacional. Quanto ao ITR, a situação é muito diferente, pois a situação tributada é perene e os elementos necessários para o cálculo do montante do tributo não podem ser alterados rapidamente.

É por conta disso que a legislação do imposto de importação estipula casos de exigências de garantias bastante específicas, como a assinatura de termos de responsabilidade ou até a apresentação de fianças bancárias, seguros aduaneiros ou depósito em dinheiro, para o gozo de regimes aduaneiros especiais.

Pelo exemplo citado, é possível perceber que garantias das mais diversas espécies podem ser legalmente estipuladas de acordo com as peculiaridades dos tributos a que se refiram. Neste ponto, é importante ressaltar que, conforme afirma o parágrafo único do art. 183 do Código, a "natureza das garantias atribuídas ao crédito tributário não altera a natureza deste nem a da obrigação tributária a que corresponda".

Assim, se foi exigida pela legislação de determinado ente federado a prestação de uma garantia real para a obtenção de benefício fiscal e o particular cumpriu a regra por meio da constituição de uma hipoteca, o crédito tributário não pode ser considerado, a partir de então, um crédito hipotecário. Não se transmuda a natureza da obrigação para real. O raciocínio é importante, pois, como se verá adiante, existe uma ordenação de preferências entre os créditos, de acordo com sua natureza, e, como a garantia dada não altera a natureza tributária do crédito, também não altera sua posição na lista.

11.2.1 Renda e patrimônio do sujeito passivo respondendo pelo crédito tributário

O art. 184 do Código prevê garantia que se fundamenta no princípio geral de direito segundo o qual o patrimônio e as rendas de determinada pessoa respondem por suas obrigações.

Ao se procurar uma instituição financeira em busca de um empréstimo ou financiamento, as primeiras informações solicitadas são, exatamente, a renda e o patrimônio do solicitante. A entidade de crédito sabe que, em caso de inadimplência do financiado, as únicas garantias disponíveis serão as citadas. Por isso, é lugar-comum afirmar-se, jocosamente, que só obtém empréstimos em instituições financeiras quem prova deles não precisar.

Seguindo a linha de raciocínio aqui explanada, o art. 184 do CTN disciplina a matéria da seguinte forma:

> "Art. 184. Sem prejuízo dos privilégios especiais sobre determinados bens, que sejam previstos em lei, responde pelo pagamento do crédito tributário a totalidade dos bens e das rendas, de qualquer origem ou natureza, do sujeito passivo, seu espólio ou sua massa falida, inclusive os gravados por ônus real ou cláusula de inalienabilidade ou impenhorabilidade, seja qual for a data da constituição do ônus ou da cláusula, excetuados unicamente os bens e rendas que a lei declare absolutamente impenhoráveis".

A responsabilidade objeto de discussão é de natureza **pessoal**, de forma que, nos termos do dispositivo transcrito, todo o patrimônio do devedor responde pelo débito, mesmo que este ultrapasse o valor do próprio bem que gerou a dívida. Assim, se vários anos de inadimplência do ITR fizerem com que a dívida (tributo, juros e multas) ultrapasse o valor do próprio imóvel, não é cabível imaginar que a entrega do imóvel extingue o crédito, uma vez que a responsabilidade, conforme afirmado, é pessoal, e nao real.

Não obstante seguir o princípio geral comentado, o CTN foi além e, concedendo mais um privilégio à Fazenda Pública, incluiu, na regra de responsabilidade, bens e rendas que, segundo as normas gerais aplicáveis à espécie, não poderiam ser utilizados num processo de execução.

Assim, a expressão "inclusive os gravados por ônus real ou cláusula de inalienabilidade ou impenhorabilidade, seja qual for a data da constituição do ônus ou da cláusula", permite à Fazenda Pública adentrar em parcela do patrimônio do devedor que é considerada intocável com relação a outros credores.

Dessa forma, mesmo que os bens tenham sido gravados por hipotecas, penhoras, anticreses ou tenham sido, por ato de vontade, declarados impenhoráveis ou inalienáveis, responderão pelo crédito tributário.

Deve-se dar atenção a duas exceções à regra de que todo o patrimônio do contribuinte responde pelo pagamento do crédito tributário.

A primeira consta da própria literalidade do dispositivo transcrito que, ao falar dos bens gravados com cláusula de inalienabilidade ou impenhorabilidade, exclui aqueles "bens e rendas que a lei declare absolutamente impenhoráveis".

Suponha-se que "A" doou imóvel para "B", apondo ao contrato de doação cláusula segundo a qual o bem ficaria a salvo de execuções por dívidas do donatário (impenhorabilidade) e não poderia ser por este alienado (inalienabilidade). A estipulação é válida, mas não é oponível à Fazenda Pública, em virtude da regra objeto de estudo.

Existem bens e rendas que são declarados inalienáveis e impenhoráveis **diretamente pela lei**. Estes são os únicos que ficam a salvo da responsabilização por dívida tributária do proprietário. O Novo Código de Processo Civil (Lei 13.105/2015) prevê a lista de tais bens no art. 833, abaixo transcrito:

> "Art. 833. São impenhoráveis:
>
> I - os bens inalienáveis e os declarados, por ato voluntário, não sujeitos à execução;
>
> II - os móveis, os pertences e as utilidades domésticas que guarnecem a residência do executado, salvo os de elevado valor ou os que ultrapassem as necessidades comuns correspondentes a um médio padrão de vida;
>
> III - os vestuários, bem como os pertences de uso pessoal do executado, salvo se de elevado valor;
>
> IV - os vencimentos, os subsídios, os soldos, os salários, as remunerações, os proventos de aposentadoria, as pensões, os pecúlios e os montepios, bem como as quantias recebidas por liberalidade de terceiro e destinadas ao sustento do devedor e de sua família, os ganhos de trabalhador autônomo e os honorários de profissional liberal, ressalvado o § 2o;
>
> V - os livros, as máquinas, as ferramentas, os utensílios, os instrumentos ou outros bens móveis necessários ou úteis ao exercício da profissão do executado;
>
> VI - o seguro de vida;
>
> VII - os materiais necessários para obras em andamento, salvo se essas forem penhoradas;
>
> VIII - a pequena propriedade rural, assim definida em lei, desde que trabalhada pela família;
>
> IX - os recursos públicos recebidos por instituições privadas para aplicação compulsória em educação, saúde ou assistência social;
>
> X - a quantia depositada em caderneta de poupança, até o limite de 40 (quarenta) salários-mínimos;

> XI - os recursos públicos do fundo partidário recebidos por partido político, nos termos da lei;
>
> XII - os créditos oriundos de alienação de unidades imobiliárias, sob regime de incorporação imobiliária, vinculados à execução da obra.".

Antes do advento do Novo Código de Processo Civil, a matéria era disciplinada pelo artigo 649 do antigo CPC (Lei 5.869/1973), com a redação dada pela Lei 11.382/2006. Tanto na sua redação original quanto naquela dada pela cita Lei, falava-se em bens e rendas "**absolutamente impenhoráveis**". No Novo Código de Processo Civil, a palavra "absolutamente" foi suprimida, o que, numa interpretação literal, poderia levar à equivocada conclusão de que os bens listados não se enquadrariam na ressalva feita pelo art. 184 do CTN, que exclui da possibilidade de utilização para a quitação do tributo unicamente os bens e rendas que a lei declare "absolutamente impenhoráveis".

Tal exegese levaria ao absurdo de um vazio legislativo, o que contemplaria a Fazenda Pública com a exagerada vantagem de poder obter a penhora qualquer bem ou renda do sujeito passivo, inclusive das verbas de natureza alimentícia indispensáveis a sua subsistência (NCPC, art. 833, IV). Obviamente não foi isso que se pretendeu com a supressão no dispositivo da palavra "absolutamente", pois quando o legislador pretendeu criar algum tipo de preferência entre verbas, a prioridade sempre recaiu sobre as trabalhistas, mesmo em detrimento do crédito tributário, conforme se pode ver, por exemplo, no art. 186 do próprio Código Tributário Nacional.

Na realidade, a supressão da palavra absolutamente decorre do grande valor atribuído pelo Novo Código de Processo Civil aos negócios jurídicos, concedendo às partes plenamente capazes, nos processos que versem sobre direitos que admitam autocomposição, a faculdade de "estipular mudanças no procedimento para ajustá-lo às especificidades da causa e convencionar sobre os seus ônus, poderes, faculdades e deveres processuais, antes ou durante o processo". Nessa linha, torna-se legítimo às partes, por ato de vontade, abrir mão da impenhorabilidade.

Em se tratando da cobrança judicial de crédito tributário, portanto, pode-se afirmar legitimamente que **os bens e rendas referidos pelo art. 184 do CTN, são exatamente aqueles listados pelo art. 833 do NCPC**, com as peculiaridades constantes dos respectivos parágrafos, além das que são expostas a seguir.

Para o Superior Tribunal de Justiça, a restituição de imposto de renda é impenhorável quando a retenção do tributo foi feita em virtude de pagamento de qualquer das verbas compreendidas no art. 649, inciso IV (acima transcrito). Assim, pode-se afirmar, a título de exemplo, que, se foi retido imposto de renda na fonte sobre o pagamento de salário e, no exercício seguinte, como decorrência da análise da respectiva declaração, houve restituição do tributo ao contribuinte, esta verba mantém a natureza salarial e, consequentemente, é impenhorável (REsp 1.163.151).

Perceba-se que, apesar da previsão em lei, não haverá, perante a Fazenda Pública, a impenhorabilidade dos bens assim declarados por ato de vontade (art. 833, I, do NCPC), visto que eles foram expressamente sujeitos à execução pela regra do art. 184 do CTN, que tem prevalência no caso, em virtude de ser específica e possuir *status* de lei complementar.

A segunda exceção à regra do art. 184 decorre de uma novidade trazida pela Lei Complementar 118/2005. Na falência, o crédito tributário não mais prefere aos créditos com garantia real, no limite do valor do bem gravado (CTN, art. 186, parágrafo único). Agora, não se pode mais afirmar de maneira ampla e irrestrita que os bens gravados por ônus real respondem pelo crédito tributário, pois, **no processo de falência**, tal regra não é mais aplicável, conforme se detalhará a seguir.

11.2.2 Presunção de fraude na alienação ou oneração de bens ou rendas

Visando a proteger o crédito tributário contra atos tendentes a fraudar as providências judiciais destinadas a sua satisfação, o Código Tributário Nacional previu, no seu art. 185, a seguinte regra:

> "Art. 185. Presume-se fraudulenta a alienação ou oneração de bens ou rendas, ou seu começo, por sujeito passivo em débito para com a Fazenda Pública, por crédito tributário regularmente inscrito como dívida ativa.
>
> Parágrafo único. O disposto neste artigo não se aplica na hipótese de terem sido reservados, pelo devedor, bens ou rendas suficientes ao total pagamento da dívida inscrita".

O dispositivo foi objeto de alteração pela Lei Complementar 118/2005. Antes, para a configuração da fraude, era necessário que o crédito tributário estivesse inscrito em dívida ativa **em fase de execução**. Nesta época, havia uma discussão sobre a partir de qual momento se poderia considerar atingida tal fase, havendo decisões do STJ no sentido de que "para que se possa presumir a fraude, não basta que a execução tenha sido distribuída, é necessário que o devedor tenha sido citado" (AgRg no AI 458.716/SP), o raciocínio decorre do entendimento de que somente com a citação ou com a constrição judicial se pode afirmar que o devedor sabia da existência da execução, e, portanto, atuou de maneira fraudulenta (AgRg no REsp 661.779/RS).

Com a nova redação dada ao dispositivo, a possibilidade de presunção de fraude foi antecipada para o momento da regular inscrição em dívida ativa. Há de se entender que a aplicabilidade da nova regra depende de comunicação ao sujeito passivo da inscrição do seu débito. Recorde-se que, após o advento da Lei Complementar 104/2001, a inscrição em dívida ativa pode ser divulgada, o que facilita a operacionalização da regra (CTN, art. 198, § 3.º, II) mediante a divulgação no Diário Oficial dos sujeitos passivos que tiveram seus débitos inscritos. A possibilidade é criticada por parcela da doutrina que considera a divulgação um meio vexatório de cobrança indireta. No entanto, como se presume que as informações publicadas no Diário Oficial são de conhecimento amplo e geral, a presunção de fraude à execução pode ser aplicada a partir desse momento.

Não há que se cogitar para esse efeito da necessidade de "registro da penhora do bem alienado ou da prova de má-fé do terceiro adquirente" constante da Súmula STJ 375 e aplicável às execuções em geral. É que, em se tratando de fraude à execução fiscal, a disciplina normativa específica do Código Tributário Nacional, com seu conhecido *status* de lei complementar, sobrepõe-se (RE 1.341.624-SC). Por conseguinte, se não reservados bens e rendas suficientes pelo alienante cujo débito se encontra inscrito em dívida ativa, a má-fé do adquirente é presumida de forma absoluta. A consequência prática é que na lista dos documentos que o adquirente de bem deve exigir para garantir sua tranquilidade quanto à inexistência de pendência relativa ao bem adquirido deve constar também a certidão negativa de débitos tributários inscritos em dívida ativa. A precaução vale para aquisição tanto de bens móveis quanto de imóveis, porque não se está a tratar da responsabilidade do adquirente por tributos relativos ao bem adquirido (CTN, arts. 130 e 131, I), mas sim da presunção de fraude na alienação de bens ou rendas (CTN, art. 185).

Apesar de a exigência de comunicação formal da inscrição não constar expressamente no artigo transcrito, ela decorre do bom senso, não sendo razoável presumir que obrou em fraude sujeito passivo que não sabia que seu débito estava inscrito em dívida ativa.

O raciocínio aqui defendido está em plena consonância com a maneira como o STJ sempre enxergou o dispositivo, somente reconhecendo a presunção de fraude quando o devedor tinha ciência formal do ato ou fato definido em lei como marco inicial da possibilidade da aplicação da presunção. Se no passado era necessária a ciência da existência de processo de execução (citação), hoje deve ser considerada indispensável a comunicação da inscrição em dívida ativa, o que pode se dar, inclusive, mediante publicação no diário oficial, sem que se possa alegar quebra de sigilo fiscal, tendo em vista a regra do art. 198, § 3º, II, do CTN. Comprovada a ciência, a presunção será de natureza absoluta, não se aceitando qualquer prova em sentido contrário.

O único argumento cabível para que não se configure a presunção é o constante do parágrafo único do art. 185, qual seja o de que foram "reservados, pelo devedor, bens ou rendas suficientes ao total pagamento da dívida inscrita".

A título de exemplo, se o sujeito passivo de um crédito tributário no valor de cem mil reais, inscrito em dívida ativa, mantém tal montante depositado em conta bancária e começa a alienar seus bens, não há que se falar em presunção de fraude.

11.2.3 A "penhora *on-line*"

A grande maioria das ações de execução fiscal caminha até o ponto em que o devedor tributário, regularmente citado, não paga, não oferece bens à penhora no prazo legal, e o oficial de justiça certifica não terem sido encontrados bens penhoráveis.

Com o advento da Lei Complementar 118/2005, foi inserida no âmbito tributário uma inovação que vinha gerando bons resultados no âmbito do processo trabalhista, a denominada "penhora *on-line*".

Não se trata de uma nova modalidade de penhora, mas sim de uma autorização legal para que o magistrado determine a **indisponibilidade de bens** e comunique sua decisão fazendo uso da tecnologia da informação, possibilitando a realização de uma **futura penhora**, tudo com o objetivo de tornar mais célere e eficaz a prestação jurisdicional, em consonância com o art. 5.º, LXXVIII, da CF/1988, acrescido pela Emenda Constitucional 45/2004. Portanto, a rigor, o que é realizado *on-line* é a **comunicação da ordem determinando a indisponibilidade dos bens**, não sua efetiva **penhora**, que é realizada em momento posterior.

Digno de nota é o fato de que a sistemática denominada de penhora *on-line* não mais é privilégio do processo trabalhista e da execução fiscal, sendo aplicável hoje, com as devidas adaptações e peculiaridades, às execuções em geral, tendo em vista a inclusão de semelhante disposição no Código de Processo Civil, conforme analisado adiante.

Em matéria tributária, o instituto está previsto no art. 185-A do CTN, acrescido pela Lei Complementar 118/2005, conforme abaixo transcrito:

> "Art. 185-A. Na hipótese de o devedor tributário, devidamente citado, não pagar nem apresentar bens à penhora no prazo legal e não forem encontrados bens penhoráveis, o juiz determinará a indisponibilidade de seus bens e direitos, comunicando a decisão, preferencialmente por meio eletrônico, aos órgãos e entidades que promovem registros de transferência de bens, especialmente ao registro público de imóveis e às autoridades supervisoras do mercado bancário e do mercado de capitais, a fim de que, no âmbito de suas atribuições, façam cumprir a ordem judicial.
>
> § 1.º A indisponibilidade de que trata o caput deste artigo limitar-se-á ao valor total exigível, devendo o juiz determinar o imediato levantamento da indisponibilidade dos bens ou valores que excederem esse limite.

> § 2.º Os órgãos e entidades aos quais se fizer a comunicação de que trata o caput deste artigo enviarão imediatamente ao juízo a relação discriminada dos bens e direitos cuja indisponibilidade houverem promovido".

Verificada a situação descrita no artigo, o juiz se utilizará preferencialmente de meio eletrônico para comunicar aos órgãos e entidades indicados no dispositivo a **ordem de indisponibilidade dos bens**. Na prática, a ordem, quanto ao mercado financeiro, é emitida por intermédio do Sistema de Busca de Ativos do Poder Judiciário - SISBAJUD" (sucessor do BACENJUD), gerido pelo Conselho Nacional de Justiça.

O objetivo do processo de execução é satisfazer o direito do credor. Não se quer causar transtornos desnecessários ao devedor, nem tampouco arruiná-lo. Nessa linha, tem-se por princípio o de que a execução deve se dar da maneira menos onerosa para o executado.

Dentro dessa linha, o § 1.º do art. 185-A impõe ao juiz que determine o **levantamento do excesso da penhora**, liberando os demais bens ou valores do devedor, para que este tenha como dar continuidade à sua vida econômica e financeira.

Completando a sequência lógica das regras, o § 2.º do artigo determina aos órgãos e entidades que, em cumprimento à ordem judicial promoveram a indisponibilidade de bens e direitos do devedor executado, repassem imediatamente as respectivas listas de bens e direitos, de forma a possibilitar que o magistrado se desincumba da responsabilidade que lhe foi atribuída pelo § 1.º do artigo, fazendo com que a penhora recaia exclusivamente sobre os valores suficientes para garantir o crédito tributário.

Tendo em vista que as regras ora estudadas constam do Código Tributário Nacional (art. 185-A), o Superior Tribunal de Justiça considera que elas **somente podem ser aplicadas à execução fiscal da dívida ativa tributária**, não sendo possível a extensão para a de natureza **não tributária** (REsp 1.073.094/PR). Dessa forma, a título exemplificativo, se o crédito executado decorre de uma multa trabalhista (dívida ativa não tributária), serão inaplicáveis as regras ora estudadas.

Conforme comentado, atualmente existe no Código de Processo Civil regra semelhante ao art. 185-A do Código Tributário Nacional, criando uma espécie de "penhora *online*" aplicável às execuções em geral. A regra foi inicialmente incluída do art. 655-A do antigo Código de Processo Civil (Lei 5.869/1973), constando hoje, com algumas alterações, do art. 854 do atual Código de Processo Civil (Lei 13.105/2015, vigente a partir de 18 de março de 2016). Por oportuno, transcreve-se o dispositivo:

> "Art. 854. Para possibilitar a penhora de dinheiro em depósito ou em aplicação financeira, o juiz, a requerimento do exequente, sem dar ciência prévia do ato ao executado, determinará às instituições financeiras, por meio de sistema eletrônico gerido pela autoridade supervisora do sistema financeiro nacional, que torne indisponíveis ativos financeiros existentes em nome do executado, limitando-se a indisponibilidade ao valor indicado na execução."

Para os objetivos desta obra, a questão mais relevante é a possibilidade de se utilizar alguns aspectos da regra nas ações de execução fiscal. O ponto crucial é que o dispositivo exige mero "requerimento do exequente" para que o juiz torne indisponíveis os ativos financeiros existentes em nome do executado. O problema é que a regra art. 185-A do CTN coloca entre os requisitos para o deferimento da medida o de que **não tenham sido encontrados bens penhoráveis**, o que levou a parte da doutrina defender que para o uso do instituto **seria necessário que a Fazenda exaurisse as diligências que lhe eram possíveis** na tentativa de localizar bens do devedor.

Em sentido oposto, a Fazenda defende que seja aplicada ao caso a moderna teoria do **diálogo das fontes**, que parte do pressuposto de que se um sistema jurídico quer, de forma clara e legítima, prestigiar com regras mais favoráveis determinada categoria (como é o caso do credor tributário, protegido por várias regras que privilegiam a Fazenda Pública), a tal categoria devem ser estendidas as normas posteriores mais vantajosas destinadas formalmente a outras categorias. Sendo assim, seria incoerente colocar o credor privado em situação melhor que a do credor público, o que seria evitado estendendo-se ao credor fazendário a possibilidade de obtenção da "penhora *online*" mediante simples requerimento.

Há precedentes do Superior Tribunal de Justiça em ambos os sentidos apontados. Contudo, no final de 2015 o Tribunal pacificou o entendimento no sentido de **ser o exaurimento das diligências em busca de bens penhoráveis requisito inafastável para que a Fazenda obtenha a ordem judicial de indisponibilidade dos bens do executado**. Nessa linha, cristalizando seu entendimento, a Corte editou a Súmula nº 560, cujo teor é transcrito abaixo:

> **STJ - Súmula 560** – "A decretação da indisponibilidade de bens e direitos, na forma do art. 185-A do CTN, pressupõe o exaurimento das diligências na busca por bens penhoráveis, o qual fica caracterizado quando infrutíferos o pedido de constrição sobre ativos financeiros e a expedição de ofícios aos registros públicos do domicílio do executado, ao Denatran ou Detran.".

Por fim, necessário registrar que **o bloqueio de ativos não pode ser determinado se o crédito tributário se encontra com exigibilidade suspensa**, afinal a constrição é realizada como meio necessário para viabilizar a exigência.

Assim, conforme definido pelo STJ na sistemática dos recursos repetitivos, caso efetivada a indisponibilidade de ativos em momento **posterior** à concessão do parcelamento, o bloqueio é nulo, e deve ser **levantado**. Contudo, nada impede que a Fazenda defira parcelamento de um crédito tributário cuja cobrança **anteriormente** gerara uma constrição via SISBAJUD (sucessor do BACENJUD). Nesse caso, como a ordem de indisponibilidade fora emitida em momento no qual o crédito se encontrava com sua exigibilidade intacta, o parcelamento concedido não levanta a constrição, que permanece **legítima**. Nessa hipótese, segundo o Tribunal, é ressalvada a "possibilidade excepcional de substituição da penhora online por fiança bancária ou seguro garantia, diante das peculiaridades do caso concreto, mediante comprovação irrefutável, a cargo do executado, da necessidade de aplicação do princípio da menor onerosidade" (STJ, 1ª Seção, REsp 1.696.270/MG, Rel. Mauro Campbell Marques, j. 08/06/2022).

11.2.4 Exigência de prova da quitação de tributos – As garantias indiretas

Apesar de terem sido inseridos na Seção relativa às preferências, os arts. 191 a 193 do CTN trazem verdadeiras garantias do crédito tributário, porque, ao exigirem a apresentação da prova do pagamento de tributos para a prática de certos atos jurídicos e para a obtenção de determinados benefícios legais, acaba-se por criar eficazes meios de cobrança indireta – e, portanto, garantias indiretas – do crédito tributário.

O art. 191 afirma que a extinção das obrigações do falido requer prova de quitação de **todos os tributos**. Na redação anterior à Lei Complementar 118/2005, havia menção à concordata, instituto extinto pela nova Lei de Falências. Além disso, restringia-se a necessidade de quitação aos **tributos relativos à atividade mercantil do falido**.

A nova redação impõe que, para obter a extinção de suas obrigações, o falido precisa comprovar a quitação de todos os tributos dos quais seja sujeito passivo, na condição de contribuinte ou responsável, **mesmo que o fato gerador seja alheio à sua atividade mercantil**.

A antiga concordata foi substituída pela moderna recuperação judicial. Na realidade, a troca de nomenclatura em nada muda a essência do instituto, devendo-se mais a uma tentativa de abandonar uma terminologia à qual a prática havia atribuído a característica da ineficácia. Conforme já comentado, o anúncio de que uma instituição pedira concordata soava como a notícia de que ela estava à beira da falência, de forma que a recuperação da empresa, verdadeiro objetivo teórico do dispositivo, era algo que beirava o inatingível.

Hoje, já adaptado à nova terminologia, o art. 191-A do CTN afirma que a concessão de recuperação judicial depende da apresentação da prova de quitação de todos os tributos, observado o disposto nos arts. 151, 205 e 206 do próprio Código.

Seria muito difícil, quando não impossível, a uma empresa que passa por dificuldades obter a recuperação judicial, caso fosse necessário o pagamento de todo o seu passivo tributário. Por esse motivo, ao exigir a quitação de todos os tributos, o CTN determinou a observância do art. 151 – que versa sobre a suspensão da exigibilidade do crédito tributário – e dos arts. 205 e 206 – que tratam, respectivamente, da certidão negativa e da certidão positiva com efeitos de negativa –, dando a entender que a suspensão da exigibilidade do crédito, com a consequente obtenção de certidão que atesta o fato, é prova de quitação, autorizando o gozo legal da recuperação judicial. Também visando a possibilitar a recuperação da empresa em dificuldades, conforme já estudado, foram previstas regras especiais de parcelamento dos débitos das empresas em recuperação judicial.

O Superior Tribunal de Justiça tinha um entendimento no sentido de que a finalidade do processo de recuperação judicial (superação da situação de crise econômico-financeira do devedor) poderia ser inviabilizada pela exigência de apresentação de certidões de regularidade fiscal, prevista tanto no art. 191-A do CTN quanto no art. 57 da Lei nº 11.101/2005. Como consequência, o Tribunal dispensava o cumprimento da exigência.

Com o advento da Lei nº 13.043/2014, inserindo o art. 10-A na Lei nº 10.522/2002, e seu aperfeiçoamento pela Lei nº 14.112/2020, o STJ passou a considerar cumprido o requisito de um regime jurídico apto a fazer valer o direito a parcelamento especial pelo devedor que pleiteia a recuperação judicial. Assim, as certidões de regularidade fiscal, ao menos relativas aos tributos federais, voltaram a ser efetivamente exigidas como requisito para o deferimento da recuperação judicial. A questão é detalhada no item 8.7 do Capítulo 8.

O art. 192 do CTN afirma que nenhuma sentença de julgamento de partilha ou adjudicação será proferida sem **prova da quitação** de todos os tributos relativos aos bens do espólio ou às suas rendas.

Seria absolutamente ineficaz afirmar que, no processo de inventário ou arrolamento, o crédito tributário deveria ser pago com prioridade sobre qualquer outro, caso se permitisse ao juiz proferir a sentença de partilha e expedir o respectivo formal, sem que fosse provada a quitação de tais créditos. Nessa linha, o art. 192 é mais uma garantia indireta.

Com o advento do CPC/2015 (Lei 13.105/2015), a exigência de apresentação da prova de quitação dos tributos na hipótese de **partilha extrajudicial** (prevista no art. 1.031 do CPC revogado) passou a ser disciplinada de outra forma, visando a conferir maior agilidade ao procedimento.

Atualmente, a partilha amigável, realizada mediante arrolamento sumário, é "homologada de plano pelo juiz" (art. 659 do CPC/2015), **antes mesmo do recolhimento do imposto de transmissão**. Anteriormente, mesmo transitada em julgado a sentença de homologação de partilha ou adjudicação, tanto o documento que regula o exercício de direitos sobre a herança e, portanto, comprova a condição de herdeiro (formal de partilha), quanto os alvarás relativos aos respectivos bens e rendas somente eram expedidos após a comprovação do pagamento de **todos os tributos**.

Com a inovação, transitada em julgado a sentença homologatória, já deve ser lavrado o formal e em seguida expedidos os alvarás, **sendo o Fisco intimado para lançar o imposto de transmissão e de outros tributos porventura incidentes nos termos da legislação tributária aplicável** (art. 659, § 2º, do CPC/2015).

O mesmo procedimento deve ser adotado na hipótese de herdeiro único no tocante ao **pedido de adjudicação** e expedição da respectiva "carta de adjudicação" (art. 659, § 1º, do CPC/2015).

O Superior Tribunal de Justiça entende que tal procedimento é plenamente compatível com a exigência de "prova da quitação de todos os tributos relativos aos bens do espólio, ou às suas rendas" como requisito para a prolação da sentença de julgamento de partilha ou adjudicação, estatuída pelo art. 192 do CTN. Isso porque o tributo cuja comprovação de quitação é expressamente dispensada é, ainda no entender da Corte, o **imposto de transmissão *causa mortis***, cuja hipótese de incidência é o fato jurídico da transferência do domínio decorrente da morte do anterior proprietário. Não se trata, portanto, de tributo diretamente incidente sobre os **bens que compõem o espólio** (como os impostos sobre a propriedade – IPTU, IPVA e ITR), nem sobre suas **rendas** (como ocorre, por exemplo, com o imposto de renda incidente sobre o valor dos aluguéis de bens que o compõem). Na esteira desse entendimento, o Tribunal adotou a seguinte tese, firmada na sistemática dos recursos repetitivos:

> "No arrolamento sumário, a homologação da partilha ou da adjudicação, bem como a expedição do formal de partilha e da carta de adjudicação, não se condicionam ao prévio recolhimento do imposto de transmissão causa mortis, devendo ser comprovado, todavia, o pagamento dos tributos relativos aos bens do espólio e às suas rendas, a teor dos arts. 659, § 2º, do CPC/2015 e 192 do CTN" (STJ, 1ª Sessão, REsp 1.896.526/DF, Rel. Regina Helena Costa, j. 26/10/2022, DJe 28/10/2022).

Por fim, o art. 193 do Código afirma que, salvo quando expressamente autorizado por lei, nenhum departamento da administração pública da União, dos Estados, do Distrito Federal ou dos Municípios, ou sua autarquia, celebrará contrato ou aceitará proposta em concorrência pública sem que o contratante ou proponente faça prova da quitação de todos os tributos devidos à Fazenda Pública interessada, relativos à atividade em cujo exercício contrata ou concorre.

A regra é hoje suplantada pelas exigências mais rígidas da legislação específica sobre licitações e contratos. Pelo art. 193 do CTN, o contratante ou proponente somente precisaria fazer prova da quitação dos tributos devidos à **Fazenda Pública interessada** (se contratasse com a União, poderia dever aos Estados e Municípios) e **na atividade em que contrata ou concorre** (se o contrato é sobre prestação de serviços, deveria comprovar que não deve ISS, podendo dever, por exemplo, IPTU). Como a Lei de Licitações exige, na maioria dos casos, comprovação do pagamento de todos os tributos a todos os entes federados, o CTN é automaticamente cumprido.

11.3 OS PRIVILÉGIOS

11.3.1 Regra geral

As regras sobre os privilégios do crédito tributário têm sua aplicabilidade nos casos em que há cobrança coletiva de créditos, como ocorre nos processos de falência, recuperação judicial, inventário, arrolamento e liquidação de empresas.

Nessas hipóteses, todos os créditos terão seus vencimentos antecipados e serão ordenados em classes legais, de forma que só se passa para a segunda classe após o pagamento dos integrantes da primeira. Assim, ao se falar em privilégios do crédito tributário, está-se a tratar das regras que colocam o crédito tributário numa das primeiras classes da lista.

Conforme consta do art. 186 do CTN, o crédito tributário prefere a qualquer outro, seja qual for sua natureza ou o tempo de sua constituição, ressalvados os créditos decorrentes da legislação do **trabalho** ou do **acidente de trabalho**.

O dispositivo foi objeto de alteração, levada a cabo pela Lei Complementar 118/2005. Apenas se incorporou ao texto formal da norma algo que já era pacífico na jurisprudência. No ponto em que o CTN afirmava que apenas os créditos trabalhistas preferiam ao crédito tributário, o STJ já equiparava àqueles os créditos do acidente do trabalho (REsp 446.035-RS). Houve, portanto, mera transposição, para o texto da lei, daquilo que já era reconhecido pela doutrina e jurisprudência.

11.3.2 Regras aplicáveis aos processos de falência e concordata

A colocação do crédito tributário na privilegiada segunda posição na fila de credores deixou de existir na falência, tendo em vista a inclusão de um parágrafo único no art. 186 do CTN, conforme transcrito abaixo:

> "Parágrafo único. Na falência:

I – o crédito tributário não prefere aos créditos extraconcursais ou às importâncias passíveis de restituição, nos termos da lei falimentar, nem aos créditos com garantia real, no limite do valor do bem gravado;

II – a lei poderá estabelecer limites e condições para a preferência dos créditos decorrentes da legislação do trabalho; e

III – a multa tributária prefere apenas aos créditos subordinados".

O primeiro ponto a ser observado é que, na falência, **o crédito tributário não prefere**:

a) aos **créditos extraconcursais** (Lei de Falências – Lei 11.101/2005, art. 84)

São aqueles que surgem como decorrência da administração da própria massa falida (arrecadação, liquidação dos ativos e pagamento aos credores). Como meio de garantir preferência aos credores que negociam com o devedor em recuperação judicial, as obrigações por este contraídas durante o procedimento que venha a se convolar em falência são também consideradas extraconcursais (Lei 11.101/2005, art. 67). Assim, o que difere os créditos concursais dos extraconcursais não é propriamente a natureza, mas o momento do seu surgimento. Existem, portanto, créditos trabalhistas extraconcursais, créditos tributários extraconcursais (CTN, art. 188) etc. Justamente por isso é que, apesar da denominação parecer dizer o contrário, os créditos extraconcursais concorrem entre si, mas serão todos pagos antes dos créditos concursais (os relativos a obrigações contraídas antes do processo de recuperação judicial, caso tenha sido instaurado, ou antes da decretação de falência). Tais créditos são enumerados pelo art. 84 da Lei 11.101/2005, a exemplo das remunerações devidas ao administrador judicial e aos seus auxiliares e dos créditos derivados da legislação trabalhista ou decorrentes de acidentes de trabalho relativos a serviços prestados após a decretação da falência.

b) às **importâncias passíveis de restituição** (Lei de Falências – Lei 11.101/2005, art. 85)

São os bens pertencentes a terceiros, mas que sejam arrecadados no processo de falência ou que se encontrem em poder do devedor na data da decretação da falência.

Também pode ser pedida a restituição de coisa vendida a crédito e entregue ao devedor nos 15 dias anteriores ao requerimento de sua falência, se ainda não alienada (Lei de Falências, art. 85 e seu parágrafo único). O objetivo da regra é claramente a proteção da boa-fé daquele que, desconhecendo a situação da empresa cuja falência é iminente, concede-lhe crédito.

Na linha da absoluta prioridade das importâncias passíveis de restituição, o Superior Tribunal de Justiça, em 2004, ainda antes das mudanças decorrentes da Lei Complementar 118/2005, editou a Súmula 307, redigida nos seguintes termos:

> **STJ – Súmula 307** – "A restituição de adiantamento de contrato de câmbio, na falência, deve ser atendida antes de qualquer crédito".

Seguindo semelhante linha de raciocínio, o STJ afirmou "que as **contribuições previdenciárias descontadas dos salários dos empregados pela massa falida e não repassadas aos cofres previdenciários devem ser restituídas antes do pagamento de qualquer crédito, inclusive trabalhista, porque a quantia relativa às referidas contribuições não integra o patrimônio do falido**". Para o Tribunal, seria aplicável ao caso a Súmula 417 do Supremo Tribunal Federal, quando afirma que "pode ser objeto de restituição, na falência, dinheiro em poder do falido, recebido em nome de outrem, ou do qual, por lei ou contrato, não tivesse ele a disponibilidade" (REsp 1.183.383/RS).

c) aos **créditos com garantia real, no limite do bem gravado**

As instituições financeiras, entidades que mais se utilizam da garantia real (hipoteca, penhor) nos contratos que firmam, alegavam que a preferência dada pelo direito brasileiro ao crédito tributário era um fator crucial no criticado "exagero de *spread*" (diferença entre a taxa básica de juros da economia e aquela cobrada dos clientes) existente nas operações de concessão de crédito. Acatando-se o pleito, estipulou-se que, na falência, quem exigiu a garantia real estaria protegido, até o valor do bem gravado, contra a preferência do crédito tributário.

Para não deixar margens à discussão sobre o que seria o "valor do bem", se o da avaliação ou o do valor alcançado na alienação judicial, o § 1.º do art. 83 da Lei de Falências estipulou que "será considerado como valor do bem objeto de garantia real a importância efetivamente arrecadada com sua venda, ou, no caso de alienação em bloco, o valor de avaliação do bem individualmente considerado".

Relembre-se que, se a garantia real foi constituída após a inscrição do débito como dívida ativa, haverá a presunção de fraude a que se refere o art. 185 do Código (item 11.2.2), não prevalecendo a preferência ora estudada.

A preferência do crédito **trabalhista** tem por fundamento sua **natureza alimentícia,** o que somente existe dentro de um valor razoável. Não haverá razoabilidade se todo o acervo patrimonial de entidade falida for direcionado ao pagamento de salários milionários da diretoria ou de um pequeno grupo de empregados-estrelas. Justamente por isso, o CTN autorizou que a lei estipulasse limites e condições para a preferência do crédito **trabalhista (a possibilidade de restrição não é aplicável para créditos acidentários)**. Fundamentado na autorização, o art. 83, I, da Lei de Falências estipulou que a preferência se aplica apenas aos "os créditos derivados da legislação trabalhista, limitados a 150 (cento e cinquenta) salários-mínimos por credor, e aqueles decorrentes de acidentes de trabalho".

Outra mudança que apenas incorporou a jurisprudência ao texto da Lei foi a previsão de que, na falência, **o crédito tributário relativo à multa não**

tem a mesma preferência daquele relativo a tributo, equiparando-se às demais penas pecuniárias, logo abaixo dos créditos quirografários.

Agiu bem o legislador, pois, de outra forma, as multas tributárias acabariam por diminuir a possibilidade de os demais credores receberem o que lhes é devido, de forma a praticamente punir pessoas alheias às infrações de que decorreram tais multas.

A redação dada ao art. 186, parágrafo único, III, do CTN, ao afirmar que, na falência, "a multa tributária prefere apenas aos créditos subordinados" parece colocá-la na penúltima colocação da lista dos créditos a serem pagos no procedimento falimentar. De fato, no texto original da Lei 11.101/2005, os únicos créditos que na falência eram legalmente enumerados após as multas eram os subordinados. Com o advento da Lei 14.112/2020, logo após os créditos subordinados, foram posicionados "os juros vencidos após a decretação da falência". Registre-se que a regra legal é a impossibilidade de exigência à massa falida dos juros legais ou contratuais vencidos após a decretação da falência, caso o ativo apurado não baste para o pagamento dos credores subordinados (Lei 11.101/2005, art. 124). Contudo, na remota hipótese de satisfação de todos os demais credores, inclusive os subordinados, os juros devem ser pagos logo a seguir. A regra, que já decorria da lógica do mencionado art. 124, foi expressamente incluída pela Lei 14.112/2020 no art. 83, IX, da Lei 11.101/2005.

Assim, em perfeita consonância com as regras estatuídas no CTN e com as mudanças introduzidas pela Lei 14.112/2020, a classificação dos créditos na falência deve obedecer à seguinte ordem:

a) os créditos derivados da legislação trabalhista, limitados a 150 (cento e cinquenta) salários-mínimos por credor, e aqueles decorrentes de acidentes de trabalho;

b) os créditos gravados com direito real de garantia até o limite do valor do bem gravado;

c) os créditos tributários, independentemente da sua natureza e do tempo de constituição, exceto os créditos extraconcursais e as multas tributárias;

d) créditos quirografários;

e) as multas contratuais e as penas pecuniárias por infração das leis penais ou administrativas, incluídas as multas tributárias;

f) créditos subordinados;

g) os juros vencidos após a decretação da falência.

Segundo o art. 188 do CTN, são extraconcursais os créditos tributários decorrentes de fatos geradores ocorridos **no curso do processo de falência**.

O dispositivo torna sem importância a antiga discussão sobre a prevalência ou não do crédito tributário surgido no curso do processo sobre os créditos trabalhistas concursais.

Apesar de o art. 186 do Código garantir, genericamente, a preferência do crédito trabalhista, o art. 188 – disciplinando especificamente o processo de falência – afirmava que os créditos tributários exigíveis no decurso do processo de falência eram encargos da massa e, como tais, deveriam ser pagos preferencialmente a **quaisquer outros** e às dívidas da massa.

À época, o entendimento que veio a prevalecer no STJ foi o de que estaria implícita, no art. 188, a ressalva relativa à preferência do crédito trabalhista. Nessa linha, a Corte editou a Súmula 219, afirmando que "os créditos decorrentes de serviços prestados à massa falida, inclusive a remuneração do síndico, gozam dos privilégios próprios dos trabalhistas".

Hoje em dia, os chamados créditos tributários extraconcursais devem ser pagos imediatamente pela massa falida, sem se cogitar de participação em concurso, da mesma forma que se faz quanto aos demais créditos que surgem no transcorrer do processo de falência, como decorrência das atividades nele desenvolvidas (demais créditos extraconcursais). Assim, se a massa falida compra uma mercadoria, deve fazer o pagamento à vista; se vende uma mercadoria, deve recolher o respectivo ICMS no prazo legal, da mesma forma que deve pagar os salários dos seus empregados à vista.

Ainda se referindo ao processo de falência, o parágrafo único do art. 188 afirma que, contestado o crédito tributário, o juiz remeterá as partes ao processo competente, mandando reservar bens suficientes à extinção total do crédito e seus acrescidos, se a massa não puder efetuar a garantia da instância por outra forma, ouvido, quanto à natureza e valor dos bens reservados, o representante da Fazenda Pública interessada.

Os créditos tributários que surgirem no decurso do processo de **falência** (extraconcursais) podem também ser contestados e, neste caso, a decisão relativa à matéria tributária não pode ser proferida pelo juízo falimentar, de forma que as partes devem ser remetidas ao juízo especializado em matéria tributária.

O objetivo da imposição de que, em caso de contestação do crédito tributário, a massa falida efetue a garantia de instância visa a garantir a eficácia da decisão do juízo especializado, caso este conclua pela certeza, liquidez e exigibilidade do crédito.

Relembre-se por oportuno que a aplicabilidade do art. 188 e de seu parágrafo único ocorre somente no que concerne aos créditos tributários extraconcursais, porque aqueles cujos fatos geradores se verificaram antes da decretação da falência (concursais) já são naturalmente objeto do processo de execução fiscal.

As mesmas regras são aplicáveis aos processos de **concordata** que estavam em andamento na data de entrada em vigor da Lei de Falências (art. 192 da Lei 11.101/2005 combinado com o § 2.º do art. 188 do CTN).

11.3.3 Regras aplicáveis aos processos de inventário e arrolamento

Tratando da preferência do crédito tributário no plano civil, prevê o art. 189 do CTN que são pagos preferencialmente a quaisquer créditos habilitados em **inventário** ou **arrolamento**, ou a outros encargos do monte, os créditos tributários vencidos ou vincendos, a cargo do *de cujus* (falecido) ou de seu espólio, exigíveis no decurso do processo de inventário ou arrolamento.

Teoricamente, com a abertura da sucessão (morte), o patrimônio do *de cujus* é imediatamente transferido para os seus sucessores. Todavia, é com o inventário que a partilha é formalizada, individualizando os bens que cabem a cada sucessor. Assim, pode-se definir inventário como o processo mediante o qual é formalizada a transmissão *causa mortis* de bens e direitos. Arrolamento nada mais é que um inventário simplificado realizado nos casos previstos na lei civil.

Encargos do monte são todas as dívidas deixadas pelo *de cujus*, que somente devem ser pagas após a quitação dos créditos tributários "vencidos ou vincendos, a cargo do *de cujus* ou de seu espólio, exigíveis no decurso do processo de inventário ou arrolamento". Na sua essência, a regra é idêntica à que garante a preferência dos créditos tributários extraconcursais exigíveis no decurso do processo de falência.

Também não há diferença no procedimento a ser adotado no caso de contestação do crédito tributário no processo de inventário ou arrolamento, devendo o juiz, em homenagem à autonomia da execução fiscal, remeter as partes ao processo competente e adotar as demais providências previstas no § 1.º do art. 188 do Código (CTN, art. 189, parágrafo único).

11.3.4 Regras aplicáveis aos processos de liquidação judicial ou voluntária

Finalmente, conforme decorre do art. 190 do CTN, são pagos preferencialmente a quaisquer outros os créditos tributários vencidos ou vincendos, a cargo de pessoas jurídicas de direito privado em **liquidação judicial ou voluntária**, exigíveis no decurso da liquidação.

Comentando a Lei das Sociedades Anônimas, Fran Martins afirma que "liquidação é o processo durante o qual o ativo da companhia é transformado em dinheiro para a distribuição entre os sócios, depois de pagas todas as dívidas e encargos da sociedade".

Na liquidação, optou o legislador por conferir absoluta preferência ao crédito tributário afastando toda e qualquer preferência que algum crédito poderia ter sobre o mesmo. Ressalte-se que, ao menos na teoria, a regra não trará prejuízo para qualquer pessoa, pois, na liquidação, presume-se que o devedor seja solvente, tendo condição de pagar todas as suas dívidas.

Relembre-se, por oportuno, que, conforme estudado no capítulo relativo à responsabilidade, a jurisprudência tem atribuído responsabilidade pessoal dos sócios no caso de dissolução irregular da sociedade (STJ, 1.ª T., AGREsp 276.779/SP, rel. Min. José Delgado, *DJU* 02.04.2001, p. 260).

11.3.5 Autonomia do executivo fiscal

Segundo o art. 187 do CTN, a cobrança judicial do crédito tributário não é sujeita a concurso de credores ou habilitação em falência, recuperação judicial, concordata, inventário ou arrolamento. Trata-se do **princípio da autonomia do executivo fiscal**, que pode ser instaurado ainda que já deflagrado algum dos processos coletivos de cobrança mencionados no dispositivo.

A autonomia do executivo fiscal é uma prerrogativa da Fazenda Pública, e não uma regra que a vincula. Assim, **nada impede que a entidade estatal opte pelo recebimento de seu crédito mediante a habilitação em falência**, como o fazem os demais credores. Há casos, por exemplo, em que a Fazenda opta por não executar certos créditos em virtude do pequeno valor, decidindo simplesmente habilitar-se no processo de falência.

Num primeiro momento, o STJ entendia que as alternativas eram excludentes, de forma que a opção pela habilitação significaria automática renúncia ao rito executivo, não sendo possível a existência de uma "dupla garantia" (*bis in idem*).

Posteriormente, esse problema foi contornado numa decisão da Terceira Turma do Tribunal que, tendo competência para julgamento de Direito Privado, analisou a matéria sob a ótica do Direito Falimentar. O precedente se verificou no famoso caso da Viação Aérea de São Paulo – VASP, em que a União Federal ajuizara execução fiscal em desfavor da empresa antes da decretação da falência. Posteriormente, com a falência já decretada, a União solicitou a habilitação do seu crédito, o que lhe foi negado na primeira e segunda instâncias, mas deferido no STJ, afirmando-se que com a habilitação viria o efeito da paralização do processo executivo, afastando o problema da dupla garantia (REsp 1.857.055/SP). Decisão de semelhante teor também foi proferida pela outra turma de Direito Privado da Corte (REsp 1.872.153/SP – 4ª T).

Em 2021, finalmente a Primeira Sessão do Tribunal, responsável pelo julgamento de Direito Público, pacificou a matéria sob o prisma do Direito Tributário, firmando, em recurso repetitivo, a seguinte tese:

> "É possível a Fazenda Pública habilitar, em processo de falência, crédito objeto de execução fiscal em curso, mesmo antes da vigência da Lei 14.112/2020, desde que não haja pedido de constrição de bens no feito executivo".

Por tudo, é possível concluir, com segurança, que **atualmente é possível a concomitância do executivo fiscal com a habilitação do crédito em falência, desde que adotado mecanismo para evitar a dupla garantia** (*bis in idem*). Nas provas de Direito Tributário em concurso público, provavelmente o requisito a ser apontado como apto a afastar a possibilidade de dupla garantia será redigido como "desde que não haja pedido de constrição de bens no feito executivo", tendo em vista ser a constante da mencionada tese firmada na Sessão de Direito Público do Tribunal.

Voltando ao *caput* do art. 187 do CTN, fica fácil perceber que o dispositivo trata de uma série de procedimentos judiciais caracterizados pela **cobrança coletiva de créditos**. O juízo em que tramita cada um desses processos é denominado "universal", justamente porque os credores não podem mais ajuizar ações executórias individuais contra o devedor, devendo se sujeitar a concurso ou se habilitar no processo em trâmite no juízo dito "universal".

Em face do art. 187 do CTN, pode-se afirmar que **a ação de execução fiscal é exceção à universalidade dos juízos citados**, de forma que a Fazenda Pública pode ajuizar sua ação executória individual no seu juízo privativo.

Com relação às execuções em andamento em juízos diferentes do falimentar, é necessário um mecanismo para evitar que a autonomia da execução fiscal prejudique os credores de valores que preferem ao crédito tributário. Como mecanismo para a solução do problema, o STJ estabeleceu que "aparelhada a execução fiscal com penhora, uma vez decretada a falência da executada, sem embargo do prosseguimento da execução singular, o produto da alienação deve ser remetido ao juízo falimentar, para que ali seja entregue aos credores, observada a ordem de preferência legal" (STJ, 2.ª T., REsp 399.724-RS, Rel. Min. Eliana Calmon, j. 4.11.2003, *DJ* 25.02.2004).

Noutras palavras, apesar de a execução fiscal tomar seu curso, o montante arrecadado com a alienação do bem penhorado deve ser remetido ao juízo falimentar para que lá seja distribuído de acordo com a ordem legal de preferência. O STJ nem mesmo aceita a incorporação do bem penhorado ao patrimônio da Fazenda Pública mediante adjudicação, pois esta seria uma forma de burlar a ordem de preferência dos créditos (REsp 695.167-MS, Rel. Min. Mauro Campbell Marques, j. 07.10.2008).

11.3.6 Concurso de preferência entre pessoas jurídicas de Direito Público

Nos termos da redação original do parágrafo único do art. 187 do CTN, seria possível o concurso de preferência entre pessoas jurídicas de direito público, devendo ser obedecida a seguinte ordem na realização dos pagamentos:

> "I – União;
>
> II – Estados, Distrito Federal e Territórios, conjuntamente e *pro rata*;
>
> III – Municípios, conjuntamente e *pro rata*."

Com o acréscimo do relevante detalhe consistente em equiparar os créditos tributários das autarquias aos dos respectivos entes instituidores, o art. 29, parágrafo único, da Lei das Execuções Fiscais (LEF) repetiu a regra do concurso de preferência nos termos abaixo transcritos:

> "Art. 29. (...)
>
> Parágrafo único. O concurso de preferência somente se verifica entre pessoas jurídicas de direito público, na seguinte ordem:
>
> I – União e suas autarquias;
>
> II – Estados, Distrito Federal e Territórios e suas autarquias, conjuntamente e *pro rata*;
>
> III – Municípios e suas autarquias, conjuntamente e *pro rata*".

Em todas as edições anteriores desta obra, destacou-se "uma séria suspeita de inconstitucionalidade" dos dispositivos, que já quando criados se mostravam incompatíveis com a forma federativa de Estado, por consistirem em leis editadas pela União Federal estabelecendo odiosa preferência para si mesma e hierarquizando os demais entes políticos, em frontal desrespeito à autonomia (inclusive financeira) de tais entes e à isonomia que entre eles deve reinar, princípios de observância essencial para a subsistência de uma verdadeira federação.

Não obstante, ainda sob a égide da Constituição Federal de 1969 (EC 1/1969 à CF/1967), o Supremo Tribunal Federal chegou a se debruçar sobre a matéria e considerou válida a regra do CTN, visto que, ao se privilegiar a União, seria criada uma preferência em favor de todos os brasileiros, inclusive possibilitando ao ente nacional a utilização dos recursos de forma a diminuir desigualdades sociais e regionais, gerando um maior equilíbrio federativo. O entendimento então prevalente redundou na edição, pela Suprema Corte, da Súmula 563, segundo a qual "o concurso de preferência a que se refere o parágrafo único do art. 187 do Código Tributário Nacional é compatível com o disposto no art. 9º, I, da Constituição Federal".

Somente em 2021, o STF, revisitando a matéria durante o julgamento da ADPF 357/DF, entendeu que o "federalismo de cooperação e de equilíbrio posto na Constituição da República de 1988 não legitima distinções entre os entes federados por norma infraconstitucional". Além disso, afirmou que a preferência legalmente estatuída contrariava o art. 19, III, da Constituição Federal de 1988, que estabelece a proibição de os entes federados "criar distinções entre brasileiros ou preferências entre si". Destaque-se que o "entre si" a que se refere o dispositivo não deve ser interpretado como "entre os brasileiros", sob pena de redundância com a parte inicial do mandamento. A proibição é a de que os entes federados criem preferência entre eles próprios, o que foi flagrantemente descumprido pela União Federal ao editar os dispositivos anteriormente mencionados.

Como se tratava da análise da compatibilidade com a CF/1988 de norma a ela anterior, o dispositivo não foi considerado inconstitucional, mas sim **"não recepcionado" pela atual Constituição**. Contudo, para evitar controvérsias, o STF também **cancelou sua Súmula 563** (que se referia à compatibilidade da norma com a Constituição anterior). Pela importância do julgado, segue seu excerto mais importante:

> "3. A definição de hierarquia na cobrança judicial dos créditos da dívida pública da União aos Estados e Distrito Federal e esses aos Municípios descumpre o princípio federativo e contraria o inc. III do art. 19 da Constituição da República de 1988.
>
> 4. Cancelamento da Súmula n. 563 deste Supremo Tribunal editada com base na Emenda Constitucional n. 1/69 à Carta de 1967.
>
> 5. Arguição de descumprimento de preceito fundamental julgada procedente para declarar não recepcionadas pela Constituição da República de 1988 as normas previstas no parágrafo único do art. 187 da Lei n. 5.172/1966 (Código Tributário Nacional) e no parágrafo único do art. 29 da Lei n. 6.830/1980 (Lei de Execuções Fiscais).
>
> (STF, Pleno, ADPF 357/DF, Relator(a): Cármem Lúcia, j. 24/06/2021, DJe 06/10/2021)

Aos que se preparam para provas de concurso público, é fundamental destacar que são inúmeras as questões baseadas na literalidade dos dispositivos atualmente considerados como não recepcionados. Contudo, já a partir de 2021, a abordagem passou a ser realizada nos termos da jurisprudência da Suprema Corte, como foi o caso da prova do concurso para provimento de cargos de Procurador do Estado da Paraíba, elaborada pelo CEBRASPE, em que foi considerada **correta** a seguinte assertiva: "A ordem de preferência entre entes públicos disposta no CTN não é aceita pela jurisprudência do STF".

Conforme fora previsto nesta obra, em 2022 **o Superior Tribunal de Justiça cancelou a sua Súmula 497,** que detalhava como seria operacionalizada a preferência dos créditos das autarquias federais sobre os créditos da Fazenda estadual, preferência esta que, conforme analisado anteriormente, não mais existe.

Para acessar as questões referentes a esse capítulo, utilize o QR Code ao lado.

12

ADMINISTRAÇÃO TRIBUTÁRIA

12.1 CONSIDERAÇÕES INICIAIS

Após trazer ao longo de todo o seu texto um conjunto de regras predominantemente materiais concernentes aos tributos e às relações jurídicas a eles pertinentes, o Código Tributário Nacional inaugura, a partir do seu art. 194, um Título denominado "Administração Tributária", em que constam principalmente regras formais acerca dos órgãos e agentes públicos responsáveis pela transformação em atos concretos das regras abstratamente previstas nos demais títulos do diploma.

O Título "Administração Tributária" é dividido em três Capítulos, seguindo um raciocínio por demais lógico.

Primeiramente, é estipulada a disciplina da **Fiscalização**, atividade estatal que tem por objetivo estimular o cumprimento espontâneo das obrigações tributárias por intermédio da identificação e punição daqueles que não as cumprem.

A fiscalização é um **poder-dever** orientado pela isonomia, que, em matéria tributária, se prende à ideia de **tributar cada pessoa na medida de sua capacidade contributiva**. Nessa linha, a própria Constituição Federal faculta à Administração Tributária, especialmente para conferir efetividade a esses objetivos, identificar, respeitados os direitos individuais e, nos termos da lei, o patrimônio, os rendimentos e as atividades econômicas do contribuinte (CF, art. 145, § 1º).

A atividade de fiscalizar e arrecadar tributo é, talvez, a mais importante atividade-meio do Estado, pois dos recursos dela advindos dependem todas as atividades-fim estatais, como a prestação dos serviços de segurança, saúde e educação.

Em atenção a essa importância, a Emenda Constitucional 42/2003 deixou expresso no Texto Constitucional que as administrações tributárias dos diversos entes federados são atividades essenciais ao funcionamento do Estado, exercidas por servidores de carreiras específicas, tendo recursos prioritários para a realização de suas atividades, mediante, inclusive, a vinculação da receita própria dos impostos para tais fins (CF/1988, art. 37, XXII combinado com o art. 167, IV).

Após detalhar regras sobre os procedimentos necessários para aferir o adimplemento das obrigações tributárias, o CTN passa a tratar da **"Dívida Ativa"**, disciplinando as providências a serem adotadas contra aqueles que deixaram de cumprir o que deviam.

Finalmente, como forma de premiar os sujeitos passivos que se mantêm em situação de regularidade fiscal, o CTN encerra o Título "Administração Tributária" com um capítulo denominado **"Certidões Negativas"**, que se constituem nos documentos mediante os quais os sujeitos passivos regulares podem comprovar tal situação e obter os benefícios daí decorrentes, como a possibilidade de participar de licitações ou de obter empréstimos e financiamentos em instituições financeiras oficiais.

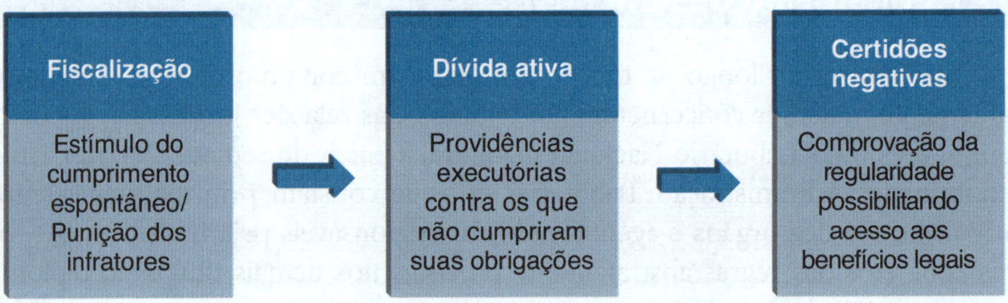

Passa-se ao estudo de cada atividade.

12.2 FISCALIZAÇÃO

12.2.1 Poderes das autoridades fiscais

Observadas as disposições do Código Tributário Nacional, a legislação tributária regulará, em caráter geral, ou especificamente em função da natureza do tributo de que se tratar, a competência e os poderes das autoridades administrativas em matéria de fiscalização da sua aplicação (CTN, art. 194).

O poder não deve ser um fim em si mesmo, mas apenas um meio para atingir um fim maior. Tratando-se de competências das autoridades fiscais, o poder é conferido na exata medida que o legislador considerar necessária para o eficiente exercício das atividades de fiscalização e arrecadação, levando em consideração as peculiaridades de cada tributo administrado.

Assim, faz-se necessário que a legislação tributária regule alguns poderes e competências das autoridades administrativas de uma maneira geral e com aplicabilidade a todos os tributos administrados pelo respectivo ente (poder de requisitar informações, de examinar documentos, de inaugurar procedimento fiscal etc.). Entretanto, há de se recordar que existem tributos essencialmente diferentes entre si, o que justifica a necessidade de um disciplinamento específico de poderes e competências especiais para as autoridades responsáveis por sua fiscalização.

Tome-se, por exemplo, o caso da fiscalização do imposto de importação num ponto de fronteira, porto ou aeroporto alfandegado, porta de entrada do País, área de segurança nacional. A necessidade de uma ágil e eficiente atividade fiscal protetiva da economia nacional justifica a atribuição, aos Auditores Fiscais ali lotados, de um conjunto de poderes inimagináveis para um Auditor Fiscal responsável pela administração do ITR.

A título ilustrativo, a Legislação Aduaneira prevê, especificamente para a administração dos tributos respectivos, que a precedência da autoridade fiscal implica a obrigação, por parte das demais autoridades, de prestar auxílio imediato, sempre que requisitado pela autoridade aduaneira, disponibilizando pessoas, equipamentos ou instalações necessários à ação fiscal (Regulamento Aduaneiro, art. 17, § 1º, I, com a redação dada pelo Decreto 7.213, de 15.06.2010).

Como não poderia deixar de ser, a legislação relativa à fiscalização aplica-se às pessoas naturais ou jurídicas, contribuintes ou não, inclusive às que gozem de imunidade tributária ou de isenção de caráter pessoal (CTN, art. 194, parágrafo único).

Nada impede, portanto, a fiscalização de uma igreja, de um partido político ou de qualquer outro ente imune. Relembre-se que a imunidade destas instituições normalmente depende da manutenção dos respectivos patrimônios, rendas e serviços vinculados às suas finalidades essenciais, circunstância que pode ser aferida mediante regular processo de fiscalização. Além disso, os entes imunes podem ser legalmente designados responsáveis pelos tributos cuja legislação lhes atribua o dever de retenção e recolhimento. Assim, se a associação sem fins lucrativos (imune) faz um pagamento sujeito à retenção de imposto de renda na fonte, será sujeito passivo do tributo (responsável), o que também aponta no sentido de que, assim como as demais pessoas físicas e jurídicas, os entes imunes devem se sujeitar, ao menos potencialmente, à atividade fiscalizatória do Estado.

Conforme foi comentado, a própria Constituição Federal autoriza a Administração Tributária a entrar na intimidade econômica dos particulares, mediante a identificação dos respectivos patrimônios, rendimentos e atividades econômicas (CF, art. 145, § 1º). Nessa linha, o art. 195 do CTN afasta a aplicação de quaisquer disposições legais excludentes ou limitativas do direito de examinar mercadorias, livros, arquivos, documentos, papéis e efeitos comerciais ou fiscais, dos comerciantes industriais ou produtores, ou da obrigação destes de exibi-los.

Assim, o caráter sigiloso da escrituração comercial e fiscal, bem como dos documentos que comprovam os fatos escriturados, não pode ser oposto ao Fisco, devendo os sujeitos passivos mantê-los (livros e documentos) **até que ocorra a *prescrição* dos créditos decorrentes das operações a que se refiram** (CTN, art. 195, parágrafo único).

Como é consabido, o prazo prescricional é de cinco anos, contados da constituição definitiva do crédito. Entretanto, não se pode afirmar que os livros e documentos devem ser mantidos **"por cinco anos"**, pois o prazo extintivo está sujeito à interrupção e à suspensão, de forma que pode ser necessário ao sujeito passivo manter a documentação por bem mais do que cinco anos. Assim, a obrigatoriedade deve ser enunciada exatamente como disciplinada no CTN, ou seja, **até que ocorra a prescrição**.

Há quem considere desnecessária a manutenção dos livros e documentos até a consumação da **prescrição**, visto que, se verificada a **decadência**, o Fisco não poderia mais lançar qualquer diferença contra o sujeito passivo, não sendo mais necessária a guarda de qualquer documento. O raciocínio é equivocado porque, conforme analisado, se um lançamento anteriormente realizado for anulado por vício formal, o prazo decadencial será reaberto e os livros deverão ser mantidos **até a prescrição**.

Registre-se, por fim, que o analisado parágrafo único do art. 195 refere-se aos "livros obrigatórios de escrituração comercial e fiscal". Quanto a estes, não há dúvida, se requisitados pela autoridade fiscal, devem ser apresentados, configurando sua falta ilícito fiscal.

Entretanto, em cada espécie de atividade econômica existem livros de escrituração opcional, de forma que os sujeitos passivos podem optar por mantê-los ou não. Quanto a tais livros, podem surgir dúvidas sobre a possibilidade de a Administração Tributária formular requisição e, em caso positivo, sobre a obrigatoriedade de exibição por parte do sujeito passivo.

O sujeito passivo não é obrigado a manter livros opcionais. Assim, se a fiscalização requisita livro opcional e o sujeito passivo informa que não procede à escrituração do livro requisitado, nenhuma punição lhe pode ser aplicada. Todavia, se mantém o livro – tanto é que o Fiscal o viu – não pode se negar a apresentá-lo, sob pena de configuração de embaraço à fiscalização ou ilícito mais grave.

No âmbito jurisprudencial, ganha relevo a Súmula 439 do Supremo Tribunal Federal, redigida da seguinte forma:

> **STF – Súmula 439** – "Estão sujeitos à fiscalização tributária ou previdenciária quaisquer livros comerciais, limitado o exame aos pontos objeto da investigação".

Da redação da Súmula extrai-se a possibilidade de acesso aos livros comerciais acaso existentes, **mesmo que não obrigatórios**. Entretanto, a fiscalização não é uma caça às bruxas, devendo desenvolver-se dentro do necessário ao esclarecimento da matéria objeto de investigação. Por conseguinte, tem-se por vedado à autoridade administrativa desviar a finalidade do procedimento e adentrar nos demais pontos constantes da escrita fiscal que deveriam permanecer sigilosos.

O CTN também atribui às autoridades fiscais o poder de requisitar de determinadas pessoas todas as informações de que disponham com relação aos bens, negócios ou atividades de terceiros. Trata-se de uma imposição de que a sociedade contribua com a atividade de fiscalização que, em última análise, é exercida em benefício de toda a coletividade. Nos termos legais, são as seguintes as pessoas obrigadas a fornecer informações (CTN, art. 197):

I – os tabeliães, escrivães e demais serventuários de ofício;

II – os bancos, casas bancárias, Caixas Econômicas e demais instituições financeiras;

III – as empresas de administração de bens;

IV – os corretores, leiloeiros e despachantes oficiais;

V – os inventariantes;

VI – os síndicos, comissários e liquidatários;

VII – quaisquer outras entidades ou pessoas que a lei designe, em razão de seu cargo, ofício, função, ministério, atividade ou profissão.

A lista é composta por pessoas que, em virtude de suas atividades, têm acesso a informações que podem ser extremamente necessárias para o exercício da atividade de fiscalização.

Assim, por exemplo, os serventuários do cartório do registro de imóveis têm informações relativas a imóveis e atos jurídicos a eles concernentes, que podem configurar fatos geradores de vários tributos (IPTU, ITR, IR, ITCMD, ITBI). Além disso, tais imóveis podem ser usados numa execução fiscal promovida por qualquer dos entes tributantes.

O mesmo raciocínio poderia ser desenvolvido para tomar como exemplo qualquer das demais pessoas citadas no dispositivo, pois todas, em razão de suas atividades, possuem informações de grande relevância para a Administração Tributária.

A **lista das pessoas obrigadas a atender as requisições fiscais não é exaustiva**, uma vez que é encerrada por uma hipótese aberta em que podem ser enquadradas "quaisquer outras entidades ou pessoas **que a lei designe**, em razão de seu cargo, ofício, função, ministério, atividade ou profissão". Registre-se, contudo, que a escolha da pessoa sobre a qual pode recair a requisição de informações não é fruto da discricionariedade administrativa, pois somente havendo **lei** estipulando a obrigatoriedade de prestar informação, poderá ser formulada a intimação.

Historicamente sempre foi grande a controvérsia acerca da possibilidade de a autoridade administrativa, por ato próprio, **requisitar às instituições enumeradas no inciso II (os bancos, casas bancárias, Caixas Econômicas e demais instituições financeiras) informações protegidas por sigilo bancário, sem necessidade de interveniência da autoridade judicial.** Conforme já estudado, atualmente a possibilidade também encontra fundamento na Lei Complementar 105/2001, que estatui, no seu art. 6º:

> "Art. 6.º As autoridades e os agentes fiscais tributários da União, dos Estados, do Distrito Federal e dos Municípios somente poderão examinar documentos, livros e registros de instituições financeiras, inclusive os referentes a contas de depósitos e aplicações financeiras, quando houver processo administrativo instaurado ou procedimento fiscal em curso e tais exames sejam considerados indispensáveis pela autoridade administrativa competente".

Pondo fim às incertezas decorrentes da controvérsia, em fevereiro de 2016, o Supremo Tribunal Federal julgou um conjunto de Ações Diretas de Inconstitucionalidade (ADIs 2390, 2386, 2397 e 2859) e **considerou legítima a previsão**. A decisão da Corte, assim como as hipóteses, procedimentos e restrições relativos à requisição fiscal de dados protegidos por sigilo bancário são analisados no item 2.6.3.2 do Capítulo 2, cuja leitura atenta é recomendada ao leitor.

Apesar da amplitude da lista de pessoas sujeitas ao poder de requisição das autoridades administrativas, a administração tributária continuava a ter dificuldades de obtenção de informações de instituições públicas e privadas que **administram cadastros e registros e controlam operações com bens e direitos**. Essas instituições, quando não se enquadravam com exatidão na lista do art. 197 do CTN, invocavam sigilo dos dados que possuíam e não acatavam as requisições fiscais.

Assim, por exemplo, as construtoras, os shoppings, as imobiliárias e as holdings possuem cadastros e registros de importantes operações realizadas por clientes, mas, por não se enquadrarem precisamente na lista do art. 197, muitas vezes se negavam a atender às requisições fiscais. Protegidos por tais negativas, tornou-se muito comum os casos de adquirentes de imóveis jamais registrarem oficialmente suas aquisições, mantendo apenas os contratos com aquelas empresas como "prova" de propriedade. Para lidar com essas situações e dar maior clareza e amplitude ao poder de requisição das autoridades fiscais de todas as esferas federadas, a LC 208/2024 acresceu ao art. 198 do CTN o § 4º, que assim dispõe:

> "Art. 198 (...)
>
> § 4º Sem prejuízo do disposto no art. 197, a administração tributária poderá requisitar informações cadastrais e patrimoniais de sujeito passivo de

> crédito tributário a órgãos ou entidades, públicos ou privados, que, inclusive por obrigação legal, operem cadastros e registros ou controlem operações de bens e direitos.

O dispositivo também alcança **órgãos e entidades públicos**, tendo em vista existirem casos de municípios que negam aos demais entes informações sobre imóveis sujeitos ao IPTU, estados que relutam em disponibilizar informações sobre notas fiscais etc. Não obstante, especificamente no tocante ao dever de colaboração federativa, a LC 208/2024 também acresceu ao art. 198 do CTN o § 5º, que não apenas possibilita, mas **torna obrigatório o compartilhamento das bases de dados, inclusive aquelas operadas por órgãos não integrantes da administração tributária**. O dispositivo é comentado no item 12.2.2.2.3.

Para evitar antinomias com as normas que impõem dever de sigilo às pessoas que exerçam determinados cargos, ofícios, funções, ministérios, atividades ou profissões, o CTN as excetua do dever de prestar informações (CTN, art. 197, parágrafo único). Se não fosse o dispositivo, o médico seria obrigado a manter em sigilo as informações obtidas em razão do ofício (pela lei que regulamenta sua profissão) e, ao mesmo tempo, poderia ser legalmente obrigado a prestar tais informações (caso previsto em lei).

Um outro poder expressamente outorgado às autoridades fiscais pelo Código Tributário Nacional é o de **requisitar a força pública**, previsto no art. 200 do CTN:

> "Art. 200. As autoridades administrativas federais poderão requisitar o auxílio da força pública federal, estadual ou municipal, e reciprocamente, quando vítimas de embaraço ou desacato no exercício de suas funções, ou quando necessário à efetivação de medida prevista na legislação tributária, ainda que não se configure fato definido em lei como crime ou contravenção".

Requisitar significa **pedir com força vinculante ou ordenar**. Assim, não podem as autoridades policiais deixar de atender a requisição das autoridades fiscais nas situações descritas no dispositivo, até porque, nos termos constitucionais, a administração fazendária e seus servidores fiscais têm, dentro de suas áreas de competência e jurisdição, precedência sobre os demais setores administrativos, na forma da lei (CF, art. 37, XVIII).

No dispositivo legal acima transcrito, a expressão "e reciprocamente" autoriza, ao menos na teoria, que a autoridade administrativa estadual ou municipal requisite força pública federal, não havendo vinculação entre o ente em nome do qual atua a autoridade e a polícia que ele pode requisitar. Andou bem neste ponto o legislador, pois as situações em que se faz necessária a utilização da força pública são, normalmente, marcadas pela urgência, o que aponta no sentido de se requisitar o aparelhamento policial que tem condições de se fazer presente de uma maneira mais célere.

Na prática, é regra que as autoridades federais formulem suas requisições à polícia federal e que as autoridades estaduais e municipais requisitem a polícia militar. Contudo, a requisição entre esferas administrativas diferentes também é possível.

O poder de requisitar a força policial é da autoridade que preside a diligência e não necessariamente do chefe da repartição fiscal.

Quando a autoridade fiscal ou a Administração Pública é vítima de desacato ou outro crime, a requisição de força policial é plenamente justificável. Nos casos de embaraço à fiscalização (ato ou omissão dolosa tendente a dificultar o procedimento fiscal) ou da necessidade de "adotar medida prevista na legislação tributária", a requisição também é legalmente cabível, mesmo não configurada prática de crime ou contravenção. Nesses casos, contudo, deve-se dar atenção especial à proteção constitucional do domicílio, porque, na ausência do flagrante delito ou de outra causa autorizadora do ingresso, far-se-á necessária a ordem judicial para assegurar a entrada das autoridades fiscais e policiais no estabelecimento do contribuinte.

Nesse sentido, no concurso para Delegado da Polícia Federal (Nacional), realizado em 2004, o CEBRASPE elaborou questão com o seguinte enunciado: "Após regularmente intimados pela autoridade administrativa para apresentarem a documentação fiscal da empresa, os sócios não atenderam à notificação no prazo de 15 dias. Em razão disso, os agentes da fiscalização requisitaram auxílio policial, adentrando o estabelecimento comercial, onde, imediatamente, passaram a apreender notas fiscais e documentos de controle paralelo. Com tal documentação, e em virtude da fraude descoberta, o lançamento tributário veio a ser realizado".

Propôs-se que, com base na situação hipotética, fossem julgados alguns itens, dentre eles o seguinte: "A autoridade policial não poderia negar o auxílio requisitado, já que ocorreu embaraço à fiscalização". O item está **errado**, pois, como visto, o poder de requisição deve ser interpretado em consonância com as garantias individuais, dentre elas a da inviolabilidade do domicílio.

Pela mesma razão, no concurso para Procurador do Município de Curitiba/PR, realizado em 2015 pelo Núcleo de Concursos da Universidade Federal do Paraná (NC/UFPR), considerou-se **incorreta** a seguinte assertiva: "As autoridades fazendárias poderão requisitar o auxílio de força pública quando vítimas de embaraço no exercício de suas funções, sendo-lhes facultado, sem necessidade de prévia autorização judicial ou do investigado, adentrar o estabelecimento das pessoas jurídicas recalcitrantes".

12.2.2 Os deveres das autoridades fiscais

A Constituição exigiu tributação isonômica (CF, art. 150, II) e, para tanto, facultou à Administração Tributária identificar, respeitados os direitos individuais e nos termos da lei, o patrimônio, os rendimentos e as atividades econômicas do contribuinte (CF, art. 145, § 1º). Mesmo que não previsto expressamente, o poder de fiscalizar estaria implícito no dever de tributar a todos isonomicamente, entretanto, como não poderia deixar de ser, tal poder deve ser exercido com respeito aos direitos individuais.

Assim, ao fiscalizar, o Estado deve respeito a todos os direitos e garantias constitucionalmente consagrados, como a inviolabilidade da intimidade, da vida privada, das comunicações, da casa (que, segundo o STF, compreende o local de exercício de profissão) etc. Além disso, tratando especificamente do exercício da função fiscalizatória, o CTN previu outras restrições a serem observadas pelas autoridades fiscais, conforme se passa a analisar.

12.2.2.1 O dever de documentar o início do procedimento

Conforme dispõe o art. 196 do CTN, a autoridade administrativa que proceder ou presidir a quaisquer diligências de fiscalização lavrará os termos necessários para que se documente o início do procedimento, na forma da legislação aplicável, que fixará prazo máximo para a conclusão daquelas.

A atividade de fiscalização modifica o ambiente de funcionamento da empresa. Trata-se de um "mal necessário" que não pode se eternizar. É por conta disso que a legislação de cada ente federado deverá prever o prazo máximo para conclusão das diligências, apesar de possibilidade de prorrogação.

Como há prazo para o término do procedimento, é necessário que se documente o seu começo, o que tradicionalmente é feito por intermédio da lavratura do **Termo de Início de Fiscalização**.

O parágrafo único do art. 196 do CTN afirma que o termo, sempre que possível, será lavrado em um dos livros fiscais exibidos; quando lavrado em separado, dele se entregará, à pessoa sujeita à fiscalização, cópia autenticada pela autoridade que proceder ou presidir a diligência. Na prática, é mais comum a lavratura em separado com a entrega da cópia autenticada ao fiscalizado.

Além de precisar o **termo inicial do prazo para a conclusão do procedimento,** a lavratura de Termo de Início de Fiscalização **pode** produzir dois outros efeitos, quais sejam **antecipar a contagem do prazo decadencial** e **afastar a espontaneidade do sujeito passivo**.

A matéria já foi objeto de análise nos tópicos pertinentes, mas, de uma maneira resumida, as situações serão abaixo explanadas.

Regra geral, **o termo inicial de fluência do prazo decadencial** é o primeiro dia do exercício seguinte àquele em que o lançamento poderia ter sido efetuado (CTN, art. 173, I). Todavia, se, antes de atingida tal data, for iniciada a constituição do crédito tributário pela notificação, ao sujeito passivo, de qualquer medida preparatória indispensável ao lançamento, o termo inicial é antecipado para a data da notificação (CTN, art. 173, parágrafo único). O Termo de Início de Fiscalização regularmente cientificado ao sujeito passivo produz este efeito.

Por outro lado, o art. 138 do CTN beneficia os sujeitos passivos que confessem infrações cometidas e, se for o caso, paguem o respectivo tributo e juros de mora, desde que a confissão tenha se dado antes de qualquer procedimento administrativo ou medida de fiscalização relacionados com a infração. Assim, se lavrado e cientificado um Termo de Início de Fiscalização, **fica afastada a espontaneidade** do sujeito passivo **quanto às infrações que sejam correlacionadas com o objeto da fiscalização**.

Em síntese, são os seguintes os possíveis efeitos da lavratura de Termo de Início de Fiscalização com notificação formal ao fiscalizado:

a) estabelece o termo inicial para o término do procedimento de fiscalização;

b) antecipa o termo inicial de fluência do prazo decadencial (se esta já não teve seu curso iniciado);

c) afasta a espontaneidade do sujeito passivo.

12.2.2.2 O dever de manter sigilo e suas exceções

Consoante analisado, as autoridades fiscais, no exercício de suas elevadas atribuições, têm acesso a informações privilegiadas sobre a situação econômica ou financeira do sujeito passivo e sobre a natureza e o estado de seus negócios ou atividades.

A contrapartida ao conhecimento das informações é o dever de mantê-las em sigilo, sob pena de responsabilização administrativa, cível e criminal.

Perceba-se que a literalidade do dispositivo não submete à regra do sigilo as meras informações cadastrais, como nome do contribuinte, número de seus documentos, endereço etc.

12.2.2.2.1 A transferência do sigilo

Sendo certo que o *caput* do art. 198 do Código estabelece a **regra** do sigilo, os §§ 1º e 3º trazem exceções que se diferem por uma peculiaridade.

Nos casos previstos no § 1º, a informação **não deixa de ser sigilosa**, apenas **sendo transferida** do âmbito da Administração Tributária para uma outra organização, mantendo-se, nesta, também em sigilo. Nos casos previstos no § 3º, a informação **deixa de ser sigilosa, podendo ser divulgada,** inclusive pela imprensa, ressalvada a primeira hipótese listada no dispositivo, conforme jurisprudência a ser analisada no tópico subsequente

Neste tópico serão analisadas as exceções caracterizadas pela transferência de informação sigilosa entre organizações. Para uma melhor percepção deste fenômeno, transcreve-se o fundamento legal para a hipótese:

> "Art. 198. (...)
>
> § 1.º Excetuam-se do disposto neste artigo, além dos casos previstos no art. 199, os seguintes:
>
> I – requisição de autoridade judiciária no interesse da justiça;

> II – solicitações de autoridade administrativa no interesse da Administração Pública, desde que seja comprovada a instauração regular de processo administrativo, no órgão ou na entidade respectiva, com o objetivo de investigar o sujeito passivo a que se refere a informação, por prática de infração administrativa".

Na primeira hipótese, a autoridade judiciária (juiz ou tribunal) **requisita** a informação protegida pelo sigilo. A informação **não é divulgada, devendo permanecer em sigilo também no âmbito do Poder Judiciário.**

Cabe aqui relembrar que, nos precisos termos do art. 58, § 3º, da CF/1988, as Comissões Parlamentares de Inquérito possuem poderes de investigação próprios das autoridades judiciais, podendo, fundamentadamente, determinar a quebra dos sigilos bancário, telefônico, telemático e – o que mais interessa neste ponto – fiscal. O entendimento é pacífico no âmbito do Supremo Tribunal Federal (MS 24.749, Rel. Min. Marco Aurélio, *DJ* 05.11.2004).

Apesar da ausência de previsão expressa no CTN, o **Regimento Interno do Conselho Nacional de Justiça – CNJ,** no seu art. 8º, V, confere ao **Corregedor Nacional de Justiça** o poder de "**requisitar** das autoridades **fiscais**, monetárias e de outras autoridades competentes informações, exames, perícias ou documentos, **sigilosos ou não**, imprescindíveis ao esclarecimento de processos ou procedimentos submetidos à sua apreciação, dando conhecimento ao Plenário".

O CNJ é o órgão de natureza constitucional-administrativa competente para realizar o controle interno administrativo, financeiro e disciplinar da magistratura, não possuindo, portanto, atribuições jurisdicionais. Apesar disso, o STF considerou que a competência requisitória é **constitucional e possui força temporária de lei**, porque foi editada com fundamento no art. 5º, § 2º, da EC 45/2004, que atribui ao Conselho a competência para disciplinar, **por resolução**, seu funcionamento e definir as atribuições do Corregedor, **enquanto a matéria não for regulada pelo Estatuto da Magistratura** (ADI 4.709/DF).

Contudo, como meio de compatibilizar a previsão regimental com a garantia dos direitos fundamentais dos contribuintes, o STF conferiu-lhe interpretação conforme à Constituição, exigindo que a requisição ocorra em **"processo regularmente instaurado para apuração de infração por sujeito determinado, mediante decisão fundamentada e baseada em indícios concretos da prática do ato"** (STF, Pleno, ADI 4.709/DF, Rel. Rosa Weber, j. 30/05/2022, DJe 08/06/2022). Os requisitos estabelecidos acabaram por tornar tal **requisição** bastante similar à mera **solicitação** de transferência de dados sigilosos realizada pelas demais autoridades administrativas, tratada logo a seguir.

A segunda hipótese de transferência de dados protegidos pelo sigilo fiscal tem aplicabilidade quando instaurado processo administrativo no âmbito da entidade solicitante, com o objetivo de investigar o sujeito passivo a que se refere a informação, por prática de infração.

A exceção permite facilitar a apuração, no âmbito da própria Administração, de graves ilícitos cometidos por servidores públicos e demais pessoas sujeitas ao poder disciplinar da Administração Pública (como os delegatários de serviços públicos, por exemplo).

A **solicitação** administrativa de dados protegidos por sigilo fiscal não deve se transformar num procedimento de rotina para a coleta de indícios para que se instaurem futuras investigações. Não se pode esquecer que a manutenção do sigilo continua sendo regra, de forma que a solicitação só é cabível quando efetivamente existam graves indícios de cometimento de ilícito administrativo que já esteja sendo objeto de apuração em **processo regularmente instaurado**.

Talvez seja por isso que, ao falar da transferência de sigilo a pedido de autoridade judiciária, o CTN usou a forte palavra **"requisição"** (ordem) que não dá qualquer margem de análise à autoridade requisitada. Já ao falar do pedido de autoridade administrativa, o CTN usou o vocábulo **"solicitação"**, que, em Direito, **tem o sentido de pedido, sujeito à análise** por parte da autoridade competente para o deferimento.

O que se está a afirmar não é que a Administração Pública tem o poder de analisar se é conveniente e oportuno fornecer os dados solicitados pela autoridade administrativa, mas sim que deve analisar se foram cumpridos os requisitos formais, como a instauração regular de processo e a apuração de infração administrativa.

Em qualquer caso, é aplicável a regra procedimental prevista no § 2º do art. 198 do CTN, cujos termos são os seguintes:

> "Art. 198. (...)
>
> (...)
>
> § 2.º O intercâmbio de informação sigilosa, no âmbito da Administração Pública, será realizado mediante processo regularmente instaurado, e a entrega será feita pessoalmente à autoridade solicitante, mediante recibo, que formalize a transferência e assegure a preservação do sigilo".

A regra tenta deixar claro o que foi aqui defendido à exaustão. A informação sai sigilosa da repartição fiscal e deve ser mantida em sigilo também na organização requisitante ou solicitante, passando esta a ser verdadeira **detentora do sigilo**.

12.2.2.2.2 A divulgação das informações

O § 3º do art. 198 do CTN traz outras exceções à regra do sigilo fiscal. No entanto, diferentemente das exceções previstas no § 1º, estudadas no tópico anterior, a lista ora analisada autoriza a divulgação de um conjunto de informações sensíveis que, se não fosse a exceção estipulada pelo dispositivo, estariam protegidas pelo sigilo fiscal.

Relembre-se que, nas situações excepcionais previstas no § 1º do artigo, as informações continuavam sigilosas, mas eram transferidas para outra organização. Nas hipóteses ora estudadas, as informações deixam de ser sigilosas, podendo, inclusive, se seguida a literalidade do CTN, ser veiculadas pela imprensa.

O dispositivo foi lavrado da seguinte forma:

> "Art. 198. (...)
>
> (...)
>
> § 3.º Não é vedada a divulgação de informações relativas a:
>
> I – representações fiscais para fins penais;
>
> II – inscrições na Dívida Ativa da Fazenda Pública;
>
> III – parcelamento ou moratória; e
>
> IV - incentivo, renúncia, benefício ou imunidade de natureza tributária cujo beneficiário seja pessoa jurídica.

Desde já é necessário destacar que, conforme será demonstrado adiante, o entendimento do Supremo Tribunal Federal a respeito da matéria é bem mais restritivo no tocante à primeira hipótese (representações fiscais para fins penais), tratando-a de maneira semelhante aos casos mencionados no tópico anterior, em que a informação é transferida, mas deve ser ainda tratada como sigilosa no órgão de destino.

Durante um procedimento de fiscalização, é comum que a autoridade administrativa descubra ilícitos praticados pelos sujeitos passivos. Quando tais ilícitos têm conotação meramente fiscal-administrativa, a própria autoridade competente para lançar o tributo lança também a penalidade pecuniária (multa) ou aplica penalidade de outra natureza (pena de perdimento, por exemplo), conforme previsão legal.

Já quando o ilícito detectado também configura crime de ação pública, incumbe à autoridade administrativa formular representação à autoridade competente para apresentar ao Poder Judiciário a denúncia cabível, visando à responsabilização do autor do delito. Assim, é elaborada uma **representação fiscal** (pois oriunda de autoridade fiscal) **para fins penais** (porque o objetivo é a responsabilização penal do infrator) ao órgão do Ministério Público, titular exclusivo da ação penal pública. Tal representação deve descrever com precisão a conduta criminosa, sendo naturalmente recheada de dados fiscais sigilosos. Apesar disso, nos termos do CTN, a providência pode ser legalmente adotada sem que reste configurada violação da garantia de sigilo legalmente consagrada aos sujeitos passivos.

Em 2019, instaurou-se importante celeuma no âmbito do STF envolvendo a regra ora analisada. Discutia-se o alcance da possibilidade de remessa de dados sigilosos ao Ministério Público para fins de persecução criminal, tendo em vista que o Ministro Dias Toffoli concedera uma liminar autorizando o compartilhamento de **"dados globais"**, a serem utilizados exclusivamente para fins de investigação, mas não como prova direta, restando proibida a remessa do que ele denominou de **"dados sensíveis"** (cujo compartilhamento dependeria de ordem judicial). Não obstante, o Plenário da Corte, ao julgar o RE 1.055.941/SP, firmou, por maioria (da qual também participou o Ministro Toffoli, convencido pelos brilhantes argumentos dos colegas), as seguintes teses:

> 1) É constitucional o compartilhamento dos relatórios de inteligência financeira da UIF e da íntegra do procedimento fiscalizatório da Receita Federal que define o lançamento do tributo com os órgãos de persecução penal para fins criminais, sem a obrigatoriedade de prévia autorização judicial, devendo ser resguardado o sigilo das informações em procedimentos formalmente instaurados e sujeitos a posterior controle jurisdicional.
>
> 2) O compartilhamento referido no item anterior pela Unidade de Inteligência Financeira e pela Receita deve ser feito unicamente por meio de comunicações formais, com garantia de sigilo, certificação do destinatário e estabelecimento de instrumentos efetivos de apuração e correção de eventuais desvios.

Percebe-se do teor da primeira tese a irrestrita amplitude dos dados passíveis de compartilhamento com o Ministério Público, compreendendo a "íntegra do procedimento fiscalizatório". Contudo, conforme fica claro da segunda tese, as informações não podem ser simplesmente "divulgadas" (conforme aparenta autorizar o art. 198, §3º, I, do CTN), sendo necessária a adoção de procedimento formal destinado a garantir a manutenção do sigilo e a possibilitar a apuração, correção e punição de eventuais desvios. A situação, portanto, acaba por se aproximar bastante àquelas estudadas no tópico imediatamente anterior, relativo à transferência de sigilo

No tocante ao momento em que deve ser formulada a representação fiscal para fins penais, uma outra distinção precisa ser feita, relativa à natureza do crime objeto da comunicação. Quando o fato apurado pela autoridade fiscal configura, em tese, **crime contra a Administração Pública**, não há delongas, devendo ser imediatamente formulada a representação ao órgão competente do Ministério Público.

Situação bem mais complexa ocorre quando o fato é tipificado como **crime contra a ordem tributária** (arts. 1º e 2º da Lei 8.137/1990), **apropriação indébita previdenciária** (art. 168-A do Código Penal) ou **sonegação de contribuição previdenciária** (art. 337-A do Código Penal), hipóteses nas quais a própria existência do crime depende da existência do crédito tributário lançado. O cerne da questão é que a autoridade fiscal constitui o crédito, mas o contribuinte tem o direito de impugnar o auto de infração. Caso seja imediatamente formulada representação ao Ministério Público, é possível que, mais à frente, o próprio órgão de "jurisdição administrativa" decida pela improcedência do lançamento e, portanto, pela inexistência de crédito tributário, enquanto na esfera judicial tramita um processo penal relativo à sonegação de um valor que a Fazenda não mais entende devido.

Visando a solucionar o problema, o art. 83 da Lei 9.430/1996 prescreve:

> "A representação fiscal para fins penais relativa aos crimes contra a ordem tributária previstos nos arts. 1.º e 2.º da Lei 8.137, de 27 de dezembro de 1990, e aos crimes contra a Previdência Social, previstos nos arts. 168-A e 337-A do Decreto-lei 2.848, de 7 de dezembro de 1940 (Código Penal), será encaminhada ao Ministério Público depois de proferida a decisão final, na esfera administrativa, sobre a exigência fiscal do crédito tributário correspondente".

O dispositivo vincula a autoridade administrativa, impedindo-a de formular a representação ao Órgão Ministerial antes da constituição definitiva do crédito. O objetivo é o de evitar o conflito entre as decisões administrativas e judiciais, bem como o oferecimento prematuro de denúncias criminais contra contribuintes que ainda não tiveram oportunidade de defesa quanto à matéria estritamente tributária.

Entendendo que a regra estaria a tolher a competência exclusiva do Ministério Público para decidir sobre o ajuizamento da ação penal, o Procurador-Geral da República ajuizou ação direta de inconstitucionalidade contra o dispositivo.

O STF, resumidamente, entendeu que a norma atacada tinha "como destinatários os agentes fiscais, em nada afetando a atuação do Ministério Público", de forma que este poderia "oferecer denúncia independentemente da comunicação, dita 'representação tributária', se, por outros meios, tem conhecimento do lançamento definitivo".

Não obstante a decisão parecer apontar no sentido da plena viabilidade de oferecimento da denúncia antes da decisão final no processo administrativo fiscal, este raciocínio não prospera, pois somente há **lançamento definitivo** quando tal processo chega ao fim. Corrobora o raciocínio o fato de o STF ter afirmado, na mesma decisão, que "antes de constituído definitivamente o crédito tributário não há justa causa para a ação penal" (STF, Tribunal Pleno, ADI 1.571/UF, Rel. Min. Gilmar Mendes, j. 10.12.2003, *DJ* 30.04.2004, p. 27).

Posteriormente, o Tribunal cristalizou seu entendimento com a edição da Súmula Vinculante 24, nos termos abaixo transcritos:

> **STF – Súmula Vinculante 24 –** Não se tipifica crime material contra a ordem tributária, previsto no art. 1.º, incisos I a IV, da Lei n.º 8.137/90, antes do lançamento definitivo do tributo.

A redação do enunciado é mais restrita que a previsão constante do art. 83 da Lei 9.430/1996, pois, enquanto esta se refere aos crimes contra a ordem tributária previstos nos arts. 1.º e 2.º da Lei 8.137/1990 e aos crimes de apropriação indébita previdenciária e de sonegação de contribuição previdenciária, a súmula aponta apenas para os crimes previstos nos incisos I a IV do art. 1.º da Lei 8.137/1990. Em provas de concurso público, o candidato deve atentar para a fonte apontada pelo examinador na elaboração de eventual questão.

Na prática, nos crimes citados no art. 83 da Lei 9.430/1996, só há **justa causa** para que o Ministério Público ofereça denúncia **após o término do processo administrativo fiscal** (se o crédito foi mantido), apesar de o ajuizamento independer de representação da autoridade fiscal.

De uma maneira mais técnica, pode-se afirmar que **a representação fiscal não é condição de procedibilidade para a instauração da ação penal pública, mas a definitividade da constituição do crédito é condição para a configuração do crime**.

Enquanto não concluído o processo administrativo em que se discute o crédito tributário, **não corre prazo prescricional** para a responsabilização criminal do respectivo agente.

Apesar do entendimento, o próprio Supremo Tribunal Federal considera ser "**possível a instauração de inquérito policial para apuração de crime contra a ordem tributária, antes do encerramento do processo administrativo fiscal**, quando for imprescindível para viabilizar a fiscalização". No caso concreto, a Corte entendeu que a imprescindibilidade do inquérito decorria da recusa da empresa em fornecer documentos indispensáveis à fiscalização da Fazenda estadual, o que tornou "necessária a instauração do procedimento inquisitorial para formalizar e instrumentalizar o pedido de quebra do sigilo bancário, diligência imprescindível para a conclusão da fiscalização e, consequentemente, para a apuração de eventual débito tributário" (STF, 2.ª T., HC 95.443/SC, j. 02.02.2010, *DJe* 19.02.2010).

Tal raciocínio, contudo, deve ser contextualizado com a decisão proferida em 2016 pelo próprio STF, considerando constitucional a possibilidade de requisição direta de informação protegida por sigilo bancário pelas autoridades fiscais (sem necessidade de manifestação judicial), nos termos previstos no art. 6.º da LC 105/2001 (ADIs 2390, 2386, 2397 e 2859), conforme detalhado no item 2.6.3 do Capítulo 2. Nesse contexto, ao menos **nos casos em que é possível a requisição direta nos termos da regulamentação da matéria, não mais se tem como necessária a instauração de inquérito policial para "instrumentalizar o pedido de quebra do sigilo bancário"**.

Nos incisos II e III do § 3º do art. 198, o CTN afasta a regra do sigilo e permite a divulgação de informações relativas a **inscrições na Dívida Ativa da Fazenda Pública, parcelamento ou moratória**.

A doutrina em peso critica a possibilidade alegando se tratar de um meio vexatório de cobrança indireta usado pela Fazenda Pública contra o sujeito passivo. Isso porque, ao divulgar que "A" obteve um parcelamento deferido, a Fazenda atesta que "A" é devedor, dando um indício relativo à qualidade de suas finanças.

Na verdade, as autorizações apenas "legalizaram" o que antes era feito pela Administração Tributária ao arrepio da lei, ou seja, a publicação no *Diário Oficial* da lista dos sujeitos passivos que obtiveram deferimento de pedido de parcelamento ou moratória e daqueles que foram inscritos na dívida ativa.

Críticas à parte, a autorização hoje existe e, apesar da suspeita de inconstitucionalidade – em virtude de possível ausência de razoabilidade –, deve ser tomada como válida, ao menos em provas de concursos públicos.

É possível enxergar utilidade na publicação da lista dos inscritos em dívida ativa, qual seja a de presumir o conhecimento por todos da situação do devedor, de forma a possibilitar a aplicação da presunção de fraude prevista no art. 185 do CTN (com a redação dada pela LC 118/2005).

Não obstante o raciocínio, parece temerário tomar como absoluta uma presunção que se sabe exagerada (a de que todos tomam conhecimento das publicações oficiais), sendo mais prudente exigir a comunicação formal e individualizada a cada sujeito passivo inscrito em dívida ativa. A solução proposta não garante conhecimento universal da informação (o que é desnecessário), mas sim a certeza do intuito fraudulento do devedor que promova os atos relacionados no citado art. 185.

Por fim, o legislador previu, na Lei Complementar 187/2021, mais uma exceção à regra do sigilo fiscal, permitindo a publicação de informações referentes a **incentivo, renúncia, benefício ou imunidade de natureza tributária cujo beneficiário seja pessoa jurídica**. A autorização foi inserida no inciso IV do § 3º do art. 198 com o claro intuito de dar mais transparência à concessão e ao reconhecimento de incentivos e benefícios fiscais, facilitando, assim, a fiscalização e o controle social.

Há, no Brasil, diversas instituições que, apesar de se afirmarem filantrópicas, não cumprem, na prática, os requisitos para o gozo de favores fiscais, sejam eles de cunho constitucional ou legal. A divulgação das pessoas jurídicas beneficiárias de desonerações tributárias permite que não apenas os órgãos de fiscalização, mas também a própria população, verifiquem se os sujeitos de fato fazem jus ao benefício, evitando o cometimento de fraudes.

Por esse aspecto, a atuação legislativa deve ser aplaudida, somente tendo pecado ao não incluir na flexibilização do sigilo os favores fiscais concedidos a pessoas físicas, que igualmente deveriam estar sujeitas ao escrutínio institucional e popular do comprimento de seus requisitos.

12.2.2.2.3 A permuta de informações sigilosas entre entes tributantes

A União mantém um privilegiado banco de dados relativos a patrimônio, rendimentos e atividades de pessoas físicas e jurídicas. As informações ali constantes são atualizadas a cada ano com base na entrega e análise de diversas declarações tributárias. Os Municípios, por cobrarem IPTU, mantêm um atualizado banco de dados sobre imóveis e seus proprietários, assim como os Estados, sujeitos ativos do IPVA, mantêm um precioso cadastro sobre veículos automotores e respectivos usuários.

São apenas exemplos. Cada um destes entes possui outros cadastros com diversas informações importantes, não só sobre o que anda de acordo com a lei, mas com o que está à sua margem.

Tudo isso aponta no sentido da necessidade de compartilhamento das informações constantes destes cadastros para uma maior eficiência e quiçá integração das diversas máquinas fiscalizatórias.

Após a EC 42/2003, a própria Constituição Federal de 1988 passou a prever que as diversas administrações tributárias atuarão de forma integrada, inclusive com o compartilhamento de cadastros e de informações fiscais, na forma da lei ou convênio (art. 37, XXII). No âmbito da legislação infraconstitucional, a colaboração recíproca é prevista no art. 199 do CTN, nos seguintes termos:

> "Art. 199. A Fazenda Pública da União e as dos Estados, do Distrito Federal e dos Municípios prestar-se-ão mutuamente assistência para a fiscalização dos tributos respectivos e permuta de informações, na forma estabelecida, em caráter geral ou específico, por lei ou convênio".

Com a edição da Lei Complementar 208/2024, a exigência de colaboração federativa passou a ser ainda mais ampla, conforme se pode extrair do § 5º inserido no art. 198 do CTN, com a seguinte redação:

> "Art. 198 (...)
>
> § 5º Independentemente da requisição prevista no § 4º deste artigo, os órgãos e as entidades da administração pública direta e indireta de qualquer dos Poderes colaborarão com a administração tributária visando ao compartilhamento de bases de dados de natureza cadastral e patrimonial de seus administrados e supervisionados.".

O dispositivo não apenas estabelece o intercâmbio de informações entre as administrações tributárias, mas também a colaboração de **todos os órgãos e entidades do setor público** com as diversas administrações tributárias. Assim, por exemplo, o órgão municipal responsável por autorizar uma construção mediante licença e outorgar o respectivo alvará, não poderá deixar de colaborar com sua administração tributária e as dos demais entes federados sob a alegação de que suas informações não são propriamente fiscais.

O art. 2º da LC 199/2023 (**Estatuto Nacional de Simplificação de Obrigações Tributárias Acessórias**) é um exemplo tão amplo de autorização legal para a permuta de informação sigilosa entre os entes tributantes como meio de assistência mútua para a fiscalização dos tributos respectivos, que praticamente esvazia a possibilidade de se firmar convênio sobre a questão. O dispositivo é redigido nos seguintes termos:

> "Art. 2º As administrações tributárias da União, dos Estados, do Distrito Federal e dos Municípios poderão compartilhar dados fiscais e cadastrais, sempre que necessário para reduzir obrigações acessórias e aumentar a efetividade da fiscalização.".

Seguindo a mesma linha, o art. 4º da LC 199/2023 estabelece que os entes federados atuarão de forma integrada e poderão ter acesso às bases de dados dos documentos fiscais eletrônicos, das declarações fiscais, do Registro Cadastral Unificado, dos documentos de arrecadação e dos demais documentos fiscais que vierem a ser instituídos.

Assim, com a conjunção dos dispositivos, não mais é necessária a edição de convênio para que as Fazendas permutem quaisquer documentos e informações fiscais que sejam considerados úteis para a fiscalização. Nunca é demais relembrar, contudo, que as informações compartilhadas remanescem sigilosas tanto na administração tributária que as repassou quanto na que as recebeu, tratando-se de mais um caso de compartilhamento, e não de encerramento de sigilo. No tocante aos sistemas informatizados, como é de praxe, todo acesso é registrado, tornando aquele que coletou a informação um novo guardião do sigilo e sujeito às punições criminais, administrativas e civis decorrentes de eventuais violações.

Tanto pelos termos constitucionais quanto pelos legais, **a possibilidade de permuta de informações é norma de eficácia limitada**, por depender de lei de caráter geral ou de convênio que permita a transferência do sigilo entre os signatários.

A previsão legal de colaboração entre os fiscos serve também de fundamento para o que a doutrina denomina **prova emprestada**, ou seja, para a possibilidade de que uma prova produzida num determinado processo administrativo fiscal seja reutilizada noutro, mesmo que conduzido em diferente esfera administrativa. A possibilidade abrange as diversas espécies de prova (documental, testemunhal, pericial, confessional etc.).

Para os que o defendem, o uso da prova emprestada tem fundamento no princípio da **economia processual**, aproveitando-se no novo processo toda a atividade probatória, muitas vezes custosa, já realizada no processo originário.

Segundo a jurisprudência dominante, para que tal possibilidade exista é fundamental o respeito ao contraditório, tendo sido a prova emprestada produzida em processo em que se tenha assegurada tal garantia ao mesmo sujeito contra quem a prova será novamente utilizada (STF, AI 741.193/PR; STJ, REsp 81.094/MG).

Um exemplo bastante comum se dá com a utilização na esfera federal de prova produzida na esfera estadual. Suponha-se que o fisco estadual, mediante regular processo de fiscalização, comprove que o contribuinte vendeu mercadorias com **notas fiscais paralelas** (aquelas emitidas com a mesma numeração de outra nota regularmente emitida – numeração duplicada). Como consequência, a autoridade fiscal competente lança o ICMS devido e não pago na operação, além da multa relativa à infração. Perceba-se que a operação realizada por fora também ficou fora do alcance das contribuições sobre faturamento (PIS/COFINS) e provavelmente gerou repercussões fraudulentamente negativas sobre o lucro e a renda do contribuinte (diminuindo os valores de CSLL e IRPJ a serem recolhidos aos cofres públicos federais). A pergunta que pode ser feita nesse caso é a seguinte: pode o fisco federal se utilizar das provas produzidas pelo fisco estadual e realizar o lançamento suplementar dos citados tributos federais (PIS, COFINS, IRPF e CSLL)?

A resposta que tem sido dada pelo Judiciário, conforme os precedentes citados, é SIM. Um dos fundamentos para isso é justamente a possibilidade legal de permuta de informações sigilosas entre os entes tributantes.

Registre-se que a admissão da **prova emprestada** não significa a possibilidade de utilização da **conclusão emprestada**, como ocasionalmente querem proceder algumas autoridades fiscais. No exemplo proposto anteriormente, o fisco federal deveria trasladar para os autos do seu procedimento administrativo as provas constantes do processo administrativo fiscal estadual (nisto constitui o "empréstimo") e, a partir da análise destes elementos e de outros que venha a coletar, chegar às suas próprias conclusões, oferecendo ao sujeito passivo a possibilidade de contestá-las (impugnação). Não se pode simplesmente copiar o texto do auto de infração estadual e, com base na conclusão de que houve fraude referente ao ICMS, extrair a ilação de que houve omissão de receitas na esfera federal e lançar os respectivos tributos. Há de se recordar que o lançamento realizado na esfera estadual também está sujeito à impugnação administrativa ou judicial, podendo, inclusive, vir a ser anulado. Nessa linha, há de se repisar que o que pode ser emprestado é o conjunto probatório, e desse conjunto a autoridade receptora das informações pode extrair suas conclusões, buscar elementos complementares que considerar necessários e realizar sua própria autuação.

Por fim, cabe registrar que, no âmbito internacional, a necessidade de permuta de informações sigilosas também se faz presente. Há muito tempo as infrações fiscais e os crimes contra a ordem tributária romperam as fronteiras dos Estados-nações, sendo impossível a qualquer deles fiscalizar eficientemente as operações internacionais sem o intercâmbio de dados.

Assim, o parágrafo único do transcrito art. 199 do CTN estipula, para os Estados-nações, essencialmente a mesma regra sobre transferência de sigilo entre os entes tributantes internos. A grande diferença se dá no instrumento mediante o qual se fará o pacto disciplinando o intercâmbio, pois, em se tratando de Estados-nações, **ao lado dos acordos e convênios, foram postos os tratados**, que são os típicos instrumentos para a celebração de avenças entre Estados soberanos (a rigor, a expressão genérica acordo já envolveria todas as espécies de pacto).

A permuta de dados é, portanto, possível, mas não decorre de norma de eficácia plena, sendo necessária a celebração de acordo (tratado, convenção, convênio) neste sentido.

12.3 DÍVIDA ATIVA

A expressão "dívida ativa" parece contraditória, porque, no linguajar contábil, chamam-se de ativos os aspectos positivos do patrimônio (bens e direitos) e de passivo os aspectos negativos (obrigações). Assim toda dívida seria essencialmente passiva.

Olhando o fenômeno pelo lado da Fazenda Pública, a dívida do sujeito passivo é um ativo, que, cumpridos determinados requisitos, poderá ser objeto de execução judicial. Aliás, como se verá adiante, o principal objetivo da inscrição de um crédito tributário em dívida ativa é exatamente extrair o título executivo que vai aparelhar a ação de execução fiscal a ser ajuizada pelo Estado na busca da satisfação do seu direito.

Assim, quando se deve ao Estado, é corriqueiro que o débito seja inscrito em dívida ativa, de forma que esta é composta por débitos de origem tributária e não tributária.

Nessa linha, a Lei 4.320/1964 divide a dívida ativa em tributária e não tributária, mas a Lei das Execuções Fiscais retira qualquer efeito prático da distinção, ao tratar da mesma forma a execução de ambas as modalidades.

Especificamente tratando de matéria tributária, o CTN afirma, no seu art. 201:

> "Art. 201. Constitui dívida ativa tributária a proveniente de crédito dessa natureza, regularmente inscrita na repartição administrativa competente, depois de esgotado o prazo fixado, para pagamento, pela lei ou por decisão final proferida em processo regular".

Para ser qualificada como tributária, basta que a dívida ativa seja proveniente de crédito desta natureza. Por óbvio, se o sujeito passivo pagou o montante devido ou, de qualquer outra forma, conseguiu a extinção do crédito tributário, não haverá que se falar em dívida ativa, porque o único objetivo da inscrição é possibilitar a futura execução fiscal.

Em termos pragmáticos, inscrever em dívida ativa é incluir um devedor num cadastro em que estão aqueles que não adimpliram suas obrigações no prazo. Na esfera federal, a "repartição administrativa competente" para a inscrição em dívida ativa é a Procuradoria Geral da Fazenda Nacional, órgão do Ministério da Fazenda. Nos âmbitos estaduais e municipais, a regra é que a competência seja das respectivas procuradorias judiciais.

Em virtude de a inscrição, via de regra, ficar a cargo de um órgão de representação judicial, alguns autores enxergam no ato de inscrição um importante mecanismo de controle da legalidade de todo o procedimento administrativo que se iniciou logo após o fato gerador e culminou com o encaminhamento para inscrição em dívida ativa, pois se trata da primeira vez em que a matéria será submetida a alguém necessariamente graduado em direito (o procurador da fazenda ou cargo equivalente).

Apesar de, na prática, as inscrições serem feitas de maneira eletrônica, deve-se entender – principalmente em provas de concurso público – que existe um ato de inscrição, a cargo de autoridade competente, cujo efeito é conferir à dívida regularmente inscrita a presunção relativa de liquidez e certeza, passando a ter o efeito de prova pré-constituída (CTN, art. 204).

No ato de inscrição, a Fazenda Pública unilateralmente declara que alguém deve e elabora um documento que dá presunção de liquidez e certeza da existência de tal débito. Trata-se de mais uma manifestação da presunção de legalidade, legitimidade e veracidade, atributo presente em todos os atos administrativos, inclusive o de inscrição de débito em dívida ativa.

Nessa linha, o STJ tem entendimento firmado no sentido de que as planilhas elaboradas unilateralmente pela Fazenda Pública constituem prova idônea, gozando de presunção de veracidade e legitimidade, por consistirem em verdadeiros atos administrativos enunciativos, não se comparando a meras declarações particulares, como defendia o contribuinte executado (REsp 1.298.407/DF).

A presunção, todavia, admite prova em contrário, sendo, portanto, **relativa** (CTN, art. 204, parágrafo único).

A título de exemplo, imagine-se que determinado contribuinte pagou crédito relativo a imposto de renda utilizando-se da guia denominada DARF (Documento de Arrecadação de Receitas Federais). Entretanto, enganou-se no preenchimento do documento, apondo um código errado, de forma que os computadores da Receita Federal não conseguiram identificar o pagamento. Mais à frente, com o débito já inscrito em dívida ativa, o particular apresenta o DARF, o qual é reconhecido e corrigido pelo Órgão fiscal. Nesta situação, tem-se por afastada a presunção de liquidez e certeza do débito inscrito em dívida ativa. Se a presunção fosse absoluta, não aproveitaria ao contribuinte qualquer prova porventura apresentada.

Ainda tratando da presunção de liquidez e certeza, ressalta-se a regra constante do parágrafo único do art. 201 do CTN, segundo a qual a fluência de juros de mora não exclui, para os efeitos deste artigo, a liquidez do crédito.

Líquido é o crédito perfeitamente delimitado, com precisa indicação do seu valor. A inscrição de um crédito em dívida ativa não estanca a fluência dos juros de mora, de forma que, após algum tempo, o valor inscrito não mais corresponde, com precisão, ao montante devido pelo sujeito passivo. Todavia, não havendo dúvida sobre as taxas de juros oficiais, pode-se chegar ao exato valor atual do crédito por meio de uma mera operação aritmética, de forma que a liquidez é indiscutivelmente mantida.

A inscrição é feita por intermédio da lavratura de um termo no livro da dívida ativa. Hoje em dia, o livro é virtual (eletrônico), mas não se pode dizer que o mesmo não exista.

Os requisitos do termo de inscrição estão estatuídos no art. 202 do CTN, conforme abaixo transcrito:

> "Art. 202. O termo de inscrição da dívida ativa, autenticado pela autoridade competente, indicará obrigatoriamente:
>
> I – o nome do devedor e, sendo caso, o dos corresponsáveis, bem como, sempre que possível, o domicílio ou a residência de um e de outros;
>
> II – a quantia devida e a maneira de calcular os juros de mora acrescidos;
>
> III – a origem e natureza do crédito, mencionada especificamente a disposição da lei em que seja fundado;
>
> IV – a data em que foi inscrita;
>
> V – sendo caso, o número do processo administrativo de que se originar o crédito".

O título executivo que vai aparelhar a futura ação de execução fiscal é a **certidão de dívida ativa**. A palavra certidão tem o sentido de cópia fiel e, como tal, deve conter todos os requisitos do termo de inscrição, além da indicação do livro e da folha da inscrição. A exigência, bastante lógica, consta expressamente do parágrafo único do próprio art. 202 do Código.

Extrai-se do art. 203 do CTN que a omissão de quaisquer dos requisitos previstos no termo de inscrição ou o erro a eles relativo é causa de nulidade da inscrição, o que contaminará a certidão e o processo de cobrança decorrente (aplicação da teoria dos frutos da árvore envenenada).

A regra deve ser tomada em termos. A jurisprudência vê como princípio geral de direito que as nulidades – mesmo as absolutas – só devem ser declaradas se houver prejuízo.

O prejuízo que poderia ser gerado por imperfeição num termo de inscrição em dívida ativa ou na certidão dele extraída seria, fundamentalmente, a criação de dificuldades para o exercício do direito a defesa. Nesse caso, haveria plena aplicabilidade da regra que exige a proclamação da nulidade do termo e dos atos dele decorrentes.

A título de exemplo, imagine-se um termo de inscrição e uma certidão dele decorrente que apenas atestem que "A" deve R$ 10.000,00 de imposto de renda relativo ao exercício de 2004, sem informar, contudo, qual o fato gerador (se um pagamento, venda de um imóvel, um prêmio de loteria etc.). Como poderia o sujeito passivo se defender de algo que não sabe de onde surgiu? Tem-se aqui um claro exemplo de nulidade a contaminar os atos subsequentes.

Entretanto, se os vícios não prejudicam a defesa, não se deve proclamar a nulidade, e o procedimento segue seu curso normal. Nessa linha, o STF já afirmou que "perfazendo-se o ato na integração de todos os elementos reclamados para a validade da certidão, há de atentar-se para a substância e não para os defeitos formais que não comprometem o essencial do documento tributário" (STF, 1.ª T., AI-AgR 81.681/MG, Rel. Min. Rafael Mayer, j. 24.02.1981, *DJ* 27.03.1981, p. 2.535).

Sendo o caso de nulidade, o art. 203 do CTN afirma que também será nulo o processo de cobrança decorrente, **mas a nulidade poderá ser sanada até a decisão de primeira instância**, mediante substituição da certidão nula, devolvido ao sujeito passivo, acusado ou interessado o prazo para defesa, que somente poderá versar sobre a parte modificada.

É relativamente comum que, ao ser citado na execução fiscal, o sujeito passivo procure a Administração Fazendária para comprovar que o débito – ou parcela dele – está quitado, tendo ocorrido um mero erro formal no preenchimento da guia de arrecadação. Se o sujeito passivo tem razão, não há liquidez e certeza do valor inscrito em dívida ativa, de forma que a inscrição é nula, assim como nulo é o processo de cobrança dela decorrente. O dispositivo abre a possibilidade de que a Fazenda Pública corrija o termo de inscrição e substitua a certidão nula, reabrindo-se o prazo para que o sujeito passivo se defenda da parte que foi objeto da alteração.

Uma dúvida muito comum é referente ao momento até o qual a Fazenda Pública pode substituir a certidão nula. O CTN coloca como termo final para adoção de tal providência a "**decisão de primeira instância**", expressão que somente pode ser compreendida tendo em vista algumas noções básicas acerca do trâmite do processo de execução fiscal.

Ajuizada a ação de execução, estando presentes os requisitos legais, o juiz defere a inicial, o que importa ordem de citação do executado para que, no prazo de cinco dias, pague ou garanta o juízo, mediante depósito em dinheiro, fiança bancária ou indicação de bens à penhora.

Garantida a execução, o executado pode, ainda, se defender mediante a interposição de **embargos à execução**. É precisamente até o julgamento em primeira instância dos embargos interpostos que a Fazenda Pública pode substituir a certidão nula.

O STJ adota o entendimento aqui exposto, consubstanciado na sua Súmula 392, abaixo transcrita:

> **STJ – Súmula 392 –** "A Fazenda Pública pode substituir a certidão de dívida ativa (CDA) até a prolação da sentença de embargos, quando se tratar de correção de erro material ou formal, vedada a modificação do sujeito passivo da execução".

Não é possível, contudo, a substituição da certidão como meio de alterar lançamento já realizado. Se há vício na constituição do crédito tributário, deve ser feito novo lançamento em que se assegure a possibilidade de o sujeito passivo proceder à impugnação na via administrativa com os meios e recursos inerentes. Raciocínio em sentido contrário retiraria o direito à ampla defesa na via administrativa, em flagrante desrespeito ao art. 5.º, LV, da CF/1988.

Na esteira deste raciocínio, o STJ já decidiu ser "inadmissível a substituição de CDA referente à cobrança de IPTU a taxas lançados sobre área a maior, por isso que não se trata de simples correção de erro material ou formal do título executivo, mas de modificação do próprio lançamento, com alteração do valor do débito, o que não guarda apoio no art. 2.º, § 8.º, da Lei 6.830/1980" (STJ, 2.ª T., REsp 87.768/SP, Rel. Min. Francisco Peçanha Martins, j. 03.10.2000, *DJ* 27.11.2000, p. 150).

Por oportuno, ressalte-se que o art. 2.º, § 8.º, da LEF praticamente repete parte do art. 203 do CTN ao afirmar que "até a decisão de primeira instância, a Certidão de Dívida Ativa poderá ser emendada ou substituída, assegurada ao executado a devolução do prazo para embargos".

12.4 CERTIDÕES NEGATIVAS

O último Capítulo do Título relativo à Administração Tributária trata das certidões negativas. São elas o documento apto à comprovação de inexistência de débito de determinado contribuinte, de determinado tributo ou relativo a determinado período.

O CTN prevê a possibilidade de exigência de certidões negativas no seu art. 205, abaixo transcrito:

> "Art. 205. A lei poderá exigir que a prova da quitação de determinado tributo, quando exigível, seja feita por certidão negativa, expedida à vista de requerimento do interessado, que contenha todas as informações necessárias à identificação de sua pessoa, domicílio fiscal e ramo de negócio ou atividade e indique o período a que se refere o pedido.
>
> Parágrafo único. A certidão negativa será sempre expedida nos termos em que tenha sido requerida e será fornecida dentro de 10 (dez) dias da data da entrada do requerimento na repartição".

Hoje em dia, não constam expressamente do requerimento do interessado todos os dados reclamados pelo dispositivo, visto que o fornecimento do número cadastral (CPF, Inscrição Estadual etc.) já cumpre os requisitos, pois em face de tal número a Fazenda Pública dispõe das informações necessárias, constantes nos seus bancos de dados.

Segundo o parágrafo único, "a certidão negativa será sempre expedida nos termos em que tenha sido requerida". Assim, apesar de os sistemas informatizados da administração pública estarem normalmente programados para expedir certidões que retratem a situação existente no momento da consulta, é plenamente viável requerimento de certidão negativa relativa a determinado período ou a determinado tributo.

O prazo para a expedição da certidão é de dez dias, contados da data da entrada do requerimento na repartição, apesar de, na maioria das vezes, o documento ser expedido imediatamente. A Fazenda Pública só tem usado do prazo quando se faz necessária a análise de situação mais complexa, como nos casos em que se tem que conferir a vigência de decisões judiciais, a regularidade de parcelamentos, a suficiência de penhora etc.

Registre-se, por oportuno, que, apesar da denominação "Certidão Negativa de Débito - CND", o Superior Tribunal de Justiça tem considerado válida a recusa de emissão quando o contribuinte descumpre obrigação acessória, desde que tal consequência esteja prevista em lei, como é o caso da Guia de Recolhimento do FGTS e Informações à Previdência Social (GFIP), nos termos previstos pelo art. 32, IV e § 10, da Lei 8.212/1991 (REsp 1.042.585-RJ).

12.4.1 Certidões positivas com efeitos de negativas

Existem situações em que, apesar da existência de débitos, o sujeito passivo se encontra em situação regular perante o Fisco. Nestes casos, é expedida a denominada **certidão positiva com efeitos de negativa**. Trata-se de certidão **positiva**, pois **débitos existem**, mas com **efeitos de negativa**, pois o requerente está em **situação regular**. Com esta certidão, o sujeito poderá praticar quaisquer atos que dependam de apresentação de certidão negativa.

A base legal é o art. 206 do CTN, abaixo transcrito:

> "Art. 206. Tem os mesmos efeitos previstos no artigo anterior a certidão de que conste a existência de créditos não vencidos, em curso de cobrança executiva em que tenha sido efetivada a penhora, ou cuja exigibilidade esteja suspensa".

São, portanto, três as situações em que, apesar da existência de débitos, é reconhecida a regularidade do sujeito passivo:

a) Os créditos não estão vencidos

A rigor, créditos não vencidos não deveriam constar em certidões tributárias, de forma que a certidão aqui deveria ser **negativa**. Mas, na linha do dispositivo, se constar da certidão a presença de crédito não vencido a mesma será positiva, mas com efeitos de negativa.

b) Os créditos estão em curso de cobrança executiva em que tenha sido efetivada a penhora

Se já foi proposta a execução fiscal e realizada a apreensão judicial de bens suficientes à total extinção do crédito (penhora), **o direito do Fisco está garantido**, dependendo sua satisfação tão somente do natural andar do procedimento judicial, não podendo o particular ser punido pela lentidão do aparelho judicial (STJ - REsp 328.045/SC).

c) Os créditos estão com exigibilidade suspensa

Se o Fisco não pode promover atos de cobrança, não estando o particular obrigado a fazer qualquer recolhimento naquele momento, o mesmo está em situação regular, tendo o direito à certidão.

A regra vale para todas as hipóteses suspensivas previstas no art. 151 do CTN, não sendo lícito ao ente tributante condicionar a expedição de certidão à apresentação de qualquer garantia.

Nessa linha, segundo a jurisprudência do STJ, a lei de determinado ente pode exigir **apresentação de garantia** para a obtenção do **parcelamento**. Se não o faz, os particulares que legalmente parcelam seus débitos **têm direito à certidão positiva com efeito de negativa** (AgRg no Ag 442.292).

Em síntese, tem-se:

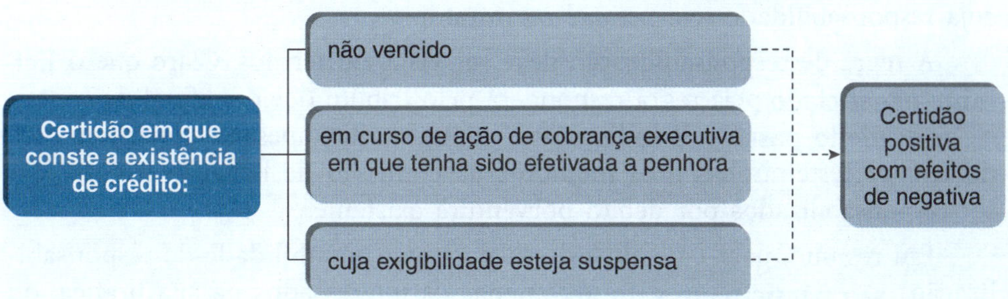

12.4.2 Dispensa da apresentação de certidão negativa

Dispõe o art. 207 do CTN:

> "Art. 207. Independentemente de disposição legal permissiva, será dispensada a prova de quitação de tributos, ou o seu suprimento, quando se tratar de prática de ato indispensável para evitar a caducidade de direito, respondendo, porém, todos os participantes no ato pelo tributo porventura devido, juros de mora e penalidades cabíveis, exceto as relativas a infrações cuja responsabilidade seja pessoal ao infrator".

A norma é expressamente definida como autoaplicável (pois independe de disposição legal permissiva) e tem por objetivo evitar que a exigência de apresentação da prova de quitação de tributo impeça a prática de um ato que se afigura urgente e acabe por gerar caducidade (perda) de direito.

O problema é que a Fazenda tem um prazo para emitir a certidão negativa (10 dias), mas pode não conseguir fazê-lo (greve, calamidade pública, problemas técnicos etc.). Também é possível que mesmo a expedição dentro do prazo estipulado não possa evitar a caducidade do direito.

É nessas situações, em que a força dos fatos tende a tornar desarrazoada e desproporcional a perda de um direito por conta da impossibilidade material de cumprimento de uma exigência burocrática, que se tem por aplicável o permissivo constante do art. 207 do CTN.

Nos termos do dispositivo, será possível ao interessado praticar o ato sem a "prova de quitação de tributos, ou o seu suprimento".

O exemplo sempre citado é a participação em procedimento licitatório, em cuja fase de habilitação o interessado tem que apresentar diversas certidões negativas, sob pena de ser desabilitado e, portanto, excluído da fase de julgamento das propostas. Se, a título de exemplo, uma greve na repartição fiscal impediu o licitante de obter a certidão, o mesmo pode participar do procedimento sem o documento. Entretanto, como se extrai do dispositivo transcrito, **todos os participantes do ato responderão pelo tributo porventura devido, juros de mora e penalidades cabíveis**, exceto as relativas a infrações cuja responsabilidade seja pessoal ao infrator.

A regra de responsabilização deve ser vista em termos. Claro que o **licitante beneficiado** pela regra responderá pelo tributo devido, afinal de contas, ele **é o sujeito passivo**. É indiscutível, contudo, que, apesar de "participarem do ato", as testemunhas e os membros da comissão de licitação não podem ser responsabilizados por débito porventura existente.

Em resumo, para os efeitos do dispositivo (possibilidade de responsabilização) **são participantes do ato** apenas os interessados na sua prática, ou seja, aqueles que foram, com base na regra, dispensados da apresentação da certidão, aí incluídos não apenas os sujeitos passivos, mas também as pessoas físicas que, em nome daqueles, tenham invocado a aplicação do dispositivo.

12.4.3 Responsabilidade por expedição de certidão com erro

Segundo o art. 208 do CTN, a certidão negativa expedida com dolo ou fraude, que contenha erro contra a Fazenda Pública, responsabiliza pessoalmente o funcionário que a expedir, pelo **crédito tributário** e **juros de mora** acrescidos.

Haverá **dolo** quando o servidor, **sabendo do erro** que macula a certidão, mesmo assim a expede, normalmente visando ao benefício da pessoa a que se refere o documento. Há **fraude** quando o **servidor altera, maquia, simula,**

insere dados sabidamente falsos na certidão que está a expedir. Em qualquer caso, as consequências são as mesmas.

A rigor, **se uma certidão negativa contém erro, é porque ela deveria ser positiva**. Por conseguinte, se há erro na certidão, este é sempre "contra a Fazenda Pública", tendo o CTN incidido em redundância neste aspecto.

Se o erro não decorreu de **dolo ou fraude** do servidor que a expediu este **não será responsabilizado**.

Imagine-se, por exemplo, o caso de erro do próprio sistema informatizado, ou de o servidor ter expedido a certidão à vista de documentos falsos que lhe foram disponibilizados pelo interessado.

Entretanto, se o servidor agiu **com dolo ou fraude** (sendo corrompido, por exemplo) será **pessoalmente responsabilizado** pelo crédito tributário e juros de mora acrescidos.

O CTN foi extremamente infeliz ao classificar tal situação como geradora de responsabilidade **pessoal**. Como já estudado, a responsabilidade pessoal é **exclusiva**, não aparecendo qualquer outra pessoa que responda subsidiariamente ou solidariamente com o devedor.

Não se está aqui a defender uma maior suavidade de tratamento do servidor que criminosamente fraudou a emissão de certidão. O problema é que, se a responsabilidade for considerada **pessoal**, o sujeito passivo do tributo estaria livre do dever de pagá-lo, o que é um absurdo, uma vez que o mesmo provavelmente possui uma capacidade econômica infinitamente superior à do agente público. Além disso, a responsabilização pessoal do servidor praticamente transformaria o pagamento do tributo em sanção por ato ilícito, o que contraria a definição constante do art. 3.º do CTN.

Assim, interpretando razoavelmente o dispositivo, pode-se afirmar que a responsabilidade deve ser **solidária** entre o beneficiário da emissão de certidão e o servidor que a expediu.

Relembre-se que o ato doloso ou fraudulento praticado pelo servidor provavelmente constitui crime e infração aos seus deveres funcionais, conforme previsto no respectivo estatuto. Por conta disso, e em homenagem ao princípio da separação das instâncias cível, penal e administrativa, o parágrafo único do art. 208 estatui que a responsabilização prevista no artigo não exclui a responsabilidade criminal e funcional que no caso couber.

Por fim, em face da controvérsia acerca da natureza pessoal ou solidária da responsabilidade que o dispositivo estudado atribui ao servidor, repisese que, em provas de concurso público, assertiva que transcreva disposição literal de lei deve ser considerada correta.

Sobre a matéria ora estudada, a título de exemplo, a FGV, no concurso para Fiscal de Rendas (SEFAZ/RJ), realizado em 2010, considerou **correta** a seguinte afirmação: "A certidão negativa de débito expedida com dolo ou fraude, que contenha erro contra a Fazenda Pública, responsabiliza pessoalmente o funcionário que a expedir, pelo crédito tributário e juros de mora".

12.5 A UTILIZAÇÃO DE MEIOS INDIRETOS DE COBRANÇA E A VEDAÇÃO ÀS SANÇÕES POLÍTICAS

Nos termos diversas vezes citados ao longo desta obra, diante do descumprimento do dever de recolher crédito tributário líquido, certo, vencido e exigível, o Estado credor dispõe da prerrogativa de ajuizar a ação de execução fiscal, usando como título executivo extrajudicial a certidão de dívida ativa - CDA.

No entanto, essa possibilidade não exclui a utilização por parte do Estado de meios indiretos de cobrança, como, por exemplo, a exigência de certidões negativas de débito para prática de certos atos, a inscrição em cadastros de devedores (como o CADIN, na esfera federal) e o protesto extrajudicial do título executivo (certidão de dívida ativa).

A viabilidade da utilização desses meios coercitivos indiretos depende, contudo, do cumprimento de dois requisitos. Em primeiro lugar, há necessidade de **expressa autorização legal**, uma vez que o princípio da legalidade somente permite que a Administração Pública adote providências autorizadas por lei. Além disso, o mecanismo de cobrança **não pode consistir numa desproporcional ou desarrazoada restrição ao exercício de atividades econômicas ou profissionais lícitas**.

Esse segundo requisito é tradicionalmente enxergado pelo Supremo Tribunal Federal como uma **vedação à utilização de sanções políticas** como meio coativo para o recebimento de tributo. Inspirado nessa diretriz, o Tribunal expressamente já considerou ilegítimas as tentativas de cobrança de tributo mediante: a) interdição de estabelecimento (Súmula 70/STF); b) apreensão de mercadorias (Súmula 323/STF); c) proibição de que o contribuinte em débito adquira estampilhas, despache mercadorias nas alfândegas ou exerça suas atividades profissionais (Súmula 547/STF); d) suspensão do exercício laboral realizada por conselho de fiscalização de profissões em virtude de inadimplência de anuidades, inclusive no caso das devidas à OAB, que o Tribunal tratou como verdadeiros tributos no julgado (RE 647.885/RS).

Digno de nota que, apesar de ter considerado inconstitucional a suspensão do exercício profissional determinada pelo conselho de fiscalização profissional por inadimplência de anuidades, o STF entendeu como **razoável e não enquadrável como sanção política a exigência do adimplemento das anuidades para votar nas eleições internas da OAB**. O divisor de águas reside no fato de que a regra não restringe o exercício da profissão, configurando mera norma de organização do processo eleitoral da entidade (ADI 7.020/DF).

Como se pode perceber do julgado mencionado acima, o STF não considera sanção política toda e qualquer medida coercitiva caracterizada como restrição aos direitos dos devedores. Para a Corte, a inconstitucionalidade somente se verifica quando a medida não passa pelos crivos da razoabilidade e da proporcionalidade.

Assim, por exemplo, diferenciando o mero **inadimplemento** da **sonegação**, os **casos isolados** da **contumácia**, bem como atentando para os **valores envolvidos**, o Supremo chegou a admitir como **legítima** a **cassação de registro especial** para fabricação e comercialização de cigarros de empresa que era contumaz sonegadora de IPI.

No julgamento, o Ministro Ricardo Lewandowski afirmou "que o descumprimento reiterado de obrigações fiscais por parte de empresas do ramo provocaria distorção do mercado, pois permitiria o comércio de produtos em patamar de preço inferior à concorrência", e arrematou que, nesse contexto, "a norma em comento não estabeleceria meio coercitivo para cobrança de tributo, mas sanções por práticas de atos ilícitos contra a ordem tributária" (RE 550.769/RJ). Em suma, diante da gravidade da situação, foi admitida proporcional providência estatal.

Em 2023, a Suprema Corte revisitou o tema e reafirmou sua jurisprudência sobre a **possibilidade de cancelamento sumário do registro especial**, destacando seu caráter excepcional e a necessidade de obediência à razoabilidade e à proporcionalidade. Para tanto, definiu que a medida deve ser precedida: "(i) da análise da relevância (montante) dos débitos tributários não quitados; (ii) da observância do devido processo legal na aferição da exigibilidade das obrigações tributárias; e (iii) do exame do cumprimento do devido processo legal para a aplicação da sanção" (ADI 3.952/DF).

Foi também sob as luzes dos princípios da razoabilidade e da proporcionalidade que o Supremo Tribunal Federal considerou constitucional a previsão constante do parágrafo único do art. 1º da Lei 9.492/1997 (incluído pela Lei 12.767/2012), que permite o protesto extrajudicial das certidões de dívida ativa. No julgamento, discutiu-se a necessidade do procedimento, uma vez que, segundo a definição legal, o protesto tem como objetivo provar "a inadimplência e o descumprimento de obrigação originada em títulos e outros documentos de dívida" (art. 1º da Lei 9.492/1997), efeito que já é obtido com a mera inscrição em dívida ativa, o que confere as presunções relativas de liquidez e certeza do crédito inscrito.

A utilização do protesto tem mostrado relativa eficácia, uma vez ser comum que os sujeitos passivos cujos débitos foram protestados, diante da consequente restrição de crédito, optem por quitar o montante devido. Não obstante, é justamente o conjunto de dificuldades geradas pelo protesto que leva alguns autores a entender que o procedimento configura uma sanção política ao contribuinte. Foi por conta desse raciocínio que, durante o julgamento, o Ministro Luiz Fux chegou a afirmar que o protesto estava sendo criticado justamente por sua eficácia.

O ponto crucial para que o Tribunal não considerasse o protesto como uma sanção política foi a demonstração de sua razoabilidade, tendo em vista se configurar num meio de cobrança até menos invasivo que a própria execução fiscal, da qual pode decorrer a constrição patrimonial forçada do devedor. Não que uma providência exclua a outra, mas não se pode olvidar que, no caso de cobrança de valores de pequena monta, a utilização do protesto pode ser o mais adequado meio de cobrança.

Na conclusão do julgamento, o STF acabou por aprovar a tese segundo a qual "o protesto das Certidões de Dívida Ativa constitui mecanismo constitucional e legítimo, por não restringir de forma desproporcional quaisquer direitos fundamentais garantidos aos contribuintes e, assim, **não constituir sanção política**" (ADI 5.135/DF).

Importante registrar que o STJ considera que a legitimidade do protesto não surgiu apenas com o advento da Lei 12.767/2012. Assim, a novidade legislativa possui natureza meramente interpretativa, tendo apenas o efeito de reforçar a possibilidade do protesto, que já existia **desde a entrada em vigor da Lei 9.492/1997** (EREsp 1.109.579/PR). Ainda no entender do Tribunal, como a questão relativa ao protesto é de Direito Civil e Comercial, ramos de competência legislativa privativa da União, a existência de previsão normativa de caráter nacional é o suficiente para permitir a realização do procedimento por todos os entes federados, **sendo desnecessária a edição de norma autorizativa local** (REsp 1.895.557/SP).

Em 2024, no âmbito do RE 1.355.208/SC, invocando o princípio da eficiência administrativa, o STF foi ainda mais longe, não apenas reafirmando a viabilidade constitucional do protesto de CDA, mas o estabelecendo como uma condição prévia ao ajuizamento da execução fiscal, nos termos da seguinte tese de repercussão geral (Tema 1.184):

> "1. É legítima a extinção de execução fiscal de baixo valor pela ausência de interesse de agir tendo em vista o princípio constitucional da eficiência administrativa, respeitada a competência constitucional de cada ente federado.
>
> 2. O ajuizamento da execução fiscal dependerá da prévia adoção das seguintes providências: a) tentativa de conciliação ou adoção de solução administrativa; e b) protesto do título, salvo por motivo de eficiência administrativa, comprovando-se a inadequação da medida.
>
> 3. O trâmite de ações de execução fiscal não impede os entes federados de pedirem a suspensão do processo para a adoção das medidas previstas no item 2, devendo, nesse caso, o juiz ser comunicado do prazo para as providências cabíveis".
>
> (STF, Pleno, RE 1.355.208/SC, Rel. Min. Cármen Lúcia, j. 19/12/2023, DJe 01/04/2024)

Diante desse posicionamento da Suprema Corte, o Conselho Nacional de Justiça (CNJ) editou a Resolução 547/2024, instituindo medidas destinadas ao tratamento racional e eficiente da trâmite das execuções fiscais. Dentre elas, a estipulação de critérios objetivos para a extinção de execuções fiscais de baixo valor, de hipóteses em que o protesto extrajudicial da CDA poderá ser dispensado e de formas de estímulo à conciliação e à adoção de soluções administrativas.

Com o advento da Lei Complementar 208/2024, o art. 174, parágrafo único, II, do CTN foi alterado, para também atribuir ao protesto extrajudicial o poder de **interromper o prazo prescricional para o ajuizamento da execução fiscal**, algo até então reservado aos protestos feitos judicialmente. A mudança é bastante razoável, afinal não faria sentido condicionar o ajuizamento da execução fiscal à prévia realização do protesto extrajudicial do título sem garantir à Fazenda Pública que tal providência não levaria à prescrição do seu direito.

Também merece registro que a proibição de apreensão de mercadorias como meio coercitivo para pagamento de tributos, prevista na Súmula 323/STF, **não impede que se condicione o desembaraço (liberação) da mercadoria importada ao pagamento de valores tributários suplementares arbitrados pela autoridade fiscal**. Toda mercadoria proveniente do exterior é submetida a despacho de importação, procedimento mediante o qual é verificada a exatidão dos dados declarados pelo importador em relação à mercadoria importada, aos documentos apresentados e à legislação específica (Regulamento Aduaneiro, art. 542). Sem a conclusão do processo de despacho com o desembaraço aduaneiro, a mercadoria importada para consumo permanece como estrangeira, não adquirindo o status de nacionalizada, estando legalmente impedida de circular pelo País.

Por vezes, no transcorrer do despacho, a autoridade fiscal verifica que o valor atribuído pelo contribuinte à mercadoria não merece fé e arbitra um outro valor (hipótese albergada pelo art. 148 do CTN), condicionando a continuidade do procedimento ao pagamento da quantia arbitrada. Sem o cumprimento da exigência fiscal, não se tem por possível a conclusão do despacho, mediante o desembaraço aduaneiro. Nesses casos, a mercadoria não se encontra apreendida, não se configurando a sanção política vedada pela Súmula 323 do STF. Tal entendimento foi consolidado na tese firmada no julgamento do RE 1.090.591/SC, no sentido de que "é constitucional vincular o despacho aduaneiro ao recolhimento de diferença tributária apurada mediante arbitramento da autoridade fiscal".

Para acessar as questões referentes a esse capítulo, utilize o QR Code ao lado.

13

IMPOSTOS FEDERAIS

A União possui competência ordinária para instituir os oito impostos previstos no art. 153 da CRFB/1988, quais sejam: o imposto sobre importação – II; o imposto sobre a exportação – IE; o imposto sobre a renda e proventos de qualquer natureza – IR; o imposto sobre produtos industrializados – IPI; o imposto sobre operações financeiras – IOF; o imposto sobre a propriedade territorial rural – ITR; o imposto sobre grandes fortunas – IGF; e o imposto seletivo – IS.

De tais competências, a União ainda não exerceu a relativa ao imposto sobre grandes fortunas, prevista na Constituição de 1988 desde a sua origem.

É relevante recordar que, além das competências ordinárias, a União possui as competências residual e extraordinária, previstas nos incisos I e II do art. 154 da CF, conforme analisado no item 1.4.2 do Capítulo 1.

Feitas essas considerações iniciais, passa-se à análise dos elementos básicos de cada imposto inserido na competência ordinária da União.

13.1 IMPOSTO SOBRE A IMPORTAÇÃO – II

O imposto sobre a importação de produtos estrangeiros, previsto no art. 153, I, da CF, é tributo de função marcantemente **extrafiscal**, uma vez que seu principal objetivo não é carrear recursos para os cofres públicos federais, mas sim servir como mecanismo de controle sobre as importações, podendo ser utilizado, por exemplo, como instrumento de proteção de determinado setor da indústria nacional que esteja sofrendo dificuldades em face da concorrência de produtos similares estrangeiros.

Conforme já estudado, foi justamente como decorrência da finalidade extrafiscal do tributo que o legislador constituinte, pensando em conferir celeridade às decisões que o governo tomar com relação ao imposto, livrou-o das amarras da legalidade estrita quanto à alteração de alíquotas, desde que obedecidos os limites legais (CF/1988, art. 153, § 1.º), e dos princípios da anterioridade e noventena, de forma que os aumentos do imposto podem gerar efeitos imediatos (CF, art. 150, § 1.º).

13.1.1 Fato gerador

O fato gerador do tributo é definido pelo art. 19 do Código Tributário Nacional nos seguintes termos:

> "Art. 19. O imposto, de competência da União, sobre a importação de produtos estrangeiros tem como fato gerador a entrada destes no território nacional".

O Regulamento Aduaneiro (Decreto 6.759, de 5 de fevereiro de 2009), em seu art. 72, afirma que o fato gerador do imposto de importação é a entrada de mercadoria estrangeira no território aduaneiro. Como o território aduaneiro compreende todo o território nacional (RA, art. 2.º), a disposição regulamentar encontra-se perfeitamente dentro dos limites legais, apesar de aparentemente restringir a incidência do imposto às **mercadorias**, enquanto o texto do CTN se refere a **produtos**.

Não são sinônimos os termos "produto" e "mercadoria". Enquanto **produto** é todo bem móvel e corpóreo resultante de um processo produtivo, seja ele proveniente da ação da natureza ou da atividade humana, **mercadoria** é o bem móvel e corpóreo destinado ao comércio, ou seja, o produto que se encontra em circulação mercantil, objeto de venda ou revenda com o intuito de lucro.

O Superior Tribunal de Justiça, mesmo reconhecendo a diferença conceitual entre "produto" e "mercadoria", tem o entendimento de que as expressões teriam sido utilizadas com o mesmo sentido, o mais abrangente, no contexto do Decreto Lei nº 37/1966 (REsp 392/RS). Portanto, para a Corte Superior, o tributo incide sobre a entrada de produtos estrangeiros em geral: produtos destinados ao comércio (mercadorias), produtos para uso ou consumo, produtos para incorporação ao ativo fixo de empresas, produtos naturais, produtos manufaturados, produtos industrializados etc. Em provas de concurso, porém, quando for exigido do candidato o conhecimento da legislação tributária, devem ser assinaladas como verdadeiras as assertivas que, contendo a expressão "mercadoria", reproduzam a literalidade de dispositivos do Regulamento Aduaneiro.

É preciso esclarecer, ainda, o que vem a ser "entrada no território nacional", para fins de incidência do imposto. Embora não esteja explícito nos artigos citados, prevalece na doutrina e na jurisprudência o entendimento de que o simples ingresso físico do produto estrangeiro no território nacional não é suficiente para configurar o fato gerador do tributo, sendo necessária a incorporação do bem à economia interna. Ou seja, exige-se, como regra, que a entrada, além de física, seja também econômica, voltada à industrialização, comércio, uso ou consumo do produto no território nacional.

Assim, adotada essa corrente, quando o "circo da Fórmula 1" vem ao Brasil, ou quando obras de arte chegam ao País para exposição em evento cultural, não ocorre o fato gerador do imposto de importação, já que a estadia desses produtos estrangeiros dar-se-á por tempo determinado, inexistindo integração à economia nacional. A denominada "admissão temporária", regime aduaneiro especial que afasta a incidência do imposto nos casos citados – se respeitadas as condições legais (por exemplo, o retorno da mercadoria ao exterior no prazo fixado) –, existe justamente para evitar que a tributação extrapole a base econômica do tributo.

Outro importante aspecto a ser destacado é que, ao contrário do que muitos pensam, importar não é *comprar* produto estrangeiro. É fazê-lo entrar no território nacional em caráter definitivo, independentemente do negócio jurídico que haja propiciado tal ingresso, se um contrato de compra e venda ou qualquer outro tipo de avença.

Muitos contribuintes se surpreendem quando presentes lhes são enviados do exterior por via postal e a Secretaria da Receita Federal os notifica, cobrando o imposto de importação. De fato, o imposto é devido, haja vista a entrada de produtos estrangeiros no território nacional em caráter definitivo. Não é relevante a que título jurídico ocorreu a entrada desses produtos no território aduaneiro: o que é relevante é a entrada em si e a incorporação desses bens à economia interna.

Da mesma forma que não há relevância sobre o produto ter ou não sido objeto de contrato de compra e venda, também não é importante a data da celebração de tal contrato, se existente. O que se está a afirmar é algo que já foi objeto de muita discussão judicial em situações como a que se passa a exemplificar.

Imagine-se que determinada indústria esteja interessada em importar da Alemanha uma máquina para incrementar sua produtividade. Para não ser surpreendida com uma transação que, ao final, mostre-se antieconômica, contrata uma assessoria que lhe informa a carga tributária a que estaria sujeita, no caso de concretizar a importação. Fazendo os cálculos, o contribuinte decide pela realização da operação e fecha contrato com o exportador. Quando a mercadoria se encontra cruzando o Oceano Atlântico, o Poder Executivo federal aumenta a alíquota do imposto de importação, de forma que a mercadoria, ao desembarcar no Brasil, estará sujeita a uma alíquota muito superior, que, se conhecida previamente pelo importador, resultaria na não realização do negócio.

O contribuinte procura o Poder Judiciário alegando agressão ao princípio da irretroatividade, visto que já adquirira a mercadoria quando da majoração da alíquota. Entretanto, conforme já analisado, no momento da ocorrência do fato gerador do imposto (entrada da mercadoria no território nacional), a alíquota já era outra, não havendo qualquer arranhão à irretroatividade.

Há de se ressaltar, entretanto, que o art. 73 do Regulamento Aduaneiro prevê que, para efeito de cálculo do imposto, considera-se ocorrido o fato gerador na data do registro da declaração de importação de mercadoria submetida a despacho para consumo. A disposição toma por base o art. 23 do Decreto-lei 37/1966, ainda em vigor.

A doutrina costuma, em face da diferenciação, falar em critérios **material** (entrada da mercadoria estrangeira no território nacional) e **temporal** (registro da respectiva declaração de importação) do fato gerador do imposto.

Na prática, a diferenciação não serviria de socorro ao importador da máquina no exemplo citado, visto que, em situações normais, a declaração de importação só é registrada após a entrada do produto no território brasileiro.

Há, contudo, casos bastante específicos nos quais a legislação prevê a possibilidade de a declaração de importação ser **registrada antes da descarga do produto estrangeiro** na unidade da Secretaria da Receita Federal de despacho. As hipóteses estão previstas no art. 17 da IN SRF 680/2006, conforme indicado abaixo:

I – mercadoria transportada a granel, cuja descarga deva se realizar diretamente para terminais de oleodutos, silos ou depósitos próprios, ou veículos apropriados;

II – mercadoria inflamável, corrosiva, radioativa ou que apresente características de periculosidade;

III – plantas e animais vivos, frutas frescas e outros produtos facilmente perecíveis ou suscetíveis de danos causados por agentes exteriores;

IV – papel para impressão de livros, jornais e periódicos;

V – órgão da administração pública, direta ou indireta, federal, estadual ou municipal, inclusive autarquias, empresas públicas, sociedades de economia mista e fundações públicas;

VI – mercadoria transportada por via terrestre, fluvial ou lacustre;

VII – mercadoria importada por meio aquaviário ou aéreo por importador certificado como operador econômico autorizado (OEA), na modalidade OEA - Conformidade Nível 2, conforme disciplinado em ato da Coana; e

VIII – outras situações ou mercadorias, a serem definidas:

a) pelo chefe da unidade da RFB de despacho, mediante justificativa; ou

b) pela Coana, mediante ato normativo próprio, quando relativas ao combate da doença provocada pelo coronavírus identificado em 2019 (Covid-19), enquanto perdurar a Espin.

O Judiciário não considera incompatíveis as disposições que estipulam os critérios material e temporal para o fato gerador do imposto de importação, pois entende que o Decreto-lei 37/1966 simplesmente explicita o momento em que o fato gerador se tem por ocorrido.

Nesse sentido, o Superior Tribunal de Justiça afirma que, "não obstante o fato gerador do imposto de importação se dê com a entrada de mercadoria estrangeira no território nacional, torna-se necessária a fixação de um critério temporal a que se atribua a exatidão e certeza para se considerar inteiro o desenho do fato gerador. Assim, embora o fato gerador do tributo se dê com a entrada da mercadoria estrangeira no território nacional [...], ele apenas se aperfeiçoa com o registro da Declaração de Importação no regime comum" (STJ, 1.ª T., REsp 362.910/PR, Rel. Min. José Delgado, j. 16.04.2002, *DJ* 13.05.2002, p. 161).

Na esteira desse raciocínio, o CEBRASPE, no concurso para Procurador do Tribunal de Contas do Distrito Federal, considerou **incorreta** a seguinte afirmação: "Conforme entendimento jurisprudencial assente no STJ, o fato gerador do imposto sobre a importação de produtos estrangeiros consuma-se na data do ingresso da mercadoria importada no país, devendo, por isso, ser aplicada para o cálculo do imposto a alíquota vigente nessa data". A assertiva é incorreta porque, conforme explicado, o fato gerador consuma-se na data do registro da declaração de importação.

Por fim, pode-se dizer que, assim como o mero ingresso físico do produto estrangeiro no território brasileiro (**entrada real**) não garante a ocorrência do fato gerador do imposto de importação, sendo imprescindível a incorporação do bem à economia interna, também é possível que o imposto seja devido mesmo quando o produto não tenha sido localizado fisicamente pela autoridade aduaneira (**entrada ficta** ou **presumida**), especificamente na hipótese prevista no § 2º do art. 1º do Decreto-lei 37/1966.

De acordo com o referido artigo, "para efeito de ocorrência do fato gerador, considerar-se-á entrada no Território Nacional a mercadoria que constar como tendo sido importada e cuja falta venha a ser apurada pela autoridade aduaneira".

13.1.2 Base de cálculo

Seguindo a definição constante do art. 20 do Código Tributário Nacional, a base de cálculo do imposto de importação é:

> "I – quando a alíquota seja específica, a unidade de medida adotada pela lei tributária;
>
> II – quando a alíquota seja ad valorem, o preço normal que o produto, ou seu similar, alcançaria, ao tempo da importação, em uma venda em condições de livre concorrência, para entrega no porto ou lugar de entrada do produto no País;
>
> III – quando se trate de produto apreendido ou abandonado, levado a leilão, o preço da arrematação".

A alíquota *ad valorem* é aquela que incide sobre o valor, ou seja, é aquele percentual a ser multiplicado por uma grandeza especificada em moeda corrente (base de cálculo em reais) para a obtenção do montante do tributo a ser pago. É, portanto, o que normalmente se imagina ao deparar com o vocábulo *alíquota*, ou seja, um percentual a ser aplicado sobre o valor do bem, ou da renda, ou do negócio jurídico etc.

A alíquota específica é aquela definida por uma quantia determinada de dinheiro por unidade de quantificação dos bens importados (reais por metro, tonelada, litro ou qualquer outra unidade de medida do produto).

Como exemplo, pode-se imaginar uma alíquota de imposto de importação de uma determinada mercadoria com o valor de R$ 100/tonelada (cem reais por tonelada). Nesta situação, a base de cálculo não pode ser fixada em moeda, mas sim em toneladas (mesma unidade de medida usada na definição da alíquota). Portanto, na importação de dez toneladas de tal mercadoria, o tributo a ser pago seria de mil reais (R$ 100/ton x 10 ton).

Dessa forma, conforme afirmam os arts. 20, I, do CTN (acima transcrito) e 75, II, do Regulamento Aduaneiro, se a alíquota é específica, a base de cálculo será a quantidade de mercadoria expressa na unidade de medida adotada pela lei tributária.

Já para os casos em que a alíquota estipulada pela legislação é *ad valorem*, o CTN tenta estipular uma base de cálculo que diminua a possibilidade de o importador apresentar à autoridade fiscal um valor irreal para a mercadoria, apenas "para efeito de tributação".

Assim, ao falar no "preço normal que o produto, ou seu similar, alcançaria, ao tempo da importação, em uma venda em condições de livre concorrência" quis o legislador permitir a tributação pelo valor real da mercadoria, que a rigor não dependeria do que foi declarado à Alfândega.

Hoje em dia, seguindo a redação que o Decreto-lei 2.472, de 1.º.09.1988, deu ao Decreto-lei 37/1966, o Regulamento Aduaneiro prevê que a base de cálculo do imposto, quando a alíquota for *ad valorem*, é o valor aduaneiro apurado segundo as normas do art. 7.º do Acordo Geral sobre Tarifas Aduaneiras e Comércio – GATT.

13.1.3 Contribuintes

Segundo o art. 22 do CTN, contribuinte do imposto de importação é:

> "I – o importador ou quem a lei a ele equiparar;
>
> II – o arrematante de produtos apreendidos ou abandonados".

Já o art. 104 do Regulamento Aduaneiro, também seguindo a redação mais moderna que o Decreto-lei 2.472, de 1.º.09.1988, deu ao Decreto-lei 37/1966, prevê como contribuinte do imposto:

> "I – o importador, assim considerada qualquer pessoa que promova a entrada de mercadoria estrangeira no território aduaneiro;
>
> II – o destinatário de remessa postal internacional indicado pelo respectivo remetente; e
>
> III – o adquirente de mercadoria entrepostada".

13.1.4 Lançamento

O imposto de importação é, em regra, lançado **por homologação**, pois são de competência do importador o cálculo do montante do imposto devido e o seu recolhimento antecipado. Para o cálculo, o importador elabora a declaração de importação – DI e a registra no SISCOMEX (Sistema Integrado de Comércio Exterior). No momento do registro, o próprio sistema informatizado se encarrega de retirar da conta corrente do importador o montante do imposto devido.

Posteriormente, caberá a um Auditor-Fiscal da Receita Federal do Brasil **homologar** o procedimento do contribuinte, praticando o ato denominado "desembaraço aduaneiro" da mercadoria importada.

No caso de importação de bens que se enquadrem no conceito de bagagem acompanhada, mas ultrapassem o limite de isenção, o lançamento do imposto era feito com base em declaração formulada pelo viajante (DBA – Declaração de Bagagem Acompanhada). No entanto, com o advento da Instrução Normativa 1.385/2013, a DBA foi substituída pela **Declaração Eletrônica de Bens de Viajante (e-DBV), em que o contribuinte tem a possibilidade de calcular o tributo devido e antecipar o pagamento,** hipótese que permite sustentar a tese segundo a qual o imposto passou a também ser lançado **por homologação**. A novidade é detalhada no item 7.2.2 do Capítulo 7 desta obra.

Registre-se que, como todo tributo, o imposto de importação pode vir a ser lançado de ofício quando, por exemplo, a autoridade administrativa perceber que o sujeito passivo não antecipou o valor correto do tributo devido, sempre respeitado o prazo decadencial.

13.1.5 Regimes aduaneiros especiais e regimes aduaneiros aplicados em áreas especiais

As regras até aqui analisadas se referem predominantemente ao denominado **regime aduaneiro comum**, definido como o conjunto de normas que estabelece o tratamento tributário e administrativo das mercadorias submetidas a importação em caráter definitivo (nacionalização) e consumo no território nacional.

Existem casos, contudo, em que a legislação, visando a permitir o ingresso temporário de mercadoria em território nacional ou a conceder benefícios fiscais que estimulem determinadas atividades, estabelece exceções ao regime aduaneiro comum, submetendo a mercadoria importada a um regramento suspensivo da tributação. Trata-se dos regimes "aduaneiros especiais" e dos "regimes aduaneiros aplicados em áreas especiais", disciplinados na legislação específica dos impostos de importação e exportação.

O prazo de suspensão dos tributos é disciplinado nos arts. 307 e 263 do Regulamento Aduaneiro (Decreto 6.759/2009), sendo a regra o lapso de até um ano, prorrogável, a juízo da autoridade aduaneira, por período não superior, no total, a cinco anos. A título excepcional, em casos devidamente justificados, o prazo poderá ser prorrogado por período superior a cinco anos, observada a regulamentação editada pelo Ministério da Fazenda.

Quando o regime aduaneiro especial for aplicado a mercadoria vinculada a contrato de prestação de serviço por prazo certo, de relevante interesse nacional, o prazo será o previsto no contrato, prorrogável na mesma medida deste. Nesta hipótese, o prazo contratual prevalece sobre aqueles referidos no Regulamento Aduaneiro.

A seguir, tomando por base as disposições do Regulamento Aduaneiro, será apresentada a conceituação dos **regimes aduaneiros especiais** aplicáveis na importação. Também serão apontados os dispositivos regulamentares que disciplinam cada regime. Aconselha-se ao candidato a concursos em que a legislação aduaneira seja parte do programa a leitura atenta de tais dispositivos.

Regime	Conceito	Disposições Regulamentares
Trânsito Aduaneiro	Permite o transporte de mercadoria, sob controle aduaneiro, de um ponto a outro do território aduaneiro, com suspensão do pagamento de tributos.	RA, arts. 315 a 352
Admissão Temporária	Permite a importação de bens que devam permanecer no País durante prazo fixado, com suspensão total do pagamento de tributos, ou com suspensão parcial, no caso de utilização econômica.	RA, arts. 353 a 379
Admissão Temporária para Aperfeiçoamento Ativo	Permite o ingresso, para permanência temporária no País, com suspensão do pagamento de tributos, de mercadorias estrangeiras ou desnacionalizadas, destinadas a operações de aperfeiçoamento ativo e posterior reexportação.	RA, arts. 380 a 382
Drawback	É um regime de incentivo à exportação que pode ser aplicado nas seguintes modalidades: I – **suspensão:** permite a suspensão do pagamento do Imposto de Importação, do Imposto sobre Produtos Industrializados, da Contribuição para o PIS/PASEP, da COFINS, da Contribuição para o PIS/PASEP – Importação e da COFINS – Importação, na importação, de forma combinada ou não com a aquisição no mercado interno, de mercadoria para emprego ou consumo na industrialização de produto a ser exportado.	RA, arts. 383 a 403

Regime	Conceito	Disposições Regulamentares
Drawback	II – **isenção:** permite a isenção do Imposto de Importação e a redução a zero do Imposto sobre Produtos Industrializados, da Contribuição para o PIS/PASEP, da COFINS, da Contribuição para o PIS/PASEP – Importação e da COFINS – Importação, na importação, de forma combinada ou não com a aquisição no mercado interno, de mercadoria equivalente à empregada ou consumida na industrialização de produto exportado; e III – **restituição** – permite a restituição, total ou parcial, dos tributos pagos na importação de mercadoria exportada após beneficiamento, ou utilizada na fabricação, complementação ou acondicionamento de outra exportada.	RA, arts. 383 a 403
Entreposto Aduaneiro na Importação	Permite a armazenagem de mercadoria estrangeira em recinto alfandegado de uso público, com suspensão do pagamento dos impostos federais, da contribuição para o PIS/PASEP-Importação e da COFINS-Importação incidentes na importação.	RA, arts. 404 a 409 e 416 a 419
Regime de Entreposto Industrial sob Controle Aduaneiro Informatizado – RECOF	Permite a empresa importar, com ou sem cobertura cambial, e com suspensão do pagamento de tributos, sob controle aduaneiro informatizado, mercadorias que, depois de submetidas a operação de industrialização, sejam destinadas a exportação.	RA, arts. 420 a 426
Regime especial de importação de insumos destinados à industrialização por encomenda de produtos classificados nas posições 8.701 a 8.705 da Nomenclatura Comum do Mercosul – RECOM	Permite a importação, sem cobertura cambial, de chassis, carroçarias, peças, partes, componentes e acessórios, com suspensão do pagamento **do imposto sobre produtos industrializados, da contribuição para o PIS/PASEP-Importação e da COFINS-Importação.**	RA, arts. 427 a 430
Regime especial de exportação e de importação de bens destinados às atividades de pesquisa e de lavra das jazidas de petróleo e de gás natural – REPETRO	Permite, conforme o caso, a aplicação dos seguintes tratamentos aduaneiros: I – exportação, sem que tenha ocorrido sua saída do território aduaneiro e posterior aplicação do regime de admissão temporária, no caso de bens a que se referem os §§ 1.º e 2.º, de fabricação nacional, vendido a pessoa sediada no exterior; II – exportação, sem que tenha ocorrido sua saída do território aduaneiro, de partes e peças de reposição destinadas aos bens referidos nos §§ 1.º e 2.º, já admitidos no regime aduaneiro especial de admissão temporária; e	RA, arts. 458 a 462

Regime	Conceito	Disposições Regulamentares
Regime especial de exportação e de importação de bens destinados às atividades de pesquisa e de lavra das jazidas de petróleo e de gás natural - REPETRO	III – importação, sob o regime de ***drawback***, na modalidade de suspensão, de matérias-primas, produtos semielaborados ou acabados e de partes ou peças, utilizados na fabricação dos bens referidos nos §§ 1.º e 2.º, e posterior comprovação do adimplemento das obrigações decorrentes da aplicação desse regime mediante a exportação referida nos incisos I ou II. Obs.: os parágrafos citados se referem ao art. 458 do Regulamento Aduaneiro.	RA, arts. 458 a 462
Regime especial de importação de petróleo bruto e seus derivados - REPEX	Permite a importação de petróleo bruto e seus derivados, com suspensão do pagamento dos impostos federais, da contribuição para o PIS/PASEP-Importação e da COFINS-Importação, para posterior exportação, no mesmo estado em que foram importados.	RA, arts. 463 a 470
Regime tributário para incentivo à modernização e à ampliação da estrutura portuária - REPORTO	Permite, na importação de máquinas, equipamentos, peças de reposição e outros bens, a suspensão do pagamento do imposto de importação, do imposto sobre produtos industrializados, da contribuição para o PIS/PASEP-Importação e da COFINS-Importação, quando importados diretamente pelos beneficiários do regime e destinados ao seu ativo imobilizado para utilização exclusiva em portos na execução de serviços de carga, descarga, movimentação de mercadorias e dragagem, e na execução de treinamento e formação de trabalhadores em Centros de Treinamento Profissional. Obs.: O REPORTO somente se aplica às importações realizadas até 31 de dezembro de 2011.	RA, arts. 471 a 475
Loja Franca (*free shop*)	Permite a estabelecimento instalado em zona primária de porto ou de aeroporto alfandegado vender mercadoria nacional ou estrangeira a passageiro em viagem internacional, contra pagamento em moeda nacional ou estrangeira.	RA, arts. 476 a 479
Depósito Especial	Permite a estocagem de partes, peças, componentes e materiais de reposição ou manutenção, com suspensão do pagamento dos impostos federais, da contribuição para o PIS/PASEP-Importação e da COFINS-Importação, para veículos, máquinas, equipamentos, aparelhos e instrumentos, estrangeiros, nacionalizados ou não, e nacionais em que tenham sido empregados partes, peças e componentes estrangeiros, nos casos definidos pelo Ministro de Estado da Fazenda.	RA, arts. 480 a 487

Regime	Conceito	Disposições Regulamentares
Depósito Afiançado – DAF	Permite a estocagem, com suspensão do pagamento dos impostos federais, da contribuição para o PIS/PASEP-Importação e da COFINS--Importação, de materiais importados sem cobertura cambial, destinados à manutenção e ao reparo de embarcação ou de aeronave pertencentes a empresa autorizada a operar no transporte comercial internacional, e utilizadas nessa atividade.	RA, arts. 488 a 492
Depósito Alfandegado Certificado – DAC	Permite considerar exportada, para todos os efeitos fiscais, creditícios e cambiais, a mercadoria nacional depositada em recinto alfandegado, vendida a pessoa sediada no exterior, mediante contrato de entrega no território nacional e à ordem do adquirente.	RA, arts. 493 a 498
Depósito Franco	Permite, em recinto alfandegado, a armazenagem de mercadoria estrangeira para atender ao fluxo comercial de países limítrofes com terceiros países.	RA, arts. 499 a 503

Por fim, apresenta-se a seguir a conceituação e as referências legislativas relativas aos **regimes aduaneiros aplicados em áreas especiais**:

Regime	Conceito	Disposições Regulamentares
Zona Franca de Manaus – ZFM	É uma área de livre comércio de importação e de exportação e de incentivos fiscais especiais, estabelecida com a finalidade de criar no interior da Amazônia um centro industrial, comercial e agropecuário, dotado de condições econômicas que permitam seu desenvolvimento, em face dos fatores locais e da grande distância a que se encontram os centros consumidores de seus produtos.	RA, arts. 504 a 523
Áreas de Livre Comércio – ALC	São aquelas estabelecidas com a finalidade de promover o desenvolvimento de áreas fronteiriças específicas da Região Norte do País e de incrementar as relações bilaterais com os países vizinhos, segundo a política de integração latino-americana.	RA, arts. 524 a 533
Zonas de Processamento de Exportação – ZPE	São áreas de livre comércio de **importação e de exportação**, destinadas à instalação de empresas voltadas para a produção de bens a serem comercializados no exterior, objetivando a redução de desequilíbrios regionais, o fortalecimento do balanço de pagamentos e a promoção da difusão tecnológica e do desenvolvimento econômico e social do País.	RA, arts. 534 a 541

13.1.6 Visão geral do imposto

	Imposto sobre importação – II
Função predominante	Extrafiscal (instrumento regulador do comércio exterior)
Princípio da legalidade	Admite exceção: alteração da alíquota pelo Executivo (Decreto ou Portaria do Ministro da Fazenda)
Princípio da anterioridade	Não se sujeita
Princípio da noventena	Não se sujeita
Fato gerador	A entrada de produtos estrangeiros no território nacional (ou a data do registro da declaração de importação de mercadoria submetida a despacho para consumo)
Base de cálculo	I – quando a alíquota seja específica, a unidade de medida adotada pela lei tributária; II – quando a alíquota seja *ad valorem*, o preço normal que o produto, ou seu similar, alcançaria, ao tempo da importação, em uma venda em condições de livre concorrência, para entrega no porto ou lugar de entrada do produto no País; III – quando se trate de produto apreendido ou abandonado, levado a leilão, o preço da arrematação.
Contribuintes	I – o importador, assim considerada qualquer pessoa que promova a entrada de mercadoria estrangeira no território aduaneiro; II – o destinatário de remessa postal internacional indicado pelo respectivo remetente; e III – o adquirente de mercadoria entrepostada.
Lançamento	Por homologação
Cumulação de impostos	Na importação podem incidir três impostos: II, IPI e ICMS

13.2 IMPOSTO DE EXPORTAÇÃO – IE

O imposto de exportação é também um tributo com finalidade marcantemente extrafiscal, que serve como instrumento da atuação da União no controle do comércio exterior.

Como consequência, tomando por base os mesmos fundamentos que justificaram o tratamento dado ao imposto de importação, o legislador constituinte optou por excluir o IE da legalidade estrita quanto à alteração de alíquotas, desde que obedecidos os limites legais (CF/1988, art. 153, § 1.º), e dos princípios da anterioridade e noventena, de forma que os aumentos do imposto podem gerar efeitos imediatos (CF, art. 150, § 1.º).

A Constituição Federal denomina o tributo de imposto sobre exportação, para o exterior, de produtos nacionais ou nacionalizados.

A aparente redundância da expressão "exportação para o exterior" decorre da vontade do legislador constituinte de aclarar a impossibilidade de cobrança de imposto de exportação quando produtos produzidos em um estado-membro da federação eram vendidos a destinatários situados em outro estado-membro.

A situação hoje é tida por absurda, mas parecia razoável à época em que o sistema tributário nacional era tão irracional a ponto de o imposto de exportação ser estadual, o que justificava a cobrança do tributo nas chamadas **importações internas**, exatamente aquelas em que a operação era realizada entre contratantes domiciliados em estados-membros diferentes.

13.2.1 Fato gerador

Segundo o art. 23 do CTN, o imposto, de competência da União, sobre a exportação para o estrangeiro de produtos nacionais ou nacionalizados tem como fato gerador a saída destes do território nacional.

Entretanto, da mesma forma que o imposto de importação, a legislação tributária optou por considerar, para efeito de cálculo, um outro momento como fato gerador do tributo, qual seja a data do registro da exportação no Sistema Integrado de Comércio Exterior (SISCOMEX). Segue-se a transcrição do art. 213 do Regulamento Aduaneiro (Decreto 6.759, de 5 de fevereiro de 2009):

> "Art. 213. O imposto de exportação tem como fato gerador a saída da mercadoria do território aduaneiro (Decreto-lei 1.578, de 1977, art. 1.º).
>
> Parágrafo único. Para efeito de cálculo do imposto, considera-se ocorrido o fato gerador na data do registro de exportação no Sistema Integrado de Comércio Exterior (Siscomex) (Decreto-lei 1.578, de 1977, art. 1.º, § 1.º)".

Aqui também vale o raciocínio de que não importa quando o negócio é fechado, pois o tributo será calculado com base na legislação vigente na data do registro das exportações, **mesmo que, na data da efetiva saída da mercadoria do território nacional, tenha havido alguma alteração relevante em tal legislação.**

Nessa linha é a jurisprudência do Supremo Tribunal Federal, conforme demonstra o excerto abaixo transcrito:

> "Exportação. Registro no sistema integrado de comércio exterior – SISCOMEX. Fato gerador. Ocorrência antes da edição das Resoluções 2.112/94 e 2.136/94, que majoraram a alíquota do tributo. Impossível a retroatividade desses diplomas normativos para alcançar as operações de exportação já registradas" (STF, 2.a T., RE-AgR-ED 234.954/AL, Rel. Min. Maurício Corrêa, j. 03.06.2003, DJ 24.10.2003, p. 26).

13.2.2 Base de cálculo

Segundo o art. 24 do CTN, a base de cálculo do imposto é:

> "I – quando a alíquota seja específica, a unidade de medida adotada pela lei tributária;

II – quando a alíquota seja ad valorem, o preço normal que o produto, ou seu similar, alcançaria, ao tempo da exportação, em uma venda em condições de livre concorrência.

Parágrafo único. Para os efeitos do inciso II, considera-se a entrega como efetuada no porto ou lugar da saída do produto, deduzidos os tributos diretamente incidentes sobre a operação de exportação e, nas vendas efetuadas a prazo superior aos correntes no mercado internacional o custo do financiamento".

O Regulamento Aduaneiro trata da base de cálculo do IE em seu art. 214, nos seguintes termos:

"Art. 214. A base de cálculo do imposto é o preço normal que a mercadoria, ou sua similar, alcançaria, ao tempo da exportação, em uma venda em condições de livre concorrência no mercado internacional, observadas as normas expedidas pela Câmara de Comércio Exterior (Decreto-lei 1.578, de 1977, art. 2.º, com a redação dada pela Medida Provisória 2.158-35, de 2001, art. 51).

§ 1.º Quando o preço da mercadoria for de difícil apuração ou for suscetível de oscilações bruscas no mercado internacional, a Câmara de Comércio Exterior fixará critérios específicos ou estabelecerá pauta de valor mínimo, para apuração da base de cálculo (Decreto-lei 1.578, de 1977, art. 2.º, § 2.º, com a redação dada pela Medida Provisória 2.158-35, de 2001, art. 51).

§ 2.º Para efeito de determinação da base de cálculo do imposto, o preço de venda das mercadorias exportadas não poderá ser inferior ao seu custo de aquisição ou de produção, acrescido dos impostos e das contribuições incidentes e da margem de lucro de quinze por cento sobre a soma dos custos, mais impostos e contribuições (Decreto-lei 1.578, de 1977, art. 2.º, § 3.º, com a redação dada pela Lei 9.716, de 1998, art. 1.º)".

13.2.3 Contribuintes

Segundo o art. 27 do CTN, contribuinte do imposto é o exportador ou quem a lei a ele se equiparar.

Já o RA, em seu art. 217, assim diz:

"Art. 217. É contribuinte do imposto o exportador, assim considerada qualquer pessoa que promova a saída de mercadoria do território aduaneiro (Decreto-lei 1.578, de 1977, art. 5.º)".

13.2.4 Lançamento

Nas raríssimas hipóteses em que há a incidência de imposto de exportação com alíquota diferente de zero, o tributo é lançado **por homologação**, conforme se passa a demonstrar.

Cabe ao exportador elaborar e registrar no SISCOMEX (Sistema Integrado de Comércio Exterior) a declaração de exportação, bem como fornecer à Alfândega os documentos necessários à instrução do despacho, entre eles, na hipótese de haver crédito de IE, o Documento de Arrecadação de Receitas Federais – DARF comprovando o recolhimento antecipado do tributo.

Posteriormente, caberá a um Auditor-Fiscal da Receita Federal do Brasil verificar a exatidão dos dados declarados pelo exportador em relação às mercadorias, aos documentos apresentados e à legislação específica, com vistas a seu desembaraço e a sua saída para o exterior. O ato de desembaraço corresponde, portanto, à **homologação** expressa do procedimento do contribuinte, o que caracteriza a modalidade de lançamento do imposto de exportação.

Como ocorre em todo tributo, percebida a ilegal ausência de pagamento ou o pagamento a menor, os valores devidos devem ser objeto de lançamento de ofício, respeitado o prazo decadencial.

13.2.5 Regimes aduaneiros especiais na exportação

Além dos regimes aduaneiros especiais relativos à importação, que, em boa parte dos casos, trazem regras que também submetem as exportações a um regime jurídico especial, existem regimes aduaneiros especialmente voltados à exportação. São eles:

Regime	Conceito	Disposições Regulamentares
Exportação Temporária	Permite a saída do País com suspensão do pagamento do imposto de exportação, de mercadoria nacional ou nacionalizada, condicionada à reimportação em prazo determinado, no mesmo estado em que foi exportada.	RA, arts. 431 a 448
Exportação Temporária para Aperfeiçoamento Passivo	Permite a saída do País, por tempo determinado, de mercadoria nacional ou nacionalizada, para ser submetida a operação de transformação, elaboração, beneficiamento ou montagem, no exterior, e a posterior reimportação, sob a forma do produto resultante, com pagamento dos tributos sobre o valor agregado.	RA, arts. 449 a 457
Entreposto Aduaneiro na Exportação	Permite a armazenagem de mercadoria destinada a exportação.	RA, arts. 410 a 419

13.2.6 Visão geral do imposto

	Imposto sobre Exportação – IE
Função predominante	Extrafiscal (instrumento regulador do comércio exterior)
Princípio da legalidade	Admite exceção: alteração da alíquota pelo Executivo (Decreto ou Portaria do Ministro da Fazenda)
Princípio da anterioridade	Não se sujeita
Princípio da noventena	Não se sujeita
Fato gerador	A saída de produtos nacionais ou nacionalizados do território nacional (ou a data do registro da exportação no Sistema Integrado de Comércio Exterior – SISCOMEX)
Base de cálculo	I – quando a alíquota seja específica, a unidade de medida adotada pela lei tributária; II – quando a alíquota seja *ad valorem*, o preço normal que o produto, ou seu similar, alcançaria, ao tempo da exportação, em uma venda em condições de livre concorrência.
Contribuintes	Qualquer pessoa que promova a saída de mercadoria do território aduaneiro
Lançamento	Por homologação
Cumulação de impostos	Não incide IPI sobre os produtos industrializados destinados ao exterior nem ICMS sobre as mercadorias com o mesmo destino

13.3 IMPOSTO DE RENDA - IR

O denominado Imposto de Renda é tributo com finalidade marcantemente fiscal, constituindo-se no maior arrecadador entre os impostos federais.

Como a incidência do imposto é mais gravosa sobre os maiores rendimentos (progressividade detalhada adiante), obtém-se o efeito de redistribuição de renda, pois aqueles que menos (ou nada) contribuem são, em regra, os que mais utilizam alguns serviços públicos (saúde e educação, por exemplo).

Nos termos constitucionais, o "imposto de renda" não incide apenas sobre a **renda**, mas também sobre os **proventos** de qualquer natureza (CF, art. 153, III).

O **conceito de renda** compreende o produto do capital (como os rendimentos obtidos com uma aplicação financeira), do trabalho (como o salário recebido pelo empregado) ou da combinação de ambos (como o lucro).

Já o **conceito de proventos** é definido por exclusão, compreendendo todos os acréscimos patrimoniais não enquadráveis no conceito legal de renda. A título de exemplo, podem-se citar tanto os valores percebidos pelos aposentados (tradicionalmente já denominados como proventos pelos Direitos Previdenciário e Administrativo) como os acréscimos patrimoniais decorrentes de atividade criminosa.

A amplitude do conceito de proventos permite também a tributação dos **acréscimos patrimoniais cuja origem não é devidamente comprovada pelo contributinte**. Nesse sentido, o Supremo Tribunal Federal considerou constitucional a tributação de "valores creditados em conta de depósito ou de investimento mantida junto a instituição financeira, em relação aos quais o titular, pessoa física ou jurídica, regularmente intimado, não comprove, mediante documentação hábil e idônea, a origem dos recursos utilizados nessas operações" (RE 855.649/RS). Tais montantes são considerados **omissão de receitas ou rendimentos**, nos termos do art. 42 da Lei 9.430/1996, estando sujeitos ao imposto.

13.3.1 Princípios constitucionais aplicáveis ao IR

O inciso I do § 2.º do mesmo do art. 153 da CF/1988 impõe que o IR obedeça aos critérios da **generalidade**, da **universalidade** e da **progressividade**, na forma da lei.

A determinação constitucional decorre dos princípios da **isonomia** e da **capacidade contributiva**, pois é a necessidade de se tratar de maneira semelhante as pessoas que se encontrem em situação equivalente (sentido horizontal da isonomia), de forma a impor que todas as pessoas (generalidade) e todas as rendas e proventos (universalidade) estejam sujeitos à incidência do IR. Da mesma forma, é a exigência de tratar de maneira diferenciada as pessoas que se encontrem em situações desiguais, na proporção das desigualdades entre elas havidas (sentido vertical da isonomia), impondo que as alíquotas do imposto sejam maiores para os rendimentos ou proventos mais elevados (progressividade).

É importante ressaltar que não existe uniformidade sobre a diferença entre universalidade e generalidade, pois, se para alguns autores a generalidade se refere à tributação de todos os rendimentos e proventos, e a universalidade impõe a tributação de todas as pessoas, para outros os conceitos são exatamente opostos. A conclusão, todavia, não muda: generalidade e universalidade impõem a tributação de todas as pessoas titulares da disponibilidade econômica ou jurídica (salvo as imunes) de quaisquer rendas ou proventos.

Não obstante a celeuma, o CEBRASPE, na prova do 136.º Exame da OAB – SP, considerou correta a seguinte assertiva "É correto afirmar que o critério da generalidade impõe a sujeição de todos os indivíduos à tributação do imposto de renda, independentemente de quaisquer características do contribuinte". Na mesma questão foi considerado incorreto item em que se afirmava que o mesmo princípio "determina que a totalidade da renda do sujeito passivo deve sujeitar-se à tributação, independentemente da denominação jurídica dos rendimentos". Pode-se afirmar, portanto, que há precedente do

CEBRASPE demonstrando que a banca correlaciona **generalidade** às **pessoas** e **universalidade** aos **rendimentos e proventos**.

Apesar de a definição legal de renda ficar ao prudente arbítrio do legislador, a jurisprudência do STF entende que não se pode subverter a ordem natural das coisas e definir na lei, como renda ou provento, algo que não represente, de fato, acréscimo patrimonial, sob pena de tributar o patrimônio e invadir competência alheia (IPVA, IPTU).

Assim, as verbas de **natureza indenizatória**, por servirem apenas para recompor o patrimônio jurídico dos beneficiários, não o aumentando, não estão sujeitas ao imposto.

Ainda no tocante à necessidade de configuração de acréscimo patrimonial (riqueza nova) para que se tenha por ocorrido o fato gerador do imposto, é necessário mencionar uma decisão no mínimo polêmica do STF acerca dos **valores percebidos a título de alimentos ou de pensão alimentícia oriundos do Direito de Família**.

Nas palavras da Corte, tais valores "não se configuram como renda nem proventos de qualquer natureza do credor dos alimentos, mas montante retirado dos acréscimos patrimoniais recebidos pelo alimentante para ser dado ao alimentado. A percepção desses valores pelo alimentado não representa riqueza nova, estando fora, portanto, da hipótese de incidência do imposto". Quanto a esse aspecto, a questão é bastante polêmica, pois o alimentante **subtrai o valor pago da base de cálculo do tributo**, o que pode ser enxergado como uma **não tributação da parcela dos rendimentos percebidos que vier a ser utilizada para pagamento dos alimentos**. Assim, se, conforme decidido pela Corte Suprema, não deve haver a tributação do montante tendo como sujeito passivo o alimentando, tem-se um acréscimo patrimonial não tributado por qualquer sujeito em qualquer momento. Acerca desse argumento, o Ministro Dias Toffoli afirma que a manutenção da previsão legal de dedução da base de cálculo (que não era objeto da ação) seria apenas um **benefício fiscal** concedido em favor do alimentante, **não podendo afetar o direito do credor da pensão alimentícia**.

Também é digno de destaque a menção, na ementa do julgado, ao entendimento exposto no voto vista do Ministro Alexandre de Morais, no sentido de que "os valores recebidos a título de pensão alimentícia decorrente das obrigações familiares de seu provedor não podem integrar a renda tributável do alimentando, sob pena de violar-se a garantia ao **mínimo existencial**" (STF, Pleno, ADI 5.422/DF, Rel. Dias Toffoli, j. 06/06/2022, DJe 22/08/2022).

O argumento parte da ideia de que os valores recebidos servem para garantir a subsistência do alimentando e, por conseguinte, não devem ser tributados. Ora, essa mesma presunção poderia ser aplicada a todas as verbas de natureza alimentícia, contudo jamais houve proposta de sua não submissão ampla, ilimitada e genérica ao imposto sobre a renda e proventos de qualquer natureza. O que efetivamente existe é uma não tributação dos rendimentos das pessoas físicas até determinado limite – que também vinha sendo aplicado aos alimentandos –, presumivelmente equivalente ao necessário para a garantia do mínimo existencial ao beneficiário da renda e seus familiares. Não parece razoável estipular um limite de "isenção" para as pessoas em geral e, ao mesmo tempo, subtrair à tributação, ilimitadamente, qualquer que sejam seus valores, os alimentos e pensões oriundos do Direito de Família.

Não obstante os argumentos aqui esposados, recomenda-se aos que se preparam para as provas de concurso público que, nos certames a que se submetam, seguir à risca as conclusões da Suprema Corte, no sentido de que não é compatível com a Constituição a incidência do imposto de renda sobre valores decorrentes do Direito de Família percebidos pelos alimentados a título de alimentos ou de pensões alimentícias.

Por fim, relembre-se que o IR **não está sujeito ao princípio da noventena**, de forma que sua majoração pode gerar efeitos a partir do primeiro dia do exercício subsequente, independente de qualquer prazo mínimo.

13.3.2 Fato gerador

A definição legal do fato gerador do imposto de renda consta do art. 43 do Código Tributário Nacional, conforme abaixo transcrito:

> "Art. 43. O imposto, de competência da União, sobre a renda e proventos de qualquer natureza tem como fato gerador a aquisição da disponibilidade econômica ou jurídica:
>
> I – de renda, assim entendido o produto do capital, do trabalho ou da combinação de ambos;
>
> II – de proventos de qualquer natureza, assim entendidos os acréscimos patrimoniais não compreendidos no inciso anterior.
>
> § 1.º A incidência do imposto independe da denominação da receita ou do rendimento, da localização, condição jurídica ou nacionalidade da fonte, da origem e da forma de percepção.
>
> § 2.º Na hipótese de receita ou de rendimento oriundos do exterior, a lei estabelecerá as condições e o momento em que se dará sua disponibilidade, para fins de incidência do imposto referido neste artigo".

São praticamente intermináveis as divergências doutrinárias acerca dos conceitos de disponibilidade econômica e jurídica das rendas e proventos de qualquer natureza, para efeito da definição dos contornos legais do fato gerador do popularmente denominado "Imposto de Renda".

Nas primeiras edições desta obra foi adotada a corrente doutrinária que se baseia na juridicidade ou não da conduta que resultou no recebimento dos rendimentos. Conforme foi analisado no item 1.3.3 do Capítulo 1, a licitude do fato de que resulta o recebimento dos rendimentos é irrelevante para efeito de incidência do imposto (princípio do "pecunia non olet"). Assim, quer a disponibilidade tenha decorrido de uma conduta consonante com o direito (jurídica), quer seja resultado de uma conduta dissonante do direito (hipótese em que a disponibilidade seria meramente econômica), se houve aumento patrimonial, houve fato gerador do imposto de renda.

No entanto, são sedutores os argumentos dos que alegam que, para a compreensão da definição legal do fato gerador do imposto de renda, o que precisa ser qualificado como econômico ou jurídico é a **disponibilidade** do rendimento, e não sua causa, como se fazia na tese anteriormente abraçada.

Nessa linha, saber quando há a disponibilidade é saber em que momento o patrimônio do contribuinte pode ser considerado efetivamente acrescido, o que pode acontecer com a efetiva possibilidade concreta de gozar do aumento patrimonial ou pela obtenção de um abstrato direito a crédito, passível de imediata conversão em moeda. No primeiro caso, tem-se a **disponibilidade econômica**; no segundo, a **jurídica**. Há uma tendência apontada pela corrente doutrinária que segue essa tese, de se abolir a diferenciação, uma vez que tais hipóteses de disponibilidade tendem a se confundir, pois, se a denominada disponibilidade jurídica é conversível em disponibilidade econômica, ela, no fundo, também é econômica. Nesse ponto, é conveniente ressaltar que todos os impostos incidem sobre manifestações de riqueza, fatos essencialmente econômicos.

Não obstante a manifesta tendência de abandono da classificação, ela ainda consta do CTN e deve ser conhecida pelos que se preparam para as provas de concurso público. Para esses objetivos, a diferenciação que parece mais consentânea com a tese ora esposada é aquela que foi vencedora em votação plenária no XI Simpósio Nacional de Direito Tributário do Centro de Estudos de Extensão Universitária – CEEU, lavrada nos termos abaixo transcritos:

- Aquisição de **disponibilidade jurídica** é a obtenção de direitos de créditos, não sujeitos a condição suspensiva;
- Aquisição de **disponibilidade econômica** é a obtenção da faculdade de usar, gozar e dispor de dinheiro ou coisas nele conversíveis, entrados para o patrimônio do adquirente por ato ou fato jurídico.

Como exemplo de disponibilidade jurídica, tem-se o recebimento de um cheque (ordem de pagamento à vista); como hipótese de disponibilidade econômica, tem-se o recebimento de um pagamento em dinheiro. A exemplificação demonstra com clareza o quanto a diferenciação carece de relevância prática.

Com relação aos rendimentos obtidos no exterior, a regulamentação reclamada pelo § 2.º acima transcrito constava da Medida Provisória 2.158-35, de 24 de agosto de 2001, que, em seu art. 74, previa que os lucros auferidos por controlada ou coligada no exterior seriam considerados disponibilizados para a controladora ou coligada no Brasil na data do balanço no qual tiverem sido apurados.

O dispositivo foi objeto de uma das maiores controvérsias tributárias já instauradas perante o STF.

O pano de fundo da celeuma é que, sendo o **fato gerador** do imposto de renda dependente da **disponibilidade jurídica ou econômica dos rendimentos**, torna-se bastante questionável a possibilidade de a lei definir arbitrariamente o momento em que os lucros obtidos no exterior seriam considerados disponibilizados para uma investidora no Brasil. Para muitos, o fato gerador do imposto de renda somente poderia ser considerado ocorrido no Brasil quando houvesse a **efetiva distribuição** dos lucros ou, ao menos, a decisão de distribuí-los tomada pelos órgãos de direção da investida no exterior.

O Supremo Tribunal Federal enfrentou a questão no julgamento da ADI 2.588/DF e foi sensível a dois argumentos:

a) em muitos casos, as controladas e coligadas no exterior servem como meros mecanismos destinados a subtrair vultosos lucros da tributação nacional, principalmente quando domiciliadas em paraísos fiscais. A regra sob análise teria sido criada essencialmente para evitar esses casos de elisão fiscal;

b) somente nos casos em que a investida no exterior é controlada (não sendo apenas uma coligada) por empresa brasileira é que esta teria um poder de decisão que poderia justificar a equiparação de lucros auferidos no exterior a lucros jurídica ou economicamente disponíveis no Brasil.

Assim, a Corte Suprema somente aceitou a aplicação da regra do art. 74 da Medida Provisória 2.158-35/2001 aos casos que envolviam controladas sediadas em "paraísos fiscais".

A decisão acabou deixando vários casos sem a devida disciplina legal: Qual a regra aplicável às coligadas? Como tratar os casos envolvendo controladas domiciliadas em países de tributação normal? Para solucionar essas questões, após a decisão do STF, foi editada a MP 627/2013, posteriormente convertida na Lei 12.973/2014, que revogou o art. 74 da MP 2.158-35/2001 e passou a disciplinar a matéria.

A Lei 12.973/2014 estabelece que a tributação da **controladora domiciliada no Brasil** incidirá sobre a **repercussão dos lucros no valor de investimento** que ela tem na controlada domiciliada no exterior. Tal repercussão é equivalente ao lucro obtido, proporcionalizado à parcela que a investidora tem de participação na controlada. Em suma, o que é tributado não é diretamente o lucro, mas sua repercussão (aumento patrimonial) sobre a quota da controladora.

Quanto ao **momento da tributação**, a regra básica é que incidência se dará quando **apurado o resultado** da coligada em balanço. Contudo, cumpridos alguns requisitos, principalmente o de a **controlada não estar domiciliada em paraíso fiscal**, é possível optar por um **regime de consolidação dos resultados** (lucros e prejuízos) até 2022 (art. 78), com a **postergação do pagamento dos tributos**, que passa a ser realizado na proporção dos lucros distribuídos nos anos subsequentes ao encerramento do período de apuração a que corresponder (art. 90). Já no caso de não serem cumpridos os requisitos do art. 78 – basicamente quando a controlada está domiciliada em paraíso fiscal –, a consolidação e a postergação não são possíveis.

No tocante às **coligadas domiciliadas no exterior**, o art. 81 da Lei 12.973/2014 previu a tributação da investidora brasileira somente quando da realização do balanço de 31 de dezembro do ano-calendário em que os lucros tenham sido disponibilizados para a pessoa jurídica domiciliada no Brasil, desde que a coligada não esteja sujeita a tributação favorecida. Cumprido esse requisito, somente haverá tributação com a **efetiva distribuição dos lucros**; caso contrário, a tributação se dará já **ao final do ano-calendário** em que os resultados da coligada forem apurados pela empresa domiciliada no exterior (art. 82, I).

13.3.3 Base de cálculo

13.3.3.1 Imposto de Renda das Pessoas Jurídicas – IRPJ

A base de cálculo do imposto é o montante, **real**, **arbitrado** ou **presumido**, da renda ou dos proventos tributáveis (CTN, art. 44). Apesar de não ficar claro no dispositivo, a distinção efetivamente proposta somente tem sido integralmente usada no tocante à base de cálculo do **Imposto de Renda das Pessoas Jurídicas – IRPJ.**

Na sistemática do **lucro real**, o contribuinte efetivamente calcula seu lucro, abatendo do faturamento as despesas legalmente autorizadas.

Nos termos regulamentares, o lucro real é definido como o lucro líquido do período de apuração ajustado pelas adições, exclusões ou compensações prescritas ou autorizadas pelo Regulamento do Imposto de Renda RIR/2018 (Decreto 9.580/2018, art. 258).

No **lucro presumido** (opção possível para parcela dos contribuintes), o sujeito passivo aplica um percentual legal sobre o valor de sua receita bruta, obtendo como resultado um montante que se presume ser seu lucro, e, portanto, a base de cálculo do imposto.

Como regra, o percentual utilizado é de 8%, conforme art. 591 do RIR/2018. No entanto, o artigo seguinte do mesmo Regulamento traz um conjunto de atividades sujeitas a três diferentes alíquotas de presunção (1,6%, 16% e 32%).

A sistemática do **lucro arbitrado** é aplicada em situações excepcionais, caracterizadas por graves descumprimentos de obrigações acessórias em virtude de omissões, fraudes, vícios, erros e deficiências que, por impossibilitarem a obtenção dos elementos necessários para que o lançamento do imposto seja corretamente realizado na sistemática do lucro real ou presumido, acabam por exigir que a autoridade lançadora ou o contribuinte, usando as técnicas legais, arbitre o valor da base de cálculo do tributo. As hipóteses em que o procedimento é adotado são detalhadas no art. 603 do RIR/2018.

Quando os problemas na escrituração fiscal não chegam ao ponto de impedir o conhecimento da receita bruta, o lucro arbitrado é determinado mediante a aplicação, pelo contribuinte ou pela autoridade lançadora, dos mesmos percentuais utilizados para a obtenção do lucro presumido (arts. 591 e 592 do RIR/2018), majorados em 20%, conforme previsão do art. 605 do RIR/2018.

Tal majoração pode passar ao contribuinte a sensação de que ele está sendo punido pelos graves problemas na sua escrituração fiscal. No entanto, há de se recordar que se está lançando imposto de renda, que, justamente por ser tributo, não constitui sanção por ato ilícito (CTN, art. 3º). Obviamente a majoração é necessária para que se impeça o sujeito à tributação pelo lucro real, percebendo que em determinado exercício lhe seria mais vantajosa a sistemática do lucro presumido, deliberadamente se coloque numa das situações de arbitramento, o que, não fosse a majoração ora analisada, seria equivalente à desejada tributação com base no lucro presumido.

De qualquer forma, o fato de a majoração da base de cálculo tecnicamente não configurar punição não impede que sejam lançadas contra o sujeito passivo as penalidades especificamente previstas para os casos de descumprimento das obrigações acessórias.

De outra banda, quando a escrituração fiscal do sujeito passivo não permite sequer a obtenção da receita bruta, o lucro arbitrado será determinado mediante a utilização de uma das alternativas de cálculo previstas no art. 608 do RIR/2018. Lembrar que, nesses casos, o arbitramento somente poderá ser realizado pela autoridade lançadora, pois o arbitramento pelo contribuinte somente é permitido quando a receita bruta é conhecida (RIR/2018, art. 604).

13.3.3.2 Imposto de Renda das Pessoas Físicas – IRPF

No que concerne ao **Imposto de Renda das Pessoas Físicas – IRPF**, em primeiro lugar é necessário perceber que os rendimentos e proventos são tributados num sistema que parcela da doutrina denomina "bases correntes"[1], segundo o qual a tributação é realizada à medida que os valores são recebidos, mediante retenções e pagamentos mensais durante um ano, denominado de ano-base ou ano-calendário. No ano subsequente (ano-exercício), o ciclo se completa com a entrega da declaração de ajuste anual na qual, analisados rendimentos, despesas e outros aspectos, chega-se a uma das seguintes conclusões a respeito do imposto pago no ano-base (diretamente ou mediante retenção): a) correspondeu exatamente ao devido; b) foi menor que o devido; ou c) foi maior que o devido. Nas duas últimas hipóteses, o ciclo somente se fecha com o pagamento ou restituição da diferença, conforme o caso.

O ideal seria que o imposto apurado na declaração de ajuste anual fosse exatamente a soma dos valores pagos e retidos mensalmente durante o ano-base. Isso, contudo, não se verifica por vários motivos. As principais causas para a diferença são o recebimento por alguns contribuintes de rendimentos pagos por **mais de uma fonte pagadora** (o que tende a gerar **imposto a pagar** nas respectivas declarações) e, o que nos interessa mais de perto nesse tópico por repercutir na base de cálculo do tributo, a existência de **despesas que somente podem ser legalmente deduzidas no ajuste anual**, em virtude de não ser viável exigir que as fontes pagadoras as acompanhem mês a mês, como são os casos de pagamentos a escolas e médicos (o que tende a resultar em imposto a restituir em tais declarações).

Assim, após definir como tributáveis "os rendimentos provenientes do trabalho assalariado, as remunerações por trabalho prestado no exercício de empregos, cargos e funções, e quaisquer proventos ou vantagens percebidos"(art. 36), o RIR/2018 estabelece sutis diferenças nas deduções para que se apure as bases de cálculo para **incidência mensal** e para a ocasião do **ajuste anual**.

A base de cálculo para a **incidência mensal** do IRPF é apurada deduzindo-se dos rendimentos tributáveis algumas despesas previstas na legislação do imposto de renda (escrituradas em livro caixa; com informatização realizadas pelos titulares de serviços de registros públicos; pensão alimentícia; contribuições para previdência social oficial e privada, **excluídas as para os Fundos de Aposentadoria Programada Individual FAPI**; e um valor padrão por dependente).

Já a base de cálculo do imposto devido em todo o ano-calendário (utilizada por ocasião da declaração de **ajuste anual**) é definida pelo art. 76 do RIR/2018 como a diferença entre as seguintes somas:

1. Merece menção a existência de entendimento no sentido de que o sistema adotado no Brasil foi o de bases correntes apenas no ano de 1990, quando a tributação mensal era definitiva, somente havendo ajuste de valores dentro do próprio mês, o que ocorria nos casos em que o contribuinte tinha mais de uma fonte pagadora.

a) todos os rendimentos percebidos durante o ano-calendário, exceto os isentos, os não tributáveis, os tributáveis exclusivamente na fonte e os sujeitos à tributação definitiva;

b) as despesas legalmente previstas como dedutíveis (escrituradas em livro caixa; com informatização realizadas pelos titulares de serviços de registros públicos; pensão alimentícia; **médicas; com instrução**; contribuições para previdência social oficial e privada**, inclusive com Fundos de Aposentadoria Programada Individual – FAPI**; e um valor padrão por dependente)

Destaque-se que são dedutíveis na declaração de ajuste anual, mas não o são para a incidência mensal do IRPF as despesas médicas, as com instrução e as contribuições para os Fundos de Aposentadoria Programada Individual – FAPI. Conforme já analisado, tal aspecto é o maior motivo para que uma parcela relevante das declarações de ajuste resulte em restituição do imposto de renda.

13.3.4 Contribuintes

A definição dos contribuintes do imposto de renda se encontra no art. 45 do Código Tributário Nacional, conforme abaixo transcrito:

> "Art. 45. Contribuinte do imposto é o titular da disponibilidade a que se refere o art. 43, sem prejuízo de atribuir a lei essa condição ao possuidor, a qualquer título, dos bens produtores de renda ou dos proventos tributáveis.
>
> Parágrafo único. A lei pode atribuir à fonte pagadora da renda ou dos proventos tributáveis a condição de responsável pelo imposto cuja retenção e recolhimento lhe caibam".

13.3.5 Lançamento

Muita confusão se faz em torno da modalidade de lançamento a que está sujeito o imposto de renda.

O motivo da celeuma é que a mais famosa declaração tributária existente no direito tributário brasileiro é, exatamente, a declaração de imposto de renda (principalmente a das pessoas físicas). O fato fez com que muitos autores, apressadamente, afirmassem que o tributo seria lançado por declaração.

Na sistemática de lançamento do IR, entretanto, a formulação de declaração pelo sujeito passivo é mera obrigação acessória que auxilia no cálculo, pelo próprio sujeito passivo, do tributo porventura devido. Caso haja imposto a pagar, o próprio declarante deve antecipar o pagamento sem prévio exame da autoridade administrativa, tudo em perfeita subsunção com a regra contida no art. 150 do Código Tributário Nacional, sede da definição do lançamento por homologação.

Assim, não obstante as manifestações em sentido contrário, a regra, no imposto de renda é, insofismavelmente, o lançamento por homologação.

Constatada a ausência ou insuficiência de pagamento de acordo com o fato gerador ocorrido, o crédito correspondente deve ser constituído **de ofício**, respeitado o prazo decadencial.

13.3.6 Visão geral do imposto

	Imposto de Renda – IR
Função predominante	Fiscal
Princípio da legalidade	Está sujeito
Princípio da anterioridade	Está sujeito
Princípio da noventena	Não se sujeita
Fato gerador	A aquisição da disponibilidade econômica ou jurídica: I – de renda, assim entendido o produto do capital, do trabalho ou da combinação de ambos; II – de proventos de qualquer natureza, assim entendidos os acréscimos patrimoniais não compreendidos no inciso anterior.
Base de cálculo	É o montante, real, arbitrado ou presumido, da renda ou dos proventos tributáveis
Contribuintes	É o titular da disponibilidade a que se refere o art. 43, sem prejuízo de atribuir a lei essa condição ao possuidor, a qualquer título, dos bens produtores de renda ou dos proventos tributáveis.
Lançamento	Por homologação

13.4 IMPOSTO SOBRE PRODUTOS INDUSTRIALIZADOS - IPI

Durante muito tempo, a doutrina se referiu ao IPI como um tributo de finalidade precipuamente extrafiscal.

Na esteira desse entendimento, da mesma forma que o II, o IE e o IOF, o legislador constituinte originário optou por possibilitar ao Poder Executivo alterar as alíquotas do IPI, atendidas as condições e os limites estabelecidos em lei, sem necessidade de obediência ao princípio da anterioridade para a cobrança, em havendo majoração.

No entanto, a arrecadação do IPI é a segunda entre os impostos federais (só é menor que a do IR), o que demonstra que a finalidade fiscal ganhou grande relevância, justificando o pleito de que se estendesse ao tributo alguma garantia que protegesse o contribuinte contra a elevação repentina da carga do imposto.

Ao editar a Emenda Constitucional 42/2003, o legislador constituinte derivado atendeu ao pleito dos contribuintes, estendendo a noventena aos tributos em geral e **não excetuando o IPI**.

Em síntese, no que concerne ao princípio da não surpresa, o IPI é exceção à anterioridade do exercício financeiro, embora seja submetido à noventena, conforme predispõe o art. 150, § 1.º, da CF/1988.

Convém registrar que o crescimento da importância da finalidade fiscal do tributo não suprimiu sua função extrafiscal, que pode ser percebida, por exemplo, quando a lei prevê diferenciação de alíquotas visando à efetivação do objetivo constitucional de diminuir as desigualdades de desenvolvimento socioeconômico entre as regiões do País (CF, art. 3.º, III).

Para citar um caso concreto, pode-se mencionar o analisado pelo STF, em 2017, no julgamento do RE 592.145/SP (repercussão geral). Na ocasião, a Suprema Corte considerou constitucional o tratamento tributário diferenciado previsto no art. 2º da Lei 8.393/1991, que, quando vigente, concedia isenção de IPI para os produtores de açúcar situados nos Estados do Norte e do Nordeste, bem como autorizava a redução da alíquota do imposto em até 50% para os localizados no Rio de Janeiro e no Espírito Santo.

Para o Tribunal, o incentivo fiscal não acarretara preferência desarrazoada entre Estados-Membros, justificando-se pelas peculiaridades dos contribuintes situados nas regiões indicadas.

Em virtude da Emenda Constitucional 132/2023 – que reformulou a tributação sobre o consumo no Brasil (tema estudado no Capítulo 16) –, a partir de 2027, a abrangência do IPI será bastante reduzida. Na realidade, a versão inicial da reforma previa a completa extinção do tributo, mas, ao final dos debates, decidiu-se por mantê-lo com a função exclusiva de assegurar o diferencial competitivo da **Zona Franca de Manaus** no tocante aos produtos que nela têm sua industrialização incentivada.

Desse modo, o IPI será bastante encolhido, e a função extrafiscal de desestimular o consumo de certos produtos, tradicionalmente por ele exercida, ficará a cargo do imposto seletivo, instituído pela União através da Lei Complementar 214/2025, visando a onerar bens e serviços considerados nocivos à saúde humana ou ao meio ambiente. No entanto, tendo em vista que isso somente se dará em 2027, deve ser mantido, até lá, o estudo do IPI com a sua configuração atual.

13.4.1 Seletividade

O imposto sobre produtos industrializados é necessariamente seletivo, de forma que suas alíquotas devem ser fixadas de acordo com a essencialidade do produto, sendo menores para os gêneros considerados essenciais e maiores para os supérfluos (CF, art. 153, § 3.º, I).

O objetivo final do princípio é conseguir, de maneira indireta, graduar a carga tributária do imposto de acordo com a capacidade contributiva dos consumidores, uma vez que os produtos essenciais são consumidos por todas as classes sociais, devendo, justamente por isso, estar sujeitos a uma suave ou inexistente carga tributária. Já os gêneros supérfluos são presumidamente consumidos apenas (ou, ao menos, principalmente) pelas pessoas das classes sociais mais privilegiadas, devendo ser tributados de uma maneira mais gravosa.

O fato de um produto ser considerado essencial não significa que sua alíquota deve ser necessariamente zero. O Parlamento, ao estabelecer os limites das alíquotas do IPI, e o Presidente da República, ao fixá-las, observados os limites legais, têm certa **margem de discricionariedade**, somente podendo o Judiciário intervir se o percentual fixado for manifestamente contrário à lógica do princípio da seletividade, como ocorreria na hipótese de se fixar para um gênero essencial a mesma alíquota aplicável a um produto supérfluo e cujo consumo deva ser desestimulado, como é o caso dos cigarros.

Seguindo essa linha, o Supremo Tribunal Federal considerou **constitucional** a fixação da alíquota de **18%** incidente sobre **açúcar**, item integrante da cesta básica (RE 592.145/SP). De maneira semelhante, a Corte, analisando a incidência de IPI sobre embalagens, firmou a seguinte tese: "É constitucional a fixação de alíquotas de IPI superiores a zero sobre garrafões, garrafas e tampas plásticas, ainda que utilizados para o acondicionamento de produtos essenciais" (RE 606.314/PE).

Quanto a esse último aspecto, é importante destacar que, no caso de embalagens, o grau de essencialidade a ser aferido para a estipulação da alíquota do IPI é o do **produto a ser acondicionado,** e não o da **embalagem** propriamente considerada. Assim, ao permitir alíquotas superiores a zero para materiais utilizados no acondicionamento de produtos essenciais, a Suprema Corte novamente concordou com a aplicação de tais alíquotas aos próprios produtos essenciais.

Frise-se que, quando o IBS e a CBS passarem a ser cobrados e o alcance do IPI restringir-se aos bens de produção incentivada na Zona Franca de Manaus, a seletividade baseada na essencialidade do produto dará lugar ao **mecanismo de *cashback*** como técnica de graduação da carga tributária de acordo com a capacidade contributiva dos consumidores. As alíquotas do IBS e da CBS serão uniformes, independentemente da natureza do produto; contudo, para mitigar a regressividade da tributação, haverá devolução de tributos a pessoas físicas de baixa renda, com condições e limites regulamentados por lei (CF, arts. 156-A, § 5º, VIII, e 195, § 18).

13.4.2 Não cumulatividade

Outro princípio a ser obrigatoriamente obedecido pelo IPI é o da não cumulatividade, permitindo-se a compensação do que for devido em cada operação com o montante cobrado nas anteriores (CF, art. 153, § 3º, II).

A não cumulatividade é técnica que tem por objetivo limitar a incidência tributária nas cadeias de produção e circulação mais extensas, fazendo com que, a cada etapa da cadeia, o imposto somente incida sobre o valor adicionado naquela etapa. Assim, ao final da cadeia, o tributo cobrado jamais será maior que o valor da maior alíquota, multiplicado pelo valor final do produto.

É justamente por isso que na maioria dos países do mundo o imposto é chamado de IVA, imposto sobre o valor agregado (ou adicionado). No Brasil, numa atécnica tentativa de dividir renda, o IVA foi dividido em três pedaços, criando-se o IPI (federal), o ICMS (estadual) e o ISS (municipal). Nos casos de incidência sobre circulação de bens (ICMS e IPI), a Constituição Federal determinou a não cumulatividade.

No Código Tributário Nacional, a não cumulatividade do IPI está disciplinada no art. 49, nos seguintes termos:

> "Art. 49. O imposto é não cumulativo, dispondo a lei de forma que o montante devido resulte da diferença a maior, em determinado período, entre o imposto referente aos produtos saídos do estabelecimento e o pago relativamente aos produtos nele entrados".

A sistemática, portanto, funciona mediante o sistema de **débitos e créditos** a seguir explicado. Ressalte-se que a terminologia a ser utilizada na explanação é a jurídica, e não a contábil, visto que os bens e direitos em contabilidade são registrados como "débitos", e as obrigações como "créditos", sentido exatamente contrário ao que é aqui adotado.

A cada **aquisição** tributada de insumo, o adquirente registra como **crédito** o valor do tributo incidente na operação. Tal valor é um "direito" do contribuinte, consistente na possibilidade de recuperar o valor incidente nas operações subsequentes (é o "IPI a recuperar").

A cada **alienação** tributada de produto, o alienante registra como **débito** o valor do tributo incidente na operação. Tal valor é uma obrigação do contribuinte, consistente no dever de recolher o valor devido aos cofres públicos federais ou compensá-lo com os créditos obtidos nas operações anteriores (trata-se do "IPI a recolher").

Periodicamente, faz-se uma comparação entre os débitos e créditos. Caso os débitos sejam superiores aos créditos, o contribuinte deve recolher a diferença aos cofres públicos. Caso os créditos sejam maiores, a diferença pode ser compensada posteriormente ou, cumpridos determinados requisitos, ser objeto de ressarcimento.

É preciso registrar, contudo, que nem tudo aquilo que o contribuinte adquire gera um crédito de IPI a ser deduzido na operação de venda do produto final. Somente as aquisições de **insumos** (matérias primas, produtos intermediários e material de embalagens) **incorporados fisicamente ao produto final**, ou **inteiramente consumidos** durante o processo de industrialização, originam direito a creditamento do imposto. A lógica não se aplica às aquisições de bens destinados ao ativo fixo da empresa (máquinas, ferramentas, equipamentos etc.) nem às aquisições de bens de uso e consumo do estabelecimento fabricante (alimentação de funcionários, uniformes, material de expediente etc.), em relação aos quais a própria empresa adquirente se reveste da condição de destinatária final.

O raciocínio decorre do entendimento, pacífico na jurisprudência dos Tribunais Superiores, de que a cláusula constitucional da não cumulatividade pressupõe a adoção do **"regime de crédito físico"**, pelo qual somente os bens integralmente consumidos ou incorporados **fisicamente** ao processo de industrialização são capazes de gerar direito ao creditamento de IPI. Ainda que o maquinário sofra algum desgaste decorrente de sua utilização no processo produtivo, inclusive demandando manutenção e reposição periódica de peças, esse é um custo incluído no preço de venda do produto final, a ele se incorporando financeiramente, mas não fisicamente.

A não cumulatividade de matriz constitucional não garante ao contribuinte a implementação de um **"regime de crédito financeiro"**, em que qualquer aquisição tributada, independentemente da destinação do bem adquirido, geraria para a empresa adquirente um crédito de imposto a ser deduzido na operação de saída do produto final. A possibilidade de aproveitamento de créditos financeiros possui natureza de benefício fiscal e depende da atuação do legislador infraconstitucional, ou seja, somente tem lugar quando expressamente prevista em lei (AI 848.516-AgR/PB).

No âmbito do ICMS, a Lei Complementar 87/96 autoriza a compensação de créditos decorrentes da aquisição de bens destinados ao ativo imobilizado e de bens de consumo do estabelecimento fabril. Na legislação infraconstitucional que disciplina o IPI, entretanto, não há qualquer permissivo nesse sentido, razão pela qual, nas palavras do STJ, **"a aquisição de bens que integram o ativo permanente da empresa ou de insumos que não se incorporam ao produto final ou cujo desgaste não ocorra de forma imediata e integral durante o processo de industrialização não gera direito a creditamento de IPI"** (STJ, 1ª Seção, REsp 1.075.508/SC, Rel. Min. Luiz Fux, DJe 13.10.2009). Parte dessa conclusão encontra-se consolidada na Súmula 495/STJ, abaixo transcrita:

> **Súmula 495/STJ** – "A aquisição de bens integrantes do ativo permanente da empresa não gera direito a creditamento de IPI".

Relevante questão a ser analisada é a da aquisição de insumos **isentos** (beneficiados pela dispensa legal do pagamento do tributo), **não tributáveis** (não compreendidos na esfera material de incidência do tributo) ou sujeitos à **alíquota zero** (cuja alíquota do tributo foi reduzida ao fator zero). Perceba-se que, em tais hipóteses, não há, na operação de entrada, recolhimento de tributo, de modo que o adquirente dos insumos, ao alienar o produto final, aparentemente não teria créditos a serem compensados, sendo devedor da totalidade do tributo incidente na operação de saída.

Em relação ao ICMS, isso fica bastante claro, pois o legislador constituinte cuidou de estabelecer, no art. 155, § 2º, II, *a*, da CF/1988, que a isenção ou não incidência, salvo determinação em contrário da legislação, não implica crédito para compensação com o montante devido nas operações ou prestações seguintes. No tocante ao IPI, contudo, não há disposição constitucional específica indicando a regra a ser seguida.

Entendendo que o não creditamento de IPI poderia anular o efeito prático dos incentivos fiscais concedidos pelo legislador a certas cadeias produtivas – transformando o benefício em mero diferimento do pagamento do tributo –, o Supremo Tribunal Federal, inicialmente, afirmava a existência do direito ao crédito de IPI mesmo no caso de matérias-primas, insumos e produtos intermediários adquiridos sem oneração tributária (RE 293.511-AgR/RS).

Em 2007, contudo, aproximando-se da lógica aplicável ao ICMS, o Tribunal modificou radicalmente sua jurisprudência, passando a adotar a tese, hoje prevalente, de que "os princípios da não cumulatividade e da seletividade **não ensejam direito de crédito presumido de IPI** para o contribuinte adquirente de insumos **não tributados ou sujeitos à alíquota zero**" (grifou-se) (STF, Pleno, RE 370.682/SC, Rel. Min. Ilmar Galvão, j. 25.06.2007, DJ 19.12.2007, p. 24).

A Corte destacou que a exigência de não cumulatividade visa a impedir incidências sucessivas nas fases que compõem a cadeia de produção de determinado produto. É nesse contexto que a norma constante do art. 153, § 3º, II, da CF/1988 estipula o creditamento do IPI tendo em conta o montante cobrado nas operações anteriores. Portanto, se determinada fase do processo produtivo não houver sido onerada pelo tributo, não há de se pensar em um crédito "fictício" a ser compensado na fase subsequente.

Na ocasião, o Ministro Gilmar Mendes pontuou que, sob a ótica da incidência seletiva do IPI, não há obrigatoriedade de o favorecimento fiscal concedido a certos itens repercutir em todas as etapas da cadeia produtiva, podendo o tratamento beneficiado restringir-se a apenas alguns elos da corrente. Dito de outro modo, a desoneração não necessariamente precisa influenciar a carga tributária total do produto final, sobretudo quando se tem em mente que insumos considerados essenciais (e, por isso, desonerados) podem ser utilizados tanto para a produção de bens igualmente essenciais, como remédios, quanto para a de supérfluos, a exemplo de cosméticos.

No precedente citado, o Tribunal debruçou-se apenas sobre os casos de insumos **não tributados** ou sujeitos a **alíquota zero**. Em 2011, contudo, semelhante conclusão foi adotada também para os insumos **isentos**, tendo o Plenário da Corte afirmado que o instituto da isenção não gera, por si só, direito a crédito (RE 566.819/RS).

Posteriormente, a repercussão geral da matéria foi reconhecida e, ao analisá-la, o STF reuniu os entendimentos, consolidando a jurisprudência no sentido de que, seja qual for a hipótese de aquisição desonerada (isenção, não incidência ou alíquota zero), os princípios da seletividade e da não cumulatividade não garantem ao contribuinte direito a crédito presumido de IPI (RE 398.365/RS). Atualmente, a tese encontra-se pacificada no enunciado da Súmula Vinculante 58, que assim dispõe:

> **STF – Súmula Vinculante 58 –** "Inexiste direito a crédito presumido de IPI relativamente à entrada de insumos isentos, sujeitos à alíquota zero ou não tributáveis, o que não contraria o princípio da não cumulatividade".

Há uma situação completamente distinta que também merece ser estudada. Trata-se daquela em que os insumos são adquiridos com cobrança do IPI, mas os produtos resultantes da industrialização de tais insumos são alienados sem essa exação. Repise-se: até agora, foram comentados casos de **entrada desonerada com saída onerada;** o que se passa analisar são casos de **entrada onerada com saída desonerada**.

A solução adotada pelo STF foi também semelhante à expressamente prevista para o ICMS (CF, art. 155, § 2º, II, *b*), qual seja, o cancelamento do crédito relativo às operações anteriores. No entender do Supremo, como o art. 153, § 3º, II, da CF/1988 afirma que o IPI "será não cumulativo, compensando-se o que for devido em cada operação com o montante cobrado nas anteriores", somente se pode usar crédito decorrente de operação anterior com a exclusiva finalidade de compensar os débitos da operação subsequente, salvo se a legislação infraconstitucional resolver conceder o direito à utilização de tal crédito de outra forma.

Atualmente está em vigor o art. 11 da Lei 9.779/1999, autorizando a manutenção e utilização dos créditos de IPI mesmo diante de saídas desoneradas. Entretanto, é fundamental entender que tal benefício somente se aplica àqueles insumos recebidos no estabelecimento industrial ou equiparado a partir de **1º de janeiro de 1999**.

Em suma, o direito à manutenção e ao aproveitamento de créditos de IPI relativos a aquisições tributadas de insumos utilizados na industrialização de produtos desonerados do imposto depende de **expressa previsão em lei**, e tal previsão somente passou a existir com o advento da Lei 9.779/1999 (STF,

Pleno, RE 475.551, rel. Min. Cesar Peluso, rel. para acórdão Min. Cármen Lúcia, j. 06.05.2009, *DJe* 13.11.2009).

A conjugação das duas decisões analisadas acima demonstra que, tanto para o IPI quanto para o ICMS, vale a **tese da dupla incidência** (ou, de maneira mais técnica, "**dupla oneração**"), de forma que o direito a crédito decorrente da não cumulatividade destes tributos somente decorre diretamente da Constituição Federal (independendo de previsão legal) quando houver **entrada onerada** e **saída onerada**. Se a entrada é desonerada, não há direito a crédito; se a saída é desonerada, devem ser cancelados (estornados) os créditos relativos às operações ou prestações anteriores. Tudo, obviamente, salvo disposição legal em sentido contrário.

Registre-se que o Supremo Tribunal Federal tem entendido que, nos casos em que a lei concede ou mantém crédito da forma acima descrita, está presente o benefício do "**crédito presumido**". A terminologia, por demais discutível, acaba por atrair a incidência do art. 150, § 6º, da Constituição Federal, que exige **lei específica** para a concessão dos benefícios lá enumerados, entre eles o "crédito presumido". Este é mais um forte argumento para fundamentar a tese da **dupla incidência**, pois, reafirme-se, diante da ausência de lei específica em sentido contrário, não há crédito presumido do adquirente/alienante de insumos/produtos desonerados.

Desse raciocínio, convém alertar, excetuam-se apenas os insumos provenientes da **Zona Franca de Manaus**, região socioeconômica revestida de particularidades que justificam um tratamento diferenciado. Conforme estudado no Capítulo 2, item 2.10.1, o art. 40 do ADCT define a região como área de livre comércio, de exportação e importação, e de incentivos fiscais, o que está em perfeita consonância com o art. 3º da Carta Magna, já que se trata de medida nitidamente voltada a favorecer o desenvolvimento daquela região, de forma a reduzir as desigualdades entre as regiões do País.

Não existe previsão legal expressa autorizando a utilização de créditos presumidos de IPI nas aquisições de insumos isentos, não tributados ou sujeitos à alíquota zero oriundos da Zona Franca de Manaus. Apesar disso, o STF, no julgamento do RE 592.891/SP e do RE 596.614/SP, reconheceu o direito ao creditamento no caso dos insumos provenientes da referida área, de forma a não frustrar o tratamento favorecido com que a Constituição quis contemplá-la.

Segundo a Corte, o tratamento constitucional dado aos incentivos fiscais direcionados à Zona Franca de Manaus é especialíssimo, pois o desenvolvimento da região socioeconômica na qual a área está inserida tem importância estratégica para a Federação, inclusive envolvendo questões de soberania nacional (defesa das fronteiras e proteção das riquezas amazônicas). Para garantir a concessão de incentivos adequados, sem os quais a região não teria condições de se integrar ao cenário nacional, o próprio legislador constituinte originário se adiantou em delinear uma área de desoneração tributária.

Assim, no entender do Tribunal, no caso da sub-região de Manaus, a exigência de lei específica, prevista no art. 150, § 6º, da CF/1988, não tem lugar para fins de reconhecimento de direito a crédito presumido de IPI, pois a interpretação sistemática e teleológica das normas constitucionais – dentre elas, o art. 40 do ADCT e os arts. 3º e 43, § 2º, III, da CF/1988 – impõe seja dada máxima efetividade aos incentivos fiscais dedicados à Zona Franca de Manaus.

Com base nesses fundamentos, a Suprema Corte fixou a seguinte tese de repercussão geral: **"Há direito ao creditamento de IPI na entrada de insumos, matéria-prima e material de embalagem adquiridos junto à Zona Franca de Manaus sob o regime da isenção, considerada a previsão de incentivos regionais constante do art. 43, § 2º, III, da Constituição Federal, combinada com o comando do art. 40 do ADCT"** (STF, Pleno, RE 592.891/SP, Rel. (a). Min. Rosa Weber, j. em 25/04/2019).

Por fim, é também entendimento do STF que, tendo em vista a semelhança entre o ICMS e o IPI, aplica-se a este o precedente segundo o qual, ante a inexistência de previsão legal, **não há direito à correção monetária dos créditos escriturais** (STF, 2ª T., RE 410.795-AgR/PR, Rel. Min. Joaquim Barbosa, j. 29.09.2009, DJe 29.10.2009 – a análise da matéria, quanto ao ICMS, é feita ao final do item 14.2.4 do Capítulo 14). No entender da Corte, a sistemática de débitos e créditos tem por finalidade dar concretude ao princípio da não cumulatividade. Os créditos gerados têm natureza escritural (meramente contábil), e não há previsão de correção monetária nem na Constituição Federal, nem na legislação infraconstitucional que disciplina o IPI.

A mesma linha de raciocínio é encampada pelo STJ, contudo a jurisprudência deste Tribunal faz uma importante ressalva em relação aos casos em que o aproveitamento do crédito é injustamente obstado pela Administração Fazendária. Para o Tribunal, se, em virtude de **ilegítimo ato administrativo ou normativo do Fisco**, o contribuinte for impedido de exercer **legítimo direito a creditamento**, precisando recorrer ao Poder Judiciário, **será devida a respectiva correção monetária**, como forma de evitar enriquecimento sem causa do Estado (STJ, 1ª Seção, REsp 1.035.847/RS, Rel. Min. Luiz Fux, j. 24.06.2009, DJe 03.08.2009). A tese encontra-se cristalizada na Súmula 411/STJ, enunciada nos seguintes termos:

> **Súmula 411/STJ** – "É devida a correção monetária ao creditamento do IPI quando há oposição ao seu aproveitamento decorrente de resistência ilegítima do Fisco".

Nessa hipótese, a fixação do **termo inicial da correção monetária** tem como base uma diretriz constante da Lei 11.457/2007, que dispõe sobre a Administração Tributária federal. De acordo com o art. 24 da Lei, o Fisco tem o prazo máximo de **360 dias**, contados do protocolo de petição, defesa ou recurso administrativo do contribuinte, para proferir decisão administrativa acerca da questão aventada.

Segundo o STJ, somente após o escoamento do prazo de 360 dias é que se pode falar em **ato de resistência ilegítima do Fisco**, para fins de surgimento do direito de correção monetária em favor do contribuinte. Como durante o transcurso do prazo, tecnicamente, não há mora da Administração Pública, não pode esta ser compelida a arcar com qualquer ônus relativo ao período. Desse modo, nas palavras da Corte Superior, "o termo inicial da correção monetária do pleito de ressarcimento de crédito escritural excedente tem lugar somente após escoado o prazo de 360 dias para a análise do pedido administrativo pelo Fisco" (STJ, 1ª Seção, REsp 1.767.945/PR, Rel. Min. Sérgio Kukina, j. 12/02/2020, DJe 06/05/2020). O entendimento tem sido aplicado, inclusive, a requerimentos formulados antes da vigência da Lei 11.457/2007.

13.4.3 Imunidades

Como é de amplo conhecimento, a política é exportar mercadorias, não impostos.

Seguindo a máxima, o legislador constituinte resolveu imunizar as exportações de produtos industrializados à incidência do IPI (CF, art. 153, § 3º, III).

Por força de outros dispositivos constitucionais, são também imunes ao IPI os livros, jornais, periódicos e o papel destinado a sua impressão (CF, art. 150, VI, *d*); o ouro, quando definido em lei como ativo financeiro ou instrumento cambial (CF, art. 153, § 5º); energia elétrica, derivados de petróleo, combustíveis e minerais no País (CF, art. 155, § 3º).

13.4.4 Incentivo na aquisição de bens de capital

Com o advento da EC 42/2003, passou-se a prever que o IPI terá reduzido seu impacto sobre a aquisição de bens de capital pelo contribuinte do imposto, na forma da lei.

O objetivo do benefício foi incentivar a aquisição de bens de capital (primordialmente, as máquinas) por parte do industrial, principal contribuinte do imposto.

Os destinatários são aqueles que têm dúvidas entre manter seus recursos investidos no sistema financeiro ou aplicá-los na chamada "economia real". O que se tenta é estimulá-los a decidir por seguir a segunda opção, fomentando o desenvolvimento.

13.4.5 Fato gerador

O fato gerador do IPI está disciplinado pelo art. 46 do CTN, abaixo transcrito:

> "Art. 46. O imposto, de competência da União, sobre produtos industrializados tem como fato gerador:
>
> I – o seu desembaraço aduaneiro, quando de procedência estrangeira;
>
> II – a sua saída dos estabelecimentos a que se refere o parágrafo único do art. 51;
>
> III – a sua arrematação, quando apreendido ou abandonado e levado a leilão.
>
> Parágrafo único. Para os efeitos deste imposto, considera-se industrializado o produto que tenha sido submetido a qualquer operação que lhe modifique a natureza ou a finalidade, ou o aperfeiçoe para o consumo".

O Decreto 7.212/2010 (Regulamento do IPI – RIPI) define o fato gerador do IPI da seguinte forma:

> "Art. 35. Fato gerador do imposto é (Lei n.º 4.502, de 1964, art. 2.º):
>
> I – o desembaraço aduaneiro de produto de procedência estrangeira; e (Redação dada pelo Decreto nº 10.668, de 2021)
>
> II – a saída de produto do estabelecimento industrial, ou equiparado a industrial".

O mesmo Decreto ainda traz definições importantes sobre a incidência do imposto, conforme se transcreve abaixo:

> "Art. 2.º O imposto incide sobre produtos industrializados, nacionais e estrangeiros, obedecidas as especificações constantes da Tabela de Incidência do Imposto sobre Produtos Industrializados – TIPI (Lei n.º 4.502, de 30 de novembro de 1964, art. 1.º, e Decreto-Lei n.º 34, de 18 de novembro de 1966, art. 1.º).
>
> Parágrafo único. O campo de incidência do imposto abrange todos os produtos com alíquota, ainda que zero, relacionados na TIPI, observadas as disposições contidas nas respectivas notas complementares, excluídos aqueles a que corresponde a notação 'NT' (não tributado) (Lei n.º 10.451, de 10 de maio de 2002, art. 6.º).
>
> Art. 3.º Produto industrializado é o resultante de qualquer operação definida neste Regulamento como industrialização, mesmo incompleta, parcial ou intermediária (Lei n.º 5.172, de 25 de outubro de 1966, art. 46, parágrafo único, e Lei n.º 4.502, de 1964, art. 3.º).
>
> Art. 4.º Caracteriza industrialização qualquer operação que modifique a natureza, o funcionamento, o acabamento, a apresentação ou a finalidade do produto, ou o aperfeiçoe para consumo, tal como (Lei n.º 5.172, de 1966, art. 46, parágrafo único, e Lei n.º 4.502, de 1964, art. 3.º, parágrafo único):

> I – a que, exercida sobre matérias-primas ou produtos intermediários, importe na obtenção de espécie nova (transformação);
>
> II – a que importe em modificar, aperfeiçoar ou, de qualquer forma, alterar o funcionamento, a utilização, o acabamento ou a aparência do produto (beneficiamento);
>
> III – a que consista na reunião de produtos, peças ou partes e de que resulte um novo produto ou unidade autônoma, ainda que sob a mesma classificação fiscal (montagem);
>
> IV – a que importe em alterar a apresentação do produto, pela colocação da embalagem, ainda que em substituição da original, salvo quando a embalagem colocada se destine apenas ao transporte da mercadoria (acondicionamento ou reacondicionamento); ou
>
> V – a que, exercida sobre produto usado ou parte remanescente de produto deteriorado ou inutilizado, renove ou restaure o produto para utilização (renovação ou recondicionamento).
>
> Parágrafo único. São irrelevantes, para caracterizar a operação como industrialização, o processo utilizado para obtenção do produto e a localização e condições das instalações ou equipamentos empregados".

Nos casos de produtos importados, em razão da literalidade dos incisos I e II do *caput* do art. 46 do CTN, o Fisco exige o recolhimento do IPI tanto no desembaraço aduaneiro do produto como na saída do estabelecimento do importador (revenda), ainda que não haja industrialização no Brasil. Para alguns autores, a cobrança é ilegítima e confiscatória, configurando bitributação, dado que uma única industrialização geraria dupla incidência tributária.

No entanto, o STJ, julgando a matéria na sistemática dos recursos repetitivos, considerou que a distinção legal entre os fatos geradores (desembaraço e saída do estabelecimento importador) faz com que a primeira incidência recaia sobre o preço de compra – no qual está inserida a margem de lucro da empresa estrangeira –, enquanto a segunda atinge o preço de venda, que engloba o lucro da empresa brasileira. Além disso, a sistemática da não cumulatividade garante que a segunda tributação ocorra somente sobre o valor agregado na operação, impedindo a onerosidade excessiva da exação. Nesses termos, reconheceu-se a legitimidade da sistemática adotada pela legislação brasileira (EREsp 1.403.532/SC).

Abraçando os mesmos fundamentos, o STF adotou semelhante conclusão acerca do tema, consolidando seu entendimento na seguinte tese de repercussão geral: **"É constitucional a incidência do Imposto sobre Produtos Industrializados (IPI) no desembaraço aduaneiro de bem industrializado e na saída do estabelecimento importador para comercialização no mercado interno"** (STF, Pleno, RE 946.648/SC, Rel. Min. Marco Aurélio, Rel. p/ Acórdão Min. Alexandre de Moraes, j. 24/08/2020, DJe 13/11/2020).

Ainda no que concerne aos produtos de procedência estrangeira, após grande celeuma, o STF afirmou ser **possível a incidência do IPI na importação de veículo automotor por pessoa natural, ainda que não desempenhe atividade empresarial e o faça para uso próprio**. A tese foi fixada pela Corte, em fevereiro de 2016, no julgamento do RE 723.651/PR, submetido ao rito dos recursos repetitivos (repercussão geral). No caso concreto, o contribuinte (recorrente) pretendia o reconhecimento da inexigibilidade do imposto na importação de uma *McLaren* para uso pessoal, alegando que a sujeição do IPI ao postulado da não cumulatividade impediria a tributação do consumidor final, pessoa estranha ao ciclo produtivo.

Dentre os argumentos apresentados pelo STF para considerar constitucional a cobrança do IPI, destacam-se a inexistência de imunidade para produtos industrializados importados – mas, tão somente, aos destinados à exportação –, e o respeito ao princípio da isonomia. De fato, a redução da carga tributária sobre operações de exportação é uma tendência mundial que visa a assegurar a competitividade dos produtos estrangeiros na economia de mercado. Se, além da desoneração que recebem na origem, os veículos automotores estrangeiros fossem beneficiados por nova desoneração no destino, haveria tratamento desigual entre o fornecedor estrangeiro e o fabricante nacional, com sério prejuízo aos produtos nacionais similares, já que estes, decerto, estão sujeitos à cobrança de IPI.

Acompanhando o voto do Ministro Marco Aurélio, relator do processo, a maioria dos ministros entendeu que a incidência do IPI sobre veículo automotor importado por consumidor final não configuraria "cobrança em cascata" (incidência sequencial do mesmo tributo), já que o imposto estaria sendo exigido pela primeira vez e, desse modo, sem danos à não cumulatividade que o caracteriza. Mesmo que houvesse idêntico tributo no País de origem do item importado, a distinção entre os sujeitos ativos descartaria a hipótese de cobrança em duplicidade.

Conforme salientado pelo Ministro Marco Aurélio em seu voto, "a Lei Maior não distingue aquele que se mostra como contribuinte do imposto e, ante a natureza, pode ser um nacional, pessoa natural ou pessoa jurídica brasileira, sendo neutros o fato de não estar no âmbito do comércio e a circunstância de adquirir o produto para uso próprio". Perceba-se que, no âmbito interno, a oneração do produto nacional pela cobrança do IPI é, de todo modo, repassada ao consumidor final, ainda que a este não se atribua a responsabilidade pelo recolhimento aos cofres públicos. Assim, não há incoerência no fato de o consumidor, importando produto para uso próprio, arcar também com o custo da tributação, com a única diferença de ser ele próprio a realizar o recolhimento do imposto.

A posição adotada pelo STF guarda simetria com o que dispõe o art. 155, IX, *a*, da CF/1988, que permite a incidência de ICMS (tributo da mesma espécie do IPI) "sobre a entrada de bem ou mercadoria importados do exterior por pessoa física ou jurídica, ainda que não seja contribuinte habitual do imposto, qualquer que seja a sua finalidade". Para o estudo mais aprofundado do referido dispositivo, recomenda-se a leitura do item 14.2.7 do Capítulo 14.

Especificamente no que concerne aos fatos geradores relacionados a produtos oriundos de estabelecimentos nacionais, uma grande controvérsia surgiu a respeito do momento em que se pode considerar efetivamente ocorrida a **saída** da mercadoria do estabelecimento industrial ou equiparado a industrial.

Para ilustrar a importância da discussão, destaca-se um caso julgado pelo Superior Tribunal de Justiça, em que a Phillip Morris Brasil, empresa de tabaco, produtora, por exemplo, dos cigarros Marlboro, socorreu-se do Judiciário objetivando anular lançamentos de IPI sobre cigarros destinados à exportação que lhe foram roubados após a saída dos seus estabelecimentos produtores. Para a empresa, a ocorrência de roubo ou furto antes da entrega do produto aos adquirentes impediria a concretização do negócio jurídico mercantil do qual decorreria a transferência de propriedade e, somente aí, o aperfeiçoamento da "saída" que configuraria o fato gerador do tributo. De outra banda, a Fazenda Nacional defendeu uma interpretação mais literal da palavra "saída", de forma que bastaria que o produto fisicamente deixasse o estabelecimento, que restaria configurado o fato gerador do IPI, sendo a eventual ocorrência de posterior furto ou roubo um risco inerente à atividade do industrial produtor.

O STJ deu razão ao contribuinte, afirmando textualmente que "a operação passível de incidência da exação é aquela decorrente da saída do produto industrializado do estabelecimento do fabricante e que se aperfeiçoa com a transferência da propriedade do bem, porquanto **somente quando há a efetiva entrega do produto ao adquirente a operação é dotada de relevância econômica capaz de ser oferecida à tributação**". Especificamente se referindo aos casos de roubo e furto, a Corte arrematou afirmando que "a operação mercantil não se concretiza, inexistindo proveito econômico para o fabricante sobre o qual deve incidir o tributo. Ou seja, não se configura o evento ensejador de incidência do IPI, não gerando, por conseguinte, a obrigação tributária respectiva" (**EREsp 734.403/RS**).

Em 2024, o entendimento foi corroborado pela Súmula 671/STJ, redigida nos seguintes termos:

> **STJ – Súmula 671 –** "Não incide o IPI quando sobrevém furto ou roubo do produto industrializado após sua saída do estabelecimento industrial ou equiparado e antes de sua entrega ao adquirente".

Também nesse caso se percebe certa semelhança com o ICMS, cujo fato gerador é legalmente definido como "a saída de mercadoria de estabelecimento de contribuinte", o que não impediu o Superior Tribunal de Justiça de pacificar o entendimento no sentido de que a mera saída física não é suficiente para a concretização do fato gerador do tributo, sendo indispensável a circulação jurídica com efetiva mudança de propriedade (ver item 14.2.14).

Como consequência do entendimento de que a saída do estabelecimento, para fins de verificação do fato gerador do tributo, pressupõe, necessariamente, a mudança de titularidade do bem, o STJ considera que o mero deslocamento do produto para outro estabelecimento ou outra localidade, com permanência sob domínio do contribuinte, não atrai a incidência de IPI (REsp 1.402.138/RS). O raciocínio é exatamente o mesmo utilizado para afastar a cobrança de ICMS nos casos de movimentação de mercadorias entre estabelecimentos de um mesmo contribuinte, conforme se depreende da Súmula 166/STJ e do entendimento vinculante firmado pelo STF nos autos da ADC 49-RN, que serão estudados no item 14.2.14.

13.4.6 Base de cálculo

De acordo com o art. 47 do CTN, a base de cálculo do imposto é:

I – no caso de produto procedente do exterior, o preço normal que o mesmo, ou seu similar, alcançaria, ao tempo da importação, em uma venda em condições de livre concorrência, para entrega no porto ou lugar de entrada do produto no País, acrescido do montante:

> a) do imposto sobre a importação;
>
> b) das taxas exigidas para entrada do produto no País;
>
> c) dos encargos cambiais efetivamente pagos pelo importador ou dele exigíveis;

II – no caso de saída de mercadoria do estabelecimento de importador, industrial, comerciante ou arrematante:

> a) o valor da operação de que decorrer a saída da mercadoria;
>
> b) na falta do valor a que se refere a alínea anterior, o preço corrente da mercadoria, ou sua similar, no mercado atacadista da praça do remetente;

III – no caso de arrematação de produto apreendido ou abandonado e levado a leilão, o preço da arrematação".

13.4.7 Contribuintes

O CTN traz o seguinte rol de contribuintes do IPI:

> "Art. 51. Contribuinte do imposto é:
>
> I – o importador ou quem a lei a ele equiparar;
>
> II – o industrial ou quem a lei a ele equiparar;
>
> III – o comerciante de produtos sujeitos ao imposto, que os forneça aos contribuintes definidos no inciso anterior;
>
> IV – o arrematante de produtos apreendidos ou abandonados, levados a leilão.
>
> Parágrafo único. Para os efeitos deste imposto, considera-se contribuinte autônomo qualquer estabelecimento de importador, industrial, comerciante ou arrematante".

13.4.8 Lançamento

O IPI é lançado **por homologação**, pois é o próprio sujeito passivo que, a cada período de tempo determinado na lei, respeitando a sistemática de débitos e créditos, calcula o valor do imposto devido e antecipa o pagamento sem prévio exame da autoridade administrativa, cabendo a esta verificar a correção do procedimento e, se for o caso, homologá-lo, podendo, ainda, lançar **de ofício** as diferenças porventura devidas.

13.4.9 Visão geral do imposto

	Imposto sobre Produtos Industrializados – IPI
Função predominante	Extrafiscal (divergência)
Princípio da legalidade	Admite exceção: alteração da alíquota pelo Executivo (Decreto)
Princípio da anterioridade	Não se sujeita
Princípio da noventena	Está sujeito
Fato gerador	I – o seu desembaraço aduaneiro, quando de procedência estrangeira; II – a sua saída dos estabelecimentos a que se refere o parágrafo único do art. 51; III – a sua arrematação, quando apreendido ou abandonado e levado a leilão.
Base de cálculo	I – no caso de produto procedente do exterior, o preço normal que o mesmo, ou seu similar, alcançaria, ao tempo da importação, em uma venda em condições de livre concorrência, para entrega no porto ou lugar de entrada do produto no País, acrescido do montante: a) do imposto sobre a importação; b) das taxas exigidas para entrada do produto no País; c) dos encargos cambiais efetivamente pagos pelo importador ou dele exigíveis; II – no caso de saída de mercadoria do estabelecimento de importador, industrial, comerciante ou arrematante: a) o valor da operação de que decorrer a saída da mercadoria; b) na falta do valor a que se refere a alínea anterior, o preço corrente da mercadoria, ou sua similar, no mercado atacadista da praça do remetente; III – no caso de arrematação de produto apreendido ou abandonado e levado a leilão, o preço da arrematação.
Contribuintes	I – o importador ou quem a lei a ele se equiparar; II – o industrial ou quem a lei a ele se equiparar; III – o comerciante de produtos sujeitos ao imposto, que os forneça aos contribuintes definidos no inciso anterior; IV – o arrematante de produtos apreendidos ou abandonados, levados a leilão.
Lançamento	Por homologação
Cumulação de impostos	Não incide nos produtos destinados ao exterior, mas pode ser cobrado em conjunto com o ICMS e com o II
Características principais	Seletividade, não cumulatividade (ambas de observância obrigatória)

13.5 IMPOSTO SOBRE OPERAÇÕES FINANCEIRAS – IOF

A Constituição Federal, no seu art. 153, V, atribui à União competência para instituir o imposto sobre operações de crédito, câmbio e seguro, ou relativas a títulos ou valores mobiliários. Trata-se do famoso IOF, assim denominado em virtude de as operações sujeitas à tributação possuírem natureza ineludivelmente financeira.

O imposto possui clara finalidade extrafiscal, pois possibilita à União intervir no funcionamento do mercado financeiro, "aquecendo-o" ou "esfriando-o", de acordo com a necessidade.

Se, a título de exemplo, o excesso de demanda está gerando um surto inflacionário, uma das alternativas viáveis é o aumento da alíquota do IOF incidente sobre as operações de crédito. O acesso a financiamentos se tornará mais oneroso, e a tendência passa a ser a desaceleração do consumo, conforme desejado nas circunstâncias.

Percebe-se que é necessário conceder à União agilidade na alteração da alíquota do tributo, o que levou o legislador a, seguindo o regime jurídico do II e do IE, excluir o IOF do princípio da legalidade, no tocante à alteração de alíquotas, e dos princípios da anterioridade e da noventena.

De acordo com a Emenda Constitucional 132/2023, a partir do ano de 2027, o art. 153, V, da Constituição passará a restringir a incidência do IOF às *"operações de crédito e câmbio ou relativas a títulos ou valores mobiliários"*, **extinguindo, portanto, o IOF-seguros**.

Importante registrar que as operações de seguro continuarão sendo consideradas financeiras (EC 132/2023, art. 10, I, *a*), porém não mais sujeitas ao IOF, da mesma forma que a ele não se sujeitam diversos outros serviços financeiros, como a previdência privada, o consórcio, a corretagem, a administração de recursos etc. É justamente para essas operações – de natureza financeira, mas não sujeitas ao IOF –, listadas no art. 10, I, da EC 132/2023, que foi prevista a criação de um **regime específico de tributação** (CF, art. 156-A, § 6º, II).

13.5.1 IOF sobre o ouro

No mundo dos negócios, o ouro é encontrado basicamente de duas formas, quais sejam: a) **como mercadoria** (uma joia, por exemplo); b) **como meio de pagamento** (pagamento em barras de ouro, por exemplo).

Quando o ouro é **mercadoria**, não há qualquer especificidade digna de nota, pois sobre ele incidirão os tributos que ordinariamente incidem sobre as mercadorias (ICMS, IPI, II, IE).

Já nos casos em que o ouro é o próprio **meio de pagamento**, como se fora moeda, não há que se falar em cobrança de tributos que incidem sobre mercadorias, pois, a título de exemplo, se não incide ICMS sobre a circulação dos reais usados para pagar determinado débito, também não pode incidir sobre o ouro utilizado para quitar débito semelhante.

Nessa linha, o art. 153, § 5.º, da CF/1988 afirma que o ouro, quando definido em lei como ativo financeiro ou instrumento cambial, se sujeita exclusivamente à incidência do IOF, devido na operação de origem; a alíquota mínima será de um por cento, assegurada a transferência do montante da arrecadação nos seguintes termos:

> "I – trinta por cento para o Estado, o Distrito Federal ou o Território, conforme a origem;
>
> II – setenta por cento para o Município de origem".

Como afirma o dispositivo, a incidência do IOF-ouro só é possível na operação de origem, ou seja, na primeira operação, que é o desembaraço aduaneiro, quando oriundo do exterior, ou a aquisição por instituição autorizada, não sendo legítima a tributação das operações subsequentes.

Esse foi o motivo que levou o STF a declarar **inconstitucional** o inciso II do art. 1.º da Lei 8.033/1990, que previa a incidência do IOF sobre "a transmissão de ouro definido pela legislação como ativo financeiro" (RE 190.363).

Ora, **a incidência somente é legítima sobre a primeira operação**, não podendo se dar sobre as transmissões posteriores. Perfeita, portanto, a decisão do STF.

Não obstante a decisão do STF ter-se verificado em sede de controle difuso de constitucionalidade, cujos efeitos são apenas entre as partes que integram a lide, o Senado Federal editou a Resolução 52/1999, suspendendo a aplicação do dispositivo em todo o território nacional.

Repise-se que, apesar de o IOF ser um imposto federal, no caso da tributação do ouro ativo financeiro ou instrumento cambial, toda a arrecadação é transferida aos Estados (30%) e Municípios (70%).

Por fim, a imunidade aqui prevista não impedia a cobrança da hoje extinta CPMF, conforme prevê o art. 74, § 2.º, do ADCT. A exclusão é correta, pois a CPMF incidia exatamente sobre a circulação dos meios de pagamento (movimentação financeira).

13.5.2 Fato gerador

Art. 63 do CTN:

> "Art. 63. O imposto, de competência da União, sobre operações de crédito, câmbio e seguro, e sobre operações relativas a títulos e valores mobiliários tem como fato gerador:
>
> I – quanto às operações de crédito, a sua efetivação pela entrega total ou parcial do montante ou do valor que constitua o objeto da obrigação, ou sua colocação à disposição do interessado;
>
> II – quanto às operações de câmbio, a sua efetivação pela entrega de moeda nacional ou estrangeira, ou de documento que a represente, ou sua colocação à disposição do interessado em montante equivalente à moeda estrangeira ou nacional entregue ou posta à disposição por este;
>
> III – quanto às operações de seguro, a sua efetivação pela emissão da apólice ou do documento equivalente, ou recebimento do prêmio, na forma da lei aplicável;
>
> IV – quanto às operações relativas a títulos e valores mobiliários, a emissão, transmissão, pagamento ou resgate destes, na forma da lei aplicável.
>
> Parágrafo único. A incidência definida no inciso I exclui a definida no inciso IV, e reciprocamente, quanto à emissão, ao pagamento ou resgate do título representativo de uma mesma operação de crédito".

O STF entende que os saques realizados em caderneta de poupança não se equiparam a operação de crédito para efeito de cobrança do IOF, tendo declarado inconstitucional dispositivo legal que previa tal incidência.

O entendimento está hoje cristalizado na Súmula 664 do Tribunal, conforme se pode verificar da transcrição abaixo:

> **STF – Súmula 664 –** "É inconstitucional o inciso V do art. 1.º da Lei 8.033/1990, que instituiu a incidência do imposto nas operações de crédito, câmbio e seguros – IOF sobre saques efetuados em caderneta de poupança".

Além disso, como nem a Constituição, nem o CTN, nem a Lei 8.033/1990 estabelecem, como requisito para a incidência do imposto, que as operações de crédito sejam intermediadas por **instituições financeiras**, o Supremo Tribunal Federal, em sede de repercussão geral, firmou tese no sentido de que "é constitucional a incidência do IOF sobre operações de crédito correspondentes a mútuo de recursos financeiros entre pessoas jurídicas ou entre pessoa jurídica e pessoa física, não se restringindo às operações realizadas por instituições financeiras" (RE 590.186/RS).

13.5.3 Base de cálculo

Conforme art. 64 do CTN, a base de cálculo do imposto é:

> "I – quanto às operações de crédito, o montante da obrigação, compreendendo o principal e os juros;
>
> II – quanto às operações de câmbio, o respectivo montante em moeda nacional, recebido, entregue ou posto à disposição;
>
> III – quanto às operações de seguro, o montante do prêmio;
>
> IV – quanto às operações relativas a títulos e valores mobiliários:
>
> *a*) na emissão, o valor nominal mais o ágio, se houver;
>
> *b*) na transmissão, o preço ou o valor nominal, ou o valor da cotação em Bolsa, como determinar a lei;
>
> *c*) no pagamento ou resgate, o preço".

13.5.4 Contribuintes

O art. 66 do CTN determina que contribuinte do imposto é quaisquer das partes na operação tributada, como dispuser a lei.

13.5.5 Lançamento

O IOF é lançado **por homologação**, pois incumbe ao sujeito passivo antecipar o pagamento sem prévio exame da autoridade administrativa, cabendo a esta verificar a correção do procedimento e, se for o caso, homologá-lo, podendo, ainda, lançar **de ofício** as diferenças porventura devidas.

13.5.6 Visão geral do imposto

	Imposto sobre Operações Financeiras – IOF
Função predominante	Extrafiscal (funcionamento do mercado financeiro)
Princípio da legalidade	Admite exceção: alteração da alíquota pelo Executivo (Decreto)
Princípio da anterioridade	Não se sujeita
Princípio da noventena	Não se sujeita
Fato gerador	I – quanto às operações de crédito, a sua efetivação pela entrega total ou parcial do montante ou do valor que constitua o objeto da obrigação, ou sua colocação à disposição do interessado; II – quanto às operações de câmbio, a sua efetivação pela entrega de moeda nacional ou estrangeira, ou de documento que a represente, ou sua colocação à disposição do interessado em montante equivalente à moeda estrangeira ou nacional entregue ou posta à disposição por este; III – quanto às operações de seguro, a sua efetivação pela emissão da apólice ou do documento equivalente, ou recebimento do prêmio, na forma da lei aplicável; IV – quanto às operações relativas a títulos e valores mobiliários, a emissão, transmissão, pagamento ou resgate destes, na forma da lei aplicável.

Base de cálculo	I – quanto às operações de crédito, o montante da obrigação, compreendendo o principal e os juros; II – quanto às operações de câmbio, o respectivo montante em moeda nacional, recebido, entregue ou posto à disposição; III – quanto às operações de seguro, o montante do prêmio; IV – quanto às operações relativas a títulos e valores mobiliários: a) na emissão, o valor nominal mais o ágio, se houver; b) na transmissão, o preço ou o valor nominal, ou o valor da cotação em Bolsa, como determinar a lei; c) no pagamento ou resgate, o preço
Contribuintes	Qualquer das partes na operação tributada
Lançamento	Por homologação
Cumulação de impostos	Ouro utilizado como mercadoria: incidem ICMS, IPI, II, IE Ouro como meio de pagamento: só IOF

13.6 IMPOSTO SOBRE A PROPRIEDADE TERRITORIAL RURAL - ITR

O ITR é imposto com finalidade marcantemente **extrafiscal**, pois, nos termos do art. 153, § 4.º, I, da CF/1988, suas alíquotas serão fixadas de forma a desestimular a manutenção de propriedades improdutivas.

As alíquotas não são fixadas, portanto, de modo a otimizar a arrecadação. O que se quer é tributar de uma maneira mais gravosa as propriedades menos produtivas, de forma a desestimular a manutenção da situação.

Na prática, a legislação do ITR (Lei 9.393/1996, art. 11 e Anexo) cria alíquotas inversamente proporcionais ao grau de utilização de cada imóvel rural, conforme apontado na tabela abaixo:

ÁREA TOTAL DO IMÓVEL (em hectares)	GRAU DE UTILIZAÇÃO (em %)				
	Maior que 80	Maior que 65 até 80	Maior que 50 até 65	Maior que 30 até 50	Até 30
Até 50	0,03	0,20	0,40	0,70	1,00
Maior que 50 até 200	0,07	0,40	0,80	1,40	2,00
Maior que 200 até 500	0,10	0,60	1,30	2,30	3,30
Maior que 500 até 1.000	0,15	0,85	1,90	3,30	4,70
Maior que 1.000 até 5.000	0,30	1,60	3,40	6,00	8,60
Acima de 5.000	0,45	3,00	6,40	12,00	20,00

Como a base de cálculo é o valor da terra nua, grandeza que não varia com o aumento do grau de utilização da terra, a consequência é que quem mais produz paga menos, o que é um estímulo ao cumprimento da função social da propriedade.

É importante ressaltar que, apesar da forte nuance extrafiscal, o ITR está sujeito às amarras da legalidade, da noventena, da anterioridade e de todas as demais limitações constitucionais previstas ao poder de tributar, o que demonstra que a extrafiscalidade não traz, necessariamente, uma maior liberdade estatal na administração do imposto.

13.6.1 Progressividade

Já no seu texto originário, a Constituição Federal estipulava que o ITR tivesse alíquotas fixadas de forma a **desestimular a manutenção de propriedades improdutivas**; contudo, somente com o advento da Emenda Constitucional nº 42/2003, o texto passou a determinar também a **progressividade** do imposto (art. 153, § 4.º, I). Ocorre que a Lei 9.393/1996, mesmo tendo sido editada sete anos antes da citada Emenda Constitucional, já se pautava pelos dois parâmetros, de forma que as alíquotas do tributo eram definidas com base no **grau de utilização** da propriedade (percentual da área útil efetivamente utilizado pelo sujeito passivo) e na **área total do imóvel**.

Assim, **quanto maior o imóvel, maior a alíquota do ITR, fenômeno que, por si só, já caracteriza a progressividade do imposto**. De outra banda, **quanto maior o grau de utilização do imóvel, menor é a alíquota aplicável**, o que faz valer o mandamento constitucional, constante no mesmo art. 153, § 4.º, I, de que as alíquotas do ITR sejam fixadas de forma a **desestimular a manutenção de propriedades improdutivas**.

Nessa linha, a maior alíquota prevista para o ITR (20%) é aplicável aos latifúndios improdutivos (área acima de cinco mil hectares e grau de utilização de até 30%) e a menor alíquota (0,03%) é aplicável às pequenas propriedades altamente produtivas (área menor que cinquenta hectares e grau de utilização maior que 80%).

A potencial celeuma em torno da questão residia no fato de que, até 2013, o STF entendia que os impostos reais somente poderiam ser progressivos em face de expressa autorização constitucional, o que tenderia a levar o Tribunal a decidir pela inconstitucionalidade da Lei 9.393/1996, instituidora da progressividade do ITR (com base na área do imóvel), antes de a Constituição autorizar tal providência (o que, repise-se, somente veio a se verificar em 2003). No entanto, conforme analisado no item 2.6.3 do Capítulo 02 desta obra, quando o Supremo Tribunal Federal veio a enfrentar a questão (2018), sua jurisprudência já tinha evoluído, levando-o a considerar constitucional a progressividade do ITR da forma como delineada na Lei 9.393/1996. A Corte entendeu que a conjugação dos critérios "grau de utilização" e "área do imóvel" potencializa a função extrafiscal do tributo, pela imposição de maior alíquota quanto maior for o território rural e quanto menor for seu aproveitamento. Além disso, o Tribunal também consignou que a consideração da área do imóvel na estipulação das alíquotas atende à necessária observância da capacidade contributiva do sujeito passivo, corolário do princípio da isonomia, obviamente constante do texto originário da constituição (RE 1.038.357 AgR/SP).

13.6.2 Imunidade das pequenas glebas

O legislador constituinte originário, em homenagem ao princípio da função social da propriedade, optou por imunizar ao ITR as pequenas glebas rurais, definidas em lei, quando as explore o proprietário que não possua outro imóvel.

A definição do que é pequena gleba consta da Lei 9.393/1996, da seguinte forma:

> "Art. 2.º Nos termos do art. 153, § 4.º, in fine, da Constituição, o imposto não incide sobre pequenas glebas rurais, quando as explore, só ou com sua família, o proprietário que não possua outro imóvel.
>
> Parágrafo único. Para os efeitos deste artigo, pequenas glebas rurais são os imóveis com área igual ou inferior a:
>
> I – 100 ha, se localizado em município compreendido na Amazônia Ocidental ou no Pantanal mato-grossense e sul-mato-grossense;
>
> II – 50 ha, se localizado em município compreendido no Polígono das Secas ou na Amazônia Oriental;
>
> III – 30 ha, se localizado em qualquer outro município".

A regra imunizante, bastante justa, excluiu injustamente do benefício os proprietários de mais de um imóvel (só são imunes os proprietários que não possuam outro imóvel) cuja soma das áreas seja inferior à pequena gleba.

Assim, se uma pessoa "A" possui um único imóvel em Goiás com área de 30 hectares, estará livre do ITR, pois seu imóvel se enquadra no conceito de pequena gleba.

Já a pessoa "B", que possua dois imóveis na mesma região, cada um com 10 hectares, não é imune, pois apesar de se encontrar em situação patrimonial inferior à de "A", o fato de possuir mais de um imóvel impede a incidência da regra imunizante.

A injustiça foi sanada pela mesma Lei 9.393/1996, que conferiu **isenção** para os proprietários que possuam imóveis em tal situação, conforme se verifica na transcrição abaixo:

> "Art. 3.º São isentos do imposto:
>
> (...).
>
> II – o conjunto de imóveis rurais de um mesmo proprietário, cuja área total observe os limites fixados no parágrafo único do artigo anterior, desde que, cumulativamente, o proprietário:
>
> a) o explore só ou com sua família, admitida ajuda eventual de terceiros;
>
> b) não possua imóvel urbano".

Perceba-se que os demais requisitos (alíneas *a* e *b*) são os mesmos exigidos dos proprietários de imóveis imunes.

13.6.3 Possibilidade de delegação da fiscalização e cobrança

A Emenda Constitucional 42/2003 trouxe importante inovação, ao possibilitar que o ITR seja fiscalizado e cobrado pelos Municípios que assim optarem, na forma da lei, desde que não implique redução do imposto ou qualquer outra forma de renúncia fiscal.

Caso faça a opção, o Município será o titular de toda a arrecadação do ITR incidente sobre os imóveis situados em seu território; caso contrário, a União repassará à municipalidade metade do valor que arrecadar com a cobrança do tributo sobre os imóveis na mesma situação. A previsão consta do art. 158, II, da CF/1988.

> "Art. 158. Pertencem aos Municípios:
>
> (...)
>
> II – cinquenta por cento do produto da arrecadação do imposto da União sobre a propriedade territorial rural, relativamente aos imóveis neles situados, cabendo a totalidade na hipótese da opção a que se refere o art. 153, § 4.º, III".

A Lei do ITR é a Lei 9.393/1996. Já seu Regulamento é o Decreto 4.382/2002.

13.6.4 Fato gerador

De acordo com o art. 29 do CTN, o ITR tem como fato gerador a **propriedade, o domínio útil ou a posse de imóvel por natureza**, como definido na lei civil, localizada fora da zona urbana do Município.

O art. 79 do Código Civil atual define bem imóvel como o solo e tudo quanto se lhe incorporar natural ou artificialmente. **Não há na lei, entretanto, a definição de bens imóveis "por natureza"**.

O conceito constava do Código Civil de 1916, hoje revogado, mas em vigor quando da edição do CTN. É lícito afirmar, portanto, que o legislador tributário, ao usar a expressão "como definido na lei civil", quis se referir ao CC/1916, de forma que, não havendo definição no atual diploma civil, é plenamente possível se tomar como parâmetro a definição da lei revogada (incisos do art. 43 do CC/1916).

Assim, são bens **imóveis por natureza** o solo com a sua superfície, os seus acessórios e adjacências naturais, compreendendo as árvores e frutos pendentes, o espaço aéreo e o subsolo.

São **bens imóveis por acessão física** tudo quanto o homem incorporar permanentemente ao solo, como a semente lançada à terra, os edifícios e construções, de modo que não se possa retirar sem destruição, modificação, fratura ou dano.

É interessante perceber que, na definição do fato gerador do ITR, apenas foram incluídos os bens imóveis **por natureza**, de forma que o que o homem incorpora permanentemente ao solo – como é o caso das culturas características da exploração das propriedades rurais – não está sujeito ao imposto.

A regra está em consonância com o caráter **extrafiscal** do tributo, impedindo que a exploração da propriedade viesse a aumentar o montante do imposto devido, em verdadeiro desestímulo ao cumprimento da função social da propriedade.

Conforme se verificará adiante, o **IPTU** incide sobre **imóveis por natureza ou acessão física**, o que está em sintonia com o caráter **fiscal do tributo.**

A diferenciação tem seu fundamento maior no próprio texto da Constituição Federal, quando esta define o ITR como imposto sobre a propriedade **territorial** rural (art. 153, VI) e o IPTU como imposto sobre a propriedade **predial e territorial** urbana (art. 156, I).

O art. 32 do CTN traz as condições para que uma área seja considerada zona urbana:

> "Art. 32. O imposto, de competência dos Municípios, sobre a propriedade predial e territorial urbana tem como fato gerador a propriedade, o domínio útil ou a posse de bem imóvel por natureza ou por acessão física, como definido na lei civil, localizado na zona urbana do Município.
>
> § 1.º Para os efeitos deste imposto, entende-se como zona urbana a definida em lei municipal, observado o requisito mínimo da existência de melhoramentos indicados em pelo menos 2 (dois) dos incisos seguintes, construídos ou mantidos pelo Poder Público:
>
> I – meio-fio ou calçamento, com canalização de águas pluviais;
>
> II – abastecimento de água;
>
> III – sistema de esgotos sanitários;
>
> IV – rede de iluminação pública, com ou sem posteamento para distribuição domiciliar;

> V – escola primária ou posto de saúde a uma distância máxima de 3 (três) quilômetros do imóvel considerado.
>
> § 2.º A lei municipal pode considerar urbanas as áreas urbanizáveis, ou de expansão urbana, constantes de loteamentos aprovados pelos órgãos competentes, destinados à habitação, à indústria ou ao comércio, mesmo que localizados fora das zonas definidas nos termos do parágrafo anterior".

Apesar de o art. 32 do CTN ter claramente adotado o critério localização para definir um imóvel como urbano ou rural para fins de incidência do IPTU ou do ITR, é entendimento uníssono da jurisprudência o de que estão em vigor as disposições do art. 15 do Decreto-lei 57/1966 segundo as quais **o imóvel destinado a exploração extrativa vegetal, agrícola, pecuária ou agroindustrial se sujeita ao ITR, mesmo que situado na área urbana do Município**. Os fundamentos da tese vencedora estão detalhados no item 3.1.1.3 do Capítulo 03 desta obra, cuja leitura atenta é recomendada ao leitor.

Registre-se que segundo entendimento firmado pelo STJ, se o imóvel encontra-se invadido (por exemplo, pelo Movimento dos Sem Terra – MST), a propriedade deixa de ser plena, pois fica tolhida de praticamente todos os seus elementos: não há mais posse, possibilidade de uso ou fruição do bem. Para o Tribunal, cobrar ITR em situações como essa seria uma iniquidade, pois o Estado estaria tributando um direito que, em virtude de falha do próprio Poder Público na prestação do serviço de segurança pública, teve seu exercício impossibilitado (REsp 1.144.982/PR – Informativo 411 do STJ).

13.6.5 Base de cálculo

De acordo com o art. 30 do CTN, a base do cálculo do ITR é o valor fundiário.

Todavia, de acordo com a legislação específica (art. 35 do Regulamento do ITR e art. 10, § 1.º, I, da Lei 9.393/1996), o valor fundiário é o valor da terra nua tributável, que é o valor do imóvel excluídos os valores relativos a (art. 10, § 1.º, I, da Lei 9.393/1996):

a) construções, instalações e benfeitorias;

b) culturas permanentes e temporárias;

c) pastagens cultivadas e melhoradas;

d) florestas plantadas;

13.6.6 Contribuintes

Contribuinte do ITR é o proprietário do imóvel, o titular de seu domínio útil, ou o seu possuidor a qualquer título (art. 31 do CTN).

Proprietário é quem possui título de domínio devidamente registrado no Cartório de Imóveis.

Titular do domínio útil é quem recebeu do proprietário o direito de usar, gozar e dispor da propriedade, conservando o domínio direto. É o caso do enfiteuta ou foreiro nos casos de constituição de enfiteuses.

Registre-se que o Código Civil atual proibiu a constituição de enfiteuses e subenfiteuses, subordinando as existentes, até sua extinção, às disposições do Código Civil anterior (CC, art. 2.038).

Nos termos do art. 1.196 do Código Civil, considera-se possuidor todo aquele que tem de fato o exercício, pleno ou não, de algum dos poderes inerentes à propriedade.

Sobre o entendimento do STJ no sentido de ser **impossível considerar contribuinte de imposto sobre a propriedade imobiliária quem exerce a posse sem ânimo definitivo, como é o caso da pessoa que firma contrato de locação, ou comodato**, recomenda-se a leitura do tópico relativo ao contribuinte do IPTU (item 15.1.6 do Capítulo 15).

13.6.7 Lançamento

À semelhança do imposto de renda, o fato de existir uma famosa declaração de ITR levou alguns autores a afirmar que o tributo seria lançado por declaração.

Entretanto, ao preencher a declaração do ITR, o sujeito passivo, além de prestar informação à autoridade fiscal, também calcula o montante do tributo porventura incidente, devendo antecipar o respectivo pagamento sem prévio exame da autoridade administrativa, cabendo a esta verificar a correção do procedimento e, se for o caso, homologá-lo, podendo, ainda, lançar **de ofício** as diferenças porventura devidas.

Trata-se de mais um caso de tributo lançado, originariamente, **por homologação**.

13.6.8 Visão geral do imposto

	Imposto sobre a Propriedade Territorial Rural – ITR
Função predominante	Extrafiscal (visa a desestimular a manutenção de propriedades improdutivas)
Princípio da legalidade	Está sujeito

Princípio da anterioridade	Está sujeito
Princípio da noventena	Está sujeito
Fato gerador	A propriedade, o domínio útil ou a posse de imóvel por natureza, como definido na lei civil, localizada fora da zona urbana do Município
Base de cálculo	O valor fundiário do imóvel (ou seja, é o valor do imóvel excluídos os valores relativos a construções, instalações e benfeitorias; culturas permanentes e temporárias; pastagens cultivadas e melhoradas e florestas plantadas).
Contribuintes	É o proprietário do imóvel, o titular de seu domínio útil, ou o seu possuidor a qualquer título
Lançamento	Por homologação
Características principais	Progressividade

13.7 IMPOSTO SOBRE GRANDES FORTUNAS – IGF

O art. 153, VII, da CF/1988 atribui à União a competência para instituir imposto sobre grandes fortunas, nos termos de lei complementar.

A União não utilizou tal competência, de forma que o tributo não foi efetivamente instituído.

Alguns doutrinadores mais críticos afirmam que o tributo não foi criado porque as grandes fortunas estariam muito bem representadas no parlamento federal, inibindo qualquer iniciativa no sentido de exercício da competência.

Entretanto, a criação do tributo também encontra alguns entraves quanto à sua viabilidade, visto que, criado o tributo, as grandes fortunas tenderiam a se retirar do País, tendo assegurados, aliás, 90 dias para tomar tal providência (noventena).

Há uma discussão se a lei complementar reclamada no dispositivo constitucional seria apenas uma norma geral que traria as diretrizes fundamentais do imposto, o qual seria criado efetivamente por lei ordinária, ou se caberia à própria lei complementar a criação do tributo.

Como as normas gerais relativas a todos os impostos, inclusive seus fatos geradores, bases de cálculo e contribuintes devem necessariamente ser disciplinados na via da lei complementar (CF, art. 146, III, *a*), entende-se que não faria sentido repetir a exigência especificamente no dispositivo que autoriza a criação do IGF, se não fosse para impor que toda a sua regulação se faça mediante lei complementar.

Caso o imposto venha a ser instituído pela União, todo o produto de sua arrecadação deve ser destinado ao Fundo de Combate e Erradicação da Pobreza, por força do art. 80 do Ato das Disposições Transitórias da Constituição (ADCT).

13.8 IMPOSTO SELETIVO - IS

Para desempenhar, a partir de 2027, a função tipicamente **extrafiscal**, até o momento realizada pelo IPI, de desestímulo ao consumo de certos produtos, a EC132/2023 (Reforma Tributária) previu um **Imposto Seletivo** (IS), de competência federal, mas com arrecadação partilhada entre todos os entes federados, seguindo as mesmas regras aplicáveis ao próprio IPI. A mudança se deu pelo acréscimo do inciso VIII ao art. 153 da CRFB/1988, conferindo à União competência para instituir imposto sobre *"produção, extração, comercialização ou importação de bens e serviços prejudiciais à saúde ou ao meio ambiente, nos termos de lei complementar"*.

Esse tipo de tributo não é uma criação brasileira. Surgiu nos Estados Unidos, na década de 1970, como parte da política pública de combate ao tabagismo e, hoje, é adotado em diversos países para a tributação de produtos viciantes e substâncias poluentes, sendo popularmente conhecido como "imposto do pecado" (*sin tax*).

A ideia por trás dos *sin taxes* é a de que, diante das externalidades negativas geradas pela utilização de certos bens e serviços – impactos sobre terceiros alheios à produção ou ao consumo –, considera-se legítimo que, em prol da coletividade, aumente-se o preço e restrinja-se ao máximo a quantidade e o acesso a esses produtos na comunidade. Nesse contexto, a taxação surge como uma alternativa à proibição, já que esta, além de muitas vezes não impedir o consumo, estimula o mercado ilegal e o cometimento de crimes.

Há doutrinadores que defendem que, em se tratando de vícios (cigarro, álcool etc.), a tributação seria pouco capaz de modificar o comportamento dos consumidores, possuindo apenas efeito arrecadatório e, o que é pior, um viés altamente regressivo, por afetar de modo mais severo as pessoas de menor poder aquisitivo. Concluem, então, que taxar excessivamente quaisquer vícios não desestimula o consumo, não combate as externalidades negativas e, do mesmo modo que uma eventual proibição, também propicia o comércio irregular das substâncias e todo tipo de criminalidade dele advindo.

Nesta obra, a percepção que se tem sobre o tema é a de que a elevação dos preços de produtos considerados prejudiciais, no mínimo, estreita a porta de entrada para alguns vícios, o que, por si só, já pode ser considerado positivo. Além disso, a tributação não deve ser vista isoladamente, mas como parte integrante de um conjunto maior de medidas voltadas ao desestímulo desse tipo de consumo. Acrescente-se que, em relação aos bens e serviços danosos à natureza, a tributação tende a ter grande relevância na política de mitigação das mudanças climáticas.

13.8.1 O papel da lei complementar

O art. 153, VIII, da CRFB/1988, atribui à **União** competência para instituir imposto sobre a produção, extração, comercialização ou importação de bens e serviços prejudiciais à saúde ou ao meio ambiente, nos termos de **lei complementar**.

Assim como ocorre em relação ao Imposto sobre Grandes Fortunas (IGF), em relação ao qual o inciso VII do art. 153 também utiliza a expressão "nos termos de lei complementar", o texto constitucional não deixa claro se a espécie normativa em questão teria apenas o objetivo de definir as diretrizes fundamentais do imposto – que seria efetivamente instituído por lei ordinária – ou se a própria criação do tributo, com todos os seus elementos, estaria reservada à lei complementar.

Como as normas gerais relativas a todos os impostos, inclusive seus fatos geradores, bases de cálculo e contribuintes, devem necessariamente ser veiculadas em lei complementar (CF, art. 146, III, "a"), não faria sentido repetir essa exigência nos dispositivos referentes ao IGF e ao IS, se não fosse para impor que toda a regulação desses tributos fosse feita mediante lei complementar. Sinalizando a prevalência desse entendimento, a Lei Complementar 214, de 16 de janeiro de 2025, de fato institui o Imposto Seletivo, definindo todos os aspectos de sua regra-matriz de incidência.

Desse modo, o **Imposto Seletivo** faz parte do conjunto de tributos cuja criação depende do processo legislativo mais rigoroso da **lei complementar**, estando, portanto, quanto a esse aspecto, ao lado do **Imposto sobre Grandes Fortunas** (CF, art. 153, VII), do **Imposto sobre Bens e Serviços** (CF, art. 156-A, *caput*), da **Contribuição sobre Bens e Serviços** (CF, art. 195, V), dos **empréstimos compulsórios** (CF, art. 148), dos **impostos residuais** (CF, art. 154, I) e das **contribuições residuais** (CF, art. 195, § 4º).

Logo após a edição da EC 132/2023, muito se discutiu acerca da definição dos bens e serviços considerados prejudiciais à saúde e ao ambiente, já que o conceito de prejudicialidade é juridicamente indeterminado e revestido de elevado grau de abstração. Naquele momento, não havia consenso sobre se a lei complementar reclamada pela Constituição deveria se limitar a apresentar, para os seus fins, a definição legal de nocividade, deixando a listagem dos bens e serviços sujeitos à tributação a cargo de ato normativo infralegal, ou se deveria ela própria contemplar em seu texto todo o campo de incidência do imposto.

A segunda opção é a que melhor se conforma aos propósitos do legislador constituinte. Durante a fase de debates da proposta de emenda que originou a EC 132/2023, falava-se que a exigência de regulação por lei complementar seria uma forma de conter a discricionariedade do legislador infraconstitucional, evitando o demasiado alargamento das hipóteses de incidência. Isso por se acreditar que, sendo tal espécie normativa submetida à quórum qualificado de aprovação, somente seriam tributados bens e serviços incontestavelmente danosos à saúde humana ou ao meio ambiente. O argumento sinalizava a intenção de fazer constar na lei complementar todos os itens sujeitos à incidência do imposto seletivo.

Com efeito, a LC 214/2025 traz consigo não um conceito formal de nocividade, mas, sim, uma lista taxativa de bens e serviços considerados prejudiciais à saúde ou ao meio ambiente, para fins de incidência do Imposto Seletivo. A lista consta do art. 409, § 1º, da Lei e contém itens como cigarros, bebidas alcoólicas e bebidas açucaradas, por exemplo. O estudo das hipóteses de incidência do IS será realizado no subitem 13.8.4. Aqui, o importante é saber que eventual alteração do rol legal, com inclusão ou exclusão de itens, somente pode ser realizada por meio de lei complementar.

Por fim, embora a instituição do imposto seletivo dependa de lei complementar, o inciso VI do § 6º do art. 153 da CRFB/1988 autoriza a modificação das alíquotas do tributo por meio de **lei ordinária** (ou **medida provisória**, consequentemente), tema que será estudado de forma aprofundada no próximo tópico.

13.8.2 Legalidade, anterioridade e noventena

No tocante à **instituição** de tributos, não existem exceções ao princípio da legalidade, de modo que, qualquer que seja o tributo, **somente poderá ser criado por lei**.

No caso do imposto seletivo, essa lei deve ser **complementar** (CF, art. 153, VIII). Como há impedimento constitucional à utilização de medida provisória em matéria tributária cuja disciplina esteja reservada à lei complementar (CF, art. 62, § 1º, III), conclui-se que, para a instituição do imposto seletivo, não seria admissível a utilização de medida provisória.

Por outro lado, em relação às **alíquotas** do tributo, tendo o inciso VI do § 6º do art. 153 expressamente previsto sua fixação por **lei ordinária**, não há qualquer óbice à adoção de **medida provisória**, desde que presentes os requisitos constitucionais de relevância e urgência (CF, art. 62, *caput*). Nessa hipótese, se houver majoração de carga tributária, a medida provisória somente produzirá efeitos no exercício financeiro seguinte se convertida em lei até o último dia daquele em que editada (CF, art. 62, § 2º).

Ao lado do princípio da legalidade, está o igualmente relevante princípio da segurança jurídica, que, em matéria tributária, tem como corolário o princípio da não surpresa, do qual se desdobram os princípios da irretroatividade, da anterioridade anual e da anterioridade nonagesimal (noventena). O imposto seletivo submete-se a todos esses princípios.

A EC 132/2023 não inseriu qualquer menção ao imposto seletivo dentre as exceções previstas no § 1º do art. 150 da CRFB/1988, portanto se conclui que o tributo se submete tanto à anterioridade anual quanto à anterioridade nonagesimal, diferentemente do IPI, que somente observa a noventena. Embora possua natureza regulatória, visando não à arrecadação, mas à indução de comportamentos, o imposto seletivo não recebeu do constituinte derivado o mesmo tratamento conferido aos impostos extrafiscais em geral, normalmente dispensados de ambas as anterioridades.

Tal opção se deve a uma presumível ausência de urgência na operacionalização de mudanças no peso ou no campo de incidência do tributo. Ao contrário do que acontece com II, IE, IOF e, em menor grau, com o IPI, as alterações nas circunstâncias econômicas não exigirão ágil modificação das alíquotas do IS, nem mesmo a rápida inclusão de um bem ou serviço no seu campo de incidência. Eventuais modificações devem decorrer de uma criteriosa análise do grau de prejudicialidade do bem ou serviço, algo que não exige um nível de celeridade tão elevado ao ponto de justificar a flexibilização de qualquer princípio constitucional tributário.

13.8.3 Regramento constitucional

O arcabouço constitucional do imposto seletivo, cuja função é preponderantemente **extrafiscal**, está delineado no art. 153, VIII e § 6º, que estabelece a competência da União para a instituição do tributo, bem como importantes regras a ele atinentes, e no art. 159, I, que disciplina a repartição dos recursos arrecadados.

A seguir, serão estudados os principais aspectos constitucionais do imposto.

13.8.3.1 Imunidades

De acordo com o art. 153, § 6º, I, da CRFB/1988, o imposto seletivo não deve incidir sobre as **exportações**. Trata-se de imunidade alinhada à diretriz econômica universalmente seguida no sentido de que não se deve exportar tributos, mas, sim, bens e serviços. Assim, ainda que um produto considerado prejudicial à saúde ou ao meio ambiente seja tributado internamente, tal incidência não ocorrerá se o mesmo produto vier a ser exportado, graças ao benefício constitucional.

O dispositivo citado também torna imunes ao imposto seletivo as operações com **energia elétrica** e com **telecomunicações**. Tal imunidade é reforçada pelo art. 155, § 3º, da CRFB/1988, segundo o qual, com exceção do ICMS, dos impostos sobre o comércio exterior (II e IE) e do IBS, nenhum outro imposto poderá incidir sobre operações relativas a energia elétrica e serviços de telecomunicações.

A **energia elétrica** é o motor da atividade econômica de qualquer país, de modo que uma carga tributária excessiva sobre esse insumo certamente atrapalha o desenvolvimento econômico. Além disso, o acesso à energia elétrica está diretamente ligado à melhoria da qualidade de vida das populações, o que também justifica o cuidado com o seu custo para o consumidor final. Inclusive, corroborando essa preocupação, o § 13 do art. 156-A da CRFB/1988 garante a concessão de *cashback* nas operações de fornecimento de energia elétrica e de gás liquefeito de petróleo (gás de cozinha) ao consumidor de baixa renda.

Como a matriz elétrica brasileira é composta principalmente por energia hidrelétrica, solar e eólica, obtidas a partir de recursos naturais renováveis, pode-se inferir que a imunidade ao imposto seletivo não fere a lógica do tributo, pelo contrário, alinha-se aos fins pretendidos pela Constituição.

Apesar de a produção de energia elétrica por meio de fontes renováveis também gerar, em alguma medida, impactos sobre o meio ambiente – desmatamento, perda de biodiversidade, supressão de *habitats* etc. –, a utilização de recursos não renováveis, como a queima de combustíveis fósseis, é indiscutivelmente mais poluente e potencial causadora de acidentes graves (vazamentos, por exemplo), o que tem levado o mundo a considerar mais “limpas” fontes de energia como as predominantemente utilizadas no Brasil.

Quanto aos **serviços de telecomunicações**, nos debates que antecederam a aprovação da reforma tributária, fundamentou-se a imunidade ao imposto seletivo com base no argumento de que se trata de atividade estratégica.

De fato, considerando que a telecomunicação é, basicamente, a produção, guarda e distribuição da informação – ferramenta crucial nas sociedades modernas –, é fácil perceber a importância dessa área do conhecimento para as atividades econômicas, para as relações internacionais, para a conexão entre os diversos pontos do território e para a vida política do país.

13.8.3.2 Incidência monofásica

O inciso II do § 6º do art. 153 da CRFB/1988 dispõe que o imposto seletivo incidirá uma única vez sobre o bem ou serviço. Assim, a tributação deve ocorrer em uma única etapa da cadeia produtiva, a ser definida pela lei. Trata-se de previsão de incidência **monofásica** ou **concentrada**, que visa à otimização da mão de obra fiscal e à diminuição da possibilidade de sonegação do tributo.

O mecanismo de incidência monofásica assemelha-se ao da substituição tributária para frente (progressiva). Nesta, embora o tributo seja plurifásico, os valores referentes a todas as incidências tributárias são cobrados simultaneamente do substituto tributário, que, como contribuinte, paga o tributo relativo à operação da qual participa diretamente e, como responsável, recolhe de forma antecipada os montantes referentes às operações subsequentes.

Na sistemática monofásica, o tributo também é arrecadado de uma vez, mas porque o bem ou serviço somente é submetido a uma única incidência tributária, com alíquotas e bases de cálculo definidas de forma a permitir que a arrecadação seja ao menos equivalente ao total que seria carreado aos cofres públicos no sistema plurifásico de tributação.

A incidência em etapa única simplifica a legislação, reduz os custos burocráticos e operacionais das empresas e facilita a fiscalização. É verdade que essas vantagens já são, em alguma medida, proporcionadas pela substituição tributária progressiva, mas, como esta envolve a utilização de uma base de cálculo presumida, não raro são necessárias compensações posteriores (restituição ou complementação de tributo), o que não se verifica na tributação monofásica.

13.8.3.3 Incidência "por fora"

Por determinação do art. 153, § 6º, III, da CRFB/1988, o **imposto seletivo** não deve integrar sua própria base de cálculo. Existem previsões semelhantes para o **IBS** (art. 156-A, § 1º, IX) e para a **CBS** (art. 195, § 17), todas alinhadas à mudança da metodologia de cálculo dos tributos sobre o consumo promovida pela reforma tributária.

Como é sabido, a **tributação do consumo** costuma ser **indireta**, ou seja, sua configuração jurídica permite a translação do encargo econômico-financeiro para uma pessoa diferente daquela definida em lei como sujeito passivo. Embora o comerciante (**contribuinte de direito**) faça o recolhimento do tributo, é o consumidor (**contribuinte de fato**) quem verdadeiramente arca com o ônus econômico da exação.

Antes da reforma tributária, adotava-se, como regra, a metodologia de cálculo "por dentro", na qual o tributo integra a sua própria base de cálculo, gerando a situação absurda de o consumidor ter que pagar "imposto sobre imposto" e, assim, ser submetido a carga tributária efetiva maior que a prevista na lei. Com a EC 132/2023, a tributação sobre o consumo passa a ser realizada "por fora", o que representa um enorme ganho em termos de justiça tributária e transparência fiscal.

Imagine-se, a título de exemplo, que um comerciante deseje receber R$ 100,00 por uma mercadoria e que a operação de venda esteja sujeita a um único tributo com alíquota nominal de 20%. No modelo de cálculo "por dentro", se ele vender a mercadoria por R$ 100,00, terá que entregar R$ 20,00 ao Fisco, ficando com apenas R$ 80,00, menos do que pretendia obter com a realização do negócio. Para ficar com R$ 100,00, o comerciante precisaria vender o bem por R$ 125,00. Assim, quando deduzidos os 20% de tributo, restaria para ele justamente a quantia desejada (R$ 125,00 - 20% = R$ 100,00).

No modelo acima, a alíquota (20%) é aplicada sobre uma base de cálculo formada pelo valor pretendido pelo comerciante (R$ 100,00) acrescido do valor do próprio imposto (R$ 25,00). O imposto devido corresponderá, então, à soma do imposto incidente sobre o valor real da mercadoria (20% x 100,00 = 20,00) com o valor do imposto incidente sobre o próprio imposto (20% x 25,00 = 5,00). Note-se que o tributo devido (R$ 25,00) corresponde a 25% do valor almejado pelo comerciante (R$ 100,00).

Portanto, na sistemática de cálculo "por dentro", existe uma **alíquota nominal**, que é a prevista na lei, e uma **alíquota efetiva**, correspondente à carga tributária de fato suportada pelo contribuinte. No exemplo apresentado, a alíquota nominal é de 20%, ao passo que a efetiva chega a 25%, mascarando a real carga tributária incidente sobre a operação e agredindo o **princípio da transparência fiscal**.

Na incidência "por fora", o comerciante calcula o tributo em separado do valor da mercadoria, fazendo a alíquota efetiva coincidir com a nominal. Se ele desejar receber R$ 100,00, será exatamente esse o valor do bem – sem qualquer preocupação em incluir no preço o valor do tributo –, sendo o consumidor avisado que, "por fora", ainda precisará pagar 20% de tributo (R$ 20,00). Para o consumidor é mais vantajoso, pois, se o cálculo fosse "por dentro", seriam R$ 25,00 de tributo, e não R$ 20,00.

De um modo geral, a reforma tributária tentou evitar a cobrança de tributo sobre tributo (**"tributo em cascata"**). É por isso que, além de não integrarem a sua própria base de cálculo, IBS e CBS também não podem integrar a base de cálculo um do outro nem as bases de cálculo do imposto seletivo, do ICMS e do ISS (enquanto existirem).

Especificamente quanto ao imposto seletivo, no entanto, o constituinte legislou de modo um pouco diferente. Embora tenha determinado que esse imposto não incidirá sobre a sua própria base de cálculo, previu, no inciso IV, do § 6º, do art. 153, que integrará a base de cálculo do ICMS e do ISS, enquanto existirem, e do IBS e da CBS. O que se ponderou, nesse caso, foi o interesse de fazer o imposto seletivo ser incorporado ao custo dos bens e serviços por ele afetados, o que, consequentemente, onera o consumo e potencializa a finalidade extrafiscal do tributo.

13.8.3.4 Autorização para bitributação e bis in idem

Dispõe o inciso V do § 6º do art. 153 da CRFB/1988 que o imposto seletivo poderá ter o mesmo fato gerador e base de cálculo de outros tributos. Trata-se de autorização expressa para a ocorrência tanto de *bis in idem* quanto de bitributação.

Em regra, verificando-se no mundo dos fatos a hipótese designada em lei como fato gerador do tributo, uma única obrigação tributária deve surgir para o sujeito passivo. Há situações, no entanto, em que um mesmo fato gerador enseja múltiplas incidências tributárias: quando as exigências partem do mesmo ente tributante, tem-se ***bis in idem***; quando se originam de entes tributantes diversos, fala-se em **bitributação**. Há quem somente considere configurados tais fenômenos quando ocorridos entre tributos de mesma espécie, contudo a doutrina mais atual os observa a despeito de eventual diferença de espécies tributárias.

No sistema tributário brasileiro, não há vedação expressa ao ***bis in idem***, do qual o exemplo mais conhecido, antes da reforma tributária, sempre foi o da Contribuição para o Programa de Integração Social – **PIS** e o da Contribuição para o Financiamento da Seguridade Social – **COFINS**, ambas exigidas pela União sobre a receita ou faturamento das pessoas jurídicas (CF, art. 195, I, "b"). A EC 132/2023, responsável pela grande mudança na tributação do consumo, prevê a extinção da dupla PIS/COFINS, a ser substituída pela Contribuição sobre Bens e Serviços – CBS. Com isso, o caso mais emblemático de *bis in idem* tende a ser o da referida **CBS** com o **imposto seletivo** (mesmo sendo de espécies tributárias distintas), ambos instituídos pela União para incidir sobre bens e serviços.

Também tem sido aventada a possibilidade de *bis in idem* entre o **imposto seletivo**, que incidirá sobre a extração de petróleo e gás (LC 214, art. 409, VI), e a **CIDE-combustíveis**, incidente sobre as atividades de importação ou comercialização de petróleo e seus derivados, gás natural e seus derivados e álcool combustível (CF, art. 177, § 4º).

Diferentemente do *bis in idem*, a **bitributação** sempre foi, em regra, considerada proibida no Brasil, uma vez que, diante da rígida repartição de competências tributárias prevista na Constituição, não haveria espaço para entes federados diversos tributarem um mesmo fato gerador. As hipóteses de bitributação excepcionalmente admitidas dizem respeito à instituição, pela União, de **impostos extraordinários**, na iminência ou no caso de guerra externa (CF, art. 154, II), e aos casos envolvendo **Estados-nações diversos**, principalmente no que concerne à tributação da renda.

Com a reforma tributária, surge mais uma autorização constitucional expressa para a bitributação, por ter sido facultado à União instituir **imposto**

seletivo sobre quaisquer bens e serviços prejudiciais ao meio ambiente ou à saúde humana, desde que não imunes, mesmo que já constituam base de cálculo ou fato gerador de outro tributo da própria União (*bis in idem*) ou de outro ente federado (bitributação). Aqui, o intuito é claramente fazer do imposto seletivo um tributo adicional, incorporando ao custo do produto as externalidades negativas por ele causadas ao homem ou ao meio.

Por fim, convém esclarecer que, dentro da lógica da nova tributação do consumo trazida pela EC 132/2023, não é adequado enxergar a Contribuição sobre Bens e Serviços (CBS) e o Imposto sobre Bens e Serviços (IBS) como mais um caso de bitributação. Na verdade, o que se prevê é um tributo geral sobre o consumo, porém de caráter dual, subdividido em CBS, de competência federal, e IBS, de competência compartilhada entre Estados, Distrito Federal e Municípios. Ambos foram instituídos pela mesma lei complementar (LC 214/2025), editada pela União com base no art. 124, parágrafo único, do ADCT, art. 124, parágrafo único. A competência compartilhada relativa ao IBS possui natureza meramente administrativa (e não político-legislativa), sendo exercida pelos entes federados subnacionais mediante participação no Comitê Gestor do imposto.

13.8.3.5 Alíquotas específicas ou ad valorem

Apesar de instituído por lei complementar, o imposto seletivo pode ter suas **alíquotas** modificadas por **lei ordinária** (ou **medida provisória**, por conseguinte). É o que se depreende do inciso VI do § 6º do art. 153 da Constituição, que também prevê a possibilidade de as alíquotas serem específicas (por unidade de medida adotada) ou *ad valorem*.

Alíquota *ad valorem* é a que incide sobre valor, ou seja, um percentual a ser multiplicado por certa grandeza especificada em moeda corrente (base de cálculo), para a obtenção do montante do tributo a ser pago. É, portanto, o que normalmente se entende do vocábulo "alíquota", ou seja, um percentual a ser aplicado sobre o valor do bem, da renda, do negócio jurídico etc.

Alíquota específica ou ***ad rem*** é a definida através de um valor financeiro por unidade de quantificação do bem – reais por metro, tonelada, litro ou qualquer outra unidade de medida. Imagine-se, por exemplo, que a legislação preveja alíquota de R$ 100,00 por tonelada de mercadoria indicada na fatura. Nessa situação, a base de cálculo não é fixada em moeda, mas em toneladas (mesma unidade de medida usada na definição da alíquota). Portanto, na venda de dez toneladas de tal mercadoria, o tributo a ser pago é de R$ 1.000,00 (R$ 100/ton x 10 ton).

13.8.3.6 Incidência sobre a extração de recursos minerais

Por força do art. 153, § 6º, VII, da CRFB/1988, nas **atividades de extração**, o imposto seletivo será cobrado **independentemente da destinação** dos minerais extraídos – se para o mercado interno ou para o estrangeiro –, caso em que a alíquota máxima corresponderá a 1% do valor de mercado do produto.

Conforme estudado no item 13.8.3.1, o sistema tributário brasileiro orienta-se pela máxima segundo a qual não devem ser exportados tributos, mas, sim, bens e serviços, e o imposto seletivo, de um modo geral, submete-se a tal diretriz. Há, contudo, uma exceção à regra, concernente às atividades de extração, as quais, de tão poluentes e degradantes ao meio ambiente, devem ser tributadas mesmo quando destinam produtos ao mercado estrangeiro.

O argumento que justifica tal entendimento é o de que não seria justo individualizar os lucros, deixando as empresas exploradoras do ramo se beneficiarem sozinhas do resultado econômico da atividade; mas socializar os prejuízos, impondo a toda a população os danos severos e permanentes causados ao território nacional. Para observar a razoabilidade, no entanto, a cobrança foi submetida a um **teto**, correspondente a **1% do valor de mercado** do produto extraído.

13.8.4 Fato gerador

De acordo com o art. 409, *caput*, da Lei Complementar 214/2025, o fato gerador do Imposto Seletivo é a **produção, extração, comercialização ou importação de bens e serviços prejudiciais à saúde ou ao meio ambiente**.

O § 1º do referido artigo define, de modo taxativo, quais bens e serviços são considerados prejudiciais, para fins de incidência do IS:

> § 1º Para fins de incidência do Imposto Seletivo, consideram-se prejudiciais à saúde ou ao meio ambiente os bens classificados nos códigos da NCM/SH e o carvão mineral, e os serviços listados no Anexo XVII, referentes a:
>
> I - veículos;
>
> II - embarcações e aeronaves;
>
> III - produtos fumígenos;
>
> IV - bebidas alcoólicas;
>
> V - bebidas açucaradas;
>
> VI - bens minerais;
>
> VII - concursos de prognósticos e *fantasy sport*.

A Nomenclatura Comum do Mercosul (NCM) é um sistema que, segundo critérios e procedimentos próprios, determina códigos de identificação de mercadorias que são utilizados em todas as operações de comércio exterior dos países do Mercosul. A NCM é orientada pelo Sistema Harmonizado de Designação e Codificação de Mercadorias (SH), cuja finalidade é facilitar o comércio internacional. A LC 214/2025 baseia-se nos códigos da NCM/SH para especificar, em seu Anexo XVII, quais bens, dentro de cada categoria, são onerados pelo Imposto Seletivo.

Assim, a título de exemplo, nem todos os bens minerais estão sujeitos à incidência do IS. Segundo o Anexo XVII da LC 214/2025, dentro da categoria "bens minerais", o imposto somente incide sobre: a) minérios de ferro e seus concentrados, incluindo as piritas de ferro ustuladas (cod. 2601); b) óleos brutos de petróleo (cod. 2709.00.10); c) gás natural liquefeito (cod. 2711.11.00); d) gás natural no estado gasoso (cod. 2711.21.00).

Quanto aos produtos fumígenos e às bebidas alcoólicas, a sujeição ao Imposto Seletivo ocorrerá quando o acondicionamento for feito em embalagem primária, ou seja, em contato direto com o produto e destinada ao consumidor final (LC 214, art. 409, § 2º).

Merece destaque a incidência do IS sobre concursos de prognósticos (sorteios de números, loterias e apostas) e *fantasy sports* (jogos em que os participantes são técnicos de times virtuais, "escalados" com jogadores existentes na vida real). A inclusão de *fantasy sports* no âmbito de incidência do tributo tem causado polêmica, sob as alegações de que não seriam jogos "de sorte" (mas, sim, de estratégia) e de que não possuiriam potencial para gerar grande prejuízo financeiro aos participantes. De fato, o argumento pode ser considerado válido para o modelo originário de *fantasy sports*, (p. ex., "Cartola FC"), mas a preocupação demonstrada pelo legislador tem sido com a propagação acelerada de um "novo modelo" de *fantasy sports*, cada vez mais assemelhado ao das apostas esportivas exploradas pelas denominadas *"bets"* (casas de apostas virtuais).

Tendo em vista que o Imposto Seletivo incide uma única vez sobre o bem ou serviço (incidência monofásica), o legislador complementar cuidou de definir com exatidão o momento dessa incidência. O elemento temporal do fato gerador do IS está previsto no art. 412 da LC 214/2025, que dispõe:

> Art. 412. Considera-se ocorrido o fato gerador do Imposto Seletivo no momento:
>
> I - do primeiro fornecimento a qualquer título do bem, inclusive decorrente dos negócios jurídicos mencionados nos incisos I a VIII do § 2º do art. 4º desta Lei Complementar;
>
> II - da arrematação em leilão público;
>
> III - da transferência não onerosa de bem produzido;
>
> IV - da incorporação do bem ao ativo imobilizado pelo fabricante;

> V - da extração de bem mineral;
>
> VI - do consumo do bem pelo fabricante;
>
> VII - do fornecimento ou do pagamento do serviço, o que ocorrer primeiro; ou
>
> VIII - da importação de bens e serviços.

O art. 413, III, da LC 214/2025 prevê a não incidência do Imposto Seletivo sobre os bens e serviços cujas alíquotas sejam reduzidas nos termos do § 1º do art. 9º da EC 132/2023, quais sejam:

> I - serviços de educação;
>
> II - serviços de saúde;
>
> III - dispositivos médicos;
>
> IV - dispositivos de acessibilidade para pessoas com deficiência;
>
> V - medicamentos;
>
> VI - produtos de cuidados básicos à saúde menstrual;
>
> VII - serviços de transporte público coletivo de passageiros rodoviário e metroviário de caráter urbano, semiurbano e metropolitano;
>
> VIII - alimentos destinados ao consumo humano;
>
> IX - produtos de higiene pessoal e limpeza majoritariamente consumidos por famílias de baixa renda;
>
> X - produtos agropecuários, aquícolas, pesqueiros, florestais e extrativistas vegetais ***in natura***;
>
> XI - insumos agropecuários e aquícolas;
>
> XII - produções artísticas, culturais, de eventos, jornalísticas e audiovisuais nacionais, atividades desportivas e comunicação institucional;
>
> XIII - bens e serviços relacionados a soberania e segurança nacional, segurança da informação e segurança cibernética.

13.8.5 Base de cálculo

A base de cálculo do Imposto Seletivo está disciplinada no art. 414 da LC 214/2025, segundo o qual:

> Art. 414. A base de cálculo do Imposto Seletivo é:
>
> I - o valor de venda na comercialização;
>
> II - o valor de arremate na arrematação;
>
> III - o valor de referência na:
>
> a) transação não onerosa ou no consumo do bem;
>
> b) extração de bem mineral; ou
>
> c) comercialização de produtos fumígenos;

IV - o valor contábil de incorporação do bem produzido ao ativo imobilizado;

V - a receita própria da entidade que promove a atividade, na hipótese de que trata o inciso VII do § 1º do art. 409 desta Lei Complementar [concursos de prognósticos e *fantasy sport*], calculada nos termos do art. 245.

O art. 245 da LC 214/2025 estipula que a receita própria das entidades que promovam concursos de prognósticos e *fantasy sport* corresponde ao produto por elas arrecadado, com a dedução de premiações pagas e destinações obrigatórias por lei a órgão ou fundo público e aos demais beneficiários.

O valor de referência mencionado no inciso III do *caput* do art. 414 deverá ser calculado por meio de metodologia definida em ato do chefe do Poder Executivo da União, com base em cotações, índices ou preços vigentes na data do fato gerador, em bolsas de mercadorias e futuros, em agências de pesquisa ou em agências governamentais, entre outros. No caso de produtos fumígenos, deverá ser considerado o preço de venda no varejo.

De acordo com o art. 417 da LC 214/2025, não integram a base de cálculo do Imposto Seletivo:

a) o montante da CBS, do IBS e do próprio Imposto Seletivo incidentes na operação;

b) os descontos incondicionais, assim compreendidas as parcelas redutoras do preço da operação que constem do respectivo documento fiscal e não dependam de evento posterior;

c) a bonificação que atenda as mesmas condições especificadas para a caracterização dos descontos incondicionais;

d) até 31/12/2032, o montante do ICMS ou do ISS incidentes na operação.

13.8.6 Contribuintes

Segundo o art. 424 da LC 214/2025, o **contribuinte** do Imposto Seletivo é:

I - o fabricante, na primeira comercialização, na incorporação do bem ao ativo imobilizado, na tradição do bem em transação não onerosa ou no consumo do bem;

II - o importador na entrada do bem de procedência estrangeira no território nacional;

III - o arrematante na arrematação;

IV - o produtor-extrativista que realiza a extração; ou

V - o fornecedor do serviço, ainda que residente ou domiciliado no exterior, na hipótese de que trata o inciso VII do § 1º do art. 409 desta Lei Complementar [concursos de prognósticos e *fantasy sport*].

Não são contribuintes, mas, por força do art. 425 da LC 214/2025, estão obrigados ao pagamento do Imposto Seletivo como **responsáveis**, sem prejuízo das demais hipóteses previstas em lei e da aplicação da pena de perdimento:

> I - o transportador, em relação aos produtos tributados que transportar desacompanhados da documentação fiscal comprobatória de sua procedência;
>
> II - o possuidor ou detentor, em relação aos produtos tributados que possuir ou mantiver para fins de venda ou industrialização, desacompanhados da documentação fiscal comprobatória de sua procedência;
>
> III - o proprietário, o possuidor, o transportador ou qualquer outro detentor de produtos nacionais saídos do fabricante com imunidade para exportação, encontrados no País em situação diversa, exceto quando os produtos estiverem em trânsito:
>
> a) destinados ao uso ou ao consumo de bordo, em embarcações ou aeronaves de tráfego internacional, com pagamento em moeda conversível;
>
> b) destinados a lojas francas, em operação de venda direta, nos termos e condições estabelecidos pelo art. 15 do Decreto-Lei nº 1.455, de 7 de abril de 1976;
>
> c) adquiridos pela empresa comercial exportadora de que trata o art. 82 desta Lei Complementar, com o fim específico de exportação, e remetidos diretamente do estabelecimento industrial para embarque de exportação ou para recintos alfandegados, por conta e ordem da adquirente; ou
>
> d) remetidos a recintos alfandegados ou a outros locais onde se processe o despacho aduaneiro de exportação.

13.8.7 Lançamento

O Imposto Seletivo é lançado **por homologação**, pois é o próprio sujeito passivo que calcula o valor do tributo devido e antecipa o pagamento sem prévio exame da autoridade administrativa, cabendo a esta verificar a correção do procedimento e, se for o caso, homologá-lo, podendo, ainda, lançar **de ofício** as diferenças porventura devidas.

13.8.8 Visão geral do imposto

	Imposto Seletivo – IS
Função predominante	Extrafiscal
Princípio da legalidade	Está sujeito

Princípio da anterioridade	Está sujeito
Princípio da noventena	Está sujeito
Fato gerador	Produção, extração, comercialização ou importação de bens e serviços prejudiciais à saúde ou ao meio ambiente, assim considerados o carvão mineral e os bens classificados nos códigos da NCM/SH, e os serviços listados no Anexo XVII da LC 214/2025, referentes a: I - veículos; II - embarcações e aeronaves; III - produtos fumígenos; IV - bebidas alcoólicas; V - bebidas açucaradas; VI - bens minerais; VII - concursos de prognósticos e *fantasy sport*.
Base de cálculo	I - o valor de venda na comercialização; II - o valor de arremate na arrematação; III - o valor de referência na: a) transação não onerosa ou no consumo do bem; b) extração de bem mineral; ou c) comercialização de produtos fumígenos; IV - o valor contábil de incorporação do bem produzido ao ativo imobilizado; V - a receita própria da entidade que promove a atividade de concursos de prognósticos e *fantasy sport*.
Contribuintes	I - o fabricante, na primeira comercialização, na incorporação do bem ao ativo imobilizado, na tradição do bem em transação não onerosa ou no consumo do bem; II - o importador na entrada do bem de procedência estrangeira no território nacional; III - o arrematante na arrematação; IV - o produtor-extrativista que realiza a extração; ou V - o fornecedor do serviço, ainda que residente ou domiciliado no exterior, na hipótese de concursos de prognósticos e fantasy sport.
Lançamento	Por homologação

Para acessar as questões referentes a esse capítulo, utilize o QR Code ao lado.

14

IMPOSTOS ESTADUAIS

Os Estados têm competência para instituir os três impostos previstos no art. 155 da CF, quais sejam imposto sobre transmissão *causa mortis* e doação – ITCMD; o imposto sobre operações relativas à circulação de mercadorias e sobre prestações de serviços de transporte interestadual e intermunicipal e de comunicação – ICMS; e o imposto sobre a propriedade de veículos automotores – IPVA.

Ressalvada a hipótese de Emenda à Constituição, não há qualquer possibilidade de os Estados instituírem outros impostos além dos três que lhes foram deferidos pela Carta Magna. Portanto, ao contrário da União Federal, que possui as competências residual e extraordinária (CF, art. 154, I e II), a lista de impostos estaduais é **exaustiva**.

Como será detalhado adiante, o Senado Federal possui importantes competências normativas relativas aos impostos estaduais. São situações em que o legislador constituinte quis permitir aos Estados e ao Distrito Federal discutir pontos importantes relativos aos seus tributos, trazendo algum grau de uniformidade na diversidade e minorando os efeitos da guerra fiscal. A escolha do Senado como foro de discussão foi acertada, visto que lá se encontram representados os Estados de maneira paritária.

Assim, compete ao Senado Federal:

a) estabelecer as alíquotas máximas do ITCMD (CF, art. 155, § 1.º, IV);

b) estabelecer as alíquotas do ICMS aplicáveis às operações e prestações interestaduais. Nessa situação, a resolução do Senado depende da iniciativa do Presidente da República ou de um terço dos Senadores e da aprovação pela maioria absoluta dos membros daquela Casa Legislativa (CF, art. 155, § 2.º, IV);

c) estabelecer as alíquotas do ICMS aplicáveis nas exportações (CF, art. 155, § 2.º, IV);

d) facultativamente estabelecer as alíquotas mínimas e máximas nas operações e prestações internas. A primeira hipótese exige resolução de iniciativa de um terço e aprovada pela maioria absoluta dos Senadores; a segunda exige resolução de iniciativa da maioria absoluta e aprovada por dois terços dos membros da Casa (CF, art. 155, § 2.º, V, *a* e *b*);

e) estabelecer as alíquotas mínimas do IPVA (CF, art. 155, § 6.º, I).

Registre-se que a LC 194/2022 havia proibido – tanto no art. 18-A, parágrafo único, III, do CTN quanto no art. 32-A, § 1º, III, da LC 87/1996 – a fixação de alíquotas do ICMS sobre **combustíveis, energia elétrica e gás natural** em percentual superior ao da alíquota vigente por ocasião da publicação da própria Lei.

Conforme comentado na 17ª edição desta obra, a novidade implicava o estabelecimento de **alíquotas máximas de ICMS** para as operações, o que violava a competência senatorial para estabelecer as alíquotas máximas do imposto.

É verdade que uma análise mais apressada poderia levar à equivocada admissibilidade do estabelecimento dos mencionados tetos de alíquotas na lei complementar, espécie normativa que demanda aprovação pelas duas Casas do Congresso Nacional, havendo, portanto, necessária aprovação do Senado Federal.

No entanto, se admitido esse modelo, o Senado não mais poderia, por ato próprio, revogar ou aumentar tais alíquotas máximas, uma vez que a providência demandaria a participação da Câmara dos Deputados, Casa na qual, ao contrário do que ocorre no Senado, cada Estado e o DF não estão paritariamente representados.

Como consequência, haveria um desequilíbrio da votação favoravelmente aos Estados mais populosos – via de regra mais desenvolvidos – contrariando o que desejava o legislador constituinte ao atribuir ao Senado a competência para a definição dos limites.

Aparentemente concordando com a tese aqui esposada, o Congresso Nacional, por meio da LC 204/2023, revogou os dispositivos (CTN, art. 18-A, parágrafo único, III, e LC 87/1996 art. 32-A, § 1º, III). A providência reforça a conclusão **de que é inconstitucional a fixação em lei, mesmo que complementar, dos limites de alíquotas cuja definição é constitucionalmente atribuída ao Senado Federal**.

Há de se considerar ainda que, em virtude do novo modelo de tributação do consumo adotado pela EC 132/2023, a extinção do ICMS está prevista para ocorrer em 2033. O ICMS, de competência estadual, e o ISS, de competência municipal, serão substituídos pelo IBS, um dos "braços" do IVA dual idealizado pela Reforma Tributária. O novo imposto e a longa regra de transição prevista para o início de sua cobrança são detalhadamente estudados no Capítulo 16.

Feitas estas considerações, passa-se à análise dos impostos estaduais.

14.1 IMPOSTO SOBRE A TRANSMISSÃO *CAUSA MORTIS* E DOAÇÃO – ITCMD

Segundo o art. 155, I, da CF/1988, os Estados e o Distrito Federal podem instituir imposto sobre a transmissão *causa mortis* e doação **de quaisquer bens ou direitos**. Trata-se de tributo de natureza eminentemente arrecadatória (**fiscal**).

O Código Tributário Nacional disciplina o imposto nos arts. 35 a 42 e deve ser interpretado à luz da atual Constituição, visto que a redação do CTN trata de um único imposto de transmissão, de competência estadual, incidente exclusivamente sobre a transmissão de bens imóveis e de direitos a eles relativos.

Com a Constituição Federal de 1988, previu-se a instituição de dois impostos de transmissão, um **estadual (ITCMD)** e outro **municipal (ITBI)**, sujeitando à incidência do primeiro as transmissões a **título gratuito** (*causa mortis* e doação) e do segundo as transmissões a **título oneroso**.

14.1.1 A fixação de alíquotas máximas pelo Senado Federal – Vinculação e progressividade

Conforme já ressaltado, compete ao Senado Federal estabelecer as alíquotas máximas do ITCMD (CF, art. 155, § 1.º, IV).

O Supremo Tribunal Federal entende que não pode o Estado ou o Distrito Federal editar lei afirmando genericamente que a alíquota do seu ITCMD é igual à alíquota máxima fixada pelo Senado, de forma que se este alterar a alíquota máxima, imediatamente a alíquota estadual se tenha por alterada. Assim, se o Estado quer manter sua alíquota no limite máximo fixado pelo Senado, deve, a cada alteração levada a cabo por este, editar nova lei estadual fixando especificamente a alíquota (RE 218.086-AgR, Rel. Min. Sydney Sanches, *DJ* 17.03.2000).

Por meio da Resolução 09/1992, o Senado fixou em 8% a alíquota máxima do tributo.

O art. 2.º da Resolução autorizou a progressividade das alíquotas sobre a transmissão *causa mortis*, com base no valor do quinhão que cada herdeiro receber.

A constitucionalidade da previsão era bastante duvidosa, pois ela parecia contrariar a jurisprudência consolidada da Corte no sentido de que a progressividade de impostos reais dependeria de expressa autorização constitucional. Não obstante, depois de longas discussões sobre a matéria, em 2013, o Supremo Tribunal Federal, ao analisar lei do Estado do Rio Grande do Sul adotando a técnica autorizada pelo Senado, entendeu que "essa progressividade não é incompatível com a Constituição Federal nem fere o princípio da capacidade contributiva" (n.º 562.045/RS). Para maiores detalhes sobre a evolução jurisprudencial sobre a matéria, remete-se ao leitor para as considerações constantes do item 2.6.3 do Capítulo 2 desta obra.

Neste tópico, é importante registrar que, com o advento da EC 132/2023, a **progressividade**, que já era possível, passou a ser de **adoção obrigatória** pelos Estados e pelo Distrito Federal, em virtude de o inciso VI acrescido ao § 1º do art. 155 da CRFB/1988 afirmar que o ITCMD *"será progressivo em razão do valor do quinhão, do legado ou da doação"*. Diante da mencionada obrigatoriedade, nos Estados que não adotavam a progressividade nem a alíquota máxima estipulada pelo Senado Federal (8%), a exigência provavelmente resultará num aumento da carga tributária.

Por fim, é digno de nota que, durante boa parte do trâmite da PEC, o texto em tramitação previa que a progressividade se daria em razão do *"valor da transmissão ou da doação"*, o que poderia dar ensejo, na sucessão *causa mortis*, a uma variação de alíquota de acordo com o valor total transmitido. Isso seria absurdo, pois a capacidade contributiva deve ser aferida em face do que cada sucessor receber, ou seja, de acordo com o seu quinhão ou legado, o que demonstra a correção da redação adotada no texto final da EC 132/2023.

14.1.2 Definição do Estado (ou Distrito Federal) competente para a cobrança

Como o ITCMD incide sobre a transmissão de quaisquer bens ou direitos, a Constituição Federal criou diferentes regras de fixação de competência, de acordo com a natureza do objeto da transmissão.

Quando a transmissão é de bens imóveis e respectivos direitos, o ITCMD compete ao Estado da situação do bem ou ao Distrito Federal (CF, art. 155, § 1.º, I). A regra é simples porque os imóveis, por sua própria natureza, não podem ter sua localização alterada, sem alteração da substância ou da destinação econômico-social (CC, arts. 79 e 82).

Assim, se um imóvel está localizado em Caixa-Prego/BA e tem sua propriedade transferida em virtude de sucessão *causa mortis* ou de doação, não importa onde foi processado o inventário ou arrolamento ou onde estão domiciliados doador e donatário. O ITCMD pertencerá ao Estado da Bahia.

Quando a transmissão é de bens móveis, títulos e créditos, é necessário fazer uma distinção. Se a transmissão é decorrente de sucessão *causa mortis*, o ITCMD compete ao Estado (ou Distrito Federal) em que era domiciliado o de cujus. Já se a transmissão decorrer de doação, competente será o Estado (ou Distrito Federal) em que tiver domicílio o doador. Ambas as regras decorrem da atual redação do art. 155, § 1.º, II, da CF/1988, dada pela EC 132/2023.

Quando o falecido não deixa testamento e todos os herdeiros são maiores, capazes e estão de acordo a respeito da partilha de bens, é possível fazê-la extrajudicialmente em qualquer cartório de notas, independentemente do local do óbito, do domicílio das partes ou do local em que situados os bens.

A redação originária do citado art. 155, § 1º, II, previa que o local do inventário definiria o Estado (ou Distrito Federal) competente para cobrar o tributo, de modo que, na prática, os inventariantes tinham a possibilidade de escolher a legislação estadual ou distrital a ser utilizada no processamento dos seus inventários. A regra deu ensejo à realização de inventários em Estados com os quais o falecido e os sucessores não tinham qualquer vínculo.

Para acabar com essa estranha forma de planejamento fiscal, a EC 132/2023 modificou o dispositivo em tela, estabelecendo que, nos casos mencionados, o Estado (ou Distrito Federal) competente para a cobrança do imposto será aquele **onde era domiciliado *de cujus***.

A mudança não impede que, configurando-se a hipótese legal de inventário extrajudicial, o inventariante escolha o cartório em que irá realizá-la. Contudo, essa escolha não terá mais qualquer impacto na competência para a cobrança do ITCMD, que sempre será do ente federado estadual (ou distrital) em que tinha domicílio o falecido.

A nova regra se aplica às sucessões abertas a partir de 21/12/2023, data de publicação da EC 132/2023, conforme previsão do seu art. 17. Registre-se que se considera aberta a sucessão no momento da morte.

Segundo o art. 155, § 1º, III, da CF/1988, a competência para a instituição do imposto será regulada por **lei complementar nos casos em que o doador tiver domicílio ou residência no exterior ou se o *de cujus* possuía bens, era residente ou domiciliado ou teve o seu inventário processado no exterior**. Como a lei complementar reclamada pelo dispositivo ainda não foi editada, boa parte dos Estados invocaram a autorização constante do art. 24, § 3º, da CF/1988, para exercer uma suposta competência legislativa plena, disciplinando a situação por lei própria.

Em todas as edições desta obra, defendeu-se a impossibilidade de tal providência legislativa por parte dos Estados, tendo em vista que a lei complementar exigida pelo texto constitucional não exercerá apenas o papel de dispor sobre normas gerais em matéria tributária. Sua principal finalidade será estipular regras para evitar conflitos de competência entre os Estados e o DF (conforme autorizado pelo art. 146, I, da CF/1988), sendo inviável que justamente os entes cujo conflito se quer evitar pudessem dispor unilateralmente tais regras.

A multiplicidade de soluções individualizadas, ao invés de evitar os conflitos, efetivamente estabelecia-os, o que levou o Supremo Tribunal Federal a firmar tese em repercussão geral no sentido de que "é vedado aos estados e ao Distrito Federal instituir o ITCMD nas hipóteses referidas no art. 155, § 1º, III, da Constituição Federal sem a intervenção da lei complementar exigida pelo referido dispositivo constitucional" (RE 851.108/SP).

Com o advento da Reforma Tributária, o legislador constituinte derivado optou por dar uma solução transitória para a questão. Dessa forma, **enquanto não editada a lei complementar reclamada pelo texto constitucional**, o art. 16 da EC 132/2023 estabelece que devem ser seguidas as regras abaixo expostas.

No tocante a **bens imóveis situados no Brasil** e respectivos direitos – como não poderia deixar de ser, porque essa é a regra que já decorreria do disposto no art. 156, § 1º, I, da CRFB/1988 –, o ITCMD será de competência do Estado (ou Distrito Federal) da **situação do bem** (EC 132, art. 16, I).

Relativamente às **doações de bens móveis, títulos e créditos**, se o doador tiver domicílio ou residência no exterior, duas situações podem ocorrer (EC 132, art. 16, II): a) se o donatário tiver domicílio no Brasil, será competente o Estado (ou DF) em que ele esteja domiciliado; b) se o donatário também tiver domicílio ou residência no exterior, será competente o Estado (ou o Distrito Federal) em que se situar o bem.

Já no que concerne à **sucessão *causa mortis***, se os bens do *de cujus* estiverem situados no exterior, o ITCMD competirá ao Estado (ou Distrito Federal) onde ele era domiciliado, ou, se domiciliado ou residente no exterior, onde tiver domicílio o sucessor ou legatário (EC 132, art. 16, III).

Em resumo, a competência é assim definida:

<table>
<tr><td rowspan="3">REGRA GERAL</td><td>BENS</td><td>CAUSA MORTIS</td><td>DOAÇÃO</td></tr>
<tr><td>Móveis, títulos e créditos</td><td>Estado (ou DF) onde era domiciliado o de cujus</td><td>Estado (ou DF) onde tiver domicílio o doador</td></tr>
<tr><td>Imóveis e respectivos direitos</td><td colspan="2">Estado (ou DF) no qual situado o bem imóvel.</td></tr>
</table>

	BENS	*CAUSA MORTIS*		DOAÇÃO	
ELEMENTO DE CONEXÃO COM O EXTERIOR (regra transitória)	**Móveis, títulos e créditos**	Bens situados no exterior	Estado (ou DF) onde era domiciliado o *de cujus*.	Se o donatário tiver domicílio no Brasil	Estado (ou DF) em que domiciliado o donatário.
		De cujus domiciliado ou residente no exterior	Estado (ou DF) onde tiver domicílio o sucessor ou legatário.	Se o donatário também tiver domicílio ou residência no exterior	Estado (ou DF) em que se situar o bem.
	Imóveis e respectivos direitos	Se situados no Brasil, o Estado (ou DF) em que estiverem localizados.			

14.1.3 Fato gerador

Fazendo-se uma leitura do art. 35 do Código Tributário Nacional à luz da atual Constituição Federal, pode-se afirmar que o fato gerador do ITCMD é a transmissão, por *causa mortis* ou por doação, de quaisquer bens ou direitos.

Quando a transmissão se dá no âmbito da **sucessão *causa mortis***, deve-se observar que o art. 1.784 do Código Civil afirma que "aberta a sucessão, a herança transmite-se, desde logo, aos herdeiros legítimos e testamentários".

Segundo o art. 35, parágrafo único, do CTN, nas transmissões *causa mortis* ocorrem tantos fatos geradores distintos quantos sejam os herdeiros ou legatários. Dessa forma, cada obrigação tributária surgida tem diferente sujeito passivo.

A abertura da sucessão ocorre **no exato momento da morte** e é este o momento que define a legislação aplicável no tocante ao lançamento do ITCMD. Nesse sentido, a Súmula 112 do STF, abaixo transcrita:

> **Súmula STF 112** – "O imposto de transmissão *causa mortis* é devido pela alíquota vigente ao tempo da abertura da sucessão".

Apesar de o dispositivo se referir apenas à alíquota, por óbvio o raciocínio que presidiu a elaboração da Súmula é bem mais amplo, sendo aplicável ao lançamento a legislação vigente na data do fato gerador (abertura da sucessão), tudo em conformidade com o art. 144 do CTN.

Não obstante a transmissão da propriedade ocorrer com a abertura da sucessão, somente haverá o pagamento do tributo após a avaliação dos bens do espólio, o cálculo do tributo e a homologação deste cálculo (arts. 630 a 638 do atual Código do Processo Civil).

Nessa linha, as Súmulas 113 e 114 do STF, definem outros marcos temporais para o cálculo e a exigibilidade do imposto:

Súmula STF 113 – "O imposto de transmissão *causa mortis* é calculado sobre o valor dos bens na data da avaliação".

Súmula STF 114 – "O imposto de transmissão *causa mortis* não é exigível antes da homologação do cálculo".

Quando a transmissão ocorre por meio de doação é necessária uma diferenciação no que concerne aos bens **móveis** e aos **imóveis**, em virtude de **serem diversas as regras relativas ao aperfeiçoamento da transmissão em cada caso**.

No direito brasileiro, **a transmissão da propriedade imobiliária dá-se, em regra, mediante o registro do título translativo no Registro de Imóveis**, de forma que, antes do registro, o alienante continua na condição de dono do imóvel (CC, art. 1.245, § 1.º).

Entretanto, a maioria das legislações estaduais tem obrigado ao recolhimento do imposto **antes do registro no cartório**, incumbindo aos tabeliães e serventuários a exigirem no momento do registro a comprovação do pagamento do referido imposto.

No caso dos móveis, a propriedade não se considera transferida pelos negócios jurídicos antes da tradição (CC, art. 1.267). *Tradição*, segundo Sílvio Venosa, significa entregar, ceder, fazer passar a alguém, transmitir, confiar, dar. Assim, entregue o bem, transferida estará a propriedade e – caso a transferência tenha ocorrido por doação – reputa-se aperfeiçoado o fato gerador do ITCMD.

Também aqui se tornou regra a exigência do pagamento antes da ocorrência do fato gerador, pois as leis estaduais normalmente consideram devido o recolhimento no momento em que se firma o instrumento correspondente (contrato de doação).

Questão bastante controversa foi resolvida pelo Supremo Tribunal Federal ao analisar lei estadual que previa a incidência do ITCMD sobre os valores recebidos por beneficiários dos planos denominados "Vida Gerador de Benefício Livre" (**VGBL**) e "Plano Gerador de Benefício Livre" (**PGBL**), quando da morte do seu titular contratante.

As modalidades têm suas peculiaridades, de modo que a legislação que as disciplina trata o VGBL como "seguro de pessoa" e o PGBL como "plano de previdência complementar aberta", designa o contratante como "segurado" no VGBL e "participante" no PGBL, e se refere aos valores recebidos como "capital segurado" no VGBL e "benefício" (no PGBL).

No entanto, o aspecto mais relevante para a análise da possibilidade de incidência do ITCMD é o fato de que, com a morte do contratante, as pessoas por ele livremente indicadas passam, em virtude de expressa **cláusula contratual** – e não em virtude de sucessão *causa mortis* – a ter créditos contra a entidade aberta de previdência complementar (EAPC) que administra o plano. Não ocorre transmissão patrimonial do "*de cujus*" para o beneficiário, mas o simples **cumprimento de um contrato**. Nessa linha, os titulares desses créditos podem não ter qualquer vínculo familiar com o contratante falecido, tendo sido por ele livremente indicados. Não são, portanto, seus sucessores, não recebem quinhão, legado ou meação.

Foi raciocinando desse modo que o STF decidiu pela **não incidência do ITCMD** sobre os valores assim recebidos e cristalizou seu entendimento na seguinte tese de repercussão geral:

> "É inconstitucional a incidência do imposto sobre transmissão causa mortis e doação (ITCMD) sobre o repasse aos beneficiários de valores e direitos relativos ao plano vida gerador de benefício livre (VGBL) ou ao plano gerador de benefício livre (PGBL) na hipótese de morte do titular do plano" (STF, Pleno, RE 1.363.013/RJ, Rel. Min. Dias Toffoli, j. 16/12/2024, DJe 08/01/2025).

14.1.4 Base de cálculo

Como no ITCMD a transmissão de propriedade ocorre a título gratuito (não ocorrendo pagamento ou qualquer outra contrapartida), não se poderia imaginar que a base de cálculo fosse outra que não o valor de mercado dos bens ou direitos transmitidos. Nessa linha, o art. 38 do CTN dispõe que a base de cálculo do imposto é o valor venal dos bens ou direitos transmitidos.

14.1.5 Contribuintes

Nos termos do art. 42 do Código Tributário Nacional, contribuinte do imposto é qualquer das partes na operação tributada, como dispuser a lei.

Deve-se entender que o CTN optou por delegar ao legislador estadual a definição legal do contribuinte do ITCMD, desde que a indicação recaia sobre uma das partes da operação, porque, nos termos do art. 121, parágrafo único, I, do CTN, o contribuinte deve possuir relação pessoal e direta com a situação que constitua o fato gerador da obrigação.

No caso de sucessão *causa mortis*, parece razoável admitir que a definição do contribuinte deva recair sobre o sucessor (herdeiro ou legatário), pois não parece que o espólio tenha relação pessoal e direta com o fato gerador, podendo, no máximo, ser nomeado responsável.

No caso de doação, fica livre o legislador estadual para definir como contribuinte o doador ou o donatário.

14.1.6 Lançamento

Na sistemática de lançamento do ITCMD, a autoridade administrativa constitui o crédito tributário com base em informações prestadas pelo próprio sujeito passivo (quando este declara o valor do bem transferido) ou por terceiro (quando, por exemplo, é usado o valor decorrente de avaliação judicial).

A hipótese se subsume, com precisão, à definição constante no art. 147 do Código Tributário Nacional, demonstrando que o tributo é lançado **por**

declaração, o que não impede, respeitado o prazo decadencial, o lançamento **de ofício** de valores não pagos quando, por exemplo, fatos geradores ocorrerem e forem omitidos da autoridade fiscal.

14.1.7 Doações imunizadas

A Emenda Constitucional 126/2022 acresceu ao § 1º do art. 156 da Constituição o inciso V, que imuniza ao ITCD "as doações destinadas, no âmbito do Poder Executivo da União, a projetos socioambientais ou destinados a mitigar os efeitos das mudanças climáticas e às instituições federais de ensino".

A novidade decorre do princípio da solidariedade social e pode ser compreendida como a justaposição de duas distintas imunidades estatuídas com diferentes finalidades.

A primeira privilegia os projetos socioambientais e os destinados a mitigar os efeitos das mudanças climáticas, que têm traçado um destino sombrio para a humanidade e exigido medidas e compromissos urgentes com o objetivo de abrandá-las. Assim, a imunidade tem como objetivo incrementar os recursos disponíveis para fomentar as práticas ambientalmente sustentáveis. Tal estímulo deve abarcar inclusive as empresas privadas, estimulando a adoção de políticas enquadradas no que atualmente se denomina de práticas ESG (*enviromental, social and governance* – meio ambiente, responsabilidade social e governança), de modo a aliar a busca do lucro ao propósito e à transparência, colaborando com a melhoria da qualidade de vida das gerações atuais e futuras.

A segunda privilegia as instituições federais de ensino e visa a contribuir com a maximização dos recursos destinados à educação, estimulando as doações feitas por particulares que desejam verter parcela do seu patrimônio para a melhoria do sistema educacional.

Inexplicavelmente, a desoneração somente abrangeu as doações realizadas no âmbito do Poder Executivo da União e as doações às instituições federais de ensino. A restrição não parece razoável, uma vez que a Constituição considera competência comum a todos os entes federados "proteger o meio ambiente e combater a poluição em qualquer de suas formas" (art. 23, VI). Além disso, também as instituições estaduais são importantes pilares do sistema nacional de ensino, sendo injustificável sua exclusão do alcance da nova regra.

Além das duas imunidades citadas, o art. 155, § 1º, VII, da Constituição, com redação dada pela EC 132/2023, também prevê que o ITCMD "não incidirá sobre as transmissões e as doações para as instituições sem fins lucrativos com finalidade de relevância pública e social, inclusive as organizações assistenciais e beneficentes de entidades religiosas e institutos científicos e tecnológicos, e por elas realizadas na consecução dos seus objetivos sociais, observadas as condições estabelecidas em lei complementar".

Trata-se de nova imunidade tributária estabelecida com o objetivo de desonerar as transmissões e doações orientadas pelo desejo de contribuir com finalidades de notório interesse público e social. Não faz sentido os Estados e o Distrito Federal se apropriarem, por meio da tributação, de parcela dos bens, direitos e valores que as pessoas físicas (em vida ou mediante sucessão testamentária) e jurídicas destinam ao benefício da coletividade.

Nos novos termos constitucionais, o gozo da imunidade ora estudada dependerá dos **requisitos** a serem estabelecidos em **lei complementar**, o que não poderia ser diferente, tendo em vista a exigência de tal espécie normativa para regular as limitações constitucionais ao poder de tributar (CRFB, art. 146, II). A lei complementar, contudo, não poderá criar condições aleatórias, mas apenas as necessárias para detalhar e garantir o cumprimento de cada uma das exigências que podem ser extraídas do dispositivo constitucional imunizante.

Assim, devem ser estabelecidas condições que garantam, por exemplo: a **ausência de finalidade lucrativa** da entidade (podendo, nesse sentido, condicionar a imunidade à não distribuição de lucros ou qualquer parcela do seu patrimônio ou renda) e o **caráter assistencial ou beneficente** das instituições mencionadas (podendo exigir prestação de parcela de seus serviços de forma gratuita para a comunidade de baixa renda). Não podem ser estabelecidas condições destoantes dos requisitos constitucionais, como seria, por exemplo, o caso de estipulação de tempo mínimo de funcionamento.

14.1.8 Visão geral do imposto

	Imposto sobre a Transmissão *Causa Mortis* e Doação – ITCMD
Função predominante	Fiscal
Princípio da legalidade	Está sujeito
Princípio da anterioridade	Está sujeito
Princípio da noventena	Está sujeito
Fato gerador	A transmissão, por *causa mortis* ou por doação, de quaisquer bens ou direitos
Base de cálculo	É o valor venal dos bens ou direitos transmitidos
Contribuinte	É quaisquer das partes na operação tributada, como dispuser a lei (para transmissão *causa mortis*: herdeiro ou legatário; para transmissão por doação: doador ou donatário, dependendo da legislação estadual)
Lançamento	Por declaração

14.2 IMPOSTO SOBRE A CIRCULAÇÃO DE MERCADORIAS E PRESTAÇÃO DE SERVIÇOS – ICMS

A Constituição Federal, no seu art. 155, II, atribui aos Estados e ao Distrito Federal competência para instituir o imposto sobre operações relativas à circulação de mercadorias e sobre prestações de serviços de transporte interestadual e intermunicipal e de comunicação, ainda que as operações e as prestações se iniciem no exterior. Trata-se do ICMS, o tributo de maior arrecadação no Brasil.

Antes da Constituição Federal de 1988, o tributo denominava-se **ICM**, por incidir apenas sobre a circulação de mercadorias. Com a nova Carta Magna, foram acrescidos ao seu campo de incidência dois serviços, o de **transporte interestadual e intermunicipal** e o de **comunicação**. Daí o acréscimo da letra "S" à sigla, de forma que, a partir do advento da nova ordem constitucional, passou a existir o ICMS.

O ICMS tem finalidade indiscutivelmente **fiscal**, apesar de a Constituição Federal permitir que seja seletivo, em função da essencialidade das mercadorias e dos serviços (CF, art. 155, § 2.º, III), faculdade que, se utilizada, proporcionaria visíveis notas de extrafiscalidade ao tributo, pois sua incidência seria mais elevada sobre as mercadorias e serviços consumidos pelas pessoas de maior capacidade contributiva, de modo a redistribuir renda.

Em boa parte dos sistemas tributários de outros países, o ICMS se encontra inserido no imposto sobre o valor agregado (ou adicionado) – IVA, sempre nacional.

No Brasil, o desejo de dividir o tão importante tributo entre todos os entes federativos fez o legislador constituinte originário criar três impostos que o mundo reúne em apenas um. Assim, ao lado do ICMS estadual, criaram-se o IPI federal e o ISS municipal.

O IVA nacional já está testado e aprovado em boa parte do mundo. O IPI também não traz muitos problemas, justamente por ser a parte nacional do IVA, não sendo possível, mesmo às mentes mais criativas, imaginar uma guerra fiscal interna relativa a um tributo federal.

Entretanto, nas parcelas não nacionais do IVA, a possibilidade de guerra fiscal surge com toda a sua força, principalmente no que se refere ao ICMS, o tributo de maior arrecadação no sistema tributário nacional.

Não foi por outro motivo que o ICMS foi o tributo mais contemplado com regras estatuídas diretamente no texto constitucional. A esperança do legislador constituinte era justamente conferir alguma uniformidade às vinte e sete legislações do tributo (26 Estados e o Distrito Federal) e criar mecanismos para evitar ou solucionar controvérsias entre os sujeitos ativos, minorando os efeitos de uma guerra fiscal anunciada com a promulgação da Constituição Federal.

Também dentro dessa linha de raciocínio, a Constituição Federal delegou à regulação, mediante **lei complementar de caráter nacional**, grande parte dos pontos mais polêmicos do ICMS (CF, art. 155, § 2.º, XII); previu a **celebração de convênios entre os entes federados como ato-condição para a concessão e revogação de incentivos e benefícios fiscais** (CF, art. 155, § 2.º, XII, *g*); **delegou ao Senado importantes competências na fixação do regime de alíquotas do tributo**, entre outras regras de **uniformização e pacificação fiscal**.

A Reforma Tributária viabilizada pela Emenda Constitucional 132/2023 resolverá grande parte dos problemas decorrentes da tributação do consumo por três diferentes esferas federativas. O modelo adotado foi o de um Imposto sobre Valor Agregado (IVA) dual, subdividido em Contribuição sobre Bens e Serviços (CBS), de competência federal, e Imposto sobre Bens e Serviços (IBS), de competência compartilhada entre Estados, Distrito Federal e Municípios.

A solução ideal teria sido a criação de um IVA único, de competência federal, com a arrecadação repartida entre os entes subnacionais; contudo, o modelo de IVA dual adotado pela Reforma já representa um grande avanço na redução da complexidade do Sistema Tributário Nacional.

Assim, após o período de transição, ICMS e ISS serão substituídos pelo IBS. Como isso só deverá se completar em 2033, até lá o ICMS seguirá sendo cobrado, o que justifica, nos tópicos seguintes, a análise do complexo conjunto de regras estatuídas na Constituição Federal acerca desse imposto. Para o estudo aprofundado do IBS e da CBS, recomenda-se a leitura do Capítulo 16.

14.2.1 O conceito de mercadoria

De maneira simplificada, o "conjunto das coisas" compreende tudo o que existe no universo, exceto as pessoas. O "conjunto dos bens" é composto por todas as coisas com valor econômico (é subconjunto das coisas). Já o "conjunto das mercadorias" compreende os **bens móveis** que estão no mundo dos negócios com **finalidade comercial**.

Nesse sentido, vale a pena a transcrição da lapidar lição de Souto Maior Borges, conceituando mercadoria:

> "Mercadoria é o bem móvel, que está sujeito à mercancia, porque foi introduzido no processo circulatório econômico. Tanto que o que caracteriza, sob certos aspectos, a mercadoria é a destinação, porque aquilo que é mercadoria, no momento que se introduz no ativo fixo da empresa, perde esta característica de mercadoria, podendo ser reintroduzido no processo circulatório, voltando a adquirir, consequentemente, essa conotação de mercadoria".

É clássica a discussão sobre a possibilidade de incidência de ICMS sobre os programas de computadores, visto que os Municípios sempre alegaram que a elaboração do programa, com posterior licenciamento, configuraria serviço, cujo valor preponderaria sobre o suporte material (CD, DVD, *pen-drive*) entregue ao adquirente, o que atrairia a incidência exclusiva do imposto sobre serviços de qualquer natureza – ISS.

O Supremo Tribunal Federal chegou a pacificar a controvérsia diferenciando a hipótese de **licenciamento ou cessão do direito de uso** de determinado programa elaborado de forma **personalizada e por encomenda** do caso em que um *software* era produzido de forma **padronizada**, **em larga escala**, para **comercialização** (*software* de prateleira). Na primeira hipótese, entendia-se configurada a **predominância do serviço**, incidindo o **ISS**; na segunda, haveria **mercadoria**, incidindo o **ICMS** (RE 176.626/SP).

Em 2021, a Suprema Corte revisitou o tema e expressamente afirmou que "a tradicional distinção entre software de prateleira (padronizado) e por encomenda (personalizado) não é mais suficiente para a definição da competência para a tributação dos negócios jurídicos que envolvam programas de computador em suas diversas modalidades" (STF, Pleno, ADI 5.659/MG, Rel. Min. Dias Toffoli, j. 24/02/2021, DJe 19/05/2021).

No entendimento da Corte, a definição do tributo incidente deve ser realizada em face do tradicional critério objetivo segundo o qual incide apenas o ISS se o serviço está definido por lei complementar como tributável por tal imposto, ainda que sua prestação envolva a utilização ou o fornecimento de bens, ressalvadas as exceções previstas na lei.

O licenciamento e a cessão de direito de uso de programas de computador enquadram-se no subitem 1.05 da lista de serviços anexa à LC 116/2003. Acrescente-se a isso o fato, também reconhecido de forma expressa pela Suprema Corte, de que "conforme a Lei 9.609/98, o uso de programa de computador no País é objeto de contrato de licença", sendo sua elaboração 'produto do engenho humano' e 'criação intelectual', que configuram obrigação de fazer, assim como ocorre nos demais serviços prestados ao usuário, como, v.g., o *help desk* e a disponibilização de manuais, atualizações e outras funcionalidades previstas no contrato de licenciamento".

Por tudo, **o licenciamento e a cessão de uso de software estão sujeitos ao imposto sobre serviços de qualquer natureza, não sendo finalidade comercial relevante se personalizado ou padronizado nem a escala de produção**. Digno de nota que o entendimento abrange tanto o caso de software transferido para o computador do usuário por mídia física ou *download*, quanto as hipóteses denominadas como "*Software-as-a-Service*" (SaaS), em que o usuário acessa o software online (em nuvem) sem armazená-lo na sua máquina (ADI 1.945/MT e ADI 5.659/MG).

Não obstante o entendimento, a análise reletiva à personalização ou padronização ainda é relevante no caso das gravações em vídeo (videocassete, DVD, *blu-ray* ou qualquer outro). Assim, diferente é a situação da empresa contratada para filmar um evento (serviço sujeito ao ISS municipal) quando comparada com aquela que vende cópias cinematográficas gravadas em série (comercialização de mercadoria sujeita ao ICMS estadual). A jurisprudência do STF é pacífica nesse sentido (RE 191.732, Rel. Min. Sepúlveda Pertence), havendo inclusive entendimento sumulado nos seguintes termos:

> **STF – Súmula 662** – "É legítima a incidência do ICMS na comercialização de exemplares de obras cinematográficas, gravados em fitas de videocassete".

Ainda no que concerne à distinção entre mercadoria e serviço, é digna de nota a diferenciação do tratamento tributário do fornecimento de **energia elétrica** quando comparado ao fornecimento de **água encanada**. O próprio texto constitucional prevê, de forma expressa, a **incidência** do ICMS sobre a circulação de **energia elétrica, utilidade equiparada à mercadoria para efeito de tributação**. O mesmo raciocínio poderia ter sido aplicado pelo legislador constituinte no que concerne ao fornecimento de **água encanada**. No entanto, diante da inexistência de norma constitucional expressa, o STF entendeu que se tratava da prestação de um **serviço público essencial**, não podendo ser equiparado à venda de mercadoria, de forma a **não ser legítima a incidência do ICMS** (ADI 2224/DF). Não obstante, a **água embalada para venda** (garrafinha de água mineral, por exemplo) é obviamente **mercadoria**, sujeitando-se ao imposto.

Por fim, ressalte-se que existe um verdadeiro "macete legal" para que se afira a presença de finalidade comercial e, por conseguinte, a incidência do ICMS sobre determinada operação. Trata-se do art. 4.º da Lei Complementar 87/1996, que coloca na situação de contribuinte do imposto "qualquer pessoa, física ou jurídica, que realize, com **habitualidade** ou em **volume** que caracterize **intuito comercial**, operações de circulação de mercadoria ou prestações de serviços de transporte interestadual e intermunicipal e de comunicação, ainda que as operações e as prestações se iniciem no exterior".

Assim, se determinado estudante decide vender um gravador digital de áudio porque vai adquirir outro mais moderno, o normal é que não haja a incidência do ICMS, uma vez que se trata de uma alienação comum, caracterizada pela ausência de **habitualidade** ou **volume** que demonstre interesse comercial na operação. No entanto, se o estudante frequentemente faz novas ofertas de gravadores para os colegas, restará configurado o interesse comercial nas operações realizadas, prontamente detectado pela **habitualidade** com a qual o hipotético estudante realiza as alienações. Também será possível perceber a finalidade comercial da operação se o estudante, num determinado dia, oferecer dezenas de aparelhos gravadores de áudio aos colegas de escola. Nesta situação, mesmo a oferta sendo realizada num único dia, acaba por ocorrer num **volume** que evidencia a presença do intuito comercial.

Em regra, a venda de bens integrantes do ativo fixo da empresa não caracteriza operação de circulação de mercadorias, mas é preciso verificar de que modo e com que frequência a empresa realiza esse tipo de alienação. Dito de outro modo, é preciso analisar se, na operação de venda, os bens têm ou não características próprias de mercadorias.

Dessa forma, se determinada empresa que comercializa gêneros alimentícios, visando a atualizar-se tecnologicamente, resolver adquirir novos computadores e alienar os antigos (bens integrantes do ativo fixo), não haverá incidência do ICMS sobre essa venda esporádica, pois não se trata da atividade-fim da entidade. Segundo o STF, nessa situação, a empresa se equipara a um **alienante comum** (RE 196.339/SP).

Imagine-se, por outro lado, que uma locadora de veículos, pouco tempo após a aquisição dos automóveis destinados à locação, costume vendê-los visando à renovação da frota. Com o intuito de manter o acervo sempre novo, a locadora realiza vendas frequentes e em expressivo volume, possuindo, inclusive, uma estrutura profissional (estabelecimentos específicos, equipe de funcionários, marketing etc.) organizada com esse propósito. Nessa hipótese, é legítima a incidência do ICMS, conforme decidido pelo STF no RE 1.025.986/PE. No precedente, dentre outros aspectos (relativos à constitucionalidade do Convênio CONFAZ 64/2006), a Corte considerou que, se os automóveis são vendidos pela locadora após menos de 12 (doze) meses de uso, tais bens assumem o caráter de mercadoria, restando configurado o fato gerador do ICMS.

14.2.2 Os serviços tributados pelo ICMS

Em regra, a prestação de serviços é manifestação de riqueza tributada pelos Municípios por intermédio do imposto sobre serviços de qualquer natureza – ISS.

Entretanto, após a Constituição Federal de 1988, dois serviços foram incluídos no âmbito de incidência do ICMS: os de **transporte interestadual e intermunicipal** e os de **comunicação**. O motivo da inclusão é o fato de a prestação desses serviços normalmente ultrapassar as fronteiras físicas dos Municípios, o que poderia gerar graves problemas com a tributação baseada em milhares de legislações diferentes. Ressalte-se, nessa linha, que o serviço de transporte intramunicipal, ou seja, que não transpõe as fronteiras do Município, insere-se na competência do Município (item 16.01 da lista anexa à Lei Complementar 116/2003, que define os serviços tributados pelo ISS).

Assim, se um ônibus coletivo urbano percorre o trajeto que liga o Município do Rio de Janeiro ao de Duque de Caxias, é possível a incidência do ICMS estadual. Já se a linha resume-se a circular nos limites do Município do Rio de Janeiro, somente é possível a incidência do ISS municipal (cuja alíquota é, de regra, muito menor).

A situação é esdrúxula e onera o serviço público essencial usado pelas camadas menos favorecidas da população.

Levando em conta esses aspectos, o CONFAZ editou o Convênio ICMS 37/1989, autorizando a concessão de isenção de ICMS para o serviço de transporte coletivo urbano ou metropolitano. Registre-se que o Convênio ICMS 103/1995 autorizou os Estados de Goiás e Rio Grande do Sul a revogar a isenção e que o Convênio ICMS 43/1997 excluiu o Estado do Rio de Janeiro do convênio original.

14.2.2.1 A tributação dos serviços de transporte e suas diversas vias

A existência de diversas vias de transporte (terrestres, aquáticas e aéreas) e de inúmeras combinações logísticas possíveis (paradas, escalas, conexões etc.) tem gerado perplexidades que dificultam a administração do tributo e claramente demonstram a incompletude das regras constantes da Lei Complementar 87/1996 para a solução dos conflitos gerados.

Em primeiro lugar, há de se registrar que o art. 2.º, II, da Lei Complementar 87/1996 declara como sujeitos ao ICMS "os serviços de transporte interestadual e intermunicipal, **por qualquer via**, de pessoas, bens, mercadorias ou valores".

No entanto, no julgamento da famosa ADI 1.600/DF, em que se discutia exclusivamente a **incidência do ICMS sobre o transporte aéreo**, o Supremo Tribunal Federal decidiu que é inconstitucional a cobrança do imposto sobre a prestação de serviços de transporte aéreo intermunicipal, interestadual e internacional, ressalvando apenas a incidência sobre o transporte **nacional** (interestadual ou intermunicipal) aéreo **de cargas**.

Do julgado constam diversos votos que se apoiam em teses bastante distintas. Contudo, acabou por prevalecer o entendimento do Ministro Nelson Jobim, o qual, desenvolvendo uma elaborada construção lógica, demonstrou que a cobrança do ICMS sobre **transporte aéreo de passageiros** apresentava cinco incompatibilidades com o texto constitucional (que ele chamou de "inconsistências"). Além disso, invocando o princípio da isonomia, reconheceu outra inconstitucionalidade que impediria especificamente a cobrança do ICMS sobre o transporte aéreo internacional.

Para uma melhor compreensão dos fundamentos do julgado, passa-se a um breve resumo das cinco inconsistências e da agressão à isonomia, vislumbradas pelo Ministro Nelson Jobim.

Em primeiro lugar, tendo em vista que empresas não podem ser transportadas, o Relator afirmou que somente as pessoas físicas podem ser consideradas "passageiros", de forma que o serviço de transporte sempre seria prestado ao seu "consumidor final" na condição de um não contribuinte do ICMS, o que impediria a utilização do mecanismo de débito e crédito e, portanto, a aplicação das regras sobre não cumulatividade estabelecidas na Constituição Federal e detalhadas no item 14.2.4 deste Capítulo.

A segunda inconsistência decorreria logicamente da primeira, pois, se o passageiro é o destinatário do serviço, sendo sempre seu "consumidor final" na condição de não contribuinte, não haveria a possibilidade de aplicação da alíquota interestadual de 4% fixada pelo Senado Federal para o transporte interestadual, incidindo a alíquota interna do Estado de origem. Convém ressalvar que o julgamento da ADI 1.600/DF é anterior à EC 87/2015, em face da qual não mais subsiste o argumento ora apresentado. Toda a sistemática de alíquotas aplicáveis às operações interestaduais encontra-se detalhada no item 14.2.6 deste Capítulo.

A terceira inconsistência reforçaria a segunda, pois se refere ao art. 12, V, da LC 87/1996, que estabelece como local da ocorrência do fato gerador do ICMS o "do início da prestação de serviços de transporte interestadual e intermunicipal, de qualquer natureza", o que, aliado à definição do prestador como contribuinte do imposto (LC 87/1996, art. 4.º), conduziria à conclusão no sentido de o recolhimento sempre ser devido ao Estado de origem e sempre com a alíquota interna deste. Esse argumento, tal qual o anterior, sucumbe diante das alterações promovidas pela EC 87/2015, que serão estudadas no item 14.2.6 deste Capítulo.

A quarta inconsistência reside na regra que determina a responsabilidade tributária do estabelecimento destinatário do serviço, quando da utilização, por contribuinte, "de serviço cuja prestação se tenha iniciado em outro Estado e não esteja vinculada a operação ou prestação subsequente" (LC 87/1996, art. 11, II, "c"- alínea revogada pela LC 192/2022). Para Jobim, a regra não poderia ser aplicada, porque o destinatário do serviço é uma pessoa física que, portanto, não pode ser considerada "estabelecimento". Além disso, ainda nas palavras do Ministro, não haveria como saber se a operação estaria "vinculada a operação ou prestação subsequente".

Por fim, a quinta inconsistência estaria no ponto em que a incidência do ICMS sobre transportes dar-se-ia "ainda que as operações e as prestações se iniciem no exterior" (LC 87, art. 1º e CF/1988, art. 155, II). Ocorre que, especificamente para o caso de serviços de transporte, o art. 12, VI, da LC 87/1996 considera ocorrido o fato gerador do imposto no momento "do ato final do transporte iniciado no exterior".

Para demonstrar a impossibilidade de operacionalização de tais regras, o Ministro Relator propôs um exemplo hipotético em que um particular adquiria um bilhete de passagem no balcão da Lufthansa em Frankfurt, com destino ao Rio de Janeiro, mediante o cumprimento dos seguintes trechos: a) Frankfurt-Paris, pela *Lufthansa*; b) Paris-Lisboa, pela *Air France*; c) Lisboa-Rio de Janeiro, pela *Varig*[1], com conexão (troca de aeronave) em São Paulo. Diante dessas circunstâncias, perguntou o Ministro, qual seria o ato final de transporte internacional? O desembarque para conexão em São Paulo ou o desembarque final no Rio de Janeiro? Da resposta decorreria o recolhimento do tributo para o tesouro paulista ou para o fluminense. Além desse aspecto, questionou o Relator, qual seria a base de cálculo do imposto? A LC 87/1996 fala em "preço do serviço" (art. 13, III), mas tal preço seria o valor total do bilhete (Frankfurt-Rio de Janeiro)? Seria a empresa brasileira, que realizou apenas o "ato final", obrigada ao pagamento do ICMS calculado sobre tal valor?

O Ministro Nelson Jobim recordou, ainda, que, no caso de **transporte internacional de passageiros e de cargas**, as empresas estrangeiras são beneficiárias de isenções previstas em tratados internacionais, o que levou o Ministro a entender que haveria **inconstitucionalidade, por agressão ao princípio da isonomia, na cobrança das empresas nacionais nas mesmas circunstâncias**.

1 O exemplo foi proposto antes da falência da empresa, decretada em 20.08.2010.

De grande importância o fato de o Ministro Relator ter expressamente afirmado que entendia que os mesmos fundamentos demonstrariam a inconstitucionalidade da cobrança do ICMS nos casos do **transporte terrestre** de passageiros. Contudo, como a matéria não era objeto de discussão no âmbito da ADI 1.600/DF, **a decisão não abrangeu essa modalidade**.

Quase 13 anos depois, ao julgar a ADI 2.669/DF, o Supremo Tribunal Federal entendeu ser **devido o ICMS nas operações ou prestações de serviço de transporte terrestre** interestadual e intermunicipal de passageiros e de cargas. No julgado, contrariando manifestação do Ministro Nelson Jobim, que já votara antes de sua aposentadoria, o Supremo Tribunal Federal afirmou que não havia identidade entre os quadros a que se submeteriam a aviação brasileira e as empresas de transporte terrestre, regidas por normativas distintas e sujeitas a diferentes custos, riscos, intensidades de prestação, abrangências, rotatividades e graus de submissão à regulação estatal.

Não se pode negar a existência das diferenças apontadas pela Suprema Corte. Não obstante, as inconsistências apontadas pelo Ministro Jobim, com as devidas adaptações ao mercado de transporte terrestre, também estavam majoritariamente presentes.

Apesar disso, a Corte afirmou "não ser possível exigir da LC 87/1996 a especificação de todos os detalhes dos documentos que viabilizassem o exercício do direito ao crédito, como a indicação do adquirente da passagem, a sua eventual condição de contribuinte de ICMS, o itinerário, entre outros", considerando que tais omissões não tornavam a Lei inconstitucional.

O problema é que foram basicamente esses os principais aspectos que levaram o STF a reconhecer a inconstitucionalidade da cobrança do ICMS sobre o serviço de transporte aéreo, ressalvada apenas as hipóteses de transporte nacional de cargas. Assim, não há como deixar de reconhecer as contradições entre os fundamentos da decisão proferida, em 2001, nos autos da ADI 1.600/DF e os esposados quando do julgamento, em 2014, da ADI 2.669/DF. Contudo, aos que se preparam para provas de concurso público, aconselha-se que, de maneira acrítica, sob o argumento genérico de que há diferenças marcantes entre os transportes aéreo e terrestre, sejam adotadas as seguintes conclusões:

a) É inconstitucional a cobrança de ICMS sobre a prestação do serviço de transporte aéreo intermunicipal, interestadual e internacional de passageiros.
b) É inconstitucional a cobrança de ICMS sobre a prestação de serviço de transporte internacional de cargas.
c) É constitucional a cobrança do ICMS sobre a prestação de serviço de transporte aéreo interestadual e intermunicipal de cargas.
d) É constitucional a cobrança do ICMS sobre a prestação do serviço de transporte terrestre interestadual e intermunicipal de passageiros e de cargas.

Obviamente, existem outras modalidades e combinações de serviço de transporte que não foram abrangidas pelas duas decisões citadas. Contudo, aos que se preparam para concurso público, a atenção especial deve ser dada aos pontos que foram objeto de decisão expressa do STF.

No tocante ao **transporte marítimo**, o que o STF consignou, até o momento, é que a previsão de incidência de ICMS contida no art. 2º, II, da LC nº 87/1996 é constitucional, sendo certo que a referida Lei contém os elementos necessários à fixação dos critérios da regra-matriz de incidência tributária. O Tribunal, contudo, não chegou a se aprofundar nos detalhes dessa incidência, pois tal análise dependeria do exame de legislação não impugnada na ação submetida ao julgamento da Corte (ADI 2.779/DF).

14.2.2.2 Serviços de comunicação, serviços de valor adicionado e atividades preparatórias

No caso da tributação do serviço de comunicação, a incidência recai sobre o prestador de serviços, ou seja, a pessoa que proporciona os meios para a comunicação entre os interlocutores, como ocorre com as empresas de telefonia fixa e móvel.

Depois de muita celeuma, o STJ consolidou o entendimento de que **os serviços de provedores de *internet* não são serviços de comunicações**, e sim serviços de valor adicionado, conforme definidos pelo art. 61 da Lei Geral das Telecomunicações (Lei 9.472/1997), abaixo transcrito (grifou-se):

> "Art. 61. Serviço de valor adicionado é a atividade que acrescenta, a um serviço de telecomunicações que lhe dá suporte e **com o qual não se confunde**, novas utilidades relacionadas ao acesso, armazenamento, apresentação, movimentação ou recuperação de informações.
>
> § 1.º **Serviço de valor adicionado não constitui serviço de telecomunicações, classificando-se seu provedor como *usuário do serviço de telecomunicações* que lhe dá suporte, com os direitos e deveres inerentes a essa condição**".

Assim, como os provedores de *internet* apenas incorporam facilidades a um serviço já existente, os mesmos são usuários e não prestadores do serviço de telecomunicações, não estando sujeitos à incidência do ICMS (STJ – 2.ª T, REsp 456.650/PR).

Havia entendimento divergente na 1.ª Turma do Tribunal, mas a 1.ª Seção (que reúne os Ministros da 1.ª e 2.ª Turmas, uniformizando os entendimentos), em 11.05.2005, no julgamento do ERESP 456.650/PR, firmou orientação no sentido esposado pela 2.ª Turma (não incidência). Posteriormente, a Corte sumulou seu entendimento nos seguintes termos:

> **STJ – Súmula 334 –** "O ICMS não incide no serviço dos provedores de acesso à Internet".

Outra controvérsia resolvida pela 1.ª Seção foi quanto à legitimidade da incidência do ICMS sobre os valores pagos a título de habilitação ao serviço de telefonia móvel celular, prevista no convênio ICMS 69/1998. Entendeu-se ao final que, "no ato de habilitação de aparelho móvel celular, inocorre qualquer serviço efetivo de telecomunicação, senão de disponibilização do serviço, de modo a assegurar ao usuário a possibilidade de fruição do serviço de telecomunicações". Por conseguinte, o serviço de habilitação é mera atividade intermediária, **preparatória para uma futura prestação do serviço de comunicação**, não se sujeitando à incidência do tributo (STJ, 1.ª Seção, RMS 11.368/MT, Rel. Min. Francisco Falcão, j. 13.12.2004, *DJ* 09.02.2005, p. 182). O entendimento também foi sumulado pelo Tribunal nos seguintes termos:

> **STJ – Súmula 350** – "O ICMS não incide sobre o serviço de habilitação de telefone celular".

Seguindo a mesma linha de raciocínio e dando maior clareza à amplitude da tese encampada, o STJ afirmou que o ICMS não incide sobre quaisquer serviços acessórios aos de comunicação (REsp 1.176.753/RJ). No julgado, a própria Corte listou como exemplos de serviços acessórios (e, portanto, não sujeitos ao ICMS): troca de titularidade de aparelho celular, conta detalhada, troca de aparelho, troca de número, mudança de endereço de cobrança de conta telefônica, troca de área de registro, troca de plano de serviço, bloqueio de DDD e DDI, habilitação e religação.

Invocando praticamente os mesmos argumentos acima apresentados, as operadoras de telefonia tentaram emplacar judicialmente a tese de que os valores pagos pelos usuários a título de **assinatura básica mensal sem franquia de minutos** deveriam ser excluídos da base de cálculo do ICMS, pois não corresponderia a uma contrapartida por serviço de telecomunicação. A questão crucial, ainda no entender das operadoras, seria a de que o usuário, de maneira semelhante ao caso da habilitação de telefone celular estaria pagando pela mera disponibilização do serviço, de forma que, somente com a concreta utilização, haveria prestação de serviço de telecomunicação e incidência do ICMS, cuja base de cálculo compreenderia **exclusivamente o montante pago em virtude de tal uso**.

O Supremo Tribunal Federal não encampou a tese, mas sim a de que a tarifa de assinatura básica mensal, **independentemente de concessão ou não de franquia de minutos ao usuário**, é "**contraprestação pelo serviço de comunicação propriamente dito**, prestado pelas concessionárias de telefonia e consistente no fornecimento, em caráter continuado, das condições materiais para que ocorra a comunicação entre o usuário e terceiro, o que atrai a incidência do ICMS" (RE 912.888/SP).

Da conjugação das decisões destaca-se a necessidade de diferenciar o caso do mero (e anacrônico) procedimento de **habilitação de telefone celular** do pagamento de uma **assinatura básica mensal**, pois neste caso o usuário paga pela disponibilização uma estrutura que o conecta a terceiros o que, no entender da Suprema Corte, já configura prestação de serviço de comunicações.

A Suprema Corte também analisou a tributação do serviço de **inserção de textos, desenhos e outros materiais de propaganda e publicidade em qualquer meio** (exceto em livros, jornais, periódicos e nas modalidades de serviços de radiodifusão sonora e de sons e imagens de recepção livre e gratuita, que são imunes). A LC 157/2016 incluiu o serviço na lista anexa à LC 116/2003, submetendo-o à incidência exclusiva do Imposto Sobre Serviços de Qualquer Natureza, o que levou a um descontentamento dos Estados, que entendiam se tratar de **serviço de comunicação social**, sujeito ao ICMS. Novamente aqui o Tribunal entendeu, em sede de repercussão geral, que o serviço não configura comunicação propriamente dita, mas apenas uma **atividade preparatória** para prestação desse serviço, sendo, por conseguinte, **constitucional sua inclusão no campo de incidência do ISS** (ADI 6.034/RJ).

Por fim, registre-se que a cobrança do ICMS sobre a prestação do serviço de comunicação somente faz sentido quando é feita a título **oneroso** e, ao menos no que concerne aos **serviços de radiodifusão sonora** (popularmente chamada de rádio) e de **radiodifusão de sons e imagens** (popularmente chamada de televisão), sendo a recepção **livre e gratuita** (rádio e TV abertas), existe expressa regra imunizante na Constituição Federal de 1988 (alínea *d* do inciso X do § 2.º do art. 155, introduzida pela EC 42/2003).

Já a transmissão **onerosa** realizada por sociedades empresárias que exploram o serviço de **TV a cabo está sujeita ao ICMS**, no entanto, o imposto não incide sobre os serviços preparatórios e acessórios à transmissão, tais como a adesão, habilitação e instalação de equipamentos. Portanto, segundo o STJ, a taxa de adesão deve ser excluída da base de cálculo do tributo (AgRg no REsp 1.064.596-SP, Rel. Min. Herman Benjamin, j. 14.10.2008).

Digno de nota que o caráter necessariamente oneroso da prestação do serviço de comunicação não significa que a incidência do ICMS sobre a atividade dependa do adimplemento dos valores devidos pelo usuário. A eventual inadimplência é evento posterior e alheio à prestação onerosa do serviço que configura o fato gerador do imposto. Para o STF, não se pode transferir para o ente tributante os riscos próprios da atividade econômica exercida pelo prestador. Isso porque a relação jurídico-tributária entre prestador e Fisco, de natureza tributária, é distinta e independente da relação entre prestador e tomador de serviço, de natureza civil. O entendimento foi sintetizado pelo STF na seguinte tese: "**A inadimplência do usuário não afasta a incidência ou a exigibilidade do ICMS sobre serviços de telecomunicações**" (RE 1.003.758/RO).

14.2.3 Seletividade

O art. 155, § 2.º, III, da CF, ***permitiu* a seletividade do ICMS** (recorde-se que **para o IPI a seletividade é *obrigatória*** – CF, art. 153, § 3.º, I).

Caso o legislador estadual opte por adotar a seletividade, as alíquotas deverão ser fixadas de acordo com a essencialidade do produto, sendo menores para os gêneros considerados essenciais e maiores para os supérfluos, de forma a gravar de maneira mais onerosa os bens consumidos principalmente pelas pessoas de maior capacidade contributiva, desonerando os bens essenciais, consumidos por pessoas integrantes de todas as classes sociais.

O que não pode acontecer é o legislador estadual, invocando o caráter opcional da seletividade, estipular uma alíquota básica para as operações e prestações em geral e submeter serviços ou mercadorias nitidamente essenciais a uma alíquota mais elevada. Apesar da clareza do entendimento, historicamente sempre foi esse o comportamento de praticamente todos os Estados e do DF no tocante à tributação da **energia elétrica e do serviço de telecomunicações**, ambos indiscutivelmente essenciais, mas tributados com alíquotas mais pesadas do que as aplicáveis a outras mercadorias e serviços.

Em 2021, analisando a questão, o Supremo Tribunal Federal reconheceu a inconstitucionalidade dessa verdadeira seletividade às avessas, determinando a redução da alíquota aplicada a tais operações e prestações ao mesmo patamar aplicável às mercadorias e serviços em geral, sintetizando o seu entendimento na seguinte tese: "Adotada, pelo legislador estadual, a técnica da seletividade em relação ao Imposto sobre Circulação de Mercadorias e Serviços – ICMS, discrepam do figurino constitucional alíquotas sobre as operações de energia elétrica e serviços de telecomunicação em patamar superior ao das operações em geral, considerada a essencialidade dos bens e serviços" (STF, Pleno, RE 714.139/SC, Rel. Min. Marco Aurélio, Rel. p/ Acórdão Min. Dias Toffoli, j. 18/12/2021, Dje 07/01/2022).

Tendo em vista que boa parte da arrecadação do ICMS é oriunda da tributação de energia elétrica e do serviço de telecomunicações, a decisão gerará elevadas perdas para os Estados e o DF. Por conta disso, o Tribunal decidiu modular os efeitos da decisão, estipulando que ela somente seja aplicada a partir do exercício de 2024, ressalvadas as ações ajuizadas até a data do início do julgamento do mérito (05/02/2021).

Dando uma solução mais ampla à questão, a Lei Complementar 194/2022 acresceu ao Código Tributário Nacional o art. 18-A e à Lei Complementar 87/1996 o artigo 32-A. Os dispositivos são praticamente idênticos e declaram, para fins de incidência do ICMS, a essencialidade e indispensabilidade de combustíveis, gás natural, energia elétrica, comunicações e transporte coletivo, proibindo que sejam tratados como supérfluos e que lhe sejam fixadas alíquotas em patamar superior ao das operações em geral.

14.2.4 Não cumulatividade

Segundo o art. 155, § 2.º, I, da CF/1988, o ICMS será não cumulativo, compensando-se o que for devido em cada operação relativa à circulação de mercadorias ou prestação de serviços com o montante cobrado nas anteriores pelo mesmo ou outro Estado ou pelo Distrito Federal.

A sistemática da não cumulatividade funciona mediante a utilização do mecanismo dos débitos e créditos, conforme se explanará a seguir. Ressalte-se que a terminologia a ser utilizada na explanação é a jurídica e não a contábil, visto que os bens e direitos em contabilidade são registrados como "débitos" e as obrigações como "créditos", sentido exatamente contrário ao que é aqui adotado.

A cada **aquisição** tributada de mercadoria, o adquirente registra como **crédito** o valor incidente na operação. Tal valor é um "direito" do contribuinte ("ICMS a recuperar"), que pode ser abatido do montante incidente nas operações subsequentes.

A cada **alienação** tributada de produto, o alienante registra como **débito** o valor incidente na operação. Tal valor é uma obrigação do contribuinte, consistente no dever de recolher o valor devido aos cofres públicos estaduais (ou distritais) ou compensá-lo com os créditos obtidos nas operações anteriores (trata-se do "ICMS a recolher").

Periodicamente, faz-se uma comparação entre os débitos e créditos. Caso os débitos sejam superiores aos créditos, o contribuinte deve recolher a diferença aos cofres públicos. Caso os créditos sejam maiores, a diferença pode ser compensada posteriormente ou mesmo, cumpridos determinados requisitos, ser objeto de ressarcimento.

Como visto, o mecanismo é praticamente idêntico ao adotado para operacionalizar a não cumulatividade do IPI.

O inciso II do art. 155, § 2.º, da CF/1988, tratando do ICMS, dispõe:

> "II – a isenção ou não incidência, salvo determinação em contrário da legislação:
>
> a) não implicará crédito para compensação com o montante devido nas operações ou prestações seguintes;
>
> b) acarretará a anulação do crédito relativo às operações anteriores".

Em virtude das disposições restritivas, a existência de créditos nas operações enumeradas no dispositivo é excepcional, dependendo de disposição expressa da legislação.

A título de exemplo, imagine-se uma cadeia de produção/circulação de mercadoria, com alíquota do ICMS uniforme e igual a 10% (dez pontos percentuais), em que o comerciante "A" aliena a mercadoria ao comerciante "B" pelo valor de R$ 100,00 (cem reais), com isenção do ICMS; o comerciante "B" vende a mesma mercadoria ao comerciante "C" por R$ 300,00 (trezentos reais), também com isenção de ICMS; já o comerciante "C" vende a mercadoria ao consumidor por R$ 500,00 (quinhentos reais), sem isenção do ICMS.

Deixando de lado a análise dos motivos que porventura levaram o legislador a não isentar a venda da mercadoria ao consumidor, percebe-se que, da mesma maneira que explanado para o IPI, a não concessão do direito a crédito para "B" e "C" faria com que onerasse a cadeia produtiva o mesmo montante que a gravaria sem a concessão do benefício, conforme se demonstra abaixo:

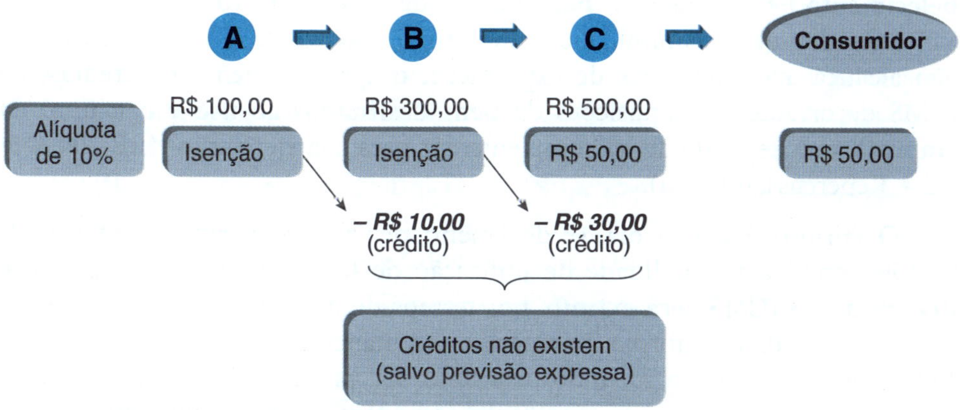

Se não fosse a isenção, **"A" teria de recolher aos cofres públicos R$ 10,00 (dez reais)** a título de ICMS pela venda feita a "B"; **"B" teria de recolher R$ 20,00 (vinte reais)**, fruto da diferença entre o valor do "débito" decorrente da venda (trinta reais) e o crédito da compra feita a "A" (dez reais); e **"C" também teria de recolher R$ 20,00 (vinte reais)**, resultado da diferença entre o valor do "débito" decorrente da venda (cinquenta reais) e o crédito da compra feita a "B" (trinta reais). **Percebe-se que, com ou sem isenção, os mesmos R$ 50,00 (cinquenta reais) seriam recolhidos aos cofres públicos estaduais.**

Raciocínio semelhante é aplicável ao **IPI**, tendo em vista interpretação dada pelo Supremo Tribunal Federal. Quanto ao **ICMS**, contudo, as consequências advêm da expressa previsão constitucional objeto de estudo. Além disso, também de maneira similar ao **IPI** e nos termos da alínea *b* do dispositivo constitucional transcrito, a isenção ou não incidência do ICMS resulta na anulação dos créditos relativos às operações anteriores, salvo disposição em contrário da legislação (a análise da matéria, quanto ao **IPI**, é realizada no item 13.4.2 do Capítulo 13).

Um bom exemplo dessa situação é o caso das exportações de mercadorias imunes ao ICMS por conta do art. 155, § 2.º, X, *a*, da CF/1988. A consequência da não incidência seria a anulação dos créditos que a exportadora obteve na aquisição das mercadorias exportadas. Entretanto, **o próprio dispositivo que concede a imunidade assegura a manutenção e o aproveitamento do**

montante do imposto cobrado nas operações e prestações anteriores, configurando, portanto, "determinação em contrário da legislação".

É fundamental registrar que, mesmo em se tratando das exportações, **somente pode ser mantido um crédito que tenha sido regularmente adquirido**. Em outras palavras, a ora analisada norma constitucional de manutenção de crédito não tem o condão de permitir a aquisição de créditos de forma contrária ao que preveem as regras constitucionais e legais aplicáveis à matéria.

Assim, como a Lei Complementar 87/1996 prevê que "somente darão direito de crédito as mercadorias **destinadas ao uso ou consumo do estabelecimento** nele entradas a **partir de 1º de janeiro de 2033**" (art. 33, I), o STF entendeu que "a imunidade a que se refere o art. 155, § 2º, X, 'a', CF/88 não alcança, nas operações de exportação, o aproveitamento de créditos de ICMS decorrentes de aquisições de **bens destinados ao uso e consumo da empresa**, que depende de lei complementar para sua efetivação" (RE 704.815/SC – Repercussão Geral).

O curioso é que o dia 1º de janeiro de 2033, a partir do qual a LC 87/1996 prevê a possibilidade de utilização de tais créditos é **exatamente o dia em que o ICMS será extinto**, nos termos do art. 129 do ADCT, inserido pela EC 123/2023 (Reforma Tributária). De maneira ainda mais clara, o art. 134 do ADCT, também incluído pela Reforma, prevê a utilização dos saldos credores do ICMS, mas no seu parágrafo único restringe tal possibilidade aos "saldos credores cujos aproveitamento ou ressarcimento sejam admitidos pela legislação **em vigor em 31 de dezembro de 2032**". Em suma, ressalvada uma improvável alteração na LC 87/1996, tais valores **jamais serão admitidos como créditos**.

Além da hipótese relativa às exportações – em que o próprio texto constitucional garante a manutenção do crédito, não obstante a não incidência do tributo –, o Supremo Tribunal Federal enxerga um segundo caso em que uma operação imune não resulta no estorno do crédito relativo às operações anteriores. Trata-se da hipótese de aquisição de insumos necessários à produção de papel destinado à impressão de livros, jornais e periódicos (produtos imunizados pelo art. 150, VI, *d*, da CF/1988). Para a Suprema Corte, se fosse imposto o dever de estornar o crédito relativo à aquisição dos insumos, restariam fragilizados os objetivos tutelados pela norma imunizante (baratear o acesso à informação e facilitar a manifestação do pensamento e a difusão da cultura).

No entender do Tribunal, para atender aos objetivos do mandamento constitucional, a imunidade cultural (de natureza política) não pode ser considerada mera hipótese de não incidência (sob pena de aplicação dos imperativos termos do art. 155, § 2.º, II, *b*, da CF/1988, que impõe o estorno). Curiosamente, no caso concreto estudado, o STF, apesar de haver afastado o enquadramento a que a melhor doutrina corriqueiramente submete a imunidade, não esmiuçou seu raciocínio, não apontando qual seria a natureza jurídica de tal instituto exonerativo (**AC 2.559 Referendo-MC/RJ, Rel. Min. Celso de Mello, 14.06.2010**).

Nesta obra, mantém-se a tradicional classificação da imunidade como hipótese de **não incidência constitucionalmente qualificada**, conforme detalhado nos itens 2.18.1 e 2.18.2 do Capítulo 2. Aos que se preparam para concurso público, reafirme-se que tal teoria ainda é tida por dominante, sendo frequente objeto de abordagem em provas. Contudo, tendo em vista a inovação jurisprudencial, os potenciais candidatos devem considerar ser regra que nas operações em que ocorra isenção ou não incidência do ICMS, o eventual crédito relativo às operações e prestações anteriores deve ser cancelado (estornado), sendo necessária atenção para três exceções:

a) os casos **ressalvados por lei**;
b) os casos relativos às **exportações** (em que a Constituição garante a manutenção e o aproveitamento do crédito relativo às operações e prestações anteriores); e
c) os casos referentes a **livros, jornais, periódicos e ao papel destinado à sua impressão** (pois o STF garante a possibilidade de manutenção e aproveitamento do crédito relativo às operações e prestações anteriores).

Observadas as restrições constitucionais e a regulação do regime de compensação do imposto necessariamente veiculada em leis complementares nacionais (principalmente as LC 87/1996 e 123/2006), a regra é que os Estados não possam negar ao contribuinte o direito a se creditar do montante do ICMS cobrado nas etapas anteriores da cadeia de produção/comercialização.

É importante destacar, contudo, que, para fins de creditamento do ICMS, é necessário que o bem adquirido seja **imprescindível para a atividade econômica do contribuinte**. Como exemplo de produtos que **não** preenchem tal requisito, tem-se as sacolas plásticas, bandejas e invólucros utilizados pelos supermercados para embalar os produtos vendidos ao consumidor (REsp 1.830.894/RS). Segundo o STJ, esses itens "configuram mera facilidade posta à disposição do consumidor, não integrando o produto final comercializado tampouco sendo essencial ao exercício da atividade do supermercado" (STJ, 2ª T., REsp 1802032-AgInt/RS, Rel. Min. Mauro Campbell, j. 20/08/2019, DJe 27/08/2019).

Em homenagem ao princípio da legalidade, o STJ considerou nula previsão constante de Regulamento do Estado do Rio Grande do Sul que somente permitia a utilização de certos créditos de ICMS relativos à comercialização de produtos agropecuários, para compensação com débitos relativos à venda de produtos agropecuários da mesma espécie. Para o Tribunal, como a lei complementar nacional que regula a matéria (art. 20, § 6º, da LC 87/1996) autoriza a utilização do crédito sem tal restrição, não se admite que seja estabelecida em regulamento estadual (REsp 1.513.936-AgInt/RS).

Mesmo nos casos de aquisições de mercadorias amparadas em **notas fiscais posteriormente declaradas inidôneas**, o adquirente de boa-fé pode aproveitar os respectivos créditos (Súmula STJ nº 509, analisada no item 6.7 do Capítulo 6), pois não se pode a ele imputar o dever de aferir a regularidade das atividades dos seus fornecedores.

Não obstante, é possível ao Estado submeter seus **devedores contumazes** de ICMS a **Regime Especial de Fiscalização,** no qual o **imediato pagamento do imposto** – já com a venda da mercadoria e não no prazo estabelecido para os demais contribuintes – figure como **condição para que o adquirente possa dele se creditar**. Para isso, é necessário que a submissão do contribuinte ao regime seja de conhecimento do adquirente. Nesse sentido, a legislação do Estado do Rio Grande do Sul estabelece que seus devedores contumazes de ICMS (definidos como aqueles que apresentam no mínimo 8 meses de inadimplência nos últimos 12 meses) devem fazer constar de suas notas fiscais a seguinte informação: "*Contribuinte submetido a REF com vencimento do ICMS no fato gerador; o crédito fiscal somente é permitido mediante comprovante de arrecadação*".

Para o STJ (AREsp 1.241.527 – RS), **a exigência é razoável e proporcional**, tendo em vista a necessidade de submeter o devedor contumaz a uma **vigilância diferenciada**, evitando que ele seja premiado com o não pagamento ou o ilegal diferimento do imposto devido. Não se trata, portanto, de odiosa sanção política ao inadimplente (algo proibido em direito tributário, conforme explicado no item 12.5 do Capítulo 12), mas de um acautelamento fiscal que visa a evitar a concorrência desleal que se verifica quando empresas que pagam regiamente seus tributos sofrem com a competição com aquelas que não o fazem.

A jurisprudência do STF possui outras importantes decisões que delineiam a sistemática da não cumulatividade do ICMS, conforme resumido a seguir:

a) Não há ofensa ao princípio da não cumulatividade na hipótese de a legislação estadual não consentir com a compensação de créditos de ICMS advindos da aquisição de bens destinados ao consumo e ao ativo fixo do contribuinte (STF, 1ª T., AI-AgR-ED 487.396/SP, Rel. Min. Eros Grau, j. 18.10.2005, *DJ* 18.11.2005, p. 9). Atualmente, no tocante aos bens destinados ao ativo permanente, a LC 87/1996 permite a apropriação à razão de um quarenta e oito avos por mês (art. 20, §5º); já no que concerne aos bens destinados ao uso ou consumo do estabelecimento, o creditamento tem sido sucessivamente adiado, hoje estando prevista a possibilidade somente a partir do dia 1º de janeiro de 2033 (art. 33, I).

b) Não se pode vedar a compensação do valor recolhido na operação anterior pelo simples fato de a mercadoria ter sido adquirida usada, com uma diminuição valorativa na base de cálculo. Nas palavras da Corte, "os preceitos das alíneas *a* e *b* do inciso II do § 2.º do art. 155 da CF somente têm pertinência em caso de isenção ou não incidência, no que voltadas à totalidade do tributo, institutos inconfundíveis com o benefício fiscal em questão" (STF, Tribunal Pleno, RE 161.031/MG, Rel. Min. Marco Aurélio, j. 24.03.1997, DJ. 06.06.1997, p. 24.881; STF, 2.ª T., RE-AgR 240.395/RS, Rel. Min. Maurício Corrêa, j. 28.05.2002, DJ 02.08.2002, p. 101; STF, 2ª T., AI-AgR-ED 389.871/RS, Rel. Min. Carlos Velloso, j. 01.02.2005, *DJ* 04.03.2005, p. 35);

c) Não obstante o entendimento relatado na letra *b* acima, no julgamento do RE 174.478, realizado em 17.03.2005 (*Informativo STF* 380), o Plenário do STF entendeu não ofender o princípio da não cumulatividade a exigência de estorno proporcional de crédito do ICMS relativo à entrada de mercadorias que, posteriormente, têm a saída tributada com base de cálculo ou alíquota inferior (STF, 1.ª T., AI 496.589/RS, Rel. Min. Sepúlveda Pertence, j. 15.05.2007, *DJ* 23.09.2005);

d) De maneira semelhante à exposta na letra *c* acima, o STF considerou constitucional a exigência, em norma estadual, do estorno total dos créditos do ICMS gerados na entrada de insumos tributados, na hipótese de o contribuinte ter exercido opção – proporcionada pela lei local – pela tributação com redução da base de cálculo na saída das mercadorias (AI 765420 AgR-segundo/RS, rel. orig. Min. Marco Aurélio, red. p/ o ac. Min. Rosa Weber, julgamento em 21.2.2017);

e) O fato de o ICMS ser um tributo calculado "por dentro", de forma que o montante do tributo integra sua própria base de cálculo, não o torna cumulativo. Cumulatividade haveria se fosse negado o crédito relativo aos montantes cobrados nas operações anteriores, o que não se confunde com a sistemática de cálculo. Nas palavras do Tribunal, "não ofende o princípio constitucional da não cumulatividade a base de cálculo do ICMS corresponder ao valor da operação ou prestação somado ao próprio tributo" (STF, 1.ª T., AI-AgR 319.670/SP, Rel. Min. Cezar Peluso, j. 11.10.2005, *DJ* 24.08.2007, p. 59 – *Informativo* 405);

f) "O regime de diferimento, ao substituir o sujeito passivo da obrigação tributária, com o adiamento do recolhimento do imposto, em nada ofende o princípio da não cumulatividade" (STF, 1.ª T., RE 112.098/SP, Rel. Min. Néri da Silveira, j. 10.06.1988, *DJ* 14.02.1992, p. 1.167; e STF, 2.ª T., RE 102.354/SC, Rel. Min. Aldir Passarinho, j. 23.10.1984, *DJ* 23.11.1984, p. 19.927);

g) "Observadas as balizas da Lei Complementar nº 87/1996, é constitucional o creditamento de Imposto sobre Operações relativas à Circulação de Mercadorias – ICMS cobrado na entrada, por prestadora de serviço de telefonia móvel, considerado aparelho celular posteriormente cedido, mediante comodato" (STF, Pleno, RE 1.141.756/RS, Rel. Min. Marco Aurélio, j. 28.09.2020, DJe 09.11.2020).

h) Quanto aos créditos escriturados para futura compensação, somente haverá correção monetária quando a legislação estadual contiver previsão nesse sentido. A correção não é, portanto, direito constitucional do contribuinte (STF, Tribunal Pleno, RE-ED-ED-Edv 200.379/SP, Rel. Min. Sepúlveda Pertence, j. 15.02.2006, *DJ* 05.05.2006, p. 4).

O entendimento de que a atualização monetária de crédito de ICMS depende de autorização expressa na legislação estadual também é pacífico no âmbito do STJ (REsp 319.896/SP). Frise-se que a ausência de tal previsão não pode ser interpretada como uma lacuna a ser suprida por meio das técnicas de integração da legislação tributária previstas no art. 108 do CTN; devendo ser tratada, simplesmente, como uma decisão do legislador no sentido da não implementação da regra.

14.2.5 A fixação das alíquotas interestaduais e de exportação

Nos termos do art. 155, 2º, IV, da Constituição Federal, "resolução do Senado Federal, de iniciativa do Presidente da República ou de um terço dos Senadores, aprovada pela maioria absoluta de seus membros, estabelecerá as alíquotas aplicáveis às operações e prestações, interestaduais e de exportação".

Conforme analisado no Capítulo 2, item 2.10.3, tem-se entendido que, no tocante às operações e prestações de **exportação**, a competência foi **tacitamente revogada** pela EC 42/2003, que excluiu da incidência do ICMS todas as exportações de mercadorias e serviços para o exterior (CF, art. 155, §2º, X, *a*). Não obstante, como a previsão continua a figurar expressamente no texto constitucional, nas provas de concurso público, devem ser consideradas verdadeiras as assertivas que a ela façam referência.

Já a alíquota interestadual foi fixada em **12%** pela Resolução do Senado Federal 22/1989, salvo no caso em que a mercadoria tenha como origem um dos 6 Estados considerados mais desenvolvidos da Federação (SP, RJ, MG, PR, SC e RS) e como destino um Estado que não faça parte desse grupo, hipóteses em que a alíquota aplicável será de **7%**.

A diferenciação tem como objetivo beneficiar os Estados menos desenvolvidos, pois uma alíquota interestadual menor implica pagamento de menor valor ao Estado de origem e utilização de crédito menor no Estado de destino, o que acaba ampliando a participação deste na repartição de receitas entre origem e destino. Assim, pode-se afirmar que o Senado editou a Resolução 22/1989 manifestamente inspirado no objetivo de **reduzir as desigualdades socioeconômicas entre as regiões do País.**

Questão de relevo reside na utilização dada pelo Senado Federal à competência ora analisada com o intuito de minorar os efeitos da denominada "**Guerra do Portos**".

Visando a atrair operações de importações para seus portos (e aeroportos), vários Estados da Federação concederam benefícios fiscais aos importadores, consistentes numa suspensão ou diferimento do ICMS incidente na importação de mercadoria, seguida da concessão de um crédito presumido ou outorgado (sem autorização do CONFAZ) quando essa mercadoria fosse comercializada, mesmo nos casos de adquirente situado em outra unidade da Federação.

Conforme exposto anteriormente, as alíquotas interestaduais aplicáveis a tais operações foi fixada pelo Senado em 12% ou 7%, dependendo da origem e destino da mercadoria. O percentual aplicável era destacado na nota fiscal e usado pelo adquirente como crédito no Estado de destino. Contudo, os importadores, por serem beneficiários do mencionado crédito presumido, sujeitavam-se, na prática, a uma carga tributária bem menor, estimada entre 3% e 4%. Além do prejuízo para o Estado de destino, a sistemática configurava verdadeiro benefício fiscal para a indústria estrangeira, minando a competitividade interna do produto nacional.

Como mecanismo para minorar o problema, o Senado Federal editou a Resolução 13/2012, reduzindo para **4%** a alíquota do ICMS aplicável às **operações interestaduais com bens e mercadorias importados do exterior**. Como consequência, foi bastante reduzido o valor do crédito que a pessoa que figura como adquirente na operação interestadual poderá utilizar no Estado de destino, o que diminui sensivelmente a efetividade dos benefícios concedidos na origem.

A constitucionalidade da Resolução 13/2012 foi questionada por meio da ADI 4.858/DF, na qual se alegou, essencialmente, que o Senado Federal extrapolara suas competências ao criar uma indevida discriminação de mercadorias com base em procedência, sem qualquer análise quanto à essencialidade (ofendendo o princípio da seletividade). Além disso, afirmava-se que tais providências, por versarem sobre concessão de benefícios fiscais, fatos geradores, sujeitos passivos e alíquotas do ICMS somente poderiam ser veiculadas em lei complementar.

O STF, no entanto, entendeu que o **Senado Federal exercera licitamente a competência** que lhe fora constitucionalmente atribuída. Nas palavras da Corte, "a Resolução SF no 13, de 2012, buscou solucionar problema complexo relacionado à 'Guerra dos Portos', de repercussões não apenas tributárias, mas observou os estritos limites constitucionais da disciplina das alíquotas interestaduais do imposto. Ciência do Art. 155, II e seu § 2o, IV, da CF/88" (STF, Pleno, ADI 4.858/DF, Rel. Min. Edson Fachin, Rel. p/ Acórdão Min. Gilmar Mendes, j. 17/08/2021, DJe 19/10/2021).

14.2.6 O ICMS nas operações interestaduais

Decidido que o ICMS seria um imposto estadual, a polêmica subsequente diz respeito às operações interestaduais. Na operação envolvendo destinatário situado em outro Estado, a quem deveria caber o produto da arrecadação? Ao Estado que produziu a mercadoria (alienante) ou àquele em que irá ocorrer o consumo (adquirente)?

A primeira solução, favorável aos Estados produtores, premia os Estados mais industrializados, mais desenvolvidos, os que mais produzem mercadorias. A segunda solução, favorável aos Estados consumidores, propicia um incremento na arrecadação dos Estados menos desenvolvidos, contribuindo para a diminuição das desigualdades regionais, um dos objetivos da República Federativa do Brasil (CF, art. 3º, IV).

Nas discussões ocorridas na Assembleia Nacional Constituinte, venceram os Estados produtores (mais desenvolvidos), porém, em contrapartida, foram criadas regras para garantir que, nas operações interestaduais realizadas entre contribuintes, boa parte da arrecadação da cadeia produtiva beneficie o Estado onde irá ocorrer o consumo. Com o advento da EC 87/2015, que será abordada em diversos pontos deste tópico, externou-se a preocupação de também garantir aos Estados consumidores parte da arrecadação proveniente das operações destinadas a não contribuintes.

A primeira das regras de proteção aos Estados destinatários de mercadorias e serviços consta do art. 155, § 2º, VI, da CF/1988, segundo o qual, salvo deliberação em contrário dos Estados e do Distrito Federal (CF, art. 155, § 2º, XII, *g*), as alíquotas internas, nas operações relativas à circulação de mercadorias e nas prestações de serviços, não poderão ser inferiores às previstas para as operações interestaduais, estas fixadas pelo Senado. Em termos mais simples, salvo deliberação em convênio do Conselho Nacional de Política Fazendária - CONFAZ, as alíquotas estaduais internas devem ser maiores ou iguais às alíquotas interestaduais.

A norma possui grande importância prática, pois assegura que o valor pago ao Estado produtor da mercadoria seja relativamente baixo, quando comparado ao valor a ser recebido pelo Estado de destino, uma vez que a alíquota da primeira operação (alíquota interestadual) é menor do que a da segunda operação (alíquota interna do Estado consumidor). Além disso, o valor da segunda operação costuma ser superior ao da primeira, já que o comerciante, visando ao lucro, vende a mercadoria por preço maior que o de aquisição.

As demais regras encontram-se fixadas nos incisos VII e VIII do § 2º do art. 155 da CF/1988, alterados pela EC 87/2015. Tais dispositivos, transcritos a seguir, são a chave para entender a sistemática de cobrança do ICMS nas operações interestaduais.

> "VII – nas operações e prestações que destinem bens e serviços a consumidor final, contribuinte ou não do imposto, localizado em outro Estado, adotar-se-á a alíquota interestadual e caberá ao Estado de localização do destinatário o imposto correspondente à diferença entre a alíquota interna do Estado destinatário e a alíquota interestadual;
>
> a) (revogada);
>
> b) (revogada);
>
> VIII – a responsabilidade pelo recolhimento do imposto correspondente à diferença entre a alíquota interna e a interestadual de que trata o inciso VII será atribuída:
>
> a) ao destinatário, quando este for contribuinte do imposto;
>
> b) ao remetente, quando o destinatário não for contribuinte do imposto;"

Para uma perfeita compreensão das regras citadas, serão examinadas três situações hipotéticas, todas tendo como pano de fundo a venda de uma mercadoria por uma empresa domiciliada em São Paulo a um adquirente domiciliado em Pernambuco. Na análise dos casos, suponha-se que são aplicáveis à mercadoria objeto da operação as seguintes alíquotas:

> Alíquota interna de São Paulo = 18%
>
> Alíquota interna de Pernambuco = 18%
>
> Alíquota Interestadual (SP – PE) = 7%

A **primeira situação hipotética** é a do destinatário em Pernambuco que, sendo comerciante, adquire a mercadoria com o objetivo de revendê-la no âmbito de sua atividade principal. É o caso, por exemplo, de uma loja que compra computadores para revender aos seus clientes. A solução não se encontra especificamente disciplinada pela Constituição Federal, aplicando-se a regra geral da não cumulatividade (CF, art. 155, § 2º, I), a partir do mecanismo de débitos e créditos.

Nessa situação, o **Estado de origem receberá o equivalente à alíquota interestadual (7%)**. Assim, se a mercadoria foi vendida por R$ 100,00 (cem reais), São Paulo receberá ICMS de R$ 7,00 (sete reais), e o adquirente em Pernambuco terá o direito de compensar tal valor em vendas futuras. Supondo que a mercadoria seja revendida dentro do Estado de Pernambuco por R$ 200,00 (duzentos reais), **haverá a incidência** da alíquota estadual interna (18%) sobre o valor de revenda (R$ 200,00), o que corresponde a R$ 36,00 (trinta e seis reais). O sujeito passivo, porém, abaterá do valor a pagar o crédito que adquiriu na compra feita ao fornecedor em São Paulo, **resultando, para Pernambuco, o recolhimento de ICMS no valor de R$ 29,00 (vinte e nove reais)**.

A **segunda situação hipotética** é a do destinatário em Pernambuco que, embora contribuinte do imposto (comerciante), adquire a mercadoria como consumidor final, sem o propósito de comercializá-la. A título de exemplo, pode-se pensar na mesma loja de computadores do caso anterior adquirindo computadores não para a revenda, mas para o uso interno de seu setor administrativo, ou seja, com o intuito de incrementar o ativo permanente da empresa. Essa situação, ao contrário da anterior, tem regulação constitucional específica, consignada no inciso VII do § 2º do art. 155 da CF/1988.

De acordo com a atual redação desse dispositivo, dada pela EC 87/2015, "adotar-se-á a alíquota interestadual e caberá ao Estado de localização do destinatário o imposto correspondente à diferença entre a alíquota interna do Estado destinatário e a alíquota interestadual". Em uma leitura rápida, o texto pode parecer complicado, mas a regra em si é fácil de ser compreendida. A afirmação "adotar-se-á a alíquota interestadual" significa que o **Estado de origem receberá o equivalente à alíquota interestadual (7%)**, isto é, se a mercadoria foi vendida por R$ 100,00 (cem reais), São Paulo receberá ICMS de R$ 7,00 (sete reais). O **Estado de destino**, por sua vez, **receberá a diferença entre sua alíquota interna e a alíquota interestadual (18% – 7% = 11%)**, logo, no exemplo descrito, será devido a Pernambuco ICMS no valor de R$ 11,00 (onze reais). Essa diferença entre as alíquotas interna e interestadual é comumente designada pela sigla "**Difal**".

É importante registrar que esse era exatamente o mesmo regramento existente antes da promulgação da EC 87/2015. Em outras palavras, as novidades trazidas pela referida emenda constitucional – a alteração dos incisos VII e VIII do § 2º do art. 155 da CF/1988 e a inclusão do art. 99 no ADCT – não repercutiram nas operações e prestações interestaduais que destinam bens e serviços a consumidores que são contribuintes.

Outro detalhe que merece ser enfatizado é que a regra explicada acima, disposta no inciso VII do § 2º do art. 155 da CF/1988, não se confunde com o sistema de débitos e créditos previsto no inciso I do § 2.º do art. 155 da

CF/1988. Como o destinatário, mesmo sendo contribuinte, não tem a intenção de comercializar a mercadoria, não existe "valor de revenda" nem faz sentido falar em abatimento de crédito adquirido em operações antecedentes.

A **terceira e última situação hipotética** é a do destinatário em Pernambuco que adquire a mercadoria como consumidor final e não é contribuinte do imposto (não é comerciante). É o caso, por exemplo, da pessoa física que compra uma mercadoria via internet ou telemarketing de comerciante domiciliado em outro Estado. Essa situação, diretamente afetada pela EC 87/2015, também é disciplinada pelo inciso VII do § 2º do art. 155 da CF/1988, mas desta vez combinado ao art. 99 no ADCT.

Antes da EC 87/2015, a regra existente para o caso consistia na aplicação da alíquota interna do Estado de origem, negando ao Estado de destino qualquer proveito sobre a arrecadação do ICMS. Entendia-se inexistir motivo para estabelecer tratamento tributário diferenciado entre uma pessoa domiciliada em Pernambuco que, não sendo contribuinte do ICMS e estando de passagem por São Paulo, adquire determinada mercadoria e a leva consigo para Pernambuco; e uma pessoa que adquire a mesma mercadoria do mesmo estabelecimento em São Paulo de maneira não presencial (via telemarketing, internet ou showroom). Na verdade, a única diferença entre as operações seria a logística utilizada para fazer a mercadoria sair de São Paulo e chegar a Pernambuco, o que não justificaria qualquer diferenciação na apuração e recolhimento do ICMS.

Ocorre que, com o fenômeno da internet, houve um significativo crescimento das compras não presenciais. Hoje, é bastante comum que consumidores visitem lojas físicas apenas para ter contato com a mercadoria desejada, preferindo adquiri-la de forma não presencial do estabelecimento virtual que a ofereça por menor preço. Não raro, o estabelecimento escolhido tem seus depósitos localizados nos Estados do Sudeste, principalmente em São Paulo. Nesse contexto, **a regra que determinava o recolhimento do ICMS somente em favor do Estado de origem fazia com que o aumento das compras virtuais tivesse como inevitável efeito colateral o decréscimo na arrecadação de ICMS dos Estados menos desenvolvidos da Federação**, em muito contribuindo para o agravamento das desigualdades regionais.

Tentando minorar o problema, os Estados prejudicados, reunidos no Conselho Nacional de Política Fazendária – CONFAZ, editaram o **Protocolo ICMS 21/2011**, estabelecendo a possibilidade de exigência da diferença entre a alíquota interna e a interestadual nos casos de "operação interestadual em que o consumidor final adquire mercadoria ou bem de forma não presencial por meio de internet, telemarketing ou showroom" (cláusula primeira).

Apesar do nobre objetivo de equalizar a repartição de receita tributária nas operações interestaduais, o Protocolo ICMS 21/2011 continha incontestáveis vícios de inconstitucionalidade. Com sua adoção, a mercadoria, além de ser onerada com a alíquota interna do Estado de origem, ainda sofria a incidência do diferencial de alíquotas em favor do Estado de destino. Assim, no caso de uma mercadoria adquirida por não contribuinte em Pernambuco a partir de comerciante em São Paulo, a aplicação do Protocolo significava o recolhimento de 18% de ICMS para o Estado de São Paulo e de 11% de ICMS para o Estado de Pernambuco – diferença entre a alíquota interna de Pernambuco (18%) e a alíquota interestadual (7%) –, totalizando 29% de ICMS sobre a mercadoria, alíquota não prevista pelo Senado Federal para qualquer operação interestadual.

O **Supremo Tribunal Federal**, no julgamento da **ADI 4.628/DF**, em 17.09.2014, **declarou inconstitucional a cobrança de ICMS fundada no Protocolo ICMS 21/2011** do CONFAZ, tendo o Plenário entendido, por unanimidade, que os 20 (vinte) Estados signatários do referido Protocolo, ao estipularem regime tributário diverso do constitucionalmente previsto, invadiram o âmbito de competência das unidades federadas de origem. Além disso, a sistemática pretendida com o acordo configurava hipótese de bitributação, confisco (CF, art. 150, IV), restrição ao tráfego de bens pelo território nacional (CF, art. 150, V) e instituição de nova modalidade de substituição tributária sem a observância da exigência de lei em sentido formal (CF, art. 150, § 7º) e de espécie normativa complementar (CF, art. 155, § 2º, XII, *b*).

Promulgada em 16.04.2015, a **EC 87/2015** atende aos anseios dos Estados consumidores, implementando da forma correta o diferencial de alíquotas previsto no Protocolo ICMS 21/2011. Na verdade, o legislador constituinte foi além, modificando a sistemática de cobrança do ICMS não apenas nas operações indicadas no Protocolo, mas em todas as operações interestaduais destinadas a consumidores não contribuintes. Portanto, embora popularmente conhecida como **"Emenda do Comércio Eletrônico"**, as alterações implementadas pela EC 87/2015 não se restringem às operações de e-commerce e telemarketing.

Retoma-se, após as considerações feitas nos parágrafos anteriores, o exemplo da pessoa física em Pernambuco que compra uma mercadoria de forma não presencial de um comerciante em São Paulo. Conforme já mencionado, **antes da EC 87/2015**, os incisos VII e VIII do § 2º do art. 155 da CF/1988 determinavam a aplicação da alíquota interna do Estado de origem (18%). Sendo a mercadoria vendida por R$ 100,00 (cem reais), São Paulo receberia ICMS de R$ 18,00 (dezoito reais) e nada seria arrecadado por Pernambuco. **Após a EC 87/2015**, porém, a nova norma constante do inciso VII do § 2º do art. 155 da CF/1988 estabelece para o caso a **mesma solução dada à segunda situação hipotética**, repartindo a arrecadação entre o Estado produtor e o Estado consumidor. Assim, São Paulo passa a receber tão somente o valor relativo à alíquota interestadual (7%) – ou seja, R$ 7,00 (sete reais) de ICMS –, cabendo a Pernambuco o equivalente ao **Difal**, ou seja, a diferença entre sua alíquota interna e a alíquota interestadual (18% – 7% = 11%) – ou seja, R$ 11,00 (onze reais) de ICMS.

Desse modo, a EC 87/2015 pôs fim à distinção entre **"consumidor contribuinte"** e **"consumidor não contribuinte"**, no que diz respeito à arrecadação do ICMS. Dito de outro modo, independentemente de o consumidor final ser ou não contribuinte do imposto, o tributo devido será o mesmo e haverá a divisão do valor arrecadado entre o Estado de origem e o Estado de destino da mercadoria ou serviço. Deixa de existir a possibilidade de operação ou prestação interestadual em que o recolhimento de ICMS beneficie exclusivamente o Estado de origem.

Todavia, a novidade não foi aplicada de imediato na sua integralidade. Como a mudança representava significativa perda de arrecadação para os Estados produtores, uma **regra de transição** foi introduzida no art. 99 do ADCT, com vistas a permitir a adequação desses Estados à nova realidade fiscal. Em face da disposição transitória, a transferência do montante correspondente ao diferencial de alíquotas ocorreu de forma gradual, passando dos Estados de origem para os Estados de destino à razão de 20% ao ano, até a transferência total, verificada a partir do ano de 2019.

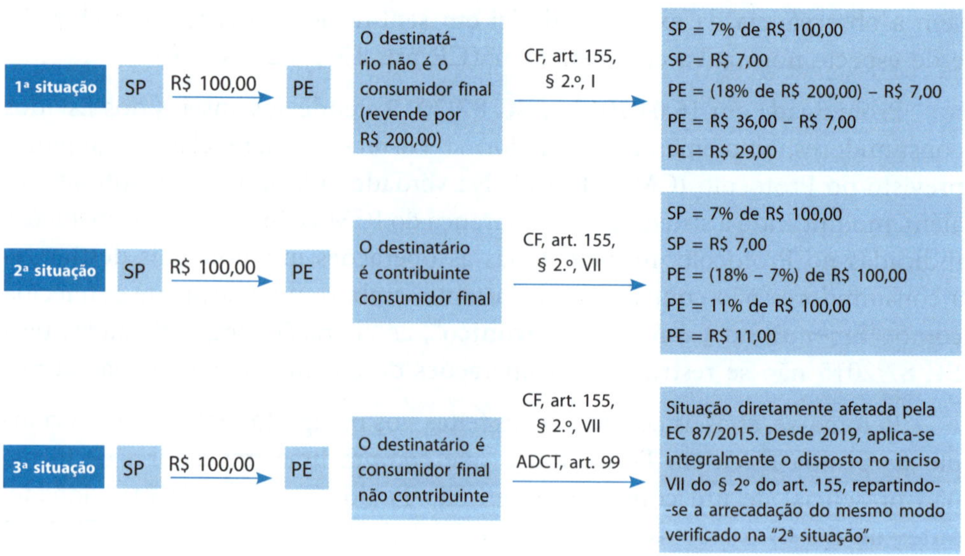

À primeira vista, o regramento aplicado às operações e prestações que destinam bens e serviços a consumidores finais localizados em outro Estado gera um problema relacionado à **competência para o recolhimento do tributo**. Ora, decerto uma loja de computadores possui a estrutura contábil necessária ao cumprimento das obrigações tributárias, de modo que, mesmo quando adquire computadores para uso interno, é capaz de apurar e recolher o ICMS devido ao Estado no qual se encontra (Estado de destino da mercadoria). O mesmo não se pode dizer, entretanto, da pessoa física que adquire uma mercadoria via e-commerce, por exemplo. É bastante provável que essa pessoa, não sendo contribuinte, sequer tenha ciência da necessidade de recolher o ICMS relativo à compra, menos ainda sobre a forma de fazê-lo (alíquotas incidentes, base de cálculo a ser considerada, emissão de guias etc.).

O legislador constituinte, atento a essa realidade, antecipou-se ao problema e identificou os responsáveis pelo recolhimento do imposto no inciso VIII do § 2º do art. 155 da CF/1988. Segundo essa norma, se o consumidor final destinatário da mercadoria ou serviço proveniente de outro Estado for **contribuinte** do imposto, **a ele próprio caberá o recolhimento do tributo**; no entanto, se o consumidor final **não for contribuinte**, o recolhimento ficará a cargo do **remetente.**

Assim, no caso prático utilizado como exemplo, se o consumidor final for a loja de computadores, a própria loja deverá recolher o ICMS em favor do Estado de Pernambuco (destino da mercadoria), cabendo ao fornecedor de computadores o recolhimento do tributo devido ao Estado de São Paulo (origem da mercadoria). Perceba-se que tanto a loja como o fornecedor são contribuintes do imposto e, presume-se, dispõem de aparato contábil para a adoção das providências necessárias. Se, porém, o consumidor final for uma pessoa física ou um prestador de serviço sujeito exclusivamente ao ISS (não contribuinte do ICMS), o fornecedor de computadores deverá recolher não apenas o ICMS devido ao Estado de São Paulo (origem da mercadoria), mas também o ICMS devido ao Estado de Pernambuco (destino da mercadoria).

Importante registrar que a definição do Estado de destino poderia causar controvérsias quando, por exemplo, a pessoa domiciliada em Pernambuco adquirir, da loja em São Paulo, para entrega na Paraíba, uma mercadoria para uma terceira pessoa (um presente, por exemplo). Nesse caso, qual seria o Estado de destino? Dando ao caso a solução mais intuitiva, a LC 190/2022 inseriu no art. 11 da LC 87/1996 um § 7º afirmando que, "quando o destino final da mercadoria, bem ou serviço ocorrer em Estado diferente daquele em que estiver domiciliado ou estabelecido o adquirente ou o tomador, o imposto correspondente à diferença entre a alíquota interna e a interestadual será devido ao Estado no qual efetivamente ocorrer a **entrada física** da mercadoria ou bem ou o fim da prestação do serviço".

Assim, no exemplo citado, o imposto caberá ao Estado da Paraíba. Contudo, na ADI 7158-DF, o Distrito Federal alegou que a regra contrariava o entendimento do STF de que a circulação que configura o fato gerador do ICMS é a **jurídica,** e não apenas **física**. Segundo essa tese, como no exemplo citado o adquirente da mercadoria é domiciliado em Pernambuco, para tal Estado teria ocorrido a circulação jurídica da mercadoria, mesmo ela fisicamente tendo sido destinada à Paraíba.

O STF não concordou com a tese, pois não há que se confundir o **critério material** do fato gerador (circulação jurídica da mercadoria) com seu **critério espacial**, utilizado, no caso, para a definição do sujeito ativo do imposto (Estado em que verificada a entrada física da mercadoria), sendo tais critérios totalmente compatíveis.

Ao final, a Suprema Corte lavrou a seguinte tese (ADI 7158 / DF):

> "É constitucional o critério previsto no § 7º do art. 11 da Lei Complementar nº 87/1996, na redação dada pela Lei Complementar nº 190/2022, que considera como Estado destinatário, para efeito do recolhimento do diferencial de alíquota do ICMS, aquele em que efetivamente ocorrer a entrada física da mercadoria ou o fim da prestação do serviço, uma vez que conforme a Emenda Constitucional nº 87/2015.".

Num primeiro momento, as novidades trazidas pela EC 87/2015 não foram seguidas pela necessária alteração da Lei Complementar 87/1996 (Lei Kandir), diploma que dispõe sobre as normas gerais relativas ao ICMS. Assim, com o intuito de viabilizar o mais rapidamente possível a cobrança do Diferencial de Alíquota (Difal) nas operações e prestações interestaduais, o CONFAZ elaborou o **Convênio ICMS 93/2015, com cláusulas que, além de regras procedimentais** (fórmula de cálculo, documento de arrecadação, fiscalização etc.)**, também dispunham sobre fatos geradores, bases de cálculo e alíquotas, dentre outros aspectos. As regras alcançavam, inclusive, os** optantes pelo Simples Nacional, adentrando, portanto, no âmbito de atuação da Lei Complementar 123/2006**. Diante disso, os Estados e o DF também não tardaram a editar leis prevendo a cobrança do Difal.**

Contudo, logo foram questionadas tanto a constitucionalidade do Convênio ICMS 93/2015, quanto a das próprias leis estaduais e distritais. Do Convênio, porque somente lei complementar poderia estipular normas gerais sobre fatos geradores, bases de cálculo e contribuintes dos impostos discriminados na Constituição (CF, art. 146, III, *a*), bem como dispor sobre tratamento diferenciado e favorecido a microempresas e empresas de pequeno porte (CF, art. 146, III, *d*). Das leis, por terem instituído a cobrança do Difal mesmo na ausência de normas gerais previstas em lei complementar de caráter nacional.

Em 2021, no julgamento da ADI 5.469/DF e do RE 1.287.019/DF, o STF deixou claro que a edição de convênio interestadual não supre a necessidade da lei complementar para tratar da matéria, declarando, portanto, inconstitucionais as cláusulas do Convênio ICMS 93/2015 que invadiam o espaço reservado àquela espécie normativa. Em relação às leis estaduais e distritais editadas após a EC 87/2015, a Corte reputou-as **válidas** – tendo em vista que, de fato, a cobrança do Difal nas operações e prestações interestaduais com consumidor final não contribuinte é hoje permitida pela Constituição –, mas entendeu que **não poderiam produzir efeitos enquanto não elaborada a lei complementar exigida pelo art. 146, III, da CF/1988.**

O entendimento do STF foi sintetizado na seguinte tese de repercussão geral: **"A cobrança do diferencial de alíquota alusivo ao ICMS, conforme introduzido pela Emenda Constitucional nº 87/2015, pressupõe edição de lei complementar veiculando normas gerais"** (STF, Pleno, RE 1.287.019/DF, Rel. Min. Marco Aurélio, Rel. p/ Acórdão Min. Dias Toffoli, j. 24/02/2021, DJe 24/05/2021).

Como os Estados e o DF já vinham há algum tempo realizando a cobrança com base no Convênio ICMS 93/2015 e nas respectivas leis locais, o Tribunal, para preservar a estabilidade das relações jurídicas, optou por modular os efeitos das decisões proferidas na ADI 5.469/DF e no RE 1.287.019/DF, considerando-as aplicáveis somente a partir de 2022. Em outras palavras, foram mantidos os recolhimentos realizados antes do julgamento, e admitida, ao longo do ano de 2021, a continuidade da cobrança.

Na prática, a decisão da Suprema Corte deu ao Congresso Nacional o prazo de até o final do ano de 2021 para editar a lei complementar reclamada pela Constituição, de forma a garantir a continuidade da cobrança do Difal. Tudo parecia devidamente equalizado, mas o início de 2022 demonstraria que a pacificação da controvérsia ainda não estava garantida.

Apesar de enviado à sanção do Presidente da República em 20 de dezembro de 2021, o projeto de lei complementar, inexplicavelmente, demorou para ser sancionado, e a consequente **publicação da Lei Complementar 190 somente ocorreu no dia 05 de janeiro de 2022** – após, portanto, o fim da modulação de efeitos realizada pela Suprema Corte e, o que é pior, já **em novo exercício financeiro**. Tendo em vista que, conforme afirmado expressamente pelo STF, a cobrança do Difal se faz com base em "nova relação jurídico-tributária entre o remetente do bem ou serviço (contribuinte) e o estado de destino", caso se entenda que dessa nova relação resulta uma nova exação, a consequência do atraso na publicação da Lei seria sua aplicabilidade somente a partir de **2023**, em respeito ao **princípio da anterioridade**.

Some-se a isso o fato de a LC 190/2022, apesar de prever sua vigência a partir da publicação, expressamente determinar que se observe, quanto à produção de efeitos, o disposto na alínea "c" do inciso III do *caput* do art. 150 da CF/1988 (princípio da noventena). A disposição reforça o argumento segundo o qual o próprio legislador complementar teria entendido que a cobrança do Difal equivaleria a uma **nova exação**, pois, se assim não o fosse, a submissão à noventena não seria necessária. Trata-se de conclusão que automaticamente atrai a obediência ao **princípio da anterioridade**, pois, salvo quando a Constituição ressalva um dos princípios, a anterioridade e a noventena são aplicadas simultaneamente.

Nas edições anteriores desta obra, previu-se que, ao analisar a celeuma, o Supremo Tribunal Federal provavelmente optaria por fazer uma **intepretação teleológica** dos princípios da anterioridade e da noventena, os quais, em última análise, visam a **proteger os contribuintes contra a elevação de carga tributária**, ao lhes garantir um prazo razoável para que se preparem para enfrentar o aumento.

No caso em análise, para a maioria das operações, nem a EC 87/2015, nem sua regulação legal trouxeram aumento de carga tributária, pois, como ressaltado ao longo deste tópico, antes da Emenda, as operações interestaduais destinadas a consumidor final não contribuintes eram tributadas com a alíquota interna do Estado de origem. Posteriormente à inovação, a tributação passou a ocorrer com a **alíquota interestadual** (para o recolhimento ao Estado de origem) somada ao Difal (para o recolhimento ao Estado de destino), **não acarretando aumento da carga tributária**, salvo na eventualidade de a alíquota de destino ser superior à interna do Estado de origem.

Confirmando a previsão feita nesta obra, ao julgar conjuntamente as ADIs 7.066, 7.078 e 7.070, a Suprema Corte seguiu exatamente a linha de raciocínio aqui exposta, como demonstra o seguinte trecho do voto condutor do julgamento, da lavra do Ministro Alexandre de Moraes (Relator):

> O Princípio da anterioridade previsto no art. 150, III, "b", da CF, protege o contribuinte contra intromissões e avanços do Fisco sobre o patrimônio privado, o que não ocorre no caso em debate, pois trata-se um tributo já existente (diferencial de alíquota de ICMS), sobre fato gerador antes já tributado (operações interestaduais destinadas a consumidor não contribuinte), por alíquota (final) inalterada, a ser pago pelo mesmo contribuinte, sem aumento do produto final arrecadado.

Importante reafirmar que, em se considerando que a mudança não ensejou aumento da carga tributária, não seria necessária a obediência a qualquer das modalidades de anterioridade (nonagesimal ou anual). Assim, pode-se concluir que a previsão de produção de efeitos da novidade somente após 90 dias após a publicação da norma, conforme estipulado no art. 3º da LC 190/2022, deve ser entendida como uma concessão do legislador, que poderia ter determinado a aplicação imediata ou em qualquer outro prazo.

14.2.7 O ICMS nas importações

Em sua redação original, a Constituição Federal de 1988 previa que o ICMS incidiria também "sobre a entrada de mercadoria importada do exterior, ainda quando se tratar de bem destinado a consumo ou ativo fixo do estabelecimento, assim como sobre serviço prestado no exterior, cabendo o imposto ao Estado onde estiver situado o estabelecimento destinatário da mercadoria ou do serviço" (Redação anterior à Emenda Constitucional 33/2001).

A redação dava ensejo a intermináveis discussões que giravam em torno, basicamente, dos seguintes pontos:

a) se a incidência fosse somente sobre **mercadoria**, quando alguém importasse um **bem** para uso próprio, **sem qualquer interesse comercial**, a incidência seria legítima?
b) como o dispositivo se referiu duas vezes à palavra **estabelecimento**, seria possível a cobrança do ICMS nas importações realizadas por pessoas físicas, visto que estas não possuem estabelecimento?

As perguntas são propositadamente redigidas com o intuito de serem respondidas com um sonoro **NÃO**, de forma a servir como argumento para não incidência do tributo nos casos propostos.

Seguindo a linha mais liberal, o STF firmou jurisprudência no sentido da não incidência do ICMS nas importações de bens realizadas por pessoa física para uso próprio (RREE 203.075/DF, 178.318/SP, 182.915/PR, 193.348/SP).

E, assim, foram entrando em território nacional, sem pagamento de ICMS, aviões, helicópteros, lanchas, veículos etc., enquanto o ICMS continuava incidindo sobre a grande maioria dos gêneros considerados essenciais, em flagrante agressão ao princípio da capacidade contributiva, corolário da isonomia.

Para resolver o problema, a EC 33/2001 mudou o dispositivo e, numa redação bastante fechada, praticamente blindou o texto constitucional contra qualquer brecha que pudesse permitir uma importação de bem não imune escapar à incidência do ICMS. Transcreve-se o dispositivo, aconselhando-se uma cuidadosa comparação com a redação anterior (grifou-se):

> "IX – incidirá também:
>
> a) sobre a entrada de **bem ou mercadoria** importados do exterior por **pessoa física ou jurídica, ainda que não seja contribuinte habitual do imposto, qualquer que seja a sua finalidade**, assim como sobre o serviço prestado no exterior, cabendo o imposto ao Estado onde estiver situado o **domicílio ou o estabelecimento** do destinatário da **mercadoria, bem ou serviço**".

A menção à palavra "bem" ao lado da palavra "mercadoria" torna indiscutível a possibilidade de tributação de bens destinados a quaisquer finalidades, conforme se afirma na continuidade do novo texto.

As menções à **pessoa física ou jurídica** e ao **domicílio ou estabelecimento** afastam o argumento de quem vislumbrava algum empecilho às tributações realizadas por pessoas físicas.

Adaptando a legislação infraconstitucional à nova regra, a Lei Complementar 114/2002 deu nova redação ao inciso I do § 1º do art. 2º da Lei Complementar 87/1996, que passou a prever a incidência do ICMS "sobre a entrada de mercadoria ou bem importados do exterior, por pessoa física ou jurídica, ainda que não seja contribuinte habitual do imposto, qualquer que seja a sua finalidade".

Só que as controvérsias não pararam por aí. Em seção plenária realizada em 24 de setembro de 2003 – portanto, já sob a vigência da EC 33/2001 –, o STF editou a Súmula 660, afirmando que "não incide ICMS na importação de bens por pessoa física ou jurídica que não seja contribuinte do imposto".

Aparentemente percebendo o equívoco, o STF resolveu corrigir a Súmula, o que noticiou em seu Informativo 331 (grifou-se):

> "Nessa mesma assentada, acolhendo sugestão, respectivamente, dos Ministros Cezar Peluso e Sepúlveda Pertence, o Tribunal deliberou alterar a redação dos Enunciados 644 e 660, cuja aprovação foi concluída em 24.9.2003, que passarão a vigorar, à primeira vista, nos seguintes termos: (...) Enunciado 660: '**Até a vigência da EC 33/2001**, não incide ICMS na importação de bens por pessoa física ou jurídica que não seja contribuinte do imposto'. Os novos enunciados, bem como as alterações, só passarão a integrar a Súmula do STF após numerados e publicados (por três vezes consecutivas) no *Diário da Justiça*, na forma prevista no § 3.º do art. 102 do RISTF".

Quando parecia que o erro estava corrigido, o Tribunal novamente inovou e, já em 2006, republicou a Súmula com o texto original, colocando junto aos precedentes que justificaram a edição da Súmula 660, a seguinte observação:

> "Considerando que o Tribunal, na Sessão Plenária de 26.11.2003, recusou a proposta de alteração da Súmula 660, constante do Adendo 7, foi republicado o respectivo enunciado nos *Diários da Justiça* de 28.03.2006, 29.03.2006 e 30.03.2006, com o teor aprovado na Sessão Plenária de 24.09.2003: 'Não incide ICMS na importação de bens por pessoa física ou jurídica que não seja contribuinte do imposto'".

Bem, a confusão é tamanha que, na "Constituição e o Supremo", mantida na página virtual do Tribunal, a Súmula nem mais é citada dentre as decisões relativas à matéria. Aparentemente, o problema deveu-se a uma questão formal relativa à aprovação da alteração da Súmula.

Hoje em dia, se a matéria vier a ser cobrada em questões subjetivas, há de se explicar toda a situação, conforme aqui explanado. Em provas objetivas, deve-se adotar a literalidade do texto constitucional, salvo se a banca expressamente pedir o "entendimento sumulado pelo STF".

É importante registrar que, acerca da incidência do IPI (tributo da mesma espécie do ICMS) sobre produtos importados, após grande divergência entre as decisões proferidas pelos tribunais pátrios, o STF entendeu ser **possível sua incidência na importação de veículo automotor por pessoa natural, ainda que não desempenhe atividade empresarial e o faça para uso próprio**. O entendimento foi firmado pela Corte, em fevereiro de 2016, no julgamento do RE 723.651, submetido ao rito dos recursos repetitivos (repercussão geral). Para o estudo mais aprofundado da questão, recomenda-se a leitura do item 13.4.5 deste Capítulo.

Superada essa questão, é relevante conhecer alguns outros entendimentos do STF relativos à incidência do ICMS nas importações:

a) Como na importação considera-se ocorrido o fato gerador no momento do desembaraço aduaneiro (Lei Complementar 87/1996, art. 12, IX), tem-se por possível a exigência do pagamento do tributo nesse instante. Ressalte-se que o desembaraço é realizado por Auditor-Fiscal da Receita Federal, que acaba por exigir comprovante de pagamento de tributo estadual. Nessa linha, o STF editou a Súmula 661, posteriormente convertida na Súmula Vinculante 48, como segue:

STF – Súmula Vinculante 48 – "Na entrada de mercadoria importada do exterior, é legítima a cobrança do ICMS por ocasião do desembaraço aduaneiro".

b) Conforme expressamente disciplina a Constituição Federal, na importação o ICMS cabe ao Estado onde estiver situado o **domicílio ou o estabelecimento do destinatário da mercadoria, bem ou serviço**. Segundo o STF, pouco importa se o desembaraço aduaneiro ocorreu em repartição fiscal localizada em ente federativo diverso (RE 299.079, Rel. Min. Carlos Britto, *DJ* 16.06.2006).

No caso concreto, uma mercadoria teve seu desembaraço aduaneiro no Porto de Santos – São Paulo. Formalmente, o importador era uma empresa sediada no Estado do Espírito Santo, onde era beneficiária de regime fiscal favorecido. Tentava-se desmembrar a operação em duas: uma importação para o Espírito Santo e uma alienação interna para São Paulo, cabendo o imposto da primeira operação ao Estado do Espírito Santo, em que a consignatária gozava de benefício fiscal.

Na prática, contudo, o STF entendeu que o destinatário da importação era a empresa situada no Estado de São Paulo, a quem caberia, portanto, o ICMS incidente. Em seu voto, o Ministro Relator Marco Aurélio disse que poucas vezes tinha visto drible maior ao Fisco, uma vez que a mercadoria em nenhum momento tocou o território do Espírito Santo. Percebe-se que, na essência, a decisão do STF não abandona a linha daquela citada na letra *b*, pois o ICMS continua sendo da competência do Estado do domicílio ou estabelecimento do verdadeiro destinatário da mercadoria, mesmo que formalmente seja montada operação que tente maquiar tal situação.

c) conforme será detalhado nos tópicos 14.2.8 e 14.2.9 deste Capítulo, mesmo com a ampliação da base de incidência do ICMS nas operações de importação, é necessária a análise da natureza jurídica do contrato que fundamentou o ingresso do bem ou mercadoria estrangeiro no país, para a correta caracterização do fato gerador do tributo.

14.2.8 ICMS e operações de *leasing*

O *leasing*, também denominado arrendamento mercantil, é um contrato que, em face da diversificação das relações de consumo, tem assumido diferentes características de acordo com a modalidade adotada em cada caso concreto.

Na prática do mercado, há de se distinguir basicamente três tipos de *leasing*: o **operacional,** o **financeiro** e o ***lease back***.

No ***leasing* operacional**, o produtor de determinado bem ou uma empresa comercial especializada cede o direito de uso de tal bem, comprometendo-se a fornecer a manutenção e a assistência técnica eventualmente necessárias, recebendo, como contrapartida, um montante que engloba o valor correspondente ao direito de uso (equivalente à locação), aos serviços prestados e à margem de lucro. Se, eventualmente, o arrendatário desejar adquirir o bem ao final do contrato, poderá fazê-lo pelo **valor de mercado**.

O ***leasing* financeiro**, segundo lapidar definição de Arnoldo Wald, é o contrato segundo o qual uma empresa "desejando utilizar determinado equipamento, ou um certo imóvel, consegue que uma instituição financeira adquira o referido bem, alugando-o ao interessado por prazo certo, admitindo-se que, terminado o prazo locativo, o locatário possa optar entre a devolução do bem, a renovação da locação, ou a compra pelo **preço residual fixado no momento inicial do contrato**" (grifo não consta do original).

A operação de ***sale and lease back***, ou ***lease back***, ou *leasing* de retorno é a modalidade utilizada quando uma empresa, necessitando de capital de giro, aliena um bem a uma instituição financeira (venda – "sale") e esta arrenda tal bem à mesma empresa (arrendamento em retorno – "lease back").

Percebe-se que, nas modalidades operacional e financeiro, é possível ao arrendatário devolver ao arrendador o bem arrendado ao final do contrato. Entretanto, no *leasing* financeiro, as partes claramente desejam a futura transferência da propriedade, até porque a instituição financeira arrendadora adquire o bem indicado pelo arrendatário, não tendo aquela qualquer interesse de ser definitivamente proprietária de tal bem. Assim, é correto afirmar que no *leasing* **operacional** predomina a **locação**; no **financeiro** e no ***lease back***, predomina o **financiamento**.

De qualquer forma, nas modalidades de *leasing* operacional e financeiro não há a transferência da propriedade do bem no momento da celebração do negócio, de maneira **que não há circulação jurídica de mercadoria**, **não ocorrendo o fato gerador do ICMS**. O entendimento foi incorporado pelo art. 3.º, inciso VII, da Lei Complementar 87/1996 nos seguintes termos:

> "Art. 3.º O imposto não incide sobre:
>
> (...)
>
> VIII – operações de arrendamento mercantil, não compreendida a venda do bem arrendado ao arrendatário".

A não incidência objeto de análise refere-se exclusivamente à operação de *leasing* propriamente dita. No *leasing* financeiro, o arrendatário indica o bem a ser adquirido pela arrendadora (instituição financeira) e, sobre esta aquisição, o tributo incide, tendo em vista a circulação jurídica (mudança de proprietário) da mercadoria.

No *lease back*, o fornecedor e o arrendatário do bem são a mesma pessoa, não havendo qualquer circulação física da mercadoria, que em nenhum momento sai do estabelecimento do fornecedor/arrendatário. Tal fato, aliado à não incidência do ICMS na venda esporádica de bem integrante do ativo permanente da empresa, justifica a afirmativa no sentido da impossibilidade de cobrança do imposto nas operações de *lease back*.

No que concerne às operações de importações fundadas em contrato de *leasing* internacional, o advento da Emenda Constitucional 33, de 11 de dezembro de 2001, reacendeu as discussões. A nova redação dada à alínea "a" do inciso IX do § 2.º do art. 155 da Constituição Federal passou a prever a incidência do ICMS sobre a entrada de bem ou mercadoria "qualquer que seja sua finalidade", de forma que a maioria das Fazendas Públicas estaduais passou a entender que a incidência do tributo independeria da natureza jurídica do negócio que fundamentou a entrada do bem no País.

Seguindo essa linha de raciocínio, o Supremo Tribunal Federal, no julgamento do RE 206.069/SP (Rel. Min. Ellen Gracie, *DJ* 13.09.2005) afirmou o seguinte:

> "RECURSO EXTRAORDINÁRIO. TRIBUTÁRIO. ICMS. ARRENDAMENTO MERCANTIL –*LEASING*. 1. De acordo com a Constituição de 1988, incide ICMS sobre a entrada de mercadoria importada do exterior. Desnecessária, portanto, a verificação da natureza jurídica do negócio internacional do qual decorre a importação, o qual não se encontra ao alcance do Fisco nacional. 2. O disposto no art. 3.º, inciso VIII, da Lei Complementar 87/1996 aplica-se exclusivamente às operações internas de *leasing*. 3. Recurso extraordinário conhecido e provido".

De acordo com o julgado, deveria ser feita uma separação entre o ***leasing* interno**, no qual a incidência do ICMS somente ocorreria com a venda do bem arrendado ao arrendatário – nos termos do art. 3.º, inciso VIII, da Lei Complementar 87/1996 –, e o ***leasing* internacional**, ao qual o advento da Emenda Constitucional 33/2001 teria tornado inaplicável a citada restrição legal.

Posteriormente, o próprio Supremo Tribunal Federal reconheceu a não incidência de ICMS numa hipótese específica de importação fundada em contrato de *leasing* internacional (RE 461.968/SP, Rel. Min. Eros Grau, *DJ* 24.08.2007). A situação discutida nos autos versava sobre o arrendamento mercantil de aeronaves e peças e equipamentos para a manutenção destas.

Há, no voto do Ministro Relator Eros Grau, uma passagem lapidar, cuja correta compreensão é imprescindível para a inteligência do julgado. Pela importância, transcreve-se o excerto:

> "Por mais estranho que possa parecer, aqui é a normalidade que aparenta ser peculiar. Pois de arrendamento mesmo se trata nesses casos. Vale dizer: ainda que se fale em leasing, as arrendadoras [= indústria aeronáutica direta ou indiretamente] permanecem, ao final do termo do contrato, proprietárias

> dos bens transferidos temporariamente ao uso das companhias de navegação aérea. Esse é um fato notório. Quando aeronaves e/ou peças ou equipamentos que as componham são importadas em regime de leasing não se prevê a sua posterior transferência ao domínio do arrendatário."

A "estranheza da normalidade" decorre de que o *leasing* financeiro "normalmente" seria, como já explicado, um negócio jurídico complexo, caracterizando-se como um contrato de locação com opção de futura compra. A prática brasileira, contudo, tem cada vez mais transformado o tradicional contrato de *leasing* em uma forma de mascarar um verdadeiro contrato de compra e venda com financiamento.

O objetivo do disfarce é fornecer maiores garantias para o arrendador (instituição financeira), que permanece como proprietário do bem, e proporcionar uma redução de custos financeiros para o arrendatário (particular "adquirente"), que se livra do imposto sobre operações financeiras, uma vez que a operação de crédito não é caracterizada formalmente.

A notória simulação salta aos olhos quando se vê que no Brasil é prática corriqueira das empresas vendedoras de bens apresentarem o *leasing* como mais uma forma de financiamento e que, no contrato de adesão firmado entre instituição financeira (arrendador) e particular (arrendatário), este já exerce a opção de compra (que, a rigor, seria futura), dissolvendo o valor residual entre as prestações (que, a rigor, deveriam somente englobar os valores concernentes à locação).

Na situação submetida ao STF, contudo, não havia opção de compra antecipadamente feita, existia "simplesmente *leasing*". Acrescente-se que no mercado de navegação aérea tem-se considerado economicamente inviável o pagamento do valor residual e aquisição das peças, equipamentos e aeronaves, que são efetivamente devolvidos ao final do contrato, não havendo circulação jurídica (mudança de proprietário) do bem. Ao final, a ementa do julgamento ficou redigida da seguinte forma:

> "RECURSO EXTRAORDINÁRIO. ICMS. NÃO INCIDÊNCIA. ENTRADA DE MERCADORIA IMPORTADA DO EXTERIOR. ART. 155, II, DA CB. *LEASING* DE AERONAVES E/OU PEÇAS OU EQUIPAMENTOS DE AERONAVES. OPERAÇÃO DE ARRENDAMENTO MERCANTIL. 1. A importação de aeronaves e/ou peças ou equipamentos que as componham em regime de leasing não admite posterior transferência ao domínio do arrendatário. 2. A circulação de mercadoria é pressuposto de incidência do ICMS. O imposto – diz o art. 155, II, da Constituição do Brasil – é sobre 'operações relativas à circulação de mercadorias e sobre prestações de serviços de transporte interestadual e intermunicipal e de comunicação, ainda que as operações e as prestações se iniciem no exterior'. 3. Não há operação relativa à circulação de mercadoria sujeita à incidência do ICMS em operação de arrendamento mercantil contratado pela indústria aeronáutica de grande porte para viabilizar o uso, pelas companhias de navegação aérea, de aeronaves por ela construídas. 4. Recurso Extraordinário do Estado de São Paulo a que se nega provimento e Recurso Extraordinário de TAM – Linhas Aéreas S/A que se julga prejudicado".

Apesar de o Ministro Eros Grau ter destacado que a situação discutida no precedente anterior (RE 206.069/SP) era diferente da que estava sendo objeto de debate no novo processo (RE 461.968/SP), não se pode deixar de apontar que ao menos uma afirmativa do primeiro acórdão deve se ter por superada. Assim, não se pode mais afirmar ser absolutamente desnecessária a verificação da natureza jurídica do negócio internacional do qual decorre a importação e assegurar que o ICMS sempre incida sobre tais operações.

De maneira mais simples, pode-se concluir que, no segundo julgamento (RE 461.968/SP), o Ministro Eros Grau expressamente afirmou a não aplicabilidade do precedente verificado no primeiro (RE 206.069/SP), porque este versava sobre "importação de equipamento destinado ao ativo fixo de empresa, situação na qual a opção do arrendatário pela compra do bem ao arrendador era mesmo necessária, como salientou a eminente relatora", enquanto, naquele, tal opção era inviável.

A celeuma veio a ser pacificada no final de 2014, quando o Plenário do Supremo Tribunal Federal, após apreciar os argumentos que fundamentaram os julgados anteriormente citados, decidiu que **"o ICMS – tributo próprio à circulação de mercadorias qualificada pela compra e venda – não incide na importação de bem móvel realizada mediante operação de arrendamento mercantil quando não exercida a opção de compra e, por consequência, suscetível de devolução ao arrendador"**. Apesar da imprecisa menção a mercadoria (uma vez que atualmente a CF/1988 prevê que na importação a incidência abrange "bem ou mercadoria"), guarda perfeita consonância com o ponto que tem servido como divisor de águas para diversos casos semelhantes: a necessidade de circulação jurídica do bem, caracterizada pela mudança de proprietário, como requisito para que se verifique o fato gerador do tributo (RE 226.899/SP).

Em resumo, e seguindo as linhas básicas traçadas pelo STF, aconselha-se aos que se preparam para concursos públicos que, nas provas, adotem as seguintes premissas:

a) nas operações de ***leasing*** **interno**, seja operacional, seja financeiro, **não há a incidência do ICMS**, salvo quando efetivada a venda do bem arrendado ao arrendatário;

b) nas operações de ***lease back***, não há a incidência do ICMS;

c) na importação realizada mediante operação ***leasing*** **internacional**, **não incide o ICMS**, salvo se houver exercício da opção de compra pelo arrendatário, tornando a mercadoria insuscetível de devolução ao arrendador.

14.2.9 ICMS e as operações de comodato na importação

Aplicando o raciocínio segundo o qual se faz necessária a **circulação jurídica** do bem ou mercadoria para justificar a incidência do ICMS nas importações, o STJ entende que **não incide o tributo na importação realizada mediante comodato**, contrato equivalente a um empréstimo gratuito de coisas não fungíveis (AgRg no Ag 988.098-RJ, Rel. originário Min. Teori Albino Zavascki, Rel. para acórdão Min. Luiz Fux, j. 04.11.2008). Trata-se de mais um caso a demonstrar a imprecisão da afirmativa segundo a qual é "desnecessária (...) a verificação da natureza jurídica do negócio internacional do qual decorre a importação", constante do acórdão proferido pelo STF no julgamento do RE 206.069/SP, analisado no item anterior. O STJ, para fundamentar seu entendimento quanto à não incidência do tributo sobre as operações de importação realizadas em regime de comodato, invocou o segundo acórdão do STF analisado no item anterior (RE 461.968/SP), no qual se atestou a não ocorrência do fato gerador do ICMS no *leasing* internacional firmado "pela indústria aeronáutica de grande porte para viabilizar o uso, pelas companhias de navegação aérea, de aeronaves por ela construídas".

Relembre-se que, em se tratando de operações internas, já era pacífico o entendimento pela não incidência do ICMS sobre os contratos de comodato (a Súmula STF 573 traz um exemplo), conforme demonstra a análise dos aspectos materiais do fato gerador do tributo, realizada no item 14.2.13. A dúvida poderia existir somente nos casos de importação, tendo em vista o alcance que a Emenda Constitucional 33/2001 deu ao art. 155, § 2.º, IX, *a*, da CF/1988.

Em suma, não obstante a ampliação da base de incidência do ICMS nas importações, reafirma-se, tanto no STJ quanto no STF, a necessidade de cuidadosa aferição da natureza jurídica do contrato de importação para se verificar se a circulação de mercadoria que ingressa no país é também **jurídica**, mudando-lhe o proprietário (caso em que o tributo incide), ou meramente **física** (hipótese em que a não incidência se impõe).

14.2.10 A tributação conjunta de mercadorias e serviços

Nos precisos termos do art. 155, § 2.º, IX, *b*, da CF/1988, o ICMS incidirá também sobre o valor total da operação, quando mercadorias forem fornecidas com serviços não compreendidos na competência tributária dos Municípios.

Em primeiro lugar, deve-se perceber que, no tocante à tributação de serviços, seria possível afirmar que **o ISS é residual em relação ao ICMS**, pois este incide sobre dois serviços expressamente previstos na Constituição Federal (comunicação e transporte interestadual e municipal) e aquele pode tributar os demais (resíduo), desde que haja previsão em lei complementar.

No entanto, **no que concerne à tributação dos serviços fornecidos conjuntamente com mercadorias, a situação se inverte, e o ICMS passa a ser residual em relação ao ISS**, pois somente é possível àquele tributar os serviços que já não estejam sujeitos à incidência deste.

Explique-se melhor. Para que o ICMS tribute outros serviços além daqueles que lhe foram deferidos pela Constituição Federal de 1988, devem estar presentes dois requisitos:

a) os serviços devem ser prestados juntamente com o fornecimento de mercadorias;

b) os serviços não estejam na competência dos Municípios.

Ora, o serviço faz parte da competência dos Municípios quando se encontra assim definido em lei complementar (hoje, a LC 116/2003). Se não está na lista (resíduo) e foi fornecido com mercadorias, cabe a tributação pelo ICMS.

Dois exemplos já sumulados pelo Superior Tribunal de Justiça ajudam a esclarecer a matéria.

Na aquisição de bebidas e alimentos em bares e restaurantes, há a prestação de um serviço pelo restaurante em conjunto com a venda de mercadorias. Como o serviço não está na lista anexa à LC 116/2003, haverá incidência do ICMS sobre o valor total da operação. Nesse sentido, a Súmula 163 do STJ:

> **STJ – Súmula 163 –** "O fornecimento de mercadorias com a simultânea prestação de serviços em bares, restaurantes e estabelecimentos similares constitui fato gerador do ICMS a incidir sobre o valor total da operação".

Já o serviço de composição gráfica está expressamente previsto na lista anexa à LC 116/2003 (item 13.05), de forma que a tributação deve ser feita pelo ISS. Assim dispõe a Súmula 156 do STJ:

> **STJ – Súmula 156 –** "A prestação de serviço de composição gráfica, personalizada e sob encomenda, ainda que envolva fornecimento de mercadorias, está sujeita, apenas, ao ISS".

Por fim, ressalte-se que ainda existe uma terceira situação, qual seja o caso em que a lei complementar prevê o serviço como sujeito ao ISS, mas ressalva que as mercadorias fornecidas devem ser tributadas pelo ICMS. Nesse caso, serão emitidas duas notas fiscais, uma com o valor do serviço (com o destaque do ISS) e outra com o valor da mercadoria (com o destaque do ICMS).

Como exemplo, tem-se o serviço de recondicionamento de motores que o item 14.03 da lista anexa à LC 116/2003 sujeita ao ISS, mas expressamente excetua "peças e partes que ficam sujeitas ao ICMS".

Em resumo, têm-se as seguintes situações:

MERCADORIAS FORNECIDAS CONJUNTAMENTE COM SERVIÇOS	
Situação legal	**Incidência Tributária**
O serviço não está previsto na LC 116/2003.	O ICMS incide sobre o valor total da operação.
O serviço está previsto na LC 116/2003, **sem** ressalva de cobrança do ICMS.	O ISS incide sobre o valor total da operação.
O serviço está previsto na LC 116/2003, **com** ressalva de cobrança do ICMS.	O ISS incide sobre o valor do serviço. O ICMS incide sobre o valor das mercadorias fornecidas.

14.2.11 Imunidades

14.2.11.1 Exportações

Os livros de História noticiam que, nas relações comerciais internacionais, o Brasil costumava sofrer prejuízo em virtude de concentrar suas exportações em produtos primários ou, no máximo, semielaborados e, ao mesmo tempo, importar produtos industrializados.

O sistema produtivo brasileiro praticamente não agregava valor ao que se extraía da natureza, deixando essa lucrativa atividade para os países mais desenvolvidos.

Influenciada por essa lição, a Constituição Federal de 1988 previu, em seu texto originário, a não incidência do ICMS sobre operações que destinassem ao exterior produtos industrializados, excluídos os semielaborados definidos em lei complementar (art. 155, § 2º, X, *a*).

O objetivo era que o incentivo às exportações se restringisse apenas aos produtos com um grau de industrialização que superasse um patamar mínimo (daí a exclusão dos "semielaborados").

Com o passar do tempo, o Brasil passou a disputar com Países e blocos econômicos altamente industrializados o mercado de exportação de gêneros considerados primários. Como exemplo mais relevante, o agronegócio passou a ser palco de disputas entre a União Europeia, os Estados Unidos e o Brasil.

Diante da nova situação, o legislador constituinte optou por imunizar de ICMS todas as exportações de mercadorias e serviços (nenhum destes era imune), de forma que o art. 155, § 2º, X, *a*, da CF/1988, passou a prever que o ICMS não incidiria sobre "operações que destinem **mercadorias** ao exterior, nem sobre **serviços prestados a destinatários no exterior**, assegurada a manutenção e o aproveitamento do montante do imposto cobrado nas operações e prestações anteriores". O objetivo era o de desonerar as exportações de modo amplo.

Uma situação, contudo, gerou controvérsias. Imagine-se, por exemplo, que empresa situada no Município de Campina Grande, no interior do Estado da Paraíba, deseje exportar artesanato têxtil para a Europa, utilizando-se, para tanto, do Porto de Suape, no Estado de Pernambuco. Para realizar o deslocamento das mercadorias até o litoral pernambucano, a empresa campinense contrata uma transportadora, que se encarrega de realizar o trajeto. De acordo com a norma constitucional, as mercadorias seriam imunes ao ICMS, pois destinadas à exportação; porém o serviço de transporte interestadual, por ser prestado a uma empresa local (e não a destinatário no exterior), a rigor, não cumpriria os requisitos para desfrutar do mesmo benefício. Ocorre que, nesse caso, eventual tributo incidente sobre a prestação do serviço de transporte naturalmente integrará o preço do bem exportado, onerando, no fim das contas, a própria operação de exportação.

A solução para o problema foi dada pela Lei Complementar 87/1996 (Lei Kandir), cujo art. 3º, II, estipula a não incidência de ICMS sobre "operações e prestações que destinem ao exterior **mercadorias**, inclusive produtos primários e produtos industrializados semi-elaborados, ou **serviços**". Perceba-se que a expressão "operações" diz respeito à circulação de mercadorias, ao passo que o termo "prestações" se relaciona ao fornecimento de serviços.

Numa leitura apressada, poder-se-ia até pensar que o texto legal não vai além do que já está disposto na Constituição, mas, em relação à prestação de serviços, a Lei está redigida de forma consideravelmente mais ampla que a Carta Magna. Enquanto o art. 155, § 2º, X, *a*, da CF/1988 **imuniza** de ICMS somente os **serviços prestados a destinatários no exterior**, o art. 3º, II, da LC 87/1996, além de naturalmente reconhecer a não incidência sobre esses serviços já imunizados, concede **isenção** a todos os outros tipos de **prestações que destinem mercadorias e serviços ao exterior**.

O art. 3º, II, da LC 87/1996 está em plena consonância com a ordem constitucional, pois o art. 155, § 2º, XII, *e*, da CF/1988 expressamente permite que, nas exportações para o exterior, lei complementar exclua da incidência do ICMS outros produtos e serviços além dos mencionados no inciso X, *a*, daquele mesmo artigo. Tecnicamente, estando tal exclusão prevista somente na lei, não deveria o caso ser tratado como "não incidência", mas sim "isenção", conforme explicado no item 2.18.1 do Capítulo 2. No entando, como é essa a terminologia constante do texto constitucional, acabou sendo ela reproduzida tanto na LC 87/1996 quanto na jurisprudência pátria.

Adotando como fundamento o multicitado art. 3º, II, da Lei Kandir, o Superior Tribunal de Justiça firmou entendimento no sentido de que a desoneração tributária também deve alcançar o transporte interestadual de mercadorias destinadas ao exterior. Em paradigmático julgamento realizado em 2008, a Corte explicou que entender de modo diverso contrariaria o objetivo da LC 87/1996 e da própria CF/1988 de tornar os produtos brasileiros mais competitivos no mercado internacional, além de implicar "ofensa aos princípios da isonomia e do pacto federativo, na medida em que se privilegiaria empresas que se situam em cidades portuárias e trataria de forma desigual os diversos Estados que integram a Federação" (STJ, 1ª Seção, EREsp 710.260/RO, Rel. Min. Eliana Calmon, j. 27/02/2008, DJe 14/04/2008).

Após reiteradas decisões no mesmo sentido, o entendimento foi, em 2021, cristalizado na Súmula 649/STJ, redigida nos seguintes termos:

> **STF – Súmula 649** – "Não incide ICMS sobre o serviço de transporte interestadual de mercadorias destinadas ao exterior".

14.2.11.2 Combustíveis e lubrificantes derivados de petróleo e energia elétrica

A maneira tradicional como o Brasil sempre produziu a maior parte de sua energia elétrica (mediante a construção de hidrelétricas), bem como industrializou o petróleo extraído (construindo as refinarias em locais próximos ao de extração), exigiram uma diferente pactuação no que concerne à repartição do ICMS incidente sobre tais mercadorias.

Petróleo (e seus derivados) e energia elétrica são mercadorias produzidas por poucos Estados (aqueles em que estão localizados os rios e as reservas) e consumidas por todos.

Caso se seguisse para tais mercadorias a regra de que o ICMS incidente nas operações interestaduais pertenceria aos Estados de origem, haveria um sensível agravamento das desigualdades regionais, em prejuízo da maioria dos Estados que consomem, mas não produzem.

Ademais, é relevante ressaltar que os recursos explorados (potencial hidráulico e recursos do subsolo) pertencem à União Federal e que, mesmo assim, no pacto firmado durante os trabalhos da Assembleia Nacional Constituinte, ficou estabelecida a compensação aos entes federados em cujos territórios fossem feitas as explorações. A regra consta no § 1.º do art. 20 da CF/1988, nos termos abaixo transcritos (grifou-se):

> "Art. 20. (...)
>
> § 1.º É assegurada, nos termos da lei, aos Estados, ao Distrito Federal e aos Municípios, bem como a órgãos da administração direta da União, **participação no resultado da exploração de petróleo** ou gás natural, **de recursos hídricos para fins de geração de energia elétrica** e de outros recursos minerais no respectivo território, plataforma continental, mar territorial ou zona econômica exclusiva, **ou compensação financeira por essa exploração**".

Por tudo isso, **decidiu-se quanto a petróleo e seus derivados e energia elétrica que a regra seria oposta, de forma que, nas operações interestaduais, o produto da arrecadação iria caber ao Estado em que ocorresse o consumo.**

A operacionalização técnica da decisão política se concretizou mediante a concessão de imunidade às operações que destinem **a outros Estados** petróleo, inclusive lubrificantes, combustíveis líquidos e gasosos dele derivados, e energia elétrica (CF, art. 155, § 2.º, X, *b*).

A sistemática é bem simples e pode ser entendida com um exemplo.

A operação que destina energia elétrica da usina hidrelétrica de Itaipu/PR ao Estado de São Paulo (operação interestadual) é imune (caso contrário, a arrecadação ficaria no Paraná). Quando a Eletropaulo aliena energia elétrica ao consumidor domiciliado em São Paulo (operação interna), ocorre o fato gerador (a operação não é imune), e o produto da arrecadação fica nesse Estado, visto que nele ocorrerá o consumo.

A regra foi criada para beneficiar os Estados (e o Distrito Federal) em que ocorre o consumo de energia elétrica e derivados de petróleo, e não para os consumidores dessas mercadorias.

Tentando usar a norma imunizante com o objetivo único de frustrar a incidência do imposto, vários consumidores de combustíveis derivados de petróleo passaram a adquirir a mercadoria de outros Estados (forçando artificiosamente uma operação interestadual imune). No Estado em que situados os adquirentes, estes consumiam o combustível, de forma a não acontecer circulação interna da mercadoria (operação intraestadual, que configuraria fato gerador do imposto). Nesses casos, se aplicada a literalidade da regra imunizante ora estudada, nem o Estado de origem, nem o de destino receberia o ICMS. O de origem não receberia, pois a operação interestadual seria imune; o de destino também nada arrecadaria, pois nenhuma operação interna ocorreria no seu território.

A literal e acrítica interpretação da regra imunizante em estudo, nos termos acima explanados, levaria a dois nefastos resultados.

Em primeiro lugar, restaria impedida a realização do próprio objetivo que justificou a criação da imunidade, qual seja, o de repartir a arrecadação do ICMS incidente sobre as citadas mercadorias entre os Estados consumidores. Seria uma afronta à diretriz da máxima efetividade, que determina que um dispositivo constitucional deve ser interpretado da forma que lhe confira mais eficácia.

Em segundo lugar, haveria a tendência a um absurdo da logística, pois todos os consumidores que tivessem condições de fazê-lo prefeririam adquirir seus combustíveis nos Estados vizinhos, o que geraria circulação desnecessária de veículos transportadores (desgastando rodovias e agravando problemas ambientais) e diminuiria a arrecadação de todos os Estados, do DF e dos Municípios (que são contemplados com uma cota-parte do ICMS estadual).

Visando a evitar tais distorções foi criado um aparato normativo composto por convênios, normas estaduais e distritais e, principalmente, pela importante previsão constante do art. 2º, § 1º, III, da Lei Complementar 87/1996, transcrito a seguir:

> "§ 1.º O imposto **incide** também:
>
> (...)
>
> III – sobre a entrada, no território do Estado destinatário, de petróleo, inclusive lubrificantes e combustíveis líquidos e gasosos dele derivados, e de energia elétrica, quando **não destinados à comercialização ou à industrialização**, decorrentes de operações interestaduais, cabendo o imposto ao Estado onde estiver localizado o adquirente".

Fica fácil perceber que a questão crucial reside em se diferenciar os casos em que o derivado de petróleo é destinado a um outro Estado para ser utilizado na **industrialização ou comercialização** (hipóteses em que novo fato gerador ocorrerá, garantindo que o tributo será pago no Estado destino) daqueles em que a mercadoria é destinada ao **consumo** (casos em que a ausência de fato gerador no destino transformaria a aplicação literal da regra imunizante num absurdo benefício para o adquirente). Foi esse o panorama que justificou a solução adotada pelo mencionado dispositivo legal.

No âmbito do STF, a solução foi considerada adequada, conforme se pode extrair do seguinte excerto:

> "ICMS. Lubrificantes e combustíveis líquidos e gasosos, derivados do petróleo. Operações interestaduais. Imunidade do art. 155, § 2.º, X, *b*, da CF. **Benefício fiscal que não foi instituído em prol do consumidor, mas do Estado de destino dos produtos em causa, ao qual caberá, em sua totalidade, o ICMS sobre eles incidente, desde a remessa até o consumo**. Consequente descabimento das teses da imunidade e da inconstitucionalidade dos textos legais, com que a empresa consumidora dos produtos em causa pretendeu obviar, no caso, a exigência tributária do Estado de São Paulo" (STF, Pleno, RE 198.088/SP, Rel. Min. Ilmar Galvão, j. 17.05.2000, *DJ* 05.09.2003, p. 32).

No tocante à tributação de energia elétrica, existe uma peculiaridade na cadeia de produção e circulação que torna as disposições do art. 2º, § 1º, III, da Lei Complementar 87/1996 insuficientes para disciplinar adequadamente a matéria. É que, na cadeia de produção/circulação de energia elétrica, a ocorrência de novo fato gerador no Estado destinatário somente é garantida nos casos em que figure como adquirente da operação interestadual um distribuidor, que revenderá a energia adquirida, numa operação interna (tributada). Quando o adquirente é um industrial que irá consumir a energia elétrica no seu processo produtivo, a imunidade não pode ser aplicada, sob pena de beneficiar o adquirente, e não o Estado de destino, como desejado pelo legislador constituinte.

Em 2020, o STF enfrentou a questão ao julgar o RE 748.543/RS, que tratava de uma autuação realizada pelo Fisco gaúcho cobrando o ICMS incidente na venda de energia elétrica por empresa domiciliada no Paraná a uma indústria situada no Rio Grande do Sul, que a consumia em seu processo produtivo. O Tribunal, adotando o entendimento aqui esposado, manteve a autuação gaúcha e firmou a seguinte tese:

> "Segundo o artigo 155, § 2º, X, b, da CF/1988, cabe ao **Estado de destino**, em sua totalidade, o ICMS sobre a operação interestadual de fornecimento de energia elétrica a **consumidor final**, para emprego em processo de industrialização, não podendo o Estado de origem cobrar o referido imposto" (STF, Pleno, RE 748.543/RS, Rel. Min. Marco Aurélio, Rel. p/ Acórdão Min. Alexandre de Moraes, j. 05/08/2020, DJe. 09/09/2020).

Ressalte-se que, segundo o STF, a imunidade ora analisada não se aplica a todo e qualquer derivado de petróleo, mas somente aos combustíveis líquidos e gasosos e lubrificantes. A Corte refutou a tese de que o fato de o polietileno ser derivado do petróleo e de ser elemento para a fabricação de sacos de matéria plástica tornaria estes imunes (AI 199.516-AgR, Rel. Min. Moreira Alves).

14.2.11.3 Outras imunidades

O ICMS não incide sobre os **livros, jornais, periódicos e o papel destinado a sua impressão** (CF, art. 150, VI, *d*). Para um aprofundamento sobre tal imunidade, recomenda-se a leitura do Capítulo 2, item 2.18.4.4.

Segundo o art. 155, § 2.º, X, *c*, também não incide ICMS sobre **o ouro, quando definido em lei como ativo financeiro ou instrumento cambial**. A regra é mera reafirmação do que consta no art. 153, § 5.º, da CF/1988, que impede que incida sobre o ouro em tal situação qualquer tributo salvo o IOF devido na operação de origem, conforme detalhado no item. 13.5 do Capítulo 13.

Por fim, conforme comentado no item 14.2.2, nos termos do art. 155, § 2.º, X, *d*, da CF/1988, não incidirá ICMS nas prestações de serviço de comunicação nas modalidades de radiodifusão sonora e de sons e imagens de recepção livre e gratuita.

14.2.12 ICMS sobre combustíveis e lubrificantes

Com o advento da Emenda Constitucional 33/2001, a cobrança de ICMS sobre combustíveis e lubrificantes foi completamente alterada.

Previu-se caber à lei complementar definir os combustíveis e lubrificantes sobre os quais o imposto incidirá uma única vez, qualquer que seja a sua finalidade, hipótese em que não se aplicará a imunidade tributária estudada no item 14.2.11.2 (CF, art. 155, § 2.º, XII, *h*).

Trata-se da **incidência monofásica** (em etapa única) do ICMS. O objetivo foi submeter a cobrança do tributo à sistemática **semelhante à substituição tributária para frente**, otimizando a utilização da mão de obra fiscal e diminuindo a possibilidade de sonegação. A grande diferença técnica é que **na substituição tributária progressiva, o tributo continua sendo plurifásico**, mas os valores referentes a todas as incidências tributárias são cobrados simultaneamente do substituto tributário, que paga como **contribuinte** o ICMS relativo a sua venda e, como **responsável**, recolhe antecipadamente os montantes referentes às operações subsequentes, conforme estudado no item 6.4.2. **Já na sistemática monofásica, a mercadoria é submetida única incidência**, mas normalmente as alíquotas e bases de cálculo são fixadas de forma a permitir que a arrecadação seja ao menos equivalente ao total que seria carreado aos cofres públicos no sistema plurifásico de tributação.

O grande problema da Emenda foi prever que, no caso de definição do combustível ou lubrificante como sujeito à incidência monofásica do ICMS, não se aplicaria a imunidade prevista para os derivados de petróleo, prevista no art. 155, §, 2.º, X, *b*, da Magna Carta.

Pairava sobre a Emenda forte suspeita de inconstitucionalidade, dado que a imunidade de tais mercadorias tinha por objetivo distribuir a renda oriunda do tributo que mais arrecada no Brasil, sendo, por isso, importante regra protetiva da autonomia financeira dos Estados, corolário do pacto federativo, imunizado constitucionalmente.

Entretanto, o legislador constituinte derivado tomou o cuidado de estabelecer que, mesmo no caso de a cobrança do ICMS ser feita em etapa única, em se tratando de combustíveis e lubrificantes derivados de petróleo, a totalidade do imposto caberá ao Estado onde ocorrerá o consumo (CF, art. 155, § 4.º, I).

Assim, mudou-se apenas a técnica de tributação, mas o objetivo do legislador constituinte originário (repartir a arrecadação) manteve-se intacto, o que garante a constitucionalidade da Emenda.

Antes da EC 33/2001, a saída de gasolina da Bahia para Pernambuco era imune, em virtude de a operação ser interestadual. Quando o combustível era comercializado em Pernambuco, o tributo incidia e a arrecadação ficava nesse Estado, porque a operação era interna.

Com as novas regras, sendo a gasolina definida pela LC 192/2022 como sujeita à incidência monofásica do ICMS, a saída do combustível da Bahia para Pernambuco é tributada em etapa única, sendo o produto da arrecadação direcionado integralmente para Pernambuco.

Não há, portanto, qualquer arranhão ao pacto federativo. A Emenda, quanto a este ponto, é constitucional.

Da mesma forma, a nova sistemática garantiu que, **nas operações interestaduais com gás natural e seus derivados, e lubrificantes e combustíveis não derivados de petróleo – mercadorias que não faziam parte do pacto de repartição da arrecadação conforme o consumo** –, **seriam mantidos os critérios de repartição anteriores à EC 33/2001.**

Por conseguinte, **se o destinatário também é contribuinte, o imposto será repartido entre os Estados de origem e de destino**, mantendo-se a mesma proporcionalidade que ocorre nas operações com as demais mercadorias. **Se o destinatário não é contribuinte, o imposto caberá ao Estado de origem** (CF/1988, art. 155, § 4.º, II e III), sistemática diferente daquela que foi estudada no item 14.2.6 deste Capítulo.

No que concerne ao ICMS monofásico sobre combustíveis e lubrificantes, a EC 33/2001 ainda trouxe outras regras – incluídas no art. 155, § 4.º, IV –, segundo as quais as alíquotas do imposto:

a) *Serão definidas mediante deliberação dos Estados e Distrito Federal, nos termos do § 2.º, XII,* g (convênios do CONFAZ). As alíquotas configuram, portanto, exceção à legalidade, pois são fixadas diretamente por convênio, ato não legislativo. A matéria foi detalhada no item 2.5.2 do Capítulo 2;

b) *Serão uniformes em todo o território nacional, podendo ser diferenciadas por produto.* Assim, as alíquotas da gasolina serão uniformes em todo o território nacional, mas podem ser diferentes das alíquotas do álcool combustível.

c) *Poderão ser específicas, por unidade de medida adotada ou* ad valorem, *incidindo sobre o valor da operação ou sobre o preço que o produto ou seu similar alcançaria em uma venda em condições de livre concorrência.* Dessa forma, pode-se estipular como alíquota um valor em reais por unidade de medida (centavos por litro, por exemplo), caso em que a alíquota é específica. Também se pode estipular como alíquota determinado percentual a incidir sobre a base de cálculo indicada, caso em que a alíquota é *ad valorem*.

d) *Poderão ser reduzidas e restabelecidas, não se lhes aplicando o disposto no art. 150, III,* b. Conforme já se analisou no item 2.7.2.1 do Capítulo 2, a regra acaba por criar mais uma exceção ao princípio da anterioridade, no caso de restabelecimento de alíquota. Ressalte-se que se a alíquota for elevada a um patamar superior ao que originariamente firmado, deve obedecer à anterioridade. Além disso, é importante perceber que não se excetuou o princípio da noventena, que deve ser observado mesmo em caso de mero restabelecimento.

Além dessas regras, acrescentando um § 5.º ao art. 155 da CF/1988, a EC 33/2001 inovou ao conceder poder regulamentar ao CONFAZ, quando estipulou que "as regras necessárias à aplicação do disposto no § 4.º, inclusive as relativas à apuração e à destinação do imposto, serão estabelecidas mediante deliberação dos Estados e do Distrito Federal, nos termos do § 2.º, XII, *g*".

A implementação da sistemática somente se tornou possível, **e exclusivamente quanto a combustíveis**, em 2022, com a edição da Lei Complementar 192/2022, que previu como submetidos ao regime de tributação monofásica do ICMS: a) gasolina e etanol anidro combustível; b) diesel e biodiesel; e c) gás liquefeito de petróleo, inclusive o derivado do gás natural. Apesar da previsão constitucional, **a Lei não definiu qualquer lubrificante como sujeito à tributação monofásica do imposto.**

Dentre outras regras relativas ao novo modelo, a LC 192/2022 previu que as alíquotas seriam **necessariamente específicas (*ad rem*)**, por unidade de medida adotada (art. 3º, V, *b*). Ao que parece, nesse ponto a previsão é inconstitucional, pois retira do CONFAZ a possibilidade de optar entre a alíquota *ad valorem* e a específica (*ad rem*), o que lhe é expressamente garantido pelo art. 155, § 4º, IV, *b*, da Constituição. Nas provas de concurso público, contudo, até que haja manifestação do STF, deve-se presumir como constitucional a previsão legal.

14.2.13 Concessão de benefícios fiscais de ICMS

Conforme já estudado no Capítulo 2, item 2.12, a concessão e revogação de benefícios fiscais de ICMS depende, como regra (ver exceção no tópico citado), de **prévia deliberação conjunta dos Estados e do Distrito Federal** – conforme regulado em lei complementar (CF, art. 155, § 2º, XII, *g*) – e de aprovação legislativa (ADI 5.929/DF).

A deliberação é tomada no âmbito do CONFAZ, conforme detalhado no item indicado.

14.2.14 Fatos geradores

A Lei Complementar 87/1996 não define os fatos geradores do ICMS, mas, no seu art. 2.º, enumera os fatos em que o legislador estadual pode atuar tipificando as hipóteses de incidência. A maioria das situações já foi analisada nos itens anteriores, restando fazer alguns comentários sobre pontos específicos.

A Magna Carta, no seu art. 155, II, refere-se a **operações** relativas à **circulação** de mercadorias. A dúvida fundamental é a seguinte: basta a circulação física da mercadoria (**situação de fato**) para que se tenha por configurado o fato gerador do ICMS ou a presença do vocábulo "operações" no texto constitucional exige que a circulação se dê com título jurídico de transferência de propriedade da mercadoria (**situação jurídica**)?

As legislações estaduais, dentro das balizas traçadas pela Lei Complementar 87/1996, têm definido como um dos fatos geradores do ICMS **a saída da mercadoria do estabelecimento de contribuinte**. Além disso, a própria LC 87/1996 afirma, em seu art. 2.º, § 2º, que **a caracterização do fato gerador independe da natureza jurídica da operação que o constitua**.

A regra não pode ser levada ao extremo. E se a mercadoria for objeto de furto? E se, numa enxurrada, sair boiando? Os exemplos absurdos ajudam a perceber que, para a configuração do fato gerador do ICMS, deve haver título jurídico que justifique a saída. **Assim, a circulação deve ser jurídica, implicando transferência de propriedade**. Nos casos em que o título jurídico não implica a transferência de propriedade, como na **locação** e no **comodato** (empréstimo gratuito de coisas não fungíveis), não há fato gerador do ICMS. No que concerne ao comodato, o STF editou a seguinte Súmula:

> **STF – Súmula 573 –** "Não constitui fato gerador do imposto de circulação de mercadorias a saída física de máquinas, utensílios e implementos a título de comodato".

Outra questão que gerou bastante controvérsia foi a possibilidade de considerar como fato gerador do imposto **o simples deslocamento de mercadorias entre estabelecimentos do mesmo contribuinte**, visto que a legislação do ICMS (LC 87/1996, art. 11, § 3º, II), assim como a do IPI (CTN, art. 51, parágrafo único), adotou o **princípio da autonomia dos estabelecimentos**.

Em termos legais, no tocante ao ICMS, a questão da incidência na circulação interna (entre estabelecimentos da empresa) era estabelecida no art. 12, I, da LC 87/1996, que considerava ocorrido o fato gerador do imposto no momento "da saída de mercadoria de estabelecimento de contribuinte, **ainda que para outro estabelecimento do mesmo titular**".

Com o advento da LC 204/2023, o dispositivo foi alterado, não mais mencionando haver incidência quando da saída da mercadoria "para outro estabelecimento do mesmo titular". Para os defensores da incidência nesses casos, ela seria essencial para a correta aplicação do princípio da não cumulatividade e **não geraria maior ônus tributário aos contribuintes**, pois, quando a mercadoria sai do estabelecimento de origem, este registra um débito cujo valor é exatamente igual ao crédito a ser registrado no destino, de forma que, para a pessoa jurídica como um todo, o ônus seria nulo.

Além disso, a incidência garantiria a possibilidade de os créditos do primeiro estabelecimento serem escoados para uso do estabelecimento subsequente, que será responsável pela prática do próximo fato gerador na cadeia produtiva e, portanto, precisará usar tais créditos para fazer valer a previsão constitucional da não cumulatividade. Essa possibilidade seria fundamental, sobretudo nos casos de estabelecimentos localizados em Estados diferentes (ou naqueles em que um está situado num Estado, e outro, no DF), pois, caso contrário, o Estado de destino poderia, com base no art. 155, § 2º, II, "a", da CF/1988, alegar que, em não tendo havido a incidência, não haveria que se falar em crédito do estabelecimento de destino.

No âmbito judicial, contudo, **a possibilidade de incidência na circulação interna de mercadorias foi histórica e severamente rechaçada**, sob o fundamento de que os estabelecimentos do mesmo contribuinte são órgãos de uma mesma pessoa, não havendo mudança de titularidade no deslocamento de mercadorias entre eles.

Nos termos da tese prevalente, da mesma forma que ocorre com a circulação somente **física**, também não configura fato gerador do tributo a circulação meramente **econômica**, que é aquela decorrente do impulsionamento da mercadoria na sua cadeia produtiva, da fonte produtora até o consumidor final, quando essa movimentação se dá entre estabelecimentos da mesma empresa. Em suma, **somente a circulação jurídica, realizada entre pessoas distintas, com mudança de titularidade da mercadoria circulada, configura o fato gerador do imposto.**

Seguindo exatamente essa linha de raciocínio, o STJ sumulou seu entendimento nos seguintes termos:

> **STJ – Súmula 166 –** "Não constitui fato gerador do ICMS o simples deslocamento de mercadoria de um para outro estabelecimento do mesmo contribuinte".

Ainda que os estabelecimentos de origem e destino se situem em **Estados distintos da Federação**, a conclusão pela **não incidência** é mantida, apesar de ter sido bastante comum a exigência indevida do imposto pelo Estado de origem. Para o STJ, nessas hipóteses, caso o contribuinte pague o valor indevidamente exigido e posteriormente venha a buscar judicialmente a restituição, **não lhe será necessário o preenchimento dos requisitos previstos no art. 166 do CTN** (comprovar haver assumido o encargo do tributo ou estar autorizado por quem o assumiu, conforme explicado no item 9.1.1.7.1 do Capítulo 9). A mera transferência entre filiais não se confunde com comercialização, de forma que, nesse estágio da cadeia comercial, o comerciante continua proprietário da mercadoria, sendo possível concluir que o repasse do encargo financeiro para terceiro somente ocorrerá em operação futura e incerta, ou seja, se e quando se verificar uma efetiva venda (AREsp 581.679/RS).

Em 2021, foi a vez do Supremo Tribunal Federal se debruçar sobre o tema e chegar à mesma conclusão que o STJ. Pela relevância do julgado, transcreve-se abaixo seu excerto mais relevante (ADC 49/RN):

> "2. O deslocamento de mercadorias entre estabelecimentos do mesmo titular não configura fato gerador da incidência de ICMS, ainda que se trate de circulação interestadual. Precedentes.
>
> 3. A hipótese de incidência do tributo é a operação jurídica praticada por comerciante que acarrete circulação de mercadoria e transmissão de sua titularidade ao consumidor final.
>
> 4. Ação declaratória julgada improcedente, declarando a inconstitucionalidade dos artigos 11, §3º, II, 12, I, no trecho "ainda que para outro estabelecimento do mesmo titular", e 13, §4º, da Lei Complementar Federal n. 87, de 13 de setembro de 1996."

O artigo 11, § 3º, II, declarado inconstitucional, é o que afirmava ser "autônomo cada estabelecimento do mesmo titular". Importante perceber que o reconhecimento da nulidade de tal autonomia foi realizada no contexto da análise da constitucionalidade da previsão de incidência na circulação entre estabelecimentos da mesma pessoa jurídica. A melhor técnica recomendaria que a declaração de inconstitucionalidade fosse realizada de forma parcial, sem redução de texto, excluindo apenas a incidência na circulação interna de mercadoria. Há de se reconhecer que a autonomia dos estabelecimentos ainda remanesce como princípio aplicável a diversas outras situações. Não seria possível imaginar, por exemplo, afastar a autonomia ao ponto de se gerar uma verdadeira confusão entre obrigações, inclusive acessórias, de estabelecimentos situados em distintas unidades federadas.

No entanto, para efeito de provas de concurso público, devem ser consideradas verdadeiras assertivas que simplesmente afirmem que **o STF considerou inconstitucional a regra da autonomia dos estabelecimentos prevista no art. 11, § 3º, II, da LC 87/1996**.

Diante do entendimento uníssono do STJ e do STF, nas edições anteriores desta obra, destacou-se a premente necessidade de se disciplinar em lei complementar um **mecanismo de escoamento do crédito entre os estabelecimentos**, principalmente nos casos em que eles se encontrem em Estados distintos (ou um num Estado, e outro, no DF).

Finalmente, em 29 de dezembro de 2023, o problema foi resolvido com a publicação da LC 204/2023, que incluiu um § 4º no art. 12 da LC 87/1996.

Em primeiro lugar, o novo dispositivo finalmente atesta a não incidência do ICMS na saída de mercadoria de estabelecimento para outro de mesma titularidade. Logo a seguir, visando a evitar eventual exercício da tentação de algum Estado ou do DF de determinar a anulação, pelo contribuinte, dos créditos relativos às operações anteriores (com base no art. 155, § 2º, II, "b", da CRFB), o dispositivo atesta o direito de os contribuintes mantê-los.

Já no tocante às transferências interestaduais destinadas a estabelecimento de mesma titularidade, o novo dispositivo estabeleceu, como não poderia deixar de fazer, a transferência do crédito para uso na unidade federada de destino. Apesar da não incidência do ICMS na operação, a alíquota interestadual será aplicada sobre o valor atribuído à transferência exclusivamente para determinar o **limite do crédito passível de utilização** na unidade federada de destino (LC 87/1996, art. 12, § 4º, I).

Na hipótese de o valor de crédito assim assegurado na unidade federada de destino ser inferior aos créditos de que dispunha o contribuinte no Estado (ou no DF) de origem (por conta de suas operações e prestações anteriores), **caberá a esta unidade garantir a manutenção e utilização da diferença** (LC 87/1996, art. 12, § 4º, II).

Por fim, convém registrar que a ausência de transferência de titularidade também foi um dos argumentos utilizados pelo STF para, na ADI 5.481/RJ, considerar **inconstitucionais leis locais que previam a incidência de ICMS sobre operações de extração de petróleo e de circulação de petróleo dos poços de extração até a empresa concessionária**.

A chave para a compreensão da tese é a percepção de que, por força do art. 176, *caput*, da CF/1988, apesar de as jazidas e demais recursos minerais pertencerem à União, garante-se ao concessionário a propriedade do produto da lavra. Em suma, a jazida é bem jurídico diverso do produto de sua lavra.

Uma vez extraído o petróleo, o concessionário (ou contratado) o adquire de modo originário, não havendo de se falar em transferência de propriedade da União e, por conseguinte, não se configurando hipótese de incidência de ICMS. Pela mesma razão, esta também é afastada na operação de circulação do petróleo do poço de extração até a empresa concessionária, já que há mero deslocamento dentro da mesma pessoa jurídica.

14.2.15 Bases de cálculo

Conforme já analisado, a base de cálculo do ICMS compreende o próprio montante do tributo (AI 319.670-AgR, Rel. Min. Cezar Peluso, Informativo 405). A regra é válida para todos os casos, inclusive em se tratando de importações (CF, art. 155, § 2.º, XII, *i*).

Dessa forma, a alíquota efetiva do ICMS acaba por ser maior que a nominal, uma vez que o tributo incide sobre seu próprio valor.

A título de exemplo, se uma mercadoria foi vendida ao valor de RS 10.000,00, com uma alíquota de ICMS de 20%, o valor do tributo é de R$ 2.000,00, já embutidos no preço (imposto "por dentro"). Por conseguinte, é correto afirmar que o ICMS incidiu sobre a soma do valor pertencente ao comerciante (R$ 8.000,00) com o montante do próprio tributo (R$ 2.000,00). Repare-se que, se o tributo fosse calculado exclusivamente sobre o "custo", seria de apenas RS 1.600,00 (20% x R$ 8.000,00). Assim, a alíquota nominal de 20% corresponde um percentual efetivo de 25% (25% x RS 8.000,00 = R$ 2.000,00).

Segundo o art. 155, § 2.º, XI, da CF/1988, o ICMS **não compreenderá, em sua base de cálculo, o montante do imposto sobre produtos industrializados, quando a operação, realizada entre contribuintes e relativa a produto destinado à industrialização ou à comercialização, configure fato gerador dos dois impostos**.

Quando uma alienação é feita por uma indústria para um comerciante (operação entre contribuintes do ICMS), ocorre o fato gerador do ICMS e do IPI. Nesse caso, a base de cálculo do ICMS não compreende o montante do IPI.

A título de exemplo, se o valor do produto é R$ 20.000,00 e a alíquota do IPI é de 10%, o montante cobrado do adquirente será de R$ 22.000,00, pois, ao contrário do ICMS, o IPI é calculado "por fora", não estando embutido no preço. Como a operação é entre contribuintes do ICMS, a base de cálculo do imposto não incluirá o montante do IPI, de forma que o ICMS, supondo-se a alíquota de 20%, será de R$ 4.000,00, já incluídos no preço pago.

Quando o adquirente não é contribuinte do ICMS (consumidor final ou empresa exclusivamente prestadora de serviços, por exemplo), o IPI faz parte da base de cálculo do ICMS. Mantidos os valores do exemplo anterior, o ICMS compreenderia, na sua base de cálculo, o montante do IPI, de forma que o valor a ser recolhido seria de R$ 4.400,00 (20% x R$ 22.000,00).

A Lei Complementar 87/1996, nos seus arts. 13 a 18, detalha as diversas regras relativas às bases de cálculo do ICMS. No art. 8.º da mesma

Lei, são definidas as regras aplicáveis aos regimes de substituição tributária regressiva (inciso I) e progressiva (inciso II). Recomenda-se a leitura atenta a quem porventura for se submeter aos concursos que cobrem a legislação específica.

14.2.16 Contribuintes

A definição dos contribuintes do ICMS encontra-se no art. 4.º da LC 87/1996, nos seguintes termos (grifou-se):

> "Art. 4.º Contribuinte é qualquer pessoa, física ou jurídica, que realize, **com habitualidade *ou* em volume que caracterize intuito comercial**, operações de circulação de mercadoria ou prestações de serviços de transporte interestadual e intermunicipal e de comunicação, ainda que as operações e as prestações se iniciem no exterior.
>
> § 1º É também contribuinte a pessoa física ou jurídica que, mesmo sem habitualidade ou intuito comercial:
>
> I – importe mercadorias ou bens do exterior, qualquer que seja a sua finalidade;
>
> II – seja destinatária de serviço prestado no exterior ou cuja prestação se tenha iniciado no exterior;
>
> III – adquira em licitação mercadorias ou bens apreendidos ou abandonados;
>
> IV – adquira lubrificantes e combustíveis líquidos e gasosos derivados de petróleo e energia elétrica oriundos de outro Estado, quando não destinados à comercialização ou à industrialização".
>
> § 2º É ainda contribuinte do imposto nas operações ou prestações que destinem mercadorias, bens e serviços a consumidor final domiciliado ou estabelecido em outro Estado, em relação à diferença entre a alíquota interna do Estado de destino e a alíquota interestadual:
>
> I - o destinatário da mercadoria, bem ou serviço, na hipótese de contribuinte do imposto;
>
> II - o remetente da mercadoria ou bem ou o prestador de serviço, na hipótese de o destinatário não ser contribuinte do imposto.

Conforme já estudado, é necessária a habitualidade ou a realização de operações em volume que caracterize intuito comercial para que os bens sejam considerados mercadorias e, por conseguinte, o alienante seja considerado contribuinte do imposto. Caso contrário, a alienação será considerada esporádica, e o vendedor será tido por "alienante comum", não contribuinte do imposto, como no exemplo do particular que aliena seu veículo com o intuito de comprar um outro.

Os incisos do dispositivo tratam de situações em que a condição de contribuinte independe dos requisitos do *caput* (habitualidade ou volume que caracterize interesse comercial).

Assim, como já explicado no item 14.2.7, na importação, o ICMS incide sobre "bem ou mercadoria importados do exterior por pessoa física ou jurídica, **ainda que não seja contribuinte habitual do imposto, qualquer que seja a sua finalidade**".

Da mesma forma, quem arremata um bem apreendido ou abandonado em procedimento licitatório na modalidade leilão (como aqueles costumeiramente realizados pela Receita Federal) é contribuinte do ICMS, mesmo que a operação seja esporádica e sem intuito de comercialização posterior do bem adquirido.

Quanto à tributação dos lubrificantes e combustíveis líquidos e gasosos derivados de petróleo e energia elétrica oriundos de outro Estado, ver item 14.2.11.2.

14.2.17 Lançamento

O ICMS é lançado **por homologação**, pois é o próprio sujeito passivo que, a cada período de tempo determinado na lei, respeitando a sistemática de débitos e créditos, calcula o valor do imposto devido e antecipa o pagamento sem prévio exame da autoridade administrativa, cabendo a esta verificar a correção do procedimento e, se for o caso, homologá-lo, podendo, ainda, lançar **de ofício** as diferenças porventura devidas.

14.2.18 Visão geral do imposto

	Imposto sobre a Circulação de Mercadorias e prestação de Serviços – ICMS
Função predominante	Fiscal
Princípio da legalidade	Admite exceção no caso da incidência monofásica sobre combustíveis definidos em lei complementar (a alíquota é fixada por convênio)
Princípio da anterioridade	Está sujeito, salvo o restabelecimento das alíquotas no caso da incidência monofásica sobre combustíveis definidos em lei complementar
Princípio da noventena	Está sujeito

Fato gerador	– operações relativas à circulação de mercadorias, inclusive o fornecimento de alimentação e bebidas em bares, restaurantes e estabelecimentos similares; – prestações de serviços de transporte interestadual e intermunicipal, por qualquer via, de pessoas, bens, mercadorias ou valores; – prestações onerosas de serviços de comunicação, por qualquer meio, inclusive a geração, a emissão, a recepção, a transmissão, a retransmissão, a repetição e a ampliação de comunicação de qualquer natureza; – fornecimento de mercadorias com prestação de serviços não compreendidos na competência tributária dos Municípios; – fornecimento de mercadorias com prestação de serviços sujeitos ao imposto sobre serviços, de competência dos Municípios, quando a lei complementar aplicável expressamente o sujeitar à incidência do imposto estadual. – sobre a entrada de mercadoria ou bem importados do exterior, por pessoa física ou jurídica, ainda que não seja contribuinte habitual do imposto, qualquer que seja a sua finalidade; – sobre o serviço prestado no exterior ou cuja prestação se tenha iniciado no exterior; – sobre a entrada, no território do Estado destinatário, de petróleo, inclusive lubrificantes e combustíveis líquidos e gasosos dele derivados, e de energia elétrica, quando não destinados à comercialização ou à industrialização, decorrentes de operações interestaduais, cabendo o imposto ao Estado onde estiver localizado o adquirente.
Base de cálculo	É o valor da operação relativa à circulação da mercadoria, ou o preço do serviço respectivo
Contribuintes	É qualquer pessoa, física ou jurídica, que realize, com habitualidade ou em volume que caracterize intuito comercial, operações de circulação de mercadoria ou prestações de serviços de transporte interestadual e intermunicipal e de comunicação, ainda que as operações e as prestações se iniciem no exterior. É também contribuinte a pessoa física ou jurídica que, mesmo sem habitualidade ou intuito comercial: importe mercadorias ou bens do exterior, qualquer que seja a sua finalidade; seja destinatária de serviço prestado no exterior ou cuja prestação se tenha iniciado no exterior; adquira em licitação mercadorias ou bens apreendidos ou abandonados; adquira lubrificantes e combustíveis líquidos e gasosos derivados de petróleo e energia elétrica oriundos de outro Estado, quando não destinados à comercialização ou à industrialização.
Lançamento	Por homologação
Cumulação de impostos	Pode ser cobrado em conjunto com o II e o IPI. No caso de mercadoria fornecida em conjunto com prestação de serviços, é possível a cobrança conjunta de ICMS e ISS desde que o serviço esteja previsto na LC 116/2003, **com** ressalva de cobrança do ICMS
Características principais	Seletividade (opcional) e não cumulatividade (obrigatória)

14.3 IMPOSTO SOBRE A PROPRIEDADE DE VEÍCULOS AUTOMOTORES – IPVA

O Imposto sobre a Propriedade de Veículos Automotores – IPVA somente foi previsto na Constituição Federal de 1967. Por conseguinte, não é feita qualquer menção ao tributo no Código Tributário Nacional, editado um ano antes.

Diante da falta de normas gerais editadas pela União, no que concerne ao IPVA, o STF entende que os Estados podem exercer a competência legislativa plena, conforme dispõe o art. 24, § 3.º, da CF/1988 (AgRg 167.777/SP e RE 191.703 AgR/SP).

Trata-se de tributo com finalidade marcantemente **fiscal**, pois tributa uma manifestação de riqueza do contribuinte com o objetivo de carrear recursos para os cofres públicos estaduais.

14.3.1 Disposições constitucionais sobre o IPVA

Após o advento da Emenda Constitucional 42/2003, a Constituição Federal passou a prever duas importantes regras a respeito do IPVA.

A primeira afirma que o imposto **terá alíquotas mínimas fixadas pelo Senado Federal** (CF, art. 155, § 6.º, I). A regra é impositiva, devendo o Órgão legislativo adotar as providências para o cumprimento do mandamento constitucional.

Novamente aqui se atribui ao Senado Federal o papel de foro para uma discussão cujo objetivo é evitar a guerra fiscal (ou minorar-lhe os efeitos).

O problema se verificava quando alguns Estados diminuíam exageradamente as alíquotas do imposto, para atrair proprietários de veículos domiciliados em outros Estados. A diminuição da alíquota era compensada pelo aumento do número de veículos licenciados, em detrimento dos demais Estados, para os quais a única alternativa viável era entrar na guerra e diminuir suas próprias alíquotas.

A segunda regra decorrente da EC 42/2003 foi a previsão de que o IPVA poderá ter alíquotas diferenciadas em função do tipo e utilização do veículo. Isso permite, por exemplo, que sejam estipuladas alíquotas diferentes para veículos utilitários e de passeio (variação quanto ao tipo). Também podem ser criadas alíquotas menores para veículos de aluguel (táxi) e de transporte escolar, e maiores para veículos particulares (variação quanto à utilização).

Posteriormente, a EC 132/2023 (Reforma Tributária), alterando o art. 155, § 6º, II, da CRFB/1988, ampliou as hipóteses em que o legislador local pode estabelecer alíquotas diferenciadas de IPVA (**seletividade de alíquotas**), autorizando variações de acordo com o **valor** e com o **impacto ambiental** do veículo.

A tributação diferenciada de acordo com o valor, apesar de não haver sido expressamente denominada "progressividade", certamente dessa forma será operacionalizada. A autorização parte da presunção de que, como regra, os veículos de maior valor pertencem a pessoas de maior capacidade econômica, de modo que a instituição de uma progressividade do IPVA com base nesse parâmetro configura clara homenagem ao **princípio da capacidade contributiva**, corolário do **princípio da isonomia**.

Já a seletividade das alíquotas de acordo com o impacto ambiental está no contexto da previsão expressa da **defesa do meio ambiente** como um dos princípios que devem nortear o Sistema Tributário Nacional. Nesse contexto, visando a contribuir concretamente para uma economia ambientalmente sustentável, a EC 132/2023 previu algumas regras de estímulo à redução das emissões de carbono (p. ex., no art. 159-A, § 2º, e no art. 225, § 1º, VIII). Tal objetivo também motivou a diferenciação de alíquotas ora estudada, o que, mesmo antes da Emenda, já vinha sendo feito por diversos Estados, afinal, a proteção ao meio ambiente não se tornou princípio constitucional somente a partir da Reforma Tributária.

De qualquer forma, apesar de infelizmente não estabelecer obrigatoriedade de adoção da técnica, a regra passa a ser, a princípio, a estipulação de alíquotas menores (ou até isenções) para os veículos menos poluentes, o que deve beneficiar veículos elétricos e híbridos (considerando que a matriz energética brasileira ainda é predominantemente limpa), bem como os movidos a biocombustíveis.

O STF analisou interessante questão acerca de lei gaúcha que previu extensão de isenção do IPVA para veículos adquiridos por meio de **arrendamento mercantil** (*leasing*) e usados no **transporte individual de passageiros, na categoria aluguel, prestado por permissionários (taxistas)**. Na ADI 2.298/RS, argumentava-se que, no arrendamento mercantil – equivalente a um aluguel com opção de compra –, o veículo se mantém sob a propriedade do proprietário arrendante (instituição financeira, no caso do *leasing* financeiro), sendo o adquirente arrendatário mero possuidor, até que exerça – se vier a exercer – a opção de compra. Assim, a isenção concedida transfiguraria o fato gerador do tributo (propriedade) e acabaria beneficiando a instituição financeira.

Na sua análise, o Ministro Relator Nunes Marques relembrou que a Constituição não impede que os impostos sobre o patrimônio incidam sobre situações distintas da propriedade plena e fez uma comparação com o ITR, que, segundo o art. 29 do CTN, tem como fato gerador a propriedade, o domínio útil ou a posse. Além disso, acresceu, citando lição do Ministro Sepúlveda Pertence, que no arrendamento mercantil o financiador descarrega sobre o financiado o ônus tributário, o que acabaria por onerar o taxista.

Nesse contexto, o STF, seguindo o voto do Relator e adotando a mesma linha defendida neste tópico, considerou que a isenção em questão fora conferida **em face do uso do veículo** na categoria aluguel prestado por permissionários (taxistas), estando, portanto, autorizada pelo art. 155, § 6º, II, da Constituição Federal. Além disso, mesmo se considerado concedido em favor da arrendante, o benefício favorece o arrendatário, em face da diminuição dos custos da operação financeira, o que concretiza o **princípio da isonomia** por privilegiar pessoa que em regra necessita de financiamento para exercer sua atividade laboral (ADI 2.298/RS).

Não obstante a autorização constitucional para variação da tributação de acordo com uso, tipo, valor e impacto ambiental do veículo, há um critério para diferenciação de alíquotas expressamente proibido, de acordo com precedentes do STF.

Não se pode tributar diferentemente veículos **nacionais e importados**, o que agrediria o princípio da não discriminação com base na procedência ou destino, previsto no art. 152 da CF/1988, bem como a **cláusula do tratamento nacional**, que prevê a equivalência de tratamento entre o produto importado, quando este ingressa regularmente no território nacional, e o produto similar nacional.

Para uma análise detalhada da matéria relativa à **cláusula do tratamento nacional**, prevista no Acordo Geral sobre Tarifas e Comércio – GATT, do qual o Brasil é signatário, recomenda-se a leitura do item 3.2.2.1.4 do Capítulo 3.

Por fim, é oportuno relembrar que, com o advento da Emenda Constitucional 41/2003, o IPVA ficou sujeito à noventena (anterioridade nonagesimal). Entretanto, por força do art. 150, § 1.º, da CF/1988, **as alterações da base de cálculo do tributo não estão sujeitas ao princípio.**

14.3.2 Fato gerador, base de cálculo e contribuintes do IPVA

Conforme visto no item 14.3, não há norma nacional definindo fato gerador, base de cálculo e contribuintes do IPVA, o que defere aos Estados o exercício da competência legislativa plena em tal matéria. Tal liberdade, no entanto, deve ser desfrutada dentro do razoável, não sendo possível que os Estados estipulem fatos geradores, bases de cálculo e contribuintes que extrapolem a competência tributária, sendo necessário respeito ao conteúdo semântico da expressão "propriedade de veículos automotores", que delimita a riqueza que pode ser objeto de tributação.

Assim, a hipótese de incidência será a de encontrar-se alguém na situação de proprietário de veículo automotor na data em que a lei considera efetivamente verificado o fato gerador do tributo (normalmente, o dia 1.º de janeiro de cada exercício financeiro).

Grandes debates surgiram acerca da possibilidade de considerar fato gerador do tributo a propriedade de embarcações e aeronaves, dada a expressão genérica utilizada pelo texto constitucional ("veículos automotores"). No julgamento conjunto dos Recursos Extraordinários 134.509/AM e 255.111/SP, a polêmica foi resolvida no sentido de que **o campo de incidência do IPVA *não* inclui embarcações e aeronaves.**

Na análise, o redator do Acórdão, Ministro Sepúlveda Pertence, transcreveu longo e notável parecer do Ministério Público Federal, no qual havia a retrospectiva histórica do tributo, e verificou que o IPVA foi criado em substituição à extinta **Taxa Rodoviária Única**, de modo que seus aspectos conceituais deveriam ser tomados em harmonia com o tributo extinto, inclusive no que concerne à **incidência exclusiva sobre veículos terrestres.**

Posteriormente, na sessão realizada em 11 de abril de 2007, o STF, invocando os mesmos fundamentos, reafirmou sua jurisprudência e declarou a não recepção do inciso II do art. 5.º da Lei 948/1985, do Estado do Rio de Janeiro, que previa a incidência do IPVA sobre embarcações (RE 379.572/RJ, rel. Min. Gilmar Mendes – noticiado no Informativo 462 do STF).

Na prática, a consolidação desse entendimento deu azo a situações em que, por exemplo, uma moto simples, adquirida por um trabalhador assalariado, era tributada, mas não o iate, o helicóptero e o jatinho dos ricos empresários.

Com a Reforma Tributária, o art. 155, § 6º, III, da CRFB/1988 acaba com essa diferenciação ao expressamente prever que o IPVA incidirá sobre a propriedade de **veículos automotores terrestres, aquáticos e aéreos**. No entanto, conforme demonstrado a seguir, as imunidades específicas do imposto acrescidas ao texto constitucional tendem a deixar brechas para que alguns desses veículos escapem injustamente à tributação.

Conforme se extrai das alíneas do art. 155, § 6º, III, da Constituição da República, não se sujeitam ao IPVA, estando, portanto, a ele imunes:

a) Aeronaves agrícolas e de operador certificado para prestar serviços aéreos a terceiros;

b) Embarcações de pessoa jurídica que detenha outorga para prestar serviços de transporte aquaviário ou de pessoa física ou jurídica que pratique pesca industrial, artesanal, científica ou de subsistência;

c) Plataformas suscetíveis de se locomoverem na água por meios próprios, inclusive aquelas cuja finalidade principal seja a exploração de atividades econômicas em águas territoriais e na zona econômica exclusiva e embarcações que tenham essa mesma finalidade principal;

d) Tratores e máquinas agrícolas.

Em primeiro lugar, o claro objetivo de **não onerar o agronegócio** redundou na imunização de aeronaves, tratores e máquinas agrícolas (alíneas "a" e "d").

Foi também a decisão de não onerar algumas atividades econômicas estratégicas para o País, principalmente a **extração de petróleo**, que levou o legislador constituinte derivado a imunizar ao IPVA os veículos previstos na alínea "c".

Já a diretriz de desonerar os serviços de transporte presidiu a decisão de imunizar o operador certificado para prestar **serviços aéreos** a terceiro (alínea "a") e as embarcações de pessoa jurídica que detenha outorga para prestar serviços de **transporte aquaviário** (alínea "b"). Perceba-se que a imunidade daquele que presta serviços aéreos a terceiros abrange desde o caso da pequena empresa de taxi aéreo até as grandes empresas de aviação civil. Entretanto, **não foram imunizados os veículos que prestam serviços de transporte terrestre**, que, salvo algumas exceções (principalmente no Norte do Brasil), é o mais utilizado pela população menos abastada do País.

Por fim, a imunidade estatuída na parte final da alínea "b", em favor da pessoa física ou jurídica que pratique pesca industrial, artesanal, científica ou de subsistência, também tem um claro e nobre objetivo, que é o de **desonerar diversas modalidades de pesca**.

Tal imunidade é absolutamente justificável, no entanto depende de uma regulação bastante precisa e da fiscalização do cumprimento de seus requisitos, com o objetivo de evitar que particulares proprietários de embarcações destinadas a lazer busquem registrar-se como pescadores artesanais, vindo a indevidamente a se beneficiar da desoneração. Digno de nota que a **pesca recreativa**, da qual a **pesca esportiva** é considerada modalidade, **não** foi abrangida pelo favor constitucional.

A **base de cálculo** do imposto necessariamente deve quantificar o fato gerador, podendo ser definida como o **valor venal do veículo**. Suas alterações não estão sujeitas ao princípio da noventena, consoante dispõe o art. 150, § 1.º, da CF/1988.

O **contribuinte** deve ser o proprietário do veículo automotor, única pessoa que possui relação pessoal e direta com a situação que constitui o fato gerador (propriedade do veículo).

14.3.3 Lançamento

A autoridade administrativa constitui o crédito tributário relativo ao IPVA utilizando-se das informações que constam no seu banco de dados relativos à propriedade de veículos automotores licenciados no Estado.

Até o momento em que é notificado, o sujeito passivo não participa do procedimento de lançamento, pois não elabora declarações nem antecipa quaisquer valores.

O imposto é, portanto, sujeito a lançamento **de ofício**.

14.3.4 Visão geral do imposto

	Imposto sobre a Propriedade de Veículos Automotores – IPVA
Função predominante	Fiscal
Princípio da legalidade	Está sujeito
Princípio da anterioridade	Está sujeito
Princípio da noventena	Está sujeito, salvo alteração da base de cálculo (art. 150, § 1.º, da CF)
Fato gerador	É a propriedade do veículo automotor
Base de cálculo	É o valor do veículo, dependendo do seu ano de fabricação, marca e modelo
Contribuintes	É o proprietário do veículo
Lançamento	De ofício
Características principais	Somente incide sobre veículos automotores terrestres

Para acessar as questões referentes a esse capítulo, utilize o QR Code ao lado.

15

IMPOSTOS MUNICIPAIS

Sumário: 15.1 Imposto sobre a Propriedade Predial e Territorial Urbana – IPTU; 15.1.1 Progressividade fiscal em razão do valor do imóvel; 15.1.2 Progressividade extrafiscal; 15.1.3 Diferenciação de alíquotas de acordo com o uso e a localização do imóvel; 15.1.4 Fato gerador; 15.1.5 Base de cálculo; 15.1.6 Contribuinte; 15.1.7 Lançamento; 15.1.8 Visão geral do imposto – 15.2 Imposto sobre a Transmissão de Bens Imóveis – ITBI; 15.2.1 Definição do Município competente para a cobrança; 15.2.2 A imunidade nos eventos societários; 15.2.3 Imunidade na transferência decorrente de reforma agrária; 15.2.4 Fato gerador ; 15.2.5 Base de cálculo; 15.2.6 Contribuinte; 15.2.7 Lançamento; 15.2.8 Visão geral do imposto – 15.3 Imposto sobre Serviços de Qualquer Natureza – ISS; 15.3.1 Regime de alíquotas e concessão de benefícios do ISS; 15.3.2 Isenção heterônoma nas exportações; 15.3.3 Fato gerador; 15.3.4 Sujeito ativo; 15.3.5 Base de cálculo; 13.3.6 Contribuinte; 15.3.7 Lançamento; 15.3.8 Visão geral do imposto.

Os Municípios têm competência para instituir os três impostos previstos no art. 156 da CF/1988, quais sejam o imposto sobre a propriedade predial e territorial urbana – IPTU; o imposto sobre a transmissão *inter vivos* de bens imóveis – ITBI; e o imposto sobre serviços de qualquer natureza – ISS.

Ressalvada a hipótese de Emenda à Constituição, não há qualquer possibilidade de os Municípios instituírem quaisquer impostos além dos três que lhes foram deferidos pela Carta Magna. Portanto, ao contrário da União Federal, que possui as competências residual e extraordinária (CF, art. 154, I e II), a lista de impostos municipais é **exaustiva**.

É preciso destacar que, em virtude das mudanças anunciadas pela EC 132/2023 (Reforma Tributária), a extinção do ISS está prevista para ocorrer em 2033, após a fase de transição do antigo para o novo modelo de tributação do consumo. Com a mudança, o ICMS, de competência estadual, e o ISS, de competência municipal, serão substituídos pelo IBS, conforme detalhadamente analisado no Capítulo 16.

15.1 IMPOSTO SOBRE A PROPRIEDADE PREDIAL E TERRITORIAL URBANA – IPTU

Consoante já estudado, o complexo sistema tributário brasileiro optou por instituir dois impostos sobre a propriedade imobiliária, de forma que o IPTU incide sobre os imóveis localizados em áreas urbanas e o ITR sobre aqueles situados em área rural.

Não obstante a semelhança no tocante à espécie de riqueza tributada, ITR e IPTU diferem bastante quando analisados sob o ponto de vista de suas principais finalidades.

O ITR é imposto precipuamente extrafiscal, conclusão a que se chega pela simples leitura do art. 153, § 4.º, I, da CF/1988, que determina a fixação de suas alíquotas de forma a desestimular a manutenção de propriedades improdutivas.

O IPTU, por sua vez, possui característica predominantemente fiscal, sendo importante fonte de arrecadação municipal, sem prejuízo da sua excepcional utilização extrafiscal, prevista no art. 182, § 4.º, II, da CF/1988, conforme se passa a analisar.

15.1.1 Progressividade fiscal em razão do valor do imóvel

A Emenda Constitucional 29/2000 autorizou que as alíquotas do IPTU sejam progressivas em razão do valor do imóvel. Mesmo antes da autorização expressa, vários Municípios adotaram tal técnica, sob o argumento de que seria presumível que os imóveis mais valiosos pertencessem a pessoas com maior capacidade contributiva, de forma que a progressividade da alíquota seria uma maneira de tornar a incidência tributária mais isonômica.

Entendendo que o art. 145, § 1.º, da CF/1988 somente permitia que os **tributos pessoais** tivessem sua incidência ajustada de acordo com a capacidade contributiva do sujeito passivo, o STF considerou inconstitucionais todas as leis que estabeleceram a progressividade de alíquotas do IPTU com base no valor do imóvel, antes da autorização formal dada pela EC 29/2000.

O entendimento do Tribunal ficou cristalizado na Súmula 668, cuja redação é a seguinte:

> **STF – Súmula 668 –** "É inconstitucional a lei municipal que tenha estabelecido, antes da Emenda Constitucional 29/2000, alíquotas progressivas para o IPTU, salvo se destinada a assegurar o cumprimento da função social da propriedade urbana".

É preciso registrar, porém, que a inconstitucionalidade de que trata a Súmula 668 não afasta a cobrança total do tributo, permanecendo exigível a parcela resultante da aplicação da alíquota mínima legalmente prevista, conforme a destinação do imóvel. Essa foi a conclusão a que chegou o Plenário do STF, no julgamento do RE 602.347/MG, que tinha por objeto o exame da possibilidade de cobrança do IPTU pela menor alíquota, nos casos verificados entre 1995 e 1999 (anteriores à EC 29/2000).

O entendimento assentado pela Corte funda-se na teoria da divisibilidade da lei, segundo a qual somente as normas viciadas são declaradas inconstitucionais, não devendo o juízo de censura estender-se às outras partes do diploma legal. Uma vez que as leis municipais em questão são inconstitucionais apenas na parte relativa à progressividade das alíquotas, a maioria dos Ministros optou por "manter a exigibilidade do tributo com redução da gravosidade ao patrimônio do contribuinte ao nível mínimo, ou seja, adotando-se a alíquota mínima como mandamento da norma tributária" (RE 602.347/MG).

Quanto à possibilidade de alíquotas progressivas serem fixadas com a finalidade extrafiscal de assegurar o cumprimento da função social da propriedade urbana, a ressalva decorre do fato de a Constituição Federal prever, desde a promulgação do seu texto originário, tal espécie de providência, cujos detalhes serão estudados no tópico seguinte.

No que concerne à progressividade de alíquotas com base no valor do imóvel, devem ser observados os seguintes requisitos e características:

a) somente é legítima a partir do advento da Emenda Constitucional 29, de 13 de setembro de 2000;

b) tem objetivo fiscal, pois, ao aumentar as alíquotas incidentes sobre os imóveis mais valiosos – presumivelmente pertencentes a pessoas de maior capacidade econômica –, visa a incrementar a arrecadação, retirando mais de quem mais pode pagar;

c) deve-se ater aos limites do razoável, sob pena de incidir em efeito confiscatório, vedado pelo art. 150, IV, da CF/1988.

Ressalte-se não ser correta a afirmação genérica no sentido de que, a partir da EC 29/2000, os impostos reais passaram a poder ser progressivos. A citada Emenda criou exceção a uma regra e, conforme é cediço em hermenêutica, as exceções devem ser interpretadas restritivamente.

Em 2013, o STF promoveu uma importante evolução no seu entendimento que pode ter o condão de resultar no futuro cancelamento da Súmula 668. Trata-se do julgamento proferido nos autos do Recurso Extraordinário 562.045/RS, em que a Corte aceitou a progressividade das alíquotas do ITCMD (imposto real) do Estado do Rio Grande do Sul. No julgado, o Supremo expressamente afirmou que "essa progressividade não é incompatível com a Constituição Federal nem fere o princípio da capacidade contributiva". Para uma melhor compreensão da mudança e de suas possíveis repercussões no direito tributário brasileiro, recomenda-se uma atenta leitura do item 2.6.3 do Capítulo 2 desta obra.

Não obstante o novo julgado mostrar uma tendência em sentido oposto, para os que se preparam para provas de concurso público, ainda se recomenda que sejam consideradas corretas as assertivas que adotem o entendimento literal da Súmula 668.

Na mesma linha dessa Súmula, manifestando um posicionamento que também pode vir a ser alterado, o STF tem diversos precedentes no sentido de não ser possível a progressividade de alíquotas do IPTU com base no número de imóveis do contribuinte. A sistemática teria o mesmo fundamento filosófico da progressividade baseada no valor do imóvel, qual seja tributação mais gravosa para quem presumivelmente tem maior capacidade contributiva. Entretanto, em face da falta de autorização constitucional, a impossibilidade seria notória, o que, repise-se, pode vir a ser alterado, tendo em vista os novos ares decorrentes do julgado proferido nos autos do já citado RE 562.045/RS.

De qualquer forma, registre-se que os citados precedentes deram origem à Súmula 589 do STF, abaixo transcrita:

> **STF – Súmula 589 –** "É inconstitucional a fixação de adicional progressivo do Imposto Predial e Territorial Urbano em função do número de imóveis do contribuinte".

15.1.2 Progressividade extrafiscal

Segundo o art. 182, § 4.º, da CF/1988, é facultado ao Poder Público municipal, mediante lei específica para área incluída no plano diretor, exigir, nos termos da lei federal, do proprietário do solo urbano não edificado, subutilizado ou não utilizado, que promova seu adequado aproveitamento.

No caso de o particular não atender à exigência do Poder Público, o próprio dispositivo prevê um conjunto de providências sucessivas. A segunda delas, logo após o parcelamento ou edificação compulsórios, é a adoção de **IPTU progressivo no tempo**.

A previsão já constava do texto originário da Constituição Federal de 1988, não decorrendo de emenda. Sua legitimidade, no atual ordenamento jurídico-constitucional, remonta à promulgação da Carta Magna. Além desse aspecto, a progressividade ora analisada é diferente daquela estudada no item 15.1.1 pelos seguintes motivos:

a) Tem **objetivo extrafiscal**, pois o escopo da regra é estimular o cumprimento da função social da propriedade por meio de um agravamento da carga tributária suportada pelo proprietário do solo urbano que não promove seu adequado aproveitamento. A arrecadação advinda de tal situação é mero efeito colateral do tributo.

b) **O parâmetro para a progressividade não é o valor do imóvel, mas, sim, o passar do tempo sem o adequado aproveitamento do solo urbano**. Logo, na progressividade fiscal prevista no art. 156, § 1.º, I, da CF/1988, quanto mais valioso o imóvel, maior a alíquota incidente. Já na progressividade extrafiscal, prevista no art. 182, § 4.º, II, da CF/1988, quanto mais tempo mantida a situação agressiva à finalidade social da propriedade, maior será a alíquota aplicável no lançamento do IPTU.

A hipótese se encontra regulada pelo Estatuto da Cidade (Lei 10.257/2001), que prevê como consequência do descumprimento das condições e prazos para o parcelamento, a edificação ou a utilização compulsórios do solo urbano não edificado, subutilizado ou não utilizado a aplicação do IPTU progressivo no tempo pelo prazo de cinco anos consecutivos (art. 7.º).

Lei municipal específica determinará a alíquota do IPTU aplicável a cada ano, obedecendo à restrição de que a mesma não exceda duas vezes o valor referente ao ano anterior, respeitada a alíquota máxima de 15% (§ 1.º do art. 7.º do Estatuto da Cidade). A limitação tem por objetivo garantir que a progressividade não venha a gerar efeito confiscatório, o que é constitucionalmente vedado (CF, art. 150, IV).

Para garantir que o objetivo constitucional não seja prejudicado pela concessão de benefícios fiscais, o § 3.º do dispositivo legal veda a concessão de isenções e anistias relativas à tributação progressiva objeto de estudo.

15.1.3 Diferenciação de alíquotas de acordo com o uso e a localização do imóvel

Em primeiro lugar, uma questão terminológica. Não se pode afirmar que a diferenciação de alíquotas aqui tratada é mais um caso de **progressividade**.

Na progressividade, se estabelece uma função quase linear entre uma grandeza e outra, de forma que o crescimento de uma implicará a majoração da outra. Assim, na progressividade fiscal do IPTU, ao aumento da base de cálculo corresponderá um incremento da alíquota. Do mesmo modo, na progressividade extrafiscal, um aumento no tempo de descumprimento das imposições do Município trará uma majoração na alíquota do imposto.

Nos casos agora estudados, os parâmetros que justificam a diferenciação das alíquotas não têm expressão numérica, sendo meras situações de fato.

Assim, a alíquota pode variar com o **uso do imóvel**, existindo alíquotas diferentes para imóveis comerciais, industriais e residenciais.

Também é possível a variação da alíquota de acordo com a **localização do imóvel**, o que permite, por exemplo, a criação de tabelas diferentes de alíquotas de IPTU para bairros de classe alta, média e baixa.

É interessante notar que, em atenção ao princípio da isonomia, o STF, mesmo antes do advento da EC 29/2000 – que autorizou a diferenciação da alíquota com base no uso do imóvel –, entendeu ser possível a redução do IPTU sobre o imóvel ocupado pela residência do proprietário que não possua outro. O entendimento está cristalizado na Súmula 539 do STF, abaixo transcrita:

> **STF – Súmula 539 –** "É constitucional a lei do município que reduz o Imposto Predial Urbano sobre imóvel ocupado pela residência do proprietário, que não possua outro".

15.1.4 Fato gerador

Segundo o art. 32 do CTN, o IPTU tem como fato gerador a propriedade, o domínio útil ou a posse de bem imóvel por natureza ou por acessão física, como definido na lei civil, **localizado na zona urbana do Município**.

A Constituição Federal afirma que o IPTU é imposto sobre a **propriedade**, enquanto o CTN o faz incidir sobre **propriedade**, **domínio útil** e **posse**. Sobre a possibilidade de extensão, ver o item 15.1.6 deste Capítulo (contribuinte).

Com relação aos conceitos de **propriedade** e de **bens imóveis por natureza ou acessão física**, ver comentários relativos ao fato gerador do ITR (item 13.6.4 do Capítulo 13).

Resumidamente, na análise dos conceitos, concluiu-se que:

São bens **imóveis por natureza** "o solo com a sua superfície, os seus acessórios e adjacências naturais, compreendendo as árvores e frutos pendentes, o espaço aéreo e o subsolo".

São **bens imóveis por acessão física** tudo quanto o homem incorporar permanentemente ao solo, como a semente lançada à terra, os edifícios e construções, de modo que se não possa retirar sem destruição, modificação, fratura ou dano.

O IPTU incide sobre os dois grupos de imóveis, de forma que, se o particular construir benfeitorias, ampliando a área construída do imóvel (acessão física), haverá agravamento do imposto incidente.

Ao definir o critério **"localização em área urbana"** como a diretriz para evitar conflitos de competência entre os municípios (sujeitos ativos do IPTU) e a União (que cobra o ITR), o CTN necessitava estabelecer regra destinada a conferir segurança jurídica à distinção entre áreas rurais e urbanas. O objetivo foi cumprido com a estipulação de mais duas regras. Em primeiro lugar atribuiu-se ao próprio município a competência para definir, por lei própria, sua zona urbana (CTN, art. 32, § 1º). Tal providência poderia ter o efeito colateral de levar alguns municípios a, com o objetivo de ampliar sua base de contribuintes de IPTU, definir artificiosamente uma parcela exagerada do seu território como urbana. Para evitar isso, o legislador optou por listar, no mesmo dispositivo, um conjunto de melhoramentos típicos de zona urbana, condicionando os municípios a só definir como tal, a área para a qual o Poder Público tenha sido responsável pela construção ou, ao menos, manutenção de no mínimo dois dos melhoramentos lá arrolados. Pela importância, transcreve-se o dispositivo:

> "Art. 32. (...)
>
> § 1.º Para os efeitos deste imposto, entende-se como zona urbana a definida em lei municipal; observado o requisito mínimo da existência de melhoramentos indicados em pelo menos 2 (dois) dos incisos seguintes, construídos ou mantidos pelo Poder Público:
>
> I – meio-fio ou calçamento, com canalização de águas pluviais;
>
> II – abastecimento de água;
>
> III – sistema de esgotos sanitários;
>
> IV – rede de iluminação pública, com ou sem posteamento para distribuição domiciliar;
>
> V – escola primária ou posto de saúde a uma distância máxima de 3 (três) quilômetros do imóvel considerado.

Apesar da razoabilidade da regra, o legislador não desconsiderou os gastos que são assumidos pelo município como decorrência do seu próprio crescimento. Assim, quando aprovados loteamentos destinados à habitação, indústria ou comércio, **mesmo que fora das áreas já definidas como urbanas**, o município pode considerar tais novas áreas – legalmente denominadas urbanizáveis ou de expansão urbana – como se urbanas fossem, de forma a legitimar a cobrança do IPTU aos seus proprietários, titulares de posse ou domínio útil. É esta a previsão do § 2.º do mesmo art. 32, ora analisado, conforme abaixo transcrito:

> "§ 2.º A lei municipal pode considerar urbanas as áreas urbanizáveis, ou de expansão urbana, constantes de loteamentos aprovados pelos órgãos competentes, destinados à habitação, à indústria ou ao comércio, mesmo que localizados fora das zonas definidas nos termos do parágrafo anterior".

Digno de nota que chegou a existir certa celeuma a respeito da interpretação ora proposta, havendo quem entendesse que a regra não continha uma autorização para cobrança do IPTU antes de o Poder Público construir ou passar a manter os melhoramentos previstos no § 1.º anteriormente transcrito. Segundo essa corrente, a possibilidade aventada significaria uma quebra do princípio da isonomia, submetendo ao mesmo tratamento tributário proprietários que usufruem e proprietários que não usufruem de melhoramentos de cuja existência sempre dependeria a cobrança do tributo. Não obstante, diante da expressa previsão legal, o STJ adotou a tese aqui analisada, pondo fim à controvérsia – ao menos no âmbito jurisprudencial – e sumulando seu entendimento nos seguintes termos:

> **STJ - Súmula 626** – "A incidência do IPTU sobre imóvel situado em área considerada pela lei local como urbanizável ou de expansão urbana não está condicionada à existência dos melhoramentos elencados no art. 32, § 1º, do CTN".

Registre-se que mesmo o CTN tendo adotado o critério localização para definir um imóvel como urbano ou rural para fins de incidência de IP TU ou ITR, tanto STF como STJ entendem que estão em vigor as disposições do art. 15 do Decreto-lei 57/1966 segundo as quais **o imóvel destinado a exploração extrativa vegetal, agrícola, pecuária ou agroindustrial se sujeita ao ITR, mesmo que situado na área urbana do Município**. Para melhor compreensão dos fundamentos dos julgados, recomenda-se a leitura do item 3.1.1.3 do Capítulo 03 desta obra.

Para o STJ, "o fato de parte de um **imóvel urbano** ter sido declarada como **Área de Preservação Permanente (APP)** e, além disso, sofrer **restrição administrativa** consistente na proibição de construir (nota *non aedificandi*) não impede a incidência de IPTU sobre toda a área do imóvel" (REsp 1.482.184/RS – grifou-se). O entendimento do Tribunal baseia-se, em suma, na tese de que o referido ônus **não acarreta o cerceamento total da disposição**, utilização ou alienação do bem, apenas restringindo o exercício desses direitos. Por essa razão, **o IPTU afigura-se, então, exigível**.

É interessante destacar que, em situação bastante semelhante, o Tribunal entendeu ser **inexigível o IPTU** do proprietário de imóvel integralmente inserido em área legalmente qualificada como **Estação Ecológica**.

A nota distintiva no caso foi o reconhecimento de que o regime jurídico da Estação Ecológica implica um **esvaziamento integral do direito de propriedade**, o que se pode perceber com a leitura da Lei 9.985/2000, que regulamenta a matéria afirmando que "a Estação Ecológica é de **posse e domínio públicos**, sendo que as áreas particulares incluídas em seus limites serão desapropriadas, de acordo com o que dispõe a lei" (art. 9º). Deixando ainda mais claro o caráter quase absoluto da restrição, o art. 28 do mesmo diploma legal afirma que "são proibidas, nas unidades de conservação, quaisquer alterações, atividades ou modalidades de utilização em desacordo com os seus objetivos, o seu Plano de Manejo e seus regulamentos". No caso concreto objeto de julgamento, apesar de o Município de Belo Horizonte ainda não haver formalizado a desapropriação, a área formalmente pertencente ao particular já era materialmente de domínio público, tendo em vista a mencionada disciplina legal (REsp 1.695.340-MG).

A tese encampada guarda certa semelhança com a que levou o STJ a entender como inexigível o **ITR** no caso de **imóvel rural invadido** (por exemplo, pelo Movimento dos Sem Terra – MST). Para o Tribunal, a invasão do imóvel torna a propriedade mera ficção jurídica, inexistindo qualquer resquício de posse, possibilidade de uso ou fruição do bem. E, diante do **esvaziamento dos elementos de propriedade** e sem o devido êxito do processo de desapropriação, **há o desaparecimento da base material do fato gerador do ITR**, tornando-o, pois, inexigível (REsp 1.144.982/PR – Informativo 411 do STJ).

15.1.5 Base de cálculo

Segundo o art. 33 do CTN, a base do cálculo do IPTU é o valor venal do imóvel. O parágrafo único do dispositivo afirma que, na determinação da base de cálculo, não se considera o valor dos bens móveis mantidos, em caráter permanente ou temporário, no imóvel, para efeito de sua utilização, exploração, aformoseamento ou comodidade.

Não poderia ser de outra forma, pois o IPTU incide apenas sobre os **imóveis por natureza ou acessão física**, e os bens relacionados no dispositivo se enquadravam, com absoluta precisão, na antiga definição constante do Código Civil de 1916, hoje revogado, de **bens imóveis por acessão intelectual**, estando, por isso, fora do campo de incidência do imposto.

Com o advento da Emenda Constitucional 41/2003, o IPTU ficou sujeito à noventena (anterioridade nonagesimal). Entretanto, por força do art. 150, § 1.º, da CF/1988, **as alterações da base de cálculo do tributo não estão sujeitas ao princípio**.

Para obter o valor venal do imóvel, o Município se utiliza da **Planta Genérica de Valores (PGV)**, a qual indica o valor do metro quadrado de cada imóvel de acordo com critérios como localização, padrão de construção, idade e destinação. Quando do lançamento do IPTU, o valor é multiplicado pela área do imóvel, de modo a determinar a base de cálculo do imposto.

Os valores constantes da planta sempre puderam ser **atualizados** por mero **decreto** do Prefeito (ou Governador, no caso do Distrito Federal), desde que respeitado o **índice de correção monetária**. Apesar de muitos se referirem a essa providência como aumento, a correção apenas impede que os valores utilizados como base de cálculo do IPTU sejam artificialmente reduzidos pelo fenômeno inflacionário. É justamente por não configurar aumento que a atualização não depende de lei formal.

Com o advento da EC 132/2023, que inseriu um inciso III no § 1º do art. 156 da CRFB/1988, passou-se a admitir que também a "atualização" **em índices superiores ao da inflação** seja feita por meio de **ato do Poder Executivo** (decreto). Conforme detalhado no subitem 2.5.2 do Capítulo 2, a mudança cria verdadeira exceção ao princípio da legalidade e implica a superação dos entendimentos cristalizados pelo STF na Súmula 160 do STJ e na tese de repercussão geral firmada no RE 648.245/MG.

15.1.6 Contribuinte

Segundo o art. 34 do Código Tributário Nacional, contribuinte do IPTU é o proprietário do imóvel, o titular do seu domínio útil, ou o seu possuidor a qualquer título.

Proprietário é quem possui título de domínio devidamente registrado no Cartório de Registro de Imóveis.

Titular do domínio útil é a pessoa que recebeu do proprietário o direito de usar, gozar e dispor da propriedade, conservando o domínio direto. É o caso do enfiteuta ou foreiro nos casos de constituição de enfiteuses.

Ressalte-se que o Código Civil atual proibiu a constituição de enfiteuses e subenfiteuses, subordinando as existentes, até sua extinção, às disposições do Código Civil anterior (CC, art. 2.038).

Nos termos do art. 1.196 do Código Civil, considera-se **possuidor** todo aquele que tem de fato o exercício, pleno ou não, de algum dos poderes inerentes à propriedade.

Assim, no direito civil brasileiro, a posse não requer nem a intenção de dono e nem o poder físico sobre o bem, materializando-se como uma relação entre a pessoa e a coisa.

Entretanto, o STJ entende que somente é contribuinte do IPTU "o possuidor por direito real que exerce a posse com *animus* definitivo" (REsp 325.489/SP). Do pedagógico voto da Ministra-Relatora Eliana Calmon, pode-se extrair o seguinte excerto (grifou-se):

> "Examinando-se o art. 34 do CTN, pode-se ter uma errônea ideia, por apontar o artigo como contribuinte o possuidor a qualquer título.
>
> Doutrinariamente, distingue-se a posse oriunda de direito real, situação em que assume o possuidor o ônus do proprietário, da oriunda de direito pessoal, quando detém esse título pela só existência de um contrato, tal como a locação, o comodato etc.
>
> O certo é que **somente contribui para o IPTU o possuidor que tenha *animus domini***, como ensina o professor Odmir Fernandes (*Código Tributário Nacional*, São Paulo: RT, p. 97).
>
> **Assim, jamais poderá ser chamado como contribuinte do IPTU o locatário ou o comodatário**" (STJ, 2.a T., REsp 325.489/SP, Rel. Min. Eliana Calmon, j. 19.11.2002, *DJ* 24.02.2003, p. 217).

Para o STJ, o art. 34 do CTN oferece **alternativas** ao legislador municipal, que pode optar por definir qualquer das pessoas previstas (proprietário, titular da posse ou do domínio útil) como contribuinte do imposto. No compromisso de compra e venda, por exemplo, o promitente vendedor tem a propriedade registrada no registro de imóveis (é proprietário) e o promitente comprador tem a posse do imóvel com indiscutível ânimo de dono (é titular da posse), de forma que **a lei municipal pode eleger um ou outro como contribuinte do imposto**, no intuito de facilitar a arrecadação (STJ, 1.ª Seção, REsp 1.111.202-SP, rel. Min. Mauro Campbell Marques, j. 10.06.2009, *DJe* 18.06.2009).

Posteriormente, o STJ sumulou seu entendimento nos seguintes termos:

> **STJ – Súmula 399 –** Cabe à legislação municipal estabelecer o sujeito passivo do IPTU.

A redação da súmula é excessivamente resumida, podendo induzir a uma interpretação equivocada. Há de se recordar que, como decorrência do art. 146, III, *a*, da Constituição Federal, cabe exclusivamente à lei complementar de caráter nacional a definição dos contribuintes dos impostos discriminados no texto constitucional. Todavia, no caso do IPTU, o contribuinte foi definido de forma alternativa pelo CTN (norma recepcionada com força de lei complementar, conforme detalhado no item 3.1.1.1 desta obra). Assim, é exclusiva e excepcionalmente em face de tal alternatividade definida na lei nacional que pode ser enxergada a possibilidade de a legislação municipal estabelecer o sujeito passivo do IPTU, conforme sumulado.

Resumindo tudo o que foi dito, o contribuinte do IPTU, de acordo com a literalidade do art. 34 do CTN, é o proprietário do imóvel, o titular de seu domínio útil ou o seu possuidor a qualquer título; mas a jurisprudência do STJ, no que diz respeito especificamente ao possuidor, considera que este somente poderá ser sujeito passivo da obrigação se a posse for exercida com ânimo definitivo.

O STF, partilhando da mesma linha de raciocínio, por algum tempo proferiu decisões afastando da pessoa jurídica de direito privado concessionária ou arrendatária de imóvel público a obrigação de pagar IPTU, mesmo que o bem fosse utilizado na exploração de atividade econômica com finalidade lucrativa. O entendimento do Tribunal era o de que, como o imóvel não sai da esfera patrimonial do ente público (que é beneficiário de imunidade recíproca) e o particular não exerce a posse com ânimo definitivo, não ocorreria, então, o fato gerador do imposto. Na prática, estendia-se ao particular a imunidade recíproca, que, por essência, deveria ser pessoal do ente público (ver item 2.18.4.1.3 do Capítulo 2).

Em 2017, porém, no julgamento do RE 594.015/SP e do RE 601.720/RJ, ambos submetidos à sistemática de repercussão geral, o STF pacificou em sentido diverso o entendimento acerca da matéria, afirmando que a empresa privada arrendatária ou concessionária de imóvel público que o utilize para a exploração de atividade econômica com o intuito de lucro é devedora do IPTU, sendo constitucional a cobrança por parte do Município.

Para o STF, a definição do sujeito passivo do IPTU depende de interpretação constitucional, pois é com base na competência tributária conferida pelo legislador constituinte que o ente federado cobra a exação. No caso do art. 34 do CTN, essa interpretação deve considerar a **materialidade possível do IPTU** (CF, art. 156, I), a **isonomia** (CF, art. 150, III) e a **livre iniciativa e livre concorrência** (CF, art. 173, *caput* e IV).

Pela clareza das palavras, convém reproduzir excerto extraído do voto do Ministro Joaquim Barbosa, Relator original do RE 434.251/RJ, julgado na mesma sessão em que fixada a tese no âmbito do citado RE 601.720/RJ (grifos inexistentes no original):

> "No acórdão recorrido, leu-se apressadamente o art. 31 do CTN de modo a dizer que 'possuidor a qualquer título' é apenas aquele que exerce a posse com ânimo de proprietário, ou aquele que tenha a possibilidade real de se tornar proprietário. A conclusão é equivocada, pois a tributação baseia-se no aspecto econômico e na função social que se dá à propriedade. **Na locação empresarial de fins lucrativos, tanto o proprietário-locador como o possuidor-locatário retiram vantagem econômica do bem imóvel, de modo que a aparente 'posse detenção' é sim signo presuntivo de riqueza também para a pessoa que recebe a propriedade imóvel para uso. Desta forma, o locatário empresarial com fins lucrativos também é 'possuidor a qualquer título', para fins de incidência do IPTU**, nos termos da Constituição" (STF, Pleno, RE 434.251/RJ, Rel. Min. Edson Fachin, Rel. p/ Acórdão Min. Cármen Lúcia, j. 19.04.2017, DJE 31.08.2017).

Convém registrar que, ao tempo do julgamento, o Ministro Joaquim Barbosa já não mais integrava a composição da Corte; no entanto o seu voto, proferido em 2010, mostrando-se coerente com a nova orientação do Tribunal, foi acompanhado pela maioria do Plenário.

É importante perceber que, nos julgados citados, o STF analisou a particular situação de empresas privadas que ocupam imóveis públicos destinando-os à exploração de atividade econômica com o intuito de lucro. A Corte concentrou-se especificamente na delimitação do alcance da imunidade recíproca conferida ao ente público, ponderando que o não pagamento do IPTU pela sociedade empresária, na hipótese aventada, significaria atribuir-lhe vantagem concorrencial incompatível com o princípio da livre concorrência.

Entende-se, portanto, que o **locatário empresarial com fins lucrativos, de acordo com o STF, é possuidor a qualquer título, para fins de incidência do IPTU.** Nos demais casos, permanece aplicável o entendimento do STJ no sentido de que o locatário ou comodatário não pode ser considerado sujeito passivo do imposto. Tal posicionamento tem a importante consequência prática de impossibilitar aquele que assumiu obrigação contratual de pagar o IPTU de discutir a relação jurídico-tributária ou pleitear a restituição dos valores indevidamente pagos. O entendimento foi sumulado pelo STJ nos seguintes termos:

> **STJ – Súmula 614** – "O locatário não possui legitimidade ativa para discutir a relação jurídico-tributária de IPTU e de taxas referentes ao imóvel alugado nem para repetir indébito desses tributos".

15.1.7 Lançamento

A autoridade administrativa constitui o crédito tributário relativo ao IPTU utilizando-se das informações que constam no seu banco de dados relativas à propriedade de imóveis na área urbana no Município.

Até o momento em que é notificado, o sujeito passivo não participa do procedimento de lançamento, pois não elabora declarações nem antecipa quaisquer valores.

Conforme sumulado pelo STJ (Súmula 397), **a simples remessa do carnê para pagamento do IPTU ao endereço do contribuinte configura notificação de lançamento**. Na prática, se o contribuinte quiser alegar que o crédito tributário foi atingido pela decadência, em virtude de o lançamento não haver sido realizado no prazo legal, terá o ônus de provar que o carnê não foi recebido, ou seja, será necessária a produção da dificílima prova negativa (prova de que algo não aconteceu). Nessa linha, num dos julgados que deram origem à edição do verbete sumular, o STJ afirmou o seguinte:

> "A notificação deste lançamento ao contribuinte ocorre quando, apurado o débito, envia-se para o endereço do imóvel a comunicação do montante a ser pago. Como bem ressaltou o acórdão, há presunção de que a notificação foi entregue ao contribuinte que, não concordando com a cobrança, pode impugná-la administrativa ou judicialmente. Caberia ao recorrente, para afastar a presunção, comprovar que não recebeu pelo correio o carnê de cobrança (embora difícil a produção de tal prova), o que não ocorreu neste feito" (REsp 168.035/SP, 2.ª Turma, Rel. Min. Eliana Calmon, *DJ* 24.09.2001).

Nos termos expostos, fica fácil perceber que o IPTU é sujeito a lançamento **de ofício**.

15.1.8 Visão geral do imposto

	Imposto sobre a Propriedade predial e Territorial Urbana – IPTU
Função predominante	Fiscal (exceção: extrafiscal – art. 182, § 4.º, II, da CF/1988)
Princípio da legalidade	Está sujeito
Princípio da anterioridade	Está sujeito
Princípio da noventena	Está sujeito (exceto em relação às alterações da base de cálculo do tributo)
Fato gerador	A propriedade, o domínio útil ou a posse de bem imóvel por natureza ou por acessão física, como definido na lei civil, localizado na zona urbana do Município
Base de cálculo	É o valor venal do imóvel
Contribuintes	É o proprietário do imóvel, o titular do seu domínio útil, ou o seu possuidor a qualquer título
Lançamento	De ofício

15.2 IMPOSTO SOBRE A TRANSMISSÃO DE BENS IMÓVEIS – ITBI

Conforme ressaltado quando da análise do ITCMD estadual, o Código Tributário Nacional trata de um único imposto de transmissão, de competência estadual, incidente exclusivamente sobre a transmissão de bens imóveis e de direitos a eles relativos (arts. 35 a 42). Entretanto, com a Constituição Federal de 1988, foi prevista a criação de dois impostos de transmissão, um **estadual (ITCMD)** e outro **municipal (ITBI)**.

A atual atribuição constitucional de competência é precisa, de forma a evitar conflitos entre Estados e seus respectivos Municípios. Assim, **se a transmissão é *causa mortis*, incide o ITCMD; se é *inter vivos*, deve-se verificar se ocorreu por ato oneroso ou a título gratuito (doação). No primeiro caso, incide o ITBI; no segundo, o ITCMD.** Em ambas as hipóteses, a tributação tem finalidade **fiscal**.

Nessa linha, segundo o art. 156, II, da CF/1988, compete aos Municípios instituir imposto sobre a transmissão *inter vivos*, a qualquer título, por ato oneroso, de bens imóveis, por natureza ou acessão física, e de direitos reais sobre imóveis, exceto os de garantia, bem como cessão de direitos a sua aquisição.

Sobre a definição de bens imóveis, por natureza ou acessão física, ver comentários feitos na análise do fato gerador do ITR (item 13.6.4 do Capítulo 13).

Os direitos reais estão enumerados no art. 1.225 no Código Civil, conforme a seguir transcrito:

> Art. 1.225. São direitos reais:
>
> I - a propriedade;
>
> II - a superfície;
>
> III - as servidões;

IV - o usufruto;

V - o uso;

VI - a habitação;

VII - o direito do promitente comprador do imóvel;

VIII - o penhor;

IX - a hipoteca;

X - a anticrese.

XI - a concessão de uso especial para fins de moradia;

XII - a concessão de direito real de uso;

XIII - a laje;

XIV - os direitos oriundos da imissão provisória na posse, quando concedida à União, aos Estados, ao Distrito Federal, aos Municípios ou às suas entidades delegadas e a respectiva cessão e promessa de cessão.

A rigor, como a propriedade é legalmente definida como direito real, é correto afirmar que o ITBI incide sobre a transmissão onerosa de direitos reais, exceto os de garantia.

A incidência também vai ocorrer na cessão de direitos de aquisição dos imóveis. Ressalte-se que o direito do promitente comprador do imóvel (direito de aquisição decorrente do contrato de compromisso de compra e venda) já está legalmente incluído entre os direitos reais sobre imóveis (inciso VII acima transcrito), de forma que sua transmissão já estaria sujeita ao tributo, independentemente da regra extensiva.

Por outro lado, estão excluídas do campo de incidência do ITBI as transmissões de direitos reais de garantia (penhor, hipoteca e anticrese). **Como o penhor se refere a bens móveis, as exceções são apenas a hipoteca e a anticrese**.

O **ITBI também não incide sobre as transmissões originárias**, como por usucapião (CC, art. 1.238) ou por acessão (CC, art. 1.248). Nesse sentido, a FCC, no concurso para provimento de cargos de Auditor Fiscal do Tesouro Estadual da Secretaria da Fazenda do Estado de Pernambuco (SEFAZ-PE), realizado em 2014, considerou **correto** o item afirmando que "o ITBI não incide sobre os bens imóveis objeto de usucapião e desapropriação, por serem formas de aquisição originária de propriedade".

Por fim, sendo o ITBI um tributo real, incidindo sobre coisas (tecnicamente, seria melhor afirmar que incide sobre a expressão econômica de um negócio jurídico), é aplicável o entendimento já analisado no sentido de ser impossível a aplicação de alíquotas progressivas. A matéria está sumulada pelo STF, nos seguintes termos:

> **Súmula STF 656** – "É inconstitucional a lei que estabelece alíquotas progressivas para o imposto de transmissão *inter vivos* de bens imóveis – ITBI com base no valor venal do imóvel".

No entanto, conforme destacado no tópico 15.1.1 deste Capítulo, em 2013, o STF promoveu uma importante evolução no seu entendimento que pode ter o condão de resultar no futuro cancelamento da Súmula acima transcrita. A novidade decorreu do julgamento do Recurso Extraordinário 562.045/RS, em que o Tribunal considerou **constitucional** a progressividade das alíquotas do ITCMD (imposto real) do Estado do Rio Grande do Sul. No julgado, a Suprema Corte asseverou que "essa progressividade não é incompatível com a Constituição Federal nem fere o princípio da capacidade contributiva". Para uma melhor compreensão da novidade e de suas possíveis repercussões no sistema tributário nacional, remete-se o leitor ao tópico 2.6.3 do Capítulo 2 desta obra.

15.2.1 Definição do Município competente para a cobrança

Como o ITBI incide apenas sobre a transferência de bens imóveis e direitos a eles relativos, a regra relativa ao Município competente para a cobrança é única e bastante simples. O imposto compete ao Município da **situação do bem**.

Assim, se um imóvel está localizado em Belo Horizonte - MG, pertence a um proprietário domiciliado em Unaí - MG e é alienado a alguém domiciliado em Goiânia - GO, o imposto caberá a Belo Horizonte, Município da situação do bem.

Ressalte-se que, se o imóvel estiver localizado em quaisquer das cidades do Distrito Federal, a este caberá o imposto, pois o Distrito Federal não é, e nem pode ser, dividido em Municípios.

15.2.2 A imunidade nos eventos societários

Nos termos do inciso I do § 2º do art. 156 da CF/1988, o ITBI não incide sobre a transmissão de bens ou direitos incorporados ao patrimônio de pessoa jurídica em **realização de capital**, nem sobre a transmissão de bens ou direitos decorrentes de fusão, incorporação, cisão ou extinção de pessoa jurídica, salvo se, nesses casos, a atividade preponderante do adquirente for a compra e venda desses bens ou direitos, locação de bens imóveis ou arrendamento mercantil.

Apesar de soar estranho enquadrar uma transferência de propriedade envolvendo pessoas jurídicas como uma operação *inter vivos*, a transmissão que se enquadre na definição legal do fato gerador do ITBI está sujeita ao imposto.

Entretanto, optou o legislador constituinte originário por imunizar as operações listadas no inciso I do § 2º do art. 156 da CF/1988. Trata-se de uma imunidade tributária objetiva, que visa a estimular a capitalização e o crescimento das empresas e a evitar que o ITBI se transformasse num estímulo contrário à formalização dos respectivos negócios.

A principal característica de uma pessoa jurídica é possuir direitos e obrigações diferentes dos relativos às pessoas físicas que integram seu quadro societário.

A título de exemplo, na criação de uma sociedade por quotas de responsabilidade limitada, o sócio incorpora ao patrimônio da pessoa jurídica um valor a título de realização de capital. Suponha-se que um dos sócios integralizou sua quota por meio da entrega de um imóvel. A transferência não se deu a título gratuito, pois o sócio passa a ter uma quota do capital da empresa e, se não existisse regra imunizante objeto de estudo, haveria a incidência do ITBI.

Na situação proposta, a incidência tributária serviria como um estímulo para que a criação da empresa não fosse formalizada, o que levou o legislador constituinte a estatuir a regra imunizante.

Registre-se, no entanto, que nem toda incorporação de bens e direitos ao patrimônio de pessoa jurídica está abrangida pelo favor constitucional. **Se o montante transferido ultrapassar o valor a ser integralizado pelo sócio, o ITBI incidirá sobre a diferença**. Foi na esteira desse entendimento que o Supremo Tribunal Federal analisou caso em que uma pessoa física, visando a integralizar um capital social de R$ 24.000,00, transferiu para o patrimônio da pessoa jurídica 17 imóveis num valor total de R$ 802.724,00. O Município de São João Batista (SC), corretamente considerando que a situação não se enquadrava no beneplácito constitucional, lançou o ITBI sobre o excesso (R$ 778.724,00). O STF deu razão ao Município e sintetizou seu entendimento na seguinte tese de repercussão geral: **"A imunidade em relação ao ITBI, prevista no inciso I do § 2º do art. 156 da Constituição Federal, não alcança o valor dos bens que exceder o limite do capital social a ser integralizado"**.

Se, mais à frente, a sociedade criada vier a ser extinta, a entrega de imóvel a um sócio, como parcela que lhe cabe do capital social, também não estará sujeita a incidência tributária.

No tocante a essa última hipótese, o parágrafo único do art. 36 do CTN aparentemente condiciona a imunidade a que os bens e direitos sejam transmitidos aos **mesmos alienantes** que se utilizaram do imóvel para realizar o capital social. Assim, caso o "sócio A" integralizasse suas cotas com a entrega de um imóvel, mas, na extinção da sociedade, tal imóvel fosse transferido para o "sócio B", a imunidade não existiria.

É fundamental destacar que, salvo nos casos em que a própria Constituição atribui à lei (complementar, por força do seu art. 146, II) o papel de estabelecer requisitos para o gozo de imunidade tributária (como ocorre, por exemplo, no art. 150, VI, "c"), não é possível ao legislador infraconstitucional restringir o beneplácito por meio de condicionamentos constitucionalmente inexistentes. Assim ocorre com a regra ora analisada, em que o legislador constituinte imuniza a transferência decorrente de extinção de pessoa jurídica, sem estabelecer qualquer condicionamento, nem prever a possibilidade de a lei, mesmo a complementar, fazê-lo.

No entanto, a regra é compatível com a Carta Magna se interpretada e aplicada como uma ferramenta destinada a evitar que a imunidade seja utilizada de forma artificial, mediante uso atípico de institutos jurídicos, o que poderia frustrar os próprios propósitos que inspiraram o legislador constituinte na estipulação da regra imunizante.

Trata-se do uso do parágrafo único do art. 36 do CTN com **propósito antielisivo**, sob a mesma inspiração que presidiu a elaboração da norma geral antielisão fiscal estatuída no art. 116, parágrafo único, do CTN, analisado no item 5.6 do Capítulo 5.

Pode-se afirmar, portanto, que o dispositivo ora estudado é constitucional, se interpretado como uma ferramenta à disposição das administrações tributárias municipais (e do DF) para evitar que a criação e extinção de pessoas jurídicas sejam realizadas de forma simulada, com o objetivo exclusivo de transferir a propriedade imobiliária entre simulados sócios sem a incidência do ITBI.

Nesse contexto, para que o município possa desconsiderar as operações de criação e extinção de pessoa jurídica e cobrar o ITBI sobre a transferência, é necessário demonstrar que as operações tinham o exclusivo propósito de eliminar a incidência do imposto, sem qualquer **finalidade extratributária** na sua realização (sendo, portanto, reprovadas no "teste do propósito negocial", também estudado no item 5.6 do Capítulo 5).

Noutros termos, na extinção de uma pessoa jurídica que realmente organizou os fatores de produção na busca do lucro e exerceu a atividade empresarial a que formalmente se propunha em seu contrato social, a transferência de bens a qualquer dos sócios é abrangida pela imunidade. Não se pode tributar a operação exclusivamente pelo fato de a pessoa física recipiente do bem não ser exatamente aquela que o utilizara para integralizar suas cotas do capital social, até porque quando da extinção é possível que tal pessoa já tenha anteriormente se retirado de forma regular do quadro societário, hipótese em que a exigência de identidade de pessoas seria de cumprimento impossível.

Ainda a título argumentativo, pode-se defender o fato de que os termos do art. 36, parágrafo único, do CTN não seriam aplicáveis ao caso de extinção de pessoa jurídica, uma vez que se referem genericamente à desincorporação do patrimônio de pessoa jurídica, o que poderia levar a uma interpretação de que a exigência legal somente teria vez nas hipóteses de mera redução de capital social com desincorporação de imóveis e direitos a ele relativos, mas com continuidade da atividade empresarial.

Nas provas de concurso público, a despeito das discussões que cercam a aplicação da regra, aconselha-se considerar verdadeiras as assertivas que simplesmente transcrevam a literalidade do art. 36, parágrafo único, do CTN.

Por força do inciso I do § 2.º do art. 156 da CF/1988, as operações de fusão, incorporação e cisão de pessoas jurídicas também estão imunizadas. Entretanto, nesses casos, se a atividade preponderante do adquirente for a compra e venda desses bens ou direitos, locação de bens imóveis ou arrendamento mercantil, haverá incidência. É o caso de uma imobiliária incorporar uma outra, caso em que haverá incidência do ITBI quanto aos imóveis transmitidos, visto que a operação pode ser considerada uma simples atuação da entidade dentro de sua atividade preponderante, o que justifica a tributação.

O CTN estipula regra semelhante no seu art. 36, definindo, no artigo subsequente, o que se considera atividade preponderante, nos seguintes termos:

> "Art. 37. O disposto no artigo anterior não se aplica quando a pessoa jurídica adquirente tenha como atividade preponderante a venda ou locação de propriedade imobiliária ou a cessão de direitos relativos à sua aquisição.
>
> § 1.º Considera-se caracterizada a atividade preponderante referida neste artigo quando mais de 50% (cinquenta por cento) da receita operacional da pessoa jurídica adquirente, nos 2 (dois) anos anteriores e nos 2 (dois) anos subsequentes à aquisição, decorrer de transações mencionadas neste artigo.
>
> § 2.º Se a pessoa jurídica adquirente iniciar suas atividades após a aquisição, ou menos de 2 (dois) anos antes dela, apurar-se-á a preponderância referida no parágrafo anterior levando em conta os 3 (três) primeiros anos seguintes à data da aquisição.
>
> § 3.º Verificada a preponderância referida neste artigo, tornar-se-á devido o imposto, nos termos da lei vigente à data da aquisição, sobre o valor do bem ou direito nessa data".
>
> § 4º O disposto neste artigo não se aplica à transmissão de bens ou direitos, quando realizada em conjunto com a da totalidade do patrimônio da pessoa jurídica alienante.

15.2.3 Imunidade na transferência decorrente de reforma agrária

Dispõe o § 5.º do art. 184 da CF/1988:

> "§ 5.º São isentas de impostos federais, estaduais e municipais as operações de transferência de imóveis desapropriados para fins de reforma agrária".

Novamente, há de ser aplicada a lição no sentido de que, se a Constituição diretamente impede a incidência tributária sobre determinado fato, o caso é de imunidade, não importando a terminologia utilizada no texto para descrever a situação.

A regra tem por objetivo desonerar o processo de expropriação e, por conseguinte, a realização da reforma agrária. No julgamento do RE 169.628/DF, o STF, além de reafirmar que o caso é de imunidade, deixou assente que a não incidência não beneficia o terceiro adquirente dos títulos da dívida agrária, porque este realiza "ato mercantil, em negócio estranho à reforma agrária", não sendo destinatário da proteção constitucional.

15.2.4 Fato gerador

Com base numa leitura do art. 35 do CTN à luz do art. 156, II, da CF/1988, o fato gerador do ITBI é a transmissão *inter vivos*, a qualquer título, por ato oneroso, de bens imóveis, por natureza ou acessão física, e de direitos reais sobre imóveis, exceto os de garantia, bem como cessão de direitos a sua aquisição.

No direito brasileiro, a **transmissão da propriedade imobiliária ocorre mediante o registro do título translativo no Registro de Imóveis**, de forma que, antes do registro, o alienante continua na condição de dono do imóvel (CC, art. 1.245 e seu parágrafo único).

Apesar de a legislação da maioria dos Municípios brasileiros exigir o pagamento do tributo no momento do registro da escritura no **cartório de notas** – antes, portanto, do registro no **Cartório de Imóveis** –, é firme a jurisprudência do Superior Tribunal de Justiça no sentido da impossibilidade da cobrança do tributo antes deste segundo registro. Nessa linha, as contundesntes palavras da Corte, proferidas no julgamento do RMS 10.650-0/DF:

> "1. O fato gerador do imposto de transmissão de bens imóveis ocorre com a transferência efetiva da propriedade ou do domínio útil, na conformidade da lei civil, com o registro no cartório imobiliário. 2. A cobrança do ITBI sem obediência dessa formalidade ofende o ordenamento jurídico em vigor" (STJ, 2.ª T., RMS 10.650/DF, Rel. Min. Francisco Peçanha Martins, j. 16.06.2000, *DJ* 04.09.2000, p. 135).

Nas provas de concurso público, o entendimento jurisprudencial tem sido seguido à risca. A título de exemplo, o CEBRASPE, no concurso para provimento dos cargos de Procurador do Ministério Público junto ao Tribunal de Contas dos Municípios de Goiás, realizado em 2007, considerou **correto** o item afirmando que "o registro imobiliário é o fato gerador do ITBI".

Destaque-se que, se o contrato submetido a registro consistir em mero **compromisso de compra e venda**, mesmo que se realize a operação no competente Cartório de Registro de Imóveis, **não ocorrerá o fato gerador do ITBI**, uma vez que se trata de contrato preliminar, que não transmite imediatamente direitos reais nem configura cessão de direitos à aquisição, podendo ou não se concretizar em contrato definitivo (STF, RP 1121/GO e AgRg no AI 603.309/MG).

Foi seguindo tal entendimento, que a FCC, em 2013, no concurso para Titular de Serviços de Notas e de Registros do Tribunal de Justiça de Pernambuco, considerou **correta** a seguinte assertiva: "Quando do registro da promessa de compra e venda como forma de assegurar o direito real à aquisição do imóvel, deve o Oficial do Registro de Imóveis observar a não incidência de Imposto sobre a Transmissão de Bem Imóvel por ato entre vivos a título oneroso – ITBI por não restar caracterizado o seu fato gerador".

Interessante discussão foi travada no âmbito da Primeira Turma do Superior Tribunal de Justiça sobre a incidência do ITBI quando um imóvel é adquirido para compor o patrimônio de um **fundo de investimento imobiliário**. O grande questionamento decorria de tais fundos **não serem dotados de personalidade jurídica** e, portanto, não poderem, em nome próprio, exercer direitos nem contrair obrigações. Os bens que os compõem são, na realidade, **propriedade de seus quotistas**, na proporção do número de quotas que cada um detém.

Sendo assim, não existiria verdadeira transferência de propriedade – nem de qualquer outro direito real sobre imóveis – para um fundo imobiliário, o que afastaria a incidência do ITBI.

Contudo, é evidente que entidade administradora do fundo **adquire a propriedade dos imóveis em nome do condomínio**. A partir daí, com base numa relação fundada na fidúcia (confiança), passa a dispor dos bens adquiridos, pois os quotistas, apesar de serem os legítimos proprietários de todo o acervo patrimonial do fundo, não podem diretamente exercer qualquer direito real sobre ele.

De qualquer modo, não há como negar que, com a aquisição do imóvel pelo condomínio, mesmo que por intermédio da administradora e financiada com a emissão de novas quotas do fundo, há a transferência da propriedade imobiliária e, por conseguinte, a concretização do fato gerador do ITBI.

Como resumo do entendimento firmado pela Primeira Turma do STJ, segue abaixo o trecho mais significativo da Ementa (AREsp 1492971 / SP):

> "2. A aquisição de imóvel para a composição do patrimônio de fundo de investimento imobiliário efetivada mediante emissão de novas quotas em favor dos alienantes configura transferência a título oneroso de propriedade de imóvel para fins de incidência do ITBI, na forma dos arts. 35 do CTN e 156, II, da CF/1988, ocorrendo o fato gerador no momento da averbação da propriedade fiduciária em nome da administradora (do fundo) no cartório de registro imobiliário".

15.2.5 Base de cálculo

O art. 38 do CTN dispõe que a base de cálculo do imposto é o valor venal dos bens ou direitos transmitidos. Valor venal é o valor de mercado do bem imóvel por natureza ou acessão física, excluindo-se tudo quanto no imóvel o proprietário mantiver intencionalmente empregado em sua exploração industrial, aformoseamento ou comodidade, que, por serem bens imóveis por acessão intelectual, estão constitucionalmente fora do campo de incidência do tributo.

Apesar de a definição legal estabelecer a mesma base de cálculo para o IPTU e para o ITBI – o valor venal do imóvel –, a jurisprudência admite que os valores sejam distintos. Isso porque, enquanto o cálculo do **IPTU** utiliza um **valor venal calculado** com base numa **planta genérica de valores**, no caso do **ITBI** tal valor é aquele estipulado numa **transação** presumivelmente realizada em **condições reais de mercado**.

Nessa linha, a FCC, no concurso para provimento de cargos de Auditor Fiscal do Tesouro Estadual da Secretaria da Fazenda do Estado de Pernambuco (SEFAZ-PE), realizado em 2014, considerou **errada** a seguinte assertiva: "O valor venal do imóvel, para fins de cálculo do ITBI e do IPTU, deve ser igual, pois ambos os impostos possuem a mesma base de cálculo".

Para o STJ, também não é legítimo ao Município usar o valor que serviu de base de cálculo para IPTU como o **mínimo aceitável** para definir a ITBI. Aliás, a **Administração não pode fixar unilateralmente valor algum como piso** para a base de cálculo do imposto (REsp 1.937.821/SP). O **valor da transação** constitui a melhor avaliação possível para qualquer ativo, pois se trata da avaliação feita em condições reais de mercado. Estipular um piso, praticamente tabelando o imposto, seria equivalente a **arbitrar sua base de cálculo** sempre que o valor de transação apontado pelo contribuinte ultrapassasse o valor de referência fixado unilateralmente pelo Município, o que agride o art. 148 do CTN, como se passa a demonstrar.

Na definição da base de cálculo do ITBI, a primeira e principal diretriz a ser observada é que, conforme definido pelo STJ na sistemática dos recursos repetitivos, **"o valor da transação declarado pelo contribuinte goza da presunção de que é condizente com o valor de mercado"** (REsp 1.937.821/SP). O afastamento de tal presunção somente pode ser realizado mediante **procedimento de arbitramento**, cujo manejo tem lugar apenas quando sejam "omissos ou não mereçam fé as declarações ou os esclarecimentos prestados, ou os documentos expedidos pelo sujeito passivo ou pelo terceiro legalmente obrigado" (CTN, 148). Em termos menos congestionados, para arbitrar a base de cálculo do ITBI, a Administração Tributária precisará **demonstrar que o valor declarado é inverossímil**, possibilitando ao declarante a prestação de esclarecimentos, apresentação de provas e impugnação do valor arbitrado. Para maiores esclarecimentos sobre a técnica do arbitramento, recomenda-se a leitura do item 7.2.2.2 do Capítulo 07.

Ainda em virtude da necessidade de a base de cálculo do ITBI exprimir o valor real de mercado, o STJ entende que, se o imóvel foi adquirido em **hasta pública**, a base de cálculo será o **valor da arrematação** (REsp 1.188.655/RS), e não o da avaliação judicial.

15.2.6 Contribuinte

Nos termos do art. 42 do Código Tributário Nacional, contribuinte do imposto é qualquer das partes na operação tributada, como dispuser a lei.

Deve-se entender que o legislador municipal tem autonomia para a definição legal do contribuinte do ITBI, desde que a indicação recaia sobre uma das partes da operação tributada, pois, nos termos do art. 121, parágrafo único, I, do CTN, o contribuinte deve possuir relação pessoal e direta com a situação que constitua o fato gerador da obrigação.

Não obstante a autonomia, a regra tem sido que as leis municipais definam como contribuinte o **adquirente** do bem ou direito.

15.2.7 Lançamento

O ITBI é lançado **por declaração**, uma vez que, à semelhança do ITCMD estadual, a autoridade administrativa constitui o crédito tributário com base em informações prestadas pelo próprio sujeito passivo ou por terceiro. Eventuais omissões do sujeito passivo no dever de prestar informações podem ensejar, respeitado o prazo decadencial, o lançamento **de ofício** do tributo devido.

15.2.8 Visão geral do imposto

	Imposto sobre a Transmissão de Bens Imóveis – ITBI
Função predominante	Fiscal
Princípio da legalidade	Está sujeito
Princípio da anterioridade	Está sujeito
Princípio da noventena	Está sujeito
Fato gerador	I – a transmissão, a qualquer título, da propriedade ou do domínio útil de bens imóveis por natureza ou por acessão física, como definidos na lei civil; II – a transmissão, a qualquer título, de direitos reais sobre imóveis, exceto os direitos reais de garantia; III – a cessão de direitos relativos às transmissões referidas nos incisos I e II
Base de cálculo	É o valor venal dos bens ou direitos transmitidos
Contribuinte	É qualquer das partes na operação tributada, como dispuser a lei (geralmente é o adquirente do bem ou direito)
Lançamento	Por declaração

15.3 IMPOSTO SOBRE SERVIÇOS DE QUALQUER NATUREZA – ISS

Segundo o art. 156, III, da CF/1988, compete aos Municípios instituir o imposto sobre serviços de qualquer natureza, não compreendidos no art. 155, II, definidos em lei complementar.

Assim, ressalvados os serviços constitucionalmente colocados sobre o campo de incidência do ICMS (comunicação e transporte interestadual e intermunicipal), qualquer serviço pode ser tributado pelos Municípios, desde que **definido em lei complementar**. O tributo possui nítida finalidade **fiscal**, constituindo-se em importante fonte de recursos para o desempenho da atividade financeira dos Municípios.

Tendo a atribuição constitucional de competência se utilizado de um **instituto de Direito Privado** – prestação de serviços –, ganham relevância na análise os artigos 109 e 110 do CTN, cujas tradicionais interpretações determinariam a utilização exclusiva do próprio Direito Privado para pesquisar a definição, o conteúdo e o alcance do instituto, e impediriam sua redefinição pelas leis tributárias.

Nessa linha, somente existiria contrato de prestação de serviços quando a obrigação do contratado fosse **de fazer**, como a do dentista contratado para fazer um tratamento de canal no dente do paciente ou a do advogado contratado para fazer a defesa do cliente em determinada causa. Raciocinando assim, o Supremo Tribunal Federal considerou que a **locação de bens móveis** – em que o locador é obrigado a entregar determinado bem para uso do locatário por certo período de tempo –, **por não se caracterizar como obrigação de fazer, não configuraria serviço**, não podendo ser tributada pelo ISS (RE 116.121/SP e Súmula Vinculante 31).

Nesse contexto, é relevante registrar que, com a edição da Lei Complementar 116/2003, o legislador tentou colocar a locação de bens móveis expressamente na lista dos serviços sujeitos ao ISS (item 3.01), o que não chegou a prosperar por conta de veto do Presidente da República, que invocou o entendimento do STF para fundamentar a providência.

Sobre o tema, também merece destaque interessante decisão da Suprema Corte, proferida nos autos da ADI 5.764/DF, na qual se pretendia a declaração de inconstitucionalidade do item 9.01 da lista de serviços anexa à LC 116/2003, que inclui como sujeitos ao ISS os serviços de "**hospedagem de qualquer natureza** em hotéis, *apart-service* condominiais, flat, apart-hotéis, hotéis residência, *residence-service, suite service*, hotelaria marítima, motéis, pensões e congêneres". A principal alegação do autor da ação era a de que, no contrato de hospedagem, ocorre a preponderância da locação do bem imóvel, o que não permite seu enquadramento como de prestação de serviço e, por conseguinte, situa-o fora do campo de incidência do ISS, nos termos da jurisprudência já analisada nesse tópico.

Para a eventualidade de o STF não reconhecer a inconstitucionalidade da previsão, o autor formulou o pedido subsidiário de que a base de cálculo do ISS sobre serviço de hospedagem fosse redimensionada, mediante a exclusão do valor correspondente à locação, mantendo a cobrança do imposto exclusivamente sobre o montante pelos serviços que a ela são agregados.

Ao analisar a questão, a Suprema Corte destacou que o contrato de hospedagem não se confunde com o de locação, sendo constitucional a opção legislativa pela inserção da atividade na lista de serviços tributáveis pelo ISS. Segundo o Tribunal, na locação "a utilidade consiste, em essência, no alojamento temporário e a sua função típica é a hospitalidade retribuída".

Reafirmou-se o entendimento atual pela possibilidade de a lei estabelecer a incidência do ISS sobre os contratos mistos ou complexos que, além das obrigações de fazer, englobem, também, as obrigações de dar. Assim, ainda no entender do Supremo, "somente se mostra viável defender a inconstitucionalidade dessa opção legislativa, quando a natureza jurídica do negócio jurídico em questão não corresponda, de fato, a um serviço", o que não ocorre nos contratos de hospedagem.

Dada a unicidade inerente ao contrato de hospedagem, o Tribunal também não acatou o pedido de exclusão da base de cálculo do imposto da parcela referente à locação. Especificamente quanto a esse aspecto, merece transcrição o seguinte excerto da Ementa (ADI 5.764/DF):

> 6. É inadequado o decote da base de cálculo do Imposto sobre Serviços de qualquer Natureza com a finalidade de excluir a parcela referente à locação da unidade habitacional, porque a circulação econômica de serviço vertida no contrato de hospedagem tem caráter singular, justificando-se a partir de sua visualização unitária, logo é inviável a cisão apriorística de modo a retirar da base imponível desse imposto municipal a fração relativa à locação da unidade habitacional. Desse modo, é assente a orientação jurisprudencial segundo a qual todas as parcelas que integram o preço do serviço de hotelaria compõem a base de cálculo do ISS.

Seguindo a mesma linha de raciocínio, o Supremo Tribunal Federal considerou igualmente constitucional a inclusão na lista anexa à LC 116/2003 dos serviços de **"cessão de uso de espaços em cemitérios para sepultamento"** (ADI 5.869/DF). Novamente aqui, ao lado da obrigação de disponibilização do local, existem os serviços de custódia e conservação dos restos mortais, sendo aplicáveis as mesmas conclusões apresentadas no tocante aos demais contratos mistos ou complexos, conforme exposto acima, durante a análise do julgado referente aos serviços de hospedagem.

Por fim, é fundamental registrar que a partir do julgamento do RE 547.245/SC, a Suprema Corte passou a analisar a matéria também sob outra perspectiva. No julgado, foi admitida a incidência do ISS sobre operações de "leasing" financeiro – serviço expressamente previsto na lista (item 15.09) e cujas características são detalhadas no item 14.2.8 do capítulo 14. Consta do voto vencedor excerto em que se afirma que a Constituição, **ao qualificar os serviços tributáveis pelo município como "de qualquer natureza", não quis restringir a base econômica de incidência do tributo às típicas obrigações de fazer**.

Já nos autos do RE 651.703/PR, o STF foi mais contundente na evolução jurisprudencial sobre a matéria. Conforme detalhado na parte final do item 4.3.3 do Capítulo 4, o Tribunal afirmou que a "Constituição Tributária", nela inseridas as normas que definem e limitam competência tributária, deve ser interpretada mediante um **pluralismo metodológico**, aberto à **colaboração de diversos ramos do conhecimento**, sejam extrajurídicos (como a economia, a ciência das finanças e a contabilidade), sejam jurídicos (englobando os ramos **público e privado** do Direito).

Assim, o Tribunal acabou por conceituar prestação de serviço como **"o oferecimento de uma utilidade para outrem, a partir de um conjunto de atividades imateriais, prestado com habitualidade e intuito de lucro, podendo estar conjugado ou não à entrega de bens ao tomador"** (RE 651.703/PR). O resultado foi o enquadramento no conceito e, por conseguinte, no campo de incidência do ISS, do serviço de administração de planos privados de saúde.

Dados seus fundamentos, o julgado aponta para uma nova concepção acerca do campo de incidência do ISS, o que pode resultar, inclusive, num futuro cancelamento da Súmula Vinculante nº 31, uma vez que a locação de bens móveis parece passível de enquadramento no novo conceito de serviço encampado pela Corte. Para isso, contudo, faz-se necessária a expressa inclusão da atividade na lista de serviços sujeitos ao imposto (anexa à Lei Complementar 116/2003).

15.3.1 Regime de alíquotas e concessão de benefícios do ISS

Conforme analisado anteriormente, o ISS é o terceiro imposto em que o legislador constituinte repartiu o que os sistemas tributários mais racionais denominam de imposto sobre o valor agregado (IVA).

Na parte não federal do IVA (ICMS estadual e ISS municipal) a tendência à guerra fiscal fez com que o legislador constituinte optasse por submeter algumas matérias à regulamentação nacional. Daí a detalhada disciplina constitucional dada ao ICMS e a previsão de lei complementar tratar de relevantes aspectos concernentes ao tributo.

No que se refere ao ISS, a Constituição Federal estipulou, principalmente a partir da Emenda Constitucional 37/2002, regras que permitem ao Congresso Nacional restringir a autonomia municipal no exercício da competência relativa ao tributo, dificultando a deflagração de guerra fiscal. Apesar de ser plausível a tese de que a Emenda, sob o argumento de proteger o pacto federativo, acabou por feri-lo, para os objetivos desta obra, será presumida constitucional.

A maneira mais comum como se dava a guerra fiscal do ISS era os Municípios estipularem alíquotas irrisórias para o tributo, atraindo empresas para os respectivos territórios, uma vez que a competência para a cobrança era, em regra, do Município em que estava domiciliado o prestador de serviço.

Noticiou-se, por exemplo, que Municípios da região metropolitana de São Paulo reduziram a alíquota do ISS para 0,5% (meio ponto percentual), o que equivalia a um décimo do que era cobrado na Capital. Dessa forma, as empresas que mudassem formalmente suas sedes para tais Municípios gozariam de uma redução de 90% (noventa por cento) na carga relativa ao tributo.

No final das contas, todos os Municípios acabavam perdendo, pois quem tem um aparente ganho, sujeita-se a perdas futuras, uma vez que os demais Municípios entrarão na guerra. Há de se recordar, também, que a população dos Municípios menos estruturados utiliza os serviços dos Municípios maiores, de forma que a diminuição na qualidade de tais serviços também acaba por repercutir negativamente para a população daqueles entes que tiveram algum ganho momentâneo na batalha.

Por tudo, visando a restringir a possibilidade da beligerância fiscal, o art. 156, § 3º, I e III, da CF/1988 dispõe:

> "§ 3.º Em relação ao imposto previsto no inciso III do caput deste artigo, cabe à lei complementar:
>
> I – fixar as suas alíquotas máximas e mínimas;
>
> (...)
>
> III – regular a forma e as condições como isenções, incentivos e benefícios fiscais serão concedidos e revogados".

A rigor, a fixação de alíquota máxima não visa a evitar guerra fiscal, mas tão somente a impor limites à sede arrecadatória, que poderia levar o Município a ultrapassar o razoável no exercício de sua competência.

Respaldada na autorização constitucional, a Lei Complementar 116/2003 estipulou, em seu art. 8º, II, a alíquota máxima de 5% (cinco pontos percentuais).

No projeto aprovado no Congresso Nacional, estipulava-se a alíquota máxima de 10% (dez pontos percentuais) para jogos e diversões públicas, exceto cinema. O dispositivo (art. 8º, I) foi vetado pelo Presidente da República sob o argumento de que a medida (veto) "visa preservar a viabilidade econômico-financeira dos empreendimentos turísticos (...) nos quais se incluem Parques de Diversões, Centros de Lazer e congêneres, bem como Feiras, Exposições, Congressos e congêneres" (Mensagem 362/2003).

Quanto à fixação das alíquotas mínimas, principal providência no sentido da pacificação fiscal, o texto original da Lei Complementar 116/2003 não trouxe qualquer norma, de forma que durante mais de 13 anos esteve em vigor a regra temporária do art. 88 do Ato das Disposições Constitucionais Transitórias – ADCT. Com o advento da Lei Complementar 157/2016, o Congresso Nacional finalmente regulamentou o dispositivo constitucional, estabelecendo regras bastante semelhantes àquelas constantes do citado dispositivo do ADCT.

Assim, segundo o art. 8º-A da LC 116/2003 (incluído pela LC 157/2016), "alíquota mínima do ISS é de 2%", que já era a alíquota mínima fixada pelo art. 88, I, do ADCT. No entanto, a regra provisória (hoje não mais vigente) possuía uma lista de exceções (serviços relativos a engenharia, arquitetura, geologia, urbanismo, construção civil, manutenção, limpeza, meio ambiente, saneamento e congêneres) que deixam de existir, **tornando-se geral a alíquota mínima de 2%**.

A previsão no sentido de que cabe à lei complementar regular a forma e as condições como isenções, incentivos e benefícios fiscais do ISS serão concedidos e revogados (art. 88, II, do ADCT) é bem semelhante à regra relativa ao ICMS (CF, art. 155, § 2º, XII, *g*). A diferença marcante é que, no ICMS, a lei complementar deve necessariamente prever a **deliberação dos Estados e do Distrito Federal** como ato-condição para a concessão dos benefícios fiscais, o que não ocorre no ISS, caso em que a lei complementar nacional diretamente impõe a forma e condições necessárias à concessão e revogação dos benefícios.

A diferenciação ocorre porque a deliberação conjunta de mais de cinco mil e quinhentos Municípios é algo impraticável, ao contrário da corriqueira reunião dos vinte e seis Estados e do Distrito Federal, no âmbito do CONFAZ, conforme diversas vezes citado.

Na sua redação original, a Lei Complementar 116/2003 também silenciou sobre as condições e requisitos para concessão e revogação de benefícios fiscais do ISS. Foi novamente o art. 88 do ADCT que disciplinou, temporária e parcialmente, a matéria, impedindo, até o advento da lei complementar prevista no inciso III do § 3º do art. 156 da CF/88, a concessão de isenções, incentivos e benefícios fiscais de que resultassem, direta ou indiretamente, a redução da carga tributária mínima correspondente à alíquota de dois pontos percentuais, conforme estipulado no inciso I do mesmo dispositivo. Quando editada a Lei Complementar 157/2016, a matéria passou a ser disciplinada pelo § 1º do art. 8º-A, no qual se afirma o seguinte:

> "Art. 8º-A (...)
>
> § 1º O imposto não será objeto de concessão de isenções, incentivos ou benefícios tributários ou financeiros, inclusive de redução de base de cálculo ou de crédito presumido ou outorgado, ou sob qualquer outra forma que resulte, direta ou indiretamente, em carga tributária menor que a decorrente da aplicação da alíquota mínima estabelecida no caput, exceto para os serviços a que se referem os subitens 7.02, 7.05 e 16.01 da lista anexa a esta Lei Complementar."

Comparada com a superada norma do art. 88, II, do ADCT, a nova regra é mais restritiva no tocante à lista de benefícios, pois também engloba aqueles de natureza financeira, e faz menção expressa à redução de base de cálculo ou de crédito presumido ou outorgado, o que peca pela redundância, uma vez que tais mecanismos não deixam de ser incentivos ou benefícios fiscais, já insertos na regra.

A título de exemplo, não é possível ao Município estabelecer que a alíquota do ISS é de dois pontos percentuais (cumprindo formalmente a alíquota máxima) e conceder uma redução de base de cálculo de 50%, caso em que alíquota efetiva das operações seria de um ponto percentual.

A norma comporta exceções, ou seja, serviços que podem ser objeto de concessão de benefícios fiscais que reduzam a carga tributária efetiva abaixo da alíquota mínima de 2%. São os listados no quadro abaixo:

Item 7.02 – Execução, por administração, empreitada ou subempreitada, de obras de construção civil, hidráulica ou elétrica e de outras obras semelhantes, inclusive sondagem, perfuração de poços, escavação, drenagem e irrigação, terraplanagem, pavimentação, concretagem e a instalação e montagem de produtos, peças e equipamentos (exceto o fornecimento de mercadorias produzidas pelo prestador de serviços fora do local da prestação dos serviços, que fica sujeito ao ICMS).
Item 7.05 – Reparação, conservação e reforma de edifícios, estradas, pontes, portos e congêneres (exceto o fornecimento de mercadorias produzidas pelo prestador dos serviços, fora do local da prestação dos serviços, que fica sujeito ao ICMS).
Item 16.01 – Serviços de transporte coletivo municipal rodoviário, metroviário, ferroviário e aquaviário de passageiros. A título de exemplo, não é possível ao Município estabelecer que a alíquota do ISS é de dois pontos percentuais (cumprindo formalmente o art. 88, I, do ADCT) e conceder uma redução de base de cálculo de 50%, caso em que alíquota efetiva das operações seria de um ponto percentual, descumprindo o art. 88, II, do ADCT.

Para reforçar o caráter impositivo da proibição, a Lei Complementar 157/2016 tipificou como **ato de improbidade administrativa** "conceder, aplicar ou manter benefício financeiro ou tributário contrário ao que dispõem o *caput* e o § 1º do art. 8º-A da Lei Complementar nº 116/2003" (Lei 8.429/1992, art. 10, XXII, com a redação dada pela Lei nº 14.230/2021).

15.3.2 Isenção heterônoma nas exportações

Segundo o art. 156, § 3 º, II, da CF/1988, cabe à lei complementar excluir da incidência do ISS exportações de serviços para o exterior. Conforme se analisou no item 2.10.3 do Capítulo 2, a autorização é exceção ao princípio que impede a União Federal de conceder isenção de tributo que não seja de sua competência (**isenção heterônoma**).

A prerrogativa isentiva foi exercida pela União por meio da Lei Complementar 116/2003, que, em seu art. 2º, I, afirma que o ISS não incide sobre as **exportações de serviços** para o exterior do País. Fixando os limites para o alcance do dispositivo, seu parágrafo único estabelece que não se enquadram na regra isentiva "os serviços desenvolvidos no Brasil, cujo resultado aqui se verifique, ainda que o pagamento seja feito por residente no exterior".

Aplicando a regra, o Superior Tribunal de Justiça entende ser "condição para que haja exportação de serviços desenvolvidos no Brasil que o resultado da atividade contratada não se verifique dentro do nosso País, sendo de suma importância, por conseguinte, a compreensão do termo 'resultado' como disposto no parágrafo único do art. 2º" (STJ, 1ª T., REsp 831.124/RJ, Rel. Min José Delgado, j. 15/08/2006, DJ 25/09/2006).

Nesse contexto, há interessante precedente que analisa a questão relativa ao local da ocorrência de resultado de serviço prestado a tomador estrangeiro e por ele pago. No caso em questão, era discutida a incidência do imposto sobre o serviço de reparo realizado em embarcação de bandeira estrangeira que se encontrava em águas brasileiras. Os contribuintes alegavam que tais embarcações ostentavam o status de território estrangeiro e que o fato de elas posteriormente partirem para o exterior transmitiria para lá os resultados dos serviços prestados.

Discordando da argumentação, o STJ afirmou que "a feitura de reparos e a manutenção dos navios se mostram úteis desde logo para os tomadores/contratantes do serviço, que deles passam a usufruir ainda em águas nacionais, não se configurando, com isso, a sustentada hipótese de exportação de serviços" (STJ, 1ª T., REsp 1.805.226/SP, Rel. Min. Sérgio Kukina, j. 09/11/2021, DJe 19/11/2021).

A decisão é correta, estando em plena consonância com o disposto no art. 111, II, do Código Tributário Nacional (analisado no item 4.3.1 do Capítulo 4), que determina a interpretação literal (tecnicamente, seria melhor falar "estrita") das disposições de lei que versem sobre isenções.

15.3.3 Fato gerador

O fato gerador do ISS está definido no art. 1.º da LC 116/2003, nos seguintes termos:

> "Art. 1.º O Imposto Sobre Serviços de Qualquer Natureza, de competência dos Municípios e do Distrito Federal, tem como fato gerador a prestação de serviços constantes da lista anexa, ainda que esses não se constituam como atividade preponderante do prestador.
>
> § 1.º O imposto incide também sobre o serviço proveniente do exterior do País ou cuja prestação se tenha iniciado no exterior do País.
>
> § 2.º Ressalvadas as exceções expressas na lista anexa, os serviços nela mencionados não ficam sujeitos ao Imposto Sobre Operações Relativas à Circulação de Mercadorias e Prestações de Serviços de Transporte Interestadual e Intermunicipal e de Comunicação – ICMS, ainda que sua prestação envolva fornecimento de mercadorias.
>
> § 3.º O imposto de que trata esta Lei Complementar incide ainda sobre os serviços prestados mediante a utilização de bens e serviços públicos explorados economicamente mediante autorização, permissão ou concessão, com o pagamento de tarifa, preço ou pedágio pelo usuário final do serviço.
>
> § 4.º A incidência do imposto não depende da denominação dada ao serviço prestado".

15.3.4 Sujeito ativo

Durante muito tempo, a determinação do sujeito ativo do ISS movimentou acalorados debates na comunidade jurídica, sendo bastante comuns os casos em que mais de um Município se considerava competente para a cobrança do tributo relativo a uma mesma prestação de serviço. Isso porque, num cenário de crescente conurbação das cidades e de avanço tecnológico, é comum que as pessoas, ao buscarem por determinado serviço, ultrapassem os limites de sua municipalidade, contratando prestadores localizados nos mais diversos lugares do Brasil.

Nessas situações, havia dúvida sobre se o ISS incidente na operação seria devido ao Município em que localizado o **prestador do serviço** ou ao Município em que domiciliado o **tomador (contratante) do serviço**. A escolha da primeira opção poderia fomentar indesejada guerra fiscal entre os entes federados – uma vez que as empresas naturalmente escolheriam como sede o Município que oferecesse a menor carga tributária –, além de potencialmente gerar desequilíbrios na distribuição da arrecadação, concentrando-a em determinados Municípios, mesmo neles não ocorrendo a maior parte da prestação dos serviços. Por outro lado, considerar como sujeito ativo do tributo o Município da prestação do serviço poderia representar um entrave às empresas, que precisariam dispor de uma complexa estrutura burocrática para o recolhimento de ISS a diversos Municípios, tendo que atentar para a legislação de cada um deles.

A controvérsia foi dirimida pela Lei Complementar 116/2003, que em seu art. 3º expressamente adotou a primeira opção, estabelecendo, como regra, que "o serviço considera-se prestado, e o imposto, devido, **no local do estabelecimento prestador ou, na falta do estabelecimento, no local do domicílio do prestador**". A regra, no entanto, é entrecortada por inúmeras exceções (previstas nos incisos e parágrafos do próprio art. 3º), que existem justamente para, em situações específicas, atenuar os desequilíbrios causados pela regra, no tocante à concentração da arrecadação.

Algumas dessas exceções foram introduzidas pela Lei Complementar 157/2016, visando a uma **distribuição entre os municípios brasileiros do produto da arrecadação do ISS** incidente sobre serviços para os quais a utilização da regra geral do art. 3º da LC 116/2003 direciona os recursos para os cofres de alguns poucos entes, como regra os mais desenvolvidos do País.

Em suma, foram excluídos da regra da "competência definida pelo local do estabelecimento prestador" os seguintes serviços: a) planos de medicina de grupo ou individual; b) administração de fundos quaisquer e de carteira de cliente; c) administração de consórcios; d) administração de cartão de crédito ou débito e congêneres; e e) arrendamento mercantil. Para eles, a LC 157/2016 estipulou como critério para a definição do sujeito ativo do ISS o **domicílio do tomador de serviços**.

Com a nova disciplina, os Municípios em que domiciliados os usuários do serviço arrecadariam o imposto incidente, o que propiciaria uma mais ampla divisão da arrecadação tributária entre os diversos rincões do Brasil e, por conseguinte, colaboraria com o objetivo fundamental da República de diminuir as desigualdades regionais (CRFB, art. 3º, III).

Como exemplo apto a propiciar a compreensão da nova regra, imagine-se uma financeira administradora de cartão de crédito com clientes nos mais de 5,5 mil Municípios da Federação. Imagine-se que essa administradora opere essencialmente de forma virtual e possua um único estabelecimento, no qual funciona sua sede, localizado no Município de São Paulo. Aplicada a regra geral, a capital paulista seria a única destinatária de toda a arrecadação de ISS decorrente do serviço prestado aos milhares de usuários espalhados por todo o País, agravando as desigualdades regionais. Com a LC 157/2018, o problema estaria resolvido e os milhares de municípios brasileiros seriam contemplados com a arrecadação do ISS relativo aos serviços prestados aos clientes neles domiciliados.

Contudo, em 2018, o Ministro Alexandre de Morais concedeu monocraticamente medida cautelar nos autos da ADI 5.835/DF **suspendendo a novidade**, bem como toda a legislação municipal que houvesse sido editada em seu complemento. O fundamento invocado para a suspensão foi o **princípio da segurança jurídica**, que segundo o Ministro estaria sendo violado pela **falta de definição legal precisa do tomador de serviços**. No entender do Ministro, a situação poderia gerar conflitos de competência entre os Municípios, inclusive com a possibilidade de dupla tributação, o que se verificaria na hipótese de municípios distintos adotarem critérios diferentes. Nesse sentido, são emblemáticas as seguintes palavras do julgador:

> "A ausência dessa definição e a existência de diversas leis, decretos e atos normativos municipais antagônicos já vigentes ou prestes a entrar em vigência acabarão por gerar dificuldade na aplicação da Lei Complementar Federal, ampliando os conflitos de competência entre unidades federadas e gerando forte abalo no princípio constitucional da segurança jurídica, comprometendo, inclusive, a regularidade da atividade econômica, com consequente desrespeito à própria razão de existência do artigo 146 da Constituição Federal."

Tendo em vista a cautelar, o Congresso Nacional editou a LC 175/2020, que **definiu quem seria o tomador de cada um dos serviços objeto da alteração**, salvo para os serviços de *leasing*, franquia e *factoring*, que tiveram a nova regra de competência revogada e voltaram a se submeter à regra geral de competência estatuída no art. 3º da LC 116/2003 (estabelecimento prestador). Além disso, visando a facilitar a árdua tarefa de cumprir obrigações acessórias estabelecidas por milhares de municípios no País e para eles recolher tributos, a nova Lei também instituiu um interessante **padrão nacional de obrigação acessória** e um órgão destinado a sua regulação (Comitê Gestor das Obrigações Acessórias do ISS).

O problema parecia estar resolvido, mas as ações ajuizadas com o objetivo de aferir a constitucionalidade da LC 157/2018 foram aditadas e, tendo em vista a continuidade normativa, passaram a analisar a constitucionalidade da LC 175/2020.

No julgamento de tais ações, o Supremo Tribunal Federal entendeu que **as inconsistências remanesceram, uma vez que a nova LC não conseguiu ser clara e detalhada o suficiente para definir com precisão o tomador de serviços e estabelecer a necessária segurança jurídica na identificação do sujeito ativo do imposto incidente sobre os mencionados serviços**. Pela relevância, transcreve-se abaixo o trecho mais significativo da Ementa (ADI 5862-DF):

> "5. Alterações promovidas pela Lei Complementar 157/2016. Medida Cautelar deferida por ausência de segurança jurídica. Superveniência da Lei Complementar 175/2020. Inexistência de avanço na densidade normativa, persistindo

ausência de clareza na definição do domicílio do tomador de serviços. Para que o imposto seja devido no local do domicílio do tomador dos serviços é necessário que a alteração legislativa estabeleça, com exatidão, o seu conteúdo, sob pena de ensejar insegurança jurídica apta a provocar considerável conflito de competência e retrocesso nas relações ficais, mormente diante de um universo de mais de cinco mil municipalidades na federação brasileira."

O **padrão nacional de obrigação acessória** até foi elogiado na decisão. Contudo, como estava umbilicalmente ligado às novas regras de competência cuja inconstitucionalidade se reconhecia, o STF entendeu que a previsão não detinha autonomia normativa, declarando-a **inconstitucional por arrastamento** (ADI 5862-DF).

15.3.5 Base de cálculo

A base de cálculo do ISS é o **preço do serviço**, conforme definido pelo art. 7.º da LC 116/2003. Não poderia ser diferente, pois a base de cálculo deve ser sempre uma grandeza que quantifique a riqueza tributada pelo imposto.

13.3.6 Contribuinte

Nos termos do art. 5.º da LC 116/2003, contribuinte do ISS é o **prestador do serviço**.

15.3.7 Lançamento

O ISS é lançado **por homologação**, pois é o próprio sujeito passivo que, a cada fato gerador, calcula o montante do tributo devido e antecipa o pagamento sem prévio exame da autoridade administrativa, cabendo a esta verificar a correção do procedimento e, se for o caso, homologá-lo, podendo, ainda, lançar de ofício as diferenças porventura devidas.

15.3.8 Visão geral do imposto

	Imposto sobre Serviços de Qualquer Natureza – ISS
Função predominante	Fiscal
Princípio da legalidade	Está sujeito
Princípio da anterioridade	Está sujeito

Princípio da noventena	Está sujeito
Fato gerador	– prestação de serviços constantes da lista anexa à Lei Complementar 116/2003, ainda que esses não se constituam como atividade preponderante do prestador; – serviço proveniente do exterior do País ou cuja prestação se tenha iniciado no exterior do País; – serviços prestados mediante a utilização de bens e serviços públicos explorados economicamente mediante autorização, permissão ou concessão, com o pagamento de tarifa, preço ou pedágio pelo usuário final do serviço.
Base de cálculo	É o preço do serviço
Contribuinte	É o prestador do serviço
Lançamento	Por homologação
Cumulação de impostos	No caso de serviços prestados em conjunto com mercadorias, é possível a cobrança conjunta de ICMS e ISS se o serviço estiver previsto na LC 116/2003, **com** ressalva de cobrança do ICMS

Para acessar as questões referentes a esse capítulo, utilize o QR Code ao lado.

16

IVA DUAL: IMPOSTO SOBRE BENS E SERVIÇOS – IBS E CONTRIBUIÇÃO SOBRE BENS E SERVIÇOS – CBS

16.1 REFORMA TRIBUTÁRIA E ADOÇÃO DO MODELO DE IVA DUAL

No modelo originalmente concebido pela Constituição Federal de 1988, a tributação do consumo era partilhada entre os três níveis federativos. A **União** detinha competência para a instituição do IPI e das contribuições para a seguridade social incidentes sobre receita bruta (PIS e Cofins) e sobre importações (PIS e Cofins-importação); os **Estados** foram contemplados com o ICMS; os **Municípios** podiam instituir o ISS; e o **Distrito Federal** acumulava as competências estadual e municipal (ICMS e ISS).

Esse modelo tripartite de tributação do consumo resultou, como era de se esperar, num sistema normativo composto pela legislação nacional e por um complexo (e não padronizado) emaranhado de 27 legislações de ICMS e 5.568 legislações de ISS, que aumentava assustadoramente o denominado **"custo de conformidade"** dos contribuintes, aquele com o qual o sujeito passivo precisa arcar para se manter em situação de regularidade fiscal. Tal custo é composto por despesas com mão de obra especializada, conservação de documentos, emissão de documentos fiscais, preenchimento de declarações, atendimento de requisições dos Fiscos, retenção de tributos, contratação de consultorias ou advogados, dentre outros gastos, os quais se somam à carga tributária propriamente dita.

A tributação do consumo por três diferentes esferas federativas – com competência para editar normas sobre os tributos que administravam – também dificultava uma maior **integração brasileira ao comércio internacional**. Isso porque os países que negociam com o Brasil não enxergavam transparência no tratamento tributário a ser dado às importações de suas mercadorias e serviços.

A solução ideal para esses problemas, sob o ponto de vista técnico, teria sido unificar a tributação do consumo em torno de um único **Imposto sobre Valor Agregado (IVA)** – de competência federal, com arrecadação partilhada com todos os entes federados –, acrescido apenas de um **imposto seletivo**, destinado a cumprir o papel extrafiscal de desestimular o consumo de bens e serviços prejudiciais à saúde ou ao meio ambiente.

Contudo, o temor dos Estados-membros de perder por completo a administração de um imposto com a abrangência do ICMS, seu principal tributo, fez com que, na Reforma Tributária promovida pela EC 132/2023, fosse adotado um modelo semelhante ao canadense, o do **IVA dual**, composto, no Brasil, pela **Contribuição sobre Bens e Serviços (CBS)**, de competência da União, e pelo **Imposto sobre Bens e Serviços (IBS)**, de competência compartilhada entre Estados, Distrito Federal e Municípios, algo inédito no Direito Tributário brasileiro.

Em âmbito federal, após o cumprimento das regras de transição, serão **extintas** duas contribuições para o custeio da seguridade social, a **Cofins** e o **PIS**, tanto na versão geral, incidente sobre a receita bruta, quanto na específica, incidente sobre as importações. A exação criada para substituí-las, a CBS, terá a mesma destinação, impedindo que os subsistemas da seguridade social (previdência, saúde e assistência social) sejam prejudicados com uma queda de arrecadação vinculada.

A versão original da Reforma Tributária previa também a extinção do Imposto sobre Produtos Industrializados (**IPI**), mas esse tributo acabou sendo **mantido com um novo papel**, o de assegurar o diferencial competitivo da **Zona Franca de Manaus** no tocante aos produtos que nela têm sua industrialização incentivada. Diante de tal restrição, entendeu-se por criar um novo imposto para cumprir uma função que historicamente era do IPI, a de desestimular o consumo de produtos nocivos à saúde ou ao meio ambiente. Assim, nasceu o **Imposto Seletivo (IS)**, detalhado no Capítulo 13, em seu subitem 13.8.

No âmbito dos entes subnacionais, as alterações foram mais simples. O **ICMS** e o **ISS** serão **extintos**, sendo criado, em substituição, o **IBS**, de competência compartilhada entre Estados, Distrito Federal e Municípios.

Em apertada síntese, pode-se afirmar que a nova tributação do consumo no Brasil, após o período de transição, implicará a **extinção de quatro tributos** (ICMS, ISS, PIS e Cofins, nas suas versões geral e sobre importações) e a **criação de três** (CBS, IBS e imposto seletivo). Além disso, haverá a **redução do alcance do IPI e do IOF** (este, a partir de 2027, passará a não mais incidir sobre seguros) e a autorização para a criação de uma transitória **contribuição sobre produtos primários e semielaborados**, estudada no subitem 1.4.6.5 do Capítulo 1.

A nova tributação do consumo no Brasil, excluída a contribuição citada acima (por ser transitória), pode ser ilustrada na tabela abaixo:

<table>
<tr><th colspan="2"></th><th>ANTES</th><th>DEPOIS</th></tr>
<tr><td rowspan="2">DF</td><td>ESTADOS</td><td>ICMS</td><td rowspan="2">IBS</td></tr>
<tr><td>MUNICÍPIOS</td><td>ISS</td></tr>
<tr><td colspan="2" rowspan="4">UNIÃO</td><td>PIS</td><td rowspan="2">CBS</td></tr>
<tr><td>COFINS</td></tr>
<tr><td rowspan="2">IPI</td><td>IMPOSTO SELETIVO</td></tr>
<tr><td>IPI*</td></tr>
</table>

*O IPI continuará existindo com o único propósito de assegurar o diferencial competitivo da Zona Franca de Manaus.

Neste capítulo, serão analisados em profundidade o IBS e a CBS, tributos que juntos compõem o núcleo da Reforma Tributária e o "coração" da nova tributação sobre o consumo. O estudo desses tributos foi reservado a um capítulo específico por duas razões. Primeiro, devido à competência compartilhada relativa ao IBS, que impede sua classificação formal como tributo federal, estadual ou municipal, tornando inadequada sua inclusão nos Capítulos 13, 14 ou 15. Segundo, porque a CBS, como será explicado adiante, foi instituída pela mesma Lei Complementar nacional que criou o IBS (LC 214/2025) e apresenta uma identidade estrutural com ele, justificando, assim, o estudo concomitante de ambos os tributos.

16.2 IDENTIDADE ESTRUTURAL DE IBS E CBS

O art. 124, parágrafo único, do Ato das Disposições Constitucionais Transitórias, prevê que CBS e IBS serão instituídos pela mesma lei complementar, o que foi cumprido com a edição da LC 214/2025. Os tributos são **estruturalmente idênticos** quanto a seus principais aspectos, de modo a se poder chegar ao percentual total devido pelo sujeito passivo a título de "IVA-dual brasileiro" mediante uma simples soma de alíquotas (CBS + IBS-estadual + IBS-municipal).

Como meio de garantir tal identidade estrutural, o art. 149-B da Constituição Federal impõe que CBS e IBS tenham os mesmos fatos geradores, bases de cálculo, hipóteses de não incidência, sujeitos passivos, imunidades, regimes específicos, diferenciados ou favorecidos de tributação e regras de não cumulatividade e de creditamento. Ou seja, impõe-se absoluta igualdade entre os elementos essenciais dos mencionados tributos.

Para se ter ideia do alcance da regra, no tocante aos impostos previstos no Sistema Tributário Nacional, o art. 146, III, "a", da CRFB/1988, impõe que lei complementar estabeleça seus fatos geradores, bases de cálculo e contribuintes, de forma a impedir que existam relevantes diferenças, por exemplo, entre o IPTU de dois municípios distintos. Já no tocante à CBS e ao IBS, o inciso 149-B exige uma equivalência ainda maior, a começar pela menção ao termo mais abrangente **"sujeitos passivos"** (em vez de "contribuintes"), o que impõe que os casos de responsabilidade tributária também sejam idênticos para ambos os tributos.

As **hipóteses de não incidência**, inclusive as imunidades, coincidirão para os dois tributos. Tanto à **CBS** quanto ao **IBS** somente serão aplicáveis as imunidades destinadas aos **impostos,** previstas no art. 150, VI, da CRFB/1988, não sendo a CBS alcançada pela imunidade prevista para as contribuições para a seguridade social, estabelecida em favor das entidades beneficentes de assistência social (CF, art. 195, §7º). Nota-se, aqui, que o poder constituinte derivado deu mais valor ao objetivo de igualar os aspectos essenciais dos tributos do que ao de preservar algumas especificidades que separam os impostos das contribuições sociais.

A exigência de idêntica disciplina normativa abarca igualmente os **regimes específicos, diferenciados ou favorecidos de tributação**, retirando dos entes federados o poder de conceder benefícios fiscais. Essa restrição, sob a ótica do pacto federativo brasileiro, é uma das principais conquistas da Reforma, conforme se passa a explicar.

Apesar de o art. 156-A da CRFB/1988 afirmar que o IBS é um tributo de competência compartilhada entre Estados, Distrito Federal e Municípios, sua instituição se deu por meio da Lei Complementar 214/2025, de caráter nacional, não sendo possível aos entes subnacionais legislar sobre os aspectos mais relevantes do tributo, ressalvada a **definição das respectivas alíquotas**. A regra fortalece o caráter nacional do imposto e, aliada a outras analisadas neste Capítulo, impede a nefasta utilização da concessão de benefícios fiscais como mecanismo de deflagração de guerra fiscal.

Nem mesmo a possibilidade de manipulação das alíquotas servirá ao propósito de atrair empresas ao território do respectivo ente, uma vez que o produto da arrecadação do IBS será do Estado e do Município destinatários do bem ou serviço, sendo irrelevante a alíquota vigente na origem. Trata-se de um caminho para o fim da guerra fiscal na tributação do consumo. Há, contudo, uma longa regra de transição, estabelecida no art. 131 do ADCT, que prevê a conclusão da migração da arrecadação da origem para o destino somente em 2077, o que adia por bastante tempo o sepultamento da guerra fiscal.

Também merece destaque a exigência de **igualdade entre as regras de não cumulatividade e de creditamento** relativas à CBS e ao IBS. Conforme será aprofundado no subitem 16.4.6, um dos pontos mais importantes para a simplificação da tributação do consumo implementada pela Emenda Constitucional 132/2023 é a migração do sistema de **crédito físico** (base do ICMS e do IPI) para o de **crédito financeiro**. Neste modelo, o direito a creditamento é amplíssimo, podendo o contribuinte se creditar do montante do tributo cobrado sobre todas as operações nas quais seja adquirente de bem – material ou imaterial, inclusive direito – ou serviço, excetuadas exclusivamente as consideradas de uso ou consumo pessoal especificadas no art. 57 da Lei Complementar 214/2025 e as hipóteses previstas na Constituição.

A proibição ao creditamento do tributo cobrado nas aquisições para uso ou consumo pessoal visa a evitar a prática – semelhante àquela adotada por contribuintes do IRPJ e da CSLL na sistemática do lucro real – de imputar à pessoa jurídica uma despesa que, na realidade, é de uma pessoa física que compõe seu quadro societário. No tocante ao IRPJ e à CSLL, o objetivo é o de artificialmente diminuir o lucro real e, por conseguinte, o imposto e a contribuição a serem pagos. Já no que concerne ao IBS e à CBS, artifício semelhante visaria à utilização de créditos para abater dos tributos devidos.

A título de exemplo, imagine-se a aquisição, em nome da pessoa jurídica, de veículo a ser fornecido de forma não onerosa para uso pessoal de um de seus sócios. Por óbvio, a pessoa jurídica que formalmente figurou como adquirente não poderia se creditar dos valores do IBS e da CBS incidentes na operação, tendo em vista a expressa vedação constitucional (art. 156-A, § 1º, VIII), regulamentada pelo art. 57, II, *b*, da LC 214/2025.

Apesar de se tratar de regra justa e aparentemente moralizante, sua fiscalização será bastante complexa e, por vezes, motivo de controvérsia, por depender de análise acurada da real configuração do bem como de uso pessoal, misto ou empresarial. De qualquer forma, o mais importante para este ponto do estudo é perceber que, diante da imposição constitucional de igualdade nas regras de creditamento de IBS e CBS, não pode haver caso em que a utilização de determinado crédito seja permitida pela legislação de um, mas não pela do outro tributo.

16.3 PRINCÍPIO DA NEUTRALIDADE

Nos termos preconizados pelo § 1º do art. 156-A da CRFB/1988, o **IBS** será informado pelo **princípio da neutralidade**. Apesar de não previsto expressamente, o mesmo princípio se aplica à **CBS**, uma vez que ela compartilha com o imposto sua identidade estrutural, conforme estudado no item 16.2.

Segundo o art. 2º da Lei Complementar 214/2015, o respeito à neutralidade implica que o IBS e a CBS "devem evitar distorcer as decisões de consumo e de organização da atividade econômica", observadas as exceções previstas na Constituição Federal e na própria lei complementar. Quando o tributo incide de forma mais severa sobre determinados setores da economia, os produtores são incentivados a migrar para setores menos onerados. Da mesma forma, a desoneração de determinados produtos e serviços tanto incentiva os produtores a disponibilizá-los quanto motiva os consumidores a preferi-los ou, no caso de um benefício temporário, a antecipar suas aquisições. Em ambos os casos, o tributo não é neutro, pois induziu um comportamento específico dos agentes econômicos.

Não existe tributo absolutamente neutro, pois o impacto da criação de uma nova exação sempre redunda em alguma mudança de comportamento dos agentes econômicos. Dessa forma, a neutralidade, como todo verdadeiro princípio, é uma diretriz, um valor a ser perseguido, devendo levar os agentes políticos a aquilatar, quando dos estudos necessários à criação de um novo tributo, o quão distorcivo ele tende a ser e quais os seus potenciais efeitos econômicos e sociais, em comparação com as demais alternativas disponíveis.

Por exemplo, devem ser evitados tributos que, incorporando-se ao custo de produção, onerem exageradamente o produto nacional, dificultando-lhe a concorrência com o similar estrangeiro. Como alternativas de combate a tais efeitos deletérios, têm-se a desoneração (por isenção ou não incidência, da qual é espécie a imunidade) do produto nacional e/ou a atribuição de crédito presumido ao exportador.

Nessa segunda hipótese, sob certa ótica, o incentivo à exportação poderia até ser considerado avesso ao princípio da neutralidade, uma vez que incentiva especificamente certa atividade econômica (a exportação). No entanto, o uso do tributo como mecanismo de estímulo ou desestímulo a determinadas atividades é plenamente compatível com o sistema tributário nacional e sempre resulta de uma ponderação realizada pelo legislador. No caso do incentivo às exportações, o princípio da neutralidade cede ao ser ponderado com o objetivo de garantir o desenvolvimento nacional (CF, art. 3º, II), o que é operacionalizado através do que a doutrina denomina de **"uso extrafiscal do tributo"**.

Existem casos em que se faz uso extrafiscal do tributo com o objetivo de induzir comportamentos desejáveis dos agentes econômicos. São hipóteses em que o tributo propositadamente se afasta da neutralidade, sendo a distorção gerada por sua incidência justamente o resultado almejado pela norma.

A título de exemplo, quando o poder constituinte derivado atribui à União a competência para instituir imposto sobre a "produção, extração, comercialização ou importação de bens e serviços prejudiciais à saúde ou ao meio ambiente" (CF, art. 153, VIII), seu objetivo é desestimular o consumo de tais bens e serviços. Trata-se, portanto, de manifesta e desejada ausência de neutralidade, pois a incidência do tributo claramente induz determinado comportamento dos agentes econômicos.

Em suma, pode-se afirmar que o princípio da neutralidade não é absoluto – como, aliás, nenhum princípio o é –, não impedindo, portanto, a utilização extrafiscal do tributo.

16.4 DISPOSIÇÕES CONSTITUCIONAIS COMUNS A CBS E IBS

O § 1º do art. 156-A da CRFB/1988 estabelece um conjunto de princípios e regras que delineiam o perfil constitucional do IBS. No entanto, o § 16 do art. 195 da Carta, norteado pela ideia da necessária identidade estrutural entre os desenhos da CBS e do IBS, impõe que a maioria das normas estatuídas topograficamente no dispositivo que trata do imposto sejam também aplicadas à contribuição.

É dessa disciplina comum que se passa a tratar nos tópicos seguintes.

16.4.1 Amplitude conceitual da expressão "bens e serviços"

Segundo o art. 156-A, § 1º, I, da Constituição Federal, o IBS (e, por conseguinte, a CBS), "incidirá sobre operações com bens materiais ou imateriais, inclusive direitos, ou com serviços".

Da maneira como redigido o dispositivo, encerra-se uma discussão que tendia a se eternizar, referente ao **conceito de serviço** para fins de tributação pelo Imposto sobre Serviços de Qualquer Natureza (ISSQN).

Inspirada pelos dizeres do art. 110 do CTN, parte da doutrina defendia que o conceito de serviço deveria ser buscado à luz do Direito Privado, de cujas premissas resultaria a conclusão de somente existir prestação de serviço – e, portanto, tributação pelo ISS – quando fosse o prestador contratado para **fazer** algo em benefício do tomador. Foi desse conceito que surgiu a famosa lacuna tributária relativa à locação de bens móveis, que, por não gerar circulação jurídica de mercadoria, não era alvo da incidência do ICMS, e por não se enquadrar como típica **obrigação de fazer**, mas como **obrigação de dar**, também não estaria sujeita ao ISS.

É verdade que o STF já indicava uma tendência de abandonar as concepções civilistas e caminhar para um conceito mais amplo de serviços para fins de tributação (p. ex., no caso do julgamento do RE 651.703/PR). No entanto, a previsão de incidência de CBS e IBS sobre "bens materiais ou imateriais, inclusive direitos, ou serviços" é tão ampla que torna, para tais tributos, irrelevante a discussão.

A unificação da tributação de bens e serviços com expressa menção ao caráter material ou imaterial dos bens e a inclusão dos direitos é também apta a evitar discussões praticamente filosóficas sobre o enquadramento das utilidades fornecidas e necessidades atendidas por **meio digital**. São casos como o da criação de *softwares* com fornecimento em mídia ou acesso em nuvem (em larga escala ou sob encomenda), o da aquisição de arquivos digitais e o do *streaming* de áudio e vídeo. Chega-se, agora, ao menos no tocante a tal aspecto, a uma seara de maior segurança jurídica, em que essas atividades e todos os demais fornecimentos de utilidades – quer configurem bens, quer se enquadrem como serviços –, são igualmente sujeitos à CBS e ao IBS.

Deve ser destacada a utilização do vocábulo **"bem"**, de alcance mais abrangente que o da palavra **"mercadoria"**, utilizada na atribuição constitucional de competência para a instituição do ICMS. São bens as coisas que possuem valor economicamente aferível, tendo em vista a satisfação de alguma necessidade e a suscetibilidade de apropriação individual; já as mercadorias compõem um subconjunto dos bens, englobando somente os que estão em circulação comercial com o intuito de lucro.

Uma das discussões que tiveram como pano de fundo a diferença entre os conceitos de "bem" e "mercadoria" é comentada no subitem 16.4.2. De qualquer forma, é fácil perceber que, com a criação de um imposto e de uma contribuição sobre "bens e serviços", o Brasil se alinha à moderna terminologia prevalente no âmbito internacional (*goods and services tax*) e sepulta também quanto a tal ponto potenciais celeumas.

Ainda com o objetivo de dar a maior amplitude possível à base de incidência do IVA dual e possibilitar a tributação de praticamente qualquer atividade econômica, o § 8º do art. 156-A da CRFB/1988 permite que a lei complementar que institua o IBS (a mesma que institui a CBS) estabeleça "o conceito de operações com serviços, seu conteúdo e alcance, admitida essa definição para qualquer operação que não seja classificada como operação com bens materiais ou imateriais, inclusive direitos".

A autorização constitucional foi utilizada pela LC 214/2025, que, logo após conceituar operações com bens como "todas e quaisquer que envolvam bens móveis ou imóveis, materiais ou imateriais, inclusive direitos" (art. 3º, I, a), classifica como operações com serviços "todas as demais que não sejam enquadradas como operações com bens nos termos da alínea 'a'"(art. 3º, I, b).

Com essa disciplina constitucional e legal, o conceito de serviço passa a ser **residual**, pois tudo o que não se enquadrar (resíduo) na abrangente expressão de "operação com bens", automaticamente estará inserido no conceito de "operação com serviço", sujeitando-se, do mesmo modo, ao IBS e à CBS.

16.4.2 Incidência nas importações

Nos termos do art. 156-A, § 1º, II, da Constituição, o IBS (e, da mesma forma, a CBS) "incidirá também sobre a **importação** de **bens** materiais ou imateriais, inclusive direitos, ou de **serviços** realizada por **pessoa física** ou **jurídica**, ainda que não seja sujeito passivo habitual do imposto, qualquer que seja a sua finalidade".

A redação do dispositivo é claramente inspirada naquela conferida pela EC 33/2001 ao art. 155, § 2º, IX, *a*, da Constituição, que veio a lume para corrigir grande injustiça gerada por um entendimento equivocado do Supremo Tribunal Federal, conforme se passa a expor.

Na redação original da Constituição Federal de 1988, grandes foram as discussões sobre a possibilidade de sujeição ao ICMS de bens importados para uso próprio diretamente pelos seus usuários finais não comerciantes. Um dos pontos mais importantes da celeuma era o entendimento, defendido por parte da doutrina, de que os bens importados para uso próprio do importador (consumidor final) perdiam a condição de mercadoria – já que não mais destinados à comercialização –, não se sujeitando, por conseguinte, ao ICMS. Corroborava tal conclusão a ideia de que o contribuinte de direito do ICMS deveria ser sempre o comerciante, sujeito que, no caso da operação de importação, encontra-se no exterior, fora do alcance da tributação brasileira.

O STF chegou a encampar tal tese – cristalizada na **Súmula 660** –, o que, na prática, acabou redundando em um esdrúxulo benefício exclusivo à indústria estrangeira, uma vez que, enquanto a mercadoria produzida pela indústria nacional estava sujeita ao ICMS, a produzida no exterior e importada pelo seu consumidor final não contribuinte do imposto ficava livre da incidência.

Para contornar a situação, foi editada a **EC 33/2001**, que, além de outras mudanças, passou a prever, no art. 155, § 2º, IX, a, da CRFB/1988, a incidência do ICMS na importação de **bem ou mercadoria**, ainda que o importador não seja contribuinte habitual do imposto, qualquer que seja a sua finalidade, ampliando o campo de incidência do imposto, que, na importação, passou a ser um verdadeiro "ICBMS".

A redação utilizada no dispositivo – **"bem ou mercadoria"** –, apesar de solucionar o problema gerado pelo entendimento do STF, era redundante, pois toda mercadoria é, necessariamente, um bem (o oposto é que não é verdade). Assim, ao prever a instituição da CBS e do IBS, o poder constituinte derivado empregou, na EC 132/2023, redação mais adequada – **"bens e serviços"** –, prevalente no âmbito internacional (*goods and services tax*).

16.4.3 Imunidade nas exportações

Em mais uma das várias cláusulas orientadas pela política segundo a qual **não devem ser exportados tributos, mas, sim, bens e serviços**, a Carta Magna imunizou as exportações ao IVA dual e assegurou ao exportador "a manutenção e o aproveitamento dos créditos relativos às operações nas quais seja adquirente de bem material ou imaterial, inclusive direitos, ou serviço" (CF, art. 156-A, § 1º, III).

Assim, além de não se sujeitar aos mencionados tributos na exportação, o exportador também **não precisará estornar os créditos** relativos às suas aquisições sujeitas à tributação, o que, caso ocorresse, cancelaria parcialmente os efeitos da imunidade.

16.4.4 Legislação nacional única e regime de alíquotas

Segundo o art. 156-A, § 1º, IV, da Constituição, o IBS (do mesmo modo, a CBS) terá "legislação **única** e **uniforme** em todo o território nacional". A exceção a tal regra é a competência assegurada a cada Estado, ao Distrito Federal e a cada Município para, por lei específica, definir a sua alíquota própria de IBS (CF, art. 156-A, § 1º, V), que deverá ser a mesma para todas as operações com bens ou serviços, ressalvados os casos previstos na própria Constituição (CF, art. 156-A, § 1º, VI). Esse modelo retira dos entes subnacionais a possibilidade de utilizar o IBS como mecanismo de incentivo a algum setor econômico não prestigiado por expressa exceção constitucional.

A alíquota total do IBS será a **soma das alíquotas cobradas pelo Estado e pelo Município destinatário da operação** (CF, art. 156-A, § 1º, VII). O Distrito Federal, por não ser dividido em municípios, tem competência para definir as duas alíquotas, o que, na prática, equivale a definir a alíquota total do imposto nas operações a ele destinadas.

Na hipótese de Estado, DF ou Município não estipular sua própria alíquota, será aplicável a **alíquota de referência** da respectiva esfera, a ser definida por resolução do **Senado Federal**, nos termos dos arts. 18 a 20 da Lei Complementar 214/2025, conforme previsto no inciso XII do § 1º do art. 156-A da Constituição.

Com esse regime de alíquotas e a unificação da legislação de IBS e CBS, a ideia é que o contribuinte pague, relativamente ao IVA dual, o somatório das alíquotas municipal, estadual e federal, sendo a soma das primeiras equivalente ao IBS, e a última, correspondente à CBS, conforme ilustrado abaixo:

<table>
<tr><th colspan="2">ENTE</th><th>ALÍQUOTA DO ENTE</th><th>ALÍQUOTAS DE CBS E IBS</th><th>ALÍQUOTA PLENA</th></tr>
<tr><td colspan="2">UNIÃO</td><td>U%</td><td>CBS → U%</td><td rowspan="3">IVA DUAL →
U% + E% + M%</td></tr>
<tr><td rowspan="2">DF</td><td>ESTADO</td><td>E%</td><td rowspan="2">IBS → E% + M%</td></tr>
<tr><td>MUNICÍPIO</td><td>M%</td></tr>
</table>

16.4.4.1 Alíquotas de referência

Conhecer a dinâmica das alíquotas de referência é fundamental para compreender o funcionamento do IVA dual brasileiro e de alguns mecanismos bastante sofisticados introduzidos pela EC 132/2023.

Tal dinâmica é engendrada principalmente para o cumprimento de três objetivos: a) **estabilizar a arrecadação da tributação do consumo** durante as fases de transição do antigo regime para o novo; b) operacionalizar a **transição do regime de tributação na origem para o de tributação no destino**; e c) possibilitar o funcionamento das **travas ao aumento da carga tributária**. Para o aprofundamento do funcionamento das alíquotas na consecução desses objetivos, recomenda-se a leitura do 16.8.2.

Quanto ao papel estabilizador das alíquotas de referência, convém destacar que não se restringirá às fases de transição para o novo regime de tributação do consumo. Segundo o art. 156-A, § 9º, I, da Constituição, qualquer alteração na legislação federal que reduza ou eleve a arrecadação do imposto deverá ser compensada pela elevação ou redução, pelo Senado Federal, das alíquotas de referência. Além disso, numa regra fundada tanto na responsabilidade fiscal quanto na proteção ao contribuinte, o inciso II do mesmo § 9º condiciona a entrada em vigor da legislação que gere impacto sobre a arrecadação do imposto ao início da produção de efeitos do ajuste das alíquotas de referência.

Apesar de ser digna de reconhecimento a engenhosidade dos mecanismos criados, é necessário ressaltar que a eficácia da sistemática das alíquotas de referência como **mantenedora da carga tributária** dependerá integralmente do grau de adesão dos entes federados. Isso porque, como a própria nomenclatura deixa entrever, tais alíquotas são apenas uma referência, não sendo de adoção obrigatória pelos entes federados nem funcionando como piso ou teto para suas alíquotas.

A adoção desse modelo pelo poder constituinte derivado se deu em respeito à **autonomia política e financeira dos entes federados**, principal sustentáculo da forma federativa de Estado, primeira cláusula pétrea enunciada pelo § 4º do art. 60 da CRFB/1988. Acaso se houvesse tornado obrigatória aos entes federados a adoção das alíquotas de referência definidas pelo Senado, a EC 132/2023 seria, neste ponto, inconstitucional, por ferir limite material ao poder de emenda.

Contudo, conforme detalhado no item 16.8.2.3, o § 6º do art. 131 do ADCT estabeleceu que, durante toda a fase de migração do sistema de tributação na origem (para alguns, misto) para o de tributação integralmente no destino (de 2029 a 2077), é vedado aos Estados, ao DF e aos Municípios fixar alíquotas próprias do IBS inferiores às necessárias para garantir as retenções que operacionalizam o sistema de funcionamento do sistema de distribuição de receitas. Assim, apesar de mesmo nesse caso não serem estabelecidos expressamente pisos para as alíquotas estaduais e municipais do IBS, por conta da mencionada regra, durante a fase de transição, tais pisos acabam por existir. Para entendê-los, recomenda-se a leitura do mencionado item 16.8.2.3.

De qualquer forma, da maneira como a sistemática foi planejada, as alíquotas de referência somente serão automaticamente aplicáveis no âmbito de um ente federado quando ele:

a) não editar lei fixando sua própria alíquota (CF, art. 156-A, § 1º, XII); ou
b) optar por vincular suas alíquotas à alíquota de referência.

16.4.5 Princípio da não cumulatividade

Conforme previsto no art. 156-A, § 1º, VIII, da Constituição, o IBS "será **não cumulativo**, compensando-se o imposto devido pelo contribuinte com o montante cobrado sobre todas as operações nas quais seja adquirente de bem material ou imaterial, inclusive direito, ou de serviço, excetuadas exclusivamente as consideradas de uso ou consumo pessoal especificadas em lei complementar e as hipóteses previstas nesta Constituição".

A não cumulatividade é um dos corolários do **princípio da neutralidade**, estatuído no *caput* do § 1º do art. 156-A da CRFB/1988 e comentado no item 16.3. A correlação é lógica, pois, sem respeito à não cumulatividade, CBS e IBS teriam incidência em cascata sobre toda a cadeia de produção e comercialização, multiplicando a carga tributária e o custo de produção, o que induziria os agentes econômicos a artificialmente verticalizar tal cadeia, para se submeter a uma menor carga tributária. Esse efeito é demonstrado no exemplo a seguir.

Imagine-se uma cadeia produtiva formada por uma Indústria (I), que vende um produto por R$ 500,00 para uma Distribuidora (D), que o fornece por R$ 700,00 para uma Revendedora (R), que o revende ao consumidor final por R$ 1.200,00.

Se imaginarmos um imposto cumulativo com alíquota de 20% incidente de forma uniforme em cada etapa, (I) teria que pagar R$ 100,00 de imposto, (D) recolheria R$ 140,00 e (R) pagaria R$ 240,00, de forma que, no total, a cadeia produtiva seria onerada em R$ 480,00 (R$ 100,00 + R$ 140,00 + R$ 240,00), o que equivale a 40% do preço final de venda ao consumidor. Caso (I) conseguisse vender seu produto diretamente ao consumidor final pelos mesmos R$ 1.200,00, a carga tributária seria de apenas R$ 240,00 (20% do valor de venda).

Note-se que o peso do tributo aumenta quando a mercadoria atravessa um número maior de etapas. Como consequência, os agentes econômicos tendem a querer realizar uma **verticalização artificial da cadeia produtiva**, diminuindo as etapas de circulação, com claros prejuízos de organização empresarial e logística. Alternativamente, também podem tentar deslocar para o exterior as cadeias de produção dos bens mais sofisticados, que obrigatoriamente demandam mais etapas de produção. Note-se, portanto, que a cumulatividade do tributo interfere forte e negativamente nas decisões dos agentes econômicos, ferindo de morte o princípio da neutralidade.

Como meio de evitar tal efeito, criou-se a **sistemática de tributação do valor agregado**, na qual, em vez de se tributar o valor total da operação realizada em cada etapa da cadeia produtiva, restringe-se a incidência do tributo a apenas o que houver sido efetivamente adicionado pelo agente econômico na etapa pela qual ele é responsável.

Assim, no exemplo citado, supondo ser (I) o primeiro elo da cadeia, com insumos extraídos da natureza, continuaria a ela cabendo o recolhimento dos mesmos R$ 100,00. Já (D), no entanto, não recolheria o tributo incidente sobre o valor integral da sua venda (R$ 700,00), afinal, os R$ 500,00 relativos à sua compra já foram tributados, e o tributo devido, no valor de R$ 100,00, recolhido por (I). A incidência se daria, então, somente sobre a riqueza nova acrescida por (D), que foi de R$ 200,00 (R$700,00 – R$500,00), sendo de apenas R$ 40,00 o tributo a ser pago. De maneira semelhante, (R) recolheria R$ 100,00, resultantes da aplicação da alíquota de 20% sobre os R$ 500,00 que ela agregou à mercadoria (R$ 1.200,00 – R$ 700,00).

Ao final, a carga tributária incidente sobre a mercadoria totaliza R$ 240,00, exatamente o valor que seria recolhido em uma venda direta realizada pela indústria ao consumidor final. Não se trata de mera coincidência. O que ocorre é que tributar o valor da venda inicial e, nas etapas seguintes, tributar apenas os acréscimos, implica tributar o valor final, uma vez que o valor inicial mais acréscimos é igual ao valor final.

Por uma questão didática, o mecanismo da não cumulatividade foi acima explicado usando a técnica de **"base contra base"**, subtraindo-se da base de cálculo do imposto devido por cada agente o valor da aquisição por ele realizada e calculando-se o imposto sobre o valor adicionado. Contudo, no tocante aos tributos que compõem o IVA dual (IBS e CBS), a implementação da não cumulatividade, nos termos previstos pela Constituição, dar-se-á através do mecanismo de **"imposto contra imposto"**, no qual cada contribuinte calcula o imposto sobre o valor da sua venda e dele abate o imposto já recolhido nas operações anteriores.

Desse modo, no exemplo citado, o contribuinte (D), ao comprar a mercadoria por R$ 500,00, com incidência de R$ 100,00 de tributo, terá esse valor como crédito e o abaterá do débito referente ao valor do tributo que, se não fora a não cumulatividade, incidiria na saída (R$ 140,00). Na prática, o valor devido (R$ 40,00) coincide com o que seria obtido na sistemática de "base contra base", pois, de acordo com a propriedade distributiva da multiplicação, "Alíquota x (Base2 - Base1) = Alíquota x Base 2 - Alíquota x Base1".

16.4.6 Adoção do sistema de crédito financeiro

Um aspecto de grande relevância na análise do alcance do princípio da não cumulatividade é a precisa definição dos créditos passíveis de apropriação por parte do contribuinte. Decerto, quanto mais ampla for a possibilidade de creditamento, melhor para o contribuinte, dado que os valores creditados serão debitados das operações que ele vier a realizar.

No subitem 16.4.5, analisou-se o princípio da não cumulatividade a partir da circulação de uma única mercadoria, que saía da Indústria (I) para a Distribuidora (D), que a vendia para a Revendedora (R), que finalmente a alienava ao consumidor final. No referido exemplo, os créditos dos contribuintes decorreram exclusivamente da circulação da mercadoria mencionada, não tendo sido cogitada a hipótese de crédito relativo a outras operações sujeitas ao imposto, como as aquisições de mercadorias para uso ou consumo dos estabelecimentos envolvidos. Quando o tributo é assim apurado, tem-se a **sistemática de crédito físico** (ou de **"mercadoria *versus* mercadoria"** ou, ainda, de **"crédito vinculado ao insumo"**).

Na verdade, o exemplo dado foi bastante simplificado, pois a não cumulatividade não é operacionalizada mercadoria por mercadoria, uma a uma; mas, sim, por período de tempo, comparando se, ao final de cada período, os débitos e créditos de cada contribuinte. De qualquer forma, o que é fundamental para caracterizar o sistema de crédito físico é o fato de o contribuinte somente poder se creditar do imposto incidente na aquisição da própria mercadoria ou dos insumos utilizados na sua produção (compondo o produto final ou sendo consumidos durante o processo).

Se adotada a sistemática de crédito físico, uma indústria automobilística, por exemplo, somente poderia abater os créditos relativos a produtos intermediários e matérias primas utilizados na produção do veículo, mas não os oriundos dos serviços de comunicações e transporte, tampouco os decorrentes do ativo fixo ou dos materiais de consumo adquiridos pelo estabelecimento. A sistemática, portanto, é bastante restritiva, causando distorções e cumulatividade, sobretudo para comerciantes e prestadores de serviços, categorias que não se utilizam de insumos e produtos intermediários, sendo-lhes, pois, limitadas as possibilidades de creditamento.

A não cumulatividade plena somente é efetivamente implementada com a adoção do **modelo de crédito financeiro**, bem mais favorável aos contribuintes. Trata-se de sistemática na qual toda operação tributada, independentemente do seu objeto, gera crédito ao adquirente ou tomador. Adotado esse modelo, o vendedor de mercadorias pode abater do imposto incidente sobre suas vendas o tributo que incidiu sobre os serviços de comunicações e transporte por ele contratados, bem como sobre a energia elétrica, o ativo fixo e os materiais de consumo adquiridos pelo estabelecimento.

O Supremo Tribunal Federal entende que, no tocante ao **ICMS**, o creditamento garantido pela Constituição é apenas o **físico**, de modo que somente diante de previsão constitucional ou legal expressa poderiam ser criadas hipóteses de creditamento inspiradas no modelo de crédito financeiro. Nesse sentido, são pedagógicas as palavras da Suprema Corte:

> "1. Esta Corte tem sistematicamente entendido que a Constituição de 1988 não assegurou direito à adoção do modelo de crédito financeiro para fazer valer a não-cumulatividade do ICMS, em toda e qualquer hipótese. Precedentes.
>
> 2. Assim, a adoção de modelo semelhante ao do crédito financeiro depende de expressa previsão Constitucional ou legal, existente para algumas hipóteses e com limitações na legislação brasileira.
>
> 3. A pretensão do contribuinte, de assemelhar o ICMS a modelo ideal de Imposto sobre Valor Agregado - IVA, sem prejuízo dos inerentes méritos econômicos e de justiça fiscal, não ressoa na Constituição de 1988".

(STF, 2ª T., RE 447.470-AgR/PR, Rel. Joaquim Barbosa, j. em 14/09/2010, DJe 08/10/2010)

Logo, os créditos relativos à entrada de mercadoria no estabelecimento para seu uso ou consumo, ou para incorporação ao ativo permanente, previstos no art. 20 da Lei Complementar 87/1996 (Lei Kandir), decorreriam de mera opção legislativa, configurando verdadeiro "benefício fiscal". Justamente por isso foram considerados legítimos pelo STF os condicionamentos estatuídos na referida norma: a) o crédito relativo à aquisição para ativo fixo só poderá ser realizado na proporção de 1/48 (um quarenta e oito avos) por mês (LC 87, art. 20, § 5º, I); b) somente a partir de 2033 haverá direito a crédito decorrente das aquisições para uso ou consumo do estabelecimento (LC 87, art. 33, I).

Na ementa de julgamento do RE 447.470-AgR/PR, citado acima, a Suprema Corte caracterizou a pretensão do contribuinte (de usar crédito financeiro) como própria de um modelo ideal de IVA. Foi esse modelo de não cumulatividade que inspirou o IVA dual adotado com o advento da Emenda Constitucional 132/2023.

Em suma, pode-se afirmar que **IBS** e **CBS** adotam a **sistemática de crédito financeiro**, com as já mencionadas vantagens do modelo escolhido. As únicas exceções ao direito a creditamento, segundo o art. 156-A, § 1º, VIII, da Constituição, são as aquisições de **bens e serviços considerados de uso ou consumo pessoal**, nos termos da lei complementar, e as hipóteses previstas na própria Magna Carta.

Os bens e serviços de uso ou consumo pessoal, para os efeitos da restrição constitucional, foram definidos no art. 57 da Lei Complementar 214/2025, nos seguintes termos:

> "Art. 57. Consideram-se de uso ou consumo pessoal:
>
> I - os seguintes bens e serviços:
>
> a) joias, pedras e metais preciosos;
>
> b) obras de arte e antiguidades de valor histórico ou arqueológico;
>
> c) bebidas alcoólicas;
>
> d) derivados do tabaco;
>
> e) armas e munições;
>
> f) bens e serviços recreativos, esportivos e estéticos;
>
> II - os bens e serviços adquiridos ou produzidos pelo contribuinte e fornecidos de forma não onerosa ou a valor inferior ao de mercado para:
>
> a) o próprio contribuinte, quando este for pessoa física;

b) as pessoas físicas que sejam sócios, acionistas, administradores e membros de conselhos de administração e fiscal e comitês de assessoramento do conselho de administração do contribuinte previstos em lei;

c) os empregados dos contribuintes de que tratam as alíneas "a" e "b" deste inciso; e

d) os cônjuges, companheiros ou parentes, consanguíneos ou afins, até o terceiro grau, das pessoas físicas referidas nas alíneas "a", "b" e "c" deste inciso.

[...]"

Essas exceções visam a evitar que pessoas físicas, especialmente sócios e administradores de empresas, adquiram, em nome da pessoa jurídica, bens e serviços pessoais, com o objetivo de utilizar os respectivos créditos para reduzir artificialmente o tributo a ser pago. Por exemplo, se um contribuinte adquirir um veículo para fornecê-lo de forma não onerosa a um de seus sócios, esse contribuinte não poderá se creditar do IBS e da CBS incidentes sobre a aquisição. Caso o faça, a fiscalização tributária deverá glosar o crédito com base no art. 57, II, *b* acima transcrito.

Os bens e serviços listados no inciso I do art. 57 **não serão considerados "de uso ou consumo pessoal" quando forem utilizados preponderantemente na atividade econômica do contribuinte** (art. 57, § 1º). Assim, a título de exemplo, se certo contribuinte comercializa bebidas alcoólicas, ele poderá se creditar do IBS e da CBS incidentes sobre as mercadorias adquiridas para a composição do seu estoque, mas não poderá se creditar com a aquisição de bebidas para consumo próprio.

No caso de armas e munições, além da aquisição para comercialização, o direito a crédito também será assegurado quando o adquirente for uma empresa de segurança e os bens forem utilizados nessa atividade (art. 57, § 3º, II).

Também são considerados destinados à utilização na atividade econômica do contribuinte os bens e serviços recreativos, esportivos e estéticos, quando destinados ao uso exclusivo em estabelecimento físico por seus clientes (art. 57, § 3º, III). É o caso, por exemplo, de um equipamento de sinuca adquirido para uso dos clientes em uma barbearia.

16.4.7 Cálculo "por fora"

Por força do art. 156-A, § 1º, IX, da CRFB/1988, o **IVA dual não integrará a sua própria base de cálculo**.

Trata-se, finalmente, da adoção do modelo de cálculo "por fora", bem mais transparente, por igualar a **alíquota nominal**, que normalmente é a conhecida pelo consumidor, e a **alíquota efetiva**, que corresponde à carga tributária realmente suportada pelo contribuinte. No modelo de cálculo "por dentro", adotado no ICMS, a alíquota efetiva era maior do que a nominal, o que implicava um verdadeiro disfarce de carga, em frontal colisão com o princípio da **transparência tributária**.

Para o preciso entendimento acerca dos dois modelos, imagine-se que um comerciante calcule que, para obter a margem de lucro pretendida para seus negócios, ele precisa receber com a venda de determinada mercadoria o valor de R$ 80,00. Para facilitar a explanação, suponha-se que a venda esteja sujeita exclusivamente a um imposto sobre consumo com alíquota de 20%.

Caso a tributação seja feita "por dentro", o imposto deverá ser calculado sobre o valor total da venda (absurdamente incluindo o próprio valor do imposto), de modo que, para receber os R$ 80,00, o comerciante precisará vender a mercadoria por R$ 100,00, uma vez que, calculando o imposto (20%) sobre o valor total da venda, R$ 20,00 serão entregues à Fazenda.

Assim, o imposto corresponde a 20% x (80,00 + 20,00), ou seja, a alíquota é aplicada sobre a soma do valor pretendido pelo comerciante com o correspondente ao próprio imposto. Usando a propriedade distributiva da multiplicação, temos que o total devido pelo contribuinte corresponderá à soma do imposto **incidente sobre o valor da mercadoria** (20% x 80,00 = 16,00) com o **incidente sobre o próprio imposto** (20% x 20,00 = 4,00). Dessa forma, o consumidor acaba sendo onerado com R$ 4,00 de **imposto sobre imposto.**

Já se o imposto for calculado "por fora" (sem integrar sua base de cálculo), o comerciante que quiser receber o valor de R$ 80,00 deverá cobrar do consumidor os 20% incidentes sobre tal montante (R$ 16,00), devendo o consumidor pagar apenas R$ 96,00 na aquisição da mercadoria. Os R$ 4,00 a menos equivalem exatamente ao montante do imposto sobre imposto, inexistente no modelo de cálculo "por fora".

No caso do cálculo "por dentro", o imposto total devido (R$ 20,00) equivale a 25% do valor pretendido pelo vendedor (R$ 80,00), portanto a alíquota efetiva (25%) é maior que a nominal (20%). Já se adotado o cálculo "por fora", o imposto total devido (R$ 16,00) corresponde a exatamente 20% do valor pretendido pelo vendedor, de forma que a alíquota efetiva é idêntica à nominal, prestigiando o princípio da transparência da carga tributária. É o modelo que passa a ser adotado no IVA dual brasileiro.

Evitar a cobrança de tributo sobre tributo ("tributo em cascata") foi uma das diretrizes da Reforma Tributária. Em razão disso, além de não integrarem a sua própria base de cálculo, **CBS** e **IBS** também não podem integrar a base de cálculo um do outro nem as bases de cálculo do imposto seletivo, do ICMS e do ISS (enquanto existirem). A exceção a esse raciocínio é o **imposto seletivo**, o qual, pensado como tributo a ser incorporado ao custo dos bens e serviços nocivos à saúde ou ao meio ambiente, embora não integre sua própria base de cálculo, pode compor tanto as bases de cálculo do ICMS e do ISS (enquanto existirem) quanto as do IBS e da CBS.

16.4.8 Restrição à concessão de benefícios fiscais

A boa prática internacional relativa ao imposto sobre valor agregado demonstra que, do ponto de vista técnico, o ideal é que todas as operações realizadas por todos os contribuintes sejam efetivamente tributadas da mesma forma, com as mesmas alíquotas e sem a concessão de benefícios fiscais. Esse modelo, aliado à não cumulatividade plena e à adoção da sistemática de crédito financeiro, explanada no tópico 16.4.6, garante, dentre outras vantagens, maior neutralidade, simplicidade e facilidade na administração do tributo.

Nesse sentido, o 156-A, § 1º, X, da Constituição estabelece que o IBS (assim como a CBS) "não será objeto de concessão de incentivos e benefícios financeiros ou fiscais relativos ao imposto ou de regimes específicos, diferenciados ou favorecidos de tributação, excetuadas as hipóteses previstas nesta Constituição".

A restrição se aplica aos legisladores infraconstitucionais de todas as esferas federativas, não sendo permitido a União, Estados, Distrito Federal e Municípios estabelecer exceções à regra geral de tributação. Tal regra, no entanto, conforme estudado no subitem 16.4.4, não é incompatível com a fixação das alíquotas do IBS pelos entes subnacionais, pois elas serão uniformemente aplicáveis às operações em geral (salvo as exceções constitucionais), não configurando concessão de benefício fiscal ou regime favorecido de tributação.

O grande problema que acaba afastando o IVA dual brasileiro do modelo tecnicamente ideal é a quantidade de exceções previstas na própria Constituição. Razões de ordem técnica, decorrentes das peculiaridades de alguns setores da economia, justificaram a previsão de regimes específicos de tributação. Por outro lado, o intuito de desonerar certos bens e serviços especiais, em alguns casos acompanhado de doses de populismo e da atuação de grupos de pressão, resultou na previsão de casos de alíquotas diferenciadas para um conjunto de operações.

É o que se passa a analisar nos tópicos seguintes.

16.4.9 Regimes específicos de tributação

Em geral, regimes específicos de tributação são previstos quando imperativos de ordem técnica decorrentes de peculiaridades de alguns setores da economia impedem, dificultam ou tornam injusta a tributação na sistemática geral do IVA. Nesses casos, as regras de tributação – como as de creditamento, as relativas à base de cálculo ou até mesmo a regra de incidência sobre valor agregado – precisam de adaptações.

A título de exemplo, a tributação monofásica pelo ICMS do mercado de combustíveis, implementada principalmente a partir da Lei Complementar 192/2022, tem se mostrado bastante adequada para esse setor econômico. A ideia é mantê-la no IVA dual, no entanto há uma incompatibilidade lógica entre a tributação monofásica e a tributação sobre valor agregado, essencialmente plurifásica. Como consequência, foi prevista, no art. 156-A, § 6º, I, da Constituição, um regime específico de tributação para combustíveis e lubrificantes (detalhado no tópico a seguir), que seguirá regras diferentes daquelas aplicáveis à generalidade dos demais bens e serviços.

A criação de regimes gerais nem sempre se baseia em imperativos técnicos. Em alguns casos, setores econômicos influentes conseguiram persuadir o Congresso Nacional a excluí-los do regime geral de tributação. Contudo, mesmo nessas situações, a avaliação das vantagens ou desvantagens da aplicação de um regime especial de tributação à determinado setor deve ser feita à luz da disciplina estabelecida pela Lei Complementar 214/2025, uma vez que regime especial não significa, necessariamente, regime favorecido.

Por outro lado, há bens e serviços para os quais a EC 132/2023 realmente previu uma tributação favorecida, utilizando técnicas como redução de alíquotas (na maioria dos casos), autorização para modificação das bases de cálculo e outorga de créditos presumidos ou isenções, conforme regulamentação exclusiva em lei complementar nacional, uma vez que, conforme discutido no tópico 16.4.8, não é permitida a concessão de benefícios fiscais pelos entes federados.

Embora regimes favorecidos de tributação também se encaixem como regimes especiais, optou-se, nesta obra, por comentá-los separadamente no subitem 16.4.10. A seguir, serão apresentados sucintamente, como exemplos, dois dos regimes especiais previstos no art. 156-A, § 6º, da CRFB/1988.

16.4.9.1 Combustíveis e lubrificantes

O primeiro setor econômico para o qual a Constituição prevê um regime especial de tributação é o de combustíveis e lubrificantes (CF, art. 156-A, § 6º, I).

O modelo previsto é bem semelhante ao que fora estipulado para o ICMS com o advento da Emenda Constitucional 33/2001, somente implementado mais de 20 anos depois – e apenas no que se refere a combustíveis –, com a edição da Lei Complementar 192/2022 e sua posterior regulamentação pelo Conselho Nacional de Política Fazendária.

A principal característica daquele modelo e do que será aplicado ao IBS e à CBS incidentes sobre combustíveis e lubrificantes é a **cobrança monofásica**, na qual, conforme dispõe o art. 156-A, § 6º, I, da CRFB/1988, o imposto deve incidir uma única vez, qualquer que seja a finalidade do bem.

Para que se entenda o caráter especial da previsão, é necessário recordar que IBS e CBS são tributos essencialmente plurifásicos, pois incidem em cada etapa da cadeia de produção e comercialização do bem ou prestação do serviço. Conforme já estudado, para que o resultado das múltiplas incidências sucessivas não seja um agravamento brutal da carga tributária, é estatuído o princípio da não cumulatividade, permitindo ao contribuinte abater dos seus débitos os créditos decorrentes de operações anteriores.

Na sistemática monofásica, isso não acontece. O tributo será cobrado uma única vez, o que simplifica bastante a tributação e impede a sonegação que poderia ocorrer nas etapas posteriores, algo que infelizmente sempre foi muito comum no mercado brasileiro de combustíveis. A tributação monofásica parece bastante com o regime de substituição tributária progressiva (ou para frente), mas dele guarda uma fundamental diferença.

Na aplicação da **substituição tributária progressiva** ao mercado de combustíveis, seria possível cobrar exclusivamente da refinaria: a) o tributo devido pela venda que ela realiza à distribuidora (da qual ela seria contribuinte); b) o tributo incidente sobre a venda feita pela distribuidora ao posto (caso em que a refinaria seria substituta tributária da distribuidora); c) o tributo decorrente da venda do posto ao consumidor final (novamente a refinaria seria substituta, desta vez do posto). Fica claro que houve incidência em todas as etapas (incidência plurifásica), mas a cobrança concentrou-se em um único agente, que paga o seu tributo como contribuinte e os dos demais como substituto.

Com a aplicação da **tributação monofásica**, a cobrança também se concentra na refinaria, contudo ela pagará apenas o tributo incidente sobre a sua operação (como contribuinte), pois não haverá incidência nas etapas subsequentes. Como decorrência natural da não incidência do tributo nas etapas de distribuição, comercialização e revenda, é vedada a utilização, pelos respectivos agentes, de qualquer crédito relativo às aquisições que realizar dos mencionados produtos sujeitos à sistemática ora analisada (CF, art. 156-A, § 6º, I, *b*). Já no tocante à pessoa nomeada como contribuinte, ou seja, aquela que figura como alienante na operação em que se concentra a tributação (no exemplo citado, a refinaria), a apropriação e utilização dos créditos é garantida, sendo-lhe inteiramente aplicável o princípio da não cumulatividade (CF, art. 156-A, § 6º, I, *c*).

O regime específico do IBS e da CBS para a tributação de combustíveis foi estatuído pelos arts. 172 a 180 da Lei Complementar 214/2025.

Inicialmente, são definidos quais são os **combustíveis sujeitos à incidência monofásica dos tributos** (art. 172). A lista é aparentemente exaustiva, mas é encerrada permitindo à Agência Nacional do Petróleo, Gás Natural e Biocombustíveis (ANP) **especificar e autorizar a inclusão de outros combustíveis**, desde que "relacionados em ato conjunto do Comitê Gestor do IBS e do Poder Executivo da União" (art. 172, XII).

Para o regime específico de tributação de combustíveis e lubrificantes, o art. 156-A, § 6º, I, *a*, da CRFB/1988 prevê **alíquotas uniformes** em todo o território nacional, **específicas** por unidade de medida e **diferenciadas por produto**. Esse regime é diferenciado porque, para a generalidade dos bens e serviços, a alíquota do IBS é definida pela soma da alíquota estadual com a municipal – estabelecidas por cada ente mediante lei ordinária –, não havendo exigência de uniformidade no território brasileiro. Além disso, enquanto o regime geral de tributação não permite a diferenciação de alíquotas por produto, o regime especial a admite, sendo, portanto, possível que álcool, diesel e gasolina tenham alíquotas distintas.

A redação do 156-A, § 6º, I, *a* **não deixa claro qual a autoridade competente e a espécie normativa adequada para a definição das alíquotas do IBS e da CBS incidentes no regime específico de tributação de combustíveis**. A única certeza extraída do texto é que a necessidade de uniformidade em todo o território nacional impede a definição pelos Estados e Municípios de suas alíquotas próprias do tributo.

Dado o princípio da legalidade, a interpretação mais alinhada com a visão ortodoxa do Sistema Tributário Nacional seria a de que, ao atribuir à lei complementar o papel de regulamentar o regime especial de tributação dos combustíveis e apontar alguns parâmetros para a definição das alíquotas, o legislador constituinte quis que tal definição fosse estabelecida pela mesma lei complementar disciplinadora do regime especial.

Contudo, é necessário levar em consideração a volatilidade do mercado de combustíveis e a necessidade de profundas análises técnicas para a adequada fixação e alteração das alíquotas. Isso nem sempre é compatível com o rígido – e muitas vezes demorado – processo legislativo necessário para a aprovação de uma lei complementar. A situação é ainda mais complexa devido à pressão social e política para que fossem estabelecidas proteções eficazes, a fim de garantir que a Reforma Tributária não resultasse no aumento da já onerosa carga tributária imposta à sociedade brasileira.

Esses fatores combinados levaram o legislador complementar a aproveitar a aparente lacuna no texto introduzido pela EC 132/2023 – referente à competência para a definição das alíquotas do IBS e da CBS no regime específico de tributação de combustíveis –, para expressamente criar mais uma **exceção ao princípio da legalidade**.

Em resumo, como será detalhado a seguir, a opção foi atribuir a órgãos técnicos administrativos a competência para, seguindo os parâmetros legais, calcular as alíquotas do IBS e da CBS, de modo a garantir que a **carga tri-**

butária sobre combustíveis permaneça **limitada ao nível anterior à Reforma Tributária.**

Com esse pano de fundo, ao disciplinar a matéria, a LC 214/2025 instituiu um mecanismo engenhoso para evitar o aumento da carga tributária gerada pelo IBS e pela CBS sobre os combustíveis, em comparação com a carga decorrente dos tributos extintos ou reduzidos pela Reforma.

No tocante à CBS, a regra estabelecida é relativamente mais simples do que a aplicável ao IBS. Isso porque, enquanto a CBS será plenamente cobrada em regime jurídico permanente já a partir de 2027, o IBS passará por um período de transição de 2029 a 2032, durante o qual será paulatinamente aumentado, enquanto o ICMS e o ISS serão gradualmente reduzidos.

Nesse contexto, enquanto, para a **CBS**, o limite foi estipulado de modo a, no máximo, **manter a carga gerada pelos tributos federais extintos** ou reduzidos, para o **IBS**, os limites foram fixados levando em consideração que, **durante a fase de transição, o imposto incidirá em conjunto com o ICMS**, cuja extinção somente ocorrerá em 2033.

Assim, conforme previsto no art. 128, I, do ADCT, em 2029, as alíquotas do ICMS e do ISS serão reduzidas a 9/10 (90%) dos percentuais anteriores à Reforma. Como consequência, a carga tributária gerada pelo IBS sobre combustíveis nesse ano deve se limitar a 10% da carga resultante desses impostos, de forma a, no máximo, compensar a redução (LC 214, art. 174, § 4º, I).

Com cálculos semelhantes, é possível determinar os limites aplicáveis nos anos subsequentes: a) 20% em 2030, quando as alíquotas de ICMS e ISS serão fixadas em 80% dos percentuais anteriores à Reforma (art. 174, § 4º, II); b) 30% em 2031, quando as alíquotas serão fixadas em 70% dos percentuais anteriores à Reforma (art. 174, § 4º, III); c) 40% em 2032, quando as alíquotas serão fixadas em 60% dos percentuais anteriores à Reforma (art. 174, § 4º, IV).

A partir de 2033, quando ICMS e ISS forem extintos, o teto passará a ser a totalidade da carga tributária que era gerada pelos tributos extintos, calculada conforme prevê o art. 174, § 5º, e reajustada nos termos do § 6º do mesmo dispositivo da LC 214/2025.

De acordo com a Lei Complementar 214/2025, a **metodologia de cálculo** da carga tributária para a definição das alíquotas do IBS e da CBS será aprovada por **ato conjunto do Ministro de Estado da Fazenda e do Comitê Gestor do IBS** (art. 174, § 7º). Os **cálculos** correspondentes serão realizados pela **Receita Federal**, no caso da **CBS**, e pelo **Comitê Gestor** do imposto, no caso do **IBS** (art. 174, § 8º).

Em nenhum momento, a LC 214/2025 confere explicitamente a qualquer autoridade a competência para **definir as alíquotas do IBS e da CBS**. Além de estabelecer a competência para a realização dos "**cálculos** para a fixação das alíquotas", conforme analisado acima, a lei define que as alíquotas serão "**divulgadas**" pelo Comitê Gestor, no caso do IBS, e pelo chefe do Poder Executivo da União, no caso da CBS.

Pela forma como a norma foi redigida, o Presidente da República ficaria **absolutamente vinculado** aos cálculos realizados pela Receita Federal, devendo apenas tomar as providências necessárias à divulgação da alíquota que lhe foi apresentada. Embora esteja em conformidade com a lógica da engenhosa sistemática criada pela LC 214/2025, a absoluta subordinação do Chefe do Executivo Federal a um ato oriundo de um órgão do segundo escalão da Administração Pública Federal não se alinha com a estrutura hierárquica do Poder Executivo.

A maneira mais adequada de interpretar a nova regra é considerar que **a competência para a definição das alíquotas da CBS no regime específico de tributação de combustíveis é do Presidente da República**, sendo exercida com base nos **cálculos** apresentados pela **Receita Federal**. Desse modo, é lícito ao Presidente da República definir alíquotas diferentes das propostas pela Receita Federal, desde que demonstre, tecnicamente, que sua decisão observa os limites e condições estabelecidos no art. 174 da LC 214/2025.

Também é necessário destacar que a sistemática em estudo constitui **mais uma exceção ao princípio da legalidade**, não prevista no texto original da Constituição, mas introduzida diretamente pela lei. Neste caso, há a peculiaridade de se tratar de lei fundada em uma interpretação discutível de um dispositivo inserido através de emenda constitucional.

Contudo, considerando o atual panorama jurisprudencial do STF, em que são cada vez mais comuns as flexibilizações do princípio da legalidade (ver Capítulo 2, em seu item 2.5.3), é provável que a Suprema Corte reconheça a validade da sistemática. Isso porque, nos casos em que o Tribunal se deparou com previsões legais de exceções ao princípio da legalidade no estabelecimento de alíquotas, ele tem aferido a constitucionalidade dessas previsões por meio da verificação do cumprimento de dois requisitos essenciais.

O primeiro é que a exceção seja **tecnicamente justificável**. No caso em estudo, conforme já analisado, as complexas questões técnicas envolvidas na fixação das alíquotas, aliadas à morosidade do processo legislativo tradicional, podem ser consideradas justificativas plausíveis para recomendar a providência legislativa de excepcionar o princípio da legalidade.

O segundo requisito é a estipulação de um **teto legal** para as alíquotas a serem estabelecidas por ato infralegal. No caso em análise, embora não haja um limite numérico específico, **a fixação das alíquotas encontra-se limitada pelas disposições que proíbem o aumento da carga tributária**, conforme já demonstrado.

16.4.9.2 Serviços financeiros

O regime específico de tributação para serviços financeiros, previsto no art. 156-A, § 6º, II, da Constituição, é regulamentado pelos arts. 181 a 233 da Lei Complementar 214/2025.

A principal complexidade que justifica a necessidade de um regime especial de tributação para os serviços financeiros reside na definição da **base de cálculo** para a CBS e o IBS, dado que eles são remunerados de duas formas bem distintas: através de **tarifas e comissões** ou por meio de **margem**.

Serviços como emissão de extrato, transferências bancárias, manutenção de conta e similares são remunerados por **tarifas**, enquanto a intermediação financeira, cujo mais relevante exemplo é a concessão de crédito, é remunerada pelo *spread*, que é a diferença (**margem**) entre os juros cobrados pela instituição financeira ao tomador de crédito (taxa de empréstimo) e os por ela pagos para obter os recursos a serem emprestados (taxa de captação).

A tributação dos serviços remunerados por **tarifas ou comissões** pela CBS e pelo IBS não tem qualquer peculiaridade ou dificuldade operacional, devendo seguir as **regras normais de incidência**. Foi o que estabeleceu o art. 184 da LC 214/2025:

> Art. 184. Os serviços que, por disposição regulatória, somente possam ser prestados pelas instituições financeiras bancárias e **sejam remunerados por tarifas e comissões**, incluídos os serviços de abertura, manutenção e encerramento de conta de depósito à vista e conta de poupança, fornecimento de cheques, de saque e de transferência de valores, ficam sujeitos às normas gerais de incidência do IBS e da CBS previstas no Título I deste Livro.

Já os serviços remunerados por **margem** apresentam particularidades que desaconselham sua submissão ao regime geral de tributação. Dada a dificuldade de se aferir com precisão qual seria a tarifa implícita nos serviços de intermediação financeira.

Isso levou a maioria dos países que adotam o IVA a desonerar os serviços financeiros, principalmente através da concessão de isenção, existindo também casos de concessão de alíquota zero eletiva, de recuperação parcial de créditos e de tributação apenas das taxas explícitas da operação. De outra banda, a submissão das operações ao regime geral de tributação não é comum, sendo adotada em apenas sete dos Estados membros da União Europeia.

Os que defendem a adoção de modelos de desoneração apontam como grande vantagem a redução do custo das operações, principalmente as de crédito, que são tão importantes para o desenvolvimento do País. Contudo, tal argumento não é imune a críticas, pois, nos casos em que o tomador do crédito é contribuinte do IVA, ele tem o direito a se creditar do montante do tributo cobrado nas operações anteriores, não sendo, na prática, onerado pela incidência. Já nos casos de tomador não contribuinte (para as pessoas físicas, essa é a regra) – sem direito a crédito relativo a operações anteriores –, o argumento parece irretocável.

No Brasil, conforme já assinalado, o poder constituinte derivado optou por um **regime específico de tributação para operações financeiras remuneradas por margem**, que foi regulamentado na LC 214/2025. Os arts. 185 a 190 da Lei fornecem normas gerais aplicáveis a todos os serviços financeiros sujeitos ao regime. A principal norma define que "a base de cálculo do IBS e da CBS no regime específico de serviços financeiros será composta das receitas das operações, com as deduções previstas neste Capítulo". O Capítulo mencionado é exatamente o que trata de todo o regime específico de tributação das operações financeiras e as deduções que ele prevê são estabelecidas em sessões destinadas disciplinar o **adequado tratamento tributário aplicável a cada uma das operações financeiras**, de acordo com diversas peculiaridades que as permeiam.

Apesar das peculiaridades na apuração do tributo em cada operação, a lógica predominante é a de **tributar apenas o resultado** (riqueza nova) gerado para a instituição financeira, e não o valor total envolvido na operação.

Por exemplo, nas operações de crédito, de câmbio e com títulos e valores mobiliários, a base de cálculo no regime especial será a receita dessas operações deduzida de despesas e perdas que oneram a instituição financeira na operacionalização do negócio (art. 192). Entre essas deduções, além das despesas financeiras para a captação de recursos, incluem-se os gastos com assessores de investimento, consultores de valores mobiliários e correspondentes registrados no Banco Central do Brasil, desde que esses serviços não tenham sido prestados por empregados ou administradores da instituição (art. 192, VI).

Importante realçar que, no tocante à tributação das **operações de crédito**, cujo custo é tão relevante para o crescimento do País, o art. 10, § 1º, II, da EC 132/2023 determina que **as alíquotas e bases de cálculo** do IVA dual sejam definidas de modo a manter, até o final do quinto ano da entrada em vigor do regime, a mesma carga tributária que decorria dos tributos extintos ou reduzidos pela Reforma Tributária.

Cumprindo a exigência constitucional, o art. 233 da LC 214/2025 estabelece que, de 2027 a 2033, as **alíquotas** do IBS e da CBS incidentes sobre os serviços financeiros "serão fixadas de modo a manter a carga tributária incidente sobre as operações de crédito das instituições financeiras bancárias". Nos termos legais, o cálculo da carga tributária pretérita a ser mantida com a introdução dos novos tributos será feito com base em "dados do período de 1º de janeiro de 2022 a 31 de dezembro de 2023" (art. 233, § 2º) e levará em consideração a carga tributária anteriormente gerada por PIS/Pasep, Cofins, IPI, ICMS e ISS (art. 233, § 1º).

De modo semelhante ao que foi estabelecido com objetivo de manter a carga tributária a que estavam submetidos os combustíveis anteriormente à Reforma Tributária, também para os serviços financeiros foi estabelecido um mecanismo de fixação de alíquotas que acaba por **excetuar o princípio da legalidade**. Assim, no que concerne especificamente à fase de transição na tributação do setor financeiro, previu-se que a **metodologia de cálculo** será "aprovada por ato conjunto do Ministro de Estado da Fazenda e do Comitê Gestor do IBS, após consulta e homologação pelo Tribunal de Contas da União" (art. 233, § 4º) e as alíquotas propriamente ditas serão "**divulgadas**", quanto ao IBS, pelos Estados, pelos Municípios e pelo Distrito Federal, de forma compartilhada e integrada, por ato do Comitê Gestor do IBS e, quanto à CBS, por ato do Presidente da República.

No tocante às operações relacionadas ao **Fundo de Garantia por Tempo de Serviço (FGTS)**, o art. 10, § 1º, II, da EC 132/2025, visando a manter a carga tributária anteriormente incidente - nesse caso, sem a limitação temporal de 5 anos -, autorizou a definição de alíquotas e bases de cálculo diferenciadas, bem como a aplicação do regime específico também aos serviços remunerados por comissões ou tarifas.

Em face da autorização constitucional, a Lei Complementar 214/2025 estabeleceu alíquota zero para as operações relacionadas ao FGTS realizadas pela Caixa Econômica Federal, agente operador do Fundo (art. 214, § 3º, I). Já as operações relativas ao FGTS efetuadas pelos agentes financeiros do Fundo e demais estabelecimentos bancários ficam sujeitas às alíquotas necessárias à manutenção da carga tributária anterior à Reforma (art. 214, § 3º, II), conforme previsto pela EC 132/2023.

Por fim, registre-se que EC 132/2023, no seu art. 10, § 2º, previu a possibilidade de que a lei complementar estendesse as regras que estabelecera para o FGTS a **outros fundos garantidores ou executores de políticas públicas previstos em lei**. Usando da autorização de forma ainda mais ampla do que a sua literalidade, o art. 213 da LC 214/2025 estabeleceu que "não ficam sujeitas à incidência do IBS e da CBS as operações relacionadas aos demais fundos garantidores e executores de políticas públicas, inclusive de habitação e de desenvolvimento regional, previstos em lei". Evitando futuras dúvidas, § 3º do mesmo dispositivo legal deixou expressa a aplicação da benesse aos mencionados fundos, mesmo que venham a ser constituídos após a data de publicação da própria LC 214/2025.

16.4.10 Regimes favorecidos de tributação

Consideram-se regimes favorecidos de tributação do IVA dual todos os casos em que a Constituição estabelece um mecanismo de redução da carga tributária do IBS e da CBS em favor de determinada pessoa, setor econômico, bem, serviço ou destinação.

Mesmo nos países que serviram de inspiração ao IVA brasileiro, é possível registrar a existência de **alíquotas reduzidas** para uma lista de produtos e serviços. Essa foi a principal técnica prevista pela Reforma Tributária para a implementação da tributação favorecida.

No entanto, como será exemplificado adiante, também foram previstos, em casos pontuais, a **concessão de crédito presumido**, a **alteração da base de cálculo** e até mesmo a **isenção**, sempre por meio de lei complementar de caráter nacional e com abrangência exclusiva aos raros casos autorizados de forma expressa pela Constituição.

A maioria dos regimes favorecidos encontra-se disposta no art. 9º da EC 132/2023. Quanto a eles, o § 10 do mesmo artigo estabelece a necessidade de **avaliação quinquenal** de seu custo-benefício.

Caso se conclua que a perda de arrecadação decorrente das diferenciações não é compensada pelas vantagens oriundas dos estímulos a determinados setores e da desoneração de bens e serviços essenciais, os regimes específicos podem ser extintos. Nesse caso, a lei poderá fixar um regime de transição para que a tributação seja gradativamente elevada até chegar ao patamar geral, com a aplicação da alíquota padrão. Essa é a única hipótese em que a EC 132/2023 permite, ainda que temporariamente, a adoção de **alíquotas intermediárias**, situadas numericamente entre as reduzidas, estudadas no tópico 16.4.10.1, e a padrão. No entanto, a submissão das operações ao regime geral de tributação deve ser considerada para efeito de adequação – diminuição, no caso – das alíquotas de referência, como também comentado no tópico 16.4.10.1.

Registre-se, por fim, que o § 11 do art. 9º da EC 132/2023 determina que, na mesma avaliação em que se analisar o custo-benefício dos regimes diferenciados de tributação, também deverá ser examinado "o impacto da legislação dos tributos a que se refere o caput deste artigo na **promoção da igualdade entre homens e mulheres**". Não foi apontada qualquer providência ou regra de transição caso a conclusão seja pela inexistência, insuficiência ou até mesmo eventual impacto negativo dos regimes diferenciados sobre o mencionado objetivo. Contudo, como decorrência da avaliação, poderiam ser sugeridas algumas medidas visando à promoção da citada igualdade.

A título de exemplo, pode-se imaginar a possibilidade de a lei complementar que regulamenta a redução de alíquota prevista no § 12 do art. 9º da EC 132/2023 exigir, como requisito para o benefício, que as sociedades de pessoas que exerçam as profissões relacionadas no dispositivo respeitem um percentual mínimo de mulheres tanto entre os sócios quanto entre os empregados, além de garantir, em todos os casos, a equivalência remuneratória para os exercentes das mesmas atividades.

O poder constituinte derivado, orientado pelo princípio da defesa do meio ambiente – expressamente inserido pela Reforma Tributária no § 3º do art. 145 da Constituição –, também previu um específico regime fiscal favorecido para os **biocombustíveis** e para o **hidrogênio de baixa emissão de carbono**, na forma de lei complementar. A previsão não foi topograficamente inserida nas disposições tributárias da Carta Magna, mas, sim, no Capítulo que trata do meio ambiente, de forma a demonstrar ser esse o principal foco da previsão. Não foram estabelecidos os mecanismos técnicos a serem adotados para a implementação do regime, mas se deixou claro que a diretriz é assegurar aos combustíveis ditos "verdes" uma tributação inferior à incidente sobre os combustíveis fósseis, capaz de garantir diferencial competitivo em relação a estes (CF, art. 225, VIII).

16.4.10.1 Redução de alíquota

Além da alíquota padrão, adotada para a generalidade das operações com bens e serviços, a EC 132/2023 estabeleceu a possibilidade de **redução de tal alíquota em 60%, 30% ou 100%**, o que veio a ser implementado pela Lei Complementar 214/2025.

Para uma hipótese específica, detalhada a seguir, o legislador, que havia sido autorizado a promover uma redução de alíquota em até 100%, estabeleceu **um caso de redução em 80%.** Assim, as alíquotas previstas para o IBS e a CBS, sempre tomando como base a alíquota federal, estabelecida pela União (no caso da CBS), e a decorrente da soma das alíquotas municipal e estadual (no caso do IBS), foram definidas como:

a) **100%** (alíquota cheia, que será o padrão);

b) **40%** (casos de redução em 60%);

c) **70%** (casos de redução em 30%);

d) **20%** (especificamente no caso de locação dos imóveis localizados nas zonas reabilitadas em programas de reabilitação urbana de zonas históricas e de áreas críticas de recuperação e reconversão urbanística, pelo prazo de 5 (cinco) anos, contado da data de expedição do habite-se);

e) **0** (casos de redução em 100%);

A maioria dos regimes diferenciados de tributação baseados na redução de alíquotas está prevista no art. 9º da EC 132/2023 na forma de faculdade concedida ao legislador nacional, por ele exercida na Lei Complementar 214/2025, instituidora do IBS e da CBS (além do Imposto Seletivo, também fruto da Reforma Tributária).

A redução é necessariamente **uniforme em todo o território nacional**, não sendo legítima qualquer diferenciação com base em origem, destino ou outro parâmetro de natureza territorial.

A providência legislativa de inclusão ou exclusão de algum bem ou serviço na lista daqueles que o legislador, diante da autorização constitucional, decidiu contemplar com a redução deve ter seus impactos sobre a arrecadação do IBS e da CBS calculados de modo a **repercutir na fixação das alíquotas de referência** estabelecidas pelo Senado Federal. Foi por conta desse fenômeno que, durante as discussões da Reforma Tributária, a cada inclusão de mais uma pessoa, setor econômico, bem, serviço ou destinação na lista de potenciais beneficiários de redução de carga, a previsão da alíquota total do IVA dual brasileiro era elevada. Afinal, não há milagre: para manter a arrecadação com alguns contribuintes pagando menos, os demais precisarão pagar mais.

É por conta desse aspecto que se tem noticiado a provável submissão (da maioria) dos brasileiros à **maior alíquota de IVA do mundo**. Não se pode afirmar, ao menos não apenas com base nas alíquotas de IBS e de CBS que serão futuramente fixadas, que a Reforma Tributária elevou a carga tributária especificamente imposta sobre o consumo no Brasil. Na realidade, tal carga já era muito elevada antes da Reforma, e uma comparação plausível somente pode ser realizada entre a soma de todas as incidências tributárias decorrentes dos tributos extintos ou reduzidos pela Reforma e a soma daquelas relativas aos tributos criados após a Reforma. Além disso, tal soma deve considerar as alíquotas efetivas do tributo, uma vez que, por exemplo, o ICMS calculado "por dentro", como ainda ocorre nos dias atuais, apresenta uma alíquota nominalmente menor do que a efetiva, o que não ocorrerá com os novos tributos, conforme explanado no subitem 16.4.7.

O § 1º do art. 9º da EC 132/2023 atribuiu à lei complementar o papel de definir quais operações seriam contempladas com a **redução em 60%** da alíquota padrão do IBS e da CBS – submetendo-se, portanto, a apenas **40% da alíquota "cheia"** –, entre as relativas aos seguintes bens e serviços:

> I - serviços de educação;
>
> II - serviços de saúde;
>
> III - dispositivos médicos;
>
> IV - dispositivos de acessibilidade para pessoas com deficiência;
>
> V - medicamentos;
>
> VI - produtos de cuidados básicos à saúde menstrual;
>
> VII - serviços de transporte público coletivo de passageiros rodoviário e metroviário de caráter urbano, semiurbano e metropolitano;
>
> VIII - alimentos destinados ao consumo humano;

IX - produtos de higiene pessoal e limpeza majoritariamente consumidos por famílias de baixa renda;

X - produtos agropecuários, aquícolas, pesqueiros, florestais e extrativistas vegetais *in natura*;

XI - insumos agropecuários e aquícolas;

XII - produções artísticas, culturais, de eventos, jornalísticas e audiovisuais nacionais, atividades desportivas e comunicação institucional;

XIII - bens e serviços relacionados a soberania e segurança nacional, segurança da informação e segurança cibernética.

A **discricionariedade** do legislador complementar reside apenas na **escolha das operações** que serão beneficiadas pela redução em 60%, e não na fixação do percentual de redução. Portanto, é tudo ou nada: ou se outorgam os 60% (o que foi realizado pelo art. 128 da LC 214/2025, salvo no tocante a "produtos de cuidados básicos à saúde menstrual"), ou a operação será tributada com a alíquota cheia, não sendo possível o estabelecimento de qualquer outro patamar de redução, ressalvada a hipótese tratada imediatamente abaixo.

O § 3º do inciso II do art. 9º determina que sejam previstas pela lei complementar as hipóteses em que a **redução seja de 100%** (resultando em alíquota zero), em favor dos bens mencionados nos itens III a VI acima listados (todos ligados à **saúde** e **acessibilidade**), bem como de **produtos hortícolas, frutas e ovos** e serviços prestados por **Instituição Científica, Tecnológica e de Inovação (ICT) sem fins lucrativos**. A LC 214/2025 usou da autorização e previu, no seu art. 143, hipóteses de completa desoneração dos bens (redução de 100%). Registre-se que "**produtos de cuidados básicos à saúde menstrual**" foram inseridos integralmente no art. 143 (o que traz casos de redução da alíquota a zero) e não foram mencionados no art. 128 (o que especifica os casos de redução das alíquotas em 60%), de modo que restaram integralmente **desonerados do IBS e da CBS.**

Inspirada nas tradicionais e importantes isenções de ICMS com as quais eram contempladas as **aquisições de automóveis de passageiros** por pessoas com **deficiência**, pessoas com **transtorno do espectro autista** e **motoristas profissionais taxistas**, a alínea "d" do mesmo art. 9º, § 3º, II, da EC 132/2023 também determina a previsão de hipóteses de redução em 100% da alíquota do IVA dual incidente nas mencionadas operações.

A matéria é regulamentada pelos arts. 149 a 155 da Lei Complementar 214/2025, nos quais são detalhados aspectos como o conceito e as exclusões do conceito de pessoa com deficiência ou com transtorno do espectro autista, as características e valor máximo dos veículos (e do benefício) que podem ser adquiridos com a redução, a competência e as responsabilidades pela emissão dos laudos e os intervalos de tempo mínimo para gozo do benefício.

Foram igualmente contemplados com a **redução em 100%** das alíquotas do IBS e da CBS os produtos destinados à alimentação humana que compoem a **Cesta Básica Nacional de Alimentos**. Nesse caso, a redução das alíquotas a zero decorre diretamente do texto da EC 132/2023, cabendo à lei complementar apenas definir quais produtos integram a Cesta, considerando a diversidade regional e cultural da alimentação do País e garantindo a alimentação saudável e nutricionalmente adequada, em observância ao direito social à alimentação (CF, art. 8º). O art. 126 da Lei Complementar 214/2025 reafirma a redução a zero das "alíquotas do IBS e da CBS incidentes sobre as vendas de produtos destinados à alimentação humana" e, em seu Anexo I, define a cesta básica nacional, listando os produtos contemplados com o benefício.

Os **serviços de educação de ensino superior** (nos termos do Programa Universidade para Todos – Prouni) também foram contemplados com uma **redução de alíquota em 100%**, mas, apenas nesse caso, o benefício **não se estende ao IBS**, sendo a desoneração aplicável de forma **exclusiva à CBS** (LCP 214, art. 308).

Além disso, visando a enfrentar a necessidade de revitalização de áreas tradicionalmente degradadas nas cidades brasileiras, o que tem como triste exemplo boa parte dos centros históricos das grandes cidades, foi prevista a **redução em até 100%** das alíquotas do IVA dual para as "*atividades de* **reabilitação urbana** *de zonas históricas e de áreas críticas de recuperação e reconversão urbanística*". Somente nessa hipótese o constituinte conferiu ao legislador discricionariedade na definição do percentual de redução, possibilitando-lhe, ainda, a concessão de **isenção total** às operações (EC 132, art. 9º, § 3º, IV). A opção adotada na LC 214/2025 foi a redução das alíquotas em 60%, como regra (art. 158); e redução em 80%, no caso de locação dos imóveis situados nas zonas reabilitadas, pelo prazo de 5 (cinco) anos, contado da data de expedição do habite-se (art. 158, parágrafo único).

Por fim, atendendo a um forte *lobby* dos profissionais que prestam **serviços de profissão intelectual** – de natureza científica, literária ou artística –, submetidos à fiscalização por conselho profissional (advogados, contadores, engenheiros, médicos, músicos etc.), a EC 132/2023 contemplou-lhes com determinação estabelecendo uma **redução de 30%** das alíquotas da CBS e do IBS (EC 132/2023, art. 9º, § 12). A lista dos profissionais contemplados com o benefício se encontra no art. 127 da Lei Complementar 214/2025.

É verdade que, como decorrência da Reforma Tributária, todo o setor de serviços, que antes se submetia a um ISS com alíquota máxima de 5%, provavelmente terá sua carga tributária agravada (existirão exceções, pois a não cumulatividade plena poderá garantir até eventuais reduções de carga). Não obstante, os exercentes das mencionadas atividades regulamentadas, que já eram beneficiados pela possibilidade de um regime de tributação com valores fixos, voltaram a ser contemplados com um benefício, não extensivo aos demais prestadores de serviços, consistente em pagar apenas **70% da alíquota plena do IVA dual**.

Todas as reduções autorizadas pela EC 132/2023 foram implementadas pela LC 214/2025. Na tabela a seguir, estão sintetizadas as possibilidades constitucionais de redução das alíquotas do IBS e da CBS, seguidas de parênteses em que são apontados os dispositivos legais que implementaram o benefício:

<table>
<tr><th>POSSIBILIDADE DE REDUÇÃO DA ALÍQUOTA DO IVA DUAL</th><th colspan="2">BENS E SERVIÇOS</th></tr>
<tr><td rowspan="2">EM 100%</td><td colspan="2">• Produtos da Cesta Básica Nacional de Alimentos (LC 214/2025, art. 126);
• Produtos hortícolas, frutas e ovos (LC 214/2025, art. 143, V);
• Serviços prestados por Instituição Científica, Tecnológica e de Inovação (ICT) sem fins lucrativos (LC 214/2025, art. 143, VIII);
• Automóveis de passageiros adquiridos por pessoas com deficiência, pessoas com transtorno do espectro autista ou motoristas profissionais (LC 214/2025, art. 143, VI e VII).</td></tr>
<tr><td>Possibilidade exclusiva à CBS</td><td>• Serviços de educação de ensino superior nos termos do Programa Universidade para Todos - Prouni (LC 214/2025, art. 308).</td></tr>
<tr><td>EM 100% OU 60%</td><td colspan="2">• Dispositivos médicos (LC 214/2025, art. 128, III – redução em 60% ou art. 143, I – redução em 100%);
• Dispositivos de acessibilidade para pessoas com deficiência (LC 214/2025, art. 128, IV – redução em 60% ou art. 143, II – redução em 100%);
• Medicamentos (LC 214/2025, art. 128, V – redução em 60% ou art. 143, II – redução em 100%, ou art. 143, III – redução em 100%);
• Produtos de cuidados básicos à saúde menstrual (LC 214/2025, art. 143, IV – redução em 100%).</td></tr>
<tr><td>EM 60%</td><td colspan="2">• Serviços de educação (LC 214/2025, art. 128, I);
• Serviços de saúde (LC 214/2025, art. 128, II);
• Serviços de transporte público coletivo de passageiros rodoviário e metroviário de caráter urbano, semiurbano e metropolitano (LC 214/2025, art. 157 – optou-se pela concessão de isenção);
• Alimentos destinados ao consumo humano (LC 214/2025, art. 128, VI);
• Produtos de higiene pessoal e limpeza majoritariamente consumidos por famílias de baixa renda (LC 214/2025, art. 128, VII);
• Produtos agropecuários, aquícolas, pesqueiros, florestais e extrativistas vegetais in natura (LC 214/2025, art. 128, VIII);
• Insumos agropecuários e aquícolas (LC 214/2025, art. 128, IX);
• Produções artísticas, culturais, de eventos, jornalísticas e audiovisuais nacionais, atividades desportivas e comunicação institucional (LC 214/2025, art. 128, X, XI e XII);
• Bens e serviços relacionados a soberania e segurança nacional, segurança da informação e segurança cibernética (LC 214/2025, art. 128, XIII).</td></tr>
</table>

POSSIBILIDADE DE REDUÇÃO DA ALÍQUOTA DO IVA DUAL	BENS E SERVIÇOS
EM 30%	• Serviços de profissão intelectual – de natureza científica, literária ou artística – submetidos à fiscalização por conselho profissional (LC 214/2025, art. 127).
EM ATÉ 100% OU ISENÇÃO TOTAL	• Atividades de reabilitação urbana de zonas históricas e de áreas críticas de recuperação e reconversão urbanística (LC 214/2025, art. 158 – reduziu em 60%, como regra; em 80%, no caso de locação dos imóveis localizados nas zonas reabilitadas, pelo prazo de 5 anos, contado da data de expedição do habite-se).

16.4.10.2 Concessão de isenção e de crédito presumido

Uma análise superficial poderia levar à conclusão de se tratar de mero capricho, sob o argumento de que as operações em tela, se listadas junto àquelas passíveis de ter suas alíquotas reduzidas a zero, obteriam o mesmo efeito exonerativo da isenção. No entanto, há uma importante diferença que, na prática, poderia tornar a concessão de isenção um benefício menor que a adoção da alíquota zero.

Conforme previsto no § 7º do art. 156-A da Constituição e detalhado no tópico 16.4.17, no caso de praticar operação beneficiada com isenção, o contribuinte tem que anular (estornar) o crédito relativo às operações anteriores, o que não necessariamente acontece no caso de aquisição com alíquota zero nem com benefício de crédito presumido.

Nesse contexto, o art. 9º, § 3º, I, da EC 132/2023 determina que a mesma lei complementar que **reduzir em 60% as alíquotas** dos serviços de transporte público coletivo de passageiros **rodoviário** e **metroviário** de **caráter urbano, semiurbano e metropolitano**, também **estabeleça hipóteses de isenção** para tais operações. Utilizando-se da autorização constitucional, o art. 157 da LC 214/2025 optou pela concessão ampla de isenção a tais serviços.

Merece atenção especial que os serviços de transporte coletivo de passageiros rodoviário **intermunicipal e interestadual**, bem como os serviços **ferroviário** e **hidroviário**, não estão incluídos na regra isentiva. Para eles, o art. 156-A, § 6º, VI, da Constituição previu um regime específico de tributação, que foi instituído pelos arts. 284 a 286 da LC 214/2025.

No entanto, mantendo a diretriz de **desonerar o transporte público coletivo de passageiros** (o que inclui somente o prestado em regime de autorização, permissão ou concessão pública) de caráter urbano, semiurbano e metropolitano, o legislador decidiu, nessas hipóteses, **reduzir a zero as alíquotas do regime especial aplicável ao transporte ferroviário e hidroviário**.

Além disso, considerando que o dispositivo constitucional que autoriza o regime especial também permite alterações nas alíquotas e nas regras de creditamento (CF, art. 156-A, § 6º, VI), a Lei Complementar 214/2025, no mesmo artigo que promoveu a redução das alíquotas (art. 285, I), proibiu a apropriação de créditos tanto nas aquisições pelo fornecedor do serviço de transporte (art. 285, II) quanto pelo adquirente dos serviços de transporte (art. 285, III). Dessa forma, elimina-se o diferencial tributário que, conforme explicado previamente, poderia tornar o regime de alíquota zero mais vantajoso do que aquele de isenção.

Em suma, **o transporte público coletivo de passageiros de caráter urbano, semiurbano e metropolitano sempre estará desonerado da CBS e do IBS**. Quando tal transporte se enquadra como **rodoviário ou metroviário**, ele é **isento** daqueles tributos (LC 214, art. 157); já quando ocorre na via **ferroviária** ou **hidroviária**, ele se enquadra num **regime especial de tributação**, mas fica sujeito a uma **redução em 100% das alíquotas** que lhe seriam aplicáveis (LC 214, art. 285, I).

Uma outra técnica utilizada pela EC 132/2023 para estabelecer um tratamento tributário diferenciado foi a concessão, ao **produtor rural** (pessoa física ou jurídica) que obtiver receita anual inferior a R$ 3.600.000,00 e ao **produtor integrado** de que trata o art. 2º, II, da Lei 13.288/16, nos termos da lei complementar, da opção por **ser ou não contribuinte do IBS e da CBS** (EC, 132, art. 9º, § 4º; LC 214, arts. 26, § 1º, IV, e 165).

A opção por não ser contribuinte dos tributos, apesar de parecer a mais óbvia, impede tanto a acumulação de créditos relativos às aquisições realizadas pelo optante quanto a transferência de créditos para os adquirentes de seus bens e serviços. Essa segunda circunstância traria um grande prejuízo competitivo para a atuação do produtor no mercado, estimulando boa parte de sua potencial clientela (aquela composta por contribuintes do IVA dual) a somente negociar com produtores que sejam contribuintes dos tributos, por serem aptos a transferir créditos.

Para evitar o desestímulo mencionado, o § 5º do art. 9º da Emenda Constitucional 132/2023 autorizou a **concessão de crédito presumido** aos contribuintes que adquirirem bens e serviços de produtores rurais que optem por não ser contribuintes do IVA dual. A matéria é disciplinada pelo art. 168, §§ 3º e 4º, da LC 214/2025, que prevê o cálculo do crédito presumido concedido mediante a aplicação sobre o valor da operação dos percentuais definidos e divulgados anualmente até o mês de setembro, por ato conjunto do Ministro de Estado da Fazenda e do Comitê Gestor do IBS, entrando em vigor a partir de 1º de janeiro do ano subsequente. Essa sistemática de estabelecimento e divulgação dos percentuais representa mais uma exceção ao princípio da legalidade e se encontra expressamente prevista no inciso I do § 5º do art. 9º da EC 132/2023.

Pelos mesmos motivos, o § 6º do referido art. 9º também autoriza a concessão de crédito presumido aos adquirentes de:

> I - serviços de **transportador autônomo de carga pessoa física** que não seja contribuinte do imposto, nos termos da lei complementar;
>
> II - **resíduos e demais materiais destinados à reciclagem, reutilização ou logística reversa**, de pessoa física, cooperativa ou outra forma de organização popular.

Trata-se de duas atividades que tradicionalmente são exercidas de maneira informal. Sobre esse aspecto, é importante relembrar que o art. 126, III, do CTN afirma que a capacidade tributária passiva independe de regular constituição da pessoa jurídica, bastando que configure uma unidade econômica ou profissional. Sob essa ótica, seria viável simplesmente a lei impor que os agentes que exerçam as citadas atividades sejam contribuintes de IBS e CBS. Contudo, o poder constituinte derivado agiu com uma maior sensibilidade social e permitiu a concessão de crédito presumido aos adquirentes, de forma a não lhes desestimular as aquisições.

Por fim, foi também autorizado que a lei complementar preveja a concessão de crédito ao contribuinte que adquira **bens móveis usados de pessoa física não contribuinte para revenda**, desde que esta seja tributada e o crédito seja vinculado ao respectivo bem, vedado o ressarcimento (EC 132, art. 9º, § 7º). Em outras palavras, somente poderá ser beneficiado pelo crédito o adquirente que seja contribuinte do IVA dual (não contribuintes nunca são beneficiários de qualquer crédito) e que revenda o mesmo imóvel com incidência dos tributos (CBS e IBS). Nesse caso, o crédito presumido decorrente da aquisição não tributada somente poderá ser usado para abatimento do débito gerado na venda do mesmo bem, não podendo ser objeto de pedido de ressarcimento.

16.4.11 Imunidade na radiodifusão de recepção livre e gratuita

A tributação do serviço de comunicação somente faz sentido quando a prestação é realizada a título oneroso. Justamente por isso, repetindo o que estabelecera no tocante ao ICMS (CF, art. 155, § 2º, X, *d*), o texto constitucional (art. 156-A, § 1º, XI) imuniza os serviços de **radiodifusão sonora** (popularmente chamada de rádio) e de **radiodifusão de sons e imagens** (popularmente chamada de televisão), quando a **recepção é livre e gratuita** (rádio e TV abertos).

16.4.12 Sujeitos passivos

O texto constitucional abre um grande leque de opções ao legislador complementar, possibilitando-lhe definir como sujeito passivo do IVA dual "a pessoa que concorrer para a realização, a execução ou o pagamento da operação, ainda que residente ou domiciliada no exterior" (CF, art. 156-A, § 3º).

A regra é, a rigor, desnecessária, pois o efeito de conferir ampla discricionariedade ao legislador infraconstitucional teria sido obtido com o mero silêncio constitucional, do qual resultaria liberdade na definição dos contribuintes e dos responsáveis da CBS e do IBS.

Tudo indica que o poder constituinte derivado optou por nominar expressamente algumas pessoas como passíveis de serem legalmente designadas como sujeitos passivos dos tributos em questão por conta de decisões judiciais que, em face do atual texto do Código Tributário Nacional, entenderam que certos agentes não poderiam ser validamente responsabilizados pelo pagamento dos tributos que o IVA dual vem substituir.

Nesse sentido, a título de exemplo, o STF tem considerado inconstitucionais leis estaduais que responsabilizam pelo ICMS e acréscimos legais o contabilista que, com suas ações ou omissões, tenha concorrido para a infração tributária (ADI 6.284/GO). Contudo, analisando a fundo tais decisões, fica claro que a inconstitucionalidade reconhecida pela Suprema Corte foi apenas formal, residindo na impossibilidade de a lei local estabelecer regras de responsabilidade que destoam das normas gerais constantes do Código Tributário Nacional, principalmente dos seus arts. 134 e 135. Isso porque o CTN tem *status* de lei complementar nacional, somente podendo ser alterado por tal espécie normativa.

Assim, independentemente de qualquer autorização constitucional, já era possível a uma lei complementar editada pela União atribuir responsabilidade tributária àquele que concorresse para o pagamento a menor (ou não pagamento) do tributo, inclusive o contabilista. Não obstante, provavelmente com um infundado temor de a adoção de tal regra pelo ente vir a ser considerada inconstitucional pela Suprema Corte, o poder constituinte derivado optou por expressamente autorizar o legislador complementar a fazê-lo.

Um exemplo notável da aplicação da autorização constitucional em estudo é a responsabilização das plataformas digitais, mesmo aquelas domiciliadas no exterior, pelo pagamento do IBS e da CBS relativos às operações e importações realizadas por seu intermédio, conforme estabelecido pelo art. 22 da LC 214/2025. Essas empresas desempenham um papel significativo na facilitação de diversas operações sujeitas à incidência da CBS e do CBS e estão mais ao alcance das autoridades fiscais brasileiras do que os numerosos fornecedores que as utilizam para a venda de seus produtos. No caso de fornecedores domiciliados no exterior, onde a adesão às exigências fiscais brasileiras é ainda mais complexa, a Lei estabelece a solidariedade entre a plataforma digital e o adquirente ou destinatário domiciliado no Brasil, o que simplifica consideravelmente o processo de cobrança.

16.4.13 *Split payment*

O ***split payment*** ou **"pagamento segregado"** é a sistemática pela qual o pagamento realizado pelo adquirente do bem ou serviço é dividido (segregado) em duas partes: a primeira, utilizada para quitar o tributo incidente na operação; a segunda, correspondente ao valor líquido devido ao fornecedor (contribuinte da exação).

Como o valor do tributo incidente na operação não é disponibilizado financeiramente ao contribuinte, sendo destinado diretamente aos cofres públicos ou a conta específica, a sistemática é forte aliada do combate à fraude e à sonegação. Com ela, diminui-se o que a doutrina chama de **"hiato de conformidade"**, que é a diferença entre a arrecadação esperada, de acordo com a legislação do tributo, e o valor efetivamente carreado aos cofres públicos.

As causas desse hiato são, sobretudo: a) as perdas de receita resultantes das **interpretações divergentes da legislação** entre os contribuintes e a Fazenda, com ou sem judicialização da matéria, o que a simplificação promovida pela Reforma Tributária tende a diminuir; b) as **condutas evasivas**, que, em regra, configuram crimes contra a ordem tributária e cuja diminuição é esperada a partir da adoção do *split payment*.

Para a operacionalização da sistemática de *split payment*, o Direito comparado apresenta dois modelos básicos, com algumas variações entre eles.

No primeiro modelo, mais tradicional, cabe ao próprio **adquirente do bem ou serviço** realizar separadamente os dois pagamentos, um aos cofres públicos (ou conta específica), relativo ao tributo incidente na operação, e outro ao fornecedor (contribuinte), relativo ao preço, consistente no valor líquido da aquisição. Digno de nota que a sistemática é de difícil implementação nas vendas feitas ao consumidor final, pois se mostra inviável, na prática, imputar-lhe, no momento da aquisição, o dever de realizar os dois pagamentos.

O segundo modelo é bem mais moderno, contudo, somente possível quando o adquirente utiliza cartão de débito ou crédito ou outro meio eletrônico de pagamento. Nesses casos, cabe à **instituição financeira** ou à **operadora do cartão** realizar o *split* (segregação), destinando o preço (valor líquido) ao fornecedor e o montante relativo ao tributo aos cofres públicos ou à conta específica. A implementação desse modelo é necessariamente parcial, pois não há como operacionalizá-lo nos casos de pagamento realizado diretamente em dinheiro, sem a participação de instituição financeira. Nessas hipóteses, cada vez mais raras, a prática de condutas evasivas continuará sendo de ocorrência mais provável.

No tocante ao IBS e à CBS, o *split payment* é previsto no art. 156-A, § 5º, II, da CRFB/1988, nos seguintes termos:

> § 5º Lei complementar disporá sobre:

> (...)
>
> II – o regime de compensação, podendo estabelecer hipóteses em que o aproveitamento do crédito ficará condicionado à verificação do efetivo recolhimento do imposto incidente sobre a operação com bens materiais ou imateriais, inclusive direitos, ou com serviços, desde que:
>
> a) o adquirente possa efetuar o recolhimento do imposto incidente nas suas aquisições de bens ou serviços; ou
>
> b) o recolhimento do imposto ocorra na liquidação financeira da operação;

Segundo a previsão constitucional, a sistemática é de **adoção opcional**, uma vez que o constituinte apenas autorizou o legislador complementar a "estabelecer hipóteses em que..." certo modelo seja adotado, ficando claro que a sistemática poderá ser implementada apenas para determinadas classes de **contribuintes**, para determinadas classes de **adquirentes** ou para determinadas classes de **bens ou serviços**.

Nos casos em que adotada a técnica, o direito a crédito do adquirente somente existirá se comprovado o efetivo recolhimento do tributo. Isso se dá porque, independentemente do modelo adotado, o pagamento do tributo incidente na operação nunca dependerá do alienante. No primeiro modelo estudado anteriormente, o recolhimento é realizado pelo próprio adquirente; no segundo, a responsabilidade recai sobre a instituição financeira ou sobre a operadora do cartão de débito/crédito.

Fica fácil perceber que o legislador constituinte permitiu a adoção de ambos os modelos, sendo o primeiro (recolhimento pelo adquirente) previsto na alínea "a", e o segundo (recolhimento pela instituição financeira ou operadora do cartão) autorizado pela alínea "b" do art. 156-A, § 5º, II, anteriormente transcrito.

Com a regulamentação da Reforma Tributária, realizada pela Lei Complementar 214/2025, o Brasil previu a adoção progressiva de um modelo que, ao final da sua implementação, tem potencial para elevar a sistemática brasileira de *split payment* ao *status* de "a mais moderna do mundo", conforme se passa a explicar.

O principal problema técnico para a utilização do *split payment* em um imposto como o IVA é a não cumulatividade, uma vez que, de acordo com tal princípio, o contribuinte tem o direito de abater do tributo incidente sobre seus fornecimentos de bens e serviços os créditos que obteve nas operações em que figurou como adquirente. Assim, **o valor destacado na nota fiscal em cada fornecimento não é, em regra, integralmente devido**, de modo que, se adotado um modelo de *split payment* caracterizado pela entrega aos cofres públicos de todo o IBS e toda a CBS incidentes na operação, o contribuinte corre o risco de ter seu fluxo de caixa prejudicado por recolhimentos a maior, o que tende a ser agravado por demoras na utilização do crédito ou restituição, algo infelizmente muito comum em praticamente todas as situações que geram direito à repetição de indébito tributário no Brasil.

Em virtude desse problema, em alguns países que adotam o *split payment*, a alíquota empregada para o pagamento segregado (**alíquota *split***) é menor do que a alíquota legal do tributo (**alíquota cheia**), assemelhando o recolhimento assim efetuado a uma **estimativa** do montante que será apurado como efetivamente devido ao final do período de apuração (normalmente mensal).

Na sistemática adotada pela Lei Complementar 214/2025, a tecnologia será a solução para esse problema. Antes de disponibilizar os recursos ao fornecedor, o prestador de serviço de pagamento ou a instituição operadora do sistema de pagamento **consultará o sistema do Comitê Gestor do IBS e da Receita Federal** para obter informações sobre a exata parcela dos débitos do IBS e da CBS incidentes na operação já **extinta** pelas hipóteses previstas no art. 27 da LC 214/2025, e assim realizar o pagamento segregado (*split payment*) dos montantes tributários e do valor devido ao fornecedor.

Em termos mais claros, no momento da liquidação financeira de uma operação sujeita ao IBS e à CBS nos montantes destacados no documento fiscal eletrônico, o próprio sistema informatizado abaterá de tais valores a **parcelas já quitadas** por qualquer das modalidades legais (principalmente a compensação de créditos apropriados pelo contribuinte em virtude de suas aquisições). Os valores recolhidos aos cofres do CGIBS e da RFB corresponderão aos exatos valores que lhes são devidos, do mesmo modo que o contribuinte receberá o pagamento da quantia que efetivamente lhe pertence, não sofrendo prejuízo ao seu fluxo de caixa.

Para viabilizar a operacionalização do sistema, o § 1º do art. 32 da LC 214/2025 obriga o **fornecedor** a incluir no documento fiscal eletrônico informações que permitam a **vinculação das operações com a transação de pagamento** e **a identificação dos valores do IBS e da CBS incidentes sobre as operações**. Essas informações devem ser transmitidas aos prestadores de serviço de pagamento pelo próprio fornecedor, pela plataforma digital ou por outra entidade, mesmo sem personalidade jurídica, que receba o pagamento.

Para os casos em que a consulta pelo prestador de serviço de pagamento ou instituição operadora do sistema de pagamento **não possa ser realizada**, o § 4º do art. 32 da LC 214/2025 estabelece o dever de recolhimento integral dos valores incidentes na operação, seguido de uma imposição ao CGIBS e à RFB de **transferir para o fornecedor, em até 3 (três) dias úteis, os valores recebidos que excederem ao montante que era efetivamente devido**, considerando as parcelas já quitadas dos tributos.

No seu art. 33, a LC 214/2025 estabelece a possibilidade de o contribuinte optar por um **procedimento simplificado de split payment**, aplicado a todas as operações cujo adquirente não seja contribuinte do IBS e da CBS no regime regular. No regime simplificado, não ocorrerá a dedução exata das parcelas já pagas dos mencionados tributos. O valor recolhido corresponderá a uma verdadeira estimativa, ou, nos exatos termos legais, um "**percentual preestabelecido**" calculado sobre o valor das operações.

Esse percentual é definido pelo Comitê Gestor do IBS, para o IBS, e pela Receita Federal do Brasil (RFB), para a CBS, sendo vedada a aplicação de procedimento simplificado para apenas um dos tributos. Os percentuais podem ser diferenciados por setor econômico ou por contribuinte, a partir de cálculos baseados em metodologia uniforme previamente divulgada, incluindo dados da alíquota média incidente sobre as operações e do histórico de utilização de créditos (art. 33, § 2º, I e II).

Também no caso do uso do procedimento simplificado de *split payment*, caberá ao CGIBS e à RFB apurar os valores efetivamente devidos dos respectivos tributos e transferir ao fornecedor – no prazo de 3 dias úteis contados da conclusão da apuração – os valores recebidos que excederem os devidos (LC 2014, art. 33, § 4º).

16.4.14 Desoneração completa da aquisição de bens de capital

A Constituição, no art. 153, § 3º, IV, estabelece que o IPI terá seu impacto reduzido na aquisição de bens de capital pelo contribuinte do imposto, na forma da lei. A regra visa a desonerar a compra de máquinas e equipamentos (bens de capital) pelo setor produtivo (o estabelecimento industrial e seus equiparados são os principais contribuintes do imposto).

O benefício constitucional não configura uma imunidade, pois permite a incidência do IPI, desde que com "impacto reduzido". Parte considerável da doutrina defendia uma desoneração total dos bens de capital como meio de incentivar a industrialização do País. Registre-se que essa desoneração completa privilegiaria, principalmente, os Estados menos industrializados, pois os Estados mais desenvolvidos concentram a produção desses bens de capital, portanto perderiam o ICMS interestadual cobrado na tradicional sistemática de destinação dos recursos para a origem.

Durante o trâmite da PEC que deu origem à Emenda Constitucional 132/2023, houve amplo debate sobre a questão, concluindo-se que, em relação ao IVA dual, o melhor para o País realmente seria a **total desoneração dos bens de capital adquiridos por contribuintes do tributo**. Para tanto, poderia ter sido prevista uma imunidade, mas a opção do poder constituinte derivado foi mais uma vez aquela utilizada em profusão na Reforma Tributária, qual seja, a de remeter a matéria para a lei complementar, nos termos abaixo transcritos:

> Art. 156-A.
>
> (...)
>
> § 5º Lei complementar disporá sobre:
>
> (...)
>
> V – a forma de desoneração da aquisição de bens de capital pelos contribuintes, que poderá ser implementada por meio de:
>
> a) crédito integral e imediato do imposto;
>
> b) diferimento; ou
>
> c) redução em 100% (cem por cento) das alíquotas do imposto.

Da maneira como redigido o dispositivo, não parece haver margem para o legislador complementar estabelecer o patamar de desoneração (se parcial ou total), pois as hipóteses aventadas para a implementação do benefício não deixam dúvida acerca do caráter total da desoneração.

A primeira técnica de desoneração possível de ser utilizada é a **concessão de crédito total e imediato** do imposto. Como o crédito total é compensado com o idêntico montante do tributo devido, não resulta em qualquer ônus tributário para o contribuinte.

A segunda alternativa corresponde ao **diferimento do pagamento** do tributo. A rigor, o diferimento não configura exatamente uma hipótese de desoneração tributária, mas apenas o adiamento da exigência da obrigação para um momento posterior ao que, não fora o benefício, seria sua data de vencimento.

Nesse caso, por não equivaler a uma hipótese de imunidade ou isenção, o IBS e a CBS oneram a operação, por isso mesmo o adquirente do bem de capital objeto do diferimento terá o **direito de se creditar do IVA dual incidente na operação**. Tal crédito, tendo em vista o princípio da não cumulatividade, poderá ser abatido do tributo incidente sobre as operações subsequentes realizadas pelo beneficiário com bens e serviços onerados pelo IVA dual. Com a realização dessas operações, a regulamentação da matéria deve prever o encerramento do diferimento, que ocorrerá da maneira exposta a seguir.

Imagine-se, a título de exemplo, que uma indústria, visando à produção de televisores, adquira maquinário no valor de R$ 1 milhão e que, sobre a operação de aquisição, incida IVA dual (CBS + IBS) com alíquota total de 30%. Suponha-se, ainda, que o legislador complementar tenha incluído o caso descrito dentre as hipóteses de diferimento destinadas à operacionalização do art. 156-A, § 5º, V, de modo que o tributo decorrente da aquisição, no montante de R$ 300 mil, não seja exigido de imediato.

Ao final de certo período, admita-se que a indústria tenha obtido R$ 1,8 milhões com a venda de um grande lote dos televisores fabricados com o maquinário por ela adquirido, sendo de R$ 540 mil (30% x R$ 1,8 milhão) o IVA dual incidente sobre a operação de venda. Dentro da lógica da operacionalização da sistemática, provavelmente a lei complementar que a regule preverá que essas alienações encerram o diferimento do regime, tornando devido o recolhimento pela indústria dos montantes de IBS e CBS que foram diferidos, no total de R$ 300 mil. Ocorre que, como a indústria adquirente do bem de capital tem direito de se creditar do IVA dual incidente na operação de aquisição do maquinário, tal montante poderá ser utilizado para abater os valores devidos em virtude da alienação do lote de televisores.

Assim, além dos R$ 300 mil relativos ao IVA decorrente da aquisição do maquinário, a indústria terá que recolher apenas mais R$ 240 mil, correspondente a R$ 540 mil (tributo sobre a venda de televisores) menos R$ 300 mil (crédito decorrente da citada aquisição).

É possível perceber que, em nenhum momento, a indústria precisará utilizar recursos próprios para recolher o IBS e a CBS, porque a soma dos dois recolhimentos efetuados equivale exatamente ao valor já recebido do adquirente do lote de televisores. Como costuma ocorrer na tributação do consumo, o ônus tributário foi repassado para o próximo elo da cadeia de produção e comercialização, o que deve acontecer até sua última etapa, de modo que todo o peso da tributação reste suportado pelo consumidor final.

Por fim, é importante compreender que, apesar de ser igualmente obrigada a efetuar os dois recolhimentos, a indústria os realiza em **diferentes modalidades de sujeição passiva**. Quanto ao IBS e à CBS incidentes sobre a alienação do maquinário (R$ 300 mil), ela é **responsável tributário**, pois a operação tributada foi realizada pela alienante; já no tocante às incidências decorrentes da alienação do lote de televisores (R$ 540 mil), de cujo montante são abatidos os créditos relativos à operação de aquisição do maquinário (R$ 300 mil), ela é **contribuinte**, pois realizou a operação de venda.

Como resultado final das operações sucessivas, as Fazendas credoras do IBS e da CBS receberão todo o tributo que seria devido no conjunto de operações, mas com diferimento do montante decorrente da aquisição do maquinário.

Analisada detidamente, a sistemática em tudo equivale a uma hipótese de **substituição tributária regressiva** ("para trás"), na qual a indústria recolhe, como substituto, o valor do IVA dual relativamente ao qual o alienante do maquinário seria o contribuinte, somado ao montante do IVA dual do qual a própria indústria é a contribuinte. Por isso, parcela da doutrina afirma que não há diferença entre os institutos, de modo que o diferimento, nos termos estudados, seria um caso de substituição tributária para trás.

Por fim, a terceira hipótese disponível ao legislador complementar para concretizar a desoneração da aquisição dos bens de capital é a **redução em 100%** das alíquotas dos tributos, fazendo com que a operação se sujeite à alíquota zero e, por conseguinte, não sofra qualquer ônus tributário.

As consequências são semelhantes às da hipótese de diferimento estudada acima. No entanto, recorrendo ao mesmo exemplo, se a compra do maquinário fosse sujeita à alíquota zero, nenhum tributo seria devido e a indústria não teria qualquer crédito. Quando o lote de televisores fosse vendido pelos mesmos R$ 1,8 milhões, os R$ 540 mil de tributos seriam integralmente devidos, pois não haveria qualquer valor a compensar. O valor total recebido pelo Fisco seria exatamente o mesmo, só que num único recolhimento, a cargo da indústria, na condição de contribuinte.

Outra opção é a **combinação entre os institutos de desoneração tributária** mencionados anteriormente. Um exemplo disso é a concessão de suspensão na aquisição de um bem, seguida pela conversão dessa suspensão em alíquota zero, caso sejam pontualmente cumpridos os requisitos previstos em lei. Como será discutido a seguir, esse mecanismo foi amplamente adotado nos regimes de bens de capital previstos na regulamentação da Reforma Tributária.

A regulamentação da desoneração dos bens de capital foi realizada pela Lei Complementar 214/2025, que, nos arts. 105 a 108, estabeleceu quatro **"Regimes dos Bens de Capital"**. Três desses regimes representam a extensão dos efeitos de **regimes especiais de tributação já existentes** (Reporto, Reidi e Renaval) para a nova tributação do consumo. O quarto é o **regime geral**, aplicável às aquisições de bens de capital não cobertas pelos regimes especiais e, por essa razão, será abordado em primeiro lugar.

Como **regra**, o art. 108 da LC 214/2025 assegura o **crédito imediato e integral do IBS e da CBS incidentes na aquisição de bens de capital**. Esse mecanismo visa a compensar totalmente o valor que seria devido na operação, conforme analisado anteriormente.

No entanto, o artigo subsequente permite que um ato conjunto do Poder Executivo da União e do CGIBS defina situações em que as importações e aquisições de bens de capital no mercado interno, realizadas por contribuintes no regime regular, estejam sujeitas à **suspensão do pagamento do IBS e da CBS**. Nessas situações, não se aplicará a citada concessão de crédito.

O ato conjunto especificará os bens abrangidos e o prazo do benefício (art. 109, § 1º). Durante esse período, o contribuinte deverá incorporar o bem ao seu ativo imobilizado ou ao seu ativo permanente, providência da qual resultará a **conversão da suspensão em alíquota zero** (art. 109, § 2º), completando, assim, o ciclo de desoneração da aquisição.

Caso a **incorporação do bem ao ativo permanente não ocorra conforme o previsto**, o benefício cessará, e o adquirente terá a obrigação de recolher o IBS e a CBS que estavam com o pagamento suspenso, acrescidos de multa e juros de mora. Tecnicamente, essa retirada do benefício configura uma **cassação**, que é a extinção do ato administrativo decorrente do descumprimento dos requisitos legais pelo destinatário.

Por fim, ainda no tocante ao regime geral, o art. 110 da LC 214/2025 prevê duas situações em que o fornecimento e a importação de bens serão **imediatamente beneficiados pela redução a zero das alíquotas de IBS e CBS**, sem um período anterior de suspensão. O benefício é aplicável aos seguintes bens:

> I - tratores, máquinas e implementos agrícolas, destinados a produtor rural não contribuinte; e
>
> II - veículos de transporte de carga destinados a transportador autônomo de carga pessoa física não contribuinte.

Conforme já registrado, além do regime geral de desoneração analisado acima, a Lei Complementar 214/2025 também regulamenta três regimes especiais de desoneração fiscal aplicáveis aos bens de capital:

> 1) Regime Tributário para Incentivo à Modernização e à Ampliação da Estrutura Portuária (**Reporto**) – Art. 105;
>
> 2) Regime Especial de Incentivos para o Desenvolvimento da Infraestrutura (**Reidi**) – Art. 106; e
>
> 3) Regime Tributário para Incentivo à Atividade Econômica Naval (**Renaval**) – Art. 107.

As particularidades desses regimes são detalhadas nos dispositivos legais mencionados. No entanto, todos eles compartilham um mecanismo comum consistente na aquisição de bens de capital com **suspensão do IBS e da CBS** incidentes, seguida da conversão da suspensão em **redução das alíquotas a zero**, se cumpridas as exigências específicas de cada regime, o que completa o ciclo de desoneração do produto.

16.4.15 Uniformidade do tratamento dos regimes aduaneiros especiais e das zonas de processamento de exportação

Segundo o art. 156-A, § 5º, VI, da Constituição, a lei complementar disporá sobre "as hipóteses de diferimento e desoneração do imposto aplicáveis aos regimes aduaneiros especiais e às zonas de processamento de exportação".

A legislação brasileira prevê vários **regimes aduaneiros especiais** de importação e de exportação. Tais regimes são considerados especiais justamente por estabelecerem exceções à regra geral de tributação do comércio exterior, normalmente submetendo a mercadoria a um regime suspensivo de tributação, seguido pela desoneração (completa ou parcial) do tributo, se adequadamente cumpridas as condições impostas.

A título de exemplo, imagine-se que uma empresa domiciliada no exterior deseje remeter uma aeronave para ser consertada no Brasil. Tal objetivo (conserto) se enquadra no conceito de "aperfeiçoamento ativo", para fins de submissão da aeronave ao regime aduaneiro especial de "Admissão Temporária para Aperfeiçoamento Ativo", previsto nos arts. 380 a 382 do Decreto 6.759/2009 (Regulamento Aduaneiro). Assim, a entrada no Brasil ocorrerá com a suspensão dos tributos federais, seguida da completa desoneração, quando a aeronave, cumpridos os demais requisitos legais, voltar ao exterior.

O grande problema ínsito ao ICMS era a possibilidade de os vários Estados brasileiros conferirem tratamento tributário diverso à operação, o que somente poderia ser evitado com a formalização de convênio tendente a uniformizar tal ponto. Especificamente no tocante às admissões temporárias, inclusive para aperfeiçoamento ativo, a uniformidade foi parcialmente alcançada com a edição do Convênio ICMS 58/1999, que autorizou – atualmente, a jurisprudência é no sentido de que tais convênios não podem ser impositivos – os Estados a isentar por completo as mercadorias ingressadas no País sob o amparo do mencionado regime especial.

Com o advento da EC 132/2023, o problema foi definitivamente solucionado, visto que, em relação ao IBS e à CBS, é de lei complementar nacional o papel de disciplinar a matéria. A regulamentação em tela consta dos arts. 84 a 98 da Lei Complementar 214/2025.

Quanto às **zonas de processamento de exportação** (ZPE), nos termos do art. 534 do Regulamento Aduaneiro, "caracterizam-se como áreas de livre comércio de importação e de exportação, destinadas à instalação de empresas voltadas para a produção de bens a serem comercializados no exterior, objetivando a redução de desequilíbrios regionais, o fortalecimento do balanço de pagamentos e a promoção da difusão tecnológica e do desenvolvimento econômico e social do País".

Assim como observado nos regimes aduaneiros especiais, a entrada de mercadorias estrangeiras nas zonas de processamento de exportação também se dá com a suspensão do pagamento dos tributos federais. Por conseguinte, também a elas se apresentava o problema da possível falta de uniformidade do tratamento tributário conferido pelos entes subnacionais ao ICMS incidente sobre as operações. Essa dificuldade, conforme dito acima, não deverá existir em relação ao IVA dual, já que IBS e CBS são igualmente disciplinados pela Lei Complementar 24/1975, que trata do regime tributário aplicável às zonas de processamento de exportação nos arts. 99 a 104.

16.4.16 Compras governamentais

O art. 149-C da CRFB/1988 estabelece um regime jurídico específico de tributação para as operações contratadas pela **Administração Pública direta** ou por suas **autarquias** e **fundações públicas**.

Para o perfeito entendimento deste ponto, é fundamental recordar que a jurisprudência do STF, em relação ao **ICMS**, firmou-se no sentido de que, nas operações e prestações envolvendo beneficiário de imunidade de caráter subjetivo – como é o caso dos entes federados, suas autarquias e fundações –, o beneplácito constitucional somente seria aplicável caso a entidade imune figurasse, não fora a imunidade, como **contribuinte de direito** do imposto. Uma vez que o contribuinte de direito do ICMS é o comerciante ou prestador de serviço, a imunidade acabava não sendo aplicável às compras governamentais, já que nelas a entidade imune, enquanto adquirente ou tomadora do serviço, figura como mera **contribuinte de fato**.

Com a EC 132/2023, visando a evitar que a Administração Pública seja onerada por **IBS** e **CBS**, previu-se no citado art. 149-C que o produto da arrecadação dos dois tributos será integralmente destinado ao ente federado contratante, mediante **redução a zero** das alíquotas do imposto e da contribuição devidos aos demais entes e equivalente **elevação da alíquota do tributo devido ao ente contratante**. A sistemática é regulamentada pelo art. 473 da LC 214/2025.

Na prática, a regra funciona como uma cláusula de repartição de receitas tributárias. Imagine-se, por exemplo, uma contratação realizada pelo Município de Coxixola, na Paraíba. Sem a regra, um percentual da arrecadação do IBS (equivalente à alíquota municipal) já pertenceria, pelas normas gerais do tributo, ao próprio Município, enquanto outro percentual (equivalente à alíquota estadual) pertenceria ao Estado. Já a arrecadação da CBS, tributo federal, pertenceria exclusivamente à União.

Com a regra ora analisada, são reduzidos a zero tanto o percentual do IBS que seria devido ao Estado da Paraíba quanto o do tributo que seria devido à União a título de CBS. A soma desses percentuais (antes de reduzidos a zero) com aquele que, no princípio, seria destinado à municipalidade, corresponderá à alíquota do IBS devido ao Município de Coxixola em virtude da contratação realizada, tornando-o, assim, destinatário único de toda a arrecadação do IVA dual. O quadro abaixo sintetiza a situação descrita:

		SEM A REGRA	**COM A REGRA**
IVA DUAL	**CBS**	Alíquota federal → U%	Alíquota federal → 0%
	IBS	Alíquota estadual → E%	Alíquota estadual → 0%
		Alíquota municipal → M%	Alíquota municipal → U% + E% + M%
Arrecadação municipal decorrente da contratação		Apenas o correspondente à M% da base de cálculo.	Aplicação de (U + E + M)% sobre a base de cálculo.

O artigo 149-C, § 1º, da Constituição estabeleceu a possibilidade de as compras governamentais serem submetidas a uma **redução uniforme das alíquotas**, nos termos de lei complementar. Nessa hipótese, apesar de a totalidade da arrecadação continuar sendo destinada ao ente federado contratante, o montante total destinado seria reduzido.

A Lei Complementar 214/2025 fez uso dessa autorização e previu a redução em seu art. 472. Nos termos do dispositivo, de 2027 a 2033, o redutor será calculado com base nos critérios estipulados no art. 370 e, a partir de 2034, permanecerá no patamar de 2033. Os critérios estabelecidos no art. 370 visam a manter a arrecadação que os tributos extintos ou reduzidos pela Reforma Tributária geravam ao incidir sobre as compras públicas.

Digno de nota que as regras ora estudadas são também aplicáveis às importações feitas pela Administração Pública. Nesse sentido, o § 3º do art. 149-C deixa claro que, na importação, a imunidade recíproca que protege entes federados e suas autarquias e fundações deve ser implementada seguindo a mesma lógica.

Como não é possível ao ente tributante exercer no exterior o seu poder de tributar sobre aqueles que exportam para o Brasil, o legislador complementar, ao instituir IBS e CBS, certamente optará por nomear como **contribuintes** dos tributos o **importador de bens** e o **tomador de serviços**, da mesma forma que o fez no tocante ao ICMS (LC 87, art. 4º, § 1º, I e II). Como consequência, o importador será o contribuinte de direito dos tributos, permitindo, nos termos da já mencionada jurisprudência do STF, a aplicação da imunidade subjetiva ao IBS e à CBS.

Importante recordar que, apesar de a imunidade prevista no art. 150, VI, "a", da CRFB/1988 somente ser aplicada a impostos, o novo art. 149-B, parágrafo único, determina expressamente que a CBS não se submeterá à disciplina da imunidade estabelecida do art. 195, § 7º (a contribuições para a seguridade social), mas, sim, àquela estabelecida para a regulação das imunidades estatuídas no art. 150, VI (a impostos).

Em suma, nas importações realizadas pela Administração Pública, a imunidade recíproca, por expressa determinação constitucional, será implementada na forma analisada neste tópico, ou seja, mediante elevação da alíquota devida ao contratante e redução a zero das alíquotas devidas aos demais entes federados.

A previsão é tecnicamente inadequada, por tratar a imunidade – tradicionalmente definida como um caso de **não incidência constitucionalmente qualificada** – como uma verdadeira **hipótese de incidência**, já que são estipuladas até regras sobre as alíquotas aplicáveis. No entanto, apesar da atecnia, a regra implementa o objetivo constitucional de desonerar as compras governamentais realizadas mediante importação.

Também foi prevista a possibilidade de a lei complementar **excluir determinadas operações** da sistemática ora estudada, de forma a submetê-las à regra geral de tributação, ou seja, às mesmas alíquotas e mesma destinação de receitas das operações realizadas pelos particulares em geral (CF, art. 149-C, § 2º). Com base nessa autorização, a LC 214/2025 excetuou da regra as "aquisições que, cumulativamente, sejam efetuadas de forma presencial e sejam dispensadas de licitação, nos termos da legislação específica". Como, nessas hipóteses, as compras tendem a acontecer de maneira menos formal, seria bastante difícil aplicar a manipulação de alíquotas necessária à aplicação das regras estudadas neste tópico.

16.4.17 Dupla oneração como requisito para uso de crédito

Seguindo previsão semelhante à existente para o ICMS, o art. 156-A, § 7º, da CRFB/1988, condicionou o creditamento e a utilização dos créditos do IBS e da CBS à existência de ônus tributário tanto na operação em que o contribuinte figure como adquirente ou destinatário do bem ou serviço (**operação de entrada**) como naquela subsequente, na qual ele será o alienante do bem ou o prestador do serviço (**operação de saída**).

A exigência configura o que tem sido denominado de **"teoria da dupla incidência"**. A terminologia não é a mais adequada do ponto de vista técnico, pois a isenção – que, nos termos do mencionado dispositivo, impede a aquisição ou o uso de crédito –, apesar de **desonerar a tributação**, enquadra-se como **caso de incidência** no qual o pagamento do tributo é dispensado por lei.

Por força do § 7º do art. 156-A, se a operação de aquisição do bem ou serviço for beneficiada por isenção ou imunidade, o adquirente ou destinatário **não terá qualquer crédito** para compensar com o que for devido nas operações subsequentes. De outra banda, mesmo que tenha havido ônus na operação de aquisição, com o contribuinte tendo registrado seu crédito para abater nas operações seguintes, se estas últimas operações vierem a ser isentas ou imunes, o crédito que fora adquirido e registrado terá que ser **anulado** (melhor seria dizer **estornado**, dado que a retirada do crédito não decorre de ilegalidade).

As inovações trazidas pela EC 132/2023, percebidas quando as novas regras são comparadas às classicamente estabelecidas para o ICMS, são:

a) Não estipulação de uma genérica autorização para que a sistemática da dupla oneração seja excetuada pela legislação;

b) Possibilidade de a lei complementar (necessariamente nacional) excetuar a anulação do crédito relativo às operações anteriores, quando as operações subsequentes forem abrangidas por imunidade. Tal possibilidade de exceção não existe no tocante à proibição de creditamento, quando a operação de aquisição é imune ou isenta.

Quanto a esse segundo aspecto, a possibilidade foi estabelecida por conta de, em regra, a imunidade servir como um mecanismo destinado a colaborar com a consecução de um valor maior, cuja concretização poderia vir a ser prejudicada pela restrição ora estudada.

A título de exemplo, imagine-se uma indústria que adquira insumos para a produção de papel a ser destinado a empresas que com ele confeccionarão livros, jornais e periódicos. Pela regra ora estudada, mesmo que tal indústria se credite do IBS e da CBS incidentes sobre as aquisições de insumos, tais créditos deveriam ser anulados (estornados) quando esse papel fosse vendido com a imunidade estatuída pelo art. 150, VI, "a", da Constituição. Assim, restaria onerada a cadeia produtiva dos livros, jornais e periódicos e, por conseguinte, prejudicados os objetivos vislumbrados pelo legislador constituinte ao estabelecer a imunidade (desonerar a livre manifestação do pensamento e a difusão da cultura). No entanto, utilizando o permissivo previsto ao final do art. 156-A, § 7º, II, a lei complementar nacional poderá excetuar da sistemática da dupla oneração a comercialização do papel imune, de forma a garantir a manutenção e o aproveitamento do crédito anteriormente adquirido e, portanto, a desejada desoneração da mencionada cadeia de produção/circulação.

Registre-se que, no tocante ao ICMS, mesmo sem qualquer previsão legislativa no sentido da manutenção do crédito no caso da venda de papel imune, o STF decidiu que tal manutenção deveria existir, fundamentando seu entendimento justamente no prejuízo aos objetivos constitucionais advindo de eventual anulação (AC 2.559 Referendo-MC/RJ).

É fundamental repisar, contudo, que, no sistema do IBS e da CBS, mesmo no caso de imunidade, para excetuar o requisito da dupla oneração, é necessário expressa previsão em **lei complementar**. Ao menos é o que se pode extrair da maneira como se encontram textualmente redigidos os dispositivos constitucionais estudados neste tópico.

16.4.18 Adoção do mecanismo de *cashback*

Conforme estudado no item 13.8 do Capítulo 13, a nova tributação do consumo delineada pela EC 123/2023 adotou alíquotas uniformes para CBS e IBS, abandonando a seletividade baseada na essencialidade do produto. Para atenuar a regressividade do sistema tributário, foi previsto um **mecanismo de *cashback***, por meio do qual se fará a devolução de tributos a pessoas físicas de baixa renda.

Assim, já não importa mais a natureza do produto, mas a capacidade contributiva de quem o adquire. Por exemplo, um certo modelo de televisor, ao ser comprado por duas pessoas distintas, pode gerar *cashback* de tributos para apenas uma delas, ou para nenhuma, ou, ainda, ocasionar a devolução de valores diferentes, de acordo com o poder aquisitivo de cada um dos consumidores envolvidos.

Em relação ao **IBS**, o art. 156-A, § 5º, VIII, da CRFB/1988 prevê que **lei complementar** disporá sobre "as hipóteses de devolução do imposto a pessoas físicas, inclusive os limites e os beneficiários, com o objetivo de reduzir as desigualdades de renda". Apesar da liberdade concedida ao legislador infraconstitucional para a definição de tais aspectos, o § 13 do mesmo dispositivo já antecipa que não pode deixar de ser concedido *cashback* nas operações de fornecimento de energia elétrica e de gás liquefeito de petróleo ao consumidor de baixa renda, podendo a lei complementar determinar que seja calculada e concedida no momento da cobrança da operação.

Para a **CBS**, o art. 195, § 18, da Constituição apresenta redação quase idêntica à do art. 156-A, § 5º, VIII, porém sem a exigência expressa de a lei regulamentadora da devolução ser complementar. Em tese, poder-se-ia admitir, então, a possibilidade de o *cashback* da CBS ser disciplinado por lei ordinária, contudo esse raciocínio não faz o menor sentido. Considerando que IBS e CBS são tributos estruturalmente iguais quanto a seus principais aspectos e que o art. 124, parágrafo único, do ADCT prevê que ambos os tributos devem ser instituídos pela mesma lei complementar (a ser editada pela União), não haveria lógica em submeter apenas o *cashback* de um deles (e não o de ambos, ou o de nenhum deles) à disciplina da referida espécie normativa.

Seguindo a lógica acima explanada, a Lei Complementar 214/2025, que instituiu o IBS e a CBS, regulamentou para ambos os tributos o mecanismo do *cashback* (arts. 112 a 124).

Conforme estabelecido no art. 113 da LC 214/2025, serão contemplados pela devolução do CBS e da CBS as pessoas físicas responsáveis por unidades familiares de baixa renda cadastradas no Cadastro Único para Programas Sociais do Governo Federal (CadÚnico) e que observem, cumulativamente, os seguintes requisitos (LC 214/22025, art. 113).

> I - possuir renda familiar mensal per capita de até meio salário-mínimo nacional;
>
> II - ser residente no território nacional; e
>
> III - possuir inscrição em situação regular no CPF.

A inclusão na sistemática de devoluções será automática, mas o beneficiário poderá, a qualquer tempo, solicitar a sua exclusão (art. 113, § 1º).

Como não se espera um padrão de consumo elevado por parte dos beneficiários da sistemática de *cashback*, é natural a imposição de limites para os valores devolvidos, inclusive para inibir o cometimento de fraudes. Imagine-se, por exemplo, o patrão que pensasse em usar sua empregada doméstica para comprar mantimentos ou outros bens para a casa, com o intuito de obter o *cashback* a que ela teria direito, e ele não. O estabelecimento de limites para a devolução certamente desestimulará esse e outros tipos de fraude.

Esperava-se que os limites fossem definidos na própria lei complementar instituidora dos tributos, o que não se verificou, pois a LC 214/2025 optou por remeter ao regulamento a definição das "regras de devolução por unidade familiar destinatária e por período de apuração das devoluções, de modo que a devolução seja compatível com a renda disponível da família" (art. 117, § 1º).

Não obstante, restringindo a liberdade de ação do poder regulamentar, o legislador apontou os parâmetros a serem considerados para a determinação do tributo a ser devolvido. São eles:

> I - o consumo total de produtos pelas famílias destinatárias, ressalvados os produtos sujeitos ao Imposto Seletivo, de que trata o Livro II desta Lei Complementar;
>
> II - os dados extraídos de documentos fiscais vinculados ao CPF dos membros da unidade familiar, que acobertem operações de aquisição de bens ou serviços exclusivamente para consumo domiciliar;
>
> III - a renda mensal familiar disponível, assim entendida a que resulta do somatório da renda declarada no CadÚnico a valores auferidos a título de transferência condicionada de renda;
>
> IV - os dados extraídos de publicações oficiais relativos à estrutura de consumo das famílias;
>
> V - as regras de tributação de bens e serviços previstas na legislação.

As devoluções serão calculadas mediante aplicação do percentual legalmente previsto sobre o valor do tributo formalizado por meio da emissão do documento fiscal (art. 117). Nesse sentido, a sistemática também é um estímulo à formalização do consumo das famílias destinatárias e à cidadania fiscal, o que tende a inibir a informalidade nas atividades econômicas, a sonegação fiscal e a concorrência desleal (art. 114, § 2º).

A parcela de devolução da CBS e do IBS foi definida no art. 118 da Lei Complementar 214/2025, devendo ser realizada nos seguintes percentuais (**devolução geral**):

> I - 100% (cem por cento) para a CBS e 20% (vinte por cento) para o IBS na aquisição de botijão de até 13 kg (treze quilogramas) de gás liquefeito de petróleo, nas operações de fornecimento domiciliar de energia elétrica, abastecimento de água, esgotamento sanitário e gás canalizado e nas operações de fornecimento de telecomunicações; e
>
> II - 20% (vinte por cento) para a CBS e para o IBS, nos demais casos.

Esses percentuais representam o piso da devolução, pois os entes federados podem, por meio de lei específica, fixar percentuais de devolução da sua parcela da CBS ou do IBS superiores aos mencionados. Segundo o art. 118, § 1º, tais percentuais superiores podem ser diferenciados em função da renda familiar dos destinatários e entre os bens e serviços listados nos itens I e II acima transcritos.

Caso o ente federado opte por realizar a devolução em percentuais diferenciados, a diferença entre o valor assim definido e o mínimo legalmente previsto (**devolução geral**) é legalmente denominada de **devolução específica** (art. 124, II). A distinção é relevante, pois a devolução específica, por resultar de uma decisão discricionária do ente federado, **não é considerada para fins de cálculo das alíquotas de referência**, com vistas a reequilibrar a arrecadação das respectivas esferas federativas. Em contraste, **a devolução geral é considerada para esse fim**, conforme previsão legal expressa (art. 124, parágrafo único).

A possibilidade de devolução em percentuais superiores aos previstos no art. 118 da Lei Complementar 214/2025 não se aplica à CBS incidente sobre os bens e serviços listados no item I mencionado anteriormente. Isso ocorre porque o percentual de devolução já foi fixado em 100%, e a fixação de um percentual superior, além de ser expressamente vedada pelo § 3º do mesmo art. 118, contraria a proibição estabelecida no art. 120 da Lei, que impede a devolução da CBS ou do IBS em valor superior ao ônus incidente sobre o consumo das famílias.

Por fim, vale registrar que o art. 119 da Lei Complementar 214/2025 permite a criação de um **procedimento simplificado de cashback**, em que os valores serão devolvidos com base em **estimativa** realizada através de uma sequência de cálculos prevista no § 2º do dispositivo. O modelo simplificado só poderá ser adotado em localidades onde dificuldades operacionais comprometam a eficácia da devolução conforme a sistemática geral analisada neste tópico.

16.5 A TRIBUTAÇÃO PELO IBS "NO DESTINO"

Na tributação do consumo realizada por entes subnacionais, a arrecadação dos tributos incidentes pode ser destinada tanto aos entes em que localizados os fornecedores dos bens e serviços (tributação na origem) quanto àqueles em que localizados os respectivos adquirentes (tributação no destino). Ambos os modelos são de implementação tecnicamente viável, sendo a opção uma decisão política do legislador constituinte.

A adoção do **modelo de tributação na origem** premia o ente federado que teoricamente teve a competência de propiciar o ambiente necessário ao empreendimento. Para os seus defensores, a sistemática também é considerada justa, por ser na origem que se sentem os eventuais efeitos ambientais e do uso, às vezes intensivo, pelo contribuinte, dos recursos naturais, da infraestrutura e dos serviços públicos prestados no local de produção.

Em contrapartida, a tributação na origem tende a gerar **guerra fiscal** – e a federação brasileira tem historicamente servido de exemplo desse terrível problema –, porque alguns dos entes federados tentam superar sua pouca atratividade de recursos naturais, infraestrutura e serviços públicos através da concessão de benefícios fiscais. Tal prática agride a desejada neutralidade do tributo e gera uma série de distorções, como a opção de empresas por se estabelecerem em localidades fora de sua cadeia logística. Ademais, concedido o benefício por algum ente, resta aos demais conceder o mesmo benefício em igual ou superior patamar. Ao final, grandes grupos econômicos acabam por, em flagrante agressão ao princípio da capacidade contributiva, serem desonerados do pagamento de tributos que continuam sendo pagos pelas empresas menores.

Apesar da existência de algumas travas constitucionais à deflagração da guerra fiscal – como a regra que originou a exigência de convênio do CONFAZ para a concessão de benefícios fiscais de ICMS –, ela nunca foi efetivamente apaziguada no Brasil, sendo inúmeros os casos de benefícios concedidos de forma irregular.

Além de possibilitar a guerra fiscal, a opção pelo modelo de tributação na origem tende a **agravar as desigualdades sociais e regionais**, gerando poderoso entrave à consecução de um dos objetivos fundamentais da República Federativa do Brasil, consistente na redução de tais desigualdades (CF, art. 3º, III).

Isso se dá porque normalmente os Estados mais desenvolvidos – e, portanto, mais industrializados – são os que mais produzem bens e serviços para o mercado, de modo que as suas empresas estão bem mais vezes na posição de fornecedores de bens e serviços para os domiciliados em Estados menos desenvolvidos do que na posição de consumidores dos bens e serviços produzidos nesses Estados. Assim, quando a tributação fica na origem, mais recursos são carreados aos Estados desenvolvidos, agravando as desigualdades.

No **modelo de tributação no destino**, o problema da guerra fiscal é resolvido, pois não adianta ao Estado produtor conceder benefícios fiscais às empresas situadas em seu território, uma vez que a tributação vai se dar de acordo com a lei do ente em que estiver domiciliado o adquirente do bem ou serviço. Além disso, pelos motivos explicados anteriormente, a destinação da arrecadação aos Estados consumidores dos bens e serviços, em detrimento dos produtores, tende a diminuir as desigualdades sociais e regionais, em plena sintonia com a Constituição Federal.

No Brasil, **o ICMS adotou como regra o modelo de tributação na origem, temperado com hipóteses de uso de um modelo misto** (repartição entre origem e destino), com todos os problemas decorrentes dessa escolha. Para minorar tais problemas, além das mencionadas travas à concessão unilateral de benefícios fiscais, a Constituição previu que, salvo quando autorizado em convênio (CONFAZ), as alíquotas internas do imposto devem ser maiores ou iguais às alíquotas interestaduais (CF, art. 155, § 2º, VI).

Com isso, o montante arrecadado fica no Estado de origem, mas num percentual menor do que o que seria aplicável caso a operação fosse interna. Como tal montante poderá ser abatido do imposto devido no destino, quanto menor for a alíquota interestadual, maior o valor futuramente arrecadado pelo Estado em que ocorrerá o consumo.

Se a cadeia de produção for olhada na sua completude, é possível afirmar que há uma repartição da arrecadação do ICMS entre os Estados de origem e de destino, o que leva alguns autores a definir o sistema brasileiro de destino da receita do ICMS como "misto" (parte na origem, parte no destino). Contudo, se o foco da análise for exclusivamente o destino do tributo incidente sobre a operação interestadual de uma mercadoria a ser novamente comercializada no destino, o sistema adotado é claramente o de origem. Já no caso de a operação interestadual destinar a mercadoria ao seu consumidor final, mesmo que não contribuinte do imposto, desde o advento da EC 87/2015, a Constituição prevê que a tributação deve ser feita com a alíquota do Estado de destino, e a arrecadação, dividida, ficando o Estado de origem com o imposto correspondente à alíquota interestadual, e o destino, com o correspondente ao diferencial de alíquotas (DIFAL). Nessas hipóteses, o sistema pode ser considerado realmente misto, pois a operação tributada foi única e o imposto repartido.

Em todas as hipóteses, entretanto, o Estado de origem será agraciado com o imposto calculado com a alíquota interestadual, de forma que os Estados mais desenvolvidos, que via de regra são a origem nas operações interestaduais, acabam recebendo recursos que lhes são enviados por pessoas domiciliadas nos Estados menos desenvolvidos. Assim, pode-se afirmar que as sistemáticas mista e de origem tendem a agravar as desigualdades entre as regiões do País.

Com o advento do IBS, passa-se a adotar a sistemática de destino, mas mediante uma transição bastante lenta, para que os Estados produtores possam se adaptar à nova realidade. Na prática, a regra que será paulatinamente adotada implica a cobrança do tributo pelo Estado de origem, mas com a arrecadação pertencendo ao Estado de destino.

Realizada a opção constitucional no sentido de fazer a arrecadação pertencer aos entes federados (Estados, DF e Municípios) de destino dos bens e serviços tributados (CF, art. 156-A, § 4º, II), bem como de a tributação ocorrer mediante aplicação da soma das alíquotas desses entes (CF, art. 156-A, VIII), ganha grande relevo a definição de critérios seguros para estabelecer com clareza e precisão qual o local de destino da operação, sob pena de provocar um alto grau de litigiosidade sobre a matéria.

Numa análise mais apressada, a questão pode parecer de fácil solução. Contudo, há casos que dão margem a diversas soluções, como o de operações com cartões de crédito e débito utilizados por dependentes que residam em local diferente do titular, em que o local de destino pode ser definido, dentre outras opções, como o do domicílio ou residência do titular, do dependente ou da realização da compra.

Como exemplo da celeuma que eventual regulamentação imprecisa pode gerar, tem-se a edição da LC 157/2016, que alterou dispositivos da lei de normas gerais sobre o ISS (LC 116/2003), deslocando a competência para a cobrança do imposto do Município do prestador para o do tomador, no tocante a alguns serviços (dentre eles, os relativos a cartão de crédito e débito). Em 2018, entendendo que o novo regramento não definia com clareza quem era o tomador de serviços, gerando insegurança jurídica, o Ministro Alexandre de Moraes, da Suprema Corte, suspendeu cautelarmente as alterações.

Na tentativa de solucionar o problema, o Congresso Nacional editou a LC 175/2020 detalhando melhor as regras. Como houve continuidade normativa, as ações judiciais foram aditadas. No julgamento do mérito, o STF entendeu que as inconsistências ainda não tinham sido suficientemente suplantadas e declarou as normas inconstitucionais (ADPF 499 e ADIs 5835 e 5862, julgadas em 09/06/2023). Pela relevância do julgado, transcreve-se a seguir o trecho mais emblemático da ementa:

> "5. Alterações promovidas pela Lei Complementar 157/2016. Medida Cautelar deferida por ausência de segurança jurídica. Superveniência da Lei Complementar 175/2020. Inexistência de avanço na densidade normativa, persistindo ausência de clareza na definição do domicílio do tomador de serviços. Para que o imposto seja devido no local do domicílio do tomador dos serviços é necessário que a alteração legislativa estabeleça, com exatidão, o seu conteúdo, sob pena de ensejar insegurança jurídica apta a provocar considerável conflito de competência e retrocesso nas relações fiscais, mormente diante de um universo de mais de cinco mil municipalidades na federação brasileira".

Em suma, no tocante ao IBS, cabe à lei complementar estabelecer regras claras e detalhadas para definir com segurança jurídica o local de destino nas operações sujeitas ao imposto. Para isso, a Constituição, no seu art. 156, § 5º, IV, dotou o legislador complementar de amplíssima liberdade, conforme se pode perceber abaixo:

> Art. 156 (...)
>
> § 5º Lei complementar disporá sobre:
>
> (...)
>
> IV – os critérios para a definição do destino da operação, que poderá ser, inclusive, o local da entrega, da disponibilização ou da localização do bem, o da prestação ou da disponibilização do serviço ou o do domicílio ou da

localização do adquirente ou destinatário do bem ou serviço, admitidas diferenciações em razão das características da operação;

O art. 11 da Lei Complementar 214/2025, atendendo às exigências constitucionais, estabeleceu as regras necessárias à definição do local da operação. A leitura atenta do dispositivo é essencial para a correta compreensão da nova tributação do consumo no Brasil.

16.6 PROCESSO ADMINISTRATIVO FISCAL

A disciplina do processo administrativo fiscal relativo ao IBS e à CBS é um dos temas sensíveis decorrentes da Reforma Tributária. Apesar de, nos termos previstos pelo *caput* do art. 156-A da CRFB/1988, a competência relativa ao IBS ser compartilhada entre os entes subnacionais, toda a legislação a seu respeito é de caráter nacional, e todos os seus elementos essenciais coincidem com os da CBS (CF, art. 149-B). Inclusive, apesar da competência tributária ser distinta, a EC 132/2023 estabelece que tanto o IBS quanto a CBS sejam instituídos pela mesma lei complementar (ADCT, art. 124, parágrafo único), o que veio a se concretizar com a edição da LC 214/2025.

A **uniformidade da legislação** de CBS e IBS é essencial para a desejada simplificação do Sistema Tributário Nacional. A ideia é que o contribuinte faça a apuração dos seus débitos e créditos seguindo a mesma legislação, encontre a base de cálculo comum aos dois tributos e simplesmente aplique as alíquotas de cada tributo sobre a mesma base de cálculo, apurando, assim, os respectivos valores devidos.

Esse objetivo ficaria comprometido se os processos administrativos fiscais sobre os dois tributos terminassem em instâncias administrativas diversas, sem unificação da cúpula da estrutura de julgamento. Isso permitiria decisões administrativas finais díspares, que tenderiam a fazer ruir a mencionada simplificação. Além disso, a superação das eventuais divergências entre as instâncias julgadoras somente ocorreria caso (ou quando) a matéria fosse judicializada e chegasse ao Superior Tribunal de Justiça, que detém competência para, no julgamento de recurso especial, uniformizar a interpretação da lei federal, nos casos de divergências de interpretações entre os tribunais (CF, art. 105, III, "c").

Registre-se que, no que concerne ao **IBS**, o art. 156-B, I e III, da Constituição, atribui ao **Comitê Gestor** competência para uniformizar a interpretação e aplicação da legislação do imposto, bem como decidir o contencioso administrativo. Já no tocante à **CBS**, não há disposição semelhante, de forma que, seguindo as regras atuais, o julgamento competiria às **Delegacias da Receita Federal de Julgamento**, em primeira instância, e ao **Conselho Administrativo de Recursos Fiscais (CARF)**, em segunda.

Se adotado tal modelo dual de contencioso administrativo, não haverá, conforme explicado, possibilidade de superação, na via administrativa, das divergências de interpretação entre as cúpulas das mencionadas estruturas julgadoras.

Foram muitas as críticas dos especialistas a essa dualidade, quando da aprovação da PEC de que resultou a EC 132/2023 na Câmara dos Deputados. No entanto, quando a proposta chegou ao Senado Federal, a Casa, apesar de não estabelecer diretamente a unificação dos contenciosos administrativos, permitiu que o fizesse o legislador complementar. Assim, foi incluído no citado art. 156-B um § 8º afirmando que a **lei complementar poderá prever a integração do contencioso administrativo** relativo ao IBS e à CBS. Espera-se que o Congresso Nacional se utilize da autorização, sob pena de relevantes prejuízos para as pretendidas uniformização e simplificação do sistema.

16.7 COMITÊ GESTOR DO IBS

Tradicionalmente, a doutrina conceitua **competência tributária** como a autorização constitucional para os entes políticos instituírem determinados tributos em seus territórios. Nesse sentido, os arts. 153, 155 e 156 da CRFB/1988 afirmam que compete respectivamente à União, aos Estados e ao Distrito Federal, bem como aos Municípios *"instituir impostos sobre..."*, seguindo-se uma lista das manifestações de riqueza passíveis de tributação pelos mencionados entes.

De maneira bastante diferente, a Emenda Constitucional 132/2023 acresceu à Magna Carta o art. 156-A, o qual, ao mesmo tempo em que afirma ser o Imposto sobre Bens e Serviços de *"competência compartilhada dos Estados, Distrito Federal e Municípios"*, estabelece que sua instituição ocorrerá por meio de uma lei complementar de caráter nacional.

Sendo assim, diante do fato de a instituição do IBS ocorrer por meio de lei a ser editada pelo Congresso Nacional, qual seria, então, o conteúdo da "competência" atribuída aos entes subnacionais? Não pode ser apenas o fato de tais entes serem os titulares do produto da arrecadação do tributo. Há de se imaginar que o legislador constituinte quis atribuir alguma espécie de autoridade na definição das principais diretrizes relativas ao exercício do poder de tributar pelos entes.

Boa parte desse poder compartilhado entre Estados, Distrito Federal e Municípios será exercido no âmbito do **Comitê Gestor do Imposto sobre Bens e Serviços**, previsto no art. 156-B da Constituição Federal, através de **competências de natureza administrativa**, e não político-legislativas, mas fundamentais para a definição dos contornos do tributo, conforme será visto a seguir.

Neste ponto, é essencial destacar que a Lei Complementar 214/2025, que instituiu os novos tributos previstos pela EC 132/2023 (CBS, IBS e Imposto Seletivo), também criou um **Comitê Gestor do Imposto sobre Bens e Serviços provisório**, que funcionará até 31 de dezembro de 2025, e é detalhado nos arts. 480 a 484 da Lei.

Dada a natureza temporária desse CGIBS, optou-se por, nesta 19ª edição da obra, abordar as regras constitucionais aplicáveis ao Comitê Gestor que será instituído de forma definitiva pela lei complementar que deverá ter seu processo legislativo concluído no transcorrer do 2025. Essa futura lei provavelmente será resultado da aprovação, com as modificações que o Congresso Nacional vier a realizar, do PLP 108/2024, hoje em trâmite no Parlamento.

16.7.1 Instauração, financiamento e composição

A ideia da criação do Comitê Gestor decorre da necessidade de uma **gestão conjunta do IBS pelos entes subnacionais**, com igual peso dos Estados, de um lado, e dos Municípios, do outro. O Distrito Federal, por não ser dividido em municípios e, por conseguinte, cumular as competências tributárias municipais e estaduais, será representado em ambos os lados.

Na esteira dessa diretriz, o § 2º do art. 156-B da CRFB/1988, apesar de remeter a regulação da matéria à lei complementar, impõe a **representação paritária** (inciso I) e assegura a alternância, na presidência do Comitê Gestor, entre o conjunto dos Estados e do Distrito Federal e o conjunto dos Municípios e do Distrito Federal (inciso II).

Segundo a Constituição da República, o Comitê Gestor será entidade pública sob **regime especial** e terá **independência técnica, administrativa, orçamentária e financeira** (CF, art. 156-B, § 1º). Dessa forma, pelo que se extrai do texto, o Comitê terá **natureza autárquica**, sendo possível instituí-lo como entidade multifederativa, hipótese em que integrará a administração indireta de todos os entes subnacionais, à semelhança com o que acontece com os consórcios públicos.

A instalação do Comitê Gestor será custeada pela União Federal (EC 132, art. 14). Posteriormente, tais despesas iniciais serão ressarcidas pelo Comitê, que passará a ser financiado por um percentual da arrecadação do IBS (CF, art. 156-B, § 2º, III).

Segundo o § 3º do art. 156-A da CRFB/1988, o Comitê Gestor do IBS será composto por **27 membros representando os Estados e o DF** (cada um com seu representante) e **27 membros representando os Municípios e o DF**, lembrando que este, conforme comentado anteriormente, é representado em ambos os grupos.

Diante da existência de 5.568 municípios no Brasil, houve duras discussões sobre como representá-los de maneira justa. Dar ao voto de todos os municípios o mesmo peso aparenta ser algo mais democrático, mas na realidade não o é, porque representatividade idêntica a grandes e pequenos municípios resultaria numa indireta sub-representação da população dos municípios maiores.

Assim, para conciliar o objetivo de todos serem igualmente representados com a necessidade de uma justa ponderação populacional, os **27 representantes municipais** foram divididos em duas classes: a) **14 representantes**, com base nos votos de cada Município, com valor igual para todos; b) **13 representantes**, com base nos votos de cada Município ponderados pelas respectivas populações. Registre-se, por oportuno, que a ponderação do peso populacional na representação dos Estados é realizada no momento das votações no Comitê.

A definição precisa de quem votará para a eleição dos representantes será feita por meio de lei complementar. O mais provável é que a escolha recaia sobre o Chefe do Poder Executivo (prefeito ou governador) ou, caso se opte por um modelo inspirado no CONFAZ, pelo secretário da Fazenda ou Finanças de cada ente, conforme o caso.

Também com o objetivo de garantir a "paridade de armas" entre a representação dos Estados e a dos Municípios (com o DF fazendo parte dos dois grupos), a Constituição dispõe que a presidência do Comitê Gestor será exercida alternadamente entre os dois grupos (CF, art. 156-B, § 2º, II).

16.7.2 Competências

Segundo o art. 156-B, *caput*, da Constituição Federal, "*os Estados, o Distrito Federal e os Municípios exercerão de forma integrada, exclusivamente por meio do Comitê Gestor do Imposto sobre Bens e Serviços, nos termos e limites estabelecidos nesta Constituição e em lei complementar, as seguintes competências administrativas relativas ao imposto*":

> **I - editar regulamento único e uniformizar a interpretação e a aplicação da legislação do imposto;**

Talvez o aspecto formal mais criticado do anterior sistema de tributação do consumo no Brasil fosse a multiplicidade de legislações, decorrentes da competência de cada Estado e do DF instituírem e regulamentarem o ICMS e de cada Município e do DF de fazerem o mesmo a respeito do ISS. Esse verdadeiro cipoal normativo gera grande complexidade e aumenta o custo de conformidade do contribuinte.

Com a Reforma Tributária, em respeito aos princípios da praticidade e da simplicidade na tributação, toda a legislação do IBS, com exceção das normas definidoras das alíquotas estaduais e municipais, será unificada, e o regulamento do tributo, editado pelo Comitê Gestor do imposto.

Da mesma forma, compete ao Comitê Gestor unificar a interpretação e a aplicação da legislação do imposto. Assim, as decisões nos processos de consulta, os pareceres normativos acerca da aplicação da legislação e as demais manifestações de caráter geral e abstrato devem ficar a cargo do Comitê Gestor.

O objetivo é evitar que o contribuinte se depare com interpretações divergentes decorrentes de manifestações de autoridades diversas sobre o mesmo tema. No tocante às interpretações a serem exaradas nos casos concretos, o ideal de unicidade deve ser também perseguido, o que justificou a atribuição ao Comitê da competência para decidir o contencioso administrativo relativo ao IBS, conforme comentado no item III abaixo.

II - arrecadar o imposto, efetuar as compensações e distribuir o produto da arrecadação entre Estados, Distrito Federal e Municípios;

Certamente, no quotidiano funcionamento do IBS, essa será a principal competência do IBS. Conforme determinado pelo art. 156-A, § 4º, da CRFB/1988, para o exercício das competências ora analisadas, o Comitê Gestor, deverá reter dos valores a serem distribuídos aos entes subnacionais o montante equivalente ao saldo acumulado de créditos do imposto não compensados pelos contribuintes e não ressarcidos ao final de cada período de apuração e os valores a serem devolvidos aos contribuintes de baixa renda (mecanismo de *cashback*, estudado no subitem 16.4.18).

Efetuadas as retenções, o Comitê Gestor procederá à distribuição do saldo ao **ente federado de destino das operações** que não tenham gerado creditamento, que são justamente aquelas que têm como destinatário o não contribuinte do IVA dual. Será ele, portanto, que suportará o peso da tributação sem poder transferi-lo a mais ninguém.

Para entender como a competência arrecadatória do Comitê pode ter seu exercício otimizado com o uso do *split payment*, recomenda-se a leitura do subitem 16.4.13.

III - decidir o contencioso administrativo.

Também aqui, o objetivo é a uniformidade nacional das regras do imposto. Para tanto, não seria suficiente estabelecer uma legislação uniforme para o imposto, se a solução dos litígios administrativos decorrentes da aplicação de tal legislação aos casos concretos fosse atribuída a tantos órgãos julgadores quantos são os entes que compartilham a competência relativa ao tributo (Estados, DF e Municípios).

Assim, agiu corretamente o legislador constituinte ao atribuir ao Comitê Gestor a competência para decidir o contencioso administrativo relativo ao IBS.

Além disso, é muito importante, como meio assecuratório da maior simplificação possível da tributação do consumo do Brasil, que o Congresso Nacional, utilizando da autorização conferida pelo § 8º do art. 156-B da Constituição, estabeleça a integração do contencioso administrativo relativo ao IBS e à CBS.

Caso a integração não seja efetuada, existirão divergências interpretativas entre as decisões proferidas no âmbito do contencioso federal da CBS (provavelmente, a cargo das Delegacias da Receita Federal de Julgamento, na primeira instância, e do Conselho Administrativo de Recursos Fiscais, na segunda) e as proferidas pelo Comitê Gestor, no tocante ao contencioso do IBS. A consequência seria uma diferenciação no critério para a cobrança dos dois tributos, prejudicando os objetivos de simplicidade e praticidade que presidiram a elaboração da EC 132/2023.

Apesar de ocorrerem sob a coordenação do Comitê Gestor, de forma a garantir a integração entre os entes federados, as atividades de fiscalização, lançamento, cobrança, representação administrativa e representação judicial relativas ao imposto serão realizadas pelas próprias administrações tributárias e procuradorias, sendo admitidas hipóteses de delegação e compartilhamento de competências (CF, art. 156-B, § 2º, V).

Dessa forma, à semelhança do que ocorre na sistemática do Simples Nacional, será possível, desde que assim previsto em lei complementar, que o lançamento realizado pela autoridade administrativa municipal abranja tanto a parcela municipal como a estadual do imposto. Diga-se de passagem que tal possibilidade é absolutamente óbvia e necessária diante da lógica subjacente à ideia de um imposto de competência compartilhada entre os entes subnacionais.

Com vistas a evitar que a criação do Comitê Gestor do IBS resulte na criação de mais cargos públicos, o texto constitucional estabelece que *"as competências exclusivas das carreiras da administração tributária e das procuradorias dos Estados, do Distrito Federal e dos Municípios serão exercidas, no Comitê Gestor e na representação deste, por servidores das referidas carreiras"* (CF, art. 156-B, VI).

16.7.3 Deliberações

Em se tratando de órgão colegiado de representação do Distrito Federal e de todos os Estados e Municípios do País, ganha relevância a maneira como serão aprovadas as deliberações do Comitê Gestor do IBS. O § 4º do art. 156-B da CRFB/1988 estabelece exigências cumulativas para que as deliberações do Comitê Gestor sejam consideradas aprovadas.

Nesse ponto, importante relembrar que, conforme visto no item 16.7.1, na eleição de 13 dos 27 representantes dos Municípios no Comitê Gestor, já foi feita uma ponderação da população dos entes representados, de maneira que o resultado da votação em relação ao conjunto dos Municípios e DF já é indiretamente influenciado por tal análise.

Já no tocante à representação de Estados e DF, nenhuma observação populacional foi realizada, uma vez que cada ente, independentemente de sua população, possui um representante no Comitê. Por isso, o poder constituinte derivado optou por fazer uma ponderação no momento das deliberações tomadas por essa classe de representantes.

Dessa forma, relativamente ao **conjunto dos Estados e do DF**, o art. 156-B, § 4º, I, da Constituição, estabelece que uma deliberação somente será considerada aprovada se obtiver, **cumulativamente**, os votos: a) da maioria absoluta dos representantes, e b) de representantes dos Estados e do Distrito Federal que correspondam a mais de 50% (cinquenta por cento) da população do País.

16.8 REGIME JURÍDICO DE TRANSIÇÃO

O objetivo das regras de transição da Reforma Tributária é **mitigar os impactos** das mudanças sobre os contribuintes e os entes federados, evitando, ao mesmo tempo, o aumento da carga tributária e a perda de receitas, eventualmente ocasionados pela formatação do novo sistema de tributação do consumo.

Da perspectiva dos **contribuintes**, estabeleceu-se uma **transição mais rápida**, a fim de não fazer com que perdure excessivamente ao longo do tempo a convivência entre dois sistemas de tributação, o que aumentaria a complexidade e a judicialização, duas situações que a EC 132/2023 busca evitar.

Já da perspectiva dos **entes federados**, a **transição é mais lenta**, garantindo-se a manutenção dos níveis atuais de distribuição da arrecadação por um lapso temporal mais longo e, assim, diminuindo a resistência que, de outra forma, teriam os potenciais prejudicados com alguns aspectos específicos da Reforma Tributária.

16.8.1 Transição para o contribuinte

As regras de transição para o contribuinte são as que preveem a gradual implementação do novo modelo de tributação do consumo e o fim da cobrança dos tributos que serão extintos. Seu período de duração pode ser estimado em 7 anos, tendo início em 2026 e se encerrando em 2033, com o fim do ICMS e do ISS, últimos tributos a serem extintos pela Reforma.

Ao lado dessas regras, o constituinte reformador também cuidou de normatizar a forma de aproveitamento dos saldos credores de ICMS existentes ao final de 2032, último exercício de cobrança do tributo, e de determinar que lei complementar discipline a forma de utilização dos créditos, inclusive presumidos, do IPI, da contribuição ao PIS e da Cofins, se não apropriados ou não utilizados até a extinção desses tributos.

Assim, a fim de melhor visualizar seu disciplinamento, é possível dividir o regime de transição para o contribuinte em três eixos complementares entre si:

a) Regras de implementação do Imposto sobre Bens e Serviços (IBS), da Contribuição sobre Bens e Serviços (CBS) e do Imposto Seletivo (IS);
b) Regras para o fim gradativo da cobrança de ICMS, ISS, PIS e Cofins, além da implementação da nova configuração do IPI;
c) Regras de aproveitamento de eventuais saldos credores existentes ao fim do período de transição.

16.8.1.1 Implementação dos novos tributos

Em 2026, tem-se o marco inicial da implementação da Reforma Tributária com o início da cobrança do Imposto sobre Bens e Serviços (IBS) e da Contribuição sobre Bens e Serviços (CBS). Nesse primeiro momento, está prevista a cobrança de **alíquotas-teste**, nos percentuais de 0,1% e 0,9%, respectivamente (ADCT, art. 125, § 1º).

O objetivo é exatamente testar o potencial arrecadatório desses tributos, a fim de colher informações que subsidiem a fixação da **alíquota de referência** pelo Senado Federal, para vigência em 2027, nos termos do art. 130 do ADCT.

Para tanto, será necessária a obtenção de elementos que permitam uma estimativa (baseada na realidade brasileira) do **hiato de conformidade** do IBS e da CBS, entendido como a diferença entre arrecadação esperada, de acordo com a legislação do tributo, e a arrecadação efetiva, normalmente reduzida por fatores como sonegação, judicialização, divergências interpretativas entre a Fazenda e o contribuinte e a inadimplência.

Ainda que seja possível estabelecer uma estimativa a partir da atual arrecadação dos tributos substituídos, a significativa simplificação trazida com a Reforma e a ampliação da base de incidência permitem supor uma redução no hiato de conformidade dos novos tributos em comparação com os antigos, aumentando a eficiência do sistema.

Considerando, ainda, as peculiaridades do IVA dual brasileiro, a experiência internacional mostra-se uma fonte limitada de informações para subsidiar uma previsão da arrecadação inicial. Também daí vem a necessidade de usar o exercício de 2026 como um verdadeiro teste do potencial arrecadatório do IBS e da CBS.

Nesse contexto, a EC 132/2023 estabeleceu uma vinculação específica para as receitas provenientes da cobrança do **IBS** no exercício de **2026**. Elas não observarão as distribuições, repartições ou destinações previstas na Constituição Federal, devendo ser utilizadas integral e sucessivamente para o financiamento do **Comitê Gestor do IBS** e para compor o **Fundo de Compensação de Benefícios Fiscais ou Financeiros-Fiscais** (ADCT, art. 125, § 3º). Já o montante arrecadado a título de CBS desde logo observará sua destinação ao financiamento da seguridade social, na forma do art. 195, *caput*, da Constituição Federal.

Uma vez que as disposições transitórias são norteadas pelo ideal de evitar aumentos da carga tributária, foi inserido um dispositivo que determina a compensação dos valores recolhidos a título de IVA dual com os montantes devidos de PIS e Cofins (ADCT, art. 125, § 1º). Foram escolhidas tais contribuições porque elas incidem sobre a receita bruta, sem quaisquer deduções relativas a custos, despesas e encargos, sendo, portanto, devidas pela grande maioria dos contribuintes, o que torna mais viável a compensação.

O montante recolhido a título de IBS e CBS, no exercício de 2026, também poderá ser compensado com a contribuição PIS-Importação e Cofins-Importação, previstas no art. 195, IV, da Constituição Federal, apesar de possuírem campo de incidência bem mais restrito que PIS e Cofins "geral", sobre receita bruta.

Se o contribuinte não possuir débitos suficientes para efetuar a compensação do IVA dual com qualquer das mencionadas contribuições, o valor recolhido poderá ser compensado com qualquer outro tributo federal ou, ainda, ressarcido no prazo de 60 (sessenta) dias, mediante requerimento. Tem-se uma sistemática estabelecida para evitar que o início da cobrança dos novos tributos onere o contribuinte, mesmo que na alíquota-teste de 1%.

Justifica-se que a alíquota-teste da CBS seja substancialmente maior que a prevista para o IBS pelo fato de as compensações serem executadas precipuamente com contribuições federais para a seguridade social, o que tenderia a gerar uma perda para a União nesse setor tão carente. Nada mais justo, portanto, que a própria seguridade social mantida pela União seja destinatária da maior parte do IVA dual arrecadado. Assim, do percentual de 1% não recolhido, principalmente a título de PIS e Cofins, em virtude da compensação, 0,9% serão recolhidos aos cofres federais, a título de CBS, ficando a perda da União restrita apenas ao montante relativo ao IBS (0,1%).

Ainda no exercício de 2026, os sujeitos passivos que cumprirem as obrigações acessórias relativas ao IBS e à CBS poderão ser dispensados de seu recolhimento, autorização dada pelo art. 125, § 4º, do ADCT. A fruição desse benefício, entretanto, está condicionada a sua regulamentação mediante lei complementar.

A implementação dos novos tributos prosseguirá no exercício de **2027**, com o início da cobrança do Imposto Seletivo (**IS**), sem qualquer período de transição, e da Contribuição sobre Bens e Serviços (**CBS**), não mais sob alíquota-teste, e sim de **forma plena** (ADCT, art. 126, I).

Observe-se, porém, que, nos exercícios de 2027 e 2028, haverá uma redução de 0,1% na alíquota estabelecida em lei para a CBS, conforme o art. 127, parágrafo único, da ADCT. Tal regra visa a evitar a oneração do contribuinte, uma vez que ele estará pagando exatamente este valor (0,1%, incidente sobre a mesma base de cálculo) a título de IBS, mesmo ainda estando sujeito à plena cobrança do ICMS e/ou do ISS, conforme o caso. Percebe-se, novamente, o cuidado do poder constituinte derivado de evitar o aumento da carga tributária. A partir de 2029, inicia-se a gradual redução das alíquotas do ICMS e do ISS, que deve ser compensada exclusivamente através do simultâneo incremento das alíquotas do IBS. Com isso, a CBS passará a ser cobrada sem qualquer redução.

Diferentemente da CBS, como já se deixou entrever no parágrafo anterior, **a transição do IBS para o contribuinte será mais gradual**. Nos exercícios de 2027 e 2028, ele continuará sendo cobrado à alíquota de 0,1%. Entretanto, haverá o fim da vinculação das receitas à instalação do Comitê Gestor e ao Fundo de Compensação dos Benefícios Fiscais, de modo que a mencionada alíquota será decorrente da soma das alíquotas estadual e municipal, ambas antecipadamente fixadas pelo art. 127 do ADCT em idênticos percentuais de 0,05%.

A partir de 2029, o IBS passará a ser cobrado seguindo seu regime de alíquotas definitivo. Assim, cada Estado e cada Município definirá sua alíquota (o DF, por não ser dividido em municípios, definirá ambas), sendo aplicável a cada operação a soma das alíquotas estadual e municipal do destino da operação.

Muito importante realçar, contudo, que entre 2029 e 2032 ainda existirão ICMS e ISS, cujas alíquotas serão reduzidas paulatinamente, até a extinção dos tributos, conforme detalhado no tópico subsequente. Assim, para evitar que a cobrança simultânea do IBS e, conforme o caso, do ICMS e/ou do ISS, resulte em aumento de carga tributária, as alíquotas municipais e estaduais do novo imposto devem ser elevadas também paulatinamente, de forma a apenas manter a arrecadação anteriormente existente.

É por esse motivo que o art. 130 do ADCT determina que o Senado Federal, ao fixar as alíquotas de referência para todas as esferas federativas – observados a forma de cálculo e os limites previstos em lei complementar –, faça-o de modo a assegurar que a arrecadação com os novos tributos equivalha, a cada etapa da fase de transição, à redução da arrecadação decorrente da extinção (ou paulatina redução) dos tributos substituídos (ou em fase de substituição). Os incisos II e III do mencionado art. 130 detalham a aplicação da regra para os anos de 2029 a 2033, tanto para o ICMS (inciso I) quanto para o ISS (inciso III).

Apesar do esforço do poder constituinte derivado, não se pode considerar a regra ora estudada uma barreira intransponível contra o aumento da carga tributária. O ponto crucial é que, apesar de suas diversas finalidades, **as alíquotas de referência não são de observância obrigatória pelos entes federados**, que podem fixar outras, mesmo a elas superiores. A limitação existente é quanto ao patamar mínimo, pois, durante o período de transição da sistemática de origem para a de destino, será vedado aos entes subnacionais fixar alíquotas próprias do IBS inferiores às necessárias para garantir as retenções estudadas no subitem 16.8.2.3, no qual tal tanto a mencionada transição quanto a citada vedação são detalhadas.

A aplicação direta da alíquota de referência somente ocorrerá se outra não houver sido fixada pelo próprio ente federado (CF, art. 156-A, § 1º, XII) ou se o ente a ela vincular sua alíquota própria (CF, art. 156-A, § 10). Em ambos os casos, as variações para mais ou para menos das alíquotas de referência serão aplicáveis, automaticamente, às esferas optantes, inclusive sem submissão ao princípio da anterioridade nonagesimal, excetuado pelo § 1º do art. 130 do ADCT. Assim, caso uma quantidade relevante de entes opte pela vinculação, o ajuste destinado à manutenção da carga tributária através das modificações das alíquotas de referência funcionará a contento.

16.8.1.2 Extinção dos tributos substituídos

Como já destacado anteriormente, o **IVA dual brasileiro** substituirá o **ICMS**, o **ISS**, a **contribuição ao PIS** e a **Cofins**. As duas contribuições serão os primeiros tributos a ter cessada sua cobrança, o que ocorrerá já em 2027. A extinção, porém, está condicionada à efetiva instituição da CBS, sem a qual PIS e Cofins seguirão sendo cobradas, conforme estabelecido pelo art. 126, I, "a", e II, do ADCT.

Durante todo o período de convivência entre o IBS, a CBS e os tributos substituídos, o art. 133 do ADCT impede a incidência dos tributos novos sobre os antigos. Assim, IPI, ICMS, ISS, PIS e Cofins não compõem a base de cálculo do IBS nem da CBS.

Ainda no exercício de 2027, o **IPI** sofrerá significativas transformações. Em princípio, o projeto da Reforma Tributária previa a extinção do imposto, praticamente apagando todos os resquícios da antiga tributação do consumo. Entretanto, na proposta finalmente aprovada, ele não foi extinto, mas passou a ter uma outra utilidade essencialmente **extrafiscal**, que é a de manter o **diferencial competitivo da Zona Franca de Manaus**.

Assim, apesar de o campo de incidência do imposto ter sido teoricamente mantido intacto (produtos industrializados), somente haverá ônus tributário sobre os produtos que tenham sua industrialização incentivada na Zona Franca de Manaus. Para todos os outros produtos, o IPI terá suas alíquotas reduzidas a zero, hipótese em que a teoria tributária entende que o tributo incide, mas o valor devido, por simples questão de cálculo, é nulo.

Apesar de o art. 126, III, "a", do ADCT, não o afirmar expressamente, a possibilidade de cobrança somente existirá quando os mencionados produtos forem industrializados fora da Zona Franca de Manaus. Nesses casos, o ônus tributário encarecerá tais produtos, de modo a assegurar o diferencial competitivo daquela área de livre comércio.

Por fim, visando a impedir a elevação excessiva do ônus tributário, o ADCT proíbe a incidência cumulativa (simultânea) do IPI com o Imposto Seletivo (art. 126, III, "b").

Já a extinção do ICMS e do ISS será iniciada apenas em 2029 e ocorrerá de forma gradual, com reduções sucessivas, concluindo-se no final do exercício de 2032, conforme se extrai dos artigos 128 e 129 do ADCT.

Até 2028, o IBS conviverá com a cobrança plena de ICMS e ISS. Durante o período compreendido entre os exercícios de 2029 a 2032, as alíquotas de ICMS e ISS serão reduzidas em 10% (sobre o percentual inicial) a cada ano, na forma da seguinte tabela:

PERCENTUAL DA ALÍQUOTA FIXADA NA RESPECTIVA LEGISLAÇÃO	EXERCÍCIO
90%	2029
80%	2030
70%	2031
60%	2032

Suponha-se uma alíquota estadual de 20% de ICMS. Nesse caso, o ICMS será cobrado ao percentual de 18% em 2029 (90% de 20%), 16% em 2030 (80% de 20%) e assim sucessivamente, até atingir o percentual de 12% em 2032 (60% de 20%), último ano da cobrança.

Os benefícios e incentivos fiscais do imposto deverão ser reduzidos na mesma proporção durante o período, desde que por sua natureza não sejam alcançados pela redução da alíquota. Por exemplo, um benefício de redução da base de cálculo será proporcionalmente impactado, de forma automática, pela diminuição das alíquotas. Há casos, porém, em que o próprio benefício deverá ser formalmente diminuído, como os benefícios de crédito presumido, normalmente não afetados pela redução da alíquota.

A título de exemplo, se determinado ente subvenciona certos empreendimentos com uma redução de 30% na base de cálculo, esse valor se manterá estável durante todo o período de transição, uma vez que a redução da alíquota já implica na redução do benefício. Porém, se o ente outorgou crédito tributário presumido equivalente a 80% do valor das mercadorias sujeitas à tributação pelo ICMS, esse percentual deverá ser reduzido na proporção de um décimo a cada ano, pois a alteração na alíquota é indiferente ao valor do crédito presumido.

Finalmente, em 2033, haverá a extinção definitiva do ISS e ICMS, com a revogação do texto constitucional que prevê a competência tributária para sua instituição (ADCT, art. 129 e EC 132, art. 22, II, "a").

16.8.1.3 Marcos temporais na transição para o contribuinte

	2026	2027	2029	2033
NOVOS TRIBUTOS	Cobrança de **IBS** e de **CBS** com alíquota-teste de 0,1% e 0,9%, respectivamente.	**IS** e **CBS** plenamente cobrados. Redução de 0,1% na alíquota da **CBS**, até 2028. **IBS** cobrado a 0,1% (0,05% estadual e 0,05% municipal), até 2028.		
TRIBUTOS ANTIGOS		**IPI** cobrado apenas sobre bens de produção incentivada na ZFM. Extinção **PIS/Cofins** e **PIS/Cofins-Importação**.	**ICMS** e **ISS** com alíquotas reduzidas 10% ao ano, até 2032.	Extinção do **ICMS** e do **ISS**.

16.8.1.4 Aproveitamento dos saldos credores

Com a Reforma Tributária estabelecendo que, após a fase de transição, serão extintos o ICMS, a Cofins e a contribuição ao PIS e que o IPI continuará existindo, mas numa versão bastante desidratada, surge o questionamento a respeito do **destino dos créditos acumulados e eventualmente não apropriados ou não utilizados** até que as extinções e mencionada desidratação se completem.

O art. 135 do ADCT determina, no tocante aos três tributos federais (PIS, Cofins e IPI), que a forma de aproveitamento de saldos credores seja disciplinada em lei complementar, que permitirá a **compensação com outros tributos federais**, inclusive a CBS, ou o **ressarcimento em dinheiro**.

Da redação do dispositivo, que menciona expressamente o IPI entre os tributos a serem extintos, percebe-se que o Congresso Nacional "esqueceu" de adaptar o texto à decisão, tomada durante o trâmite da Reforma Tributária, de não extinguir o referido imposto, mas apenas alterar o seu papel, reduzindo-lhe o alcance.

No entanto, em 2027, quando o IPI passar a ser cobrado somente sobre produtos com industrialização incentivada na Zona Franca de Manaus, a maioria de seus antigos contribuintes deixarão de sê-lo, por não industrializarem os produtos que continuarão sujeitos ao imposto. Naquele ano, caso tais contribuintes possuam créditos relativos ao imposto ainda não utilizados, o mencionado problema aparece, e a solução adotará a forma definida em lei complementar, que consagrará as já mencionadas alternativas (compensação com outros tributos federais, inclusive a CBS, ou o ressarcimento em dinheiro).

Já o saldo credor de **ICMS** teve um tratamento mais pormenorizado na própria EC132/2023. Se, em 31 de dezembro de 2032, o ICMS a recuperar for superior ao ICMS a recolher, o contribuinte poderá fazer a **compensação com a parcela da arrecadação do IBS** a ser distribuída ao ente devedor, a partir do exercício de 2033.

O gozo desse aproveitamento está condicionado à solicitação de homologação do crédito ao fisco estadual, que ocorrerá de forma expressa ou tácita, quando o ente deixar de se manifestar em prazo a ser estabelecido em lei complementar. Após a homologação, os valores deverão ser informados pela Fazenda ao Comitê Gestor, para que sejam compensados com o IBS.

No caso de crédito relativo à entrada de **mercadorias destinadas ao ativo permanente**, a legislação de ICMS permite que a compensação seja feita em até 48 meses (LC 87/1996, art. 20, § 5º). Nesse caso, a compensação com o IBS deverá ser feita no prazo restante. Por exemplo, se em 31 de dezembro de 2032, o contribuinte possuir saldo credor relativo à aquisição de bens do ativo permanente realizada há 36 meses, a compensação com o IBS deverá ocorrer no prazo restante de 12 meses.

Nos demais casos, a compensação de créditos de ICMS com valores de IBS a recolher poderá ser feita em até 240 parcelas mensais, iguais e sucessivas, com regras gerais de implementação a serem previstas em lei complementar.

Quando não for possível a compensação, os titulares de créditos poderão **transferi-los a terceiros ou serem ressarcidos**. Ambos os casos também deverão ser regulamentados mediante lei complementar.

O valor da compensação deverá ser deduzido do produto da arrecadação a ser distribuído para o ente federativo, de modo a não compor a base de cálculo para a repartição de receitas, para os mínimos aplicáveis à saúde e à educação, bem como para as vinculações facultativas de receitas a fundo estadual de fomento à cultura ou a programa de apoio à inclusão e promoção social.

A atualização desses saldos credores deverá ocorrer a partir de 2033 por meio do IPCA ou de outro índice que venha a substituí-lo.

16.8.2 Transição para os entes federados

O regime jurídico de transição para os entes federados tem por objetivo **manter o nível atual da carga tributária**, impedindo tanto o aumento da carga tributária quanto a queda nos níveis de receita dos entes. A previsão é de um período de transição mais longo, de 2029 a 2077, para garantir que, durante esse tempo, os membros da Federação tenham uma participação no montante total arrecadado similar ao atual, mitigando os efeitos da mudança para o regime de tributação no destino.

O mais básico instrumento pensado com a finalidade de garantir a estabilidade da carga tributária e da arrecadação de receitas é a **alíquota de referência**. Diretamente relacionada à alíquota de referência está a denominada **"trava tributária"** ou **"trava de referência"**, que visa a manter constante a carga tributária, durante os primeiros anos da transição, por meio da redução da alíquota de referência, se as receitas efetivamente arrecadadas excederem os valores de referência.

Para assegurar a participação nos produtos arrecadados de forma similar à atual, foram estabelecidos também mecanismos de migração para o princípio do destino baseados na distribuição do produto da arrecadação, proporcionalmente à receita média de cada ente federativo, além de destinar percentual específico para os entes com maior queda na arrecadação, instrumento denominado **"seguro-receita"**.

16.8.2.1 Alíquotas de referência

As alíquotas de referência têm assento constitucional no art. 156-A, § 1º, XII, no caso do IBS, e no art. 195, V e § 16, no caso da CBS. Elas se inserem dentre os mecanismos que operacionalizam um imposto sobre valor agregado pautado pelo **princípio da neutralidade** e pela **técnica da uniformidade**.

Pela neutralidade, um tributo não deve criar distorções econômicas, evitando alterar os preços relativos de bens e serviços. Para tanto, a técnica da uniformidade de alíquota é adotada como meio de promover a simplicidade tributária e evitar os problemas da seletividade, fazendo com que o tributo incida de modo uniforme sobre uma ampla base econômica.

No caso de um IVA dual, como o brasileiro, não basta que a uniformidade seja conferida sob a ótica do objeto tributado, como faz o art. 156-A, § 1º, VI, da Constituição. É necessário também que, nas diferentes esferas federativas, exista um parâmetro capaz de servir como referência para o exercício da autonomia de cada ente.

Além de desempenhar essa função, as alíquotas de referência também foram adotadas pelo constituinte reformador como um mecanismo para **manter estável a arrecadação dos entes federados durante o período de transição**. Aqui, o propósito é orientar os entes federados a manterem os atuais níveis de tributação, de maneira que as alíquotas de referência se constituam em valores "neutros", evitando a redução ou o aumento da carga tributária.

Por seu relevo no desenho do federalismo fiscal colaborativo, tais alíquotas deverão ser fixadas mediante **resolução do Senado Federal**, com efeito para todas as esferas federativas, abrangendo tanto o IBS quanto a CBS. A despeito da autonomia de cada ente federativo para fixar sua alíquota própria por lei específica, na ausência de manifestação legislativa, adotar-se-á automaticamente a alíquota de referência.

A estabilidade da carga tributária federal é garantida pelo art. 130, I, do ADCT, que prevê a fixação da alíquota de referência em um percentual que assegure, de 2027 a 2033 – início da cobrança plena da CBS e fim do período de transição para o contribuinte, respectivamente –, que a receita da União com a CBS e com o IS seja equivalente à redução de receitas decorrentes da extinção da contribuição ao PIS e da Cofins, da reformulação do IPI e do fim da cobrança do IOF sobre operações de seguro.

Também se prevê, no âmbito dos Estados e do Distrito Federal, que, entre 2029 e 2033, seja assegurada a equivalência entre as receitas provenientes do IBS e a redução das receitas provenientes do ICMS e das receitas destinadas a fundos estaduais financiados por contribuições não tributárias estabelecidas como condição à aplicação de diferimento, regime especial ou outro tratamento diferenciado, relativos ao ICMS, em funcionamento em 30 de abril de 2023, excetuados os fundos que forem mantidos pela instituição de contribuição de natureza tributária sobre produtos primários e semielaborados (ADCT, art. 130, II).

Essas receitas se originam da prática comum dos Estados de exigir contribuições não tributárias para certos fundos como condição para a fruição de benefício tributário de ICMS. Como tais contribuições mitigavam perdas arrecadatórias decorrentes do privilégio fiscal concedido, entendeu-se que suas extinções também devem ser compensadas com as receitas do IBS. A exceção fica por conta dos fundos destinados a obras de infraestrutura e habitação, que poderão ter suas receitas mantidas até 31 de dezembro de 2043, mediante a instituição de contribuição de natureza tributária desvinculada do ICMS e incidente sobre produtos primários e semielaborados. Os principais aspectos dessas contribuições, tanto as facultativas como a tributária, serão estudados adiante, no tópico 6.4.2.

Por fim, a alíquota de referência também deverá assegurar que as receitas provenientes do IBS sejam equivalentes à perda arrecadatória para os Municípios e para o Distrito Federal, entre 2029 e 2033, com a extinção gradual do ISS (ADCT, art. 130, III).

Apesar de a fixação das alíquotas de referência ocorrer mediante resolução do Senado Federal, o cálculo que subsidia sua determinação deve ser realizado pelo **Tribunal de Contas da União**, que observará os efeitos sobre a arrecadação dos regimes favorecidos, conforme dispõe o art. 130, § 2º, do ADCT. Em seu cálculo, o TCU também levará em consideração os valores arrecadados com a CBS antes de 2027 e com o IBS antes de 2029, período em que os tributos a serem extintos estavam sendo cobrados de forma plena. O Poder Executivo federal e o Comitê Gestor do IBS fornecerão todos os subsídios necessários ao cálculo, mediante o compartilhamento de dados e informações, em forma a ser prevista em lei complementar (ADCT, art. 130, § 10).

Durante a fase de transição da reforma, esses passos serão seguidos anualmente, para que as novas alíquotas tenham vigência para o exercício subsequente, em respeito ao **princípio da anterioridade anual**, mas sem necessidade de observar o **princípio da anterioridade nonagesimal**, expressamente excetuado pelo § 1º do art. 130 do ADCT. A regra repercute no art. 349, § 1º, II, da LC 214/2025 que, disciplinando a fixação das alíquotas de referência durante a fase de transição, apesar de estabelecer como data limite para a providência o dia **31 de outubro do ano anterior ao de sua vigência**, atesta sua **não submissão ao princípio da noventena**.

Destaque-se que as alíquotas de referência também podem ser alteradas segundo um **regime geral**, de natureza perene, não relacionado com as regras de transição da Reforma Tributária. Nesse regime, as modificações são destinadas a compensar os efeitos que as alterações de legislação nacional do IBS e da CBS terão sobre a arrecadação dos entes federados. Conforme detalhado no item 2.7.3.2, **as modificações realizadas no regime geral se submetem integralmente ao princípio da noventena**, não sendo alcançadas pela exceção introduzida pelo § 1º do art. 130 do ADCT.

Na prática, as alíquotas de referência serão determinadas por um conjunto de fatores.

A **alíquota-padrão total**, isto é, o **somatório das alíquotas de referência**, deverá ser estruturada de modo que a receita proveniente do IBS, da CBS e do Imposto Seletivo seja equivalente à receita arrecadada atualmente com PIS, Cofins, IPI, ICMS e ISS. Assim, como apenas o IBS e a CBS possuem alíquota de referência, a da contribuição, e, por conseguinte a padrão, serão influenciadas pela arrecadação do Imposto Seletivo.

Por outro lado, os regimes favorecidos também têm o potencial de elevar alíquota-padrão total, pois trazem a necessidade de majoração da alíquota geral para compensar as perdas arrecadatórias com os setores beneficiados.

Ela também será influenciada pelo comportamento do hiato de conformidade dos novos tributos, conceituado como a diferença entre a arrecadação esperada, de acordo com a legislação do tributo, e a arrecadação efetiva, afetada pelos efeitos da sonegação, da elisão fiscal, da inadimplência e da judicialização.

Em síntese, pode-se afirmar que os percentuais das alíquotas de referência serão determinados pela arrecadação dos tributos substituídos e do Imposto Seletivo, que, por sua vez, será influenciada pela extensão dos benefícios fiscais concedidos e pelo comportamento do hiato de conformidade.

16.8.2.2 Mecanismos de trava à carga tributária

O Brasil tem um longo histórico de ajustes fiscais que privilegiaram o aumento da arrecadação em detrimento dos cortes de gastos. O equilíbrio fiscal, um dos nortes legais de atuação dos gestores, foi muitas vezes perseguido por arranjos que oneravam o contribuinte, deixando de lado a racionalização do gasto público.

Tentando evitar que a Reforma Tributária sirva de pretexto para mais um episódio nessa sina de aumento da sede arrecadatória, a EC 132/2023 estatuiu mecanismos de trava à carga tributária como um meio de limitar o avanço da tributação, exigindo que o equilíbrio fiscal seja obtido também por meio da austeridade.

Caso a sistemática fosse operacionalizada considerando a arrecadação em valores absolutos, a manutenção do nível das receitas, na realidade, poderia configurar aumento da carga tributária, em períodos recessivos, ou sua diminuição, em períodos de expansão. Assim, para efeitos de aplicação da trava, a apuração se dará mediante a aferição da carga tributária como proporção do Produto Interno Bruto (PIB), técnica que reduz os impactos dos ciclos econômicos sobre os valores.

Para se ter uma ideia, segundo estudo da OCDE, divulgado em 2022, a carga tributária brasileira incidente especificamente sobre o consumo de bens e serviços estava em aproximadamente 15,1% do PIB.

O primeiro ano de aplicação da trava à carga tributária será em 2030. Nesse exercício, a regra será aplicada **exclusivamente à União**, porque a fase de transição para a implementação completa dos seus novos tributos, com a extinção dos que por eles foram substituídos, já terá sido completada em 2027.

Em 2035, a trava será aplicada a todos os entes federados, uma vez que, para Estados, Distrito Federal e Municípios, a transição completa para o novo sistema estará concluída apenas em 2033.

Assim, **em 2030**, a alíquota de referência da CBS será reduzida, se a média do valor arrecadado pela União com a CBS e o IS, apurada como proporção do PIB, entre 2027 e 2028, for superior à média da arrecadação com PIS, Cofins, PIS/Cofins-importação, IOF-seguros e IPI entre 2012 e 2021, também apurada como proporção do PIB.

Perceba-se que, para a trava entrar em ação, é considerada a soma da arrecadação dos tributos impactados pela reforma na tributação do consumo, sem levar em consideração as destinações específicas de cada tributo.

Assim, imagine-se que se detecte uma queda da arrecadação da CBS, que é uma contribuição para a seguridade social, quando comparada com a arrecadação média que se obtinha com as contribuições de mesma natureza extintas pela reforma (PIS e Cofins, nas modalidades "geral" e importação). Nessa hipótese, haveria uma queda nos recursos vinculados aos subsistemas da seguridade social (previdência social, assistência social e saúde. Contudo, suponha-se que a perda total de arrecadação decorrente da reforma (considerada ainda as reduções referentes ao IOF-seguros e ao IPI) fosse compensada pelo acréscimo decorrente da receita do Imposto Seletivo (o que é bastante improvável). Como a arrecadação total teria sido mantida, a trava não entraria em ação.

Nessa hipótese, a União poderia compensar a redução de arrecadação com contribuições específicas para a seguridade mediante a utilização de uma maior parcela da receita dos impostos em geral. Relembre-se, por oportuno, que, salvo as exceções constitucionais, os impostos não podem ter receita vinculada a qualquer órgão, fundo ou despesa (CF, art. 167, IV), podendo ter sua arrecadação utilizada para cobrir qualquer despesa prevista no orçamento, inclusive as da seguridade social.

Já **em 2035**, a trava terá uma maior amplitude, norteada por uma preocupação do impacto da Reforma Tributária sobre a **carga tributária suportada pela sociedade brasileira**. Serão consideradas praticamente todas as modificações que a EC 132/2023 e sua regulamentação gerarem à tributação do consumo (a exceção é a desconsideração da receita da Contribuição sobre Produtos Primários e Semielaborados, estudada no tópico 6.4.2).

Assim, as alíquotas de referência serão reduzidas, se a média do valor arrecadado, entre 2029 e 2033, com o IBS, a CBS e o IS, apurada como proporção do PIB, deduzidos das receitas destinadas a fundos estaduais de compensação por incentivos, benefícios fiscais e tratamentos diferenciados e ponderada pelo fator previsto no art. 130, § 3º, V, do ADCT, seja superior à média da receita arrecadada com o PIS, Cofins, PIS-Cofins importação, IPI, IOF seguros, ICMS e ISS, entre 2012 e 2021, apurada como proporção do PIB.

Para operacionalizar a trava tributária, o constituinte fez uso de um conjunto de conceitos definidos no art. 130, § 3º, I a V, do ADCT, dividindo os aspectos mencionados anteriormente em "teto", quando faz referência à arrecadação dos tributos substituídos, e em "receita base", quando trata das receitas dos novos tributos.

Também se faz uma cisão baseada no ente federativo afetado, de maneira que há um teto de referência para a União e um teto de referência total; uma receita base para a União, outra para os entes subnacionais e uma receita base total composta pelo somatório de ambas, observado o fator de ponderação da receita base dos entes subnacionais.

Em síntese, os conceitos podem ser resumidos na seguinte tabela:

CONCEITO	COMPOSIÇÃO	FATOR DE PONDERAÇÃO
Teto de Referência da União	Média da receita com PIS/Cofins, PIS/Cofins-importação, IOF seguros e IPI, entre 2012 e 2021, apurada como proporção do PIB.	-
Teto de Referência Total	Idêntica a do Teto de Referência da União, acrescido de ICMS e ISS, calculados no período entre 2012 e 2021.	-
Receita Base da União	Receita da União oriunda da CBS e do IS, apurada como proporção do PIB. Para a primeira trava, serão considerados os exercícios de 2027 e 2028. Para a segundo, os exercícios de 2029 a 2033.	-
Receita Base dos Entes Subnacionais	Receita dos Estados, Municípios e Distrito Federal com IBS, apurada como proporção do PIB, no período compreendido de 2029 a 2033, deduzida das receitas destinadas a fundos estaduais financiados por contribuições estabelecidas como condição à aplicação de regime diferenciado do ICMS.	-
Receita Base Total	Soma da Receita Base da União e da Receita Base dos Entes Subnacionais, considerando a arrecadação entre 2029 e 2033, sendo a última multiplicada pelo fator de ponderação.	x 10, em 2029; x 5, em 2030; x 10/3, em 2031; x 10/4, em 2032; x 1, em 2033.

Para facilitar a visualização, esses conceitos podem ser exprimidos pelas seguintes fórmulas:

$$TRU_{(2012-2021)} = \frac{IPI + PIS + COFINS + IOF\ seguros}{PIB}$$

$$TRT_{(2012-2021)} = \frac{IPI + PIS + COFINS + IOF\ seguros + ICMS + ISS}{PIB}$$

$$RBU_{(2027-2028)} = \frac{CBS + IS}{PIB} \qquad RBES_{(2029-2033)} = \frac{IBS - parcela\ destinada\ a\ fundos\ estaduais}{PIB}$$

$$RBT_{(2029-2033)} = RBU_{(2029-2033)} + (RBES\ x\ Fator\ de\ Ponderação)$$

Optou-se pela composição dos tetos de referência a partir da média percentual da receita no período de dez anos, de 2012 a 2021, apurada em proporção do PIB, como forma de conferir maior transparência à carga tributária e neutralizar os efeitos sazonais de aumento da arrecadação em períodos de ciclo econômico expansivo e diminuição das receitas durante as recessões.

Desse modo, em 2030, se a média da receita base da União, apurada como proporção do PIB, entre 2027 e 2028, for superior ao teto de referência da União, a alíquota de referência da CBS deverá ser reduzida para os igualar (ADCT, art. 130, § 4º). Em 2035, todas as alíquotas de referência deverão ser proporcionalmente reduzidas, caso a média da receita base total, apurada como proporção do PIB, entre 2029 e 2033, seja superior ao teto de referência total (ADCT, art. 130, § 5º).

As reduções mencionadas devem ser feitas de modo a equiparar os ganhos e as perdas de receita, além de serem proporcionais para as alíquotas de referência federal, estadual ou municipal. Seu efeito é exclusivamente para o futuro, *ex nunc* ou prospectivo, e não pode resultar em cobrança ou restituição de tributo relativo aos exercícios anteriores ou em transferências de recursos entre os entes federados (ADCT, art. 130, §§ 6º e 7º).

Por fim, registre-se que, conforme explanado ao final do item 16.8.1.1, a adoção de modulações nas alíquotas de referência fixadas pelo Senado Federal somente terá efetividade se uma quantidade relevante de entes federados a elas vincular suas alíquotas próprias de IVA. Como tal vinculação é opcional, nada impedindo o ente federado a adotar alíquotas diferentes da de referência, um eventual "dar de ombros" generalizado às alíquotas de referência pode tornar os mecanismos de trava à carga tributária inócuos.

Os cálculos de redução das alíquotas de referência serão feitos pelo Tribunal de Contas da União, com base em subsídios fornecidos pelo Comitê Gestor do IBS e pelos entes federados (ADCT, art. 130, § 8º), à semelhança do que ocorre com as alíquotas de referência em si.

Uma diferença importante diz respeito aos períodos considerados para os cálculos: enquanto a trava tributária considera apenas a arrecadação a partir de exercícios constitucionalmente especificados – a partir de 2027, para o seu primeiro ano de aplicação, e 2029, para o segundo –, a alíquota de referência leva em conta a arrecadação desde o primeiro momento de instituição do IVA dual, em 2026, conforme o art. 130, § 9º, do ADCT.

16.8.2.3 Migração para o princípio do destino

Pelo princípio do destino, consagrado no art. 156-A, VII, da CRFB/1988, as alíquotas de IBS, nas transações interestaduais ou intermunicipais, serão as do ente em que estiver localizado o adquirente. A receita, embora arrecadada no local de origem, será integralmente pertencente ao de destino.

Substitui-se, assim, a **sistemática de origem**, adotada no **ICMS**, em que o imposto incidente na operação interestadual (calculado com a alíquota interestadual) é integralmente destinado ao estado de origem. Digno de nota que, nas hipóteses em que o destinatário da mercadoria é seu consumidor final, a sistemática brasileira prevê a tributação com a alíquota interna do Estado de destino, ficando o Estado de origem com o imposto correspondente à alíquota interestadual e o de destino com o calculado com o diferencial de alíquotas (DIFAL). Nesses casos, é possível afirmar que a sistemática adotada no Brasil seria mista, com o imposto incidente na única operação tributada sendo **repartido entre origem e destino**.

Os objetivos manifestos da Reforma Tributária ao adotar, para o IBS, a sistemática de destino foram: a) acabar com a guerra fiscal travada através da concessão de benefícios de ICMS, de duvidosa vantajosidade econômica para os concedentes e de pouca transparência para a sociedade; e b) diminuir as desigualdades regionais, pois, nas operações interestaduais, os Estados e Municípios mais industrializados figuram como origem com mais frequência que os menos industrializados, de modo que manter a sistemática de origem, ou até mesmo a mista, colabora com o agravamento dessas desigualdades.

Pelos motivos apontados, percebe-se que a mudança para a sistemática de destino acarretará perda de arrecadação para os Estados produtores, que hoje concentram boa parte da arrecadação com o ICMS. Para mitigar tal efeito, o constituinte optou por uma transição gradual no âmbito da partilha federativa, garantindo que, no início, os entes federados mantenham uma participação nas receitas similar à atual, que será lentamente modificada para a implementação do princípio do destino.

A transição durará de 2029 a 2077. Nesse período, um percentual, variável conforme o ano, do produto da arrecadação do IBS apurado com base na alíquota de referência será retido pelo Comitê Gestor, para fins de distribuição entre Estados, Municípios e Distrito Federal, de forma a manter sua média de arrecadação anterior (ADCT, art. 131, *caput* e § 1º).

A variação do percentual a ser retido pode ser sintetizada na seguinte tabela:

ANO	PERCENTUAL DO IBS QUE SERÁ RETIDO (APURADO COM BASE NA ALÍQUOTA DE REFERÊNCIA)
2029 - 2032	80%
2033	90%

2034 - 2077	Percentual de 2033, reduzido 1/45 (2%) por ano, até atingir 4% em 2077.

Tais percentuais, como já dito, incidirão sobre os valores de IBS apurados com base na alíquota de referência, e a **distribuição** será realizada antes da **repartição** do IBS dos Estados com os Municípios, prevista no art. 158, IV, "b", da Constituição.

Contudo, da maneira como estruturada a sistemática de manutenção da média de receitas auferidas durante a fase de transição, nesse período, **não haverá repartição com os Municípios da receita de IBS distribuída aos Estados**. Tal afirmativa, isoladamente considerada, poderia levar à equivocada conclusão de que os Municípios seriam prejudicados pelo modelo. Contudo, isso não acontecerá, pois a técnica de distribuição dos valores retidos do novo imposto levará em consideração as médias dos **valores líquidos** das receitas decorrentes do ICMS e do ISS auferidos pelos Estados e Municípios antes da reforma, ou seja já acrescidos ou descontados, conforme o caso, os valores entregues ou recebidos relativos à cota-parte do ICMS.

Assim, o cálculo da média de arrecadação anteriormente auferida pelos Estados considerará a arrecadação com o ICMS (descontados os valores repassados aos Municípios) e os valores auferidos com as contribuições estabelecidas como requisitos para fruição de benefícios fiscais no âmbito do ICMS (ADCT, art. 131, § 2º, I). O motivo de levar em consideração tais contribuições é que, por serem integralmente vinculadas a benefícios relativos ao imposto, a arrecadação delas também cessará com a extinção do tributo.

Já os Municípios terão sua receita média calculada utilizando-se a soma do produto da arrecadação do ISS com os valores recebidos a título de quota-parte do ICMS (ADCT, art. 131, § 2º, III), que, nunca é demais frisar, foram abatidos dos valores distribuídos aos respectivos Estados.

Por fim, o Distrito Federal, por exercer cumulativamente as competências tributárias estadual e municipal e não repartir qualquer parcela de sua receita tributária com outros entes, terá sua receita média calculada com base no somatório da arrecadação com ICMS e ISS (ADCT, art. 131, § 2º, II).

De acordo com o art. 131, § 4º, do ADCT, a parcela não retida e distribuída da forma anteriormente exposta, terá duas destinações:

1. **5%** serão usados para a composição do **"seguro-receita"** (ADCT, art. 132);
2. O restante será entregue aos Estados e Municípios, conforme os critérios gerais estipulados em lei complementar para a distribuição do imposto segundo o princípio do destino (CF, art. 156-A, § 5º, I), computada também a variação de alíquota fixada pelo ente em relação à de referência (ADCT, art. 131, § 4º).

Apesar de as alíquotas de referência não serem de adoção obrigatória por qualquer dos entes federados, nem configurarem piso ou teto para que estes fixem suas alíquotas próprias, estas precisam ser definidas num patamar que não inviabilize o funcionamento do sistema de distribuição de receitas ora estudado.

Conforme a tabela anteriormente apresentada, durante o período de 2029 a 2032, por exemplo, as retenções do IBS (tanto o estadual quanto o municipal) serão de 80% do valor apurado com base na alíquota de referência (ADCT, art. 131, § 1º, I). Já da parcela não retida serão deduzidos 5% para a financiar o seguro-receita, previsto no art. 132 do ADCT e estudado no subitem 16.8.2.4.

Ora, para que seja possível a realização das duas mencionadas retenções, os Estados e Municípios precisam estabelecer, para aqueles exercícios (2029 a 2032), alíquotas de IBS que superem o patamar de 80% das alíquotas de referência. Foi justamente nesse sentido que o § 6º do art. 131 do ADCT determinou que, durante toda a fase de migração do sistema de tributação na origem (ou, em alguns casos, misto) para o de tributação integralmente no destino (de 2029 a 2077), será vedado aos Estados, ao Distrito Federal e aos Municípios fixar alíquotas próprias de IBS inferiores às necessárias para garantir as retenções.

A distribuição de recursos entre os entes federados, ora estudada, seguirá os termos estabelecidos em lei complementar e os montantes recebidos serão considerados na fixação da base de cálculo para o FUNDEB, nos termos do art. 131, § 5º, I, do ADCT.

Os valores distribuídos na forma dessa regra especial também servirão de base de cálculo para o total da despesa do Poder Legislativo municipal, para a aplicação do mínimo em saúde e educação e da vinculação facultativa de receitas ao fundo estadual de fomento à cultura ou a programa de apoio à inclusão e promoção social (ADCT, art. 131, § 5º, II).

Sob a perspectiva financeira, esses valores poderão servir como garantia às operações de crédito por antecipação de receita, para o pagamento ou prestação de garantia de débitos com a União (ADCT, art. 131, § 5º, III).

16.8.2.4 Seguro-receita

O seguro-receita está previsto no art. 132 do ADCT e também funciona como uma regra especial de distribuição dos valores arrecadados com o IBS, com a finalidade de mitigar os efeitos da migração para o princípio do destino.

Diferentemente, porém, do que ocorre com a repartição estudada no tópico anterior, o seguro-receita não será distribuído de modo proporcional à arrecadação média do ente, mas de modo proporcional às perdas arrecadatórias. Assim, enquanto a regra especial de distribuição garante que a arrecadação do

IBS será distribuída de acordo com o que arrecadavam os tributos substituídos, o seguro-receita será destinado aos entes com as maiores quedas na arrecadação.

Para tanto, será destinado o percentual de 5% do valor apurado com base na alíquota de referência, deduzida a parcela sujeita à retenção para fins da regra especial de distribuição explicada no tópico anterior. Por exemplo, de 2029 a 2030, como 80% dos valores apurados com base na alíquota de referência serão retidos para fins da aplicação da regra especial de distribuição, nesse período, o seguro-receita será calculado pela aplicação de 5% sobre os 20% restantes.

As perdas arrecadatórias serão calculadas a partir da razão do **valor total arrecadado com IBS** destinado ao ente – incluindo-se o produto do IBS e da CBS incidente sobre as operações contratadas por ele, que lhe é integralmente devido a título de IBS, na forma do art. 149-C da CRFB/1988, e a repartição da receita derivada do IBS estadual com os Municípios – e a **receita média obtida com os tributos substituídos**, utilizados os mesmos parâmetros de cálculo da regra especial de distribuição do tópico anterior e limitada a 3 (três) vezes a média nacional por habitante da respectiva unidade federativa, conforme a fórmula (ADCT, art. 132, I e II):

$$Destinação\ do\ seguro\ receita = \frac{IBS\ destinado\ ao\ ente}{Receita\ média\ de\ ICMS/ISS\ do\ ente\ no\ período\ de\ referência}$$

Após a apuração, os valores serão distribuídos, de modo sequencial e sucessivo, entre os entes com as menores razões, de forma que, ao final, a razão entre a soma do valor recebido a título de seguro-receita com o valor total de IBS destinado ao ente e a receita média que serviu de base para o cálculo das perdas arrecadatórias seja igual para todos os entes que receberam recursos do seguro-receita (ADCT, art. 132, § 1º):

$$Distribuição\ do\ seguro\ receita = \frac{IBS\ destinado\ ao\ ente + seguro\ receita}{Receita\ média\ de\ ICMS/ISS\ do\ ente\ no\ período\ de\ referência}$$

Tais valores estão sujeitos ao mesmo regime jurídico daqueles recebidos em virtude da regra especial de distribuição (ADCT, art. 132, § 2º), compondo a base de cálculo para o FUNDEB, para o total da despesa do Poder Legislativo municipal, para a aplicação do mínimo em saúde e educação e para a vinculação facultativa de receitas a fundo estadual de fomento à cultura ou a programa de apoio à inclusão e promoção social. Ademais, também poderão servir como garantia às operações de crédito por antecipação de receita, para o pagamento ou prestação de garantia de débitos com a União.

Trata-se do instituto de duração mais longeva, dentre aqueles que compõem o regime jurídico de transição da partilha federativa. Somente a partir de 2078 começará sua gradual redução, que se dará, nos termos de lei complementar, até 2097, quando será extinto (ADCT, art. 132, § 3º).

16.8.3 Zona Franca de Manaus

A Zona Franca de Manaus (ZFM) tem funcionado como uma política de incentivo à **industrialização** e à **sustentabilidade** baseada na concessão de desonerações tributárias às empresas localizadas em sua região.

Entretanto, com a Reforma Tributária, essa sistemática passará por uma alteração profunda, uma vez que o IPI será em grande parte substituído pelo IVA dual, de larga base econômica, incidindo de modo indistinto sobre os mais diversos bens e serviços, e pelo Imposto Seletivo (IS), com a finalidade eminentemente parafiscal de desestimular o consumo de determinados produtos prejudiciais à saúde pública ou ao meio ambiente.

No arranjo original, o IPI seria sucedido pelo IS, incidente sobre a produção, extração, comercialização ou importação de bens e serviços prejudiciais à saúde ou ao meio ambiente, e sobre a produção, fora da Zona Franca de Manaus, de produtos ali incentivados, com a finalidade de manter o seu diferencial competitivo.

Essa proposta, porém, tinha o defeito de alargar excessivamente a base econômica do Imposto Seletivo, transformando-o em um novo IPI e aumentando o risco de judicialização. Assim, o Senado Federal propôs a criação de uma contribuição de intervenção sobre o domínio econômico incidente sobre os produtos produzidos na Zona Franca, cujo produto da arrecadação seria aplicado no desenvolvimento daquela região.

A proposta encontrou resistência na Câmara dos Deputados por instituir mais um mecanismo de subvenção financeira à região. Assim, a versão final da EC 132/2023 excluiu a CIDE da Zona Franca de Manaus e **manteve o IPI com a função específica de manter o diferencial competitivo daquela área de livre comércio**. O resultado é uma mudança substancial no IPI, cuja cobrança será muito mais restrita a partir de 2027.

Em paralelo, o constituinte reformador determinou que a lei complementar instituidora do IBS e da CBS estabeleça mecanismos para manter o diferencial competitivo da ZFM e das áreas de livre comércio existentes em 31 de maio de 2023, nos níveis atualmente estabelecidos (ADCT, art. 92-B).

Para tanto, permite a adoção de instrumentos fiscais, econômicos e financeiros, cuja estipulação precisa ficou a cargo do legislador, observada a possibilidade desses instrumentos constituírem, no âmbito do IVA dual, regime específico de tributação ou regra especial de não cumulatividade e creditamento (ADCT, art. 92-B, §§ 1º e 5º).

16.9 FATO GERADOR

De acordo com o art. 4º, *caput* e § 2º, da LC 214/2025, o IBS e a CBS incidem sobre **operações onerosas com bens ou com serviços**, assim consideradas aquelas que envolvam qualquer fornecimento com contraprestação, incluindo o decorrente de:

"I - compra e venda, troca ou permuta, dação em pagamento e demais espécies de alienação;
II - locação;
III - licenciamento, concessão, cessão;
IV - mútuo oneroso;
V - doação com contraprestação em benefício do doador;
VI - instituição onerosa de direitos reais;
VII - arrendamento, inclusive mercantil; e
VIII - prestação de serviços".

O § 3º do mesmo artigo destaca que, para a caracterização das operações sujeitas aos tributos, são irrelevantes:

"I - o título jurídico pelo qual o bem encontra-se na posse do fornecedor;
II - a espécie, tipo ou forma jurídica, a validade jurídica e os efeitos dos atos ou negócios jurídicos;
III - a obtenção de lucro com a operação; e
IV - o cumprimento de exigências legais, regulamentares ou administrativas".

As hipóteses de incidência são bastante amplas, sendo o rol estabelecido no art. 4º meramente **exemplificativo**. Com a utilização da expressão "bem" – e não "mercadoria", empregada na hipótese de incidência do ICMS –, não há mais a necessidade de demonstrar que a operação envolve objeto de mercancia, tampouco verificar a habitualidade da prática.

Conforme estudado no subitem 16.4.1, pretendeu-se dar ao IVA dual a maior amplitude possível, e o § 4º do art. 4º da LC 214/2015 reforça essa ideia ao expressamente permitir a tributação de operações realizadas com ativo não circulante ou no exercício de atividade econômica não habitual.

Também é admitida a incidência do IBS e a CBS sobre **operações não onerosas com bens e serviços**, desde que estejam previstas na Lei Complementar instituidora dos tributos. Essas operações estão arroladas de modo **taxativo** no art. 5º, *caput*, da LC 214/2025, quais sejam:

"I - fornecimento não oneroso ou a valor inferior ao de mercado de bens e serviços, nas hipóteses previstas nesta Lei Complementar;
II - fornecimento de brindes e bonificações;
III - transmissão, pelo contribuinte, para sócio ou acionista que não seja contribuinte no regime regular, por devolução de capital, dividendos in natura ou de outra forma, de bens cuja aquisição tenham permitido a apropriação de créditos pelo contribuinte, inclusive na produção; e
IV - demais fornecimentos não onerosos ou a valor inferior ao de mercado de bens e serviços por contribuinte a parte relacionada".

Nos termos do § 2º do art. 5º, as partes são relacionadas quando "no mínimo uma delas estiver sujeita à influência, exercida direta ou indiretamente por outra parte, que possa levar ao estabelecimento de termos e de condições em suas transações que divirjam daqueles que seriam estabelecidos entre partes não relacionadas em transações comparáveis". São exemplos de partes relacionadas o controlador e as suas controladas.

Quanto ao elemento temporal da hipótese de incidência, tem-se por ocorrido o fato gerador do IBS e da CBS no **momento do fornecimento do bem ou serviço**, ainda que a execução ocorra de forma continuada ou fracionada. Ressalte-se, porém, que, caso o pagamento (parcial ou integral) pelo bem ou serviço seja realizado antes do efetivo fornecimento, poderão ser exigidas antecipações de tributo, na forma do § 4º do art. 10 da LC 214.

O fornecimento, de acordo com o § 1º do art. 10 da LC 214/2025, ocorre quando:

> "I - do início do transporte, na prestação de serviço de transporte iniciado no País;
>
> II - do término do transporte, na prestação de serviço de transporte de carga quando iniciado no exterior;
>
> III - do término do fornecimento, no caso dos demais serviços;
>
> IV - em que o bem for encontrado desacobertado de documentação fiscal idônea; e
>
> V - da aquisição do bem nas hipóteses de:
>
> a) licitação promovida pelo poder público de bem apreendido ou abandonado; ou
>
> b) leilão judicial".

Nas operações de execução continuada ou fracionada, caso não seja possível identificar o momento de entrega ou disponibilização do bem ou do término do fornecimento do serviço – p. ex., nos serviços de abastecimento de água, saneamento básico, gás canalizado, serviços de telecomunicação, serviços de internet e energia elétrica –, ter-se-á por ocorrido o fato gerador quando se tornar devido o pagamento.

Por fim, o IBS e a CBS **não incidem** sobre (LC 214/2025, art. 6º):

> "I - fornecimento de serviços por pessoas físicas em decorrência de:
>
> a) relação de emprego com o contribuinte; ou
>
> b) sua atuação como administradores ou membros de conselhos de administração e fiscal e comitês de assessoramento do conselho de administração do contribuinte previstos em lei;
>
> II - transferência de bens entre estabelecimentos pertencentes ao mesmo contribuinte, observada a obrigatoriedade de emissão de documento fiscal eletrônico, nos termos do inciso II do § 2º do art. 60 desta Lei Complementar;

III - baixa, liquidação e transmissão, incluindo alienação, de participação societária, ressalvado o disposto no inciso III do caput do art. 5º desta Lei Complementar;

IV - transmissão de bens em decorrência de fusão, cisão e incorporação e de integralização e devolução de capital, ressalvado o disposto no inciso III do caput do art. 5º desta Lei Complementar;

V - rendimentos financeiros, exceto quando incluídos na base de cálculo no regime específico de serviços financeiros de que trata o Capítulo II do Título V deste Livro e da regra de apuração da base de cálculo prevista no inciso II do § 1º do art. 12 desta Lei Complementar;

VI - recebimento de dividendos e de juros sobre capital próprio, de juros ou remuneração ao capital pagos pelas cooperativas e os resultados de avaliação de participações societárias, ressalvado o disposto no inciso III do caput do art. 5º desta Lei Complementar;

VII - demais operações com títulos ou valores mobiliários, com exceção do disposto para essas operações no regime específico de serviços financeiros de que trata a Seção III do Capítulo II do Título V deste Livro, nos termos previstos nesse regime e das demais situações previstas expressamente nesta Lei Complementar;

VIII - doações sem contraprestação em benefício do doador;

IX - transferências de recursos públicos e demais bens públicos para organizações da sociedade civil constituídas como pessoas jurídicas sem fins lucrativos no País, por meio de termos de fomento, termos de colaboração, acordos de cooperação, termos de parceria, termos de execução descentralizada, contratos de gestão, contratos de repasse, subvenções, convênios e demais instrumentos celebrados pela administração pública direta, por autarquias e por fundações públicas;

X - destinação de recursos por sociedade cooperativa para os fundos previstos no art. 28 da Lei nº 5.764, de 16 de dezembro de 1971, e reversão dos recursos dessas reservas; e

XI - o repasse da cooperativa para os seus associados dos valores decorrentes das operações previstas no caput do art. 271 desta Lei Complementar e a distribuição em dinheiro das sobras por sociedade cooperativa aos associados, apuradas em demonstração do resultado do exercício, ressalvado o disposto no inciso III do caput do art. 5º desta Lei Complementar".

16.10 BASE DE CÁLCULO

De acordo com o art. 12 da LC 214/2025, a base de cálculo do IBS e da CBS é o **valor da operação**, assim compreendido o valor integral cobrado pelo fornecedor a qualquer título. Nesse valor, estão incluídos:

"I - acréscimos decorrentes de ajuste do valor da operação;

II - juros, multas, acréscimos e encargos;

III - descontos concedidos sob condição;

IV - valor do transporte cobrado como parte do valor da operação, no transporte efetuado pelo próprio fornecedor ou no transporte por sua conta e ordem;

V - tributos e preços públicos, inclusive tarifas, incidentes sobre a operação ou suportados pelo fornecedor, exceto aqueles previstos no § 2º deste artigo; e

VI - demais importâncias cobradas ou recebidas como parte do valor da operação, inclusive seguros e taxas".

Caso o valor da operação esteja expresso em moeda estrangeira, a conversão em moeda nacional será feita mediante aplicação de taxa de câmbio apurada pelo Banco Central do Brasil, de acordo com o disposto em regulamento (LC 214, art. 12, § 5º).

Quando não estiver identificado o valor da operação – por ser indeterminado, por não estar representado em dinheiro ou porque a operação se deu entre partes relacionadas, por exemplo – a base de cálculo corresponderá ao **valor de mercado** dos bens ou serviços, entendido como o valor praticado em operações comparáveis entre partes não relacionadas (LC 214, art. 12, § 4º).

A Lei prevê, ainda, situações nas quais o valor da operação será **arbitrado pela administração tributária**. A providência será adotada quando (LC, 214/2025, art. 13):

a) Não forem exibidos à fiscalização os elementos necessários à comprovação do valor da operação, nos casos em que esta tiver sido realizada sem emissão de documento fiscal, com documentação inidônea ou com documento fiscal que declare valor notoriamente inferior ao valor de mercado;

b) Em qualquer outra hipótese em que forem omissos, conflitantes ou não merecerem fé as declarações, informações ou documentos apresentados pelo sujeito passivo ou por terceiro legalmente obrigado.

Nos casos de arbitramento, a base de cálculo do IBS e da CBS será o valor de mercado dos bens ou serviços fornecidos. Se esse valor não puder ser obtido, a Fazenda levará em consideração o custo do bem ou serviço, acrescido das despesas indispensáveis à manutenção das atividades do sujeito passivo ou do lucro bruto apurado com base na escrita contábil ou fiscal. Alternativamente, também poderá ser adotado o valor fixado pelo órgão competente, o preço final sugerido pelo fabricante ou importador ou o preço divulgado por entidades representativas dos respectivos setores, conforme o caso.

O art. 12, § 2º, da LC 214/2025 estabelece que **não integram a base de cálculo** do IBS e da CBS:

"I - o montante do IBS e da CBS incidentes sobre a operação;

II - o montante do Imposto sobre Produtos Industrializados (IPI);

III - os descontos incondicionais;

IV - os reembolsos ou ressarcimentos recebidos por valores pagos relativos a operações por conta e ordem ou em nome de terceiros, desde que a documentação fiscal relativa a essas operações seja emitida em nome do terceiro; e

V - o montante incidente na operação dos tributos a que se referem o inciso II do caput do art. 155, o inciso III do caput do art. 156 e a alínea "b" do inciso I e o inciso IV do caput do art. 195 da Constituição Federal, e da Contribuição para os Programas de Integração Social e de Formação do Patrimônio do Servidor Público (Contribuição para o PIS/Pasep) a que se refere o art. 239 da Constituição Federal, de 1º de janeiro de 2026 a 31 de dezembro de 2032;

VI - a contribuição de que trata o art. 149-A da Constituição Federal".

Conforme estudado no subitem 16.4.7, uma das diretrizes da Reforma Tributária foi evitar a cobrança de tributo sobre tributo ("tributo em cascata"). Em razão disso, além de não integrarem a sua própria base de cálculo, CBS e IBS também não podem integrar a base de cálculo um do outro nem as bases de cálculo do imposto seletivo, do ICMS e do ISS (enquanto existirem).

16.11 CONTRIBUINTES

Segundo o art. 21 da LC 214/2025, são **contribuintes** do IBS e da CBS, estando obrigados a se inscrever nos cadastros relativos a esses tributos, os seguintes sujeitos:

CONTRIBUINTE	SITUAÇÃO
1) **Fornecedor** que realizar operações:	a) no desenvolvimento de atividade econômica; b) de modo habitual ou em volume que caracterize atividade econômica; ou c) de forma profissional, ainda que a profissão não seja regulamentada;
2) **Adquirente**, na aquisição de bem:	a) apreendido ou abandonado, em licitação promovida pelo poder público; ou b) em leilão judicial;
3) **Importador**	

O inciso IV do art. 21 admite que outros sujeitos venham a ser contribuintes, desde que por previsão na própria LC 214/2025. É o caso, por exemplo, do art. 26, § 7º, que indica como contribuintes do IBS e da CBS no regime regular os fundos de investimento que liquidem antecipadamente recebíveis, nos termos previstos no art. 193 ou no art. 219 da Lei.

O Legislador complementar cuidou de explicitar os sujeitos que – ressalvado o disposto no inciso II do § 1º do art. 156-A da CRFB/1988 – **não são contribuintes** do IBS e da CBS, elencando-os no art. 26 da LC 214/2025:

> "I - condomínio edilício;
>
> II - consórcio de que trata o art. 278 da Lei nº 6.404, de 15 de dezembro de 1976;
>
> III - sociedade em conta de participação;
>
> IV - nanoempreendedor, assim entendido a pessoa física que tenha auferido receita bruta inferior a 50% (cinquenta por cento) do limite estabelecido para adesão ao regime do MEI previsto no § 1º do art. 18-A observado ainda o disposto nos §§ 4º e 4º-B do referido artigo da Lei Complementar nº 123, de 14 de dezembro de 2006, e não tenha aderido a esse regime; e
>
> V - (VETADO);
>
> VI - produtor rural de que trata o art. 164 desta Lei Complementar;
>
> VII - transportador autônomo de carga de que trata o art. 169 desta Lei Complementar;
>
> VIII - entidade ou unidade de natureza econômico-contábil, sem fins lucrativos que presta serviços de planos de assistência à saúde sob a modalidade de autogestão;
>
> IX - entidades de previdência complementar fechada, constituídas de acordo com a Lei Complementar nº 109, de 29 de maio de 2001; e
>
> X - (VETADO)".

A ressalva mencionando o art. 156-A, § 1º, II, da CRFB/1988 diz respeito à eventual realização de importação pelos referidos sujeitos. O disposto constitucional prevê que o IBS e a CBS incidirão sobre a importação de bens (materiais ou imateriais, inclusive direitos) ou de serviços realizada por pessoa física ou jurídica, ainda que não seja sujeito passivo habitual do imposto, qualquer que seja a sua finalidade. Desse modo, os agentes listados no art. 26 da LC 214/2025 assumirão a condição de contribuinte nas operações de importação que eventualmente realizarem.

Por força do art. 22 da LC 214/2025, as plataformas digitais, ainda que domiciliadas no exterior, são **responsáveis** pelo pagamento do IBS e da CBS relativos às operações e importações realizadas por seu intermédio, nas seguintes hipóteses:

> "I - solidariamente com o adquirente ou destinatário e em substituição ao fornecedor, caso este seja residente ou domiciliado no exterior; e
>
> II - solidariamente com o fornecedor, caso este:

a) seja residente ou domiciliado no País;

b) seja contribuinte, ainda que não inscrito nos termos do § 1º do art. 21 desta Lei Complementar; e

c) não registre a operação em documento fiscal eletrônico".

Para os fins pretendidos pela Lei, considera-se plataforma digital aquela que atua como intermediária entre fornecedores e adquirentes nas operações e importações realizadas de forma não presencial ou por meio eletrônico. Para tanto, é necessário que a plataforma controle um ou mais dos quatro elementos essenciais à operação (cobrança, pagamento, definição de termos e condições, entrega). Pela Lei, não será compreendida como plataforma digital aquela que executar apenas uma das seguintes atividades:

"I - fornecimento de acesso à internet;

II - serviços de pagamentos prestados por instituições autorizadas a funcionar pelo Banco Central do Brasil;

III - publicidade; ou

IV - busca ou comparação de fornecedores, desde que não cobre pelo serviço com base nas vendas realizadas".

Por fim, segundo o art. 24 da LC 214/2025, além das plataformas digitais, são também **solidariamente responsáveis** pelo pagamento do IBS e da CBS, sem prejuízo de outras hipóteses previstas no CTN e na legislação civil:

"I - a pessoa ou entidade sem personalidade jurídica que, a qualquer título, adquire, importa, recebe, dá entrada ou saída ou mantém em depósito bem, ou toma serviço, não acobertado por documento fiscal idôneo;

II - o transportador, inclusive empresa de serviço postal ou entrega expressa:

a) em relação a bem transportado desacobertado de documento fiscal idôneo;

b) quando efetuar a entrega de bem em local distinto daquele indicado no documento fiscal;

III - o leiloeiro, pelo IBS e pela CBS devidos na operação realizada em leilão;

IV - os desenvolvedores ou fornecedores de programas ou aplicativos utilizados para registro de operações com bens ou com serviços que contenham funções ou comandos inseridos com a finalidade de descumprir a legislação tributária;

V - qualquer pessoa física, pessoa jurídica ou entidade sem personalidade jurídica que concorra por seus atos e omissões para o descumprimento de obrigações tributárias, por meio de:

a) ocultação da ocorrência ou do valor da operação; ou

b) abuso da personalidade jurídica, caracterizado pelo desvio de finalidade ou pela confusão patrimonial; e

VI - o entreposto aduaneiro, o recinto alfandegado ou estabelecimento a ele equiparado, o depositário ou o despachante, em relação ao bem:

a) destinado para o exterior sem documentação fiscal correspondente;

b) recebido para exportação e não exportado;

c) destinado a pessoa ou entidade sem personalidade jurídica diversa daquela que o tiver importado ou arrematado; ou

d) importado e entregue sem a devida autorização das administrações tributárias competentes".

16.12 LANÇAMENTO

O IBS e a CBS são lançados **por homologação**, pois é o próprio sujeito passivo que, para cada período de apuração, deve calcular, separadamente, os saldos devidos mediante a comparação entre seus débitos e créditos e antecipar o pagamento dos valores a recolher sem prévio exame da autoridade administrativa (LC 214/2025, arts. 29 e 45). Cabe a tal autoridade verificar a correção do procedimento e, se for o caso, homologá-lo, podendo, ainda, lançar **de ofício** as diferenças porventura devidas.

Conforme se tornou regra nos tributos sujeitos a lançamento por homologação, a apuração realizada pelo contribuinte implica **confissão de dívida** e **constitui o crédito tributário** (LC 214/2025, art. 45, § 4º), não sendo necessária, neste caso, a realização de lançamento de ofício ou qualquer outra providência por parte da Administração Tributária. A própria confissão é instrumento hábil e suficiente para a exigência do valor do IBS e da CBS incidentes sobre as operações nela consignadas (LC 214/2025, art. 45, § 5º).

16.13 VISÃO GERAL

Para acessar as questões referentes a esse capítulo, utilize o QR Code ao lado.

17

REPARTIÇÃO CONSTITUCIONAL DE RECEITAS TRIBUTÁRIAS

17.1 NOÇÕES GERAIS

A rigor, a repartição de receitas tributárias é matéria de direito financeiro, pois somente se refere às relações jurídicas entre os entes de direito público e não àquelas geradas entre tais entes e os particulares.

A repartição da receita ocorrerá após o ingresso destas nos cofres de cada ente público, ou seja, após o exaurimento da relação de natureza tributária.

Apesar disso, como os programas dos concursos públicos inserem o tema na disciplina de direito tributário, analisar-se-ão aqui suas principais regras.

A necessidade de um sistema constitucional de repartição de rendas decorre diretamente da forma federativa de Estado, caracterizada primordialmente pela autonomia dos entes que o compõem.

Não há como se imaginar a autonomia de um ente que não tenha recursos materiais para o desempenho das competências que a Constituição lhe atribui.

Para atingir a autonomia financeira necessária à efetividade do poder de auto-organização e normatização, autogoverno e autoadministração, o legislador constituinte brasileiro se utilizou de duas técnicas de repartição de renda: a atribuição de competência tributária própria (discriminação **por fonte**) e a participação dos entes menores na receita arrecadada pelos entes maiores (discriminação **por produto**). Assim, o sistema brasileiro de discriminação de rendas tributárias se classifica como **misto**.

Com base na primeira técnica, a título de exemplo, no que concerne aos quinze impostos previstos na Constituição Federal, oito foram colocados na competência privativa da União (CF, art. 153), três na dos Estados (art. 155) e três na dos Municípios (art. 156) e um na competência compartilhada entre Estados, Distrito Federal e Municípios. O Distrito Federal acumulou as competências tributárias municipais e estaduais, podendo criar os seis impostos respectivos.

No que concerne ao tema ora tratado, o legislador constituinte reconheceu o desequilíbrio na repartição de competência que fizera, pois há uma inegável concentração de renda nos cofres públicos federais em detrimento dos Estados e Municípios, estando estes últimos numa situação ainda mais complicada.

Por tudo, se decidiu por determinar que os entes maiores entregassem parte da receita arrecadada aos entes menores.

Aqui se tem o primeiro ponto de grande importância a ser enfatizado: a repartição **sempre** consiste na participação dos entes menores na arrecadação dos entes maiores, jamais ocorrendo no sentido inverso.

Assim, a União (ente maior) entrega parcela de sua arrecadação para Estados, Distrito Federal e Municípios, não recebendo repasses constitucionais de nenhum deles. Os Estados repartem parcela de suas receitas com os Municípios situados em seu território, não recebendo deles qualquer repasse. Já os Municípios não fazem qualquer repasse constitucional, uma vez que são o menor dentre os entes federados. A mesma situação ocorre com o Distrito Federal, que, por não poder ser dividido em Municípios (conforme vedação expressa contida no art. 32, *caput*, da CF/1988), não possui um ente que lhe seja menor, de forma a não efetuar repasses constitucionais.

17.2 TERMINOLOGIA ADOTADA

A doutrina analisa a temática adotando diferentes terminologias, que, em essência, possuem o mesmo significado.

Alguns, seguindo a fraseologia constitucional, falam em repartição de receitas, percebendo que os entes maiores **repartem** suas rendas com os entes menores.

Outros, encarando o fenômeno pela ótica dos entes menores, analisam o tema sob a rubrica **participação em receita**, pois não há que se negar que os beneficiários do repasse estão **participando da arrecadação** dos entes maiores.

Por fim, existem aqueles que se referem à "discriminação por produto", entendendo que a sistemática adotada pela Constituição Federal com o intuito de garantir autonomia financeira aos entes políticos foi a "discriminação das rendas" (divisão das receitas), que seguiu duas técnicas: a **discriminação por competência** (aqui tratada como atribuição de competências tributárias próprias) e a **discriminação por produto** (aqui estudada como repartição constitucional de receitas tributárias).

Como se vê, é importante conhecer a terminologia, mas o conteúdo do estudo é essencialmente o mesmo.

17.3 ESPÉCIES DE REPARTIÇÃO

A repartição constitucional de receitas tributárias ocorre basicamente de duas formas: a **direta** e a **indireta**.

Às vezes, o ente beneficiado pela repartição da receita recebe-a diretamente, sem qualquer intermediário e sem que esta receita faça parte de qualquer fundo constitucional. São os casos de repartição (ou participação) **direta**.

Assim, quando a Constituição Federal atribui aos Municípios metade do IPVA arrecadado pelos Estados em virtude dos veículos automotores terrestres licenciados em seus territórios (CF, art. 158, III), está fazendo repartição direta de receita, visto que, se um veículo está licenciado no Município do Recife, metade do IPVA incidente **pertence** ao Município e lhe deve ser **diretamente** entregue.

Em outras situações, os recursos a serem repartidos são destinados a um fundo de participação, cujas receitas são divididas entre os beneficiários, seguindo os critérios legais e constitucionais previamente definidos. É o caso da quota do fundo de participação dos Municípios a que o Município do Recife tem direito. Como o repasse é feito após a destinação dos recursos sujeitos à repartição (50% do IR, 50% do IPI e 50% do imposto seletivo) ao citado fundo, tem-se um exemplo de repartição (ou participação) **indireta**.

A previsão do **Fundo Nacional de Desenvolvimento Regional** no art. 159-A da Constituição pode dar a entender, por sua posição no texto constitucional, que se está diante de novo mecanismo de repartição indireta de receitas tributárias. Entretanto, ele será constituído por recursos do orçamento da União, não vinculados a receitas tributárias específicas e em montantes determinados pelo art. 13 da EC 132/2023.

Em síntese, são diretas as repartições previstas nos arts. 153, § 5º, 157 e 158 da CRFB/1988 e indiretas quando relativas aos fundos de participação

(CF, art. 159, I, *a*, *b* e *c*) e ao fundo de compensação à desoneração das exportações (CF, art. 159, II).

17.4 TRIBUTOS CUJAS RECEITAS ESTÃO SUJEITAS À REPARTIÇÃO

Por consistirem numa contraprestação a uma atividade estatal diretamente relacionada ao contribuinte, os tributos vinculados (taxas e contribuições de melhoria) não estão sujeitos a qualquer repartição. Não faria sentido, por exemplo, a União repartir a receita obtida com a cobrança de uma contribuição de melhoria decorrente de uma obra realizada integralmente com recursos federais.

No que concerne aos empréstimos compulsórios, a vinculação constitucional da sua arrecadação às despesas que fundamentaram sua instituição também tem como consequência a inexistência de repartição das receitas com eles arrecadadas.

Quanto às contribuições especiais previstas no art. 149 da CF/1988 e à contribuição de iluminação pública e monitoramento dos logradouros públicos prevista no art. 149-A, a regra é também a inexistência de repartição de receitas arrecadadas, em virtude da vinculação do destino dos recursos.

Todavia, com o advento da Emenda Constitucional 42/2003, passou a existir uma – **e somente uma** – contribuição especial sujeita à repartição. É o caso da Contribuição de Intervenção no Domínio Econômico, relativa às atividades de importação ou comercialização de petróleo e seus derivados, gás natural e seus derivados e álcool combustível (CF, art. 177, § 4.º).

A CIDE-combustíveis, apesar de possuir arrecadação vinculada às atividades relacionadas no texto constitucional (CF, art. 177, § 4.º, II), tem 29% de sua arrecadação dividida com os Estados-membros, devendo estes entregar 25% do montante recebido aos Municípios (CF, art. 159, III, c/c o § 4º do mesmo artigo).

O valor a ser repassado pela União aos Estados **deve ser calculado sobre o total da arrecadação da CIDE-combustíveis**; antes, portanto, de se separar a parcela desvinculada de qualquer órgão fundo ou despesa pelo art. 76 do Ato das Disposições Constitucionais Transitórias – ADCT. Nesse sentido, o STF declarou inconstitucional previsão da parte final do final do artigo 1º-A da Lei 10.336/2001, que previa o cálculo do repasse somente sobre a parcela não atingida pelo instituto da Desvinculação de Receitas da União – DRU, estatuído pelo mencionado dispositivo constitucional transitório (ADI 5628/DF).

Por fim, é no tocante aos impostos que a técnica da repartição das receitas tributárias encontra sua aplicabilidade mais intensa, pois eles, além de serem, por definição, tributos não vinculados, não consistindo em contrapartida a qualquer atividade estatal, estão sujeitos ao princípio da não vinculação das receitas, de forma que, ressalvadas as exceções previstas no texto constitucional, o produto de sua arrecadação não pode ser vinculado a qualquer órgão, fundo ou despesa.

Chega-se, desta forma, à conclusão fundamental: no direito brasileiro **os únicos tributos cujas receitas são sujeitas à repartição são os impostos e a CIDE-combustíveis.**

Antes da Emenda Constitucional 42, de 19.12.2003, eram comuns questões que consideravam correta a afirmativa segundo a qual somente os impostos estariam sujeitos à repartição de suas receitas com outros entes políticos. **Hoje a afirmativa é ERRADA.**

17.5 IMPOSTOS CUJAS RECEITAS NÃO SÃO REPARTIDAS

Apesar de os impostos serem os tributos tecnicamente mais adequados para a adoção da técnica de discriminação por produto, alguns não possuem sua receita repartida, de forma que todo o produto da arrecadação pertence ao ente com competência para sua instituição. São eles:

a) todos os impostos arrecadados pelos Municípios e pelo Distrito Federal. Assim os impostos municipais (ITBI, IPTU e ISS) nunca são repartidos; os estaduais, mesmo os sujeitos a repartição, se arrecadados pelo Distrito Federal, não serão repartidos, dada a impossibilidade de existência de Municípios no âmbito distrital.

b) o imposto estadual sobre transmissão *causa mortis* e doações – ITCMD.

c) os impostos federais sobre importação, exportação, grandes fortunas e os extraordinários de guerra.

17.6 CASOS DE REPARTIÇÃO DIRETA PREVISTOS NA CONSTITUIÇÃO FEDERAL DE 1988

17.6.1 Repartição direta do IOF-Ouro com o Distrito Federal ou com os Estados e Municípios

Quando da análise dos impostos federais, viu-se que a União entrega integralmente ao DF (100%), ou aos Estados (30%) e Municípios (70%) o valor do IOF incidente sobre o ouro quando este é definido em lei como ativo financeiro ou instrumento cambial.

Trata-se de uma regra de repartição de receita federal com o Distrito Federal, os Estados e Municípios cujo delineamento constitucional já foi objeto de estudo.

17.6.2 Repartição direta de receitas da União com os Estados e o Distrito Federal

O art. 157 da Constituição enumera os casos em que os Estados e o Distrito Federal serão contemplados com parcela da arrecadação dos impostos federais.

Em primeiro lugar, pertencem aos Estados e ao Distrito Federal o produto da arrecadação do imposto da União sobre renda e proventos de qualquer natureza, incidente na fonte, sobre rendimentos pagos, a qualquer título, por eles, suas autarquias e pelas fundações que instituírem e mantiverem.

O imposto de renda é um imposto federal. Conforme previsto no parágrafo único do art. 45 do Código Tributário Nacional, a lei pode atribuir à fonte pagadora da renda ou dos proventos tributáveis a condição de responsável pelo imposto cuja retenção e recolhimento lhe caibam.

Dessa forma, e nos termos da legislação do IR, se, a título de exemplo, uma empresa privada paga salários a um empregado no valor de cinco mil reais, também deve efetuar, na condição de responsável, a retenção do imposto de renda incidente sobre o pagamento e o recolhimento do valor aos cofres públicos federais.

Se o Estado de Minas Gerais paga a um servidor o mesmo montante, também deve efetuar a retenção do imposto. Todavia, apesar de se tratar de um tributo federal, não se deve recolher o valor retido aos cofres públicos federais, pois, nos termos do art. 157, I, da CF/1988, o produto da arrecadação pertence ao próprio Estado.

A mesma regra se aplica aos valores retidos pelas Fundações Públicas e Autarquias integrantes da administração indireta estadual. Os valores do imposto de renda retido na fonte pelos pagamentos que efetuarem pertencem ao ente instituidor, ou seja, ao Estado.

No entender do Superior Tribunal de Justiça, se o servidor público estadual quiser contestar **a própria retenção** do Imposto de Renda, alegando isenção ou não incidência, a competência para julgamento será da **Justiça Estadual**, pois a discussão se dá entre o Estado e o servidor, sendo a União Federal alheia ao litígio (AgRg no Ag 937.798-RS, Rel. Min. Castro Meira, j. 12.08.2008). Nessa linha, o STJ editou a Súmula 447, afirmando que "os Estados e o Distrito Federal são partes legítimas na ação de restituição de imposto de renda retido na fonte proposta por seus servidores". Não obstante, se a discussão for referente à restituição do tributo a ser efetuada como resultado da **análise da declaração anual do imposto de renda**, a competência para julgamento será, obviamente, da **Justiça Federal**, tendo em vista a presença da União Federal (responsável pela análise) como parte na ação.

Digno de nota que, apesar de a mencionada retenção do imposto sobre a remuneração do servidor público ser o mais tradicional exemplo da regra ora estudada, estão também por ela abrangidas todas as retenções na fonte do imposto de renda realizadas pelos citados entes e entidades, inclusive as que atingem os valores pagos a **pessoas físicas ou jurídicas que lhes vendam mercadorias ou lhes prestem serviços**, conforme já decidido pelo Supremo Tribunal Federal em tese de repercussão geral (RE 1.293.453/RS).

O segundo caso de repartição de receitas federais com os Estados-membros e o Distrito Federal é o que afirma pertencerem a estes entes 20% do produto da arrecadação do imposto que a União instituir no exercício da competência que lhe é atribuída pelo art. 154, I.

Portanto, se a União resolver utilizar da **competência residual** que lhe é atribuída pelo texto constitucional (CF, art. 154, I) e criar, via lei complementar, um novo imposto, não cumulativo, com fato gerador e base de cálculo diferentes dos já utilizados pelos impostos já previstos, terá de entregar aos Estados 20% do respectivo produto de arrecadação (CF, art. 157, II).

Questão interessante residiu na tentativa dos Estados de aplicar essa regra aos recursos de receitas de contribuições especiais desafetadas por meio do instituto da **Desvinculação de Receitas da União (DRU)**.

A DRU foi instituída para assegurar uma maior margem de liberdade orçamentária para a União; posteriormente, a sistemática foi estendida a outros entes federados. Como boa parte da arrecadação tributária é vinculada a determinadas despesas – veja-se, por exemplo, as contribuições para a seguridade social, cujos vultosos recursos somente podem ser utilizados com previdência social, assistência social e saúde –, os governantes alegavam dificuldades para fazer valer as prioridades estabelecidas para suas gestões. De forma a minorar o problema, o art. 76 do ADCT conferiu liberdade para a União dispor de fração da arrecadação tributária a que a Constituição confere destinação específica (o percentual, hoje, é de 30%).

Os principais tributos que tiveram parcela de sua receita desvinculada são as contribuições especiais, que, relembre-se, diferenciam-se dos impostos formais justamente por conta da vinculação do produto de sua arrecadação a determinadas despesas, uma vez que, para os impostos, a regra é a proibição de semelhante vinculação (CF, art. 167, IV, dispositivo em que são estipuladas exceções). Nesse contexto, os Estados e o DF passaram a argumentar que, ao desvincular parte da receita de contribuições especiais, o art. 76 do ADCT transformara as frações desvinculadas em verdadeiros impostos. Por não estarem previstos no texto permanente da Constituição Federal, tais impostos seriam considerados frutos do exercício da competência residual pela União, o que exigiria a entrega aos Estados de 20% da parcela desvinculada, nos termos da regra estudada neste tópico.

A tese, contudo, é equivocada, pois a DRU não foi instituída por lei complementar (veículo de introdução de impostos residuais), mas sim por meio de Emenda à Constituição, que não se subordina aos limites aplicáveis ao legislador infraconstitucional. Nessa linha, o STF afirmou que, "por traduzir exceção estabelecida na própria Constituição, a decisão do poder constituinte derivado de desvincular determinado percentual das contribuições não descaracteriza sua natureza jurídica", **não incidindo a regra de repartição de receita arrecadada mediante uso da competência residual da União Federal** (ADPF 523/DF).

17.6.3 Repartição direta de receitas da União com os Municípios

Da mesma forma que foi estudado no tocante aos Estados, pertence aos Municípios o produto da arrecadação do imposto da União sobre renda e proventos de qualquer natureza, incidente na fonte, sobre rendimentos pagos, a qualquer título, por eles, suas autarquias e pelas fundações que instituírem e mantiverem (CF, art. 158, I).

Assim, se uma autarquia integrante da administração indireta do Município de Belém retiver imposto de renda na fonte incidente sobre um rendimento pago a pessoa que lhe prestou serviço, o valor retido pertencerá ao ente instituidor da Autarquia (o Município de Belém).

A União também deve repassar aos Municípios (e ao DF) 50% do produto da arrecadação do imposto sobre a propriedade territorial rural, relativamente aos imóveis neles situados (CF, art. 158, II).

Pela regra, metade do que a União arrecadar pela cobrança de ITR relativo aos imóveis rurais situados, a título de exemplo, nos limites territoriais do Município de Vitória da Conquista – BA, deve ser repassado a este ente.

Relembre-se que, após a Emenda Constitucional 42/2003, tornou-se possível aos Municípios fazer, na forma da lei, a opção por fiscalizar e cobrar o ITR. Nesta situação, ao Município caberá a **totalidade da arrecadação** e não apenas a metade.

A possibilidade de opção foi regulada pela Lei 11.250/2005, que no seu art. 1.º afirma:

> "Art. 1.º A União, por intermédio da Secretaria da Receita Federal, para fins do disposto no inciso III do § 4.º do art. 153 da Constituição Federal, poderá celebrar convênios com o Distrito Federal e os Municípios que assim optarem, visando a delegar as atribuições de fiscalização, inclusive a de lançamento dos créditos tributários, e de cobrança do Imposto sobre a Propriedade Territorial Rural, de que trata o inciso VI do art. 153 da Constituição Federal, sem prejuízo da competência supletiva da Secretaria da Receita Federal".

Atualmente, a matéria é regulamentada pela Instrução Normativa RFB 1.640/2016, que disciplina, dentre outros aspectos, os requisitos para celebração do convênio, a capacitação, pela Receita Federal, dos servidores municipais e as questões relativas à fiscalização, inclusive lançamento e cobrança do imposto.

17.6.4 Repartição direta de receitas dos Estados com os Municípios

Devem os Estados entregar a cada Município metade do produto da arrecadação do imposto sobre a propriedade de **veículos automotores terrestres licenciados** em seus respectivos territórios. Já em relação aos **veículos aquáticos e aéreos**, o critério muda, devendo os mesmos 50% serem entregues ao Município em que seja **domiciliado o proprietário** (CF, art. 158, III).

Assim, se um veículo terrestre é licenciado no Município de Mundo Novo/MS, metade do IPVA pago pelo seu proprietário deverá ser necessariamente repassado pelo Estado do Mato Grosso do Sul ao Município de Mundo Novo. Da mesma forma, também pertenceria ao Município de Mundo Novo metade do IPVA pago ao Estado do Mato Grosso do Sul sobre aeronave ou embarcação pertencente a proprietário domiciliado no Município.

Na prática, contudo, a distinção entre as regras pode perder relevância em face de uma importante decisão da Suprema Corte, que teve por objetivo acabar com a prática tão comum no Brasil de o proprietário do veículo automotor, na busca do pagamento do imposto sob a menor alíquota possível, acabar por licenciá-lo num Estado distinto daquele em que mantém seu domicílio, muitas vezes sem possuir qualquer vínculo com tal ente federado.

A situação acaba por deflagrar uma verdadeira **guerra fiscal do IPVA**, em que os Estados reduzem as alíquotas do imposto com o objetivo de atrair licenciamentos e com isso aumentar sua arrecadação. O resultado surreal é que o Estado e o Município em que domiciliado o proprietário do veículo suportam o ônus ambiental e estrutural de sua utilização, mas não recebem qualquer parcela do imposto pago, enquanto aqueles em que o veículo jamais circulou ou circulará são injustamente premiados com tal arrecadação.

Além disso, resta configurada uma verdadeira **fraude à competência tributária do Estado de domicílio do proprietário do veículo**, uma vez que o próprio Código de Trânsito Brasileiro, no seu art. 120, afirma *que "todo veículo automotor, articulado, reboque ou semirreboque, deve ser registrado perante o órgão executivo de trânsito do Estado ou do Distrito Federal, no Município de domicílio ou residência de seu proprietário, na forma da lei".*

Por tudo, entendendo que a regra do IPVA ter como sujeito ativo o Estado em que licenciado o veículo foi formatada a partir da suposição de que o veículo automotor circule no Estado em que licenciado, o Supremo

Tribunal Federal fixou a seguinte tese, na sistemática de Repercussão Geral (RE 1.016.605/MG - Tema 708):

> "A Constituição autoriza a cobrança do Imposto sobre a Propriedade de Veículos Automotores (IPVA) somente pelo Estado em que o contribuinte mantém sua sede ou domicílio tributário.".

Diante do julgado, é correto afirmar que, independentemente de o veículo automotor objeto da incidência do IPVA ser terrestre, aquático ou aéreo, o local de ocorrência do fato gerador e o Município beneficiado pela repartição das receitas do IPVA acabarão sendo determinados pelo domicílio tributário do proprietário. No entanto, a maneira mais acertada de expor a questão, quanto aos veículos terrestres, é a de que a competência para a cobrança do IPVA é do Estado em que licenciado o veículo, sendo o produto da arrecadação dividido com o Município do licenciamento. Contudo, somente é permitido o licenciamento no local em que o contribuinte mantém sua sede ou domicílio tributário.

Também deverão ser repassados aos Municípios **25% do produto da arrecadação do imposto do Estado sobre operações relativas à circulação de mercadorias e sobre prestações de serviços de transporte interestadual e intermunicipal e de comunicação** (CF, art. 158, IV, *a*).

O dever de entregar os recursos aos destinatários das normas constitucionais de repartição de receitas não necessariamente depende do ingresso de dinheiro nos cofres públicos, bastando que haja o efetivo incremento da receita pública, seja qual for a modalidade de extinção do crédito tributário correspondente. Assim, se o Estado aceitar que o ICMS devido por seus contribuintes seja quitado mediante compensação de créditos de precatórios, os valores serão considerados recebidos pelo Erário estadual – e, portanto, sujeitos à regra de repartição com os Municípios (ADI 4.080/AM) – no momento em que aceita a compensação (forma de extinção do crédito tributário), e não naquele em que, segundo a ordem cronológica das requisições, o precatório seria efetivamente adimplido (REsp 1.894.736/PR).

De modo semelhante à compensação, a transação, que também é hipótese de extinção do crédito tributário (CTN, art. 171), não afasta o dever de repartição. Conforme assentado pelo STF, tanto a compensação quanto a transação implicam aumento da disponibilidade de receita e impõem ao Estado "o dever de entregar a respectiva quota aos Municípios, porque receita pública é fenômeno anterior ao recolhimento do imposto. A quitação ocorre, contabilmente, mediante supressão de passivo, sem ingresso de valores ao erário, havendo comutatividade entre o benefício obtido e o implemento do contribuinte"(STF, Pleno, ADI 3.837/DF, Rel. Min. Nunes Marques, j. em 23/09/2024, DJe 02/10/2024).

É relevante destacar, todavia, que, tendo em vista que a transação envolve concessões recíprocas entre as partes, isto é, o sujeito ativo e o sujeito passivo, a repartição de receitas incidirá exclusivamente sobre a parte da contraprestação oferecida pelo sujeito passivo em favor da Fazenda Pública. Portanto, não haverá incidência sobre a eventual renúncia fiscal realizada pela Fazenda Pública para a concretização do acordo.

Em relação ao ICMS, a regra de repasse traz consigo um maior grau de complexidade, visto que necessita da explicitação dos critérios a serem seguidos para a repartição das receitas citadas.

O problema é que, se é óbvio que um quarto da arrecadação de ICMS do Estado do Rio Grande do Sul deve ser repartido entre seus Municípios, não é tão óbvio assim o critério a ser seguido para estabelecer qual a fatia desse "bolo" que vai caber a cada municipalidade gaúcha.

Não há dúvidas de que o Município de Porto Alegre deve receber uma parcela maior que o Município de Não Me Toque. Mas quão maior deve ser essa parcela? O quanto maior for a população? O quanto maior for a arrecadação? O índice de desenvolvimento humano pode interferir no cálculo?

A Constituição Federal estabelece que as parcelas serão creditadas aos Municípios conforme os seguintes critérios (art. 158, § 1º, I, com a redação dada pela EC 108/2020):

> "I - 65% (sessenta e cinco por cento), no mínimo, na proporção do valor adicionado nas operações relativas à circulação de mercadorias e nas prestações de serviços, realizadas em seus territórios;
>
> II - até 35% (trinta e cinco por cento), de acordo com o que dispuser lei estadual, observada, obrigatoriamente, a distribuição de, no mínimo, 10 (dez) pontos percentuais com base em indicadores de melhoria nos resultados de aprendizagem e de aumento da equidade, considerado o nível socioeconômico dos educandos".

Sabe-se que, em face do princípio da não cumulatividade, o ICMS, assim como o IPI, é um imposto que incide sobre o valor agregado (adicionado) em cada operação realizada.

Quando o legislador constituinte estatuiu que no mínimo **65%** do "bolo" de ICMS a ser repartido entre os Municípios seria creditado proporcionalmente ao **valor adicionado** nas operações relativas à circulação de mercadorias e nas prestações de serviços realizadas em seus respectivos territórios, o objetivo foi **prestigiar os Municípios que mais contribuíram com a arrecadação do tributo.**

Somente no que concerne à parcela restante (**35%**), os Estados têm **relativa autonomia** para, por lei própria, definir os critérios de repartição.

Antes do advento da Emenda Constitucional 108/2020, a parcela cujos critérios de repartição os Estados tinham autonomia para definir por lei própria era de apenas 25% (um quarto) do montante total a ser repartido. Com a Emenda, os Estados passaram a poder definir os critérios para 35% daquele montante. No entanto, no tocante a **pelo menos 10%** (os Estados podem aumentar essa parcela), a autonomia é relativa, pois o texto constitucional já define que a repartição será feita "com base em **indicadores de melhoria nos resultados de aprendizagem e de aumento da equidade,** considerado o nível socioeconômico dos educandos". Quanto a tal parcela, a autonomia estadual se restringirá a detalhar como aferir a melhoria nos mencionados resultados.

Trata-se da implementação, em caráter nacional, de um verdadeiro **ICMS educacional**, que tem sua origem em experiências de alguns Estados da Federação, como Ceará (Lei Estadual 14.023/2007), Pernambuco (Lei Estadual 13.368/2007) e Minas Gerais (Lei Estadual 18.030/2009).

Para a aferição da melhoria nos **resultados de aprendizagem**, é possível, por exemplo, o acompanhamento da evolução do Índice de Desenvolvimento da Educação Básica (Ideb). Já a aferição do **aumento da equidade**, "considerado o nível socioeconômico dos educandos", deve ser feita com base em indicadores que demonstrem a que parcela dos educandos a melhoria dos resultados está se estendendo, de forma a diminuir o impacto que o nível de renda, a escolaridade dos pais e as origens sociais do aluno têm sobre seu desempenho escolar. Para obtenção de bons resultados – e, portanto, para o recebimento de um maior valor do ICMS educacional –, a melhoria da qualidade do ensino não pode ser perseguida sem a concomitante busca da redução do impacto dos fatores socioeconômicos. O sistema adotado não pode ser indiferente às diferenças, devendo adotar políticas (inclusive afirmativas) que garantam a todos a possibilidade de desenvolver as competências e habilidades esperadas para a idade e nível de estudo em que cada educando se encontra.

Importante perceber que, de maneira semelhante à regra vigente antes do advento da EC 108/2020, os Estados continuam detendo autonomia para definir os critérios para a repartição de 25% (um quarto) do ICMS devido aos Municípios. No tocante a essa parcela, é possível, inclusive, a utilização dos critérios "valor adicionado" e "melhoria de indicadores educacionais", uma vez que ambos tiveram a destinação de um percentual mínimo pelo texto constitucional (65% e 10%, respectivamente), nada impedindo que Estados se utilizem também desses critérios para repartir mais uma parcela dos 25% cujos critérios eles são livres para definir.

A discricionariedade estadual, contudo, possui limites. Segundo o STF, **é vedado, à legislação estadual, a pretexto de resolver as desigualdades so-**

ciais e regionais, alijar, completamente, um Município da participação nos recursos em questão. No caso submetido a seu julgamento, a Corte Suprema declarou inconstitucionais anexos de lei do Estado do Rio de Janeiro que excluíam a Capital do Estado da partilha da parcela do ICMS cujos critérios de repartição devem ser definidos por lei estadual (RE 401.953/RJ).

Além disso, **não é possível à lei estadual determinar a forma de aplicação dos recursos** destinados aos Municípios por conta da regra ora estudada. A título de exemplo, o Estado do Paraná, que estipulara em sua lei a repartição de parcela do ICMS devido aos Municípios de acordo com presença de reservas indígenas nos seus territórios, estabeleceu que 50% do montante recebido por conta desse critério fosse aplicado nas áreas que contêm tais reservas. Como visto, os Estados podem estipular o critério para repartição, mas os recursos repassados de acordo com tal critério **pertencem integralmente aos Municípios** beneficiários, sendo incompatível com a **autonomia municipal** e com o princípio da **não afetação** da receita de imposto a qualquer órgão fundo ou despesa (CF, art. 167, IV) a vinculação estabelecida pela lei paranaense (ADI 2.355/PR).

Em resumo, a participação municipal no "bolo" do ICMS pode ser visualizada da seguinte forma:

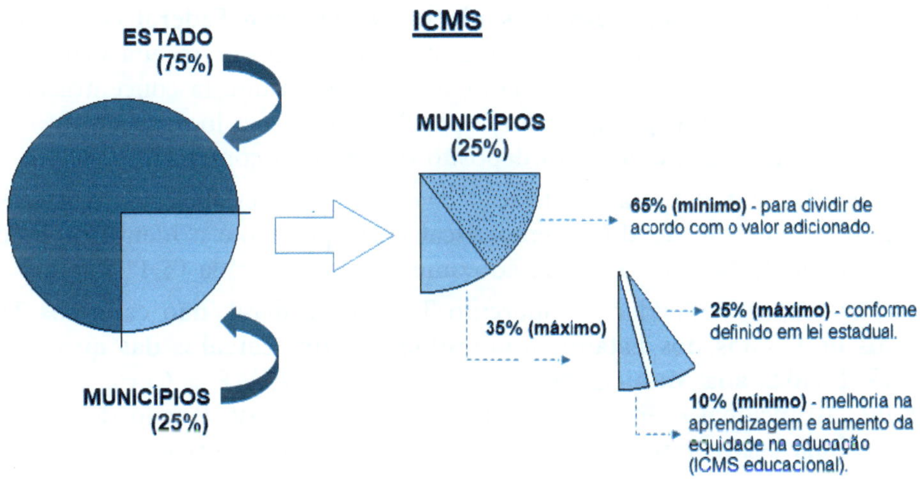

A definição precisa do que é "valor adicionado", para fins da divisão objeto de estudo, é matéria reservada à lei complementar, conforme dispõe o art. 161, I, da CF.

A definição veio a ser dada pela Lei Complementar 63/1990, que, no seu art. 3.º, § 1.º, afirma que o valor adicionado corresponderá, para cada Município, ao valor das mercadorias saídas acrescido do valor das prestações de serviços, no seu território, deduzido o valor das mercadorias entradas, em cada ano civil.

Nessa linha, é correto afirmar que o valor de ICMS repassado a cada Município, por ser proporcional ao valor adicionado nas operações tributadas realizadas no respectivo território, é também proporcional à contribuição que cada Município deu à arrecadação estadual do ICMS.

Com o advento da Lei Complementar 123/2006, que instituiu o Estatuto Nacional da Microempresa e da Empresa de Pequeno Porte, o citado § 1.º do art. 3.º da Lei Complementar 63/1990 foi acrescido de dois incisos. O primeiro mantém a definição de valor adicionado aplicável no caso de ICMS recolhido de acordo com a sistemática geral de tributação, nos termos acima apontados. O segundo inciso define o valor adicionado nas hipóteses de tributação simplificada a que se refere o parágrafo único do art. 146 da Constituição Federal, e, em outras situações, em que se dispensem os controles de entrada, considerando como valor adicionado o percentual de 32% (trinta e dois por cento) da receita bruta.

Em 2016, a Lei Complementar 157/2016 acresceu mais dois parágrafos ao art. 3º da LC 63/1990.

Em primeiro lugar, estabeleceu-se que, na hipótese de pessoa jurídica promover saídas de mercadorias por estabelecimento diverso daquele no qual as transações comerciais são realizadas, excluídas as transações comerciais não presenciais, **o valor adicionado deverá ser computado em favor do Município onde ocorreu a transação comercial, desde que ambos os estabelecimentos estejam localizados no mesmo Estado ou no Distrito Federal** (§ 1º-A). A novidade teve como objetivo promover uma repartição de receita mais equilibrada entre os municípios do Estado, evitando uma injusta concentração de arrecadação no município que tem o privilégio de ser a localização do estabelecimento que funciona como depósito da empresa comercial.

Para facilitar a operacionalização da regra, ficou estabelecida a necessidade de que conste do documento fiscal correspondente a identificação do estabelecimento no qual a transação comercial foi realizada (§ 1º-B).

Por fim, no entender do Supremo Tribunal Federal, **não cabe aos Tribunais de Contas dos Estados a homologação dos cálculos das quotas do ICMS devidas aos Municípios**. Ao julgar a ADI 825/AP, a Corte entendeu ser inconstitucional o art. 112, XVII, da Constituição do Estado do Amapá, que atribuía essa competência ao Tribunal de Contas do Estado.

Para o STF, a regra não encontra simetria com competência do TCU para efetuar o cálculo das quotas dos fundos de participação que a União deve entregar aos entes subnacionais, pois o repasse obrigatório de parcela do ICMS aos Municípios não depende da criação de fundo, o que dá aos Estados certa liberdade de conformação. Nesse contexto, entendeu-se que condicionar o repasse à homologação dos cálculos pela Corte de Contas configuraria indevida restrição à entrega e, portanto, agressão ao art. 160 da CF/88.

Com a edição da EC 132/2023, foi prevista a extinção do ICMS e do ISS, que serão substituídos pelo imposto sobre bens e serviços (IBS), de competência compartilhada entre Estados, Distrito Federal e Municípios (CF, art. 156-A). A extinção, contudo, somente ocorrerá em 2033. Até lá, após a instituição do

IBS, os três impostos serão cobrados simultaneamente, sendo as alíquotas do ICMS e do ISS gradualmente reduzidas, e as do IBS, paulatinamente aumentadas, até que haja a completa substituição.

Como consequência, há a necessidade de também o IBS ser repartido com os Municípios, o que foi previsto pelo art. 159, IV, *b*, da Constituição. Quanto aos critérios utilizados para determinar a quota-parte do IBS de cada Município, houve importantes inovações, quando comparados com aqueles aplicáveis à repartição do ICMS. Tais novidades constam do § 2º do art. 158 da Constituição.

Segundo o dispositivo, **25% do produto da arrecadação do IBS distribuído pelo Comitê Gestor aos Estados pertence aos Municípios**, devendo ser creditado conforme os seguintes critérios (CF, art. 158, § 2º):

> "I - 80% (oitenta por cento) na proporção da população;
>
> II - 10% (dez por cento) com base em indicadores de melhoria nos resultados de aprendizagem e de aumento da equidade, considerado o nível socioeconômico dos educandos, de acordo com o que dispuser lei estadual;
>
> III - 5% (cinco por cento) com base em indicadores de preservação ambiental, de acordo com o que dispuser lei estadual;
>
> IV - 5% (cinco por cento) em montantes iguais para todos os Municípios do Estado."

A participação dos Municípios no bolo do produto da arrecadação do IBS distribuído ao Estado pode ser visualizada da seguinte forma:

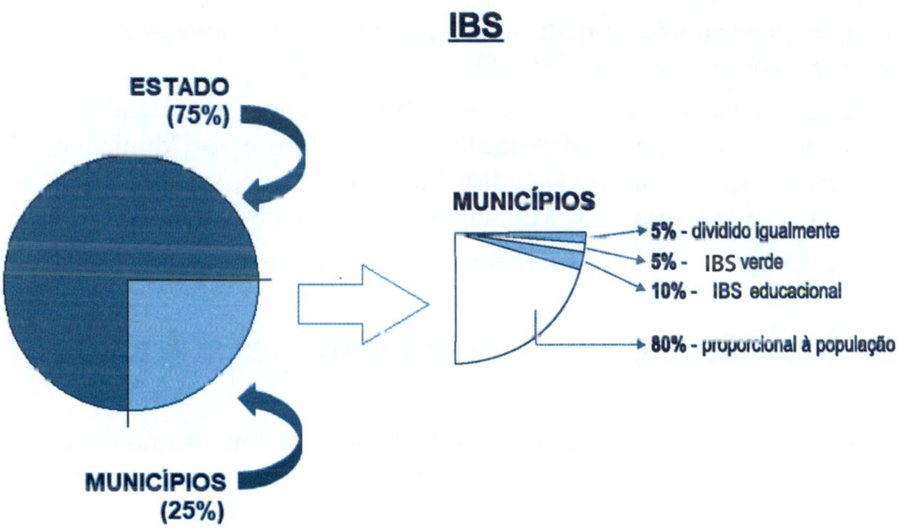

Ao contrário do que acontece com os critérios para distribuição da quota-parte do ICMS, não foram estabelecidos percentuais mínimos ou máximos, mas, sim, **percentuais fixos**. Assim, os critérios de creditamento deverão obedecer sempre aos mesmos percentuais e critérios previstos no texto constitucional. Também não há espaço discricionário para que os Estados estabeleçam outros critérios de distribuição. Toda a discricionariedade atribuída aos Estados, nesse âmbito, ficou restrita à definição dos indicadores educacionais e ambientais.

Duas das inovações relativas aos critérios de creditamento do IBS são provenientes de experiências de sucesso dos Estados com a definição das regras para a repartição dos 10% de ICMS a ser entregue aos Municípios de acordo com a lei estadual. Trata-se do **"IBS Educacional"** e do **"IBS Verde"**.

Tais critérios estão fortemente relacionados aos princípios da justiça tributária e da defesa do meio ambiente (expressamente previstos no art. 145, § 3º, da CRFB/1988), valendo-se da repartição como um meio de incentivar políticas públicas educacionais focadas nos estudantes de nível socioeconômico mais baixo e em políticas de preservação ecológica. Confere-se, então, uma função extrafiscal à repartição das receitas do IBS, para que ela incentive a adoção de políticas públicas educacionais e ambientais desejáveis.

Finalmente, é interessante diferenciar a **repartição** de receitas da **distribuição** do produto da arrecadação no âmbito do IBS, uma vez que, apesar das muitas semelhanças, esses institutos não se confundem.

Para operacionalizar a dinâmica de funcionamento de um inédito imposto de competência compartilhada entre os entes subnacionais, o art. 156-B da Constituição prevê a instituição do Comitê Gestor do IBS, entidade pública autônoma, que possui, dentre outras competências, a de *"arrecadar o imposto, efetuar as compensações e **distribuir** o produto da arrecadação entre Estados, Distrito Federal e Municípios"* (CRFB, art. 156-B, II).

Assim, os valores referentes ao IBS serão, de início, arrecadados pelo Comitê Gestor e, em seguida, **distribuídos** aos Estados e aos Municípios. Após essa divisão é que, sobre o valor distribuído ao Estado, incidirá o percentual de 25% a ser **repartido** com Municípios daquele ente federativo.

São fenômenos que se sucedem no tempo da seguinte forma:

ARRECADAÇÃO → DISTRIBUIÇÃO → REPARTIÇÃO

A sistemática é especificamente voltada à operacionalização do IBS – em virtude de sua competência compartilhada –, não havendo tal distinção no âmbito dos demais tributos.

Em suma, a **regra de repartição de receitas** do IBS mencionada no art. 158, IV, da Constituição não se confunde com a **regra de distribuição** prevista no art. 156-A, § 4º, II, da Carta, sendo possível apontar diferenças entre os institutos, destacando-se as seguintes:

1. A distribuição é consequência do exercício da competência tributária, inserindo-se no âmbito da discriminação da receita por fonte, enquanto a repartição é um mecanismo de divisão das receitas arrecadadas, inserindo-se no âmbito da discriminação das receitas por produto.
2. A distribuição tem sua disciplina reservada à lei complementar de caráter nacional (art. 156-A, § 5º, I), enquanto a repartição está disciplinada diretamente no texto constitucional e será apenas complementada pela lei estadual, que definirá os indicadores educacionais e ambientais utilizados como critérios de creditamento do percentual do produto da arrecadação distribuído ao Estados;
3. A distribuição é competência técnica do Comitê Gestor do IBS, ao passo que a repartição é uma atribuição dos Estados que surge quando recebem o produto da arrecadação do IBS que lhes é distribuído.
4. O Distrito Federal é parte e beneficiário da distribuição do produto da arrecadação do IBS – do qual somente está excluída a União –, mas não possui atribuição para repartir os valores que recebe, uma vez que não é dividido em Municípios.

17.7 CASOS DE REPARTIÇÃO INDIRETA PREVISTOS NA CONSTITUIÇÃO FEDERAL DE 1988

O sistema constitucional de repartição indireta de receitas tributárias se efetiva por intermédio de quatro fundos.

Três deles são compostos por **50% da soma dos produtos da arrecadação do IPI, do imposto seletivo e do IR**, excluída deste a parcela que já ficou nas mãos do Distrito Federal, Estados e Municípios em virtude da retenção na fonte do imposto incidente sobre rendimentos pagos, a qualquer título, por eles, suas autarquias e pelas fundações que instituírem e mantiverem (ver itens 17.6.2 e 17.6.3). O outro fundo é composto de **10% da soma dos produtos da arrecadação do imposto seletivo e do IPI** e, como será visto adiante, tem por objetivo compensar as perdas que Estados e Municípios sofrem com a desoneração das exportações.

Norteado pelo ideal de manter o atual esquema de repartição de receitas, não provocando perdas aos entes federativos, o poder constituinte derivado estabeleceu uma garantia temporária contra a redução desses valores no art. 7º da EC 132/2023. Nele, está previsto que, a partir de 2027, ano de início da cobrança do IS e da reformulação do IPI, a **União compensará eventual redução** no montante dos valores repassados aos quatro fundos que compõem o sistema de repartição indireta.

A necessidade dessa garantia decorre do fato de a soma dos produtos das arrecadações do IS e do IPI repaginado (cobrado exclusivamente sobre produtos com industrialização incentivada na Zona Franca de Manaus) muito provavelmente vir a ser inferior ao produto da arrecadação do IPI na sua versão clássica (cobrado sobre todos os produtos industrializados).

Obviamente, o quantitativo de bens e serviços prejudiciais à saúde e ao meio ambiente (campo de incidência do imposto seletivo) é bem menor que o de todos os produtos industrializados que deixarão de ser onerados pelo IPI a partir de 2027. A comparação exata depende de outros fatores, como a alíquota que vier a ser fixada; contudo, não parece plausível que a mera definição de alíquotas elevadas para o IS seja suficiente para suplantar a apontada diferença.

Por isso, o art. 7º da EC 132/2023 funciona como uma **garantia contra a diminuição dos valores repartidos**. Para tanto, não é especificada a receita que alimentará os fundos, que poderá ser oriunda de **qualquer receita não vinculada da União**.

Para identificar a ocorrência de redução no montante transferido, adotou-se como parâmetro a média de recursos transferidos do IPI entre 2022 e 2026. Não será contabilizado o valor total objeto da repartição indireta, pois este engloba também 50% da arrecadação total da União com o IR, excluída a parcela pertencente aos entes subnacionais por conta das regras dos arts. 157, I, e 158, I, da CRFB/1988.

A média de recursos transferidos entre 2022 e 2026 deverá ser atualizada, nos termos de lei complementar, até 2027. A partir de 2028, o critério será atualizado pela variação do produto da arrecadação da CBS apurado com base na alíquota de referência estabelecida por Resolução do Senado Federal (EC 132, art. 7º, § 1º).

Essas datas têm sua razão de ser no fato de que a CBS somente começará a ser cobrada em 2027, de maneira que em tal ano não terá ocorrido qualquer variação, por não ter havido cobrança no exercício financeiro anterior.

Todo o regime jurídico atinente às receitas tributárias repartidas indiretamente é aplicável aos valores transferidos com a finalidade de compensar a redução no montante entregue (EC 132, art. 7º, § 2º), portanto: (1) poderão ser retidos para servir de pagamento de débitos que o ente federativo possua com a União; (2) integrarão a base de cálculo para a aplicação do percentual mínimo de gastos com saúde e educação; (3) integrarão o montante que constitui os 20% destinados ao FUNDEB de cada Estado, Município e do Distrito Federal.

17.7.1 Os fundos de participação e de incentivo ao setor produtivo do Norte, Nordeste e Centro-Oeste

Esses fundos são formados por 50% da arrecadação do Imposto de Renda somada à do Imposto sobre Produtos Industrializados e à do Imposto Seletivo.

Dizer que os fundos são formados de 50% da soma da arrecadação do IR, do IS e do IPI é equivalente a afirmar que os fundos são formados pela soma de 50% da arrecadação do IR, com 50% da arrecadação do IS e 50% da arrecadação do IPI. Algebricamente, tem-se: 50% (IR + IS + IPI) = 50% IR + 50% IS +50% IPI. Trata-se de simples aplicação da propriedade distributiva da multiplicação.

Em provas de concurso público, são comuns assertivas que afirmam que 50% da arrecadação nacional do IPI são destinados à composição dos fundos ora analisados. Ora, a assertiva é verdadeira e completa, apesar de os fundos também possuírem 50% da arrecadação do IR e 50% da arrecadação do IS em sua composição.

Especificamente no que concerne à parcela do IR destinada à composição dos fundos, uma ressalva deve ser feita.

Seria incorreto afirmar que 50% da arrecadação total nacional do IR é destinada à composição dos fundos, pois a arrecadação total nacional compreende o que foi arrecadado aos cofres públicos federais e o que ficou nos cofres públicos do Distrito Federal, dos Estados e dos Municípios em virtude das regras de repartição direta previstas nos arts. 157, I, e 158, I, ambos da CF/1988, conforme já estudado.

Em resumo, 50% da arrecadação total **nacional** do **IPI** e do **IS** são destinados aos fundos constitucionais. No que concerne ao **IR**, a regra é semelhante, mas a base para cálculo é apenas a arrecadação **federal**, ou seja, aquela efetivamente ingressada nos cofres públicos federais.

Os recursos são assim repartidos:

a) 21,5% destinados ao Fundo de Participação dos Estados e do Distrito Federal (CF, art. 159, I, *a*);

b) 22,5% destinados ao Fundo de Participação dos Municípios (CF, art. 159, I, *b*);

c) 3% destinados à aplicação em programas de financiamento ao setor produtivo das Regiões Norte, Nordeste e Centro-Oeste, por meio de suas instituições financeiras de caráter regional, de acordo com os planos regionais de desenvolvimento (CF, art. 159, I, *c*);

d) 1% destinado ao Fundo de Participação dos Municípios, entregue no primeiro decêndio do mês de **dezembro** de cada ano (CF, art. 159, I, *d* – dispositivo acrescido pela EC 55, de 20 de setembro de 2007);

e) 1% destinado ao Fundo de Participação dos Municípios, entregue no primeiro decêndio do mês de **julho** de cada ano (CF, art. 159, I, *e* – dispositivo acrescido pela EC 84, de 2 de dezembro de 2014);

f) 1% destinado ao Fundo de Participação dos Municípios, entregue no primeiro decêndio do mês de **setembro** de cada ano (CF, art. 159, I, *f* – dispositivo acrescido pela EC 112, de 27 de outubro de 2021);

Conforme explicitado acima, a EC 55/2007 acresceu ao Fundo de Participação dos Municípios **1%** da arrecadação do IR e do IPI. A mudança vem atender a antigo pleito dos Municípios que, sendo as entidades menos contempladas na desigual sistemática de repartição de rendas brasileiras, em sua maioria, penavam para conseguir pagar o décimo terceiro salário dos servidores públicos.

O problema alegado foi o de que a despesa com pessoal configura, na imensa maioria dos casos, a maior despesa dos Municípios e, em dezembro, por conta do direito constitucional ao 13º salário, normalmente extensivo aos servidores a título de "gratificação natalina", aquela despesa praticamente dobrava, dificultando o adimplemento principalmente nos Municípios menores, que se financiam quase que exclusivamente com base nos repasses de receita por parte da União e dos Estados.

Do fato de o problema ter data marcada para ocorrer (mês de dezembro) decorreu a previsão constitucional segundo a qual o acréscimo de **1%** ao FPM, apesar de ser resultante da soma mensal da arrecadação do IPI e do IR, somente será creditado no **primeiro decêndio do mês de dezembro** de cada ano.

Em 2014, dessa vez formalmente invocando "os efeitos negativos que a crise econômico-financeira mundial tem provocado nas finanças da grande maioria dos municípios brasileiros" (Exposição de Motivos da PEC 39/2013), o Congresso Nacional editou a Emenda à Constituição 84/2014, acrescendo ao Fundo de Participação dos Municípios mais **1%** do somatório da arrecadação de IPI e IR. Dessa feita, os recursos devem ser creditados no **primeiro decêndio do mês de julho** (CF, art. 159, I, *e*).

No final de 2021, a Emenda à Constituição 112/2021 promoveu o acréscimo de mais **1%** ao FPM, a ser creditado no **primeiro decêndio de setembro**. O motivo alegado foi a necessidade de compensar a drástica queda dos repasses do FPM nos meses de junho a outubro, provocada pela diminuição da arrecadação líquida do imposto de renda decorrente do pagamento das restituições oriundas do processamento, pela Receita Federal, das declarações entregues pelas pessoas físicas.

No que concerne ao fundo previsto na alínea *c*, percebe-se que o legislador constituinte originário, imbuído do objetivo de reduzir as desigualdades sociais e regionais (CF, art. 3.º, III), resolveu privilegiar as regiões menos desenvolvidas do país vinculando-lhes recursos específicos.

Apesar de se definir que fica assegurada ao semiárido do Nordeste a metade dos recursos destinados à Região, na forma que a lei estabelecer, não foram estipulados quais percentuais serão destinados a cada região (NO, NE e CO), pois a definição constitucional enrijeceria a matéria, de forma a impossibilitar sua posterior alteração.

A título de exemplo, imagine-se que o Nordeste passe por um longo ciclo de crescimento econômico, com melhora acentuada do índice de desenvolvimento humano. Admita-se também que a prosperidade nordestina não foi compartilhada pelas regiões Norte e Centro-Oeste. Seria razoável readequar as parcelas do fundo, diminuindo a quota nordestina e aumentando a das demais regiões.

Se o percentual da quota estivesse estipulado em sede constitucional, a mudança necessitaria de aprovação por 3/5 dos membros da Câmara dos Deputados e do Senado Federal. No Senado, com 81 membros, seriam necessários, no mínimo, 49 votos. Como o Nordeste possui 27 Senadores (9 Estados, cada qual com três representantes), a aprovação da Emenda provavelmente dependeria da conquista de 49 votos dentre 54 disponíveis (81 - 27) o que, reconheça-se, é algo muito difícil.

Por conta disso, estipulou-se que cabe à lei complementar (cuja aprovação e alteração depende "apenas" de maioria absoluta) estabelecer normas sobre a entrega dos recursos de que trata o art. 159, especialmente sobre os critérios de rateio dos fundos previstos em seu inciso I, objetivando promover o equilíbrio socioeconômico entre Estados e entre Municípios.

O raciocínio aqui esposado vale para a estipulação de critérios de repartição do FPM entre os Municípios, de repartição do FPE entre os Estados e o Distrito Federal, e do Fundo de Incentivo ao Setor Produtivo das Regiões menos desenvolvidas do País.

Foi dada ao legislador complementar uma liberdade vigiada. Apesar da discricionariedade na estipulação dos critérios, é necessária atenção ao objetivo definido de forma vinculante na Constituição Federal, qual seja **promover o equilíbrio socioeconômico entre Estados e entre Municípios**.

O legislador infraconstitucional, norteado pelo objetivo de reduzir desigualdades sociais e regionais, privilegiou as regiões já beneficiárias do Fundo de Incentivo ao Setor Produtivo (N, NE e CO), ao estipular inicialmente que, dos recursos do Fundo de Participação dos Estados – FPE, 85% seriam destinados às Unidades da Federação integrantes das regiões Norte, Nordeste e Centro-Oeste e 15% às das regiões Sul e Sudeste.

Os coeficientes utilizados para rateio do FPE e do FPM foram definidos em anexos da Lei Complementar 62/1989, que também estabeleceu que integram a base de cálculo das transferências, além do montante do IR e do IPI (atualmente acrescidos da arrecadação do IS, em face da EC 132/2023) – inclusive os extintos por compensação ou dação –, os respectivos adicionais, juros e multas moratórias, cobrados administrativa ou judicialmente, com a correspondente atualização monetária paga.

Em 2010, o Supremo Tribunal Federal inseriu uma grande novidade no contexto da regra ora estudada. O Tribunal entendeu que, passados 20 anos da edição da Lei Complementar 62/1989, as regras de rateio do FPE nela estabelecidas não mais atendiam ao objetivo de promover o equilíbrio socioeconômico entre os entes federados.

Além disso, os índices de repartição não foram originariamente definidos mediante a análise de dados e informações que efetivamente retratassem a realidade socioeconômica dos Estados brasileiros à época, mas por convênio formalizado no âmbito do CONFAZ. Para completar, a previsão era de que tais índices fossem aplicáveis apenas aos exercícios de 1990 e 1991. Nas palavras do Tribunal, "violaria o bom senso imaginar que lei editada em 1989, com base apenas em médias históricas apuradas à época, pudesse ainda retratar a realidade socioeconômica dos entes estaduais". Reputou-se, por conseguinte, que a manutenção de coeficientes de distribuição que não mais encontrariam amparo na realidade socioeconômica dos entes federados produziria severas distorções no modelo inicialmente delineado pela CF/1988, com repercussões gravosas à economia dos Estados. Entendeu-se, também, **haver omissão parcial no dever de cumprir o mandamento constitucional no ponto em que a norma, apesar de dispor que 85% dos recursos seriam destinados às regiões Norte, Nordeste e Centro-Oeste, não estabelecia os critérios de rateio exigidos constitucionalmente, apenas definindo, diretamente, os coeficientes de participação dos Estados e do Distrito Federal**.

No entanto, percebendo que a declaração de inconstitucionalidade com pronúncia de nulidade da norma inviabilizaria a transferência dos recursos, gerando graves danos às economias estaduais, o STF modulou os efeitos da decisão, **mantendo a aplicação da norma até 31.12.2012**, prazo concedido ao legislador complementar para elaborar a norma em cumprimento à determinação constitucional (ADI 875/DF, ADI 1.987/DF, ADI 2.727/DF e ADI 3.243/DF).

O prazo foi descumprido, mas, em 18 de julho de 2013, foi publicada a Lei Complementar 143, alterando, dentre outras normas, o art. 2.º da Lei Complementar 62/1989, que passou a prever que os coeficientes individuais de participação dos Estados e do Distrito Federal no FPE a serem aplicados até 31 de dezembro de 2015 seriam os constantes de anexo da própria Lei Complementar.

Para os anos subsequentes, a nova regra previu o repasse de duas parcelas, calculadas da seguinte forma:

a) a primeira, composta pela soma dos valores repassados até o final de 2015 corrigidos de acordo com a variação acumulada do Índice Nacional de Preços ao Consumidor Amplo (IPCA) e 75% da variação real do Produto Interno Bruto nacional do ano anterior ao considerado para base de cálculo;

b) a segunda, composta pelo montante que exceder o valor distribuído da forma do item anterior, dividido proporcionalmente a coeficientes individuais de participação obtidos a partir da combinação de fatores representativos da **população** e do **inverso da renda domiciliar per capita** da entidade beneficiária, observados os ajustes previstos na própria LC 143/2013.

A segunda regra acima exposta tem o grande mérito de impedir que o critério de rateio estabelecido venha a perder conexão com a realidade dos entes federados ou com o objetivo constitucionalmente traçado de reduzir o desequilíbrio socioeconômico entre eles existente.

Nessa linha, de forma semelhante àquela utilizada para fixar os coeficientes válidos de outubro de 2013 a dezembro de 2015[1], quanto menor a renda domiciliar per capita e maior a população (com mesmo peso para os dois fatores), maior será o repasse efetuado.

De qualquer forma, a realização dos cálculos dos valores a serem repassados, seguindo os parâmetros legais, é da competência do Tribunal de Contas da União, conforme determinado pelo parágrafo único do art. 161 da CF.

Ressalte-se que o TCU calcula o repasse para o DF, para cada Estado e para cada Município, e não o montante do IPI, do IS e do IR que a União deve entregar ao fundo.

No concurso para Procurador do Ministério Público junto ao Tribunal de Contas da União, o CEBRASPE confundiu os conceitos ao considerar inicialmente correta a seguinte assertiva: "Incumbe ao TCU efetuar o cálculo das quotas dos tributos federais a serem repassadas ao fundo de participação dos municípios e ao fundo de participação dos estados e do Distrito Federal".

Após os recursos, o gabarito foi alterado (para ERRADO), tendo o CEBRASPE dado a seguinte justificativa: "Gabarito alterado visto que a própria Constituição da República, em seu art. 159, fixa as quotas dos tributos federais que deverão ser repassadas a cada um dos fundos de participação. A competência do TCU é relativa ao cálculo das quotas de participação de cada estado e (ou) município nesses fundos".

17.7.2 O fundo de compensação à desoneração das exportações

A Constituição, no art. 155, § 2.º, X, *a*, com a redação dada pela EC 42/2003, determina a não incidência (imunidade) do ICMS sobre as exportações de mercadorias e serviços; de maneira semelhante, no art. 156,-A § 1º, III, imuniza ao IBS as exportações de bens e serviços.

A regra é mais uma das que compõem o esforço de exportação do Estado brasileiro, mas traz um prejuízo para os Estados e o Distrito Federal, pois, para estes, seria melhor que a circulação de mercadorias tivesse por destinatário alguém domiciliado no País, visto que, nesse caso, haveria a incidência do ICMS e do IBS, com o consequente carreamento de recursos aos cofres públicos estaduais e distritais.

Para compensar os Estados pelo prejuízo, a Constituição Federal de 1988 criou um fundo de compensação composto por **10% da arrecadação nacional do IPI**. Com o advento da EC 132/2023 e a restrição ao alcance do IPI, foi acrescido ao fundo **10% da arrecadação nacional do imposto seletivo**.

---

[1] O art. 7.º da LC 143/2013 previu vigência na data da publicação e produção de efeitos financeiros no primeiro mês que se iniciasse após 60 dias da publicação, verificada em 14.07.2013.

Os recursos do fundo serão repartidos entre os Estados e o Distrito Federal, **proporcionalmente ao valor das respectivas exportações de produtos industrializados** (CF, art. 159, II). Da parcela recebida, cada Estado repassará aos Municípios situados em seu território uma parcela de 25%. Tal repasse funda-se no fato de os Municípios, por serem destinatários de 25% do IBS e 25% do ICMS arrecadados pelo Estado em que localizados, perderem exatamente tal percentual sobre a receita que o Estado deixa de auferir em virtude da imunização das exportações. Assim, nada mais justo que terem o direito de receber os mesmos 25% do que o Estado recebe a título de compensação por tal desoneração.

A quota dos Municípios deverá ser calculada de forma variável, de acordo com o tributo objeto da repartição (CF, art. 159, § 3º). A divisão da parcela oriunda do **IS** seguirá os **mesmos critérios que orientam a repartição direta do IBS** – 80% com base na população, 10% lastreados em indicadores de melhoria educacional, 5% com fundamento em indicadores ambientais e 5% distribuídos igualmente –, em compensação aos Municípios.

No caso do **IPI**, o cálculo levará em conta os **mesmos critérios de repartição do ICMS**: 65% proporcionalmente às operações em seu território e 35% conforme lei estadual, observado o mínimo de 10% com base em melhorias na qualidade do ensino.

Para evitar que a compensação se configurasse num instrumento de agravamento das desigualdades regionais (quem mais exporta são os Estados mais desenvolvidos), ficou estabelecido que a nenhuma unidade federada poderá ser destinada parcela superior a 20% do montante que compõe o fundo, devendo o eventual excedente ser distribuído entre os demais participantes, mantido, em relação a esses, o critério de partilha nele estabelecido.

Assim, se um Estado for responsável por mais de 20% das exportações de produtos industrializados do País, este Estado receberá tão somente 20% do montante do fundo, sendo o excedente redistribuído entre os demais Estados e o Distrito Federal, seguindo o mesmo critério.

À semelhança do que ocorre com os fundos de participação, as normas infraconstitucionais relativas ao fundo de compensação à desoneração das exportações previstas na Lei Complementar 61/1989 permanecem vigentes e serão aplicadas à repartição do imposto seletivo até que sobrevenha nova lei complementar regulamentando a matéria, conforme o art. 6º, III, da EC 132/2023.

As hipóteses de repartição direta e indireta de receita tributária podem ser visualizadas por meio do seguinte quadro esquemático:

União	Estados e DF	Municípios
IRRF (arts. 157, I, e 158, I)	100%	100%
IOF sobre Ouro (art. 153, § 5º)	30%	70%
Impostos da competência residual (art. 157, II)	20%	
CIDE-combustíveis (art. 157, II)	29%	25%
ITR (art. 158, II)	Se fiscalizado e cobrado pela União	50%
	Se fiscalizado e cobrado pelo Município	100%
IPI + IS (art. 159, II)	10%	25%
	IPVA (art. 158, III)	50%
	ICMS (art. 158, IV, a) **IBS** (art. 158, IV, b)	25%
IR (Excluída a transferência do IRRF prevista nos arts. 157, I, e 158, I) **+ IPI + IS** (art. 159, I)	21,5% – FPE	22,5% – FPM 1% – FPM (creditado no primeiro decêndio de julho) 1% – FPM (creditado no primeiro decêndio de dezembro 1% – FPM (creditado no primeiro decêndio de setembro

3% para as Regiões Norte, Nordeste e Centro-Oeste

17.8 GARANTIAS DE REPASSE

Conforme analisado, as regras sobre repartição da receita tributária têm como objetivo assegurar a autonomia financeira indispensável para a autonomia política dos entes que compõem a federação brasileira.

A eficácia do mecanismo estaria seriamente comprometida se fosse possível ao ente responsável pelo repasse condicioná-lo ou restringi-lo, pois, em tal situação, abrir-se-ia espaço para a imposição arbitrária da vontade do ente responsável pelo repasse, em flagrante contradição com o princípio federativo.

Na esteira desse raciocínio, a Constituição Federal estipulou, no seu art. 160:

"Art. 160. É vedada a retenção ou qualquer restrição à entrega e ao emprego dos recursos atribuídos, nesta seção, aos Estados, ao Distrito Federal e aos Municípios, neles compreendidos adicionais e acréscimos relativos a impostos.

§ 1º. A vedação prevista neste artigo não impede a União e os Estados de condicionarem a entrega de recursos:

I – ao pagamento de seus créditos, inclusive de suas autarquias;

II – ao cumprimento do disposto no art. 198, § 2.º, incisos II e III".

§ 2º Os contratos, os acordos, os ajustes, os convênios, os parcelamentos ou as renegociações de débitos de qualquer espécie, inclusive tributários, firmados pela União com os entes federativos conterão cláusulas para autorizar a dedução dos valores devidos dos montantes a serem repassados relacionados às respectivas cotas nos Fundos de Participação ou aos precatórios federais.

O inciso II acima transcrito permite que se condicione a entrega ao cumprimento dos percentuais mínimos de aplicação de recursos em ações e serviços públicos de saúde.

Quanto a este ponto, é fundamental destacar que **não** é permitido o condicionamento ao cumprimento do percentual mínimo de despesas com **educação**. O dispositivo citado autoriza a providência quando não se atingiu o mínimo em gastos com **saúde**. Como a possibilidade traz uma exceção à regra protetiva do pacto federativo, não é possível interpretação extensiva ou aplicação de analogia.

17.9 O DEVER DE REPASSE E AS RENÚNCIAS FISCAIS

Como regra, do poder de tributar decorre o poder de conceder benefícios fiscais. É verdade que, no tocante ao ICMS e ao ISS, tal possibilidade é restringida pela própria Constituição e sujeita à regulamentação nacional (CF, arts. 155, § 2º, XII, *g*, e 156, § 3º, III). Já no que concerne ao IBS, o poder de concessão de benefícios fiscais simplesmente não existe, tendo em vista a vedação constante do art. 156-A, § 1º, X, da Magna Carta.

Não obstante, cumpridas as restrições aplicáveis, a concessão de benefícios fiscais com a consequente renúncia de receitas é plenamente factível e bastante comum.

O que tem gerado controvérsias, é que no caso de tributo cuja receita é constitucionalmente repartida com outro ente federado, **a renúncia acaba por frustrar também a arrecadação deste**, o que, no caso dos municípios menores - em regra exageradamente dependente de repasses – traduz-se num problema de difícil equalização.

Os maiores exemplos se verificam quando a União concede benefícios fiscais do Imposto de Renda e principalmente do Imposto sobre Produtos

Industrializados, o que automaticamente provoca redução nos fundos de participação de Estados, Municípios e de incentivo aos setores produtivos das regiões norte, nordeste e centro-oeste.

Os prejudicados, principalmente os municípios, levantaram a tese de que a União Federal estaria a "fazer favores com chapéu alheio", pois, conforme explicado acima, parte do valor da desoneração tributária desfrutada pelos contribuintes equivalia à diminuição dos montantes creditados ao fundo de participação dos entes menores.

Ao enfrentar a matéria, o Supremo Tribunal Federal relembrou corretamente que **as regras de repartição de receita tributária não alteram a competência tributária estabelecida pela Constituição Federal**. Assim, sendo o IR e o IPI impostos federais, compete à União tanto a instituição quanto a regulação dos diversos aspectos do tributo, sendo-lhe possível, inclusive, a concessão de benefícios fiscais. O raciocínio é bastante lógico, sendo fundamental recordar que a Constituição Federal, ao estabelecer as bases de cálculo dos repasses a serem realizados a título de repartição de receitas (arts. 157, 158 e 159), normalmente utiliza a expressão "produto da arrecadação", o que afasta qualquer interpretação que inclua valores que não sejam efetivamente arrecadados. O entendimento foi sintetizado na seguinte tese de repercussão geral:

> "É constitucional a concessão regular de incentivos, benefícios e isenções fiscais relativos ao Imposto de Renda e Imposto sobre Produtos Industrializados por parte da União em relação ao Fundo de Participação de Municípios e respectivas quotas devidas às Municipalidades" (STF, Pleno, RE 705.423/SE, Rel. Min. Edson Fachin, j. 23/11/2016, DJe 02/02/2018).

A tese encampada pela Suprema Corte deve ser aplicada não só aos repasses indiretos, mas a todos os casos de repartição de receita tributária, de forma que não há direito do ente beneficiário do repasse ao cálculo sobre os montantes **potencialmente arrecadáveis,** como se não houvesse a renúncia fiscal, mas sim sobre aqueles **efetivamente arrecadados** diante da legislação tributária legitimamente editada pelo ente obrigado ao repasse.

Frise-se, porém, que se o benefício fiscal consistir no simples diferimento do pagamento do tributo – ou seja, não houver, por parte do ente tributante, renúncia de receita, mas apenas o seu recebimento em um momento posterior –, será devido o repasse constitucional da quota parte do outro ente federado. Assim decidiu o STF no julgamento do RE 1.288.634/GO, afirmando que:

> "Os programas de diferimento ou postergação de pagamento de ICMS – a exemplo do FOMENTAR e do PRODUZIR, do Estado de Goiás – não violam o sistema constitucional de repartição de receitas tributárias previsto no art.

158, IV, da Constituição Federal, desde que seja preservado o repasse da parcela pertencente aos Municípios quando do efetivo ingresso do tributo nos cofres públicos estaduais" (STF, Pleno, RE 1.288.634/GO, Rel. Gilmar Mendes, j. 17/12/2022, DJe 08/02/2023).

Para acessar as questões referentes a esse capítulo, utilize o QR Code ao lado.

18

O SIMPLES NACIONAL

18.1 CONSIDERAÇÕES INICIAIS

O princípio da isonomia tributária impõe a desigualdade de tratamento entre os sujeitos passivos que estejam em situação desigual, na medida das desigualdades entre eles havidas.

No que concerne às empresas, a diferença de capacidade contributiva entre, de um lado, as microempresas e empresas de pequeno porte e, de outro, as médias e grandes empresas já justificaria o tratamento diferenciado. Quando se analisa o fato de o primeiro grupo ser responsável pela geração da maioria dos empregos no País e necessitar da proteção do Estado para que consiga concorrer numa economia de mercado, reforça-se a conclusão de que foi acertada a decisão do legislador constituinte, ao incluir no art. 179 da Constituição Federal a regra abaixo transcrita:

> "Art. 179. A União, os Estados, o Distrito Federal e os Municípios dispensarão às microempresas e às empresas de pequeno porte, assim definidas em lei, tratamento jurídico diferenciado, visando a incentivá-las pela simplificação de suas obrigações administrativas, tributárias, previdenciárias e creditícias, ou pela eliminação ou redução destas por meio de lei".

O STF entendia que o mandamento constitucional estava sendo cumprido em virtude da recepção da Lei 7.256/1984, que estabelecia "normas integrantes do Estatuto da Microempresa, relativas ao tratamento diferenciado, simplificado e favorecido, nos campos administrativo, tributário, previdenciário, trabalhista, creditício e de desenvolvimento empresarial" (STF, Pleno, MI 73/DF, Rel. Min. Moreira Alves, j. 07.10.1994, *DJ* 19.12.1994, p. 35.177).

A Lei 8.864/1994, editada em momento posterior, apesar de regulamentar o mandamento constitucional, não trouxe qualquer avanço no tocante aos benefícios fiscais estabelecidos na legislação anterior. Registre-se que, com o advento da Lei 9.841/1999 (Estatuto da Microempresa e da Empresa de Pequeno Porte), restaram expressamente revogadas as Leis 7.256/1984 e 8.864/1994.

Na esfera federal, o tratamento diferenciado previsto no texto constitucional tornou-se mais efetivo com o advento da Lei 9.317/1996, sede normativa do Simples – Sistema Integrado de Pagamento de Impostos e Contribuições das Microempresas e Empresas de Pequeno Porte.

No âmbito dos Estados e Municípios, vários sistemas simplificados foram instituídos, de forma a trazer uma indesejável falta de uniformidade de tratamento entre empresas de idêntica capacidade contributiva situadas em pontos distintos do território nacional.

Visando a solucionar o problema, a Emenda Constitucional 42/2003 incluiu uma alínea *d* no inciso III do art. 146 da Constituição Federal, prevendo que caberia à lei complementar nacional estabelecer normas gerais sobre definição de tratamento diferenciado e favorecido para as microempresas e para as empresas de pequeno porte, inclusive regimes especiais ou simplificados no caso do ICMS, das contribuições previdenciárias a cargo do empregador, da empresa e da entidade a ela equiparada na forma da lei, da contribuição para o PIS/Pasep, da contribuição sobre bens e serviços (CBS) e do imposto sobre bens e serviços (IBS).

Também foi inserido no art. 146 da Constituição parágrafo único autorizando à lei complementar que veiculasse as normas gerais acima referidas instituir um **regime único** de arrecadação dos impostos e contribuições da União, dos Estados, do Distrito Federal e dos Municípios.

Nos termos constitucionais, o logo denominado "Supersimples" pelos profissionais da área, deveria obedecer às seguintes características (CF, art. 146, § 1º):

a) adesão opcional para o contribuinte;
b) possibilidade de estabelecimento de condições de enquadramento diferenciadas por Estado;
c) recolhimento unificado e centralizado, com imediata distribuição da parcela de recursos pertencentes aos respectivos entes federados, sendo vedada qualquer retenção ou condicionamento;
d) possibilidade de compartilhamento entre os entes federados do sistema de arrecadação, fiscalização e cobrança, com adoção de cadastro nacional único de contribuintes.

Também em sintonia com o objetivo de uniformizar nacionalmente o cumprimento do art. 179 da Constituição Federal, a EC 42/2003 incluiu o art. 94 no Ato das Disposições Constitucionais Transitórias, prevendo a cessação dos diversos regimes especiais de tributação para microempresas e empresas de pequeno porte, a partir da **entrada em vigor** do regime previsto no art. 146, III, *d*, da Constituição.

Com fundamento na autorização constitucional, foi editada a Lei Complementar 123/2006, instituindo, conforme afirma seu primeiro artigo, "normas gerais relativas ao tratamento diferenciado e favorecido a ser dispensado às microempresas e empresas de pequeno porte no âmbito dos Poderes da União, dos Estados, do Distrito Federal e dos Municípios".

O sistema previsto na Lei 9.317/1996 ("Simples Federal") e os regimes estaduais, distrital e municipais de tributação para microempresas e empresas de pequeno porte adotados nos Estados, no Distrito Federal e Municípios foram revogados a partir de **1.º de julho de 2007**, data em que entrou em vigor o Simples Nacional e, conforme preveem os arts. 94 do ADCT, 88 e 89 da LC 123/2006, revogaram-se os demais sistemas.

Registre-se que o tratamento favorecido previsto pelo legislador constituinte para as microempresas e empresas de pequeno porte **não garante que a elas serão automaticamente estendidas quaisquer normas tributárias que venham a beneficiar os contribuintes enquadrados nas demais sistemáticas de tributação**. Não há direito a um regime jurídico híbrido, que seria aquele composto pelas regras do Simples Nacional com derrogações pontuais realizadas por normas mais vantajosas, mas que tenham sido destinadas a outras categorias de contribuintes, principalmente nos casos em que da norma concessiva conste expressa previsão de inaplicabilidade aos optantes do Simples Nacional.

Foi inspirada nesse raciocínio que a Suprema Corte se debruçou sobre a previsão de alíquota zero para o PIS/PASEP e a COFINS incidentes sobre a receita de determinados produtos alienados por contribuintes não enquadrados como industriais ou importadores, nos termos do art. 2º da Lei nº 10.147/2000. O parágrafo único do dispositivo estabeleceu que a previsão não seria aplicável aos optantes do Simples Nacional, o que levou alguns deles a alegarem uma agressão à isonomia em detrimento justamente daqueles que o legislador constituinte quis ver favorecidos.

Analisando a matéria, o Supremo percebeu que **a aferição do tratamento mais vantajoso dado ao optante do Simples Nacional deve ser realizada levando em consideração a tributação como um todo**. Não se pode dizer que a mera existência de um ou outro tributo incluído na sistemática para o qual o optante se sujeite ao recolhimento sob uma alíquota maior do que aqueles que recolhem cada tributo em separado signifique que optante foi prejudicado. Nas palavras do Ministro Relator Marco Aurélio, "tratamento menos vantajoso não deixa de ser vantajoso", o que pode ser verificado pela carga tributária total a que cada uma das categorias (optantes e não optantes) resta submetida.

O entendimento foi consolidado em tese firmada nos seguintes termos: "é constitucional a restrição, imposta a empresa optante pelo Simples Nacional, ao benefício fiscal de alíquota zero previsto no parágrafo único do artigo 2º da Lei nº 10.147/2000, tendo em conta o regime próprio ao qual submetida" (STF, Pleno, RE 1.199.021/SC, Rel. Min. Marco Aurélio, j. 08/09/2020, DJe 23/10/2020).

Feitas estas considerações iniciais, passa-se à análise da sistemática do Simples Nacional.

18.2 CONCEITO

Ao contrário do que afirmam os mais apressados, o Simples Nacional não é um sistema de imposto único nem uma etapa de migração para tal sistema. Trata-se, conforme analisado, de um regime de tratamento diferenciado e favorecido a ser dispensado às microempresas e empresas de pequeno porte no âmbito da União, dos Estados, do Distrito Federal e dos Municípios.

No que concerne aos aspectos tributários da sistemática, a diferenciação de tratamento decorre fundamentalmente da apuração e recolhimento da maioria dos impostos e contribuições da União, do ICMS estadual e distrital e do ISS municipal e distrital, mediante **regime único e compartilhado de arrecadação, cobrança e fiscalização, assim como de obrigações acessórias.**

Por conseguinte, em vez de recolher diversos impostos e contribuições, as empresas optantes pela sistemática realizam mensalmente um único pagamento, calculado mediante a aplicação de um percentual progressivo sobre sua receita bruta e, do resultado, abatendo-se a denominada "parcela a deduzir", conforme detalhado adiante.

Como o tratamento é favorecido, o que se espera é que o valor recolhido de maneira centralizada seja menor que a soma dos valores que seriam pagos no caso de não adoção da sistemática. Contudo, em algumas hipóteses, os sujeitos passivos que possuam uma folha de pagamento baixa, quando comparada com a respectiva receita bruta, poderão sofrer prejuízos caso optem pelo Simples Nacional. Portanto, o ideal para as microempresas e empresas de pequeno porte é fazer os cálculos de maneira detalhada para não formularem opções que gerem uma tributação mais onerosa que a convencional.

De qualquer forma, ressalvadas situações bastante específicas, é possível definir o Simples Nacional como um **regime jurídico simplificado e favorecido, tendente a reduzir a burocracia e a carga tributária a que estão submetidas as microempresas e empresas de pequeno porte do País**.

18.3 PRINCÍPIOS EXPRESSOS

Com o advento da LC nº 214/2025, foi acrescentado ao art. 12 da LC nº 123/2006 um § 2º, estabelecendo que "o Simples Nacional deve observar os princípios da simplicidade, da transparência, da justiça tributária, da cooperação e integração das administrações tributárias da União, dos Estados, do Distrito Federal e dos Municípios e da defesa do meio ambiente".

Os princípios mencionados já eram considerados implícitos na sistemática do Simples Nacional. A decisão de explicitá-los decorreu do contexto da Reforma Tributária introduzida pela Emenda Constitucional nº 132/2023, que estabelecera, no art. 145, § 3º, da Constituição, que o Sistema Tributário Nacional "deve observar os princípios da simplicidade, da transparência, da justiça tributária, da cooperação e da defesa do meio ambiente".

Além disso, a Reforma trouxe uma inovação importante ao prever o compartilhamento de competência tributária entre Estados, Municípios e Distrito Federal em relação ao Imposto sobre Bens e Serviços (IBS). Antes, a competência tributária estava associada ao poder de cada ente federado instituir, por lei própria, o tributo autorizado pela Constituição e, consequentemente, administrá-lo, o que inclui as atividades de fiscalização e cobrança.

Em virtude do modelo adotado para o IBS, a lei instituidora do tributo foi editada pela União – e não pelos titulares da competência –, ao passo que sua administração será compartilhada entre os entes subnacionais, no âmbito do Comitê Gestor do imposto. Embora seja um modelo inédito no que tange à definição de competência tributária, sua operacionalização é similar ao mecanismo consolidado no Simples Nacional.

O Simples Nacional, mesmo não se configurando como um tributo de competência compartilhada, estabelece um sistema de recolhimento unificado de diversos tributos, regulado por legislação nacional (LC nº 123/2006). Por envolver tributos de diferentes esferas governamentais, demanda a coordenação entre distintos entes federados para a sua administração.

Assim, a necessidade de "cooperação e integração das administrações tributárias da União, dos Estados, do Distrito Federal e dos Municípios" - que tem sido encarada como grande novidade pelos analistas da Reforma Tributária - não é algo tão novo assim, pois já encontra um modelo relativamente maduro, que é o do Simples Nacional.

Não é surpreendente, portanto, que várias soluções adotadas pelo legislador constituinte (com a EC nº 132/2023) e pelo legislador complementar (com a LC nº 214/2025) tenham se inspirado em práticas e instituições do Simples Nacional. Exemplos disso são a criação do Comitê Gestor do IBS - denominação claramente inspirada no Comitê Gestor do Simples Nacional (CGSN) - e as regras propostas para a fiscalização conjunta do imposto, que guardam semelhanças com normas de fiscalização compartilhada aplicáveis ao Simples Nacional.

Foi nesse contexto que, numa demonstração de reciprocidade de influência legislativa, a LC nº 214/2025 incluiu expressamente no § 2º do art. 12 da LC nº 123/2006 o **princípio da cooperação e integração das administrações tributárias** dos diversos entes federados. Na mesma direção, no parágrafo subsequente do mesmo artigo, foi incluída a previsão segundo a qual "a União, os Estados, o Distrito Federal e os Municípios **exercerão a administração tributária do Simples Nacional de forma integrada**, nos termos e limites estabelecidos pela Constituição Federal e pela própria LC 123/2006.

Além disso, o mencionado § 2º do art. 12 da LC 123/2006 também incorporou outros importantes princípios que nortearam a Reforma Tributária.

O primeiro deles foi o **princípio da simplicidade**, já passível de extração da própria denominação "Simples Nacional". Conforme afirmado anteriormente, um dos objetivos centrais do Simples Nacional é o de diminuir a complexidade do sistema tributário para microempresas e empresas de pequeno porte. Com o recolhimento unificado de diversos tributos, os optantes, em vez de dominar a legislação de cada tributo incluído na sistemática, realizam um único pagamento, cujo montante é calculado de forma progressiva sobre sua receita bruta. Isso reduz significativamente o custo de conformidade, facilitando a vida do contribuinte.

O segundo princípio mencionado na norma é o da **transparência**. O princípio já constava do texto originário da Constituição, no seu art. 150, § 5º, nos seguintes termos: "a lei determinará medidas para que os consumidores sejam esclarecidos acerca dos impostos que incidam sobre mercadorias e serviços". Apesar de o texto, literalmente, somente se referir a impostos, sempre se entendeu que sua aplicação deve ser estendida a todas as espécies tributárias.

Com a edição da EC nº 132/2023 e a elevação da transparência ao *status* de princípio a ser observado por todo o Sistema Tributário Nacional, sua ampla aplicabilidade torna-se ainda mais evidente, eliminando qualquer possibilidade de que os tributos incluídos no Simples Nacional possam ser considerados exceções.

O direito de o contribuinte (de fato ou de direito) conhecer a carga tributária a que está sujeito deve, portanto, ser considerado um direito fundamental. Esse direito contribui para a concretização da cidadania e da soberania popular, uma vez que o conhecimento da carga tributária incidente sobre suas aquisições permite ao cidadão exigir um nível mais elevado de responsabilidade na aplicação dos recursos provenientes dos tributos pagos.

Em terceiro lugar, o **princípio da justiça tributária**, intrinsecamente ligado ao princípio da isonomia, está no âmago da existência do Simples Nacional, sistemática que reduz a carga tributária e a burocracia que pesam sobre as microempresas e empresas de pequeno porte, agentes econômicos com capacidade contributiva presumivelmente reduzida.

Por fim, **o princípio da defesa do meio ambiente**, que influenciou significativamente as diretrizes do texto final da Reforma Tributária, também deverá orientar e inspirar a elaboração e aplicação das regras do Simples Nacional. A incorporação do princípio ao texto da LC nº 123/2006 aparece num cenário em que a preservação ambiental vem ganhando destaque crescente em toda a agenda legislativa, refletindo uma preocupação global, que agora passa a permear também a regulamentação e administração do Simples Nacional.

18.4 DEFINIÇÃO DE MICROEMPRESA – ME OU EMPRESA DE PEQUENO PORTE – EPP

Conforme previsto no art. 3.º da LC 123/2006, consideram-se microempresas ou empresas de pequeno porte a sociedade empresária, a sociedade simples, a empresa individual de responsabilidade limitada e o empresário a que se refere o art. 966 do Código Civil, devidamente registrados no Registro de Empresas Mercantis ou no Registro Civil de Pessoas Jurídicas, conforme o caso, desde que:

> I – no caso da microempresa, aufira, em cada ano-calendário, receita bruta igual ou inferior a R$ 360.000,00; e
>
> II – no caso da empresa de pequeno porte, aufira, em cada ano-calendário, receita bruta superior a R$ 360.000,00 e igual ou inferior a R$ 4.800.000,00.

Seguindo os estritos termos legais, considera-se "**receita bruta**" o produto da venda de bens e serviços nas operações de conta própria, o preço dos serviços prestados, o resultado nas operações em conta alheia e as demais receitas da atividade ou objeto principal das microempresas ou das empresas de pequeno porte, não incluídas as vendas canceladas e os descontos incondicionais concedidos.

As operações "**de conta própria**" são aquelas realizadas com **bens e serviços da própria empresa**, como ocorre quando ela vende mercadorias do seu estoque. Já as operações "**de conta alheia**" utilizam bens e serviços de terceiros, que ficam à disposição da empresa em virtude de um contrato (consignação mercantil, representação comercial etc.). É o que acontece, por exemplo, com as agências de turismo ao realizar intermediação remunerada de reservas de acomodações em hotéis. Os meios de hospedagens não pertencem à agência, de modo que as comissões recebidas são consideradas resultado de operações em conta alheia e integram a receita bruta da entidade.

O conceito possui grande amplitude, o que é reforçado pela previsão do § 19 do art. 3º, incluído pela LC 214/2025, no sentido de que para os efeitos da LC 123/2026, todas a receitas brutas devem ser consideradas, ainda que em inscrições cadastrais distintas ou na qualidade de contribuinte individual, em um mesmo ano-calendário.

De qualquer modo, o mais relevante no ponto ora estudado é perceber que o primeiro requisito para que o contribuinte se enquadre no conceito de microempresa ou de empresa de pequeno porte e goze do regime jurídico diferenciado do Simples Nacional é obedecer ao respectivo limite de receita bruta anual, segundo o amplo conceito legalmente estabelecido.

Obviamente quando uma empresa optante pela sistemática inicia suas atividades, **os limites de receita bruta serão necessariamente proporcionalizados à quantidade de meses (incluídas as frações) de atividade durante o ano** inaugural.

Assim, considerando o limite máximo de receita bruta anual aplicável às empresas de pequeno porte (R$ 4.800.000,00), se a optante iniciar suas atividades em setembro de 2017 e, no mesmo ano-calendário, quiser se enquadrar na sistemática na condição de empresa de pequeno porte, não poderá auferir, até o final do referido período, receita bruta superior a R$ 1.600.000,00.

O valor é obtido pela multiplicação de R$ 400.000,00 (valor proporcional a um mês do teto anual de R$ 4.800.000,00 estipulado para as EPP) pela quantidade de meses restantes para o final do exercício (no exemplo, quatro meses). Assim, R$ 400.000,00 *x* 4 = R$ 1.600.000,00.

A empresa de pequeno porte que, no decurso do ano-calendário de início de atividade, ultrapassar o limite de R$ 400.000,00 multiplicados pelo número de meses de funcionamento nesse período estará excluída do Simples Nacional, **com efeitos retroativos ao início das atividades. Somente deixará de haver retroatividade se o excesso não for superior a 20% do limite legalmente estabelecido.**

Assim, se no ano-calendário de início de atividade a empresa obtiver uma receita superior a R$ 400.000,00 multiplicados pelo número de meses de funcionamento nesse período, mas não superior a R$ 480.000,00 multiplicados por este mesmo número de meses (R$ 400.000,00 acrescidos de 20%), a exclusão ocorrerá, mas sem efeitos retroativos. Caso ultrapassado este segundo limite, a retroatividade se impõe.

No caso de retroatividade, a microempresa ou a empresa de pequeno porte desenquadrada ficará sujeita ao pagamento da totalidade ou diferença dos respectivos impostos e contribuições, devidos de conformidade com as **normas gerais de incidência**, acrescidos, tão somente, de juros de mora, quando efetuados de forma espontânea (antes do início de procedimento de ofício). Em qualquer das hipóteses, a exclusão não retira da entidade excluída o direito à opção pelo recolhimento do imposto de renda e da Contribuição Social sobre o Lucro Líquido na forma do lucro presumido ou do lucro real trimestral ou anual.

Não haverá retroatividade, caso o excesso, independentemente de sua magnitude, ocorra em ano posterior ao do início das atividades da empresa de pequeno porte (LC 123/2006, art. 3.º, §§ 9.º e 9.º-A). Nessa situação, o patamar da ultrapassagem será relevante apenas para determinar se o efeito da exclusão ocorrerá já no **mês subsequente ao evento** (excesso superior a 20%) **ou** somente no **ano-calendário seguinte** (excesso de até 20%).

A solução legal é absolutamente justa, pois não seria adequado estabelecer na retroatividade uma verdadeira punição para uma empresa que cresceu e deixou a condição de empresa de pequeno porte, situação por demais desejável numa economia que abraça a lógica capitalista.

Em síntese, as regras descritas podem ser esquematizadas da seguinte forma:

EXCLUSÃO DA EPP POR EXCESSO NO LIMITE DE RECEITA BRUTA			
ANO-CALENDÁRIO DE INÍCIO DAS ATIVIDADES	Limite de receita bruta proporcional ao número de meses de funcionamento	Excesso ≤ 20%	Exclusão a partir do ano-calendário subsequente.
		Excesso > 20%	Exclusão com **efeitos retroativos** ao início das atividades.
ANO-CALENDÁRIO POSTERIOR AO DO INÍCIO DAS ATIVIDADES	Limite de receita bruta anual	Excesso ≤ 20%	Exclusão a partir do ano-calendário subsequente.
		Excesso > 20%	Exclusão a partir do mês subsequente.

Se a microempresa, no ano-calendário, exceder o seu limite específico de receita bruta anual (R$ 360.000,00), passará, no ano-calendário seguinte, à condição de empresa de pequeno porte. Se, ao contrário, a empresa de pequeno porte, no ano-calendário, não ultrapassar o limite de receita bruta anual de microempresas (R$ 360.000,00), passa, no ano-calendário seguinte, à condição de microempresa.

Na hipótese de o Distrito Federal, os Estados e os respectivos Municípios adotarem um dos limites especiais de enquadramento estudados no item 18.4 e a receita bruta auferida pela empresa durante o ano-calendário de início de atividade ultrapassar 1/12 (um doze avos) do limite estabelecido multiplicado pelo número de meses de funcionamento nesse período, a empresa não poderá recolher o ICMS e o ISS na forma do Simples Nacional, relativos ao estabelecimento localizado na unidade da federação que os houver adotado, devendo realizar os recolhimentos em separado de acordo com a legislação do respectivo ente instituidor. Nessa situação, os efeitos serão retroativos, salvo se o excesso verificado em relação à receita bruta não for superior a 20% do respectivo limite, hipótese em que os efeitos ficam adiados para o ano-calendário subsequente.

Por fim, é fundamental registrarmos a existência de um **limite em separado** de receita bruta para as microempresas e empresas de pequeno porte que realizem **exportações de mercadorias ou serviços**, por meio de comercial exportadora ou da sociedade de propósito específico (art. 56 da LC 123/2006).

Em termos mais práticos, as optantes podem ter **dois limites separados de receita bruta**, ambos com idênticos valores. O primeiro é relativo às receitas oriundas de operações realizadas no **mercado interno**, enquanto o segundo se aplica às **exportações de mercadorias**. Tomando por base o limite atualmente admitido para as empresas de pequeno porte, é possível que uma empresa mantenha legitimamente o enquadramento no Simples Nacional mesmo obtendo receitas de até R$ 9,6 milhões, desde que até R$ 4,8 milhões sejam relativos à exportação de mercadorias e serviços e até R$ 4,8 milhões sejam auferidos no mercado interno.

No caso de empresa que atue no mercado interno e no de exportações, a determinação das **alíquotas** e das **bases de cálculo** relativas ao Simples Nacional será feita considerando-se cada receita separadamente. A regra tem o condão de **diminuir a carga tributária a que estão sujeitas as empresas exportadoras optantes do Simples Nacional**, pois se as receitas fossem simplesmente somadas, a progressividade das alíquotas imporia a tributação com um percentual mais gravoso. Ainda dentro do contexto do incentivo às exportações, a parcela da receita bruta delas decorrente ficará desonerada da parte do recolhimento correspondente a ICMS, PIS, COFINS e IPI, tendo em vista a não incidência de tais tributos sobre as operações que destinem ao exterior mercadorias ou serviços. Em tal hipótese, a desoneração é implementada da maneira explanada no item 18.11 deste Capítulo.

18.5 AS CONDIÇÕES DE ENQUADRAMENTO DIFERENCIADO POR ESTADO, DF OU MUNICÍPIO

Baseando-se na autorização constitucional para que o sistema unificado de arrecadação propiciasse condições de enquadramento diferenciadas por Estado, a LC 123/2006 permite que os Estados com menor participação no PIB nacional adotem **sublimite de receita bruta anual para efeito de recolhimento do ICMS na forma do Simples Nacional** nos respectivos territórios.

Sob o ponto de vista dos Estados, a regra é razoável, pois uma empresa que, num Estado economicamente grande, é considerada de pequeno porte, merecendo tratamento favorecido, pode ter maior importância arrecadatória naqueles Estados economicamente menores. Assim, seguindo as regras gerais de enquadramento, é possível imaginar que, nas menores economias da Federação, haveria o risco de parcela exagerada do empresariado estar apta a optar pelo Simples Nacional, resultando numa potencial perda relevante de arrecadação tributária.

Foi nesse contexto que o art. 19 da Lei Complementar 123/2006 deferiu aos Estados cuja participação no Produto Interno Bruto brasileiro seja de até 1% a possibilidade de restringir o recolhimento do ICMS na sistemática unificada aos optantes que tenham receita bruta anual de até R$ 1.800.000,00.

A participação de cada Estado e do DF no Produto Interno Bruto brasileiro é apurada levando em conta o último resultado divulgado pelo Instituto Brasileiro de Geografia e Estatística - IBGE ou outro órgão que o substitua. A título informativo, atualmente, possuem participação no PIB nacional igual ou inferior a 1% dez Estados (RO, AC, RR, AP, TO, PI, RN, PB, AL, SE).

Nesse ponto, é importante destacar que, até o exercício de 2017, o limite máximo para enquadramento no Simples Nacional era de R$ 3.600.000,00. Com o aumento para R$ 4.800.000,00, decorrente da LC 155/2016, mesmo os Estados economicamente mais fortes poderiam sentir os impactos da ampliação do número de potenciais optantes pela sistemática. Por isso, previu-se que a ampliação do limite **somente é aplicável aos tributos federais** incluídos na sistemática, de forma que os **Estados com participação no PIB nacional superior a 1%,** bem como aqueles com **participação inferior a 1%, mas que não fizeram opção pela aplicação do sublimite de R$ 1.800.000,00**, observarão obrigatoriamente o **sublimite de R$ 3.600.000,00.**

O sublimite aplicado ao Estado, quer por disposição legal (R$ 3.600.000,00), quer por exercício de opção, quando cabível (R$ 1.800.000,00), é **automaticamente aplicável para efeito do recolhimento do ISS devido a todos os Municípios situados em seu território** e do ISS devido ao DF, se este puder e houver feito a opção (o que não é o caso, atualmente).

Diante do exposto, é correto afirmar que, nos entes subnacionais, o enquadramento no Simples nacional sempre estará sujeito a um sublimite de receita bruta que, em sendo atingido por determinado contribuinte, tem o efeito de submetê-lo ao regramento normal do **ICMS** e/ou do **ISS**, na respectiva esfera, conforme o caso. Também nessa hipótese, **a alíquota do Simples Nacional será reduzida dos percentuais relativos a esses impostos**, constantes dos Anexos I a V da Lei Complementar 123/2006, conforme o caso.

A título de exemplo, imagine-se que determinado comerciante de mercadorias esteja domiciliado no Acre e tenha receita bruta anual de R$ 2.000.000,00. Por ter ultrapassado o sublimite aplicável aos Estados com participação no PIB nacional inferior a 1%, o hipotético contribuinte recolherá o ICMS acreano segundo a legislação estadual aplicável ao imposto, cuja alíquota mais comum é de 17%. Quanto aos tributos federais incluídos no Simples Nacional, ele deverá observar o "Anexo I" da LC 123/2006 (aplicável ao comércio), que enquadra a receita bruta de R$ 2.000.000,00 na 5ª faixa, de forma a sujeitá-lo a uma alíquota de 14,30%. Segundo a "Tabela de Percentual de Repartição dos Tributos", também constante do "Anexo I", do valor devido apurado, 33,50% equivalem ao ICMS e, portanto, devem ser deduzidos do montante que, não fora o sublimite, seria recolhido na sistemática.

Não se pode afirmar que a alíquota do Simples Nacional aplicável à situação hipotética narrada é obtida simplesmente reduzindo em 33,50% a alíquota nominal de 14,30% (o que resultaria numa alíquota efetiva de 9,51%). O problema é que a sistemática, como será explicado adiante, tem no seu cálculo uma "parcela a deduzir", o que resulta numa diferença entre a **alíquota nominal** (constante da tabela) e a **efetiva**, que pode ser calculada aplicando-se a alíquota nominal sobre a "receita bruta dos 12 meses anteriores", abatendo-se a "parcela a deduzir" (R$ 87.300,00, segundo o Anexo I) e dividindo-se o resultado pela "receita bruta dos 12 meses anteriores" (LC 123/2006, art. 18, § 1º-A, I). No caso hipotético proposto, o cálculo resultaria numa alíquota de 9,93%, que deve ser reduzida dos 33,50% referentes ao ICMS, resultando numa alíquota efetiva de 6,60%.

18.6 VEDAÇÕES À OPÇÃO

A Lei Complementar 123/2006 enumera dois grupos de empresas impedidas de se beneficiarem plenamente da sistemática do Simples Nacional.

Num primeiro momento, a Lei lista as pessoas que **não podem se beneficiar, "para nenhum efeito legal"**, do regime diferenciado e favorecido do Simples Nacional (LC 123/2006, art. 3.º, § 4.º). A regra não é de natureza exclusivamente tributária, pois as pessoas atingidas pelo impedimento legal estão absolutamente excluídas não apenas do regime tributário, mas também de todas as demais regras constantes do novo sistema. Trata-se de uma **vedação plena**.

Digno de nota que uma análise apressada do art. 3.º-B da LC 123/2006 poderia levar à precipitada conclusão de que o caráter da vedação ora analisada não seria absoluto. O dispositivo afirma que "os dispositivos desta Lei Complementar, com exceção do disposto no Capítulo IV, são aplicáveis a todas as microempresas e empresas de pequeno porte, assim definidas pelos incisos I e II do caput e § 4.º do art. 3.º, ainda que não enquadradas no regime tributário do Simples Nacional, por vedação ou por opção". O excetuado "Capítulo IV" dispõe sobre justamente sobre o "Regime Especial Unificado de Arrecadação de Tributos e Contribuições". Se essa interpretação, menos restritiva, estivesse correta, mesmo as microempresas e empresas de pequeno porte que incidissem em qualquer caso de vedação à opção pelo Simples Nacional poderiam gozar dos **benefícios não tributários** previstos na LC 123/2006.

No entanto, ao se referir às microempresas e empresas de pequeno porte "definidas pelos incisos I e II do caput **e § 4.º do art. 3.º**", o art. 3.º-B acabou por reforçar a ideia de que a não incidência nas vedações plenas estatuídas pelo § 4.º do art. 3.º faz parte – ao lado da obediência aos limites máximos de receita bruta estatuídos no *caput* do art. 3.º – da própria definição de microempresa ou empresa de pequeno porte para os efeitos da LC 123/2006. Raciocinando assim, chega-se à conclusão, aqui defendida, no sentido de que **aquele que incide nas vedações plenas estatuídas no § 4.º do art. 3.º não pode gozar de qualquer dos privilégios previstos LC 123/1006 com suas alterações posteriores**.

Mais à frente, a Lei lista um conjunto de pessoas que não poderão recolher os impostos e contribuições na forma do Simples Nacional (LC 123/2006, art. 17). Tais pessoas ficam sujeitas ao regime geral de tributação (pagamento individualizado de tributos), mas, de maneira oposta aos casos de vedação plena, **podem gozar dos benefícios não tributários da lei,** nos termos do art. 3.º-B, mencionado anteriormente. Em suma, **a** vedação é **parcial,** impedindo apenas a utilização do regime tributário simplificado.

Seguindo a sistemática legal, os grupos serão abordados em tópicos distintos.

18.6.1 Vedação plena

Segundo o art. 3.º, § 4.º, da Lei Complementar 123/2006, com a redação dada pela Lei Complementar 128/2008, não poderá se beneficiar do tratamento jurídico diferenciado do Simples Nacional, inclusive o regime de tributação, para nenhum efeito legal, a pessoa jurídica:

I – de cujo capital participe outra pessoa jurídica;

II – que seja filial, sucursal, agência ou representação, no País, de pessoa jurídica com sede no exterior;

III – de cujo capital participe pessoa física que seja inscrita como empresário ou seja sócia de outra empresa que receba tratamento jurídico diferenciado decorrente do Simples Nacional, desde que a receita bruta global ultrapasse o limite máximo admitido para as empresas de pequeno porte (atualmente, R$ **4.800.000,00**);

IV – cujo titular ou sócio participe com mais de 10% (dez por cento) do capital de outra empresa não beneficiada pela sistemática do Simples Nacional, desde que a receita bruta global ultrapasse o limite máximo admitido para as empresas de pequeno porte (atualmente, R$ **4.800.000,00**);

V – cujo sócio ou titular de fato ou de direito seja administrador ou equiparado de outra pessoa jurídica com fins lucrativos, desde que a receita bruta global ultrapasse o limite máximo admitido para as empresas de pequeno porte (atualmente, R$ **4.800.000,00**);

VI – constituída sob a forma de cooperativas, salvo as de consumo;

VII – que participe do capital de outra pessoa jurídica;

VIII – que exerça atividade de banco comercial, de investimentos e de desenvolvimento, de caixa econômica, de sociedade de crédito, financiamento e investimento ou de crédito imobiliário, de corretora ou de distribuidora de títulos, valores mobiliários e câmbio, de empresa de arrendamento mercantil, de seguros privados e de capitalização ou de previdência complementar;

IX – resultante ou remanescente de cisão ou qualquer outra forma de desmembramento de pessoa jurídica que tenha ocorrido em um dos 5 (cinco) anos-calendário anteriores;

X – constituída sob a forma de sociedade por ações;

XI – cujos titulares ou sócios guardem, cumulativamente, com o contratante do serviço, relação de pessoalidade, subordinação e habitualidade;

XII - que tenha filial, sucursal, agência ou representação no exterior.

De forma a afastar qualquer dúvida sobre a plenitude da vedação, o § 6.º do art. 3.º da LC 123/2006, afirma que a microempresa ou empresa de pequeno porte que incorrer em alguma das situações apontadas será **excluída do tratamento jurídico diferenciado**, bem como do **regime de recolhimento unificado**, com efeitos a partir do mês seguinte ao que incorrida a situação impeditiva.

As entidades que se enquadrem nas hipóteses previstas nos itens IV e VII não estão incluídas na vedação à opção no caso de participação no capital de cooperativas de crédito, bem como em centrais de compras, bolsas de subcontratação, no consórcio referido no art. 50 da LC 123/2006 e na sociedade de propósito específico prevista no art. 56 da LC 123/2006, e em associações assemelhadas, sociedades de interesse econômico, sociedades de garantia solidária e outros tipos de sociedade, que tenham como objetivo social a defesa exclusiva dos interesses econômicos das microempresas e empresas de pequeno porte.

18.6.2 Vedação parcial

Nos termos do art. 17 da Lei Complementar 123/2006, **não poderão recolher os impostos e contribuições na forma do Simples Nacional** a microempresa ou empresa de pequeno porte:

I – que explore atividade de prestação cumulativa e contínua de serviços de assessoria creditícia, gestão de crédito, seleção e riscos, administração de contas a pagar e a receber, gerenciamento de ativos (asset management) ou compra de direitos creditórios resultantes de vendas mercantis a prazo ou de prestação de serviços (factoring) ou que execute operações de empréstimo, de financiamento e de desconto de títulos de crédito, exclusivamente com recursos próprios, tendo como contrapartes microempreendedores individuais, microempresas e empresas de pequeno porte, inclusive sob a forma de empresa simples de crédito;

II – cujo titular ou sócio seja domiciliado no exterior;

III – de cujo capital participe entidade da administração pública, direta ou indireta, federal, estadual ou municipal;

IV – que possua débito com o Instituto Nacional do Seguro Social – INSS, ou com as Fazendas Públicas Federal, Estadual ou Municipal, cuja exigibilidade não esteja suspensa;

V – que preste serviço de transporte intermunicipal e interestadual de passageiros, exceto quando na modalidade fluvial ou quando possuir características de transporte urbano ou metropolitano ou realizar-se sob fretamento contínuo em área metropolitana para o transporte de estudantes ou trabalhadores;

VI – que seja geradora, transmissora, distribuidora ou comercializadora de energia elétrica;

VII – que exerça atividade de importação ou fabricação de automóveis e motocicletas;

VIII – que exerça atividade de importação de combustíveis;

IX – que exerça atividade de produção ou venda no atacado de:

a) cigarros, cigarrilhas, charutos, filtros para cigarros, armas de fogo, munições e pólvoras, explosivos e detonantes;
b) bebidas não alcoólicas a seguir descritas:
   1 – refrigerantes, inclusive águas saborizadas gaseificadas;
   2 – preparações compostas, não alcoólicas (extratos concentrados ou sabores concentrados), para elaboração de bebida refrigerante, com capacidade de diluição de até 10 (dez) partes da bebida para cada parte do concentrado;
   3 – cervejas sem álcool;
c) bebidas alcoólicas, exceto aquelas produzidas ou vendidas no atacado por:
   1 – micro e pequenas cervejarias
   2 – micro e pequenas vinícolas;
   3 – produtores de licores;
   4 – micro e pequenas destilarias;

X – que realize cessão ou locação de mão de obra;

XI – que se dedique ao loteamento e à incorporação de imóveis;

XII – que realize atividade de locação de imóveis próprios;

XIII – com ausência de inscrição ou com irregularidade em cadastro fiscal federal, municipal ou estadual, quando exigível;

O legislador também criou uma lista de atividades que, exercidas em regime de dedicação exclusiva ou em conjunto com outras atividades que não estejam listadas no art. 17, não impedem a empresa de gozar plenamente dos benefícios tributários e não tributários decorrentes da Lei Complementar 123/2006. São, portanto, atividades cujos exercentes, em face da expressa permissão legal, **podem optar pelo Simples Nacional**. Segue a lista:

I – creche, pré-escola e estabelecimento de ensino fundamental, escolas técnicas, profissionais e de ensino médio, de línguas estrangeiras, de artes, cursos técnicos de pilotagem, preparatórios para concursos, gerenciais e escolas livres;

II – agência terceirizada de correios;

III – agência de viagem e turismo;

IV – centro de formação de condutores de veículos automotores de transporte terrestre de passageiros e de carga;

V – agência lotérica;

VI – serviços de instalação, de reparos e de manutenção em geral, bem como de usinagem, solda, tratamento e revestimento em metais;

VII – transporte municipal de passageiros;

VIII – escritórios de serviços contábeis;

IX – produções cinematográficas, audiovisuais, artísticas e culturais, sua exibição ou apresentação, inclusive no caso de música, literatura, artes cênicas, artes visuais, cinematográficas e audiovisuais;

X – fisioterapia;

XI – corretagem de seguros;

XII – arquitetura e urbanismo;

XIII – medicina, inclusive laboratorial, e enfermagem;

XIV – odontologia e prótese dentária;

XV – psicologia, psicanálise, terapia ocupacional, acupuntura, podologia, fonoaudiologia, clínicas de nutrição e de vacinação e bancos de leite;

XVI – construção de imóveis e obras de engenharia em geral, inclusive sob a forma de subempreitada, execução de projetos e serviços de paisagismo, bem como decoração de interiores;

XVII – serviço de vigilância, limpeza ou conservação;

XVIII – serviços advocatícios;

XIX – administração e locação de imóveis de terceiros;

XX – academias de dança, de capoeira, de ioga e de artes marciais;

XXI – academias de atividades físicas, desportivas, de natação e escolas de esportes;

XXII – elaboração de programas de computadores, inclusive jogos eletrônicos, desde que desenvolvidos em estabelecimento do optante;

XXIII – licenciamento ou cessão de direito de uso de programas de computação;

XXIV – planejamento, confecção, manutenção e atualização de páginas eletrônicas, desde que realizados em estabelecimento do optante;

XXV – empresas montadoras de estandes para feiras;

XXVI – laboratórios de análises clínicas ou de patologia clínica;

XXVII – serviços de tomografia, diagnósticos médicos por imagem, registros gráficos e métodos óticos, bem como ressonância magnética;

XXVIII – serviços de prótese em geral;

XXIX – serviços de comunicação e de transportes interestadual e intermunicipal de cargas, e de transportes autorizados no inciso VI do caput do art. 17, inclusive na modalidade fluvial.

> → Para se beneficiarem da sistemática do Simples Nacional os escritórios de serviços contábeis (item VIII) deverão (sob pena de exclusão com efeitos a partir do mês subsequente ao do descumprimento):
>
> I – promover atendimento gratuito relativo à inscrição, à opção do Microempreendedor Individual – MEI de que trata o art. 18-A do Estatuto e à primeira declaração anual simplificada da microempresa individual, podendo, para tanto, por meio de suas entidades representativas de classe, firmar convênios e acordos com a União, os Estados, o Distrito Federal e os Municípios, por intermédio dos seus órgãos vinculados;
>
> II – fornecer, na forma estabelecida pelo Comitê Gestor, resultados de pesquisas quantitativas e qualitativas relativas às microempresas e empresas de pequeno porte optantes pelo Simples Nacional por eles atendidas;
>
> III – promover eventos de orientação fiscal, contábil e tributária para as microempresas e empresas de pequeno porte optantes pelo Simples Nacional por eles atendidas.

18.7 OPÇÃO PELO REGIME

As microempresas e empresas de pequeno porte que eram optantes do revogado "Simples Federal" foram consideradas automaticamente inscritas na sistemática do Simples Nacional, em 1.º de julho de 2007, salvo as que incidiam em hipótese de exclusão legal ou de vedação ao ingresso, conforme estudado no item anterior.

Quanto às demais pessoas jurídicas que preencham as condições de enquadramento como microempresa ou empresa de pequeno porte, a opção deverá ser realizada nos meses de janeiro (até o último dia útil do mês), produzindo efeitos a partir do primeiro dia do ano-calendário da opção, podendo gerar efeitos a partir da data do início de atividade, desde que exercida nos termos, prazo e condições estabelecidos pelo Comitê Gestor do Simples Nacional – CGSN.

Como a existência de débito com o Instituto Nacional do Seguro Social – INSS ou com as Fazendas Públicas federal, estadual ou municipal, **cuja exigibilidade não esteja suspensa** configura fator impeditivo para o recolhimento de tributos na sistemática do Simples Nacional (LC 123, art. 17, V), foi assegurada a possibilidade de parcelamento dos débitos **com vencimento até 30 de junho de 2008**.

O parcelamento, que abrange os débitos inscritos em dívida ativa, deve ser requerido à Fazenda para com a qual o sujeito passivo está em débito e segue as demais regras vigentes para parcelamento de tributos e contribuições federais, na forma regulamentada pelo Comitê Gestor.

A medida não é aplicável na hipótese de reingresso de microempresa ou empresa de pequeno porte no Simples Nacional. Assim, se a entidade foi excluída do simples e deseja reingressar na sistemática, deve quitar seus débitos sem a possibilidade de parcelá-los.

Registre-se, por oportuno, o entendimento do STJ no sentido de que, mesmo na hipótese de o débito estar **garantido por penhora** realizada no transcorrer de execução fiscal, ou de haverem sido opostos embargos recebidos com **efeito suspensivo**, a impossibilidade de ingresso no Simples Nacional permanece. O fundamento para a posição do Tribunal é o fato de as situações citadas não se enquadrarem no rol exaustivo de causas de **suspensão da exigibilidade do crédito tributário** previsto no art. 151 do CTN (STJ, RMS 27.473/SE). Tal tese, hoje pacífica, foi a base para a propositura pelo CEBRASPE, no concurso para provimento de cargos de Juiz do TJ/CE (2012), da seguinte assertiva (**correta**): "Segundo o STJ, a vedação do ingresso no SIMPLES Nacional em face da existência de débito fiscal cuja exigibilidade não esteja suspensa subsiste ainda que a microempresa ou a empresa de pequeno porte tenha garantido a execução fiscal ou que seus embargos à execução tenham sido recebidos no efeito suspensivo".

É importante não confundir o parcelamento previsto no art. 79 da LC 123/2006, instituído com vistas a possibilitar o **ingresso no Simples Nacional de empresas com débitos tributários**, com o parcelamento previsto no art. 21, §§ 14 ao 20, da LC 123/2006, destinado a **débitos tributários apurados no Simples Nacional**. Em outras palavras, o primeiro alcança empresas ainda não enquadradas que desejam fazer a opção pela sistemática, ao passo que o segundo se volta às empresas já optantes que possuam pendências tributárias apuradas no próprio regime.

18.8 EXCLUSÃO DO REGIME

A exclusão do Simples Nacional será feita **de ofício** ou **mediante comunicação** das empresas optantes.

A exclusão **mediante comunicação** pode decorrer de **opção** da pessoa jurídica enquadrada na sistemática ou, **obrigatoriamente**, quando ela **incidir em qualquer das situações de vedação** estudadas no item 5 deste Capítulo ou quando **ultrapassado, no ano-calendário de início de atividade, o limite de receita bruta** correspondente a R$ 400.000,00 (considerando o limite anual de R$ 4.800.000,00), multiplicados pelo número de meses de funcionamento nesse período, em relação aos tributos e contribuições federais.

Em relação aos tributos estaduais, municipais e distritais, a exclusão decorrente da ultrapassagem do limite de receita bruta deve ser aferida de maneira semelhante, mas levando em conta o sublimite de R$ 1.800.000,00 (para os Estados com participação de até 1% no PIB nacional que tenham feito a opção prevista no art. 19 da LC 123/2006) ou de R$ 3.600.000,00 (demais casos), conforme estudado no item 18.4 deste Capítulo. Nessas hipóteses, o sublimite aplicável no âmbito estadual (para efeito de pagamento ICMS) é também aplicável aos Municípios situados em seu território (para efeito de recolhimento do ISS).

A falta de comunicação, quando obrigatória, da exclusão da pessoa jurídica do Simples Nacional, nos prazos determinados, sujeitará a pessoa jurídica à multa correspondente a 10% (dez por cento) do total dos impostos e contribuições devidos de conformidade com o Simples Nacional no mês que anteceder o início dos efeitos da exclusão, não inferior a R$ 200,00 (duzentos reais), insusceptível de redução.

Registre-se que, no caso de falta de comunicação, quando obrigatória, do desenquadramento do microempreendedor individual da **sistemática de recolhimento do Simples Nacional em valores fixos**, detalhada no item 18.14 abaixo, a multa terá o valor mínimo de apenas R$ 50,00 (cinquenta reais), também insusceptível de redução.

A exclusão **de ofício** (por ato da autoridade competente) será realizada na forma regulamentada pelo Comitê Gestor (Resolução CGSN 14, de 23 de julho de 2007), cabendo o lançamento dos tributos e contribuições apurados aos respectivos entes tributantes. Tal modalidade de exclusão dar-se-á quando:

> I – verificada a falta de comunicação de exclusão obrigatória;
>
> II – for oferecido embaraço à fiscalização, caracterizado pela negativa não justificada de exibição de livros e documentos a que estiverem obrigadas, bem como pelo não fornecimento de informações sobre bens, movimentação financeira, negócio ou atividade que estiverem intimadas a apresentar, e nas demais hipóteses que autorizam a requisição de auxílio da força pública;
>
> III – for oferecida resistência à fiscalização, caracterizada pela negativa de acesso ao estabelecimento, ao domicílio fiscal ou a qualquer outro local onde desenvolvam suas atividades ou se encontrem bens de sua propriedade;

IV – a sua constituição ocorrer por interpostas pessoas;

V – tiver sido constatada prática reiterada de infração ao disposto na Lei Complementar 123/2006;

VI – a empresa for declarada inapta, na forma dos arts. 81 e 82 da Lei 9.430, de 27 de dezembro de 1996, e alterações posteriores;

VII – comercializar mercadorias objeto de contrabando ou descaminho;

VIII – houver falta de escrituração do livro-caixa ou não permitir a identificação da movimentação financeira, inclusive bancária;

IX – for constatado que durante o ano-calendário o valor das despesas pagas supera em 20% (vinte por cento) o valor de ingressos de recursos no mesmo período, excluído o ano de início de atividade;

X – for constatado que durante o ano-calendário o valor das aquisições de mercadorias para comercialização ou industrialização, ressalvadas hipóteses justificadas de aumento de estoque, for superior a 80% (oitenta por cento) dos ingressos de recursos no mesmo período, excluído o ano de início de atividade;

XI – houver descumprimento reiterado da obrigação de emitir documento fiscal de venda ou prestação de serviço, de acordo com instruções expedidas pelo Comitê Gestor;

XII – houver omissão de forma reiterada da folha de pagamento da empresa ou de documento de informações previsto pela legislação previdenciária, trabalhista ou tributária, segurado empregado, trabalhador avulso ou contribuinte individual que lhe preste serviço.

Para o efeito de exclusão de ofício, consideram-se reiteradas as condutas previstas nos itens V, XI e XII acima transcritos:

I – a ocorrência, em 2 (dois) ou mais períodos de apuração, consecutivos ou alternados, de idênticas infrações, inclusive de natureza acessória, verificada em relação aos últimos 5 (cinco) anos-calendário, formalizadas por intermédio de auto de infração ou notificação de lançamento; ou

II – a segunda ocorrência de idênticas infrações, caso seja constatada a utilização de artifício, ardil ou qualquer outro meio fraudulento que induza ou mantenha a fiscalização em erro, com o fim de suprimir ou reduzir o pagamento de tributo.

18.9 TRIBUTOS INCLUÍDOS NA SISTEMÁTICA

A adoção da sistemática do Simples Nacional implica o recolhimento mensal e centralizado, mediante documento único de arrecadação, dos seguintes impostos e contribuições (LC 123/2006, art. 13, *caput*):

I – Imposto sobre a Renda da Pessoa Jurídica (IRPJ);

II – Imposto sobre Produtos Industrializados (IPI);

III – Contribuição Social sobre o Lucro Líquido (CSLL);

IV – Contribuição para o Financiamento da Seguridade Social (Cofins):

V – Contribuição para o PIS/Pasep;

VI – Contribuição Patronal Previdenciária – CPP para a Seguridade Social, a cargo da pessoa jurídica, de que trata o art. 22 da Lei 8.212, de 24 de julho de 1991, exceto no caso da microempresa e da empresa dc pequeno porte que se dediquem às atividades de prestação dos seguintes serviços:

a) construção de imóveis e obras de engenharia em geral, inclusive sob a forma de subempreitada, execução de projetos e serviços de paisagismo, bem como decoração de interiores;

b) serviço de vigilância, limpeza ou conservação;

c) serviços advocatícios.

VII – Imposto sobre Operações Relativas à Circulação de Mercadorias e Sobre Prestações de Serviços de Transporte Interestadual e Intermunicipal e de Comunicação (ICMS);

VIII – Imposto sobre Serviços de Qualquer Natureza (ISS);

IX – Imposto sobre Bens e Serviços – IBS (a partir de 2027);

X – Contribuição Social sobre Bens e Serviços – CBS (a partir de 2027).

Merece destaque a inclusão obrigatória do **ICMS** e do **ISS**, os quais, anteriormente, somente seriam incluídos na sistemática do "Simples Federal" mediante adesão do respectivo Estado ou Município, formalizada mediante convênio.

Apesar de a Contribuição Previdenciária Patronal – CPP estar incluída no valor recolhido na forma do Simples Nacional, com as três exceções já apontadas (item VI), o art. 18-C da LC 123/2006, ao instituir a sistemática de recolhimento de valores fixos para o Microempreendedor Individual – MEI, permitiu que este contratasse um único empregado que receba exclusivamente 1 (um) salário-mínimo ou o piso salarial da categoria profissional. Nesta hipótese, **o MEI deverá recolher a CPP calculada à alíquota de 3% (três por cento) sobre tal salário de contribuição**.

As microempresas e empresas de pequeno porte optantes pelo Simples Nacional ficam **dispensadas do pagamento** das demais contribuições instituídas pela União, inclusive as contribuições para as entidades privadas de serviço social e de formação profissional vinculadas ao sistema sindical, de que trata o art. 240 da Constituição Federal, e demais entidades de serviço social autônomo.

Chama-se atenção ao fato de que alguns estudiosos mais apressados têm incluído tais contribuições entre aquelas abrangidas pelo Simples Nacional. O engano está em confundir a dispensa legal do pagamento de um tributo (isenção) com a sua inclusão num sistema de recolhimento centralizado.

Assim, as contribuições para os Serviços Sociais Autônomos (SESI, SESC, SENAI etc.) **não estão incluídas** no sistema de recolhimento unificado, mas as microempresas e empresas de pequeno porte optantes pelo Simples Nacional estão **isentas** do seu pagamento. Por conseguinte, não há qualquer parcela do valor recolhido pelas empresas optantes que seja vertido para o denominado "Sistema S".

A referida isenção teve sua constitucionalidade aferida pelo Supremo Tribunal Federal no julgamento da ADI 4.033, em que a Confederação Nacional do Comércio alegava que o benefício agredia a CF/1988, porque: a) não havia sido concedido por lei específica; b) desrespeitava o alcance possível das leis complementares; e c) não era compatível com o princípio da isonomia. O STF, no entanto, entendeu que a isenção é legítima, decorrendo da expressa previsão constitucional que impõe ao legislador complementar o estabelecimento de um tratamento jurídico diferenciado, visando a incentivar microempresas e empresas de pequeno porte por intermédio da simplificação de suas obrigações administrativas, tributárias, previdenciárias e creditícias, ou pela eliminação ou redução destas por meio de lei.

Dúvidas poderiam surgir sobre a possibilidade de a mencionada isenção abranger contribuições **instituídas pela União posteriormente ao advento da própria regra isentiva ora estudada** (LC 123/2006, art. 13, § 3º). Isso porque o art. 177, II, do CTN afirma que a isenção não se aplica "aos tributos instituídos posteriormente à sua concessão".

Dois fundamentos justificam o entendimento pela **aplicabilidade** da isenção nas situações propostas.

Em primeiro lugar, o próprio *caput* do art. 177 do CTN deixa claro que a disposição legal isentiva pode excetuar a regra estatuída e permitir a aplicação de isenção a tributos que venham a ser posteriormente criados. O art. 13, § 3º, da LC 123/2006 tem redação por demais abrangente ("ficam dispensadas do pagamento das demais contribuições instituídas pela União"), aparentando ter o objetivo de abarcar todas as contribuições, atuais ou futuras, não listadas nos incisos do art. 13 nem excetuadas por seu § 1º. Nessa linha, a norma poderia ser enquadrada como a previsão legal em sentido contrário autorizada pelo Código.

Em segundo lugar, mesmo que o CTN vedasse por completo a concessão de isenção a tributo futuro, a LC 123/2006 é norma geral em matéria de legislação tributária, sendo lei complementar tanto no aspecto material quanto no formal, tendo em vista o art. 146, III, da Constituição. Por conseguinte, a LC 123/2006 poderia, sem qualquer agressão à Carta Magna, estabelecer regras diversas daquelas previstas no CTN ou até mesmo revogar qualquer de seus dispositivos.

Assim, seguindo qualquer das alternativas interpretativas propostas, a conclusão é a mesma, qual seja **a aplicação da isenção concedida pelo art. 13, § 3º, da LC 123/2006 às contribuições instituídas pela União posteriormente ao advento da própria norma isentiva**.

Nesse sentido, no julgamento do REsp 1.825.143/CE, o STJ decidiu pela aplicabilidade da regra isentiva a uma CIDE denominada "Contribuição para o Desenvolvimento da Indústria Cinematográfica Nacional" (CONDECINE), instituída pela União por meio da Medida Provisória 2.228-1/2001. No processo, o foco da discussão foi a análise do cumprimento dos requisitos previstos pelo art. 13, § 3º, da LC 123/2006 para a aplicação da isenção, reconhecendo-se tacitamente a irrelevância do fato de que a criação do tributo em questão se dera cerca de 5 anos após o advento da norma isentiva.

Em virtude da EC 132/2023 (Reforma Tributária), a tributação do consumo passará a ser Com a regulamentação da EC nº 132/2023 (Reforma Tributária) pela Lei Complementar nº 214/2025, a tributação do consumo passará a ser realizada através da Contribuição sobre Bens e Serviços (**CBS**), do Imposto sobre bens e serviços (**IBS**) e do Imposto Seletivo (**IS**).

O art. 516 da Lei Complementar n.º 214/2025 estabelece mudanças na Lei Complementar n.º 123/2006, com vigência a partir de 2025. As alterações mais relevantes não possuem correlação direta com a nova tributação do consumo instituída pela EC nº 132/2023, portanto são comentadas nos tópicos correspondentes deste Capítulo.

As inovações decorrentes da transição exigida pela Reforma Tributária, na parte relativa à efetiva exigência dos novos tributos e à alteração ou extinção de tributos antigos, serão implementadas principalmente a partir de 2027 e concluídas ao final de 2032. Tais mudanças serão monitoradas e detalhadas nas edições subsequentes desta obra, em sincronia com a sua implementação. Contudo, dada a necessidade de um conhecimento antecipado sobre as futuras inovações, passa-se à análise das principais mudanças que estão por vir.

No ano de **2026**, embora tecnicamente já se inicie a incidência da CBS e do IBS, **o contribuinte ainda não será onerado por esses novos tributos**. Serão aplicáveis pequenas **alíquotas de teste** (0,1% para o IBS e 0,9% para a CBS), cujos valores apurados serão **compensados** com os devidos de PIS e Cofins, ou, na impossibilidade, com outro tributo federal, ou ainda, se não houver tributo federal a pagar, ressarcidos em até 60 dias. Vale destacar que, utilizando a autorização conferida pela EC nº 132/2023, a Lei Complementar nº 214/2025 estabelece que, para os fatos geradores ocorridos em 2026, fica dispensado o recolhimento do IBS e da CBS "em relação aos sujeitos passivos que cumprirem as obrigações acessórias previstas na legislação".

A partir de **2027**, o imposto seletivo começará a ser cobrado, a CBS começará a incidir com sua alíquota plena e o IPI passará a onerar apenas os produtos com industrialização incentivada na Zona Franca de Manaus. Também em 2027, serão extintas a contribuição para o PIS e a Cofins, mas o IBS continuará a ser calculado com a alíquota de teste de 0,1%, situação que se alterará somente em 2029, quando o imposto passará a ser paulatinamente elevado, tendo como contrapartida a gradual redução do ICMS e do ISS, processo que será concluído ao final de 2032.

Fica fácil perceber que os ônus decorrentes dos novos tributos, bem como os benefícios resultantes da extinção ou redução de tributos antigos, só começarão a ser sentidos a partir de 2027. Esse cenário levou o legislador complementar a incluir, a partir do referido ano, o IBS e a CBS no recolhimento unificado do Simples Nacional (art. 13, IX e X). Registre-se que, semelhantemente ao que já ocorria com o ICMS e o ISS, nas hipóteses de "importações de bens materiais ou imateriais, inclusive direitos, ou de serviços", o IBS e a CBS incidentes não fazem parte do recolhimento unificado, devendo ser recolhidos separadamente, conforme as regras aplicáveis aos demais contribuintes.

O imposto seletivo foi expressamente excluído do recolhimento unificado (art. 13, § 1º, XIV-A), o que poderia causar algum estranhamento, considerando que, em alguns aspectos, ele pode ser visto como um sucessor do IPI, que é abrangido pelo Simples Nacional. Tal visão pode ser exemplificada com a inclusão, pela EC nº 132/2023, do produto da arrecadação do IS nas regras de repartição de receita a que está sujeito o IPI (fundos de participação e fundo de compensação à desoneração de exportações, conforme estudado no Capítulo 17, em seu item 17.7).

No entanto, como o IS é especificamente destinado a desestimular o consumo de bens e serviços nocivos à saúde ou ao meio ambiente, sua inclusão em uma sistemática em que o recolhimento é calculado progressivamente sobre a receita bruta do contribuinte, sem levar em consideração o potencial ofensivo de cada mercadoria ou serviço, mitigaria os efeitos protetivos do novo imposto em relação aos optantes do Simples Nacional. Daí ter sido correta a decisão pela não inclusão do novo imposto na sistemática de recolhimento unificado.

No que tange ao IPI, o papel que lhe foi atribuído pela Reforma Tributária – onerar os produtos que tenham industrialização incentivada na Zona Franca de Manaus, de modo a manter o diferencial competitivo da área poderia justificar sua exclusão da sistemática do Simples Nacional. Tal medida seria semelhante à adotada em relação a outros tributos com finalidade notória e primordialmente extrafiscal (como os impostos de importação, exportação e sobre operações financeiras), que foram excluídos do recolhimento unificado.

Contudo, a solução adotada pela LC nº 214/2025 foi mais engenhosa. De acordo com a disciplina legal, as receitas da venda de mercadorias industrializadas pelo próprio contribuinte serão divididas em duas categorias:

a) As **sujeitas ao IPI cuja alíquota, segundo a EC nº 132/2023, deve ser reduzida a zero** – por serem produtos que não possuem industrialização incentivada na Zona Franca de Manaus, serão tributadas conforme o Anexo I da LC nº 123/2006, que estipula as alíquotas e repartições aplicáveis ao **comércio** (revenda de mercadorias). Como o Anexo I não se aplica à indústria, não prevê a oneração pelo IPI das operações tributadas, o que está alinhado com a diretriz da Reforma Tributária;
b) As **sujeitas ao IPI mantido com o objetivo de proteção à Zona Franca de Manaus** – serão tributadas conforme o Anexo II da LC nº 123/2006, que estipula as alíquotas e repartições aplicáveis à **indústria**, incluindo uma parcela do recolhimento correspondente ao IPI, também cumprindo os ditames da Reforma Tributária.

Também como decorrência da Reforma Tributária foi facultado ao contribuinte uma verdadeira **opção parcial pelo Simples Nacional**, de modo a recolher **fora da sistemática** os tributos que compõem o IVA dual brasileiro (**IBS e CBS**).

A adoção de tal opção parcial pode ser vantajosa para a microempresa ou empresa de pequeno porte, diante de a não cumulatividade do IBS e da CBS ser plena, adotando a sistemática de crédito físico (conforme analisado no item 16.4.6 do Capítulo 16), o que pode gerar uma considerável quantidade de crédito a ser apropriado pelo optante pelo recolhimento dos tributos fora da sistemática.

O ponto crucial é que a regra aplicável aos optantes por pagar IBS e CBS dentro da sistemática, apesar de transferirem créditos para não optantes que deles adquirem bens e serviços (no montante equivalente ao pago no regime – CF, art. 146, § 3º, II), não podem se creditar de valor algum em virtude de suas aquisições (CF, art. 146, § 3º, II), dada a característica inequivocamente cumulativa da sistemática para o optante.

Logo, diante de um regime jurídico de creditamento mais amplo para o IVA dual, pode ser mais vantajoso ao optante do Simples Nacional excluir tais tributos do recolhimento unificado mensal e submeter-se, quanto a eles, ao regime geral de tributação, podendo se creditar de maneira praticamente irrestrita do IBS e da CBS incidentes sobre suas aquisições. Tal possibilidade de opção parcial foi garantida pelo art. 146, § 2º, da Constituição.

Como consequência, para realizar a opção mais vantajosa, o aderente ao Simples Nacional precisa aferir qual seria a média de crédito de CBS e IBS que ele apropriaria em virtude de suas aquisições e a de débito que ele geraria com suas alienações, de modo a estimar o valor devido de tais tributos segundo as regras gerais de tributação e compará-lo com o montante que seria recolhido dentro da sistemática simplificada.

18.10 TRIBUTOS NÃO INCLUÍDOS NA SISTEMÁTICA

A opção pelo Simples Nacional não exclui a incidência dos seguintes impostos ou contribuições, devidos na qualidade de contribuinte ou responsável, em relação aos quais será observada a legislação aplicável às demais pessoas jurídicas (LC 123/2006, art. 13, §º 1):

I – Imposto sobre Operações de Crédito, Câmbio e Seguro, ou Relativas a Títulos ou valores Mobiliários (IOF);

II – Imposto sobre Importação de Produtos Estrangeiros (II);

III – Imposto sobre exportação, para o Exterior, de Produtos Nacionais ou Nacionalizados (IE);

IV – Imposto sobre a Propriedade Territorial Rural (ITR);

V – Imposto de Renda, relativo aos rendimentos ou ganhos líquidos auferidos em aplicações de renda fixa ou variável;

VI – Imposto de Renda relativo aos ganhos de capital auferidos na alienação de bens do ativo permanente;

VII – Contribuição provisória sobre movimentação ou Transmissão de Valores e de Créditos e Direitos de Natureza Financeira (CPMF – hoje extinta);

VIII – Contribuição para o Fundo de Garantia do Tempo de Serviço (FGTS);

IX – Contribuição para manutenção da seguridade social, relativa ao trabalhador;

X – Contribuição para a Seguridade Social, relativa à pessoa do empresário, na qualidade de contribuinte individual, caracterizado como microempresa;

XI – Imposto de Renda relativo aos pagamentos ou créditos efetuados pela pessoa jurídica a pessoas físicas;

XII – PIS, Cofins e IPI incidentes na importação de bens e serviço;

XII-A – IBS e CBS incidentes sobre:

a) a importação de bens materiais ou imateriais, inclusive direitos, ou de serviços;

XIII – ICMS devido:

a) nas operações sujeitas ao regime de substituição tributária, tributação concentrada em uma única etapa (monofásica) e sujeitas ao regime de antecipação do recolhimento do imposto com encerramento de tributação envolvendo combustíveis e lubrificantes; energia elétrica; cigarros e outros produtos derivados do fumo; bebidas; óleos e azeites vegetais comestíveis; farinha de trigo e misturas de farinha de trigo; massas alimentícias; açúcares; produtos lácteos; carnes e suas preparações; preparações à base de cereais; chocolates; produtos de padaria e da indústria de bolachas e biscoitos; sorvetes e preparados para fabricação de sorvetes em máquinas; cafés e mates, seus extratos, essências e concentrados; preparações para molhos e molhos preparados; preparações de produtos vegetais; rações para animais domésticos; veículos automotivos e automotores, suas peças, componentes e acessórios; pneumáticos; câmaras de ar e protetores de borracha; medicamentos e outros produtos farmacêuticos para uso humano ou veterinário; cosméticos; produtos de perfumaria e de higiene pessoal; papéis; plásticos; canetas e malas; cimentos; cal e argamassas; produtos cerâmicos; vidros; obras de metal e plástico para construção; telhas e caixas d'água; tintas e vernizes; produtos eletrônicos, eletroeletrônicos e eletrodomésticos; fios; cabos e outros condutores; transformadores elétricos e reatores; disjuntores; interruptores e tomadas; isoladores; para-raios e lâmpadas; máquinas e aparelhos de ar-condicionado; centrifugadores de uso doméstico; aparelhos e instrumentos de pesagem de uso doméstico; extintores; aparelhos ou máquinas de barbear; máquinas de cortar o cabelo ou de tosquiar; aparelhos de depilar, com motor elétrico incorporado; aquecedores elétricos de água para uso doméstico e termômetros; ferramentas; álcool etílico; sabões em pó e líquidos para roupas; detergentes; alvejantes; esponjas; palhas de aço e amaciantes de roupas; venda de mercadorias pelo sistema porta a porta; nas operações sujeitas ao regime de substituição tributária pelas operações anteriores; e nas prestações de serviços sujeitas aos regimes de substituição tributária e de antecipação de recolhimento do imposto com encerramento de tributação;

b) por terceiro, a que o contribuinte se ache obrigado, por força da legislação estadual ou distrital vigente;

c) na entrada, no território do Estado ou do Distrito Federal, de petróleo, inclusive lubrificantes e combustíveis líquidos e gasosos dele derivados, bem como energia elétrica, quando não destinados à comercialização ou industrialização;

d) por ocasião do desembaraço aduaneiro;

e) na aquisição ou manutenção em estoque de mercadoria desacobertada de documento fiscal;

f) na operação ou prestação desacobertada de documento fiscal;

g) nas operações com bens ou mercadorias sujeitas ao regime de antecipação do recolhimento do imposto, nas aquisições em outros Estados e Distrito Federal:

1. com encerramento da tributação, hipótese em que o contribuinte deverá considerar o tributo, destacadamente, para fim de pagamento;

2. sem encerramento da tributação, hipótese em que será cobrada a diferença entre a alíquota interna e a interestadual, sendo vedada a agregação de qualquer valor (a diferença entre a alíquota interna e a interestadual será calculada tomando-se por base as alíquotas aplicáveis às pessoas jurídicas não optantes pelo Simples Nacional);

h) nas aquisições em outros Estados e no Distrito Federal de bens ou mercadorias, não sujeitas ao regime de antecipação do recolhimento do imposto, relativo à diferença entre a alíquota interna e a interestadual (também aqui vale a ressalva prevista no item g, 2, acima);

XIV – ISS devido:

a) em relação aos serviços sujeitos à substituição tributária ou retenção na fonte;

b) na importação de serviços;

XIV-A – Imposto Seletivo - IS sobre produção, extração, comercialização ou importação de bens e serviços prejudiciais à saúde ou ao meio ambiente;

XV – demais tributos de competência da União, dos Estados, do Distrito Federal ou dos municípios, não relacionados especificamente.

O fato de a lista ser encerrada com um item genérico afirmando que outros tributos não relacionados não estão incluídos na sistemática - devendo, portanto, ser recolhidos normalmente pelos respectivos optantes - gerou uma acirrada discussão acerca de estar ou não abrangida pela regra a antiga contribuição social ao FGTS instituída pelo art. 1º da Lei Complementar 110/2001 (10% sobre o saldo da conta do FGTS dos empregados despedidos sem justa causa).

Os optantes defendiam a existência de isenção, tendo em vista o § 3º do mesmo art. 13 da LC 123/2006 afirmar que "as microempresas e empresas de pequeno porte optantes pelo Simples Nacional ficam dispensadas do pagamento das demais contribuições instituídas pela União".

Já a Fazenda Nacional defendia o contrário, tomando como base o próprio art. 13, § 1º, que assegura expressamente a incidência tanto da Contribuição para o Fundo de Garantia do Tempo de Serviço (inciso VIII) quanto, de maneira mais genérica, a dos demais tributos instituídos pelos entes federados (item XV).

A menção ao inciso VIII era indevida, pois ao falar em "contribuição", no singular, o legislador claramente fez referência àquela de caráter não tributário, prevista no art. 15 da Lei 8.036/90 (8% sobre a remuneração devida a cada empregado). Já a contribuição instituída pelo 1º da Lei Complementar 110/2001 tinha natureza tributária, sendo considerada pelo STF uma contribuição social atípica (ADI 2556/DF), conforme detalhado no item 1.4.6.1.3.2 do Capítulo 01 (no mesmo item é analisada a extinção da contribuição pela Lei 13.932/2019).

Analisando a matéria, o Superior Tribunal de Justiça admitiu o caráter controverso da abrangência do inciso VIII do § 1º art. 13º da LC 123/2006. Contudo, registrou que, mesmo se encampada a tese de que o dispositivo não teria o alcance pretendido pela Fazenda Nacional, a contribuição remanesceria devida em face da previsão genérica do inciso XV do mesmo parágrafo (Resp 1.635.047/RS). Embora a contribuição em tela não mais exista, a conclusão da Corte permanece relevante diante da possibilidade de outras contribuições semelhantes serem instituídas.

Também merece destaque o fato de que a redação originária do art. 13, § 1º, XIII, "a", da LC 123/2006 previa genericamente que o recolhimento dos tributos na forma do Simples Nacional não excluía o pagamento, nos termos da legislação aplicável às demais pessoas jurídicas, do ICMS devido **"nas operações ou prestações sujeitas ao regime de substituição tributária"**. Diante da regra, os Estados e o DF enxergaram uma oportunidade de aumentarem sua arrecadação de ICMS mediante a generalização da substituição tributária e a consequente cobrança do tributo em separado.

A providência gerou severas distorções, uma vez que tecnicamente a sistemática da substituição tributária somente é adequada para as cadeias de produção/circulação mais homogêneas, ou seja, aquelas em que as margens de valor agregado e consequentemente o preço final da mercadoria são razoavelmente previsíveis (ver item 6.4.2 do Capítulo 6). É o que acontece, por exemplo, nas cadeias produtivas de cigarros, bebidas e combustíveis.

A adoção da substituição tributária sem a observância do citado critério trabalhava contra a simplificação e a unificação, que são os pilares da sistemática do Simples Nacional. Imbuída pelo desejo de restaurar tais pilares, a Lei Complementar 147/2014 incluiu na anteriormente genérica alínea "a" do § 1º do art. 13 da LC 123/2006 uma **lista exaustiva das hipóteses em que o uso da substituição tributária do ICMS pelos Estados e pelo DF permitir-lhes-á a cobrança, em separado, do tributo**. Assim, a inclusão de outras operações no regime de substituição tributária não terá qualquer efeito sobre os sujeitos passivos que recolhem os tributos na forma do Simples Nacional, pois, para eles, o ICMS correspondente continuará incluído no recolhimento unificado que caracteriza tal sistemática.

No caso de **fabricação em escala industrial relevante em cada segmento**, a lista de operações que podem ser objeto de cobrança do ICMS fora da sistemática do Simples Nacional é **ampliada**, passando a incluir também as bebidas não alcoólicas, massas alimentícias, produtos lácteos, carnes e suas preparações, preparações à base de cereais, chocolates, produtos de padaria e da indústria de bolachas e biscoitos, preparações para molhos e molhos preparados, preparações de produtos vegetais, telhas e outros produtos cerâmicos para construção e detergentes (Lei Complementar 123/2006, art. 13, § 8º).

Ainda no tocante ao ICMS, os contribuintes optantes pelo Simples Nacional chegaram a questionar a constitucionalidade da exigência, em separado, do **diferencial de alíquota (Difal)** incidente em operações e prestações interestaduais constante do art. 13, § 1º, XIII, "g", 2, e "h", da Lei Complementar 123/2006. A tese era a de que, já estando o ICMS incluso na sistemática de recolhimento centralizado própria do Simples Nacional (art. 13, caput, VII), a exigência adicional do Difal minaria a ideia de tratamento favorecido às microempresas e empresas de pequeno porte. Argumentava-se que os optantes pelo Simples Nacional sequer poderiam recorrer à compensação de créditos de ICMS relativos às operações anteriores, o que, além de violar o princípio da não cumulatividade, representaria uma enorme desvantagem em relação às empresas não participantes do regime simplificado.

O raciocínio não foi acolhido pelo STF, que destacou o **caráter facultativo da adesão ao Simples Nacional**, cabendo ao contribuinte, em seu planejamento tributário, sopesar as vantagens e as desvantagens que a sistemática poderá proporcionar à atividade empresarial. A exigência do diferencial de alíquota está expressa no art. 13, § 1º, XIII, "g", da LC 123/2002, junto a outros tributos igualmente excluídos da sistemática e recolhidos em apartado pelos entes tributantes. Quanto à impossibilidade de creditamento e compensação com operações subsequentes, não trata de vedação exclusiva para o Diferencial de Alíquotas de ICMS, mas para todo e qualquer imposto ou contribuição abrangido pelo Simples.

Em suma, concluiu a Suprema Corte, em sede de repercussão geral, que: "é constitucional a imposição tributária de diferencial de alíquota do ICMS pelo Estado de destino na entrada de mercadoria em seu território devido por sociedade empresária aderente ao Simples Nacional, independentemente da posição desta na cadeia produtiva ou da possibilidade de compensação dos crédito" (RE 970.821/RS).

Não obstante, também segundo entendimento do STF, para realizar tal cobrança, os Estados precisam editar lei que estabeleça todos os critérios legais necessários para uma válida exigência tributária, não sendo possível fundamentar a exação apenas na lei complementar nacional. Ao final, o Tribunal lavrou mais uma tese de repercussão geral, nos seguintes termos: "A cobrança do ICMS-DIFAL de empresas optantes do Simples Nacional deve ter fundamento em lei estadual em sentido estrito" (ARE 1.460.254/GO).

18.11 TRIBUTOS SUJEITOS A REGRAS ESPECÍFICAS

18.11.1 O Imposto de Renda retido na fonte sobre rendimentos de aplicações financeiras

O Imposto de Renda, relativo aos rendimentos ou ganhos líquidos auferidos em aplicações de renda fixa ou variável, será definitivo, não se compensando ou restituindo para o optante pelo Simples Nacional.

18.11.2 O Imposto de Renda sobre os rendimentos pagos aos sócios

Consideram-se isentos do imposto de renda, na fonte e na declaração de ajuste do beneficiário, os valores efetivamente pagos ou distribuídos ao titular ou sócio da microempresa ou empresa de pequeno porte optantes pelo Simples Nacional, salvo os que corresponderem a *pro labore*, aluguéis ou serviços prestados.

A isenção é limitada ao valor resultante da aplicação dos percentuais de que trata o art. 15 da Lei 9.249, de 26 de dezembro de 1995, sobre a receita bruta mensal, no caso de antecipação de fonte, ou da receita bruta total anual, tratando-se de declaração de ajuste, subtraído do valor devido na forma do Simples Nacional no período.

O citado art. 15 da Lei 9.249/1995 define a base de cálculo do imposto de renda das pessoas jurídicas na sistemática do lucro presumido, possuindo a seguinte redação:

> "Art. 15. A base de cálculo do imposto, em cada mês, será determinada mediante a aplicação do percentual de oito por cento sobre a receita bruta auferida mensalmente, observado o disposto no art. 12 do Decreto-Lei 1.598, de 1977, deduzida das devoluções, vendas canceladas e dos descontos incondicionais concedidos, sem prejuízo do disposto nos arts. 30, 32, 34 e 35 da Lei 8.981, de 1995.
>
> § 1.º Nas seguintes atividades, o percentual de que trata este artigo será de:
>
> I – um inteiro e seis décimos por cento, para a atividade de revenda, para consumo, de combustível derivado de petróleo, álcool etílico carburante e gás natural;
>
> II – dezesseis por cento:
>
> a) para a atividade de prestação de serviços de transporte, exceto o de carga, para o qual se aplicará o percentual previsto no *caput* deste artigo;
>
> b) para as pessoas jurídicas a que se refere o inciso III do art. 36 da Lei 8.981, de 20 de janeiro de 1995, observado o disposto nos §§ 1.º e 2.º do art. 29 da referida Lei;
>
> III – trinta e dois por cento, para as atividades de:
>
> a) prestação de serviços em geral, exceto a de serviços hospitalares e de auxílio diagnóstico e terapia, patologia clínica, imagenologia, anatomia patológica e citopatologia, medicina nuclear e análises e patologias clínicas, desde que a prestadora destes serviços seja organizada sob a forma de sociedade empresária e atenda às normas da Agência Nacional de Vigilância Sanitária – Anvisa; (Redação dada pela Lei 11.727, de 2008);
>
> b) intermediação de negócios;
>
> c) administração, locação ou cessão de bens imóveis, móveis e direitos de qualquer natureza;
>
> d) prestação cumulativa e contínua de serviços de assessoria creditícia, mercadológica, gestão de crédito, seleção de riscos, administração de contas a pagar e a receber, compra de direitos creditórios resultantes de vendas mercantis a prazo ou de prestação de serviços (*factoring*);

e) prestação de serviços de construção, recuperação, reforma, ampliação ou melhoramento de infraestrutura vinculados a contrato de concessão de serviço público.

§ 2.º No caso de atividades diversificadas será aplicado o percentual correspondente a cada atividade.

§ 3.º As receitas provenientes de atividade incentivada não comporão a base de cálculo do imposto, na proporção do benefício a que a pessoa jurídica, submetida ao regime de tributação com base no lucro real, fizer jus.

§ 4.º O percentual de que trata este artigo também será aplicado sobre a receita financeira da pessoa jurídica que explore atividades imobiliárias relativas a loteamento de terrenos, incorporação imobiliária, construção de prédios destinados à venda, bem como a venda de imóveis construídos ou adquiridos para a revenda, quando decorrente da comercialização de imóveis e for apurada por meio de índices ou coeficientes previstos em contrato" (Incluído pela Lei 11.196, de 2005).

Em termos práticos, a regra ora estudada limita a isenção dos valores pagos ou distribuídos ao titular ou sócio ao montante do lucro que, segundo a legislação do Imposto de Renda, seria presumidamente auferido pela microempresa ou empresa de pequeno porte segundo sistemática do lucro presumido, subtraído do valor devido na forma do Simples Nacional no período, uma vez que o resultado deste cálculo é, presumivelmente, o valor líquido do lucro disponível para entrega ao titular ou distribuição aos sócios.

Caso tal limite seja ultrapassado, a parcela excedente se sujeita à incidência do Imposto de Renda das Pessoas Físicas, salvo se comprovado que o lucro contábil excedeu o presumido, mediante levantamento dos demonstrativos contábeis com observância da legislação comercial.

18.11.3 O ISS retido na fonte

A retenção na fonte do ISS incidente sobre os serviços prestados pelas microempresas ou empresas de pequeno porte optantes pelo Simples Nacional é feita mediante utilização da **alíquota efetiva de ISS a que a optante estiver sujeita no mês anterior ao da prestação**. Não são aplicáveis, portanto, as alíquotas previstas na legislação do Município competente.

A regra não é passível de aplicação no mês de início do exercício das atividades, pois não há mês anterior para servir como referência. Além disso, diferentemente do recolhimento da guia unificada do próprio Simples Nacional, a retenção não é realizada no mês seguinte ao da operação tributada, mas sim, imediatamente, já sendo registrada na emissão do documento fiscal correspondente. Diante de tais aspectos, o legislador resolveu determinar que no mês de início de atividades da prestadora a retenção se realizasse utilizando temporariamente a **alíquota de 2%**. No caso de, após encerrado o mês de início de atividades, verificar-se diferença entre a alíquota utilizada e a efetivamente apurada segundo as regras gerais aplicáveis, caberá à prestadora dos serviços optante efetuar o **recolhimento da diferença no mês subsequente** ao do início de atividade. O recolhimento deve ser efeituado diretamente em favor do Município credor, em guia própria deste.

Tais regras obviamente não são aplicadas na hipótese de a optante estar sujeita à tributação do ISS no Simples Nacional por **valores fixos mensais** (analisada no item 18.10.5 deste Capítulo). De maneira semelhante, quando o prestador de serviço for um Microempreendedor Individual - MEI optante pela sistemática de recolhimento do Simples Nacional por valores fixos mensais, também não caberá a retenção, tendo em vista que nesta hipótese, conforme explanado no item 18.14, o ISS a cargo do optante também é fixo, correspondendo a R$ 5,00 (cinco reais).

O recolhimento do valor retido terá caráter de definitividade, não sendo objeto de partilha. Para evitar a dupla incidência sobre a receita bruta da prestação de serviços que sofreu a retenção, sobre ela não haverá cobrança do ISS que, de outra forma, seria recolhido na sistemática do Simples Nacional.

18.11.4 Abatimento da base de cálculo do ISS dos materiais fornecidos

Da base de cálculo do ISS será abatido o material fornecido pelo prestador dos serviços previstos nos itens 7.02 a 7.05 da lista de serviços anexa à Lei Complementar 116/2003.

Os serviços sujeitos à regra são os seguintes:

> "7.02 – Execução, por administração, empreitada ou subempreitada, de obras de construção civil, hidráulica ou elétrica e de outras obras semelhantes, inclusive sondagem, perfuração de poços, escavação, drenagem e irrigação, terraplanagem, pavimentação, concretagem e a instalação e montagem de produtos, peças e equipamentos (exceto o fornecimento de mercadorias produzidas pelo prestador de serviços fora do local da prestação dos serviços, que fica sujeito ao ICMS).
>
> 7.03 – Elaboração de planos diretores, estudos de viabilidade, estudos organizacionais e outros, relacionados com obras e serviços de engenharia; elaboração de anteprojetos, projetos básicos e projetos executivos para trabalhos de engenharia.
>
> 7.04 – Demolição.
>
> 7.05 – Reparação, conservação e reforma de edifícios, estradas, pontes, portos e congêneres (exceto o fornecimento de mercadorias produzidas pelo prestador dos serviços, fora do local da prestação dos serviços, que fica sujeito ao ICMS)".

18.11.5 ISS e ICMS com valor fixo

Os Estados, o Distrito Federal e os Municípios, no âmbito de suas respectivas competências, poderão estabelecer, na forma definida pelo Comitê Gestor, independentemente da receita bruta recebida no mês pelo contribuinte, valores fixos mensais para o recolhimento do ICMS e do ISS devido por microempresa que aufira receita bruta, no ano-calendário anterior, de até o limite máximo previsto na segunda faixa de receitas brutas anuais constantes dos anexos I a V da LC 123/2006 (atualmente, o limite corresponde a **R$ 360.000,00**), ficando a microempresa sujeita a esses valores durante todo o ano-calendário. Não obstante, caso a microempresa venha a exceder o limite de receita bruta durante o ano-calendário, não mais será aplicável o recolhimento de valor fixo, voltando o ISS ou o ICMS a ser apurado da mesma forma que o fazem as demais empresas optantes pelo Simples Nacional.

Os valores de ISS ou ICMS fixos não poderão exceder a 50% (cinquenta por cento) do maior recolhimento possível do tributo para a faixa de enquadramento prevista na tabela, respeitados os acréscimos decorrentes do tipo de atividade da empresa.

Na hipótese de o Estado, o Município ou o Distrito Federal concederem isenção ou redução do ICMS ou do ISS devido por microempresa ou empresa de pequeno porte, ou ainda determinarem o recolhimento de valor fixo para estes tributos, será realizada redução proporcional ou ajuste do valor a ser recolhido, na forma definida em resolução do Comitê Gestor.

Estatuindo mais uma regra de constitucionalidade duvidosa, o § 20-A do art. 18 da Lei Complementar 123/2006 prevê que a concessão das reduções será realizada mediante **deliberação exclusiva e unilateral do Estado, do Distrito Federal ou do Município concedente**. O problema é que a concessão de benefícios fiscais do ICMS depende, em virtude de disposição constitucional expressa, de **deliberação conjunta dos Estados e do DF** (CF, art. 155, § 2.º, XII, *g*), o que é operacionalizado mediante a celebração dos famosos convênios do CONFAZ, estudados no item 14.2.12 do Capítulo 14 desta obra. Não parece plausível a tese segundo a qual, em virtude de o mencionado dispositivo constitucional haver delegado à lei complementar a disciplina da matéria, o legislador teria autorização para estatuir a regra ora estudada. A remessa à disciplina de lei complementar restringe-se ao procedimento mediante o qual deve se dar a deliberação conjunta dos Estados e do DF (disciplinado na LC 24/1975), não sendo possível a tal espécie normativa estipular hipótese de "deliberação exclusiva e unilateral" destes entes subnacionais.

Novamente aqui cabe a tradicional advertência de que, não obstante a aparente inconstitucionalidade, em provas de concurso público, a presunção de constitucionalidade da previsão legal deve ser aplicada.

Também de acordo com a previsão legal, o benefício pode ser concedido de maneira uniforme, abrangendo igualmente todos os optantes do Simples Nacional, ou de forma diferenciada para cada ramo de atividade.

18.11.6 Possibilidade de concessão unilateral de isenção ou redução da COFINS, PIS/PASEP e ICMS para produtos da cesta básica

A Lei Complementar 123/2006, no seu § 20-B, autoriza União, Estados e Distrito Federal a, mediante a edição de lei ordinária específica, destinada às microempresas e empresas de pequeno porte optantes pelo Simples Nacional, conceder benefícios fiscais tendentes a desonerar os produtos que compõem a cesta básica.

Vinculando-se ao citado objetivo, fica a União Federal autorizada a conceder unilateralmente isenção ou redução da COFINS e da contribuição para o PIS/PASEP, assim como é facultado aos Estados e ao Distrito Federal a concessão unilateral dos mesmos benefícios no tocante ao ICMS. Quanto a essa possibilidade, podem ser tecidas as mesmas observações levadas a cabo no tópico imediatamente anterior, que põem em dúvida a constitucionalidade de autorização legal para que Estados e DF concedam benefícios fiscais do ICMS sem a necessidade da deliberação conjunta no âmbito do CONFAZ.

18.11.7 Menor alíquota de IPTU para o Microempreendedor Individual – MEI

Segundo o art. 18-D da LC 123/2006, a tributação municipal do IPTU deverá assegurar tratamento mais favorecido ao Microempreendedor Individual – MEI (estudado no item 18.14 deste Capítulo) para **realização de sua atividade no mesmo local em que residir**, mediante aplicação da **menor alíquota vigente para aquela localidade**, seja residencial ou comercial, nos termos da lei, sem prejuízo de eventual isenção ou imunidade existente.

Neste ponto, é importante recordar que o art. 156, § 1.º, da CF/1988 permite ao Município estabelecer **alíquotas progressivas** de IPTU em razão do **valor** do imóvel (quanto mais valioso, maior a alíquota) e definir **alíquotas diferentes** de acordo com a **localização** (maiores alíquotas para imóveis localizados em áreas mais nobres) e o **uso** do imóvel (diferenciação de alíquotas de acordo com o uso industrial, comercial ou residencial).

Nesse contexto, imagine-se um microempreendedor individual que exerça a atividade empresarial de **impressão e venda de camisetas na sua própria residência.** A situação configuraria **uso misto** – residencial e comercial – do imóvel. Se, no Município em que é exercida a atividade, a legislação previsse alíquotas diferentes para tais usos, haveria dúvida do enquadramento do imóvel em questão como comercial ou residencial. O Código Tributário não tem solução apriorística para a situação proposta, que acabaria sendo resolvida de acordo com os critérios previstos nas legislações locais. Por oportuno, registre-se que não seria o caso de aplicação direta do princípio do "in dubio pro reo" (na dúvida, adotar a solução mais favorável ao acusado), que, conforme a nomenclatura permite entrever, em direito tributário somente se aplica em matéria de infrações (ver item 4.3.2 do Capítulo 4 desta obra).

Com o advento da regra ora estudada, em se tratando de um MEI, a solução será adotar **a menor das alíquotas**, o que colabora com a consecução do desígnio apontado pelo art. 18-E da LC 123/2006, qual seja, "a formalização de pequenos empreendimentos e a inclusão social e previdenciária".

18.12 TRIBUTAÇÃO MONOFÁSICA, SUBSTITUIÇÃO TRIBUTÁRIA E EXPORTAÇÃO

Um problema a ser equalizado pela LC 123/2006 e respectiva legislação regulamentadora envolvia as hipóteses em que as empresas optantes pelo Simples Nacional realizavam operações não sujeitas à incidência de alguns tributos incluídos na sistemática ou operações que, apesar de envolver tributos em regra incluídos no regime, estavam submetidas a uma regra de tributação por ele não abrangido. No primeiro caso, o risco seria de cobrança indevida, dado que a inclusão da receita na base de cálculo do Simples Nacional resultaria na cobrança automática de todos os tributos previstos na respectiva tabela de incidência. Na segunda hipótese, a simples aplicação das alíquotas previstas para as demais operações resultaria em *bis in idem*, uma vez que os tributos seriam cobrados segundo suas regras corriqueiras de incidência e, também, na forma do Simples Nacional.

Os casos mais relevantes referem-se às operações de exportação (imunes ao ICMS, ao IPI, ao PIS e à COFINS) e os casos de tributação concentrada em única etapa (monofásica) ou substituição tributária do ICMS (cujo recolhimento é em regra excluído da sistemática – LC 123/2006, art. 13, § 1º, XIII, a).

A solução dada pelo legislador envolveu a segregação das respectivas receitas, com a adoção de diversas regras específicas disciplinadas pela Resolução 140/2018 do CGSN.

As receitas decorrentes de exportação de mercadorias são computadas separadamente para a verificação do cumprimento dos limites para enquadramento no Simples Nacional (os efeitos, quanto à tributação, são analisados no tópico subsequente – 18.12). Dessa forma, considerando o limite máximo de receita bruta atualmente admitido, uma empresa de pequeno porte pode auferir, durante o exercício financeiro, R$ 4.800.000,00 de receitas com vendas no mercado interno e mais R$ 4.800.000,00 relativos a exportações e, ainda assim, permanecer legitimamente no regime ora estudado. É em virtude disto que se tem dito que os limites de receita foram dobrados para os exportadores. A frase é correta desde que não se interprete que o limite passou a ser de R$ 9.600.000, sem restrições a composição da receita, visto que o limite para receitas obtidas no mercado interno continua sendo de apenas R$ 4.800.000,00. O detalhe é somente o acréscimo de mais uma quota, de mesmo valor, como limite específico para as receitas com exportação de mercadorias.

Fundamental recordar que, no tocante ao ICMS, é aplicável o **sublimite de receita bruta** de R$ 3.600.000,00 (regra geral) ou de R$ 1.800.000,00 (especificamente nos Estados com participação no PIB nacional inferior a 1% e que tenham realizado a opção prevista no art. 19 da LC 123/2006), conforme detalhado no item 18.4 deste Capítulo.

Por fim, registre-se que o art. 21-B do Estatuto se impõe aos Estados e ao Distrito Federal a observância, em relação ao ICMS, do prazo mínimo de 60 dias, contado a partir do primeiro dia do mês do fato gerador da obrigação tributária, para estabelecer a data de vencimento do imposto devido por substituição tributária, tributação concentrada em uma única etapa (monofásica) e por antecipação tributária com ou sem encerramento de tributação, nas hipóteses em que a responsabilidade recair sobre operações ou prestações subsequentes, na forma regulamentada pelo Comitê Gestor. Sobre outra importante restrição relativa à adoção da substituição tributária, recomenda-se atenção especial aos comentários constantes do final do tópico 18.9 deste Capítulo.

18.13 SITUAÇÕES ABRANGIDAS POR IMUNIDADE OBJETIVA

Apesar de instituir o Simples Nacional fundada em expressa autorização constitucional (CF, art. 146, III, "d" e parágrafo único), a LC 123/2006 não poderia simplesmente afastar os demais dispositivos constitucionais relativos à tributação e impedir que os optantes pela sistemática fossem beneficiados pelas imunidades tributárias.

No tocante às **imunidades subjetivas** (aquelas que protegem diretamente pessoas), tal questão pode ser considerada irrelevante, pois as pessoas imunizadas não podem optar pelo Simples Nacional. Isso ocorre basicamente por dois motivos. Em alguns casos, em virtude de os imunizados não se enquadrarem no conceito de microempresa ou empresa de pequeno porte (LC 123/2006, art. 3º), como ocorre com entes federados, autarquias, fundações, templos de qualquer culto, partidos políticos, entidades sindicais dos trabalhadores e instituições de educação e assistência social sem fins lucrativos. Nas demais hipóteses a opção encontra obstáculo expresso nas vedações da LC 123/2006, como se verifica com as empresas públicas e sociedades de economia mista consideradas imunes, impedidas de optar por terem entidade estatal como sócio (art. 17, III).

Já no que concerne às **imunidades objetivas** (aquelas em que a proteção constitucional recai sobre o que, não fora a própria imunidade, seria objeto tributação), a questão ganha relevo, pois é relativamente comum que optantes pelo Simples Nacional realizem operações imunizadas ou envolvendo objetos imunizados e o tributo cuja cobrança é obstada esteja incluído na sistemática. É o que ocorre essencialmente com:

> a) livros, jornais, periódicos e o papel destinado a sua impressão (imunes a impostos em virtude do art. 150, VI, *d*, da CF/88 e à CBS por conta do art. 149-B, parágrafo único, também da CF/88);
>
> b) fonogramas e videofonogramas musicais produzidos no Brasil contendo obras musicais ou literomusicais de autores brasileiros e/ou obras em geral interpretadas por artistas brasileiros bem como os suportes materiais ou arquivos digitais que os contenham, salvo na etapa de replicação industrial de mídias ópticas de leitura a laser (imunes a impostos em virtude do art. 150, VI, *e*, da CF/88 e à CBS por conta do art. 149-B, parágrafo único, também da CF/88);
>
> c) receitas decorrentes de exportação (imunes a PIS e COFINS em virtude do 149, § 2º, I, da CF/88);
>
> d) exportações de produtos industrializados (imunes ao IPI em virtude do art. 153, § 3º, III, da CF/88);
>
> e) exportações de mercadorias ou serviços (imunes ao ICMS em virtude do art. 155, § 2º, X, *a*, da CF/88);
>
> f) exportações de bens e serviços (imunes à CBS e ao IBS em virtude do art. 156-A, § 1º, III combinado com o art. 195, § 16, ambos da CF/88)
>
> f) operações que destinem a outros Estados petróleo, inclusive lubrificantes, combustíveis líquidos e gasosos dele derivados, e energia elétrica (imunes ao ICMS em virtude do art. 155, § 2º, X, *b*, da CF/88);
>
> g) prestações de serviço de comunicação nas modalidades de radiodifusão sonora e de sons e imagens de recepção livre e gratuita (imunes ao ICMS, em virtude do art. 155, § 2º, X, *d*, da CF/88, bem como à CBS e ao IBS, por conta do art. 156-A, § 1º, XI combinado com o art. 195, § 16, ambos também da CF/88).

O alcance das imunidades previstas nas letras "a" (cultural) e "b" (da música nacional ou musical) é analisado detalhadamente nos tópicos 2.18.4.4 e 2.18.4.5 do Capítulo 2 desta obra. Entretanto, para o objetivo específico desse tópico, crucial o entendimento de que, por serem puramente objetivas, elas somente impedem a incidência dos impostos que gravariam diretamente os objetos imunizados, como são os casos relativos ao ICMS e ao IPI (ambos incluídos no Simples Nacional). Nada impede que se cobre, da livraria ou da loja que vende CDs e DVDs com música nacional, o imposto de renda incidente sobre o lucro auferido com a venda dos objetos imunes, pois em tal hipótese as mercadorias não estarão sendo diretamente tributadas.

As demais imunidades constantes da lista, além de serem objetivas, nos termos já estudados, impedem especificamente a cobrança dos tributos que são apontados em cada item e que estão incluídos no Simples Nacional, devendo, portanto, ser consideradas quando do cálculo dos valores devidos na sistemática.

Conforme já se deixou entrever no tópico anterior (item 18.11), a LC 123/2006 não estipula como dar efetividade às imunidades acima apontadas quando as operações protegidas são realizadas por optantes do Simples Nacional. A omissão poderia levar o intérprete mais apressado à conclusão de que, em tendo a sistemática previsto o pagamento unificado de todos os tributos nela incluídos, a disciplina legal simplesmente teria tornado a imunidade inaplicável. Tal raciocínio, conforme já explicado, é equivocado, pois a LC 123/2006 não pode inconstitucionalmente se sobrepor às normas constitucionais imunizantes.

Coube então ao Comitê Gestor do Simples Nacional normatizar a solução do problema, o que foi feito pelo art. 30 da Resolução CGSN nº 140/2018, que assim dispõe:

> "Art. 30. Na apuração dos valores devidos no âmbito do Simples Nacional, a imunidade constitucional sobre alguns tributos não afeta a incidência quanto aos demais, caso em que a alíquota aplicável corresponderá ao somatório dos percentuais dos tributos não alcançados pela imunidade".

Assim, por exemplo, ao tributar as receitas relativas à venda de livros, a livraria optante **tem o direito de excluir da alíquota do Simples Nacional o percentual relativo ao ICMS** – da alíquota já não consta percentual relativo ao IPI, que só é devido pelo optante industrial – e **realizar o pagamento utilizando a alíquota correspondente à soma dos percentuais dos demais tributos incluídos na sistemática**. Por óbvio, se o optante auferir receita em mais de uma atividade, as receitas devem ser destacadas e o cálculo ora exposto somente abrangerá a parcela auferida com a operação imune (venda de livros, no exemplo), enquanto outras receitas recebidas (com vendas de alimentos num café, no interior da livraria) serão tributadas com alíquota total, sem qualquer abatimento.

Digno de nota que as receitas decorrentes de exportação, além de passar pela segregação para possibilitar a eficaz aplicação das regras imunizantes citadas nos itens "c", "d" e "e", constantes da lista acima, também foram contempladas com um limite em separado, conforme detalhado no tópico imediatamente anterior (item 18.11).

18.14 DESONERAÇÃO DA AQUISIÇÃO DE BENS PARA O ATIVO IMOBILIZADO

O art. 65, § 4º, da Lei Complementar 123/2006 autoriza a União a reduzir a **zero** as alíquotas do **IPI**, da **Cofins**, da **Contribuição para o PIS/PASEP**, da **Cofins-importação** e da **Contribuição para o PIS/Pasep-Importação**, incidentes na aquisição, ou importação, de equipamentos, máquinas, aparelhos, instrumentos, acessórios, sobressalentes e ferramentas que os acompanhem, na forma definida em regulamento, quando **adquiridos, ou importados, diretamente por microempresas ou empresas de pequeno porte para incorporação ao seu ativo imobilizado**. Igual autorização foi concedida aos Estados e ao Distrito Federal, em relação às alíquotas do **ICMS**.

Apesar de a regra merecer elogios do ponto de vista dos seus nobres objetivos, não parece consoante com a Constituição Federal o estabelecimento na via legislativa de mais exceções ao princípio da legalidade, mesmo que para benefício do contribuinte. Poder-se-ia afirmar que se o próprio legislador teria competência para conceder um benefício fiscal, também lhe seria lícito autorizar, por lei, que o Poder Executivo o fizesse.

Entretanto, conforme abordado em tópico anterior, não é legítimo ao Poder Legislativo abrir mão da competência que lhe foi constitucionalmente outorgada. Caso se entenda necessário atribuir ao Executivo o poder de conceder um benefício sujeito ao princípio da reserva legal, que se operacionalize tal intento mediante a utilização do instituto da Lei Delegada, conforme previsto no art. 68 da Magna Carta, cumpridos os requisitos específicos para o manejo de tal espécie legislativa. O que não se aceita, salvo expressa autorização constitucional, é a delegação entre os Poderes de Estado de suas funções típicas, o que parece que está a acontecer no caso objeto de exame.

18.15 PERCENTUAIS DE INCIDÊNCIA E REPARTIÇÃO DAS RECEITAS

Conforme já comentado, o valor a ser recolhido na sistemática do Simples Nacional é calculado por intermédio da aplicação de determinada alíquota sobre o montante da receita bruta da microempresa ou empresa de pequeno porte optante, abatendo-se, do resultado assim obtido, a denominada "parcela a deduzir".

Nos termos inicialmente previstos pela LC 123/2006, a incidência era totalmente cumulativa, de forma que a microempresa ou empresa de pequeno porte optantes pela sistemática, em regra, não faziam jus à apropriação nem transferiam créditos relativos a impostos ou contribuições abrangidos pelo Simples Nacional. Assim, não se aplicava ao optante nem a quem com ele transacionava a não cumulatividade característica do IPI, do ICMS e do PIS/Cofins não cumulativos, não havendo, por exemplo, a apropriação de crédito por parte do adquirente de insumo tributado pelo IPI e pelo ICMS.

A regra servia como um desestímulo a que as sociedades empresárias não optantes pelo Simples Nacional adquirissem mercadorias das optantes, tendo em vista a impossibilidade de crédito relativo ao ICMS. Resolvendo o problema, **a Lei Complementar 128/2008 veio a possibilitar que o adquirente não optante se credite do ICMS incidente sobre as suas aquisições de mercadorias de microempresa ou empresa de pequeno porte optante pelo Simples Nacional**, desde que destinadas à comercialização ou industrialização e observado, como limite, o ICMS efetivamente devido pelas optantes pelo Simples Nacional em relação a essas aquisições (LC 123/2006, art. 23, § 1.º).

Deve-se atentar para o fato de que **continua não sendo possível o creditamento por parte do optante do Simples Nacional**, sendo a novidade aplicável somente ao adquirente **não optante** pela sistemática, com os limites e condições explicitados a seguir.

Na hipótese de creditamento, a alíquota aplicável ao cálculo do crédito deverá ser informada no documento fiscal e corresponderá ao percentual de ICMS previsto nos Anexos I e II da Lei Complementar 123/2006 para a faixa de receita bruta a que a microempresa ou a empresa de pequeno porte comercial ou industrial estiver sujeita no mês anterior ao da operação.

Nos estritos termos legais, **não haverá direito a crédito do adquirente não optante nas seguintes hipóteses**:

I – a microempresa ou empresa de pequeno porte estiver sujeita à tributação do ICMS no Simples Nacional por **valores fixos** mensais;

II – a microempresa ou a empresa de pequeno porte **não informar a alíquota aplicável ao cálculo** do crédito no documento fiscal;

III – houver **isenção** estabelecida pelo Estado ou Distrito Federal que abranja a faixa de receita bruta a que a microempresa ou a empresa de pequeno porte estiver sujeita no mês da operação;

IV – o remetente da operação ou prestação considerar, por opção, que a alíquota determinada na forma do *caput* e dos §§ 1.º e 2.º do art.

18 da LC 123/2006 deverá incidir sobre a receita recebida no mês (**adoção de regime de caixa**, conforme detalhado a seguir).

Também com o objetivo de afastar eventual desestímulo à aquisição de mercadorias dos optantes do Simples Nacional, a Lei Complementar 123/2006 **facultou** aos Estados e ao Distrito Federal, "mediante deliberação exclusiva e unilateral", a concessão às pessoas jurídicas e àquelas a elas equiparadas pela legislação tributária **não optantes** pelo Simples Nacional de **crédito correspondente ao ICMS incidente sobre os insumos utilizados nas mercadorias adquiridas de indústria optante pelo Simples Nacional**, sendo vedado o estabelecimento de diferenciação no valor do crédito em razão da procedência dessas mercadorias (LC 123/2006, art. 23, § 5.º).

Assim, caso os Estados e o DF resolvam se utilizar da faculdade legal, se a não optante "B" adquirir uma mercadoria de uma indústria optante "A", poderá se creditar do ICMS incidente sobre os insumos que "A" utilizou na industrialização da mercadoria adquirida. Perceba-se que, nessa hipótese, "A" estará transferindo para "B" um crédito que não possui (uma vez que os optantes do Simples Nacional jamais têm direito a crédito do ICMS). A situação pode ser visualizada por intermédio do seguinte esquema:

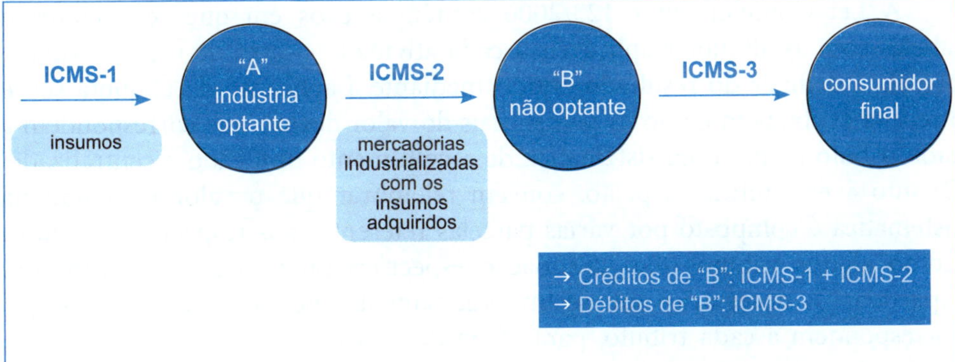

Obs: *o crédito relativo ao ICMS-1 somente será garantido se os Estados e DF se utilizarem da permissão do art. 23, § 5.º, da LC 123/2006.*

Na situação proposta, "B" tem o direito a crédito relativo ao ICMS-2 recolhido pelo optante na sistemática do Simples Nacional e, caso os Estados e o DF utilizem a prerrogativa ora analisada, "B" também tem o direito a crédito relativamente ao ICMS-1, referente aos insumos adquiridos por "A" para a industrialização da mercadoria vendida a "B".

A situação garante a efetiva não cumulatividade do ICMS, pois, no final da cadeia produtiva, do débito relativo ao ICMS-3, calculado sobre o valor da venda feita ao consumidor, será abatido todo o ICMS cobrado nas etapas anteriores (ICMS-1 + ICMS-2), em absoluta consonância com o disposto no art. 155, § 2.º, I, da Constituição Federal.

No que concerne ao **regime de contabilização da receita bruta** do optante e, portanto, da base de cálculo do Simples Nacional, a regra é considerar os valores **auferidos** no mês ("regime de competência"), mas a lei permitiu a opção, a ser formalizada na forma regulamentada pelo Comitê Gestor, de adotar como base os valores efetivamente **recebidos** no mês ("regime de caixa"). Neste caso, a opção será irretratável para todo o ano-calendário (LC 123/2006, art. 18, § 3º).

Em consonância com o princípio da isonomia, a alíquota é **progressiva**, de forma que os optantes com maior receita bruta e, presumivelmente, maior capacidade contributiva estarão sujeitos a alíquotas mais elevadas. Por conseguinte, é correto afirmar que o montante devido aumenta **mais que proporcionalmente** o valor da receita bruta auferida.

As alíquotas são também diferentes de acordo com a **atividade exercida** pelo sujeito passivo. Assim, a título de exemplo, as alíquotas aplicadas ao setor industrial são as maiores que as aplicadas ao comercial, em virtude do IPI a que aquele está sujeito e este não. Já as alíquotas aplicáveis aos prestadores de serviço são diferentes de acordo com a espécie do serviço prestado.

A Lei Complementar 123/2006 contém anexos em que se encontram tabelas com as alíquotas aplicáveis a cada atividade e faixa de receita bruta, a parcela a deduzir do resultado obtido mediante a aplicação da alíquota sobre a receita bruta, bem como os percentuais do valor devido que correspondem a cada tributo incluído na sistemática de recolhimento unificado e centralizado. Quanto a este último aspecto, convém relembrar que o valor recolhido na sistemática é composto por várias parcelas referentes aos respectivos tributos. Como alguns tributos têm destinação específica ou têm suas arrecadações repartidas, é necessário que sejam precisamente indicadas as parcelas que correspondem a cada tributo, para efeito de partilha.

A lógica de criação de uma "parcela a deduzir" é garantir que o aumento de alíquota de uma faixa de receita bruta para a imediatamente superior somente atinja a parcela da receita que ultrapassar o limite da faixa anterior.

A título de exemplo, de acordo com o "Anexo I", o comerciante que tenha receita bruta anual de até R$ 180.000,00 se submeterá à alíquota de 4,00%, enquanto aquele cuja receita bruta anual for de R$ 180.000,01 a R$ 360.000,00 estará sujeito à alíquota de R$ 7,30%.

Considerando esses dados, se não fosse a parcela a deduzir, um comerciante com receita bruta anual de exatamente R$ 180.000,00 seria devedor de R$ 7.200,00 na sistemática do Simples Nacional (4,00% da receita bruta). Já o comerciante que obtivesse, no mesmo período, receita bruta anual de R$

180.100,00, teria que pagar R$ 13.147,30 (7,3% da receita bruta). Portanto, uma diferença abissal de quase 6 mil reais somente por conta de R$ 100,00 a mais de receita bruta.

O problema é resolvido pela subtração da parcela a deduzir prevista no "Anexo I" (R$ 5.940,00), chegando-se ao valor efetivamente devido de R$ 7.207,30. Tal valor é superior em apenas R$ 7,30 ao que seria recolhido com a receita bruta menor em R$ 100,00. Perceba-se que o montante corresponde exatamente à aplicação da alíquota da faixa superior (7,30%) sobre a parcela que excede a faixa inferior (R$ 100,00). Dessa forma, fica garantido ao contribuinte enquadrado na segunda faixa que os seus R$ 180.000,00 iniciais serão tributados exatamente da mesma forma que as receitas brutas dos comerciantes enquadrados na primeira faixa e que a nova alíquota incidirá apenas sobre a parcela que exceder o limite superior dessa faixa.

Perceba-se também que o valor da "parcela a deduzir" (R$ 5.940,00) corresponde exatamente à diferença das alíquotas das primeiras faixas (3,30%) aplicada sobre o teto da faixa inicial (R$ 180.000,00). Assim, ao ser abatida tal parcela, o efeito é o já demonstrado, qual seja, o de garantir que a faixa inicial de receita bruta não se sujeitará à alíquota da faixa superior.

A mesma linha de raciocínio é mantida nas faixas subsequentes, até a penúltima. Registre-se que o valor bastante elevado da "parcela a deduzir" da última faixa (R$ 3.600.000,01 a 4.800.000,00) decorre do fato de esta ser a única faixa em que necessariamente todos os contribuintes já ultrapassaram o sublimite previsto no art. 19, *caput* e § 4º, da LC 123/2006 (R$ 1.800.000,00 ou R$ 3.600.000,00, dependendo do Estado). Nesses casos, é necessário que a parcela a deduzir também tenha o efeito de retirar do valor devido o montante relativo ao ICMS (ou ISS, dependendo do caso) que, conforme detalhado no item 18.4 deste Capítulo, será pago fora do Simples Nacional, de acordo com as regras gerais de incidência do respectivo ente federado.

De qualquer forma, o uso da parcela a deduzir tem o condão de fazer com que as **alíquotas nominais** apresentadas nos Anexos da LC 123/2006 sejam superiores às **alíquotas efetivas**, que correspondem àquelas que, aplicadas diretamente sobre os valores de receita bruta resultam exatamente nos valores a serem recolhidos, sem a utilização da parcela a deduzir. Neste contexto o art. 18 do Estatuto estabelece que o valor devido mensalmente seja calculado mediante a utilização da **alíquota efetiva**, calculada da forma prevista no § 1º-A do mesmo dispositivo.

Um outro aspecto concernente ao cálculo dos valores devidos mensalmente no Simples Nacional merece o devido destaque. A sistemática exige que se leve em consideração, em separado, a receitas bruta obtida em cada atividade exercida pelo optante (comercial, industrial, de serviços e locação de bens e de serviços específicos). Sobre **cada base** assim obtida, deve incidir a correspondente **alíquota efetiva**, calculada tendo em vista a alíquota nominal prevista no anexo aplicável da LC 123/2006.

18.16 O MICROEMPREENDEDOR INDIVIDUAL – MEI E A SISTEMÁTICA DE RECOLHIMENTO EM VALORES FIXOS

Ainda fundada no princípio da isonomia, a LC 103/2006 criou, dentro da sistemática do Simples Nacional, um subsistema de regras ainda mais benéficas para os optantes com diminutos empreendimentos. Trata-se do Microempreendedor Individual – MEI, conceito que abrange aqueles que cumpram os seguintes requisitos (art. 18-A, § 1º):

a) ser optante pelo Simples Nacional;
b) ter auferido receita bruta, no ano-calendário anterior, de até R$ 81.000,00;
c) ser empresário individual que se enquadre na definição do art. 966 do Código Civil ou empreendedor que exerça as atividades de industrialização, comercialização e prestação de serviços no âmbito rural; de comercialização e processamento de produtos de natureza extrativista; ou outras atividades determinadas pelo Comitê Gestor do Simples Nacional, de forma a evitar a fragilização das relações de trabalho;
d) não incidir em qualquer das situações de vedação à opção pela sistemática no MEI.

A mencionada definição de empresário prevista no art. 966 do Código Civil engloba "quem exerce profissionalmente atividade econômica organizada para a produção ou a circulação de bens ou de serviços".

A expressa extensão da possibilidade de opção pela sistemática de MEI aos empreendedores que exerçam "as atividades de industrialização, comercialização e prestação de serviços no âmbito rural" foi realizada com o cuidado de garantir que o optante **não perderá a condição de segurado especial da Previdência Social** (art. 18-E, § 5º). A providência é salutar no sentido abrir a milhões de pequenos produtores, comerciantes e prestadores de serviços no campo a possibilidade de ingressarem neste verdadeiro **"MEI-rural"** e colherem os benefícios decorrentes da formalização, sem sofrerem prejuízos na sua condição previdenciária especial.

No caso específico do transportador autônomo de cargas inscrito como MEI (conhecido como **"MEI – caminhoneiro"**), o limite de receita bruta será de R$ 251.600,00, e sua Contribuição para a Seguridade Social, relativa à pessoa do empresário, na qualidade de contribuinte individual será de 12% (doze por cento) sobre o salário-mínimo mensal (art. 18-F).

Enquadrando-se no conceito, o microempreendedor individual poderá optar pelo recolhimento dos impostos e contribuições abrangidos pelo Simples Nacional em valores fixos mensais, **independentemente da receita bruta por ele auferida no mês** (respeitado, obviamente, o próprio limite para enquadramento na sistemática).

O valor fixo mensal recolhido na sistemática corresponde à soma das seguintes parcelas:

a) R$ 45,65 (reajustáveis na mesma data de reajuste dos benefícios do Regime Geral da Previdência Social), a título de **Contribuição para a Seguridade Social, relativa à pessoa do empresário, na qualidade de contribuinte individual**;

b) R$ 1,00, a título de **ICMS** (caso esteja sujeito ao tributo);

c) R$ 5,00, a título de **ISS (caso seja contribuinte do imposto)**.

O MEI **é isento do IR, da CSLL, do IPI, da CPP (caso não possua empregado), da CSLL, do PIS e da COFINS.**

Eventual inadimplência do valor correspondente à Contribuição para a Seguridade Social relativa à pessoa do empresário tem como consequência a não contagem da competência em atraso para fins de carência para obtenção dos benefícios previdenciários respectivos

Como visto, o microempreendedor individual optante pela sistemática anteriormente exposta se sujeita a regime próprio e bastante favorecido de tributação. Assim, não lhe é franqueada a possibilidade de adoção da sistemática de valores fixos mensais para o recolhimento do ICMS e do ISS eventualmente instituída pelos Estados, DF e Municípios e não será beneficiado por qualquer redução ou dedução do valor a ser recolhido em virtude de isenção ou redução do ISS ou ICMS concedidas por tais entes federados. Pelos mesmos motivos, não lhe são aplicáveis as isenções específicas para as microempresas e empresas de pequeno porte concedidas pelo Estado, Município ou Distrito Federal, a partir de 1.º de julho de 2007, que abranjam integralmente a faixa de receita bruta anual de até R$ 81.000,00.

Levando em consideração os diminutos valores recolhidos pelo MEI a título de ICMS e ISS, é bastante possível que, no caso de inadimplemento, o custo de cobrança administrativa e judicial supere em muito os valores a serem recebidos. Considerando tal possibilidade, a LC 123/2006 **autoriza** os entes subnacionais a conceder **remissão** dos citados débitos inadimplidos isolada ou simultaneamente.

Os §§ 5.º a 17 do art. 18-A da LC 123/2006 estipulam as regras relativas à opção, ao enquadramento e ao desenquadramento na sistemática de recolhimento de valores fixos, com seus respectivos efeitos temporais. As regras são semelhantes àquelas previstas para a opção, o enquadramento e o desenquadramento no próprio Simples Nacional, mas aos candidatos a cargos públicos, em cujo concurso público seja objeto de cobrança o "Supersimples", aconselha-se a leitura atenta dos dispositivos.

Não poderá optar pelo recolhimento do Simples Nacional com valores fixos o Microempreendedor Individual (LC 123/2006, art. 18-A, § 4.º):

a) cuja atividade seja tributada na forma do Anexo V da LC 123/2006 (a Lei também faz referência ao Anexo VI, hoje inexistente), salvo autorização relativa a exercício de atividade isolada na forma regulamentada pelo Comitê Gestor;
b) que possua mais de um estabelecimento;
c) que participe de outra empresa como titular, sócio ou administrador; ou
d) constituído na forma de startup.

Um possível problema decorrente da sistemática favorecida aplicável aos MEI seria a criação de um verdadeiro incentivo à nefasta prática brasileira segundo a qual pessoas jurídicas que querem reduzir seus encargos trabalhistas e previdenciários exigem que as pessoas físicas que lhe prestam serviços criem "empresas" para que estas (e não seus titulares) sejam contratadas. Tal forma de contratar pode ser considerada uma simulação nos casos em que se percebe que estão claramente presentes os elementos que caracterizam a relação de emprego, quais sejam: a **não eventualidade** (a necessidade é permanente e renovada), a **subordinação hierárquica** (dever de obediência), a **pessoalidade** (impossibilidade de substituição da pessoa física que presta o serviço), a **onerosidade** (existência de contraprestação de natureza salarial) e a **assunção dos riscos da atividade econômica** por quem admite, assalaria e dirige o empregado.

Visando a evitar o incremento deste tipo de contratação, a Lei Complementar 139/2011 acresceu ao art. 18-A da LC 123/2006 o § 4.º-B, estabelecendo que o CGSN determinará as atividades autorizadas a optar pela sistemática de recolhimento aplicável ao MEI, de forma a "**evitar a fragilização das relações de trabalho**". Assim, torna-se possível ao Comitê Gestor impedir que atividades tipicamente desenvolvidas dentro da relação de emprego sejam artificialmente prestadas por supostas "empresas" em detrimento do direito de verdadeiros empregados travestidos de empresários.

Por fim, como o Microempreendedor Individual – MEI se enquadra no conceito de pequeno empresário, a ele são aplicáveis também as regras de simplificação das obrigações acessórias explanadas no item a seguir.

18.17 OBRIGAÇÕES ACESSÓRIAS A CARGO DO OPTANTE

A microempresa, inclusive o microempreendedor individual (MEI), ou empresa de pequeno porte optante pelo Simples Nacional deve apresentar anualmente à Secretaria da Receita Federal do Brasil uma **declaração única e simplificada de informações socioeconômicas e fiscais**. Esta declaração deverá ser disponibilizada aos órgãos de fiscalização tributária e previdenciária, conforme o prazo e modelo aprovados pelo Comitê Gestor do Simples Nacional (CGSN). Importante destacar que o cumprimento desta exigência não exime o declarante da obrigatoriedade de prestar informações relativas a terceiros.

De acordo com o § 1º do art. 25 e o parágrafo único do art. 25-B da Lei Complementar 123/2006, as declarações apresentadas pelos optantes do Simples Nacional, inclusive pelos MEI, **constituem confissão de dívida** e instrumentos hábeis e suficientes para a exigência dos tributos e contribuições que não tenham sido recolhidos resultantes das informações prestadas.

A regra toma por base a admissão jurisprudencial da possibilidade de que a lei atribua às declarações em que os contribuintes confessam débitos e não os pagam no vencimento o efeito de **constituição do crédito tributário**, tornando-o exigível, independentemente de qualquer procedimento administrativo ou de notificação ao contribuinte (REsp 850.423-SP – analisado no item 9.1.5.4.2). O entendimento acabou sendo cristalizado na Súmula 436 do STJ, na qual se afirma o seguinte:

> **STJ – Súmula 436** – "A entrega de declaração pelo contribuinte reconhecendo débito fiscal constitui o crédito tributário, dispensada qualquer outra providência por parte do fisco."

Na prática, se o optante do Simples Nacional formula sua declaração informando um débito e não efetua o recolhimento do montante confessado no prazo legal, os valores podem ser imediatamente encaminhados para inscrição em dívida ativa e posterior ajuizamento de ação de **execução fiscal**, respeitado o prazo **prescricional** – e não decadencial, pois a confissão constituiu o crédito – contado a partir da data do **vencimento** do débito.

Eventual situação de **inatividade** do optante pelo Simples Nacional deve ser informada na declaração, sendo considerada inativa a microempresa ou a empresa de pequeno porte que **não apresente mutação patrimonial e atividade operacional durante todo o ano-calendário** (LC 123/2006, art. 25, §§ 2.º e 3.º).

Para promover a cooperação e integração das administrações tributárias da União, a Lei Complementar 214/2025 adicionou à LC 123/2006 o art. 25-A, que prevê o **compartilhamento entre as administrações tributárias de todos os entes federados**, na forma estabelecida pelo CGSN dos "**dados dos documentos fiscais e declarações de qualquer espécie**".

Além da apresentação da declaração, as entidades optantes pelo Simples Nacional ficam obrigadas a:

a) emitir documento fiscal de venda ou prestação de serviço, de acordo com instruções expedidas pelo Comitê Gestor;

b) manter em boa ordem e guarda os documentos que fundamentaram a apuração dos impostos e contribuições devidos e o cumprimento das obrigações acessórias a que se referem o arts. 25 e 25-B da Lei Complementar 123/2006 enquanto não decorrido o prazo decadencial e não prescritas eventuais ações que lhes sejam pertinentes;

c) manter o livro-caixa em que será escriturada sua movimentação financeira e bancária.

Conforme previsto no art. 26, § 1.º, da Lei Complementar 123/2006, **os microempreendedores individuais – MEI** farão a comprovação da receita bruta mediante apresentação do **registro de vendas ou de prestação de serviços**, na forma estabelecida em ato do Comitê Gestor, **ficando dispensados da emissão do documento fiscal de venda ou prestação de serviço**, ressalvadas as hipóteses de emissão obrigatória previstas pelo referido Comitê.

Nesta hipótese, deverão ser anexados ao registro de vendas ou de prestação de serviços, na forma regulamentada pelo Comitê Gestor, os documentos fiscais comprobatórios das entradas de mercadorias e serviços tomados referentes ao período, bem como os documentos fiscais relativos às operações ou prestações realizadas eventualmente emitidos.

Apesar de o citado § 1.º atribuir ao Comitê Gestor a definição das hipóteses de dispensa da emissão do documento fiscal nas vendas e prestações de serviços, o § 6.º, II, do mesmo dispositivo obriga a emissão quando o destinatário é cadastrado no Cadastro Nacional de Pessoas Jurídicas – CNPJ e a dispensa no caso de o destinatário ser o consumidor final da mercadoria ou serviço.

Fundada no fato de o Código Tributário Nacional não haver submetido a estipulação de obrigações acessórias ao princípio da reserva legal, o Estatuto atribuiu ao **Comitê Gestor** a possibilidade de estabelecer **outras obrigações acessórias**, que devem ser atendidas por meio do Portal do Simples Nacional. A exclusividade reforça o caráter nacional da sistemática, restando proibida aos entes federados a criação de exigências adicionais e unilaterais. A ressalva reside apenas na possibilidade legalmente assegurada de os entes subnacionais instituírem programas de cidadania fiscal (LC 123, art. 26, § 4.º).

Uma outra regra no caminho da simplificação da burocracia a que estão submetidas as microempresas e empresas de pequeno porte foi a possibilidade concedida pelo legislador de que as optantes possam adotar contabilidade simplificada para os registros e controles das operações realizadas, conforme regulamentação do Comitê Gestor.

18.18 PRIVILÉGIO NO CUMPRIMENTO DE NOVAS OBRIGAÇÕES

A Lei Complementar 123/2006, já no seu artigo inaugural, estatui regras a serem seguidas para garantir às microempresas e empresas de pequeno porte tratamento diferenciado, simplificado e favorecido também para cumprimento de **novas obrigações** que venham a ser legalmente estabelecidas.

Em primeiro lugar, exige-se que o próprio instrumento legal institutivo da obrigação especifique a diferenciação de tratamento (§ 3.º).

Além disso, caso sejam necessários procedimentos adicionais que dependam de providências a cargo do Poder Público (emissão de documentos, realização de vistorias e atendimento de demandas das microempresas e empresas de pequeno porte), o ato institutivo estabelecerá prazo máximo para que o órgão público competente atue, sob pena de inexigibilidade da nova obrigação até que seja realizada visita para fiscalização orientadora e seja reiniciado o prazo para regularização (§§ 4.º e 5.º). Da expressa previsão do caráter orientador da fiscalização resulta a **impossibilidade de qualquer punição ao fiscalizado nesta etapa**, conclusão reforçada pela previsão de que a fiscalização terá o condão de reiniciar o prazo para regularização.

Digno de nota destacar que tanto a ausência de especificação do tratamento diferenciado, simplificado e favorecido, quanto a de determinação de prazos máximos tornarão a nova obrigação inexigível para as microempresas e empresas de pequeno porte (§ 6.º).

Por fim, adiantando-se à qualificação que o Poder Judiciário dará aos casos de eventuais descumprimentos das normas ora estudadas, o legislador estabeleceu que a desobediência às regras ora estudadas resultará em atentado aos direitos e garantias legais assegurados ao exercício profissional da atividade empresarial (§ 7.º).

18.19 RESPONSABILIDADE TRIBUTÁRIA SOLIDÁRIA DOS SÓCIOS NA DISSOLUÇÃO DA SOCIEDADE

Conforme analisado no item 6.6.1 do Capítulo 06 desta obra, o STJ entende que "os bens do sócio de uma pessoa jurídica comercial não respondem, em caráter solidário, por dívidas fiscais assumidas pela sociedade. A responsabilidade tributária imposta por sócio-gerente, administrador, diretor ou equivalente só se caracteriza quando há dissolução irregular da sociedade ou se comprova infração à lei praticada pelo dirigente" (AgRg no REsp 276.779/SP).

O Tribunal também não considera válida qualquer regra de atribuição de responsabilidade tributária aos sócios por intermédio de **lei ordinária**. Noutros termos, não havendo previsão no CTN de responsabilidade do sócio pelo simples fato de ser sócio, a possibilidade de responsabilização dependeria sempre da comprovação de sua atuação irregular, nos termos dos arts. 135 e 137 do Código.

Ocorre que, seguindo a linha de desburocratização, o art. 9.º da **Lei Complementar** 123/2006 estipula que "o registro dos atos constitutivos, de suas alterações e **extinções (baixas)**, referentes a empresários e pessoas jurídicas em qualquer órgão dos 3 (três) âmbitos de governo ocorrerá **independentemente da regularidade de obrigações tributárias**, previdenciárias ou trabalhistas, principais ou acessórias, do empresário, da sociedade, dos sócios, dos administradores ou de empresas de que participem, sem prejuízo das responsabilidades do empresário, dos titulares, dos sócios ou dos administradores por tais obrigações, apuradas antes ou após o ato de extinção".

A novidade abre espaço para a regular extinção de pessoas jurídicas **sem a apresentação de certidões negativas de débitos tributários**, o que, seguindo a mencionada jurisprudência do STJ, poderia resultar na impossibilidade de cobrança do tributo eventualmente devido e de seus acréscimos, seja da pessoa extinta, seja dos seus sócios (caso não tenham cometido irregularidades), com notório prejuízo para a Fazenda Pública.

Para solucionar o problema, foi acrescido ao dispositivo um § 5.º, afirmando que a **solicitação de baixa** do empresário ou da pessoa jurídica **importa responsabilidade solidária dos empresários, dos titulares, dos sócios e dos administradores no período da ocorrência dos respectivos fatos geradores**. Assim, levando-se em consideração que o pedido de baixa, apesar de ser uma providência legalmente autorizada, constitui situação apta a por si só gerar responsabilidade independentemente da prática de qualquer ato ilícito, não mais é possível invocar, para os casos ora propostos, o tradicional entendimento do STJ.

Já houve, é verdade, outras leis que tentaram inserir regras semelhantes no direito brasileiro. A diferença fundamental é que, respeitando o entendimento do STJ, a inserção ora analisada foi feita mediante **lei complementar**, o que assegura sua validade.

Não se tratou de mais um abuso de ordem fiscal do Estado. A previsão é razoável, pois o legislador, na linha da praticidade e da desburocratização pleiteadas pelos contribuintes facilitou bastante a baixa dos atos constitutivos e, como contrapartida, editou norma visando a evitar que a novidade criasse um espaço para fraudes.

Digno de nota que, conforme detalhado no item 6.6.2 do Capítulo 6 desta obra, a mesma Lei Complementar 147/2014, que deu a redação atual aos dispositivos analisados neste tópico, introduziu disposições essencialmente idênticas no art. 7º-A e seu § 2º da Lei 11.598/2007, aplicável a todos os empresários e pessoas jurídicas. Apesar de a Lei alterada ser ordinária, os referidos dispositivos foram **introduzidos na via da lei complementar** e, justamente por isso, estenderam validamente a hipótese de responsabilização ora estudada.

18.20 DOMICÍLIO FISCAL ELETRÔNICO

Conforme estudado no item 5.6 do Capítulo 5 desta obra, o Código Tributário Nacional assegura ao sujeito passivo o direito de escolher seu domicílio tributário, de forma que a autoridade administrativa somente pode rejeitar o domicílio eleito se este impedir ou dificultar a fiscalização ou arrecadação de tributo. Contudo, a LC 123/2006 criou uma espécie de **domicílio eletrônico obrigatório** para os optantes do Simples Nacional. A previsão consubstanciou-se no § 1.º-A do art. 16 do Estatuto, redigido nos termos abaixo transcritos:

> "§ 1.º-A. A opção pelo Simples Nacional implica aceitação de sistema de comunicação eletrônica, destinado, dentre outras finalidades, a:
>
> I – cientificar o sujeito passivo de quaisquer tipos de atos administrativos, incluídos os relativos ao indeferimento de opção, à exclusão do regime e a ações fiscais;
>
> II – encaminhar notificações e intimações; e
>
> III – expedir avisos em geral."

Ressalte-se que não foi assegurada qualquer margem de decisão ao sujeito passivo optante, pois, nos termos legais, a opção pelo Simples Nacional implica **aceitação da sistemática de comunicação eletrônica**.

Não obstante haver aparente conflito com o CTN, a previsão é constitucional. Em primeiro lugar, pelo simples fato de a novidade ter sido veiculada em lei complementar, norma que goza do mesmo status atribuído ao Código. Em segundo lugar, porque a adesão à sistemática do Simples Nacional é uma faculdade e não uma obrigação do sujeito passivo, de forma que se este considerar a prerrogativa de eleger seu domicílio mais relevante que os benefícios advindos da adesão à sistemática, basta fazer opção por voltar ao regime normal de tributação.

O sistema de comunicação eletrônica será regulamentado pelo Comitê Gestor do Simples Nacional – CGSN, seguindo diretrizes previamente estabelecidas pela própria LC 123/2006. Enquanto não editada a regulamentação, os entes federados poderão se utilizar de sistemas com regras próprias, que posteriormente podem, caso previsto na citada regulamentação, ser adotados como meios complementares de comunicação.

Nos termos legais, **considera-se cientificado o sujeito passivo no dia em que ele efetivar a consulta eletrônica ao teor da comunicação**, com a utilização de certificação digital ou código de acesso. Se a consulta se der em dia não útil, a comunicação será considerada como realizada no primeiro dia útil seguinte.

A comunicação, apesar de eletrônica, é considerada **pessoal** para todos os efeitos legais, sendo realizada em portal próprio, dispensando-se a sua publicação no Diário Oficial e o envio por via postal.

Por fim, apesar de afirmar que a ciência é entendida como pessoal, a lei criou uma espécie de **ciência ficta** que ocorre quando o sujeito passivo **não consulta o sistema de comunicação eletrônica no prazo de 45 dias** contados da disponibilização da informação no portal, podendo o CGSN estabelecer um prazo maior (art. 16, § 1.º-C, da LC 123/2006).

18.21 FISCALIZAÇÃO COMPARTILHADA

A LC 123/2006, em seu art. 33, prevê que a fiscalização do cumprimento das obrigações principais e acessórias relativas ao Simples Nacional e a verificação da ocorrência das hipóteses de exclusão de ofício é **compartilhada entre a Secretaria da Receita Federal e as Secretarias de Fazenda ou de Finanças do Estado ou do Distrito Federal, segundo a localização do estabelecimento, e que, tratando-se de prestação de serviços incluídos na competência tributária municipal, a competência será também do respectivo Município.**

Além disso, mesmo que não se verifique prestação de serviços sujeita ao ISS por estabelecimento localizado no Município, a atuação da fiscalização municipal será possível, desde que a Secretaria de Fazenda ou Finança do Estado, mediante convênio, atribua àquele ente as suas competências de fiscalização.

Conforme visto, segundo o art. 33 da LC 123/2006, a competência fiscalizatória compartilhada abrange inclusive as obrigações tributárias acessórias. Todavia, a possibilidade engloba exclusivamente as obrigações acessórias decorrentes da sistemática do Simples Nacional. Assim, quando um ente federado, legislando sobre tributo de sua competência, estatui obrigação acessória que deva ser cumprida perante sua própria administração tributária, somente esta pode proceder a eventual autuação pelo descumprimento da obrigação. É o que se pode extrair do § 1º-D do art. 33 ora estudado, quando este afirma que "a competência para autuação por descumprimento de obrigação acessória é privativa da administração tributária perante a qual a obrigação deveria ter sido cumprida".

O dispositivo serviu como fundamento para que a Fundação Carlos Chagas, no concurso para provimento de Cargos de Auditor-Fiscal de Tributos da Prefeitura de São Luís/MA, considerasse **correta** assertiva segundo a qual os municípios têm competência "para fiscalizar um hotel localizado em seu território, relativamente ao cumprimento das obrigações principais e acessórias relativas ao Simples Nacional, e para verificar a ocorrência das hipóteses de sua exclusão, de ofício, deste regime de tributação, mas não têm competência para promover a autuação deste estabelecimento por descumprimento de obrigação acessória relativa ao IRPJ".

Desde a primeira edição desta obra, afirmava-se a dificuldade de implementação prática da fiscalização compartilhada. Com o advento da Lei Complementar 139/2011, o problema foi minorado mediante a inclusão de regras tendentes a evitar conflitos de competência – sejam positivos (diversas autoridades, cada uma entendendo ser a única competente), sejam negativos (todas as autoridades julgando-se incompetentes) – entre as administrações tributárias dos diversos entes federados.

Um problema prático decorria do fato de que o pagamento unificado mensal do Simples Nacional engloba tributos de diversas competências (federal, estadual e municipal), o que poderia gerar dúvidas sobre a possibilidade de a autoridade autuante lançar o valor total a ser pago. Esclarecendo a matéria, o art. 33 do Estatuto, o § 1.º-C, afirma que as autoridades fiscais federais, estaduais e municipais têm competência para efetuar o lançamento de **todos os tributos incluídos na sistemática**, apurados na forma do Simples Nacional, relativamente a **todos os estabelecimentos da empresa, independentemente do ente federado instituidor**.

De forma ainda mais clara, a Resolução 140/2018 do Comitê Gestor estatui que que "as autoridades fiscais não ficarão limitadas à fiscalização dos tributos instituídos pelo próprio ente federado fiscalizador, estendendo-se sua competência a todos os tributos abrangidos pelo Simples Nacional" (art. 85, § 1.º, II).

A Resolução também previu que se a fiscalização realizada por determinado órgão abranger contribuinte com estabelecimento fora do âmbito de competência do ente federado, este deverá comunicá-la à administração tributária do outro ente para que, havendo interesse, se integre à ação fiscal (art. 85, § 2.º). A regra, contudo, não impede a instauração de ação fiscal simultânea, hipótese na qual a autoridade fiscal deverá tomar conhecimento das ações fiscais em andamento, a fim de evitar duplicidade de lançamentos referentes ao mesmo período e fato gerador (85, § 7.º).

A Lei fez uma ressalva à competência fiscalizatória comum. Há um conjunto de atividades cujos exercentes podem optar pelo Simples Nacional, mas sem que este abranja a **Contribuição Patronal Previdenciária – CPP**, que deve continuar a ser recolhida segundo a legislação prevista para os demais contribuintes ou responsáveis. No que concerne a tal tributo, por óbvio, a fiscalização e as decorrentes autuaçoes somente podem ser realizadas pela **Secretaria da Receita Federal do Brasil** (LC 123/2006, art. 33, § 2.º).

18.22 PROCESSO ADMINISTRATIVO FISCAL

Segundo a LC 123/2006, o contencioso administrativo relativo ao Simples Nacional será de competência do órgão julgador integrante da estrutura administrativa do ente federativo que efetuar o lançamento, o indeferimento da opção ou a exclusão de ofício, observados os dispositivos legais atinentes aos processos administrativos fiscais desse ente.

Assim, por exemplo, se a autuação ou exclusão de ofício foi procedida pela Secretaria da Receita Federal do Brasil, o contencioso será regido pela legislação do processo administrativo fiscal federal (Decreto 70.235/1972 e pela Lei 9.430/1996). Já se o órgão autuante for uma Secretaria de Fazenda Estadual, o contencioso seguirá as regras do processo administrativo fiscal do respectivo Estado.

Tendo em vista a simplicidade da matéria e o objetivo de evitar um desnecessário congestionamento do órgão julgador das impugnações tributárias, o § 5.º do art. 39 da LC 123/2006, estabelece que **a impugnação relativa ao indeferimento da opção ou à exclusão poderá ser decidida em órgão diverso**, na forma estabelecida pela respectiva administração tributária. Nessa hipótese, o Comitê Gestor poderá disciplinar os procedimentos e prazos, bem como, no processo de exclusão, prever efeito suspensivo na hipótese de apresentação de impugnação, defesa ou recurso.

É lícito ao Município, mediante convênio, transferir a atribuição de julgamento exclusivamente ao respectivo Estado em que se localiza. A autorização será de grande valia para os pequenos Municípios que poderiam possuir dificuldades técnicas para qualificar um órgão de "jurisdição" administrativa para exame da legalidade das autuações e atos de exclusão do Simples Nacional.

A LC 123/2006 previu situação bastante específica em que necessariamente o contencioso administrativo ficará a cargo do Estado ou do Distrito Federal. Trata-se do caso em que o contribuinte do Simples Nacional exerça atividades incluídas no campo de incidência do ICMS e do ISS e seja apurada omissão de receita de que não se consiga identificar a origem. Nessa situação, a autuação será feita utilizando a maior alíquota prevista na própria LC 123/2006, e a parcela autuada que não seja correspondente aos tributos e contribuições federais será rateada entre Estados e Municípios ou Distrito Federal.

18.23 PROCESSO JUDICIAL

Segundo o art. 41 do Estatuto, os processos relativos a impostos e contribuições abrangidos pelo Simples Nacional serão ajuizados em face da **União**, que será representada em juízo pela **Procuradoria-Geral da Fazenda Nacional – PGFN**.

A atuação judicial dos Estados, do Distrito Federal e dos Municípios em matéria concernente ao Simples Nacional ficou restrita à celebração de **convênio** entre tais entes e a PGFN, delegando àqueles **a inscrição em dívida ativa estadual e municipal e a cobrança judicial do ICMS e ISS inseridos na sistemática**. Além disso, cabe aos entes subnacionais a prestação de **auxílio** à própria PGFN, em relação ao ICMS e ao ISS, na forma a ser disciplinada por ato do Comitê Gestor.

Excetuam-se do âmbito de atuação exclusiva da PGFN, além dos casos decorrentes dos convênios anteriormente citados, apenas as seguintes hipóteses (LC 123/2006, art. 41, § 5.º):

I – os **mandados de segurança** nos quais se impugnem atos de autoridade coatora pertencente a Estado, Distrito Federal ou Município;

II – as ações que tratem exclusivamente de **tributos de competência dos Estados, do Distrito Federal ou dos Municípios**, as quais serão propostas em face desses entes federativos, representados em juízo por suas respectivas procuradorias;

III – as ações promovidas na hipótese de celebração de convênio no qual a Procuradoria-Geral da Fazenda Nacional tenha delegado aos Estados e Municípios a inscrição em dívida ativa estadual e municipal e a cobrança judicial dos tributos estaduais e municipais a que se refere esta Lei Complementar;

IV – crédito tributário decorrente de auto de infração lavrado exclusivamente em face de descumprimento de obrigação acessória, uma vez que a lavratura é de competência privativa da administração tributária perante a qual a obrigação deveria ter sido cumprida;

V – o crédito tributário relativo ao ICMS e ao ISS de que tratam as alíneas *b* e *c* do inciso V do § 3º do art. 18-A da Lei Complementar 123/2006.

18.24 INSTÂNCIAS DE GERÊNCIA DO SIMPLES NACIONAL

Para a gestão do tratamento diferenciado e favorecido a ser dispensado às microempresas e empresas de pequeno porte, o art. 2.º da LC 123/2006 previu a criação das seguintes instâncias:

a) Comitê Gestor do Simples Nacional – CGSN;
b) Fórum Permanente das Microempresas e Empresas de Pequeno Porte; e
c) Comitê para Integração das Administrações Tributárias e Gestão da Rede Nacional para Simplificação do Registro e da Legalização de Empresas e Negócios - CGSIM;

De acordo com a LC 123/2006, compete ao **CGSN** regulamentar a opção, exclusão, tributação, fiscalização, arrecadação, cobrança, dívida ativa, recolhimento e demais itens relativos ao regime tributário do Simples Nacional, observadas as regras constantes da própria Lei.

A composição do CGSN é bastante desequilibrada em favor da União, uma vez que ela possui **quatro** representantes, sendo-lhe também garantidas a **presidência** e a **coordenação** do Comitê; os vinte e seis **Estados e o DF** possuem apenas **dois** representantes; os mais de cinco mil **Municípios** também possuem apenas **dois** membros no órgão. Também compõem o Comitê um representante do Serviço Brasileiro de Apoio às Micro e Pequenas Empresas (Sebrae) e um das confederações nacionais de representação do segmento de microempresas e empresas de pequeno porte referidas no art. 11 da Lei Complementar 147/ 2014 (COMICRO E CONAMPE em regime de rodízio anual).

O **Fórum Permanente das Microempresas e Empresas de Pequeno Porte** é presidido pela Secretaria da Micro e Pequena Empresa da Presidência da República e possui atribuição de gerir o tratamento diferenciado decorrente da nova sistemática, ressalvados os aspectos tributários (a cargo do CGSN) e os aspectos a cargo do Comitê previsto na letra "c" acima.

Tal Fórum já existia, tendo sido criado por meio do Decreto 3.474, de 19 de maio de 2000, que regulamenta a Lei 9.841, de 5 de outubro de 1999. O órgão foi fortalecido com o advento da LC 123/2006, que lhe atribuiu a competência de orientar e assessorar a formulação e coordenação da política nacional de desenvolvimento das microempresas e empresas de pequeno porte, bem como acompanhar e avaliar a sua implantação.

Segundo expressa previsão legal, a presidência e a coordenação do Fórum cabem à Secretaria da Micro e Pequena Empresa da Presidência da República.

Ao **Comitê para Integração das Administrações Tributárias e Gestão da Rede Nacional para Simplificação do Registro e da Legalização de Empresas e Negócios - CGSIM** compete, na forma da lei, regulamentar a inscrição, cadastro, abertura, alvará, arquivamento, licenças, permissão, autorização, registros e demais itens relativos à abertura, legalização e funcionamento de empresários e de pessoas jurídicas de qualquer porte, atividade econômica ou composição societária.

Assim como ocorre no CGSN, o CGSIM é presidido e coordenado por representantes da União e tem seus membros designados pelo Ministro de Estado da Fazenda, mediante a noindicação dos órgãos e entidades vinculados.

Para acessar as questões referentes a esse capítulo, utilize o QR Code ao lado.

19

PLANEJAMENTO TRIBUTÁRIO E LIBERDADE ECONÔMICA

19.1 ELISÃO, EVASÃO E ELUSÃO FISCAIS

Existem diversos meios de se fugir da tributação. Tradicionalmente, o critério mais adotado pela doutrina para classificar tais meios toma por base a licitude da conduta.

Assim, quando o contribuinte usa de **meios lícitos** para fugir da tributação ou torná-la menos onerosa, tem-se, para a maioria da doutrina, a **elisão** fiscal.

Já nos casos em que o contribuinte se utiliza de **meios ilícitos** para escapar da tributação, tem-se a **evasão** fiscal.

Por fim, existem casos em que o comportamento do contribuinte não é, a rigor, ilícito, mas adota um **formato artificioso**, atípico para o ato que está sendo praticado, tendo por consequência a isenção, não incidência ou incidência menos onerosa do tributo. Alguns denominam esta última hipótese de **elusão** fiscal; outros, de **elisão ineficaz** (pois possibilitaria que o Fisco, descobrindo a simulação, lançasse o tributo devido).

Passa-se a analisar mais detidamente cada caso.

19.1.1 Elisão fiscal

A **elisão fiscal** é a conduta consistente na prática de ato ou celebração de negócio legalmente enquadrado em hipótese visada pelo sujeito passivo, importando isenção, não incidência ou incidência menos onerosa do tributo. Na elisão, o contribuinte faz uma análise prévia do ordenamento jurídico e, planejando sua atuação, adota o modelo de ação que, dentre os admitidos pela lei, parece-lhe proporcionar melhor situação fiscal, seja para não pagar tributos, seja para pagar menos ou depois.

A elisão fiscal está intimamente ligada à ideia de **planejamento tributário**, havendo, inclusive, quem os trate como sinônimos. Para aqueles que preferem diferenciar os institutos, o planejamento estaria no âmbito da conduta do contribuinte, tomando por foco o exame dos seus principais aspectos (a licitude das formas utilizadas, por exemplo); ao passo que a elisão seria a consequência (os efeitos) do planejamento realizado pelo contribuinte, qual seja o impedimento (ou diferimento) da ocorrência do fato gerador ou a diminuição do montante de tributo devido.

O que legitima o planejamento tributário é, basicamente, o direito fundamental à liberdade – que no Direito Tributário se projeta como **liberdade fiscal** –, associado ao princípio constitucional da **livre iniciativa**. Trata-se de uma zona de autonomia individual que o Poder Público precisa respeitar, visto que ninguém pode ser obrigado a praticar negócio da maneira mais onerosa. Essa repercussão tributária da proteção à livre iniciativa do indivíduo está presente em diversos ordenamentos jurídicos estrangeiros. No Direito alemão, fala-se em "liberdade de conformação" (*Gestaltungsfreiheit*); no norte-americano, tem-se o "princípio da livre escolha da rota menos tributada" (*principle of the free choice of the least taxed Route*).

Um exemplo clássico de planejamento e elisão fiscal é a opção pelo regime de tributação a ser adotado no cálculo do Imposto de Renda Pessoa Jurídica (IRPJ) e da Contribuição Social sobre Lucro Líquido (CSLL). O empreendedor deve escolher o regime – Lucro Real, Lucro Presumido ou Simples Nacional – de acordo com o tipo e o porte da atividade exercida. Essa escolha é feita no início do ano-calendário, através do pagamento da 1ª quota de qualquer um dos regimes.

Na sistemática de lucro real, os tributos são calculados sobre o lucro líquido realmente verificado no período de apuração, com as compensações previstas na lei. Esse é o melhor regime, por exemplo, para empresas com previsão de baixa lucratividade (inferior ao valor de presunção da sistemática do lucro presumido), as quais, no entanto, terão as desvantagens de lidar com uma metodologia de cálculo bem mais complexa, com maior probabilidade de recolhimentos incorretos, e de ter que elaborar e manter um maior número de documentos voltados à apuração detalhada do lucro. No regime de lucro presumido, o IRPJ e a CSLL são calculados a partir de uma tabela que fixa percentuais de lucro estimados para cada atividade, o que facilita a tributação, mas, por outro lado, será mais oneroso para empresas com margem de lucro inferior àquela presumida. Já o Simples Nacional é um regime de tratamento diferenciado e favorecido dispensado a microempresas e empresas de pequeno porte em que há o recolhimento unificado de um conjunto de impostos e contribuições, com redução da burocracia e da carga tributária. O sistema é bem menos complexo, via de regra também menos oneroso (há exceções), mas tem, por exemplo, a desvantagem de ser completamente cumulativo, impedindo o optante de se creditar dos valores de ICMS e IPI relativos às suas aquisições.

Note-se que a elisão fiscal ocorre **antes da concretização do fato gerador**, uma vez que seria impossível evitar ou diminuir o ônus de uma incidência tributária já verificada no mundo dos fatos. O raciocínio, entretanto, comporta exceções. A título de exemplo, o momento da elaboração da declaração do imposto de renda das pessoas físicas (ano-exercício) é **posterior ao fato gerador** do tributo (ano-calendário); ainda assim é possível fazer com que a incidência tributária seja menos onerosa, escolhendo o modelo de declaração mais favorável para cada caso concreto (completa ou simplificada).

Explique-se melhor o exemplo. Ao elaborar a declaração do IRPF, o contribuinte pode optar entre dois modelos de declaração. No modelo completo, pode abater dos rendimentos tributáveis determinadas despesas (educação, saúde, previdência, dependentes etc.). No modelo simplificado, o contribuinte troca todas as deduções que lhe seriam cabíveis no modelo completo por uma dedução-padrão de 20% (vinte por cento) limitada em determinado montante. Assim, se um declarante possui quarenta mil reais de rendimentos tributáveis e a soma de suas deduções é de seis mil reais, aconselha-se que opte pela declaração simplificada, pois neste modelo lhe é lícito o abatimento de oito mil reais (20% dos rendimentos tributáveis), o que terá por consequência uma tributação menos onerosa. Agindo assim, tal contribuinte praticará **elisão fiscal (conduta lícita) posterior à ocorrência do fato gerador**.

O exemplo proposto é excepcional, pois a regra é que a conduta elisiva se verifique antes da ocorrência do fato gerador do tributo.

19.1.2 Evasão fiscal

A **evasão fiscal** é uma conduta **ilícita**, normalmente praticada pelo contribuinte **após** a ocorrência do fato gerador, visando a **evitar o conhecimento** do nascimento da obrigação tributária pela autoridade fiscal. Em outras palavras, o fato gerador ocorre, mas o contribuinte o esconde do Fisco, na ânsia de fugir à tributação.

Alguns doutrinadores enxergam a evasão fiscal como o resultado de um **"planejamento ilegal"**, ou seja, um planejamento fundado em práticas antijurídicas (ilícitos penais ou administrativos), frontalmente contrárias às normas tributárias, as quais o contribuinte dolosamente infringe (por ação ou omissão), com o fito de ludibriar a autoridade fiscal e, assim, deixar de recolher determinado tributo ou recolher menos que o devido. São exemplos de evasão fiscal o descaminho e os crimes contra a ordem tributária previstos no art. 1º da Lei 8.137/1990.

Os parâmetros delineadores da evasão fiscal podem ser extraídos do art. 149, VII, do CTN, que prevê a possibilidade de o lançamento ser efetuado ou revisto de ofício pela autoridade fiscal quando se comprove que o sujeito passivo, ou terceiro em benefício daquele, agiu com **dolo**, **fraude** ou **simulação**. São esses, portanto, os critérios que permitem identificar a prática de evasão por parte do contribuinte. Para facilitar o entendimento, pode-se recorrer à leitura do art. 1º da Lei 8.137/1990, que tipifica os crimes contra a ordem tributária:

> Art. 1º Constitui crime contra a ordem tributária **suprimir ou reduzir tributo**, ou contribuição social e qualquer acessório, mediante as seguintes condutas:
>
> I - **omitir** informação, ou **prestar** declaração falsa às autoridades fazendárias;
>
> II - **fraudar** a fiscalização tributária, inserindo elementos inexatos, ou omitindo operação de qualquer natureza, em documento ou livro exigido pela lei fiscal;
>
> III - **falsificar** ou **alterar** nota fiscal, fatura, duplicata, nota de venda, ou qualquer outro documento relativo à operação tributável;
>
> IV - **elaborar**, **distribuir**, **fornecer**, **emitir** ou **utilizar** documento que saiba ou deva saber falso ou inexato;
>
> V - **negar** ou **deixar de fornecer**, quando obrigatório, nota fiscal ou documento equivalente, relativa a venda de mercadoria ou prestação de serviço, efetivamente realizada, ou fornecê-la em desacordo com a legislação.

Perceba-se que os incisos citados descrevem condutas pautadas por dolo, fraude ou simulação, sempre acompanhadas do intuito de obter alguma vantagem fiscal, seja pela total eliminação da carga tributária, seja pela sua diminuição. Esse tipo de conduta atenta contra os princípios da isonomia e da capacidade contributiva, pois faz com que pessoas com manifestação de riqueza passível de tributação deixem de arcar com tal ônus, ínsito à vida em sociedade.

A cobrança de tributos é indispensável à existência e à soberania do Estado, e sem Estado não há civilização nem garantia de direitos fundamentais aos indivíduos. Na barbárie, os mais fortes impõem sua força aos demais, sendo a estes negado o direito à liberdade. Portanto, em um Estado Democrático de Direito, o dever de pagar tributos, ao mesmo tempo em que é limitado pelo direito à liberdade, serve-lhe de garantia, representando o custo com que cada um deve arcar para exercê-la. Nesse contexto, a evasão fiscal denota clara violação ao dever de cidadania, prejudicando toda a coletividade.

Em geral, a evasão fiscal é **posterior ao fato gerador** do tributo, pois só se esconde um fato que já ocorreu. Contudo, também nesse caso, a regra comporta exceções, bastando lembrar dos casos em que contribuintes de ICMS emitem notas fiscais fraudulentas antes da saída da mercadoria do estabelecimento comercial (fato gerador do tributo). Trata-se de uma forma de esconder a futura ocorrência do fato gerador do tributo (ou diminuir criminosamente o seu montante). É caso de **conduta evasiva anterior à ocorrência do fato gerador**.

Também aqui há de se ressaltar que o exemplo citado é exceção, **sendo regra que a evasão decorra de comportamento posterior à verificação do fato gerador**.

19.1.3 Elusão fiscal e abuso das formas

Por fim, nos casos denominados pela doutrina de **elusão fiscal** (**elisão ineficaz** ou **elisão abusiva**), o contribuinte simula determinado negócio jurídico com a finalidade de dissimular a ocorrência do fato gerador. Trata-se de um ardil caracterizado primordialmente pelo **"abuso das formas"**, pois o sujeito passivo adota uma forma jurídica atípica, a rigor lícita, com o escopo de escapar artificiosamente da tributação.

Um exemplo famoso é a utilização artificial da imunidade tributária (ao ITBI) que o art. 156, § 2º, I, da CF/1988 confere à incorporação de bens ou direitos ao patrimônio de pessoa jurídica na realização de capital e na extinção da pessoa jurídica.

Imagine-se que um contribuinte "A" possua um imóvel no valor de um milhão de reais e o contribuinte "B" queira adquirir tal imóvel. A forma típica de se fazer o negócio é a celebração de um contrato de compra e venda entre "A" e "B", o que importaria a incidência do ITBI municipal. Suponha-se, contudo, que ambos firmem um contrato de constituição da sociedade empresária "Temporária Ltda.", cujo capital social é de dois milhões de reais, composto por duas quotas de um milhão de reais cada, de forma que "A" integraliza sua parte com o imóvel (operação imune ao ITBI) e "B" em dinheiro. Alguns dias após o registro dos atos constitutivos, "A" e "B" resolvem extinguir a sociedade "Temporária Ltda." e, utilizando da liberdade contratual que o Direito Privado lhes dá, estabelecem que "A" receberá sua parte em dinheiro e "B" receberá o imóvel (operação também imune ao ITBI). No final das contas, houve a transferência da propriedade do imóvel de "A" para "B" sem a incidência do ITBI.

A situação proposta pode ser visualizada da seguinte forma:

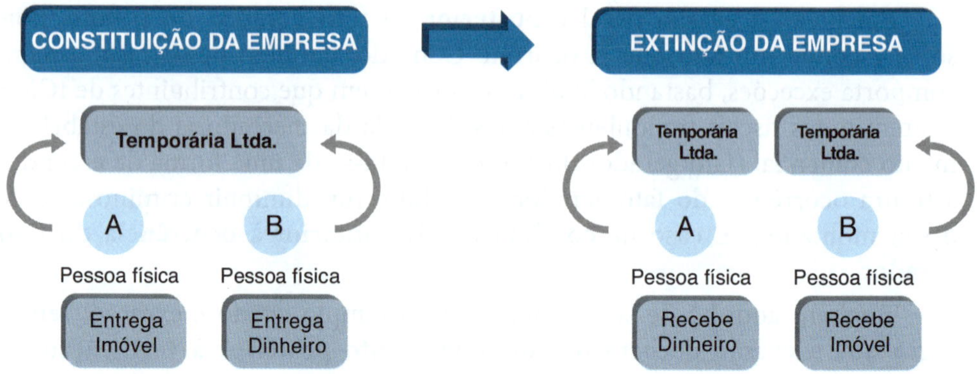

O caso é de **elusão fiscal** (**elisão ineficaz** ou **elisão abusiva**), pois, apesar de se dar uma **aparência de licitude** (não há qualquer ilegalidade em criar e, logo após, extinguir uma empresa), o que houve foi uma **simulação** (abuso de forma) consistente na celebração de contratos sucessivos (negócios simulados), visando a resultados que não são aqueles tipicamente almejados em tais contratos.

A doutrina tradicional enquadra tal situação como **elisão fiscal**, sem qualificá-la como ineficaz, raciocinando com base na aparência de licitude que reveste o negócio. Trata-se, no mínimo, de uma imprecisão, visto que não há como deixar de reconhecer uma diferença de essência entre os casos de elisão e os de elusão fiscal. Entretanto, seguindo a terminologia clássica, quando do advento de uma norma que se propunha a combater o abuso das formas jurídicas em Direito Tributário, propagou-se no meio jurídico a criação de uma norma geral antielisão fiscal.

Perceba-se novamente a imprecisão. Se elisão é, por definição, uma conduta lícita, como poderia o legislador criar uma norma antielisão?

Apesar de entender-se mais adequada a nomenclatura "norma geral antielusão", adotar-se-á, nesta obra, a terminologia tradicional, por ser consagrada e usualmente aplicada em concursos públicos.

Resumidamente, os comportamentos que importam fuga da tributação têm suas principais características apontadas no quadro abaixo:

	Licitude do Comportamento	Momento da Ocorrência
Elisão	Lícita (planejamento tributário)	Em regra, antes do fato gerador (exemplo de exceção: declaração de IR)
Evasão	Ilícita (evita o conhecimento da ocorrência do fato gerador pela autoridade)	Em regra, após o fato gerador (exemplo de exceção: notas fiscais fraudulentas)
Elusão (ou elisão ineficaz)	Formalmente lícita, mas com abuso de forma jurídica	Antes ou após o fato gerador

19.2 NORMA GERAL ANTIELISÃO E COMBATE AO ABUSO DE FORMAS JURÍDICAS

A denominada norma geral antielisão fiscal foi estatuída pela Lei Complementar 104/2001, que inseriu no art. 116 do CTN um parágrafo único com a seguinte redação:

> "Art. 116. (...)
>
> (...)
>
> Parágrafo único. A autoridade administrativa poderá desconsiderar atos ou negócios jurídicos praticados com a finalidade de dissimular a ocorrência do fato gerador do tributo ou a natureza dos elementos constitutivos da obrigação tributária, observados os procedimentos a serem estabelecidos em lei ordinária".

Conforme consta da exposição de motivos que acompanhou o então projeto de Lei (Mensagem 1.459/1999 do Presidente da República), a nova regra se constituiria em "instrumento eficaz para o combate aos procedimentos de planejamento tributário praticados com abuso de forma e de direito". O objetivo da regra, portanto, é **evitar a elusão fiscal** (elisão ineficaz), não obstante a denominação "norma geral antielisão", que, conforme ressaltado no item anterior, é adotada nesta obra por ser a terminologia consagrada.

Por muito tempo, questionou-se a constitucionalidade da norma geral antielisiva, haja vista o argumento de que não seria ela compatível com o sistema tributário nacional, concebido dentro de um conjunto rígido de regras e princípios, sobretudo no que concerne à legalidade e à tipicidade (CF/88, art. 150, I), indispensáveis ao alcance da segurança jurídica.

Os defensores da inconstitucionalidade da norma alegavam que, como somente é possível a cobrança de tributos quando os fatos da vida se enquadram na precisa definição legal do fato gerador (hipótese de incidência), não seria lícito violentar a norma tributária tentando enquadrar no seu âmbito de incidência negócios cuja concepção formal não se subsome ao tipo legal. Argumentavam também que o próprio Código Tributário Nacional veda que, do emprego da analogia, resulte a cobrança de tributo não previsto em lei (art. 108, § 1º).

Assim, se a Constituição Federal não permite, por exemplo, a cobrança de tributo na incorporação de bens ou direitos ao patrimônio de pessoa jurídica na realização de capital e na extinção da pessoa jurídica, seria uma subversão da ordem desconsiderar um negócio jurídico desse modo formalizado e, entrando na essência dos fatos, equiparar a situação a uma transmissão onerosa *inter vivos* de propriedade imobiliária, cobrando o respectivo ITBI.

Na verdade, a implantação da norma geral antielisiva – cuja constitucionalidade já foi declarada pelo Supremo Tribunal Federal (ADI 2.446/DF) –

denota o esforço da Administração Tributária no sentido de criar mecanismos hábeis ao enfrentamento da astúcia do contribuinte que, a todo tempo, tenta se livrar do pagamento de tributos.

É claro que a redução de despesas é importante para o desenvolvimento de qualquer atividade econômica, e o planejamento tributário contribui para essa diminuição de custos. O que a cláusula antielisiva busca combater é o **planejamento tributário agressivo**, caracterizado pelo **abuso das formas jurídicas**. Conforme bem assentado na prova do concurso para o cargo de Auditor Fiscal da Receita Federal, elaborada pela saudosa ESAF em 2012, "a elisão abusiva deve ser coibida, por ofender a um sistema tributário criado sob as bases constitucionais da capacidade contributiva e da isonomia tributária" (CF/88, art. 145, § 1º).

Percebe-se com nitidez o exercício de ponderação principiológica – entre, de um lado, os princípios da legalidade e da segurança jurídica e, de outro, os princípios da capacidade contributiva e da isonomia, todos eles detentores de força constitucional. Afinal de contas, não parece justo que um contribuinte "X", ao praticar determinado fato gerador utilizando a forma jurídica convencional, seja chamado ao pagamento do tributo; e o contribuinte "Y", realizando, na prática, o mesmo fato gerador, escape à tributação apenas pelo ardil de utilizar uma forma jurídica inabitual ou "estranha".

A limitação ao planejamento tributário abusivo é uma tendência internacional, e o parágrafo único do art. 116 do CTN reflete a absorção pelo legislador pátrio de ideias gestadas em sistemas jurídicos estrangeiros, com destaque para a **teoria da consideração (ou consistência) econômica do fato gerador**, desenvolvida na Alemanha, e a **teoria da finalidade negocial** ou do **teste do propósito negocial (*business purpose test*)**, originada no Direito norte-americano e no Direito suíço.

De acordo com a **teoria da consideração (ou consistência) econômica do fato gerador**, os fatos não devem ser interpretados segundo a forma jurídica com a qual se revestem, mas a partir dos efeitos econômicos efetivamente produzidos. Em outras palavras, a **"interpretação econômica"** prestigia a substância (essência) dos fatos em detrimento de suas características meramente formais, garantindo que pessoas em situações equivalentes sofram a mesma incidência tributária, independentemente do modo como formalizam suas relações privadas.

A **teoria do teste do propósito negocial (*business purpose test*)**, por sua vez, consiste na investigação da finalidade pretendida pelo contribuinte com a celebração de certos atos e negócios jurídicos. Verificando-se a ausência de razões extratributárias – ou seja, que o ato ou negócio jurídico foi praticado com o exclusivo propósito de eliminar, reduzir ou postergar o tributo –, novamente haveria de prevalecer o fato sobre o "rótulo", a **substância sobre a forma (*substance over form*)**.

No caso da sociedade empresarial "Temporária Ltda.", citado no item anterior, o teste do propósito negocial passaria pela análise das providências adotadas pelos sócios para a produção ou a circulação de bens ou de serviços. Supondo que não houve estruturação de estabelecimento, contratação de funcionários, utilização de serviços de água, energia e telefonia, compra de materiais, captação de clientes, abertura de conta bancária, emissão de notas fiscais, enfim, qualquer indício do exercício da empresa, a extinção da pessoa jurídica pouco tempo depois de sua constituição e a forma escolhida para a liquidação das cotas sociais evidenciam que o propósito de "A" e "B" não era o exercício profissional de atividade econômica organizada para a produção ou a circulação de bens ou de serviços (CC, art. 966), mas, sim, a transferência da propriedade imobiliária de "A" para "B" sem o pagamento de ITBI. **Não havia propósito negocial, mas unicamente fiscal,** o que pode levar à **desconsideração** do negócio jurídico e à cobrança do imposto incidente, tendo em vista a exegese combinada dos parágrafos únicos dos arts. 116 e 36 do CTN (ver item 15.2.2 do Capítulo 15).

Mesmo antes de o Supremo Tribunal Federal confirmar a constitucionalidade da norma geral antielisão, o Superior Tribunal de Justiça, sob forte influência da doutrina alemã, já afirmava que, em matéria tributária, "a interpretação econômica se impõe, uma vez que a realidade econômica há de prevalecer sobre a simples forma jurídica" (STJ, 1ª T., REsp 696.745/CE, Rel. Min. Luiz Fux, j. 07.06.2005, *DJ* 28.08.2005). A afirmativa foi cobrada literalmente no segundo concurso para Procurador da Fazenda Nacional, cujas provas foram elaboradas pela ESAF em 2007, e o item foi considerado **correto**.

Em 2012, novamente no concurso para o cargo de Procurador da Fazenda Nacional, a mesma banca exigiu dos candidatos o conhecimento acerca da "interpretação econômica do Direito Tributário", considerando **correta** a afirmação de que "o uso de formas jurídicas com a única finalidade de fugir ao imposto ofende a um sistema criado sob as bases constitucionais da capacidade contributiva e da isonomia tributária".

Sobre a maneira como o texto legal foi redigido, duas últimas observações são necessárias.

Em primeiro lugar, a autorização é para que a autoridade administrativa **desconsidere** determinados negócios jurídicos, e não para que os **desconstitua**. Assim, o negócio celebrado entre as partes continua eficaz, contudo a autoridade o desconsidera, entra na essência dos fatos, cobra o tributo e a penalidade porventura devida, e sai de cena. Dada a eficácia do negócio para fins privados (apenas os efeitos tributários são desconsiderados), a atuação do órgão fiscal dispensa prévia provocação judicial, o que, por óbvio, não obsta que o contribuinte, sentindo-se prejudicado, exerça seu direito de ação perante o Poder Judiciário.

Em segundo lugar, o dispositivo é encerrado com a expressão **"observados os procedimentos a serem estabelecidos em lei ordinária"**, de forma que, enquanto não editada pelo ente federado a lei reclamada pelo CTN, não seria possível, para uma parcela da doutrina, a aplicação imediata da denominada "norma geral antielisão fiscal".

Em âmbito federal, o governo por duas vezes tentou regulamentar a matéria através de medidas provisórias - a MP 66/2002 e a MP 685/2015 -, porém, em ambas as ocasiões, o texto correspondente à cláusula antielisiva foi rejeitado pelo Congresso Nacional na lei de conversão.

Nesse contexto, a **MP 685/2015** se destaca pela **expressa referência à teoria do propósito negocial**. Os arts. 7º ao 12 do diploma pretendiam a criação de uma nova obrigação acessória, a Declaração de Informações de Operações Relevantes - DIOR, pela qual os contribuintes deveriam informar à Administração Tributária federal os atos ou negócios jurídicos que, acarretando supressão, redução ou diferimento de tributo, estivessem previstos em ato da Secretaria da Receita Federal ou houvessem sido praticados **sem razões extratributárias relevantes** ou com a adoção de forma não usual.

O texto legal previa que, na hipótese de as operações declaradas não serem reconhecidas pelo Fisco, o sujeito passivo seria intimado a recolher ou a parcelar os tributos devidos acrescidos apenas de juros de mora, tratamento semelhante ao dispensado nos casos de denúncia espontânea. Por outro lado, constatando-se o descumprimento da obrigação de declarar as operações indicadas na lei, a omissão dolosa do sujeito passivo seria interpretada como sonegação fiscal ou fraude, e os tributos devidos, cobrados com o acréscimo de juros moratórios e multa.

Travou-se grande debate no meio jurídico acerca da MP 685/2015, principalmente em torno da dificuldade de identificar com precisão o que seria um planejamento fiscal abusivo e da presunção do dolo, para fins de configuração do crime de sonegação fiscal, no caso de inobservância da obrigação acessória. Como resultado, as regras procedimentais para a aplicação da norma geral antielisiva acabaram não sendo ratificadas na lei de conversão (Lei 13.202/2015).

Mesmo antes da edição da MP 685/2015 - que, como dito acima, tentou normatizar a teoria do propósito negocial -, a ESAF, ao abordar o tema da elisão fiscal, em 2012, no concurso para o cargo de Auditor Fiscal da Receita Federal, considerou **correta** a assertiva de que "para fins de sua configuração, tem grande utilidade a análise do *business purpose test* do direito tributário norte-americano, que aceita como lícita a economia fiscal que, além da economia de imposto, tenha um objetivo negocial explícito".

Atualmente, a ausência de regras próprias de regulamentação **não tem impedido a aplicação da norma** pelos órgãos administrativos federais, estaduais e municipais. Na prática, são utilizadas as regras de procedimento administrativo já existentes, notadamente as relacionadas à revisão do lançamento do crédito tributário, assegurando-se ao contribuinte o exercício da ampla defesa e do contraditório.

Cumpre salientar que, apesar de o Código Tributário Nacional prever uma norma geral antielisão a ser regulamentada pelos entes federados, não se deve imaginar que tal regulamentação, quando formulada, necessariamente estipulará um único procedimento aplicável indistintamente a todos os casos. Cada tributo, em função das características que lhe são particulares, dispõe de um regramento específico, que naturalmente pode comportar a existência normas específicas de natureza antielisiva.

A título de exemplo, no âmbito do imposto de renda, o art. 43, § 1º, do CTN, reforçado pelo art. 51 da Lei 7.450/1985, enfatiza que estão compreendidos no âmbito de incidência do tributo todos os ganhos e rendimentos de capital, independentemente da denominação adotada, da natureza, da existência de título ou contrato escrito, da localização ou da condição jurídica ou nacionalidade da fonte, bastando que decorram de ato ou negócio que tenha os mesmos efeitos do previsto na norma específica de incidência do imposto. A regra possui a notória finalidade de evitar que o contribuinte, manipulando tais aspectos formais, mascare a obtenção de receita e escape da tributação.

Tal entendimento foi cobrado no Concurso para o cargo de Procurador da República realizado em 2017, ocasião em que a banca examinadora considerou os referidos dispositivos, ao lado do já bastante citado art. 116, parágrafo único, do CTN, como cláusulas antielisivas. Na questão, exigia-se do candidato que assinalasse a assertiva que não contivesse uma regra de natureza antielisiva, sendo o gabarito aquela que indicava o §1º, do art. 108, do CTN, cujo texto dispõe que "o emprego da analogia não poderá resultar na exigência de tributo não previsto em lei". Com efeito, essa norma, na verdade, dificulta o combate ao planejamento tributário abusivo, sendo quase sempre invocada pelo contribuinte para legitimar a prática da elusão fiscal.

19.3 A LEI DE LIBERDADE ECONÔMICA E SUA MITIGAÇÃO PERANTE O DIREITO TRIBUTÁRIO

A Lei de Liberdade Econômica (Lei 13.874/2019) institui a "Declaração de Direitos de Liberdade Econômica", estabelecendo "normas de proteção à livre iniciativa e ao livre exercício de atividade econômica e disposições sobre a atuação do Estado como agente normativo e regulador" (art. 1º).

A ideia central, fundada na lógica capitalista, é **diminuir a interferência estatal e o peso da burocracia sobre o empreendedor**, de forma a **aumentar-**

-lhe a autonomia, contribuindo com a geração de empregos e o desenvolvimento do País.

Seguindo essas diretrizes, o art. 2º da Lei 13.874/2019 enumera como **princípios** que a norteiam:

> "I - a liberdade como uma garantia no exercício de atividades econômicas;
>
> II - a boa-fé do particular perante o poder público;
>
> III - a intervenção subsidiária e excepcional do Estado sobre o exercício de atividades econômicas; e
>
> IV - o reconhecimento da vulnerabilidade do particular perante o Estado."

Não há dúvidas de que um dos maiores pesos que a estrutura estatal impõe ao exercício de atividade econômica pelos particulares é a tributação.

Além da carga tributária propriamente dita, os contribuintes também despendem elevados montantes com as complexas providências burocráticas necessárias para que se mantenham em conformidade com as exigências das diversas administrações tributárias. Trata-se do que a doutrina denomina **"custo de conformidade à tributação"** ou, nos termos da doutrina estrangeira, "*tax compliance costs*" ou "*compliance costs of taxation*". Tais custos envolvem o tempo de trabalho despendido com cumprimento de obrigações tributárias acessórias, como emissão de notas fiscais, elaboração de declarações tributárias, afixação de selos de controle, aquisição e administração de sistemas informatizados, manutenção de documentos fiscais, além de atendimento a requisições das administrações tributárias, contratação de consultorias para realização de planejamento tributário, treinamento de colaboradores, elaboração de guias de recolhimento, dentre várias outras atividades.

Em razão do peso das exigências estatais, seria natural imaginar que a Lei de Liberdade Econômica encontrasse na seara tributária um campo fértil para a produção de seus efeitos, reforçando, inclusive, o direito do contribuinte ao planejamento tributário, de forma a evitar excessos do Estado comumente praticados sob o pretexto de estar se utilizando de ferramentas antielisivas.

Contudo, logo no §1º do seu artigo inaugural, a Lei 13.874/2019, ao enumerar os ramos de Direito cuja aplicação e intepretação estarão sujeitos aos seus ditames, **não inclui o Direito Tributário**, como se nota na transcrição abaixo:

> "Art. 1º (...)
>
> (...)
>
> § 1º O disposto nesta Lei será observado na aplicação e na interpretação do direito civil, empresarial, econômico, urbanístico e do trabalho nas relações jurídicas que se encontrem no seu âmbito de aplicação e na ordenação pública, inclusive sobre exercício das profissões, comércio, juntas comerciais, registros públicos, trânsito, transporte e proteção ao meio ambiente."

Não se trata de um lapso do legislador. O caso é de um "silêncio eloquente", em que a omissão quer afirmar a **opção legislativa pela inaplicabilidade das normas da Lei 13.874/2019 ao ramo tributário do Direito**. Tal intuito é ratificado, desta feita de forma expressa, pelo § 3º do mesmo art. 1º, no qual se afirma que **não se aplicam ao Direito Tributário e ao Direito Financeiro** o disposto nos Capítulos da Lei que tratam sobre Disposições Gerais (Cap. I), Da Declaração de Direitos de Liberdade Econômica (Cap. II), Das Garantias de Livre iniciativa (Cap. III). De forma mais simples, **a inaplicabilidade engloba os artigos 1º a 4º-A da Lei.**

A única ressalva à regra excludente é a aplicabilidade expressa do inciso X do caput do art. 3º da Lei, que prevê como direito de toda pessoa "arquivar qualquer documento por meio de microfilme ou por meio digital, conforme técnica e requisitos estabelecidos em regulamento, hipótese em que se equiparará a documento físico para todos os efeitos legais e para a comprovação de qualquer ato de direito público".

A doutrina tem criticado severamente a mitigação ora analisada. Conforme já explanado, o peso decorrente da carga tributária aliado ao do custo de conformidade é gigantesco para os contribuintes. Tal ônus, acrescido das inúmeras vantagens materiais e processuais legalmente estabelecidas em favor Fazenda Pública, representa um severo desestímulo, por vezes instransponível, ao empreendedorismo e aos investimentos no exercício de atividade econômica no Brasil.

Os princípios constantes do art. 2º da Lei de Liberdade Econômica decorrem dos princípios constitucionais gerais aplicáveis à atividade econômica, estatuídos a partir do art. 170 da Magna Carta, cuja aplicação não exclui a atividade tributária. Não obstante, diante da clareza da opção do Parlamento ao editar a Lei 13.874, mesmo que de constitucionalidade duvidosa, nas provas de concurso público, recomenda-se seguir à risca a conclusão sobre a inaplicabilidade ao Direito Tributário e ao Direito Financeiro dos Capítulos I, II e III da referida Lei, com exceção do inciso X do *caput* do art. 3º da mesma norma.

Apesar da mitigação da Lei de Liberdade Econômica, o Direito tributário sofre algumas repercussões diretas e indiretas de dispositivos da Lei que se encontram topograficamente fora dos Capítulos de cuja aplicabilidade o ramo foi excluído. Os principais casos são expostos a seguir.

19.3.1 Análise de Impacto Regulatório – AIR

De acordo com o art. 174 da Constituição Federal, o Estado exercerá, como agente normativo e regulador da atividade econômica, as funções de fiscalização, incentivo e planejamento, sendo este determinante para o setor público e indicativo para o setor privado.

A Constituição, portanto, insere o poder regulatório do Estado como **forma de intervenção na economia**. Se exercido sem a razoabilidade, a parcimônia e o planejamento necessários, tal poder pode levar a perniciosos impactos sobre a atividade econômica no País.

Tentando evitar o uso do poder regulatório de forma desarrazoada e sem sopesamento das consequências positivas e negativas dos atos a serem editados, a Lei 13.874/2019 tornou obrigatória, mas apenas no âmbito da **Administração Pública federal**, a prévia **Análise de Impacto Regulatório – AIR** quando da proposta regulatória.

A exigência não é restrita às Agências Reguladoras, sendo estendida a todos os órgãos ou entidades da Administração Pública federal responsáveis por propostas de "edição e de alteração de atos normativos de interesse geral de agentes econômicos ou de usuários dos serviços prestados" (art. 5º da Lei de Liberdade Econômica). É, portanto, aplicável no âmbito Direito Tributário (as normas inaplicáveis em matéria tributária, repita-se, são as dos artigos 1º a 4º-A da Lei).

Tal aplicabilidade acabou sendo mais uma vez mitigada, desta feita quando da regulamentação da Análise de Impacto Regulatório, prevista no parágrafo único do citado art. 5º da Lei, e implementada pelo o Decreto 10.411/20. É que o § 1º do art. 3º do Decreto estabeleceu que "no âmbito da administração tributária da União, o disposto neste Decreto **aplica-se somente aos atos normativos que instituam ou modifiquem obrigação acessória**.

Uma vez que o objetivo do AIR é o de aperfeiçoar e tornar mais razoáveis os atos gerais que produzam efeitos sobre os administrados, teria sido mais adequado que o legislador não estabelecesse na Lei essa mitigação relativa à aplicação no campo tributário, que tantos impactos geram sobre o exercício de atividade econômica.

A título de exemplo do mencionado equívoco, a Lei 13.988/2020, no seu art. 14, atribui ao Procurador-Geral da Fazenda Nacional, quanto aos créditos inscritos em dívida ativa, e ao Secretário Especial da Receita Federal do Brasil, quanto aos créditos em contencioso administrativo fiscal, o poder de disciplinar a transação relativa a créditos da Fazenda Pública Federal. Conforme a previsão legal, a regulamentação prevista pode estipular, dentre outras exigências, a possibilidade de condicionar a transação ao pagamento de entrada, à apresentação de garantia e à manutenção das garantias já existentes. Também ao PGFN compete estabelecer outros aspectos, como os parâmetros para aceitação da transação individual e a concessão de descontos.

Tal regulamentação tende a gerar impactos importantes não apenas aos cofres públicos, mas também à concorrência, ao desestímulo à inadimplência no País e até mesmo à possibilidade de sobrevivência das empresas que passam por dificuldades.

Apesar de a norma reclamada não necessariamente versar sobre instituição ou modificação de obrigações acessórias (o que demandaria, nos termos legais, a Análise de Impacto Regulatório), é de todo recomendado que sua edição seja precedida de uma minuciosa análise dos impactos positivos e negativos da regulação proposta, de forma a assegurar a razoabilidade do ato a ser editado. Não obstante, conforme os dizeres da Lei 13.988/2020, a realização da AIR não é exigível, tendo em vista a mitigação já analisada.

19.3.2 Detalhamento das exigências para desconsideração da personalidade jurídica

Em homenagem ao princípio da segurança jurídica, a Lei 13.874/19 finalmente estabeleceu um **detalhamento mais rígido** das hipóteses em que o art. 50 do Código Civil permite a desconsideração da personalidade jurídica.

É de amplo conhecimento o **princípio da autonomia patrimonial da pessoa jurídica**, cujos bens, direitos e obrigações não se confundem com o dos seus sócios, associados, instituidores ou administradores. O princípio foi reafirmado com a inclusão pela Lei 13.874/19 de um art. 49-A no Código Civil, que veio acompanhado de um parágrafo único que reafirma a **licitude** da autonomia como instrumento "de alocação e segregação de riscos, estabelecido pela lei com a finalidade de estimular empreendimentos, para a geração de empregos, tributo, renda e inovação em benefício de todos".

A Administração Pública não pode incorrer no vício de enxergar a autonomia patrimonial aprioristicamente como um mecanismo destinado a subtrair responsabilidade dos sócios de forma a praticar, no caso de Direito Tributário, a elusão fiscal. Nesse contexto, agiu bem o legislador ao ressaltar a licitude da autonomia como mecanismo de alocação e segregação de riscos (CC, art. 49, parágrafo único). Apesar da obviedade da afirmação, uma vez que o princípio está no cerne da admissão pelo Direito da própria existência de pessoas jurídicas, a localização topográfica imediatamente anterior ao dispositivo que prevê os casos de desconsideração da personalidade jurídica (CC, art. 50) reforça a compreensão de que tais hipóteses são excepcionais, mantendo-se a separação patrimonial como regra.

A desconsideração da personalidade jurídica permite ao credor de uma pessoa jurídica atingir os bens dos respectivos sócios, afastando a separação patrimonial, quando houver "**abuso da personalidade jurídica**, caracterizado pelo **desvio de finalidade** ou pela **confusão patrimonial**". O grande problema era o fato de o Código Civil não conceituar "desvio de finalidade" e "confusão patrimonial", deixando para a doutrina e a jurisprudência definirem seus contornos, o que, de certa forma, abria espaço para insegurança jurídica e, por vezes, contundentes arbitrariedades.

Com o advento da Lei de Liberdade Econômica, os institutos foram devidamente conceituados por meio da inclusão dos parágrafos 1º a 5º no art. 50 do Código Civil. A análise dos mencionados conceitos, bem como da operacionalização do Incidente de Desconsideração da Personalidade Jurídica – IDPJ extrapolam o escopo dessa obra. No entanto, cumpre ressaltar que o instituto pode ser utilizado em benefício do credor tributário, quando presentes os requisitos legais. Destaque-se, contudo, que os casos de responsabilidade tributária do sócio gerente de uma sociedade limitada estudados no item 6.6.2 não demandam desconsideração da personalidade jurídica, pois não versam sobre casos em que débitos exclusivos da sociedade serão cobrados dos seus sócios, mas sim sobre situações em que o CTN atribui responsabilidade direta ao sócio, não sendo necessária a desconsideração.

Para acessar as questões referentes a esse capítulo, utilize o QR Code ao lado.

BIBLIOGRAFIA

ALEXANDRINO, Marcelo e PAULO, Vicente. *Direito tributário na Constituição e no STF*. 7. ed. Rio de Janeiro: Impetus, 2004.

———. *Manual de direito tributário*. Niterói, RJ: Impetus, 2005.

ALEXANDRE, Ricardo. *Direito Tributário. 15. Ed. rev., atual e ampl.* Salvador: Juspodivm, 2021

AMARO, Luciano. *Direito tributário brasileiro*. 9. ed. São Paulo: Saraiva, 2003.

ATALIBA, Geraldo; SOUZA, Rubens Gomes de et al. *Interpretação no direito tributário*. São Paulo: Saraiva; Educ, 1975.

ÁVILA, Humberto. *Sistema constitucional tributário*. São Paulo: Saraiva, 2004.

BALEEIRO, Aliomar. *Direito tributário brasileiro*. 14. ed. Rio de Janeiro: Forense, 1990.

BARREIRINHAS, Robinson Sakiyama. *Manual de direito tributário*. São Paulo: Método, 2006.

BASTOS, Celso Ribeiro. *Curso de direito financeiro e de direito tributário*. 5. ed. São Paulo: Saraiva, 1997.

BORBA, Cláudio. *Direito tributário:* teoria e 1000 questões. 22. ed. Rio de Janeiro: Campus, 2007.

BORGES, José Souto Maior. *Isenções tributárias*. 2. ed. São Paulo: Sugestões Literárias, 1980.

———. *Obrigação tributária (uma introdução metodológica)*. 2. ed. São Paulo: Malheiros, 1999.

CAIS, Cleide Previtalli. *O processo tributário*. 5. ed. São Paulo: RT, 2007.

CARRAZZA, Roque Antônio. *Curso de direito constitucional tributário*. 16. ed. São Paulo: Malheiros, 2001.

CARVALHO FILHO, José dos Santos. *Manual de direito administrativo*. 12. ed. Rio de Janeiro: Lumen Juris, 2005.

CARVALHO, Paulo de Barros. *Curso de direito tributário*. 17. ed. São Paulo: Saraiva, 2005.

CARVALHO, Paulo de Barros. *Curso de direito tributário*. 30. Ed. rev e atual. São Paulo: Saraiva, 2019.

CASSONE, Vittorio. *Direito tributário*. 13. ed. São Paulo: Atlas, 2001.

———. *Interpretação no direito tributário: teoria e prática*. São Paulo: Atlas, 2004.

COELHO, Fábio Ulhoa. *Comentários à nova Lei de Falências e de recuperação de empresas*. São Paulo: Saraiva, 2005.

COÊLHO, Sacha Calmon Navarro. *Manual de direito tributário*. 2. ed. Rio de Janeiro: Forense, 2003.

DERZI, Misabel Abreu Machado (Coord.). *Construindo direito tributário na Constituição* – Uma análise da obra do Ministro Carlos Mário Velloso. Belo Horizonte: Del Rey, 2004.

DI PIETRO, Maria Sylvia Zanella. *Direito administrativo*. 19. ed. São Paulo: Atlas, 2006.

DINIZ, Maria Helena. *Compêndio de introdução à ciência do direito*. 9. ed. São Paulo: Saraiva, 1997.

FALCÃO, Amílcar de Araújo. *Fato gerador da obrigação tributária*. 4. ed. São Paulo: RT, 1977.

FIGUEIREDO, Lucia Valle. *Estudos de direito tributário*. São Paulo: Malheiros, 1996.

FREITAS, Vladimir Passos de (Coord.). *Código Tributário Nacional comentado*. São Paulo: RT, 2005.

GIAMBIAGI, Fabio; ALÉM, Ana Cláudia Duarte de. *Finanças Públicas:* teoria e prática no Brasil. Rio de Janeiro: Campus, 1999.

HARADA, Kiyoshi. *Direito financeiro e tributário*. São Paulo: Atlas, 1995.

ICHIHARA, Yoshiaki. *Direito tributário*. São Paulo: Atlas, 1990.

LEITE, Harrisson, *Manual de Direito Financeiro*. 10. Ed. rev., atual e ampl. Salvador: Juspodivm, 2021.

MACHADO, Hugo de Brito. *Comentários ao Código Tributário Nacional*. São Paulo: Atlas, 2003. v. 1.

———. *Comentários ao Código Tributário Nacional*. São Paulo: Atlas, 2004. v. 2.

———. *Comentários ao Código Tributário Nacional*. São Paulo: Atlas, 2005. v. 3.

———. *Curso de direito tributário*. 26. ed. São Paulo: Malheiros, 2005.

MACHADO SEGUNDO, Hugo de Brito. *Processo tributário*. 2. ed. São Paulo: Atlas, 2006.

MARTINS, Fran. *Comentários à Lei das Sociedades Anônimas*. Rio de Janeiro: Forense, 1978.

MARTINS, Ives Gandra. *Sistema tributário na Constituição de 1988*. São Paulo: Saraiva, 1989.

MELLO, Celso Antônio Bandeira de. *Curso de direito administrativo*. 14. ed. São Paulo: Malheiros, 2002.

MELO, José Eduardo Soares de. *Curso de direito tributário*. 5. ed. São Paulo: Dialética, 2004.

MENDES, Gilmar Ferreira. *Jurisdição constitucional*: o controle abstrato de normas no Brasil e na Alemanha. 4. ed. São Paulo: Saraiva, 2004.

MONTEIRO, Washington de Barros. *Curso de direito civil:* direito das obrigações - Parte 1. 32. ed. São Paulo: Saraiva, 2003. v. 4.

————. *Curso de direito civil:* direito das obrigações - Parte 2. 33. ed. São Paulo: Saraiva, 2001. v. 4.

MORAES, Alexandre de. *Constituição do Brasil interpretada e legislação constitucional*. 5. ed. São Paulo: Atlas, 2005.

————. *Direito constitucional*. 20. ed. São Paulo: Atlas, 2006.

MORAES, Bernardo Ribeiro de. *Compêndio de direito tributário*. 4. ed. Rio de Janeiro: Forense, 1995.

NERY JUNIOR, Nelson; NERY, Rosa Maria de Andrade. *Código de Processo Civil comentado e legislação extravagante*. 8. ed. São Paulo: RT, 2004.

NOGUEIRA, Rui Barbosa. *Curso de direito tributário*. 14. ed. São Paulo: Saraiva, 1995.

PASCOAL, Valdecir. *Direito financeiro e controle externo*. 2. ed. Rio de Janeiro: Impetus, 2002.

PAULSEN, Leandro. *Direito tributário*. Constituição e Código Tributário à luz da doutrina e da jurisprudência. 6. ed. Porto Alegre: Livraria do Advogado, 2004.

PONTES DE MIRANDA, Francisco Cavalcanti. *Tratado de direito privado*. 3. ed. Rio de Janeiro: Borsoi, 1971. t. 22.

ROCHA, João Marcelo. *Direito tributário*. 3. ed. Rio de Janeiro: Ferreira, 2005.

ROCHA, Valdir de Oliveira (Coord.). *Grandes questões atuais do direito tributário*. São Paulo: Dialética, 2002. v. 6.

ROSA JÚNIOR, Luiz Emygdio F. da. *Manual de direito financeiro & direito tributário*. 18. ed. Rio de Janeiro: Renovar, 2005.

SOUSA, Rubens Gomes de. *Compêndio de legislação tributária*. São Paulo: Resenha Tributária, 1975.

VELLOSO, Andrei Pitten. *Conceitos e competências tributárias*. São Paulo: Dialética, 2005.

APÊNDICE

SÚMULAS VINCULANTES DO STF

N.º 8 São inconstitucionais o parágrafo único do art. 5.º do Decreto-lei nº 1.599/1977 e os arts. 45 e 46 da Lei nº 8.212/1991.

N.º 12 A cobrança de taxa de matrícula nas universidades públicas viola o disposto no art. 206, IV, da Constituição Federal.

N.º 17 Durante o período previsto no parágrafo 1.º do artigo 100 da Constituição, não incidem juros de mora sobre os precatórios que nele sejam pagos.

N.º 19 A taxa cobrada exclusivamente em razão dos serviços públicos de coleta, remoção e tratamento ou destinação de lixo ou resíduos provenientes de imóveis, não viola o artigo 145, II, da Constituição Federal.

N.º 21 É inconstitucional a exigência de depósito ou arrolamento prévios de dinheiro ou bens para admissibilidade de recurso administrativo.

N.º 24 Não se tipifica crime material contra a ordem tributária, previsto no art. 1.º, incisos I a IV, da Lei n.º 8.137/90, antes do lançamento definitivo do tributo.

N.º 28 É inconstitucional a exigência de depósito prévio como requisito de admissibilidade de ação judicial na qual se pretenda discutir a exigibilidade do crédito tributário.

N.º 29 É constitucional a adoção no cálculo do valor de taxa de um ou mais elementos da base de cálculo própria de determinado imposto, desde que não haja integral identidade entre uma base e outra.

N.º 30 É inconstitucional lei estadual que, a título de incentivo fiscal, retém parcela do ICMS pertencente aos municípios.

(No dia 04 de fevereiro de 2010, o STF decidiu suspender a aplicação da SV 30, em virtude de Questão de Ordem proposta pelo Ministro Dias Toffoli que, tendo em vista precedentes do próprio Supremo, acredita que a Súmula deveria ter uma redação mais ampla, não restringindo seu alcance aos casos de retenção em virtude de incentivos fiscais. Até o fechamento desta edição, a matéria não havia sido resolvida, mas o raciocínio constante da Súmula deve ser seguido, uma vez que a proposta é a ampliação e não a restrição do comando.)

N.º 31 É inconstitucional a incidência do imposto sobre serviços de qualquer natureza – ISS sobre operações de locação de bens móveis.

N.º 32 O ICMS não incide sobre a alienação de salvados de sinistros pelas seguradoras.

N.º 40 A contribuição confederativa de que trata o art. 8º, IV, da Constituição Federal, só é exigível dos filiados ao sindicato respectivo.

N.º 41 O serviço de iluminação pública não pode ser remunerado mediante taxa.

N.º 48 Na entrada de mercadoria importada do exterior, é legítima a cobrança do ICMS por ocasião do desembaraço aduaneiro.

N.º 50 Norma legal que altera o prazo de recolhimento de obrigação tributária não se sujeita ao princípio da anterioridade.

N.º 52 Ainda quando alugado a terceiros, permanece imune ao IPTU o imóvel pertencente a qualquer das entidades referidas pelo art. 150, VI, "c", da Constituição Federal, desde que o valor dos aluguéis seja aplicado nas atividades para as quais tais entidades foram constituídas.

N.º 53 A competência da Justiça do Trabalho prevista no art. 114, VIII, da Constituição Federal alcança a execução de ofício das contribuições previdenciárias relativas ao objeto da condenação constante das sentenças que proferir e acordos por ela homologados.

N.º 57 A imunidade tributária constante do art. 150, VI, d, da CF/88 aplica-se à importação e comercialização, no mercado interno, do livro eletrônico (e-book) e dos suportes exclusivamente utilizados para fixá-los, como leitores de livros eletrônicos (e-readers), ainda que possuam funcionalidades acessórias.

N.º 58 Inexiste direito a crédito presumido de IPI relativamente à entrada de insumos isentos, sujeitos à alíquota zero ou não tributáveis, o que não contraria o princípio da não cumulatividade.

DEMAIS SÚMULAS DO STF

Nº 62 É legítima a revogação da isenção estabelecida no art. 6º, II, da Lei Complementar 70/1991 pelo art. 56 da Lei 9.430/1996, dado que a LC 70/1991 é apenas formalmente complementar, mas materialmente ordinária com relação aos dispositivos concernentes à contribuição social por ela instituída.

N.º 69 A constituição estadual não pode estabelecer limite para o aumento de tributos municipais.

N.º 70 É inadmissível a interdição de estabelecimento como meio coercitivo para cobrança de tributo.

N.º 75 Sendo vendedora uma autarquia, a sua imunidade fiscal não compreende o imposto de transmissão "inter vivos", que é encargo do comprador.

N.º 76 As sociedades de economia mista não estão protegidas pela imunidade fiscal do art. 31, V, "a", Constituição Federal.

(Ver comentários constantes no item 2.18.4.1, em que se citam decisões do STF no sentido de a imunidade abranger empresas públicas e sociedades de economia mista prestadoras de serviços públicos de prestação obrigatória e exclusiva do Estado).

N.º 93 Não está isenta do imposto de renda a atividade profissional do arquiteto.

N.º 112 O imposto de transmissão "causa mortis" é devido pela alíquota vigente ao tempo da abertura da sucessão.

N.º 113 O imposto de transmissão "causa mortis" é calculado sobre o valor dos bens na data da avaliação.

N.º 114 O imposto de transmissão "causa mortis" não é exigível antes da homologação do cálculo.

N.º 115 Sobre os honorários do advogado contratado pelo inventariante, com a homologação do juiz, não incide o imposto de transmissão "causa mortis".

N.º 239 Decisão que declara indevida a cobrança do imposto em determinado exercício não faz coisa julgada em relação aos posteriores.

N.º 323 É inadmissível a apreensão de mercadorias como meio coercitivo para pagamento de tributos.

N.º 331 É legítima a incidência do imposto de transmissão "causa mortis" no inventário por morte presumida.

N.º 336 A imunidade da autarquia financiadora, quanto ao contrato de financiamento, não se estende à compra e venda entre particulares, embora constantes os dois atos de um só instrumento.

N.º 417 Pode ser objeto de restituição, na falência, dinheiro em poder do falido, recebido em nome de outrem, ou do qual, por lei ou contrato, não tivesse ele a disponibilidade.

(O STJ entende que o verbete é aplicável às contribuições previdenciárias descontadas dos salários dos empregados pela massa falida e não repassadas aos cofres previdenciários, devendo ser restituídas antes do pagamento de qualquer crédito, inclusive trabalhista).

N.º 439 Estão sujeitos à fiscalização tributária ou previdenciária quaisquer livros comerciais, limitado o exame aos pontos objeto da investigação.

N.º 539 É constitucional a lei do município que reduz o imposto predial urbano sobre imóvel ocupado pela residência do proprietário, que não possua outro.

N.º 544 Isenções tributárias concedidas, sob condição onerosa, não podem ser livremente suprimidas.

N.º 546 Cabe a restituição do tributo pago indevidamente, quando reconhecido por decisão, que o contribuinte "de jure" não recuperou do contribuinte "de facto" o "quantum" respectivo.

(Ver comentários constantes do item 9.1.1.7.1).

N.º 547 Não é lícito à autoridade proibir que o contribuinte em débito adquira estampilhas, despache mercadorias nas alfândegas e exerça suas atividades profissionais.

N.º 549 A taxa de bombeiros do Estado de Pernambuco é constitucional, revogada a Súmula 274.

N.º 573 Não constitui fato gerador do imposto de circulação de mercadorias a saída física de máquinas, utensílios e implementos a título de comodato.

N.º 575 À mercadoria importada de país signatário do (GATT), ou membro da (ALALC), estende-se a isenção do imposto de circulação de mercadorias concedida a similar nacional.

N.º 578 Não podem os estados, a título de ressarcimento de despesas, reduzir a parcela de 20% do produto da arrecadação do imposto de circulação de mercadorias, atribuída aos municípios pelo art. 23, § 8.º, da Constituição Federal.

(A regra hoje refere-se à repartição de 25% do produto da arrecadação do ICMS, conforme previsto no art. 159, § 3.º, da CF/1988).

N.º 581 A exigência de transporte em navio de bandeira brasileira, para efeito de isenção tributária, legitimou-se com o advento do Decreto-lei 666, de 2.07.1969.

N.º 583 Promitente comprador de imóvel residencial transcrito em nome de autarquia é contribuinte do imposto predial territorial urbano.

N.º 586 Incide imposto de renda sobre os juros remetidos para o exterior, com base em contrato de mútuo.

N.º 587 Incide imposto de renda sobre o pagamento de serviços técnicos contratados no exterior e prestados no Brasil.

N.º 588 O imposto sobre serviços não incide sobre os depósitos, as comissões e taxas de desconto, cobrados pelos estabelecimentos bancários.

N.º 589 É inconstitucional a fixação de adicional progressivo do imposto predial e territorial urbano em função do número de imóveis do contribuinte.

N.º 590 Calcula-se o imposto de transmissão "causa mortis" sobre o saldo credor da promessa de compra e venda de imóvel, no momento da abertura da sucessão do promitente vendedor.

N.º 595 É inconstitucional a taxa municipal de conservação de estradas de rodagem cuja base de cálculo seja idêntica à do imposto territorial rural.

N.º 656 É inconstitucional a lei que estabelece alíquotas progressivas para o imposto de transmissão "inter vivos" de bens imóveis – ITBI com base no valor venal do imóvel.

N.º 657 A imunidade prevista no art. 150, VI, "d", da Constituição Federal abrange os filmes e papéis fotográficos necessários à publicação de jornais e periódicos.

N.º 659 É legítima a cobrança da COFINS, do PIS e do FINSOCIAL sobre as operações relativas à energia elétrica, serviços de telecomunicações, derivados de petróleo, combustíveis e minerais do país.

N.º 660 Não incide ICMS na importação de bens por pessoa física ou jurídica que não seja contribuinte do imposto.

(Enunciado aplicável aos fatos geradores ocorridos antes do advento da EC 33/2001, conforme detalhado no item 14.2.2.6).

N.º 661 Na entrada de mercadoria importada do exterior, é legítima a cobrança do ICMS por ocasião do desembaraço aduaneiro.

N.º 662 É legítima a incidência do ICMS na comercialização de exemplares de obras cinematográficas, gravados em fitas de videocassete.

N.º 663 Os §§ 1.º e 3.º do art. 9.º do Decreto-lei 406/1968 foram recebidos pela Constituição.

(Os dispositivos legais citados referem-se à incidência do ISS sobre serviços prestados por profissionais liberais. Segundo o STJ, tais regras continuam vigentes, uma vez que não são incompatíveis com a Lei Complementar 116/03 – STJ, 2.ª T., REsp 142.280/SC, Rel. Min. João Otávio Noronha, j. 23.05.2006, DJ 18.08.2006, p. 371).

N.º 664 É inconstitucional o inciso V do art. 1.º da Lei 8.033/1990, que instituiu a incidência do Imposto nas Operações de Crédito, Câmbio e Seguros – IOF sobre saques efetuados em caderneta de poupança.

N.º 665 É constitucional a taxa de fiscalização dos mercados de títulos e valores mobiliários instituída pela Lei 7.940/1989.

N.º 667 Viola a garantia constitucional de acesso à jurisdição a taxa judiciária calculada sem limite sobre o valor da causa.

N.º 668 É inconstitucional a lei municipal que tenha estabelecido, antes da Emenda Constitucional 29/2000, alíquotas progressivas para o IPTU, salvo se destinada a assegurar o cumprimento da função social da propriedade urbana.

N.º 669 Norma legal que altera o prazo de recolhimento da obrigação tributária não se sujeita ao princípio da anterioridade.

N.º 670 O serviço de iluminação pública não pode ser remunerado mediante taxa.

N.º 724 Ainda quando alugado a terceiros, permanece imune ao IPTU o imóvel pertencente a qualquer das entidades referidas pelo art. 150, VI, "c", da Constituição, desde que o valor dos aluguéis seja aplicado nas atividades essenciais de tais entidades.

N.º 730 A imunidade tributária conferida a instituições de assistência social sem fins lucrativos pelo art. 150, VI, "c", da Constituição, somente alcança as entidades fechadas de previdência social privada se não houver contribuição dos beneficiários.

N.º 732 É constitucional a cobrança da contribuição do salário-educação, seja sob a carta de 1969, seja sob a Constituição Federal de 1988, e no regime da Lei 9.424/1996.

SÚMULAS DO STJ

N.º 20 A mercadoria importada de país signatário do GATT é isenta do ICM, quando contemplado com esse favor o similar nacional.

N.º 68 A parcela relativa ao ICM inclui-se na base de cálculo do PIS.

(No julgamento do RE n.º 240.785-2, o STF adotou entendimento contrário no que concerne à base de cálculo da COFINS, sucessora do FINSOCIAL e cujas características são essencialmente iguais às da contribuição para o PIS).

N.º 71 O bacalhau importado de país signatário do GATT e isento do ICM.

(Súmula somente é aplicável às importações realizadas até 30 de abril de 1999 – ver item 4.2.2.1.4).

N.º 94 A parcela relativa ao ICMS inclui-se na base de cálculo do FINSOCIAL.

(No julgamento do RE n.º 240.785-2, o STF adotou entendimento contrário no que concerne à base de cálculo da COFINS, sucessora do FINSOCIAL).

N.º 95 A redução da alíquota do imposto sobre produtos industrializados ou do imposto de importação não implica redução do ICMS.

(Como o II e o IPI fazem parte da base de cálculo do ICMS, a redução da alíquota de qualquer deles implicará uma diminuição do valor a ser pago a título de ICMS. O enunciado quer afirmar que a redução do IPI e do II não significará uma redução na mesma proporção do ICMS – REsp 3.884-RS, julgado em 18.02.1991).

N.º 112 O depósito somente suspende a exigibilidade do crédito tributário se for integral e em dinheiro.

N.º 125 O pagamento de férias não gozadas por necessidade do serviço não está sujeito à incidência do imposto de renda.

N.º 129 O exportador adquire o direito de transferência de crédito do ICMS quando realiza a exportação do produto e não ao estocar a matéria-prima.

N.º 136 O pagamento de licença-prêmio não gozada por necessidade do serviço não está sujeito ao imposto de renda.

N.º 138 O ISS incide na operação de arrendamento mercantil de coisas móveis.

N.º 139 Cabe à Procuradoria da Fazenda Nacional propor execução fiscal para cobrança de credito relativo ao ITR.

N.º 155 O ICMS incide na importação de aeronave, por pessoa física, para uso próprio.

N.º 156 A prestação de serviço de composição gráfica, personalizada e sob encomenda, ainda que envolva fornecimento de mercadorias, está sujeita, apenas, ao ISS.

N.º 160 É defeso, ao município, atualizar o IPTU, mediante decreto, em percentual superior ao índice oficial de correção monetária.

N.º 162 Na repetição de indébito tributário, a correção monetária incide a partir do pagamento indevido.

N.º 163 O fornecimento de mercadorias com a simultânea prestação de serviços em bares, restaurantes e estabelecimentos similares constitui fato gerador do ICMS a incidir sobre o valor total da operação.

N.º 166 Não constitui fato gerador do ICMS o simples deslocamento de mercadoria de um para outro estabelecimento do mesmo contribuinte.

N.º 167 O fornecimento de concreto, por empreitada, para construção civil, preparado no trajeto até a obra em betoneiras acopladas a caminhões, é prestação de serviço, sujeitando-se apenas à incidência do ISS.

N.º 178 O INSS não goza de isenção do pagamento de custas e emolumentos, nas ações acidentárias e de benefícios propostas na Justiça Estadual.

N.º 184 A microempresa de representação comercial é isenta do imposto de renda.

N.º 185 Nos depósitos judiciais, não incide o imposto sobre operações financeiras.

N.º 188 Os juros moratórios, na repetição do indébito tributário, são devidos a partir do trânsito em julgado da sentença.

(Ver comentários ao 10.1.1.7.3 em que se citam algumas controvérsias recentes).

N.º 198 Na importação de veículo por pessoa física, destinado a uso próprio, incide o ICMS.

N.º 212 A compensação de créditos tributários não pode ser deferida em ação cautelar ou por medida liminar cautelar ou antecipatória.

(Ver item 9.1.2 do Cap 9, em que se comenta a decisao do STF considerando inconstitucional a proibição legal de concessão de liminar em mandado de segurança que tenha por objeto a compensação de créditos tributários).

N.º 213 O mandado de segurança constitui ação adequada para a declaração do direito à compensação tributária.

N.º 215 A indenização recebida pela adesão a programa de incentivo à demissão voluntária não está sujeita à incidência do imposto de renda.

N.º 237 Nas operações com cartão de crédito, os encargos relativos ao financiamento não são considerados no cálculo do ICMS.

(Se ao valor da mercadoria é acrescido pelo comerciante o encargo financeiro referente ao diferimento do pagamento, haverá incidência do ICMS sobre o valor total da operação. A súmula exclui o valor pago pelo comprador à entidade operadora do cartão, numa relação alheia ao comerciante).

N.º 251 A meação só responde pelo ato ilícito quando o credor, na execução fiscal, provar que o enriquecimento dele resultante aproveitou ao casal.

N.º 262 Incide o imposto de renda sobre o resultado das aplicações financeiras realizadas pelas cooperativas.

N.º 274 O ISS incide sobre o valor dos serviços de assistência médica, incluindo-se neles as refeições, os medicamentos e as diárias hospitalares.

N.º 276 (CANCELADA) As sociedades civis de prestação de serviços profissionais são isentas da Cofins, irrelevante o regime tributário adotado.

(Conforme previsto em edição anterior desta obra, a Súmula foi cancelada pelo STJ, tendo em vista as decisões do STF – ver AR 3.761-PR, Rel. Min. Eliana Calmon, j. 12.11.2008).

N.º 307 A restituição de adiantamento de contrato de câmbio, na falência, deve ser atendida antes de qualquer crédito.

N.º 314 Em execução fiscal, não localizados bens penhoráveis, suspende-se o processo por um ano, findo o qual se inicia o prazo da prescrição quinquenal intercorrente.

N.º 334 O ICMS não incide no serviço dos provedores de acesso à Internet.

N.º 350 O ICMS não incide sobre o serviço de habilitação de telefone celular.

N.º 351 A alíquota de contribuição para o Seguro de Acidente do Trabalho (SAT) é aferida pelo grau de risco desenvolvido em cada empresa, individualizada pelo seu CNPJ, ou pelo grau de risco da atividade preponderante quando houver apenas um registro.

Nº 353 As disposições do Código Tributário Nacional não se aplicam às contribuições para o FGTS.

Nº 355 É válida a notificação do ato de exclusão do programa de recuperação fiscal do Refis pelo Diário Oficial ou pela Internet.

Nº 360 O benefício da denúncia espontânea não se aplica aos tributos sujeitos a lançamento por homologação regularmente declarados, mas pagos a destempo.

N.º 373 É ilegítima a exigência de depósito prévio para admissibilidade de recurso administrativo.

N.º 386 São isentas de imposto de renda as indenizações de férias proporcionais e o respectivo adicional.

N.º 391 O ICMS incide sobre o valor da tarifa de energia elétrica correspondente à demanda de potência efetivamente utilizada.

N.º 392 A Fazenda Pública pode substituir a certidão de dívida ativa (CDA) até a prolação da sentença de embargos, quando se tratar de correção de erro material ou formal, vedada a modificação do sujeito passivo da execução.

N.º 393 A exceção de pré-executividade é admissível na execução fiscal relativamente às matérias conhecíveis de ofício que não demandem dilação probatória.

N.º 394 É admissível, em embargos à execução, compensar os valores de imposto de renda retidos indevidamente na fonte com os valores restituídos apurados na declaração anual.

N.º 395 O ICMS incide sobre o valor da venda a prazo constante da nota fiscal.

N.º 396 A Confederação Nacional da Agricultura tem legitimidade ativa para a cobrança da contribuição sindical rural.

N.º 397 O contribuinte do IPTU é notificado do lançamento pelo envio do carnê ao seu endereço.

N.º 399 Cabe à legislação municipal estabelecer o sujeito passivo do IPTU.

N.º 400 O encargo de 20% previsto no DL n. 1.025/1969 é exigível na execução fiscal proposta contra a massa falida.

N.º 406 A Fazenda Pública pode recusar a substituição do bem penhorado por precatório.

N.º 409 Em execução fiscal, a prescrição ocorrida antes da propositura da ação pode ser decretada de ofício (art. 219, § 5.º, do CPC).

N.º 411 É devida a correção monetária ao creditamento do IPI quando há oposição ao seu aproveitamento decorrente de resistência ilegítima do Fisco.

N.º 412 A ação de repetição de indébito de tarifas de água e esgoto sujeita-se ao prazo prescricional estabelecido no Código Civil.

N.º 414 A citação por edital na execução fiscal é cabível quando frustradas as demais modalidades.

N.º 425 A retenção da contribuição para a seguridade social pelo tomador do serviço não se aplica às empresas optantes pelo Simples.

N.º 430 O inadimplemento da obrigação tributária pela sociedade não gera, por si só, a responsabilidade solidária do sócio-gerente.

N.º 431 É ilegal a cobrança de ICMS com base no valor da mercadoria submetido ao regime de pauta fiscal.

N.º 432 As empresas de construção civil não estão obrigadas a pagar ICMS sobre mercadorias adquiridas como insumos em operações interestaduais.

N.º 433 O produto semielaborado, para fins de incidência de ICMS, é aquele que preenche cumulativamente os três requisitos do art. 1.º da Lei Complementar 65/1991.

N.º 435 Presume-se dissolvida irregularmente a empresa que deixar de funcionar no seu domicílio fiscal, sem comunicação aos órgãos competentes, legitimando o redirecionamento da execução fiscal para o sócio-gerente.

N.º 436 A entrega de declaração pelo contribuinte reconhecendo débito fiscal constitui o crédito tributário, dispensada qualquer outra providência por parte do fisco.

N.º 437 A suspensão da exigibilidade do crédito tributário superior a quinhentos mil reais para opção pelo Refis pressupõe a homologação expressa do comitê gestor e a constituição de garantia por meio do arrolamento de bens.

N.º 446 Declarado e não pago o débito tributário pelo contribuinte, é legítima a recusa de expedição de certidão negativa ou positiva com efeito de negativa.

N.º 447 Os Estados e o Distrito Federal são partes legítimas na ação de restituição de imposto de renda retido na fonte proposta por seus servidores.

N.º 448 A opção pelo Simples de estabelecimentos dedicados às atividades de creche, pré-escola e ensino fundamental é admitida somente a partir de 24.10.2000, data de vigência da Lei 10.034/2000.

N.º 457 Os descontos incondicionais nas operações mercantis não se incluem na base de cálculo do ICMS.

N.º 458 A contribuição previdenciária incide sobre a comissão paga ao corretor de seguros.

N.º 460 É incabível o mandado de segurança para convalidar a compensação tributária realizada pelo contribuinte.

N.º 461 O contribuinte pode optar por receber, por meio de precatório ou por compensação, o indébito tributário certificado por sentença declaratória transitada em julgado.

N.º 463 Incide imposto de renda sobre os valores percebidos a título de indenização por horas extraordinárias trabalhadas, ainda que decorrentes de acordo coletivo.

N.º 464 A regra de imputação de pagamentos estabelecida no art. 354 do Código Civil não se aplica às hipóteses de compensação tributária.

N.º 468 A base de cálculo do PIS, até a edição da MP 1.212/1995, era o faturamento ocorrido no sexto mês anterior ao do fato gerador.

N.º 494 O benefício fiscal do ressarcimento do crédito presumido do IPI relativo às exportações incide mesmo quando as matérias-primas ou os insumos sejam adquiridos de pessoa física ou jurídica não contribuinte do PIS/PASEP.

N.º 495 A aquisição de bens integrantes do ativo permanente da empresa não gera direito a creditamento de IPI.

N.º 498 Não incide imposto de renda sobre a indenização por danos morais.

N.º 499 As empresas prestadoras de serviços estão sujeitas às contribuições ao Sesc e Senac, salvo se integradas noutro serviço social.

N.º 508 A isenção da Cofins concedida pelo art. 6º, II, da LC n. 70/1991 às sociedades civis de prestação de serviços profissionais foi revogada pelo art. 56 da Lei n. 9.430/1996.

N.º 509 É lícito ao comerciante de boa-fé aproveitar os créditos de ICMS decorrentes de nota fiscal posteriormente declarada inidônea, quando demonstrada a veracidade da compra e venda.

N.º 515 A reunião de execuções fiscais contra o mesmo devedor constitui faculdade do Juiz.

N.º 516 A contribuição de intervenção no domínio econômico para o Incra (Decreto-Lei n. 1.110/1970), devida por empregadores rurais e urbanos, não foi extinta pelas Leis ns. 7.787/1989, 8.212/1991 e 8.213/1991, não podendo ser compensada com a contribuição ao INSS.

N.º 521 A legitimidade para a execução fiscal de multa pendente de pagamento imposta em sentença condenatória é exclusiva da Procuradoria da Fazenda Pública.

N.º 523 A taxa de juros de mora incidente na repetição de indébito de tributos estaduais deve corresponder à utilizada para cobrança do tributo pago em atraso, sendo legítima a incidência da taxa Selic, em ambas as hipóteses, quando prevista na legislação local, vedada sua cumulação com quaisquer outros índices.

N.º 524 No tocante à base de cálculo, o ISSQN incide apenas sobre a taxa de agenciamento quando o serviço prestado por sociedade empresária de trabalho temporário for de intermediação, devendo, entretanto, englobar também os valores dos salários e encargos sociais dos trabalhadores por ela contratados nas hipóteses de fornecimento de mão de obra.

N.º 553 Nos casos de empréstimo compulsório sobre o consumo de energia elétrica, é competente a Justiça estadual para o julgamento de demanda proposta exclusivamente contra a Eletrobrás. Requerida a intervenção da União no feito após a prolação de sentença pelo juízo estadual, os autos devem ser remetidos ao Tribunal Regional Federal competente para o julgamento da apelação se deferida a intervenção.

Nº 554 Na hipótese de sucessão empresarial, a responsabilidade da sucessora abrange não apenas os tributos devidos pela sucedida, mas também as multas moratórias ou punitivas referentes a fatos geradores ocorridos até a data da sucessão.

Nº 555 Quando não houver declaração do débito, o prazo decadencial quinquenal para o Fisco constituir o crédito tributário conta-se exclusivamente na forma do art. 173, I, do CTN, nos casos em que a legislação atribui ao sujeito passivo o dever de antecipar o pagamento sem prévio exame da autoridade administrativa.

N.º 556 É indevida a incidência de imposto de renda sobre o valor da complementação de aposentadoria pago por entidade de previdência privada e em relação ao resgate de contribuições recolhidas para referidas entidades patrocinadoras no período de 1º/1/1989 a 31/12/1995, em razão da isenção concedida pelo art. 6º, VII, b, da Lei n. 7.713/1988, na redação anterior à que lhe foi dada pela Lei n. 9.250/1995.

N.º 558 Em ações de execução fiscal, a petição inicial não pode ser indeferida sob o argumento da falta de indicação do CPF e/ou RG ou CNPJ da parte executada.

N.º 559 Em ações de execução fiscal, é desnecessária a instrução da petição inicial com o demonstrativo de cálculo do débito, por tratar-se de requisito não previsto no art. 6º da Lei n. 6.830/1980.

Nº 560 A decretação da indisponibilidade de bens e direitos, na forma do art. 185-A do CTN, pressupõe o exaurimento das diligências na busca por bens penhoráveis, o qual fica caracterizado quando infrutíferos o pedido de constrição sobre ativos financeiros e a expedição de ofícios aos registros públicos do domicílio do executado, ao Denatran ou Detran.

N.º 569 Na importação, é indevida a exigência de nova certidão negativa dedébito no desembaraço aduaneiro, se já apresentada a comprovação da quitação de tributos federais quando da concessão do benefíciorelativo ao regime de drawback.

N.º 583 O arquivamento provisório previsto no art. 20 da Lei n. 10.522/2002, dirigido aos débitos inscritos como dívida ativa da União pela Procuradoria-Geral da Fazenda Nacional ou por ela cobrados, não se aplica às execuções fiscais movidas pelos conselhos de fiscalização profissional ou pelas autarquias federais.

N.º 584 As sociedades corretoras de seguros, que não se confundem com as sociedades de valores mobiliários ou com os agentes autônomos de seguro privado, estão fora do rol de entidades constantes do art. 22, § 1º, da Lei n. 8.212/1991, não se sujeitando à majoração da alíquota da Cofins prevista no art. 18 da Lei n. 10.684/2003.

N.º 585 A responsabilidade solidária do ex-proprietário, prevista no art. 134 do Código de Trânsito Brasileiro – CTB, não abrange o IPVA incidente sobre o veículo automotor, no que se refere ao período posterior à sua alienação.

N.º 590 Constitui acréscimo patrimonial a atrair a incidência do imposto de renda, em caso de liquidação de entidade de previdência privada, a quantia que couber a cada participante, por rateio do patrimônio, superior ao valor das respectivas contribuições à entidade em liquidação, devidamente atualizadas e corrigidas.

N.º 598 É desnecessária a apresentação de laudo médico oficial para o reconhecimento judicial da isenção do imposto de renda, desde que o magistrado entenda suficientemente demonstrada a doença grave por outros meios de prova.

N.º 612 O certificado de entidade beneficente de assistência social (CEBAS), no prazo de sua validade, possui natureza declaratória para fins tributários, retroagindo seus efeitos à data em que demonstrado o cumprimento dos requisitos estabelecidos por lei complementar para a fruição da imunidade.

N.º 614 O locatário não possui legitimidade ativa para discutir a relação jurídico-tributária de IPTU e de taxas referentes ao imóvel alugado nem para repetir indébito desses tributos.

N.º 622 A notificação do auto de infração faz cessar a contagem da decadência para a constituição do crédito tributário; exaurida a instância administrativa com o decurso do prazo para a impugnação ou com a notificação de seu julgamento definitivo e esgotado o prazo concedido pela Administração para o pagamento voluntário, inicia-se o prazo prescricional para a cobrança judicial.

N.º 625 O pedido administrativo de compensação ou de restituição não interrompe o prazo prescricional para a ação de repetição de indébito tributário de que trata o art. 168 do CTN nem o da execução de título judicial contra a Fazenda Pública.

N.º 626 A incidência do IPTU sobre imóvel situado em área considerada pelamlei local como urbanizável ou de expansão urbana não está condicionada à existência dos melhoramentos elencados no art. 32, § 1º, do CTN.

N.º 627 O contribuinte faz jus à concessão ou à manutenção da isenção do imposto de renda, não se lhe exigindo a demonstração da contemporaneidade dos sintomas da doença nem da recidiva da enfermidade.

N.º 640 O benefício fiscal que trata do Regime Especial de Reintegração de Valores Tributários para as Empresas Exportadoras (REINTEGRA) alcança as operações de venda de mercadorias de origem nacional para a Zona Franca de Manaus, para consumo, industrialização ou reexportação para o estrangeiro.

N.º 649 Não incide ICMS sobre o serviço de transporte interestadual de mercadorias destinadas ao exterior.

N.º 653 O pedido de parcelamento fiscal, ainda que indeferido, interrompe o prazo prescricional, pois caracteriza confissão extrajudicial do débito.

N.º 654 A tabela de preços máximos ao consumidor (PMC) publicada pela ABCFarma, adotada pelo Fisco para a fixação da base de cálculo do ICMS na sistemática da substituição tributária, não se aplica aos medicamentos destinados exclusivamente para uso de hospitais e clínicas.

N.º 658 O crime de apropriação indébita tributária pode ocorrer tanto em operações próprias, como em razão de substituição tributária.

Nº 666 A legitimidade passiva, em demandas que visam à restituição de contribuições de terceiros, está vinculada à capacidade tributária ativa; assim, nas hipóteses em que as entidades terceiras são meras destinatárias das contribuições, não possuem elas legitimidade ad causam para figurar no polo passivo, juntamente com a União.

Nº 671 Não incide o IPI quando sobrevém furto ou roubo do produto industrializado após sua saída do estabelecimento industrial ou equiparado e antes de sua entrega ao adquirente.

Nº 673 A comprovação da regular notificação do executado para o pagamento da dívida de anuidade de conselhos de classe ou, em caso de recurso, o esgotamento das instâncias administrativas são requisitos indispensáveis à constituição e execução do crédito.

EDITORA *Jus*PODIVM
www.editorajuspodivm.com.br
Impressão e Acabamento:
EXPRESSÃO & ARTE
EDITORA E GRÁFICA
www.graficaexpressaoearte.com.br
JUS4306